盛岡藩
家老席日記

雑書

第四十三巻

文化十四年（一八一七）～文政七年（一八二四）

盛岡藩家老席日記『雑書』第四十三巻の刊行にあたって

盛岡は、盛岡藩二十万石の城下町として栄えてまいりました。天正十八年（一五九〇）七月、豊臣秀吉から所領の安堵を得た南部信直が、慶長三年（一五九八）、嫡子利直に命じてこの地に築城、治府として定めて以来、およそ四百年が経過いたしましたが、この間、幾多の変遷をたどりながら現在の盛岡の街が形成され、発展して今日に至っております。

盛岡市中央公民館で所蔵しておりました南部家旧蔵資料は、現在、もりおか歴史文化館で所蔵しております。それらの史料は地域史の研究には欠かせないものであり、藩政史研究全般にわたる調査研究に利用されております。

中でも『雑書』は、盛岡藩政における家老席日記として広く知られており、藩政史を研究する上での必須の史料であります。先年、これらのマイクロフィルムが製作されて一般に頒布されるとともに、閲覧に供されておりますが、フィルムでの利用は、原本自体が難解なこともあって、一部研究者に限られる傾向がありました。市民からは是非史料集として刊行するよう強い要望があり、市教育委員会は雑書刊行事業に着手したものであります。

『雑書』は全百九十冊にも上る膨大な史料であり、一度に全てを解読して出版することは簡単なことではありませんでしたが、幸いなことに、地域史を研究されている方々から全面的に御協力をいただき、昭和六十年度に一巻を刊行して以来、四十二巻まで刊行することができました。

本史料は、『雑書』という標題が示すとおり、藩内の雑多な出来事を書きつづった日記であり、本史料を見ることによって、当時の盛岡藩領民の生活までうかがい知ることができます。藩政史研究上念願であった本書の出版が一つの契機となって、藩政史全般にわたる研究が一層進捗し、深められることを祈念します。

最後に、本書の刊行にあたり、校閲及び翻刻に御協力いただいた諸氏に心から感謝申し上げます。

平成三十年　三月三十日

盛岡市教育委員会
教育長　千　葉　仁　一

盛岡藩家老席日記『雑　書』について

盛岡藩家老席日記『雑書』は、現在もりおか歴史文化館の所蔵である。表題に『雑書』と書かれているところから一般に南部家雑書とか、盛岡藩家老席日記などと呼称されているが、史料の性格は家老の執務日記というべきものである。

本史料には、盛岡藩領内における農林業・漁業・鉱業をはじめとして、法制・宗教・民俗等、諸事万般にわたる社会事象が、日記形式で記録されている。

収録の年代は、正保元年（一六四四、但し原本表題は寛永二十一年）から天保十一年（一八四〇）にわたる百九十七年間分を、百九十冊に収めているものの、明暦元年（一六五五）、同三年（一六五七）、万治二年（一六五九）、同三年（一六六〇）、寛文四年（一六六四）、貞享三年（一六八六）、元禄元年（一六八八）、享保十一年（一七二六）、宝暦四年（一七五四）、文政三年（一八二〇）、同四年（一八二一）、同五年（一八二二）、同六年（一八二三）、天保元年（一八三〇）の十四年分が欠落している。とくに、寛文四年分の欠落は惜しまれる。この年には、当代藩主重直の死去により、盛岡藩十万石が盛岡藩八万石と八戸藩二万石に二分されており、分藩の詳細な経緯が記録されていたと考えられるからである。

また、各年分の記録は、一月一日より十二月末日（二十九日あるいは三十日）までの一年分であるが、正保元年、承応二年（一六五三）、寛文元年（一六六一）、同十二年、元禄二年（一六八九）の五年分については、一部の日録が脱落している。

形態は、美濃大判で、初期のものを除き、概ね良好な保存状態にあるが、例外的な体裁も若干あり、ここに二点上げておく。

一、正保年中より延宝年中にかけての初期のものに、筆跡の不統一や本文への書き込み・墨による削除などが散見され、こうした下書き的な部分と浄書の部分がそのまま綴じられていること。

二、文政七年（一八二四）以降の原本の表題に、『雑書下書』や『公事留』と記され、これらが半紙大の大きさであること。

しかしながら、こうした一部の不統一にも拘わらず、江戸初期から後期にかけての領内の万般の事象を、公式に記録したものとして史料価値は揺るぎないものである。

天保二年（一八四一）以降幕末にかけて『雑書』と同様の趣旨で記録されたものに、『覚書』がある。これは、表題に『覚書』と書かれた日誌で、天保元年（一八三〇）分二冊、天保十二年より明治三年（一八七〇）まで六五冊、合計六十七冊が、現在もりおか歴史文化館に所蔵されている。『雑書』と『覚書』により、盛岡藩日記が、江戸時代のほぼ全般にわたって現存していることになる。

なお、藩名については、一般的に①城下町、②大名、③旧国名の三通りで呼ばれているが、本書では城下町の名称「盛岡」を採用した。

（盛岡市教育委員会）

凡　例

一、本書第四十三巻には、文化十四年（一八一七）・文政元年（一八一八）・文政二年（一八一九）・文政七年（一八二四）までの四年間分（文政三年から文政六年までは欠落）、四冊を収録した。

二、原文の体裁を維持することを原則としたが、読解に便利なように適宜読点を打つと共に、地名・人名・職名等で二つ以上続いている箇所は並列点（・）を打った。

三、敬語上の改行（平出）は、一字分欠にして連記し、闕字（欠字）についてもそのまま一字分を欠にした。

四、漢字の異体、仮名の変体等については、原則としてこれを避け、今日通行の字体に改めた。例えば、「而已」、「ゟ」、「者」、「江」、「茂」、「ニ而」等は、それぞれ「のみ」、「より」、「は」、「へ」、「も」、「ニて」等とし、そのほか次の括弧（　）内のように統一した。

溙（湊）　皈（帰）　㝡（最）　迯（逃）　煎（煎）　ホ（等）
荒（荒）　梢（楢）　埜（野）　叓（事）　刕（州）　矦（侯）
昼（書）　卧（臥）　无（無）　雺（霧）　夘（卯）　塲（場）
鈆（鉛）　䛁（部）　脉（脈）　杦（杉）　鴾（鴾）　刁（寅）
メ（貫）　ノ（シテ）　帒（袋）　冝（宜）　亘（宣）　𠦝（畢）
靏（鶴）　畐（富）　䂓（規）　洚（洚）　捴（総）　迁（遷）
慥（慥）　迠（迄）　羕（承）　旼（時）　旹（時）　灵（霊）
圡（土）　耻（恥）　帋（紙）　灾（災）　沉（沈）　粮（養）

枩（松）　槩（概）　柒（漆）　嵜（崎）　嶌（嶋）　剋（刻）

吊（弔）　觧（解）　杈（権）　珎（珍）　埶（熱）　閇（閉）

綃（絹）　鞁・皷（鼓）　蕳・葺（茸）　比日（頃日）　午王（牛王）　鴈・鳫（雁）

エ門（衛門）

五、「壱」、「弐」、「参」、「廿」等の漢数字や「于今」、「依茲」、「尓今」、「公義」などは、そのままとした。

六、「巳」、「已」、「己」は文章で判断し、必要に応じて書き改めた。

七、校閲者の傍注はすべて括弧にくくり入れた。特に、宛字、誤字などについては、できるかぎり正字を括弧内に傍注し、その他疑問と思われる原字は、原文のまま書いて、（ママ）、（カ）、（欠カ）、（衍）等と傍注を施した。

八、不明の箇所は、字数を推算して□を挿入し、また字数が詳らかでない箇所は［　］をもって示した。これらには、（虫喰）、（欠損）、（空白）、（綴込）等と傍注し、判読し得たものは（　カ）と傍注しておいた。特に、墨で塗りつぶしたところは（墨抹）とし、墨で線を引いたところは（抹消）と区別した。なお、原本に［　］、あるいは［　］とあるところはそのまま書いて、（ママ）と傍注しておいた。

九、柱の元号年月については、原則として原本に従った。ただし、改元の年については、改元の日付をもって新しい元号に変えた。

十、目次は、本文の用字をできるだけ引用し、簡潔に表現した。なお字数の関係上同一内容でも異なる表現となった場合もある。

目次

文化十四年（一八一七）

正月元日 ―― 3
屋形様、御側御座之間にて、年頭の規式
佳例の如く、蛇沼・相米、祝儀差上
御馬初乗、桜馬場にて、名代年男相勤

正月二日 ―― 4
屋形様、中丸総角之間へ出座、一統御礼請
席へ熨斗出

正月三日 ―― 4
吉例の如く得方上田通へ鷹野、名代年男相勤
例年の如く、江戸上々様方へ、年始祝詞徒使
今晩謡初、御側にて御祝、仲間登城
席へ熨斗出

正月四日 ―― 5
霊徳院忌日、直詣前故、代香無し

正月五日 ―― 5
屋形様、聖寿寺・東禅寺・教浄寺へ仏詣

正月六日 ―― 5
屋形様、中丸総角之間へ出座、五ケ寺御礼

正月七日 ―― 6
来る九日火除行事有り

正月八日 ―― 6
霊巌院忌日に付、東禅寺へ代香を遣わす

正月九日 ―― 6
（記事なし）

正月十日 ―― 7
（記事なし）

正月十一日 ―― 7
徳雲院忌日に付、聖寿寺へ代香を遣わす
川口左市居宅門前へ女子捨置

正月十二日 ―― 8
即性院忌日に付、聖寿寺へ代香を遣わす
例年の如く、大般若経祈祷、永福寺ら登城

正月十三日 ―― 8
例年の如く、具足の餅啓、規式にて御盃頂戴

正月十四日 ―― 9
年縄納に付、仲間并役人共、熨斗目着用

正月十五日 ―― 11
月次御礼、本丸御座之間にて、家門衆仰上
中野筑後、病気に付、登城無し

正月十六日 ―― 12
大斎日に付、登城無し

正月十七日 ―― 12
高知中へ奉書出、以来、本人登城に及ばず

正月十八日 ―― 12
南宗院・大源院忌日、聖寿寺・東禅寺へ代香

正月十九日 ―― 13
（記事なし）

正月廿日 ―― 13
旧例の通、目出祝儀有り、席へ熨斗出

正月廿一日 ―― 14
花巻給人小田代募、老衰隠居、悴良助家督

正月廿二日 ―― 14
中野筑後、病気快、今日より登城

正月廿三日 ―― 14
楢山主膳娘増、当月八日出生の旨、口上書

正月廿四日 ―― 15
野田与力小田冨之進へ跡式仰付、代官へ書状

正月廿五日 ―― 15
酒値段諸白一升百三十九文、並酒百二十七文

正月廿六日 ―― 15
江戸表立七日振飛脚、今朝着、御用儀共申来

正月廿七日 ―― 16
野辺地与力成田伝之助、聟養子双方願の通

正月廿八日 ―― 16
月次御礼、本丸御座之間にて、家門衆仰上
天量院忌日に付、聖寿寺へ代香を遣わす
三戸通大肝入下参郷兵衛、隠居願

正月廿九日 ―― 18
野田給人小田仙蔵、野田通下役御免、願の通

正月晦日――18
宮古水主惣左衛門ら、立願の処神力にて全快
二月朔日――19
月次御礼、本丸御座之間にて、家門衆仰上
蔵人事、毛馬内典膳、御前にて名拝領
二月二日――20
八戸弥六郎・中野筑後、申合候て隔日に罷出
二月三日――20
二季名改、何も願の通
二月四日――21
霊巌院忌日に付、聖寿寺へ代香を遣わす
二月五日――22
養源院・義徳院忌日、聖寿寺・東禅寺へ直詣
二月六日――22
前川善兵衛、隠居の逼塞
二月七日――23
米内新左衛門老衰隠居、悴多蔵家督、願の通
二月八日――23
霊巌院忌日に付、東禅寺へ代香を遣わす
初午に付榊山にて祭事有り、仲間登城無し
二月九日――23
若年寄水谷多門、御用有り、立帰登仰付
二月十日――24
岩間左平次へ者頭仰付、御前にて仰渡
二月十一日――24
徳雲院忌日に付、聖寿寺へ代香を遣わす
二月十二日――25
即性院忌日に付、聖寿寺へ代香を遣わす
二月十三日――26
報恩寺隠居、弟子松山寺契勇へ後住仰付
二月十四日――26
赤坂勘作隠居、悴重作家督、願の通
二月十五日――27
月次御礼、本丸御座之間にて、家門衆仰上
二月十六日――27
中村広太へ駒五郎殿御相手仰付
二月十七日――28
布施庄蔵へ北浦奉行仰付
二月十八日――28
津軽領の者へ以来買物は勿論、文通等致間敷
二月十九日――28
南宗院・大源院忌日、東禅寺・聖寿寺へ代香
(記事なし)
二月廿日――29
(記事なし)
二月廿一日――29
献上の御馬見分、屋形様、桜馬場へ入
御用人上席切田辺へ御馬御用懸仰付
二月廿二日――29
南部左衛門尉より英之助様初ての御目見願書
二月廿三日――30
歳暮の御内書、高知中呼上、大目付より廻状
二月廿四日――31
奥山弥七、久慈友右衛門伯父友蔵聟養子
二月廿五日――31
太田甚五郎、黒森社へ参詣、往来十日御暇
二月廿六日――32
歳暮の御内書、仲間并御用人、席にて頂戴
(記事なし)
二月廿七日――32
献上并進物御馬共十六疋御登せ
二月廿八日――33
天量院忌日に付、聖寿寺へ略供にて直詣
二月廿九日――34
花巻給人松岡織人へ花巻町奉行仰付
毛馬内典膳宅にて、誓詞堅目、役人共相詰
三月朔日――34
月次御礼、本丸御座之間にて、家門衆仰上
三月二日――35
前川善十郎、親隠居の逼塞に付、家督仰出
三月三日――35
席へ熨斗出

上巳の祝儀、本丸御座之間にて、家門衆仰上
三月四日 ―― 35
霊徳院忌日に付、聖寿寺へ代香を遣わす
三月五日 ―― 36
養源院・義徳院忌日、聖寿寺・東禅寺へ直詣
永福寺看琰法印、遷化
三月六日 ―― 37
桜庭兵庫へ番頭仰付、御前にて仰渡
八幡丁長兵衛借家岩、姑へ孝心にて一生扶持
三月七日 ―― 37
屋形様参勤時節伺、御書差出、御口上申上
三月八日 ―― 37
霊巌院忌日に付、東禅寺へ代香を遣わす
三月九日 ―― 38
大小の家中、以来女子にても病死の節訴申上
三月十日 ―― 38
三上清作、御雇鷹匠御免、目付を以て申渡
三月十一日 ―― 39
法明寺宥威へ永福寺後住、御目先を以て仰付
徳雲院忌日に付、聖寿寺へ代香を遣わす
三月十二日 ―― 40
即性院忌日に付、聖寿寺へ代香を遣わす
三月十三日 ―― 42
松岡要蔵へ親八右衛門跡式、願の通
三月十四日 ―― 42
勘定奉行岡田金左衛門へ来月十五日出立仰付
三月十五日 ―― 42
月次御礼、本丸御座之間にて、家門衆仰上
三月十六日 ―― 42
桜庭兵庫、御役成御礼、願の通来月朔日請
三月十七日 ―― 43
御前様附役ら以来交代の節千寿にて行逢交代
三月十八日 ―― 43
南宗院・大源院忌日、東禅寺・聖寿寺へ代香
三月十九日 ―― 43
松岡七郎、組同心無調法に付、差扣申上
三月廿日 ―― 44
若宮八幡祭礼興行に付、操座本清八申出
三月廿一日 ―― 44
赤崎幸七、大槌給人取立に付、苗字名乗
三月廿二日 ―― 45
毛馬内給人石田又右衛門、親類娘を養女
三月廿三日 ―― 45
北監物ら夏中も足袋、銘々口上書を以て申出
三月廿四日 ―― 45
辛河内、病気にて隠居、悴津門家督、願の通
三月廿五日 ―― 46
中野兵馬、親隠居大病に付、付添介抱御暇
三月廿六日 ―― 47
皆勤の者共へ加恩、褒美
三月廿七日 ―― 51
今暁加賀野村肝入長左衛門家出火、仲間登城
三月廿八日 ―― 52
天量院祥月に付、聖寿寺へ屋形様仏詣
三月廿九日 ―― 52
横田藤助・佐久間隼太、出精代講に付褒美
一条金兵衛ら稽古場へ皆出席に付言葉の褒美
三月晦日 ―― 53
花巻・三戸給人へ百姓小高証文并野竿証文
四月朔日 ―― 53
月次御礼、本丸御座之間にて、家門衆仰上
榊山本社祭事の節御用懸仰付
四月二日 ―― 54
江戸へ今朝七日振飛脚差立、御用儀共申遣
四月三日 ―― 54
中野兵馬、親大病に付猶亦十日御暇、願の通
四月四日 ―― 55
霊徳院忌日に付、聖寿寺へ代香を遣わす
四月五日 ―― 55
養源院・義徳院忌日、聖寿寺・東禅寺へ代香
四月六日 ―― 55
遠藤判左衛門老衰隠居、悴礼助家督、願の通

四月七日 ―― 55
囲籾米去子年収納籾、書面石高の通相認差出
四月八日 ―― 56
霊巌院忌日に付、東禅寺へ代香を遣わす
四月九日 ―― 57
石亀喜七郎四男長平、曹洞宗源勝寺弟子出家
四月十日 ―― 58
花輪佐市郎伯父佐市、出奔立帰に付御預逼塞
四月十一日 ―― 58
徳雲院忌日に付、聖寿寺へ代香を遣わす
花巻三町奉行・花巻使役、以来勤中盛岡支配
四月十二日 ―― 59
新丸舞台にて御能有り、東勘解由計登城
四月十三日 ―― 59
大槌給人貫洞長蔵、売職筋用事、五十日御暇
四月十四日 ―― 59
持弓頭沢田左司馬、当分御用人御用御免
四月十五日 ―― 60
月次御礼、本丸御座之間にて、家門衆仰上
四月十六日 ―― 60
代官所住居の諸士諸医に付、御沙汰の旨申出
四月十七日 ―― 61
西海枝保左衛門、老衰隠居、悴多三太家督
四月十八日 ―― 61
南宗院・大源院忌日、聖寿寺・東禅寺へ代香
四月十九日 ―― 61
横浜里籬、老衰隠居、悴保人家督、願の通
四月廿日 ―― 62
法明院、成嶋寺へ罷越、往来十五日御暇
四月廿一日 ―― 62
是迄郡山と計唱居候処、已来日詰長岡通と唱
四月廿二日 ―― 62
福岡与力小田嶋勘六、不縁に付、聟養子相返
四月廿三日 ―― 63
新渡戸丹波、松田常治召仕候処、此度相返
四月廿四日 ―― 63
板之間小者源助、老衰に付、永の御暇願出
四月廿五日 ―― 64
藤根専右衛門へ涼雲院御用達仰付
四月廿六日 ―― 64
厳嶋社、已来御直宮に候条、御社役御免
四月廿七日 ―― 65
鈴木但馬へ愛宕山并山王権現神主仰付
四月廿八日 ―― 65
天量院忌日に付、聖寿寺へ略供にて直詣
酒値段諸白一升百四十三文、並酒百三十一文
四月廿九日 ―― 66
御山方・川普請方・御山廻下役・勘定方仰付
四月晦日 ―― 67
諸番小人頭切田辺申出
五月朔日 ―― 67
月次御礼、本丸御座之間にて、家門衆仰上
端午の祝儀、家門衆らより屋形様へ肴一折宛
五月二日 ―― 68
中里俊蔵退身の悴伝蔵自害、伝蔵母直介錯
五月三日 ―― 68
浦田安之進らへ見前向中野通代官当分仰付
五月四日 ―― 69
明五日義徳院祥月に付、屋形様東禅寺へ仏詣
霊徳院・養源院忌日、聖寿寺へ代香を遣わす
五月五日 ―― 69
席へ熨斗出
端午の祝儀、本丸御座之間にて、家門衆仰上
南部左衛門尉、登城の処、在所への御暇
五月六日 ―― 69
見前向中野通代官大森佐五助へ差扣仰付
五月七日 ―― 70
榊山祭礼に付興行、油丁平助願の通
五月八日 ―― 70
霊巌院忌日に付、東禅寺へ代香を遣わす
五月九日 ―― 71
東勘解由口上書

江戸にて寒中機嫌伺に献上の雉子替献上の儀
五月十日 —— 72
山岸町久太子竹松、行跡不宜、二十八丁払
五月十一日 —— 73
徳雲院忌日に付、聖寿寺へ代香を遣わす
五月十二日 —— 73
即性院忌日に付、聖寿寺へ代香を遣わす
五月十三日 —— 74
祭礼に付写絵興行御駒太夫京助願出、願の通
五月十四日 —— 75
南部左衛門尉三男徹三郎、病気養生の処死去
五月十五日 —— 75
公方様実母死去に付、月次御礼延引の旨
五月十六日 —— 76
江戸へ献上のかたくりの粉、宰領附御登せ
五月十七日 —— 76
神事に付、来月朔日月次御礼延引の旨、仰出
五月十八日 —— 76
鳴物停止中に付、今日の神事延引
南宗院・大源院忌日、聖寿寺・東禅寺へ代香
五月十九日 —— 77
蝿田作左衛門、親大病に付、附添介抱御暇
五月廿日 —— 77
南彦六郎親隠居彦八郎子与惣太当月七日出生
五月廿一日 —— 78
岡田金左衛門、衣類・金子紛失、盗賊の仕業
五月廿二日 —— 79
蟇目恵守、者頭御免願出の処、願書相返
五月廿三日 —— 79
（記事なし）
五月廿四日 —— 79
北浦奉行・田名部代官へ御沙汰
五月廿五日 —— 79
祭礼にてエレキテル興行、御駒太夫願出
五月廿六日 —— 80
御曹司様御守本尊文殊菩薩祭事、咎の者御免
五月廿七日 —— 80
堀江儀平治へ鬼柳関所番仰付
五月廿八日 —— 81
天量院忌日に付、聖寿寺へ代香を遣わす
五月廿九日 —— 81
米倉才七へ小姓休息仰付、奥詰仰付
六月朔日 —— 82
榊山本社神事に付、神輿、下小路旅所へ渡御
神事に付、今日の月次御礼延引
六月二日 —— 82
榊山神事に付下小路旅所へ相詰仲間登城無し
六月三日 —— 82
榊山本社神事、首尾好相済、神輿五半時帰輿
六月四日 —— 82
霊徳院祥月に付、屋形様、本供にて仏詣
六月五日 —— 82
養源院・義徳院忌日、聖寿寺・東禅寺へ直詣
六月六日 —— 83
不時名目御礼、屋形様、中丸総角之間へ出座
六月七日 —— 83
暑中機嫌伺に、三戸此面・三戸豊次郎登城
六月八日 —— 83
宮内嫡子六弥事、藤枝内記、名改願の通
霊徳院忌日に付、東禅寺へ代香を遣わす
六月九日 —— 84
御用番酒井若狭守へ留守居より差出の伺書
雉子替献上の儀、伺の通鮭塩引献上の指図
老中青山下野守へ差出の伺書
六月十日 —— 85
佐久間隼太、親宇助大病に付、弟附添介抱
六月十一日 —— 86
東勘解由口上書
徳雲院忌日に付、聖寿寺へ代香を遣わす
六月十二日 —— 86
即性院忌日に付、聖寿寺へ代香を遣わす
鉄山名称改、御沙汰の旨、勘定奉行申出

霊巌院忌日に付、東禅寺へ代香を遣わす
屋形様当参勤の節、道中継人馬の儀伺書差出
八月九日 ―― 126
田名部与力小田熊蔵へ跡式、願の通
八月十日 ―― 126
国許・江戸表発駕・御着、生肴差上に付沙汰
八戸弥六郎口上書
八月十一日 ―― 127
徳雲院忌日に付、聖寿寺へ代香を遣わす
八月十二日 ―― 128
即性院忌日に付、聖寿寺へ代香を遣わす
八月十三日 ―― 128
不時名目御礼請、中丸総角之間へ出座
参勤の為、二十七日発駕、役人共へ申渡
八月十四日 ―― 129
鳩森八幡宮神輿、四時前渡御
十六日迄役人上下、小役人継肩衣着用
八月十五日 ―― 130
鳩森八幡宮祭礼に付御旅所へ毛馬内典膳相詰
兵衛嫡子中野三蔵、妻内堀大隅姪邦、縁組
八月十六日 ―― 130
鳩森八幡宮神輿、四時、城内へ鎮座
八月十七日 ―― 130
屋形様、聖寿寺・東禅寺・教浄寺へ参詣
新渡戸丹波母、今暁病死
八月十八日 ―― 131
櫛引八幡宮へ名代相勤、菊之間廊下にて謁
八月十九日 ―― 131
大源院忌日に付、聖寿寺へ代香を遣わす
八月廿日 ―― 131
榊山本社神事に付、仲間登城無し
八月廿一日 ―― 131
栃内他人、文化十二年出奔、立帰に付預逼塞
八月廿二日 ―― 132
屋形様、参勤御暇乞御礼請、家門衆御礼仰上
道中仰渡有り、藤枝宮内菊之間にて申渡
今日留守仰渡有り、仲間相揃出席、祐筆誦
八月廿三日 ―― 134
藤枝宮内へ参勤御供登仰付、弟文弥召連罷登
桜庭兵庫、細昆布一折、知行所の産物差上
八月廿四日 ―― 134
勝手方矢羽々喜兵衛へ十月七日立仰付
八月廿五日 ―― 134
桜馬場にて、御曹司様、当馬喰馬惣崩見分
首途の式、名代御供登家老藤枝宮内相勤
八月廿六日 ―― 135
明日発駕に付、本丸総角之間にて家門衆御逢
八月廿七日 ―― 135
屋形様、機嫌能発駕、御曹司様見送
八月廿八日 ―― 136
天量院忌日に付、聖寿寺へ代香を遣わす
八月廿九日 ―― 136
（記事なし）
八月晦日 ―― 136
（記事なし）
九月朔日 ―― 137
御馬役村松刑部へ当馬喰馬御用立帰登仰付
九月二日 ―― 137
花輪給人関理平治弟平右衛門、出奔の旨訴書
九月三日 ―― 137
毛馬内町七右衛門、行跡不宜、牛瀧へ追放
九月四日 ―― 137
霊徳院忌日に付、聖寿寺へ代香を遣わす
九月五日 ―― 138
養源院・義徳院忌日、聖寿寺・東禅寺へ代香
九月六日 ―― 138
（記事なし）
九月七日 ―― 138
江戸へ献上の菱喰、今朝差立
江戸表にて、老中松平伊豆守卒去、鳴物停止
九月八日 ―― 138
霊徳院忌日に付、東禅寺へ代香を遣わす

九月九日——139
鳴物停止中に付、重陽の祝儀申上の儀相止め
九月十日——139
(記事なし)
九月十一日——139
徳雲院忌日に付、聖寿寺へ代香を遣わす
九月十二日——139
即性院祥月に付、聖寿寺へ代香を遣わす
九月十三日——139
北地御用取扱人大畑町竹田屋伝右衛門ら申出
九月十四日——140
(記事なし)
九月十五日——140
(記事なし)
九月十六日——140
屋形様千住発駕、直々屋敷着座、御用状申来
九月十七日——140
(記事なし)
九月十八日——140
南宗院・大源院忌日、聖寿寺へ代香を遣わす
九月十九日——140
(記事なし)
九月廿日——140
七戸給人川村伊兵衛へ親弥市右衛門跡式仰付
九月廿一日——141
火の番、御門番仰付
九月廿二日——142
(記事なし)
九月廿三日——142
御用人黒川司、即位に付、京都への使者仰付
九月廿四日——143
屋形様、当月十五日、参勤の御礼首尾好仰上
九月廿五日——143
鷹匠組頭根守弥五兵衛へ献上鷹附立帰登仰付
九月廿六日——143
江戸表より飛脚今朝着、御用儀共申来
九月廿七日——144
江戸へ今朝献上の白鳥二差登
九月廿八日——144
天量院忌日に付、聖寿寺へ代香を遣わす
初雪に付、御曹司様へ仲間御機嫌伺
九月廿九日——144
屋形様誕生日に付、同席共恐悦申上
十月朔日——144
一戸金太郎、御神用司下役御免
十月二日——145
江戸へ今朝立飛脚差立、御用儀共申遣
十月三日——145
(記事なし)
十月四日——145
霊徳院忌日に付、聖寿寺へ代香を遣わす
十月五日——145
養源院・義徳院忌日、聖寿寺・東禅寺へ代香
十月六日——145
東勘解由、病気に付、登城無し
十月七日——145
(記事なし)
十月八日——145
霊巌院忌日に付、東禅寺へ代香を遣わす
十月九日——146
暮証文認方御用物書当分仰付
十月十日——146
東勘解由、病気快、登城
十月十一日——146
徳雲院祥月に付、聖寿寺へ代香を遣わす
江戸へ献上の薯蕷、今朝差立
十月十二日——147
即性院忌日に付、聖寿寺へ代香を遣わす
十月十三日——147
吉田新七へ親舎人跡式、願の通
十月十四日——147
(記事なし)

十月十五日 147
（記事なし）
十月十六日 147
江戸へ飛脚今朝差立、御用儀共申遣
十月十七日 147
（記事なし）
十月十八日 147
南宗院・大源院忌日、聖寿寺・東禅寺へ代香
十月十九日 148
中野筑後、知行所の鰰、御曹司様へ差上
十月廿日 148
（記事なし）
十月廿一日 148
江戸へ献上の鮭披差立
十月廿二日 148
初菱喰献上の処、鳥振一鉢宜、仙洞御震献
十月廿三日 149
花巻給人上田周治へ親金吾跡式、願の通
十月廿四日 149
弥六郎嫡子八戸但馬、親勤功有り、席詰仰付
十月廿五日 149
八戸弥六郎口上書
十月廿六日 150
八戸弥六郎願書
八戸弥六郎、今九半時病死
十月廿七日 151
毛馬内給人大森清作へ親忠蔵跡式、願の通
十月廿八日 151
天量院忌日に付、聖寿寺へ代香を遣わす
十月廿九日 152
花巻給人金田一幸助へ親小右衛門跡式願の通
十一月朔日 152
儀俄牧人へ養父藤内名跡、願の通
十一月二日 152
江戸へ今朝立飛脚差立、御用儀共申遣
十一月三日 152
（記事なし）
十一月四日 152
霊徳院忌日に付、聖寿寺へ代香を遣わす
献上の御鷹見分、御曹司様、御鷹部屋へ入
十一月五日 153
養源院・義徳院忌日、聖寿寺・東禅寺へ代香
十一月六日 153
江戸へ今朝立飛脚差立、御用儀共申遣
十一月七日 153
江戸へ献上の若黄鷹五居差立
十一月八日 153
霊徳院忌日に付、東禅寺へ代香を遣わす
花菱御紋も御替紋に以来着用の旨、内慮伺書
十一月九日 154
三戸給人釜沢民弥へ親民之助跡式、願の通
十一月十日 154
矢幅八右衛門、馬門御番所番人願の通御免
十一月十一日 154
徳雲院忌日に付、聖寿寺へ代香を遣わす
十一月十二日 154
即性院忌日に付、聖寿寺へ代香を遣わす
十一月十三日 154
（記事なし）
十一月十四日 154
（記事なし）
十一月十五日 154
江戸へ献上の鮭塩引、進物共十駄、今朝差立
十一月十六日 155
大沢河原川守田三治居宅出火に付、仲間登城
十一月十七日 155
川守田三治、居宅自火焼失、恐入差扣罷有
十一月十八日 155
数十年出精相勤候者共へ褒美
南宗院・大源院忌日、聖寿寺・東禅寺へ代香
十一月十九日 156
常府横浜七郎へ養父英治兵衛名跡、願の通

十一月廿日 —— 156
（記事なし）
十一月廿一日 —— 156
大須賀左右、道中青駄御免、願の通
十一月廿二日 —— 156
八戸但馬、家座の通心得の沙汰、上座に相列
本家様より末家への取扱向、以来治定の沙汰
南部主税以来取扱向
十一月廿三日 —— 158
（記事なし）
十一月廿四日 —— 158
（記事なし）
十一月廿五日 —— 158
三日市大夫次郎名代石川幸之進を以て差上
十一月廿六日 —— 159
（記事なし）
十一月廿七日 —— 159
数十年出精相勤候者共へ褒美
十一月廿八日 —— 160
天量院忌日に付、聖寿寺へ代香を遣わす
十一月廿九日 —— 160
（記事なし）
十一月晦日 —— 160
（記事なし）

十二月朔日 —— 160
御用人安宅登へ御年男仰付、席にて申渡
来春勤番登仰付、来秋迄詰越仰付
寒中機嫌伺に、三戸此面・豊次郎登城
江戸へ今朝節季荷物五駄差立
十二月二日 —— 163
皆勤の者共へ褒美
江戸へ献上の鱈差立
十二月三日 —— 164
（記事なし）
十二月四日 —— 164
霊徳院忌日に付、聖寿寺へ代香を遣わす
十二月五日 —— 164
養源院祥月に付、聖寿寺へ代香を遣わす
義徳院忌日に付、東禅寺へ代香を遣わす
十二月六日 —— 164
江戸へ飛脚今朝差立、御用儀共申遣
十二月七日 —— 164
宮古給人豊間根七郎右衛門へ親保跡式願の通
十二月八日 —— 165
霊徳院祥月に付、東禅寺へ代香を遣わす
黒川主馬へ女御入内に付、京都への使者仰付
御用人黒川司へ御年男仰付、去朔日申渡
愛宕下堀大和守中屋敷御求、去月引受相済

十二月九日 —— 166
八戸但馬へ親弥六郎跡式、願の通
田鍍治五右衛門、思召入有、野田通代官仰付
十二月十日 —— 166
元同心半七、江戸屋敷にて盗、牛瀧へ追放
十二月十一日 —— 166
徳雲院忌日に付、聖寿寺へ代香を遣わす
十二月十二日 —— 167
即性院忌日に付、聖寿寺へ代香を遣わす
三上円治小屋焼失に付、仲間登城、火鎮退出
十二月十三日 —— 167
江戸より鷹匠組頭・鷹匠、昨夜下着
十二月十四日 —— 167
（記事なし）
十二月十五日 —— 167
御膳番中野専右衛門へ来年始規式御用懸仰付
女鹿喜代司へ来年始式法御用仰付
十二月十六日 —— 167
江戸立節季荷物三駄下着
八戸淡路、来春下向御供下り
藤枝宮内、来秋迄詰越
十二月十七日 —— 168
（記事なし）
十二月十八日 —— 168

南宗院・大源院忌日、聖寿寺・東禅寺へ代香
十二月十九日 168
御曹司様御誕生日に付、仲間吸物・酒頂戴
十二月廿日 168
御用人安宅登、年男仰付に付、拝領物仰付
十二月廿一日 168
（記事なし）
十二月廿二日 168
（記事なし）
十二月廿三日 168
南部左衛門尉より御知せ、英之助様婚姻御整
十二月廿四日 169
（記事なし）
十二月廿五日 169
（記事なし）
十二月廿六日 169
岩本専右衛門曽祖父隠居理右衛門、出奔立帰
十二月廿七日 170
今朝煤取に付、仲間登城無し
十二月廿八日 170
席へ熨斗出
歳暮の祝儀に屋形様・御曹司様へ御肴一折宛
十二月廿九日 170
馬場慶助へ親直右衛門跡式、願の通
十二月晦日 171
年縄配に付、御役人熨斗目、小役人上下着用

文化十五年／文政元年（一八一八）

正月元日 175
家老席へ熨斗出
吉例の如く、蛇沼・相米、年頭の祝儀差上
三戸雅楽助・此面・駒五郎登城、祝詞仰上
正月二日 175
年始の祝詞に、三戸豊次郎登城、祝詞仰上
二日御礼の諸士・諸医登城、玄関にて御帳記
正月三日 176
江戸へ年始御徒使気田庄之丞、今日差出
正月四日 176
霊徳院忌日に付、聖寿寺へ代香を遣わす
正月五日 176
養源院・義徳院忌日、聖寿寺・東禅寺へ代香
道中草賀宿にて羽織紛失、一件落着に付申達
正月六日 177
寺社方登城、菊之間廊下へ罷出、祝詞申上
正月七日 177
（記事なし）
正月八日 178
霊巌院忌日に付、東禅寺へ代香を遣わす
正月九日 178

（記事なし）
正月十日　178
江戸へ今朝立飛脚差立、御用儀共申遣
正月十一日　178
徳雲院忌日に付、聖寿寺へ代香を遣わす
八戸但馬口上書、例書
南部主税弟采女、養子の願、今以て沙汰無し
正月十二日　179
即性院忌日に付、聖寿寺へ代香を遣わす
例年の如く大般若経祈祷有、真言の寺院登城
正月十三日　179
旧例の如く、具足の餅啓、仲間席にて頂戴
大番頭奥瀬内記へ御帰国使者仰付
正月十四日　180
鉈屋丁出火に付、八戸但馬・東勘解由ら登城
正月十五日　180
去二日、屋形様、装束にて登城、御礼仰上
正月十六日　181
大斎日に付、登城無し
正月十七日　181
（記事なし）
正月十八日　181
南宗院・大源院忌日、聖寿寺・東禅寺へ代香
正月十九日　181
（私大に付、記事なし）
正月廿日　181
旧例の通、今日二十日に御直
旧例の通目出しの祝儀有り、席へ熨斗出賽振
但馬事、八戸弥六郎、名改願の通
七草の祝儀に、御曹司様へ御怡申上
正月廿一日　181
一戸豊前へ御用登仰付、勤中神用司下役仰付
正月廿二日　183
八戸弥六郎、継目に付、屋形様へ太刀馬代
正月廿三日　183
当勤心得宜相勤候者共へ言葉の褒美
正月廿四日　184
（記事なし）
正月廿五日　184
江戸よりの年始徒使川村軍右衛門、今朝差立
正月廿六日　184
大年寄佐羽内袖嶋、御用有り当秋迄詰越仰付
正月廿七日　185
熊野新宮御師石垣牛之助、屋形様へ御祓差上
正月廿八日　185
天量院忌日に付、聖寿寺へ代香を遣わす
正月廿九日　185
（記事なし）
正月晦日　185
（記事なし）
二月朔日　185
御曹司様今日の祝儀、役人席へ罷出祝儀申上
席へ熨斗出
二月二日　186
江戸へ今朝立飛脚差立、御用儀共申遣
二月三日　186
御用人御年男安宅登、此度の祝儀に付拝領物
二月四日　186
霊徳院忌日に付、聖寿寺へ代香を遣わす
飯岡通上鹿妻村才兵衛子勇八、両親へ孝心
設楽栄治組伊助、江戸にて喧嘩、町奉行御扱
二月五日　187
養源院・義徳院忌日、聖寿寺・東禅寺へ代香
二月六日　187
江戸へ今朝飛脚差立、御用儀共申遣
二月七日　187
安田庄蔵、嫡子文七盲目、嫡子仕兼候段訴
二月八日　188
霊巌院忌日に付、東禅寺へ代香を遣わす
二月九日　188
（記事なし）
二月十日　188

（記事なし）
二月十一日―――188
徳雲院忌日に付、聖寿寺へ代香を遣わす
二月十二日―――188
即性院忌日に付、聖寿寺へ代香を遣わす
火の用心に付、仰出
二月十三日―――189
（記事なし）
二月十四日―――189
鳥飼高橋仙蔵へ親与惣跡式、願の通
二月十五日―――189
（記事なし）
二月十六日―――189
江戸表へ飛脚今朝差立、御用儀共申遣
二月十七日―――190
御神用子供堀嶋美濃らへ出立仰付、水戸路登
二月十八日―――190
南宗院・大源院忌日、聖寿寺・東禅寺へ代香
二月十九日―――191
（記事なし）
二月廿日―――191
（記事なし）
二月廿一日―――191
（記事なし）
二月廿二日―――191
日光御宿坊光蔵坊へ六百両、光蔵坊口上書
二月廿三日―――194
奥詰小栗左右司、安居院へ御宿坊御頼の使者
二月廿四日―――194
（記事なし）
二月廿五日―――194
当献上御馬附立帰登、来月十日出立仰付
二月廿六日―――194
八戸弥六郎、鯛一折、名改に付差上
二月廿七日―――195
黒川主馬、新丸番頭御免の旨、御用状申来
二月廿八日―――195
福岡給人小笠原良助へ親八十助跡式、願の通
二月廿九日―――195
天量院忌日に付、聖寿寺へ代香を遣わす
二月晦日―――195
目付沢里勇馬へ明晦日出立仰付
三月朔日―――197
歳暮の御内書、今日仲間并御用人頂戴
津志田町浜屋内ゑひ、浜屋へ永御預、慎御免
三月二日―――197
栃内玉蔵、鶯宿へ入湯二廻御暇、願の通
江戸へ飛脚今朝差立、御用儀共申遣
三月三日―――197
席へ熨斗出
上巳の祝儀に、涼雲院・於年殿、祝詞仰上
家門衆登城、中丸総角之間廊下にて祝詞仰上
三月四日―――198
霊徳院忌日に付、聖寿寺へ代香を遣わす
三月五日―――198
養源院・義徳院忌日、聖寿寺・東禅寺へ代香
三月六日―――198
横浜儀左衛門嫡子良助、出奔
三月七日―――198
（記事なし）
三月八日―――198
霊巌院忌日に付、東禅寺へ代香を遣わす
三月九日―――198
献上の御馬見分、御曹司様、桜野馬場へ入
三月十日―――199
楢山主膳居宅手入、御山より松・栗雑木頂戴
三月十一日―――199
徳雲院忌日に付、聖寿寺へ代香を遣わす
三月十二日―――200
即性院忌日に付、聖寿寺へ代香を遣わす
三月十三日―――200
（記事なし）

三月十四日 —— 200
（記事なし）
三月十五日 —— 200
（記事なし）
三月十六日 —— 200
（記事なし）
三月十七日 —— 200
（記事なし）
三月十八日 —— 201
南宗院・大源院忌日、東禅寺・聖寿寺へ代香
日光御宿坊の儀、光蔵坊、留守居迄願出
三月十九日 —— 201
村瀬周作代者頭奥瀬小八郎へ勤番登仰付
三月廿日 —— 202
屋形様へ国許への御暇仰出、御曹司様へ申上
三月廿一日 —— 202
屋形様国許への御暇、御怡の為、家門衆登城
席へ熨斗出
屋形様、十五日登城、御暇の御礼首尾好仰上
三月廿二日 —— 203
奥詰医師上野祐甫へ御着城翌日出立仰付
三月廿三日 —— 203
（記事なし）
三月廿四日 —— 203
大番頭奥瀬内記へ御着前詰候様奉書にて申遣
三月廿五日 —— 204
（記事なし）
三月廿六日 —— 204
皆勤の者共へ褒美
屋形様、今晩郡山止宿に付、今朝遠使差立
三月廿七日 —— 205
屋形様、益御機嫌能、今朝六半時、着城
着城の祝儀に、席へ熨斗出
八戸淡路、御供にて下着
三月廿八日 —— 206
天量院祥月に付、聖寿寺へ代香を遣わす
御宿坊唯心院へ宿泊、一統相触候段目付申出
三月廿九日 —— 207
稽古場へ皆出席の者共へ褒美
津志田町検断万兵衛、老母へ孝心の趣
四月朔日 —— 209
榊山本社神事の節御用懸仰付
八戸弥六郎口上書
四月二日 —— 210
淡路嫡子八戸彼面、妻下田将監娘蝶、縁組
四月三日 —— 211
帰国御礼請、本丸御座之間にて、家門衆仰上
火事場詰の者へ申渡
四月四日 —— 213
霊徳院忌日に付、聖寿寺へ代香を遣わす
四月五日 —— 213
屋形様、帰国後初て、聖寿寺・東禅寺へ仏詣
四月六日 —— 214
中西金左衛門へ者頭仰付、御前にて仰渡
四月七日 —— 215
八戸弥六郎伺書
皆勤の者共へ褒美
南部主税弟采女、旗本山口延次郎へ養子
四月八日 —— 217
霊巌院忌日に付、東禅寺へ代香を遣わす
四月九日 —— 217
七戸給人高田覚蔵、病気に付、下役御免
四月十日 —— 217
権左衛門嫡子小栗権六へ花輪通代官本役仰付
四月十一日 —— 218
屋形様、中丸総角之間へ出座、名目御礼請
八戸弥六郎、御礼の節差上物
新渡戸丹波へ本社普請御用懸仰付
徳雲院忌日に付、聖寿寺へ代香を遣わす
光行公桜山源姓霊神の処、神号源姓主大明神
四月十二日 —— 220
即性院忌日に付、聖寿寺へ代香を遣わす

本社普請造営懸仰付
四月十三日――――221
倍真霊神、源行信公御神号、一統心得
此面二弟三戸堅之助七歳、妾腹故、此度御届
当月二十五、二十六日、源姓主大明神御祭
山火事用心の儀、仰出
御山諸木、街道並木に付、仰出
四月十四日――――223
神平次兵衛へ厨川通代官仰付
四月十五日――――224
月次御礼、本丸御座之間にて、家門衆仰上
佐藤村太へ野田通竹倉部御山鉄山方仰付
四月十六日――――224
永福寺へ年頭の御内書、菊之間にて相渡
四月十七日――――224
菊池五十八嫡子官吾、出奔、五十八訴
四月十八日――――226
大源院忌日に付、聖寿寺へ代香を遣わす
四月十九日――――226
小野寺左門退身の兄六右衛門、出奔
四月廿日――――226
中野筑後娘種、当月三日出生の旨
岩屋良作兄勇助出奔、昨夜立帰
四月廿一日――――227
斉藤男也、身帯・家屋敷取上、永揚屋入
四月廿二日――――228
宮古町去月十六日出火に付御届書
四月廿三日――――229
信徳主大明神、源姓主大明神、登城御悦申上
四月廿四日――――229
源姓主大明神推昇勧請に付新丸にて御能興行
四月廿五日――――230
源姓主大明神推昇勧請に付御歓に家門衆登城
四月廿六日――――230
桜山にて御祭、格別目出度、御咎の者共赦免
四月廿七日――――234
花輪給人井上小右衛門、巣鷹御用懸御免
四月廿八日――――235
天量院忌日に付、聖寿寺へ略供にて直詣
四月廿九日――――235
今明日新丸にて御能有り、仲間登城無し
四月晦日――――235
仲間、登城無し
五月朔日――――235
月次御礼、本丸御座之間にて、家門衆仰上
端午の祝儀に御肴一折宛、銘々目録にて差上
御用人玉山直人へ年男仰付、席にて申渡
沢田左司馬へ御用人仰付、御前にて仰渡
五月二日――――236
赤沢軍助隠居、忰見蔵家督、願の通
五月三日――――237
帰国使者奥瀬内記、御用番へ献上物書付差出
五月四日――――238
明五日義徳院祥月に付、屋形様東禅寺へ仏詣
霊徳院忌日、五日養源院忌日、聖寿寺へ代香
五月五日――――238
席へ熨斗出
端午の祝儀、御本丸御座之間家門衆御礼仰上
五月六日――――238
花巻給人簡左治へ花巻三御町奉行仰付
五月七日――――239
宮古町出火数百軒焼失、類焼の者共へ御手当
五月八日――――239
霊巌院忌日に付、東禅寺へ代香を遣わす
五月九日――――239
帰国使者奥瀬内記今朝着、直々登城席へ罷出
五月十日――――240
大番頭奥瀬内記、御座之間にて御逢御意有り
五月十一日――――240
徳雲院忌日に付、聖寿寺へ代香を遣わす
年号文政と改元に付、廻状
五月十二日――――242

即性院忌日に付、聖寿寺へ代香を遣わす
五月十三日 ―― 242
毛馬内給人山本九一郎娘民、出奔立帰
五月十四日 ―― 243
佐々木栄治知行所三戸川向村百姓家明立退
五月十五日 ―― 243
月次御礼、本丸御座之間にて、家門衆仰上
五月十六日 ―― 244
願教寺法用有り、江戸築地本願寺への御暇
五月十七日 ―― 244
上大工丁鍛冶屋徳兵衛火元、類焼共二軒
五月十八日 ―― 245
榊山本社神事に付、神輿下小路御旅所へ渡御
南宗院・大源院忌日、聖寿寺・東禅寺へ代香
五月十九日 ―― 245
榊山神事、下小路御旅所へ詰、仲間登城無し
五月廿日 ―― 245
榊山本社神事首尾好相済、神輿五時過御帰輿
五月廿一日 ―― 245
黒沢伝左衛門、鶯宿へ入湯二廻御暇、願の通
五月廿二日 ―― 246
刈屋丹蔵、身帯の内半分取上、隠居蟄居
五月廿三日 ―― 247
大嶋惣右衛門嫡孫祐平、出奔
五月廿四日 ―― 247
南彦六郎娘奈賀、当月十三日出生の旨
五月廿五日 ―― 248
栃内良作、親勤功も有り、夏坂番所番人仰付
五月廿六日 ―― 248
毛馬内良之助、妻岩間将監娘八重、縁組
五月廿七日 ―― 249
田名部町安右衛門駕籠訴無調法、永く揚屋入
五月廿八日 ―― 250
天量院忌日に付、聖寿寺へ略供にて直詣有り
長谷川源内・久慈常作助教仰付、稽古場代講
弥六郎妹兵庫嫡子桜庭晴之進妻、病死忌中
五月廿九日 ―― 250
八戸淡路、病気に付、登城無し
六月朔日 ―― 251
月次御礼、本丸御座之間にて、家門衆仰上
六月二日 ―― 251
御用人、以来、公事月番中合廻りに相勤
六月三日 ―― 252
隠居願・嫡子願・養子願の類、仰付の沙汰
会所有り、東勘解由相越
六月四日 ―― 253
霊徳院祥月に付、屋形様、聖寿寺へ仏詣
六月五日 ―― 253
養源院・義徳院忌日、聖寿寺・東禅寺へ直詣
六月六日 ―― 253
三上円治老衰にて隠居、忰小四郎家督願の通
六月七日 ―― 254
花巻給人平沢宇右衛門老衰隠居、忰一伍家督
六月八日 ―― 254
霊巌院忌日に付、東禅寺へ代香を遣わす
六月九日 ―― 255
（記事なし）
六月十日 ―― 255
三上権作へ見前向中野通代官仰付
六月十一日 ―― 255
徳雲院忌日に付、聖寿寺へ代香を遣わす
六月十二日 ―― 256
即性院忌日に付、聖寿寺へ代香を遣わす
六月十三日 ―― 256
福岡通代官・沼宮内通代官へ勤中金方加増
嫡子・嫡孫初ての御礼願書認方
六月十四日 ―― 257
石工屋棟梁喜右衛門忰欠落、従弟に職分御用
六月十五日 ―― 257
月次御礼、本丸御座之間にて、家門衆仰上
二月十六日歳暮、六月十六日端午御内書御渡
六月十六日 ―― 258

端午の御内書、仲間并御用人、席にて頂戴
六月十七日 —— 259
野々村唯右衛門へ野田通代官仰付
六月十八日 —— 260
大源院祥月に付、屋形様、聖寿寺へ仏詣
南宗院忌日に付、東禅寺へ代香を遣わす
六月十九日 —— 261
今暁御徒山口喜右衛門居宅焼失、仲間登城
暑中機嫌伺に、三戸雅楽助・此面登城
六月廿日 —— 261
御神用子供一人、御用有り登仰付
六月廿一日 —— 262
鶉五羽宛、三戸雅楽助・此面へ暑中御尋御意
六月廿二日 —— 263
坂本栄馬、組同心不念の儀有り、差扣願出
六月廿三日 —— 263
上野祐甫代奥詰医師岡井元孝、当秋勤番登
六月廿四日 —— 264
勘定奉行大川又右衛門・太田甚内へ扶持加増
六月廿五日 —— 264
経学執心修行致候者共へ褒美
六月廿六日 —— 265
評定所にて大評定有り、東勘解由ら罷越
六月廿七日 —— 265
日戸宇右衛門老衰隠居、忰勘十郎家督願の通
六月廿八日 —— 265
天量院忌日に付、聖寿寺へ略供にて直詣有り
六月廿九日 —— 265
若年寄水谷多川へ加増に付、証文相渡
六月晦日 —— 266
（記事なし）
七月朔日 —— 266
月次御礼、本丸御座之間にて、家門衆仰上
葛西満五郎へ当八月櫛引八幡へ名代仰付
当八月祭礼御用懸仰付
勤番登仰付
七月二日 —— 269
楢山主膳、八戸淡路病気に付、出勤迄罷出
七月三日 —— 269
御馬方川村嘉兵衛、牛馬御用村松刑部指図
善平嫡子西嶋善八郎へ祐筆本役仰付
七月四日 —— 270
霊徳院忌日に付、聖寿寺へ代香を遣わす
当八月二十九日、桂香院様百年忌相当の旨
当九月六日、実山栄公様五百年忌相当の由
七月五日 —— 270
養源院・義徳院忌日、聖寿寺・東禅寺へ直詣
田名部・三戸・七戸沼山へ献上御留鷹御用
七月六日 —— 271
二季名改、願の通
七月七日 —— 272
席へ熨斗出
七夕の祝儀、本丸御座之間にて、家門衆仰上
七月八日 —— 272
霊巌院忌日に付、東禅寺へ代香を遣わす
遠野通代官仰付、領地に懸り候扱向計取扱
献上鳥討御用鳥見仰付、代官へ申渡
南部主税娘於冨殿、去月十九日病死の旨
七月九日 —— 273
大川平右衛門老衰隠居、忰龍之進家督願の通
七月十日 —— 273
龍之進事、大川平右衛門、名改願の通
七月十一日 —— 273
徳雲院忌日に付、聖寿寺へ代香を遣わす
藤枝宮内へ来春迄詰越仰付
七月十二日 —— 275
即性院忌日に付、聖寿寺へ代香を遣わす
七月十三日 —— 276
工藤快助へ親金右衛門跡式、願の通
七月十四日 —— 276
屋形様、聖寿寺・東禅寺へ仏詣
七月十五日 —— 276

明日大斎日に付、登城の儀、不罷出宜敷旨
七月十六日 ——— 276
大斎日に付、登城無し
七月十七日 ——— 276
教浄寺、病気の処、病死の旨訴出
七月十八日 ——— 277
南宗院・大源院忌日、聖寿寺・東禅寺へ代香
野田・三戸・五戸・七戸等、野馬役代官扱
七月十九日 ——— 278
当年貢穀御調御帳御物書当分御用中仰付
七月廿日 ——— 278
千種勇助へ親延助跡式、願の通
七月廿一日 ——— 278
野辺地喜代治、継目御礼幼少に付、名代申上
七月廿二日 ——— 279
寺林光林寺後住頼に付、相州藤沢へ使僧
七月廿三日 ——— 279
大納戸買方狐崎小兵衛、思召に応、常詰仰付
七月廿四日 ——— 280
（記事なし）
七月廿五日 ——— 280
取次格御金奉行小田代蔓又へ祭礼御用懸仰付
七月廿六日 ——— 280
七戸給人工藤新之丞難治の症、忰与治郎家督
七月廿七日 ——— 281
中ノ橋御繕、来春仰付、右の内牛馬通用差留
七月廿八日 ——— 281
月次御礼、本丸御座之間にて、家門衆仰上
天量院忌日に付、聖寿寺へ代香を遣わす
七月廿九日 ——— 281
中西金左衛門、母大病に付、附添介抱御暇
山岸丁長之助火元出火、類焼共家数三十八軒
七月晦日 ——— 281
工藤茂弥太弟三之助、出奔
八月朔日 ——— 282
席へ熨斗出
八朔の御礼、本丸御座之間にて、家門衆仰上
八月二日 ——— 283
佐野長門、冥加金差上、持地高身帯へ加
八月三日 ——— 283
正眼院殿三十三回忌相当、聖寿寺一日法事
八月四日 ——— 283
霊徳院忌日に付、聖寿寺へ代香を遣わす
八月五日 ——— 284
養源院・義徳院忌日、聖寿寺・東禅寺へ直詣
八月六日 ——— 284
種子孫兵衛老衰隠居、忰小次郎家督、願の通
八月七日 ——— 284
大円院殿十七回忌相当、聖寿寺一日法事
黒沢伝左衛門、後妻内堀大隅姪英、縁組
桜庭兵庫、細昆布一折、知行所の産物差上
松平右京大夫嫡子美濃守死去、定式の忌服
八月八日 ——— 285
霊巌院忌日に付、東禅寺へ代香を遣わす
八月九日 ——— 285
藤五、三男等名改、漆戸左仲相届
八月十日 ——— 286
葛西満五郎へ櫛引八幡宮へ名代仰付
八月十一日 ——— 286
徳雲院忌日に付、聖寿寺へ代香を遣わす
八月十二日 ——— 286
即性院忌日に付、聖寿寺へ代香を遣わす
八月十三日 ——— 286
大年寄御神用司佐羽内相模、本社普請御用懸
八月十四日 ——— 287
鳩森八幡宮神輿、九時渡御
十六日迄役人上下、小役人継肩衣着用
八月十五日 ——— 287
鳩森八幡宮祭礼に付、御旅所へ新渡戸丹波詰
八月十六日 ——— 287
鳩森八幡宮神輿、四時過御城門へ鎮座
八月十七日 ——— 287

水野左近将監隠居亀遊斎御事、病気の処死去
八戸弥六郎方、葛西半右衛門親隠居病死忌中
八月十八日 ―― 288
南宗院祥月に付、屋形様、東禅寺へ仏詣
大源院忌日に付、聖寿寺へ代香を遣わす
八月十九日 ―― 288
（記事なし）
八月廿日 ―― 289
藤田務、門前へ去月出生位の女子捨置
八月廿一日 ―― 289
新渡戸丹波、御用有り登仰付、今朝出立
八月廿二日 ―― 289
柏田民右衛門、差扣御免、目付へ申渡
八月廿三日 ―― 290
福岡給人高田官兵衛老衰隠居、忰貞助家督
八月廿四日 ―― 290
江戸へ飛脚、今朝差立、御用儀共申遣
八月廿五日 ―― 290
笠間喜内へ北浦見廻役仰付、楢山主膳申渡
八月廿六日 ―― 291
桜馬場にて、当馬喰馬惣崩見分、屋形様入
八月廿七日 ―― 291
楢山主膳事、御用に寄候儀は証文面にも入
八月廿八日 ―― 292
月次御礼、本丸御座之間にて、家門衆仰上
天量院忌日に付、聖寿寺へ代香を遣わす
江戸へ今朝献上の鮭御登せ
八月廿九日 ―― 292
根井沢勇蔵、妾腹源之助此節丈夫に付、御訴
九月朔日 ―― 293
月次御礼、本丸御座之間にて、家門衆仰上
九月二日 ―― 293
（記事なし）
九月三日 ―― 293
（記事なし）
九月四日 ―― 293
霊徳院忌日に付、聖寿寺へ代香を遣わす
馬喰馬御用登、年々九月朔日御定日に御据
九月五日 ―― 294
養源院・義徳院忌日、聖寿寺・東禅寺へ代香
九月六日 ―― 294
実山栄公五百年忌相当に付、聖寿寺にて茶湯
九月七日 ―― 294
乗馬役川井寛作らへ馬喰馬御用立帰登仰付
九月八日 ―― 295
江戸へ献上の菱喰、今朝差立
霊巌院忌日に付、東禅寺へ代香を遣わす
植村佐山、鶯宿へ入湯二廻御暇、願の通
九月九日 ―― 295
重陽の祝儀に、席へ熨斗出
屋形様、本丸御座之間にて、家門衆御礼請
九月十日 ―― 296
北監物口上書
八戸淡路、鶯宿へ湯治御暇、今朝湯元へ出立
九月十一日 ―― 296
徳雲院忌日に付、聖寿寺へ代香を遣わす
九月十二日 ―― 296
即性院忌日に付、屋形様、聖寿寺へ仏詣
九月十三日 ―― 297
五戸与力吉田宇右衛門老衰、忰良右衛門家督
九月十四日 ―― 297
野田通代官、三ケ年中三人の処、以来二人勤
九月十五日 ―― 298
月次御礼、本丸御座之間にて、家門衆仰上
北監物嫡子久弥、初て御礼、鳥目差上御礼
九月十六日 ―― 298
中野兵馬、門前へ去年十月出生位の男子捨置
北監物口上書
九月十七日 ―― 298
中原八郎右衛門二男栄八、常光寺弟子出家
九月十八日 ―― 298
南宗院・大源院忌日、聖寿寺・東禅寺へ代香

九月十九日 ―― 299
（記事なし）
九月廿日 ―― 299
（記事なし）
九月廿一日 ―― 299
火の番、御門番仰付
九月廿二日 ―― 300
献上の御鷹附立帰登鷹匠、以来十月朔日定日
小田代蟇又、門前へ当月出生位の男子捨置
南部左衛門尉使者、御用人黒川司へ面会
九月廿三日 ―― 301
野辺地建見、下斗米右平治二男軍七聟養子
九月廿四日 ―― 301
北監物口上書
九月廿五日 ―― 302
楢山帯刀へ大番頭仰付、御前にて仰渡
九月廿六日 ―― 303
八戸淡路、鶯宿へ湯治の処、日数相済罷帰
九月廿七日 ―― 303
宮古代官所諸木植立願上候者共へ猶出精申渡
九月廿八日 ―― 303
天量院忌日に付、屋形様、聖寿寺へ略供直詣
駒二歳迄百姓飼立入料分、百姓へ少々宛手当
九月廿九日 ―― 304
屋形様誕生日に付、御囃有り、仲間拝見
九月晦日 ―― 304
田地買戻吟味に付、見前高田村弥四郎へ仰渡
十月朔日 ―― 305
月次御礼、本丸御座之間にて、家門衆仰上
十月二日 ―― 305
江戸へ飛脚差立、御用儀共申遣
十月三日 ―― 305
高知名改の節、以来月番の家老へ計廻勤
十月四日 ―― 306
霊徳院忌日に付、聖寿寺へ代香を遣わす
十月五日 ―― 306
養源院・義徳院忌日、聖寿寺・東禅寺へ直詣
監物事、北九兵衛、嫡子久弥事、北監物名改
十月六日 ―― 306
家門衆口上書
天量院御子其方一人に付、以来家門の通取扱
三戸雅楽助・此面・駒五郎、南部称号相免
八戸弥六郎・中野筑後ら、南部称号相免
十月七日 ―― 310
南部左衛門尉御引取の縁女、英之助と婚姻
十月八日 ―― 310
霊巌院忌日に付、東禅寺へ代香を遣わす
十月九日 ―― 310
諸木植立出精の者へ言葉の褒美
尾崎大明神社頭大破に付、修復助力勧化御免
山岸丁小兵衛より出火、仲間登城、類焼無し
十月十日 ―― 311
家門方口上書
桂寿院殿、左京嫡女に付、輪無鶴相用可申事
十月十一日 ―― 312
江戸へ献上の鶴、今朝差立
徳雲院祥月に付、屋形様、聖寿寺へ仏詣
台光寺出火に付、仲間登城、類焼も無し
十月十二日 ―― 312
即性院忌日に付、聖寿寺へ代香を遣わす
十月十三日 ―― 313
慈眼院殿、以来家門の通取扱、御側へ看差上
十月十四日 ―― 313
不時名目御礼請、本丸御座之間にて称号御礼
十月十五日 ―― 314
月次御礼、本丸御座之間にて、家門衆仰上
十月十六日 ―― 315
江戸へ献上の薯蕷、今朝差立
十月十七日 ―― 315
初雪に付、御曹司様へも仲間機嫌伺
十月十八日 ―― 316
南宗院・大源院忌日、聖寿寺へ代香を遣わす

十二月十六日――355
寒中御尋、南部雅楽助・左京らへ鮭二尺宛
十二月十七日――356
寒中に付御意有り、高知へ鱈二尾宛
十二月十八日――356
南宗院・大源院忌日、聖寿寺・東禅寺へ代香
寒中に付御意有り、高知へ鱈二尾宛
十二月十九日――357
御曹司様誕生日に付、御側にて御囃子有り
十二月廿日――357
御用人黒川司、年男相勤候に付、拝領物仰付
寒中に付御意有り、上使にて鱈二尾宛
十二月廿一日――357
永福寺・聖寿寺へ寒中に上使、午房一折宛
十二月廿二日――358
新渡戸丹波、昨夜下着に付、今日より登城
南部弥六郎・筑後、仲間不人数に付隔日罷出
楢山主膳、新渡戸丹波罷登に付、御用番相勤
十二月廿三日――359
八幡丁春松・穀丁伊四郎行跡不宜二十八丁払
十二月廿四日――359
法泉寺石梁へ東禅寺住職仰付
聖寿寺先々住太玄弟子機蔵主、法泉寺住職
十二月廿五日――360
南部慈眼院殿へ御手当に以来御蔵米五十駄宛
十二月廿六日――360
天量院忌日の処歳暮に付、今日御忍にて仏詣
南部勘解由宅にて誓詞堅目有り、役人相詰
十二月廿七日――361
煤取に付、仲間登城無し
十二月廿八日――361
本丸にて、家門衆歳暮の祝儀仰上
歳暮の祝儀に仲間・高知・御用人より肴差上
十二月廿九日――361
（記事なし）
十二月晦日――361
年縄配に付、役人熨斗目、小役人上下着用

文政二年（一八一九）

正月元日――365
屋形様、御座之間にて、年頭の規式御祝
御馬乗初、桜の馬場にて、名代年男相勤
正月二日――366
屋形様御座之間にて、南部左近年頭御礼申上
席へ熨斗出
正月三日――366
吉例の如く、得方上田通志家村へ御鷹野
例年の如く、江戸上々様方へ年始祝儀
今晩謡初、御側にて御祝、仲間七時より登城
席へ熨斗出
正月四日――367
霊徳院忌日、当年も直詣前にて、代香無し
達姫様逝去に付、鳴物三日停止、普請は不苦
正月五日――367
屋形様、聖寿寺・東禅寺・教浄寺へ仏詣
鉈屋丁出火、十七軒焼失、火事場へ南部筑後
正月六日――369
屋形様、中丸総角之間へ出座、五ケ寺御礼
正月七日――369
七草の祝儀、役人共席へ罷出、祝詞申上

正月八日――370
霊巌院忌日に付、東禅寺へ代香を遣わす
家門方御附人口上書を以て申出
慈眼院殿御附人伺
正月九日――370
新渡戸丹波、病気に付、登城無し
八戸淡路、病気快、今日より登城
正月十日――370
(記事なし)
正月十一日――370
徳雲院忌日に付、聖寿寺へ代香を遣わす
今晩節分に付、大豆はやす也
正月十二日――370
即性院忌日に付、聖寿寺へ代香を遣わす
例年の如く大般若経祈祷有り、真言寺院登城
正月十三日――371
例年の如く、具足の餅啓に付、規式御盃頂戴
今日例朝の御逢は無し
正月十四日――371
年縄納に付、仲間并役人熨斗目、小役人上下
出立仰付、目付毛馬内命助申出
正月十五日――373
月次御礼、本丸御座之間にて、家門衆仰上
新渡戸丹波、病気快、今日より登城
正月十六日――373
大斎日に付、登城無し
江戸より年始御徒使、今朝下着
正月十七日――373
四戸勘之助老衰隠居、忰亥之松家督、願の通
正月十八日――374
南宗院・大源院忌日、聖寿寺・東禅寺へ代香
正月十九日――374
(記事なし)
正月廿日――374
旧例の通、目出祝儀有り、席へ熨斗出賽振
正月廿一日――374
聖寿寺多病、拙僧嗣法の弟子寿昌庵良山名代
南部弥六郎伺書、南部筑後伺書
正月廿二日――376
南部勘解由、忌御免、奉書を以て申遣
正月廿三日――376
大奥御附役と唱候は大奥老人役
正月廿四日――376
百姓手廻召連欠落に付、仰出
正月廿五日――377
初ての御目見に付、仰出
正月廿六日――378
野辺地給人野坂幸之助、売職筋に付罷登面会
智相院、留守居申出
正月廿七日――378
江戸へ今夕七日振飛脚差立
正月廿八日――379
月次御礼、本丸御座之間にて、家門衆仰上
天量院忌日に付、聖寿寺へ代香を遣わす
津志田町の儀に付、仰出
正月廿九日――379
駒嶺松之助隠居、忰駒之助家督、願の通
二月朔日――380
月次御礼、本丸御座之間にて、家門衆仰上
越後嫡子理平事、長瀬造酒、名改願の通
閏四月中桜馬場にて乗馬御覧の旨仰出
二月二日――380
長瀬越後へ相撲行事永仰付、家職と心得
二月三日――381
(記事なし)
二月四日――381
徳雲院忌日に付、聖寿寺へ代香を遣わす
二季名改、願の通
二月五日――382
養源院・義徳院忌日、聖寿寺・東禅寺へ直詣
二月六日――382
兼て仰出の献上物の儀に付、仰出

二月七日 383
（記事なし）
二月八日 383
馴合馬引売に付、別紙答書
二月九日 384
毛馬内典膳、嫡孫縫殿初ての御目見、願の通
二月十日 384
平常行跡不宜百姓共追放、願の通
二月十一日 385
徳雲院忌日に付、聖寿寺へ代香を遣わす
二月十二日 385
即性院忌日に付、聖寿寺へ代香を遣わす
二月十三日 386
南部駒五郎妹於宮、南部九兵衛嫡子監物縁組
二月十四日 387
於年殿、鯛一折、樽一荷差上披露
二月十五日 388
月次御礼、本丸御座之間にて、家門衆仰上
二月十六日 389
歳暮の御内書、仲間并御用人、席にて頂戴
近江嫡子蔵人事、毛馬内美濃、名改願の通
南部雅楽助、屋形様・御曹司様へ午房献上
二月十七日 390
典膳嫡子左門事、毛馬内蔵人、名改願の通
典膳嫡孫縫殿事、毛馬内左門、名改願の通
二月十八日 390
南宗院・大源院忌日、聖寿寺・東禅寺へ代香
宮古村方密馬吟味、帳外馬出来、願の通差扣
二月十九日 390
長嶺兵作老衰隠居、悴宅左衛門家督、願の通
二月廿日 391
南部勘解由、出勤に付、席にて御内書相渡
二月廿一日 391
禁裏疱瘡の趣、御城書に見得、御用人ら申出
二月廿二日 392
八戸淡路、病気快、今日より登城
二月廿三日 392
南部左京舎弟繁弥、野田豊後娘烈へ聟養子
二月廿四日 393
馬医大嶋惣平へ献上馬附添立帰登仰付
二月廿五日 394
八戸淡路、出勤に付、席にて御内書相渡
二月廿六日 395
奥瀬内記四男繁弥、当月九日出生の旨
大沢権左衛門三男末治、永福寺弟子出家
二月廿七日 395
毛馬内典膳宅にて、誓詞堅目有り、役人相詰
二月廿八日 395
天量院忌日に付、聖寿寺へ代香を遣わす
二月廿九日 395
八幡丁入口、小人丁より出火、仲間ら登城
二月晦日 396
医師横沢友川隠居、悴周郁家督、願の通
三月朔日 397
月次御礼、本丸御座之間にて、家門衆仰上
三月二日 397
御用番青山下野守公用人御達書
三月三日 398
席へ熨斗出
上巳の祝儀、本丸御座之間にて、家門衆仰上
新穀丁三丁目井筒屋九郎兵衛借家千代、孝心
給所新田に付、此度沙汰書
三月四日 399
霊徳院忌日に付、聖寿寺へ代香を遣わす
檜山主膳へ当勤番登仰付、江戸勤中加判
三月五日 399
養源院・義徳院忌日、聖寿寺・東禅寺へ直詣
芳光院三十三回忌相当、広照院百年忌相当
三月六日 400
献上の御馬見分、供揃にて桜野馬場へ入
六日丁壱丁目与兵衛借家豊松、女房長、孝心
三月七日 400

沼宮内役医格室岡元叔、病気に付役医格御免
三月八日――――400
霊巌院忌日に付、東禅寺へ代香を遣わす
屋形様参勤時節、御連書差出、口上申上
三月九日――――401
名久井歓作、高橋直右衛門二男定巳聟養子
三月十日――――402
宮古町宇兵衛、冥加二百両差上、一先上納
三月十一日――――402
徳雲院忌日に付、聖寿寺へ代香を遣わす
三月十二日――――402
即性院忌日に付、聖寿寺へ代香を遣わす
三月十三日――――403
赤前門蔵へ親文治跡式、願の通
三月十四日――――403
奥瀬治部、妻漆戸舎人娘菊、縁組願の通
三月十五日――――404
月次御礼、本丸御座之間にて、家門衆仰上
屋形様参勤時節伺、当九月中参府、奉書仰出
三月十六日――――404
盛田栄之進、瑞龍寺一件に付、下役取上
三月十七日――――405
七戸瑞龍寺後住、永祥院実明長老住職
三月十八日――――405
南宗院・大源院忌日、聖寿寺・東禅寺へ代香
三月十九日――――405
冨田栄蔵、福田与平太伯父妾腹の与八聟養子
三月廿日――――406
米内村百姓甚之助、女房、両親へ孝心の趣
宮古町宇兵衛、冥加二百両差上、所給人仰付
三月廿一日――――406
（記事なし）
三月廿二日――――406
主上疱瘡酒湯の祝儀使者、毛馬内名張へ仰付
三月廿三日――――407
霞伝左衛門へ五戸通代官所下役仰付
三月廿四日――――408
墓守の外、刀差の儀、以来中使と相唱
三月廿五日――――408
五戸給人江渡文右衛門へ密馬改役仰付
八日丁壱丁目家主亀松、祖母へ孝心の儀
三月廿六日――――409
皆勤の者共へ褒美
内堀大隅、屋形様・御曹司様へ知行所の産物
三月廿七日――――411
南部勘解由宅にて、誓詞堅目有り、役人相詰
三月廿八日――――412
天量院祥月に付、屋形様、本供にて仏詣
三月廿九日――――412
稽古場へ出精代講に付、言葉の褒美
四月朔日――――413
月次御礼、本丸御座之間にて、家門衆仰上
野々村円蔵らへ榊山本社神事の節御用懸仰付
種市九八退身の兄金平、出奔立帰、御預蟄居
四月二日――――414
野辺地春之丞、弟小忠太養子、願の通
四月三日――――415
宮古給人駒井宇兵衛、身分取立に付金子差上
南部左京御役人口上書
四月四日――――415
霊徳院忌日に付、聖寿寺へ代香を遣わす
八戸淡路、病気に付、登城無し
佐羽内袖嶋、鶯宿へ入湯二廻御暇、願の通
楢山主膳娘喜与、先月十九日出生の旨
四月五日――――415
養源院・義徳院忌日、聖寿寺・東禅寺へ直詣
野田豊後口上書願
四月六日――――416
一条佐兵衛隠居、悴仁左衛門家督、願の通
四月七日――――416
楢山主膳へ加判役仰付、御前にて仰渡
四月八日――――417

霊巌院忌日に付、東禅寺へ代香を遣わす
四月九日 ―――― 417
（記事なし）
四月十日 ―――― 417
菊池矢柄老衰隠居、悴金之助家督、願の通
四月十一日 ―――― 418
徳雲院忌日に付、聖寿寺へ代香を遣わす
四月十二日 ―――― 418
即性院忌日に付、聖寿寺へ代香を遣わす
四月十三日 ―――― 418
真田和兵衛、式部跡式相続に付、御目見願書
毛馬内近江、屋形様・御曹司様へ領知の産物
近江事、毛馬内出雲、名改願の通
四月十四日 ―――― 419
駒嶺兵陸難治の症にて、悴兵蔵家督、願の通
四月十五日 ―――― 419
月次御礼、本丸御座之間にて、家門衆仰上
毛馬内出雲へ老中格仰付、御前にて仰渡
四月十六日 ―――― 420
檜山主膳へ勤番登仰付、今朝出立
四月十七日 ―――― 420
采女事、黒沢大学、名改願の通
四月十八日 ―――― 421
御徒川村軍右衛門・本館甚助ら、差扣御免
南宗院忌日に付、東禅寺へ代香を遣わす
八戸淡路、病気快、今日より登城
四月十九日 ―――― 421
南部筑後、地穢御免、奉書を以て申遣
四月廿日 ―――― 421
花巻門屋助右衛門二男民蔵、出奔立帰
四月廿一日 ―――― 421
医師上野祐達へ御診医師仰付
四月廿二日 ―――― 422
南部左衛門尉にて英之助、十八日在所へ発足
四月廿三日 ―――― 423
加賀野村百姓三助家焼失に付、仲間ら登城
四月廿四日 ―――― 423
座順、下役・密馬改役・境役・境吟味役
四月廿五日 ―――― 424
南部左京縁女雅楽助娘於礼殿、婚礼御整
四月廿六日 ―――― 424
藤井孫右衛門へ網張の湯番人仰付
嫡子桜庭肥後、後妻関新兵衛娘富、縁組
生姜丁市之助火事場にて盗、城下二十九丁払
四月廿七日 ―――― 426
横川永助へ親才兵衛跡式、願の通
四月廿八日 ―――― 426
天量院忌日に付、聖寿寺へ略供にて直詣
四月廿九日 ―――― 426
大矢覚右衛門老衰隠居、悴覚蔵家督、願の通
四月晦日 ―――― 427
和賀役所物書金右衛門、勤中苗字帯刀御免
閏四月朔日 ―――― 427
月次御礼、本丸御座之間にて、家門衆仰上
閏四月二日 ―――― 427
岩館権次郎嫡子泰蔵、出奔
閏四月三日 ―――― 428
帷子多次郎四男多市郎、東顕寺弟子出家
閏四月四日 ―――― 428
霊徳院忌日に付、聖寿寺へ代香を遣わす
南部筑後二男栄太郎、先月十九日出生の旨
閏四月五日 ―――― 428
蓮生院、二百回忌相当の旨、大泉寺訴
神鏡院、十七回忌相当の旨、東禅寺訴
閏四月六日 ―――― 429
養源院・義徳院忌日、聖寿寺・東禅寺へ直詣
高知より百石以上諸士迄桜馬場乗馬御覧仰出
内堀大隅へ火の番当分仰付
閏四月七日 ―――― 429
高橋判兵衛、大槌・宮古通海岸御山出下役
閏四月八日 ―――― 430
霊巌院忌日に付、東禅寺へ代香を遣わす

六月十一日――――――――――456
徳雲院忌日に付、聖寿寺へ代香を遣わす
暑中御尋御意有り、永福寺・聖寿寺へ葛粉
六月十二日――――――――――456
即性院忌日に付、聖寿寺へ代香を遣わす
六月十三日――――――――――456
南部彦六郎、屋形様・御曹司様へ産物差上
下田右門、屋形様・御曹司様へ産物差上
六月十四日――――――――――457
榊山本社祭礼参詣に付、仰出
（記事なし）
六月十五日――――――――――457
遷宮に付、今日の月次御礼無し
六月十六日――――――――――457
横浜帯刀、目出度時節に付、参詣・出会不苦
六月十七日――――――――――458
葛水差置、行灯・挑灯賑わいに差出勝手次第
六月十八日――――――――――458
大源院祥月に付、屋形様、聖寿寺へ仏詣
神鏡院十七回忌相当、東禅寺にて茶湯執行
南宗院忌日に付、東禅寺へ代香を遣わす
六月十九日――――――――――458
榊山本社造営出来栄に付、勝手次第参詣仰付
六月廿日――――――――――458
（記事なし）
六月廿一日――――――――――458
榊山本社造営出来栄に付、御咎の者共御赦免
六月廿二日――――――――――467
出精に付、新渡戸丹波・毛馬内典膳へ祝儀
六月廿三日――――――――――468
榊山本社造営普請出精の者共へ祝儀
六月廿四日――――――――――471
鈴木金兵衛老衰隠居、悴賢蔵家督、願の通
六月廿五日――――――――――472
奥瀬治部・岩間将監、領知の産物差上
東中野村上小路柳之下百姓火元、十七軒焼失
船越伊三郎居宅門前へ五月頃出生の女子捨置
六月廿六日――――――――――473
山本兵衛、屋形様・御曹司様へ領知産物差上
六月廿七日――――――――――473
豊間根定八、一生の内給人並に仰付
六月廿八日――――――――――474
天量院忌日に付、聖寿寺へ代香を遣わす
不時名目御礼請、病後御礼奥瀬内記
六月廿九日――――――――――474
端午の御内書に付、今日仲間并御用人頂戴
六月晦日――――――――――475
作事奉行加増に付、証文何も目付を以て相渡
七月朔日――――――――――475
月次御礼、本丸御座之間にて、家門衆仰上
家老格毛馬内出雲へ参勤御供登仰付
北彦助へ当八月櫛引八幡へ名代仰付
七月二日――――――――――477
御用人黒川司当秋勤番登仰付、参勤御供仰付
七月三日――――――――――477
若年寄津嶋春瀬らへ参勤御供登仰付
蓮生院二百回忌相当、今朝大泉寺茶湯執行
七月四日――――――――――480
霊徳院忌日に付、聖寿寺へ代香を遣わす
七月五日――――――――――480
養源院・義徳院忌日、聖寿寺・東禅寺へ直詣
七月六日――――――――――481
当秋勤番登仰付
七月七日――――――――――482
榊山本社造営出来栄に付、新丸にて御能興行
七夕の祝儀、本丸御座之間にて、家門衆仰上
席へ熨斗出
献上鳥討仰付、目付申出
七月八日――――――――――483
霊巌院忌日に付、東禅寺へ代香を遣わす
七月九日――――――――――485
太田守衛兄吉蔵、出奔立帰

井伊掃部頭江州領分去月地震強、御知せ申来
八月九日 —— 505
新田目忠平、家屋敷頂戴に付、冥加銭差上
八月十日 —— 506
南部雅楽助御附人江刺家良之進伺書
南部慈眼院殿御附人工藤源助伺書
八月十一日 —— 507
徳雲院忌日に付、聖寿寺へ代香を遣わす
八月十二日 —— 507
即性院忌日に付、聖寿寺へ代香を遣わす
八月十三日 —— 508
不時名目御礼請、家督継目、初ての御礼申上
飯岡通下飯岡村助左衛門、母へ孝心の趣
諸士乗馬武芸御覧、来春下向後御覧の沙汰
八月十四日 —— 508
鳩森八幡宮神輿、五時過渡御
八月十五日 —— 509
鳩森八幡宮祭礼に付、旅所へ毛馬内典膳相詰
南部慈眼院殿、屋形様・御曹司様へ百合献上
水野左近将監養母清徳院御事、朔日死去
八月十六日 —— 509
鳩森八幡宮神輿、四時城内へ鎮座
八月十七日 —— 510
屋形様、聖寿寺・東禅寺・教浄寺へ参詣
八月十八日 —— 510
北彦助、櫛引八幡宮へ名代首尾好相勤、罷帰
大源院忌日に付、聖寿寺へ代香を遣わす
八月十九日 —— 511
榊山本社神事に付、仲間登城無し
八月廿日 —— 511
（記事なし）
八月廿一日 —— 511
屋形様、参勤御暇乞御礼請、家門衆仰上
首途に桜庭兵庫宅へ名代御供登家老格遣わす
参勤の節道中継人馬の儀、道中奉行へ御伺
御前様御里附坂本源太療養
八月廿二日 —— 512
留守仰渡有り、祐筆誦、御供登家老出席無し
道中仰渡有り、毛馬内出雲、菊之間にて申渡
八戸淡路、病気快、登城
端午の御内書、八戸淡路出勤に付席にて相渡
八月廿三日 —— 514
荒木田武右衛門、差扣御免
八月廿四日 —— 514
（記事なし）
八月廿五日 —— 514
首途有り、名代御供登家老格毛馬内出雲相勤
桜馬場にて当馬喰馬惣崩見分、御曹司様入
八月廿六日 —— 515
関良作、閉門御免、目付へ申渡
八月廿七日 —— 516
新渡戸丹波宅にて誓詞堅目有り、役人相詰
八月廿八日 —— 516
天量院忌日に付、聖寿寺へ代香を遣わす
八月廿九日 —— 517
出石宮之助へ養父良左衛門跡式、願の通
八月晦日 —— 517
祐筆目時左陸へ親左平跡式、願の通
九月朔日 —— 517
御馬役村松刑部へ当馬喰馬御用立帰登仰付
九月二日 —— 518
田名部給人売職名川内町重兵衛、用向罷登
九月三日 —— 518
野田通物書大崎兵蔵、苗字帯刀御免に付名乗
九月四日 —— 518
霊徳院忌日に付、聖寿寺へ代香を遣わす
九月五日 —— 518
養源院・義徳院忌日、聖寿寺・東禅寺へ代香
九月六日 —— 519
（記事なし）
九月七日 —— 519
（記事なし）

九月八日――519
霊巌院忌日に付、東禅寺へ代香を遣わす
参勤の為、十一日発駕の旨仰出、役人へ申渡
領分佐井浦へ出張人数引揚の儀に付、御届書
九月九日――521
席へ熨斗出
重陽の祝儀に、家門衆登城、祝詞仰上
九月十日――522
明日発駕に付、家門衆一同御逢、御意有り
九月十一日――522
屋形様、機嫌能発駕、御曹司様見送
徳雲院忌日に付、聖寿寺へ代香を遣わす
九月十二日――523
即性院忌日に付、聖寿寺へ代香を遣わす
九月十三日――523
松岡他人へ親嘉平治跡式、願の通
九月十四日――524
（記事なし）
九月十五日――524
親理助勤功に付、大工貞助へ二人扶持
九月十六日――524
（記事なし）
九月十七日――524
（記事なし）
九月十八日――524
南宗院・大源院忌日、東禅寺・聖寿寺へ代香
九月十九日――525
年貢穀帳調御用中物書当分仰付置の処、御免
九月廿日――525
江戸へ今朝飛脚差立、御用儀共申遣
九月廿一日――525
江戸へ今朝献上の初菱喰、白鳥
火の番、門番仰付
九月廿二日――526
（記事なし）
九月廿三日――526
長沢鉄太郎へ親源蔵跡式、願の通
九月廿四日――527
沼宮内給人村木佐治へ親左善太跡式、願の通
九月廿五日――527
（記事なし）
九月廿六日――527
（記事なし）
九月廿七日――527
立花栄治、親隠居武治出奔、行衛相知不申
九月廿八日――527
天量院忌日に付、聖寿寺へ代香を遣わす
九月廿九日――528
屋形様、誕生日に付、祝儀に吸物・酒頂戴
九月晦日――528
屋形様、道中益機嫌能千寿発駕、屋敷へ着座
十月朔日――528
御鷹匠組頭・鷹匠へ当献上御鷹附立帰登仰付
十月二日――528
初雪に付、御曹司様へ家門衆より機嫌伺
十月三日――529
（記事なし）
十月四日――529
霊徳院忌日に付、聖寿寺へ代香を遣わす
十月五日――529
養源院・義徳院忌日、聖寿寺・東禅寺へ代香
十月六日――529
江戸へ今朝七日振飛脚差立、御用儀共申遣
十月七日――529
（記事なし）
十月八日――530
霊巌院忌日に付、東禅寺へ代香を遣わす
屋形様登城、参勤の御礼首尾好仰上
仲間へ例の通御書
十月九日――530
十月十日――531
屋形様参勤御礼首尾好仰上に付、御歓に登城

(記事なし)
十月十一日 ―― 531
霊徳院祥月に付、聖寿寺へ代香を遣わす
江戸へ献上の薯蕷、今朝差立
十月十二日 ―― 531
即性院忌日に付、聖寿寺へ代香を遣わす
十月十三日 ―― 531
南部左京家来漆戸唯見妻、不縁に付離縁
江戸へ献上の菱喰、今朝差立
十月十四日 ―― 532
福士儀八、病気に付扱役御免、願の通
十月十五日 ―― 532
(記事なし)
十月十六日 ―― 532
江戸へ今朝七日振飛脚差立、御用儀共申遣
十月十七日 ―― 532
(記事なし)
十月十八日 ―― 532
南宗院・大源院忌日、聖寿寺・東禅寺へ代香
十月十九日 ―― 533
南部筑後、屋形様・御曹司様へ領知産物差上
南部主税へ六千石加増、大名に取立の願書
十月廿日 ―― 533
鷹匠組頭根守弥五兵衛、病気に付、登御免
十月廿一日 ―― 534
鷹匠組頭佐々木勇助へ献上御鷹附立帰登仰付
十月廿二日 ―― 534
漆戸舎人願
漆戸舎人、九時病死の旨、岩間左右訴出
南部主税、大名に取立の思召、近々願書差出
松平加賀守にて法梁院病気の処、八日卒去
十月廿三日 ―― 537
津志田町住居寅松、行跡不宜に付雫石へ追放
十月廿四日 ―― 537
諏訪民司、道中青駄御免、願の通
十月廿五日 ―― 537
(記事なし)
十月廿六日 ―― 537
(記事なし)
十月廿七日 ―― 537
工藤円六二男多喜人、出奔立帰
十月廿八日 ―― 539
天量院忌日に付、聖寿寺へ代香を遣わす
献上の御鷹御曹司様見分に付、御鷹部屋へ入
十月廿九日 ―― 539
工藤円六、差扣御免、目付へ申渡
十一月朔日 ―― 539
江戸へ献上の若黄鷹七居、今朝差立
十一月二日 ―― 539
江戸へ今朝七日振飛脚差立、御用儀申遣
十一月三日 ―― 540
嘉藤司事、大坊賀藤司、御沙汰に付文字相改
十一月四日 ―― 540
霊徳院忌日に付、聖寿寺へ代香を遣わす
十一月五日 ―― 540
養源院・義徳院忌日、聖寿寺・東禅寺へ代香
十一月六日 ―― 540
江戸へ今朝七日振飛脚差立、御用儀共申遣
十一月七日 ―― 540
(記事なし)
十一月八日 ―― 541
霊巌院忌日に付、東禅寺へ代香を遣わす
十一月九日 ―― 541
野辺地冨人へ親儀左衛門跡式、願の通
十一月十日 ―― 541
内田平六へ黒沢尻川岸番人仰付、目付申渡
十一月十一日 ―― 541
徳雲院忌日に付、聖寿寺へ代香を遣わす
十一月十二日 ―― 542
即性院忌日に付、聖寿寺へ代香を遣わす
江戸より飛脚、御鷹の雁二拝領の旨申来
十一月十三日 ―― 542

御鷹の雁拝領に付、御怡に御附人を以て仰上 543
十一月十四日 543
厨川村出生無宿永助、不埒至極、沢内へ追放 543
十一月十五日 543
南部弥六郎、屋形様・御曹司様へ産物差上 544
十一月十六日 544
南部雅楽助・左京、屋形様・御曹司様へ献上 544
十一月十七日 544
江戸へ献上の鮭塩引、今朝差立 544
十一月十八日 544
南宗院・大源院忌日、東禅寺・聖寿寺へ代香
数十年出精相勤候者共へ褒美 545
十一月十九日 545
嘉兵衛事、津軽石加兵衛、沙汰に付文字相改 545
十一月廿日 545
(記事なし)
十一月廿一日 545
江戸へ献上の鱈、今朝差立 545
十一月廿二日 545
寒中機嫌伺に、南部雅楽助・左京登城 546
十一月廿三日 546
(記事なし)
十一月廿四日 546
鶴・白鳥例年献上の処、当年は献上成されず
十一月廿五日 546
松平大膳大夫両敬に付、使者留守居口上仰付
十一月廿六日 547
植沢孫兵衛へ南部雅楽助御相手当分仰付
十一月廿七日 547
上田通手代森三十郎、行跡不宜、遠追放仰付
十一月廿八日 548
藤枝宮内宅にて、誓詞堅目有り、役人相詰
糀町屋敷役付の者面付
十一月廿九日 549
天量院忌日に付、聖寿寺へ代香を遣わす
(記事なし)
十一月晦日 549
(記事なし)
十二月朔日 549
御用人玉山直人へ年男仰付、席にて申渡
来春勤番登仰付
来秋迄詰越仰付
十二月二日 552
江戸へ今朝七日振飛脚差立、御用儀共申遣
十二月三日 552
米値段、五十石以上切米十駄、此代十七貫文
十二月四日 553
霊徳院忌日に付、聖寿寺へ代香を遣わす
十二月五日 553
養源院祥月に付、聖寿寺へ代香を遣わす
義徳院忌日に付、東禅寺へ代香を遣わす
十二月六日 553
江戸へ今朝七日振飛脚差立、御用儀共申遣
十二月七日 553
(記事なし)
十二月八日 553
霊巌院祥月に付、東禅寺へ代香を遣わす
十二月九日 553
(記事なし)
十二月十日 553
山口半次郎、御前様御附、御里にて仰付
十二月十一日 554
徳雲院忌日に付、聖寿寺へ代香を遣わす
十二月十二日 554
即性院忌日に付、聖寿寺へ代香を遣わす
十二月十三日 554
(記事なし)
十二月十四日 554
漆戸左仲へ親舎人跡式、願の通
十二月十五日 555
御膳番佐久間宇助へ来年始規式御用掛仰付
女鹿喜代司へ来年始式法御用懸仰付

南部主税都合一万千石高願書、御用番請取
十二月十六日 —— 556
南部主税昇進に付、御歓に家門衆登城
十二月十七日 —— 557
（記事なし）
十二月十八日 —— 557
南宗院・大源院忌日、聖寿寺・東禅寺へ代香
十二月十九日 —— 557
御曹司様誕生日、祝儀に吸物・酒仲間頂戴
十二月廿日 —— 557
御用人玉山直人、年男相勤候に付、拝領物
十二月廿一日 —— 558
今晩節分に付、大豆はやす也
十二月廿二日 —— 558
拝領の御鷹の雁御残、席詰・仲間席にて頂戴
席へ熨斗出
十二月廿三日 —— 558
南部主税、内証御礼首尾好仰上、御用状申来
十二月廿四日 —— 559
会所場へ藤枝宮内罷越、役人共も相詰
十二月廿五日 —— 559
高杉市左衛門、差扣御免、目付へ申渡
十二月廿六日 —— 559
明後日天量院忌日の処、歳暮に付、今日代香
十二月廿七日 —— 559
煤取に付、仲間登城無し
十二月廿八日 —— 562
南部主税昇進に付、公辺へ差出の願書并伺書
席へ熨斗出
歳暮祝儀、屋形様・御曹司様へ家門衆肴差上
十二月廿九日 —— 563
江戸へ今朝七日振飛脚差立、御用儀共申遣
十二月晦日 —— 563
年縄配に付、役人熨斗目、小役人上下着用

文政七年（一八二四）

正月元日 —— 567
家老席へ熨斗出
吉例の如く、蛇沼・相米、年頭の祝儀差上
南部左京・隼人・修礼・左近登城、祝詞仰上
正月二日 —— 567
二日御礼の諸士・諸医登城
南部主殿計登城
正月三日 —— 567
江戸へ年始御徒使、今日差登
南部主殿計登城
正月四日 —— 567
南部主殿計登城
正月五日 —— 567
養源院・義徳院忌日、聖寿寺・東禅寺へ代香
南部主殿計登城
椙山主膳へ来年下向御供下仰付
大目付より廻状到来差下来
正月六日 —— 569
寺社方登城、五ケ寺ら席へ罷出、祝詞申上
正月七日 —— 570
七草の祝儀に、役人席へ罷出、祝詞申上

正月八日 ―― 570
具足の餅啓御用懸順番の旨、書付を以て申出
正月九日 ―― 570
（記事なし）
正月十日 ―― 570
御徒目付照井栄左衛門、二子万丁目通御用有
正月十一日 ―― 570
御用人下田物集女へ年男当分仰付
正月十二日 ―― 570
例年の如く、大般若経祈祷、真言の寺院登城
永福寺にて、同寺并新山寺、仁王経修行
正月十三日 ―― 571
席へ熨斗出
旧例の如く、具足の餅啓、仲間席にて頂戴
役替、所々代官・蔵奉行・山奉行
鍬ケ崎村豊嶋民右衛門金子差上、所給人召出
鍬ケ崎村理左衛門、金子差上、所給人召出
正月十四日 ―― 572
今晩門松・年縄納
正月十五日 ―― 573
神鼎院忌日に付、聖寿寺へ代香を遣わす
正月十六日 ―― 573
大斎日に付、仲間登城無し
江戸より年始御徒使今日下着
正月十七日 ―― 573
吉田徳助、宮古給人召出に付、苗字名乗申出
正月十八日 ―― 573
五日市又兵衛、八幡寺林通代官所下役御免
正月十九日 ―― 574
奥瀬内蔵、後妻長山蔵五郎娘、縁組願の通
正月廿日 ―― 574
旧例の通、目出し祝儀有り、席へ熨斗出
目付長谷川源内へ帰国御礼帳御用懸仰付
目付立花源吾へ下向待請御用懸仰付
正月廿一日 ―― 575
聖寿寺地蔵尊へ代参、毛馬内典膳相勤
正月廿二日 ―― 575
栃内理平へ物書頭手伝仰付
正月廿三日 ―― 575
川口弥兵衛へ南部丹波守家老勤番登仰付
正月廿四日 ―― 576
年貢米・役金銭取立上納の代官へ言葉の褒美
酒値段、諸白一升百二十六文、並酒百十九文
正月廿五日 ―― 576
勘定方川守田秀之助へ親三治跡式、願の通
正月廿六日 ―― 577
ヲロシヤへ漂着の牛瀧村岩松、去年病死御届
正月廿七日 ―― 577
御役初ての者共誓詞堅目仰付、柳之間にて有
正月廿八日 ―― 577
天量院忌日に付、聖寿寺へ代香を遣わす
正月廿九日 ―― 578
中川忠治難治の症にて、忰市五郎家督願の通
正月晦日 ―― 578
関与四郎隠居、文助聟名跡、相続仰付
二月朔日 ―― 579
永福寺、遠野妙泉寺へ法用有り、二十日御暇
二月二日 ―― 579
拝領の御鷹の雁御残、玉芳院へ御側より差上
二月三日 ―― 580
昨夜寿昌庵門前百姓家焼失に付、仲間登城
二月四日 ―― 580
南部監物、妻病気の処、病死の旨訴出
目付伺書
二月五日 ―― 581
養源院・義徳院忌日、聖寿寺・東禅寺へ代香
二月六日 ―― 582
久保清治へ親跡式、願の通
二月七日 ―― 582
戸沢検校三男善次郎、病死
二月八日 ―― 582
野坂安之助へ当勤番登御免の旨仰出

二月九日——582
大槌給人貫洞安右衛門、弟金子差上、取納
二月十日——583
花巻雄山寺、零落に付再建、冨鬮五会興行
二月十一日——583
鉄炮に付、仰出
二月十二日——583
立花源吾、不吟味の段恐入、差扣願出
二月十三日——584
駒嶺喜弥太へ隠居仰付、他出差留
二月十四日——584
大迫通達曽部村関六、七戸へ追放
二月十五日——585
神鼎院忌日に付、聖寿寺へ代香を遣わす
二月十六日——585
伊藤仲蔵へ黒沢尻御蔵・御艜奉行兼帯仰付
二月十七日——586
御番割御用懸御目付伺書
二月十八日——586
観光院病気容躰に付、江戸より申来
二月十九日——586
南部雅楽助嫡子左近内室於千代妊娠の処病気
二月廿日——587
南部左近内室於千代、今辰刻死去
於千代死去に付、南部左京、今日より忌中
二月廿一日——588
聖寿寺地蔵尊へ代香を遣わす
二月廿二日——588
江戸にて観光院十六日卒去、屋形様定式忌服
二月廿三日——589
屋形様朦中機嫌伺、高知ら席へ罷出申上
二月廿四日——589
江戸へ観光院卒去に付機嫌伺、飛脚差立
二月廿五日——590
丑松・元助、小道具召抱、伺の通
二月廿六日——590
雛相立候儀、遠慮の旨急度無し
野田藤馬口上書
二月廿七日——590
花巻給人岩間左内へ親伊右衛門跡式、願の通
二月廿八日——591
天量院忌日に付、聖寿寺へ代香を遣わす
野田藤馬口上書
二月廿九日——591
江戸表より囚人御下しの処、郡山にて取逃し
二月晦日——591
当献上の御馬、十八日立登、伺の通申渡
三月朔日——592
伊藤仲蔵へ盛岡新御蔵奉行仰付
三月二日——592
鷹匠一条友蔵へ御下向御迎鷹附添立帰登仰付
三月三日——592
上巳の処、屋形様朦中に付、仲間ら一統常服
三月四日——593
南部左衛門尉参勤に付、御用掛仰付
大目付より廻状到来、差下来
三月五日——593
養源院忌日に付、聖寿寺へ代香を遣わす
義徳院忌日に付、東禅寺へ代香を遣わす
三月六日——593
駕籠頭申出
三月七日——594
光台寺、往来四十日御暇、願の通
三月八日——594
遠野より釜石へ新道小川通、普請御用懸仰付
三月九日——595
江戸より観光院法号、観光院殿禅室宗証大姉
三月十日——595
観光院法事、十五日東禅寺にて一日法事執行
三月十一日——595
二季名改、願の通
徳雲院百回忌相当の旨、聖寿寺訴出

三月十二日 ―― 596
南部隼人より御附人口上書を以て御届
三月十三日 ―― 596
日影御門外稽古場拝借、願の通
三月十四日 ―― 597
大崎栄治へ親義蔵跡式、願の通
三月十五日 ―― 597
観光院法事、東禅寺にて執行、代香を遣わす
三月十六日 ―― 598
桜馬場にて献上の御馬見分、仲間相越
三月十七日 ―― 598
箱石八十八、持病にて道中青駄、願の通
三月十八日 ―― 598
戸沢検校、家屋敷取替住居、双方共願の通
三月十九日 ―― 598
諏訪民司へ由緒御用懸仰付
諏訪民司へ屋敷御用懸仰付
小向周右衛門へ宗門御役御用掛仰付
三月廿日 ―― 599
南部左衛門尉、八戸発駕、今日六日町仮屋着
三月廿一日 ―― 599
聖寿寺地蔵尊へ代参、藤枝宮内相勤
三月廿二日 ―― 600
中村市之丞へ宮古御山奉行当分仰付
三月廿三日 ―― 600
大槌給人貫洞安右衛門弟、金子差上、所給人
三月廿四日 ―― 600
永田忠左衛門へ廻御役直々本役仰付
三月廿五日 ―― 601
勝手方信田文右衛門、取締の処、御用出精
三月廿六日 ―― 601
皆勤の者共へ褒美
三月廿七日 ―― 606
痛所に付、夏中も折々足袋相用、願の通
三月廿八日 ―― 608
天量院祥月に付、聖寿寺へ代香を遣わす
三月廿九日 ―― 608
藤枝宮内、今朝出立に付、朔日席にて添状渡
稽古場へ皆出席の者共へ言葉の褒美
四月朔日 ―― 609
勘定奉行岡田金左衛門へ惣御山御用懸仰付
勘定奉行中里判左衛門へ万所御用懸仰付
四月二日 ―― 610
新渡戸図書、屋敷の内朽木三本剪取、伺の通
四月三日 ―― 610
工藤孝之助へ親八兵衛跡式、願の通
四月四日 ―― 610
（記事なし）
四月五日 ―― 610
養源院忌日に付、聖寿寺へ代香を遣わす
義徳院忌日に付、東禅寺へ代香を遣わす
四月六日 ―― 611
佐々木甚兵衛へ親孫右衛門跡式、願の通
四月七日 ―― 611
南部監物、屋敷書院前の古木剪取、勝手次第
四月八日 ―― 612
光樹院・雅姫様、少々不快にて、麻疹の模様
四月九日 ―― 612
四戸三平へ親銀左衛門跡式、願の通
四月十日 ―― 612
嶋森佐市へ見前向中野通代官本役仰付
四月十一日 ―― 613
中野順治へ親専右衛門跡式、願の通
四月十二日 ―― 613
観光院法事執行に付、功徳に御咎の者赦免
四月十三日 ―― 614
領分中各所番人、御番割御用懸目付伺出
四月十四日 ―― 615
観光院正命日、以来二月十二日に御直
四月十五日 ―― 616
神鼎院御忌日に付、聖寿寺へ代香を遣わす
四月十六日 ―― 616

五月十八日 ―――― 631
北監物口上書、届書
五月十九日 ―――― 631
霊徳院百回忌相当に付法事執行、三ケ寺勤行
御用人牧田平馬へ法事執行に付物奉行仰付
五月廿日 ―――― 632
帰国御礼請、本丸総角之間にて、家門衆仰上
五月廿一日 ―――― 632
屋形様、御忍御供にて、聖寿寺地蔵尊へ参詣
全性院五十回忌相当、聖寿寺書付にて申出
五月廿二日 ―――― 633
下斗米勘蔵・民弥、恐入差扣願上、願の通
五月廿三日 ―――― 633
南部左衛門尉娘於重、病気の処当月朔日死去
五月廿四日 ―――― 634
南部弥六郎差出の書付
五月廿五日 ―――― 636
南部弥六郎、家老招請演説書、時節柄故御断
五月廿六日 ―――― 636
皆勤の者共へ言葉の褒美
五月廿七日 ―――― 637
屋形様格式の供揃にて、南部弥六郎宅へ御成
五月廿八日 ―――― 640
南部監物母月窓院、南部弥六郎宅にて御目見
南部弥六郎口上書
五月廿九日 ―――― 640
戸右内、霊徳院法事執行に付寺詰番頭仰付
五月晦日 ―――― 641
遠野より釜石への新道、出来栄の旨、見分
南部弥六郎口上書
六月朔日 ―――― 641
月次御礼、本丸総角之間にて、家門衆仰上
六月二日 ―――― 642
新丸稽古御能有り、仲間相越、登城無し
六月三日 ―――― 642
今明日、聖寿寺にて、霊徳院百回忌法事執行
六月四日 ―――― 642
霊徳院法事に付、屋形様、供揃にて仏詣
霊徳院法事執行に付、功徳に御咎の者赦免
六月五日 ―――― 643
養源院・義徳院忌日、屋形様、略供にて仏詣
南部彦六郎四男末五郎、先月二十五日出生
六月六日 ―――― 644
内丸三御門の外御門制御免、騎馬火の廻御免
六月七日 ―――― 644
御徒戸来勝平、中嶋加藤治弟聟養子、願の通
六月八日 ―――― 644
一方井喜右衛門ら、目付所物書当分加御免
六月九日 ―――― 645
下田栄八へ親貝作跡式、願の通
六月十日 ―――― 645
隅御屋敷診御医師遠藤司英、此節御鍼差上
六月十一日 ―――― 645
南部弥六郎届書
六月十二日 ―――― 646
隅御屋敷診御医師遠藤司英、御鍼差上御免
六月十三日 ―――― 646
御雇勘定方鈴木三内、大納戸奉行当分加御免
六月十四日 ―――― 646
御用人中野舎人、忌御免、奉書を以て申遣
六月十五日 ―――― 646
月次御礼無し
六月十六日 ―――― 646
神鼎院祥月に付、聖寿寺へ代香を遣わす
御家門方口上書
六月十七日 ―――― 648
松岩軒無住に付、相馬喜染軒一応寛止永住職
六月十八日 ―――― 648
八幡神事御用掛仰付、席にて申渡
大源院祥月に付、屋形様、聖寿寺へ仏詣
六月十九日 ―――― 649
中野宮門へ当八月櫛引八幡へ名代仰付

八幡神事御用懸仰付
御帰国使者奥瀬内蔵今日着、直々登城
六月廿日 —— 650
御帰国使者奥瀬内蔵、本丸総角之間にて御逢
六月廿一日 —— 650
中野兵衛へ新丸番頭仰付、席にて申渡
六月廿二日 —— 650
医師肥田玉英隠居、悴昌伯家督、願の通
六月廿三日 —— 651
例年の通、二十五日武器虫干取付、伺の通
六月廿四日 —— 651
南部弥六郎二種一荷差上披露の処、御返書出
六月廿五日 —— 651
暑中機嫌伺に、南部雅楽助・左近登城
勘定奉行太田甚内らへ取締調御用掛仰付
六月廿六日 —— 652
不時御礼、中丸総角之間へ出座、名目御礼請
南部監物、御礼の節上物
六月廿七日 —— 653
花輪佐市郎へ武具奉行当分加仰付
六月廿八日 —— 653
天量院忌日に付、聖寿寺へ代香を遣わす
六月廿九日 —— 653
松岡源治預御徒船越八蔵番代、願の通

七月朔日 —— 653
月次御礼、本丸御座之間にて、家門衆仰上
端午の御内書、仲間并御用人、席にて頂戴
御用人安宅登へ当秋勤番登仰付
七月二日 —— 656
漆戸幸作・村木英蔵へ制服吟味廻方仰付
七月三日 —— 656
御用人牧田平馬へ年男当分仰付、席にて申渡
七月四日 —— 657
毎月五日東禅寺へは直詣、聖寿寺へ家老代香
七月五日 —— 657
養源院忌日に付、聖寿寺へ代香を遣わす
義徳院忌日に付、略供にて、東禅寺へ仏詣
盛岡・沼宮内・花輪御蔵米値段
二季名改、願の通
倹約に付、仰出
七月六日 —— 659
八戸上総へ加判役仰付、御前にて仰渡
七月七日 —— 659
席へ熨斗出
七夕の祝儀、本丸御座之間にて、家門衆御礼
当秋献上鳥討仰付、目付を以て申渡
三戸へ小林、七戸へ福田、当献上御留鷹御用
七月八日 —— 660
越前敦賀道川純蔵、由緒有証文申出、願の通
遠野より釜石迄新道人馬賃銭割合
雅姫仕切金、江戸表にて御附役へ申渡申上
七月九日 —— 661
南部左衛門尉にて松原丹波守祖母恵苗院死去
拝借金上納相済候に付、裏印消印の儀
南部丹波守、先代拝領の赤長革内金御紋挟箱
七月十日 —— 662
内堀大隅嫡子伊賀之助、妻南部監物妹、離縁
七月十一日 —— 662
北監物口上書、願書、末期願書
八戸上総願書
南部監物、養生不相叶、今申刻病死の旨
七月十二日 —— 664
南部監物病死に付、香奠白銀三枚
七月十三日 —— 665
目付毛馬内命助へ寺社町奉行加仰付
七月十四日 —— 666
盆中に付、毛馬内典膳・楢山主膳計登城
領内各所へ馬改御用
衣服の制に付、仰出
七月十五日 —— 666
屋形様、供揃にて、聖寿寺・東禅寺へ仏詣
七月十六日 —— 666

大斎日に付、登城無き処、御用有り何も登城
南部雅楽助、危篤の処、遠去
七月十七日 ――― 668
成田加左衛門、永代証文取出兼焼失、差扣
七月十八日 ――― 668
御家門方御通り向途中人を除候儀に付、沙汰
七月十九日 ――― 668
城内稲荷祭礼御用懸仰付
南部雅楽助法号、正楽院殿希音明徳大居士
佐羽内都合嫡子与五郎、江戸にて出奔、立帰
七月廿日 ――― 674
正楽院跡法事執行に付、聖寿寺へ代香伺の通
七月廿一日 ――― 674
御蔵米値段に付、勘定奉行伺書
七月廿二日 ――― 675
鈴木恰、病気に付徒頭御免再応申上、願の通
七月廿三日 ――― 675
（記事なし）
七月廿四日 ――― 675
河嶋円左衛門老衰に付、忰藤吾家督、願の通
七月廿五日 ――― 676
小本へ大森、市川へ勝又、献上鮭披塩引御用
南部左京口上書
公辺への書面、在所と認無し、国許と認
七月廿六日 ――― 677
福岡通目明定七、大法の通、籠前にて打首
七月廿七日 ――― 677
高屋美保八へ親寿助跡式、願の通
七月廿八日 ――― 677
月次御礼、本丸御座之間にて、家門衆御礼
大槌通給人並佐々木清六、三十両差上所給人
七月廿九日 ――― 678
御雇勘定方長沢益助、万所金五百両預登
八月朔日 ――― 679
席へ熨斗出
八朔日御礼、本丸総角之間にて、家門衆仰上
八月二日 ――― 679
勘定奉行中里判左衛門、江戸勤中銅山御用掛
八月三日 ――― 679
勘定奉行太田甚内へ万所御用懸仰付
勘定奉行下斗米勘蔵へ御蔵御用懸仰付
八月四日 ――― 680
鈴木林右衛門親隠居林助、出奔の段訴
八月五日 ――― 680
養源院・義徳院忌日、聖寿寺・東禅寺へ代香
八月六日 ――― 680
振駒御用向取扱候後乗金上納方、代官へ申達
八月七日 ――― 680
松平加賀守にて隠居肥前守卒去に付代香使者
大槌給人松崎冨助、給人に召出にて名乗申出
八月八日 ――― 681
八木沢貢へ親与四郎跡式、願の通
八月九日 ――― 681
難波藤馬預御徒栃内才右衛門出奔、身帯取上
八月十日 ――― 681
中野舎人、台へ入湯二廻御暇、願の通
久慈常作伺書
八月十一日 ――― 682
工藤円六老衰にて、忰只見家督、願の通
八月十二日 ――― 683
小納戸七戸軍助へ八幡神事に付御宝蔵懸仰付
八月十三日 ――― 684
楢山主膳嫡子大和病死に付、三男要七嫡子
八月十四日 ――― 684
八幡神輿、午の刻、御旅所へ渡御
神鼎院明日忌日の処、今日聖寿寺へ代香
八月十五日 ――― 684
屋形様、八幡へ参詣、流鏑馬并諸芸共御覧
八幡桟敷へ楢山主膳相詰
八月十六日 ――― 685
八幡神輿、城内へ鎮座、代参御用人玉山直人
朔日流鏑馬的皆中に付、射手へ目録金百疋宛

八月十七日――685
寺社奉行伺書
八月十八日――686
城内稲荷祭礼に付、神輿、下小路御宮へ渡御
南宗院祥月に付、東禅寺へ代香を遣わす
八月十九日――686
三上小四郎へ郡山御蔵奉行仰付、席にて申渡
八月廿日――686
稲荷祭礼首尾好相済、神輿帰輿、熨斗頂戴
鎮座に付、代参御用人玉山直人相勤
八月廿一日――686
屋形様、略供にて聖寿寺地蔵尊へ参詣
八月廿二日――687
南部弥六郎、知行所より罷帰、鹿皮二枚差上
八月廿三日――687
奥医師坂井徳泉、嫡子元順初ての御目見願書
八月廿四日――687
南部金作へ養父監物跡式、願の通
八月廿五日――688
桐生源左衛門武具奉行御免、目付を以て申渡
八月廿六日――688
八戸上総嫡子彼面、台へ入湯二廻御暇願の通
八月廿七日――689
中野専蔵老衰に付、忰英八家督、願の通
八月廿八日――689
月次御礼、本丸総角之間にて、家門衆仰上
天量院忌日に付、聖寿寺へ代香を遣わす
八月廿九日――689
南部左近へ雅楽助跡式、御意、上使八戸上総
八月晦日――690
宮古代官所老木村の内根城村、洪水人馬溺死
閏八月朔日――690
月次御礼、本丸総角之間にて、家門衆仰上
閏八月二日――690
毛馬内典膳嫡子、嫡孫、尾崎・黒森両社参詣
当年貢米御升立吉日、永福寺考上
去年八月より度々鳴動有り、山崩等の響有り
閏八月三日――691
信田文右衛門へ南部丹波守番頭・御用人仰付
閏八月四日――692
屋形様、明後朝、雫石通へ御山出、鶯宿止宿
閏八月五日――692
養源院忌日に付、聖寿寺へ代香を遣わす
義徳院忌日に付、屋形様、東禅寺へ仏詣延引
閏八月六日――693
屋形様、雫石通へ御山出、鶯宿湯元へ止宿
楢山帯刀口上書
閏八月七日――693
当作毛見分一躰稲元薄、田形は畑形より劣作
当買米に付、伺の通
閏八月八日――695
江戸往来旅行の者に付、仰出
閏八月九日――695
（記事なし）
閏八月十日――695
鶯宿へ機嫌伺、今朝遠使同心差立
閏八月十一日――698
（記事なし）
閏八月十二日――698
本丁畳刺権左衛門、心得不宣、沢内へ追放
閏八月十三日――698
目付毛馬内命助、大目付不人数に付、当分加
閏八月十四日――698
楢山帯刀届書
閏八月十五日――699
月次御礼延引
閏八月十六日――699
鶯宿へ機嫌伺、今昼遠使同心差遣
閏八月十七日――700
屋形様、十九日鶯宿湯元発駕、御帰城の旨
閏八月十八日――700
高木通・鬼柳通へ穀留御用に遣わす

閏八月十九日 ―――― 700
屋形様、益機嫌能、今八半時帰城
奥瀬内蔵口上書届
閏八月廿日 ―――― 701
南部左近口上書
閏八月廿一日 ―――― 701
聖寿寺地蔵尊へ今朝代参、楢山主膳相勤
南部金作口上書
閏八月廿二日 ―――― 702
家門衆、家督御礼前、月次御礼仰上に及ばず
閏八月廿三日 ―――― 703
（記事なし）
閏八月廿四日 ―――― 703
南部左近口上書
閏八月廿五日 ―――― 703
兼平金平へ大御納戸奉行当分加御免
閏八月廿六日 ―――― 703
南部金作口上書、届書
閏八月廿七日 ―――― 704
毛皮取立方新蔵・与助、不埒、家屋敷取上
御馬役中原武へ当馬喰馬御用立帰登仰付
閏八月廿八日 ―――― 705
天量院忌日に付、聖寿寺へ代香を遣わす
羽州庄内酒田加賀与助、屋形様入部御目見
閏八月廿九日 ―――― 706
羽州庄内酒田加賀与助、屋形様入部に付献上
九月朔日 ―――― 706
月次御礼、本丸総角之間にて、家門衆仰上
南部金作、御礼の節上物
九月二日 ―――― 707
黒沢大学、鶯宿へ入湯二廻御暇、願の通
九月三日 ―――― 707
奥末人・久慈常作へ目付仰付、席にて申渡
九月四日 ―――― 707
南部金作、幼少に付、十五歳迄月次御礼用捨
九月五日 ―――― 708
養源院忌日に付、屋形様、東禅寺へ仏詣
義徳院忌日に付、聖寿寺へは代香を遣わす
九月六日 ―――― 708
悪銭の儀に付、仰出
九月七日 ―――― 709
（記事なし）
九月八日 ―――― 709
年済の儀に付、仰出
目付相談の趣、別紙達書
九月九日 ―――― 711
重陽の祝儀に、席へ熨斗出
屋形様、本丸総角之間にて、家門衆御礼請
当馬喰馬御用立帰登仰付、御用人へ申渡
九月十日 ―――― 711
貞林院五十回忌相当の旨、聖寿寺口上書申出
九月十一日 ―――― 711
荒木田兼松妹さん、出奔の段、兼松訴出
九月十二日 ―――― 712
即性院忌日に付、聖寿寺へ代香を遣わす
馬喰頭長兵衛・忠兵衛、馬喰馬御用登申付
九月十三日 ―――― 712
桜馬場にて、当馬喰馬惣崩見分、仲間相詰
九月十四日 ―――― 712
聖寿寺後住、思召有り、法泉寺円応へ仰付
屋形様、御山出にて、御忍志和稲荷へ参詣
九月十五日 ―――― 714
神鼎院忌日に付、屋形様、聖寿寺へ仏詣
月次御礼、本丸総角之間にて、家門衆仰上
着服に付、沙汰
九月十六日 ―――― 715
有馬玄蕃頭妻死去に付、鳴物三日停止
今明日神明祭礼に付伺出、祭礼は御構無し
九月十七日 ―――― 715
宮古通閉伊川筋百姓共心得違検見前作毛刈取
九月十八日 ―――― 716
川村官蔵難治の症に付、悴亦八家督、願の通

九月十九日 ——— 717
御雇勘定方当分加仰付、目付を以て申渡
九月廿日 ——— 717
持筒の者十七人召抱に付証文、頭へ相渡
九月廿一日 ——— 717
聖寿寺地蔵尊へ代参、八戸上総相勤
九月廿二日 ——— 717
三上多兵衛老衰隠居、悴勘九郎家督、願の通
九月廿三日 ——— 718
栃内瀬蔵、差扣御免、目付へ申渡
九月廿四日 ——— 718
安宅登、鶯宿へ入湯二廻御暇、願の通
九月廿五日 ——— 719
酒値段諸白一升百三十一文、並酒百二十三文
専ら金銭取扱の役筋へ仰出、目付を以て申渡
俗家へ僧衆罷越の儀相扣候様、仰出
原直記へ相撲懸仰付、役人共へも申渡
九月廿六日 ——— 720
初雪に付、屋形様へ仲間機嫌伺
九月廿七日 ——— 720
福士縫之助弟早太、出奔立帰
九月廿八日 ——— 721
天量院忌日に付、聖寿寺へ代香を遣わす
九月廿九日 ——— 721
奥瀬内蔵、御紋服拝領に付着用、願の通
九月晦日 ——— 723
此度召抱の新組、者頭横田右仲へ御預
十月朔日 ——— 723
月次御礼、本丸総角之間にて、家門衆仰上
十月二日 ——— 723
当献上御鷹附立帰登仰付、御用人中へ申渡
十月三日 ——— 724
豊川和市へ孫御蔵奉行当分加仰付
十月四日 ——— 724
目付奥末人へ由緒御用懸仰付
目付奥末人へ城内破損吟味御用懸仰付
目付大矢勇太へ牛馬御用懸共仰付
目付久慈常作へ宗門御改御用掛仰付
十月五日 ——— 724
養源院忌日に付、屋形様、東禅寺へ仏詣
義徳院忌日に付、聖寿寺へは代香を遣わす
十月六日 ——— 724
南部筑後・桜庭兵庫、知行所の産物鰤差上
十月七日 ——— 725
野田伊予口上書願
十月八日 ——— 726
昌歓寺後住、法弟沢内玉泉寺徴翁長老
十月九日 ——— 726
物書栃内理平、野田万平鉄山へ遣わす
十月十日 ——— 726
江戸へ献上の初鶴一、白鳥三羽
十月十一日 ——— 726
徳雲院祥月に付、屋形様、聖寿寺へ仏詣
十月十二日 ——— 727
長内良右衛門へ御用人仰付
切田多仲へ寺社町奉行仰付
佐々木多助へ勘定奉行仰付
十月十三日 ——— 727
勘定改出役、御礼座の儀、以来取次上座
十月十四日 ——— 727
貞林院五十回忌法事、今日聖寿寺にて執行
貞林院法事執行に付、御咎の者共赦免
十月十五日 ——— 728
月次御礼、本丸総角之間にて、家門衆仰上
神鼎院忌日に付、屋形様、聖寿寺へ仏詣
十月十六日 ——— 728
南部金作口上書
十月十七日 ——— 729
南部金作願書、別紙親類書
南部弥六郎口上書願
八戸上総・南部主殿口上書願
南部彦六郎口上書願

十一月廿一日 —— 746
今朝聖寿寺地蔵尊へ代参、南部主殿相勤
十一月廿二日 —— 746
近代代官持の処、以前の通、花巻城代持要害
十一月廿三日 —— 746
日影御門外稽古場拝借、願の通
十一月廿四日 —— 747
米倉才七へ御側目付仰付、御前にて仰渡
十一月廿五日 —— 747
鳥崎庄右衛門二男伊八、白岩貞八へ養子
十一月廿六日 —— 748
（記事なし）
十一月廿七日 —— 748
沼宮内亘理へ日詰長岡通代官仰付
十一月廿八日 —— 748
天量院忌日に付、聖寿寺へ代香を遣わす
十一月廿九日 —— 748
佐々木伊兵衛へ徒目付本役仰付、目付へ申渡
十一月晦日 —— 749
南部民之助、養父金作名跡相続
十二月朔日 —— 749
月次御礼、本丸総角之間にて、家門衆仰上
御用人多賀佐宮へ年男仰付
御膳番阿部熊八郎へ来年始規式御用懸仰付
式法方女鹿清司へ来年始式法御用仰付
御配膳柴内勇左衛門へ来年始規式御用懸仰付
十二月二日 —— 750
南部隼人口上書
十二月三日 —— 750
銅山方多久佐里、橋野山吟味織笠、大槌御用
十二月四日 —— 750
太田喜代作へ制服吟味廻方仰付
十二月五日 —— 751
養源院祥月に付、屋形様、東禅寺へ仏詣
義徳院忌日に付、屋形様、聖寿寺へ仏詣
十二月六日 —— 751
穀丁長兵衛、無調法に付、永揚屋入仰付
十二月七日 —— 753
南部筑後へ席詰仰付、御前にて仰渡
十二月八日 —— 754
霊巌院祥月に付、屋形様、東禅寺へ仏詣
植村快助、大国社御用向相済、盛岡表へ引越
十二月九日 —— 754
南部民之助、忌明に付、今日御請に登城
十二月十日 —— 754
屋形様来年参勤時節伺、御用状申来
榊原遠江守実母智静院、病気の処、去月死去
十二月十一日 —— 755
石亀彦七、祐筆願の通御免、目付を以て申渡
十二月十二日 —— 755
南部筑後口上書
十二月十三日 —— 756
本誓寺、金子差上、寺格引上、祇陀寺次座
十二月十四日 —— 756
御用人加花輪栄、産穢御免、奉書を以て申遣
十二月十五日 —— 756
月次御礼、本丸総角之間にて、家門衆仰上
桜庭肥後へ親兵庫跡式、願の通
神鼎院忌日に付、屋形様、聖寿寺へ仏詣
十二月十六日 —— 756
難波藤馬、御徒頭御免
十二月十七日 —— 757
幼少にても御礼申上の旨、仰出
八戸上総へ来年参勤供登仰付、御前にて仰渡
十二月十八日 —— 757
老女千代瀬へ御賞、御手当一ケ年金五両宛
桜庭肥後、今日忌明に付、御請に登城
十二月十九日 —— 758
大隅嫡子内堀伊賀之助、妻楢山主膳娘、縁組
来年参勤御供登仰付
南部民之助口上書、届書
桜庭肥後口上書

十二月廿日 ―――― 763
盛岡支配遠在住居の給人共に付、仰出
十二月廿一日 ―――― 764
聖寿寺地蔵尊へ今朝代参、毛馬内典膳相勤
十二月廿二日 ―――― 764
不時御礼、中丸総角之間へ出座、名目御礼請
南部民之助御礼の節上物
十二月廿三日 ―――― 765
南部民之助伺
南部修礼御附人口上書
諏訪民司へ会所日計寺社町奉行加仰付
十二月廿四日 ―――― 766
下鬼柳村外百姓願筋太田村へ罷出に付、差扣
小野丹右衛門四男藤市、出奔立帰
十二月廿五日 ―――― 767
八戸上総・南部主殿らへ来年頭列座仰付
南部民之助口上書
十二月廿六日 ―――― 768
屋形様、誕生日に付、同席共恐悦申上
十二月廿七日 ―――― 769
煤取に付、仲間登城無し
十二月廿八日 ―――― 769
本丸にて、家門衆、歳暮の祝儀仰上
歳暮の祝儀に肴差上目録
十二月廿九日 ―――― 771
目付大矢勇太へ来正月四日出立仰付
十二月晦日 ―――― 771
年縄配に付、役人熨斗目、小役人上下着用
先頃召抱の足軽三十人へ証文、頭へ相渡

文化十四年

＝一八一七年

文化十四丁丑歳

正月元日　晴

御席詰 八戸弥六郎怡顔
同 中野筑後康孝
東　勘解由政智
新渡戸丹波季達
毛馬内蔵人真興
江戸勤番 八戸淡路銭(カ)濤
御用番 藤枝宮内道博
見習 楢山主膳隆福

一屋形様長御上下被為召、五時御側於御座之間、年頭之御規式被遊御祝、終て如御佳例、蚫沼惣左衛門上下着用鮭塩引二尺・瓶子二荷、相米弥左衛門素袍着用雉子一番・兎(卯)扣一苞・御箸一膳差上、於　御座之間　御目見申上　御直熨斗被下、此節御年男奏者之、

一於御側　御座之間、御家門衆・三戸雅楽助殿・三戸此面殿、長袴御着用、太刀折紙ヲ以年始御礼被申上、被致着座候処ニて御引渡出、夫々相済、御吸物・御膳・御銚子出、右御吸物・御膳迄取レ候処ニて、宮内御取合申上、御襖戸脇へ罷出、年頭御祝詞被申上候旨言上之、目出度ト御意有之、御家門衆上座ヨリ御旧例之通、御規式無御滞被為済、奉恐悦候段被申上候処ニて、宮内御家門衆ヨリ御先ニ退出也、

　但、御熨斗は跡ニて下ル也、

一屋形様五時過御中丸総角之間へ　御出座、八戸弥六郎・中野筑後・北監物・東勘解由・新渡戸丹波・毛馬内蔵人・藤枝宮内・楢山主膳・南彦六郎・桜庭兵庫、長袴着用順々太刀折紙ヲ以御礼申上着座仕候処ニて着座、御膳出ル、右之所ニて弥六郎ヨリ段々罷出、此節中座無之、御盃・御直熨斗頂戴仕、亦々着座之処へ引取、但着座之所へは御銚子参り不申事、御盃頂之節計ナリ、着座御膳不残取レ候処ニて、宮内角ヲカケ年頭御祝詞一同申上候ト言上仕候処ニて目出度ト　御意有之、弥六郎御旧例之通御規式無御滞被為済奉恐悦候ト言上之処ニて、直々末座ヨリ何レモ退出也、

　但、南彦六郎病気ニ付登　城無之、

一右終て高知之面々・御用人・高知子共・御用人子共・御新丸御番頭・大目付長袴着用、太刀折紙ヲ以御礼申上、御盃・御直熨斗被下、其外御者頭ヨリ御新丸御番頭子共、何レモ長袴着用、太刀折紙ヲ以御礼申上、御流・御引熨斗被下、終て百石以上平士半袴着用諸士一統御礼申上、初立両人後ハ三人宛順々罷出、御流・御引熨斗頂戴、四時過相済也、

一当年ヨリ菊之間向御縁頬御聞ニテ、御畳鋪同席共面番致也、

　但、御用人并大目付迄也、

一元日　御曹司様御側へ計　御出座、御表へは　御出座無之候、隨テ　御曹司様へ御家門衆、年頭恐悦被申上候ニ不及事、依て御側御居残之儀ハ、御断申候也、扨亦御表へは　御曹司様不被為　入候ニ付、御家老并高智(ママ)家主・御用人共ニ、　御曹司様へ年頭恐悦申上候、尤高知家主計ハ居残之儀、旧臘十二月廿八日ニ無急度為心得置候事故、高知御礼相済候後、柳之間ニ一統列座致居、同席廻勤之節、菊之間へ同席共立寄候処、高知上座之者ヨリ　御曹司様

ヘ年頭御祝詞申上、其節宮内申上候旨、挨拶有之、
但、駒五郎殿御幼年ニ付、御附人ヲ以年頭御祝詞被　仰上、廻勤先キ菊之間御廊下ニて謁之、尤目礼計也、年始御礼不残相済候て、同席共直々総角之御間、御廊下ヘ立戻居、其内ニ柳之間ヘ差出、繰上置ナラヒニ駒五郎殿御附人菊之間御廊下ヘ差出置、都合宜処ニて、御目付先立ニて夫々相謁候事、
一此節御太刀・引長袴着用、御給仕之者ハ、半上下着用相勤之、
一御馬御乗初桜之御馬場ニて　御名代・御年男相勤之、委細は御用人留書ニ有之、

正ノ
二日　晴

弥六郎
筑後
勘解由
丹波
蔵人
宮内
主膳

一屋形様五時御側於　御座之間、三戸豊次郎殿長袴御着用、太刀折紙ヲ以、年頭御礼被申上、被致着座候処ニて御引渡出、御吸物・御膳・御銚子出相済、右何レモ御膳取候処ニテ、宮内御取合申上、御襖戸脇ヘ罷出、年頭之御祝詞被申上候旨言上之、目出度ト　御意有之、夫ヨリ上座御旧例之通御規式無御滞被為済、奉恐悦候段被申上候処ニて、宮内御先ニ退出ナリ、是亦元日之通之事、
一屋形様五時過御中丸総角之間ヘ御出座、百石以下之諸士・諸医一統御礼被為請、五拾石以上初立二人、後三人立罷出、御流・御引熨斗被下、百石以上之子共・花巻御給人迄同断、五十石以下諸士・諸医・同子共迄柳之間ヘ一同並居、御礼申上四時相済也、右御礼之次第委細之儀ハ、御礼帳別記ニ有之、
一御表ニテ御礼相済候後、直々表御目付・御勘定奉行・御側、於御座之間御礼申上、其節月番宮内計御側ヘ相詰候事、
一今日　御曹司様、御側・御表共ニ御出座被遊也、
一菊之間向御縁頬ヘ同席、面番元日之通之事、
一席ヘ御熨斗出ル、

正ノ
三日　晴

弥六郎
筑後
勘解由
丹波
蔵人
宮内
主膳

一如御吉例得(恵)方上田通茶屋村ヘ御鷹野、為　御名代御年男長山蔵太相勤之、
一如例年江戸　上々様方ヘ為年始御祝詞、御徒使佐藤八十七預御徒坂本佐五右衛門為御登被成、並御祝儀物為御登被成之、
一今晩御謡初、於御側御祝被成候ニ付、仲間七時ヨリ登　城也、
一右ニ付、仲間御側ヘ御肴一折宛差上之、
但、御曹司様ヘモ御肴差上可申哉ト相伺候候(ママ)所、唯今迄之通御

肴一通差上候テ宜旨、御用人玉山直人ヲ以御沙汰ニ付、右之通
一折宛差上之、
一右御謡初ニ付、　御曹司様　御出座被遊、同席共着座、御規式例之通、尤最初御熨斗上ケ御年男加御年男共ニ、　御二方様ヘ差上引取候処ニテ、弥六郎始段々罷出、尤其節中御柱後ロニ仕、月次之通ニ御礼申上、右ニテ中座無之、直々御鋪居之内ヘ入候事、御銚子並御加イ共ニ　御座之間御右之方御鋪居之内ニ扣居ナリ、右之処ヘ同席トモ段々罷出、御盃頂戴、直々奉返盃外例之通ナリ、
但、中御柱後ニ仕、月次之通御礼申上着座仕候事ハ、今晩田鎖矢柄ヲ以以来右之通相心得候様御沙汰ナリ、
一席ヘ御熨斗出ル、
一屋形様・　御曹司様益御機嫌能被遊、御超歳可為恐悦旨、花巻並在々御代官ヘ書状ヲ以申遣候処、以来右書状差出候ニ不及旨御沙汰ニ付、当年ヨリ不差出也、
但、右之趣御目付毛馬内命助ヲ以、御沙汰有之也、

正ノ
四日　雪　　宮内

一今日　霊徳院様(利幹)御忌日ニ候得共、御直詣前故、　御代香無之事、

正ノ
五日　晴　　宮内

一屋形様五半時御本供御供揃ニて、聖寿寺・東禅寺・教浄寺ヘ被遊御仏詣、御出・御帰共ニ御本丸御玄関より、聖寿寺ヘ弥六郎、東禅寺ヘ勘解由、教浄寺ヘ主膳并御役人共相詰也、
一江戸表旧臘廿九日立、七日振飛脚坂牛内蔵丞組弐人今夜中着、御用儀共申来之、
一当秋　屋形様御参勤御時節、兼て御伺置(カ)被成候通、来二月御伺書被差出候事御座候処、右之趣爰許より被　仰遣候上、御伺書差出候得は、右相後レ被　仰遣候事御座候節は、例之通御伺書取計差図候様、御用人ヘ可被　仰渡旨、内状ニて申来之、
一当年大坂廻米之儀不奉伺候旨、別紙之通相認、御用番青山下野守殿ヘ御留守居添役梅内忠次郎持参、旧臘廿四日差出候処、御受取御承知之旨同人申出候由、右御届書一通下シ被申候由、
一右御届之儀、御用番ヘ差出候ハヽ、下御勘定所ヘも右之段御届被成候様致度旨、御勘定所御同心兼て御留守居ともヘ申聞候ニ付、此度も別紙之通相認、右同日加嶋七五郎持参、下御勘定所ヘ大貫重八郎ヘ差出候処、受取承知之旨申聞候由、則御届書、左之通、
私領内銅山御用銅廻銅山元、為手当大坂表より年々壱万石宛廻米仕度旨、安永五年十月相伺候処、米五千石相廻候儀は、可為勝手次第以来之儀は、年々相伺可申旨以御附札被　仰出候得共、当子年より廻米之儀不奉伺候段、今廿六日御用番青山下野守様ヘ、大膳大夫より御届仕候、依之御届申上候、以上、
子
十二月廿六日　　御名内
加嶋七五郎
右之通御用状申来申上、懸御役人ともヘも申渡之、

正ノ
六日　雪　　弥六郎
筑後
勘解由
丹波

蔵人
宮内
主膳

一屋形様長御上下被為　召、五時過　御中丸総角之間へ　御出座、五ケ寺順々御礼申上、着座仕候処ニて、着座之人数へ御膳出、右之処ニて　御盃・御直昆布被下相済、着座御膳取（カ）申候処ニて、宮内御取合ニ五ケ寺之末座脇へ中座なしに罷出、例之通言上仕　御意有之、其所ニて上座永福寺より言上有之、右相済、宮内先ニ引取、相続て五ケ寺引取之、畢て法輪院・妙泉寺独礼御流被下、佐羽内播磨より瀧沢常陸迄独礼御流被下、法明院より法泉寺迄独礼御流被下、村松刑部より佐野長門迄右同断、大泉寺より円光寺迄右同断、植村近江より工藤豊前迄右同断、広田要人より津守兵庫迄右同断申上、次々神職より諸寺院一統御礼申上、畢て三人立ニて御流・御引熨斗・昆布被下、夫より諸組付并組付御免、同子共・寺院・神職・諸職人・御町之者一統御礼被為　請、四時過相済也、

一元日、二日、六日同席共相揃、其外七日迄は月番計罷出、尤殿中廻勤日々有之、

　但、一人出仕之節も廻勤有之事、尤右三日共ニ長上下着用之事、

一菊之間向御縁頬へ同席共面番元日、二日之通之事、

　但、手を握り膝（カ）之上へ置候事、三日共ニ同断、

一江戸へ今朝七日振飛脚渡辺丹治組弐人差立候付、御用儀共申遣之、

正ノ七日　晴

宮内

一来ル九日火除御行事有之、右火難御祈祷之御水出張拝所、御菜園入口へ被差出、以来一統へ被下置候間、朝五時頃より入物持参致頂戴、銘々屋根へ張可申旨被　仰出候間、難有相心得可申旨御沙汰ニ付、諸士・諸医へ相触候間、御目付申出之、

正ノ八日　晴

弥六郎
筑後
勘解由
丹波
蔵人
宮内
主膳

一霊厳院様御忌日ニ付、東禅寺へ　御代香丹波相勤之、

一今日より来ル十五日迄、仲間并御役人迄、上下着用也、

　但、小役人は只今迄之通、尤十三日・十四日・十五日、着服は兼て之通着用也、

一　　　楢山主膳

　血穢御免被成旨被　仰出、奉書を以申遣之、

正ノ九日　晴

弥六郎
筑後
勘解由
丹波
蔵人

宮内
主膳

正ノ十日　晴

弥六郎
筑後
勘解由
丹波
蔵人
宮内
主膳

正ノ十一日　晴

弥六郎
筑後
勘解由
丹波
蔵人
宮内
主膳

一（行信）徳雲院様御忌日ニ付、聖寿寺へ　御代香筑後相勤之、

一被　仰出書左之通、

内触

去年万所金・小金所金畳上拝借仕候者之内、去暮拝借後れ当月八日より罷出拝借可仕旨、御沙汰被成候得共、今以拝借不仕者も有之候付、当月晦日限拝借被　仰付候間罷出拝借可仕候、尤万所ニ御帳紙も有之候故、右ニ向キ拝借可仕候、年々御沙汰不被成候間、以来御据と相心得可申候、此旨被得其意支配有之者ハ、其頭より可被申含候、以上、

正月

右之通御沙汰ニ付、諸士・諸医中為相触候旨、御町奉行宮手弥市申出之、

一川口左市居宅門前へ一昨日夜五ツ半時頃、先月頃出生と相見得候女子捨置申候、人元相知不申候付、扶助仕置候段訴之、

一御広間御番頭伺書、左之通、

一出火之節は、是迄は私共相揃御広間・休息之間へ罷出、当番御目付へ申聞罷有候、以来共ニ右之心得罷有可申哉、尤御番人当番之者は、頓て是迄之通御広間・休息之間罷出、非番之者は御新丸大腰懸前へ相詰候て可然哉、此段奉伺候、以上、

正月九日　野田豊後
毛馬内近江
南　彦六郎

附札

御番頭何も御広間・休息之間へ、是迄之通罷出可申候、尤御番人之儀は当番・非番ともニ、御広間・休息之間へ出居、非番之者は火事之種類ニ寄御目付より差図可有之候、

一御新丸御番頭伺書、左之通、

出火之節、是迄は私共当番・非番共御番所へ相詰申候、尤御番人は当番計相詰、非番之御番人は大腰懸前へ相詰、差図次第可相勤旨御張出ニ御座候、以来共ニ右心得ニて可然哉奉伺候、以

上、
正月十日
織笠平馬
中野儀八
中野舎人
御目付中
附札
御番頭何も御番所ヘ相詰可申候、尤御番人は当番・非番共ニ御番所ヘ相詰居、非番之御番人は火事之模様ニ寄、御目付より差図可有之候、
何も申出附札之通、大目付・御目付ヘ申渡之、

十二日　晴　正ノ
弥六郎
筑後
勘解由
丹波
蔵人
宮内
主膳

一即性院様（重直）御忌日ニ付、聖寿寺ヘ　御代香蔵人相勤之、
一江戸ヘ去ル六日立、七日振飛脚玉山直人組弐人今日着、御用儀共申来之、
一如例年大般若経御祈祷有之、永福寺始真言之寺院登　城、於総角之間相勤四時過相済候段、寺社御奉行席ヘ申出候付、御側御用人を以右之段申上、随て永福寺ヘ於　御座之間御逢有之、其節宮内御取合罷出、御床之間之御柱脇ヘ相詰、尤言上之次第大般若御祈祷無滞相勤候旨申上之処、　御意有之、尚又宮内より御昆布と相誘引、永福寺罷出頂戴之、相下候御昆布下候後　御前御入被遊、御跡より宮内引取也、
但、御取合之節着服相伺候処、常之通服紗小袖・上下着用、尤永福寺始御膳頂戴之節、是迄罷出挨拶致候処、已来御用人ニて右挨拶致候様御沙汰ニ付、当年より御用人罷出之、尤御昆布被下候寺院ヘは同席共廻勤之先ニて被下之、委細之儀は寺社御奉行留書ニ有之也、
一永福寺始御膳頂戴相済候後、御席ヘ罷出候て、御昆布被下候処、当年より殿中廻勤先ニて相調、尤永福寺・妙泉寺ハ菊之間御廊下ニて相調、但し永福寺ヘは御直昆布被下候事故、御昆布なしニ相調候事、妙泉寺より御昆布御三方ヘ裁セ差出置候迄ニて、月番より御昆布と申向候計也、夫より雁木之下ニケ所ニて、夫々僧中ヘ相調、都合三ケ所ヘ御昆布為差出置也、何も月番より御昆布ニと申向候迄也、
但、三ケ所共ニ月番より御昆布と申向候処ニは、僧中平伏仕のみニて銘々御昆布頂戴仕候儀ニは無之候、

十三日　晴　正ノ
弥六郎
筑後
勘解由
丹波
蔵人

宮内
主膳

一如例年今日御具足之餅被為啓候ニ付、御本丸於　御座之間、仲間着座、御規式ニて　御盃頂戴仕、右手続三日御謡初之通最初罷出候節は、中御柱ニて月次之通御礼申上着座之事、外御規式先頃之通之事、尤　御曹司様も御出座被遊也、

　但、御年男は今日着座、同列之人数へは加り不申事、

一右畢て、於席御具足之餅頂戴之、尤大御番頭は菊之間、御番頭は御番所、尤御役人は於詰之間被下之、其外諸者頭始小役人柳之間おゐて順々被下、尤役所有之分は、銘々於役所被下之、委細御目付留有之、

　但、去年迄一統於柳之間被下置候処、当年より御沙汰ニ付、右之通、尤文化十年より以前之通御吸物・御酒共ニ被下之、

一大御番頭并御番頭へ、御具足之餅頂戴之節、月番挨拶ニ罷出候処、已来挨拶無之様御沙汰ニ付、当年より不罷出也、

一江戸へ今朝七日振飛脚渡部丹治組弐人差立候付、御側御用被　仰越之、

正ノ十四日　曇

弥六郎
筑後
勘解由
丹波
蔵人
宮内
主膳

一御年縄納ニ付、仲間并御役人共熨斗目着用、小役人上下着用也、

一三拾四石九合　三戸御給人 馬場勝馬

親伊右衛門及末期、忰勝馬十三歳罷成、御目見不申上候得共、跡式被　仰付被下度旨申上、存生之内願之通無相違被　仰付、

一弐人扶持　田名部御役医 吉田青伍

親仲礼及末期、忰青伍一歳罷成　御目見不申上候得共、跡式被　仰付被下度旨申上、存生之内願之通無相違被　仰付候間、家業情(精)出候様被　仰付、

一三拾石三斗弐升八合　五戸御与力 佐藤久七

養父宇兵衛儀、及末期一子無之に付、久七名跡被　仰付被下度旨申上、存生之内願之通跡式無相違被　仰付、何も御代官へ書状を以申遣之、

一　太田源五平

田名部通御代官被　仰付、於　御前　被　仰渡之、

一　中里判左衛門

五戸通御代官被　仰付、

一　栃内瀬蔵

飯岡通御代官被　仰付、

一　権左衛門嫡子 小栗常助

親老年ニ付、其方花輪通御代官相勤可申旨被　仰付、何も於竹之間同席列座宮内申渡、尤瀬蔵儀役所ニ付、御目付より書状を以申遣之、

一　信田文右衛門

田名部通下役被　仰付、
伊藤長兵衛
久慈丹治
久慈野助

一 八幡・寺林通下役被　仰付、
中里判左衛門

一 田名部通御代官、御免被成旨被　仰出、
浦田伴助

一 飯岡通御代官、御免被成旨被　仰出、何も御目付を以申渡之、
御勘定方勘蔵嫡子 下斗米善治

一 当勤番登被　仰付、
御勘定方 兼平金平

一 当勤番登御免被成旨被　仰出、何も御目付を以、御勘定奉行へ申渡之、
御用人 白石　環

一 来月廿日出立被　仰付、奉書を以申渡之、
大槌御給人 黒沢六之丞

一 売職筋用事ニ付、下総関宿北村藤蔵方へ罷登対談仕度ニ付、当月十五日より日数五十日御暇被下置度旨申出、願之通御目付へ申渡之、

一 二月十一日立
北田俊右衛門
御勘定方 山口立太

一 同十五日立
阿部友伯
杉田左仲太
宮内通仙
小田代善弥
工藤八郎
田鍍長之進

一 同廿四日立
大御納戸帳付御売方刀指 百岡権四郎
野坂安之助

一 同廿八日立
御徒目付 柴内源十郎
御徒 獅子内金右衛門
福士勝六
気田友之助
中嶋嘉藤治
花坂理平太
諸番御小人 一方井織太
内田良八

一 三月三日立
御掃除坊主 喜斎
御持筒弓之者 十二人
御同心 壱組
御勘定所小者 壱人

一 同七日立
山口理右衛門
欠端七蔵
御掃除坊主 久清
御長柄之者 三十一人

一 同十三日立
御賄所物出 藤嶋伊兵衛
御掃除坊主 美斎

板之間小者三人
御台所小者壱人
一同十六日立　清水易人
御徒目付和井内十右衛門
御同心壱組
御人足七十七人
一同廿日立　横井　隣
菊池忠治
村井儀右衛門
一同廿三日立　下田市郎平
袖原長作
下斗米善治
一出立日限被　仰出候ても、諸御渡物出立十日前ニ御渡被成候間、
此旨相心得可申旨被　仰出、
　但、御渡物頂戴之節、伺之上頂戴可仕事、
右之通、御目付伺之通申渡之、
一　勝見事駒ケ嶺覚兵衛
長作事古沢庄左衛門
右之通名相改度旨、銘々口上書を以申出、願之通御目付を以申渡
之、
一　松岡建見
御蔵御吟味下役、被　仰付、
一　米内和七郎
新御蔵御物書被　仰付、何も以御目付申渡之、

弥六郎
丹波
蔵人
宮内
主膳

正ノ
十五日　晴

一月次御礼四時前　御本丸於　御座之間、御家門衆被　仰上、奏者
御用人相勤御着座之節宮内御取合申上、夫より　御中丸総角之間
へ　御出座、高知之面々・諸者頭迄御礼申上、畢て瀧沢常陸より
立崎備中迄、夫より光林寺より瀧沢家祝迄独礼、并花巻御給人・
在々神職・諸寺院・修験まて御礼被為　請、無程相済也、
　但、御用明当番・病後御礼は不被為請、尤今日着服御役人後レ
御礼之人数共ニ、一統熨斗目・半袴着、小役人は服紗小袖・上
下着用也、
一今日　御曹子様御表へ御出座被遊也、
一　三戸御給人梅内官蔵
三戸通御代官所之内、梅内村ニて新田野竿高弐石壱斗、関村ニて
拾弐石、山口村ニて壱石三斗、佐羽内村ニて壱石、飯巻村ニて六
石六斗、田子村ニて六石、斗内村ニて拾四石、都合四拾三石被下
置度、御礼銭之儀は御定目之通差上、披立之儀は当年より未年迄
七ケ年中披立申度、畢揃候ハヽ、精御給地被　仰付、過高も有之候
ハヽ、猶亦御礼銭差上可申候間、右共ニ本高へ御加被成下度旨申
上、
一　同所御給人諏訪内伝蔵

三戸通御代官所之内、斗内村大葉沢ニて新田野竿高五石、同村茨沢ニて三石、川守田御山之内ねばま沢ニて七石、梅内村之内椛之木平・中釣間・神明平三ケ所ニて七石、同村沢田・板沢二ケ所ニて二石、同村箸木ニて弐石、同村弥市見ま沼之沢御山之内にて六石、都合三拾弐石被下置、本身帯へ御加五拾石高ニ被成下度、御礼銭之儀は御定目之通差上、当年より未ノ年迄七ケ年中披立申度、披揃候ハヽ、精御検地被　仰付、過高も有之候ハヽ、猶又御礼銭差上可申候間、右共ニ本高へ御加被成下度旨申上、何も願之通被
仰付御代官へ書状を以申遣之、

一　　外岡織右衛門

三戸通御代官本役被　仰付、於席申渡之、

一江戸より年始御徒使三ケ尻善司預帷子泰助今晩下着　上々様年始為御祝儀、鯉二尾・御手樽一、御下被成、其外　上々様方へ御祝儀物被進之旨、申来之、

一筑後方病気ニ付登　城無之、

正ノ
十六日　晴

一今日大斎日ニ付、無登　城之、

正ノ
十七日　晴

弥六郎
勘解由
丹波
蔵人
宮内
主膳

一　　官蔵事
佐羽内与七

右之通名相改度旨申出、願之通以御目付、申渡之、

一高知中へ御奉書出候得は、都て為御請本人登　城仕候処、以来登城及不申、月番宅へ以使者、御請之儀申上候様御沙汰也、

正ノ
十八日　晴

弥六郎
勘解由
丹波
蔵人
宮内
主膳

一南宗院様(利直)　大源院様(重信)御忌日ニ付、聖寿寺・東禅寺へ　御代香弥六郎相勤之、

一　　栃内辰見

御次被　仰付、於竹之間同席列座　宮内申渡之、

一　　新渡戸八郎

御次御免被成旨被　仰出、以御目付申渡之、

騎馬火之廻之事
外火之番
歩行火之廻之事
火事場見廻

右之通相唱候様御沙汰之旨、御目付毛馬内庄助申出之、

一　　花巻御給人
石川円兵衛
同　守衛

円兵衛儀、痰飲之症相煩、類中之症指加、歩行不自由罷成、至て

難治之症ニて、全快御奉公可相勤躰無之ニ付、隠居仕、忰守衛家督被　仰付被下度旨申上、願之通無相違御城代へ、書状を以申出之、

一　花巻御給人
　　煤孫繁蔵

寺林通之内、椚目村御金目高本高壱石壱斗壱升六合、御帳名久五郎作之分、地高弐斗同村又兵衛持地同本高九斗壱升五合、御帳名六蔵作之分、地高四斗同村武七持地高壱斗弐升七合、御帳名三郎右衛門作、同村儀兵衛持地同本高弐斗弐升五合分地高壱斗三升三合、御帳名万平作、同村治五兵衛持地高〆八斗六升、此度右四人之者より相続仕地名之者、御村方へ相出持地ニ仕、右地面同所ニて野形間々松林等有之、瀬川端ニて年々川欠等ニ相成川原も不少有之候、御地面之内百三拾苅位も田形発目之場所有之候間、右発目へ御金目高四軒地合ニて八斗六升之御高、御村方へ差出、御蔵入高ニ仕候跡無高之御地面御見分被　仰付、御差支無之御場所御座候ハヽ、弐拾六名分頂戴仕、本身帯ニ弐拾四石へ御足加被成下度、尤右場所は石川原も間々有之、連々手入披立御竿頂戴仕度、随て右地面被下置、直々五拾石高之御本(奉カ)公相勤候様被成下度旨申上、願之趣容易ニ難被　仰付、願筋有之候得共、此度は別段之思召も有之ニ付、野竿高弐拾六石分本身帯へ御加、五拾石高ニ被成下旨被　仰出、御城代へ書状を以申遣之、

正ノ
十九日　晴

弥六郎
勘解由
宮内
主膳

正ノ
廿日　晴

弥六郎
勘解由
丹波
蔵人
宮内
主膳

一御旧例之通御目出御祝儀有之、席へ御熨斗出、以賽振御吸物・御酒被下、御用人於詰之間同断、大目付出仕、御町奉行・表御目付・御目付・御勘定奉行・御使番、於詰之間右同断、御城廻之者共、於御用所以賽振之御吸物・御酒頂戴之、

但、熨斗目着用程之御役筋之者は着用、小役人は上下着用也、

一　年始御徒使
　　帷子泰助

今日於　御居間　御逢、御熨斗被下、以後於御用所御料理・御目録金百疋被下之、

一江戸へ今朝より七日振飛脚渡部丹治組弐人差立候付、御用儀共申遣之、

一　寺社・町奉行
　　御目付
　　御勘定奉行

俵物御用懸り、以来先座之者持役と、相心得可申事、

但、江戸登等ニて留主中は次順之者より何時も持役と相心得可申候、已来其度毎御沙汰不被成候、

正ノ
廿一日　雨

弥六郎
勘解由
丹波
蔵人
宮内
主膳

一　　花巻御給人
　　小田代　募
　　同　良助

募儀、老衰仕御奉公可相勤躰無之付、隠居仕悴良助家督被　仰付被下度旨申上、願之通無相違被　仰付、御城代へ書状を以申遣之、

正ノ
廿二日　晴

弥六郎
筑後
勘解由
丹波
蔵人
宮内
主膳

一　　中村庄左衛門
　　御銅山方
　　同　専作

庄左衛門儀、老衰之上起居不自由罷成、御奉公可相勤躰無之付、隠居仕悴専作家督被　仰付被下度旨申上、願之通無相違被　仰出、

一　　山田留之助

養父要助跡式被　仰付、何も於竹之間同席列座、宮内申渡之、

一筑後方病気快、今日より登　城也、

一　　山田留之助へ

親要助七戸御代官勤中、当時別て御代官勤向一統御仕法之儀、厳敷御沙汰も被成置候処、右御趣意も取失ひ不心得之勤筋有之候間、急度被　仰付方も有之候処、死後之事故格別之御憐愍を以、其方跡式被　仰付候得共、前臨之親不調法も有之候ニ付、身帯之内三ケ一御預り被成旨被仰　出、

右之通御目付足沢彦蔵於宅、御町奉行宮手弥市・坂牛杢兵衛、御目付奥寺市之丞立合申渡之、

一右ニ付、留之助恐入差扣（控）申出、三日目不及其儀旨、御目付を以申渡之、

一右ニ付、親類共恐入差扣（控）申出、即不及其儀旨、申渡之、

正ノ
廿三日　晴

弥六郎
筑後
勘解由
丹波
蔵人
宮内
主膳

現米
一百五拾石　　上田早太

親市右衛門存生之内願之通跡式無相違被　仰出、於竹之間、同席列座宮内申渡之、

一　右之通名相改度旨申出、願之通御目付を以申渡之、　権左衛門嫡子常助事　小栗権六

一　右者、当月八日出生之旨、口上書を以被相届之、　檜山主膳娘　増

正ノ
廿四日　晴　弥六郎
筑後
丹波
蔵人
宮内
主膳

御金方
一六石　野田御与力　小田冨之進
親俊右衛門及末期忰冨之進十三歳罷成、御目見不申上候得共、跡式被　仰付被下度旨申上、存生之内願之通無相違被　仰付、御代官へ書状を以申遣之、

正ノ
廿五日　晴　弥六郎
筑後
丹波
勘解由
蔵人
宮内

一先頃御下被成候年始御徒使帷子泰助儀、今朝立為御登被成之、
但、右御徒使戻り出立之儀は、是迄昼御立被成候処、已来前日添状相渡、翌廿五日朝出立被　仰付旨御沙汰ニ付、此度より右之通也、

一百三拾九文　諸白壱升
一百弐拾七文　並酒壱升
右之通当二月朔日より、酒直(値)段商売可被　仰付哉と御町奉行申出、伺之通申渡之、

一七戸・三戸・田名部御代官被　仰付候節、御役成御礼願口上書認方之儀、已来格成御礼申上度旨相認候様御沙汰ニ付、御目付へ申渡之、

一　木村武右衛門引取養育牢人　中村万作
其方儀、柏屋徳兵衛存生中貸借向之儀ニ付、同人子市助より訴出之筋被遂御吟味候処、不始末之申出不埒至極ニ候、依之慎被　仰付、

二月

一　本丁柏屋　市助
其方親徳兵衛存生中、中村万作より貸借一許御裁許之儀願上、被遂御吟味候処、始末合不慥儀申上、不埒之至ニ候、依之慎被　仰付、

正ノ
廿六日　晴　弥六郎
筑後
勘解由
丹波
蔵人

一　　　　宮内
　　　　　　　　栃内半右衛門
嫡子半次郎儀、先達て出奔仕、嫡孫豊之進生質虚弱ニ付、二男英
之進当二十一歳罷成候、此者嫡子仕度旨申上、願之通被　仰出、
於竹之間同席列座宮内申渡之、
一江戸表去ル廿日立、七日振飛脚神子田求馬組弐人今朝着、御用儀
共申来之、
一　　　　　　　　御側用達
　　　　　　　　御駕籠頭
右御役江戸表へ罷登候節、鑓為御持被成候処、以来は為御持不被
成旨被　仰出、
一　　　　　　　　御金奉行
　　　　　　　　御銅山方
右同断、
但、大坂詰被　仰付、罷登候、御銅山方は是迄之通相心得可申
旨、被　仰出、
一　　　　　　　　江戸交代
　　　　　　　　御錠（鋌カ）口番
右同断、
右之通御沙汰ニ付、浅石九八郎を以、夫々へ申達候旨申出之、

正ノ
廿七日　曇　　弥六郎
　　　　　　　筑後
　　　　　　　勘解由
　　　　　　　丹波
　　　　　　　蔵人
　　　　　　　宮内
一　　　　　　　　野辺地御与力
　　　　　　　　成田伝之助
　　　　　　　　同所御給人
　　　　　　　　成田善左衛門
伝之助儀、一子無之弟伝治病身ニて末々御用相立可申躰無之、養
女有之ニ付、同性親類善左衛門三男文蔵聟養子仕度旨申上、双方
願之通被　仰付、御代官へ以書状申遣之、
一　　　　　　　　金太郎嫡子
　　　　　　　　一戸豊前へ
其方儀、兼々御沙汰被成置候　思召通も心得居候事故、専ラ心懸
可有之之候処、御趣意を取失ひ立入申間鋪、出入へ荷胆仕、彼是
虚談構候儀、被遂御吟味候処明白ニ候、依之金太郎嫡子ニ御立不
被成之旨被　仰出、慎御免被成者也、
　正月
右之通御目付沢里勇馬於宅、御町奉行宮手弥市・坂牛杢兵衛、御
目付浅石九八郎立合申渡之、
一右ニ付親類共恐入差扣（控）願出、不及其儀旨、御目付へ申渡之、

正ノ
廿八日　晴　　弥六郎
　　　　　　　筑後
　　　　　　　勘解由
　　　　　　　丹波
　　　　　　　蔵人
　　　　　　　宮内
一月次御礼今五半時　御本丸於　御座之間、御家門衆被　仰上、奏

者御用人相勤、　御着座之節宮内御取合申上、引続同席御礼申上、
今日は御熨斗無之素礼也、夫より　御中丸総角之間へ　御出座、
高知之面々・諸者頭迄御礼申上、畢て名目御礼有之、無程相済也、
一今日　御曹司様御表、　御出座被遊也、
一天量院(利視)様御忌日ニ付、聖寿寺へ　御代香勘解由相勤、尤朝御礼前
之内罷越也、

一　野辺地御給人　工藤卯之太
売職筋用事ニ付、江戸表小鮒丁三丁目、大坂屋武兵衛方へ罷登対
談不仕候ては難相済、用向出来仕候間罷登申度、明廿九日より日
数六十日御暇被下置度旨申上、願之通、

一(脱カ)　野田通御給人　工藤杢右衛門
病気ニ付、野田通下役御免被成下度旨申上、願之通何も御目付へ
申渡之、

一　長山蔵太二孫　金八郎
当月十六日出生之旨、口上書を以相届之、

一　糠塚兵作
遠藤直弥
野田通下役被　仰付、北三崎両御野御用共ニ、以来持役被　仰付、
御目付を以申渡之、

一　盛岡支配三戸住居　一戸耕次郎
右者兼々行跡不宜旨、此度公事一許御取扱之節、免者共へ及加談、
御政事向取扱ニ甚御差支ニ相成候間、何方へ成共所替被　仰付被
下度旨申上、田名部通佐井へ、所替被　仰付、

一　三戸通大肝入　下参郷兵衛
右者此度支配所公事御片付相済候節、役儀ニも不似合不心得ニて
音信物受納仕候無調法之儀達　御聴、御吟味被　仰付候、依之私
とも迄奉恐入候、御慈悲之以御憐愍無御糺隠居被　仰付被下度奉
存候、尤大肝入之儀は、代々相勤来候家柄ニ御座候、且子共左源
太人分宜者ニ御座候間、以御憐愍左源太へ跡役被　仰付被下度奉
存候、

一　惣宿老　松尾五兵衛
八日丁検断　惣兵衛
同町宿老　源蔵
二日町検断　又兵衛
同町宿老　喜兵衛
右五人之者共、大肝入兵衛同断之無調法ニ御座候得共、御憐愍を
以十日戸〆被　仰付被下度奉存候、

一　二日町　宇太郎
右之者前書公事一許御片付相済候節、不心得ニて権問金并音信物
等彼是へ遣候段、達　御聴無調法至極、私共迄奉恐入候、御慈悲
之御憐愍を以十日戸〆被　仰付被下度奉存候、右前書之者共兼々
御沙汰通忘却仕、無調法至極奉存候得共、御慈悲之御憐愍を以、
深無御糺前書之通夫々慎被　仰付被下度、向後御所御示被成下
度奉存候、此段奉伺候、

一　三戸通御与力　村井清兵衛
右之者兼々不心得之上対　御上不敬之儀有之付、無調法至極奉存
候得共、御憐愍を以深ク無御糺隠居之蟄居被　仰付被下置度奉存
候、

一　清兵衛忰
村井多仲太
右之者不心得無調法之次第、親清兵衛同様之者ニ御座候得共、御憐愍を以退嫡被　仰付被下度奉存候、尤清兵衛名跡之儀は御憐愍を以親類共相続之上、人分宜者相選奉願上候ハヽ、名跡被下度奉願上候、

一　三戸通御給人
川村官蔵
右之者兼々不心得ニて悪事ニ致加談(担カ)、不宜者ニて無調法有之候得共、御憐愍を以無御糺三十日差扣被　仰付被下度奉存候、右は支配所御給人・御与力之内前書名面之者共、於支配所悪事ニ加談仕、御政事向取扱御差支ニ相成候間、向後為御示御取片附之儀に願上候、

一　苗字帯刀御免
松尾十兵衛
同子共
庄兵衛
右者支配所三戸通八日町住居之者共ニ御座候、兼々行跡不宜、諸事悪事相工ミ、御所ニおゐて御政事向取扱御差支ニ相成候者共ニ御座候間、遠追放被　仰付被下度奉存候、尤一通り苗字帯刀も御免被成下置候者ニ御座候得は、重々御憐愍を以名跡之儀は、親類共相談之上、人分宜者相選ミ奉願上候ハヽ、名跡御立被成下度奉存候、

一　三戸通廻役
栗谷川文右衛門
同
松尾友右衛門
右之者此度支配所公事相片付相済候節、不心得ニて音信物受納仕候儀、達　御聴御吟味被　仰付、依之私共迄奉恐入、御慈悲之御憐愍を以無糺御役御免差扣十日被　仰付被下度奉存候、

一　三戸御給人
佐藤甚作
右同断、無調法御座候得共、御憐愍を以差扣十日被　仰付被下度奉存候、
右之通支配所御給人前書名面之ものとも兼て御沙汰も御座候処、不心得ニて無筋音信物致受納候段無調法ニ御座候得共、以御憐愍向後為御示差扣被　仰付被下度奉存候、
右之通三戸御代官書付を以申出、相伺候処、伺之通被　仰付旨附札ニて御目付へ申渡之、

正ノ
廿九日　小雪
弥六郎
筑後
丹波
蔵人
宮内

一　野田御給人
小田仙蔵
病気ニ付、野田通下役御免被成下度旨申上、願之通御目付へ申渡之、

一　御境吟味役
身分ニ拘り候諸願向は、以来所御代官へ願出候様被　仰出、
但、御境拘り候御用筋は是迄之通御境奉行へ可申出事、
右之通被　仰出、御境奉行并御代官へ御目付を以申渡之、

正ノ
晦日　晴
弥六郎
筑後

丹波
蔵人
宮内
一江戸へ今朝七日振飛脚渡部丹治組弐人差立候付、御用儀共申遣之、
一　中野三左衛門
万所御奉行　菊池作左衛門
三左衛門儀、男子無之娘有之付、母方之親類作左衛門二男賢治聟
養子仕度旨申上、双方願之通被　仰出、
一　江刺家源八
石井熊太
源八儀、男子無之娘有之ニ付、間柄も無御座候得共、熊太弟龍治
聟養子仕度旨申上、双方願之通被　仰出、何も於竹之間、同席列
座宮内申渡之、
一山田要助存生之内、七戸御代官勤中無調法之儀有之ニ付、身帯之
内三ケ一御預りニ付、小高帳書替月番宮内宅へ山田留之助上下着
用呼出、登　城前相渡之、此節御目付一人相詰也、尤本人病気之
節は名代上下ニて差出候事、
但、前々小高帳於席被下来候処、此度月番於宅、相渡候様御沙
汰ニ付、右之通也、
一　宮古御水主　物左衛門
同小頭　源之丞
病気之節、伊勢大神宮へ立願仕候処、神力ニて全快候付、此度参
宮仕度、依て七十日御暇被下置度旨申上、願之通御目付へ申渡之、

二月朔日　雨
弥六郎
筑後
丹波
蔵人
宮内
主膳
一月次御礼今五半時　御本丸於　御座之間、御家門衆御礼被　仰上、
奏者御用人相勤、　御着座之節蔵人御取合申上、夫より　御中丸
総角之間へ　御出座、高知之面々・諸者頭迄一統御礼申上、畢て
名目御礼被為　請、無程相済也、
但、高知之面々・同嫡子迄申達候　御用有之ニ付、菊之間へ列
居候様以大目付申達、御新丸御番頭、菊之間諸者頭は柳之間へ
列座候様御目付を以申渡之、夫より蔵人罷出、今日之御用被為
有候ニ付、月次御礼一統ニ被為請旨被　仰出候旨、申達之、
一今日　御曹子様　御表へ御出座被遊也、
一　蔵人事　毛馬内典膳
右之通　於御前名拝領被　仰付、御役人共へ申渡之、御用人へ口
達、花巻御城代在々へは、御目付より為相触之、
一　戸来弓人
嫡子鎌太郎儀、年来ニも御座候間、前髪為執度旨申上、願之通御
目付を以申渡之、
一　大光寺彦右衛門
山田要助儀、七戸御代官同役勤中不心得之勤方ニ付、山田留之助
へ被　仰出候趣承知仕、恐入差扣願出、不及其儀旨御目付へ申渡之、

二ノ
二日　晴

弥六郎
筑後
勘解由
丹波
典膳
宮内

一百石以上御広間御番人被　仰付、罷登候節身帯之高下ニ不拘上下
三人ニて罷登候様被　仰出候段、御目付三浦忠陸申出之、

一　安俵通御役医格
　　川村玄珪
公義衆通行之砌御用被　仰付、依て右御用中、弐人扶持被下置候
旨被　仰出、御代官へ書状を以申遣之、

一　八戸弥六郎
　　中野筑後
此節御用少ニも被為　有候間、日々罷出申候も太儀ニ　思召、依
て申合候て隔日ニ罷出候様、尤病気差合等之節は、一人ニて日々
罷出候様可致旨御沙汰ニ候、
右之趣、演説ニて申達之、

一　楢山主膳
此節御用少ニも被為　有候間、日々不罷出候ても宜　思召候間、
五節句・月次・諸恐悦外御用有之節は、罷出候様可仕旨　御沙汰
ニ候、主膳方此節病気ニ付、典膳下宿より罷越　御意之趣演説ニ
て申達之、右何も御役人共へ為申知之、

一　四戸治左衛門
飯岡通御代官被　仰付、

一　栃内瀬蔵
徳田・伝法寺通御代官被　仰付、何も於竹之間同席列座、典膳申
渡之、

一　御祐筆
　　御使者給仕
以来御用人方御物書役所へ一所ニ罷有、御用向相勤候様被　仰出
候事、
但、御祐筆日々壱人宛罷出、御用有之節は、相揃可申事、

一　御用之間御物書
已来泊御番御免被成旨被　仰出候事、

一　御番医
已来御徒目付役所へ、一所ニ被揃置候旨被　仰出候事、
右之通、被　仰出候旨、御目付毛馬内命助申出之、

二ノ
三日　晴

弥六郎
勘解由
丹波
典膳
宮内

一　花坂理蔵
下小路御用屋鋪拝領被　仰付、於席申渡之、

一　佐羽内黒税（カ）
被差置候下小路御用屋敷、花坂理蔵へ拝領被　仰付候ニ付、下小

路御屋敷ヘ被差置候旨被　仰出、御側御用人を以大奥御役方ヘ申
達之、
但、三浦名五郎同居被　仰付、

一　　三浦名五郎

被指置候下小路御用屋鋪花坂理蔵ヘ拝領被　仰付候ニ付、下小路
御屋鋪ヘ被差置旨被　仰出、御側御用人ヘ相渡、御用人より御側
以御目付申渡之、
但、佐羽内黒税同居被　仰付、

一二季名改、左之通、

一先祖名　儀八事　中野兵馬
一幼名　順之助事　遠山多門
一幼名　鹿之助事　高野彦重郎
一先祖名　三左衛門事　中野半兵衛
一先祖名　広治事　馬場三之丞
一幼名　俊蔵嫡子官蔵事　中里嘉藤
一幼名　清右衛門嫡子菊弥事　瀬川茂右衛門
一幼名　権次郎嫡子右八事　岩館泰蔵
一幼名　元右衛門嫡子幸之助事　横浜宗平
一幼名　与右衛門嫡子駒之助事　作山茂作
一先祖名　三戸御給人定之助事　泉山作右衛門
一幼名　花巻御給人民之進事　岩間守衛
一先祖名　五戸御給人又太郎事　鳥谷部武一郎
一親名　同所御給人幸作事　江渡文右衛門
一幼名　同所御給人金弥事　苫米地武左衛門
一幼名　福岡御与力藤松事　平　豊左衛門
一幼名　御徒目付支配刀指菊五郎事　藤沢忠之臣
一幼名　五戸御与力多七事　苫米地定右衛門

右、何も願之通御目付を以申渡之、

二ノ四日　晴　　弥六郎
　　　　　　　筑後
　　　　　　　勘解由
　　　　　　　丹波
　　　　　　　典膳
　　　　　　　宮内

一拾弐石　　宮古御給人　船越連治
養父益見及末期、一子無之妹有之に付、挨拶柄も無之候得共、同
所御役医相田宗純四男連治聟名跡被　仰付被下度旨申上、存生之
内願之通其方跡式無相違被　仰付、御代官ヘ書状を以申遣之、

一霊巌院様（信恩）御忌日ニ付、聖寿寺ヘ　御代香、宮内相勤之、

一　　岩部繁若次郎
　　　栃内瀬蔵
支配所徳田・伝法寺通御仮屋は、有之候得共、是迄御用之節計御
代官相詰罷有候、然処兎角外御官所之通詰合居不申候得は、御百
性（姓）とも取扱向等御差支相成候間、以来交代詰合被　仰付被下置度、
随て只今迄帳付両人被　仰付被下置候処、帳付之御免被成、此御
元より下役両人被　仰付、交代相勤候様被成下度旨申出、伺之通
御目付を以申渡之、

一　　　　　　　　　　　　　　　　　　　　一戸耕次郎
同苗一戸金太郎嫡子豊前儀、無調法之儀有之、嫡子御立不被成旨
被　仰付、私迄恐入差扣願上候旨申出、不及其儀旨御目付へ申渡
之、
弥六郎
筑後
勘解由
丹波
典膳
宮内

二ノ
五日　晴

一養源院様（利雄）　義徳院様（利正）御忌日ニ付、聖寿寺・東禅寺へ御略供ニて
御直詣有之、

一　　　　　　　　　　　　　　　　　　　　柴内蔵治
　　　　　　　　　　　　　　　　　　　　幸左衛門御番代
　　　　　　　　　　　　　　　　　　　　長嶺九郎八
徳田・伝法寺通下役当分被　仰付、御目付を以申渡之、

一　　　　　　　　　　　　　　　　　　　　中西静馬
病気全快可仕躰無之ニ付、御用人御免被成下度旨願書を以申出、
御役御免之御沙汰無之内、引続末期願相出、無間病死之旨訴出候
ニ付、前々之通御検使相勤候様、御目付へ申渡之、

一　　　　　　　　　　　　　　　　　　　　徳田・伝法寺通白沢村肝入
　　　　　　　　　　　　　　　　　　　　甚右衛門
右者亥年分御買米格別之御憐愍を以、年延被　仰付候処、不心得
之取計方有之、急度被　仰付方も可有之候得共、格別之以御憐愍
肝入役御取上、所払被　仰付被下置度旨御代官申出、伺之通御目
付を以申渡之、

一被　仰出、左之通、
大小鞘梨子地其外ニも色々之模様ニ拵相用候ものも有之、以之
外不宜候、依之以来黒・朱鞘之外物好之拵決て相扣可申旨被
仰出、
右之通御沙汰之旨、御目付奥寺市之丞申出之、
筑後
勘解由
丹波
典膳

二ノ
六日　晴

一　　　　　　　　　　　　　　　　　　　　御用人上席
　　　　　　　　　　　　　　　　　　　　切田　辺
諸番御小人頭兼帯被　仰付、於席申渡之、

一　　　　　　　　　　　　　　　　　　　　阿部友伯
　　　　　　　　　　　　　　　　　　　　杉田左仲太
　　　　　　　　　　　　　　　　　　　　宮内通仙
　　　　　　　　　　　　　　　　　　　　小田代善弥
　　　　　　　　　　　　　　　　　　　　工藤八郎
　　　　　　　　　　　　　　　　　　　　田鎖長之進
来ル十五日立被　仰付置候処、来ル廿日出立被　仰付、御目付を
以申渡之、

一　　　　　　　　　　　　　　　　　　　　前川善兵衛へ
其方儀、売職筋ニ付、常州那珂湊長四郎と申者より借財之儀ニ付、
数年来度々　御上へ御苦労懸上候上、去々年那珂湊へ身寄之者差

遣相片付申度之旨申出、添状等まて御渡被成候処、前文身寄之者指遣不申、尤右御扱ニ付御呼出被成候節罷出不申候次第、重畳不埒至極ニ付、急度被　仰付様も有之候得共、今度事済ニも至候事故、以御憐愍隠居之逼塞被　仰付、

右之通今晩御目付奥寺市之丞於宅、御町奉行宮手弥市・坂牛杢兵衛、御目付足沢彦蔵立合申渡之、

一右ニ付、嫡子善十郎并親類共恐入差扣之儀、同十三日願出候処、不及其儀旨、御目付へ申渡之、

但、文化八年四月七日、金矢男也之例を以申渡之、

二ノ

七日　晴　　弥六郎
　　　　　　筑後
　　　　　　勘解由

一　米内新左衛門
　　同　多蔵

新左衛門儀、老衰之上歩行不自由罷成、御奉公可相勤躰無之ニ付、隠居仕、忰多蔵家督被　仰付被下度旨申上、願之通無相違被　仰出、同席列座勘解由申渡之、

二ノ

八日　晴

一霊巌院様(信恩)御忌日ニ付、東禅寺へ　御代香筑後相勤之、

一江戸表去ル二日立、七日振飛脚神子田求馬組弐人今朝着、御用儀共申来之、

一今日初午ニ付、於榊山御祭事有之、仲間登　城無之、

二ノ

九日　晴　　弥六郎
　　　　　　勘解由
　　　　　　丹波
　　　　　　典膳

一　御用人　玉山直人

御者頭兼帯被　仰付置候処、御者頭御免被成旨被　仰出、奉書を以申遣之、

一　若年寄　水谷多門

御用有之、立帰登被　仰付候間、忍にて罷登可申、尤日数五十日之内被　仰付、御側御用人を以申達之、

但、来ル十五日立被　仰付、

一　御用役　佐羽内黒祝(カ)

当分勤番長詰ニ付、休息被　仰付、五十日之内、為御登被成候間、忍ニて罷登可申旨被　仰付、右書付御側御用人を以、大奥御役方へ申達之、

但、来ル十七日立被　仰付、尤水戸廻り被　仰付、

一　御小性　三浦名五郎

勤番御免登被　仰付、御側御用人を以御側御目付へ申渡之、

但、来ル十七日立被　仰付、尤水戸廻り被　仰付、

一　江戸交代御錠口番　一条源治

御神用司下役当分被　仰付、御目付を以申渡之、

一　御神用司下役　豊間根定八

御用有之、立帰登被　仰付候間、忍ニて罷登可申、尤日数五十日

之内被　仰付、
　但、来ル十五日立被　仰付、

一　御用有之、立帰登被　仰付候間、忍ニて罷登可申旨被　仰付、何
も御側御用人を以、大奥御役方へ申達之、
　但、来ル十五日立被　仰付、
　　御神用司下役当分
　　一条源治

一　当月廿日立被　仰付置候処、同十八日出立被　仰付、奉書を以申
遣之、
　　白石　環

一　　横井　隣
　　菊池忠治
　　村井儀右衛門
来月廿日立之処、同十八日出立被　仰付、

一　　阿部友伯
　　杉田左仲太
　　宮内通仙
　　小田代善弥
　　工藤八郎
　　田鍍長之進

一　来ル廿日立之処、同十七日立被　仰付旨御目付江刺牧太申出之、
　　白石環嫡孫
　　元之助

一　右者、先月廿一日出生之旨届有之、
　　清水易人
　　和井内十右衛門

来月十六日立被　仰付置候処、同十七日立被　仰付旨、右同人申
出之、

二ノ十日　昼過大霰降
　　筑後
　　勘解由
　　丹波
　　典膳

一　元通儀、老衰之上起居不自由罷成、御奉公可相勤躰無之ニ付、隠
居仕忰元春家督被　仰付被下度旨申上、願之通無相違被　仰付候
間、家業情（精）出候様被　仰出、
　　御医師
　　伊藤元通
　　同　元春

一　八十八儀、老衰仕御奉公可相勤躰無之に付、隠居仕忰栄助家督
被　仰付被下度旨申上、願之通無相違被　仰付、於竹之間同席列
座典膳申渡之、
　　工藤八十八
　　御目付処御物書
　　同　栄助

一　御者頭被　仰付、於　御前被　仰渡之、御役人共へも為申知之、
　　岩間左平次

一　当春登之者文化十三年八月六日之処有之通、今日於柳之間被　仰
出、書付一統へ御目付相渡拝見被　仰付、御役人共相詰也、

二ノ十一日　小雪
　　弥六郎
　　勘解由

丹波
典膳

一（行信）徳雲院様御忌日ニ付、聖寿寺へ　御代香丹波相勤之、

御用人
白石　環

一病気ニ付、当勤番登御免被成下度旨申上、願之通被　仰出、奉書を以、申遣之、

御用役
佐羽内黒祝

一来ル十七日立被　仰付置候処、同廿一日出立被　仰付、御側御用人を以、大奥御役方へ申達之、

御小性
三浦名五郎

一右同断、御側御目付を以申渡之、

御用人
黒川　司

一当勤番登被　仰付、御役人共へも申渡之、
但、出立日限之儀は追て御沙汰被成旨被　仰出、病気ニ付奉書を以申遣之、

二ノ
十二日　晴

筑後
勘解由
丹波
典膳
宮内

一（重直）即性院様御忌日ニ付、聖寿寺へ　御代香、弥六郎相勤之、

神尾忠右衛門
毛馬内名張

一奥詰被　仰付、以御目付申渡之、

青木多門

御広間
御番人

一忌服宜分平日相止メ、尓来紬・黒木綿紋付太織等、相用ひ候事、
一御祝日惣て廉立候節、共々木綿着用不苦候事、
但、下タ着は是迄之通、
右之通被　仰出申渡候段、御目付花坂理蔵申出之、

長沢益助

一弟繁次郎儀、二十八歳罷成候、当月二日与風罷出、罷帰不申ニ付御内々申上、心当之処色々相尋候得共、行衛相知不申、出奔之旨訴之、

大光寺彦右衛門

一思召入有之、七戸御代官御役御取上被成旨、被　仰出、
右之通今晩御目付花坂理蔵於宅、御町奉行宮手弥市・坂牛杢兵衛、御目付浅石九八郎立合申渡之、
一右ニ付、彦右衛門恐入差扣願出候処、是より御沙汰有之迄、慎居可申旨、御目付へ申渡之、
一右ニ付、親類共恐入差扣願出候処、不及其儀旨、御目付へ申渡之、

中嶋伝右衛門

一妾腹兵次郎文化八年六月十五日出生仕、此節丈夫罷成候付、御訴申上候、妻ニ男子出生仕候ハヽ、兵次郎儀は次男ニ可仕候、此旨御聞置可被下旨、口上書を以申出之、

山岸丁
作右衛門へ
被　仰渡

其方儀、去年十一月廿三日綱取山守大助意趣有之、山岸村子々(カ)松・左助申合打擲致候、無調法ニ付沢内ヘ御追放被　仰付候条、御城下并他御代官ヘ立入候ハヽ、曲事被　仰付者也、

一　上田通山岸村　子々(カ)松

被　仰渡

其方儀、去年十二月廿三日山岸丁作右衛門申合、綱取山守大助を打擲致候無調法ニ付、沢内ヘ御追放被　仰付候条　御城下并他御代官所ヘ立入候ハヽ、曲事被　仰付者也、

同村　左市ヘ

被　仰渡

其方儀、去年十一月廿三日山岸丁作右衛門、山岸村子々(カ)松ヘ申合綱取山守大助を打擲致候無調法ニ付、大迫ヘ御追放被　仰付候条、御城下并他御代官所ヘ立入候ハヽ、曲事可被　仰付者也、

二ノ十三日　晴

弥六郎
勘解由
丹波
典膳
宮内

一　報恩寺　稗貫郡台村　松山寺契勇

報恩寺儀、疝積差発痿症相加、起居不自由罷成難治之症ニて全快寺務可仕躰無之付、隠居仕弟子松山寺契勇長老寺務相応之僧御座候間、後住被　仰付、菊之間於御廊下、同席列座典膳申渡之、

但、病気ニ付、名代龍谷寺罷出也、

一　久慈角巳

嫡子喜兵衛儀、当四十八歳罷成一子無之ニ付、二弟末之丞当三十八歳罷成候、此者喜兵衛嫡子仕度旨申上、願之通被　仰出、於竹之間、同席列座典膳申渡之、

一　三戸御与力清兵衛孫　村井清作

祖父清兵衛儀、無調法之儀有之、隠居之蟄居同人忰多仲太儀、退身蟄居被　仰付候ニ付、其方当七歳罷成筋目之者ニ付、名跡被　仰付被下度旨親類共申上、御憐愍を以願之通相続無相違被　仰付、御代官ヘ書状を以申遣之、

一　関　澄馬

奥郡御免被成旨被　仰出、御目付を以申渡之、

二ノ十四日　晴

筑後
勘解由
丹波
典膳

一　赤坂勘作
同　重作

勘作儀、中風之症相煩至て難治之症ニて、全快御奉公可相勤躰無之に付、隠居仕忰重作家督被　仰付被下度旨申上、願之通無相違被　仰出、於竹之間同席列座典膳申渡之、

一　御持弓頭　沢田左司馬

当分御用人不人数ニ付、右御用承候様被　仰付、於席申渡之、
但、御用人所　罷出可申候、

二ノ十五日　晴

弥六郎
筑後
勘解由
丹波
典膳
宮内

一月次御礼今五半刻　御本丸於　御座之間、御家門衆御礼被　仰上、奏者御用人相勤　御着座之節典膳御取合申上、引続同席へ御礼申上、夫より　御中丸総角之間へ　御出座、高知之面々・諸者頭迄御礼申上、畢て名目御礼有之無程相済也、

一今日　御曹子様御表へ　御出座被遊也、

一　本堂藤四郎
御徒頭 三ケ尻善司

藤四郎儀、男子無之娘有之ニ付、挨拶柄も無之候得共、善司預御徒重茂十内弟栄蔵聟養子仕度旨申上、双方願之通被　仰出、尤善司病気ニ付、鈴木恰へ申渡之、

一　中村森太
堀江定之丞

森太儀、一子無之ニ付、挨拶柄も無之候得共、定之丞二男丑之助聟養子仕度旨申上、双方願之通被　仰出、尤定之丞病気ニ付、名代呼上右何も於竹之間、同席列座典膳申渡之、

一　七戸御代官へ

支配所御給人勿論惣て之儀、是迄御側向御取扱ニ有之候処、已来御表御取扱ニ被成旨被　仰出、尤右之儀御役人共初メ支配所中へも為相心得候様被　仰出、御目付を以申渡之、

一　九八郎事 浅石清三郎

右之通、名相改度旨申上、願之通御目付を以申渡之、

二ノ十六日　晴

筑後
勘解由
丹波
宮内

一　野辺地御給人 工藤伴蔵
同 金作

伴蔵儀、老衰仕御奉公可相勤躰無之ニ付隠居仕、悴金蔵家督被仰付被下度旨申上、願之通無相違被　仰付御代官へ書状を以申遣之、

一惣門手入方之儀も御番所普請致、同様手入等致候様、尤難相求木品之儀は其節ニ至願出候ハヽ、御吟味之上可被下段御沙汰之事、
右之通演説ニて申達之、

一　中村廣太

駒五郎殿御相手被　仰付、御目付を以申渡之、

一上下　下河原勝馬

七戸通御代官被　仰付、於席申渡之、

一上下　毛馬内名張

御使番被　仰付、
一継肩衣　　　　布施庄蔵
北浦奉行被　仰付、
　但座順之儀は久慈弥左衛門・相坂権兵衛同様被　仰付、御目付
　を以申渡之、
右何も於竹之間、同席列座典膳申渡之、
一江戸へ今朝より七日振飛脚箱崎助左衛門組弐人差立候ニ付、御用
儀共申遣之、

二ノ
廿七日　曇　　弥六郎
　　　　　　　筑後
　　　　　　　勘解由
　　　　　　　丹波
　　　　　　　典膳
　　　　　　　宮内

一津軽領之者へ諸度組事并文通等致候者も有之様粗相聞得、以之外
之事ニ候、以来買物は勿論文通等致間敷候、万一心得違之者於有
之は、御吟味之上急度可被及御沙汰旨被　仰出、其向々御代官所
御沙汰有之、委細之儀は御目付所留書有之也、

二ノ
十八日　晴　　筑後
　　　　　　　勘解由
　　　　　　　丹波
　　　　　　　典膳
　　　　　　　宮内

一南宗院様（利直）　大源院様（重信）御忌日ニ付、東禅寺・聖寿寺へ　御代香勘解
由相勤之、
一毛馬内通御代官所之内、北監物知行所古川村百姓共願出は、古川
村下タ用水堰、去年洪水ニて少々欠込居候処、猶亦当正月廿六日
大雨雪代水ニて欠込、当年水懸り之御田地仕付可仕様無御座候ニ
付、先日願上御見分被成下候通大川筋ニ罷成、堰代一切無之に付、
委細小高別帳并絵図面を以申出候通、古川村小高目之内堰代長サ
弐拾七間、幅壱間并川端より右堰代迄除地壱間、長サ弐拾七間共
ニ被下置、御引竿御通被下度旨、百性（姓）共願出、御勘定奉行共遂吟
味候処願之通被下置、此度御検地御序も御座候ニ付、為御改替地
被下置可然旨申出候間、伺之通御勘定奉行へ申渡之、
一　　　　　　　　北　監物
知行所毛馬内通御代官所之内、古川村用水堰先達て川欠込用水無
之ニ付、堰代被下置度旨百姓共申上、御検地此節御序も有之ニ付
為御改被遣候旨、家来呼上以御目付申渡之、
　但、吟味相済申出候節、前例之趣を以可申渡候事、
一　　　　　　　　五戸御給人　田丸軍作
　　　　　　　　　七戸御給人　盛田喜左衛門
軍作儀、男子無之娘有之ニ付、親類七戸御給人盛田喜右衛門三弟
孝之進聟養子仕度旨申上、双方願之通被　仰出、何も御代官へ書
状を以申遣之、

二ノ
十九日　小雪

二ノ
廿日　晴

弥六郎
筑後
勘解由
丹波
典膳
宮内

二ノ
廿一日　晴

弥六郎
勘解由
丹波
典膳
宮内

一御献上之御馬被遊　御見分、朝五半時御供揃ニて桜野御馬場へ被
為　入、御先へ御席詰并仲間相詰四時過　御帰城、　御城へ月番
典膳計罷出也、
　但、仲間桜馬場引取登　城也、

一　　　　　　　　　　　　　　　　百岡権四郎
勤番登被　仰付、来ル廿四日出立被　仰付候、然処当六十二歳罷
成、老衰之上近年持病之痔疾時々差発、其上病後馬乗可仕躰無之
ニ付、道中青駄御免被成下度旨申上、願之通御目付を以申渡之、

一　　　　　　　　　　　　　　　　御用人上席
　　　　　　　　　　　　　　　　切田　辺
御馬御用懸被　仰付、於席申渡之、

一　　　　　　　　　　　　　　　　石亀喜七郎
病気ニ付御徒目付御免被成下度旨申上、願之通被　仰出、御目付
を以申渡之、

一　　　　　　　　毛馬内通小枝指村上田林治知行所百姓勘兵衛子
　　　　　　　　兵助へ
　　　　被　仰渡
其方儀、同村百性(姓)孫惣御追放被下度旨数人申合願出候筈、専重立
候ニ付御詮儀候処、私之意趣のみ数ケ条相認差上候儀、偏ニ頭人
同様之致方不届至極ニ付、依之沢内へ御追放被　仰付候条　御城
下并他御代官所へ立入候ハヽ、曲事可被　仰付者也、

　　　　　　　　同通同村横田右仲知行所百姓
　　　　　　　　善四郎へ
　　　　被　仰渡
其方儀、同村百性(姓)孫惣と申者行跡不宜ニ付、御追放被下度旨数人
申合願出候節、右願へ加印猶又孫惣より願之筋得頼合、肝入孫右
衛門望申出候処、難取上旨ニ付、孫右衛門申分ニ任偽之始末差出
候、老名役相勤者ニ不似合双方へ加談之上偽之始末迄差出候段、
重畳不届至極ニ候、依之雫石へ御追放被　仰付候条　御城下并他
御代官所へ立入候ハヽ、曲事可被　仰付者也、

　　　　　　　　同通同村小枝指村上田林治知行所百性
　　　　　　　　忠助へ
　　　　被　仰渡
其方儀、同村百性(姓)共数人申合孫右衛門御追放被下度旨願出候ニ付、
右一許(件カ)被遂御吟味候処、前後不始末之事候上申出候段不埒至極ニ
候、依之村払被　仰付者也、

月日

二ノ
廿二日　晴

筑後
丹波

典膳
宮内
白石　環
一病気ニ付御用人并御側兼帯御持筒頭共、御免被成下度旨申上候処、
遂養生相勤候様被　仰出、奉書を以申遣、願書相返之、
七戸御給人
高田覚兵衛
工藤龍司
一七戸通下役被　仰付、御目付を以申渡之、
三戸御給人
梅内冨右衛門
一三戸御代官所道前村之内ニて五石五斗程、遠瀬御山之内、弐石五
斗程も、市村ニて壱石五斗程、石亀村弐ケ所にて六石程、佐羽内
村弐ケ所ニて弐石程、向高森之内ニて壱石程、飯豊村之内ニて五
石程、田子村之内ニて弐石三斗程、右拾ケ所ニて新田野竿高弐拾
五石八斗程被下置度、御礼銭差上当丑ノ年未ノ年迄七ケ年中披立
披揃候ハヽ、御検地被　仰付本高ヘ御加被成下度御改之上過高も
有之候ハヽ、猶亦御礼銭差上可申候間、右共ニ本高ヘ御加被成下
度旨申上、
同所御給人
佐藤甚作
一同所御代官所関村ニて四石、山口村ニて弐石、杉本村ニて五石、相
米村ニて七石、田子村ニて九石三斗八升、右七ケ村ニて都合三拾
六石三斗八升野竿高被下置、此度願上候、精御検地拾三石六斗弐
升ヘ御加都合五拾石ニ被成下度旨、御礼銭之儀は御沙汰次第差上、
当丑ノ年より子ノ年迄七ケ年中披立披揃候ハヽ、精御検地被　仰
付、御改之上過高も有之候ハヽ、猶又御礼銭差上可申候間、右共
ニ本高ニ御加被成下度旨申上、何も願之通被　仰付御代官ヘ書状
を以申遣之、
一江戸表去ル十六日立、七日振飛脚神子田求馬・渡部丹治組弐人今
晩下着、御用儀共申来之、
一南部左衛門尉様より御同氏英之助様、初て之御目見御願書、去ル
十一日被差出候処、同十五日御願之通　御目見被　仰上候旨、江
戸より御用状を以申来之、
一右ニ付　上々様方・御家門衆ヘ之為御知は、例之通差出候様御目
付ヘ申渡之、

二ノ
廿三日　晴

弥六郎
丹波
典膳
宮内

花巻御給人
神山忠内
一嫡子久之助先達て病死ニ付、右久之助妾腹男子久蔵当七歳罷成、
此者嫡子仕度旨申上、願之通被　仰付、御城代ヘ書状を以申遣之、
一金弐百両　去々年十一月御才覚金被　仰付奉指上候分
内
一五拾両　井筒屋　孫兵衛
一五拾両　田島屋　弥四郎
一弐拾両　鍵屋　伊八
大黒屋　治兵衛
一弐拾両　近江屋　七兵衛
一弐拾両　田島屋　喜六

一拾両　金沢屋 多兵衛
一拾両　小原屋 文太郎
〆
右之通御才覚金奉指上候処、当年より三ケ年御割合御下ケ金可被下置旨、兼て被　仰渡難有仕合奉畏罷有候、随て乍恐御時節奉勘弁、乍寸志為　冥加右御才覚金之分直々奉指上度奉存候間、願之通被　仰付被下度旨奉願上候、以上、
二月
右之通御代官末書を以申出、御勘定奉行為遂吟味、伺之通申渡之、
一歳暮之　御内書被成下候付、来ル廿五日高知中呼上候儀、大目付より廻状を以為申遣之、
一　一戸耕次郎
無調法之儀有之候ニ付、田名部通佐井へ所替住居被　仰付候、依て恐入差扣申出、不及其儀旨、御目付へ申渡之、
二ノ
廿四日　雨　筑後
丹波
典膳
一　奥山弥七
御徒頭 三ケ尻善司
弥七儀、男子無之娘有之ニ付、挨拶柄も無之候得共、善司預御徒久慈友右衛門伯父友蔵聟養子仕度旨申上、双方願之通被　仰出、於竹之間、同席列座典膳申渡之、
一　儀右衛門事 立花儀作
右之通名相改度旨申上、願之通御目付を以申渡之、
一　御用人 黒川　司
来月十七日立被　仰付、奉書を以申遣之、
一　藤村俊司
当十五歳罷成、年来ニも御座候間、前髪執申度旨申上、願之通御目付を以申渡之、
一　黒川　司
当勤番登被　仰付候、依之三男三吾当十七歳罷成候、此者身帯役供人数之内へ相加召連罷登候旨、口上書を以相届之、
二ノ
廿五日　晴　弥六郎
筑後
勘解由
丹波
典膳
宮内
一　太田甚五郎
宿願之儀有之、黒森社へ参詣仕度、依之往来十日御暇被下度旨申上、願之通御目付を以申渡之、
一　要右衛門嫡子 江釣子泰助
親要右衛門儀、黒沢尻御蔵勤番罷有候処、今暁より大病之趣申来候間、恐多申上様奉存候得共、罷越附添介抱仕度奉存候間、御暇被下度旨申上、願之通御目付へ申渡之、
一歳暮之　御内書被成下候ニ付、今日仲間并御用人於席頂戴、御家

門衆・御附人上下着呼上菊之間御廊下ヘ揃置、勘解由出座之処ニて
御内書入候御小蓋御物書頭差出置候処ニて　御内書被下候旨申達、
御附人一人宛罷出候処、御内書相渡、尤其節　御曹子様へも御肴
差上　御満悦被成旨申達、夫より高知在江戸、同席病気之高知名
代并病気御用人名代之者之内、嫡子は菊之間へ罷出、平士より名
代ニ罷出候者は、柳之間へ並居候処へ勘解由菊之間へ罷出　御内書
被下候旨申達、順々一人宛相進頂戴之、其節　御曹子様へ之差上
物　御満悦之旨、右名代之者へ達方は奉書ニて　御内書と一所ニ
相達候ニ付、右奉書相渡之、
　但、御請之儀御家門衆御附人引取御承知之所ニて、御附人を以
　猶又御請被　仰上、菊之間御廊下ニて謁之、尤高知御請之儀は
　大目付へ申出、平士名代は御目付へ申出之、
一御内書渡方取計ひ候御家老は、歳暮之差上物遂披露候、同席取計
ひハ何時も相渡候筈也、
右之通　御内書被下方、此度より前書之通相渡候様御沙汰也、
　但、奥瀬内記・黒沢伝左衛門・向井寛司此節忌中ニ付、三月十
　三日相渡、諸事前文之通也、
　但、在江戸御家老名代嫡子呼上之儀、当番御目付より申遣、尤
　仲間上下着、御用人上下着用罷出候儀、前日於席口達之、
一　清八
　被　仰渡
其方儀、去月新御蔵ニおゐて重キ御番所も弁不申、心得違之儀申
募不埒至極ニ付、揚屋入被　仰付置、此上急度可被　仰付候得共、
御憐愍を以揚屋入御免被成候条、向後万端相慎可申者也、

月日
二ノ
廿六日　曇
二ノ
廿七日　晴
筑後
勘解由
丹波
典膳
宮内

一　花巻御給人 簡　左治
就病気、御町奉行御免被成下度旨再応申上、願之通御目付を以
御城代へ申渡之、
一　沢内御代官 沢田左市
大須賀左右病気ニ付、当分野辺地御代官加被　仰付、御目付を以
申渡之、
一　御用人 玉山直人
黒川司登ニ付、佐藤靭負組留守中御預被成旨被　仰出、於席申渡
之、
一御献上并御進物御馬共、拾六疋為御登被成候ニ付、組付御免御馬
医大嶋惣平・御馬乗役石川要之助、并御厩小者小頭共十八人附為
御登被成之、
一　田名部通関根村山師 平三郎へ
　被　仰渡
其方儀、大畑御山之内下谷沢御山ニて、小屋懸ケ柾挽候旨相聞得、

御代官遂吟味候処相違無之旨申出、兼て被下置候御山之内ニは候得共、於山中柾挽候儀は、御停止候処心得居なから、御山制相拘り候段、無調法至極ニ付重キ過料銭、御取上被成者也、

一　田名部通大畑御山守　七兵衛
　　佐兵衛へ
　　　被　仰渡

其方共儀、関根村平三郎頂戴罷有候下谷沢御山ニて、柾挽出候を見当候間、可訴出と存居候内、御代官遂吟味手後ニ相成候旨申出、不少柾挽出候処、吟味手延ニ致居候段、畢竟見守方等閑相心得候処より右躰ニ至、御山制も相拘候条不埒ニ付、御山守御取上慎被仰付者也、

一　同通中沢村百姓　助四郎
　　権右衛門
　　作之丞
　　勘之丞
　　作右衛門
　　文四郎へ
　　　被　仰渡

其方共儀、中沢御山之内畑端御山ニて密木致候旨相聞得、御代官遂吟味候処、居小屋家根替仕度旨、木・丸太取集、柾并等手挽致候儀相違無之旨申出候、家作入用木品之儀は、願上頂戴可仕処、重キ御山制相犯候儀不届至極ニ付、過料銭御取上慎御免被成者也、

一　同通檜川村　小左衛門
　　三四郎
　　善（勘カ）四郎へ
　　　被　仰渡

其方共儀、釜野沢御山ニて密柾挽出候旨相聞得、御代官遂吟味候処、檜末木取集、檜挽候儀相違無之旨申出、檜御山制別て重キ候事ニ候処、相犯候段不届至極に付、過料銭御取上可被成者也、

月日

一　同通川内村御山守　藤右衛門
　　久四郎へ
　　　被　仰渡

其方共儀、見守御山檜川村釜野沢御山、同村小左衛門・三四郎・勘四郎遣、柾挽出候儀御代官遂吟味候迄、不存罷有候旨申出、畢竟見守等閑相心得候処より右躰ニ至、御山制相犯候条不埒ニ付、御山守御免慎被　仰付者也、

月日

二ノ
廿八日　雨　弥六郎
　　　　　　筑後
　　　　　　勘解由
　　　　　　丹波
　　　　　　典膳
　　　　　　宮内

一　天量院様（利視）御忌日ニ付、聖寿寺へ御略供ニて　御直詣有之、

一　小菅源五左衛門
久々病気ニ付、快気之内嫡子京之進当十八歳罷成候、此者御用向

一　被　仰付被下度旨申上、願之通以御目付申渡之、
奥寺林之助
川村佐市
儀左衛門御番代　野辺地清四郎
和士嫡子　長沢甚作
覚右衛門嫡子　大矢覚蔵
夏御証文認方御用御物書当分被　仰付、御目付を以申渡之、

二ノ廿九日　雨

弥六郎
勘解由
丹波
典膳
宮内

一百五拾弐石八斗三合
花巻御給人　平沢孫太郎
親与六存生之内願之通跡式無相違被　仰付、御城代へ書状を以申
遣之、
一　沼宮内直理
田名部通旧臘不納金取立方行届不申、恐入差扣願出候処、不及其
儀旨被　仰出、御目付へ申渡之、
一　野辺地御代官　大須賀左右
沢内通御代官当分被　仰付、御目付を以申渡之、
一　花巻御給人　松岡織人
花巻御町奉行被　仰付、御城代此節爰許へ相詰居候ニ付申渡之、
書状不出也、御目付へ申知之、
一今日典膳於宅、誓詞堅目有之、御役人共相詰也、

三月朔日　雪

弥六郎
筑後
勘解由
御用番　丹波
典膳
宮内
病気ニ付登城無之　主膳

一月次御礼今五半時　御本丸於　御座之間、御家門衆御礼被　仰上、
奏者御用人相勤、御着座之節丹波御取合申上、引続同席御礼申上、
夫より　御中丸総角之間へ　御出座、高知之面々・諸者頭迄御礼
申上、畢て名目御礼有之無程相済也、
一今日　御曹司様御表へ　御出座被遊也、
一　小田代里籬
花巻御取次被　仰付、御城代此節爰許相詰居候付申渡、御目付へ
も申知之、
一　辛　河内
当二十六歳罷成候処、去年二月より怔忡之症相煩、御医師数人得
療治養生罷有候内、去月中旬より時々眩暈卒倒仕、猶又養生仕候
得共、難治之症ニて此末一子出生之程難計旨御医師申候ニ付、妹
理(りや)屋当十九歳罷成候、此者養女ニ仕度旨申上、願之通御目付を以
申渡之、

三ノ
二日　雨　　弥六郎
　　　　　　勘解由
　　　　　　丹波
　　　　　　典膳
　　　　　　宮内

一江戸へ今朝より七日振飛脚箱崎助左衛門組弐人昼立御用儀共申遣
之、

一　　　　　　　　　前川善十郎
親善兵衛儀無調法之儀有之、隠居之逼塞就被　仰付、其方家督無
相違被　仰出、
右之通今朝丹波於宅申渡、御目付奥寺市之丞并御徒目付壱人相詰
也、
但、右節御物書頭・御目付所御物書・御家老給仕・御掃除坊主
共ニ相詰来候処、今日は右人数不相詰也、

一　　　　　　　　　柴内蔵治
　　　　　　　　　幸左衛門御番代 長嶺九郎八
徳田・伝法寺通下役本役被　仰付、

一　　　　　　　　　和井内十右衛門
御徒目付仮役被　仰付、

一　　　　　　　　　佐々木伊兵衛
御徒目付定加被　仰付、何も御目付を以申渡之、

三ノ
三日　曇　　弥六郎
　　　　　　筑後
　　　　　　勘解由
　　　　　　丹波
　　　　　　典膳
　　　　　　宮内
　　　　　　主膳

一席へ御熨斗出、

一為上巳御祝儀今四時　御本丸於　御座之間、御家門衆御礼被　仰
上、御用人奏者御着座之節、丹波御取合申上、夫より　御中丸総
角之間へ　御出座、仲間始五節句出仕之面々御礼申上、無間相済
也、

一大目付・寺社御町奉行・表御目付・御目付・御勘定奉行・御使番
迄席へ罷出、御怡申上之、
但、御役人熨斗目着用也、

一今日　御曹子様御側御表へも　御出座被遊也、

三ノ
四日　雨　　弥六郎
　　　　　　勘解由
　　　　　　丹波
　　　　　　宮内

一（利幹）霊徳院様御忌日ニ付聖寿寺へ　御代香典膳相勤之、

一　　　　　　　　　高橋与四郎
花巻御城代居合不申内、右御用取次相伺可申旨被　仰付、
但、御代官之方共唯今迄之通被　仰付、

一　　　　　　　　　同人

長病ニ付、快方迄右御用嫡子を以相伺候事、
右之通御目付を以申渡之、御城代へも為相心得之、
但、与四郎病気ニ付、名代嫡子与市へ申渡之也、

鬼柳・黒沢尻通御代官附刀指 竹村円右衛門

一 御所御用出精相勤、殊支配所ニ御給人・御与力無之御用御指支相成候段、御代官共申上候ニ付、永ク所御給人格被成下旨被　仰付、

同所一生医業御与力 三田立純

一 御所御用出精相勤候処、支配所ニ御役医無之御用弁薄候段、御代官共申上候付、永ク所御役医被　仰付、

花巻御城代支配御与力 斎藤守人

一 鬼柳・黒沢尻通御代官所ニ御給人・御与力無之、御用御指支相成候段御代官共申上候付、鬼柳・黒沢尻通御代官附御与力被　仰付候間、支配候様御代官へ書状を以申遣之、御城代へは爰許詰合ニ付、右之趣申渡之、

一 坊主組頭申出候は、御掃除坊主宗伯儀、明和八年被召抱候処、老衰之上起居不自由罷成、御奉公相成兼候付、永々御暇被下置子共専助当十七歳罷成候、此者御召抱被成下度、宗伯儀勤功も有之候間、御賞被成下度旨申上、願之通御暇被下、為代子共専助相抱可申、尤勤中之為御賞御代物三貫文被下之、御目付を以組頭へ申渡之、

三ノ

五日　曇

筑後
勘解由
丹波
典膳
宮内

一 養源院様(利雄)　義徳院様(利正)御忌日ニ付、聖寿寺・東禅寺へ御略共ニて　御直詣有之、

一 御城代臼井並勝儀、御代官御用取扱方不案内ニ付、御代官詰所へも罷出候様御沙汰之旨、御目付三浦忠陸申出之、

一 三家并永福寺病気差重り候節は、以来御使番　上使ニて病気御尋被成旨被　仰出、御役人ともへも為相心得置之、

御使番 毛馬内名張

一 永福寺病気ニ付、為　御尋　上使被　仰付、於竹之間申渡之、
但、已来御使番上使被　仰付候節之着服并供立等之用意致罷出候様相達可申旨、御沙汰之旨御目付浅石清三郎申出之、

南　彦六郎

一 御番頭御免被成旨被　仰出、奉書を以申遣之、
但、右御請御用番宅へ、以使者申上之、本人　御城へは罷出也、

永福寺 看瑗法印 五十七歳

一 去月中旬より持病之喘息差発、頃日ニ至疝積差加御医師数人得療治候得共、右病症差重養生不叶今七ツ時過遷化之旨、末寺法明院・大庄厳寺・長谷寺・高水寺・新山寺・中台院・覚善院訴之、

一 右ニ付、長病故前々之通検使不被遣候、後住被　仰付無之内、末寺輪番相勤什物改寺中〆(締)り火之元用心等之儀、寺社御町奉行坂牛杢兵衛差遣申渡之、
但、文化二年三月廿九日之趣を以、検使不被遣之也、

三ノ
六日　晴

弥六郎
筑後
勘解由
丹波
典膳
宮内
主膳

一　桜庭兵庫

御番頭被　仰付、於　御前被　仰渡、御役人共へも申渡之、

一　(八幡丁長兵衛借家)岩

姑へ孝心之趣御町奉行吟味之上申上、軽キもの寄特之事ニ候、依て一生之内弐人扶持被下置之、御町奉行へ申渡之、

一　(桜庭兵庫代)大萱生外衛

追手御門番被　仰付、

一　(大萱生外衛代)漆戸左仲

中ノ橋御門番被　仰付、

一　(漆戸左仲代)南　彦六郎

郡山御門番被　仰付、右何も奉書を以申遣之、

三ノ
七日　雨

筑後
勘解由
丹波
典膳
宮内

一　(大目付)上山守古

本堂右内着迄、表御目付御用共ニ承可申旨被　仰出、於席申渡之、

一江戸表去ル二日立、七日振飛脚神子田求馬・坂牛内蔵丞組弐人、今夜子ノ刻着、御用儀とも申来之、

一去月十三日　屋形様御参勤御時節御伺之御使者被差出候、御書二月朔日付ニ相認御用番土井大炊頭様へ御留守居加嶋七五郎同道参上、御連書指出　御口上書申上、夫より西丸御老中松平能登守殿へ右両人参上　御書差出　御口上申上、残り御老中方へも参上　御書差出　御口上、夫より首尾好相勤候由、

一同廿二日土井大炊頭様より被為呼、善八郎御留守居添役梅内忠次郎御同道参上候処、当九月中御参府被成、御連名之御奉書壱通大炊頭様於宅、御用人を以御渡被成候由御用人申出候由、依之右御奉書写下被申、

一同日西丸御老中松平能登守殿より被為呼、善八郎・忠次郎同道参上候処、右御使札被差出候付て之御奉書壱通御用人を以御渡被成候由申来候付、遂披露　上々様方へ申上、御家門衆へ申達御役人ともへも申渡之、猶委細之儀は御用人留書ニ有之、

三ノ
八日　晴

弥六郎
勘解由
丹波
典膳
宮内

一霊厳院様(信恩)御忌日ニ付東禅寺へ　御代香典膳相勤之、

一
野辺地通御代官本役被　仰付、
沢田左市

一
沢内通御代官本役被　仰付、何も於竹之間、同席列座丹波申渡之、
大次(須カ)賀左右

一弐拾九両　三戸丁泉屋 庄兵衛
一弐拾弐両　斎藤屋 善右衛門
一弐拾両　岩屋 嘉兵衛
一七両三歩　材木丁 伊兵衛

右之通御才覚金奉差上候処、当暮より三ケ年御割合御下ケ金可被下置旨被　仰渡候、随て乍恐御時節奉勘弁、乍寸志直々奉差上度旨申上、寄特之儀ニ付願之通被　仰付、御町奉行へ申渡之、

一
佐藤四五六
祖母病死之節、親靭負在江戸ニ付、右為知之儀御目付得聞届可申遣候処、無其儀御沙汰之御趣意取失ひ、重畳恐入差扣願出、不及其儀旨御目付へ申渡之、

三ノ
九日　晴

筑後
勘解由
丹波
典膳
宮内

一被　仰出、左之通、
大小之御家中手廻之内女子病死御訴不申上候処、以来女子ニても病死之節御訴可申上旨被　仰出、
右之通、御沙汰之旨御目付毛馬内命助申出之、

一
御者頭 坂本栄馬
御境奉行当分被　仰付、以御目付申渡之、

一鹿角・野辺地御境奉行と申唱来候処、已来一統御境奉行と相唱可申事、

右之通、御沙汰ニ付御目付へ申渡、御境奉行へ為相心得之、
三戸御給人 松尾官平

一嫡子縫之助、先達て病死ニ付、二男善司嫡子ニ仕度旨申上、願之通被　仰付、御代官へ書状を以申遣之、

一被　仰出、左之通、
江戸・大坂并北地惣て他向へ御用相蒙出立候節、嫡子無之候得は仮養子之願差出来候、然ル処右之内ニは親類ニ無之養子願上候ものも有之候、尓来親類之内より願上可申、尤女子有之聟名跡等願上可申ものは親類之内無之共不苦候、女子も無之親類ニも願上可申もの無之候て其趣相認願書差出可申旨被　仰出候、
右之通御沙汰之旨、御目付花坂理蔵申出之、

一
(惣)御境奉行
花巻二郡中御境奉行・御城代持役之処、惣御境奉行持ニ被　仰付、
右之通被　仰付候旨、御目付毛馬内命助申出之、

三ノ
十日　晴

弥六郎
勘解由
丹波
典膳

宮内

一前書有之通江戸表去ル二日立、七日振飛脚同七日夜下着、屋形様
御参勤御時節御伺被成候処、当九月中御参府被成候様御奉書を以
被　仰出候旨御用状申来、遂披露　上々様方并御家門衆慈眼院殿
ヘ御目付より為申上、御用人・御役人共ヘは御用状為見之、詰合
御役人共御歓申上候様申渡、何も席ヘ罷出申上之、八戸御家老ヘ
為知書状を以申遣之、
但、詰合計恐悦申上候事故、筑後方・主膳方不罷出之、

一　金平嫡子 兼平喜代治

一夏御証文認方御用御物書当分被　仰付、　儀左衛門御番代 野辺地清四郎
夏御証文認方御用御物書当分被　仰付置候処、御免被成旨被　仰
出、何も御目付を以申渡之、

一　御先供・御駕籠頭兼帯 三上清作
御雇御鷹匠御免被成旨被　仰出、御目付を以申渡之、御用人ヘも
申知之、
但、右御沙汰書出ニ無之、右御免之儀御目付申出候間、承届置
也、

三ノ
十一日　晴

筑後
勘解由
丹波
典膳
宮内

一　中野筑後

辛　河内

河内儀、一子無之養女有之候、然ル処久々怔忡之症相煩、頃日ニ
至眩暈卒倒仕、至て難治之症ニて、此末一子出生之程難計、尤得
快気御奉公可相勤躰無之ニ付、同性親類筑後弟津門養女ヘ娶置、
後々相続為仕度旨申上、双方願之通被　仰付、菊之間於御廊下、
同席列座丹波申渡、筑後方於席申達之、

一　御作事奉行 山口新助
支配畳屋助内儀、疝積相煩家業筋可相働躰無之ニ付、従弟市兵衛
当四十二歳罷成候、此者子共御畳御用為相勤度旨申上、願之通
被　仰付、

一　同　文治
新助儀、老衰之上歩行不自由罷成、御奉公可相勤躰無之付、忰文
治家督被　仰付被下度旨申上、願之通無相違被　仰出、何も於竹
之間、同席列座丹波申渡之、

一　宮古御役医 刈屋祐慎　同所御給人 豊間根　保
祐慎儀、男子無之娘有之付、挨拶柄も無之候得共、保三男乙八聟
養子仕度旨、双方願之通被　仰付、御代官ヘ書状を以申遣之、

一　法明院 宥威
永福寺後住　御目先を以被　仰付、菊之間於御廊下同席列座、丹
波申渡之、

一　永福寺 輪番

永福寺後住、以　御目先法明院就被　仰付候、輪番御免被成旨
被　仰出、永福寺今日之当番新山寺外輪番之内、大庄厳寺罷出、
右両寺へ寺社奉行を以申渡之、
　但、永福寺輪番呼上之儀は、当番一人、外ニ輪番之内、壱人罷
　出候様差紙為相出也、　文化二年五月廿二日之趣を以、御沙汰
　也、
一(行信)徳雲院様御忌日ニ付、聖寿寺へ御代香弥六郎相勤之、

三ノ
十二日　晴

弥六郎
勘解由
丹波
典膳
宮内

一(重直)即性院様御忌日ニ付、聖寿寺へ御代香典膳相勤之、
一　浅石安之助
　同　梅太郎
安之助儀、久々癇積相煩怔忡之症差加、難治之症ニて全快御奉公
可相勤躰無之ニ付、隠居仕忰梅太郎当八歳罷成、未　御目見不申
上候得共、家督被　仰付被下度旨申上、願之通無相違被　仰付、
一　川口宗右衛門
　一条甚五右衛門
宗右衛門儀、男子無之娘有之付、挨拶柄も無之候得共、甚五右衛
門弟豊作聟養子仕度旨申上、双方願之通被　仰出、何も於竹之間、
同席列座丹波申渡之、
一　池田玄倫
弟良蔵儀、当十五歳罷成候処、久々痰積相煩、時々眩暈卒倒仕至
て難治之症ニて、得快気末々御用相立可申躰無之ニ付、八幡通新
堀村曽洞宗金剛寺弟子出家仕度旨申上、願之通御目付を以申渡之、
一御沙汰書、左之通、
　知行物成米・雑穀、収納之時節ニ無之、附上候儀は於知行所、
　囲穀致置、連々飯料附上候儀無有之候得共、知行年貢より之儀
　は、平年物成出穀数相定り居候事ニは有之候得共、豊凶ニ寄不
　同之事ニ候条、以来年々九月・十月、右両月之内物成出穀数何
　程之内、何程は飯料附上、何程は知行所於手寄払米仕度旨書上
　仕可申候、尤右飯料附上之分は、其年中十二月限附上可申候、
　乍然道・橋其外都て故障有之、其年中附上難相成場所も有之候
　ハヽ、翌年何月より何月迄ニ附上候旨可申候、
　但、右収納高書上仕候節、払米は何通、於何所何月より何月
　迄追々附送申度旨、右之訳申上候ハヽ、御役立ニ相拘候場所
　ハ附上并払米共ニ、無役切手其外場所之途中通切手可被下置候、
一大槌・宮古・野田通之内、知行年貢上候ハヽ、塩収納之者も可有
　之候間、是又出数何程、右之内何程遣塩附上、何程は相払申度
　旨前書同様書上可申候、左候ハヽ、無役切手可被下置候、
一銘々年貢之外、遣塩相調、無役切手願上候者も有之、年貢ニ相
　混紛敷儀有之、御吟味方御差支ニ相成候条、以来決て月分調塩
　無役切手被下置間敷候、
一知行百姓為手宛米・雑穀、附送候儀有之候ハヽ、前々稠敷御沙
　汰之通、其筋御吟味方被　仰付置候条、場所ニ寄無役切手其外

共、都て附送之分遠近ニ不拘途中切手願上附送可申候、
右之通、以来急度猥無之、其節々可申上旨被　仰出、
三月
御代官

一
御家中知行之者、年々年貢米・雑穀、収納之時節ニ無之、為附上
候もの有之様、粗相聞得猥ケ間鋪有之候ニ付、以来年々十二月限
附上、尤道・橋難渋都て故障有之、其年中附上難相成場所も有之
候ハ、、翌年何月より何月迄ニ附上、右之内何程は、知行手寄之
於場所相払申度旨書上可仕旨、此度地頭一統ヘ御沙汰被成候条、
以来猥無之急度御沙汰之通附上可申旨、各支配所百性(姓)共ヘ可申含
候、
但、御百性共自分払米之儀は、是迄之通勝手次第被　仰付候
条是又可申含候、
一大槌・宮古・野田通、知行年貢・塩ともニ前同様被　仰出候間、
其節地頭書上も有之候条、是亦御百姓共ヘ前同様可被申含候、
但、前断之事、
右之通被　仰出候ニ付、其時節銘々より書上ニ向出入とも其度毎
各ヘ御沙汰可有之候条、右ニ向改方可致吟味旨被　仰出、
三月

一
右之通被　仰出候旨、御目付江刺牧太申出之、

塩問屋口銭役
御請負之者
沼宮内出入役
御請負之者
福岡出入役
御請負之者
魚類海草塩
入役御請負之者
五十集問屋御請負之
者
魚類海草塩浜
揚口銭役御請負之者

御家中年貢塩之外、銘々自分遣塩相調、此御許ヘ附上之節、無役
切手願上附越候者も多分有之候処、御吟味方紛敷儀在之、此度御
吟味之上年貢塩之儀は、是迄之通無役切手被下置、其外自分調塩
之儀は、無役切手不被下置旨御沙汰被成候ニ付ては、其方共御請
負御役立ニ付、最初見廻中考通りより多少駄数相塩取立ニ至り可
申、依之御時節勘弁仕御益筋之儀ニ候条、多少不拘銘々御礼金銭
相塩上納仕候様、熟と中考仕可申旨被　仰付、
三月

一
右之通御沙汰之旨、御町奉行申出之、

元陸尺本丁
茂八ヘ
被　仰渡

其方儀、兼々行跡不宜、其上欠落仕候無調法ニ付、揚屋入被　仰
付置候処、人元ニ御預慎被　仰付、揚屋入御免被成者也、
月日

三ノ
十三日　晴　　筑後
　　　　　　　丹波
　　　　　　　典膳
　　　　　　　宮内

一弐拾石　　松岡要蔵
　内弐人扶持
親八右衛門存生之内、願之通跡式無相違被　仰出、於竹之間同席
列座丹波申渡之、

一弐拾石　　野田御給人　工藤直助
親直右衛門存生之内、願之通跡式無相違被　仰付、御代官へ書状
を以申遣之、

三ノ
十四日　晴　　弥六郎
　　　　　　　丹波
　　　　　　　宮内

一　　御勘定奉行　岡田金左衛門
来月十五日出立被　仰付、以御目付申渡之、

一　　白石　環
就病気、御用人并御側兼帯御持筒頭共御免被成下度旨申上候処、
養生仕相勤可申旨被　仰出、奉書を以申遣、願書相返之、

一　　藤本伯林
奥詰御免被成旨被　仰出、御目付を以申渡之、

三ノ
十五日　雨　　弥六郎
　　　　　　　筑後
　　　　　　　丹波
　　　　　　　典膳
　　　　　　　宮内
　　　　　　　主膳

一月次御礼金五半時　御本丸於　御座之間、御家門衆被　仰上、奏
者御用人相勤　御着座之節、丹波御取合申上、夫より引続同席御
礼申上、夫より　御中丸総角之間へ　御出座、高知之面々・諸者
頭迄御礼申上、畢て名目御礼有之無程相済也、

一今日　御曹司様御表へ　御出座被遊也、

一三拾石　　毛馬内御給人並御境吟味役　馬渕貞助
親貫右衛門存生之内、願之通跡式無相違被　仰付、御代官へ書状
を以申遣之、
但、前々御境奉行へ申渡候処、此度より御代官へ書状を以申遣
之、

三ノ
十六日　晴　　弥六郎
　　　　　　　丹波
　　　　　　　典膳
　　　　　　　宮内

一江戸へ今朝七日振、飛脚箱崎助左衛門組弐人差立、御用儀共申遣
之、

一　　組付御免御馬医　石井平作
　　　同　安平

平作儀、老衰仕、御奉公可相勤躰無之ニ付、隠居仕悴安平家督
被　仰付被下度旨申上、願之通無相違被　仰出候間、家業情(精)出候
様被　仰付、於竹之間同席列座丹波申渡之、

一　花巻八幡寺末成嶋寺住 宥与
法明院後住被　仰付被下度旨、永福寺願之通被　仰付、寺社御奉
行を以申渡之、
但、於竹之間申渡之、

一　桜庭兵庫
御役成御礼、願之通来月朔日可被為　請旨被　仰出、奉書を以申
遣之、

三ノ
十七日　晴
弥六郎
筑後
勘解由
丹波
典膳
宮内

一　御前様 御附役
江戸交代 御用聞
御診御医師
御錠口番
御広式御番人
観光院様 御診御医師
右御役方、以来交代之節、於千寿行逢交代ニ相成候様御沙汰之旨、
三浦忠陸申出之、

一　大槌通平田村肝入 幸七
別段之御次第も有之候付、壱人扶持被下置旨被　仰出、御代官へ
書状を以申遣之、
但、右御代官へ之書状一里状ニて相出来候処、此度より右壱厘
状封し、御代官名前認候侭ニて席へ為相出、直々御目付を以御
代官へ相渡之、已来共一厘ニて差出御用状は右之通也、

三ノ
十八日　晴
弥六郎
勘解由
丹波
典膳
宮内
主膳

一南宗院様　大源院様御忌日ニ付、東禅寺・聖寿寺へ　御代香勘解
由相勤之、

一　池田猪之助
当十五歳罷成、年来ニも御座候間、前髪執申度旨申出、願之通御
目付を以申渡之、

三ノ
十九日　晴
弥六郎
筑後
勘解由
丹波

典膳
宮内

一　松岡七郎

組御同心御本丸御門勤懸罷有候処、無調法之儀有之、慎申付候、誠精申含方不行届恐入差扣申上、

一　箱崎助左衛門

右同断、其節当番ニ付申付方行届不申、恐入差扣願上候処、何も不及其儀旨、御目付へ申渡之、

三ノ廿日　晴

弥六郎
勘解由
丹波
典膳
宮内

一操座本清八申出候は、来月十五日　若宮八幡御祭礼ニ付、為御賑弟子共中操興行仕度、晴天十日札銭廿文、莚銭拾弐文、桟敷百五拾文ニ被　仰付被下度旨申上、願之通御町奉行へ申渡之、

一　花巻八幡寺

末寺成嶋寺・法明院、住職被　仰付候ニ付、永福寺弟子深玄房後住被　仰付被下度旨、願書永福寺以末書申上、願之通被　仰出、寺社御奉行へ申渡之、

一　大槌通平田村肝入 幸七

大槌通御代官所平田村之儀は、仙台御境ニて、御番所へ御番人も被遣候得共、右村ニは御給人も無之、御境筋御手薄ニも有之候間、右幸七儀数年御用出情(精)相勤、親代より度々御用金も被　仰付、御用ニも相立候者ニ候間、旁御給人ニ御取立被成下度旨御代官共申上候ニ付、願之通所御給人ニ御取立被成下之、御代官へ書状を以申遣之、

一　大光寺彦右衛門

其方儀、七戸御代官勤中当時別て御代官勤向一統御仕法之儀、厳敷御沙汰も被成置候処、右之御趣意も取失、兼て御免被成候諸御役立等之儀も不申達差置、却て取立候様ニも相聞得候、随て下モニては御役立等御免被成候趣、此節相心得候様之旨、惣て　御上より之御沙汰向は早速下モへ相通可申処無其儀、等閑ニ打過、其上音物等も致受納候趣ニも相聞得、重畳不心得至極之勤方ニ付、被　仰付様も有之候得共、御憐愍を以身帯之内半地御預り被成、差扣被　仰付候旨、被　仰出、

右之通今晩御目付足沢彦蔵於宅、御町奉行宮手弥市・坂牛杢兵衛、御目付毛馬内庄助立合申渡之、

一右ニ付、親類共恐入差扣申出候処、不及其儀旨申渡之、

三ノ廿一日　晴

筑後
勘解由
丹波
典膳
宮内

一　赤崎幸七

右者、此度大槌御給人御取立被成下候ニ付、右苗字相名乗度旨申

出、伺之通御目付へ申渡之、
一江戸表去ル十六日立飛脚、渡部丹治組弐人、今夕御用儀共申来之、

三ノ
廿二日　晴
弥六郎
勘解由
丹波
典膳
宮内

一　毛馬内御給人
石田又右衛門
当四十歳罷成候処、一子無之ニ付親類同所御給人石田儀右衛門娘
勝二十二歳罷成候、此者養女仕度旨申上、願之通御目付を以申渡
之、

三ノ
廿三日　晴
筑後
勘解由
丹波
典膳
宮内

一　望月左右太
沼宮内御代官
田鑁治五右衛門
左右太儀、男子無之、弟文之丞病身に付、先達て御訴申上娘有之
ニ付、挨拶柄も無之候得共、治五右衛門二男冨治聟養子仕度旨申
上、双方願之通被　仰出、於竹之間同席列座丹波申渡之、

一　北　監物
南　彦六郎
桜庭兵庫
桜庭対馬
漆戸左仲
内堀大隅
黒沢伝左衛門
向井寛司
八戸彼面
畳䟡有之、折々腫痛仕候ニ付、痛有之節は夏中も足袋相用度旨、
銘々口上書を以申出、足袋用可被申旨何も附札ニて大目付へ申渡
之、

一　内堀大隅
知行所八幡通御代官所之内、新堀村肝入久右衛門へ去年収納米之
内八拾駄預置申候飯料ニ、八月迄之内追々為取寄申度候、依之途
中通切手御出被下度旨申上、願之通大目付へ申渡之、

三ノ
廿四日　晴
弥六郎
勘解由
丹波
宮内

一　辛　河内
同　津門
河内儀、久々怔忡之症相煩眩暈卒倒仕、至て難治之症ニて全快御
奉公可相勤躰無之ニ付、隠居仕倅津門家督被　仰付被下度旨申上、

願之通無相違被　仰出、河内儀名代呼上、菊之間於御廊下、同席
列座丹波申渡之、

一　　浦田伴助
　　　同　其右衛門

伴助儀、老衰仕、御奉公可相勤躰無之ニ付、隠居仕忰七左衛門家
督被　仰付被下度旨申上、願之通無相違被　仰出、於竹之間同席
列座丹波申渡之、

一　　大光寺彦右衛門

差扣御免被成旨被　仰出、御目付ヘ申渡之、

一七戸御給人工藤善弥儀、嫡孫善蔵当二十歳罷成候処、去年三月四
日之夜与風相見得不申候ニ付、心当之所々相尋候得共、行衛相知
不申欠落仕候、依之其節早速御訴可申上候処、心得違御訴延引仕
候段、善弥訴出之、親類共よりも口上書を以申出之、

一右ニ付、善弥并親類共恐入差扣願出候処、親類共は願之通差扣被
仰付、善弥儀は、願書相返左之通被　仰付、

一　　七戸御給人
　　　工藤善弥

其方儀、嫡孫善蔵去年三月致出奔候処、心得違是迄御訴不申上候
段、不届至極ニ付、依之閉門被　仰付、毛馬内命助ヘ御町奉行立
合御代官ヘ申渡之、

一　　八戸弥六郎

嫡子但馬儀、畳胝有之折々腫痛仕候ニ付、夏中も痛有之節は、足
袋相用度旨申上、足袋用可被申旨、家来呼上御目付を以申達之、

三ノ
廿五日　晴　　筑後

勘解由
丹波
典膳
宮内

一　　中野兵馬

親隠居萬好儀、久々病気之処此節大病罷成、難見放御座候間附添
介抱仕度、依之十日御暇被下度旨申上、願之通御目付を以申渡之、

一　　檜山帯刀

畳胝有之、折々腫痛仕候ニ付、夏中も痛有之節は足袋相用度旨申
上、足袋用可被申旨附札ニて家来呼上、大目付を以申渡之、

一名代御呼出被　仰渡候事有之節、本人座格より下格之者相頼差出
可申候、其節本人之座格ニて被　仰渡候事、
　但、高知は諸士之内ニても相頼宜候、其外右ニ准シ候事、
右之通御沙汰之旨、御目付毛馬内命助申出之、

一　　七戸御給人
　　　千葉定之丞
　　　田鍍藤太

右者、七戸通下役勤中御金銭諸取立方并御勘定向不始末之至、尤
去冬態と御呼出格前之被　仰渡も被成下候処、御趣意取失下ヘ相
通不申候段無調法之者ニ御座候間、為御締御沙汰被成下度奉伺候、
右之通御代官口上書を以申出候ニ付、差扣五十日被　仰付候上、
隠居蟄居可被　仰付哉と御目付申出、伺之通申渡之、

一　　七戸通御蔵手伝
　　　高田善司
　　　同
　　　中原八郎右衛門

右者、去年格別之御沙汰有之候処、等閑之勤方御座候間、御締方

之儀御沙汰被成下度奉伺候、
右之通御代官口上書を以申出候ニ付、御役御免、閉門五十日可被
仰付と御目付申出、伺之通申渡之、
一右人数差扣御免之処ニて、五月廿二日定之丞・藤太・善司・八郎
右衛門親類共恐入差扣願候処、何も不及其儀旨、御目付を以申渡
之、

三ノ
廿六日　晴
弥六郎
勘解由
丹波
典膳
宮内

一　照井源左衛門
去年迄六十五ケ年皆勤ニ付、現(玄カ)米八駄　御加恩被成下、本高へ御
加都合五拾石被成下旨、被　仰出、
一　鎌田久之丞
去年迄、四十ケ年皆勤ニ付、御米弐駄宛一生之内被下置旨、被
仰出、
一　御徒頭 円子貞作
預御徒福士伝六儀、去年迄四十ケ年皆勤に付、御目録金七百疋被
下置旨被　仰出、
一　一戸勇右衛門
去年迄三十六ケ年皆勤ニ付、御言葉之御褒美被　仰出、
一御勘定奉行召連　御勘定方 工藤才右衛門
去年迄三十五ケ年皆勤ニ付、御米壱駄宛一生之内、被下置旨被
仰出、
一　佐々木嘉藤治
去年迄三十ケ年皆勤ニ付、御米弐駄宛一生之内、被下置旨被　仰
出、
一御膳番召連　御料理方 大森嘉七
去年迄三十ケ年皆勤ニ付、御米壱駄宛一生之内、被下置旨被　仰
出、
一　北地御用締役 長嶺忠之進
奥津秀作
鳥谷其右衛門
下田官兵衛
去年迄二十ケ年皆勤ニ付、巻御上下一具ツヽ、被下置旨、被　仰出、
一御勘定奉行召連　御勘定方 中嶋与惣治
去年迄二十ケ年皆勤ニ付、石持木綿弐反被下置旨、被　仰出、
一　寺社御町奉行下役・御物書兼帯 本堂安右衛門
去年迄十八ケ年皆勤ニ付、御言葉之御褒美被　仰出、
一　米田　亘
根守功八
去年迄十五ケ年皆勤ニ付、御目録金弐百疋ツヽ、被下置旨、被　仰
出、
一御勘定奉行召連　御勘定方 川守田三治
去年迄十五ケ年皆勤ニ付、御目録金弐百疋被下置旨、被　仰出、
一御目付召連　御徒目付 江刺家久之丞

一 去年迄十五ケ年皆勤ニ付、御目録金弐百疋被下置旨、被 仰出、

本堂通健
根守冨右衛門
小川元寿
坂井徳泉
千田祐甫
上領玄泰
八木沢十蔵
鈴木茂左衛門
御物書頭 七戸庄蔵

一 去年迄十二ケ年皆勤ニ付、御言葉之御褒美、被 仰出、

川上立徹

一 去年迄十ケ年皆勤ニ付、白絹一反被下置旨、被 仰出、

野辺地覚右衛門
斎藤勇助

一 去年迄十ケ年皆勤ニ付、巻御上下一具ツヽ被下置旨、被 仰出、

道吾嫡子 三浦道意
儀俄宰庵

一 去年迄十ケ年皆勤ニ付、白絹一反ツヽ被下置旨、被 仰出、

小山田勇右衛門
根守五百八
山崎佐五兵衛
葛 武次右衛門
山木御吟味役 舟越五郎右衛門

去年迄十ケ年皆勤ニ付、巻御上下一具宛被下置旨、被 仰出、

御勘定方 鈴木三内

一 御勘定奉行召連
去年迄十ケ年皆勤ニ付、石持木綿弐反被下置旨、被 仰出、

御徒預 鈴木 恰

一 預御徒浦田升六儀、去年迄十ケ年皆勤ニ付、御目録金弐百疋被下
置旨、被 仰出、

御徒頭 松岡源次郎

一 預御徒大沢新右衛門儀、去年迄十ケ年皆勤に付御目録金弐百疋、
右同断、

一

伊藤元春
八角宗叔
御銅山方 中村専作
万所御奉行 菊池作左衛門
照井小右衛門
平原庄兵衛
大里与五郎
通健嫡子 本堂通伯
遠藤周英
原 安仲
雅楽助殿御相手当分 舟越継之進
帷子才右衛門
厨川佐十郎
高橋瀬平
一条和右衛門

御用之間御物書当分 白浜文治
万所御物書 中嶋喜八郎
夏村松之丞
関　此右衛門
御用人方御物書喜六嫡子 長沢多喜太

去年迄六ケ年皆勤ニ付　御言葉之御褒美、被　仰出、

一 野田伊織
小寺玄渕
御金奉行 鴨沢金右衛門
御銅山方 立花儀作
御作事奉行 伊藤仲蔵
鈴木茂八郎
関　平八郎
駒五郎殿御相手当分 工藤武司
坂本了元
飯冨了哲
浜田熊蔵
矢口郷助
織笠甚兵衛
葛　茂右衛門
御家老給仕 久慈宮治
女鹿三右衛門
野続権蔵
雅楽助殿御相手当分 工藤喜兵衛

北地御用扱役 白岩壮平
久保田門七
鈴木清五郎
公事方御物書勇右衛門嫡子 川村保平

去年迄六ケ年皆勤ニ付、御目録金弐百疋ツヽ被下置旨、被　仰出、

一御勘定奉行召連　御勘定方 長沢益助
右同断、
右、何も於竹之間、同席列座丹波申渡之、

一 御勘定方 兼平金平
去年迄二十四ヶ年間皆勤ニ付、御言葉之御褒美、被　仰出、

一 同 大里治六
去年迄十二ケ年皆勤ニ付、右同断、
右、何も御勘定奉行へ申渡之、

一 三戸御馬乗役 斎藤文助
去年迄三十ケ年皆勤ニ付、御米弐駄被下置旨、被　仰出、

一 御鷹匠 小林清右衛門
去年迄二十ケ年皆勤ニ付、白木綿弐反被下置旨、被　仰出、

一 御鷹匠 福田与左衛門
与左衛門悴 福田浅之助
去年迄六ケ年皆勤ニ付、御言葉之御褒美、被　仰出、

一 御馬乗役左市助悴 鎌田鉄太
去年迄五ケ年皆勤ニ付、御目録金弐百疋被下置旨、被　仰出、
右、何も御用人へ申渡之、

一 佐藤八十七預御徒御徒目付定加 坂牛源之丞

一 去年迄六ケ年皆勤ニ付、御言葉之御褒美、被 仰出、頭ヘ申渡之、

御掃除坊主組頭
大沼林斎

一 去年迄二十五ケ年皆勤ニ付、御言葉之 御褒美、被 仰出、

御掃除坊主
友清

一 去年迄三十ケ年皆勤ニ付、縞木綿弐反被下之、

御掃除坊主
理斎

春喜

一 去年迄六ケ年皆勤ニ付、御褒詞被 仰出之、右何も御目付ヘ申渡之、

一生組付御免御料理方
里見秀左衛門

御料理方
美濃部泰蔵

同
勝又勇右衛門

同格
工藤佐次右衛門

同
根子兵右衛門

同
川村兵之丞

同並
菊池又四郎

一 去年迄十八ケ年皆勤ニ付、御言葉之御褒美、被 仰出、

一生組付御免御料理方
舟越三九郎

一 去年迄十二ケ年皆勤ニ付、右同断、

御賄所刀差
沢井要右衛門

一 去年迄十五ケ年皆勤ニ付、御目録金百疋被下之、

同
境田良助

一 去年迄六ケ年皆勤ニ付、御褒詞被 仰出之、右何も御膳番ヘ申渡之、

三戸雅楽助殿

三戸此面殿

三戸豊次郎殿

一 御痛所被成御座候ニ付、夏中も折々御足袋御用被成度旨御伺、御銘々御附人以口上書申出、御伺之通御目付ヘ申渡之、

宮古通穴沢村穴沢倭司知行所肝入
清三郎ヘ

被 仰渡

其方儀、三戸通向町金平と申者之由、病気にて本所ヘ宿継を以送遣呉候様申旨、依て送遣候処、穴沢村・門村之間ニて病死いたし候を門村ヘ送遣候、人命相拘り候儀御代官所ヘも不申出、等閑之取計方無調法ニ付、肝入役御免慎被 仰付者也、

月日

宮古通川村肝入
久右衛門

同葛巻善左衛門知行所肝入
又八ヘ

被 仰渡

其方共儀、三戸通向町金平と申者之由病気ニ付、穴沢村より宿継を以送遣候処、穴沢村・門村之間ニて病死いたし候を、穴沢村肝入より之始末一通りニて、八戸領ヘ送遣候、人命相拘候儀御代官所ヘも不申出不始末之取計方無調法ニ付、肝入役御免、慎被 仰付者也、

月日

由兵衛ヘ

被 仰渡

其方儀、仙台白石出生平吉と申者、去ル十一月より致世話所ヘ匿

置候処、此度新谷勝左衛門知行関根橋村万右衛門子平左衛門へ、
兼て貸金有之ニ付、右平吉相頼催促差遣候処、及口論、平左衛門
打擲為致軽(怪)俄、兼々御制禁之他所者自分ニ差置右ニ論ニ至候段不
届至極、依之五戸へ御追放被　仰付候条　御城下并他御代官所へ
立入候ハヽ、曲事可被　仰付者也、

月日

同通安渡村
重右衛門へ
被　仰渡

其方儀、仙台白石出生平吉と申者同村由兵衛申合、去十一月より
致世話匿置、尤其頃右平吉方へ差置旨由兵衛へ申向、兼々御制禁
之他領者、最初由兵衛へ同意致差置候段不埒至極ニ付、所払被
仰付者也、

田名部町
理助
田名部通安渡村
寅へ
被　仰渡

其方儀、仙台白石出生平吉と申者致同道、新谷勝左衛門知行所関
根橋村万右衛門子平左衛門と申者、柾挽小屋へ罷越、平吉・平左
衛門を打擲為致怪俄候段、其侭ニ難致置、他領者致同道候段不埒
至極ニ付、急度被　仰付様も有之候得共、御慈悲を以慎被　仰付
者也、

田名部通安渡村肝入
庄助へ
被　仰渡

其方儀、安渡村肝入勤中仙台出生平吉と申者、同村由兵衛・重右
衛門致世話匿置候儀、相心得不申儀も有之間敷、惣て他領者差置
候儀は、其旨御代官へ可申出候処、其侭差置不埒至極ニ付、依之
慎被　仰付者也、

月日

筑後
勘解由
丹波
典膳
宮内

三ノ
廿七日　晴

一　中西金左衛門
親静馬存生之内、願之通跡式無相違被　仰出、尤静馬儀、存生中
老年及候迄実躰相勤神妙　思召候ニ付、被下置候御金方七拾石
直々被下置、本高へ御加弐百石余高ニ被成下旨、被　仰出、

一　下杉茂一右衛門
嫡子定之助病身ニ付、嫡子仕兼候旨、先達て御訴申上、忰喜弥太
病身之処全快仕候段御訴申上候ニ付、右喜弥太嫡子仕度旨申上、
願之通被　仰出、何も於竹之間、同席列座丹波申渡之、

一今暁七時御持筒丁向キ加賀野村肝入長左衛門家出火ニ付、仲間
登　城火事場へ弥六郎相越、御役人共罷越防留類焼も無之、無間
火鎮也、

一右位之出火之節ハヽ、以来仲間相揃登　城ニ不及候間、月番并火事
場月番と両人罷出可申旨、御側御用人を以御沙汰有之也、

一右同断之節、火事場月番之者火事場へ早速罷越ニ不及候間、一先
平常之供立ニて　御城へ罷出、模様ニ寄御差図も被遊候間、其節

火事場へ罷越候様可致旨、三浦忠陸を以御沙汰有之也、

一　勘解由嫡子　東　彦太郎
　　丹波嫡子　新渡戸図書
　　典膳嫡子　毛馬内左門
　　宮内嫡子　藤枝六弥

畳䟡有之、折々腫痛仕候ニ付、痛有之節は、夏中も足袋相用度旨銘々口上書を以申出、何も足袋用可被申旨詰合ニ付申達之、御目付へも口達ニて為申知之、

但、退出後ニ候得は、附札ニて申達候事、

一　奥瀬内記
　　下田右門
　　近江嫡子　毛馬内良助

畳䟡有之、折々腫痛仕候ニ付、痛有之節は、夏中も足袋相用度旨銘々口上書を以申出、何も足袋用可被申旨、附札ニて大目付を以申渡之、

三ノ
廿八日　晴

弥六郎
筑後
勘解由
丹波
典膳
主膳

一天量院様(利視)御消月ニ付、聖寿寺へ　屋形様五半時御本供ニて被遊御仏詣、御寺へ宮内相詰無程御帰　城被遊也、

但、御役人上下、小役人継肩衣着用也、

一江戸へ今夕より七日振飛脚坂本栄馬組弐人差立候ニ付、北地御用申遣之、委細北地案詞ニ有之也、

三ノ
廿九日　晴

筑後
勘解由
丹波
典膳
宮内

一百五拾石五斗余　田鎖三司
　内百三拾五石現米

親治郎兵衛存生之内、願之通跡式無相違被　仰出、於竹之間、同席列座丹波申渡之、

一　大槌御用人　佐野京助
　　同　与蔵

京助儀、老衰之上歩行不自由罷成、御奉公可相勤躰無之ニ付、隠居仕悴与蔵家督被　仰付被下度旨申上、願之通無相違被　仰付、御代官へ書状を以申遣之、

一　横田藤助

去年迄、御稽古場へ十ケ年出情(精)代講仕候ニ付、為御賞金弐百疋被下置旨、被　仰出、

一　宇助嫡子　佐久間隼太

去年迄、御稽古場へ九ケ年出情(精)代講仕候ニ付、御言葉之御褒美被仰出、

一　一条金兵衛
去年迄、御稽古場へ九ケ年皆出席ニ付、御言葉之御褒美被　仰出、

一　上関作兵衛
去年迄、御稽古場へ四ケ年皆出席ニ付、右同断、

一　江柄九十九
去年迄、御稽古場へ一ケ年皆出席ニ付、右同断、何も於竹之間、
丹波出座申渡之、

一　新兵衛嫡子 関　新八
市郎兵衛嫡子 下田弓次郎
左兵衛嫡子 橋本勝太
下川原元治
理蔵弟 花坂内蔵太
善五郎三男 江刺家和平
弥市嫡子 宮手仁左衛門
茂右衛門嫡子 槍山宇八郎
七蔵弟 欠端直之進
一方井順治
去年迄、御稽古場へ五ケ年皆出席ニ付、縞木綿一反宛被下置旨被
仰出、右、何も御広間へ丹波出座申渡之、

一諸門弟之者共、右同断ニ付　御言葉之御褒美被　仰出、於御広間
一同ニ申渡之、

一　七戸御給人 川村新兵衛
浦田官蔵
七戸通御蔵手伝被　仰付、

一　同所御給人 米田要右衛門
小山栄蔵
七戸通泊村遠見御番人被　仰付、右何も御目付へ申渡之、
無宿 友吉へ
申渡
其方儀、八戸軽米荒町産之由申出候ニ付、八戸表吟味申候処、元
荒町近所ニ無之無宿之者之上遂糺明、重キ仕置可申付候義ニも候
得共、別段之御憐愍(脱カ)を以深く無御糺於境目放遣候、以来国中へ立
入候ハヽ、厳科可致所者也、
月日
弥六郎
勘解由
丹波
典膳
宮内

三ノ
晦日　晴

一花巻御給人松岡兵右衛門・煤孫繁蔵、三戸御給人佐藤甚作・梅内
冨右衛門・栗谷川俊蔵へ被下候知行、百性(姓)小高証文并野竿証文共
ニ、御勘定奉行相出候間御目付へ相渡之、尤花巻へは遠使を以、
三戸へは御代官へ相渡之、

四月朔日　小雨
弥六郎
筑後
御用番 勘解由

丹波
典膳
宮内
主膳

一月次御礼今四時　御本丸於御座之間、御家門衆被　仰上、奏者御用人相勤　御着座之節、勘解由御取合申上、夫より御中丸総角之間へ　御出座、高知之面々・諸者頭迄御礼申上、畢て名目御礼有之無程相済也、

一今日　御曹司様御表へ御出座被遊也、

一　寺社御町奉行　宮手弥市
榊山御本社御神事之節、御跡乗警固御用掛被　仰付、

一　御目付　江刺牧太
　　三浦忠陸
榊山御本社御神事之節、御用懸り被　仰付、
但、壱人は　御神輿御繰出御先へ相詰、御用相勤可申旨、御目付を以申渡之、

一　御勘定奉行　漆戸　林
榊山御本社御神事之節、御用懸被　仰付、何も於席申渡之、

一　御膳番　長沼武次郎
榊山御本社御神事之節、御用懸被　仰付、於竹之間、同席列座勘解由申渡之、

一　御作事奉行　中原長右衛門
榊山御本社御神事之節、御用懸被　仰付、

一　大御納戸御買方　八木内八十右衛門
右同断、何も御目付を以申渡之、

一　村松刑部
　　佐野長門
榊山御本社御神事之節、御待請御用懸り被　仰付、御目付を以申渡之、

四ノ
二日　晴
弥六郎
勘解由
丹波
典膳
宮内

一江戸へ今朝七日振飛脚坂本栄馬組弐人差立、御用儀共申遣之、

一　下田将監
畳跐有之ニ付、夏中も痛有之節、折々足袋相用申度旨申上、足袋用可被申旨、附札ニて大目付へ申渡之、

四ノ
三日　晴
弥六郎
筑後
勘解由
丹波
典膳
宮内
主膳

一　中野兵馬

親隠居萬好儀、就大病介抱御暇十日、願之通去月廿五日被下置候処、今以難見放ニ付、猶亦十日御暇被下置度旨申出、願之通御目付を以申渡之、

一前書有之通中西金左衛門・照井源左衛門へ御加恩被成下候ニ付、永代証文御目付を以相渡之、

但、右両人上下着用罷出也、尤右証文上包永代証文迄所々之通認候処、以来ハ永代と認不申、証文と計相認候様御沙汰也、

四ノ
四日　晴

弥六郎
勘解由
典膳
宮内

一霊徳院様(利幹)御忌日ニ付、聖寿寺へ　御代香丹波相勤之、

四ノ
五日　晴

筑後
勘解由
丹波
典膳
宮内

一養源院様(利雄)　義徳院様(利正)御忌日ニ付、聖寿寺・東禅寺へ、御略供ニて御直詣有之、

一　七戸御給人　小山兵作

一　花巻御給人　太田左仲

七戸通山木改下役被　仰付、御目付を以申渡之、

別段　思召有之ニ付、花巻御使役被　仰付、御目付を以申渡之、

簡　左治

但、座格は三町奉行次座、御取次上座被　仰付、

上段
御用ニて爰元へ詰合居、上下着用為呼上、御目付を以申渡之、

四ノ
六日　晴

弥六郎
筑後
勘解由
丹波
典膳
宮内
主膳

一　遠藤判左衛門
同　礼助

判左衛門儀、老衰之上起居不自由罷成御奉公可相勤躰無之ニ付、隠居仕悴礼助家督被　仰付被下度旨申上、願之通無相違被　仰出、

一　瀬川清右衛門
同　茂右衛門

清右衛門儀、久々痫積相煩癲痫之症罷成難治之症ニて、全快御奉公可相勤躰無之ニ付隠居仕、悴茂右衛門家督被　仰付被下度旨申上、願之通被　仰出、何も於竹之間、同席列座勘解由申渡之、

四ノ
七日　晴

筑後
勘解由

丹波
典膳
宮内

一拾五貫文
花巻御使役一人一ヶ年御役料銭七月・暮両度ニ被下之、
一三拾弐貫文
右同断、壱人一ヶ年御手当被下銭七月・暮両度ニ被下之、
右之通被下候旨、御目付足沢彦蔵申出之、
一江戸表去ル二日立七日振飛脚渡部丹治組弐人、今朝四時過着、御用儀共申来之、
一　沢田左市
沢内通御代官勤中郷役取調之節、不行届之儀有之、恐入差扣申出願之通差扣被　仰付旨、御目付へ申渡之、
一　高橋直右衛門
小田嶋喜兵衛
去夏諸郷役御調へ之節、吟味之書上方不行届次第有之、依之恐入差扣申出、願之通差扣被　仰付旨、御目付へ申渡之、
一生組付御免御馬医大嶋惣平儀、主役筋数十年出精相勤候ニ付、為御賞御目録金三百疋被下置旨、於江戸去月廿六日申渡候由、御用状ニて申来、御役人共へも申渡之、
一従　公義、寛政元年御囲籾米之内、去子年御収納籾ニて、書面石高之通相認、去月廿五日御留守居加嶋七五郎持参、下御勘定所へ差出候之処、御勘定稲守三左衛門受取承知之旨申聞候由、右御届書左之通、

覚
寛政元酉年被　仰出候囲穀米、弐千五百石、此籾五千石之内
一米百石
此籾弐百石
是は酉三月中於領内、焼失仕候米五百石、此籾千石其節伺之上、去戌（年）より来寅年迄、五ヶ年割合詰戻可申旨御差図ニ付、去子年より三ヶ年目詰戻分
一米六百六拾七石
此籾千三百三拾七石
是は酉秋領分半高余之損毛ニ付、焼失残米弐千石、此籾四千石之儀、其節伺之上損毛手当ニ相用、去ル戌より去子迄、三ヶ年割合詰戻可申旨御差図ニ付、去子年分三ヶ年目詰戻御差図済相成候分、
右は御名領分奥州盛岡去子年分収納籾ニて書面石高之通両様共、詰戻方之上相備置候趣、国元役人共より申越候ニ付、此段御届申上候、以上、
丑ノ
三月廿五日　御名内 加嶋七五郎
右、御届書差下申上、御勘定頭へも申渡之、

四ノ
八日　晴
弥六郎
勘解由
丹波
典膳
宮内
一霊巌院（信恩）様御忌日ニ付、東禅寺へ　御代香筑後相勤之、

一　　　　沢田左市
差扣御免被成旨被　仰出、御目付へ申渡之、
一　　　　沢内通下役 高橋直右衛門
　　　　小田嶋喜兵衛
差扣御免被成旨被　仰出、御目付へ申渡之、
一右ニ付、左市親類共恐入差扣申出、不及其儀旨、申渡之、
一　　　　松岡源次郎預御徒 金矢甚五左衛門
御用物御預被成、来ル十三日立帰登被　仰付、御目付へ申渡之、

四ノ九日　晴
　　弥六郎
　　筑後
　　勘解由
　　丹波
　　典膳
　　宮内
　　主膳
一　　　　長沢喜六
病気ニ付、御勝手方願之通御免被成下旨被　仰出、御目付を以申
渡之、
一　　　　石亀喜七郎
四男長平儀、当九歳罷成候処、生質虚弱之上癲癇之症相煩、末々
御用相立可申躰無之、出家相望申候間、曽洞宗源勝寺弟子出家仕
度旨申上、願之通御目付を以申渡之、
一　　　　横浜里籬
　　　　横浜丹治
　　　　横浜金右衛門
　　　　横浜元右衛門
　　　　横浜儀左衛門
　　　　白浜文治
　　　　戸田内隆八
　　　　中里治右衛門
　　　　金田一秀之助
　　　　金田一治兵衛
　　　　岩館右門
　　　　太田円助
親類横浜英治兵衛親隠居帯刀儀、先達て不心得之儀有之、隠居
被　仰付他出并親類之外、出会御差留被成旨被　仰付候ニ付、同
人間柄鹿角花輪住居中村忠右衛門方へ差遣申度旨私共申上、願之
通被　仰付差遣置申候、然処右忠右衛門儀此度盛岡引越被　仰付
引越候旨申遣候、依之恐入奉存候得共、帯刀義家来計附右同所へ
差置候ても、苦ケ間鋪候哉と内々口上書を以申出、英治兵衛知行
所之内へ引取可申旨、以御目付申渡之、
猶又親類共伺之通雫石村へ差遣可申旨、四月十一日御目付を以申
渡之、
一　　　　御目付 沢里勇馬
来ル十五日松前奉行此元止宿ニ付、止宿へ罷越候様可致、上山守
古大目付ニ付、自分儀表御目付名代を以相勤候様御沙汰候、
但、右之内計事御用は、守古承り候事、

右之通演説ニて典膳申渡之、

四ノ
十日　晴

弥六郎
勘解由
丹波
典膳
宮内

一　織笠甚兵衛
同　勇作

甚兵衛儀、老衰之上起居不自由罷成、御奉公可相勤躰無之に付、隠居仕忰勇作家督被　仰付被下度旨申上、願之通無相違被　仰付、於竹之間、同席列座勘解由申渡之、

一　花輪佐市郎

伯父佐市儀、寛政九年十二月与風罷出罷帰不申候ニ付、御内々御届申上置、心当之所々色々相尋候得共、行衛相知不申ニ付、其節出奔御訴申上候、然処昨夜立帰候ニ付、向々出入之程も難計、具ニ相尋候所、仙台御領東山ヘ罷越、同所藤沢町喜蔵と申者之処ニ逼留仕居候処、同人世話ニて同所円融寺と申寺ヘ罷越長々助合罷有候得共、御国元慕敷、殊ニ手廻共ニも対面も仕度、無調法も不顧立帰候旨申候、外向々出入之儀押て相尋候得共、何之出入ケ間鋪儀無御座旨申聞候間、急度為慎置候旨訴出、佐市郎ヘ御預逼塞被　仰付、御目付を以申渡之、

一右ニ付佐市郎恐入差扣申出、願之通差扣被　仰付旨、御目付ヘ申渡之、

一右同断ニ付、佐市郎親類共恐入差扣申出、不及其儀旨、御目付ヘ申渡之、

四ノ
十一日　晴

筑後
勘解由
丹波
典膳
宮内

一徳雲院(行信)様御忌日ニ付、聖寿寺ヘ　御代香宮内相勤之、

一　池田縫右衛門
同　悦之進

縫右衛門儀、老衰之上歩行不自由罷成、御奉公可相勤躰無之ニ付、隠居仕忰悦之進家督被　仰付被下度旨申上、願之通無相違被　仰出、於竹之間、同席列座勘解由申渡之、

一　花巻三町奉行
花巻御使役

思召も有之、其上花巻　御城之儀は、先達て　御抱城之趣ニ　公辺ヘ、御届も被成置候格別之御場所、勤向ニも候ニ付、以来勤中盛岡支配被　仰付、御目付を以申渡之、

但、御礼座は盛岡五拾石以上、諸士上座、御作事奉行次座被　仰付、

但、御町奉行松岡織人、御使役太田左仲義上下着用呼出させ、御目付を以申渡之、

一　市左衛門事
玉井平馬

右之通名相改度旨申出、願之通御目付を以申渡之、

四ノ
十二日　晴　　　　勘解由

一於御新丸御舞台御能有之、仲間相越勘解由計登　城、
一即性院様(重直)御忌日ニ付、聖寿寺へ　御代香典膳相勤之、

一　　　　　　　　　栃内市蔵
　　　　　　　　　　同　与次郎

市蔵儀、老衰之上起居不自由罷成御奉公可相勤躰無之ニ付、隠居
仕悴与次郎家督被　仰付被下度旨申上、願之通無相違被　仰付、
於竹之間勘解由申渡之、

一　　　　　　　　　花輪佐市郎

差扣御免被成旨被　仰出、御目付へ申渡之、

一　　　　　　　　　松原勝治

郷役取調へ之義不行届之儀有之、恐入差扣申出、願之通差扣被
仰付旨、御目付を以申渡之、

四ノ
十三日　雨　　　　筑後
　　　　　　　　　勘解由
　　　　　　　　　丹波
　　　　　　　　　典膳
　　　　　　　　　宮内

一　　　　　　　　　松原勝治

差扣御免被成旨被　仰出、御目付を以申渡之、

一　　　　　　　　　大槌御給人
　　　　　　　　　　貫洞長蔵

売職筋用事ニ付、下総銚子湊盛岡屋権三郎方へ罷登対談仕度、依
之当月十四日より日数五十日御暇被下度旨申出、願之通御目付へ
申渡之、
上段
右用向に今相片付不申ニ付、日数五十日御暇被下度旨、五月廿七
日申出、願之通申渡之、
一　　　　　　　　　御用人方御物書
　　　　　　　　　　太田和蔵

一親類一戸耕次郎儀、無調法之儀有之ニ付、恐入於江戸表差扣申上、
追て御沙汰有之迄不及其儀旨被　仰付置候処、弥差扣不及旨、
被　仰出御目付へ申渡之、

　　　　　　　　　　仙台白石出生
　　　　　　　　　　平吉へ
　　　　　　　　　　　申渡

其方儀、去十一月田名部通代官所安渡村由兵衛・重右衛門得世話、
同致住居、関根村万右衛門子平左衛門借用金有之、由兵衛得頼合
催促罷越彼是いたし、其上平左衛門打擲、為怪俄候段、不埒至極
ニ付、取計方も有之候得共、平左衛門及全快候上用捨を以、於境
目通払候、追て国中へ立入候ハヽ、重キ取計可申付者也、

月日

四ノ
十四日　曇　　　　弥六郎
　　　　　　　　　勘解由
　　　　　　　　　典膳
　　　　　　　　　宮内

一　　　　　　　　　御持弓頭
　　　　　　　　　　沢田左司馬

当分御用人不人数ニ付、右御用承候様被　仰出置候所、御免被成

旨演説ニて、於席申達之、御目付へ為申知之、

四ノ十五日　晴

弥六郎
筑後
勘解由
丹波
典膳
宮内
主膳

一月次御礼今五半時　御本丸於　御座之間、御家門衆御礼被　仰上、奏者御用人相勤　御着座之節勘解由御取合申上、引続同席御礼申上、夫より　御中丸総角之間へ　御出座、高知之面々・諸者頭迄御礼申上、畢て名目御礼有之無程相済也、

一今日　御曹司様御表へ御出座被遊也、

一　帷子才右衛門
　　同　伝右衛門

才右衛門儀、老衰之上、歩行不自由罷成御奉公可相勤躰無之ニ付、隠居仕悴伝右衛門家督被　仰付被下度旨申上、願之通無相違被　仰出、於竹之間、同席列座勘解由申渡之、

一　毛馬内御与力
　　大森武右衛門
　　同　武八

武右衛門儀、老衰仕御奉公可相勤躰無之ニ付、悴武八家督被　仰付被下度旨申上、願之通無相違被　仰付御代官へ以書状申遣之、

一筑後方知行所之内、先達て堰代御取上被成候、替地証文詰合ニ付、於席相達之、

四ノ十六日　曇

弥六郎
勘解由
丹波
典膳
宮内

一北監物・桜庭兵庫知行所之内、堰代・道代先達て御取上被成候、右替地証文今日退出後上下着用相扣、勘解由於宅、相渡之、

一江戸へ今朝七日振飛脚坂本栄馬組弐人差立候ニ付、御用儀共申遣之、

一被　仰出、左之通、

諸御代官所ニ住居之諸士・諸医、昨、今年以前と違、御代官へ御直ニ被　仰含候次第も有之に付、支配所限諸達事も、自ら其土地ニ住居ニ付、不相隔一統ニ申さとし事、或ハ内扱等可仕義は、御代官之主役ニ候、右を又相用、其意ニ住する事ニ候を、多くの盛岡御支配之者之内ニは、やゝもすると盛岡御目付より之達、又沙汰等無之抔とのゝしり、御代官へ法外之申向等致者も有之哉ニ候、御役向之者何も　御上を敬し候ための役方尊敬仕候事ニ候得は、分ケ隔無之事ニ候、却て不忠不心得之事ニ候間、決て已来右之類無之様可仕旨、被　仰付、

四月

右之通御沙汰之旨、御目付浅石清三郎申出、

一川嶋杢左衛門二男治左衛門儀、当二十七歳罷成候処、去ル四日夜

与風罷出、不罷帰候ニ付、其節御内々申上心当之所々色々相尋候得共、行衛相知不申、出奔之旨訴之、

一沼宮内御給人安田庄蔵へ御免地証文、御目付へ相渡之、

四ノ
十七日　晴

弥六郎
筑後
勘解由
丹波
典膳
宮内
主膳

一　西海枝保左衛門
　　同　多三太

保左衛門儀、老衰之上起居不自由罷成御奉公可相勤躰無之ニ付、隠居仕忰多三太家督被　仰付被下度旨申上、願之通無相違被　仰出、於竹之間、同席列座勘解由申渡之、

一三駄弐人扶持　御徒目付支配刀指　念沢留主松

養父忠蔵及末期一子無之、弟留主松当十八歳罷成候、此者御番代被　仰付被下度旨申上、存生之内願之通其方御番代無相違被　仰付、御目付へ申渡之、

一　表御目付　本堂宇内
　　北浦奉行　大坂権兵衛

去年箱館勤番之節、士鉄炮、中村伝之助・米内京助無調法之義有之ニ付、夫々御咎被　仰付候、畢竟申含方行届不申、依之恐入差扣願出、何も不及其儀旨、御目付へ申渡之、

四ノ
十八日　晴

弥六郎
勘解由
丹波
典膳
宮内

一南宗院様（利直）　大源院様（重信）御忌日ニ付、両寺へ　御代香弥六郎相勤之、

一　大目付　上山守古

表御目付御用承り可申旨、被　仰付置候処、御免之旨被　仰出御目付を以申渡之、

四ノ
十九日　晴

弥六郎
筑後
勘解由
丹波
典膳
宮内
主膳

一　横浜里籬
　　同　保人

里籬儀、老衰之上起居不自由罷成、御奉公可相勤躰無之ニ付、隠居仕忰保人家督被　仰付被下度旨申上、願之通無相違被　仰出、於竹之間、同席列座勘解由申渡之、

四ノ
廿日　晴

弥六郎
勘解由
丹波
典膳
宮内

一　法明院
今般当寺住職被　仰付候ニ付、高木通成嶋寺へ罷越、什物等後住へ引渡申度ニ付、往来十五日御暇被下度旨、永福寺末書を以申出、願之通寺社御奉行へ申渡之、

四ノ
廿一日　晴

筑後
勘解由
丹波
典膳
宮内

一是迄、郡山と計唱居候処、已来日詰・長岡通と唱可申事、
但、町之儀は是迄之通郡山と唱可申事、
一日詰御蔵
一日詰通西根・東根山木改下役
一夏暮御証文日詰通御給人と認候事
一日詰通御鳥見
一日詰通御鳥討
右之通御沙汰之旨、御目付三浦忠陸申出之、

一　田名部御給人
菊池宇左衛門
同　丹左衛門
宇左衛門儀、老衰仕御奉公可相勤躰無之ニ付、忰丹左衛門家督被　仰付被下度旨申上、願之通無相違被　仰付、御代官へ書状を以申遣之、
一江戸表、去ル十六日立七日振飛脚渡部丹治・箱崎助左衛門組弐人今日着、御用儀共申来之、

四ノ
廿二日　晴

弥六郎
勘解由
丹波
典膳
宮内

一弐百弐拾三石余　瀧沢常陸
親美作存生之内、願之通跡式無相違被　仰出、於竹之間、同席列座勘解由申渡之、
一　葛西満五郎
当十五歳罷成、年齢ニも御座候間、前髪執申度旨申上、願之通御目付を以申渡之、
一　福岡御与力
小田嶋勘六
男子無御座、女子御座候ニ付、親類同所御給人田中館丹左衛門三男又太郎聟養子仕度旨、文化十一年六月申上、願之通被　仰付候処、不縁ニ付相返申度旨、丹左衛門よりも申上、双方願之通御目付へ申渡之、

四ノ
廿三日　雨

筑後
勘解由
丹波
典膳
宮内

一　新渡戸丹波

一　松田恒右衛門二男常治召仕候旨、先達て被相届候処、此度相返候旨、口上書を以届之、尤恒右衛門よりも訴出之、

一　奥寺林之助
川村佐市
和七嫡子　長沢甚作
覚右衛門嫡子　大矢覚蔵
金平嫡子　兼平喜代治

当夏御証文認方御用御物書、当分被　仰付置候処、御免被成旨被　仰出、御目付を以申渡之、

四ノ
廿四日　晴

弥六郎
勘解由
典膳
宮内

一　組付御免御鳥見　長岡和右衛門
岩根勝兵衛

和右衛門儀、嫡子和八先達て病死仕、外男子無之娘有之ニ付、挨拶柄も無之候得共、勝兵衛二男千助聟養子仕度旨申上、双方願之通被　仰付、於竹之間、同席列座勘解由申渡之、尤和右衛門儀は、御用人へ申渡之、

一板之間小者源助と申者、当六十五歳罷成、当年迄三十八ケ年相勤候処、老衰仕御奉公難相勤候ニ付、永之御暇被下置度旨願出候、依之如何様ニも御手当被成下度旨、御膳番口上書を以申出、願之通永之御暇被下、為御賞御代物三貫文被下之、御目付を以申渡之、

一被　仰出、左之通、

寛保元年より同三年迄、依願被下置候給所新田御差支之儀有之、惣御検地御通被成候迄、御預被成旨、別紙之通寛保三年八月御沙汰被成置候上は、其節起目之分ハ格別野形之場所は、自分ニ手入所務可仕筋ニは無之候、然処多年相隔候得は、銘々被下置土地と心得違切開、此節熟地ニ至相応之所務致居候場所も、間々有之哉ニ相聞候、右は御吟味之上、御蔵入可被　仰付事ニ候得共、数年心懸物入等致披立候事故、別段之以御憐愍左之通御据最初願上候高程は、御吟味之上可被下置候之条、向後違乱無之様、百性(姓)共へも急度可申含置候、

一本願高之分熟地に相成候場所は、御定目御礼銭之外、冥加差上可申候、左候ハヽ、御吟味之上、本高へ御加可被下置候事、

一冥加差上兼候もの本願高之内、半分御礼銭共ニ御取上不被成被下置、半分は御蔵入被　仰付候、尤本願高之内、開残り有之ものへハ其披高之半分、是又御礼銭共ニ御取上不被成被下置、半分ハ御蔵入被　仰付事、

一寛保三年御沙汰以来、今以野形ニて披立不相成場所へ御取戻し

被成候事、
右之通被　仰出候、依之披高有之者ハ、吟味之上可申候、
四月
去々年より給所新田就被　仰付候、銘々百性（姓）共へ相対仕、明間起
目或ハ野谷地等依願給所ニ被遣候処、御差支之儀有之候ニ付、惣
御給地御通シ被遊候迄、右被下置候新田御吟味之内御預置、惣御
給地御通御改之上にて右預高之分、何方ニて成共御吟味之上可被
遣候、右願上候新田御預被遊候上は、其分之軍役かつき高ニて、
相勤候儀、迷惑ニ存候者ハ、其段願上可申候、左候ハヽ、御礼銭
御返し可被成候事、
一野竿一軒地抔ニて、差支無之場所は御検地前ニも、猶又御吟味之
上可被下候事、
一鬼柳・黒沢尻御代官所之内、岩崎村・南鬼柳村ハ別て被　仰付候、
其外諸御代官所ニて願之通被　仰付候もの之内、百姓共へ若鍬代
仕付料等相渡候者は、惣御給地御通被成候迄、右御預被成候新田、
銘々持地同然ニ仕、少分之処、務申付候ニも百姓共、迷惑不仕様
相対次第可仕候事、
右之通被　仰出候、尤願人之内、相対宜も有之候得共、御差支之
儀有之候ニ付、右之趣一統被　仰出、
寛保三年八月
右之通被　仰出、夫々申渡候段御目付毛馬内命助申出之、

四ノ
廿五日　曇　　筑後
勘解由

典膳
宮内
一　　田鍍一兵衛
病気ニ付　涼雲院様御用達、願之通御免被成御目付を以申渡之、
一御目付伺書、左之通、
一大小御家中人改御帳ニ入候面々ハ、宗門書上生来去死共ニ、以
来年ニ不及書上候、去年御沙汰之通七ケ年目ニ浪人別悉く書上
可申事、
但、七ケ年目ハ去子ノ年人別書上候事故、来ル午ノ年書上年
ニ候、其後共ニ子ノ年ニ相当り候ハヽ、三月中急度書上候儀と
心得居可申事、
欄外
御目付よりハ五日七日ニ触差出之、
一組付以下人改御帳ニ入不申共ハ、其支配頭ニて吟味致置書上ニ
不及、七ケ年目ニ浪人別書上可申事、
一御代官所は御代官ニて吟味致置、前同様七ケ年目ニ書上候事、
一給所は地頭ニて同断之事、
四月
右之通申出、伺之通申渡之、
一　　藤根専右衛門
涼雲院様御用達被　仰付、御目付を以申渡之、

四ノ
廿六日　晴　　弥六郎
勘解由

一　　　　　　　　　　　　　丹波
　　　　　　　　　　　　　　典膳
　　　　　　　　　　　　　　宮内
　　　　　　　　　　　　　　　　　　　　女鹿三右衛門
　　　　　　　　　　　　　　　　　　　　下田官兵衛
三右衛門儀、男子無之娘有之ニ付、挨拶柄も無之候得共、官兵衛
三男永助聟養子仕度旨申上、双方願之通被　仰出、
一御勘定奉行召連　　　　　　　　　　　御勘定方 宮　両助
去年迄十五ケ年皆勤ニ付、御目録金弐百疋被下置旨、被　仰出、
一　　　　　　　　　　　　　　　　御目付所御物書 久保逸五郎
去年迄六ケ年皆勤ニ付、　御言葉之御褒美被　仰出、何も於竹之
間、同席列座勘解由申渡之、
一継肩衣　　　　　　　　　　　　　　厳嶋大明神御社役 鈴木但馬
厳嶋社之儀は御屋敷内御鎮守之事ニも有之、年々御旅所榊山より
御神輿所に被成来候間、已来　御直宮ニ被遊候条御社役御免之旨
被　仰出、於竹之間、同席列座勘解由申渡之、

四ノ廿七日　曇

　　　　　　　　　　　　　　筑後
　　　　　　　　　　　　　　勘解由
　　　　　　　　　　　　　　丹波
　　　　　　　　　　　　　　典膳
　　　　　　　　　　　　　　宮内
一上下　　　　　　　　　　　　　　　　無社御時計格 鈴木但馬
愛宕山并山王権現神主被　仰付、且又御時計格被成下、被下来候
四人御扶持三駄へ三両弐歩御加増被　仰付、并松尾社是迄之通外
田中稲荷・上田庚申社、共ニ都合五ケ社為御加増被下置、御取立
被　仰付於竹之間、同席列座勘解由申渡之、
一　　　　　　　　　　　　　　　　浅香社御社役 津田上総
田中稲荷社鈴木但馬へ被下候条、其方已来、社向相勤候ニ不及之
旨被　仰出、寺社御奉行を以申渡之、
一　　　　　　　　　　　　　　　　　　　鈴木但馬
其方儀、下小路住居罷有候処、荒木田兼松と屋鋪替被　仰付、
但、内神之儀は、其方へ被下置候間、勝手次第可仕候、尤来月
五日前引越可申候、
一　　　　　　　　　　　　　　　　　　　荒木田兼松
其方儀、馬場小路住居罷有候処、鈴木但馬屋敷替被　仰付、
但来月五日前引越可申候、
右之通御沙汰之旨、御目付江刺牧太申出之、

四ノ廿八日　晴

　　　　　　　　　　　　　　弥六郎
　　　　　　　　　　　　　　筑後
　　　　　　　　　　　　　　勘解由
　　　　　　　　　　　　　　典膳
　　　　　　　　　　　　　　宮内
　　　　　　　　　　　　　　主膳
一天量院様（利視）御忌日ニ付、聖寿寺へ　御略供ニて　御直詣有之也、
一百四拾三文（当時直段百三拾九文）　　　　　　　　諸白壱升
一百三拾壱文（当時直段百弐拾七文）　　　　　　　　並酒壱升

右之通五月朔日より酒直段御定目四文増、例之通可被　仰付哉と
申出、伺之通御勘定奉行へ申渡之、
一高杉武兵衛嫡子惣四郎儀、当三十歳罷成候処、久々痼積相煩、
時々眩暈・卒倒仕、難治之症ニて末々御用相立可申躰無之、嫡子
仕兼候段、武兵衛訴之、
一花巻御給人中村亀松親隠居忠太義、当二十歳罷成候処、去月廿九
日与風罷出不罷帰候ニ付、得御聞届親類門屋助右衛門・石川守衛、
亀松へ附添御境目迄相尋候得共、行衛相知不申、出奔仕候段亀松
訴之、
一右ニ付、亀松并親類共恐入差扣願出候処、不及其儀旨、御目付へ
申渡之、

四ノ
廿九日　晴

弥六郎
筑後
勘解由
典膳
宮内
主膳

一　菊池与左衛門
　　荒屋元左衛門
其方共儀、先年北地御用被　仰付置候砌、心を用ひ出精相勤、且
箱館御用向も心得居候事故、旁先年之為御賞御用達被　仰付、勤
中田名部御与力格ニ被成下旨、被　仰出、尤与左衛門義は、爰許
へ罷出御会所ニ詰居相勤可申、元右衛門は於田名部相勤可申旨被
仰付、御代官へ書状を以申遣之、
一　赤沢儀左衛門
　　大森佐五助
支配所見前通見前村川欠高願向之儀ニ付、吟味方不行届之義有之、
恐入差扣願出候処、追て御沙汰有之迄不及其儀旨、御目付へ申渡
之、
一　上下　藤井甚兵衛
　　冨沢万右衛門
　　日沢源右衛門
御山方被　仰付、於竹之間、同席列座勘解由申渡之、
一　四戸銀左衛門
　　藤沢左内
　　小泉元右衛門
川御普請方被　仰付、
一　玉山忠右衛門
　　名久井孫六
　　中原仲右衛門
　　横浜金右衛門
　　出渕良八
　　栃内藤之進
　　谷崎守衛
　　川口喜七郎
　　花坂易人
　　田鍍忠次郎

一御山廻下役被　仰付、何も御目付を以申渡之、
船越五郎右衛門
一御勘定方被　仰付、御目付を以申渡之、
一御勘定奉行伺、左之通、
一御蔵米壱駄
此代三貫文
右直段を以小役人諸御物書、当夏御役料米来月二日より、御買上可被　仰付哉と申出、伺之通申渡之、
一
御山方
座順之儀は、御作事奉行次座被　仰付候旨、御目付申出之、
井上唯見
一
川井小弥太
御用少ニも候間、山木改下役一先休居候様被　仰付旨、申渡候段御目付申出之、

四ノ晦日　晴
弥六郎
勘解由
典膳
宮内
一
冨沢万之助（万右衛門事）
右之通名相改度旨申上、願之通御目付を以申渡之、
一諸番御小人頭切田辺申出候は、組諸番御小人小頭四戸善之丞儀、当年迄二十一ケ年相勤候処、病気ニ付小頭役御免被成下度旨願出候処、三十ケ年以上ニも無御座勤功申立候儀、恐入候得共、数十年実躰相勤候者ニ御座候間、以御憐愍此節御賞被成下度旨、口上書を以申出候ニ付、右様之願ハ取次申間敷旨、兼て御沙汰有之ニ付、願書ハ相下ケ別段御代物三貫文被下置旨、御目付へ申渡之、

五月朔日　晴
弥六郎
筑後
勘解由
丹波
典膳
宮内（御用番）
主膳
一月次御礼今五半時　御本丸於御座之間、御家門衆御礼被　仰上、奏者御用人相勤　御着座之節、宮内御取合申上、引続同席御礼申上、夫より御中丸総角之間へ　御出座、高知之面々・諸者頭迄、御礼申上、畢て名目御礼有之、無程相済也、
一今日　御曹司様御表へ　御出座被遊也、
一為端午之御祝儀、御家門衆并仲間・高知之面々、御用人八戸但馬より　屋形様　御曹司様へ御肴一折宛、銘々目録ニて差上之、御用人を以遂披露之、
但、江戸詰合仲間御用人よりも差上之、尤江戸詰合御留守居よりハ不差上、爰元ニ御留守居居合候得は差上候、此節は爰元ニ居合不申故不指上、尤御留守居見習格、大目付よりハ文化六年歳暮之節、伺之上不差出也、且前々四月廿八日差上候得共、文化五年六月廿一日、御沙汰有之、今日差上之、

一　御用人　長山蔵太
御年男相勤候ニ付、拝領物被　仰付、於席申渡之、
　但、御年男加は、御側御用人取扱也、
一　御徒頭　松岡源次郎
　中村市兵衛
預御徒晴山勘左衛門儀、男子無之娘有之ニ付、挨拶柄も無之候得
共、市兵衛弟市郎聟養子仕度旨申上、双方願之通被　仰出、
一　斗内紋左衛門
　同　清太
紋左衛門儀、老衰之上起居不自由罷成、御奉公可相勤躰無之ニ付、
隠居仕忰清太家督被　仰付被下度旨申上、願之通無相違被　仰出、
右何も於竹之間、同席列座宮内申渡之、
一　本　御蔵
　新　御蔵
　日詰御蔵
　西　御蔵
　南　御蔵
　黒沢尻御蔵
右御蔵米・豆、預書替被　仰出候間、当月廿一日より来月廿一日
迄、御蔵御渡日之外、朝五時より八時迄、右御蔵へ差出書替可申
事、
右之通被　仰出候旨、御蔵御吟味役・当番御目付申出之、

五ノ二日　晴　弥六郎
　筑後
　勘解由
　宮内
　主膳
一江戸へ、今朝より七日振飛脚坂本栄馬組弐人差立御用儀共申遣之、
一　中里俊蔵
退身之忰伝蔵儀、当三十二歳罷成御座候、去月上旬持病之積気ニ
て罷有候、然処今八ツ時乱心仕、三男重太郎へ手疵為負候、其節
声立候ニ付、私并手廻共罷越見届候処、自害仕候旨訴之、尤親類
共より右伝蔵母立懸りかいしやく仕候旨、罷越見届、相違無御座
旨、口上書を以訴之、
一右ニ付為御検使御目付浅石清三郎、御使番毛馬内名張被　仰付、
罷越見届書付を以申出之、
一右ニ付俊蔵恐入差扣口上書を以申出、不及其儀旨、申渡之、
一右ニ付母直儀、退身之忰伝蔵乱心仕、三男重太郎へ手疵為負自殺
仕、伝蔵願トハ乍申介錯致候儀恐入奉存、母直慎罷有候段申出之
候処、六日慎ニ不及旨、御目付へ申渡之、

五ノ三日　晴　宮内
一　上田通御代官　浦田安之進
　飯岡通同　田鍍周助
見前・向中野通御代官当分被　仰付、御目付を以申渡之、
一　赤沢儀左衛門
病気全快可仕躰無之付、見前・向中野通御代官、願之通御免被成

旨被　仰出、御目付を以申渡之、

五ノ四日　雨

弥六郎
典膳
宮内

一明五日　義徳院様(利正)御消月ニ付、屋形様五半時御本供揃ニて東禅寺へ　御仏詣被遊、御出・御帰共ニ　御本丸御玄関より、御寺へ丹波相詰、無程　御帰城被遊也、

一霊徳院様(利幹)御忌日、明五日養源院様(利雄)御忌ニ付、聖寿寺へ　御代香丹波相勤之、

五ノ五日　晴

弥六郎
筑後
丹波
典膳
宮内
主膳

一席へ御熨斗出、

一為端午之御祝儀、今五時過　御本丸於　御座之間、御家門衆御礼被　仰上、御用人奏者　御着座之節、宮内御取合申上、夫より御中丸総角之間へ　御出座、仲間始五節句出仕之面々御礼申上、無間相済也、

一今日　御曹司様、御表へ御出座被遊也、

一大目付・寺社御町奉行・表御目付・御目付・御勘定奉行・御使番迄、席へ罷出御怡申上之、

一南部左衛門尉様、去月十四日御老中様御連名之御奉書御到来、御登　城被成候処、御在所へ之御暇被蒙　仰、如御先格御拝領物被成候由、依之来ル十日、江戸表御発駕可被成旨為御知申来、御役人共へも申知之、

一上々様方・御家門衆へ、右為御知例之通御目付より為申上之、
　但、右ニ付、道・橋掃除未之儀、御郡代へ以書状申遣候処、此度御目付より申遣候ニ付、　御城代へ書状不出也、

一　　　氏家半助
親判左衛門儀、野沢御番所御番人勤番罷有候処、疝積相煩、此節大病之旨申来候、依之罷越附添介抱仕度、御暇被下置度旨申出、願之通御目付を以申渡之、

五ノ六日　晴

弥六郎
丹波
典膳
宮内

一南部左衛門尉様御参勤御下向之節、共ニ是迄懸り被　仰付来候処、以来順番を以相勤候様、寺社御町奉行・御目付へ演説申渡之、

一　　見前・向中野通御代官
　　　大森佐五助
支配所見前通見前村御百性(姓)善八・彦十郎川欠御高之内、披立願上置、今以披兼候旨、偽之申出遂吟味取次可申処、無其儀不行届致方ニ付、差扣被　仰付、

右之通今晩御目付江刺牧太於宅、寺社御町奉行宮手弥市・坂牛杢

兵衛、御目付浅石清三郎立合申渡之、
一右ニ付、佐五助親類共恐入差扣願出候処、不及其儀旨、御目付へ
申渡之、

五ノ
七日　晴
筑後
丹波
典膳
宮内

一　氏家判左衛門
病気全快可仕躰無之付、野沢御番所御番人、願之通御免被成旨御
目付を以申渡之、
一榊山御祭礼ニ付、小角カ晴天十日興行仕度、尤木戸銭・莚銭共ニ
壱人ニ付弐拾四文ツヽ取立申度、場所之儀ハ下小路木場之内、御
差支之無所拝借仕度旨、油丁平助願之通寺社御町奉行へ申渡之、

五ノ
八日　晴
弥六郎
勘解由
丹波
典膳
宮内

一(信恩)霊厳院様御忌日ニ付、東禅寺へ　御代香筑後方相勤之、
一　田鍍要之丞
見前・向中野通御代官被　仰付、
一　又重安左衛門
花輪通御代官被　仰付、於竹之間、同席列座宮内申渡之、
一　御座敷奉行 奥詰一統
江戸表之通自ら御用相勤可申事、御目付を以申渡之、
一上田通下役　下田貞作
一飯岡通下役　豊川勇左衛門
一厨川通下役　宮　九平太
一見前・向中野通下役　織笠要右衛門
一雫石通下役　佐藤村太
　工藤茂弥太
右之通被　仰付旨、御目付毛馬内命助申渡之、
一平服　大御納戸御買方 狐崎小兵衛
御用有之登り被　仰付、於竹之間、同席列座宮内申渡之、
一　百岡権四郎
当春勤番登被　仰付、当三月罷登候処、同月中旬より中風之症相
煩、押て相勤罷有候処、去月廿日より右病症弥増差募、手足不叶
ニて中々近月得快気出勤可仕躰無之付、御国許へ罷下養生仕度旨
申来候旨願出、御目付奥寺市之丞指出候ニ付、相伺願之通、同人
へ申渡之、
一江戸表、去ル二日立七日振飛脚野辺地礼八・箱崎助左衛門組弐人、
昨昼着御用儀共申来之、
一　上田通御代官 浦田安之進
　飯岡通御代官 田鍍周助
見前・向中野通御代官当分被　仰付候処、御免被成旨被　仰出、
御目付を以申渡之、

一　　　　　　　　　　　　百岡三之助
親権四郎儀、江戸勤番罷有候処、久々中風之症相煩養生乍仕押て
相勤罷有候処、右病症弥増差募詰合御医師得療治養生仕候得共、
頃日ニ至手足不叶相成、近月快気出勤可仕病躰無之付、御国許へ
罷下り養生仕度段申上、願之通被　仰付候付、罷登附添介抱乍仕
罷下申度御暇被下度旨申上、願之通御目付を以申渡之、尤即出立
之儀申上、添状御目付へ相渡之、

五ノ
九日　曇

筑後
勘解由
丹波
典膳
宮内

一勘解由方口上書、左之通、

勘解由嫡孫
東　継弥

右者眼病相煩、殊小便繁ク暫之内　御目見為申上兼候段、旧臘御
届申上置候処、此節快方ニ付、初て之　御目見御序之節為申上度
奉願候、以上、
五月九日　　　　　　東　勘解由
右之通申出、願之通来ル十五日可被為請旨被　仰出、詰合ニ付於
席、申達奉書不出也、
欄外
五月十五日御礼御延引ニ付、六月六日可被為請旨、被　仰出候ニ
付、大目付より申達之、

一　　　　　　　　　　　　檜山帯刀
下小路御旅所　御神事中下小路御門番被　仰付、奉書を以申遣之、
御目付へ為申知之、
一於江戸表、寒中為伺御機嫌被献候雉子替御献上之儀、去月十五日
御老中松平伊豆守様御勝手御留守居加嶋舎持参、御内慮伺書差出
候処、表向月番へ伺書可被差出事と御書取を以、御差図有之候ニ
付、御伺書別紙之通相認、御品付書御揃書共ニ相添、同廿四日御
用番青山下野守殿へ、加嶋七五郎持参差出候処、同廿七日夕下野
守殿より御呼出ニて、御留守居添役梅内忠次郎参上候処、伺之通
鮭塩引可有献上旨御伺書へ御附札を以被　仰渡旨、此度飛脚御便
ニ申来、左之通、
寒中為伺御機嫌、例年在所之雉子献上仕来候、右雉子は寒ニ入
候て雪中追鳥ニ仕捕候事ニ御座候処、近年雪薄ニて捕兼漸献上
之分捕候て、為差登候ても道中ニて損、献上ニ難相成年々の様
ニ鴇引替献上之儀、相伺奉恐入候、剰在邑之節は雉子損候て献
上ニ難相成段、在所ニて承知仕候上、引替之儀相成候得ば最早
寒明ニ相成不及献上旨、御差図等御座候得ば、寒中伺御機嫌も
不申上献上物も不仕次第ニて甚恐入、其上各様へ之御残進上之
儀も年々御断り申上、迷惑至極仕候、依之不苦御儀ニ御座候得、
以来雉子は相止国産之品別紙之通品替献上仕、并各様へも御残
進上仕度奉存候、此段御内慮奉伺候、以上、
四月六日　　　　　　南部大膳大夫
表向月番へ伺書、可被差出候事、
寒中為伺御機嫌例年　公方様　右大将様へ、在所之雉子献上仕

来候、右雉子は寒ニ入候て雪中追鳥ニ仕捕候事ニ御座候処、近年雪薄ニて捕兼漸献上之分捕候て為差登候ても、道中ニて損献上ニ難相成、年々之様ニ鯣引替献上之儀、相伺奉恐入候、剰在邑之節は、雉子損候て献上ニ難相成段、在所ニて承知仕候上引替之儀相伺候得は、最早寒明ニ相成不及献上旨、御差図等御座候得は、寒中伺御機嫌も不申上、献上物も不仕次第ニて甚以恐入、其上各様ニも御残進上之義も年々御断申上、迷惑至極仕候、依之不苦御儀御座候は、以来雉子は相止国産之品別紙之通品替献上仕、并各様へも御残進上仕度奉存候、此段奉伺候、以上、

御附札

　伺之通鮭塩引可有献上候、

　　四月六日　　　　南部大膳大夫

公方様
右大将様　へ

　鮭塩引　五尺入 一箱宛

右之通品替献上仕度奉存候、以上、

四月六日　御名

両御丸へ

　鮭塩引　五尺入 一箱宛

右之塩品替献上仕度奉存候、以上、

四月六日　南部大膳大夫

　　類例

私在国之節、寒気伺御機嫌以使札　公方様　大納言様へ、鯛三宛献上仕来候処、遠国海路之儀御座候得は、使者時節甚相後、府着仕候儀も有之候上右之御肴、於其御地用意仕候付、年ニ依り暴之節は御看速ニ相調兼候間、伺御機嫌之時節猶又延引仕恐入奉存候、尤前々に肴献上仕候儀ニも有之、旁ニ付別紙之通品替献上仕度奉存候、以上、

三月　　　　宗　対馬守

別紙

　鯛　三

右豹皮三枚品替献上仕度奉存候、以上、

三月　　　　宗　対馬守

御附札

　伺之通豹皮可有献上候、

右之通享和元辛酉年五月御用番安藤対馬守殿へ相伺候処、伺之通御差図有之候由ニ御座候、以上、

四月六日　　　　南部大膳大夫

五ノ十日　晴風

弥六郎
勘解由
丹波
典膳
宮内

一前書有之通、鈴木但馬へ御加増被成下候ニ付、右証文上下着為呼上御目付を以相渡之、

一　　御者頭へ

御境奉行居合不申時は、御門当番ニて右御用承り相談可申事、

右之通御沙汰之旨、御目付毛馬内庄助申出之、

一　　　　　　　　　　　　　　　川村弥三右衛門
就病気、快気之内嫡子孫助御用向被　仰付被下度旨申上、願之通
御目付を以申渡之、

山岸町久太子
竹松へ
被　仰渡

其方儀、丁内善右衛門と申者争論之上打擲致、其上常々行跡不宜
趣相聞得候ニ付、御吟味之上急度被　仰付様も有之候得共、御慈
悲を以無御紦二十八丁払被　仰付者也、

五ノ
十一日　晴

筑後
勘解由
丹波
典膳
宮内

一（行信）徳雲院様御忌日ニ付、聖寿寺へ御代香弥六郎相勤之、

一　　　　　　　　　　　　　　　御徒頭
鈴木怡
松田小十郎
怡預御徒松田儀兵衛、一子無之養女有之候、然処久々癇積相煩頃
日ニ至、癲癇之症罷成至て難治之症ニて此末一子出生之程難計、
尤得快気御奉公可相勤躰無之ニ付、本家小十郎引取養育罷有候、
親類牢人藤田鉄弥聟養子仕度旨申上、双方願之通被　仰出、於竹
之間同席列座宮内申渡之、

五ノ
十二日　晴

弥六郎
筑後
勘解由
丹波
宮内
主膳

一（重直）即性院様御忌日ニ付、聖寿寺へ御代香勘解由方相勤之、

一　　　　　　　　　　　　　　　花巻御給人
上田金五
同
上田弥四郎
金五儀、一子無之養女有之候、然処久々血痳相煩眩暈之症罷成、
難治之症ニて此末一子出生之程難計、尤得快気御奉公可相勤躰無
之ニ付、同苗弥四郎二男周治聟養子仕度旨申上、双方願之通被
仰付、御城代へ書状を以申遣之、
但、右書状は御目付を以、高橋与市へ相渡之、

一　　　　　　　　　　　　　　　大森佐五助
差扣御免被成旨被　仰出、御目付へ申渡之、

一　　　　　　　　　　　　　　　附田周之助
永福寺家来小国喜三太儀、男子無之娘有之ニ付、挨拶柄も無御座
候得共、伯父伝内聟養子仕度旨望申候間、差遣申度旨申上、願之
通御目付を以申渡之、

一　　　　　　　　　　　　　　　御勘定方
宮　清兵衛
数十年来主役筋心得宜、私之儀も無之大切ニ骨折、出情（精）相勤候ニ
付、右御趣意を以永く組付御免被成下、尤御勘定所主役ニて子孫
迄被　召出旨被　仰出、病気ニ付名代へ於竹之間、同席列座宮内

申渡之、

一　清兵衛儀、老衰之上耳遠起居不自由罷成、御奉公可相勤躰無之ニ
付、隠居忰両助家督被　仰付被下度旨申上、願之通無相違被　仰
出、於竹之間、同席列座宮内申渡之、

御勘定方
宮　清兵衛
同　両助

見前通見前村
善八へ
被　仰渡

其方儀、天明三年御新田願上候て、算穀は差上候得共、東見前村
元御本田川欠高御新田御場所ニ申上、猶又文化十年披立仕度旨願
上、願之通被　仰付、追々披立ニ至候処を、以砂利押上り披立ニお
よひ兼候旨申上、被遂御吟味候処既ニ皆披立ニも至候程之儀、重々
偽之申上方不埒至極ニ付、田畑家屋敷御取上五戸へ御追放被　仰
付候条　御城下并他御代官所へ立入候ハヽ、曲事可被　仰付者也、

同村
彦十郎へ
被　仰渡

其方儀、東見前村御本田川欠高之御場所、文化十年披立仕度旨願
上、願之通被　仰付、追々披立ニ至候処、今以砂利押上り披立ニ
至兼候旨申上、被遂御吟味候処、既ニ皆披立ニも至程之儀偽之申
上方不埒至極ニ付、田畑家屋敷御取上、宮古へ追放被　仰付候条
御城下并他御代官所へ立入候ハヽ、曲事可被　仰付者也、

同村肝入
助右衛門へ
被　仰渡

月日

其方儀、見前通見前村御百性善八と申者、先年川欠御高之内、東
見前村と申御場所三石余披立仕度旨願上、追々披立ニ至候処、今
以砂利押上り披立ニも至兼候旨申上、被遂御吟味候処既ニ皆披立
ニ至候程之儀披立申上方右程之儀は、専遂吟味可申上候処、不行
届致方無調法ニ付、肝入役御取放手錠ニて慎被　仰付者也、

同村老名
長次郎
作十郎
長兵衛
源右衛門
又兵衛
十次

右同断ニ付、老名役御取放手錠下ニて、慎被　仰付者也、

見前・向中野通張村
久保田茂兵衛
猿橋儀助へ

其方儀見前通見前村御百性（姓）甚八・彦十郎東見前村川欠御高之内披
立願上置候処を、以披立及兼候旨、偽之申上方急度遂吟味、願書
為差出可申処無其儀等閑之取扱方無調法ニ付、御取上被成旨被
仰出、

七月

五ノ
十三日　雨

弥六郎
筑後
勘解由
丹波

一　典膳
宮内
主膳
両助事
宮　清兵衛
右之通親名ニ付相改度旨申上、願之通御目付を以申渡之、
一此節御祭礼ニ付、為御賑写絵興行仕度、日数十日被　仰付被下度、
札銭之義は壱人ニ付拾八文つゝ、取立申度旨、御駒太夫京助願出、
願之通御町奉行へ申渡、
一　御取次格御金奉行
小田代蝉又
榊山御本社御神事之節、御用掛り被　仰付旨、御目付江刺牧太申
出之、
但漆戸林へ被　仰付置候処病気ニ付蝉又被　仰付也、尤林へは
御免御沙汰無之事、

五ノ
十四日　雨　弥六郎
丹波
典膳
宮内
一南部左衛門尉様ニて御三男徹三郎様御事、御病気之処御養生無御
叶、去月廿九日被成御死去候、江戸表より申来候旨、為御知申来
之、

五ノ
十五日　晴　弥六郎
筑後
勘解由
丹波
典膳
宮内
主膳
一江戸表、去ル九日立七日振飛脚今朝着　公方様御実母一橋殿内証
去ル八日死去ニ付、鳴物来ル廿一日迄、普請は十四日迄御停止之
旨、大目付より御廻状到来ニ付、差下遂披露　上々様方・御家門
衆へ御目付より為申上之、御城下・花巻御城代并在々相触候様大
目付・寺社御町奉行・御目付へ申渡之、御用人へも御廻状為見之、
八戸御家老へは、書状を以為知申遣之、
但、鳴物は今日より十四日、普請は今日より七日之旨相触之、
一右ニ付、月次御礼御延引之旨、御家門衆へ演説ニて宮内総角之間
御廊下へ罷出、申上之、
一公義より鳴物御沙汰ニ付、今日之御礼御延引被遊候、右之趣御役
人へ申渡之、高知中へは大目付を以申達之、
一名目御礼今日之代り、来ル廿八日可被為請旨被　仰出、御目付へ
申渡之、
欄外
名目御礼来ル廿八日御延引被成、来月六日可被為請旨被　仰出、
御目付へ申渡之、
一　花巻御給人
中村甚五右衛門
同　都合
甚五右衛門儀、老衰仕、御奉公可相勤躰無之ニ付、隠居仕悴都合

家督被　仰付被下度旨申上、願之通無相違被　仰付、御城代へ書
状を以申遣之、
一来ル十八日より廿日迄、於御旅所例年之通御神事御座候処、鳴物
御停止ニ付、来ル廿四日幸行(興カ)、廿六日　御遷座被成旨被　仰出候
処、来月朔日幸行(興カ)、三日　御遷座被成候間、別て豊年相祈御賑ニ
相成候様何も参詣可仕旨被　仰出候段、何も御目付江刺牧太申出
之、

五ノ
十六日　晴　　弥六郎
勘解由
丹波
宮内

一江戸へ、今朝より七日振飛脚池田貢組弐人差立候ニ付、御用儀共
申遣之、
一江戸へ、御献上之かたくり之粉弐駄、宰領池田貢組弐人附為御登
被成之、
一中嶋伝右衛門妾腹之男子兵治郎嫡子ニ仕候段、訴出之、

五ノ
十七日　曇　　筑後
勘解由

一前書有之通御勘定方宮清兵衛儀、永く組付御免被成下候ニ付、右
証文御目付を以、御勘定奉行へ相渡之、
一御神事ニ付、来月朔日月次御礼御延引之旨被　仰出、御目付へ口
達申渡之、

口上之覚
御曹司様御守・御本尊・御祭事・御祈祷、来ル廿四日より廿六日
迄執行仕候、依之兼て被　仰付置候通、御何人御免之義乍恐奉願
上候、此旨何分宜被　仰上被下度奉頼候、以上、
五月十七日　　法輪院
御側御目付衆中
右口上書御側御用人差出候間、伺之上吟味之義、寺社御町奉行へ
口上書相渡之、

五ノ
十八日　晴雷鳴雨降　　弥六郎
勘解由
丹波
典膳
宮内

一前書有之通鳴物御停止中ニ付、今日之御神事御延引也、
一南宗院様(利直)　大源院様(重信)御忌日ニ付、聖寿寺・東禅寺へ　御代香典膳
相勤之、
一百石　御金方　　御医師　村田元蔵
内五人扶持
一　　大槌御給人　黒沢六之丞
親道伯存生之内、願之通跡式無相違被　仰付候間、家業情(精)出候様
被　仰出、於竹之間、同席列座宮内申渡之、
別段之御次第も有之候付、壱人扶持被下置、被下来候弐人扶持へ
御加都合三人扶持ニ被成下旨被　仰出、御代官へ書状を以申遣之、

一　田名部御給人 川嶋俊蔵
嫡子豊見先達て病死ニ付、二男三九郎嫡子仕度旨申上、願之通
被　仰付、御代官書状を以申遣之、

五ノ十九日　雨
弥六郎
筑後
勘解由
丹波
典膳
宮内
主膳

一　蝿田作左衛門
親小兵衛毛馬内勤番罷有候処、当月上旬より病気之処、此節大病
之旨申来候ニ付、罷越附添介抱仕度候間、御暇被下置度旨申上、
願之通御目付を以申渡之、

一　田名部出張 御山方
同 所御山出下役 御山廻下役 秋浜豊左衛門
右、田名部より野辺地へも心配り仕、御山法取扱申旨、被　仰出、

一　大槌御給人 小川清六
宮古同 松原佐久太
右、大槌通・宮古通海岸御山出下役、双方兼持相勤候様被　仰出、

一　沼宮内御給人 村木佐左衛門
右、沼宮内通御山出下役被　仰付、
附札ニて
沼宮内通へ御山廻下役壱人ツヽ、月々廻山被　仰付、

一　七戸御給人 成田周左衛門
右、七戸通御山出下役被　仰付、

一　七戸御給人 小山兵作
野辺地御給人 上野十郎兵衛
工藤文左衛門
御山御吟味中御代官差図を請、御調べ向出精相勤候様被　仰付、
唯今迄之山木役下役は、御免被成旨被　仰出、

一　花輪御給人 関理平治
佐々木冨右衛門
御銅山附山木改下役、御免被成旨被　仰出、
右之通被　仰付申渡候旨、御目付毛馬内命助・花輪理蔵申出之、

一　花輪御給人 関理平治
御銅山附御山預被　仰付、御勘定奉行申渡候旨、太田甚内申出之、

五ノ廿日　晴
弥六郎
勘解由
丹波
典膳
宮内

一　南彦六郎親隠居彦八郎子 与惣太
右者当月七日出生之旨、彦六郎訴之、

一　長沢文作

悴熊太郎儀、当二十二歳罷成候処、持病之積気差発、癲癇之症罷成時々卒倒仕、至て難治之症ニて全快可仕躰無之、末々御用相立可申躰無之ニ付、悴仕兼候段訴之、

一　　　　　　　　　　　　中村　繁

駒五郎殿御相手当分加被　仰付、御目付を以申渡之、

五ノ

廿一日　雨

筑後
勘解由
丹波
典膳
宮内

一　　　　　　　　豊巻新兵衛
　　　　　　　　　同　新作

新兵衛儀、類中之症相煩眩暈仕、至て難治之症ニて、全快御奉公可相勤躰無之ニ付、隠居仕悴新作家督被　仰付被下度旨申上、願之通無相違被　仰出、新兵衛儀名代呼上、於竹之間、同席列座宮内申渡之、

一江戸より去ル十六日立七日振飛脚箱崎助左衛門組今朝着、御用儀共申来之、

一岡田金左衛門儀、去月罷登候節、同廿六日草賀(加)宿旅籠屋仁兵衛と申者五日致止宿候処、風呂敷へ包置候鶴御紋黒縮緬単御羽織并其外衣類・金子拾九両分別紙之通五品致紛失、早速宿仁兵衛へ為致吟味候処、金盗賊之仕業ニ可有之旨、一円手懸ニも知不申ニ付、猶又吟味之義申渡候、翌廿七日出立罷登候処、右紛失品種々相尋候得共一向心当も無之相知不申旨、仁兵衛より之始末去ル八日相達候ニ付、金左衛門より口上書申出候旨、右宿へ吟味申付置候処、早俄取不申出候間御届仕候之旨、金左衛門申出候由御目付申出候、右口上書宿屋始末書付共ニ、二通下被申、委細紙面相見得候通御座候、

一右ニ付、草賀(加)宿は御領所之事故、右宿より其筋届方にも可有之候哉と御留守居共為遂吟味相談候処、曽て拾両御上之金子之儀も御座候間、御届不被成候ハヽ、相成申間敷旨申出候之間、別紙之通相認去ル九日道中御奉行井上美濃守へ加嶋七五郎持参差出候処、落手候旨挨拶ニ付受取置候由、御届書写壱通下シ被申、左之通、

御名家来岡田金左衛門為勤番罷登、日光道中草賀(加)宿旅籠屋仁兵衛方へ、去月廿六日止宿仕候処、夜中盗賊忍入別紙書面之品被盗取申候、此段御届申上候、以上、

五月九日　　　　　　　　　御名内 加嶋七五郎

覚

一黒縮緬単羽織　一
一結城紬袷　一
　表納戸茶絹
一桟留大風呂敷　一
　前書弐筋包有之
一飛色羅紗鼻紙袋　一
一金子拾九両余
　〆五品

右之通御座候、以上、

五月廿六日　　　　　　　　　　　御名内
加嶋七五郎
右、御用状ニて申来、御役人共へも申渡之、

五ノ
廿二日　雨
弥六郎
勘解由
丹波
典膳
宮内

一　　　　　　　　　　　　　　　蟇目恵守
病気ニ付、御物頭御免被成下度旨申上候処、遂養生相勤候様被
仰出、御目付を以申渡、願書相返之、
一昨(上段)日願書候処三日今日右之通申渡之、
一江戸へ今夕より七日振飛脚他(池カ)田貢組弐人　御神用御用ニ付差立之、

五ノ
廿三日　曇
筑後
勘解由
丹波
典膳
宮内

五ノ
廿四日　雨
弥六郎
丹波
典膳
宮内

一　　　　　　　　　　　　　　　新田目川太郎
同　才太
川太郎儀、中風之症相煩候上老衰仕、歩行不自由罷成御奉公可相
勤躰無之付、隠居仕、忰才太家督被　仰付被下度旨申上、願之通
被(無)相違被　仰出、於竹之間、同席列座宮内申渡之、
一　　　　　　　　　　　　　　　北浦奉行
兼て海岸筋御備御用儀、無由断差図可致旨被　仰付置候得共、御
代官所よりハ少しく手遠ニも候間、以来別て相弛不申堅固ニ相備
万々一異変之儀等、出来候ても諸事手後レ等ニ相成不申様心懸、
致差図相勤可申旨被　仰出、於席申渡之、
一　　　　　　　　　　　　　　　田名部御代官へ
北浦奉行へ別紙之通御沙汰被成候間、右之趣心得候様御沙汰ニ候、
右之通御目付を以申渡之、
一　　　　　　　　　　　　　　　海岸御備御用被　仰
付置候田名部御給人へ
北浦奉行へ別紙之通御沙汰被成候間、相心得居得差図可申事、
右之趣御目付を以御代官へ申渡、為相心得之、

五ノ
廿五日　晴
筑後
勘解由
丹波
典膳
宮内

一永福寺末山覚善院如実儀、当二十四歳罷成候、然処去ル十四日風

与罷出不罷帰出奔之旨、永福寺より訴之、
一前書有之通写絵興行願之通被　仰付置候処、御祭礼三日中追出、札銭壱人拾文ツヽ取立申度旨、
一此節御祭礼ニ付、八人芸興行仕度、尤日数十日被　仰付被下度、札銭之儀ハ、壱人ニ付給八文取立申度、場所初日之義は、被　仰付候ハヽ、早速可申上旨、
一右同断ニ付、エレキテル興行仕度、尤札銭之儀は、壱人八文取立場所之儀は前同様何も、御駒太夫願出願之通御町奉行へ申渡之、
一御関札寸尺御沙汰、左之通、
一松柾目板（御関札御用）

長サ　三尺三寸

幅　壱尺

厚サ　八分

右之通御沙汰之旨、御目付江刺牧太・三浦忠睦申出之、

五ノ廿六日　晴

弥六郎
筑後
勘解由
丹波
典膳
宮内
主膳

一　堀江周蔵（儀平治弟）
　　下河原如右衛門（勝馬伯父）
　　平沢栄治（良作伯父）

先達て無調法之儀有之、他出御差留被成候処、此度　文珠尊御祭事ニ付、為御功徳御免被成旨被　仰出、

一　覚兵衛（宮古通長沢村御蔵入老名）

先達て無調法之儀有之、御村方相談へ立入候儀、御差留被置候処、此度　文珠尊御祭事ニ付、為御功徳御免被成之、

一　源松（材木丁米屋善六子）

先達て無調法之儀有之、雫石へ御追放被　仰付置候処、右同断ニ付御免被成之、

右之通被　仰出、御側御用人へ右書付を以申知、以後寺社御町奉行・御目付へ申渡之、

但、一昨廿四日より今日迄　御曹司様御守御本尊文珠尊御祭事御咎之者御免之儀、御側へ法輪院願上候段、御側御用人申出候間、相伺右之通御免申渡、尤法輪院へは、役僧呼上寺社御奉行申知之、

一　栃内松之助

当三十二歳罷成候処、癇積相煩癲癇之症罷成、難治之症ニて此末一子出生之程難計、依之妹知恵当十九歳罷成御座候、此者養女ニ仕度旨申上、願之通御目付を以申渡之、

五ノ廿七日　雨

筑後
勘解由
丹波
典膳

宮内

一 鬼柳御関所番被　仰付、

堀江儀平治

一 岩崎御番所御番人被　仰付、何も御目付を以申渡之、

笠間喜内

内堀大隅

一 火之御番以来十月迄、一ケ年持ニ被　仰付、奉書を以申遣之、

中村泰右衛門

佐藤忠平

一 御遣方有之付、其方共儀野田住居盛岡支配被　仰付候間、引越可申旨被　仰出、御目付を以申渡之、

一本堂門人
鈴木条助

一 御遣方有之付、其方儀野田住居被　仰付候間、引越可申旨被　仰付、御町奉行へ申渡之、

五ノ
廿八日　晴

弥六郎
筑後
勘解由
丹波
典膳
宮内
主膳

一 天量院（利視）様御忌日ニ付聖寿寺へ　御代香典膳相勤之、

一 御祐筆
猿橋良之助

良之助儀、男子無之娘有之ニ付、挨拶柄も無之候得共、内蔵丞三男広人聟養子仕度旨申上、双方願之通被　仰付、

御者頭
坂牛内蔵丞

一 御城内御掃除奉行御与力
長沢文作

安宅平右衛門

文作儀、悴熊太郎病身ニ付、悴仕兼候段先頃御訴申上、外男子無之娘有之ニ付間柄も無之候得共、平右衛門二男平之丞聟養子仕度旨申上、双方願之通被　仰出、何も於竹之間、同席列座宮内申渡之、

但、文作儀は無刀ニて罷出也、

一 覚善院

無住ニ付、永福寺法弟自浄房後住被　仰付被下度旨、永福寺申上、願之通被　仰出、右書出於席寺社御奉行へ相渡之、寺社御奉行、於竹之間自浄房へ申渡之、

一 江戸へ来月二日立飛脚　御神事ニ付、御進メ被成、池田貢組弐人七日振申付、今朝差立之、

五ノ
廿九日　晴

筑後
勘解由
丹波
典膳
宮内

一 米倉才七

御小性（姓）休息被　仰付、奥詰被　仰付御目付を以申渡之、

六月朔日　晴

弥六郎
筑後
勘解由
丹波
典膳（御用番）
宮内
主膳

一榊山御本社御神事ニ付、神輿五半時下小路御旅所へ渡御、
　但、是迄　御神事中同席共常服之処、已来三日共ニ上下着用可
　致旨御沙汰ニ付、右之趣御役人共へも心得之ため、咄置之、
一前書之通　御神事ニ付、今日之月次御礼御延引也、

六ノ
二日　雨

一榊山御神事ニ付、下小路御旅所へ何も相詰仲間無登　城、

六ノ
三日　雨

弥六郎
勘解由
宮内

一前書有之通　榊山御本社御神事首尾好相済、神輿五半時　御帰輿、
御用懸御役人共へ、於柳之間御吸物・御酒被下之、
　但、文化十三年より御吸物・御酒被下置候事故、御熨斗不被下
　置也、

六ノ
四日　雨

筑後
勘解由
丹波
典膳

一霊徳院様（利幹）御消月ニ付、聖寿寺へ　屋形様五半時御本供ニて被遊　御
仏詣、御寺へ宮内相詰無程御帰城被遊也、
　但、御役人上下、小役人継肩衣着用也、

六ノ
五日　雨

弥六郎
勘解由
丹波
典膳
宮内

一養源院様（利雄）　義徳院様（利正）御忌日ニ付、聖寿寺・東禅寺へ御略共ニて
御直詣有之也、
一　　　　　　　　　　　　　　　　　　　　　　　　　　七戸御給人
　　　　　　　　　　　　　　　　　　　　　　　　　　　千葉駒之助
親定之丞儀、下役勤中無調法之義有之、隠居蟄居就被　仰付候、
尤御憐愍其方相続、無相違被　仰付、
一　　　　　　　　　　　　　　　　　　　　　　　　　　同所御給人
　　　　　　　　　　　　　　　　　　　　　　　　　　　田嶋源太郎
親藤太儀、右同断ニ付、御憐愍を以、其方相続無相違被　仰付、
右、何も御代官へ書状を以申遣之、
一　　　　　　　　　　　　　　　　　　　　　　　　　　野田武治助
当十四歳罷成候処、上昇仕候ニ付、前髪執申度旨申上、願之通御
目付を以申渡之、

一
川口宗右衛門
嫡子豊作、当二十三歳罷成候処、去月廿八日夜与風罷出罷帰不申、心当之所々色々相尋候得共、弥行衛相知不申、出奔之旨訴之、

六ノ六日　雨
弥六郎
筑後
勘解由
丹波
典膳
宮内

一前書有之通、今日不時名目御礼被為　請、屋形様五半時　御中丸総角之間へ　御出座、初て之　御目見勘解由嫡孫東継弥、其外之者御礼申上、無程相済也、

一四駄三人扶持
高橋辰之進
親小源太及末期悴辰之進七歳罷成　御目見不申上候得共、跡式被　仰付被下度旨申上、存生之内願之通無相違被　仰出、幼少ニ付名代へ於竹之間、同席列座典膳申渡之、

一
鈴木恰預御徒
上田五兵衛
御用物御預被成立帰登被　仰付、来ル十三日出立被　仰付、御目付へ申渡之、

六ノ七日　雨
弥六郎
筑後
勘解由
丹波
典膳
宮内
主膳

一暑中為伺御機嫌三戸此面・三戸豊次郎殿　御登　城、総角之間御廊下へ典膳罷出、御挨拶申上之、
但、三戸雅楽助殿御病気、三戸駒五郎殿御幼年ニ付、御登　城無之、

一右同断ニ付、同席御機嫌相伺御用人始、御役人・御目付格北浦奉行・御使番席へ罷出、相伺之、
但、常服也、

一高知之面々嫡子・御用人子共・高知嫡孫・御新丸御番頭・諸者頭・御新丸御番頭子共迄、今暁より三日之内暑中為伺御機嫌、於筑後宅対客有之、右之面々罷出相伺、右面附等之儀は、筑後より取調へ申上之、
但、上下着用也、尤嫡子・嫡孫共初て之　御目見申上候ても、五節句・月次御礼不申上内ハ対客へ罷出、御機嫌不相伺也、

一
宮内嫡子六弥事
藤枝内記
右之通名相改度旨申上、願之通被　仰出、詰合ニ付申達之、

六ノ八日　雨
筑後
勘解由
丹波
典膳

宮内

一霊徳院（利幹）様御忌日ニ付、東禅寺へ　御代香、弥六郎相勤之、

一　　御徒頭 鈴木　恰

預御徒松田儀兵衛儀、久々痼積相煩、癲癇之症罷成、難治之症ニて御奉公可相勤躰無之ニ付、悴鉄哉御番代被　仰付被下度旨、其方申上、願之通無相違被　仰付、

一　　御徒頭 三ケ尻善司

預御徒山辺隣助儀、老衰仕御奉公可相勤躰無之ニ付、悴才平御番代被　仰付被下度、尤右才平御徒御奉公可相勤器量之者ニ候段、其方申上、願之通無相違被　仰付、右何も於竹之間、同席列座典膳申渡之、

六ノ
九日　雨

弥六郎
筑後
勘解由
丹波
典膳
宮内

一大槌御給人黒沢六之丞へ被下置候証文、御目付へ相渡之、

一江戸表、去ル二日立飛脚坂本栄馬組弐人今夜着、御用儀共申来之、

一先便被申越候通、文（元カ）姫君様御縁組被　仰出、恐悦之御使者被差出方之儀、伺書差出候処、去月十八日御用番より御呼出ニて、留守居添役梅内忠次郎参上候処、御使者ハ勝手次第在所へ差戻、書状ハ、　公方様御忌明之上、当地之者を以差出候様別紙之通御書取を以、御差図有之旨御留守居申出候由、右伺書本紙并御達之御書取共ニ、弐通下被申、

一右ニ付、西丸御老中松平能登守殿へ、別紙之通御留守居より申上候旨、七五郎申出候由、是又写壱通下被申、

一御用番酒井若狭守殿へ、御留守居より差出候伺書、左之通、

今度　元姫君様御縁組被　仰出候ニ付、右御祝儀使札、在所より到着仕候、然処此度御忌中ニ付相扣　御忌明之上差出候様可仕哉、此段奉伺候、以上、

五月十三日　　御名内 加嶋　舎

一右ニ付、同十六日御用番より被為呼候ニ付、御留守居添役梅内忠次郎参上候処、御書取を以御差図有之、左之通、

元姫君様御縁組恐悦之使者勝手次第差戻、書状は　公方様　御忌明之上、当地之者を以差出候様可仕候、

一右ニ付、西丸御老中松平能登守殿へ御留守居より御届書、左之通、

今度　元姫君様御縁組被　仰出ニ付、右御祝儀使札在所より到着仕候、然処此節　御忌中ニ付、相扣御忌明後差出候様可然之旨、御用番様へ奉伺候処、使者勝手次第在所へ差戻、書状ハ　公方様　御忌明之上当地之者を以差出候様可仕旨、御書付を以御差図御座候、此段申上候、以上、

五月十七日　　御名内 加嶋七五郎

右之通御用状ニて申来、御用人中へも為心得申候、

一先便被申越候雉子替献上之儀、御伺之通鮭塩引御献上罷成候由、御用番ニて御差図有之旨、西丸御老中松平能登守殿へ御届之上、日積を以、去月十五日御留守居加嶋七五郎持参差出候之処、請取

御承知之旨、被　仰聞候由七五郎申出候由、右御届書写壱通下被
申、遂披露御用人へも為心得申渡之、

一御老中青山下野守殿へ被差出候御伺書、左之通、

寒中為伺御機嫌例年　公方様　右大将様へ、在所之雉子献上仕
候処、右雉子寒ニ入ニて雪中追鳥仕捕候事ニ御座候処、近年雪
薄ニて捕兼、漸献上之分捕候旨、為差登候ても道中ニて損献上
ニ難相成、年々之様鯣引替献上之儀、相伺奉恐入候、剰在邑之
節ハ、雉子損候て献上ニ難相成候段、在所ニて承知仕候上引替
之儀、相伺候儀は最早寒明ニ相成不及献上旨、御差図等御座候
得共、寒中伺御機嫌も不申上、献上物も不仕次第ニて甚以恐入、
其上各様へも御残進上之儀も、年々御断申上、迷惑至極仕候、
依之雉子ハ相止メ国産之品別紙之通品替献上仕候、并各様へも
御残進上仕度奉存候、此段奉伺候、以上、

四月六日　　御名

公方様
右大将様へ

鮭塩引　五尺入一箱宛

右之通品替献上仕度奉存候、以上、

四月六日　　御名

（御附札）伺之通鮭塩引可有献上候、

右御用状下被申遂披露、御用人中へも為心得申達之、

六ノ
十日　晴

弥六郎
筑後
勘解由
丹波
典膳
宮内
主膳

一　高橋権左衛門
　　同　栄作

権左衛門儀、老衰之上歩行不自由罷成、御奉公可相勤躰無之ニ付
隠居仕、悴栄作家督被　仰付被下度旨申上、願之通無相違被　仰
出、

一　諏訪儀兵衛
　　同　安之進

儀兵衛儀、老衰之上起居不自由罷成御奉公可相勤躰無之ニ付、隠
居仕悴安之進家督被　仰付被下度旨申上、願之通無相違被　仰出、

一三駄三人扶持　（御用人方御物書）長沢多喜太

親喜六存生之内願之通跡式無相違被　仰出、右、何も於竹之間、
同席列座典膳申渡之、

一　（御膳番）高橋平作

御用有之勤番登被　仰付、支度出来次第出立被　仰付、於竹之間
典膳申渡之、
但、当秋迄佐久間宇助同勤可申事、佐久間宇助病気ニ付、下り
相成候ハヽ、両人勤ニ被　仰付御目付を以申渡之、

一江戸へ、北地御用可申遣七日振飛脚、戸来弓人組弐人今昼差立之、
一江戸へ、榊山御用有之、七日振飛脚戸来弓人組弐人今昼差立之、

但、前書差立候飛脚へ追付候ハヽ、右御用状相渡、若追付兼候
ハヽ、直々江戸表迄、罷登候様申付差立也、

一　　佐久間隼太

親宇助儀、江戸勤番罷登候処、久々浮腫相煩、此節大病之旨申来
候、依之弟七郎為差登附添介抱仕度全快仕候迄、御暇被下度旨申
上、願之通御目付を以申渡之、

六ノ十一日　雨

弥六郎
勘解由
丹波
典膳
宮内

一（行信）徳雲院様御忌日ニ付、聖寿寺へ　御代香筑後方相勤之、

一翌十二日申渡之　　栃内松之助
万所御奉行　栃内玉蔵

松之助儀、一子無之養女有之候、然処癇積相煩、頃日ニ至癲癇之
症罷成難治之症ニて此末一子出生之程難計、尤得快気御奉公可相
勤躰無之ニ付、同性玉蔵二男平蔵聟養子仕度旨申上、双方願之通
被　仰出、於竹之間、同席列座典膳申渡之、

一勘解由方口上書、左之通、

私嫡孫継弥儀、当十六歳罷成年来ニも御座候間、前髪為執申度
奉願候、此旨御序之節宜被　仰上被下度奉頼候、以上、
六月　　東　勘解由

右、願之通被　仰出、詰合ニ付申達之、

一　田名部　円通寺
佐井村　玉龍長老

円通寺儀、老衰之上起居不自由罷成候ニ付、隠居仕後住之儀は、
法弟佐井村長福寺玉龍長老事務相応之僧ニ付、後住被成下度旨申
上、願之通被　仰付、寺社御奉行へ申渡之、

一　　佐藤保太

嫡子荒五郎儀、当二十三歳罷成候、然処去ル朔日与風罷出候処罷
帰不申、所々相尋候得共行衛相知不申、出奔仕候段訴之、

一江戸表去ル五日振飛脚坂本栄馬組弐人今日着、御用儀共申来之、

一前書有之候、去ル二日立飛脚　淑姫君様去月廿九日御逝去ニ付、
鳴物十日普請は五日御停止之旨、大御目付より廻状到来ニ付、差
下遂披露、上々様方・御家門衆へ御目付より為申上之、御城下・
花巻　御城代・在々相触候様、大目付・寺社御町奉行・御目付へ
申渡、御用人へも廻状為見之、八戸御家老へは書状を以為知申遣之、

六ノ十二日　雨

筑後
勘解由
典膳
宮内

一（重直）即性院様御忌日ニ付、聖寿寺へ　御代香丹波相勤之、

一暑寒、御家門衆・高知へ為御尋、上使被成下御差支被為有候節
ハヽ、暑寒ニも限り候事ニは無之、時候為御尋　上使被成下様被
遊　思召之儀は、兼てより御含ニ被為入候間、右之趣同席共心
得居、御用人へも為心得置候様御沙汰ニ付、右之趣、以来之処

御用人へも心得申達置也、
一野田御鉄山
是迄拝玉香御鉄山ヲ、竹倉郡御鉄山と相唱可申事、
右之通御沙汰之旨、御勘定奉行大川又右衛門申出之、
一百石以上　御切米拾駄
此代弐拾七貫文
一五拾石以上　同
此代弐拾八貫文
一五拾石以下　同
此代三拾貫文
右御直(値)段を以在江戸・大坂・箱館・松前詰、当夏御切米御買上并
御物成御切府金共、来ル十六日より御渡方可被　仰付哉と其筋申
出、伺之通申渡之、
一鳴物御停止中ニ付、来ル十五日月次御礼御延引之旨、被　仰出候
間、月次出仕之面々へ、相触候様御役人共へ、申渡之、
一　　　　　　　　　　御繕番 高橋平作
明後十四日出立被　仰付、御目付を以申渡之、
一於江戸表、去ル四日夕御用番松平伊豆守様より御留守居御呼出ニ
付、添役梅内忠次郎参上候処、別紙御書付　公用人水野紀一郎を
以御渡被成候旨、御用人申出候ニ付、前書五日立飛脚ニ右御書付
差下、左之通、
表ニ 南部大膳大夫へ
津軽越中守事被下御暇候処、病気ニて出立難成候ニ付、願之通為
名代津軽甲斐守被下御暇、蝦地御用相心得させ越中守快気次第
出立、在所到着之上、甲斐守参府候様相達候間、可被得其意候、
右之趣御用人・寺社御奉行・表御目付へも申渡之、
一丹波方、就病気無登　城之、

六ノ
十三日　晴　弥六郎
典膳
宮内

一勘解由方就病気無登　城之、
一　　　　　　　　　　福岡御給人 一条平作
弟子之助子乙司儀、当二十二歳罷成候処、幼年之節より痛風相煩
趁跛相煩、末々御用相立可申躰無之ニ付、医業稽古仕度旨、望申
候間御役医田中元貞弟子ニ仕度旨申出、願之通御目付へ申渡之、
一　　　　　　　　　　御膳番
以来江戸表罷登候節、鑓為御持不被成旨被　仰出、
但、御遣方ニ寄為御持被成候儀も有之候事、
右之通御沙汰之旨御目付奥寺市之丞申出之、
一　　　　　　　　　　小兵衛嫡子 蝿田作左衛門
親快方早俄取不申病気ニ付、見習として毛馬内通御代官加被　仰
付、御目付を以申渡之、

六ノ
十四日　晴　筑後
典膳

一　　　　　　　　　　宇助嫡子 佐久間隼太
高橋平作出立ニ付、御膳番不人数ニ付、親宇助病気快方迄当分御

膳番加被　仰付、御目付を以申渡之、

一　蝿田小兵衛
病気全快可仕躰無之ニ付、毛馬内通御代官御免被成下度旨申上、
願之通御目付を以申渡之、

一　百岡権四郎
病気全快可仕躰無之ニ付、大御納戸御買方、願之通御免被成、御
目付を以申渡之、

六ノ　十五日　晴　弥六郎
筑後
典膳
宮内
主膳

一鳴物ニ付、月次御礼無之、

一　花巻御給人辰見伯父 菊池左門
此節御勝手向御差支之儀奉恐察、金子百両為寸志差上度旨申出、
奇特之事ニ付、願之通御取納可被成哉と御勘定奉行申出、伺之通
申渡之、

一　同人
為寸志、此度金子百両差上御用弁ニ至り奇特之事ニ付、弐人扶持
被下置、外遣方も有之候ニ付、所御給人ニ被召出旨被　仰出、御
城代へ書状を以申遣之、

六ノ　十六日　晴　筑後
典膳
宮内

一拾五石　八幡通御与力 大沢喜代太
八斗七升四合
親仲英、及末期忰喜代太十九歳罷成　御目見不申上候得共、跡式
被　仰付被下度旨申上、存生之内願之通無相違被　仰付、御代官
へ書状を以申遣之、

一和賀奉行申出候は、支配黒沢尻御船肝入仁兵衛義、御用向実躰ニ相
勤船頭とも指図方も行届、一統帰服仕御用ニ相立候者ニ付、勤中
名字帯刀御免被成下置候ハヽ、船頭共締ニも相成可申旨申上、願
之通被　仰付御目付を以和賀御奉行へ申渡候段、三浦忠陸申出之、

一　御者頭 楢山茂右衛門
組御同心小頭古館覚之丞と申者、六十三ケ年無懈怠当七十八歳罷
成老衰仕耳遠罷成、其上歩行不自由相成候ニ付、暇之儀願出候間
指遣度候、数十年実躰相勤候者路頭相立不申様被成下度旨申上、
一生之内壱人扶持被下置旨被　仰出、御目付を以申渡之、

一来ル廿五日、名目御礼被為　請旨被　仰出、御役人共へ申渡之、

一主膳方口上書、左之通、

一　主膳嫡子 楢山此馬
右者、頭瘡相煩、殊小便繁ク暫之内　御目見為申上兼候段、旧臘
御届申上置候処、此節快方ニ付初て之　御目見御序之節為申上度
奉願上候、
六月　楢山主膳

右之通申出、願之通来ル廿五日可被為　請旨、被　仰出、以奉書
申遣之、

六ノ
十七日　晴　　弥六郎
勘解由
典膳
宮内

一勘解由方、病気快登　城也、

一　　　　　　　　大奥附刀指
子共

大奥附ニ付、別段御取扱も有之候間、親身分之通被　召仕旨被
仰出旨、御目付毛馬内命助申出之、

一　　　　　　　　大巻忠助
沼宮内守助

支配所万丁目通南根子村仁助と申者、兼て行跡不宜御村方ニ差置
候ては、指支罷成候間、御追放被　仰付被下度旨申上、願之通御
目付を以申渡之、

一　　　　　　　　新渡戸八郎

嫡子浅五郎義、当十五歳罷成年来にも御座候間、前髪執申度旨申
上、願之通御目付を以申渡之、

一南宗院様(利直)御霊屋守右京助及末期、忰京作御番代願上御代官末書を
以申出候処、右様軽キ身分之者は、以来御代官ニて取計候上申出
候様御沙汰ニ付、右、末期願書為相返之、

六ノ
十八日　晴　　筑後
典膳
宮内

一大源院様(重信)御消月ニ付、聖寿寺へ　屋形様五半時御本供ニて被遊　御
仏詣、御寺へ勘解由相詰無程　御帰城被遊也、
但、御役人上下、小役人継肩衣着用也、

一南宗院様(利直)御忌日ニ付東禅寺へ　御代香、勘解由相勤之、

一江戸へ今朝より七日振飛脚戸来弓人組二人差立候付、御用儀共申
遣之、

六ノ
十九日　晴　　弥六郎
筑後
勘解由
丹波
典膳
宮内
主膳

一　　　　　　　　高杉武兵衛

嫡子惣四郎病身ニ付、嫡子仕兼候旨先達て御訴申上、二男駒之助
嫡子仕度旨申上、願之通於竹之間、同席列座奥膳申渡之、
（欄外）翌廿日申渡之、

一丹波方病気快登　城也、

六ノ
廿日　晴　　筑後
勘解由

一　　丹波
典膳
宮内
一本堂門人
鈴木丈助
此度御遣方有之、野田住居就被　仰付候、右住居中、於御所弐人
扶持被下置旨被　仰出、御町奉行坂牛杢兵衛、於宅申渡之、
長岡通船久保村宇南沢御山守
幾太郎へ
被　仰渡
其方儀、無極印之材木所持罷有、御山廻下役廻山之節、遂吟味候
処、密木仕候儀相違無之と、御代官・御山廻下役訴出候、御山制
兼々厳敷御沙汰も被成置候処、主役不似致方不埒至極ニ付、御山
守御取上、過料銭被　仰付者也、
長岡村船久保宇南沢御山守幾太郎
親類共へ
被　仰渡
其方共親類幾太郎御用有之、御代官所ヘ御呼出被成候処、行衛相
知不申ニ付、御吟味之筋有之候間、五十日限尋方被　仰付候条、
近郷ハ勿論御境目通相尋捕押可訴出旨、被　仰出、
月　日

六ノ
廿一日　晴
弥六郎
筑後
勘解由
宮内
主膳

一　　三戸雅楽助殿
上使御使番
三戸此面殿へ
毛馬内名張
上使被　仰付、
一　　北　監物へ
上使御使番
葛西安太
右同断、何も於竹之間、同席列座勘解由申渡之、
一葛粉　二袋宛　三戸雅楽助殿
三戸此面殿
暑中為御尋　御意被成下、且又葛粉被下之、右書付御二方　上使
銘々へ、御用人より相渡之、
一右御請御附人を以、即日被　仰上、菊之間於御廊下、勘解由詢(謁カ)之、
尤是迄翌日御登　城御請被　仰上候処、此度より以来御登　城不
被成、御附人を以被　仰上候様御沙汰ニ付、右之通也、且駒五郎
殿御幼少ニ付、上使不被遣候也、
一葛粉二袋　北　監物へ
右、同断、
但、同人登　城御請申上候旨、大目付申出之、尤是迄御家老詢(謁カ)
候処、此度より已来右之通、御沙汰ニ付て也、
一江戸表、去ル十六日立飛脚坂本栄馬組弐人、今暮着、御用儀共申
来之、

六ノ
廿二日　晴
筑後
勘解由

丹波
典膳
宮内

一　南　彦六郎
下田将監
漆戸左仲
野田豊後
上使御使番
毛馬内名張
桜庭兵庫
奥瀬内記
檜山帯刀
奥瀬治部
上使御使番
葛西安太

右之通　上使被　仰付、於竹之間、同席列座典膳申渡之、

一葛粉　二袋宛　右高知中　八人

暑中ニ付　御意被成下、且又葛粉被下置也、右書付　上使銘々御用人より相渡之、

但、即日銘々登　城、御請申上候旨、大目付申出也、

一六駄弐人扶持　諸番御小人 四戸善蔵

養父善之丞及末期、同役四戸弟助忰善蔵十七歳罷成候、此者跡役被　召抱候様被成下度旨、存生之内頭申上、願之通被　召抱之、頭へ右書付相渡之、御目付へも為心得之、

一　藤枝宮内

御参勤御供登被　仰付、於御前被　仰渡、御役人共へ申渡之、

但、例之通於　御座之間、同席一統御逢有之、相済候後宮内方御前へ罷出候様申達候処ニて、宮内罷出、御参勤御供登被　仰付候御沙汰相蒙、引取御次之御間影ニ月番扣居候処、右之処ニて、宮内月番へ難有旨御請申上、直々典膳　御前へ罷出、宮内御請申上候旨申上ル、尤御用人は不罷出也、

一　御用人 白石　環

御参勤御供登被　仰付、

一　御目付 江刺牧太
三浦忠陸

御参勤御供登被　仰付、何も於席申渡之、

六ノ廿三日　晴

弥六郎
筑後
勘解由
丹波
典膳
宮内
主膳

一　毛馬内近江
桜庭対馬
内堀大隅
下田右門
上使御使番
葛西安太
大萱生外衛

岩間将監
黒沢伝左衛門
向井寛司
上使御使番 毛馬内名張
右高知中八人

右之通　上使被　仰付、於竹之間、同席列座典膳申渡之、
一葛粉　二袋宛
暑中ニ付　御意被成下、且又葛粉被下之、右書付　上使銘々へ御用人より相渡之、
一右ニ付、銘々登　城御請申上候旨、大目付申出也、

六ノ 廿四日　晴

筑後
勘解由
丹波
典膳

一
山本右兵衛
東　彦七郎
新渡戸図書
毛馬内左門
上使御使番 葛西安太
漆戸左司馬
八戸但馬
八戸彼面
藤枝内記
上使御使番 毛馬内名張

右之通　上使被　仰付、於竹之間、同席列座典膳申渡之、
右高知中　八人
一葛粉　弐袋宛
暑中ニ付　御意被成下、且亦葛粉被下置之、右書付　上使銘々へ御用人より相渡之、
一右ニ付、銘々登　城御請申上候旨、大目付申出也、

御金方 一七石五斗
野田御役医 宇部東庵
親仙庵存生之内、願之通跡式無相違被　仰付候間、家業情(精)出候様被　仰付、御代官へ書状を以申遣之、

御供頭 加嶋　蔀
一御膳番御用不人数之内、当分相承り可申旨被　仰出、御目付を以申渡之、

高橋辰之進
一継目御礼幼少ニ付、名代親類大矢覚右衛門を以、御序之節申上度旨奉願上候処、願之通明廿五日可被為　請旨被　仰出候、然処右覚右衛門今朝より痛所ニ罷成候ニ付、親類名代中野喜六を以御礼申上度旨申上、願之通御目付を以申渡之、

大御年寄 佐羽内袖嶋
一御参勤御供登被　仰付、於大奥典膳申達之、
六月

若御年寄 津嶋春瀬
吉田藤江
御小性(姓) 松原　室
一御参勤御供登被　仰付、右、同断申達之、

六月

一御参勤御供登被　仰付、御側御用人を以、若御年寄へ申渡之、　　御目付格 北川覚之進

六月

一　　間之間 福嶋福助
　　御神用司下役 山口長四郎

右、同断申渡之、

六月

一　　御中居 浦葉

御供登被　仰付、於大奥申渡候旨、御目付江刺牧太・三浦忠陸申出之、

一　　大奥附刀指 種谷恒助
　　太田与六

御貸人登被　仰付旨、右同人申出之、

一御持弓頭　沢田左司馬

一御小性（姓）　田鍍矢柄
　漆戸織衛
　服部左織
　円子　記
　本堂左登見
　花輪祐次郎

一奥御医師　嶋　立甫
　平沢昌宅
　藤本伯船

御参勤御供登被　仰付、何も於御側、典膳相廻申渡之、

六月

御参勤御供登被　仰付、

一御長柄頭　池田又兵衛

於竹之間御廊下、同席列座典膳申渡之、

一御供頭　長沼武次郎
　加嶋　蔀
　江刺家善五郎

一御次　田丸五陸
　北川覚次郎
　津嶋加治馬
　大萱生伝作
　栃内辰見
　新渡戸八郎
　原　直記
　中嶋良平

但、御道中より江戸表共ニ、御次被　仰付、御目付を以申渡之、

一御広間御番人　中原清九郎
　嶋田覚蔵

一奥詰　高田泰右衛門

但、右三人御道中御次加被　仰付、以御目付申渡之、

一奥詰　印東茂市
　馬場右門

一御駕籠頭　三上清作

一御茶道　上田陸茶
一御先供　宮杜勇助
長沼栄治
専五郎儀は大畑住居ニ付、御目付より申遣之　藤田専五郎
原　壮平
小笠原丹治
松田佐次助
上野秀助
小山田和多志
一御時計　山瀬栄助
大和田斎助
但、道中御先供被　仰付、以御目付申渡之、
一御祐筆　目時左平
一御物書　栃内理平
一御目付所御物書　荒木田小八郎
右、何も於竹之間、同席列座典膳申渡之、
一御馬乗役　関　茂弥太
一御馬医　松本斎次郎
右、何も御用人へ申渡之、
一御徒目付　関　栄八
一御料理方　船越三九郎
美濃部泰蔵
一御徒　鈴木恰預小頭　山口弁右衛門
佐藤八十七預　川井源蔵
鈴木恰預　栃内才右衛門
三ケ尻善司預　八木沢和七
松岡源次郎預　久保民右衛門
円子貞作預　白浜六之丞
一御賄所帳付　沢井要右衛門
一御同所物出　工藤佐次右衛門
一御食炊　大森新八
飯岡亭助
一御側付刀指　久慈門兵衛
熊山文蔵
一御衣服師御支立方　三尾又五郎
遠藤茂右衛門
儀兵衛
但、義兵衛義、御道中江戸表共御仕立方被　仰付、
一表坊主　友清
久茶
哥林
一御配膳小者　三人
一板之間　三人
一御持筒弓之者　二十人
一御同心　五組
一御長柄之者　四十五人
一御小道具小頭共ニ　三十九人
一御陸尺小頭共　三十三人

一人足肝入　壱人
一人足　八十九人
右、何も御目付を以申渡之、
　六月
一　御家老給仕 葛西勝治
宮内方御供登ニ付、添登被　仰付、於竹之間、同席列座典膳申渡
之、
　六月
一　御神用子供 三浦大和
　荒木豊後
　斗米出羽
　関根肥後
　御神用司下役当分 一条源治
　田名部通川内村季冨屋 長左衛門
　岡田屋 栄左衛門
　木戸屋 与次兵衛
御用有之登被　仰付、御側御用人を以右書付、若御年寄へ申達之、
其方共儀、兼て嘉茂屋善四郎より金子借用仕、返済相滞候ニ付、
善四郎始末通を以願出、表書御沙汰之処、此度答書持参罷有候次
第、訳難相立答書差出不始末之始末方無調法ニ付、依之急度被
仰付様も有之候得共、御憐愍を以当金百両此節返済可仕、百両は
五ケ年済方被　仰付候也、
但、於相違仕は、家財・家屋鋪譲式(成カ)共、御取上被成候間、右心
得受書指出可申事、

八月　弥六郎
六ノ廿五日 雨　筑後
　勘解由
　丹波
　典膳
　宮内
　主膳
一前書有之通、今日不時名目御礼被為　請、四時過御中丸(角脱カ)総之間へ
御出座、初て之　御目見主膳嫡子楢山此馬、并其外共ニ御礼申上、
無程相済也、
一　永福寺
　上使御使番 毛馬内名張
　聖寿寺
　上使御使番 葛西安太
右之通　上使被　仰付、於竹之間、同席列座典膳申渡之、
一葛粉　二袋宛　右両寺へ
暑中ニ付　御意被成下、且亦葛粉被下之、　右書付　上使銘々へ、
御用人より相渡之、
一右ニ付、銘々登　城御請申上、寺社御奉行承席へ申出之、
一三石　田名部御与力 大場幸治
親快右衛門、及末期悴幸治八歳罷成　御目見不申上候得共、跡式
被　仰付被下度旨申上、存生之内願之通無相違被　仰付、御代官

へ以書状申遣之、

一　間之間吉田白祝

御用有之登被　仰付旨、御側御用人を以若御年寄へ申達之、

一船霊様、来月朔日御祭礼ニ付、女太夫文字兼為寄浄瑠理興行仕度、日数十日場所之儀は、川原丁善七所ニて、初日之儀は被　仰付候ハヽ、早速可申上旨、操座本代り清八願出、願之通御町奉行へ申渡之、

一勘解由方口上書、左之通、

嫡孫継弥儀、五節句月次御礼為申上候様仕度、此段奉伺候、以上、

六月　　東　勘解由

右之通申上、伺之通詰合ニ付、申達之、

但、家来呼上、以御目付申達候、前例也、

一　　同人

嫡孫継弥儀、時々足痛有之候ニ付、痛有之節は夏中も足袋為相用度旨、口上書を以申出、足袋用可被申旨詰合ニ付申達之、御目付へも口達ニて申知之、

一　　宮　桃太郎

御用筋不行届儀有之ニ付、恐入差扣願出、不及其儀旨、御目付を以申渡候、

六ノ廿六日　晴

弥六郎
筑後
勘解由
丹波
典膳
宮内
主膳

一　　御次津嶋加治馬

一子無之養父源蔵子唯之進筋目之者ニ付、嫡子仕度旨申上、願之通被　仰出、

一百三拾八石　　赤沢幸之助
内三駄現米
三人扶持

親儀右衛門存生之内、願之通跡式無相違被　仰出、何も於竹之間、同席列座典膳申渡之、

一端午之　御内書被成下候付、今日仲間并御用人於席頂戴、御家門衆・御附人上下着呼上菊之間御廊下へ持置、宮内出座之処ニて　御内書入候御小蓋、御物書頭持出差置候処ニて　御内書被下候旨申達、御附人壱人宛罷出候之処　御内書相渡、尤其節　御曹司様へも御肴被差上　御満悦被成旨申達、夫より高知在江戸同席、病気高知名代并病気御用人名代、在江戸御用人名代之者之内、嫡子は菊之間へ罷出、平士より名代ニ罷出候ものは、柳之間へ並居候処へ、宮内菊之間へ罷出　御内書被下候旨申達、順々一人宛相進ミ頂戴之、其節　御曹司様へ差上物有之付　御満悦之旨銘々へ演舌ニて申達之、尤病気之方へハ右　御曹司様へ之差上物　御満悦之旨、右名代之者へ達方ハ奉書ニて　御内書より一所ニ、相達候ニ付、右奉書相渡之、

但、御請之儀、御家門衆御附人引取御承知之処ニて、御附人を
以猶亦御請被　仰上、菊之間御廊下ニて謁之、尤高知御請之儀
は、大目付へ申出、平士之名代は御目付へ申出之、
一御内書渡方取計ひ候御家老は、端午之差上物遂披露候、同席取計
ひハ何時も相渡候筈也、
右之通　御内書被下方之儀、二月廿五日之処ニ有之也、
但、在江戸御家老名代嫡子呼上候儀は、当番御目付より申遣之、
尤御用人上下着用罷出候様於席前日口達之、

一　　　　　　　　　　　　　　　　　水谷多門
今朝御礼之節、其筋達(カ)落之儀有之、差扣願口上書を以、昨日申出、
不及其儀旨、御目付を以申渡之、

一継肩衣　　　　　　　　　　　　　伊五右衛門嫡子
　　　　　　　　　　　　　　　　　松田伊兵衛
親老年ニ付、其方上田通御代官相勤可申旨被　仰付、於竹之間、
同席列座典膳申渡之、

　　　　　　　　　　　　　　八幡丁
　　　　　　　　　　　　　　重治へ
　　　　　　　　　　　　　　　被　仰渡
其方儀、上田通於佐五郎沢御山鋳銭取立之儀、最初相企、幸治・
鉄之助等を相進メ候段、及白状、蜜(密)鋳厳敷御制禁之儀は、差心得
相犯候段、無調法至極ニ付、田名部牛瀧へ御追放被　仰付候条
御城下并他御代官所へ立入候ハヽ、曲事可被　仰付者也、
　　月　日

　　　　　　　　　　　　　　八幡丁
　　　　　　　　　　　　　　幸治へ
　　　　　　　　　　　　　　　被　仰渡
其方儀、上田通於佐五郎沢御山鋳銭企之儀、重治相進メ候ニ付、
出銭仕夫々手配等も致候段及白状、蜜(密)銭厳敷御制禁之儀は、差心
得、右之通相犯候段、無調法至極ニ付、宮古へ御追放被　仰付候
条　御城下并他御代官所へ立入候ハヽ、曲事可被　仰付者也、
　　月　日

　　　　　　　　　　　　　　八幡丁
　　　　　　　　　　　　　　鉄之助へ
　　　　　　　　　　　　　　　被　仰渡
其方儀、上田通於佐五郎沢御山、鋳銭企之儀重治進メ候ニ付、出
銭仕、夫々手配致候段及白状、銭蜜(密)銭厳敷御制禁之儀は、差心得、
右之通相犯候段無調法ニ付、七戸へ御追放被　仰付候条　御城下
并他御代官所へ立入候ハヽ、曲事被　仰付者也、
　　月　日

　　　　　　　　　　　　　　上田通浅岸村百姓
　　　　　　　　　　　　　　清助へ
　　　　　　　　　　　　　　　被　仰渡
其方儀、上田通於佐五郎沢御山、鋳銭企之儀幸治・鉄之助へ頼を
得、山本等吟味仕新庄村三右衛門へ炭手配いたし候段、及白状、
銭蜜(密)銭厳敷御制禁之儀は相心得、右之通相犯候段、無調法至極ニ
付所払被　仰付候条　御城下并他御代官所へ立入候ハヽ、曲事可
被　仰付者也、
　　月　日

　　　　　　　　　　　　　　上田通新庄村三上多兵衛知行所百姓
　　　　　　　　　　　　　　三右衛門へ
　　　　　　　　　　　　　　　被　仰渡
其方儀、上田通於佐五郎沢御山、鋳銭相企候節、浅岸村清助より
頼を得、炭等附送りニ付、村方百姓共為吟味数人押込取騒候段及
白状候、銭蜜(密)銭厳敷御制禁之儀は、乍心得右之通相犯候段無調法

至極ニ付、所払被　仰付候条　御城下并他御代官所へ立入候ハヽ、
曲事可被　仰付者也、

月　日

生姜丁
万太へ

被　仰渡

其方儀、上田通於佐五郎沢御山、鋳銭相企候節、幸治相進メ候ニ付、日雇銭宜と相心得、手間働ニ山元へ罷越候段、及白状候、銭蜜（密）銭厳敷御制禁之儀は乍心得、立入候儀無調法ニ付、揚屋入被　仰付置候処、御免被成候之条、向後万端急度相慎候様被　仰付者也、

上田通簗川村百姓
多之助へ

被　仰渡

其方儀、上田通於佐五郎沢御山、鋳銭相企候節、右場所へ行懸候処働方之者頼を得、日雇銭宜とのみ出来、出情（精）手間働致候段及白状、銭蜜（密）銭厳敷御制禁之儀は、乍心得手間働いたし候段無調法ニ付、於町屋慎被　仰付置候処、御免被成候条、向後急度万端相慎候様被　仰付者也、

月　日

弥六郎
筑後
勘解由
宮内
主膳

六ノ
廿七日　晴

一　工藤八右衛門
同　門治

八右衛門儀、老衰仕御奉公可相勤躰無之ニ付、隠居仕、忰門治家督被　仰付被下度旨申上、願之通無相違被　仰出、於竹之間、同席列座宮内申渡之、

一　伊五右衛門嫡子伊兵衛事
松田伊之助

右之通名改仕度旨申上、願之通御目付を以申渡之、

一　外岡栄治

親織右衛門儀、三戸勤番罷有候処、当月上旬瘧疾相煩、此節病気不宜旨申来候ニ付、罷越附添介抱仕度御暇被下置度旨、申出、

一　藤田　務

於支配所同役外岡織右衛門義病気之旨申来候ニ付、当分為詰合明日出立仕候、然処久々病気罷有候得共、押て出勤罷有候ニ付、馬乗難相成候間、道中青駄御免被成下度旨、申出、

一　同人

右同断ニ付、押て出立仕候間、嫡子勇八当三十一歳罷成候、此者召連全治之内差置介抱仕度旨申出、右何も願之通御目付を以、申渡之、

六ノ
廿八日　晴

弥六郎
筑後
勘解由
丹波
典膳

宮内
主膳
一天量院(利視)様御忌日ニ付、聖寿寺へ御略供ニて　御直詣有之也、
御中﨟 植村　音
御曹司様御用も有之候間、若年寄当分加被　仰付、
御表使 内田峯野
一
御神用向御多用ニ付、若年寄御神用司、当分加被　仰付、
御中﨟 中原　定
一
心得宜相勤候ニ付、御表使御用重立承候様被　仰付、右何も於大
奥、典膳申達之、
一
五戸御代官 中里判左衛門
三戸御代官当分被　仰付、
一
福岡御代官 諏訪民司
五戸通御代官御用、当分承り可申事、右何も御目付を以申渡之、
一船玉御祭礼ニ付、細工物両頭まむしの見せもの興行仕度、札銭之
儀ハ、壱人ニ付八文つゝ取立申度旨申出、
一右同断ニ付、写絵興行仕度、日数五日昼七時より暮六時迄、札銭
之義ハ壱人ニ付拾八文ツゝ取立申度、願之通被　仰付候ハゝ、場
所初日之義は追て可申上旨、右何も御駒太夫京助願出、願之通御
町奉行へ申渡之、
一主膳方口上書、左之通、
私嫡子此馬儀、当十六歳罷成年来ニも御座候間、前髪執申度奉
願候、此旨御序之節宜被　仰上被下度奉願候、以上、
六月　楢山主膳

右、願之通被　仰出、詰合ニ付申達之、
一
音事 植村佐山
定事 中原廣井戸
右之通名改被　仰付候旨相届候段、御目付毛馬内庄助・足沢蔵申
出之、
一他領御寓へ伺　御機嫌、
壱人
右者、鬼柳御関所通切手、是迄御城代より相出申候、以来は盛岡
表へ御城代より申出、其筋より請取候ては如何可有之哉、
下札
出立之節　御城代より呈書并御家老へ之書状相渡候事、
右伺書花巻三御町奉行松岡織人、御同所御使役太田左仲より御目
付浅石清三郎へ差出候ニ付、同人申出、典膳相伺候処　御参勤之
節御給人を以　御機嫌伺、以来差出不及　御下向之節は、御城代
より遠使ニて呈書以　御機嫌相伺候様可致旨、御沙汰之旨清三郎
へ申渡之、

六ノ
廿九日　雨
弥六郎
勘解由
丹波
典膳
宮内
一五拾石
氏家半助
親半左衛門存生之内、願之通跡式無相違被　仰出、於竹之間、同

席列座典膳申渡之、
一船霊御祭礼ニ付、為御賑私弟子文操右壱人ニて、浮世噺興行仕度、
日数十日場所之儀は、川原丁川岸空地之処拝借仕度、尤初日之義
ハ被　仰付被下置候ハヽ、早速可申上旨操座本代清八願出、願之
通御町奉行へ申渡之、
一　　　　　　　　　　小田嶋喜兵衛
　　　　　　　　　　　高橋直右衛門
三戸通八日町伊勢屋重兵衛儀、御支配所へ御追放被　仰付置候処、
当四月、本所へ忍罷帰候儀、心得不申罷帰候、依之恐入差扣願
銘々口上書御代官末書を以申出、何も不及其儀旨、御目付へ申渡
之、
一主膳方口上書、左之通、
　嫡子此馬儀、時々足痛有之候ニ付、痛有之節は夏中も足袋為相
　用度旨申出、願之通被　仰出、家来呼上御目付を以申渡之、
一　　　　　　　　　　同人
嫡子此馬儀、五節句月次御礼為申上候様仕度旨伺出、伺之通被
仰出、家来呼上、御目付を以申渡之、
一　　　　　　　　　　松原勝治
三戸通八日町伊勢屋重兵衛義、支配所へ御追放被　仰付置候処、
当四月本所へ忍罷帰候儀、心得不申罷有候段、恐入差扣願出候之
処、不及其儀旨、御目付へ申渡之、
一　　　　　　　　　　浦田安之進
於支配所、(脱カ)当四月不心得之者有之候処、是迄相心得不申罷有不行
届段恐入、差扣願出候処、不及其儀旨、御目付へ申渡之、

（欄外）夕方ニ御目付へ申達之、

六ノ
晦日　晴
弥六郎
筑後
勘解由
丹波
典膳
宮内
主膳

七月朔日　晴
弥六郎
筑後
勘解由
（御用番）丹波
典膳
宮内
主膳

一月次御礼今四時　御本丸於　御座之間、御家門衆御礼被　仰上、
奏者御用人相勤　御着座之節丹波御取合申上、引続同席御礼申上、
夫より　御中丸総角之間へ　御出座、高知之面々・諸者頭迄一統
御礼申上、畢て名目御礼有之、無程相済也、
一今日御曹司様御表へ　御出座被遊也、
一　　　　　　　　　　辛　津門
当八月櫛引　八幡宮へ　御名代被　仰付、菊之間おゐて御廊下同

席列座、丹波申渡之、

一　葛西満五郎

右差替被　仰付、奉書を以申遣申（ママ之カ）、

一　寺社・御町奉行 坂牛杢兵衛

当八月御祭礼之節、御跡乗御用懸り共ニ、被　仰付、

一　御目付 浅石清三郎

当八月御祭礼之節、御先乗被　仰付、何も於席申渡之、

一　御目付 足沢彦蔵

当八月御祭礼御用懸、被　仰付、

一　御取次格御金奉行 小田代蟆又

当八月御祭礼御用懸被　仰付、何も於席、申渡之、

七月

一　御者頭 箱崎助左衛門

赤沢半司

当八月御祭礼之節、馬場警固被　仰付、於竹之間御廊下、同席列座丹波申渡之、

但、右警固は、惣御用懸り之者申渡候後、同日之内少し間有之、以来申渡候様、文化十三年七月朔日、御沙汰有之也、

一　御作事奉行 中原長右衛門

当八月御祭礼御用懸、被　仰付、

一　大御納戸御買方 米内八十右衛門

右同断、御用懸り被　仰付、何も御目付を以申渡之、

七月

一　川口弥平太

佐羽内文弥

音母栄助

川井寛作

斎藤左登里

似鳥澄見

当八月御祭礼之節、騎射被　仰付、右書付御目付差出、伺之通附札ニて御目付へ相渡之、

一御旅所御待請　鈴木但馬

山田丹後

当八月御祭礼之節、右之通御用被　仰付、御目付を以申渡之、

一　御勘定奉行 工藤泰右衛門

来ル廿一日出立被　仰付、御目付を以申渡之、

勤番登被　仰付、

一御広間御番人　桂源五代奥詰 久慈儀六

一御祐筆　西嶋善八郎代 名久井守太

一御物書頭　梅村要之丞代 福田弥五右衛門

一御物書　関保人代 岩間忠助

一御用人方御物書　久慈金右衛門代 太田和蔵

一御使者給仕　服部安之進代 山本昌茶

是迄、於竹之間、申渡之、

一御徒目付　当分加 伊藤十左衛門代 釜石理左衛門 照井栄左衛門

一御徒小頭　松岡源次郎預 江刺家久之丞

晴山勘左衛門

一御広間御帳付　工藤八百右衛門代 三ケ尻善司預 玉山勇助
福田丹治 米内林右衛門 帷子泰助 代
一御徒　田中館伝蔵 儀俄与次右衛門 佐藤八十七預 白浜喜作
一　同 本館甚助
鈴木恰預 川村軍右衛門
松岡源次郎預 鵜飼伝五右衛門
円子貞作代 福士伝六
是迄御目付を以申渡之、
一御金奉行　中村新右衛門代 鴨沢金右衛門
右者、於竹之間申渡之、
一御料理方　高間館平八代 御供登御料理方
一御賄所帳付　室岡平兵衛代 御台所下役兼 御供登帳付
一諸番御小人　柴内村太代 宮川幸之助 平塚左源太
嘉清代 毦嶋幸蔵
一御次坊主　長悦代 久斎
一表坊主　御供登坊主
一御小納戸物出　庄兵衛代 斎藤惣七
一御同心　壱組
一御配膳小者　壱人

一板之間小者　壱人代御供登 三人
一御長柄之者　上下御屋鋪詰 十八人
一御小道具　五人
一御陸尺　三人
一人足　十三人
御広式方
一御前様御診　伊沢養順代 阿部友伯 御供登奥御医師
一御錠口　竹鼻藤吾代 御広式御番人之内
是迄御目付へ申渡之、
一御取次御番人　堀切半右衛門
右者、於竹之間申渡之、
一御物書　中嶋泰次郎代 村井儀右衛門
右者、於江戸申渡之、
一御料理方　村松要蔵代 里見秀左衛門
一御賄所帳付　沢井友治代 根子兵右衛門
是迄、御目付を以申渡之、
御下屋鋪詰
一観光院様御診　岡井元孝代奥詰 上野祐甫
於竹之間、申渡之、
一同於江戸、申渡之　肥田玉英代同 阿部友伯
一御徒目付　斗ケ沢甚六代 石井軍蔵
一御同心　壱組
一人足肝入　壱人
七月

是迄、御目付へ申渡之、

一 御勝手方
高橋万左衛門

矢羽々喜兵衛、当分休息下り就被　仰付、右代り登被　仰付、於竹之間、同席列座丹波申渡之、

一 松田伊五右衛門

於支配所、当四月不心得之者有之候処、是迄相心得不申罷有、不行届候段、恐入差扣願出候処、不及其儀旨、御目付へ申渡之、

一 下田将監

藤村三作弟見蔵召仕候旨、先達て御届申上候処、此度相返候旨、相届三作よりも引取候旨訴之、

一 御用人方御物書
太田和蔵
御徒目付
照井栄左衛門
江刺家久之丞

御参勤御道中御供被　仰付、御目付を以、申渡之、

上田通加賀野村肝入
長左衛門へ
被　仰渡

其方儀、家作材木願之通被下置、元剪極印願出候、然所右木品之内、剪賦置、其上御制木之栗、角物数本蜜(密)剪致置候儀、相違無之旨、其筋吟味之節、申出候、村方ニおゐて右様之儀有之候ハヽ、専ら吟味致候処、却て御制禁を相犯候段、主役取失ひ無調法至極ニ付、肝入役御取上、重キ過料被　仰付者也、

月　日

長岡通長岡村毛馬内美濃方百姓此面殿肝入
善兵衛へ
被　仰渡

同村栃内与兵衛百姓肝入
清兵衛へ
被　仰渡

其方儀、大勢申合怪敷集会仕候旨、相聞得、被遂御吟味候処、一向宗金仏信仰仕、数人申合候段及白状候、右程之儀兼々御制禁ニ付、近ク伝法寺通御百姓右同様之致集会、夫々御片付被　仰付候儀、存知居頭人同様之致方候間、田畑・家屋敷御取上、永ク揚屋入被　仰付者也、

但、後来村方一統恐入右様之儀、急度相慎罷有候処、御憐愍も可被成候ハヽ、其方共基立候事故、其砌ハ重罪被　仰付候事、

同村毛馬内典膳方百姓
徳平
同村栃内与兵衛百姓
治右衛門
同所御蔵百姓
清十郎
同
源兵衛
同
喜左衛門
同
善六
同
孫六
同
善太郎
同
源治
同
佐助
同
孫兵衛へ
被　仰渡

其方共儀、大勢申合、怪敷集会仕候旨相聞得候ニ付、同村清兵衛・善兵衛(脱カ)被遂御吟味候処、両人同様一向宗念仏信仰仕、数人申合候儀相違無之旨申口ニ付、近ク伝法寺通御百姓共、同様之及集

会、夫々御片付被　仰付候儀存知居、右程之事ヘ立入、或ハ当宿
等も仕、不埒至極ニ付、急度御片付可被　仰付候処、別段之御慈
悲を以、無御糺重キ過料銭被　仰付者也、
但、清兵衛・善兵衛頭人同様之致方、仮ニ両人之申進ニ寄及会
合ニも、村方一統之儀ニも相拘り候間、念仏信仰之節、相用ひ
候品々不残焼捨、已来右様成企取行候儀、皆々相止可申候、村
方一統右様之義相慎候ハヽ、自ら清兵衛・善兵衛御憐愍も被成
下置、若万一、以来右様之企相催候ハヽ、清兵衛・善兵衛は勿
論、重罪被　仰付、其方共ニ無調法被　仰付者也、
同村肝入
老名共ヘ
被　仰渡
其方共儀、於村方数人申合、怪敷集会有之儀不申上、其侭差置、
其上兼々御制禁之他領者迄も、数日為差置候段、不埒至極に付慎
被　仰付、
月　日
筑後
勘解由
丹波
典膳
宮内
七ノ二日　晴
一　御勝手方
高橋万左衛門
花巻通御鳥見之事ニ子万丁目通御鳥見
田中継弥
来ル廿一日出立被　仰付、御目付を以申渡之、

安俵・高木通御鳥見
鬼柳通御鳥見之事鬼柳・黒沢尻通御鳥見
和田安太
（名無之）
右之通伺出、伺之通被　仰付候旨、御用人玉山直人申出之、
一江戸表去月廿七日立七日振、飛脚池田貢組弐人今昼下着、御勝手
御用申来之、
一北監物口上書、左之通、
一拙者知行所之内、毛馬内通御代官所大湯村ニて、庄右衛門地高
八升六合、腰廻村ニて長助地高九升三合、都合壱斗七升九合、
当六月六日洪水ニて、川欠永代荒ニ相成候旨申出候間、遂吟味
候処、相違無御座候、此段御届申上候、以上、
七月　北　監物
右、口上書遂披露、大目付を以御勘定奉行ヘ相渡之、
七ノ三日　晴
弥六郎
筑後
丹波
典膳
宮内
主膳
一　八戸淡路
来春迄詰越被　仰付、奉書を以申達候旨、御役人共ヘ申渡之、
一典膳方知行所、長岡通御代官所之内長岡村百姓善兵衛・徳平と申
者、於村方怪敷集会有之ニ付、被遂御吟味候処、一向宗信仰仕、
数人申合候旨、及白状候付、善兵衛義田畑・家屋敷御取上、永ク

揚屋入被　仰付、徳平儀ハ重キ過料銭被　仰付候、何て（ママ）典膳方恐
入差扣被願上旨申聞候間、御内慮相伺候処、御役柄も有之候間願
上ニ不及候間、御役人共へハ、右之趣為知置候様御沙汰ニ付、御
目付へ心得申知之、

一　　沢田宇源太
　　　野々村三次郎
病気ニ付御目付を以申渡之
見前・向中野通御代官被　仰付、於竹之間丹波申渡之、

一　　大森佐五助
　　　田鍍要之丞
見前・向中野通御代官休息被　仰付、御目付を以申渡之、

七ノ
四日　晴
　　弥六郎
　　筑後
　　丹波
　　典膳
　　宮内
　　主膳

一霊徳院様（利幹）御忌日ニ付、聖寿寺へ　御代香、筑後相勤之、

一　　野々村唯右衛門
大迫通御代官被　仰付、於竹之間、丹波申渡之、

一　　中原清九郎
就病気御参勤御供登御道中御次加、願之通御免被成、御目付を以
申渡之、

一三戸へ　　御鷹匠
　　　　　　福田与左衛門

一七戸沼山へ　　小林清右衛門
当御献上御留鷹為御用可被遣哉と御用人申出、伺之通申渡之、

一　　七戸御給人
　　　工藤善弥
閉門御免被成旨被　仰出申渡候段御目付毛馬内命助申渡之、

七ノ
五日　晴
　　弥六郎
　　丹波
　　典膳
　　宮内
　　主膳

一養源院様（利雄）　義徳院様（利正）御忌日ニ付、聖寿寺・東禅寺へ御略供ニて、

一花巻御給人菊池左門、前書有之通、金子差上候ニ付、証文御目付
へ相渡之、

一四戸忠之助姉徳当二十七歳罷成候、然処、去月廿六日夜与風罷出
罷帰不申ニ付、御内々御届申上置心当之所々色々相尋候得共、行
衛相知不申、出奔仕候旨訴之、

一　　佐々木栄治
当四十一歳罷成候処一子無之付、親類野田左弥太娘鉄当九歳被成
御座候、此者養女ニ仕度旨申上、願之通御目付を以申渡之、

一乳井平内嫡子久馬、当四十二歳罷成候、然ル処去月廿五日夜与風
罷出候処不罷帰ニ付、心当之所々色々相尋候得共、行衛相知不申、
出奔仕旨訴之、

七ノ
六日　晴
弥六郎
勘解由
丹波
典膳
宮内

一上下　沼宮内亘理
田名部御代官骨折相勤太儀　思召候、右ニ付、同所御代官休息、
七戸通御代官御調直之ため、其方被　仰付、於席申渡之、　七戸通御代官 黒沢　新
一平服
見前・向中野通御代官御用兼帯被　仰付、於竹之間、丹波申渡之、
一御広間御番人　日戸善兵衛
御参勤御供登被　仰付、右同断、
　但、御道中御次加被　仰付、御目付を以申渡之、
一　御作事奉行 伊藤仲蔵
御用勤番登被　仰付、右同断、
一　御金奉行 鴨沢金右衛門
御参勤御道中御供被　仰付、
一　奥詰 印東茂市
御供登御免被成旨、被　仰出、何も御目付を以申渡之、
一　大勝寺
戌年大勝寺後住被　仰付候処、未本山へ届向登山不仕延引ニ付、去
年八月登山可致旨厳敷申来候得共、先住共莫太之借財ニて登山之
心当無之ニ付　御城下并諸在々勤化被　仰付被下度、願之通被
仰付被下置候ハヽ、一統へ御触流被下度、右心銅を以登山仕度旨
申上、願之通寺社御奉行へ申渡之、
一郡山御役医内城了順嫡子元良儀、当二十二歳罷成候、然処去月廿
八日与風罷出罷帰不申ニ付、其節御内々申上置心当之、所々色々
相尋候得共、弥行衛相知不申、出奔仕候旨訴之、
一被　仰出、左之通、
一大小之御家中知行所地添山林之儀、一統御蔵附と相心得候様、
度々被及御沙汰、銘々心得居候事なから年隔候得は、自然と知
行附山林之様心得違候族も有之哉と、依之猶改被及御沙汰候条、
愈可存其旨候、
　七月
右之通被　仰出候旨、御目付毛馬内命助申遣之、
一御参勤御供登并勤番登被　仰付候者、万所小金所拝借金銭手前拝
借座無之者へは、名代を以身帯並拝借被　仰付来候得共、当年計
為御救当御供登并秋登共ニ、当暮二ケ年目・三ケ年目・五ケ年目、
畳上有之候分唯今拝借被　仰付候、右畳上年数ニ無之者は名代を
以拝借可仕候、畳上有之は別段名代拝借等不被　仰付候、
但、二ケ年・三ケ年・五ケ年三口畳上、年数相当候共手取余計
成方一口畳上拝借被　仰付、余之拝借不被　仰付事、
　七月
右之通為御救拝借被　仰付候、委細之義は、万所御奉行へ被　仰
付置候間、承拝借可仕候、
右之通被　仰出候旨、御目付江刺牧太・三浦忠陸申出之、

七ノ
七日　晴
弥六郎

勘解由
丹波
典膳
宮内
主膳

一席ヘ御熨斗出、

一為七夕之御祝儀、今五時過御本丸於御座之間、御家門衆御礼被
仰上、御用人奏者　御着座之節、丹波御取合申上、夫より　御中
丸総角之間ヘ　御出座、仲間始五節句出仕之面々、御礼申上無間
相済也、

一大目付・寺社御町奉行・表御目付・御目付・御勘定奉行・御使番
迄、席ヘ罷出御怡申上之、

一今日　御曹司様御表ヘ　御出座被遊也、

一　田鍍茂市郎
御参勤御供登被　仰付、於竹之間、同席列座丹波申渡之、

一　同人
奥詰被　仰付、御目付を以申渡之、

一　野々村三次郎
和賀奉行被　仰付、於竹之間、同席列座丹波申渡之、

一　同人
見前・向中野通御代官御免被成旨被　仰出、御目付を以申渡之、

一　見前・向中野通御代官　黒沢　新
七戸通御代官休息被　仰付、御目付を以申渡之、

一七月廿二日立
名久井守太
福田弥五右衛門
岩間忠助
平塚左源太
諸番御小人　山本昌茶
御徒　毦嶋幸蔵

一七月廿七日立
晴山勘左衛門
玉山勇助
白浜喜作
本館甚助
川村軍右衛門
福士伝六
鵜飼伝五右衛門

一八月二日立
堀切判右衛門
里見秀左衛門
根子兵右衛門
御小納戸御物書　斎藤惣七
御次坊主　久斎
御配膳小者　壱人
板之間小者　三人

一八月六日立
御人足肝入　石井軍蔵
御人足　壱人
御人足　十三人

一御発駕翌日出立
伊藤仲蔵

右之通御目付申出、伺之通申渡之、

一　諸木植立方出精相勤候ニ付、為御褒美御目録金三百疋被下置之、
二郡中植立奉行・花巻御給人　伊藤文内

一　諸木植立之儀、御代官ヘ就被　仰付候、植木奉行休息被　仰付、
於花巻御城代申渡候段、御目付毛馬内命助申出之、
花巻御給人　伊藤文内

一　神山逸内
同　宇八
逸内儀、老衰仕、御奉公可相勤躰無之ニ付、隠居仕悴宇八家督被
仰付被下度旨申上、願之通無相違被　仰付　御城代ヘ書状を以申
遣之、

一　花巻御給人　梅木勇左衛門
虚労之症相煩、頃日ニ至眩暈相加近月快気可仕躰無之ニ付、嫡子
左源太病気快気之内、御用向被　仰付被下度旨申上、願之通御目
付を以申渡之、

一江戸表、去ル二日立飛脚池田貢・戸来弓人組弐人今夜着、御用儀
共申来之、

七ノ八日　雨
弥六郎
勘解由
宮内

一（利幹）霊徳院様御忌日ニ付、東禅寺ヘ　御代香勘解由相勤之、

一　松田恒右衛門
御先供　同　佐次助
恒右衛門儀、久々類中之症相煩、頃日ニ至右病症弥増差募、全快
御奉公可相勤躰無之ニ付隠居仕、悴佐次助家督被　仰付被下度旨
申上、願之通無相違被　仰出、

一弐百石　中嶋兵治郎
親伝左衛門及末期悴兵治郎七歳罷成、御目見不申上候得共、跡式
被　仰付被下度旨申上、存生之内願之通無相違被　仰付、右何も
於竹之間、同席列座勘解由申渡之、
但、兵治郎義は幼少ニ付、名代ヘ申渡之、

長岡通船久保村金子沢御山守　幾太郎ヘ
被　仰渡
其方儀、無極印之材木所持罷有、御山廻下役廻山之節、遂吟味候
処、（密）蜜木仕候儀相違無之旨、御代官并御山廻下役訴出、御制禁之
儀ハ兼々厳敷御沙汰被成置候処、主役不似合致方、殊ニ御代官よ
り訴出候節、欠落罷出不申旨、旁無埒至極ニ付、御吟味之上被
仰付候様も有之候得共、無御糺御山守被取放重キ過料銭被　仰付、
手錠御免被成者也、
月　日

七ノ九日　晴
弥六郎
勘解由
宮内

一小本川　御料理方　鈴木民右衛門
一市川　同　菊池又四郎
右者献上鮭披・同塩引御仕込御用可被　仰付哉と申出、伺之通附
札ニて御用人ヘ申渡之、

一男子無之娘有之ニ付、遠親類同処御給人岩清水寛蔵亡伯父軍兵衛子文七聟養子仕度旨、先達て願之通被　仰付候処、不縁ニ付相返度旨寛蔵よりも申上、双方願之通御目付ヘ申渡之、

花巻御給人
亀ケ森東吾

一御町奉行宮手弥市・坂牛杢兵衛ヘ御沙汰之趣、左之通申出候、

春日社御祭礼隔年九月十日・十一日、七月廿六日・七日御神事有之候処、已来ハ隔年ニ無之、例年以来八月朔日より御神事十一日・十二日当日ニ御神事有之事、　競馬之事は御馬別当ヘ申達事、朔日より十二日春日市と唱八幡丁ニて市仕、十三・四・五・六日と残りを以賑ひ候事、

但、八幡丁市日之儀は、八月朔日・三日・六日・八日・十一日春日市と相唱可申候、同十三日・十六日残市と唱可申候、

一是迄十八日・廿五日市日之処、以来御止被成旨、被　仰出、

一

蒔田新兵衛
勝馬田市郎兵衛
飯岡良助
七戸御給人
栃内幸助
浦田官蔵

右之通当秋御献上御鳥討被　仰付申渡候旨、御用人中申出之、

但、文化十三年七月より右之通也、

七ノ
十日　雨

弥六郎
勘解由
丹波
典膳
宮内
主膳

一田名部通御代官被　仰付、於御前被　仰渡之、御役人共ヘも申渡之、

小野寺左門

一信心霊神（コトナカ）

源利視公御神号

右之通此度霊神御祝有之候間、一統相心得可申候、尤大明神御勧請被遊候而は、違候事故都て御守向は、是迄之通相心得可申候、

右之通在々迄不洩様ニ一統相触可申事、

右之通大目付・寺社御町奉行・御目付ヘ、御領分中相触候様申渡之、

一

諸番御小人
川守田清助

悴直弥当二十二番罷成候、御小人御奉公勤筋見習為相勤度旨、頭末書を以申出、願之通頭ヘ申渡之、

七ノ
十一日　晴

弥六郎
勘解由
丹波
典膳
宮内

一徳雲院様（行信）御忌日ニ付、聖寿寺ヘ　御代香弥六郎相勤之、

一

御用人
白石　環

忌御免被成候間、勤仕可有旨、奉書を以申遣之、

一五戸通御代官当分承り可申旨被　仰付置候処、御免被成旨被　仰出、御目付を以申渡之、　福岡御代官 諏訪民治

一支配所長岡通之内、於御村方人数申合、不心得之者有之処、不申上罷有、不行届之段恐入差扣申出、不及其儀旨、御目付へ申渡之、　柴内良左衛門

七ノ十二日　雨

一即性院様御忌日ニ付、聖寿寺へ　御代香典膳相勤之、（重直）

筑後
勘解由
丹波
典膳
宮内

一三人扶持　花巻御給人 重茂円治

親善助存生之内、願之通跡式無相違被　仰付、御城代へ書状を以申遣之、

一　周作嫡子 村瀬周助

右者、初て之　御目見於御国許申上度旨、於江戸周作願上候段申来候処、願之通来ル廿八日可被為　請旨被　仰出、周助へ御目付を以申渡之、

一　北田薗平

就病気、御蔵御吟味役下役御免被成下度旨申上、願之通御目付を以申渡之、

一神明御社内、土弓場長五郎願出候は、当年諸作豊作ニも有之候間、於御社内子共角力、来ル十四日より晴天五日興行仕度、木戸銭之儀は拾弐文ツヽ取立申度旨、泉山市正末書を以申出、願之通御目付を以申渡之、

一先触差立方御沙汰書、左之通、

御家老
家来より差出候事、
但、御物書頭・御物書・御家老給仕、同日出立之節は、御物書・御家老給仕は、御物書頭より差出候事、

御用人
家来より差出候事、
但、御用人方御物書・御使者給仕、同日立之節ハ、御使者給仕は御物書より差出候事、

御目付
御目付所御物書・御徒目付之内より指出候事、
但、同日立無之候節は、家来より差出候事、

御勘定奉行
御勘定方より差出候事、
但、同日立無之候ハヽ、家来より差出候事、

小役人
役頭之者へ加り、銘々之名前ニて無之差出候事、
但、同日立無之候ハヽ、自分より差出候事、

御徒
小頭より差出候事、同日立五・六人も有之候ハヽ、三人位之名前

相顕差出候事、

諸番
御小人
外
坊主
末々之者

役頭之者より差出可申事、同日立役頭之者無之候節、同日之諸士分之者へ、加り差出候事、
但、同日立無之候ハヽ、伺之上自分名前ニて差出候事、
右之通、已来先触差出可申旨、被　仰出、
夫　何人　何之誰
本馬何疋
内誰ニハ私名面ニて、罷通候旨、口上ニて届候事、
右之通御沙汰之旨、御目付浅石清三郎申出之、

七ノ
十三日　晴

弥六郎
筑後
勘解由
丹波
典膳
宮内
主膳

一　久慈守恵
御蔵御吟味役下役被　仰付、

一　遠平嫡子
北田弥七
本御蔵御物書被　仰付、何も御目付を以申渡之、

七ノ
十四日　晴

勘解由
丹波
宮内

一屋形様御長袴被為　召、今朝五半時御本供御供揃ニて、聖寿寺・東禅寺へ被遊　御仏詣、御出・御帰共　御本丸御玄関より、聖寿寺へ筑後相詰、東禅寺へ典膳相詰、御役人共も相詰也、
但、御役人上下着用、小役人継肩衣着用也、

一　瀧沢常陸
文化十年九月廿三日鶴御紋緘御熨斗目拝領被　仰付、依之祖父并親美作拝領御紋服、所持罷有候、不苦御儀御座候ハヽ、着用仕度旨、別紙書を以申上、願之通御目付を以申渡、左之通、

一鶴御紋緘御熨斗目　一
一鶴御紋龍文御上下　一
一鶴御紋横麻御上下　一
一同御紋横麻長上下　一
一同御紋夏御肩衣　一
一割菱御紋御裏打御肩衣　一
一同御紋羽二重御綿入　一
一鶴御紋羽二重御綿入　一
一同御紋縮緬御羽織　一
一九曜御紋繻緬御単御羽織　一
一同御紋絽御羽織　一
一割菱御紋御帷子　一

一鶴御紋御帷子　一
一同御紋羽二重御袷　一
右之通御座候、以上、
七月十三日

七ノ十五日　晴

弥六郎
筑後
勘解由
丹波
典膳
宮内
主膳

七ノ十六日　晴

一今日大斎日ニ付、仲間無登　城之、

七ノ十七日　晴

弥六郎
勘解由
丹波
典膳
宮内

一　工藤泰右衛門
去ル亥年二月御用登被　仰付罷登候処、於江戸表定詰被　仰付長詰ニ付、為休息前般立帰下り被　仰付、且又私老躰ニ付嫡子氏助為介抱罷登、去子閏八月願之通被　仰付罷登候処、当四月於江戸表御勝手方、御用相勤候様被　仰付、然ル処私儀休息下被　仰付保養仕、此度罷登候、依之御時節柄ニも御座候間、不苦御儀ニも御座候ハヽ、私罷登候上嫡子氏助御下被成下候様申上、願之通御目付を以申渡之、

一　八戸弥六郎嫡孫　冨五郎
右者、当月朔日出生之旨、被相届之、

七ノ十八日　小雨

筑後
勘解由
丹波
典膳
宮内
主膳

一南宗院様(利直)　大源院様(重信)御忌日ニ付、聖寿寺へ　御代香宮内相勤之、

一　栃内松之助
同　平蔵
松之助儀、久々癇積相煩癲癇之症罷成、至て難治之症ニて全快御奉公可相勤躰無之付、隠居仕忰平蔵家督被　仰付被下度旨申上、願之通無相違被　仰出、

一　石川郡平
石川門之丞
郡平儀、男子無之娘有之候、然処癇積相煩癲癇之症罷成難治之症ニて、此末男子出生之程難計ニ付、同姓親類門之丞二男門太聟養

子仕度旨申上、双方願之通被　仰出、

一現米百石　田中丹治

親良左衛門存生之内、願之通跡式無相違被　仰出、右何も於竹之間、同席列座丹波申渡之、

一二季名改左之通、

一先祖名　良太事 文種武左衛門　一幼名　廣之助事 沢田　繁
一親名　玄渕事 小寺玄仲　一先祖名　直見事 新田目作内
一親名　孫兵衛事 米内九兵衛　一先祖名　小四郎嫡子隼司事 下斗米平四郎
一幼名　森太嫡子丑之助事 中村清作　一祖父名　伝内嫡子助次郎事 岩泉惣右衛門
一先祖名　久松事 高杉軍右衛門　一幼名　忠平嫡子熊之進事 新田目善助
一幼名　勝司嫡子永助事 大里宮治　一同　小八郎嫡子金之助事 荒木田金四郎
一幼名　三右衛門嫡子永助事 女鹿清吾　一先祖名　忠蔵嫡子平治事 三上長蔵
一幼名　小十郎嫡子三五七事 一条俊助　一先祖名　宮古御給人六司事 船越平右衛門
一先祖名　福岡御給人治左衛門事 金田一六之丞　一同　福岡御役医専良事 金田一立益
一幼名　花巻御給人逸作嫡子宇八事 神山左守　一同　三戸御給人多左衛門嫡子勝弥事 梅内多喜人
一同　日詰御給人作兵衛嫡子万太郎事 久慈金吾　一同　大槌御給人武平治嫡子武司事 黒沢隼太
一同　五戸御給人勇蔵嫡子文助事 米田順平　一同　毛馬内御給人九一郎嫡子栄蔵事 山本九郎兵衛
一同　花巻御給人龍左衛門嫡孫鉄太郎事 長沼武志　一先祖名　乗役保助事 菊池安兵衛

右、何も願之通被　仰付、御目付を以申渡之、

一　檜山帯刀 後妻 二十六歳
　　八戸淡路 娘浦 二十四歳

右之通縁組仕度旨申上、双方願之通被　仰出、帯刀へ以奉書申遣候、淡路方在江戸ニ付、以奉書申遣之、

一江戸へ、今朝七日振飛脚戸来弓人組弐人差立、御用儀共申遣之、

一　五戸御代官 中里判左衛門

外岡織右衛門、病気も長病ニ相成候得共、追々快方も可仕候間、当分加三戸御代官御免被成旨被　仰出、御目付を以申渡之、

一　御用人 白石　環

御留守中　御曹司様御用も多ク右ニ付、思召も有之候ニ付、兼て御供登被　仰付候得共、御免被成旨被　仰出、於席申渡之、

一　船越伊助

御作事奉行被　仰付、江戸勤番御下屋敷詰被　仰付、於竹之間、丹波申渡之、

但、支度出来次第登被　仰付、御目付を以申渡之、

一　御作事奉行 伊藤仲蔵

黒岩御番被　仰付、御目付を以申渡之、

一　願教寺

此度本山より法用之儀被申付、配下末寺へ罷越申渡、依之当月より十月中御暇被　下置度奉願上候、随て本山より得免許候宝物、於寺々ニ開帳仕度旨申上、願之通寺社御奉行へ申渡之、

七ノ
十九日　晴

弥六郎
筑後
勘解由
丹波
典膳

宮内
主膳

一 御小姓加 箱石萬次郎
池田悦之進
萬次郎儀、男子無之娘有之ニ付、挨拶柄も無之候得共、悦之進二男刀之助聟養子仕度旨申上、双方願之通被 仰付、御側へ丹波相廻申渡、悦之進儀は於竹之間、同席列座同人申渡之、

一 毛馬内御給人 石田又右衛門
花輪御給人 渡部官蔵
又右衛門儀、男子無之養女有之ニ付、遠親類官蔵二男直之助聟養子仕度旨申上、双方願之通被 仰付、御代官へ以書状申渡之、

一 伊藤仲蔵
御作事奉行御免被成旨被 仰出、御目付を以申渡之、

一 八戸弥六郎
中野筑後
御発駕後御留守ニても、是迄之通隔日罷出候様可被致旨、御沙汰御座候間、右御沙汰御達申候、

一 楢山主膳
御発駕後御留守中ニ罷出、相勤候様可致御沙汰ニ候間、右御沙汰御達申候、何も口達ニて典膳申達之、

一 奥寺林之助
川村佐市
金平嫡子 山本寛次郎
兼平喜代治
和七嫡子 長沢甚作
五兵衛嫡子 村木勇次郎
覚右衛門嫡子 大矢覚蔵
小弥太嫡子 川井小平治
当御年貢穀御調御帳御物書、当分御用中被 仰付、御目付を以申渡之、

筑後
勘解由
丹波
典膳
宮内

七ノ
廿日 晴

一 北田薗平
本御蔵御物書 同 弥七
薗平儀、老衰之上起居不自由罷成、御奉公可相勤躰無之ニ付隠居仕、忰弥七家督被 仰付被下度旨申上、願之通無相違被 仰出、於竹之間、同席列座丹波申渡之、

一 御持弓頭 沢田左司馬
御長柄頭 池田又兵衛
御道中・江戸表共、御用人加被 仰付、於席申渡之、

一 沢田左司馬儀、御道中・江戸表共ニ、御用人加就被 仰付候、御参府之節、御道中計弓・鉄(炮脱カ)共、差図仕候様被 仰付、御目付を以申渡之、

一 山本右兵衛訴書、左之通、

拙者嫡子勇司妻左登（さと）儀、当三十五歳罷成兼て病気罷有候処、去
月十六日与風相見得不申候ニ付、御内々御届申置心当之所々
色々相尋候得共、行衛相知不申致出奔候、依之向々如何様無調
法も難計御座候間、此段御届申候、以上、
文化十四年七月　　　　山本右兵衛印
大目付中
右訴書宮手弥市相出候間、丹波御目通之節、直々右訴書持参入御
覧候也、
一山本右兵衛口上書、左之通、
私嫡子勇司妻左登儀、当三十五歳罷成兼て病気罷有候処、去月
十六日夜与風相見得不申候ニ付、御内々御届申置、心当之所々
色々相尋候得共、行衛相知不申出奔仕候、依之恐多申上様奉存
候得共、家来能田休右衛門へ親類共之内、大里勝司・井上唯見
差添御境目通迄、一通り相尋見申度候間、往来十五日御暇被下
置度、奉願候、此旨宜被　仰上被下度奉頼候、以上、
七月　　　　山本右兵衛
右之通申出、願之通大目付を以申渡之、
一右ニ付、親類大里勝司・辛津門・井上唯見・佐羽内筑前よりも勝
司・唯見御暇被下度旨申上、願之通御目付を以申渡之、
一　　　　赤沢軍助
男子無之娘有之ニ付、中野筑後殿家来遠親類川村佐次右衛門弟栄
八聟養子仕度旨、文化十年二月願之通被　仰付候処、不縁ニ付、
相返度旨申出、願之通御目付を以申渡之、
一筑後方口上書、左之通、
先達て赤沢軍助男子無御座候ニ付、拙者家来川村佐次右衛門弟
栄八聟養子之儀願上候処、此度離縁相成候旨申出、此段御届申
候、以上、
七月　　　　中野筑後
右之通被申出候段、御目付毛馬内命助申出之、
一　　　　御作事奉行 船越伊助
御発駕翌日出立被　仰付申渡候旨、御目付足沢彦蔵申出之、

七ノ廿一日　雨　　弥六郎 勘解由 丹波 典膳 宮内

一　　　　中嶋兵治郎
継目御礼幼少ニ付、名代親類中川忠次郎を以申上度旨申出、願之
通来ル廿八日可被為　請旨被　仰出、御目付を以申渡之、
一　　　　伊助事 船越伊三郎
右之通名改仕度旨申上、願之通被　仰付御目付を以申渡之、
一実性院殿三回御忌、来月四日御相当之処、御取越来ル廿五日聖寿
寺一日御法事御執行被成候、此段御届申上候様駒五郎殿被　仰付
旨、御附人口上書を以申出之、

七ノ廿二日　曇　　筑後 勘解由

丹波
宮内

一　安俵通御役医格 川村玄珪
先達て　公義衆通行之砌御用被　仰付、右御用中弐人扶持被下置旨、御沙汰被成置候処、別段之御次第も有之、此度ハ証文被下置旨被　仰出、御目付を以申渡之、

一右ニ付証文今日被下、御目付を以御代官へ相渡之、

一　光台寺
支配郡山来迎寺へ法用有之、明廿三日罷越申度、往来二日御暇被下置度旨申上、願之通寺社御奉行へ申渡之、

七ノ
廿三日　晴
弥六郎
勘解由
丹波
典膳
宮内

一　乳井平内
嫡子久馬儀、先達て出奔仕、二男勝之助癲癇之症相煩、末々御用可相立躰無之ニ付、三男平治嫡子仕度旨申上、願之通被　仰出、

一　高杉儀右衛門
日詰通御鳥見 上関建見
儀右衛門一子無之ニ付、親類建見弟瀧次郎養子仕度旨申上、双方願之通被　仰出、何も於竹之間、同席列座丹波申渡之、建見儀ハ御用人へ申渡之、

一　御番頭役
御発駕之節、一統御広間へ相詰、御番人へ烈（ママ）可申、是迄　御意有之候処　殿中之事故、以来御止被成候、

一　御新丸 御番頭役
御発駕之節、当番之外両人共御番頭役次座へ相詰可申、是迄　御意有之候処、同断、

一　御広間 御番人
御発駕之節、是迄其日当番計罷出候処、以来は一統罷出可申候、
但、是迄之通相心得何行ニも烈（ママ）可申候、

一　御新丸 御番人
御発駕之節、当番之外是迄之通川原丁へ相詰可申候、
右之通被　仰出申渡候段、御目付浅石清三郎申出之、

一御沙汰書、左之通、
御留守中御家中手廻之内病死之節、勤懸り之者へ忌懸之親類有之候ハヽ、父母之外は自分ニ為知合不仕、御目付迄内々伺出、差図次第為知可申事、
右御沙汰之趣、差懸り候程之親類へ、兼て為心得置候事、
右之通御沙汰之旨、御目付毛馬内命助申出之、

一　一生之内名字帯刀御免鑓屋 藤田嘉兵衛
此度御鑓拾四筋・御三剣・拾三通御拵被　仰付候処、御鑓・穂・柄木并漆は、御渡外鉄具諸入方御代銭頂戴不仕、為冥加自分物入ニて拵差上申度旨願出、不残上納仕寄特之事に付、永ク名字帯刀御免被成旨可被　仰出哉と、御武具預り御目付申出、伺之通、附札ニて御目付へ申渡之、

七ノ
廿四日　雨　　筑後
　　　　　　　勘解由
　　　　　　　丹波
　　　　　　　宮内

一江戸表、去ル十八日立七日振飛脚戸来弓人組弐人昨夜着、御用儀
共申来之、

一　　　　　　　御用人 佐藤靭負
来春迄詰越被　仰付、

一　　　　御者頭 村瀬周作
　　　　　御広間御番人奥詰御取次加 柴内其馬
　　　　　御広間御番人 下河原右平太
　　　　　戸来杢左衛門
　　　　　御勝手方 太田代文左衛門
　　　　　大御納戸御買方御側御用達 乳井平左衛門
　　　　　御茶道 簗田素茶
　　　　　御側御物書 石亀彦七
　　　　　御賄所帳付 浅水八郎
　　　　　御賄所物出 小森三右衛門
　　　　　御台所帳付 高間館清六
　御広式方
一　　　　御前様御附役 生方　屯
　　　　　御取次御番人 米倉三次郎
　　　　　板之間小者 壱人

一　御下屋敷詰　　御作事奉行 松尾五兵衛

一　大坂詰　　御銅山方 多久佐里泰助

一右同断、何も去ル九日申渡候段申来、御役人共へも為申知、

一　　　　　　御勘定奉行 帷子多平
江戸定詰被　仰付、去ル九日申渡候段申来、右同断、

七ノ
廿五日　晴　　弥六郎
　　　　　　　勘解由
　　　　　　　丹波
　　　　　　　典膳
　　　　　　　宮内

一江戸へ、今朝七日振飛脚奥瀬小八郎組弐人差立、御内御用被　仰
越之、

一　　　　　　葛西平左衛門
　　　　　　　同　半右衛門
平左衛門儀、老衰之上起居不自由罷成御奉公可相勤躰無之ニ付、
隠居仕、忰半右衛門家督被　仰付被下度旨申上、願之通無相違
仰出、於竹之間、同席列座丹波申渡之、

一上下　　　　御者頭 箱崎助左衛門
　　　　　　　赤沢半司
春日御祭礼馬場警固被　仰付、

一上下　　　　右両人

一　鳩森幸行（ママ奉カ興カ）御用十三日より警固被　仰付、何も於竹之間於御廊（ママ）下、
同席列座丹波申渡之、

御者頭
坂本栄馬
神子田求馬

一　沢田左司馬江戸勤中、御客掛御用当分被　仰付、御側へ罷出可申
旨被　仰出、
　但、此節より御用見習可申事御目付を以申渡之、
右之通被　仰付、於席申渡之、

御馬具屋
松本惣兵衛

一　男子無之娘有之付、遠親類御駕籠屋善左衛門三男清作、聟養子仕
度旨申上、文化三年二月願之通被　仰付候処、不縁ニ付、相返度
旨尤善左衛門よりも願書を以申出、願之通御町奉行へ申渡之、

宮古御役医
佐々木良伯

一　継目御礼幼少ニ付、文化九年四月、同苗佐々木元龍を以名代御礼
申上候処、当十五歳罷成年来ニも御座候間、初て之　御目見申上
度旨申出、願之通来ル廿八日可被為　請旨被　仰出、御目付へ申
渡之、

七ノ
廿六日　晴

筑後
勘解由
丹波
典膳
宮内

一被　仰出、左之通、
桜山御門御取払イ以来　榊山大御門と唱候事、
御同所御茶道蔵・彦（ママ）御蔵へ御品御入被遊、右御蔵御宝蔵御払蔵
と被　仰出、
御稽古場以来、御払御会所と唱可申事、
右之通被　仰出候段、御目付足沢彦蔵申出之、

三戸御給人
泉山伊之助

一　悴弥次郎儀、当十六歳罷成候処、兼て御沙汰之通十四、五歳之節、
初て之御礼可奉願上候処、心得違是迄延引御礼不奉願上、恐入差
扣願書、

三戸御給人
和田惣兵衛

一　悴勇司儀、当十六歳罷成候処、右同断、

同所御給人
元木又一

一　嫡子寅之助儀、病身ニ付文化七年九月退身願之通被　仰付、依之
二男茂弥嫡子仕度旨申上、同年十月願之通被　仰付候付、茂弥儀
早速幼少之御礼可奉願上候処、心得違ニて是迄延引御礼不奉願上、
恐入差扣願出、何も願之通差扣被　仰付、御目付へ申渡之、
一右ニ付、御代官恐入差扣願上、不及其儀旨、御目付へ申渡之、
一右同断ニ付、伊之助・惣兵衛・又一、親類共恐入差扣願、口上書
銘々より八月八日願書不及其儀旨、御目付へ申渡之、

山岸丁
作右衛門へ
被　仰渡

其方儀、無調法有之先達て沢内へ御追放被　仰付候処、本所へ立
戻居候義、重畳無調法ニ付、田名部九艘泊へ御追放被　仰付候
条、　御城下并他御代官所へ立入候ハヽ、曲事可被　仰付者也、

月　日

泉山弥九郎へ
被　仰渡

其方儀、先達て出奔いたし、箱館并松前・江戸表迄、処々徘徊仕、此度御捕押相成候始末、無調法ニ付、永ク揚屋入被　仰付者也、

月　日

七ノ
廿七日　晴

弥六郎
勘解由
丹波
典膳
宮内

一御膳番不人数ニ付、御用向之ため其方被差置候付、御供登御免被成之、御目付を以申渡之、

御供頭
長沼武次郎

一毛馬内通御代官本役被　仰付、

蝿田作左衛門

一御膳番本役被　仰付、何も於竹之間、丹波申渡之、

佐久間隼太

一御道中御昼計、御目付加被　仰付、右同断、

御供頭
加嶋　蔀

一三戸八日町伊勢屋重兵衛儀、兼々行跡不宜ニ付支配所へ御追放被仰付置候所、当四月本所へ忍罷帰候儀、心得不申罷有候段、恐入

大須賀左右

差扣申出、不及其儀旨申渡候旨、御目付申出之、

七ノ
廿八日　雨

弥六郎
筑後
勘解由
丹波
典膳
宮内
主膳

一月次御礼今五半時　御本丸於御座之間、御家門衆御礼被　仰上、奏者御用人相勤　御着座之節丹波御取合申上、引続同席御礼申上、夫より　御中丸総角之間へ　御出座、高知之面々・諸者頭迄一統御礼申上、畢て名目御礼有之無程相済也、

一今日　御曹司様御表へ　御出座被遊也、

御膳番
長沼勝巳

一御供登被　仰付、御道中江戸表共ニ、御供頭加被　仰付、於竹之間、同席列座丹波申渡之、

一天量院様御忌日ニ付、聖寿寺へ　御代香典膳相勤之、

鈴木　怡

一預御徒栃内才右衛門病気ニ付　御参勤御供登、願之通御免被成、御目付を以申渡之、

七ノ
廿九日　晴

弥六郎
勘解由

丹波
典膳
宮内

一大光寺彦右衛門儀、無調法之儀有之、身帯之内半地御取上ニ付、
知行小高帳書替証文被下上下着用呼出、今朝於丹波宅相渡之、御目付相
詰也、

一　隼太事 佐久間宇助
右之通名相改度旨申上、願之通御目付を以申渡之、

一　作左衛門事 蝿田小兵衛
右之通名相改度旨申上、願之通御目付を以申渡之、

一　鈴木恰預御徒 小野和右衛門
御参勤御供登被　仰付、御目付へ申渡之、

七戸通 端龍寺へ
被　仰渡

其寺儀、末寺金剛寺再建入用材木頂戴仕度旨、丑年願出候ニ付、
其向々吟味被　仰付、尤願之趣御沙汰無之内、元剪いたし、其上
願出候木数之外、過木剪取候段、不案内之趣ニは有之候得共、不
埒至極ニ付、依之被　仰付様も有之候得共、金剛寺先住共、数年
来再建心掛候ニ付、此度剪請成就為致のみ、一途存加右無調法之
処も、心付不申、殊ニ願出候木数ハ自分剪取候儀共ニ不相聞、旁
別段之御慈悲を以、外無御糺材木不残御取上差扣被　仰付、

月　日

福岡通荒屋新町 友右衛門へ
被　仰付、

其方儀、先達て御吟味之筋有之、揚屋入被　仰付置候処、無御糺
御免被成候条、向後万端相慎可申旨被　仰付者也、

月　日

弥六郎
筑後
勘解由
御用番 丹波
典膳
宮内
主膳

八月朔日　晴

一席へ御熨斗出、
一八朔之御礼五半時過　御本丸於　御座之間、御家門衆被　仰上、
奏者御用人相勤　御着座之節、勘解由御取合申上、夫より　御中
丸総角之間へ　御出座、高知之面々・御用人・高知子共・御用人
子共・高知嫡孫・御新丸御番頭・大目付・諸者頭・御新丸御番頭
子共御礼申上、無程相済也、
一今日　御曹司様御表へ　御出座、被遊也、
一寺社御町奉行・表御目付・御目付・御勘定奉行・御使番・御勘定
役・出役迄、席へ罷出、御祝詞申上之、
但、当時御勘定改出役無之候得共、為見合記置、

一　三戸御給人 和田惣兵衛
泉山伊之助
元木又一

差扣御免被成旨被　仰出、御目付ヘ申渡之、

弥六郎
勘解由
丹波
典膳
宮内

八ノ二日　晴

一　寺社御町奉行 宮手弥市
御目付 奥寺市之丞
御勘定奉行 漆戸　林

春日御祭礼ニ付、御用懸被　仰付、於席申渡之、

一江戸ヘ、七日振飛脚奥瀬小八郎組弐人、今朝差立御用儀申遣之、

一　荒川平八

嫡子定之進儀、当三十八歳罷成候処、久々痼積相煩癲癇之症罷成、
末々御用相立可申躰無之ニ付、嫡子仕兼候段訴之、

一漆戸左司馬訴書、左之通、

私嫡子勘五郎儀、当三十四歳罷成候処、去月中旬より癲癇之症
相煩、御医師嶋立甫・佐藤三益・小寺玄仲得薬、鍼色々養生仕
候得共、至て難治之症ニて、全快難仕末々御用相立可申躰無御
座旨、御医師申候、依之嫡子仕兼候、此段御訴申上候、御序之
節宜被　仰上被下度奉願候、以上、

文化十四年八月二日　漆戸左司馬　印

東　勘解由殿
新渡戸丹波殿
毛馬内典膳殿
藤枝宮内殿

右之通申出、遂披露之、

一　一条金兵衛
中村丹右衛門
米内伝右衛門
米内和七郎
高橋与惣

私共親類西野冨治儀、天明五年四月十日出奔仕、其節御訴申上候、
然処昨夜金兵衛処ヘ立帰候ニ付、是迄向々如何様之出入之程も難
計、私共立合具ニ相尋候処、与風心得違仕罷出、江戸表本所一ツ
目上杉友折と申候医者ヘ奉公仕、五ケ年被召仕、同人大坂表ヘ罷
登候ニ付、附添罷登同所下寺町大運寺前植木屋喜兵衛と申者之店
ヘ十七年借宅罷有、少々医道相心得居候ニ付、同所砂場仁兵衛と
申者之添心ニて上州前橋ヘ罷下り、同所駒ケ沢町治助と申者之添
心ニて、当三月上旬迄十一年同処ニて医者渡世仕罷有候処、兎角
年来ニも罷成、御国元慕敷無調法相蒙候恐をも不顧、当三月中旬
上州前橋出立罷下り(脱)候処、道中ニて中症相煩行歩不自由ニて立帰
候旨申聞候、依之出入ケ間鋪儀も可有之哉と、押て相尋候得共何
之出入ケ間敷義も無御座、出奔立帰無調法至極ニ付、恐入厳敷為
相慎差置申候段訴出候ニ付、親類ヘ御預逼塞被　仰付、御目付ヘ
申渡之、

一右ニ付親類共恐入差扣願出、不及其儀旨、御目付を以申渡之、

一　五戸御給人 鳥谷部武一郎

知行所五戸通高森と申場所へ、同苗鳥谷部新右衛門御野竿場所之旨及争論、双方より御裁許願上候処、不分明之申上方ニ付、追て被遂御吟味候迄、右場所御図面御朱引之通御預り之旨被　仰渡、恐入差扣願出候、

一　五戸御給人 鳥谷部新右衛門

切谷村之内、外大久保於知行処、同性鳥谷部武一郎と争論仕、右、同断恐入差扣願出候処、不及其儀旨、御目付へ申渡之、

一右ニ付、親類共恐入差扣願出、不及其儀旨、御目付へ申渡之、

八ノ

三日　晴

弥六郎
筑後
勘解由
丹波
典膳
宮内
主膳

一六駄弐人扶持　箱館詰侍鉄炮 平館栄治

親久之丞存生之内、願之通跡式無相違被　仰出、箱館詰表御目付切田多仲へ以書状申遣之、

一　遊座善七

嫡子冨弥儀、当十五歳罷成、年来ニも候間、前髪為執度旨申上、願之通御目付を以申渡之、

一　大萱生伝作

御陸尺善兵衛、去月十五日当分洗濯御暇往来十二日被下本所へ立遣候処、日数相済候得共、罷帰不申候ニ付、其節早速御届可申上候処無其儀等閑之取計方不行届之至、重畳恐入差扣願出、不及其儀旨、御目付へ申渡之、

一　三上清作

右同断ニ付、差扣願出、是亦不及其儀旨、御目付へ申渡之、

八ノ

四日　晴

弥六郎
勘解由
典膳
宮内

一霊徳院様(利幹)御忌日ニ付、聖寿寺へ　御代香筑後相勤之、

一　岩見繁若次郎

支配所徳田通太田村勘太郎と申者、兼て行跡不宜御村方ニ差置候ては、差支ニ罷成候間、御追放被　仰付被下度旨申上、願之通御目付を以申渡之、

一　栃内瀬蔵

就病気、御参勤御供登御道中・江戸表共ニ、御次願之通御免被成、以御目付申渡之、

一　新渡戸八郎

刃傷之者有之節は、内々ニて御医師相対療治之儀は、前々より難相成、及御届候上　御上より療治方被　仰付来候、然処右之通ニては、延引仕候内、療治手後レニ相成候儀も有之候間、以来右等之事有之療治相願候節、不取敢療治可致、乍去其節ニ至療治被相頼候本人歟親類を以、手寄り御目付宅迄、早々相届置候様可致候、

右之趣御医師共、并在々御役医共ニ為相心得置候様、演説書を以
御目付へ申渡候、

八月

八ノ五日　朝雨昼より晴

筑後
勘解由
丹波
典膳
宮内

一養源院様（利雄）　義徳院様（利正）御忌日ニ付、聖寿寺・東禅寺へ御略供ニて
御直詣有之、

一　七戸御給人
川村弥市右衛門
就病気、津軽御境方、願之通御免被成、御目付へ申渡之、

一　御者頭
中山左久馬
組御同心小頭大沢金之丞と申者七十六歳罷成、小頭役四十一ケ年
相勤候処、疝痢之症相煩、其上不眼耳遠、至て歩行不自由罷成候
付、暇之儀願出候間指遣度候、数十年実躰相働候者、路頭相立不
申様被成下度旨申上、一生之内一人扶持被下置旨被　仰出、御目
付を以申渡之、

一　安俵・高木通刀指並
横川儀右衛門
杉・楮植立差上候付、先達て一生之内持高弐石御免地被成下、刀
指並被　仰付候処、追々数万本植立、後々御用ニも相立候ニ付右
弐石永ク御免地被成下、刀指ニ被　仰付御代官へ書状を以申遣之、

八ノ六日　晴

弥六郎
勘解由
丹波
典膳
宮内

一現米六拾石　毛馬内通御代官
蝿田小兵衛
内五人扶持
親小兵衛存生之内、願之通跡式無相違被　仰出、

一四拾四石壱斗五升三合　百岡三之助
内六駄弐人扶持
親権四郎存生之内、願之通跡式無相違被　仰出、

一　三上清作
御次被　仰付、御駕籠頭兼帯相勤候様被　仰付、御次勤中一ケ年
御米三駄宛被下置旨、被　仰出、

一　百岡三之助
親勤功も有之候付、大御納戸御買方・御側御買方、共ニ被　仰付、
何も於竹之間、同席列座勘解由申渡之、

一　御供頭
田鍍市内
御用有之、家屋敷御買上被成旨被　仰出、
但、下小路御屋敷御勝手之方拝借被　仰付、御目付口達を以申
渡之、

一　右之通、御目付を以申渡之、
中野舎人
中野兵馬

御番頭勤筋は、以来御役向と相心得候様被　仰出、　織笠平馬

中野兵馬

織笠平馬

一　当勤中御新丸御番頭上座被　仰付、右、何も御目付を以申渡之、

一山本右兵衛口上書届、左之通、

拙者嫡子勇司妻、去々月十六日出奔致候付、御届申上候、御境目通迄相尋申度、家来能田休右衛門へ親類大星勝司・井上唯見、十五日御暇被下置度旨申上、願之通被　仰付、去月廿一日出立罷越、御境目通迄相尋候得共、行衛相知不申、昨夜罷帰申候、此段御届申上候、以上、

八月六日　　山本右兵衛

大目付中

右訴、書上山守古差出候付、遂披露之、

一　山本右兵衛

嫡子勇司妻、去々月十六日出奔仕候ニ付、家来能田休右衛門へ親類大里勝司・井上唯見、十五日御暇願之通被下置、御境目通迄相尋候得共、弥行衛相知不申、昨夜罷帰申候、依之恐入差扣願出、不及其儀旨大目付へ申渡之、

一右ニ付、親類共恐入差扣願出、不及其儀、御目付へ申渡之、

一右同断ニ付、勇司恐入差扣願出候処、右願書は相下ケ、左之通御沙汰被成、

一　右兵衛嫡子　山本勇司

妻出奔之儀、畢竟兼々和熟不致行届不申、不心得ニ付指扣被　仰付、

右之通被　仰出、親類呼上、大目付・御目付立合、大目付申渡之、

一右ニ付、御沙汰之趣恐入、右兵衛差扣願出候処、不及其儀旨、大目付へ申渡之、

八ノ七日　曇

弥六郎
筑後
勘解由
丹波
典膳
宮内
主膳

一　鬼柳・黒沢尻通御代官　長岡良右衛門

為内代来ル十日出立休候処久々風湿相煩、手足屈伸攣痛仕候ニ付、道中青駄御免被成下度旨申上、願之通御目付を以申渡之、

一　三之助事　百岡権四郎

右之通名相改度旨申上、願之通御目付を以申渡之、

一　五戸御給人　米田勇蔵

同　工藤俊左衛門

勇蔵儀、男子無之娘有之ニ付、俊左衛門弟順平聟養子先達て願之通被　仰付候処、不縁ニ付相返度旨申上、双方願之通御目付を以申渡之、

一　小栗権左衛門

嫡孫小次郎当十六歳罷成、年来ニも御座候間、前髪為執度旨申上、

願之通御目付を以申渡之、

長岡通船久保村字南沢御山守
幾太郎へ　被　仰渡

其方儀、無極印之材木所持罷有、御山廻下役廻山之節、遂吟味候処、密木仕候儀相違無之旨、御代官并御山廻下役訴出候、御制禁之儀ハ、兼々厳敷御沙汰被成置候処、主役不似合致方、殊ニ御代官より呼出候節、欠落罷出不申旁不届至極ニ付、御吟味之上被　仰付様も有之候得共、無御糺御山守御取放重キ罪被　仰付、手錠御免被成者也、

月　日

八ノ　八日　小雨

弥六郎
勘解由
丹波
典膳
宮内

一（信恩）霊巌院様御忌日ニ付、東禅寺へ　御代香宮内相勤之、

一　田鍍忠治
同　勘五郎

忠治儀、老衰之上起居不自由罷成、御奉公可相勤躰無之ニ付、隠居仕、悴勘五郎家督被　仰付被下度旨申上、願之通無相違被　仰出、

一　梅内定六
高橋与四郎

定六儀、男子無之娘有之ニ付、挨拶柄も無之候得共、与四郎三男庄七聟養子仕度旨申上、双方願之通被　仰出、

一　山崎嘉平太

嫡子常弥先頃出奔ニ付、二男喜代松嫡子仕度旨申上、願之通被　仰付、右何も於竹之間、同席列座勘解由申渡之、

一　御神用子共　荒木豊後
斗内出羽
御神用司下役当分　一条源治
御中居　浦葉

来ル廿一日出立被　仰付、御目付を以申渡之、

一　御衣服師御仕立方　遠藤茂右衛門
儀兵衛

来ル十七日出立被　仰付、御目付を以申渡之、

一　御者頭　坂本栄馬

御境奉行被　仰付、竹之間於御廊下、勘解由申渡之、

一江戸表、去ル二日立飛脚戸来弓人組弐人、今昼過着御用儀共、申来之、

一　御勝手方　矢羽々喜兵衛

永詰も致候間、一先休息被　仰付候ため、八月上旬出立下り被　仰付、御国三十日之休息ニて、早速為御登被成旨被　仰出、

一　御勘定方　下斗米善治

御勝手方矢羽々喜兵衛出立後、当分上着迄御用加被　仰付、

一　平館左登見

御前様方御錠口番被　仰付、右、何も於江戸表、去月廿五日申渡

候旨、御用状ニ申来之、
一屋形様当御参勤之節、道中継人・馬之儀、伺書差出、左之通、
大膳大夫当九月参府之節、人馬減少可仕、色々手配仕候得とも、今以取調へ行届候趣御座候、迚も御定数通二十五人・二十五疋ニて旅行も迷惑仕候儀ニ御座候、依之当年旅行当日計二十五人・二十五疋朝夕遣仕、都合五十人・五十疋相雇申度奉存候、此段奉伺候、以上、
七月廿六日　　御名内 加島七五郎
御附札 書面之通、出立当日人足二十五人、馬二十五疋定、朝夕之分継立度旨申出、追日先触届之節、四月何日差図相済候段、書加可被差出候、
右、伺書相済候段申来申上、御供御目付共へも申渡之、

八ノ
九日　晴　　筑後
勘解由
丹波
典膳
宮内

一野竿高 弐拾石　　田名部御与力 小田熊蔵
親七兵衛及末期悴永治先達て出奔ニ付、二男熊蔵名跡被　仰付被下度旨申上、存生之内願之通、跡式無相違被　仰付、御代官へ書状を以申遣之、

八ノ
十日　晴　　弥六郎
勘解由
丹波
典膳
宮内

一　御鳥見 上田清右衛門
同　才右衛門
清右衛門儀、老衰之上起居不自由罷成、御奉公可相勤躰無之、悴才右衛門家督被　仰付被下度旨申上、願之通無相違被　仰付、御用人召連罷出、於竹之間同席列座勘解由申渡之、御目付へも為申知之、

一　野々村三次郎
嫡子民治義、当十五歳罷成、年来ニも御座候間、前髪為執度旨申上、願之通御目付を以申渡之、

一御国許・江戸表共　御発駕御着之節、是迄生御肴差上候処、御時節柄之事故、以来左之通、
屋形様・　御曹司様へ
一生御肴　　御家門衆
一同　　弥六郎方
一御目録計　　御家老
一同　　御用人
右之通御沙汰ニ候、尤江戸表ニても御家老・御用人・御留守居、右ニ准候事、
右之通御沙汰之旨、御用人安宅登申出之、
一百石以上　　御切米拾駄

此代弐拾六貫五百文
一五十石以上　御切米拾駄
此代弐拾七貫五百文
一五拾石以下　御切米拾駄
此代弐拾九貫五百文
右御直段を以　御参勤御供登之面々、夏・暮御切米御買上并御物成・御切府金・御四季施・御給金共ニ、来ル十一日より十五日限御渡方可被　仰付哉と、御勘定奉行伺之通申渡之、

一　栃内玉蔵
病気ニ付、万所御奉行・孫御蔵御米銭懸り・御側御用銭吟味懸り共、御免被成下度旨申上、願之通御目付を以申渡之、

一　宮古御給人 刈屋弓助
病気ニ付、宮古御代官所下役、願之通御免被成、御目付ヘ申渡之、

一弥六郎方口上書願、左之通、
拙者二男民之助儀、浪人ニて罷有候、為冥加御序之節　御目見為申上度旨奉願候、此旨可然様御執成頼入存候、以上、
八月十日　八戸弥六郎
右願之通可被為　請旨被　仰出、詰合ニ付、申達之、

一　諏訪民司
三戸通御代官被　仰付、

一　田口善平
福岡通御代官被　仰付、何も在役所ニ付、御目付より御用状を以為申遣之、

一　北村清助
夏坂御番被　仰付、御目付を以申渡之、

一　外岡織右衛門
病気全快可仕躰無之ニ付、三戸通御代官願之通御免被成、御目付を以申渡之、

八ノ
十一日　晴

弥六郎
筑後
勘解由
丹波
典膳
宮内
主膳

一(行信)徳雲院様御忌日聖寿寺ヘ　御代香弥六郎相勤之、

一　石川郡平
同　門太
郡平儀、久々癇積相煩癲癇之症罷成、時々眩暈卒倒仕、至て難治之症ニて、全快御奉公可相勤躰無之ニ付、隠居仕悴門太家督被仰付被下度旨申上、願之通無相違被　仰付、於竹之間、同席列座勘解由申渡之、

一　長沢多喜太
万所御奉行被　仰付、孫御蔵御米銭懸り共ニ被　仰付、於竹之間、同席列座勘解由申渡之、

一明後十三日四時前、名目御礼為　請旨被　仰出、御役人共ヘ申渡之、

一　庄蔵嫡子　七戸辰之進
御用人方御物書被　仰付、御目付を以申渡之、
但、是迄御用之間御物書と被　仰付候処、已来右之通被　仰付
候筈也、尤御記録方御物書被　仰出候節も、右ニ准也、
一　和賀奉行御轡差配　上村才六
御作事奉行休息被　仰付、御目付を以申渡之、

八ノ
十二日　晴　弥六郎
勘解由
丹波
典膳
宮内

一即性院様(重直)御忌日ニ付、聖寿寺へ　御代香丹波相勤之、
一百石　似鳥金蔵
親茂左衛門存生之内、願之通跡式無相違被　仰出、於竹之間、同
席列座勘解由申渡之、
一　多喜太事　長沢喜六
右之通名相改度旨申上、願之通御目付を以申渡之、
一　内藤市郎
支配所長岡通之内、於御村方人数申合、不心得之者有之候処、不
申上罷有不行届恐入、差扣願出候処、不及其儀旨、御目付へ申渡
之、
一　小嶋丹治
三男久松儀、五歳罷成候処、生質虚弱之上虫積相煩、難治之症ニ
て末々御用相立可申躰無之、出家相望候間、浄土宗大泉寺弟子出
家為仕度旨申上、願之通御目付を以申渡之、

八ノ
十三日　晴　弥六郎
筑後
勘解由
丹波
典膳
宮内
主膳

一前書有之通、今日不時名目御礼被為　請、四時過御中丸総角之間
へ　御出座、家督継目御礼、次ニ弥六郎方二男八戸民之助鳥目差
上冥加御礼申上、夫より初て之御礼申上、無程相済也、
一江戸へ御献上之鮭壱昇、宰領奥瀬小八郎組弐人附、今朝為御登被
成、添状遣之、
一現米五拾石　御膳番　佐久間宇助
内六人扶持
親宇助存生之内、願之通跡式無相違被　仰出、
一　荒川平八
嫡子定之進病身ニ付、嫡子仕兼候旨先頃御訴申上候、依之二男忠
太嫡子仕度旨申上、願之通被　仰出、右何も於竹之間、同席列座
勘解由申渡之、
一　右兵衛嫡子　山本勇司
差扣御免被成旨被　仰出、大目付へ申渡之、

一為御参勤、来ル廿七日　御発駕可被遊旨被　仰出、御役人共へ申
渡之、

一　　　　沖　良蔵
御留守中、御駕籠頭御用承り相勤可申旨被　仰付、
但、長沼武次郎得差図、相勤可申候、
右之通被　仰付申渡候旨、沢里勇馬申出之、

八ノ
十四日　曇　　弥六郎
　　　　　　　勘解由
　　　　　　　丹波
　　　　　　　典膳
　　　　　　　宮内

一鳩森　八幡宮　神輿四時前　渡御、
一今日より十六日迄、御役人上下、小役人継肩衣着用也、
一　　　　山屋説字
　　　　　同　儀七
説字儀、久々痰積相煩、動気強時々眩暈・卒倒仕、至て難治之症
ニて全快御奉公可相勤躰無之ニ付、隠居仕忰儀七家督被　仰付被
下度旨申上、願之通無相違被　仰出、於竹之間、同席列座勘解由
申渡之、
一江戸へ、今夕七日振飛脚楢山茂右衛門組弐人差立、御勝手御用被
仰越之、
一　　　　佐羽内袖嶋
来月三日、出立被　仰付、以奉書申遣之、

一　　　　若御年寄 津嶋春瀬
　　　　　御小性 吉田藤江
　　　　　松原　室
　　　　　御神用司下役 山口長四郎
　　　　　間之間 福嶋福助
来月三日、出立被　仰付、
八月

一　　　　御神用子共 三浦大和
　　　　　関根肥後
来月三日、出立被　仰付、
八月

一　　　　御目付格 北川覚之進
来月三日、出立被　仰付、
八月

一　　　　奥詰 上野祐甫
来月三日、出立被　仰付、
但、十四日振ニ被　仰付、
八月

一　　　　刀指 種谷恒助
　　　　　太田与六
来月三日、出立被　仰付、
八月

一　　　　間之間 吉田白説
来月五日出立被　仰付、右何も附札なし御目付へ相渡之、

八ノ
十五日　晴　筑後
勘解由
宮内
主膳

一鳩森　八幡宮御祭礼ニ付、御旅所へ　典膳相詰之、
一御代祓丹波相勤之、尤　御曹司様　御代祓共ニ同人相勤之、

兵衛嫡子
中野三蔵　二十歳
妻
内堀大隅　姪邦　十七歳

右之通縁組仕度旨申上、双方願之通被　仰付、御目付を以申渡、
大隅へは、以奉書申遣之、

八ノ
十六日　晴　弥六郎
勘解由
典膳
宮内

一前書之通　鳩森　八幡宮　神輿四時　御城内へ御鎮座ニ付、典膳
相勤之、
一御祭礼首尾好相済候ニ付、御用懸御役人共并刑部・神職之者迄、
於柳之間御吸物・御酒被下之、具之儀は、御用懸別記ニ有之也、
一江戸へ今朝立、七日振飛脚楢山茂右衛門組弐人差立、御用儀共申
遣之、

一江戸去ル十日立、七日振飛脚池田貢・戸来弓人組弐人今日着、内
状之趣申来之、

八ノ
十七日　晴　勘解由
典膳

一屋形様御参勤無程　御発駕ニ付、今五半時御本供御供揃ニて、聖
寿寺・東禅寺・教浄寺へ、金百疋ツヽ御備、総御霊前へ被遊　御
参詣、去昨日　南宗院様(利直)御消月ニ付、御香奠金百疋　御備　御仏
詣被遊、且、教浄寺阿弥陀へ御掛銭壱貫文・御初尾十三包御備
御参詣被遊、無程　御帰城、此節聖寿寺へ弥六郎、東禅寺へ筑後、
教浄寺へ宮内始、御役人共も相詰、御出・御帰共、御玄関へ仲間
不罷出也、
一右ニ付、御役人上下着、小役人も同様着用也、
一　釜石宇兵衛
同　常右衛門
宇兵衛儀、老衰之上起居不自由罷成、御奉公可相勤躰無之ニ付、
隠居仕、忰常右衛門家督被　仰付被下度旨申上、願之通無相違
被　仰付被下度旨申上、願之通無相違被　仰付、於竹之間、同席
列座勘解由申渡之、
一　奥寺市之丞
嫡子市太郎儀、当十五歳罷成年来ニも御座候間、前髪為執度旨申
上、願之通以御目付申渡之、
一丹波方母、今暁病死ニ付、定式之忌服請候旨、被相届之、
一　藤村清九郎

弟清吾当十一歳罷成候処、生質虚弱之上、虫積相煩難治之症ニて、
御用相立可申躰無之、出家相望候間、花輪通御代官所曽洞宗恩徳
寺弟子出家為仕度旨申上、願之通御目付を以申渡之、

八ノ
十八日　晴　弥六郎
筑後
勘解由
宮内
主膳

一　辛　津門
櫛引　八幡宮へ　御名代、首尾好相勤罷帰候旨申出、於菊之間御
廊下謁、御熨斗頂戴退出之、

一大源院様(重信)御忌日ニ付聖寿寺へ　御代香、宮内相勤之、
但、今日　南宗院様(利直)御消月御忌日ニ候得共、昨日　御直詣被遊
候ニ付　御代香無之也、

八ノ
十九日　曇

一榊山御本社御神事ニ付、仲間登　城無之、

八ノ
廿日　小雨　弥六郎
筑後
勘解由
宮内
主膳

一　栃内兵右衛門
嫡子他人儀、文化十二年十一月出奔、其節御訴申上候処、昨夜立
帰候ニ付、向々出入之程難計具ニ相尋候処、与風心得違罷出、仙
台御領石巻へ罷越、同所浦町青山屋三右衛門と申者之処ニ、助合
居候得共、御国許慕敷、殊ニ両親ニも対面仕度一筋ニ存、無調法
不顧立帰候旨申聞、外向々出入之儀も御座候哉と押て相尋候得共、
何之出入ケ間鋪儀も無之旨申聞候、出奔・立帰候儀、恐入急度為
慎置候旨訴出ニ付、親兵右衛門へ御預逼塞被　仰付候旨、御目付
へ申渡之、

一右ニ付、兵右衛門儀恐入指扣願出候処、願之通差扣被　仰付、御
目付へ申渡之、

一右ニ付、親類共恐入差扣願出、不及其儀旨、御目付へ申渡之、

八ノ
廿一日　晴　弥六郎
筑後
勘解由
典膳
宮内
主膳

一屋形様来ル廿七日　御発駕被遊候ニ付、今日　御参勤御暇乞　御
礼被為　請、五半時　御本丸於総角之間、御家門衆御礼被　仰上、
奏者御用人相勤勘解由御取合申上、夫より　御中丸総角之間へ
御出座、仲間始高知之面々・御用人・高知子共・御用人子共・高
知嫡孫・御新丸御番頭・大目付迄、独礼申上、其外寺社町奉行よ

り御勘定奉行迄、弐人立ニて申上、御使番より諸士・諸医一統御逢被遊候ニ付、柳之間ヘ平士五拾石迄、御椽側ヘは五拾石以下、諸士・諸医子共迄御廊下、中之間ヘは組付之者並居一統御礼申上、四時相済、右何も素礼御熨斗も不被下、独礼之者奏者無之、具之儀は御用懸り御目付留書ニ記之、
一桜庭兵庫宅ヘ為　御首途来ル廿五日　御名代御供御家老藤枝宮内被遣候旨、兵庫家来呼上、御供御目付申達候事、
一御発駕御当日兵庫門前　御通行之節、兵庫儀門前ヘ罷出居候処ヘ宮内立寄、今日之為御祝儀御樽肴被下置候旨兵庫ヘ申達、　御通行相済候と、其場所より兵庫儀直々為御請登　城仕候事、右之儀、共々兵庫家来ヘ御供御目付申達候事、
但、　御発駕御当日被下置候御樽肴は、　御発駕御当日明ケ七ツ時ニ兵庫宅ヘ相廻し置候事、尤兵庫より差上候御樽肴も、右同日同刻　御城ヘ差上候事、
一兵庫儀、右御請ニ登　城仕候ハヽ、御家老列座相謁、御樽肴差上御満悦　思召候段、兵庫ヘ申達候事、其節兵庫ヘ被下置候御樽肴之御請も、兵庫申上候事、
但、兵庫ヘ御家老謁候御間、大書院御杉戸際之事、
一　大沢長左衛門
四男善作儀、当十二歳罷成候処、生質虚弱之上、虫積相煩難治之症ニて、得快気末々御用可相立躰無之、出家相望候間、宮古通宮古村曽洞宗常安寺弟子出家為仕度旨申上、願之通御目付を以申渡之、
一　上野祐甫
勤番登、来月三日出立被　仰付候処、持病之痔疾差発馬乗可仕躰無之ニ付、道中青駄御免被成下度旨申上、願之通御目付を以申渡之、
一　新渡戸丹波
忌御免被成旨被　仰出、奉書を以申遣之、
一来ル廿七日六時御供揃ニて　御発駕被成旨被　仰出、御役人共ヘ申渡之、
八ノ
廿二日　晴
弥六郎
筑後
勘解由
丹波
典膳
宮内
主膳
一今日道中被　仰渡有之、宮内菊之間ヘ罷出申渡、御役人共相詰、御祐筆読之、
一今日御留守被　仰渡有之、高知之面々・御新丸御番頭・諸者頭、其外物御役人ヘ例之通菊之間ヘ仲間相揃、出席申渡、御祐筆誦之、
但、高知中ヘは今日登　城候様前々奉書を以申遣候処、当年より以来大目付廻状ニて、申遣候様御沙汰ニ付、奉書不出也、尤御用人ヘは昨日口達之、
一右被　仰渡書　上々様方ヘは御附役呼上、御目付相渡申上、御家門衆ヘは御附人呼上被　仰渡、御書付御目付相渡差上之、御例通

へ之御書付、御目付席へ指出、御側御用人へ相渡之、尤大奥へも
去々年より、右同様御側御用人へ書付相渡之、

一　長沢次兵衛
　　同　弥平
次兵衛儀、老衰之上歩行不自由罷成、御奉公可相勤躰無之ニ付、
隠居仕忰弥平家督被　仰付被下度旨申上、願之通無相違被　仰出、

一　玉内権蔵
　　同　源治
権蔵儀、老衰之上起居不自由罷成、御奉公可相勤躰無之ニ付、隠
居仕忰源治家督被　仰付被下度旨申上、願之通無相違被　仰出、

一翌日申渡之　野辺地五八
　　小本隼太
五八儀、男子無之娘有之付、親類隼太弟軍治聟養子仕度旨申上、
双方願之通被　仰出、

一　赤沢軍助
　　藤村三作
軍助儀、男子無之娘有之付、遠親類三作弟見蔵聟養子仕度旨申上、
双方願之通被　仰出、何も於竹之間、同席列座勘解由申渡之、

一弐両弐人扶持　御徒目付支配刀指　大沢銀治郎
親伊八及末期忰銀治郎御番代被　仰付被下度旨申上、存生之内、
願之通無相違御目付へ申渡之、

一三駄三人扶持　屋根屋棟梁　忠助
親半治郎及末期忰忠助二十二歳罷成、兼て　御目見申上職分御用
相勤罷有候、此者跡職被　仰付被下度旨申上、存生之内、願之通
跡職無相違被　仰付候間、家業情（精）出候様被　仰付、御作事奉行へ
於竹之間、同席列座勘解由申渡之、

一　栃内兵右衛門
差扣御免被成旨被　仰出、御目付へ申渡之、

一江戸表、去ル十六日立七日振飛脚戸来弓人組弐人今朝着、御用儀
共申来之、

一　藤枝宮内
御参勤御供登被　仰付、弟文弥当二十七歳罷成候、身帯役供人数
之内へ相加召連罷登候旨、被相届之、

一細昆布　塗台一折
　包熨斗添　桜庭兵庫
右者、知行所之産物指上遂披露　御満悦之旨被　仰出、翌日奉書
を以申遣之、
　但、右昆布大目付相出候間、御側御用人を以差上之、

一　上田通御代官　松田伊五右衛門
致老衰起居不自由罷成、当御役相勤可申躰無之候間、御免被成下
度旨願上候、然処　思召も被成御座候ニ付、御役志願之通御免被
成候得共、是迄之通、御代官役所へは罷出候様被　仰出、以御目
付申渡之、

一　野村久人
病気ニ付、黒沢尻物留御番所御番人、願之通御免被成、御目付を
以申渡之、

一　田鍍要之丞
川岸物留御番所御番人被　仰付、御目付を以申渡之、

八ノ
廿三日　小雨

筑後
勘解由
丹波
典膳
宮内

一　御勝手方
矢羽々喜兵衛

当十月七日立被　仰付、御目付へ申渡之、

一　藤井文章

宮古通下役被　仰付、御目付へ申渡之、

一　佐羽内袖嶋
津嶋春瀬
吉田藤江

御参勤御供登被　仰付、定人数之儀も、兼て御沙汰被成下候処、去々年申上定人数之内、弐人相減上下五人ニて往来仕候、此節格別之御時節柄ニも御座候間、人・馬余計ニ相成候儀、恐入候間、猶又五人之内壱人相減、上下四人ニて江戸往来仕度旨、銘々口上書御目付宛所ニて申上候処、御時節柄、勘弁仕候申上方ニ付、伺之通被　仰付、附札ニて御目付を以申渡之、

八ノ
廿四日　曇

勘解由
丹波
典膳

一於桜馬場、当馬喰馬惣崩為　御見分、　御曹司様、五半時被為入、仲間相詰也、
但、勘解由計登　城也、

一　御馬乗役
似鳥喜兵衛
同　澄見

喜兵衛儀、老衰之上久々眼病相煩、御奉公可相勤躰無之ニ付、忰澄見家督被　仰付被下度旨申上、願之通無相違被　仰出候間、家業情(精)出候様被　仰付、御用人召連罷出、於竹之間勘解由申渡之、

一　泰右衛門嫡子
工藤氏助

親勤功も有之候間、御勘定所へ罷出、可申事御目付を以申渡之、

一　坂牛内蔵丞

組御同心久慈甚之助と申者、中ノ口御用使相勤罷有候処、無調法之儀有之、組法ニ取扱候様御沙汰ニ付、精誠申含方不行届恐入差扣願出、不及其儀旨、御目付へ申渡之、

八ノ
廿五日　晴

弥六郎
筑後
勘解由
丹波
典膳
宮内
主膳

一去ル廿一日之処ニ有之通　御首途之式　思召有之、此度別段御沙汰有之、今日為　御名代、御供登御家老藤枝宮内相勤候ニ付、手続左之通随て　御笠・御床机持候者ハ、宮内より先キ兵庫宅へ罷

越、　御城御門より入候事右御小納戸勤ム宮内ニハ拘り不申宮内儀も兵庫宅へ罷越、
兵庫先立ニて　御成御門より入、直々　御居間御床之間前少し外
シ、帯刀ニて座着候事但、宮内罷越候前ニ被下候御樽肴指出置候事兵庫罷出平伏之節、　御
首途御祝儀ニ付、拝領被　仰付旨、宮内申達之、其所ニて兵庫　拝
領物ニ向ひ平伏仕引取、兵庫儀、御熨斗持出シ右相済、宮内直々
引取也、尤右御樽肴ハ御家老給仕罷越進退仕也、
　但、是迄ハ御預膳指上来候得共、此節より相止候事、
一右相済為御請兵庫登　城、於席相謁其節、御上下一具席へ相出置、
兵庫罷出候処ニて、今日　御首途首尾好相済候ニ付、拝領被　仰
付旨、兵庫へ申渡之、但、御首途ニ付、兵庫より来候儀ハ是迄之通事　御樽肴指上、
　但、右ニ付　御城廻大小御役人着服無之、平服也、
一御樽肴　　　桜庭兵庫より
今日為　御首途　御笠等以　上使被遣候、為御祝儀家来を以指上、
御目付申出御用人を以、遂披露之、
一前書手続は書取、家来呼上、御目付を以申渡之、

八ノ
廿六日　晴
弥六郎
筑後
勘解由
丹波
典膳
宮内
主膳

一明日　御発駕ニ付、今日　御本丸於　御座之間御家門衆一同　御
逢　御意有之、夫より弥六郎・筑後・勘解由・丹波・典膳・主膳
被為　召上下着用同席一同　御逢　御意有之、畢て御用人一同　御逢
御意有之也、
一　　　桜庭対馬
血穢御免被成旨被　仰出、奉書を以申遣之、

八ノ
廿七日　晴
弥六郎
筑後
勘解由
丹波
典膳
宮内
主膳

一屋形様益御機嫌能今六半時被遊　御発駕　御曹司様、御玄関鏡板
迄御見送被遊、仲間車御門外へ罷出、御送申上之、
一御用人は御玄関御敷出迄、大目付・御町奉行・御目付・御勘定奉
行・御使番は、御白洲御左之方薄縁之上ニ並居、
一同断、御右之方へは表御目付・北浦奉行同断、罷出ル、
一御家門衆・御役人共よりハ、先キ御左之方御白洲へ罷出、御見送
被成之、
一御幕御番所前へ、御者頭一統当年より罷出、御見立申上之、
一御発駕為御祝儀、　屋形様・　御曹司様へ、御家門衆并御供登之
外、仲間始御用人より御肴一折ツヽ指上、目録を以遂披露之、
　但、御家門衆并八戸弥六郎方より八生御肴ニて差上、其外御時

節柄故御沙汰ニ付、目録計ニて差上之、
一御発駕ニ付、前々之通桜庭兵庫宅へ御立寄可被遊候処、文化十年被及御沙汰候通ニ付、門前角へ兵庫父子為御見立罷出居、　御首途之節被遣置候、　御笠・御床机重立候役人へ為持、御通行之節御供頭へ兵庫演説を以差上之、尤為御祝儀前々差上来候餅、白木折ニて是又御笠ともニ、御供頭へ一所ニ差上之、
一御発駕ニ付、前々兵庫宅へ御立寄被遊候処、以来御寄不被遊候ニ付、兵庫へ　上使御家老を以御樽肴被下置候処、此度より上使は不被遣　御通行之節、兵庫儀門前へ罷出居候処へ宮内立寄、今日之為御祝儀御樽肴被下置候旨、兵庫へ申達、右　御通行相済、直々其場所より兵庫登　城御請申上、兵庫よりも一荷一折差上御祝儀申上、大書院御杉戸際ニて謁之、
但、右被下御樽肴今暁七ツ時兵庫宅へ相廻し置候、尤兵庫より指上候一荷一折も、右同刻　御城へ差上置也、
一御家門衆御見送以後　御中丸総角之間御廊下へ御滞座、御怡被仰上、勘解由、御挨拶申上之、
但、右御廊下へ御家門衆御出座、前々同席右之御間へ列座後、御家門衆御出、御怡被申上之、
一御発駕ニ付、御用人始御役人共、席へ罷出御怡申上之、
但、　御曹司様へは御側御用人を以遂披露之、
一御発駕被遊候段、御通筋之外御代官へ前々書状を以申遣候処、以来御目付より申遣候様、此度御沙汰ニ付不相出之、
一右ニ付八戸へ為御知、御家老迄書状を以申遣候、呈書は御在府ニ付江戸へ申遣之、
一花巻御止宿へ伺御機嫌、例之通遠使相立之、
一御発駕之儀、江戸へ七日振飛脚を以申遣之、
但、御用儀被　仰越候哉と花巻御寓へ立寄候様前々被　仰付候処、此度御沙汰ニて立寄不申、直々江戸へ罷登候様申付之、

八ノ
廿八日　晴

弥六郎
筑後
勘解由
丹波
典膳
主膳

一天量院様(利視)御忌日ニ付、聖寿寺へ　御代香主膳相勤之、

八ノ
廿九日　晴

筑後
勘解由
丹波
典膳
主膳

八ノ
晦日　晴

弥六郎
勘解由
丹波
典膳
主膳

九月朔日　晴

弥六郎
筑後
勘解由
丹波
御用番
典膳
主膳

一拾石壱升壱合
郡山御役医
内城順庵
親了順及末期忰元良先達て出奔に付、二男順庵名跡被　仰付被下度旨申上、存生之内願之通跡式無相違被　仰付候間、家業情（精）出候様被　仰付、御代官へ以書状申遣之、

一
御馬役
村松刑部
当馬喰馬御用立帰登被　仰付、於竹之間、同席列座典膳申渡之、

一
御馬乗役
内田栄之助
似鳥軍八
都筑丈助
右者、当馬喰馬御用立帰登被　仰付候付申渡候様、御馬役へ申渡候段、御用人申出之、
但、御目付へは、御用人より為知候由也、

九ノ
二日　雨

弥六郎
勘解由
丹波
典膳
主膳

一花輪御給人関理平治弟平右衛門儀、五十七歳罷成候処、去月九日罷出不罷帰候付、心当之所々相尋候得共、行衛相知不申、出奔之旨理平治訴書、御代官末書を以訴之、

九ノ
三日　曇

筑後
勘解由
典膳
主膳

一
玉井平馬
蝿田小兵衛
支配所毛馬内通毛馬内町七右衛門と申者、兼て行跡不宜御町ニ差置候ては、殿扱差支ニ相成候間、追放仕度旨御発駕前伺之通被仰付候、依之田名部通牛瀧へ御追放被　仰付被下度旨申上、伺之通御目付を以申渡之、

九ノ
四日　雨

弥六郎
典膳
主膳

一霊徳院（利幹）様御忌日ニ付聖寿寺へ　御代香筑後相勤之、

一五拾石
花巻御給人
蚫（蛇カ）口多喜人
親文左衛門存生之内、願之通跡式無相違被　仰付、　御城代へ書状を以申遣之、

九ノ五日　晴　　弥六郎
筑後
勘解由
典膳
主膳

一養源院様（利雄）　義徳院様（利正）御忌日ニ付、聖寿寺・東禅寺へ　御代香勘解由相勤之、

九ノ六日　晴　　弥六郎
勘解由
典膳
主膳

九ノ七日　晴　　筑後
勘解由
典膳
主膳

一江戸へ御献上之菱喰一、昇宰領松岡七郎組弐人附、今朝差立之、

一櫛引　八幡社僧専量、当廿八歳罷成候処、去月朔日与風罷出候処罷帰不申、心当之処々相尋候得共、行衛相知不申、欠落仕候旨普門院、訴之、

一江戸表、去月晦日立七日振飛脚奥瀬小八郎組弐人今朝着、御老中松平伊豆守様、去月廿九日御卒去ニ付、鳴物三日御停止、普請は不苦旨、大御目付より廻状到来ニ付差下、上々様方・御家門衆へ、御目付より為申上之、　御城下花巻御城代并在々相触候様、大目付・寺社御町奉行・御目付へ申渡之、御用人へ廻状為見之、八戸御家老へは、書状を以為知申遣之、

九ノ八日　晴　　弥六郎
勘解由
典膳
主膳

一霊徳院様（利幹）御忌日ニ付、東禅寺へ　御代香弥六郎相勤之、

一三人扶持　　花巻御給人　重茂秀弥

養父円治儀、及末期一子無之末継目御礼も不申上候処、妹有之ニ付養女ニ被成下、同所御給人親類小川俊左衛門二男秀弥聟名跡被　仰付被下度旨申上、御憐愍を以存生之内、願之通其方跡式無相違被　仰付、御城代へ書状を以、申遣之、

一三石　　七戸御給人　工藤善助

親善弥存生之内、願之通跡式無相違被　仰付、御代官へ書状を以申遣之、

一　　御馬役　村松刑部

来月三日出立被　仰付、御目付を以申渡之、

一　　御馬乗役　似鳥軍八
都筑丈助

右者、当馬喰馬御用立帰登被　仰付置候処、来ル廿五日出立被仰付、

一　　　　　　　　　　　　同 内田栄之助
右者、同断被　仰付置候処、十月三日出立被　仰付、御馬役へ申
達候旨、御用人申出之、
一九月廿五日立　　　　御厩小者 三人
一十月三日立　　　　　同 五人
右之通、出立之旨御馬役申出候段、御用人申出之、

九ノ
九日　晴　　　　弥六郎
　　　　　　　　筑後
　　　　　　　　勘解由
　　　　　　　　典膳
　　　　　　　　主膳

一前書之通鳴物御停止中ニ付、重陽之御祝儀申上候儀相止メ、御家
門衆・高知之面々・御新丸御番頭・諸者頭、登　場無之、御用人
并御勘定奉行以上之御役人・御使番・御勘定改書役計、於席御祝
詞申上之、
　但、此節御勘定改書役詰合無之、

九ノ
十日　曇　　　　弥六郎
　　　　　　　　勘解由
　　　　　　　　典膳
　　　　　　　　主膳

九ノ
十一日　小雨　　筑後
　　　　　　　　勘解由
　　　　　　　　典膳
　　　　　　　　主膳

一徳雲院(行信)様御忌日ニ付、聖寿寺へ　御代香、主膳相勤之、
一下田秀左衛門弟順治郎儀、当二十五歳罷成候処、去月廿八日与風
罷出候処、罷帰不申候付、心当之所々相尋候得共、行衛相知不申、
出奔之旨、秀左衛門訴之、

九ノ
十二日　晴　　　弥六郎
　　　　　　　　勘解由
　　　　　　　　典膳
　　　　　　　　主膳

一即性院(重直)様御消月ニ付、聖寿寺へ御香奠御備、　御代香筑後相勤之、

九ノ
十三日　晴　　　筑後
　　　　　　　　勘解由
　　　　　　　　典膳
　　　　　　　　主膳

一檜水棹木　　三拾六本
同　曲り木　三本
　但、橋船之あはニ相用候、目通壱尺五寸廻、
一同　　　拾弐本
　但、目通三尺廻、
右者、此度於大畑湊浜　公義御船金真丸御修復ニ付、御入用木手

寄於御山被　仰付被下度旨、北地御用取扱人大畑町竹田屋伝右衛
門・湊屋清右衛門申出、差懸候事故被　仰付候様仕度旨、花坂理
蔵申出候間、願之通申渡之、

九ノ十四日　雨　　弥六郎
　　　　　　　　　典膳
　　　　　　　　　主膳

九ノ十五日　晴　　弥六郎
　　　　　　　　　筑後
　　　　　　　　　勘解由
　　　　　　　　　典膳
　　　　　　　　　主膳

九ノ十六日　晴　　弥六郎
　　　　　　　　　勘解由
　　　　　　　　　丹波
　　　　　　　　　典膳
　　　　　　　　　主膳

一江戸へ、今朝より七日振飛脚松岡七郎組弐人差立、御用儀共申遣
之、
一屋形様道中益御機嫌能、去ル九日晩千住被　遊　御発駕、直々御
屋敷被遊　御着座候由、同日立飛脚、今晩着御用状申来、　御曹
子様へ申上御役人共へも申渡之、尤上々様方・於年殿・御家門衆
へは、御目付より申上之、

九ノ十七日　晴　　筑後
　　　　　　　　　勘解由
　　　　　　　　　丹波
　　　　　　　　　典膳
　　　　　　　　　主膳

九ノ十八日　晴　　弥六郎
　　　　　　　　　勘解由
　　　　　　　　　典膳
　　　　　　　　　主膳

一南宗院様(利直)　大源院様(重信)御忌日ニ付、聖寿寺へ　御代香丹波相勤之、

九ノ十九日　晴　　弥六郎
　　　　　　　　　筑後
　　　　　　　　　勘解由
　　　　　　　　　丹波
　　　　　　　　　主膳

九ノ廿日　曇　　　弥六郎
　　　　　　　　　勘解由
　　　　　　　　　丹波
　　　　　　　　　典膳

一弐石
親弥市右衛門存生之内、願之通跡式無相違被　仰付、御代官へ以書状申遣之、
七戸御給人
川村伊兵衛
主膳

九ノ
廿一日　晴
筑後
勘解由
丹波
典膳
主膳

一火之御番被　仰付、
但、来月朔日より相勤可申旨、端書ニ申遣之、
桜庭対馬

一火之御番御免被成旨被　仰出、何も奉書を以申遣之、
内堀大隅

一
大萱生外衛

一追手御門番、直々被　仰付、
漆戸左仲

一中之橋御門番、直々被　仰付、
内堀大隅

一日陰御門番、被　仰付、
楢山帯刀

一新山御門番、被　仰付、
黒沢伝左衛門

一新山橋詰御番所、被　仰付、
漆戸左司馬

一上田御番所、被　仰付、
岩間将監

一生姜丁御門番被　仰付、何も奉書を以申遣之、
但、外衛・左仲之外ハ、来月朔日より相勤可申旨、端書ニ申遣之、

一四家御門番
直々
石亀加治馬
葛西満五郎
三上多兵衛
日戸右内

一仁王御門番
両人直々
七戸志摩
毛馬内六郎
北守助右衛門
中野兵衛
辛　津門

一下小路御門番
足沢彦想
御同心者

一花屋丁御門番
御同心者

一加賀野御門番
御同心者

一夕顔瀬御門番
御同心者

一外火之番
野田伊織
遠山多門
千種武左衛門

一火事場見廻

一方井順治
岩井良左衛門
内田平六
目時平八
大萱生忠右衛門
一戸儀左衛門
金田一勝見
箱石弥右衛門
米内多織

右之通被　仰付、何も申渡候旨、御目付花坂理蔵申出之、

九ノ
廿二日　曇

筑後
丹波
典膳
主膳

九ノ
廿三日　雨

筑後
勘解由
丹波
典膳
主膳

一江戸表、去ル十六日立七日振飛脚戸来弓人組弐人昨夕着、　屋形様御参勤ニ付、去ル十三日以　上使御老中様・水野出羽守殿、御懇之　上意被　仰蒙候旨申来之、右之趣　御曹司様へ申上之、上々様方・御家門衆へは、御目付より申上候様申渡之、御役人共へも申渡之、

一仲間へ例之通　御書被成下之、

一高知中へ、明廿四日登　城、御怡申上候儀、前々奉書を以申遣候処、此度御沙汰に付、大目付より以廻状為申遣之、御用人へも申達、其外御新丸御番頭・諸者頭へは、御目付より申遣之、

一前書御怡　上々様方・御家門衆より明廿四日、被　仰上候様御附々へ、御目付より為申渡之、

一右ニ付、八戸御家老へ為御知、奉札を以申遣之、

一　御用人 黒川　司

京都へ之御使者被　仰付候ニ付、右御用中玄蕃と改名罷登候様被　仰付、去月廿四日、京都へ出立被　仰付、

一　同人

京都へ之御使者登被　仰付候ニ付、御紋御上下一具、御金弐拾両被下置旨、演説ニて申渡候旨、

一　大坂勤中御勘定改書役格奥詰 下田市郎平

此度　御即位ニ付、京都へ之御使者登黒川司就被　仰付候、副使被　仰付、尤御留守居御用向共ニ承候様被　仰付旨、去月廿四日江戸より申遣候由、

一南部主税殿、判蔵御門之内西御番所御免被成候旨、去月三日被　仰上候段、申来之、

一　奥詰泰右衛門事 高田七郎右衛門

右之通改名仕度旨申上、願之通去月十一日申渡候旨、右伺も御用状申来、御役人共へも申渡之、

一御側御目付黒川進八郎儀、御用人御用向も当分承り相勤候様被
仰付、去々月廿一日申渡候段、江戸表より申来之、御役人ともへ
も申渡之、

九ノ
廿四日　雨

弥六郎
筑後
勘解由
丹波
典膳
主膳

一前書有之通　屋形様御参府ニ付、当月十三日、以　上使御老中格
水野出羽守殿　御懇之　上意被蒙　仰、同十五日　御参勤之御礼
首尾好被　仰上候ニ付、為御歓御家門衆御登　城、総角之間於御
廊下被　仰上、典膳罷出御挨拶申上、尤拙者共へ被成下候　御書
之内、　御意有之旨、演説ニて申上、直々御請被　仰上之、
但、前々御書懸御目候処、去年三月廿三日御国許へ之、御暇被
仰出候節、御沙汰之趣を以　御書は不懸御目、尤三戸駒五郎殿
御幼少ニ付、御登　城無之、御附人を以御怡被　仰上候ニ付
御意之趣、御登　城之御方より、御通達被成候様申上之、
一高知之面々・御新丸御番頭、菊之間、諸者頭は柳之間へ一統相列
居候所ニて、御家老相揃罷出、列座之処ニて何も恐悦申上之、月
番より詢之、尤高知之面々へは拙者共ニ被成下候、　御書之内各
へも、　御意之趣有之旨、月番演説申達、直々御請申上之、
但、前々　御書拝見申渡之候処、前書有之通、去年三月御沙汰
ニ付、拝見不申渡之、
一御用人始、御勘定奉行以上御役人・御使番迄、席へ罷出御歓申上
之、
一高知之内病気等ニて恐悦不罷出者へは、　御書之内、　御意有之
付御請可申上旨、奉書を以申遣之候処、此度より右奉書不出也、

九ノ
廿五日　晴

筑後
勘解由
丹波
典膳
主膳

一　御鷹匠組頭 根守弥五兵衛
　　御鷹匠 福田浅之助
一　御犬飼 弐人
右者、当御献上御鷹附立帰登被　仰付申渡候段、御用人申渡之、
右、同断、

九ノ
廿六日　雨

弥六郎
筑後
勘解由
丹波
典膳
主膳

一江戸表、去ル廿日立七日振飛脚奥瀬小八郎組弐人今朝着、御用儀

共申来之、

九ノ
廿七日　曇

筑後
勘解由
典膳
主膳

一江戸へ今朝御献上之白鳥弐、舁宰領松岡七郎組三人附為差登之、

九ノ
廿八日　初雪

弥六郎
筑後
勘解由
典膳
主膳

一(利視)天量院様御忌日ニ付、聖寿寺へ　御代香主膳相勤之、

一
奥寺林之助
川村佐市
山本寛次郎
金平嫡子
兼平喜代治
和七嫡子
長沢甚作
五兵衛嫡子
村木勇次郎
覚右衛門嫡子
大矢覚蔵
小弥太嫡子
川井小平治

御年貢穀、御調御帳御物書当分御用中被　仰付置候処、御免被成
旨被　仰出、御目付を以申渡之、

一初雪ニ付、御曹司様へ仲間御機嫌相伺、御役人共御使番迄、詰
合計席へ罷出相伺之、
但、常服也、尤　上々様方へ相伺候儀は、寛政七年十月十九日
之趣を以、不申上之、

九ノ
廿九日　晴

弥六郎
筑後
勘解由
丹波
典膳
主膳

一今日　屋形様御誕生日ニ付、同席共恐悦申上之、尤為御祝儀於御
側、御吸物・御酒頂戴之、
但、御用人は、於御側恐悦申上之、

十月朔日　晴

弥六郎
筑後
勘解由
御用番
丹波
典膳
主膳

一
一戸金太郎
御神用司下役御免被成旨被　仰出、御目付を以申渡之、

十ノ二日　晴
筑後
勘解由
丹波
典膳
主膳

一百五拾石　　　外岡栄治
内五拾石現米
親織右衛門存生之内、願之通跡式無相違被　仰出、於竹之間、同席列座丹波申渡之、
一江戸へ、今朝立七日振飛脚岩間左次平組弐人差立、御用儀共申遣之、

十ノ三日　晴
筑後
勘解由
丹波
典膳
主膳

十ノ四日　晴
筑後
勘解由
丹波
典膳
主膳

一霊徳院様（利幹）御忌日ニ付、聖寿寺へ　御代香筑後相勤之、

十ノ五日　晴
筑後
勘解由
丹波
典膳
主膳

一養源院様（利雄）　義徳院様（利正）御忌日ニ付、両寺へ　御代香典膳相勤之、

十ノ六日　曇
筑後
勘解由
丹波
典膳
主膳

一江戸へ、今朝立七日振飛脚岩間左次平組弐人差立、御用儀共、申遣之、
一勘解由方病気ニ付、無登　城、

十ノ七日　曇
筑後
丹波
典膳
主膳

十ノ八日　晴
筑後
丹波

典膳
主膳

一霊巌院(信恩)様御忌日ニ付、東禅寺へ　御代香主膳相勤之、

一江戸表、去ル二日立七日振飛脚楢山茂左衛門組弐人今暁着、御用
儀共、申来之、

一　御徒勤中御給人格御屋敷御広敷御物書　土川儀七
御用向出精相勤候ニ付、勤中常府被　仰付、

一　御先供　藤田専五郎
先達て常府被　仰付置候処、弥江戸住居ニ被　仰付、右何も去月
廿三日、於江戸表申渡之、

一　御目付　吉田一学
御武具預り被　仰付、

一　御広間御番人　下川原右平太
勤番中御武具奉行被　仰付置候処、御免被成旨被　仰出、尤御門
番相勤候儀は、是迄之通相心得可申旨、何も去月廿四日申渡之、
右何も御用状ニて申来、御役人共へも申渡之、

十ノ九日　晴

筑後
丹波
典膳
主膳

一　奥寺林之助
川村佐市
金平嫡子　兼平喜代治
和七嫡子　長沢甚作
覚右衛門嫡子　大矢覚蔵
暮御証文認方御用御物書、当分被　仰付、御目付を以申渡之、

十ノ十日　晴

筑後
勘解由
丹波
典膳
主膳

一勘解由方、病気快登　城也、

一江戸へ、七日振飛脚村瀬周作組弐人、今昼差立内状之趣、申遣之、

十ノ十一日　曇

筑後
勘解由
丹波
典膳
主膳

一徳雲院(行信)様御消月ニ付、御香奠相備聖寿寺へ　御代香典膳相勤之、

一江戸へ御献上之薯蕷拾駄、宰領岩間左次平組三人附、今朝差立之、

一　桜庭対馬
手医和田立悦儀、病身罷成医業難相勤候ニ付、永之暇之儀願出候
間、願之通暇差遣申候、先達て手医之儀申上置候間、此段御届申
上候段、口上書を以被相届之、

十ノ 十二日　晴

筑後
勘解由
丹波
主膳

一即性院様御忌日ニ付、聖寿寺へ　御代香筑後相勤之、
（重直）

十ノ 十三日　晴

筑後
勘解由
丹波
典膳
主膳

一弐百石　御金方
吉田新七
内六人扶持
親舎人存生之内、願之通跡式無相違被　仰出、

一六拾石　御金方
中田永作
内五人扶持
親伊兵衛存生之内、願之通跡式無相違被　仰出、何も於竹之間、同席列座丹波申渡之、

十ノ 十四日　曇

筑後
勘解由
丹波
主膳

十ノ 十五日　雨

筑後
勘解由
丹波
典膳
主膳

十ノ 十六日　曇

筑後
勘解由
丹波
典膳
主膳

一江戸へ、七日振飛脚村瀬周作組弐人今朝差立、御用儀共、申遣之、

十ノ 十七日　朝

筑後
勘解由
丹波
典膳
主膳

十ノ 十八日　雨

筑後
勘解由
丹波
典膳
主膳

一南宗院様（利直）　大源院様（重信）御忌日ニ付、聖寿寺・東禅寺へ　御代香勘解
由相勤之、

十ノ　十九日　晴

筑後
勘解由
丹波
典膳
主膳

一鰰　一鉢　中野筑後
右は知行所之鰰　御曹司様へ指上遂披露、　御満悦之旨被　仰出、
詰合ニ付、直々申達奉書不出也、

十ノ　廿日　曇

筑後
勘解由
丹波
典膳
主膳

十ノ　廿一日　晴

筑後
勘解由
丹波
典膳
主膳

一江戸へ御献上之鮭披四駄、宰領村瀬周作組弐人附差立之、

十ノ　廿二日　晴

筑後
丹波
典膳
主膳

一江戸表、去ル十六日立七日振飛脚楢山茂右（左）衛門組弐人今夕着、御
用儀共、申来之、
一於江戸表、去月廿一日初菱喰御献上被成候処、鳥振一鉢宜　仙洞
御震献相成候由、申来之、
一　一条源治
御神用司下役当分被　仰付置候処、本役被　仰付、去ル四日申渡
候由、
一　御小性　瀬山守司
御取次兼帯被　仰付、去ル七日申渡候由、
一　三浦八惣治
間之間御免被成旨、被　仰出、同日申渡候由、
一　常府　三浦八惣治
御下屋鋪御取次被　仰付、且指向候時ハ、御留守居御目付御用承
候様、尤御同所御山見守御用共ニ、被　仰付、
一　観光院様御附役格　矢羽々小助
御下屋敷御目付御用御免被成旨、右、何も去ル九日申渡候由、
一　御駕籠頭
支配御陸尺小頭大江宇平治儀、老年迄出情（精）相勤候段、其方共申上
候ニ付、数十年之勤功を以、是迄一生之内、一ヶ年三俵宛被下置

候御米御加、都合弐両弐歩弐人扶持ニ永被成下、御徒目付所附刀
指被　仰付、
右、何も御用状申来、御役人へも申渡之、

十ノ廿三日　晴

筑後
勘解由
丹波
典膳
主膳

一弐拾弐石　　　　　　　　　花巻御給人 上田周治
　内弐人扶持
親金吾存生之内、願之通跡式無相違被　仰付、
一弐拾石四斗三升四合　　　　同所御給人 鹿討末太
養父東左衛門及末期、悴東太病身ニて嫡子仕兼候、依之本家河野
春司弟末太、名跡被　仰付被下度旨申上、存生之内、願之通跡式
無相違被　仰付、何も御城代へ以書状申遣之、
一江戸表、去ル十六日振飛脚楢山茂左衛門組弐人今暁着、内状之趣
申来之、
一　　　　　　　　　　　　三戸御代官 藤田　務
三戸御給人元木又一悴幾弥・泉山伊之助悴弥次郎・和田物兵衛悴
勇治、初て之御礼兼て御沙汰も御座候処、延引仕不申上恐入、右
三人親共、当七月差扣願之通被　仰付候、詰合中扱向行届不申恐
入差扣願出、追て御沙汰有之迄不及其儀旨、御目付へ申渡之、

十ノ廿四日　小雪

筑後
勘解由
丹波
典膳
主膳
但馬

一　　　　　　　　　　　　弥六郎嫡子 八戸但馬
親勤功も有之ニ付、御席詰被　仰付旨、但馬へ被成下、御書於
席右　御書相渡申達之、
一但馬御席詰被　仰付候旨、御用人并御役人へも申渡之、
一右ニ付、　上々様方・御家門衆へ為御知申上、高知并御新丸御番
頭・諸者頭・諸士・諸医へも相触候様、大目付・御目付へ申渡之、
寺社御町へも相触候様、寺社御町奉行へ申渡、花巻御城代并在々へ
も申遣候様、御目付へ申渡之、
一嫡子但馬御席詰被　仰付候ニ付、弥六郎名代楢山帯刀を以、御請
申上、於御杉戸、脇々同席列座丹波謂之、

十ノ廿五日　晴

筑後
勘解由
丹波
典膳
主膳

一弥六郎方口上書、左之通、
　拙者儀、去ル四日より中風之症相煩、御医師大沢宗貞・佐藤三

益・佐山成庵・伊沢養順・安田元益・肥田玉英・藤本伯林、尤手医師薬鍼相用候得共、同廿日より痰喘迫相募、此節大病罷成候、依之乍恐御医師被　仰付被下度奉願候、此旨宜御執成頼入存候、以上、

十月廿五日　八戸弥六郎

右、口上書葛西半右衛門を以差出候ニ付、前例之趣を以、御医師申渡遣候様、御目付へ申渡之、

一本道　村田元載

一鍼医　小原浩庵

弥六郎方病気ニ付、罷越療治仕候様被　仰付、尤御番医同様相心得、代々附居可申旨、以御目付申渡之、

一右、御医師願之通被　仰付候段、御目付を以半右衛門へ申渡之、

一右、為御請内堀大隅罷出、於御杉戸際謁之、尤但馬よりも御請申上之、

一右ニ付、御側より弥六郎病気為御尋奥詰御医師岡井元孝被遣之、

一右、為御請内堀大隅を以御側へ申上之、尤但馬よりも右御請同断、

一交御肴　一鉢　八戸弥六郎

病気為　御尋御側より、　上使奥詰神尾忠右衛門を以、被下置之、

一交御肴　一鉢　同人

御曹司様より、　上使奥詰桂源五を以、被下置之、

右、御請楢山帯刀を以御側へ申上之、尤但馬よりも御請同断、

一弥六郎方病気至て危篤之症罷成候旨、容躰書を以、御番医共申出之、

一　八戸弥六郎

病気相勝不申段被遊　御承知、御気遣　思召候、依之為御尋　上使被成下旨、御用人勝木藤蔵、弥六郎方宅へ被遣之、

右、為御請楢山帯刀罷出、於御杉戸際、同席列座丹波謁之、尤但馬よりも御請申上之、

十ノ廿六日　小雪　筑後

勘解由

丹波

典膳

主膳

一江戸表、去ル廿日立七日振飛脚楢山茂右(左カ)衛門組弐人今暁着、御用儀共申来之、

一弥六郎方願書、左之通、

私儀、文化四年六月御席詰被　仰付奉畏罷有候、然処去ル四日より中風之症相煩、御医師大沢宗貞・佐藤三益・佐山成庵・伊沢養順・安田元益・肥田玉英・藤本伯林、尤手医師得薬鍼罷有候処、同廿日痰喘息迫相募候ニ付、御医師奉願候処、願之通被　仰付段々　御丁寧被成下、難有仕合奉存候、随て色々遂養生候得共全快可仕病躰ニも無之旨、御医師申候、依之乍恐右御席詰御免被成下度奉願候、此旨御序之節、宜御執成頼入存候、以上、

文化十四年十月廿六日　八戸弥六郎印

東　勘解由殿

新渡戸丹波殿

毛馬内典膳殿

右願書、御目付野々村円蔵・毛馬内命助を以、差出候間、取納江戸表へ申上之、

一　八戸弥六郎

病気全快可仕躰無之付、御席詰御免被成下度旨申上候処、御役は御免被成候、遂養生相勤候様被　仰出、自然病気差重候共、跡式之儀は気遣仕間鋪候、遂養生候様　思召候旨被　仰出、

右之通　上使主膳被　仰付遣申達之、

但、着服平服之事、

右御請楢山帯刀を以申上、於御杉戸際、同席列座丹波謁之、尤但馬よりも御請申上之、

一弥六郎方中風之症相煩、色々遂養生候得共不相叶、今九半時病死之旨、石亀七左衛門口上書を以訴之、

一弥六郎方先例之通、御検使不被遣候間、勝手次第取仕廻候様可申達旨、御目付へ申渡之、随て前々之通遠野於大慈寺葬式仕度旨、七左衛門申出、勝手次第可致旨、申渡之、

一御香奠　白銀五枚　上使御使番 上田助之進

右者弥六郎方病死ニ付、嫡子但馬方へ被下之、

右御請内堀大隅を以、申上之、於御杉戸際、謁之、

一右ニ付、鳴物三日御停止、普請は御構無之旨、前々之趣を以上々様方へ御附々を以、御目付より為申上、諸士・町・在々花巻、共ニ大目付・寺社御町奉行・御目付より相触候様申渡之、尤遠在は病死壱通り、近在は今日より三日鳴物御停止之義、為申遣之、

一　御取次 関根八郎兵衛

宗門奉行兼帯被　仰付置候処、御免被成旨被　仰出、去ル十六日申渡候由、

一　御取次

公義へ宗門御届之節、一統持ニ被　仰付、右同日申渡候由、

一　御馬役 村松刑部

江戸勤番御用聞格被　仰付置候之処、御免被成旨被　仰出、

一　同人

御馬役之儀、以来御使番同様ニ被　仰付、何も右同日申渡候由、

右之通、於江戸表申渡候旨御用状申来、大奥并御役人へも申渡之、

十ノ廿七日　雪　筑後　丹波　典膳　主膳

一百石　毛馬内御給人 大森清作

親忠蔵存生之内、願之通跡式無相違被　仰付、御代官へ以書状申遣之、

十ノ廿八日　晴　筑後　勘解由　丹波　典膳　主膳

一天量院様(利視)御忌日ニ付、聖寿寺へ　御代香主膳相勤之、

一　　　　　　　　　　　　　　　桜庭兵庫
忌御免被成旨被　仰出、奉書を以申遣之、

十ノ廿九日　晴

筑後
勘解由
丹波
典膳
主膳

一弐拾石七合（地方）　　　　　　　　　　　花巻御給人 金田一幸助
内弐人扶持
親小右衛門存生之内、願之通跡式無相違被　仰付、御城代へ書
状を以申遣之、

十一月朔日　晴

筑後
勘解由（御用番）
丹波
典膳
主膳
但馬

一弐百石九斗余　　　　　　　　　　　　儀俄牧人
養父藤内及末期、悴仙之助当一歳罷成、虫積相煩早俄々敷快気可
仕躰無之、弟定五郎病身ニて末々御用相立可申躰無之、伯父牧人
名跡被　仰付被下度旨申上、存生之内、願之通其方跡式無相違
被　仰出、於竹之間、同席列座勘解由申渡之、

十一ノ二日　晴

筑後
勘解由
典膳
主膳

一江戸へ、今朝立七日振飛脚村瀬周作組弐人差立、御用儀共申遣之、

十一ノ三日　晴

筑後
勘解由
典膳
主膳

十一ノ四日　晴

筑後
勘解由
典膳
主膳
但馬

一霊徳院様（利幹）御忌日ニ付、聖寿寺へ　御代香筑後相勤之、
一御献上之御鷹為　御見分　御曹司様四時御供揃ニて御鷹部屋へ被
為　入、此節仲間月番之外相揃罷越御役人も相詰、　御帰城後何
も登　城也、
一　　　　　　　　　　　　　　　八戸但馬
忌御免被成旨被　仰出、奉書を以申遣之、

十一ノ五日　晴

筑後
勘解由
丹波
典膳
但馬

一養源院様(利雄)　義徳院様(利正)御忌日ニ付、両寺へ　御代香典膳相勤之、

十一ノ六日　晴

筑後
勘解由
丹波
典膳
但馬

一江戸へ、今朝立七日振飛脚多賀佐宮組弐人差立、御用儀共申遣之、

十一ノ七日　晴

筑後
勘解由
典膳
主膳
但馬

一江戸へ御献上之、若黄鷹五居為御登被成候に付、御鷹匠組頭根守弥五兵衛・御鷹匠福田浅之助、并宰領御同心弐人附差立之、

十一ノ八日　晴

勘解由
典膳
主膳
但馬

一霊徳院様(利幹)御忌日ニ付、東禅寺へ　御代香丹波相勤之、

一　　　　馬場直右衛門
病気全快可仕躰無之ニ付、閉伊田御番所御番人願之通御免被成、御目付を以申渡之、

一江戸表、去ル二日立七日振飛脚松岡七郎組弐人着、御用儀共申来之、

一於江戸表、去月廿二日御用番酒井若狭守殿御勝手へ御留守居加嶋舎罷出、花菱御紋も御替紋ニ、以来御着用被遊度旨、御内慮御伺書御用人を以、差出候処、御請取被置、同夕被為呼加嶋七五郎罷出候処、表向届書ニて可被差出旨御達ニ付、翌廿三日別紙御届書、七五郎持参差出候処、御請取被成候段申来、左之通、

私家紋丸ニ向鶴、替紋割菱并九曜相用来候処、花菱も替紋御座候ニ付、以来着服ニ相用申候、此段御届申上候、以上、

十月廿三日　　御名

御文言同断相用候旨、御用番酒井若狭守殿へ御届申上候ニ付、此段申上候、以上、

十月廿三日　　御名

右之通御届向相済候段、去ル二日立飛脚ニ申来、　御曹司様へ申上大奥御側通御役人へも申渡之、於年殿・御家門衆へは、御目付より申上之、高知中へは北監物へ大目付より申達之、尤仲間通達候様申達之、御新丸御番頭・諸者頭・諸士・諸医・寺社方へも申渡候様、寺社御奉行御目付へ申渡之、

十一ノ九日　雨

勘解由
丹波
典膳
主膳
但馬

一三拾石壱斗七升四合　　三戸御給人　釜沢民弥
親民之助存生之内、願之通跡式無相違被　仰付、御代官へ以書状申遣之、

十一ノ十日　小雪

勘解由
丹波
典膳
主膳

一　　矢幅八右衛門
病気全快可仕躰無之ニ付、馬門御番処御番人、願之通御免被成、御目付を以申渡之、

十一ノ十一日　曇

勘解由
丹波
典膳
主膳
但馬

一徳雲院様（行信）御忌日ニ付、聖寿寺へ　御代香、主膳相勤之、

十一ノ十二日　晴

筑後
勘解由
丹波
典膳
主膳
但馬

一即性院様（重直）御忌日ニ付、聖寿寺へ　御代香、典膳相勤之、

十一ノ十三日　曇

筑後
勘解由
丹波
典膳
主膳
但馬

十一ノ十四日　晴

筑後
勘解由
典膳
主膳
但馬

十一ノ十五日　晴

筑後
勘解由

丹波
典膳
主膳
但馬

一江戸ヘ御献上之鮭塩引御進物共拾駄、宰領多賀佐宮組弐人附今朝差立之、

十一ノ十六日　晴

筑後
勘解由
丹波
典膳
主膳
但馬

一江戸へ、今朝立七日振飛脚多賀佐宮組弐人差立、御用儀共申遣之、

一今昼八時大沢河原川守田三治居宅出火に付、勘解由・典膳・主膳登　城、類焼も無之火鎮也、

十一ノ十七日　晴

筑後
勘解由
丹波
典膳
主膳
但馬

一　川守田三治

私居宅大沢河原裏丁西側住居罷有候処、今八時自火ニて焼失仕候、依之恐入差扣罷有候旨申出、不及其儀旨、御目付ヘ申渡之、

十一ノ十八日　雨

勘解由
丹波
典膳
主膳
但馬

一十三ケ年　御使者給仕　一条小藤治
数年出情(精)相勤候ニ付、御目録金三百疋被下置旨被　仰出、

一　御鳥討　蒔内新兵衛
数十年出精相勤候ニ付、御目録金弐百疋被下置旨被　仰出、何も於竹之間、同席列座勘解由申渡之、

一四十ケ年　御馬乗役　菊池安兵衛
数十年実躰相勤候ニ付、一生之内組付御免被成旨被　仰出、御用人ヘ申渡之、以後御用人召連罷出、於竹之間、勘解由謁之、

一三十二年　御馬乗役　川井寛作
数十年出精相勤候ニ付、御目録金弐百疋被下置旨被　仰出、御用人ヘ申渡之、

一四十六ケ年　刀指　高橋八十八
数十年出精相勤候ニ付、御目録金弐百疋ツ、被下置之、

一三十五ケ年　刀指　柏葉市左衛門
三十一ケ年　同　松崎新之丞
数十年出精相勤候ニ付、御目録金弐百疋ツ、被下置之、

一四十一ケ年　　　御掃除坊主 友茶
数十年相勤候ニ付、御目録金三百疋被下置之、
一三十一ケ年　　　同 宗仙
右同断ニ付、弐百疋被下置之、
一五十三ケ年内小頭役三十四ケ年　　　御者頭 奥瀬小八郎
組御同心小頭篠木重左衛門儀、老年迄数十年無解怠相勤候段、其
方申上候付、御米三駄被下置之、
一六十五ケ年内同三十一ケ年　　　御者頭 楢山茂左衛門
組御同心小頭長沢幸之丞儀、老年迄数十年無懈怠相勤候段、其方
申上候ニ付、御米三駄被下置之、
一五十二ケ年内同三十ケ年　　　御者頭 野辺地礼八
組御同心小頭梅内嘉兵衛儀、老年迄数十年無懈怠相勤候段、其方
申上候に付、御米三駄被下置之、
一四十ケ年内同三十三ケ年　　　御者頭 奥瀬小八郎
組御同心小頭高木嘉次右衛門儀、老年迄数十年無懈怠相勤候段、
其方申上候ニ付、御米三駄被下置之、右何も御目付を以申渡之、

十一ノ十九日　曇

筑後
勘解由
主膳
但馬

一南宗院様（利直）　大源院様（重信）御忌日ニ付、両寺へ　御代香筑後相勤之、
一三百石　　　常府 横浜七郎
内五拾石御金方
養父英治兵衛及末期一子無之姉琴二十四歳罷成有之候得共、於江
戸表同性之外、常府ニ親類之者無之故、名跡相続之者可奉願上者
無之ニ付、以　御目先、姉へ為御娶名跡相続之者、被　仰付被下度
旨申上、存生之内願之通格別之以　思召入、其方跡式無相違被
仰出、於竹之間、同席列座勘解由申渡之、

十一ノ廿日　晴

筑後
勘解由
典膳
主膳
但馬

十一ノ廿一日　晴

筑後
勘解由
丹波
典膳
主膳
但馬

一　　　大須賀左右
此度支配所へ為代合出立仕候処、去月上旬より持病之腰痛差発、
養生乍仕押て相勤罷有候間、馬乗可仕躰無御座候、依之道中青駄
御免被成下度旨申上、願之通御目付を以申渡之、

廿二日　雪

筑後

勘解由
典膳
主膳
但馬

一江戸表、去ル十六日立七日振飛脚松岡七郎組弐人今暁着、御用儀共申来之、

一　　　　　　　　御馬方
御国許・江戸共ニ、以来熨斗目着用可申様御沙汰ニ付、村松刑部へ申達候由、

一　　　　　　　　在々御番人
正月計以来熨斗目着用可申旨、御沙汰之由、

一江戸表詰合之者出生御訴爰元ニて、嫡子并親類之内より御訴申上来候処、以来江戸ニて家主より御訴為申上候様御沙汰之旨、右何も御用状ニて申来候段、御目付毛馬内命助申出之、

一　　　　　　　　藤田　務
支配所三戸御給人元木又一・泉山伊之助・和田惣兵衛、右悴共初て之御礼延引仕恐入、右三人之親共、当七月差扣願之通被　仰付、其節詰合中扱向行届不申、恐入差扣願上候処、追て御沙汰有之迄、不及其儀旨被　仰付置候処、弥不及指扣旨被　仰出、御目付へ申渡之、

一但馬方、家座之通相心得候様御沙汰ニ付、今日より上座ニ相列也、

一御当頭様、御忌日月次　御代香是迄御用人ニて、為御勤被成候処、以来　御在府中御家老相勤　御在国之節は、御用人より相勤候様御沙汰御座候由、為心得申来之、

一御即位御使者黒川玄蕃儀、於京都、御使者首尾好相済、去々月十六日出立、同十九日着申候由、右之由　御曹司様へ申上、御役人共へも申渡之、

一御即位御使者黒川玄蕃儀、去月廿九日其元着ニ付、御帰国御使者罷下候節之御振合を以御逢有之、御直熨斗被下置候由、為心得申来之、

一御本家様より御末家へ之、御取扱向是迄御治定も無之、却て御親ミも薄く猶又此度　思召入ニ付、別紙之通以来御治定被成候旨、御沙汰有之、去月九日御屋敷へ主税殿御上り之節、各両人主税殿へ罷出、右之御次第并御取扱向已来御治定被成候趣共、申上候様被　仰付、段々之御次第主税殿へ申上相済候由、此段大奥御側通御用人御役人共へも、相心得居候様申渡候、

一南部主税殿御取扱向、以来左之通、

一御客懸りより御附役兼居候御用人へ之奉札、
以手紙令啓達候、甚寒之砌、　主税殿愈御無事珍重　思召候、右御見廻被　仰遣候、此旨御自分迄従拙者共、可得御意旨被仰付如此御座候、

月
黒川進八郎
吉田一学
金井儀右衛門

金井儀右衛門様
黒川進八郎様
吉田一学様

但御客懸りへ之返書
御手紙拝見仕候　之儀　屋形様被　仰付之趣主税へ申聞候、此

旨宜様被　仰上被下度、右御請可得御意如斯御座候、以上、

月

一年始・暑寒之諸御歓等有之節、主税殿御直勤之事、若御病気等之節は、御用人迄御口上札を以被　仰上候事、

其節御文言譬ヘハ

屋形様――恐悦申上候と御帰之事、

但、裏白折懸包

南　主税

御用人より右御答、左之通、

之儀御祝被　仰上　屋形様ヘ申上　恐惶謹言、

月

南　主税様

同断裏白折懸包

一御屋形向ニては、主税殿儀、只今之通殿付唱可申事、

一主税殿ヘ御家老始罷出候もの御見廻ニ罷出候と申述候事、

但、年始右ニ准シ、御祝儀申述候事、

一主税殿ヘ御家老始罷出候節、御家老ハ主税殿と申述、其外様と申述候事、

一此方様より御役人罷出候節、向キ方御用人より罷出候者ヘ、主税只今懸御目抔と唱候事、

十一月

十一ノ廿三日　晴　　但馬
勘解由
典膳
主膳

十一ノ廿四日　晴　　筑後
勘解由
典膳
主膳

十一ノ廿五日　晴　　但馬
勘解由
典膳
主膳

一　　奥寺林之助
川村佐市
金平嫡子 兼平喜代治
和七嫡子 長沢甚作
覚右衛門嫡子 大矢覚蔵

暮御証文認方御用御物書当分被　仰付置候処、御免被成旨、被仰出、以御目付申渡之、

一三日市大夫次郎名代石川幸之進を以指上、左之通、

一万度御祓大麻
熨斗　拾把
鰹節　十連
轡手助　十掛

御曹司様へ
一万度御祓大麻
熨斗　弐把
扇子　一箱
已上、
右之通差上遂披露之、

十一ノ廿六日　晴　　筑後
勘解由
丹波
典膳
主膳

十一ノ廿七日　晴　　但馬
勘解由
丹波
典膳
主膳

一江戸表、去ル廿日立七日振飛脚松岡七郎組弐人今暁八時着、御用
儀共申来之、

一　　神　匡
　　池田悦之進

一　鬼柳御関所番被　仰付、
　　山屋万左衛門

鬼柳御関所番御免被成旨被　仰出、御目付を以申渡之、
　　堀江儀平治

一　　御勘定奉行　工藤泰右衛門
去々年来御勝手御用向出情(精)骨折相勤、及老年候迄、諸事心得宜候
候(衍字)ニ付、御金方三拾五石御加増被成下、五拾三石弐人扶持へ御加
都合百石高被成下旨、被　仰出、

一　　御用人方御物書　太田和蔵
数年御用向実躰相勤候ニ付、勤中被下置候弐拾駄直々御加増被成
下旨被　仰出、

一　　御馬医　松本斎次郎
数十年出情(精)相勤候ニ付、御目録金弐百疋被下置旨被　仰出、

一　　御料理方　美濃部泰蔵
数十年出情(精)相勤候ニ付、御目録金三百疋被下置旨被　仰出、

一　　伊達浅之助
数年勤功も有之御用向出情(精)、別て重キ御用迄達候段、奇特ニ付、
御紋御上下被下置旨被　仰出、

一　　御医師　上田友篤
家業も有之ニ付、旁為御仕方之奥詰被　仰付、

一　　儒者　下田三蔵
　　御絵師　狩野休雪
家業も有之ニ付、旁為御仕方之奥詰被　仰付、
但、奥詰御医師次座被　仰付、
右之通被　仰出、何も去ル十八日於江戸表申渡候段申来、御役人
共へも申渡之、

十一ノ廿八日　晴

但馬
筑後
勘解由
典膳
主膳

一天量院（利視）様御忌日ニ付、聖寿寺へ　御代香丹波相勤之、

十一ノ廿九日　晴

但馬
勘解由
丹波
典膳
主膳

十一ノ晦日　晴巳ノ四刻寒入

但馬
勘解由
丹波
典膳
主膳

十二月朔日　晴

但馬
筑後
勘解由
丹波

（御用番）典膳
主膳

一　（御用人）安宅　登
御年男被　仰付、於席申渡之、

一　（御小納戸）七戸馬平
年頭御年男加御役持込ニ被　仰付、於御側申渡候段、御側御用人申出之、

一　（佐藤靭負代御用人）安宅　登
来春勤番登、被　仰付、

一　（御目付）沢里勇馬
右同断、何も、於席申渡之、

来春勤番登、被　仰付、

一御者頭　（村瀬周作）原　平兵衛
右者、於竹之間御廊下、同席列座典膳申渡之、

一御前様御附役　（生方屯代）佐羽内都合
右者、於竹之間、同席列座典膳申渡之、

一御用聞　（中居喜幸太代）岩間市郎兵衛

一奥詰御医師御上屋敷詰　安田元益

一御広間御取次加　谷崎文雪
（柴内其馬代奥詰）小栗左右司

一御金奉行　（北田俊右衛門代）関　岡右衛門

一大御納戸御買方　（乳井兵左衛門）川口左市

一御作事奉行　（米倉三次郎代）高橋要右衛門

一御広式御番人　本宿与五郎

一御祐筆　山口理右衛門代 猿橋良之助
一御用人方御物書　清水易人 工藤八郎代 小本助次郎
一御側御物書　七戸辰之進
一御使者給仕　石亀彦七代 佐羽内与七
田鎈長之進代 一条小藤治
右、何も於竹之間、同断、
一御勘定方　下斗米善治代 兼平金平
右者、御目付を以、御勘定奉行へ申渡之、
一御徒目付　柴内源十郎代 久保田新平
右者、御目付へ申渡之、
一御馬乗役　石川要之助代 菊池喜七
右者、御用人へ申渡之、
一御料理方　勝又金右衛門
一御賄所帳付　浅水八郎代 室岡勇之丞
一御広間御帳付　獅子内金右衛門 円子貞作預御徒 小泉伝五兵衛
一御徒　花坂理平太 気田友之助 福士勝六 中嶋加藤治 佐藤八十七預 代 和井内源左衛門
三ケ尻善司同 石井善兵衛
松岡源次郎同 工藤官右衛門
鈴木恰同 松田儀兵衛
一御台所帳付刀指　高間館清六代 鼠入与兵衛

一大御納戸御買方帳付刀指　野坂安之助代 寺田惣右衛門
一諸番御小人　一方井織太 内田良八代 鶯沢藤太
長沢丈八
久清・喜斎代 春喜
一表坊主　理斎
一御持弓筒之者　拾弐人
一御同心　壱組
一御長柄之者　上下御屋敷詰 三拾壱人
一御配膳小者　壱人
一御勘定所小者　勘太
一御台所小者　壱人
一人足肝入　壱人
一人足　上下御屋敷詰 七拾七人
御下屋敷詰
一御徒目付　和井内十右衛門代 寄木新蔵
一御同心　弐拾四人
右、何も御目付へ申渡之、
大坂詰
一御銅山方　多久佐里恭助代 中村専作
右者、於竹之間、同席列座典膳申渡之、
欄外
在役所ニ付、御目付より御用状を以申遣之、
一御勘定方　太田文左衛門代 大里治六
来春勤番登被　仰付、尤、詰合中御勝手方相勤候様被　仰付、御

目付を以、御勘定奉行へ申渡之、
一大御納戸御買方　川口左市
江戸詰合中御側御用達、兼相勤候様被　仰付、以御目付申渡之、
一御小納戸　七戸馬平
来春勤番登被　仰付、御側へ典膳相廻申渡之、
一　御用人　黒川　司
来秋迄、詰越被　仰付、
一　御前様御附役　横井　隣
一　御用聞　菊池忠治
一　御広間御番人　嶋田覚蔵
松田左仲太代奥詰　田鍍茂市郎
日戸善兵衛
大御納戸御買方　狐崎小兵衛
御医師　宮内通仙
御茶道　上田陸茶
御錠口番御物書兼　村井儀右衛門
御用之間御物書　小田代善弥
御目付所御物書　欠端七蔵
川村嘉兵衛代一生組付御免御馬医　大嶋惣平
来秋迄、詰越被　仰付、
一　御馬乗役　関　茂弥太
来秋迄、詰越被　仰付、
御台所下役兼御賄所帳付　沢井勇右衛門
御賄所物出　藤嶋伊兵衛

来秋迄、詰越被　仰付、　小森三右衛門代　工藤佐次右衛門
一　御勘定方　山口立太
来秋迄、詰越被　仰付、
一　表坊主　美斎
板之間小者　壱人
御台所小者　壱人
御広式方
一　板之間小者　壱人
御下屋敷詰
一　板之間小者　弐人
大坂詰
一御勘定改書役格　下田市郎平
一御銅山方　袖原長作
来秋迄、詰越被　仰付、
一　御作事奉行　松尾五兵衛
長詰ニ付、来春下り被　仰付、
一　御広間御番人奥詰　柴内其馬
下河原右平太
奥詰　杉田左中太
戸来杢左衛門
御金奉行　北田俊右衛門
御茶道　簗田春茶
御用人方御物書　工藤八郎

来春御下向御供下り被　仰付、右何も、於江戸今日申渡候旨、十
一月二日御便ニ申来、御役人共へも申渡之、
来春交代之内、江戸御発賀前着人数

一

御馬役 川村嘉兵衛
御使者給仕 田鍍長之進
御徒目付 柴内源十郎
同 和井内十右衛門
御賄所帳付 浅水八郎
御賄所物出 小森三右衛門
表坊主 久清
御同心上下御屋敷詰 弐組
御長柄之者上下御屋敷詰 十八人

御目付 沢里勇馬
御広間御取次奥詰 小栗左右司
御作事奉行 高橋要右衛門
奥詰御医師 安田元益
同 谷崎文雪
御用人方御物書 七戸辰之進
御使者給仕 一条小藤治
御徒目付 久保田新平
同 寄木新蔵
御料理方 勝又金右衛門
表坊主 春喜
御同心上下御屋敷詰 弐組
御長柄之者上下御屋敷詰 十八人

右之通、出立日限は、追て被　仰出候事、
右者、江戸より申来、御役人へも為相心得置之、

一 奥詰御医師 安田元益
谷崎文雪
勤番中　御前様御診相勤候様、御目付を以為申含置之、

一寒中為伺御機嫌三戸此面殿・三戸豊次郎殿御登　城、総角之間御廊下へ典膳罷出、御挨拶申上之、
但、三戸雅楽助殿御不参、三戸駒五郎殿御幼年ニ付、御登　城無之、御附人を以、被　仰上之、

一右同断ニ付、同席御機嫌相伺御用人始御役人、御目付格北浦奉行御使番席へ、罷出相伺之、
但、常服なり、

一高知之面々・同嫡子・御用人子共・高知嫡孫・御新丸御番頭子共上下着用　今暁より三日之内寒中為伺御機嫌、於筑後宅対客有之、右之面々罷出相伺、右面附等之儀ハ、筑後より取調差出之　御曹司様へ申上、右、面付御用人より江戸表へ申上之、
但、嫡子・嫡孫共初て之　御目見申上候ても、五節句・月次御礼不申上内は、対客へ罷出、御機嫌不相伺なり、

一江戸へ、今朝御節季御荷物五駄、宰領多賀佐宮組三人附差立之、

一右幸便ニ従　上々様方、御祝儀例之通十三日付ニて、被　仰進之、

十二ノ
二日　晴　筑後
典膳

主膳

一　　　　　　　　　　　山口権左衛門
　　　　　　　　　　　　石井忠兵衛
去年迄十ケ年皆勤ニ付、巻御上下一具宛被下置旨、被　仰出、

一　　　　　　　　　　　締役 東　市郎
去々年迄六ケ年皆勤ニ付、　御言葉之御褒美、被　仰出、

一　　　　　　　　　　　坂本郡司
去年迄五ケ年皆勤ニ付、御目録金弐百疋被　下置旨、被　仰出、

右、何も於竹之間、同席列座典膳申渡之、

一江戸へ、今朝立七日振飛脚塩川浅右衛門組弐人差立、御用儀共申遣之、

一江戸へ、御献上之鱈壱昇宰領塩川浅右衛門組弐人、附差立之、

十二ノ三日　晴　　　　但馬
　　　　　　　　　　　典膳
　　　　　　　　　　　主膳

十二ノ四日　晴　　　　筑後
　　　　　　　　　　　典膳
　　　　　　　　　　　主膳

一（利幹）霊徳院様御忌日ニ付聖寿寺へ　御代香、筑後相勤之、

一百拾八石現米　　　　　猪川多継
内三人扶持
親作左衛門存生之内、願之通跡式無相違被　仰出、於竹之間、同席列座典膳申渡之、

十二ノ五日　晴　　　　筑後
　　　　　　　　　　　丹波
　　　　　　　　　　　典膳
　　　　　　　　　　　主膳

一（利視）養源院様御祥月ニ付、聖寿寺へ御香奠青銅五十疋相備　御代香勘解由相勤之、東禅寺へ（利正）義徳院様御忌日ニ付　御代香同人相勤之、

十二ノ六日　晴　　　　筑後
　　　　　　　　　　　勘解由
　　　　　　　　　　　丹波
　　　　　　　　　　　典膳
　　　　　　　　　　　主膳

一江戸へ、七日振飛脚塩川浅右衛門組弐人今朝差立、御用儀共申遣之、

一五拾石　　　　　　　　久慈福松
養父伝助及末期、忰弓治虫積相煩、快気可仕躰無之二男辰之助虚弱ニて末々御用相立可申躰無之ニ付、弟福松名跡被　仰付被下度旨申上、存生之内、願之通其方跡式無相違被　仰出、於竹之間、同席列座典膳申渡之、
　但、福松病気ニ付、名代呼上申渡之、

十二ノ七日　晴　　　　筑後

一三拾壱石　　　　　　　　　　　　勘解由
　内六石現米　　　　　　　　　　　典膳
　　弐拾石御金方　　　　　　　　　主膳
　　五石野竿高　　　　　　　　　　宮古御給人　豊間根七郎右衛門
親保存生之内、願之通跡式無相違被　仰付、御代官へ書状を以申
遣之、

十二ノ
　八日　晴　　　　　　　　　　　　筑後
　　　　　　　　　　　　　　　　　勘解由
　　　　　　　　　　　　　　　　　典膳
一霊徳院様(利幹)御祥月ニ付、東禅寺へ御香奠青銅五十疋相備　御代香主
膳相勤之、
一　　　　　　　　　　　　　　　　　　　　堀江儀平治
馬門御番所御番人被　仰付申渡候段、沢里勇馬申出之、
一江戸表、去ル二日立七日振飛脚村瀬周作組三人今朝着、御用儀共
申来之、
一　　　　　　　　　　　　　　　　　　　　黒川進八郎
御新丸御番頭被　仰付、去月廿一日申渡候由、
一　　　　　　　　　　　　　　　　　　　　進八郎事　黒川主馬
右之通名改仕度旨申上、願之通被　仰付、申渡候由、
一　　　　　　　　　　　　　　　　　　　　黒川主馬
来正月　女御　御入内ニ付、京都へ之御使者被　仰付、当月廿七
日出立被　仰付旨、去月廿一日申渡候由、
一　　　　　　　　　　　　　　　　　　　　大坂詰奥詰　下田市郎平
来正月　女御　御入内ニ付、京都へ之御使者登　御新丸御番頭黒川
主馬被　仰付候ニ付、右御用中御留守居御用向も承相勤候様被
仰付旨、去月廿二日申遣候由、
一　　　　　　　　　　　　　　　　　　　　御用人　黒川　司
御年男被　仰付、去ル朔日申渡候由、
一　　　　　　　　　　　　　　　　　　　　常府　藤田専五郎
大岡主膳正殿内鈴木定八妹由理、当二十八歳罷成候、縁組仕度旨
申上、願之通被　仰出、去月廿四日申渡候由、
一愛宕之下、堀大和守殿中屋敷此度御求、去月廿九日御引受相済候
由、尤尓今公辺へ御届向も不被為済候得とも御屋敷内は愛宕之下
御中屋敷と相唱候様、是又被　仰出、両御屋敷詰合へも為相心得
候旨申来之、　御曹司様へ申上　上々様方へも申上、御家門衆へ
申達、大奥御側通并御用人・御役人へも申渡之、
一右同断ニ付、尓今　公辺へ御届向も不被為済候得共、御国元限は、
愛宕下御中屋敷と相唱候様被　仰出候旨申来、大奥御側通並御用
人・御役人へも申達之、御城廻小役人へも為相心得候様、御目付
へ申渡之、
一右同断ニ付、御勘定奉行以上、御役人詰合ニて御歓為申上候様御
沙汰ニ付、去月廿九日御歓申上候由、右ニ准、爰元ニても御勘定
奉行以上御役人詰合ニて、御歓申上候様御沙汰ニ付申渡之、
右、何も江戸より御用状申来申渡之、

十二ノ九日　晴

筑後
勘解由
丹波
典膳
主膳

一壱万弐千七百拾弐石三斗　八戸但馬
親弥六郎跡式無相違被　仰出、上使主膳方被遣被　仰渡之、
但、右　上使之儀は　思召入を以、此度より御家老　上使ニ被
仰付旨御沙汰ニ付、右之通且継肩衣着用相勤、尤四十三日目なり、
一右　上使戻り候処ニて、御目付ヘ右書付相渡申知之、御用人ヘも
申聞之、
一上使被遣候儀、御目付ヘ申渡之、今朝但馬方ヘも案内為申越之、
一右ニ付、但馬方速登　城　御請申上之、
一上下　金田一善左衛門
野田通御代官出情(精)相勤候ニ付、思召入を以野田通御代官休息被
仰付、沼宮内通御代官被　仰付、
一　田鎖治五右衛門
思召入有之、野田通御代官被　仰付、
一　御作事奉行　上斗米孫惣
勤番登被　仰付、
但、　御下向後出立被　仰付、御目付を以申渡之、
右、何も於竹之間、同席列座典膳申渡之、
一　御作事奉行　高橋要右衛門
来春勤番登被　仰付置候処、御国元にて御用有之ニ付、登御免被
成旨被　仰出、御目付を以申渡之、
一前書有之通、愛宕下堀大和守殿中屋敷此度御求御引請相済候御歓、
御用人并御勘定奉行以上御役人・御使番まで詰合ニて、席ヘ罷出
申上之、

十二ノ十日　雪

筑後
丹波
典膳
主膳

村瀬周作組元御同心　半七ヘ
被　仰渡
其方儀、江戸於御屋敷盗いたし、欠落所々流浪仕　公義御捕押ニ
相成候次第無調法に付、田名部牛瀧ヘ御追放被　仰付候条、御
城下并他御代官所ヘ立入候ハヽ、曲事可被　仰付者也、
月　日

十二ノ十一日　晴

但馬
勘解由
丹波
典膳
主膳

一徳雲院(行信)様御忌日ニ付、聖寿寺ヘ　御代香筑後相勤之、

十二ノ
十二日　晴　　勘解由
典膳
主膳

一即性院様(重直)御忌日ニ付、聖寿寺へ　御代香丹波相勤之、

一今暮六時前馬場小路三上円治小屋焼失ニ付、筑後・典膳・主膳
登　城、無間火鎮退出也、

一　　　三上円治
小屋自火ニて焼失ニ付、恐入差扣罷有候段申出、追て御沙汰有之
迄不及其儀旨、御目付へ申渡之、
但、弥不及差扣旨被　仰出、正月七日御目付へ申渡之、

十二ノ
十三日　晴　　但馬
勘解由
典膳
主膳

一江戸より御鷹匠組頭根守弥五兵衛、御鷹匠福田銭之助昨夜下着ニ
付、添状箱御用人安宅登差出之、
但、御馬乗役は登り下り共ニ添状は、当番御目付ニて取扱也、

一　　　円子貞作預御徒
気田庄之丞
来年始御徒使申付候段、御徒頭申出候旨、毛馬内庄助申出之、

十二ノ
十四日　晴　　筑後
典膳
主膳

十二ノ
十五日　雪　　但馬
筑後
勘解由
丹波
典膳
主膳

一　　　御膳番
中野専右衛門
来年始御規式御用懸り被　仰付、於席申渡之、

一　　　女鹿喜代司
来年始御式法御用被　仰付、於竹之間、同席列座典膳申渡之、

十二ノ
十六日　晴　　筑後
勘解由
丹波
典膳
主膳

一江戸へ、今朝七日振飛脚塩川浅右衛門組三人差立之、御用儀共申
遣之、

一江戸、去ル朔日立御節季御荷物三駄、宰領松岡七郎組弐人附下着
也、

一右幸便ニ　上々様歳暮之御祝儀、例之通十三日付にて被　仰進之、

一淡路方来春　御下向御供下り、去ル十日被　仰付候由申来　御曹

司様へ申上、右之趣御側通御用人・御役人へも申渡之、
一宮内方来秋迄、詰越同日被　仰出候由、前同断、

十二ノ十七日　雪　　但馬
勘解由
典膳
主膳

十二ノ十八日　雪　　筑後
勘解由
典膳
主膳

一南宗院様（利直）　大源院様（重信）御忌日ニ付、両寺へ　御代香但馬相勤之、
一弐両弐人扶持　量寿院様御墓守刀指　笹川定之助
親源右衛門及末期、忰定之助六歳罷成候、此者御番代被　仰付被
下度旨申上、存生之内、願之通無相違被　仰付、寺社御町奉行へ
申渡之、

十二ノ十九日　雪　　但馬
筑後
勘解由
丹波
典膳
主膳

一今日　御曹司様御誕生日ニ付、為御祝儀於御側、御吸物・御酒仲
間頂戴之、

十二ノ廿日　晴　　筑後
勘解由
丹波
典膳
主膳

一　　　　　　　　　　　　御用人　安宅　登
御年男被　仰付候ニ付、拝領物被　仰付、於席、申渡之、
但、御年男加は御側御用人取扱也、

十二ノ廿一日　晴　　但馬
勘解由
丹波
典膳
主膳

十二ノ廿二日　晴　　筑後
典膳
主膳

十二ノ廿三日　晴　　但馬
典膳

主膳

一江戸表、去ル十六日立七日振飛脚村瀬周作組壱人岩間左次平組弐人今暁着、御用儀共、申来之、

一四人扶持　　内城　保

親半九郎存生之内、願之通跡式無相違被　仰出、於竹之間、同席列座典膳申渡之、

一南部左衛門尉様より兼て為御知被　仰進候通、英之助様御縁女松平丹波守殿御妹、去ル五日御引取被置、追て御婚姻被成御整候旨、為御知申来候段、御用状申来　御曹司様へ申上、上々様方へ之申上、御家門衆へも申達候様、御目付へ申渡之、尤大奥御側通并御用人・御役人へも申渡之、

一　　黒川主馬

御中屋敷へ引越被　仰付、尤住居所之儀は、追て被　仰出旨、去ル七日申渡候由、

一　　御取次　加嶋丈助
　　　御時計格　宮崎左一郎

右同断申渡候由申来、大奥御側通御役人へも申渡之、

一　　藤枝宮内

来秋迄詰越、去ル十日被　仰付候由、

一　　八戸淡路

来春　御下向御供下り、去ル十日被　仰付候由、御用状申来、御曹司様へ申上、大奥御側通御用人・御役人へも申渡之、

一被　仰出、左之通、

御前様御名は於教様（ミチ）と申上候儀は、兼て御沙汰一統心得居可申候、然処、妻娘之名ニ道と有之様相聞得候、譬文字違ニても、相用申間敷旨、被　仰出、

十二月

右之通相触候旨、御目付毛馬内庄助申出之、

十二ノ廿四日　雪　　典膳　主膳

十二ノ廿五日　晴　　但馬　丹波　典膳　主膳

十二ノ廿六日　晴　　筑後　丹波　典膳　主膳

一明後廿八日　天量院様（利視）御忌日之処、歳暮ニ付今日　御代香主膳相勤之、

一江戸表、去ル廿日立七日振飛脚村瀬周作組三人、今朝着御用儀共申来之、

一　　岩本専右衛門

曽祖父隠居理右衛門儀、文化三年五月与風罷出、罷帰不申候ニ付御内々御届申上置、心当之処々色々相尋候得共、行衛相知不申候

ニ付、其節御訴申上候、然処、昨夜立帰候付、向々出入之程も難
計、具ニ相尋候処、与風心得違仕罷出、仙台、衣川、瀬原町小野
寺仁右衛門と申者之処へ、旅宿仕候、右仁右衛門知人ニ無御座候
得共、外落付所も無之ニ付、同人へ世話頼合候処、致承知呉、文
化五年十月迄、世話ニ罷成居候処、江戸表へ罷登申度候ニ付、同
人より暇取罷登、黒田豊前守様へ御徒奉公ニ被召抱相勤、当七月
迄罷在候処、病身ニも罷成、御国元慕敷一筋ニ存罷下候、然処、
道中仙台於城下、病身ニ罷成、同所成覚寺と申出家之世話ニて、
是迄居候、然処此節快気ニ付、無調法も不顧立帰候旨申候、外
向々出入之儀も無御座候哉と、押て相尋候得共、何之出入ケ間敷
儀無御座旨申聞候、出奔仕立帰候儀、恐入奉存候之間、急度為慎
置候段、去ル朔日訴出候、追て御沙汰被成候迄厳敷為慎置候様申
渡、江戸へ相伺候処、前例之趣を以申渡候様御沙汰之旨、申来候
ニ付、直々御預蟄居被　仰付旨、今日以御目付申渡之、

一右ニ付、守右衛門儀恐入差扣願出候間、願之通差扣被　仰付、尤
右ニ付、親類共恐入差扣願出候間、不及其儀旨、御目付へ申渡之、

一　　　　　　勝木藤蔵
居宅今夜八ツ時自火ニて焼失、其節木夜札壱枚焼失ニ付、恐入差
扣罷有候段申出、追て御沙汰有之迄、不及其儀旨、御目付へ申渡
之、
　但、翌正月廿日弥不及差扣旨、被　仰出、御目付へ申渡之、

十二ノ廿七日　晴

一今夜御煤取ニ付、仲間無登　城、

十二ノ廿八日　晴

但馬
筑後
丹波
典膳
主膳

一席へ、御熨斗出、

一為歳暮之御祝儀、　屋形様・　御曹司様へ、御家門衆始仲間・高
知之面々・御用人より御肴一折ツヽ、銘々目録ニて差上之、遂披露
之、尤爰許御留守居有之候得は、御肴指上候得共、此節無之、御
留守居見習格大目付は、文化九年伺之上、不差上之、
　但、江戸詰合仲間同御用人始、御勘定奉行以上御役人・御使番
　迄、席へ罷出、御二方様へ御祝詞申上之、

一　　　　　　岩本守右衛門
指扣御免被成旨、被　仰出、御目付へ申渡之、

十二ノ廿九日　晴

但馬
丹波
典膳
主膳

一五拾弐人扶持　　　　馬場慶助
親直右衛門及末期、悴慶助三歳罷成、御目見不申上候得共被　仰
付被下度旨申上、存生之内、願之通跡式無相違被　仰出、名代呼
上於竹之間、同席列座典膳申渡之、

十二ノ晦日　晴

但馬
筑後
丹波
典膳
主膳

一今日御年縄配ニ付、御役人熨斗目、小役人上下着用也、

文化十五年

文政元年（四月二十二日より）

＝一八一八年

文化十五年戊寅歳

正月元日　晴　旧臘暦雖為小依旧例為大

御席詰 八戸但馬義堯
同 中野筑後康孝
東　勘解由政智
御用番 新渡戸丹波季達
毛馬内典膳直興
在江戸 八戸淡路義涛
同 藤枝宮内道博
見習 楢山主膳隆福

一御家老席へ御熨斗出之、

一鮭塩引　二尺　蚫沼惣左衛門
瓶子　一荷
一兎抑　一苞　相米弥左衛門
御箸　一膳
雉子　一番
瓶子　二荷

如御吉例、年頭之為御祝儀右之通差上、於竹之間同席列座、右両人罷出丹波謁之、右上ケ物ハ御年男へ相渡之、

但前々御熨斗頂戴被　仰付候処、当年ヨリ御沙汰ニ付、御熨斗ハ差出候計ニテ頂戴ハ無之、

一三戸雅楽助殿・三戸此面殿・三戸駒五郎殿御登　城、於　御座之間御廊下　屋形様・　御曹司様へ御祝詞被仰上、丹波罷出御挨拶申上之、

但雅楽助殿御不参、駒五郎殿御幼年ニ付、御附人ヲ以御祝詞被仰上之、

一高知之面々・同子共・御用人子共・高知嫡孫、御新丸御番頭・諸者頭、菊之間ヨリ柳之間迄一統罷出同断御祝詞申上、同席列座丹波謁之、御用人初御勘定奉行以上御役人、御目付格北浦奉行・御使番迄席へ罷出同様申上之、其外元日御礼申上候諸士・諸医登城、御玄関ニテ御帳ニ記御目付相出之、

但前々御新丸御番頭迄御熨斗頂戴被　仰付候処、当年ヨリ御沙汰ニ付、御熨斗ハ差出置候計ニテ頂戴ハ無之、

一為年頭之御祝儀、　屋形様へ御家門衆始仲間・高知之面々、身帯並献上物御肴一折宛差上、御用人ヨリハ御肴計差上之、　御曹司様へ前書人数並御用人ヨリ御肴計一折宛、銘々目録ニテ差上遂披露之、

正月二日　晴

但馬
筑後
勘解由
丹波
典膳
主膳

一為年始御祝詞、三戸豊次郎殿御登　城、　御座之間於御廊下御祝詞被仰上、丹波出席御挨拶申上之、

一二日御礼之諸士・諸医登　城、於御玄関御帳ニ記御目付相出之、

正月三日　晴　　丹波

一江戸へ年始御徒使円子貞作預気田庄之丞、今日差出候ニ付、御祝儀物並　上々様方ヨリ　御書御文相渡為差登之、

正ノ
四日　晴　　丹波

一霊徳院様御忌日ニ付、聖寿寺へ　御代香筑後相勤之、

正ノ
五日　晴　　丹波

一養源院様　義徳院様御忌日ニ付、聖寿寺・東禅寺へ　御代香但馬相勤之、

一江戸表旧臘廿九日立七日振飛脚、村瀬周作組弐人今夕着、御用儀共申来之、

一　　黒川主馬
此度京都へ之御使者被　仰付候□（抹消）ニ付、御長御上下拝領被　仰付、

一　　常府庄蔵二弟　山本金六
御留守居方御物書御調御物書兼帯旧臘廿三日申渡候由、

一　　勤中御徒並　古藤岩之助
病気ニ付、御留守居方御物書御調御用御物書兼帯御免被成下度旨申上、願之通旧臘廿一日申渡候由、

一　　常府　杉田斉宮
病気ニ付、奥詰御免被成下度旨申上、願之通旧臘廿三日申渡候由、

一　　同人
当二十七歳罷成候処、去々年より積気相煩怔忡驚悸有之、頃日ニ至心神煩乱眩曇（暈）卒倒仕、色々養生仕候得共至て難治之症ニて、此末一子出生之程難計ニ付、依之妹寿賀当十七歳罷成候、此者養女仕度旨申上、願之通旧臘廿四日申渡候由、

一　　同人
一子無之養女寿賀御座候ニ付、関根八郎兵衛三男勝蔵、養女へ聟養子仕度旨申出、双方願之通被　仰付、旧臘廿五日申渡候由、

一　　奥詰勝蔵事　杉田縫之助
祖父名ニ付相改度旨申出、右同日願之通申渡候由、

一　　常府　杉田斉宮
斉宮儀積気相煩、頃日ニ至眩暈卒倒仕、至て難治之症ニて、全快御奉公可相勤躰無之付、隠居仕、忰縫之助家督被　仰付被下度旨申上、願之通被　仰出旧臘廿六日申渡候由、

一　　御膳番
年始御規式御用懸り被　仰付置候所、当年より以来御膳番一統持ニ被　仰付旨、御沙汰ニ付申渡候段、御用人黒川司申出候由、

一御在国年は御膳番一人詰之事故、是迄之通別段ニ御沙汰無之候ても、自ら右御規式御用相勤候様御沙汰之趣、是又御用人佐藤靭負申出候由、右何も旧臘廿九日立飛脚御用状ニ申来、大奥御側廻御役人へも申渡之、

一南部左衛門尉様御持病之御痔疾ニ付、当冬中迄御滞府追々御願被成候処、猶又来年御参府御時節迄御滞府御養生被成度段、旧臘十一日御用番へ御願書被指出候処、同十六日御願之通被　仰出候由、為御知申来候段申来　御曹司様へ申上、　上々様方御家門衆へ御

目付より申上、大奥御側通御役人へも申渡之、

一　　　　　　　　　　　　　　　　　　岡田金左衛門

去四月罷登候節、道中草賀宿ニて鶴御紋縮緬単御羽織紛失ニ付、其節被申越候、然処去十一月二日、盗賊改渡部孫左衛門より金左衛門呼出ニて、同人当病ニ付、御留守居下役小松原半七并品物見知之者、金左衛門若党召連罷出候処、下役水野市太郎罷出先達て紛失品之内御紋付縮緬単羽織・紬縞袷(鳶)飛色羅紗三徳為見相違無之哉之旨相尋候ニ付、相違無之旨申向候処、右品半七へ御預被成旨相達候由申出候処、又候旧臘廿七日呼出ニて、御留守居加嶋七五郎同下役半七罷出候処、与力泉十郎左衛門罷出金子壱両三歩弐朱相渡候上、先達て預置候着服外品共構無之、右一件落着ニ付申達候由、七五郎申出被遂披露候由申来之、

一右ニ付、金左衛門恐入差扣同日申出、不及其儀旨被申渡候由申来、御役人共へも申渡之、

一旧臘廿八日暁七半時、西北之風ニて麹町四丁目より出火、壱丁目迄夫より平賀天下下焼失、御近火ニ付、御前様御下屋敷へ六半時御立除被遊候処、昼九半時過火鎮候ニ付、御前様益御機嫌能御帰殿被遊候由、主税殿御屋鋪御無難之由申来　御曹司様へ申上、大奥御側通御役人へも申渡之、

一御徒頭へ別紙之通御沙汰ニ付申渡候由、別紙左之通、

一　　　　　　　　　　　　　　　御徒頭

御供目付不人数之時は右御用も承り御供も可仕、尤御客懸り共不人数之時は已来相勤可申事、

右之通御用状申来、大奥御側通并御用人御役人へも申渡之、

正ノ
六日　晴　　　　但馬　筑後　勘解由　丹波　典膳　主膳

一今日寺社方、登　城、五ケ寺法輪院妙泉寺佐羽内播磨迄、菊之間御廊下へ罷出御祝詞申上、其外神職諸寺院諸組付ハ於御広間御帳ニ記、寺社御町奉行御目付差出之、

但聖寿寺病気ニ付不罷出也、

一御守札　　　　　　　　　　　　　永福寺

御門札

御昆布　一折

御扇子　一箱

鳥目　百疋

右之通差上候付、御側御用人を以　御曹司様へ遂披露之、

一江戸へ七日振飛脚河嶋円左衛門組弐人、今朝差立御用儀共申遣之、

一　　　　　　　　　　　　　　藤井孫右衛門

閉伊田御番所御番人被　仰付申渡候段、御目付沢里勇馬申出之、

正ノ
七日　晴　　　　勘解由　丹波　主膳

正ノ
八日　晴　　筑後
　　　　　　丹波
　　　　　　主膳
一霊巌院様御忌日ニ付、東禅寺ヘ　御代香勘解由相勤之、
正ノ
九日　晴　　但馬
　　　　　　勘解由
　　　　　　丹波
　　　　　　典膳
　　　　　　主膳
正ノ
十日　晴　　筑後
　　　　　　丹波
一江戸ヘ今朝立七日振飛脚河嶋円左衛門組弐人差立、御用儀共申遣之、
正ノ
十一　晴　　但馬
　　　　　　勘解由
　　　　　　丹波
　　　　　　典膳
　　　　　　主膳
一徳雲院様御忌日ニ付、聖寿寺ヘ　御代香主膳相勤之、
一但馬方口上書、左之通、
拙者儀今般継目被　仰付候、随て　御在府之御事故、前例之趣を
以御太刀馬代黄金壱枚三種、以使者差上申度候、此段相伺申候、
十二月　　　　　　　　八戸但馬
例書
一御太刀馬代黄金壱枚三種（元禄元年）
右は以使者献上仕候、
一御太刀馬代黄金壱枚三種（元禄十二年）
右は以使者献上仕候、
一御太刀馬代黄金壱枚三種（宝永三年）
右は以使者献上仕候、
右之通
御在府之節江戸表ヘ差上申候、以上、
十二月　　　　　　　　八戸但馬
右之通例書指添為内見被指出候間、表向指出候様相達可然哉と、
江戸ヘ旧臘内状を以相伺候処、御書取を以御沙汰ニ付、右御書取
写并内状を以申来、但馬方ヘは別段書取を以申達、御役人ヘは伺
書ヘ左之通附札ニて申知之、
右伺書内見ニ被差出候処、格別御少略中ニも被為　有候間、已来
江戸表ヘ使者為差登候ニは不及、御太刀馬代三種は　御国元ニて
御城ヘ使者を以献上被致、呈書計江戸ヘ為差登可被申候、尤右献
上之品ハ御用初後可被差上旨、詰合ニ付直々申達之、
一但馬方ヘ相達候書取、左之通、
今般跡式被相蒙候付、前例之趣を以、江戸表ヘ御太刀馬代并三種
以使者被献度旨、伺書内見被指出候処、格別御少略中ニも被為
有候間、使者為差登候ニは不及、御太刀馬代并三種共ニ　御国元ニ

て　御城へ使者を以献上被致、江戸表へは呈書計為差登候様、随て右献上之品ハ御用初後都合宜鋪節、献上被致候様　御沙汰ニ御座候、
右之趣御心得御達申候、
正月
一江戸表去ル六日立七日振飛脚、多賀佐宮・村瀬周作組弐人今日着、御用儀共申来之、
一年頭　御在国年は御礼被為　請候得は、　御二方様へ御肴差上候ニ不及候事、
但江戸詰合よりハ　御二方様へ御肴一折宛、於　御国元差上候事、
一年頭　御在府年は江戸詰合共ニ　御二方様へ、於　御国元御肴一折宛差上候事、
一端午歳暮　御二方様へ於　御国元、江戸詰合共ニ御肴差上候事、
一御発駕御帰国之御怡、御目録計只今迄之通差上候事、
一御前様・　観光院様へ只今迄之通、
十二月
右之通御沙汰之旨、於江戸表御用人黒川司申出候段申来之、
一　主税殿御用人　金井儀左衛門
去年来糀町御用出精相勤、別て御勝手向取締方主税殿御存入相応シ候段、　屋形様達　御聴神妙　思召候、依之御紋巻御上下一具被下置旨被　仰出、旧臘廿八日申渡候由、
一　常府　杉田縫之助
奥詰被　仰付、旧臘廿五日申渡候由申来、何も大奥御側通并御役人へも申渡之、
一南部主税殿御弟采女殿儀、御養子之御願被指出候処、今以御沙汰無之候得共為御逗留之、旧臘廿七日御養家山口延次郎へ御引越被成候旨、主税殿御屋敷へ御出被仰上候由申来、　御曹司様へ申上上々様方へも申上御家門衆へ申達、大奥御側通御用人へも申渡之、
正ノ
十二日　晴　勘解由
丹波
主膳
一即性院様御忌日ニ付、聖寿寺へ　御代香典膳相勤之、
一如例年之、大般若経御祈祷有之、永福寺其外真言之寺院登　城、於　御中丸相勤、四時過相済以後御膳出、此節為挨拶罷出候処、去年より御用人罷出致挨拶也、終て席へ永福寺罷出謁御昆布頂戴之、外僧中は御沙汰ニ付、当年より不謁也、
正ノ
十三日　雪　但馬
筑後
勘解由
典膳
主膳
一如御旧例、今日御具足之餅被為啓仲間於席頂戴之、大御番頭は菊之間、御番頭は御番所、尤御用人始御役人は於詰之間被下之、其外諸者頭始小役人於柳之間順々被下之、尤役所有之分ハ銘々於役所被下置之、委細御目付留ニ有之、

但一統於柳之間被下置候処、文化十四年より御沙汰ニ付右之通、
文化十年より以前之通御吸物・御酒共ニ被下之、尤大御番頭并
御番頭ヘ右頂戴之節、月番挨拶ニ罷出候処、以来挨拶無之様御
沙汰ニ付、文化十四年より不罷出也、

一御帰国御使者被　仰付、菊之間於御廊下同席列座丹波申渡之、　大御番頭　奥瀬内記

一　黒沢伝左衛門
御帰国御使者奥瀬内記被　仰付候、自然病気差合等之節右差替
被　仰付、以奉書申遣之、
但右御請月番宅ヘ以使者申上之、

正ノ十四日　晴

但馬
筑後
勘解由
丹波
典膳
主膳

一百五拾石余　矢幅秀治
親八右衛門存生之内、願之通跡式無相違被　仰出、

一弐人扶持　御医師　福田文庵
親超庵存生之内、願之通跡式無相違被　仰付候間、家業情出候様
被　仰出、何も於竹之間同席列座丹波申渡之、

一現米五拾石　花巻御給人　一方井直理
親友八存生之内、願之通跡式無相違被　仰付、御城代ヘ以書状申
遣之、

一五石　七戸御給人　籏屋長太
親久之進存生之内、願之通跡式無相違被　仰付、御代官ヘ以書状
申遣之、

一今暁七ツ時前鈍屋丁出火ニ付、但馬方・勘解由方丹波登　城、無
程火鎮退出也、

正ノ十五日　曇

但馬
筑後
勘解由
丹波
典膳
主膳

一六駄弐人扶持　栃内良八
親直右衛門及末期悴良八十一歳罷成、御目見不申上候得共跡式
被　仰付被下度旨申上、存生之内、願之通無相違被　仰出、幼少
ニ付、名代ヘ於竹之間同席列座丹波申渡之、

一江戸より年始御徒使鈴木恰預川村軍右衛門今夕下着、従　屋形
様　御曹司様ヘ年始為御祝儀鯉二尾、御手樽一御下被成、其外
上々様方ヘ御祝儀物被進之、

一去ル暦ノ二日、　屋形様御装束ニて御登　城、御太刀折紙被献御
礼被　仰上、　御着座　御盃御頂戴、時服二緘御熨斗目綸子御小
袖御拝領、右御祝式相済　西丸ヘ御登　城、御奏者ヘ被成御謁、
直々御退出被成旨御用状申来之、

正ノ
十六日　晴

一大斎日ニ付無登　城之、

正ノ
十七日　晴

但馬
筑後
勘解由
丹波
典膳
主膳

正ノ
十八日　晴

但馬
筑後
勘解由
主膳

一南宗院様・大源院様御忌日ニ付、両寺へ　御代香筑後相勤之、

正ノ
廿日　晴

但馬
筑後
勘解由
丹波
典膳
主膳

一御旧例之通、今日廿日ニ御直被成之、

一御旧例之通、御目出シ御祝儀有之、席へ御熨斗出簀(賽)振之、御吸物・御酒被下、御用人於詰之間同断、大目付・寺社御町奉行・表御目付・御目付・御勘定奉行・御使番於詰之間同断、　御城廻之者共於御用所簀(賽)振、御吸物・御酒頂戴之、
但御役人并熨斗目着用程之者熨斗目着用、其外は服紗小袖上下着用也、

一　年始御徒使
川村軍右衛門
此間御下被成候付、今日於御用所御料理、御目録金百疋被下之、

一江戸へ今朝七日振飛脚河嶋円左衛門組弐人差立、御用儀共申遣之、

一江戸表去ル暦十四日立七日振飛脚、多賀佐宮・松岡七郎組弐人昨夜着、御用儀共申来之、

一　但馬事
八戸弥六郎
右之通名相改度旨申上、願之通被　仰出、詰合ニ付於席申達、御役人へも申渡、御用人へ口達之、花巻御城代・在々へは御目付より為相触之、

一七草為御祝儀、同席始御勘定奉行以上御役人以来　屋形様　御曹司様へ御怡申上候様、沢田左司馬を以御沙汰ニ付、去ル七日同席始御役人席へ罷出御歓申上候由、

一七草為御祝儀、　御曹司様へ同席始御勘定奉行以上御役人席へ罷出御怡申上候由、右何も去ル十三日立飛脚、御用状ニ申来申上、御役人へも為相心得之、

正ノ
廿一日　晴

弥六郎
勘解由

丹波
典膳
主膳

一　　　　　　　　　　　　　　　　　　一戸豊前
悴三五七無調法之儀有之、嫡子ニ御立不被成旨被　仰出、二男佐弥太生質虚弱之上癇績相煩、末々御用相立可申躰無之ニ付、三男佐源治嫡子仕度旨申上、願之通被　仰出、竹之間ニおゐて同席列座丹波申渡之、

一　　　　　　　　　　　　　　　　　　一戸豊前
御用登被　仰付、勤中御神用司下役被　仰付、於竹之間同役丹波申渡之、
　但来月廿四日出立被　仰付、御目付を以申渡之、

一　　　　　　　　　　　　　　　　　　御持筒頭格 小田嶋　半
御用有之登被　仰付、
　但来月廿四日出立被　仰付、
右は御側御用人を以若御年寄へ申渡之、

一　　　　　　　　　　　　　　　　　　御神用司下役 宮　桃太郎
御用有之立帰登被　仰付、
　但来月廿日出立被　仰付、
右同断申渡之、

一　　　　　　　　　　　　　　　　　　御神用子供 堀嶋美濃
御用登被　仰付、
　但来月廿日出立被　仰付、
右同断申渡之、右何も於大奥申渡候旨、御目付へも書付を以申知之、

一二月廿三日立三月五日着
一二月廿六日立三月九日着
一二月廿九日立三月十一日着
一三月二日立同月十四日着
一三月廿九日立四月十二日着
一四月二日立同十四日着

御目付 沢里勇馬
奥詰 小栗左右司
御用人方御物書 七戸辰之進
御使者給仕 一条小藤治
御料理方 勝又金右衛門
御徒目付 久保田新平
御徒目付 寄木新蔵
御掃除坊主 春喜
御同心 二組
御長柄之者 十八人
奥詰 安田元益
谷崎文庵
御金奉行 関　岡右衛門
御者頭 原　平兵衛
御徒 和井内源左衛門
石井善兵衛
工藤官右衛門
松田儀兵衛
小泉伝五兵衛
御前様御附役 佐羽内都合
御用聞 岩間市郎兵衛
御賄所帳付 室岡勇之丞
御台所帳付 鼠入与兵衛

一四月四日立同十六日着

一四月七日立同十九日着

一四月十日立同廿二日着

一四月十三日立同廿五日着

一四月二日立同十四日着

御配膳小者 一人
御台所小者 一人
御広式御番人 本宿与五郎
諸番御小人 鶯沢藤太
長沢丈八
御掃除坊主 理斎
御持筒弓之者 拾二人
御長柄之者 拾三人
御人足肝入 壱人
上下御屋敷詰御人足 七拾七人
御用人 安宅　登
御祐筆 猿橋良之助
御用人方御物書 小本助次郎
御銅山方 中村専作
御勝手方 大里治六
御勘定方 兼平金平
御勘定所小者 勘太
大御納戸御買方 川口左市
御作事奉行 上斗米孫惣
大御納戸御買方帳付刀指 寺田惣右衛門
御小納戸 七戸馬平
御側御物書 佐羽内与七

右は水戸路相廻候事、

右之通出立被　仰付旨、江戸より御下被成候書付ニて直々御目付を以申渡之、

正ノ
廿二日　曇

筑後
丹波
典膳
主膳

屋形様へ
一御太刀馬代黄金一枚　八戸弥六郎
鯛　一折
昆布　一折
御樽　一荷

右は前書有之通、先頃継目就被　仰付候、前例之趣を以被指上之、江戸表へ可申上旨詰合ニ付及挨拶之、

正ノ
廿三日　雨

弥六郎
丹波
典膳
主膳

一

帷子多次郎
日戸宇右衛門
玉山小七郎
江釣子時弥
浦上善作
村木荘右衛門

去年御広間当勤心得宣相勤候段、御番頭申上達　御聴、依て　御

言葉之御褒美被　仰出、

岩井久之助
大沢鉄之助
津嶋弥四郎
馬場三之丞
木村勘兵衛
泉山彦四郎
堀江勇蔵
橋野益助
大坊嘉藤司
雫石佐蔵
太田末治
中野孫左衛門
一戸勇右衛門
長沢弥平
苫米地庄作
太田代兵司
西海枝栄八
江柄要作
斎藤兵左衛門
工藤良作

孫左衛門病気ニ付申渡之

一去年御新丸御広間当勤心得宣相勤候段、御番頭申上達　御聴、仍て　御言葉之御褒美被　仰出、右何も於竹之間同席列座丹波申渡之、

正ノ 廿四日　小雪

丹波
主膳

正ノ 廿五日　晴

弥六郎
勘解由
丹波
典膳
主膳

一江戸より御下被成候年始御徒使川村軍右衛門義、御料理御目録被下今朝差立之、
但是迄昼御立被成候処、去年御沙汰ニ付、前日添状相渡朝出立也、

正ノ 廿六日　晴

弥六郎
勘解由
丹波
典膳
主膳

四月四日立之処
一三月二日立　本宿与五郎
四月二日立之処
一二月廿三日立　御賄所帳付　室岡勇之丞
御配膳小者　壱人

右御配膳小者ハ立帰登ニ被　仰付、
右之通被　仰付申渡候旨、毛馬内庄助申出之、

一江戸表去ル廿日立七日振飛脚、多賀佐宮・岩間左次平組弐人今朝着、御用儀共申来之、

一　常府市平事 杉原源次郎
先祖名ニ付相改度旨申上、願之通去ル十三日申渡候由申来、大奥并御目付へ申渡之、

一　大年寄 佐羽内袖嶋
御用有之当秋迄詰越被　仰付、去ル十五日申達候由御用状申来、御曹司様へ申上、大奥御側通并御用人・御役人へも申渡之、

正ノ
廿七日　朝、雪

弥六郎
勘解由
丹波
典膳
主膳

四月十三日立之処
一　御作事奉行 上斗米孫惣
来月十日出立被　仰付申渡候段、御目付浅石清三郎申出之、

一牛王御祓　熊野新宮御師 石垣牛之助
一壱束一本
一毛氈一枚
右　屋形様へ献上
一牛王御祓
一壱束一本
右　御曹司様へ献上
右之通差上之、御側御用人を以遂披露之、

正ノ
廿八日　晴

筑後
勘解由
丹波
典膳
主膳

一天量院様御忌日ニ付、聖寿寺へ　御代香弥六郎相勤之、

正ノ
廿九日　晴

弥六郎
勘解由
丹波
典膳
主膳

正ノ
晦日　晴

筑後
勘解由
丹波
典膳
主膳

二月朔日　曇

弥六郎
筑後
御用番 勘解由
丹波

典膳
主膳

一御曹司様今日之御祝儀、御用人始御勘定奉行以上御役人・御使番迄、席ヘ罷出御祝儀申上之、
但右御祝儀ニ付、前々仲間始御用人・御勘定奉行以上御役人御肴一折宛差上候処、文化九年御沙汰ニ付不指上也、
一右ニ付、席ヘ御熨斗出、
一右ニ付、御吸物・御酒被下、仲間於席頂戴之、
御役人於詰之間被下、小役人役所ニおゐて被下之、
一右ニ付、仲間御役人熨斗目着用、二日三日平服、小役人今日計継肩衣着用也、
但文化九年御沙汰ニ付、増年之者も御祝儀申上之、

二ノ二日　晴
弥六郎
筑後
勘解由
主膳

一江戸ヘ今朝立七日振飛脚、河嶋円左衛門・牧田弓司組弐人差立、御用儀共申遣之、

二ノ三日　晴
弥六郎
勘解由
典膳
主膳

一江戸表去月廿七日立七日振飛脚、多賀佐宮組弐人昨夜着、御用儀共申来之、
一　御用人御年男 安宅登
此度之御祝儀ニ付、拝領物被　仰付於席申渡之、
但右拝領物は金百疋被下候得共、書出ニは不相認、本文之通申渡之、
尤御年男加は御側御用人取扱也、
一　五兵衛事 松尾太郎兵衛
右之通名相改度旨申上、願之通去月十八日申渡候旨、御用状申来之、
一　室岡平兵衛
立帰登被　仰付、直々御供下り被　仰付、
但二月廿三日出立被　仰付、
一　室岡勇之丞
二月廿三日出立被　仰付置候処、四月二日出立被　仰付、
右之通被　仰付、何も申渡候段御目付野々村円蔵申出之、

二ノ四日　曇
筑後
勘解由
典膳
主膳

一霊徳院様御忌日ニ付、聖寿寺ヘ　御代香主膳相勤之、
飯岡通御代官所上鹿妻村才兵衛子勇八儀、両親ヘ孝心ニ付、御代官吟味之上先達て孝心之儀申上候付、御憐愍を以勇八一生弐人扶

持被下置候、然処旧臘病死之旨訴出候、右御扶持方御取上可被成事ニ候得共、孝養之志をも相遂不申、不幸ニして早世仕候段不便ニ　思召、別段之御憐愍を以右弐人扶持之内、勇八両親へ一生之内壱人扶持被下置、壱人扶持は御取上被成之、御目付を以御代官へ申渡之、

一　　　　　　　　　　　　鬼柳黒沢尻通御代官
　　　　　　　　　　　　　長内良右衛門

支配所へ為内代来ル七日出立仕候、然処久々風湿相煩、手足屈伸牽痛養生乍仕押て相勤罷有候間、馬乗可仕躰無之ニ付、道中青駄御免被成下度旨申上、願之通御目付を以申渡之、

一　　　　　　　　　　　　宮　周蔵

親類北川角之進妻旧臘病死之節、江戸詰合角之進へ為知遣候儀、兼て御沙汰之御趣意取失候段恐入差扣願出、追て御沙汰有之迄不及其儀旨、御目付へ申渡之、

　但差扣は不被　仰付候、兼て御沙汰之御趣意取失不行届致方之旨被　仰出、二月廿七日御目付へ申渡之、

一　　　　　　　　　　　　坂牛内蔵丞

私組御同心四戸嘉兵衛・伊田山憐右衛門、江戸表東御門番相勤罷有候処、不念之儀有之慎被　仰付置候旨、江戸詰合同役村瀬周作より申来候付、恐入差扣願出候、

一　　　　　　　　　　　　四戸甚之丞

私組御同心青山嘉忠太右同断に付、恐入差扣願出候、

一　　　　　　　　　　　　藁目恵守

私組御同心高屋勝之進・多田半七右同断ニ付、恐入差扣願出候、

一　　　　　　　　　　　　出石良左衛門

私組御長柄之者万助江戸表於東御門前、喧嘩之場所へ立入候ニ付、慎被　仰付置候旨、江戸詰合同役池田又兵衛より申来候ニ付、恐入差扣願出候、

一　　　　　　　　　　　　設楽栄治

私組御長柄之者伊助、江戸表於東御門前喧嘩仕、町御奉行岩瀬加賀守御扱ニ相成候旨、右同人より申来候ニ付、恐入差扣願銘々口上書を以申出、何も追て御沙汰有之迄不及其儀旨、御目付へ申渡之、

二ノ
五日　晴　　　　　　　　弥六郎
　　　　　　　　　　　　　勘解由
　　　　　　　　　　　　　典膳
　　　　　　　　　　　　　主膳

一養源院様・義徳院様御忌日ニ付、聖寿寺・東禅寺へ　御代香筑後相勤之、

二ノ
六日　晴　　　　　　　　筑後
　　　　　　　　　　　　　勘解由
　　　　　　　　　　　　　典膳
　　　　　　　　　　　　　主膳

一江戸へ今朝七日振飛脚牧田弓司組弐人差立、御用儀共申遣之、

二ノ
七日　雨、霽　　　　　　弥六郎
　　　　　　　　　　　　　勘解由

典膳
主膳

一　沼宮内御給人
安田庄蔵
嫡子文七儀当十五歳罷成候処、生質病身癇気ニて眼病相煩盲目罷
成候間、嫡子仕兼候段訴之、

二ノ八日　晴　筑後
勘解由
典膳
主膳

一霊巌院様御忌日ニ付、東禅寺へ　御代香典膳相勤之、

二ノ九日　晴　筑後
勘解由
典膳
主膳

二ノ十日　晴　筑後
勘解由
典膳
主膳

二ノ十一日　晴　筑後
勘解由
主膳

一徳雲院様御忌日ニ付、聖寿寺へ　御代香主膳相勤之、
一江戸表去ル四日立七日振飛脚、塩川浅右衛門組弐人昨夜着、御用
儀共申来之、

二ノ十二日　晴　勘解由
丹波
典膳
主膳

一即性院様御忌日ニ付、聖寿寺へ　御代香筑後相勤之、
一昨夜八時箱崎助左衛門組、夕顔瀬向御同心四戸弥右衛門と申者、
火元ニて釜沢平八家共弐軒焼失、無間火鎮也、
右ニ付、助左衛門儀兼て申付方行届兼恐入差扣願出、追て御沙汰
有之迄不及其儀旨、御目付へ申渡之、
但弥差扣ニ不及旨被　仰出、三月十日御目付へ申渡之、
一　内藤弓治
親市郎儀支配所詰合罷有候処、今暁より持病之積気差発差込強、
其上吐血仕変症之程も難計旨、柴内良左衛門迄申来候付同人申聞
候、依之附添介抱仕度、内代罷帰迄御暇被下度旨申上、願之通御
目付を以申渡之、
一此節火之用心ニ付被　仰出、左之通、
一　外火之番
廻御役
火事場見廻

右は兼々被　仰付置候通、廻方怠も有之間敷候得共、頃日ニ至度々出火有之、物騒敷ニ付、別て廻方稠敷被　仰付候間、及夜更重ニ相廻、諸士丁并町々ともニ用心方怠之儀も有之候ハ、急度申達、其旨御同心迄可申出候、

一　　　　　　　　　　御徒目付

右は忍ひ廻之心得を以一夜両人宛廻方被　仰付置候得共、猶前書之心得申達外、一夜両人宛御増被　仰付候事、

但御徒目付無程交代被　仰付候得ハ、不人数ニて手ニ合兼可申候間、左之人数御徒目付加となく廻方計被　仰付候事、

御徒
村木多喜太
金矢甚五左衛門
上田五兵衛
本館金吾

一　　　　　　　　　　諸士へ惣触

火之元用心之儀兼々厳敷被　仰付置候得共、雪消相成、殊ニ頃日ニ至物騒之儀相聞候付、別て無油断用心方被　仰付候間、丁内辻番人へも急度申合相怠不申様可致候、尤外廻方も被　仰付、万一於丁内怠之儀有之候ハ、家主へ懸合置、名面御目付迄申出候様被　仰付候、此旨被得其意支配有之者ハ其頭、召仕は主人より可被申含候、

右之通御沙汰可被成哉、

二月

右用心方之儀御役人へ為遂相談候処、右之通申出候間伺之通申渡之、

二ノ十三日　雪　　筑後　勘解由　丹波　典膳　主膳

二ノ十四日　小雪　　筑後　勘解由　丹波　典膳　主膳

一壱両弐歩弐人扶持　　御鳥飼 高橋仙蔵

親与惣存生之内、願之通跡式無相違被　仰付候間、家業情出候様被　仰出、於竹之間同席列座勘解由申渡之、

二ノ十五日　晴　　筑後　勘解由　丹波　典膳　主膳

二ノ十六日　風雪　　筑後　勘解由

丹波
典膳
主膳

一江戸表へ七日振飛脚、牧田弓司組弐人今朝差立、御用儀共申遣之、

二ノ
十七日　晴

筑後
勘解由
典膳
主膳

一江戸表去ル十日立七日振飛脚、塩川浅右衛門組弐人昨夜着、御側御用申来也、

一　合之間　永田　祝
　　同　佐羽内黒祝

御用登被　仰付、来ル廿二日出立被　仰付、
但水戸路罷登候様被　仰付、
右は御側御用人を以若御年寄へ申渡之、

一　御神用子供　堀嶋美濃
　　御神用司下役　宮　桃太郎

来ル廿日出立被　仰付置候処、水戸路罷登候様被　仰付、

一　江戸勤中御神用司下役　一戸豊前

来ル廿四日出立被　仰付置候処、廿日出立ニ被　仰付、尤水戸路罷登候様被　仰付、
右は御側御用人を以若御年寄へ申渡之、

一　御持筒頭格　小田嶋　半

御留守詰登被　仰付置候処、御免被成旨被　仰出、
右は御側御用人を以若御年寄へ申渡之、右何も御目付へも申知之、

一前書有之候永田祝・佐羽内黒祝儀、御用役ニ有之候得共、此度合之間之名儀にて為御登被成旨、御沙汰之由申来、大奥ニて為相心得之、

一　御神用司下役　佐羽内丹宮

御用有之勤番下り被　仰付、尤三月十日出立被　仰付、去ル九日申渡候由申来、大奥并御役人へも申渡之、

一　工藤源右衛門

御中屋敷見守役被　仰付、
但御作事奉行格被　仰付、尤罷登候迄は川御普請方是迄之通相勤可申候、
右之通被　仰付候間、申渡候様被　仰付越候付申達候旨、御目付野々村円蔵申出之、

一当御下向御内配符、江戸表去ル三日多賀佐宮組弐人立御下シ被成、屋形様三月十五日前御暇被　仰出候得は、同十六日・十七日両日之内、江戸表被遊　御発駕旨被　仰出候得共、実は十六日御発駕御道中十二日振にて被遊　御下向旨、被　仰出候旨申来候段御目付申出之、

二ノ
十八日　晴

筑後
勘解由
典膳
主膳

一南宗院様・大源院様御忌日ニ付、両寺へ　御代香丹波相勤之、

二ノ十九日　晴　弥六郎
筑後
勘解由
丹波
典膳
主膳

二ノ廿日　晴　弥六郎
筑後
勘解由
丹波
典膳
主膳

二ノ廿一日　曇　弥六郎
勘解由
丹波
典膳
主膳

二ノ廿二日　小雨　筑後
勘解由

典膳
主膳

一　沢里勇馬
当勤番登明廿三日出立被　仰付候処、持病之疝積差発腰痛仕養生仕候得共、明日出立可仕躰無御座候間、出立日限日延被　仰付被下度旨申上、願之通御目付を以申渡之、

一江戸表去ル十六日立七日振飛脚、多賀佐宮組弐人今夕着、御用儀共申来之、

一　御先供　関根八之丞
御供立帰り下り被　仰付、去ル六日申渡候旨、江刺牧太申出候由、

一　御勘定奉行　帷平多平
定詰被　仰付永詰も致候間、一先休息被　仰付候ため、当四月十五日出立下り被　仰付、御国元三十日之休息ニて早速為御登被成旨、去ル十二日申渡候旨申来、大奥御側通并御役人へも申渡之、

一　御徒目付所附刀指　大江宇平治
老衰仕御奉公可相勤躰無之ニ付、孫菊次郎御番代被　仰付被下度旨申上、願之通去ル十五日申渡候由、

一　工藤八郎
親新兵衛存生之内、願之通跡式無相違被　仰出、去ル十五日申渡候由申来、何も御目付へ申渡之、

一女御入内御使者黒川主馬儀、於京都御使者向去月廿七日首尾好相勤、去ル六日出立同十七日江戸へ着候旨申来、　御曹司様へ申上、大奥御側通并御用人・御役人へも申渡之、

一　御側御目付　黒川主馬

御新丸御番頭御免被成旨被　仰出、去ル十八日被申渡候由申来、
大奥御側通并御役人へも申渡之、
右何も御用状申来之、

一大広間並合ニては日光御宿坊、何も院号之御宿坊御座候間、光蔵坊儀院号ニ被成候儀難相成筋ニも御座候ハヽ、外院号之寺院へ御宿坊御頼被成度旨、上野執当龍王院へ宮内御使者被　仰付、旧臘十一日上野へ罷越、右之趣龍王院へ申向候処、幸日光表へ御門主様御出ニ付御供仕候間、於彼地取扱候様可仕旨御答申出候由、然所正月末龍王院罷帰候ニ付、同月廿九日御屋鋪へ罷出申上候ニは、段々御趣意を以御宿坊御取替之儀、光蔵坊取扱候処奉畏候旨、右ニ付、同人願之趣一先請書龍王院まて差出候由、猶又二月六日光蔵坊江戸表へ出府仕、口上書願を以申出候ニは段々申上候通、御宿坊御取替相成候上は、此已後御不用之寺ニ罷成、後ニ至屋根替等可仕手段も無御座、難儀至極之儀御座候得共、御取替被成度御趣意も無御餘儀御訳合ニも可有御座候間、御憐愍を以光蔵坊往々相続仕、住持も無滞出来修覆等も仕候程之御手当金、此度御合力被成下置候ハヽ、年々右利金を以相続仕度候間、金六百両御寄附被成下度旨口上書を以申出候段、加嶋七五郎申出、入　御覧相伺候処、光蔵坊願之通六百両可被下旨御沙汰ニ付、七五郎を以為申渡候由、随て此度日光安居院へ御宿坊御頼之御使者、小栗左右司被　仰付被遣候事御座候旨、光蔵坊より之口上書願二通差下来、左之通、

奉願上候覚

拙寺旧来之檀家、　南部大膳大夫殿御宿坊之儀、此度院号之寺院ニ御取替之思召ニ付、段々御内話被　仰下候趣得と勘弁仕見候処、此間も申上候通、従来之檀家御宿坊御取替ニ相成候ては、差当り外聞恥辱は勿論之儀、拙寺代々先住共へ対候ても無申訳義ニ相成、拙僧生涯之難渋此時ニ御座候、乍去右躰之儀出来仕候ても、時節到来ニて無是悲次第奉存候、依之此已後難渋之次第一通り申上、幾重にも御慈愍之段奉願上度と存候、当時之寺南部殿御屋鋪より御建立御座候処、御宿坊御取替ニ相成候得は、以来御不用之寺ニ相成候付、修覆向等之御願も難申出、且自力にてハ迚も難及力候得は、往々必至と難渋仕、以来住持も出来兼候様相成可申と甚歎敷奉存候、尤彼御屋鋪御役人中之御懸合ニは、只御宿坊外へ御取替のみニて、祈願等諸事是迄之通可被成下趣は御座候得共、御宿坊御取替ニ相成候上は、畢竟御不用之寺ニ御座候付、時代相替候後々ニ相成候ハヽ、自然と諸事是迄之通ニは参兼可申と奉存候、其上此度御宿坊御取替ニ相成候ハヽ、右之響ニて外檀家も追々右之振合ニ相成可申哉も難計、万一左様候ては寺院之興廃ニも相拘り、実ニ相続難渋此時ニ奉存候、乍去御屋敷御役人中より被申立候趣も、無餘儀次第ニ御座候得は、何卒以来光蔵坊寺院無滞相続仕、且修覆等も行届候程之御手当、御屋敷より被下置候様乍恐御声懸被成下度、此段偏ニ奉願上候、左様被成下候ハヽ、当時之寺院切狭メ、後々住持も出来寺役万端無滞相勤候様仕置度奉存候、右之趣ニ相成候ハヽ、御屋鋪ニても以来御修覆、其外御世話も無御座、且御宿坊御取替之趣意も相立、猶又拙僧儀も御蔭を以往々寺院相続仕可申と奉存候、何卒格別之御慈愍を以前件之趣御声懸ケ被成下、

拙寺永々之難渋御救被下置候様幾重にも奉願上候、以上、

正月　　　　　　　　　光蔵坊

奉願覚

一光蔵坊出府之上口上願差出、左之通、

拙寺坊号ニ付、院号之寺ヘ御宿坊御取替被成度趣ニ付、一昨年も罷出申上候得共、猶又篤と勘弁仕見候処、此上難渋之次第旁々以今一応申上、幾重ニも御憐愍相願度、亦復此度出府仕、何分願之趣御聞済被下候様奉願上候、

一往来之御檀家様、弥此度御宿坊御取替ニ相成候ては、一昨年も申上候通、先差当り外聞恥辱ハ勿論之儀、拙寺代々先住共ヘ対旁以身分も不相済、拙僧生涯之浮沈難渋倒惑仕候、乍去時節到来右躰之儀出来候事、無常転変之世間無是非も次第共可奉存候得共、此上坊号之寺々之檀家方大少ニ不限、右之振合ニ相成候ては拙寺のみニ無御座、仲間一躰之差障之基と相成候儀ニ付、一統之迷惑難渋御勘弁被成下度候、

一当御屋方(形)様御宿坊、弥御取替ニ相成候上は、右之響ニて往々其外御檀家様も、宿坊取替相成候儀は必然之儀ニ御座候、左様成往候得は拙寺旧来之御檀家は皆無ニ相成、此上相続相立往兼候儀ニて拙僧身分のみニ無御座、永々難渋住持も出来兼候様相成候儀と歎鋪奉存候、

一御宿坊弥御取替ニ相成候上ハ、御建立被成下置候当寺は、此已後御不用之寺罷成候、然ル上は後々ニ至、修覆屋根等可仕手段も無御座、外御檀家様も皆無ニ罷成、往々必至と難渋困苦仕候事故、此上住持出来兼候事ニ相成候儀は、目前之様にて仲間一統永々之悲歎不可過之奉存候、尤先達て被仰下候は、只御宿坊ニ無之と申のみニて祈願等諸事、是迄之通可被成下趣ニ御座候得共、篤と勘弁仕候得は、当　御大守様御代各様御勤役被成候内ハ、思召を以左様被成下候儀ニ可有御座候得共、時移り御役人方も御替、後々ニ至り候ては何ニ様ニ道理申立願上候共、御不用無益之寺ヘ莫大之御物入被懸候儀は、彼是御難渋被仰聞候儀ハ必然之事と奉存候、右申上候訳ニて実ニ拙僧生前没後、永々寺之興廃にも相拘り、難儀至極之儀ニ御座候得共、御取替ニ被成度御趣意も無余儀訳ニも可有御座候間、何卒御憐愍を以此上光蔵坊代々寺相続仕、住持も無滞出来修覆等も出来候程之御手宛金、此度御合力御寄附被成下置候様仕度、此段偏ニ奉願上候、左様被成下候得は右金子御門主御方ヘ奉願上置、永代年々利分被下候様仕候得は、拙寺代々之住持永々　御屋形様之御高恩を蒙候道理御座候間、長久之祈願も幾久敷快御祈念申上候事ニ奉存候、右金子之儀は此已後拙寺宿坊御断之御方御座候節之形ニも相成、且惣躰之振合罷成候儀ニ付、彼是之勘弁仕候処、万石三拾両之割合を以、金六百両御合力御寄附被成候様仕度、此段幾重ニも奉願候、左様被成下候得は従来之御宿坊、此度御取替之御趣意も相立、拙僧儀も御断を受候処、仲間惣中ヘ対趣意も有之、外聞実儀も少クハ補ひ候訳ニも相成候間、何分別段之思召を以彼是之訳御照察被成下、願之趣御聞済被下候様奉願候、願之通被　仰付被下候上は、是迄年々被下候銀子は勿論之儀、已来願ケ間布儀一切決て不申上候、

一寺之儀弥御不用之寺ニ相成候上ハ、余り手広ニて修覆等之儀迚

も往届不申、難儀仕候事ニ御座候間、寺役相勤候と申程之寺切狭、難渋無之相続相成候様之手段ニ仕度奉存候、右願之通被仰付被下候得は、其内ニて諸事取計度奉存候、前件申上候通拙僧生涯ハ勿論之儀、永々迄之難渋之処御勘弁被成下、願之通何分御聞済被下置、御合力御寄附を以、永代御恩沢を蒙り寺相続仕　御社用無滞奉勤仕、且又年々不相替、　大守様御武運御祈願申上候様仕度奉願上候、右之趣宜御取成之程奉願候、以上、

寅
二月　　　　　　　　　　　　　　日光山
　　　　　　　　　　　　　　　　光蔵坊

御名

　　御役人中様

右之通差下来、大奥御側通并御用人御役人へも申渡之、

二ノ
廿三日　晴

弥六郎
勘解由
典膳
主膳

一　　　　　　　　　　　　　　　奥詰
　　　　　　　　　　　　　　　　小栗左右司

此度罷登候節、直々日光へ立寄江戸表より之御使者之積ニ取繕安居院へ御宿坊御頼之御使者被　仰付、於竹之間同席列座勘解由申渡之、

二ノ
廿四日　晴

筑後
勘解由
典膳

主膳

二ノ
廿五日　晴

弥六郎
勘解由
丹波
典膳
主膳

一　　　　　　　　　　　　　　　組付御免
　　　　　　　　　　　　　　　　石井安平

右は当御献上御馬附立帰登、来月十日出立被　仰付、

一　　　　　　　　　　　　　　　御馬乗役
　　　　　　　　　　　　　　　　佐羽内千弥

右同断被　仰付、

一　　　　　　　　　　　　　　　御馬乗役
　　　　　　　　　　　　　　　　菊池喜七

右は当勤番登被　仰付置候処、御献上御馬附添来月十日出立被仰付、

右之通被　仰付申渡候段、御用人申出之、

一鯛一折　　　　　　　　　　　　八戸弥六郎

名改願之通被　仰付候ニ付、右之通差上遂披露之、

二ノ
廿六日　晴

筑後
勘解由
丹波
典膳
主膳

一江戸表去ル廿日立七日振飛脚、塩川浅右衛門組弐人今夕着、御用

儀共申来之、
一女御御入内御使者黒川主馬儀、於京都御使者向去々月廿七日首尾好相勤、去月六日出立同十七日江戸着候由申来之、御曹司様へ申上、大奥御側通并御用人御役人へも申渡之、
御側御目付
黒川主馬
一御新丸御番頭御免被成旨、去月十八日被申渡候由御用状申来、大奥御側通并御役人へも申渡之、

二ノ廿七日 晴
弥六郎
勘解由
典膳
主膳

一四拾三石弐斗三升八合
内三駄現米
弐人扶持
福岡御給人
小笠原良助
親八十助存生之内、願之通跡式無相違被 仰付、御代官へ以書状申遣之、

二ノ廿八日 雨
弥六郎
筑後
勘解由
主膳

一天量院様御忌日ニ付、聖寿寺へ 御代香典膳相勤之、
一
奥寺林之助
夏御証文認方、御用御物書当分被 仰付、御目付を以申渡之、
川村作市
金平嫡子
兼平喜代治
和市嫡子
長沢甚作
覚右衛門嫡子
大矢覚蔵

二ノ廿九日 晴
弥六郎
勘解由
典膳
主膳

一
御目付
沢里勇馬
明晦日出立被 仰付、御目付を以申渡之、

二ノ晦日 晴
弥六郎
筑後
勘解由
丹波
典膳
主膳

一歳暮之 御内書被成下候ニ付、今日仲間并御用人於席頂戴、御家門衆・御附人上下着呼上、菊之間御廊下へ揃置、典膳出座之処ニて御内書入候御小蓋、御物書頭持出差置候処ニて 御内書被下候旨申達、御附人壱人宛罷出候処 御内書相渡、尤其節 御曹司様へも御肴被差上、 御満悦被成旨申達、夫より高知中在江戸、同席

病気之高知名代并病気之御用人名代、在江戸名代之内嫡子共菊之間へ罷出、平士より名代ニ罷出候者ハ柳之間へ並居候処へ、典膳菊之間へ罷出　御内書被下候旨申達、順々壱人宛相進ミ頂戴之、其節　御曹司様へ差上物有之ニ付、　御満悦之旨銘々へ演説ニて申達之、尤病気之方へは、右　御曹司様へ之差上物　御満悦之旨、右名代之者へ達方ハ、奉書ニて御内書と一所ニ相達候ニ付、右奉書相渡之、

　但仲間在江戸并病気ニて嫡子名代ハ、高知当主次席ニて相渡、平士より名代ニ候得は、御用人嫡子名代之次席ニて相渡、高知病気ニて名代も右ニ准シ、嫡子罷出候得は御家老嫡子次座、平士之名代ハ前ニ准し、御用人名代嫡子罷出候得は高知名代之嫡子次座、平士ニ候得は高知名代平士之次座ニて相渡也、

一右御請之儀御家門衆御附人引取申上、御承知之所ニて御附人を以御請被　仰上、菊之間御廊下ニて謁之、尤高知御請之儀ハ大目付へ申出、平士より名代へ罷出候得は御目付へ申出之、

一御内書渡方取計ひ候御家老ハ、歳暮之差上物遂披露候、同席取計ひ相渡候事、

　但在江戸御家老名代嫡子呼上之儀は、当番御目付より申遣之、
　尤御用人上下着用罷出候様、於席前日口達之、

津志田町浜屋内
ゑひ

先達て無調法之儀有之、慎被　仰付置候処、浜屋へ永ク御預ケ被成候条、広ク勤等致間敷旨被　仰付、慎御免被成之、

日詰通宮手村此面殿知行所百姓
甚助へ

被　仰渡

其方儀、新山権現堂建替入用焼枯杉并生木共ニ、新山寺依願被下置候処、伝法寺通下松本村与助申合、右請負仕不少過木蜜剪仕候旨、御代官吟味之砌申出候、兼々厳敷御沙汰被成候御山制相犯候段無調法ニ付、慎被　仰付置候処、有木品御取上ケ重キ過料被　仰付、慎被成御免者也、

月日

伝法寺通下松本村
与助へ

被　仰渡

其方儀、日詰通新山権現堂建替入用焼枯杉并生木共、新山寺依願被下置候処、日詰通宮手村甚助申合、右請負仕甚助申分ニ随ひ不少過木蜜剪仕候旨、御代官吟味之節申出候、兼々御沙汰厳敷被成置候御山制相犯候段無調法ニ付、慎被　仰付置候処、有木品之分御取上過料被　仰付、慎御免被成者也、

月日

日詰通新山寺知行所肝入
長七

其方儀、宮手村甚助伝法寺通下松本村与助過木剪取候節、再三差留候得共聞入不申、無拠其侭仕置候旨御代官吟味之節申出候、両人之者申募候ハヽ、其旨御訴可申上候処、等閑仕置候段不心得ニ付、慎被　仰付置候処御免被成候条、向後不心得之儀無之様、万端相慎可申者也、

月日

日詰通山屋村
三右衛門
同通犬伏森村
市助へ

被　仰渡

其方儀、持地野形ニ有之候杉壱本、并屋鋪内居久根ニ有之候杉壱本蜜木仕候旨、御代官吟味之砌申出候、兼々厳敷御沙汰被成候御趣意、取失ひ候無調法ニ付慎被　仰付置候処、右木品御取上慎御免被成者也、

月日

同通北田村御山守
宗十郎へ
被　仰渡

其方儀、家作心懸竹鼻御山ニおゐて松栗数本蜜剪仕候旨、御代官吟味之砌申出候、兼々厳敷被　仰付置候処、御山制相犯候段御山守主役取失ひ無調法ニ付、慎被　仰付置候処、御山守御取放重キ過料被　仰付、慎御免被成者也、

月日

右之通御片付、公事懸り御役人共申出、伺之通申渡之、

三月朔日　晴

弥六郎
筑後
勘解由
丹波
御用番
典膳
主膳

一御金方拾弐石　宮古御給人
中沢周治

親周助存生之内、願之通跡式無相違被　仰付、御代官へ以書状申遣之、

一　御錠口番
田鍍泰次郎

御神周司下役当分被　仰付、御側御用人を以相渡、於大奥申渡之、

一　栃内玉蔵

久々中風之症相煩候ニ付、鳶宿へ入湯二廻御暇被下度旨申上、願之通御目付を以申渡之、

三ノ二日　晴

筑後
丹波
典膳
主膳

一江戸へ七日振飛脚、牧田弓司組弐人今朝差立、御用儀共申遣之、

三ノ三日　晴

弥六郎
筑後
丹波
典膳
主膳

一席へ御熨斗出之、

一為上巳御祝儀、涼雲院様・於年殿御附々を以御側へ御祝詞被　仰上之、

一御家門衆御登　城、御中丸総角之間於御廊下御祝詞被　仰上、典膳罷出御挨拶申上之、

但雅楽助殿御不参、駒五郎殿御幼年に付、御附人を以御祝詞被　仰上之、

一高知同子供・御用人子供・高知嫡孫、御新丸御番頭菊之間諸者頭

は、柳之間へ一統相列居候処へ同席相揃罷出、列座之処ニて何も
恐悦申上之、
一御用人始御勘定奉行以上御役人、御使番迄席へ罷出、御祝詞申上
之、
一江戸表去月十八日立、御小納戸御長持弐棹、宰領四戸甚之丞組三
人今昼着、添状来之、

三ノ
四日　晴　　丹波
　　　　　　典膳
　　　　　　主膳

一霊徳院様御忌日ニ付、聖寿寺へ　御代香筑後相勤之、

三ノ
五日　晴、風　　丹波
　　　　　　典膳
　　　　　　主膳

一養源院様・　義徳院様御忌日ニ付、両寺へ　御代香弥六郎相勤之、

三ノ
六日　雨　　筑後
　　　　　　丹波
　　　　　　典膳
　　　　　　主膳

一横浜儀左衛門嫡子良助儀、当二十三歳罷成候処、去月十六日与風
罷出罷帰不申候ニ付、心当之所々相尋候得共、行衛相知不申出奔
仕候旨、儀左衛門訴之、

一　　　　　　　　　　中里判五郎
親隼見儀、野沢御番所勤番罷有候処、去ル四日より持病之積気差
発、指込強変症之程も難計旨、花巻御役医より長嶺左司迄申来候
段、同人申聞候間、附添介抱仕度代合罷帰候迄、御暇被下置度旨
申出、願之通御目付を以申渡之、

三ノ
七日　雨　　弥六郎
　　　　　　典膳
　　　　　　主膳

三ノ
八日　雨　　筑後
　　　　　　典膳
　　　　　　主膳

一霊巌院様御忌日ニ付、東禅寺へ　御代香主膳相勤之、
一六駄弐人扶持　　　　八木沢木八
親十蔵存生之内、願之通跡式無相違被　仰出、於竹之間同席列座
典膳申渡之、

三ノ
九日　雨　　典膳

一八石　　　　五戸御与力
　　　　　　　工藤六之助
親左五右衛門存生之内、願之通跡式無相違被　仰付、御代官へ書
状を以申遣之、
一江戸表去ル二日立七日振飛脚、河嶋円左衛門組弐人昨夜着、御用
儀共申来之、

一御献上之御馬為　御見分、　御曹司様今朝四時、御供揃ニて桜野御馬場へ被為　入候ニ付、同席相詰四半時過相済　御帰城被遊也、
尤　御城へは月番典膳計罷出也、
但右　御見分之儀兼て御沙汰ニ付、申上被為　入候事、

一　勝木藤蔵
黒川　司
玉山直人

御持筒弓頭佐藤靭負・白石環・沢田左司馬、右三人交代等ニて居合不申時は、右御持筒弓之者頭同様相扱可申事、
右之通御沙汰之旨御用状申来、藤蔵・直人へ申達之、尤司儀は詰合ニ付、於江戸申達候由申来、御役人へも申渡之、

一　奥詰　下田三蔵

久々御国許へ罷下り不申候ニ付、御国元諸生学向修行見届申度、依之当夏之中御暇被下置候様申上、願之通被　仰出、尤日数之儀は百日御暇被下置旨御沙汰ニ付、去月十八日申渡候由申来、大奥御側通御役人へも申渡之、

一　同人

老衰之上多病ニ付、忰直矢為介抱召連申度旨申上候由、尤道中青駄御免被成下度旨申上、何も願之通去月廿九日申渡候由、御用状申来、御目付へも申渡之、
右何も去ル二日立飛脚ニ御用状申来之、

三ノ
十日　曇　筑後
勘解由

典膳
主膳

一　楢山主膳

居宅屋根并其外一統、大破ニて難捨置躰相成候得共、如何様ニも手入も及兼候ニ付、宮古御代官所磯鶏村之内知行所御山之内、兼て百姓共累年手入植立候白浜御山・同あにや御山ニて、松元木目通七尺六寸廻より三尺廻以下千八百六拾五本、栗雑木目通四尺廻より三尺八寸廻以下弐百三拾本頂戴、地他払ニ仕、右代料を以居宅手入仕度、拾分一御役共御免被成下度、尤右余分を以極窮之百姓共手当も相加申度旨申上、文化十一年十二月願之通被下置、両山ニて松元木九百八本、栗雑木百四拾七本剪出、地他払仕、居宅手入并百姓共手当も仕難有仕合奉存候、随て右頂戴剪出候残木松九百五拾七本、栗雑木八拾三本御座候間、去年中為剪出申度候処、一躰不捌ニて望人無之、早俄取剪出兼罷有追々延引仕数年ニ相成候内、自然御山元紛敷儀等御座候ては別て恐入候間、不苦御儀御座候ハヽ、右残木之分返山仕度、尤右頂戴剪取候跡へ植継之儀并諸木手入等之儀は、無怠様情（精）々百姓ともへ申付置候旨申上、願之通被　仰出、詰合ニ付於席口達之、

三ノ
十一日　雨　弥六郎
勘解由
丹波
典膳
主膳

一徳雲院様御忌日ニ付、聖寿寺へ　御代香勘解由相勤之、

一 徳田伝法寺通御代官
岩部繁若次郎

日詰長岡通御代官内藤市郎病気快方之内、当分加被　仰付、

一 野沢御番人
長嶺左司

日詰長岡通御代官内藤市郎病気快方之内、岩部繁若次郎当分加被　仰付候間、右御用済迄徳田伝法寺通御代官当分被　仰付、右何も御目付を以申渡之、

三ノ十二日　晴

筑後
勘解由
典膳
主膳

一即性院様御忌日ニ付、聖寿寺へ　御代香丹波相勤之、

一 岩間左次平

組御同心松岡良之丞・橋野周太、夕顔瀬詰惣御門相勤罷有候処、右御番所ニて紛失物仕候旨申出候、誠精申含方行届不申恐入差扣願出候処、追て御沙汰有之有之(衍)迄不及其儀旨御目付へ申渡之、三月廿九日弥不及差扣旨御目付へ申渡之、

三ノ十三日　晴

弥六郎
勘解由
典膳
主膳

三ノ十四日　朝、雨

筑後
典膳
主膳

三ノ十五日　晴

弥六郎
筑後
勘解由
丹波
典膳
主膳

三ノ十六日　晴

筑後
勘解由
丹波
典膳
主膳

三ノ十七日　晴

弥六郎
筑後
勘解由
丹波
典膳
主膳

三ノ十八日　晴

筑後
勘解由
丹波
典膳
主膳

一南宗院様・大源院様御忌日ニ付、東禅寺・聖寿寺へ　御代香筑後相勤之、

一江戸表去ル十二日立七日振飛脚、河嶋円左衛門組弐人今朝着、御用儀共申来之、

一　御者頭　原　平兵衛

就病気、勤番登願之通御免被成、御目付を以申渡之、

一日光御宿坊之儀、安居院ニ御取替御頼之儀ニ付、光蔵坊御留守居迄去月廿日願出候は、安居院隣寺唯心院儀は、戸沢大和守様計之御宿坊ニて外ニ御大家様方も無之、此度唯心院へ御宿坊御頼被成候得は、　此方様重之御宿坊ニ相成候事故、唯心院御頼被成下候様安居院共ニ同様願上候旨、光蔵坊加嶋舎へ願出候ニ付、同人相伺候処左候ハ、、唯心院御頼被成候旨御沙汰ニ付、右之段光蔵坊へ舎談合候処、此節唯心院爰元へ致出府、御宿坊御頼之儀御請申上候段、舎申出候由御用状申来、此旨　御曹司様へ申上、大奥御側通并御用人・御役人へも申渡之、委細は案詞帳ニ有之、

一唯心院御宿坊ニ御頼ニ付、小栗左右司日光表へは不致前ニ、右御使者勤向光蔵坊迄頼遣置候様御留守居へ御沙汰ニて、御留守居取計候趣申聞候、尤左右司儀日光表御使者向無滞相勤、去ル九日爰元着申候由、御用状申来之、

一　奥詰　小栗左右司

御留守中御駕籠頭御用承相勤候様被　仰付候由、

一　同人

七戸馬平着致候迄御小納戸御用承候様被　仰付、何も申渡候旨御目付江刺牧太申出候段、御用状申来之、

一　御神用司下役　宮　桃太郎

御用有之立帰登被　仰付候処、御用済迄勤番被　仰付旨御沙汰ニ付、去ル四日申渡候旨申来、大奥并御役人へも申渡之、

一　中嶋良平

御道中・江戸表共ニ御次加被　仰付置候処、本役被　仰付旨、去ル八日申渡候旨申来、大奥御側通并御用人・御役人へも申渡之、

右何も去ル十二日立御用状ニ申来之、

三ノ十九日　晴

弥六郎
筑後
勘解由
丹波
典膳
主膳

一　村瀬周作代御者頭　奥瀬小八郎

勤番登被　仰付、於竹之間御廊下同席列座典膳申渡之、

一大迫通御代官所御山守助左衛門儀、及末期倅忠治兼て御山見廻シも為仕罷有候間、跡式被　仰付、御山守被　仰付被下度旨、願書御代官以末書申出候ニ付、親助左衛門存生之内、願之通跡式被下

置御山守被　仰付旨、附札ニて御目付を以御代官へ申渡之、

三ノ
廿日　晴

勘解由
典膳
主膳

一江戸表去ル十三日立七日振飛脚、河嶋円左衛門組弐人、昨十九日七時前到着、　屋形様へ同十三日以　上使御老中阿部備中守殿御国許へ之御暇被　仰出、御巻物二十、白銀三拾枚被遊御拝領、従　右大将様も以　上使御老中松平能登守殿御巻物十被遊御拝領候由申来之、右之趣　御曹司様へ申上之、　上々様方・御家門衆へは御目付より申上候様申渡之、御役人へも申渡之、

一右ニ付、去ル十六日江戸表　御発駕御道中十二日振ニて、来ル廿七日被遊　御着城旨申来之、　御曹子様へ申上、　上々様方・御家門衆へ御目付より申上之、御役人へも申渡之、

一右ニ付、例之通御席詰始仲間へ　御書被成下之、

一右ニ付、明廿一日　上々様方より御怡被　仰上候様、御目付より為申上之、御家門衆御登　城被仰上候様、御附人呼上、御目付を以申達之、高知中へは明日登　城御怡申上候儀、前々奉書を以申遣候処、去年　御参府之節より御沙汰ニ付、大目付より以廻状為申遣之、御用人へも申達、其外御新丸御番頭・諸者頭へは御目付より申遣之、

一右ニ付、八戸御家老へ為知書状を以申遣之、

一　御錠口番
田鍍泰次郎

御神用司下役当分被　仰付置候処、御免被成旨被　仰出、御側御用人を以相渡於大奥申渡之、

一御道中へ今昼江戸へ七日振之積立帰飛脚、野辺地札八組弐人差立御機嫌相伺之、

一旧臘申来候愛宕之下御中屋敷、此度御借置被成旨、御双方御届書被差出候ニ付、御留守居加嶋七五郎持参、去ル十一日御用番へ御届書被差出候処、承置候旨、御附札ニて御下ケ被成候旨、御用人申出候由、左之通、

私中屋敷・下屋敷、何も手遠ニ御座候付、愛宕下広小路堀大和守中屋敷、幸明居申候間熟談之上、当時私方ニ借置申候、此段御届申上候、以上、

三月十一日　御名

右之通御用状申来、　御曹司様へ申上、大奥御側通并御用人・御役人へも申渡之、

三ノ
廿一日　晴

弥六郎
筑後
勘解由
丹波
典膳
主膳

一前書有之通、　屋形様へ去ル十三日以　上使御老中阿部備中守殿御国許へ之御暇被　仰出候、為御怡御家門衆御登　城、総角之間於御廊下被　仰上、同席罷出御挨拶申上、尤拙者共へ被成下候御書之内　御意有之旨、典膳演説ニて申上、直々御請被仰上之、

但前々　御書懸御目候処、文化十三年三月廿一日御沙汰之趣を
以　御書は不懸御目、尤三戸雅楽助殿御不参、三戸駒五郎殿御
幼年ニ付、御登　城無之、御附人を以御怡被　仰上候ニ付、
御意之趣、右御附人へ申渡為申上之、

一高知之面々御新丸御番頭菊之間、諸者頭八柳之間へ一統相列居候所ニて、同席相揃罷出列座之処ニて何も恐悦申上、月番謁之、尤高知之面々へは拙者共へ被成下候　御書之内、各へも　御意之趣有之旨、月番演説申達直々御請申上之、

但前々　御書拝見申渡候処、前書有之通文化十三年三月より御沙汰ニ付、拝見不申渡也、

一御用人始御勘定奉行以上御役人・御使番迄席へ罷出、御歓申上之、

一高知之内病気ニて恐悦不罷出へは、　御書之内　御意有之付、御請可申上旨奉書を以申遣候処、去年九月より御沙汰ニ付、右奉書不出也、

一右ニ付、席へ御熨斗出之、

一弐拾四石六斗六升八合　三戸御給人　安宅末次郎

親新十郎存生之内、願之通跡式無相違被　仰付、御代官へ書状を以申遣之、

一屋形様へ当月十四日、御老中方御連名之御奉書御到来、翌十五日朝五時御登　城、御暇之御礼首尾好被　仰上、　御懇之　上意被仰蒙候段、飛脚幸便申来　御曹司様へ申上之、　上々様方・御家門衆へは御目付より申上候様申渡之、御役人へも申渡之、

一江戸表当月十六日立七日振飛脚、牧田弓司組弐人今七時過到着、屋形様益御機嫌能同日暁八時被遊　御発駕旨、宮内方より御用状を以申来、　御曹司様へ申上之、　上々様方・御家門衆へは御目付より申上候様申渡之、御役人へも申渡之、

三ノ廿二日　晴　筑後　勘解由　丹波　典膳　主膳

一　奥詰御医師　上野祐甫

御着城翌日出立被　仰付、御目付を以申渡之、

三ノ廿三日　晴　弥六郎　勘解由　丹波　典膳　主膳

三ノ廿四日　晴　筑後　丹波　典膳　主膳

一　大御番頭　奥瀬内記

屋形様来ル廿七日　御着城ニ付、早速御立被成候間、御着前相詰候様奉書を以申遣之、

三ノ　廿五日　曇

弥六郎
勘解由
丹波
典膳
主膳

三ノ　廿六日　雨

筑後
勘解由
丹波
典膳
主膳

一被下物有之ニ付、御勘定奉行召連罷出、於竹之間申渡之
去年迄二十五ケ年皆勤ニ付、御目録金弐百疋被下置旨被　仰出、
御勘定方　兼平金平
斉藤兵左衛門
御神用司下役　作山与右衛門

一
去年迄二十ケ年皆勤ニ付、巻御上下一具宛被下置旨被　仰出、
御徒頭　三ケ尻善司

一
預御徒三田平次右衛門儀、去年迄二十ケ年皆勤ニ付、御目録金三百疋被下置旨被　仰出、
北地御用締役　江刺家九蔵
同　太田勇作
豊川又右衛門
御目付所御物書　岩舘権次郎

一
去年迄十ケ年皆勤ニ付、巻御上下一具宛被下置旨被　仰出、
御祐筆　川井安平
猿橋良助
一条小十郎
御徒頭　三ケ尻善司

一
預御徒帷子泰助儀、去年迄十ケ年皆勤ニ付、御目録金弐百疋被下置旨被　仰出、

一被下物有之ニ付、御勘定奉行召連罷出、於竹之間申渡之
去年迄十ケ年皆勤ニ付、石持木綿弐反被下置旨被　仰出、
御勘定方　上野軍助

一被下物有之ニ付、御膳番召連罷出、於竹之間申渡之
去年迄十ケ年皆勤ニ付、石持木綿弐反被下置旨被　仰出、
御料理方　馬場金四郎

一
村田元載
御銅山方　金矢又四郎
御作事奉行　高橋要右衛門
上田権六
菊池左市之助
多田忠次郎
立甫嫡子　嶋　立政
豊川又兵衛
阿部立元
六戸守衛
雫石作蔵
美濃部周作
柴内勇左衛門

御用人方御物書
小本助次郎
熊谷儀八
工藤助右衛門
手塚左治右衛門
宗貞嫡子
大沢家泉
成庵嫡子
作山三庵
去年迄五ケ年皆勤ニ付、御目録金弐百疋被下置旨被　仰出、
一被下物有之ニ付、御膳番召連罷出、於竹之間申渡之
一生組付御免御料理方民右衛門忰
鈴木佐蔵
御料理方泰蔵忰
美濃部清治
去年迄五ケ年皆勤ニ付、御目録金弐百疋宛被下置旨被　仰出、
右何も於竹之間同席列座典膳申渡之、
一　三戸御馬乗役
赤塚源之丞
去年迄三十ケ年皆勤ニ付、御米弐駄被下置旨被　仰出、御用人へ
申渡之、
一屋形様今晩郡山御止宿ニ付、今朝遠使御同心壱人差立、伺　御機
嫌之、
但前々花巻へ相伺候処、当年より御沙汰ニ付右之通也、

三ノ
廿七日　晴

弥六郎
筑後
勘解由
丹波
典膳
主膳

一昨晩郡山へ立遣候遠使同夜中罷帰、　屋形様益御機嫌能同所御止
宿被遊旨申来之、
一屋形様益御機嫌能、一昨廿五日黒沢尻へ八時　御着、翌廿六日朝
六時　御発駕花巻へ御着城、無間御発駕郡山へ□(空白)時　御着、同夜
□(空白)時郡山　御発駕被遊旨申来候段、御目付申出之、
一屋形様益御機嫌能、今朝六半時　御着城ニ付、　御曹司様御玄関
鏡板迄御出迎被遊、仲間車御門外へ罷出御出迎申上之、
但　御曹司様御玄関鏡板迄御出迎被遊、直々御使者　御逢之
内　御出座被遊旨、尤右御出迎之事、両様共ニ此度長山蔵太を
以御沙汰ニ付、御役人へも為相心得之、
一御用人は御玄関御敷出迄罷出、大目付・寺社御町奉行・御目付・
御勘定奉行・御使番迄、御白洲御右之方薄縁之上ニ並居、
一同断、御左之方へは表御目付・北浦奉行同断罷出ル、
但北浦奉行此節居合不申不罷出也、
一御家門衆は御役人より先キ、御右之方御白洲へ被罷出、御出迎被
成之、
一御幕御番所前へ御者頭一統、去年御登之節御沙汰ニ付罷出御出迎
申上之、　御中丸総角之間へ　御着座、御熨斗御次沖良蔵差上、
夫より御用人　御連書并御書奏者口より無刀ニて持出、　御前御
覧之内詰居　御覧相済候処ニて退出、夫より御帰国御使者奥瀬内
記、無刀ニて御椽頬より罷出三畳目ニて御礼申上、御用人奏者此
節直々右　御連書・御書、内記へ　御直々御渡被遊、内記退出之
処ニて典膳　御前へ罷出詰居、内記　御前へ罷出候処ニて　御直熨
斗被下旨、申達候処ニて相進頂戴仕候内ニ御紋御上下一具、同御

羽織一御広蓋ヘ載之、御小納戸持出四畳目ニ置之、内記　御前退キ候節右拝領物被　仰付旨典膳申達、内記三畳目罷有頂戴之、御請申出候ニ付、御請之儀申上候て引入、御熨斗引　御本丸ヘ被為入、

但　御連書・御書是迄御家老持出候処、此度御沙汰ニ付、以来御用人持出也、

一御役人方ヘ之　御口上書、并江戸　上々様方御親類様ヘ之　御口上書は、御用人於詰之間内記ヘ御用人相渡之、

一内記添状於席相渡之、

一御本丸於　御座之間御家門衆ヘ被遊　御逢、同席并御側御用人・表御用人一所ニ被遊　御逢也、

但御家門衆ヘ　御逢之節御取合無之也、尤前々御熨斗被下候処、文化六年御沙汰有之不被下置也、雅楽助殿御不参、駒五郎殿御幼年ニ付、何も御附人を以恐悦被　仰上、菊之間於御廊下謁之、

一御着城御怡、御用人・御勘定奉行以上御役人、御使番迄席ヘ罷出、　御二方様ヘ申上之、

但御用人は　御逢も有之ニ付、　御曹司様ヘ申上之、

一右為御祝儀、　屋形様・　御曹司様ヘ御家門衆御肴一折宛被差上、尤御供下り之外、同席始御用人より御肴一折宛差上、以目録遂披露之、

但　御満悦之旨被　仰出候段、御家門衆ヘは以御目付御附人ヘ申渡之、尤御家門衆并八戸弥六郎方よりハ生御肴ニて差上、其外は御時節柄故目録計ニて差上候様、去年八月御沙汰ニ付右之通也、

一今日　御着之儀、八戸御家老ヘ奉札を以一里ニて申遣之、

一御着城為御祝儀、席ヘ御熨斗出之、

一淡路方御供ニて下着也、

一江戸ヘ七日振飛脚を以　御着之儀申遣之、尤　上々様方・御家門衆ヘ飛脚相立候儀、御目付より兼て申上之、

一　沢田左司馬

御道中・江戸表共ニ御用人加被　仰付置候処、御用済迄相勤候様被　仰出、

右之通黒沢尻於御旅宿淡路申達、御役人ヘも為申知之、

三ノ
廿八日　雨

弥六郎
筑後
勘解由
丹波
典膳
主膳

一天量院様御祥月ニ付、聖寿寺ヘ御香奠青銅五十疋相備、　御代香弥六郎相勤之、

一拾八石扶持　七戸御役医 鷹山玄貞

親立庵存生之内、願之通跡式無相違被　仰付候間、家業情(精)出候様被　仰付、御代官ヘ以書状申遣之、

一　御者頭 奥瀬小八郎

来月七日出立被　仰付、以御目付申渡之、

一　兵馬事 梅内兵右衛門

右之通差合名ニ付、名相改度旨申上、願之通御目付を以申渡之、

一　三戸雅楽助殿
　　三戸豊次郎殿

御痛所被成御座候ニ付、夏中も折々御足袋御用被成度旨、御伺書
御附人口上書を以申出、御伺之通御目付へ申渡之、

一　御者頭 坂本栄馬
　　神子田求馬

沢田左司馬、江戸勤中御客掛御用当分被　仰付、御側へ罷出可申
旨被　仰付置候処、是迄之通相勤候様御沙汰ニ付申渡候段、沢田
左司馬申出之、

一　楢山主膳

去年七月、　御発駕後御留守中日々罷出相勤候様御沙汰之処、
御下向被遊候ニ付、兼て御沙汰之通、五節句月次諸恐悦外御用有
之節は、罷出候様可仕旨御沙汰ニ候、
右　御意之趣典膳演説ニて申達之、御役人へも為申知之、

一被　仰出左之通、　日光へ参詣罷越候得は、是迄光蔵坊へ旅宿致
来候処、以来右様之節ハ、此度御頼替被成候御宿坊唯心院へ旅宿
致候様被　仰出、
右之通御沙汰ニ付、一統相触候段御目付申出之、

一　中原　武

支配所宮古町、当月十六日昼四時出火ニて数軒焼失仕候付、恐入
差扣願出候処、不及其儀旨被　仰出、御目付へ申渡之、

一　北　監物
　　南　彦六郎

桜庭対馬
漆戸左仲
内堀大隅
下田右門
宮内嫡子 向井寛司
左仲嫡子 藤枝内記
漆戸冨弥

畳踞有之折々腫痛仕候付、夏中も痛有之節は足袋相用度旨申上、
足袋用可被申旨附札ニて何も呼上、大目付を以申渡之、

三ノ
廿九日　晴

弥六郎
勘解由
丹波
典膳
淡路

一　横田藤助

去年迄御稽古場へ十一ケ年出精代講仕候付、御言葉之御褒美被
仰出、

一　佐久間宇助

去年迄御稽古場へ五ケ年出精代講仕候付、為御褒美金百疋被下置
旨被　仰出、

一　一条金兵衛

去年迄御稽古場へ十ケ年皆出席ニ付、為御賞金弐百疋被下置旨被
仰出、

一去年迄御稽古場ヘ五ケ年皆出席ニ付、為御賞金百疋被下置旨被
仰出、
上関作兵衛

一去年迄御稽古場ヘ二ケ年皆出席ニ付、御言葉之御褒美被　仰出、
江柄九十九

何も於竹之間同席列座典膳申渡之、

一諸門弟之者共右同断ニ付、　御言葉之御褒美被　仰出、於御広間
一同ニ申渡之、

一御痛所被成御座候ニ付、折々御足袋御用被成度旨、御伺書御附人
三戸此面殿

口上書を以申出、御伺之通御目付ヘ申渡之、
見前向中野通津志田町検断
万兵衛
一老母ヘ孝心之趣、御代官吟味之上申上達　御聴、軽キ者寄特之事
ニ候、依之一生之内弐人扶持被下置之、御目付を以御代官ヘ申渡
之、

一於支配所、孝心之者有之申出候段達　御聴、軽キ者寄特之儀兼て
見前向中野通御代官
沢田宇源太
黒沢　新

御含之御趣意ニも応シ、吟味方行届候儀と　御満悦被遊候、支配
所之者高行(孝)之儀有之節は、偏ニ御代官教育之筋ニも至候儀と　思
召候間、猶又入郷迄も心を附深切之者有之候ハヽ、吟味之筋無怠
様被成度旨被　仰出、御目付を以申渡之、

一日詰長岡通当分御代官被　仰付、
徳田伝法寺通御代官
栃内瀬蔵

一日詰長岡通当分御代官御免被成旨被　仰出、何も御目付を以申渡
同
岩部繁若次郎

之、

一野田通御代官勤中、去年十月、竹倉部鉄山師より江戸表ヘ為登金
沼宮内通御代官
金田一善左衛門

員数行違、其上鉄山師手代之者不心得之儀有之候ニ付、私取扱不
行届之段奉恐入指扣願上候処、鉄山師之者共重ニ不心得ニ付、其
方儀分ケて差扣ニ不及事、右之次第追て御吟味之上、猶御沙汰可
被成旨、御目付ヘ申渡之、

一御着城為御祝儀、　屋形様・　御曹司様ヘ御肴一折宛被差上之、
御家門衆

遂披露候処　御満悦之旨被　仰出、御附人ヘ御目付を以申渡之、
御前様御附役
佐羽内都合

一来月二月立被　仰付置候処、同十一日出立被　仰付旨、御沙汰ニ
御用聞
岩間市郎兵衛

付申達候由、足沢彦蔵申出之、

一旧臘大槌通飯岡村出火之節、類焼之者ともヘ家壱軒ニ付、御代物
五百文ツヽ、御手当被成下旨御沙汰ニ付、其筋申達候由浅石清三郎
申出之、

一右ニ付、同所加賀屋彦太郎より玄米拾弐石三斗、焼失之者百弐拾
三竈ヘ壱竈玄米壱斗ツヽ、東屋治郎右衛門より三石六斗九升、壱
竈三升宛、吉野屋九兵衛より同拾弐石三斗、銭弐拾四貫六百文、
米壱斗ニ銭弐百文ツヽ、笹屋六之助より同拾弐石三斗、銭弐拾四
貫六百文、右同断引配候旨御代官申上候ニ付、右四人之者共ヘ於

御所御吸物・御酒被下置旨御沙汰ニ付、是又其筋申達候由清三郎
申出之、
一 円伝流鎗術師範罷有候処、下稽古場所持不仕候付、当月迄八時過
より暮迄一ケ月六度四九拝借、去年十月願之通被　仰付候間、不
苦御座候ハ、以来共ニ右之通拝借仕度旨申上、願之通御目付を以
申渡之、
長嶺宅左衛門
一 御供立帰下り被　仰付候処、当秋迄御留被成旨御沙汰ニ付、申渡
御金奉行 鴨沢金右衛門
候旨御勘定奉行申出候段、御目付奥寺市之丞申出之、
勘解由嫡子 東　彦七郎
丹波嫡子 新渡戸図書
典膳嫡子 毛馬内左門
淡路嫡子 八戸彼面
主膳嫡子 楢山竹馬
勘解由嫡孫 東　継弥
一 畳跐有之折々腫痛仕候付、痛有之節は夏中も足袋相用度旨、銘々
口上書を以申出、何も足袋用可被申旨詰合ニ付申達之、御目付へ
も口達ニて為申知之、
但退出後ニ候得は附札ニて申達候事、
宮古御給人 岩花冨右衛門
藤井文平
一 宮古町当月十六日昼四時、出火ニて数軒焼失仕恐入差扣願、銘々
口上書を以申出、不及其儀旨御目付へ申渡之、

四月朔日　晴

弥六郎
筑後
勘解由
御用番 丹波
典膳
淡路
主膳

一 榊山御本社御神事之節、御跡乗警固御用懸被　仰付、
寺社御町奉行 坂牛杢兵衛
御目付 浅石清三郎
花坂理蔵
一 榊山御本社御神事之節、御用懸被　仰付、
但壱人は　御神輿御繰出御先へ相詰、御用相勤可申旨御目付を
以申渡之、
御勘定奉行 漆戸　林
一 榊山御本社御神事之節、御用懸被　仰付、何も於席申渡之、
御膳番 佐久間宇助
一 榊山御本社御神事之節、御用懸被　仰付、於竹之間同席列座申渡
之、
大御納戸御買方 百岡権四郎
一 榊山御本社御神事之節、御用懸被　仰付、
御作事奉行 高橋要右衛門
一 右同断、何も御目付を以申渡之、
泉山市正

鈴木但馬

榊山御本社御神事之節、御待請御用懸被　仰付、御目付を以申渡之、

一　御先供 関根八之丞

立帰り御供下り被　仰付置候処、当秋迄勤番被　仰付申渡候段、三浦忠陸申出之、

一弥六郎方口上書、左之通、

拙者儀御役成御礼、御序之節申上度奉願候、以上、

四月　八戸弥六郎

拙者儀継目就被　仰付候、右御礼申上度奉願候、尤其節前々之通家頼三人　御目見奉願候、以上、

四月　同人

右之通被申上相伺候処、願之通来ル十一日可被　請旨被　仰出、詰合ニ付申達、御目付へも申知之、奉書不出也、

四ノ二日　晴

弥六郎
勘解由
丹波
典膳
淡路

一　御徒頭 鈴木　恰

預御徒小頭山口弁右衛門儀、去年迄二十五ケ年皆勤ニ付、御目録金百疋被下置旨被　仰出、

一　御徒目付 関　栄八

去年迄五ケ年皆勤ニ付、御目録金弐百疋被下置旨被　仰出、何も於竹之間同席列座丹波申渡之、尤栄八儀は被下物有之ニ付、御目付召連罷出也、

一　大慈寺

拙寺末山長イ丁天福院境内、稲荷神燈より出火秋葉堂共焼失仕、本寺之儀故恐入差扣願上候処、不及其儀旨被　仰出、寺社御奉行へ申渡之、

一　牛馬役 関　俊左衛門

去十月駒弐歳御振払ニ相成候、御代銭取調方不吟味書上仕、奉恐入指扣願出、願之通指扣被　仰付、御目付へ申渡之、

一　御中屋敷見守役 工藤源右衛門

三男春司十六歳罷成候、此者召連申度旨申出、願之通御目付を以申渡之、

一　東禅寺

末山遠野長泉寺住仁峯座元儀、久々疝積相煩寺務可相勤躰無之付、隠居仕同寺弟子選蔵主当三十歳罷成御座候、右僧後住職仕度旨申出、願之通申付候段訴之、

一　淡路嫡子 八戸彼面 二十歳
妻 下田将監 娘 蝶十五歳

右之通縁組仕度旨申上、双方願之通被　仰付、淡路儀詰合ニ付直々申達、将監へは奉書を以申遣之、

一　鈴木金兵衛
女鹿勝兵衛

慈眼院殿より龍門御紋菊輪九曜黒御小袖頂戴仕候、依之不苦御儀

御座候ハ、着用仕度旨、銘々口上書を以申出、何も願之通御目付を以申渡之、

大迫通大迫村
源七へ
被　仰渡

其方儀、香具市兵衛幷秋田領盗賊九郎兵衛と申者匿置、其上右之者共申合、大迫通下町安兵衛家へ忍入せ盗取候品預置、土中へ入置候次第無調法至極ニ付、田名部九艘泊へ御追放被　仰付候条、御城下幷他御代官所へ立入候ハ、曲事可被　仰付者也、

月日

元八日丁香具
市兵衛へ
被　仰渡

其方儀、他領盗賊九郎兵衛と申者途中より知合ニ相成、所々同道いたし大迫通大迫村源七所へ罷越居源七・九郎兵衛申合、大迫町安兵衛土蔵へ為忍入、盗取候品配分いたし候次第盗賊同様之致方、渡世を取失ひ悪事へ立入不埒至極ニ付、目明下人ニ被下置者也、

月日

茅丁香具
弥治郎へ
被　仰渡

其方儀、元八日丁香具市兵衛頼ニ付、大迫村源七所へ預置候品盗物と乍心得、手当を得候ため請取ニ罷越次第私欲ニ拘り不埒至極ニ付、目明下人ニ被下置者也、

月日

元仙北丁出生当時無宿
春松へ
被　仰渡

其方儀、御境を侵仙台へ罷越、御城下へ立戻り所々ニ忍入盗賊いたし、其外所々流浪乞食同様之境界致し不埒至極ニ付、乞食手下ニ被下置者也、

月日

右之通御片付、公事懸御役人共大奥へ伺之上申渡之、

四ノ
三日　晴

弥六郎
筑後
勘解由
丹波
典膳
淡路
主膳

一今日　御帰国御礼被為　請、四時前御本丸於御座之間御家門衆御礼被仰上、奏者御用人相勤、丹波御取合申上、夫より　御中丸総角之間へ　御出座、仲間始高知之面々・御用人・高知之子共・御用人子共・高知嫡孫・御新丸御番頭・大目付迄独礼申上、其外寺社御町奉行より御勘定奉行迄弐人立ニて申上、御使番より諸士・諸医一統　御逢被遊候ニ付、柳之間へ平士五拾石迄、御椽側へ五(石脱)拾以下諸士・諸医子共迄、御廊下中ノ間へは組付之者並居一統御礼申上、四時相済、右何も素礼御熨斗も不被下、独礼之者奏者無之、具々之儀は御用懸り御目付留書ニ記之、

但弥六郎方未継目御礼不申上候付、今日御礼之儀相伺候処被為　請旨御沙汰ニ付、　御帰国御礼申上也、

御金方
一六拾弐石、内弐人扶持　小山田喜久太
養父軍治及末期一子無之妹里津有之ニ付、養女仕挨拶柄も無之候
得共、北村清助二男喜久太、此者聟名跡被　仰付被下度旨申上、
存生之内、願之通其方跡式無相違被　仰出、於竹之間同席列座丹
波申渡之、

一席へ罷出候節ハ環先座ニ差出也、尤認方ハ此通之事　安宅　登
白石　環
登儀男子無之伯父弾之進病身ニ付、末々御用相立可申躰無之旨、
先達て御訴申上候、然処娘有之付、父方従弟環二男弓太聟養子仕
度旨申上、双方願之通被　仰出、於席申渡之、

一　牛馬役　関　俊左衛門
指扣御免被成旨、御目付へ申渡之、

一江戸へ七日振飛脚、野辺地礼八組弐人今朝差立、北地御用申遣之、

一　奥瀬小八郎
勤番登被　仰付、来ル七日出立被　仰付候処、持病之痔疾時々差発、
馬乗可仕躰無之付、道中青駄御免被成下度旨申上、願之通被　仰付、

一　勝木藤蔵
下小路東側佐藤忠平家屋鋪、此度相調住居仕度旨申上、願之通
被　仰付、右何も御目付を以申渡之、

一　御供頭当分御膳番御用承り　加嶋　部
御膳番当分加武次郎嫡子　長沼勝見
御膳番当分加被　仰付置候所、江戸表ニても出精相勤候間、少シ
之内人数も沢山ニ付、休息被　仰付、

一　武次郎嫡子　長沼勝見
右休息中外勤向も無之候間、御供方見習之ため、御次御留守中
被　仰付者同様相勤可申事、
右之通御沙汰ニ付、何も申渡候段、御目付野々村円蔵申出之、

一　滝　直衛
嫡子岩松十五歳罷成年来ニも御座候間、前髪為執度旨申上、願之
通被　仰付以御目付申渡之、

一　教浄寺
同末寺安俵村　成沢寺
光林寺末寺頭根子村　常楽寺
寺林光林寺無住ニ相成候ニ付、後住之儀沢岸と申出家当四十余罷
成、光林寺二十代快英弟子ニて、当時常州茨城郡水戸玉造村永光
寺住職罷有候、右出家後住ニ仕度候段、末寺并惣檀中右之旨同意
御座候間、本山へ被　仰遣被下度旨、願書を以申出願之通、尤本
山へも右之趣可被　仰入旨、附札ニて寺社御奉行へ申渡之、

一被　仰出左之通、
出火之節防人数之外、猥ニ罷越火事場へ近寄見物ケ間鋪、尤御用
之外馬上ニて乗駆候ものも有之、防方之もの障りニ相成不宜候、
以来右様之心得違無之様可致候、
一火事場へ駆付候もの途中共ニ懸声之儀、制止ニ紛れ不申候様はい
はいと掛ケ可申候、
一近火ニて立除候ものハ格別、其外子供等并無用之もの決て差出申
間敷候、
右之通被　仰出候条、急度相心得支配有之者は其頭、召仕は主人
より可被申含候、以上、

右之通御沙汰ニ付、諸士・諸医一統相触候旨、御目付浅石清三郎
申出之、
出火之節御用ニ付、相詰候者人数揃行列罷越候様相聞得候、畢竟
人数揃候処ニて火事場へ相詰候得は、手間取防方手延ニも相成候、
以来手廻シ次第壱騎駆ニいたし、何分指急キ駆付為相防可申候、
四月
右は火事場詰之者へ申渡候段同人申出之、

四ノ
四日 雨　　弥六郎
　　　　　勘解由
　　　　　丹波
　　　　　淡路

一霊徳院様御忌日ニ付、聖寿寺へ　御代香弥六郎相勤之、

一　　　　　　　　　　鈴木茂左衛門
　　　　　　　　　　　同　又十郎
茂左衛門儀、老衰之上起居不自由罷成、御奉公可相勤躰無之ニ付、
隠居仕悴又十郎家督被　仰付被下度旨申上、願之通無相違被　仰
出、於竹之間同席列座丹波申渡之、

一　　　　　　　　　　中野筑後
血穢御免被成旨被　仰出、奉書を以申遣候、

一　　　　　　　　　　船越継之進
雅楽助殿御相手御免被成旨被　仰出、御目付を以申渡之、

一　　　　　　　　　　原　平兵衛
就病気、御者頭御免被成下度旨申上、願之通被　仰出、御目付を
以申渡之、

一寺林光林寺為後住願、末寺常楽寺住隆全と申僧登山為仕候段、右
末寺并檀中共より申出候旨、教浄寺口上書を以申出之、

一　　　　　　　　　　鈴木久右衛門
雅楽助殿御相手被　仰付、御目付を以申渡之、

一　　　　　　　　　　安宅　登
嫡子弓太儀並合之通、五節句月次御礼為申上候様仕度旨伺出、伺
之通附札ニて御目付を以申渡之、

四ノ
五日 雨　　弥六郎
　　　　　丹波

一屋形様　御帰国初て今朝五半時、御本供御供揃ニて　御本丸御
玄関より御出駕、聖寿寺・東禅寺　惣御霊前へ被遊　御仏詣、夫
より教浄寺へ被遊　御参詣、無程　御帰城、此節聖寿寺へ勘解由、
東禅寺へ典膳、教浄寺へ淡路始御役人も相詰　御出・御帰共ニ御
玄関へ仲間不罷出也、
一右ニ付、御役人熨斗目、小役人上下着用也、

一百五拾石、内五拾石現米　　　　下川原元治
親右平太存生之内、願之通跡式無相違被　仰出、

一五拾石、内三人扶持 現米　　　　和井内重次郎
親四郎右衛門及末期、悴重次郎十五歳罷成、未　御目見不申上候
得共、跡式被　仰付被下度旨申上、存生之内、願之通無相違被
仰出、

一　　　　　　　　　　瀬川平右衛門

一　花巻御給人
名須川元右衛門

平右衛門儀男子無之娘有之付、親類花巻御給人元右衛門二男宮之助、聟養子仕度旨申上、双方願之通被　仰出、右何も於竹之間同席列座丹波申渡之、元右衛門へは御城代へ以書状申遣之、

一　花巻御給人
小原伊左衛門
同　専五郎

伊左衛門儀、老衰仕御奉公可相勤躰無之付、隠居仕悴専五郎家督被　仰付被下度旨申上、願之通無相違被　仰付、御城代へ以書状申遣之、

一川村身分治儀、嫡子忠之丞当三十九歳罷成候処、痼積相煩癲癇之症罷成、難治之症ニて全快可仕病症無之、末々御用相立可申躰無御座候間、嫡子仕兼候旨訴之、

一　源右衛門事
工藤源助

右之通名相改度旨申上、願之通被　仰付、御目付を以申渡之、

四ノ
六日　雨

弥六郎
勘解由
丹波
典膳
淡路

一　中西金左衛門

御者頭被　仰付、於　御前被　仰渡之、御役人へも為申知之、

一　上田通御代官
松田伊五右衛門
同　伊之助

伊五右衛門儀、老衰仕起居歩行不自由罷成、其上健忘之症殊ニ耳遠罷成、御奉公可相勤躰無之付隠居仕、悴伊之助家督被　仰付被下度旨申上、願之通無相違被　仰出、

一　関　勝弥
鬼柳黒沢尻通御代官
長内良右衛門

勝弥儀、久々痼積相煩癲癇之症罷成、至て難治之症ニて此末一子出生之程難計、尤得快気御奉公可相勤躰無之、嫡子宮之助三歳罷成有之候得共、幼稚之上虫積相煩、早俄々敷御用可相立躰無之、外男子無之姉有之ニ付、挨拶柄も無之候得共、良右衛門伯父衆司姉へ娶置、後々相続為仕度旨申上、双方願之通被　仰出、伊兵衛・勝弥病気、良右衛門在役所ニ付、何も名代呼上於竹之間同席列座丹波申渡之、

一　大槌御給人
芳賀英治

男子無之弟清治、二弟丈助、三弟勇作有之候得共、何も年令不相応ニ付、四男伊勢治十三歳罷成候、此者養子仕度旨申上、願之通被　仰付、

一　福岡御役医
田中玄貞

癲狂相煩雷頭風内障ニ罷成、至て難治之症ニて全快御奉公可相勤躰無之、嫡子了伯八歳罷成、幼稚ニて早速御用相勤兼候間、弟俊庵兼て医業稽古罷有候間、此者養子仕度旨申上、願之通被　仰付、

一　雫石通安庭村住居
高橋文友

数年御所病用出精相勤候段、御代官申上候付、一生之内所御役医格被　仰付、
右何も御代官へ書状を以申遣之、

一工藤泰右衛門へ去年十一月御加増被成下候付、右証文今朝丹波宅
へ嫡子氏助上下着呼出相渡之、此節御目付一人相詰也、
一太田和蔵右同断御加増被成下、御馬乗役菊池安兵衛一生之内組付
御免被成下候ニ付、右証文御目付を以相渡之、
　但何も上下着用也、
一　　　　内藤市郎
就病気、日詰長岡通御代官願之通御免被成、御目付を以申渡之、
一　　　　長嶺左司
徳田伝法寺通御代官本役被　仰付、
一　　　　栃内瀬蔵
日詰長岡通御代官本役被　仰付、
何も於竹之間同席列座丹波申渡之、
　但左司儀ハ在役所ニ付、御目付より以書状申遣之、

四ノ
七日　曇　　弥六郎
　　　　　　勘解由
　　　　　　丹波
　　　　　　典膳
　　　　　　淡路

一　　　　花巻御給人　門屋助右衛門
嫡子直喜先達て病死ニ付、嫡孫栄蔵嫡子仕度旨申上、願之通被
仰付、
　御城代へ以書状申遣之、
一弥六郎方伺書、左之通、

口上之覚
拙者儀継目御礼之節、任前例献上物左之通、
一御太刀　　一腰
一御馬　　一疋
右は拙者儀熨斗目長袴着用、太刀折紙を以御礼申上候、
一昆布　　一折　白木台
一御肴　　一折　同断
一御樽　　一荷　白木
　安堵金
右は継目御礼之節差上申候、
一家頼三人
一御馬は先格生馬献上仕候間、此度も当日御厩へ為牽上可申哉、
御目見願之通被　仰付候は、其節前々之通鳥目百疋ツヽ為差上
申度候、
右之通相伺申候、以上、
(上部余白)「何も伺之通」
四月六日　　八戸弥六郎
　口上之覚
継目御礼申上候節
御曹司様へ左之通差上可申哉、
一御太刀馬代　銀　一枚
御肴　　一折　白木台
御樽　　一荷　白木
(上部余白)「附札、伺之通」

一江戸表御国許
上々様方へ先例も有之候間、御肴・御樽代等差上可申哉、尤江戸
表へは幸便以書状差上可申哉、
右之通相伺申候、以上、
(上部余白)「附札、不及指上候、幸便ニ書状計為差登可申候、」
四月六日
口上之覚
天明五年　左衛門尉様へ
一干鯛　一箱
御樽代　三百疋
右は以使者差上申候、
主税殿へ
一御樽代　百疋
右は相伺候処御沙汰ニ付差上不申候、此度如何可仕哉、
右之通相伺申候、以上、
四月六日　八戸弥六郎
右之通被　仰出、何も附札を以家来呼上御目付を以申達之、

一　沼宮内通牛馬役 村木佐左衛門
去年御振駒代御下ケ銭之節、不足取調申上、不行届之段奉恐入指
(扣)上願出候処、願之通差扣被　仰付、御目付へ申渡之、

一　毛馬内御給人 豊口九十九
毛馬内通小坂村・毛馬内村・万谷村、右三ケ村ニて新田野竿高拾
六石身帯被成下候、然ル処去ル亥ノ年より去丑年迄三ケ年中不残
開発仕候間、精御検地御竿御通被成下度旨申上、願之通御目付へ
申渡之、

一　栃内良八
継目御礼幼少ニ付、名代親類勝又定之助を以申上度旨申出、願之
通来ル十一日可被為　請旨被　仰出、御目付を以申渡之、

一　花輪妙蓮寺 看主
当寺境内ニ有之候三十三観音堂三間四面、并寺梁間四間桁行八間
御座候処、造立後数十年罷成零落仕、折々修補相加候得共大破仕、
今更修覆不容易自力ニ及兼候ニ付、花輪・毛馬内両御町観音信仰
之者共申談、相対冨䦰七会興行仕、余力を以観音堂并寺共ニ修覆
仕度旨申上、願之通被　仰付、

一　安俵通 白山寺
拙僧儀、去ル文化五年当寺住職被　仰付候、然処同四年大本山和
州長谷寺へ登山、交衆仕候得共、未年数不足ニて出世成就ニ至兼
候間、猶又大本山へ罷登在山仕、年数皆備出世成就仕度、当四月
より同七月迄御暇被下置度旨申上、願之通被　仰付、
右何も寺社御奉行へ申渡之、
一江戸表去ル二日立七日振飛脚、牧田弓司組弐人今昼着、御用儀共
申来之、

一　大御納戸御買方 狐崎小兵衛
去年迄四十五ケ年皆勤神妙　思召候、仍為　御賞一生之内弐駄被
下置旨被　仰出、

一　御医師 宮内通仙
去年迄二十ケ年皆勤神妙　思召候、仍為　御褒美白絹一反被下置
旨被　仰出、

一　去年迄十ケ年皆勤神妙　思召候、仍為　御褒美巻御上下一具被下置旨被　仰出、　御家老給仕　葛西勝治

一　去年迄十ケ年皆勤ニ付、為　御褒美石持木綿弐反被下置旨被　仰出、　御料理方　勝又金右衛門

一　去年迄五ケ年皆勤神妙　思召候、仍為　御褒美御目録金弐百疋被下置旨被　仰出、　御用人方御物書　清水易人

右之通被　仰出、何も於江戸表去月廿六日申渡候段、去ル二日立御便ニ御用状申来、大奥并御役人へも申渡之、

一　南部主税殿御弟采女殿儀、御旗本山口延次郎へ御養子之御願被差出置候処、延次郎御呼出之処病気ニ付、名代阿部猶之助罷出候処、兼て願置候采女養子願之通被　仰付旨、御用番青山下野守殿被仰渡候段、御頭松平内匠頭於宅申達候付、右之趣主税殿より為御知被仰上候旨、去月十八日御用人金井儀左衛門申出候段、御用状申来申上之、

一　御勘定奉行　工藤泰右衛門

御出入町人之内へ御沙汰も無之、不及伺ニも金談申懸候儀　思召ニ入不申、甚恐入差扣申出、願之通去月七日差扣被　仰付、同十一日御免被成旨申渡候段、御用状申来、御目付へ申渡之、

一　榊原遠江守様御領分越後頸城郡今町と申処、去月四日夜家数八百九拾六軒焼失ニ付、御用番へ御届被差出候段、為御知来候ニ付差来遂披露之、

四ノ八日　晴　弥六郎　筑後　勘解由　主膳

一　霊巌院様御忌日ニ付、東禅寺へ　御代香勘解由相勤之、

一　六拾石弐斗五合　根守要之助

親冨右衛門存生之内、願之通跡式無相違被　仰出、於竹之間同席列座勘解由申渡之、

四ノ九日　晴　弥六郎　勘解由　主膳

一　七戸御給人　高田覚蔵

病気ニ付、下役願之通御免被成旨、御目付へ申渡之、

四ノ十日　曇　弥六郎　勘解由　丹波　典膳　淡路

一　久慈藤蔵
同　左右

藤蔵儀、老衰之上歩行不自由罷成、御奉公可相勤躰無之ニ付、隠

居仕忰左右家督被　仰付被下度旨申上、願之通無相違被　仰出、
於竹之間同席列座丹波申渡之、

一　七戸御給人
福士治左衛門
盛田栄之進
高田覚兵衛
工藤龍司

去年五月古御馬代御下ケ金之分、取調書上仕候節、不取調認違書上仕候段、重畳恐入差扣願銘々口上書を以申出、何も願之通差扣被　仰付、御目付へ申渡之、

一　花輪通御代官
小栗権左衛門

致老衰起居不自由罷成、其上健忘之症ニて当御役相勤可申躰無之候間、御免被成下度旨願上候、然処　思召も被成御座候付、御役は願之通御免被成候得共、是迄之通御代官役所へは罷出候様被仰出、御目付を以申渡之、

一　権左衛門嫡子
小栗権六

花輪通御代官本役被　仰付、於竹之間丹波申渡之、

一　工藤氏助

親泰右衛門儀、御出入町人之内へ御沙汰も無之、不及伺ニも金談申懸候儀　思召ニ入不申、甚恐入於江戸表去月七日差扣願上候処、願之通被　仰付候旨申来候、依之恐入差扣罷有候旨、口上書を以申出候、
一右ニ付、泰右衛門親類共恐入差扣願口上書を以申出候付、相伺候処何も不及其儀旨被　仰出申渡候段、御目付申出之、

四ノ
十一日　晴
弥六郎
筑後
丹波
典膳
淡路
主膳

一屋形様今朝五半時　御中丸総角之間へ御出座、名目御礼被為　請、継目二種一荷案(安)堵金差上熨斗目長上下着用、太刀折紙を以八戸弥六郎方御礼申上、右相済候処ニて同人直々長袴ニて御役成御礼申上、其外御役成御礼、家督継目・案(安)堵金鳥目差上、初て一生組抜冥加入院之御礼、何も鳥目差上御礼申上四時相済也、尤弥六郎方御礼申上候付、御送迎無之也、
但弥六郎方御礼後、右着服ニて直々列座仕也、
一八戸弥六郎方右御礼之節差上物、左之通、
昆布　一折
御肴　一折
御樽　一荷
案(安)堵金　百弐拾七両
御太刀　一腰
御馬　一疋　生馬青七歳
右之通差上御礼申上、随て家来三人服紗小袖上下着、無刀ニて鳥目百疋宛差上御礼申上、尤家来御目見申上難有旨弥六郎方御請申上之、
但奏者御用人并太刀折紙引候御徒頭、熨斗目長上下着用、尤案(安)

堵金御徒頭持参、尤半上下着用也、此節御用人計一統熨斗目着
用也、
一弥六郎方継目御礼申上候付、　御曹司様ヘ差上物、左之通、
御太刀馬代銀　一枚
御肴　一折
御樽　一荷
右之通差上御目付相出候間、御側御用人を以遂披露之、
一　新渡戸丹波
御本社御普請御用懸被　仰付、於　御前被　仰渡之御役人ヘも申
知之、
一徳雲院様御忌日ニ付、聖寿寺ヘ　御代香淡路相勤之、
一　市郎嫡子　内藤弓治
野沢御番所御番人被　仰付、以御目付申渡之、
一　沼宮内通牛馬役　村木佐左衛門
差扣御免被成旨被　仰出、
一　七戸御給人　福士治左衛門
盛田栄之進
高田覚兵衛
工藤龍司
差扣御免被成旨被　仰出、何も御目付ヘ申渡之、
一被　仰出左之通、
寛延二年御宮御建立被遊候、
源光行公　桜山
源性（姓）霊神と申上置候様兼て御沙汰有之処、此度京都表吉田侍従殿
ヘ被　仰入、御神号　源性（姓）主大明神と此度御推昇御勧請被遊候間、
此旨一統相心得居尊信可仕旨被　仰出、
但参礼等追て日限被　仰出、
右之通被　仰出、大目付・御目付ヘ申渡之、
一　中里隼見
病気ニ付、野沢御番人願之通御免被成、御目付を以申渡之、
一　葛西安太
今日三種献上物差上候節不束之儀有之、恐入差扣願上候処不及其
儀旨、御目付ヘ申渡之、
一　外岡栄治
岩崎御番所御番人被　仰付、
一　笠間喜内
野沢御番所御番人被　仰付、何も御目付を以申渡之、
一　佐藤八十七
八戸弥六郎殿献上物差上候儀、同役ともヘ不吟味之相談仕候段不
行届、恐入差扣願上、願之通差扣被　仰付、
一　松岡源次郎
円子貞作
八戸弥六郎殿献上物差上方不行届、恐入差扣願銘々口上書を以申
上、何も願之通差扣被　仰付、右何も以御目付申渡之、
一　鈴木　恰
八戸弥六郎殿献上物差上候儀、同役ヘ不吟味之致相談無念恐入差
扣願上、願之通差扣被　仰付、御目付ヘ申渡之、

四ノ

十二日　曇

弥六郎
丹波
典膳
淡路

一即性院様御忌日ニ付、聖寿寺へ　御代香典膳相勤之、

一権左衛門儀、老衰之上起居不自由罷成、御奉公可相勤躰無之付、隠居仕悴権六家督被　仰付被下度旨申上、願之通無相違被　仰出、

小栗権左衛門
花輪通御代官
同　権六

一善右衛門儀男子無之娘有之付、挨拶柄も無之候得共、周作二男金助聟養子仕度旨申上、双方願之通被　仰出、

清水善右衛門
鮎貝御番人
高橋周作

一儀八郎儀男子無之娘有之付、挨拶柄も無之候得共、葛西勝治弟友之助聟養子仕度旨申上、願之通被　仰出、何も於竹之間同席列座丹波申渡、尤儀八郎儀佐井詰ニ付名代へ申渡、勝治儀は在江戸ニ付、願出候ハヽ、申渡候様御用状ニ申遣之、

扱役
梅内儀八郎

一御本社御普請御造営懸り被　仰付、於大奥丹波申達之、

御神用司
津嶋壱岐
御神用司
水谷若狭
嶋田山城
内田讃岐

一御本社御普請御用懸被　仰付、於大奥丹波申達之、

一御本社御普請御用懸被　仰付、

御用人
玉山直人

一右同断、

寺社御奉行
宮手弥市
坂牛杢兵衛

一右同断、

御目付
野々村円蔵
花坂理蔵

一右同断、

御勘定奉行
大川又右衛門
太田甚内

一右同断、何も於席申渡之、

御勝手方
長沢徳之助
摂待兵助

一御本社御普請御用懸被　仰付、

大御納戸御買方
米内八十右衛門

一右同断、

御作事奉行
高橋要右衛門
中原長右衛門
松尾太郎兵衛

一右同断、

御山方
藤井甚兵衛
冨沢万之助

一右同断、

御側御用達
秋山宋江

工藤専右衛門

御本社御普請御用懸見廻シ役被　仰付、右何も於竹之間同席列座丹波申渡之、

一　御勘定方 下斗米勘蔵
上野軍助

御本社御普請御用懸被　仰付、御目付を以御勘定奉行へ申渡之、

一　御側御物書 駒ケ嶺覚兵衛
寺社御奉行下役 本堂安右衛門
御目付所御物書 久保逸五郎

御本社御普請御用懸被　仰付、御目付を以申渡之、

一　御徒目付 関　栄八
斗ケ沢甚六

右同断、何も御目付を以申渡之、

一　御普請方棟梁職 大井玄蕃

御本社御普請御用懸被　仰付、

一　建具屋棟梁 美松内匠
大工棟梁 久慈清太
川村理兵衛
同小頭 理助

一　佐兵衛
建具屋小頭 丈助

右同断、

一　大工棟梁 阿部竹治
孫六

御本社御普請中御作事所内世話人被　仰付、右何も御目付を以御作事奉行へ申渡之、

一　佐藤八十七
鈴木　恰

差扣御免被成旨被　仰出、御目付へ申渡之、

一江戸表去月廿九日立、御神用御長持壱棹御下被成候付、御徒福士勝六・気田友之助へ御預宰領御同心弐人附今夕下着也、

四ノ
十三日　雨

筑後
丹波
典膳
淡路

一　御金奉行 工藤嘉平太
石井多左衛門

嘉平太儀男子無之娘有之付、挨拶柄も無之候得共、多左衛門二男角見聟養子仕度旨、双方願之通被　仰出、於竹之間同席列座丹波申渡之、

一　松岡源次郎
円子貞作

差扣御免被成旨被　仰出、御目付へ申渡之、

一　楢山主膳

忌御免被成旨被　仰出、以奉書申遣之、

一　栄治事 外岡織右衛門

右之通名相改申度旨申上、願之通御目付を以申渡之、

一倍真（コトマサ）霊神　源行信公御神号
右之通此度霊神御祝有之候間、一統相心得可申、尤大明神御勧請
被遊候とは違候事故、都て御寺向は是迄之通相心得可申候、
右之通在々迄不洩様ニ一統相触可申事、
右之通大目付・寺社御町奉行・御目付へ、御領分中相触候様申渡
之、
一　此面殿御二弟 三戸堅之助殿 七歳
右は文化九年九月御出生ニ候得共御妾腹故、此度御届被仰上候旨、
御附人口上書を以被　仰上也、
一　大沢権左衛門
久々痰痛長病ニ付、快気之内嫡子俊司へ、御用向被　仰付被下度
旨申上、願之通御目付を以申渡之、
一当月廿五日・廿六日　桜山
源性（姓）主大明神御祭有之ニ付、四時より七半時迄参詣勝手次第被
仰付、仍身分御役ニ応し熨斗目半袴服紗袷勝手次第着用、五節句
出仕之面々穢無之者参詣可被致、尤諸士・諸医奉承知参詣相願候
者は、　榊山大御門ニて参詣懸御目付へ願出候ハヽ、可被　仰付、
但太刀馬代并御初尾等差上候儀勝手次第可仕事、
右之趣夫々へ相触候様被　仰出、御用人・大目付・御目付へ申渡
之、
一　権六事 小栗権左衛門
右之通名相改度旨申上、願之通被　仰付、
一　花巻御給人 佐藤権四郎
門弟諸士并御同心、鉄炮星入稽古為仕度、依て当月下旬より八月
迄、稽古被　仰付被下度旨申上、願之通被　仰付、右何も以御目
付申渡之、
一　三ケ尻善司
同役共一昨日、八戸弥六郎殿献上物差上候節、不吟味之相談仕候
段、不行届恐入差扣願上候処、願之通被　仰付候、依之恐入差扣
願出不及其儀旨、御目付へ申渡之、
一源性御霊神、此度京都表吉田侍従殿へ被　仰入、御神号　源性
主大明神と御推昇御歓請被遊候、随て此度前文之通　大明神ニ御
祝被成候ニ付、都て御取扱御祭事之儀は、専神祇道を以御祭被成
候間、只今ニては　御霊社之御次第不被成御座候事故、向後御備
物并誦経勤行等相扣可申候、
右之通被　仰出、寺社御奉行を以聖寿寺へ申渡之、
一被　仰出左之通、
一山火事用心之儀、先達ても御沙汰被成候通、御山守は勿論惣御
百姓共一統申合、二月より四月迄は日々両人宛無懈怠相廻可申、
尤山中へ火打道具持入候儀厳敷差留可申、万一不心得之者有之
候ハヽ、捕押可訴出候、畑境細毛焼等之節、御百姓は勿論、所御
代官御山廻下役相詰無油断相廻可申候、若野火入候節は、縦令
他官所ニても近村ニ候ハヽ、其村々一統申合駈着防留可申、人
足手合之儀は兼て御代官稠鋪申付置、手後之儀無之様可仕候事、
一節松御差留之儀、度々被及御沙汰候得共、不心得之者有之、大木
を切倒節松取式は蜜木等いたし候趣相聞得不埒之至候、畢竟相調
候者有之所より右躰之者有之候条、別段廻方之者此度被　仰付候
間、以来節松并蜜木売買致候者有之候ハヽ、双方共重キ過料御取

上被成候上、無調法被　仰付候条、此旨相心得紛敷木品決て相調
申間敷候、
附、節松売買仕間鋪旨御沙汰ニ付、廻方之者被　仰付置候間、万
一心得違於市中売買仕候者有之候ハヽ、御沙汰之御趣意申含方不
行届旨、町役之者ヘ御沙汰可被及候、尤拾分一役改候者ヘも節松
吟味方被　仰付候、
一於諸山御制木剪荒、別て松・栗払底ニ付、御用材木ハ勿論、諸普
請甚差支候旨相聞得不埒之至候、縦令雑木たり共猥ニ剪取不申出
精立林可申候、植方心掛之者も有之候ハヽ、兼て御沙汰被成候通、
成木之上弐分は御取納、八分ハ可被下置候間、其筋ヘ申出出精植
立可申候、尤小松生立候場所は兼て細毛通置、枯枝たり共決て為
相障申間敷候、
附、蜜木仕候者有之候ても、其村ニて御訴も不申上、見遁し置候
処より不少木数剪出し、御山制相犯候段不埒至極候、依之尓来蜜
剪仕候者御片付之上、木数ニ寄り其村ヘ過怠植立可被　仰付候、
一街道並木松、風折・朽木等有之候得共、御訴のみニて自然と並木
薄相成不宜候間、尓来御訴申上候ハヽ、風折・朽木壱本ニ付三本
宛、街道附之村方ニて植継被　仰付候間、根附候時節ニ植継、右
之趣、其度ニ御訴可申上候、
　但右御吟味之者御廻し被成候間、等閑之儀有之候ハヽ、急度御沙
　汰可被成候、
右之通此度被　仰出候間、万一心得違之者於有之は、御吟味之上
急度無調法被　仰付候条、不心得之儀無之様其向々ヘ厳敷可申付
候、

四月
　演説
一諸木御取分植立之外、自分物入を以植立差上候者、御帳入申上候
ハヽ、御吟味之上、木数ニ寄り早速御賞可被成下置候、尤前々より
右御賞被成下来候得共、猶又此度新ニ被　仰出候間、出精植立可
申候、
一御山守共山中無怠見廻し立林等出精仕、心得宜者有之候ハヽ、御
ほふひ可被下置候間可申上候、
四月
右之通被　仰出申渡候段、花坂理蔵申出之、

四ノ十四日　晴　　弥六郎
　　　　　　　　　丹波
　　　　　　　　　典膳
　　　　　　　　　淡路

一　　　　　　　太田寛左衛門
老衰之上病気ニ付、厨川通御代官御免被成下度旨申上、願之通御
免被成旨被　仰出、御目付を以申渡之、
一　　　　　　　神　平次兵衛
厨川通御代官被　仰付、
一　　　　　　　寛左衛門嫡子
　　　　　　　　太田左司
五戸通御代官被　仰付、何も於竹之間同席列座丹波申渡之、
一　　　　　　　奥詰
　　　　　　　　柴内其馬
御使番相勤候御使者加申達候旨、御目付申出之、

一　　　　　　　　　川村身分治
当七十歳罷成候処、嫡子忠之進病身ニ付、嫡子仕兼候旨先頃申上、
外男子無之孫女鶴当十五歳罷成候、此者養女仕度旨申上、願之通
被　仰付以御目付申渡之、

一　　　　　　　　　下田将監
玉山秀助二男金之助召仕候旨、先達て御届申候処、此度相返候旨
相届之、秀助よりも訴之、

四ノ
十五日　晴　　弥六郎
　　　　　　　筑後
　　　　　　　丹波
　　　　　　　典膳
　　　　　　　淡路
　　　　　　　主膳

一月次御礼、今五半時　御本丸於　御座之間、御家門衆御礼被仰上、
奏者御用人相勤、御着座之節丹波御取合申上、引続同席御礼申上、
夫より　御中丸総角之間へ　御出座、高知之面々・諸者頭迄御礼
申上、畢て名目御礼有之無程相済也、

一今日　御曹司様御表へ　御出座被遊也、

一　　　　　　　　　本宿此平
　　　　　　　　　　同　弥次郎
此平儀、久々痂積相煩上昇強眩暈卒倒仕、難治之症ニて全快御奉
公可相勤躰無之付、隠居仕忰弥次郎家督被　仰付被下度旨申上、
願之通無相違被　仰出、於竹之間同席列座丹波申渡之、

一　　　　　　　　　福岡通御代官
　　　　　　　　　　中野周左衛門
　　　　　　　　　　沼宮内通御代官
　　　　　　　　　　金田一善左衛門
右当分　思召入有之付、野田通御代官御用被　仰付、御目付を以
申渡之、

一　　　　　　　　　佐藤村太
野田通竹倉部御山鉄山方被　仰付、御目付を以申渡之、

四ノ
十六日　晴　　弥六郎
　　　　　　　丹波
　　　　　　　典膳
　　　　　　　淡路

一　　　　　　　　　組付御免御鳥見
　　　　　　　　　　長岡所左衛門
　　　　　　　　　　越中畑御番人
　　　　　　　　　　藤波八十右衛門
所左衛門儀男子無之娘有之付、挨拶柄も無之候得共、八十右衛門
二男善作聟養子仕度旨申上、双方願之通被　仰出、於竹之間同席
列座丹波申渡之、尤所左衛門儀は御用人へ申渡之、

一　　　　　　　　　山本寛次郎
雫石通下役被　仰付申渡候段、毛馬内命助申出之、

一永福寺へ年頭之　御内書被成下候付、於菊之間丹波相渡之、　御
内書入候御小蓋御物書頭持出也、
　但今日呼出候様昨日寺社御奉行へ口達之、

一右御請之儀寺社御奉行へ申出之、

四ノ
十七日　雨　　筑後

勘解由
丹波
典膳
淡路

一 寛左衛門儀老衰之上耳遠相成、其上健忘之症ニて御奉公可相勤躰無之付、隠居仕悴左司家督被　仰付被下度旨申上、願之通無相違被　仰付、於竹之間同席列座丹波申渡之、

太田寛左衛門
五戸通御代官
同　左司

一 林右衛門儀疝積相煩、眩暈之症差加上昇強耳遠罷成、難治之症ニて全快御奉公可相勤躰無之付、隠居仕悴彦兵衛家督被　仰付被下度旨申上、願之通無相違被　仰出、御城代へ書状を以申遣之、

花巻御給人
五日市林右衛門
同　彦兵衛

一 数年御所病用出情(精)相勤候段、御代官申上候付、一生之内所御役医格被　仰付、御代官へ以書状申遣也、

大迫通宮守町住居
尚伯
同大迫町同
文常

一 安宅平右衛門三男宮之助儀、兼て召仕候処此度相返候旨被相届之、平右衛門よりも訴之、

檜山主膳

一 千助儀男子無之付、親類虎治伯父聟養子、先達て願之通被　仰付候処、不縁ニ付相返度旨申上、双方願之通被　仰付、御目付を以申渡之、

三戸御与力
石ケ守千助
同所御給人
斉藤虎治

一 村木英蔵
米内伝左衛門
御掃除奉行被　仰付、御目付を以申渡之、
但外側掃除見廻役是迄之通相勤候事、演説申渡之、

一 御目付所御物書御徒
苫米地忠七
勤中御給人被成下旨被　仰出、

一 御徒目付
右御役勤中御給人被成下旨被　仰出、

一 御与力
長沢文作
御徒
本館金吾
御人足目付被　仰付、
但右御役勤中御給人被成下、御徒目付次座被　仰付、
右何も御目付を以申渡之、

一 舟越三九郎
御鷹匠
小林清右衛門
三九郎儀男子無之娘有之ニ付、遠親類清右衛門弟冨人聟養子仕度旨、先達て願之通被　仰付候処、不縁ニ付相返度旨申上、双方願之通被　仰付、御目付を以申渡之、

一菊池五十八嫡子官吾儀、当二十五歳罷成候処、去ル八日与風罷出罷帰不申候付、心当之所々相尋候得共行衛相知不申、出奔仕候旨五十八訴之、

四ノ十八日　雨

弥六郎
勘解由
丹波
典膳
淡路
主膳

一大源院様御忌日ニ付、聖寿寺へ　御代香筑後相勤之、

一　西野九左衛門
　同　文陸

久左衛門儀、久々痼積相煩癲癇之症罷成、難治之症ニて全快御奉公可相勤躰無之ニ付、隠居仕悴文陸家督被　仰付被下度旨申上、願之通無相違被　仰出、於竹之間同席列座丹波申渡之、

一　左司事
　太田寛左衛門

右之通親名ニ付、名相改度旨申上、願之通被　仰付、御目付を以申渡之、

四ノ十九日　小雨

弥六郎
筑後
勘解由
丹波
典膳
淡路

一　小野寺左門

退身之兄六右衛門四十九歳罷成候処、去月廿五日与風罷出罷帰不申候ニ付、其節御内々御届申上置、心当之所々色々相尋候得共行衛相知不申、出奔仕候旨訴之、

四ノ廿日　曇

弥六郎
筑後
勘解由
丹波
典膳
淡路

一　川口宗右衛門
　長沢勇右衛門

宗右衛門儀嫡子豊作先達て出奔仕、其節御訴申上候、外男子無之娘有之ニ付、挨拶柄も無之候得共、勇右衛門二男良八聟養子仕度旨申上、双方願之通被　仰出、於竹之間同席列座丹波申渡之、

一　中野筑後娘
　種

右は当月三日出生之旨被相届之、

一　長沢文作
　安宅平右衛門

文作儀悴熊太郎病身ニ付、末々御用相立可申躰無之ニ付、間柄も無之候得共、平右衛門二男平之丞聟養子、先達て願之通被　仰付候処、不縁ニ付相返度旨申出、双方願之通被　仰出、御目付を以申渡之、

一　岩屋良作

兄勇助儀、文化九年二月与風罷出罷帰不申候付、其節出奔御訴申

上候処、昨夜立帰候付、向々出入之程も難計、私并親類共具ニ相尋候処、与風心得違罷出江戸表へ罷登、増上寺へ三ケ年之間奉公仕、夫より稲葉対馬守様へ御徒奉公被召抱相勤罷有候処、　御国元慕敷、老母ニも対面仕度一筋ニ存、暇取無調法も不顧立帰候旨申聞、外出入之儀押て相尋候得共、何之出入ケ間鋪儀も無之旨申聞候、出奔立帰候儀恐入急度為慎置候旨訴出候ニ付、良作へ御預逼塞被　仰付旨、御目付へ申渡之、

一右ニ付、良作儀恐入差扣願出候処、願之通差扣被　仰付、御目付へ申渡之、

一右ニ付、親類共恐入差扣願出、不及其儀旨御目付へ申渡之、

四ノ廿一日　晴、風

筑後
勘解由
丹波
典膳
淡路

一　山屋勘右衛門
山屋三右衛門

勘右衛門儀一子無之ニ付、同姓親類三右衛門弟寛治養子仕度旨申上、双方願之通被　仰出、於竹之間同席列座丹波申渡之、

一　斉藤男也へ
被　仰渡

其方儀、野田通竹倉部鉄山支配人斉藤作右衛門名儀を以御請負罷有候処、勝手次第我侭之取計方、其上御礼金及難渋候旨他借出入ニ付、　御上之御名儀も相出候得共、格別之以　御憐愍引立ニも至候様被成候、御含も被為　有夫々御沙汰も被下置候処、右御慈悲も取失ひ私欲之致方重畳無調法至極ニ付、鉄山諸品一式宮古通門村新三郎名儀、酒屋・家蔵・身帯四両三分砂弐分五厘・家屋鋪御取上、永揚屋入被　仰付者也、

月日

一　男也伯父
斉藤左右へ
被　仰渡

其方儀、野田通竹倉部鉄山斉藤作右衛門名儀を以男也御請負罷有候処、御礼金及難渋、其上他借出入ニ付　御上御名儀も相出候得共、格別之以御憐愍引立ニ相成候様被成遣候、御含も被為　有、其方共へ為御任被差置候処、頓て御礼金并借財向及難渋、兼々被仰含候　御趣意取失ひ私欲之致方、諸事　御上へ偽のみ申上重畳無調法至極ニ付、帯刀御取上永籠被　仰付者也、

月日

一　斉藤七郎右衛門へ
被　仰渡

文言前同断、

月日

右之通於御会所場、御町奉行・御目付立合申渡之、

一　下田右門知行所百姓花輪通黒沢村御山守
与助へ
被　仰渡

其方儀家作心懸、一盃森御山大森立木ノ沢御山ニおゐて、松并雑木弐拾本余蜜剪仕候旨、御代官吟味之砌申出候、兼々厳敷被　仰

付置候御山制相犯候段、御山守主役取失ひ無調法ニ付、慎被　仰
付置候処、木品御取上御山守御取放重キ過料被　仰付、慎御免被
成者也、
　　月日
右之通御片付、公事懸御役人共伺之通申渡之、

（文政元年）
四ノ廿二日　晴
　　　　　　　　　　　　弥六郎
　　　　　　　　　　　　勘解由
　　　　　　　　　　　　丹波
　　　　　　　　　　　　典膳
　　　　　　　　　　　　淡路

一　　　　　　　　　　　　　関　勝弥
　　　　　　　　　　　　　同　衆司
勝弥儀、久々癇積相煩癲癇之症罷成、時々眩暈卒倒仕、難治之症
ニて全快御奉公可相勤躰無之ニ付、隠居仕悴衆司家督被　仰付被
下度旨申上、願之通無相違被　仰出、

一　　　　　　　　　　　　御徒頭　佐藤八十七
預御徒宮与兵衛儀、老衰仕御奉公可相勤躰無之ニ付、悴弥三八御
番代被　仰付被下度、尤弥三八御徒御奉公可相勤器量之者ニ候段、
其方申上、願之通無相違被　仰付、

一　　　　　　　　　　　　　漆戸左司馬
　　　　　　　　　　　御徒頭　三ケ尻善司
善司預御徒女鹿要右衛門儀、男子無之娘有之付、左司馬家来母方
之親類栃内勇右衛門二男泰治聟養子仕度、尤右泰治御徒御奉公可
相勤器量之者ニ候段、善司申上、申上（抹消）双方願之通被　仰付、右何
も於竹之間同席列座丹波申渡之、尤左司馬へは奉書を以申遣之、

一　　　　　　　　　　　　　岩屋良作
差扣御免被成旨被　仰出、御目付へ申渡之、

一江戸表去ル十六日立七日振飛脚、中山左久馬組弐人今朝着、御用
儀共申来之、

一　　　　　　　　　　　　　三上兵左衛門
嫡孫元治儀当十五歳罷成、年来ニも御座候間、前髪為執度旨申上、
願之通御目付を以申渡之、

一　　　　　　　　　　　　　切田　辺
病気ニ付、御用人上席諸番御小人頭、并御馬懸共ニ御免被成下度
旨申上候処、遂養生相勤候様被　仰出、以奉書申遣、願書御目付
を以相返之、

一　　　　　　　　　　　　　八重樫尚伯
一生之内大迫通御役医格被成下候ニ付、御差支も無御座候ハヽ、
右苗字相名乗度旨申上、

一　　　　　　　　　　　　　中村文常
右同断ニ付、本家中村幸右衛門苗字相名乗度旨、御代官末書を以
申出、右何も伺之通御目付へ申渡之、

一宮古町去月十六日出火ニ付御届書、左之通、
　私領分従城下二十五里余東之方宮古町、去月十六日巳刻より出
火、未刻火鎮申候、依之焼失左之通、

一用屋鋪　壱ケ所
一給人家　九軒
一水主屋鋪　弐拾軒
一町家并百姓家　百八拾軒
一土蔵　三
一厩　拾五軒
一納屋　弐軒

右之通御座候、尤人馬怪我無御座候、此段御届申上候、以上、

四月　御名

右御届書去ル十一日御用番酒井若狭守殿へ、御留守居加嶋舎持参差出候処、御請取御承知之旨被仰聞候段、舎申出候由、尤大御目付井上美濃守へも相届候旨、去ル十六日立飛脚御用状申来申上、御用人・御役人へも申渡之、

一南部左衛門尉様御病気、追々御快方ニは御座候得共、御脚痛今以聢と不被成御座、御参勤之御時節ニ相成候得共御出勤難被成段、御用番へ去月二月御届書被差出候段、為御知申来候由申来遂披露之、

四ノ廿三日　晴

弥六郎
筑後
勘解由
丹波
典膳
淡路

一　御医師 工藤玄良
　　花輪御役医格 武村伯順

玄良儀、嫡子玄政先達て病死仕、其節御訴申上候、外男子無之娘有之ニ付、挨拶柄も無之候得共、兼て門弟罷有候花輪御役医格武村伯順二男玄秀聟養子仕度旨申上、双方願之通被　仰出、於竹之間同席列座丹波申渡、伯順へは御代官へ以書状申遣之、

一信徳主大明神様　文化十年五月御推昇御勧請被遊候節之恐悦、源性主大明神様　此度之恐悦、廿五日ニ熨斗目着用登　城御悦申上候事、

右之趣御家門衆へは御目付より申上、高知へは大目付より廻状を以申遣之、諸者頭・御役人へ御目付を以申渡之、

一　七戸御給人 町屋伝助
　　同 勝司

伝助儀老衰之上耳遠罷成、御奉公可相勤躰無之付、忰勝司家督被　仰付被下度旨申上、願之通無相違被　仰付、御代官へ書状を以申遣之、

四ノ廿四日　雨

弥六郎
筑後
勘解由
丹波
典膳
淡路

一　御鳥飼 川村身分治

高橋俊作

身分治儀嫡子忠之丞病身ニ付、嫡子仕兼候旨先頃御訴申上、外男子無之養女有之付、間柄も無之候得共、俊作弟英八聟養子仕度旨申上、双方願之通被　仰出、於竹之間同席列座丹波申渡之、

一　三戸御与力 沼山忠吾

此度盛岡表へ内用有之罷出候処、其節申上得御聞届御添状持参可仕処、無其儀恐入差扣願出、願之通差扣被　仰付、御目付へ申渡之、

一此度　源性主大明神様御推昇御勧請被遊、目出度御時節ニ付、為御祝儀来ル廿九日・晦日両日、於御新丸御能御興行被遊候付、廿九日は高知之面々・御新丸御番頭・諸者頭・諸士・諸医二三男・御町之者迄拝見、晦日ニは寺社并修験迄拝見被　仰付候間、夫々一統へ申渡候様、大目付・寺社御町奉行・御目付へ申渡之、

四ノ
廿五日　晴

弥六郎
筑後
勘解由
丹波

一　御馬乗役 川井寛作
　　同 都筑丈助

寛作儀男子無之娘有之付、挨拶柄も無之候得共、丈助弟保助兼て馬術稽古罷有候間、聟養子仕度旨申上、双方願之通被　仰付、御用人へ申渡之、

一　三戸御与力 沼山忠吾

差扣御免被成旨被　仰出、御目付へ申渡之、

一前書有之通、　信徳主大明神様・源性主大明神様御推昇御勧請被遊候ニ付、為御歓御家門衆御登　城、　御中丸総角之間於御廊下被仰上、丹波罷出御挨拶申上之、

但駒五郎殿御幼年ニ付、御附人を以御怡被仰上之、

一高知之面々・御新丸御番頭菊之間、諸者頭八柳之間へ一統相列居候処へ同席罷出、列座之処ニて何も恐悦申上之、

一御用人始御勘定奉行以上御役人・御使番迄、席へ罷出恐悦申上之、

但何も熨斗目着用也、

一　奥寺林之助
　　川村佐市
　　和七嫡子 長沢甚作
　　覚右衛門嫡子 大矢覚蔵
　　金平嫡子 兼平喜代治

夏御証文認方御用御物書、当分被　仰付置候処、御免被成旨被　仰出申渡候段、御目付申出之、

四ノ
廿六日　晴

弥六郎
筑後
勘解由
丹波

一前書有之通、昨今於桜山御祭有之、格別目出度御時節ニ付、御咎之者共御赦免之儀被　仰出、左之通、

文化十年　源信直公御事　信徳主大明神様ニ被遊御祝御神階首尾

好相済、此度　源光行公御事　源性主大明神様ニ被遊御祝御神階首尾好相済、格別目出度御時節ニ付、左之通御咎之者共御赦免被成旨被　仰出、

一　籠居被　仰付置候処御免、　柴内与五右衛門

一　籠居被　仰付置候処御免、　良八祖父隠居　大村治五平

一　逼塞被　仰付置候処御免、　千葉祐右衛門

一　親類共へ御預ケ被　仰付置候処御免、　喜久弥親隠居左平退身忰　岩本重太

一　親類共へ御預ケ被　仰付置候処御免、　源蔵退身之忰　藤村源七

一　逼塞被　仰付置候処御免、　奥寺常之助

一　遠方へ罷越候儀御差留被　仰付置候処御免、　奥寺澄太

一　他出并親類之外出会差留被　仰付置候処御免、　七郎祖父隠居　横浜帯刀

一　但此御元引取之親類可申出候、　七戸御給人　小山作十郎

一　隠居之蟄居被　仰付置候処御免、　佐市郎伯父　花輪佐市

一　逼塞被　仰付置候所御免、　西野冨治

一　逼塞被　仰付置候所御免、　兵右衛門忰　栃内他人

一　逼塞被　仰付置候処御免、　守右衛門曽祖父隠居　岩本理右衛門

一　蟄居被　仰付置候処御免、

四月

一　右同断ニ付、御咎之者共御赦免被成也、

一　福岡へ御追放被　仰付置候処、雫石へ所替被　仰付、　飯岡通中太田村　喜作

一　雫石へ御追放被　仰付置候処御免、　同通同村　久蔵

一　他領并近在行共御構被置候処御免、　花巻二子通村崎野村立益事　順証

一　江戸登御差留被置候処御免、　十三日町　善兵衛

一　永籠被　仰付置候処、揚屋入被　仰付、　大槌通小国村嶋田与五右衛門百姓平助子　平太

一　永揚屋入被　仰付置候処、狐崎小兵衛へ被下置、　駒之助

一　雫石へ御追放被　仰付置候処御免、　大槌通小国村嶋田与五右衛門百姓　権治

一　御城下并大槌住居御構被置候処御免、　大槌通江繋村　清太

一　大槌通小国村 源治
前同断、
一　宮古通花輪村元仮肝入 左蔵
御城下並宮古通住居御構被置候処御免、
一　宮古通花輪村元仮肝入 武右衛門
村方相談へ立入候儀御差留被置候処御免、
一　御本丸御末水汲 佐助
八戸弥六郎方へ御預、於知行所籠居被　仰付置候処、弥六郎方へ
家来被下、
一　八幡寺林通狼沢村元肝入 蔵之助
野田へ御追放被　仰付置候処御免、
一　三戸通三戸 福松
雫石住居被　仰付置候処、帰住勝手次第被　仰付、
一　十三日町 伊助
雫石へ御追放被　仰付置候処御免、
一　十三日町伊助聟 清助
牛滝へ御追放被　仰付置候処、七戸へ所替被　仰付、
一　十三日町 万四郎
野田へ御追放被　仰付置候処御免、
一　馬町 六助
宮古田老へ御追放被　仰付置候処御免、
一　十三日町 清兵衛
花輪へ御追放被　仰付置候処御免、
一　油丁 伊兵衛
毛馬内へ御追放被　仰付置候処御免、
一　同丁 長助
大槌小国へ御追放被　仰付置候処御免、
一　茅丁 喜之助
田名部九艘泊へ御追放被　仰付置候処御免、
一　四家丁久治子 兵助
市川へ御追放被　仰付置候処御免、
一　三戸丁 条助
沢内へ御追放被　仰付置候処御免、
一　馬町 重蔵
御町弐十八町払被　仰付置候処御免、
一　花巻一日市町 栄助
村払被　仰付置候処御免、
一　元御陸尺 金蔵
永籠被　仰付置候処、揚屋入被　仰付、
一　宮古通中里村元中里治右衛門百姓 万右衛門
五戸へ御追放被　仰付置候処、沼宮内へ所替被　仰付、
一　同仮肝入 徳右衛門
宮古通御代官所中、住居・徘徊共御構被置候処御免、
一　花輪通三ケ田村毛馬内近郷百姓善作子 善七
永籠被　仰付置候処、揚屋入被　仰付、
一　二子万丁目通上根子村 長助
野田へ御追放被　仰付置候処、雫石へ所替被　仰付、
一　鬼柳黒沢尻通横川目村 茂兵衛

一　五戸市川へ御追放被　仰付置候処、沼宮内へ所替被　仰付、　八幡通松林寺村堀江勇蔵百姓　久八

一　田名部九艘泊へ御追放被　仰付置候処、福岡へ所替被　仰付、　日詰通南伝法寺長根之　久助

一　御城下并日詰通住居御構被置候処御免、　野田通野田村之内城内之　藤右衛門

一　大迫へ御追放被　仰付置候処御免、　宮古通元詞官職阿部大隅事　隅多

一　大迫へ御追放被　仰付置候処御免、　同人悴　久米

一　宮古住居御構被置候処御免、　福岡通五日町又兵衛子　竹松

一　田名部九艘泊へ御追放被　仰付置候処、雫石へ所替被　仰付、　福岡通福岡村喜兵衛子　松

一　七戸へ御追放被　仰付候処、五戸へ所替被　仰付、　野田通守部町元検断　清右衛門

一　所払被　仰付置候処御免、　八幡寺林通松林寺村門右衛門子　理惣治

一　所払被　仰付置候処御免、　田名部通中ノ沢橋村之内金屋村　弥五右衛門

一　所払被　仰付置候処御免、　上田通三ツ割村　清右衛門

一　所払被　仰付置候処御免、　徳田通白沢村元肝入　甚右衛門

所払被　仰付置候処御免、

四月

右書付大目付・寺社御町奉行・御目付へ相渡之、

文化十年　源信直公御事、　信徳主大明神様ニ被遊御祝御神階首尾好相済、此度　源光行公御事、　源姓主大明神様ニ被遊御祝御神階首尾好相済、格別目出度御時節ニ付、御咎之者御赦免被成候、依之召仕并百姓等申上呵置者も有之候ハヽ、吟味之上差支不申者は願上相免可申、尤自分呵置候者ニ差支無之分ハ、相免可申旨被　仰出、

右は大目付・御目付へ申渡之、

一　　諸御代官

文化十年　源信直公御事、　信徳主大明神様ニ被遊御祝御神階首尾好相済、此度　源光行公御事、　源姓主大明神様ニ被遊御祝御神階首尾好相済、格別目出度御時節ニ付、御咎之者御赦免被成候条、於支配所願上追放并呵置候者有之、御赦免被成候て所差支も無之者ハ、其方共吟味之上願上可申旨被　仰出、以御目付申渡之、

一　此度御沙汰被成候通、目出度御時節ニ付、御代官より願上候者共、左之通御赦免被成之、

一　七戸へ御追放被　仰付置候処御免、　福岡通上斗米村　丑蔵

一　野田へ御追放被　仰付置候処御免、　厨川通滝沢村　九郎兵衛

一　毛馬内へ御追放被　仰付置候処御免、　同通同村　松之助

一　沼宮内通堀切村
栄治
大迫へ御追放被　仰付置候処御免、
同通大更村
己之助
野田へ御追放被　仰付置候処御免、
一　三戸通八日町
庄兵衛
大槌へ御追放被　仰付置候処御免、於本所他村出入御差留被成之、
一　福岡通荒屋町
左惣治
五戸へ御追放被　仰付置候処、三戸へ所替被　仰付、
一　同通一戸町
庄蔵
田名部へ御追放被　仰付置候処、五戸へ所替被　仰付、
一　同通同町
理助
沢内へ御追放被　仰付置候処、雫石へ所替被　仰付、
一　三戸通八日町
十兵衛
沢内へ御追放被　仰付置候処、福岡一戸町へ所替被　仰付、
一　大迫通中町
漣演蔵
毛馬内へ御追放被　仰付置候処、雫石へ所替被　仰付、
右之通申渡候旨、御目付申出之、

四ノ
廿七日　曇

弥六郎
筑後
勘解由
丹波
典膳
淡路

一　渋民助市
同　五七郎
助市儀久々癇積相煩上昇強、難治之症ニて全快御奉公可相勤躰無之付、隠居仕悴五七郎家督被　仰付被下度旨申上、願之通無相違被　仰出、於竹之間同席列座丹波申渡之、

一　花輪御給人
井上小右衛門
病気ニ付、巣鷹御用懸願之通御免被成、御目付へ申渡之、

一　斉藤男也
母へ
被　仰渡
其方儀、野田通竹倉部鉄山支配人斉藤作右衛門名儀を以、子共男也御請負罷有候処、勝手次第我侭之取計方、其上御礼金及難渋候上他借出入ニ付、　御上之御名儀相出候得共、格別之御憐愍を以引立ニも至候様被成遣候、御含被為有候処御慈悲も勘弁不仕、彼是悪事相含親族一統不和ニ致シ、専ラ私欲ニ拘り御礼金并他借出入一円相片付不申、弥増　御上之御苦労相成候段、元来其方心得違より事起、及難渋重畳不埒至極ニ付、揚屋入被　仰付者也、
月日

一　男也伯父
斉藤俊蔵へ
被　仰渡
其方儀、野田通竹倉部鉄山支配人斉藤作右衛門名儀を以、甥男也御請負罷有候処、勝手次第我儘之取計方、其上御礼金及難渋候上他借出入ニ付、　御上之御名儀も相出候得共、格別之御憐愍を以引立ニも至候様被成遣候、御含も被為有候処御慈悲をも不顧、右及難渋候儀異見可仕候処無其儀、其上先年其方鉄山世話方中不詰

之他借取組、其侭ニいたし置、　御上ニ御苦労懸上候儀不埒至極
ニ付、揚屋入被　仰付者也、
四月

男也弟
斉藤亀蔵へ
被　仰渡

一　其方儀兄男也、鉄山御請負中無調法之儀有之、身帯家屋敷御取上
被成候、右程之儀専ラ異見相加可申処、無其儀不埒至極ニ付、宮
古通御給人苅屋弓助へ御預、他出御差留被成旨被　仰付者也、
四月

右之通於御会所場、御町奉行・御目付立合申渡之、

四ノ
廿八日　晴

弥六郎
筑後
勘解由
丹波
典膳
淡路
主膳

一天量院様御忌日ニ付、聖寿寺へ御略供ニて　御直詣有之也、

一　花輪御給人並
町井左市助
同所御給人
吉田新六

左市助儀弟子之助癲癇之症相煩、末々御用相立可申躰無之、娘有
之付、挨拶柄も無之候得共、新六三男亦七聟養子仕度旨申上、双
方願之通被　仰付、御代官へ書状を以申遣之、

一　櫛引郷助
病気ニ付、花巻三御町奉行願之通御免被成、御目付を以申渡之、

一　花巻御給人
小野寺縫右衛門
同　七郎

縫右衛門儀痰飲・眩暈之症相煩、健忘之症相加、難治之症ニて全
快御奉公可相勤躰無之付、隠居仕忰七郎家督被　仰付被下度旨申
上、願之通無相違被　仰付、御城代へ以書状申遣之、

一　御用人上席
切田　辺

従　御先々代様数十年老年迄、御用向出情(精)相勤神妙　思召候、依
之為　御賞御紋御上下一具拝領被　仰付、尤病気ニ付、御役御訴
訟申上候得共、御免不被成旨被　仰出、名代嫡子常人呼上候処病
気ニ付、親類川守田多右衛門へ大書院於御杉戸際、同席列座丹波
申渡之、

四ノ
廿九日　晴、昼雨

一前書有之通、今明日於御新丸御能有之、仲間無登　城、

四ノ
晦日　晴

一仲間無登　城、

五月朔日　晴

弥六郎
筑後
勘解由
丹波

典膳
御用番 淡路
主膳

一月次御礼、今四時　御本丸於　御座之間、御家門衆御礼被　仰上、奏者御用人相勤、御着座之節淡路御取合申上、引続同席御礼申上、夫より　御中丸総角之間へ御出座、高知之面々・諸者頭迄一統御礼申上、畢て名目御礼被為　請、無程相済也、

但高知之面々・同嫡子迄申達候御用有之ニ付、菊之間へ列居候様大目付を以申達、御新丸御番頭菊之間、諸者頭ハ柳之間へ列置候様御目付を以申渡之、夫より淡路罷出、今日は名目御礼数人有之ニ付、月次御礼一統ニ被為　請旨被　仰出、申達之、

一今日　御曹司様御表へ　御出座被遊也、

一為端午之御祝儀、御家門衆并仲間・高知之面々、御用人より　屋形様・　御曹司様へ御肴一折宛、銘々目録ニて差上之、御用人を以遂披露之、

但江戸詰合仲間・御用人よりも差上之、尤江戸詰合御留守居よりハ不差上、爰元ニ御留守居居合候得は差上候、此節は爰元ニ居合不申故不差上、尤御留守居見習格大目付よりハ、文化六年歳暮之節伺之上不差上也、且前々四月廿八日差上候得共、文化五年六月廿一日御沙汰有之、今日差上之、

一　御用人 玉山直人

御年男被　仰付、於席申渡之、

一　御小納戸 松岡平内

御年男加被　仰付、於御側申渡候段、御側御用人申出之、

一　御用人 玉山直人

御年男相勤候付、拝領物被　仰付、於席申渡之、

但御金三百疋被下置之、御年男加は御側御用人取扱也、

一　沢田左司馬

御用人被　仰付、於　御前被　仰渡之、御役人へも申渡之、

一　御用人 沢田左司馬

御側向并御持弓頭は、自分是迄之通相心得候様被　仰出、

一　御用人 勝木藤蔵

諸番御小人頭兼帯被　仰付、何も於席申渡之、

一　野田豊後

知行所野田通御代官所之内、野田村百姓共之内、三六・平治・左部と申者行跡不宜候ニ付、三六大迫へ、平治三戸へ、左部五戸へ伺之上先達て追放仕置候、然処此度格別之御沙汰も御座候間相免、本所へ差戻住居為仕度旨伺出、伺之通大目付を以申達之、

一　及川勇右衛門

支配所宮古町、去ル三月十六日昼四時出火ニ付、数軒焼失仕恐入差扣願出候処、不及其儀旨被　仰出、御目付へ申渡之、

五ノ
二日　晴

弥六郎
丹波
典膳
淡路

一　赤沢軍助
同　見蔵

軍助儀久々痼積相煩癲癇之症罷成、眩暈・卒倒仕、難治之症ニて全快御奉公可相勤躰無之ニ付、隠居仕悴見蔵家督被　仰付被下度旨申上、願之通無相違被　仰出、

一　川御普請方 四戸銀左衛門
御茶道 袴田宗得

銀左衛門儀嫡子専蔵先達て病死仕、其節御訴申上候、外男子無之娘有之付、挨拶柄も無之候得共、宗得弟三平聟養子仕度旨申上、双方願之通被　仰出、右何も於竹之間同席列座淡路申渡之、

一　沢田左司馬

御役成御礼御序之節申上度旨申上、願之通来ル十五日可被為　請旨被　仰出、奉書を以申遣之、

一　同人

嫡子弾右衛門儀並合之通、五節句月次御礼為申上候様仕度旨申上、伺之通御目付を以申渡之、

一江戸へ今朝七日振飛脚、中西金左衛門組弐人差立、御用儀共申遣之、

五ノ
三日　晴

筑後
丹波
典膳
淡路

一　毛馬内御給人 山本九一郎

知行所毛馬内通御代官所之内、大地村之内道代四十五間幅弐間、堰代長サ四十五間幅壱間御用地御取上被成、右替地追て可被下置旨被　仰出、御目付へ申渡之、

一　藤田　務
諏訪民司

佐々木栄治知行所百姓支配所田子村清十郎儀、行跡不宜、所ニ指置候ては外御百姓共取扱差支候間、私共限追放仕度旨申出、願之通御目付を以申渡之、

一御帰国御使者奥瀬内記、去月十八日、御用番酒井若狭守殿へ御留守居加嶋七五郎同道参上、御連書并御献上物書付指出、御口上申上相伺候処、御献上物并御使者、明朝　御城へ差出候様御差図有之、残り御老中方へも参上、御口上申上相勤候由、右ニ付、翌十九日朝　御城へ内記ニ御留守居加嶋舎同道罷出候処、檜之間へ酒井若狭守殿并御奏者土屋相模守殿御出席、御目録相模守殿御請取若狭守殿へ被差上、内記　御口上申上、此節大御目付井上美濃守、御目付森川金右衛門出席、蠟燭一箱、二種一荷御献上首尾好相済申候、夫より　西丸へ罷出候処、松平能登守殿并御奏者西尾隠岐守殿御出席、内記御目録持出、隠岐守殿御請取能登守殿へ被指上、内記御口上申上、此節御目付笹本彦太郎出席、二種一荷御献上、首尾好相納退出、直々　両御丸御老中方・若御年寄方へ参上、御樽代并干鯛一折宛　御書添　御口上申上、御使者相勤候段、申出、且京都御所司代へ御樽代・干鯛一折　御書添被進、御使者御取次相勤候段、江戸表去月廿一日立之御便ニ申来之、遂披露御役人へも申渡之、其外御勤向委細は御用状案詞帳ニ有之也、

五ノ
四日　晴

弥六郎
典膳
淡路

一明五日　義徳院様御祥月ニ付、　屋形様五半時御本供御供揃ニて東禅寺へ御仏詣被遊、御出・御帰共ニ　御本丸御玄関より、御寺へ丹波相詰、無程　御帰城也、
但御役人上下、小役人継肩衣着用也、
一霊徳院様御忌日、明五日　養源院様御忌日ニ付、聖寿寺へ　御代香弥六郎相勤之、
一　宮古御船頭 八右衛門
善右衛門
先達て無調法之儀有之、御追放被　仰付候処、文化十二年五月御免ニて帰参罷有候、然処右両人先祖紀州様より被遣御由緒も有之者共之由、当時人柄も相慎罷有候ニ付、此度　信徳主大明神様・源姓主大明神様御神階相済、目出度御時節ニ付、右両人共ニ元之通御船頭御召拘(抱)被成下度旨御代官申出、願之通御目付を以申渡之、

五ノ
五日　朝小雨　霽

弥六郎
勘解由
丹波
典膳
淡路
主膳

一席へ御熨斗出、
一為端午之御祝儀、今五時過　御本丸於　御座之間、御家門衆御礼被仰上、御用人奏者、御着座之節淡路御取合申上、夫より　御中丸総角之間へ　御出座、仲間始五節句出仕之面々御礼申上、無間相済也、
一今日　御曹司様御表へ御出座被遊也、
一大目付・寺社御町奉行・表御目付・御目付・御勘定奉行・御使番迄、席へ罷出御祝詞申上之、

五ノ
六日　雨

弥六郎
勘解由
丹波
典膳
淡路

一　花巻御給人 簡　左治
花巻三御町奉行被　仰付、御目付より書状を以申遣之、
一　同所御給人 神山男也
花巻御使役被　仰付、爰元罷出居候付、上下着呼上以御目付申渡之、
一　北村清助
野辺地清四郎
御鉄山方当分被　仰付、御目付を以申渡之、
一　宮古御給人 岩花冨右衛門
病気ニ付、宮古御代官所下役願之通御免被成、御目付へ申渡之、
一　福岡一戸町 金子茂八

此度別段之御次第も有之候ニ付、一戸村持地之内高弐拾五石三斗弐升六合被下置、被下来候弐人扶持ヘ御加、所御与力ニ被成下旨被　仰出、御代官ヘ以書状申遣之、御目付ヘも申渡之、

栃内宇右衛門

一夏坂御番所御番人被　仰付申渡候段、御目付野々村円蔵申出之、

五ノ
七日　晴

弥六郎
勘解由
丹波
典膳
淡路

宮古御給人
岩間龍八

一当三月宮古町出火数百軒焼失に付、右類焼之者共ヘ壱竈ニ付玄米五升宛、都合弐拾駄片馬弐斗八升引配仕候段、宮古町宿老共訴出候旨御代官申出、為御賞龍八ヘ於御所御吸物・御酒被下置旨、伺之通御目付ヘ申渡之、

一右類焼之者共御手当被成下度旨願出、一竈ニ付御代物壱貫文宛、三百弐拾八軒ヘ御手当被成下旨、伺之通御目付ヘ申渡之、

高橋仙蔵ヘ
被　仰渡

一其方儀、去ル二月御側御用達所御締相破、御金五拾両余盗取候儀御詮儀之上及白状、士分ニ不似合致方無調法至極ニ付、身帯家屋鋪御取上ケ帯刀被　召放、籠舎被　仰付者也、

五月

壱両弐歩弐人扶持

右之通於御会所場、御町奉行宮手弥市・坂牛杢兵衛、御目付江刺牧太・花坂理蔵・毛馬内庄助立合申渡之、

五ノ
八日　晴

弥六郎
勘解由
丹波
典膳
淡路

一霊巌院様御忌日ニ付、東禅寺ヘ　御代香勘解由相勤之、

一江戸表去ル二日立七日振飛脚、中山左久馬組弐人昨暮六時着、御用儀共申来之、

一南部左衛門尉様病気、今以聢と不被成御座候付、御参勤之御礼御使者を以被成御献上物候由、為御知奉札を以申来、右一通差下来遂披露之、

一御同人様より去月廿日御老中方御連名之御奉書を以、呉服橋御門番被　仰蒙候段、為御知奉札差下来遂披露之、

五ノ
九日　晴

弥六郎
勘解由
丹波
典膳
淡路

御金奉行
関　岡右衛門
遠藤佐治

一

岡右衛門儀男子無之娘有之ニ付、親類ニも無之候得共、佐治二男
民弥聟養子仕度旨申上、双方願之通被　仰出、於竹之間同席列座
淡路申渡、岡右衛門儀は於江戸申渡之、
一御帰国御使者奥瀬内記今朝着、直々登　城席へ罷出、添状差出之、
一御帰国御使者奥瀬内記御用相済今朝着ニ付、直々罷出、御奉書二
通并御格書壱通一箱持参、席へ差出之、
　但御書・御奉書御側御用人を以差上之、
一内記へ明十日五時上下着用登　城候様、大目付を以申達之、
一　三上円治
就病気、岩崎御番所御番人願之通御免被成、御目付を以申渡之、

五ノ十日　晴

弥六郎
勘解由
丹波
典膳
淡路

一前書有之候御帰国御使者大御番頭奥瀬内記儀、今日　御本丸於
御座之間、　御逢御意有之　御直熨斗被下、此節淡路上下着用相
詰、尤大目付先立也、
一　勝又定之助
岩崎御番所御番人被　仰付、以御目付申渡之、
一　滝沢美作（常陸事）
右之通相改旨申上、願之通被　仰付、御目付を以申渡之、
一　奥瀬治部
下小路御旅所　御神事中、下小路御門番被　仰付、奉書を以申遣
之、御目付へも申知之、
一　滝沢美作
家紋糸輪之内ニ九曜并五ツ菱丸ニ松川菱相用来候処、享和元年紋
形書上候様御沙汰ニ付、右之通相用候旨申上候処、先年之書上ニ
は糸輪之内へ九曜は無之旨、御不審有之恐入、当時は五ツ菱丸ニ
松川菱計り相用罷有候、然処外同姓共は先年糸輪之内ニ九曜書上
候付、享和年中紋形御改之節申上、丸之内ニ九曜相用罷有候、依
之同姓共同様丸ノ内ニ九曜も相用度旨伺出、伺之通御目付を以申
渡之、
一　奥瀬内記
畳踞有之折々腫痛仕候付、痛有之節は夏中も足袋相用度旨申上、
足袋用可被申旨、附札ニて家来呼上大目付を以申渡之、

五ノ十一日　晴

弥六郎
勘解由
丹波
典膳
淡路
主膳

一徳霊院様御忌日ニ付、聖寿寺へ　御代香典膳相勤之、
一江戸表去ル五日立七日振飛脚、野辺地礼八組弐人今朝着、御用儀
共申来之、
一　矢幅秀治

亡大伯父軍助子弥左之進儀、当五十二歳罷成候処、病身之旨先達て御訴申上候、然処此度百姓相成申度旨望申候間、被　仰付被下度旨申出、願之通以御目付申渡之、

一　福岡通面岸村池田貢知行所百姓
与助

右之者兼て不行跡之者ニて村方不宜事ニのみ相進、御所ニ差置候てハ一統御村方取計向差支ニ相成候間、永ク揚屋入被　仰付被下度旨、御代官中野周左衛門・田口善平口上書を以申出、願之通被仰付、

一　右同断百姓
長右衛門
同村同断
長治
同村同断
長七

右之者共兼て行跡不宜、其侭差置候ては一統御村方取扱向差支ニ相成候間、何方へ成御追放被　仰付被下度旨、尤長右衛門儀は沢内通、長治は大迫通、長七ハ雫石通、右御場所へ御追放被　仰付被下度旨、右御代官申出願之通被　仰付、
右何も御目付を以申渡之、

一　大石茂七
鳥谷部嘉助

茂七儀男子無之娘有之ニ付、嘉助伯父乙治養子仕度旨、先達て願之通被　仰付候処、不縁ニ付相返度旨申出、双方願之通被　仰出、以御目付申渡之、

一　江釣子要右衛門
在役所
大矢覚右衛門
在倉沢御番所
台　十郎兵衛
在江戸
岩間忠助
八木沢木八
帷子伝右衛門
嘉村重助
八角宗叔
中田永作
波岡忠右衛門

親類高橋佐蔵儀、同姓親類御鳥飼高橋仙蔵儀、御吟味之筋有之、親類ともへ御預被差置候処、去ル四日夜出奔仕候付、相尋候様被仰付、中村丹右衛門同道直々出立罷越候処、遠野荒屋御番所ニて右仙蔵御捕押ニ相成候旨承り、夫より直々罷帰候処、遠野三松屋宇兵衛と申者宿ニて相見得不申ニ付、同所町中相尋候得共行衛相知不申旨、今日丹右衛門罷帰候処ニて申聞候、依之私共之内八木沢木八・波岡忠右衛門御境目通迄相尋申度、往来十日御暇被下度旨申上、願之通御目付を以申渡之、尤佐蔵嫡子良太儀も御暇可願上処、侍鉄炮被　仰付、当時箱館詰合罷在候旨申出之、

一江戸表去ル五日立七日振飛脚、中山左久馬組弐人今朝着、大御目付より去ル四日惣出仕之儀、廻状御同席触ニて到来、御登　城被成候処、御老中方御列座御用番阿部備中守殿被仰渡候は、年号文政と改元被　仰出、終て大御目付石谷周防守より有馬玄蕃頭様へ右年号御書付御渡之由、右之趣御同席様方へ玄蕃頭様御直御廻状、御使者を以御廻達有之、左之通、
今日致登　城候処、別紙之通従　京都被　仰進、年号改元被　仰出候旨、阿部備中守殿被　仰渡候、尤此段各様へ致通達候様、大

目付石谷周防守を以書付被相渡候、依之致順達候、以上、
五月四日　有馬玄蕃頭

松平豊後守様　下ケ札 御廻状之趣奉承知、豊後守国許へ早速可申遣候　松平豊後守家老 町田監物

松平陸奥守様　下ケ札 御廻状之趣奉承知、陸奥守国許早速可申遣候　松平陸奥守家老 但木山城

松平肥前守様　下ケ札 致承知候

南部大膳大夫様　下ケ札 御廻状之趣奉承知、大膳大夫国元へ早速可申遣候　南部大膳大夫家老 藤枝宮内

津軽越中守様

文政

御別紙書

右之通御廻状申来候付、　御前様・　観光院様へ申上、御休息并御側通御用人・御役人へも申渡、三御屋敷為相触候旨御用状申来遂披露、　御曹司様へも入　御覧之、

一右御書付、御用人・寺社御町奉行・大目付・御目付・御勘定奉行へ於席拝見申渡、尤支配之者へも申渡候様申渡之、

一右之段、今日一統御弘被成旨被　仰出候付、　涼雲院様・於年殿・御家門衆・慈眼院殿へ御附役御附人呼上、御目付を以申達申上之、高知之面々・御新丸御番頭へは於菊之間淡路出席、右年号御書付拝見申渡、　御中丸御番頭御新丸当勤へは、今日当番之者へ御目付を以申渡、相役通達候様申渡之、諸者頭は御目付を以拝見申渡、諸士・諸医・寺社町へは御目付・御町奉行より為相触、花巻并在々へは御目付より申遣之、

一高知之面々最早登　城之儀、大目付より廻状ニて申遣、尤病気等ニて不罷出高知中へは、罷出候座上之者より通達候様、大目付を以申渡之、

一御新丸御番頭も不罷出者へは仲間通達候様、今日罷出候者へ御目付を以申渡之、

一八戸へは前々為知無之、

五ノ十二日　雨

弥六郎
勘解由
丹波
典膳
淡路
主膳

一即性院様御忌日ニ付、聖寿寺へ御代香丹波　相勤之、

五ノ十三日　曇

弥六郎
筑後
勘解由
丹波
典膳
淡路
主膳

一　毛馬内御給人 山本九一郎

娘民儀去ル寛政十二年三月出奔仕、其節御訴申上候、然ル処去ル

八日夜立帰候付、向々出入之程も難計具ニ相尋候処、兼て身延山へ参詣仕度心懸ニて与風心得違罷出、秋田久保田茶町伊勢屋茂兵衛方へ着仕候処、脚気相煩歩行成兼、同人宅ニて養生仕候得共快気早俄取兼、路金も遣ひ切久々世話ニも相成候故、把針様之手伝仕、文化六年七月迄罷有候処、病気も少し快気ニ趣候ニ付、同月同所出立同国能代迄罷越候処、又々病気再発仕、同所西村庄右衛門と申者之所奉公罷有候得共、身之片付も無之、当年迄随身罷有候処、御国を慕ひ兄弟共ニも逢申度一筋存、無調法も不顧立帰候旨、外何之出入ケ間敷儀も無之旨申聞候、出奔立帰候儀恐入急度為慎置候旨訴出候付、親九一郎へ御預慎被　仰付旨、御目付へ申渡之、

一　　池田　貢

知行所面岸村百姓共、去年八月不心得之儀有之候処、此度御片付被　仰付、兼て取扱向不行届恐入差扣願出候処、不及其儀旨御目付へ申渡之、

五ノ
十四日　雨

弥六郎
勘解由
典膳
淡路

一　　八幡通御鳥見
大森俊助
花巻御給人
神山小左衛門

俊助儀伯父友八有之候得共、俊助壱人ニて野廻手ニ合兼候付、野御扶持計被下置相役被　仰付被下度旨、先達て願之通被　仰付、外男子無之娘有之ニ付、親類花巻御給人小左衛門二男定見聟養子仕度旨申上、双方願之通被　仰付、御用人へ申渡、小左衛門へは御城代へ以書状申遣之、

一　　佐々木栄治

知行所三戸御代官所之内、川向村百姓五軒御座候処、当三月家明立退候ニ付遂吟味候処、清十郎と申者不心得之処より兼て御沙汰被成置候御趣意も不弁、且平常行跡不宜者ニ付、御代官より願上大槌へ御追放被　仰付、尤助右衛門・寅蔵義は不心得之儀御座候付、於町宿親類組合預手錠下慎被　仰付候、成情私申含方不行届恐入差扣願出候処、不及其儀旨被　仰出、御目付へ申渡之、

五ノ
十五日　晴

弥六郎
筑後
勘解由
丹波
典膳
淡路
主膳

一月次御礼、今四時前　御本丸於　御座之間、御家門衆御礼被仰上、奏者御用人相勤、御着座之節淡路御取合申上、引続同席御礼申上、夫より　御中丸総角之間へ　御出座、高知之面々・諸者頭迄御礼申上、畢て名目御礼有之、無程相済也、

一今日　御曹司様御表へ　御出座被遊也、

一　　中里俊蔵

嫡子嘉藤先達て病死仕、其節御訴申上候、然処嫡孫菊松当二歳罷成有之候得共、幼稚之上虚弱ニて早速御用ニも相立可申躰無之ニ付、二男重太郎嫡子仕度旨申上、願之通被　仰出、於竹之間同席列座淡路申渡之、

一　　　五戸御給人
　　　　鳥谷部泰治
　　　　同　文作

泰治儀兼て麻木之症相煩歩行難相成、難治之症ニて全快御奉公可相勤躰無之ニ付、悴文作家督被　仰付被下度旨申上、願之通、無相違被　仰付、御代官へ以書状申遣之、

五ノ十六日　曇　　弥六郎
　　　　　　　　勘解由
　　　　　　　　丹波
　　　　　　　　典膳
　　　　　　　　淡路

一江戸へ今朝七日振飛脚、中西金左衛門組弐人差立、御用儀共申遣之、

一六駄弐人扶持　　鈴木恰預御徒
　　　　　　　　川村泰作

親快右衛門及末期悴泰作二十歳罷成候、此者御番代被　仰付被下度旨、尤右泰作御徒御奉公可相勤器量之者ニ候段、其方申上、存生之内、願之通御番代無相違被　仰付、頭へ於竹之間同席列座淡路申渡之、

一　　　願教寺

法用有之、江戸築地本願寺へ罷越申度、依之当月より六月迄御暇被下度旨申上、願之通寺社御奉行を以申渡之、

五ノ十七日　雨　　筑後
　　　　　　　　勘解由
　　　　　　　　丹波
　　　　　　　　典膳
　　　　　　　　淡路

一今暁七時過、上大工丁壱丁目鍛冶屋徳兵衛と申者火元ニて類焼共弐軒焼失、早速火消御役人罷越防留無程火鎮也、

一　　　西川鉄司

当十五歳罷成年来ニも候間、前髪執申度旨申上、願之通御目付を以申渡之、

一　　　宮古御与力
　　　　木村林之丞
　　　　同　金之丞

林之丞儀中風之症相煩眩暈之症相加、時々率倒仕、難治之症ニて全快御奉公可相勤病症無之付、悴金之丞家督被　仰付被下度旨申上、願之通無相違被　仰付、御代官へ以書状申遣之、

一福岡御与力金子茂八へ被下候百姓小高証文、御目付を以御代官へ相渡之、

一下杉茂一右衛門退身之悴定之助儀当二十二歳罷成候処、去ル八日罷出候処罷帰不申ニ付、其節御内々御届申上置、心当之所々色々相尋候得共行衛相知不申、出奔仕候旨茂一右衛門訴之、

一　　　江釣子泰助

親要右衛門儀黒沢尻御蔵勤番罷在候処、今晩より大病之趣申来、

依之罷越附添介抱仕度、御暇被下置度旨申出、願之通以御目付申渡之、

五ノ 十八日 晴　　勘解由

一榊山御本社御神事ニ付、 神輿四時前下小路御旅所へ 渡御、

但去年御沙汰之通、今日より廿日迄上下着用也、

一南宗院様・ 大源院様御忌日ニ付、 聖寿寺・東禅寺へ 御代香弥六郎方相勤之、

五ノ 十九日 晴

一榊山御神事ニ付、下小路御旅所へ何も相詰、仲間無登 城、

五 廿日 晴　　弥六郎
勘解由

一前書有之通、 榊山御本社御神事首尾好相済、 神輿五時過 御帰輿、 御用懸御役人へ於柳之間御吸物・御酒被下也、

但文化十三年より御吸物・御酒被下置事故、御熨斗不被下置也、

一百石弐合　　米田十治

内拾駄現米、五人扶持

養父八右衛門及末期一子無之ニ付、 親類橋野益助妹徳養女仕、挨拶柄も無之候得共、 鴨沢金右衛門二男十治聟名跡被 仰付被下度旨申上、存生之内、 願之通其方跡式無相違被 仰出、

一八駄弐人扶持　　高橋駒之助

親武兵衛存生之内、 願之通跡式無相違被 仰出、何も於竹之間同席列座勘解由申渡之、

五ノ 廿一日 雨　　筑後
勘解由
丹波
典膳
淡路

一　　江釣子要右衛門

中風之症相煩、快気出勤可仕病躰無之付、御蔵御吟味役下役願之通御免被成、御目付を以申渡之、

一　　黒沢伝左衛門

湿瘡相煩候付、鴬宿へ入湯二廻御暇被下度旨申上、願之通被 仰出、以奉書申遣之、

一江戸表去ル十六日立七日振飛脚、野辺地礼八組弐人今昼着、御用儀共申来之、

一　　毛馬内御給人 山本九一郎

娘民儀出奔立帰候付、九一郎へ御預慎就被 仰付候、恐入差扣願出、願之通差扣被 仰付、御目付へ申渡之、

一　　米内和七郎

御蔵御吟味役下役被 仰付、

一　　蘭右衛門嫡子 太田茂左衛門

新御蔵御物書被 仰付、何も以御目付申渡之、

一如例年、 公方様・ 右大将様へ端午之御時服二宛被献、去月二日 御城へ御留守居加嶋七五郎附参献上之、御奏者安藤対馬守殿

右大将様へ之献上物、於御本丸、西丸御奏者本多豊前守殿御目録
御受取、　御台様へ之献上物は、於檜之間御廊下御広式番之頭井
戸新之丞、御簾中様へ之被献物は、西丸御広式番之頭田尻新左衛
門、御目録受取首尾好相納候由申来、申上之、
一東御門番人松本岩蔵・高屋勝之進儀ハ、相応之咎申付候様、御町
奉行岩瀬加賀守達ニ付、小松原半七内々佐久間彦太夫へ問合候は、
相応咎と御達ニ御座候、右程合如何ニ御座候哉承合候処、押込或
ハ呵置と申よりハ軽メ之事ニ有之候旨、彦太夫申聞候由、七五郎
申出候段申来、申上之、
一当正月二日於御門前、御長柄伊助御人足留之助及口論、其節之懸
り合之辻番人四人、并東御門番四人申渡候儀有之ニ付、差出候様
町御奉行岩瀬加賀守より去月五日申来候ニ付、翌六日右人数召連、
御徒目付照井栄左衛門御留守居下役小松原半七同道罷出候処、白
洲へ右之共へ相廻加賀守申渡候は、留之助并鳶之者友次郎・弁次
郎、右三人共ニ敲之上江戸払ニ被　仰付候由、御門番人松本岩
蔵・高屋勝之進儀は、主人方ニて相応之咎申付候様申達候由、尤
右辻番人荒張兵助・宇佐美利兵衛・留沢善蔵・早野八十八、御門
番人四戸嘉兵衛・板山隣右衛門義は、右一件ニ付相尋候処、不埒
之筋も無之候間、一同無構と申渡相済候後、半七へ右之趣主人へ
も可申聞旨、加賀守申渡候由、依て右懸り合之者共御片付之申渡
書付、半七其筋へ致無心写持参之旨、御留守居加嶋七五郎申出候
由、御用状申来申上、御役人共へも申渡之、

五ノ
廿二日　晴　　弥六郎

一　丹波
　　典膳
　　淡路
　　　田名部大畑村春日大明神并示現太郎大明神兼神主
　　　　堺　日向
諸人海上為安全、大畑村　春日大明神へ田名部通北関根村・川台
村之内、高梨子ニて高三拾六石弐斗弐升四合御寄附被遊、永ク日
向へ御預被下候旨、先達て御代官へ被及御沙汰候処、別段之御次
第も有之候上出精相勤候付、右高　御社領同様直々其方へ永ク被
下候間、是迄被下来候御金方弐拾四石へ御加、都合六拾石弐斗弐
升四合ニ被成下候間、猶亦　神前向出情無懈怠様、常役共ニ相勤
可申旨被　仰出、御代官召連罷出、於竹之間同席列座淡路申渡之、
一　　御勘定奉行
　　帷子多平
来月十七日出立被　仰付、御目付を以申渡之、
一　大川又右衛門
　　帷子多平
　　太田甚内
　　漆戸　林
私共同役江戸勤番岡田金左衛門知行所、雫石通御代官所安庭村百
姓甚右衛門と申者不心得之儀有之、追放仕度旨金左衛門申上、文
化十年十二月大迫通御代官所へ追放仕置候処、其後行跡相慎罷有
候段相聞得候ニ付、遂吟味候上、嫡子源八郎より金左衛門へ申遣
候付相免申度、依之私共より願上呉候様申参候段、口上書を以申
出、願之通以御目付申渡之、
一　刈屋丹蔵

其方儀夏坂御番人被　仰付、右勤向之儀は去年来別て御仕法も
被　仰出、御据帳迄御預被成候筈、右を守り不申私欲ニ相拘り、
御百姓共御慈愛之御趣意取失ひ、御番所御〆り方薄ク相成、　御
上思召入を御沙汰ニ行違候段不届ニ付、身帯之内半分御取上隠居
蟄居被　仰付、
右之通被　仰出、今晩中ノ橋川岸於御会所、御町奉行宮手弥市・
坂牛杢兵衛、御目付江刺牧太・三浦忠陸立合申渡之、
一右ニ付、親類共恐入差扣願出候処、不及其儀旨御目付へ申渡之、
　但右丹蔵へ御沙汰之趣、御代官・諸御番所御番人、并勤懸り之
　者へ為相心得置候様、御目付へ申渡之、

五ノ
廿三日　小雨

筑後
勘解由
丹波
典膳
淡路

一　毛馬内御給人
　　山本九一郎
指扣御免被成旨被　仰出、御目付へ申渡之、
一大嶋惣右衛門嫡孫祐平儀当十八歳罷成候処、去ル十二日風与罷出
罷帰不申候付、其節御内々御届申上置、心当之所々色々相尋候得
共行衛相知不申、出奔仕候旨惣右衛門訴之、

五ノ
廿四日　晴

弥六郎
典膳

淡路

一　栃内玉蔵
　　同　良作
玉蔵儀老衰之上久々中風之症相煩、御奉公可相勤躰無之付、隠居
仕悴良作家督被　仰付被下度旨申上、願之通無相違被　仰出、於
竹之間同席列座淡路申渡之、尤玉蔵儀は病気ニ付、名代へ申渡之、
一　花巻御給人
　　田頭作左衛門
　　同　三治
作左衛門儀久々疝積相煩癲癇之症差加、至て難治之症ニて全快御
奉公可相勤躰無之ニ付、隠居仕悴三治家督被　仰付被下度旨申上、
願之通無相違被　仰付、御城代へ以書状申遣之、
一　八幡通御与力
　　大沢喜代太
兼て血痳之症相煩積痛差加、其上眩暈之症相成、至て難治之症ニ
て此末一子出生之程難計、尤得快気御奉公可相勤躰無之付、弟豊
之進養子仕度旨申上、願之通被　仰付、御代官へ書状を以申遣之、
一　毛馬内御給人並御境吟味役
　　石田文助
　　毛馬内御給人
　　石田儀左衛門
文助儀当十八歳罷成候処、親安蔵跡式文化元年被　仰付、其節幼
少ニて御境御用相勤兼候ニ付、父方之伯父儀左衛門弟丹蔵、看抱
願之通被　仰付相勤罷有候処、文助年来ニ相成候ニ付引渡申度旨、
丹蔵願之通被　仰付直々御奉公仕居候、数年得養育候丹蔵儀候間、
以来は文助引取親同様介抱仕度旨、銘々願書を以申出、何も願之
通御目付へ申渡之、
一　南部彦六郎娘
　　奈賀

右は当月十三日出生之旨、口上書を以届有之、

福岡通御代官
中野周左衛門
沼宮内通御代官
金田一善左衛門

一野田通御代官御用当分被　仰付置候処、御免被成旨被　仰出、

八幡寺林通御代官
本宿良助
大槌通御代官
漆戸官右衛門

一野田通御代官御用当分被　仰付、御目付を以申渡之、

御人足目付
長沢文作

一勤番登被　仰付、
　但来月十三日出立被　仰付、
右之通御目付を以申渡之、
但御徒目付勤中御給人ニ被成下旨、先頃御沙汰有之付、登り等
被　仰付候節之儀、右序ニ相伺候処、是迄之通御目付を以可申
渡旨御沙汰也、

高橋佐蔵へ
被　仰渡

一其方儀親類御鳥飼高橋仙蔵、御吟味之筋有之、親類共へ御預被
仰付置候処、仙蔵出奔ニ付、尋方被　仰付候処、荒屋御番所ニて
同人御取押之儀承り罷帰候砌、於遠野表過酒之上放心仕、引取延
引不始末之致方、格別之御用向心得違無調法至極ニ付、隠居被
仰付者也、
　月日
右之通被　仰出、今晩中ノ橋川岸於御会所、御町奉行宮手弥市・
坂牛杢兵衛、御目付江刺牧太・毛馬内庄助立合申渡之、

一右ニ付、親類共恐入差扣願出候処、不及其儀旨御目付へ申渡之、

五ノ
廿五日　晴

弥六郎
筑後
丹波
典膳
淡路
主膳

一　野辺地御給人
横浜庄左衛門
円子嘉右衛門

庄左衛門儀男子無之娘有之ニ付、親類嘉右衛門四男門弥聟養子仕
度旨申上、双方願之通被　仰付、於竹之間同席列座淡路申渡之、
庄左衛門へは御代官へ以書状申遣之、

一　福岡御役医
田中玄貞
同　俊庵

玄貞儀癲狂相煩雷頭風内障ニ罷成、難治之症ニて全快御奉公可相
勤躰無之付、隠居仕悴俊庵家督被　仰付被下度旨申上、願之通無
相違被　仰付候間、家業情(精)出候様被　仰出、御代官へ書状を以申
遣之、

一　栃内良作

親勤功も有之候ニ付、別段　思召入を以、夏坂御番所御番人被
仰付、御目付を以申渡之、

五ノ
廿六日　晴　弥六郎

筑後
丹波
典膳
淡路
主膳

一
三戸御給人
鵜飼幸作
同所御給人
櫛引弥次右衛門

幸作儀男子無之娘有之付、親類弥次右衛門二男佐市聟養子仕度旨申上、双方願之通被　仰付、御代官へ以書状申遣之、

一
近江嫡子
毛馬内良之助 二十二歳
妻
岩間将監娘
八重 十四歳

右之通縁組仕度旨申上、双方願之通被　仰出、奉書を以申遣之、

五ノ
廿七日　晴

筑後
丹波
典膳
淡路

一六駄弐人扶持
沢田健之進

親太右衛門存生之内、願之通跡式無相違被　仰出、

一
大石茂七
戸来順右衛門

茂七儀男子無之娘有之ニ付、親類順右衛門二男龍太聟養子仕度旨申上、双方願之通被　仰出、右何も於竹之間同席列座淡路申渡之、

一
宮古御与力
吉川嘉兵衛
同　嘉平治

嘉兵衛儀老衰仕、御奉公可相勤躰無之ニ付、忰嘉平治家督被　仰付被下度旨申上、願之通無相違被　仰付、御代官へ書状を以申遣之、

一
刈屋山吾

親丹蔵儀無調法之儀有之、身帯之内半分御取上、隠居蟄居就被　仰付候、其方へ家督被　仰付、

右之通今朝淡路於宅申渡、御目付江刺牧太御徒目付壱人相詰也、尤山吾上下着用為相詰候様、前日御目付へ口達之、

但前々小役之者共相詰来候処、去年三月二日之処ニ有之通、此度も不相詰也、

一御勘定奉行帷子多平、来月十七日出立就被　仰付候、道中御同心拝借之儀、前々之通口上書を以願出候処、以来御役人以上は願書ニ無之、口上ニて拝借之儀申上候様御沙汰ニ付、右之趣申渡候旨、野々村円蔵為心得申出之、

一前書有之通、堺日向へ被下候知行百姓小高証文、御勘定奉行相出候間、御目付へ相渡之、

一
田名部通田名部町
安右衛門へ
被　仰渡

其方儀先年昆布・帰海苔御請負、平兵衛・厚助へ加入仕候後、金主向難渋ニて江戸表へ罷登、此度御旅行向へ直訴仕候付、其筋被遂御吟味候処、偽之申上甚不埒之申出方之上、御駕籠訴仕候儀無調法至極ニ付、急度被　仰付様も有之候得共、深ク無御紀永ク揚

屋入被　仰付者也、
月日
右之通御片付、公事懸り御役人共伺之通申渡之、

五ノ
廿八日　晴

弥六郎
筑後
勘解由
丹波
典膳
淡路
主膳

一天量院様御忌日ニ付、聖寿寺へ御略供ニて　御直詣有之也、

一　花巻御給人
平沢冨右衛門
嫡孫祐治去月病死ニ付、二孫丹蔵嫡孫仕度旨申上、願之通被　仰
付、御城代へ以書状申遣之、

一　下斗米平九郎
嫡子子之助儀当十六歳罷成、年来ニも御座候間、前髪為執度旨申
上、願之通被　仰付、

一　左司書
長嶺友助
右之通親名ニ付、名相改度旨申上、願之通被　仰付、右何も御目
付を以申渡之、

一野辺地御境馬門村御山見平兵衛儀、当七十九歳罷成当年迄三十一
ケ年相勤候処、老衰之上脚気相煩、近月出勤可仕病躰無之付、御
山見御免被成下度旨申出候間、相免候様仕度、依之勤功御賞被成
下度旨、御境奉行口上書を以申出、願之通、尤為御賞御代物弐貫
文被下之、以御目付申渡之、

一　長谷川源内
弥左衛門嫡子
久慈常作
助教被　仰付候間、御稽古場代講等も可仕旨被　仰出、御目付を
以申渡之、
但下田三蔵儀、此度経学修行之様子為見届、百日御暇願上罷下、
諸生修行之様子試察仕候処、御稽古場出席之者相減候間、前書
両人助教被　仰付候様仕度旨申出候ニ付、伺之通申渡、
右両人被　仰付、右伺書具之儀は御目付留ニ有之、

一　良作事
栃内玉助
右之通名相改度旨申上、願之通被　仰付、御目付を以申渡之、

一　大川平右衛門
嫡孫寛吾頭瘡ニて是迄　御目見不申上罷有候段、先達て御届申上、
其後節々御届可申上候処無案内故、御届不申上恐入差扣願出候
処、不及其儀旨御目付へ申渡之、

一弥六郎方妹、兵庫嫡子桜庭晴之進妻病死ニ付、定式忌中罷有候段
被相届也、

五ノ
廿九日　小雨

筑後
勘解由
丹波
典膳

一　八戸弥六郎

忌御免被成旨被　仰出、以奉書申遣之、
一此面殿御知行所、日詰通宮手村御百姓甚助儀、兼て行跡不宜者ニ付、御村ニ差置候ては差支相成候旨、御百姓共申出候、依之大迫ヘ御追放被成度旨、此段宜申上旨此面殿被　仰付候段、御附人口上書を以申出、御伺之通御目付を以申渡之、
一前書有之通、刈屋丹蔵無調法之儀有之、身帯之内半分御取上、悴山吾ヘ家督被　仰付候付、被下証文御目付を以相渡之、
一淡路方病気ニ付、登　城無之、

六月朔日　雨　　弥六郎
筑後
御用番 勘解由
丹波
典膳
病気 淡路
主膳

一月次御礼、今五半時　御本丸於　御座之間、御家門衆御礼被仰上、奏者御用人相勤、御着座之節勘解由御取合申上、引続同席御礼申上、夫より御中丸総角之間へ　御出座、高知之面々・諸者頭迄一統御礼申上、畢て名目御礼有之、無程相済也、
一今日　御曹司様表へ　御出座被遊也、
一　野辺地御与力 成田伝之助
同　文蔵
伝之助儀久々癇積相煩、怔忡之症差加、癲癇之症ニ罷成時々眩暈卒倒仕、難治之症ニて全快御奉公可相勤躰無之付、悴文蔵家督被　仰付被下度旨申上、願之通無相違被　仰付、御代官ヘ書状を以申遣之、
一　内田峯野
若御年寄　御神用司当分加被　仰付置候処、本役被　仰付、於　御前被　仰渡之、御役人へも申渡之、
一　同人
御役成御礼御序之節申上度旨、口上書を以申出、願之通来ル十五日於大奥可被為　請旨被　仰出、御目付を以申渡之、

六ノ二日　雨　　筑後
勘解由
丹波
典膳

一　七戸御給人 附田与左衛門
同　小助
与左衛門儀老衰之上耳遠罷成、御奉公可相勤躰無之付、悴小助家督被　仰付被下度旨申上、願之通無相違被　仰付、御代官へ以書状申遣之、
一　波岡忠右衛門
親類高橋佐蔵儀無調法之儀有之、隠居被　仰付候ニ付、嫡子良太ヘ家督不被　仰付、内御扶持方私印形を以請取度旨申上、願之通被　仰付、御目付を以申渡之、
一　御用人 白石　環

公事懸り休息被　仰付、奉書を以申遣之、
一主膳方黒沢小作妻病死、従弟之続ニ付、忌中之旨被相届之、
一　　　　　　楢山主膳
忌御免被成旨被　仰出、奉書を以申遣之、
一　　　　　　御用人
以来公事月番申合廻りニ相勤可申、尤評定所へも月番之者相詰可
申旨御沙汰ニ付、於席口達申渡之、
一江戸へ今日立七日振飛脚、蟇目恵守組弐人差立、御用儀共申遣之、
一　　　　　　毛馬内近江
忌御免被成旨被　仰出、奉書を以申遣之、

六ノ三日　雨

筑後
丹波
典膳

一　　　　　　雫石通御代官
　　　　　　大川平右衛門
嫡子幾弥当五十八歳、嫡孫寛吾当二十四歳罷成有之候処、寛吾義
幼年より頭瘡相煩、頃日ニ至癇積指加、難治之症ニて全快末々御
用可相立躰無之ニ付、二男龍之進当四十七歳罷成有之、筋合之者
ニも候間、幾弥嫡子仕度旨相願候段申上、願之通被　仰出、於竹
之間同席列座典膳申渡之、
一　　　　　　秋山宋江
其方預御用達所、御当用金紛失之儀ニ付、差扣願上候、然処以前
は御鍵も御預被差置候処、近来諸事御仕法替御沙汰も有之、右御
鍵も御取上被差置、且泊番等も無之儀、殊ニ盗取候本人も及露顕
候付、強て其方無念之筋も無之候間、御憐愍を以不及其儀旨被
仰出、
一　　　　　　工藤守右衛門
右同断、何も親類呼上、今日当番御目付足沢彦蔵へ公事月番三浦
忠陸立合申渡之、
但右様之御沙汰は、已来共ニ勤懸り之者へ一統為相心得置候様
御沙汰ニ付、御目付へ申渡之、
一隠居願・嫡子願・養子願之類被　仰付候節は、御精進日ニ無之節、
被　仰付候様御沙汰有之、
一　　　　　　正伝寺
本堂庫裡下地根太鋪板等、并戸障子迄所々大破候間、手入繕仕度、
境内杉根通四尺五寸廻四本、三尺廻弐本、弐尺廻弐本、都合八本
頂戴仕度旨申上、其筋吟味申出、願之通寺社御奉行へ申渡之、
一今日御会所有之、勘解由相越也、
一　　　　　　大慈寺末流天福院看主
　　　　　　承天へ
　　　　　　　　被　仰渡
其方儀先達て御吟味之筋有之、追て御沙汰迄、一先天福院へ御戻
慎罷有候様被　仰付置、其向被遂御吟味候処、宗法を乱売僧同様
之致方不埒至極ニ付、大迫普門院へ被遣、蟄居被　仰付者也、
　　月日
一　　　　　　元御小納戸御物出
　　　　　　庄兵衛へ
　　　　　　　　被　仰渡
其方儀当二月御側御用達所御金紛失之節、悪工ミ相企長イ丁天福
院へ頼合候次第、大膽之致方無調法ニ付、御扶持御給金被　召放、

大迫へ御追放被　仰付者也、
月日
右之通御片付、公事懸り御役人伺之通申渡之、

六ノ
四日　雨
筑後
勘解由
丹波

一霊徳院様御消月ニ付、屋形様五半時御本供御供揃ニて聖寿寺へ御仏詣被遊、御出・御帰共　御本丸御玄関より、御寺へ典膳相詰、無程御帰城被遊也、
但御役人上下、小役人継肩衣着用也、

一　白石　環
坂牛内蔵丞
環居宅大清水より下ノ橋詰へ、通丁東側居屋鋪此度内蔵丞へ相払申度旨、内蔵丞よりも居宅上田小路横丁北側居屋鋪相払、環居屋鋪相調度旨銘々口上書を以申上、双方相対願之通御目付を以申渡之、
但御用人より右様之願、是迄宛所なし口上書ニて申出候処、以来右類ハ御目付宛所ニて差出、御目付ニて取扱申渡候様御沙汰ニ付、足沢彦蔵へ為相心得置候処、環口上書御目付宛所ニて差出候間、願之通附札ニて御目付を以申渡、尤居屋鋪相払申間敷旨兼て御沙汰ニ候処、環御内々願上、伺之通御沙汰ニ付相払也、

毛馬内御給人並御境吟味役
馬渕貞助

一北監物家来四戸軍助儀当六十歳罷成候処、男子無之娘有之付、挨拶柄も無之候得共、弟亀治当二十七歳罷成、娘へ年令相応ニ付、聟養子仕度旨望申候間、差遣度旨御代官末書を以申出、願之通御目付を以御代官へ申渡之、

一　菊池五十八
当五十六歳罷成候処、一子無之ニ付、親類馬場慶助姉寅十三歳罷成候、此者養女仕度旨申上、願之通御目付を以申渡之、

六ノ
五日　曇
筑後
勘解由
丹波
典膳

一養源院様・義徳院様御忌日ニ付、聖寿寺・東禅寺へ御略供ニて御直詣有之也、

六ノ
六日　晴
筑後
勘解由
丹波
典膳

一　高橋良太
親佐蔵儀無調法之儀有之、隠居就被　仰付候、其方家督無相違被　仰出、
右之通今朝勘解由於宅申渡、御目付毛馬内庄助御徒目付壱人相詰也、尤良太儀此節在箱館ニ付、親類壱人上下着用為相詰候様、前日御目付へ申達之、

但前々小役之者共も相詰候処、去年三月二日之処ニ有之通、去
月廿七日此度共ニ不相詰也、

一　　　　　　　　　　　　　三上円治
　　　　　　　　　　　　　　同　小四郎

円治儀老衰之上耳遠罷成、其上健忘之症ニて御奉公可相勤躰無之
ニ付、隠居仕悴小四郎家督被　仰付被下度旨申上、願之通無相違
被　仰出、於竹之間同席列座勘解由申渡之、

一五石　　　　　　　　　　　三戸御給人
　　　　　　　　　　　　　　貝守兵太

親勇助存生之内、願之通跡式無相違被　仰付、御代官へ以書状申
遣之、

一　　　　　　　　　　　高橋仙蔵　親類共

其方共儀、親類御鳥飼高橋仙蔵御吟味之筋有之、御預被　仰付置
候処、仙蔵儀出奔仕候、畢竟為慎方等閑之取計不調法至極ニ付、
差扣被　仰付御目付へ申渡之、

一　　　　　　　　　　　西御蔵帳付
　　　　　　　　　　　　清助
　　　　　　　　　　　　日詰御蔵帳付
　　　　　　　　　　　　治郎蔵
　　　　　　　　　　　　黒沢尻御蔵帳付
　　　　　　　　　　　　彦太
　　　　　　　　　　　　南御蔵帳付
　　　　　　　　　　　　新兵衛

右之者共、御用向実躰相勤罷有候間、不苦御儀ニも御座候ハヽ、苗
字帯刀御免被成下度旨、御蔵御吟味役御目付申上、願之通被　仰
付、申渡之、

一　　　　　　　　　　　本堂左登見
　　　　　　　　　　　　杉田左中太

元支配御小納戸御物出庄兵衛儀、無調法之儀有之、御追放被　仰
付候付、恐入差扣願出候処、不及其儀旨被　仰出、御側御目付へ
申渡之、

一　　　　　　　　　　　工藤弥三太
　　　　　　　　　　　　工藤栄助

恐入差扣願上候処、勤懸り之事ニ候得共、兼て出会向も不致儀、
且仙蔵一件へ立入申間鋪段、御沙汰も被成置候事故、不及差扣旨
被　仰出、御目付へ申渡之、
但前書有之通、親類高橋仙蔵儀身帯家屋敷御取上帯刀被召放入
籠就被　仰付候、恐入差扣願銘々申出候処、右願は御下ケ被成、
右之通御沙汰被成也、

六ノ
七日　雨　　　　　　筑後
　　　　　　　　　　勘解由
　　　　　　　　　　丹波
　　　　　　　　　　典膳
　　　　　　　　　　主膳

一　　　　　　　　　　　花巻御給人
　　　　　　　　　　　　平沢宇右衛門
　　　　　　　　　　　　同　一伍

宇右衛門儀老衰仕、御奉公可相勤躰無之ニ付、隠居仕悴一伍家督
被　仰付被下度旨申上、願之通無相違被　仰付、御城代へ書状を
以申遣之、

六ノ
八日　雨　　　　　　筑後
　　　　　　　　　　勘解由

丹波
典膳

一霊巌院様御忌日ニ付、東禅寺ヘ　御代香筑後相勤之、
一江戸表去ル二日立七日振飛脚、野辺地礼八組弐人今昼九時到着、
御用儀共申来之、
一　御勝手方 矢羽々喜兵衛
高橋万左衛門
御用向出精　思召ニ応候付、大儀候得とも御勘定奉行同様常詰被
仰付、時々御用下り被　仰付、
右之通於江戸表去月廿三日申渡候段、去ル二日立飛脚御用状ニ申
来申上、御役人ヘも申渡之、

六ノ九日　晴

筑後
勘解由
丹波
典膳
主膳

六ノ十日　晴

弥六郎
勘解由
丹波
典膳

一　黒沢　新
御使番不人数ニ付、当分加被　仰付、於竹之間同席列座勘解由申
渡之、
但見前向中野通御代官ハ御免被成旨、御目付を以心得為申渡之、
一　三上権作
見前向中野通御代官被　仰付、
一　川口順左衛門
見前向中野通御代官被　仰付、
一　沢田宇源太
大迫通御代官帰役被　仰付、右何も於竹之間同席列座勘解由申渡
之、
一　大森佐五助
馬門御番所御番人被　仰付、御目付を以申渡之、
一同席登　城刻限、以来四ツヘ懸ケ罷出候様、三浦忠陸・浅石清三
郎を以御沙汰有之也、

六ノ十一日　晴

筑後
勘解由
丹波
典膳

一徳雲院様御忌日ニ付、聖寿寺ヘ　御代香弥六郎方相勤之、
一三両弐人扶持　摂待隼之進
親源左衛門存生之内、願之通跡式無相違被　仰出、於竹之間同席
列座勘解由申渡之、
一　安太事 葛西市右衛門
右之通親名ニ付相改度旨申上、願之通被　仰付、御目付を以申渡

之、
一百石以上
　御切米拾駄
　此代弐拾四貫文
一五拾石以上
　御切米拾駄
　此代弐拾五貫文
一五拾石以下
　御切米拾駄
　此代弐拾七貫文
右御直段を以、在江戸・大坂・箱館詰、当暮御切米御買上并御物
成御切符金共、来ル十六日より御渡方可被　仰付哉と、御勘定奉
行申出、伺之通申渡之、
一　　　　　　　　　　春茶嫡子熊次郎事
　　　　　　　　　　　簗田春甫
右之通名相改度旨申上、願之通被　仰付、御目付を以申渡之、
一　　　　　　　　　　工藤玄良
嫡子玄秀儀当二十四歳罷成、兼て御家中并下々病用相勤罷有候間、
御差紙療治被　仰付被下度旨申上、願之通御目付を以申渡之、
一一条佐兵衛嫡子助之進儀当十七歳罷成候処、痼積相煩癲癇之症罷
成、全快可仕病症無之、末々御用可相立躰無之候間、嫡子仕兼候
旨佐兵衛訴之、

六ノ
十二日　晴
　　　　　　　　　　　弥六郎
　　　　　　　　　　　勘解由
　　　　　　　　　　　丹波
　　　　　　　　　　　典膳
一即性院様御忌日ニ付、聖寿寺へ　御代香筑後方相勤之、
一　　　　　　　　　　大須賀左右
此度支配所へ為代合出立仕候処、持病之腰痛差発、馬上可仕躰無
之付、道中青駄御免被成下度旨申上、願之通御目付を以申渡之、

六ノ
十三日　雨
　　　　　　　　　　　筑後
　　　　　　　　　　　勘解由
　　　　　　　　　　　丹波
　　　　　　　　　　　典膳
一　　　　　　　　　　福岡通御代官
　　　　　　　　　　　中野周左衛門
　　　　　　　　　　　沼宮内通御代官
　　　　　　　　　　　金田一善左衛門
其方共儀、諸御代官所御仕法御直シ被成候以来、当時ニ相成候迄、
諸方取扱向類役へ相談行届、殊ニは遠在御用等も度々被　仰付、
御国中百姓共へ之教示方も相届、惣て昼夜寝食安居も無之程ニ、
人力ニ相及候たけハ相勤候心懸ニて日々出仕、朝夕夜分ニ及迄も
刻限無油断相勤候、外諸役所共ニ何れも一統出情（精）相勤候と申中ニ
も別て粉骨御奉公仕候間、就中趣意も宜　御満足被　召置候付、
近々御用も有之、支配所へ内代も被　仰付候間、旁以此節　思召
入有之、勤中金方五拾石宛御加増被成下候旨被　仰出、於竹之間
同席列座勘解由申渡之、
一　　　　　　　　　　鈴木林助
一子無之、然処久々痼積相煩癲癇之症殊成、時々眩暈卒倒仕、難

治之症ニて得快気御奉公可相勤躰無之付、伯父又平後々相続為仕
度旨申上、願之通被　仰付、於竹之間同席列座勘解由申渡之、
一嫡子・嫡孫初て之御礼願書認方、左之通、
　私嫡子誰儀当何歳罷成候、依之初て之　御目見、御序之節申上
　度奉願上候、
右之通被　仰出、高知ヘは大目付を以申達、御新丸御番頭・諸
士・諸医ヘハ、以御目付申渡候旨、御目付足沢彦蔵申出之、
一　　　　白石　環
不如意ニ付、家屋鋪相払度旨、先頃願之通被　仰付、坂牛内蔵丞
ヘ相払候、依之東中野村万助所三ケ年借宅引移度旨申上、願之通
被　仰付兼候儀ニ候得共、御役向不如意ニ付、手軽ニ三ケ年中致
借宅度旨ニ付、別段之思召入を以願之通被　仰付、御目付を以申
渡之、
一阿部運助弟栄助儀当十九歳罷成、去ル四日与風罷出候処罷帰不申
候付、心当之所々相尋候得共行衛相知不申、出奔之旨運助訴之、

六ノ十四日　晴　　弥六郎
　　　　　　　　　勘解由

一　　　　御作事奉行
支配石工屋棟梁喜右衛門儀、悴長次郎先達て欠落仕、其節御訴申
上候、然処疝積相煩家業筋可相勤躰無之付、従弟清助四十五歳罷
成候、此者子共仕職分御用為相勤度旨申上、願之通被　仰付、於
竹之間同席列座勘解由申渡之、

六ノ十五日　雨　　筑後
　　　　　　　　　勘解由
　　　　　　　　　丹波
　　　　　　　　　典膳
　　　　　　　　　主膳

一月次御礼、今　御本丸於　御座之間、御家門衆御礼被仰上、奏者
御用人相勤、御着座之節勘解由御取合申上、引続同席御礼申上、
夫より　御中丸総角之間　御出座、高知之面々・諸者頭迄一統御
礼申上、畢て名目御礼有之、無程相済也、
一今日　御曹司様御表ヘ　御出座被遊也、
一六駄弐人扶持　　円子貞作預御徒　市村新八
親一兵衛及末期悴新八二十八歳罷成候、此者御番代被　仰付被下
度旨、尤右新八御徒御奉公可相勤器量之者ニ候段、其方申上、存
生之内、願之通御番代無相違被　仰付、於竹之間同席列座勘解由
申渡之、
一　　　　鬼柳御関所番　池田悦之進
雫石通網張之湯御番人兼帯被　仰付候間、四月より八月迄御関所
詰合不申節、罷越相勤可申旨被　仰付、
　但詰合居処之儀は別段為御建被成候迄、篠ケ森百姓家ヘ当分被
　指置候旨被　仰付、
右之通被　仰出申渡候段、御目付毛馬内命助申出之、
一　二月十六日
右は歳暮　御内書御渡御定日
一六月十六日

右は端午之　御内書御渡御定日

右之通、以来御渡方御据被成旨被　仰出、御用人へ申達之、

一御徒目付本役被　仰付、　斗ケ沢甚六

一　坂牛源之丞
　佐々木伊兵衛
御徒目付仮役被　仰付、何も以御目付申渡之、

六ノ
十六日　雨

筑後
勘解由
丹波
典膳
主膳

一端午之　御内書被成下候付、今日仲間并御用人於席頂戴、御家門衆御附人上下着呼上、菊之間御廊下へ揃置、勘解由出座之処ニて　御内書入候御小蓋御物書頭持出差置候処ニて　御内書被下候旨申達、御附人壱人宛罷出候処　御内書相渡、尤其節　御曹司様へも御肴被差上、　御満悦被成旨申達、夫より高知中在江戸同席、病気之高知名代并病気之御用人名代、在江戸御用人名代之者之内、嫡子は菊之間へ罷出、平士より名代ニ罷出候者ハ、柳之間へ並居候処へ、勘解由菊之間へ罷出　御内書被下候旨申達、順々壱人宛相進ミ頂戴之、其節　御曹司様へ差上物有之ニ付、　御満悦之旨銘々へ演説ニて申達之、尤病気之方へは右　御曹司様へ之差上物　御満悦之旨、右名代之者へ達方ハ奉書ニて　御内書と一所ニ相達候付、右奉書相渡之、

但仲間在江戸并病気ニて嫡子名代は、高知当主次座ニて相渡、平士より名代ニ候得は、御用人嫡子名代之次座ニて相渡、高知病気ニて名代も右ニ准シ、嫡子罷出候得は高知名代之嫡子次座、平士ニ候得は高知名代平士之次座ニて相渡也、

一御家門衆御附人へ　御内書相渡候節、誰殿御附人と銘々御目付名披露ニて壱人宛罷出相渡之、高知も右ニ准シ、大目付名披露一人宛罷出、同席御用人在江戸名代は、誰名代と御目付名披露、高知名代も右ニ准シ大目付名披露也、尤御用人病気之節ハ名代呼上不申、仲間之内へ相渡候様御沙汰ニて、此度より右之通也、

一右御請之儀、御家門衆御附人引取申上、御承知之処ニて御附人を以御請被仰上、菊之間御廊下ニて謁之、尤高知御請之儀は大目付へ申出、平士より名代ニ罷出候得は御目付へ申出之、

一御内書渡方取計候御家老は、端午之差上物遂披露候、同席取計相渡候事ニ候処、此節淡路病気ニ付、月番勘解由取計相渡也、

但高知呼上之儀は、大目付より廻状を以申遣、在江戸御家老名代嫡子呼上は、当番御目付より申遣之、尤御用人上下罷出候様於席前日口達之、

一御内書被下候節、同席共病気之節は名代嫡子罷出候処、以来本人快気出勤之処ニて被下候旨被　仰出、

一江戸へ今朝七日振飛脚、蓁目恵守組弐人差立、御用儀共申遣之、

一　御勘定奉行
大川又右衛門

其方儀先年御勝手向御引立以来、当年迄昼夜出精骨折御差図相守り、実正ニ相勤候段、不人数之上別て神妙被　思召候、右ニ付、

四人扶持永ク被下置、只今迄被下来候拾駄弐人扶持へ御加、都合
五拾六石ニ被成下旨被　仰出、

一　御勘定奉行　太田甚内
其方儀先年御勝手向御引立以来、当年迄昼夜出精骨折御差図相守
り、実正ニ相勤候段、不人数之上別て神妙被　思召候、右ニ付、
四人扶持永ク被下置、只今迄被下来候三人扶持九貫三百文へ御加、
都合五拾壱石三斗ニ被成下旨被　仰出、何も同席列座於御目付所
前勘解由申渡之、

一　御勝手方　長沢徳之助
其方儀先年御勝手向御引立以来、当年迄昼夜出精骨折御差図相守
り、実正ニ相勤候段、不人数之上別て神妙被　思召候、右ニ付、
三人扶持永ク被下置、只今迄被下来候五駄弐人扶持へ御加、都合
五駄五人扶持ニ被成下旨被　仰出、

一　御勝手方　摂待兵助
其方儀先年御勝手向御引立以来、当年迄昼夜出精骨折御差図相守
り、実正ニ相勤候段、不人数之上別て神妙被　思召候、右ニ付、
三人扶持永ク被下置、只今迄被下来候六駄弐人扶持へ御加、都合
六駄五人扶持ニ被成下旨被　仰出、

一　御勘定方　下斗米勘蔵
其方儀先年御勝手向御引立以来、当年迄昼夜出精骨折御差図相守
り、実正ニ相勤候段、不人数之上別て神妙被　思召候、右ニ付、
三人扶持永ク被下置旨被　仰出、何も於竹之間同席列座勘解由申
渡之、

一　江刺家善五郎
嫡子左七郎儀病気とは乍申、数日遠方へ罷越候段、無調法之者ニ
候得とも、出奔御訴不申上内罷帰候事故、御憐愍を以慎相免、已
来之儀は厳敷申含候様被　仰出、依之恐入差扣申出、不及其儀旨
被　仰出、御目付へ申渡之、

一今日立飛脚ニ従　上々様方、暑中御見舞十九日付ニて被　仰進之、

六ノ　十七日　晴

筑後
勘解由
丹波
典膳

一　大目付寺社御町奉行兼帯　宮手弥市
其方儀御政事向御仕法御直シ以来、実正ニ昼夜出精相勤、町方取
扱別て骨折深ク心配之段神妙　思召候、右ニ付、勤中九人扶持被
下置、只今迄被下来候百石へ御加、勤中百五拾四石高ニ被成下旨
被　仰出、同席列座於御目付所前勘解由申渡之、

一　大勝寺
本山羽州羽黒山登山自力及兼、勧化願之通被　仰付候ニ付、来ル
十九日出立仕度、七月下旬迄御暇被下置度旨申出、願之通寺社御
奉行を以申渡之、

一　野々村唯右衛門
野田通御代官被　仰付、
但三ケ年中被　仰付旨、御目付を以申渡之、

一　田鍍要之丞
大迫通御代官被　仰付、何も於竹之間同席列座勘解由申渡之、

一野田通竹倉部御銅山方被　仰付、御目付を以申渡之、　宮　助之丞
南御蔵御帳付
嶋　新兵衛
西御蔵御帳付
瀬川清助
黒沢尻御蔵御帳付
阿部彦太
日詰御蔵御帳付
大久保治郎蔵

右何も此度苗字帯刀御免被成下候ニ付、右之通苗字相名乗度旨、銘々口上書を以申出、伺之通御蔵懸り御目付へ申渡之、

一黒沢尻川岸御番人被　仰付、　田鍍要之丞代
哥書勘助

一御側御用達御側銭懸被　仰付、　宮助之丞代
石亀彦七
右何も御目付を以申渡之、

一大川平右衛門嫡子幾弥儀当五十八歳罷成候処、久々疝積相煩怔忡之症差加、難治之症ニて全快可仕病症無之、末々御用可相立躰無之候間、嫡子仕兼候旨平右衛門訴之、　雫石通御代官
大川平右衛門

一嫡子幾弥儀病身ニ付、末々御用相立可申躰無之付、嫡子仕兼候旨御訴申上候、依之嫡孫龍之進嫡子仕度旨申上、願之通被　仰出、於竹之間同席列座勘解由申渡之、

六ノ
十八日　晴、今卯ノ刻土用入　弥六郎
勘解由
典膳

一大源院様御消月ニ付、聖寿寺へ　屋形様五半時御本供ニて被遊御仏詣、御寺へ丹波方相詰、無程御帰城被遊也、
但御役人上下、小役人継肩衣着用也、

一南宗院様御忌日ニ付、東禅寺へ　御代香丹波方相勤之、

一　隠居大蔵娘
里勢
右は先月廿八日出生之旨、内堀大隅相届之、

一継肩衣　平右衛門嫡子
大川龍之進
親老年ニ付、其方雫石通御代官相勤可申旨被　仰出、於竹之間同席列座勘解由申渡之、

一　野辺地清四郎
御鉄山方当分被　仰付置候処、病気ニ付、願之通御免被成、御目付を以申渡之、

一　金田一秀之助
当十五歳罷成年来ニも御座候間、前髪執申度旨申出、願之通御目付を以申渡之、

一　和井内重次郎
右同断申出、願之通御目付を以申渡之、

一　平内嫡子
松岡豊之進
御側御物書被　仰付、御目付を以申渡之、

一　和助嫡子
田鍍郡平
御作事奉行当分加被　仰付、

一　黒岩御番処御番人
伊藤仲蔵
御作事奉行当分加御免被成旨被　仰出、右之通被　仰出候付申渡候由、御目付足沢彦蔵申出之、

六ノ
十九日　晴

弥六郎
筑後
勘解由
丹波
典膳
主膳

一今暁八ツ時過、下小路南側御徒山口喜右衛門居宅自火ニて焼失、早速火消御役人罷越防留類焼も無之、無間火鎮也、

一右ニ付、筑後・勘解由・典膳登　城也、

一暑中為伺御機嫌、三戸雅楽助殿・三戸此面殿御登　城、総角之間御廊下へ勘解由罷出御挨拶申上之、
　但三戸駒五郎殿御幼年ニ付、御登　城無之、三戸豊次郎殿御不参、何も御附人を以御伺被仰上之、

一右同断ニ付、同席御機嫌相伺、御用人始御役人、御目付格北浦奉行御使番、席へ罷出相伺之、
　但常服也、

一高知之面々嫡子・御用人子共・高知嫡孫・御新丸御番頭・諸者頭・御新丸御番頭子共迄、今暁より三日之内暑中為伺御機嫌、於弥六郎宅対客有之、右之面々罷出相伺、右面附等之儀は弥六郎より取調申上之、
　但上下着用也、尤嫡子・嫡孫共初て之　御目見申上候ても、五節句・月次御礼不申上内は、対客へ罷出御機嫌不相伺也、

一　三ケ尻善司
預御徒山口喜右衛門居宅、今暁自火ニて焼失仕候ニ付、喜右衛門恐入差扣罷有候旨申出、不及其儀旨御目付へ申渡之、

一　恭助事　多久佐里　勇
一　平内嫡子豊之進事　松岡七右衛門
右之通名相改度旨、銘々口上書を以願出、何も願之通以御目付申渡之、

六ノ
廿日　晴

弥六郎
勘解由
丹波
典膳

一　大年寄佐羽内袖嶋代、若御年寄　水谷多門
勤番登被　仰付、来月六日立被　仰付、於大奥勘解由申達之、

一　御神用子供　壱人
御用有之登被　仰付、来月六日立被　仰付、御側御用人を以右書付若御年寄へ申達之、

一　若御年寄下役　豊間根定八
　　一条源治
御用有之立帰登被　仰付、来月六日立被　仰付、右書付御側御用人を以若御年寄へ申達之、

一三百石六斗余　切田常人
　内五拾石御金方
親辺存生之内、願之通跡式無相違被　仰出、於竹之間同席列座勘解由申達之、

一百五拾石九斗四升七合、内百三拾石九斗四升七合地方、弐拾石現
米　花巻御給人　櫛引方作
親郷助存生之内、願之通跡式無相違被　仰付、御城代へ以書状申
遣之、
一　和助嫡子郡平事　田鍍和右衛門
右之通名相改度旨申上、願之通被　仰付、御目付を以申渡之、

六ノ
廿一日　晴

弥六郎
勘解由
丹波
典膳

一　三戸雅楽助殿
へ　上使御使番　三戸此面殿　葛西市右衛門
上使被　仰付、
北　監物へ
上使御使番　黒沢　新
右同断、何も於竹之間同席列座勘解由申渡之、
一鶉　五羽宛　三戸雅楽助殿
三戸此面殿
暑中為御尋　御意被成下、且又鶉被下之、
右書付御二方　上使銘々へ御用人より相渡之、
一右御請御附人を以即日被　仰上、菊之間於御廊下勘解由謁之、尤
是迄翌日御登　城御請被　仰上候処、去年六月廿六日より已来御
登　城不被成、御附人を以被　仰上候様御沙汰ニ付、右之通也、
且駒五郎殿御幼少ニ付、　上使不被遣也、
一鶉　五羽　北　監物
右同断、
但同人登　城御請申上候旨、大目付申出之、尤是迄御家老謁候
処、去年六月より已来右之通御沙汰ニ付て也、
一　仙蔵　親類共
差扣御免被成旨被　仰出、御目付へ申渡之、
一江戸表去ル十六日立七日振飛脚、中山左久馬組弐人今昼着、御用
儀共申来之、
一大御目付より弐歩判金六月十日より通用、并小判金切れ金鍛金之
事ニ付、廻状到来右写、去ル十六日立飛脚御用状申来申上、一統
相触候様御役人へ申渡之、具之儀は御廻状留ニ有之、
一新組御同心早野八十八へ申渡候儀有之付、差出候様町御奉行岩瀬
加賀守より、去月八日申来候ニ付、翌九日右八十八召連、御徒目
付久保田新平、御留守居下役喜多見平八同道罷出候処、白洲へ八
十八相廻、加賀守別紙之通申渡、相済候処ニて平八へ主人へも可
申聞旨申渡候由、依て平八内々同心浅井五郎助へ問合候は、被仰
渡候内叱置候と有之候儀、弐日之間他と申日限も可有之哉、扨又
八十八儀暇等差出候儀は、不相成筋ニ可有之哉之旨問合候処、五
郎助申聞候は、御叱と申儀は唯今日計ニて最早諸事相済申候之間、
已来何時永ク御暇御出被成候ても構無之旨申聞候由、随て御片付
之申渡書付致無心写持参之旨、御留守居加嶋七五郎申出候由申来
申上、御役人ともへも申渡之、

六ノ
廿二日　晴

弥六郎
勘解由
丹波
典膳

一 組御同心松本岩蔵、当春江戸表東御門番相勤罷有候処、不念之儀有之慎被　仰付置候、此度御下被成昨夜下着仕候、精誠申含行届不申恐入差扣願出候、
坂本栄馬

一 組御同心四戸嘉兵衛・伊田山憐右衛門、右同断ニ付恐入差扣願出候、
坂牛内蔵丞

一 組御同心青山嘉忠太、当春江戸表東御門番相勤罷有候処、不念之儀有之其節慎被　仰付候、精誠申含行届不申恐入差扣願出候、
四戸甚之丞

一 江戸表勤番中、当春東御門番人不念之儀有之慎被　仰付置候処、此度御下被成候、申含方行届不申恐入差扣願出候、
村瀬周作

一 組御同心高屋勝之進、当春江戸表東御門番相勤罷有候処、不念之儀有之慎被　仰付置候、此度御下被成昨夜下着仕候、精誠申含行届不申恐入差扣願出候、
蟇目恵守

一 江戸表勤番、当春御長柄之者共、東於御門前不心得之儀有之、其節　公義御扱ニ相成慎等被　仰付候、申含行届不申恐入差扣願出候、
池田又兵衛

一 組御長柄万助、当春江戸表東於御門前不心得之儀有之、其節慎被　仰置候、精誠申含行届不申恐入差扣願出候、
出石良左衛門

一 組御長柄伊助、当春江戸表於東御門前不心得至極之儀有之、公義御扱ニも相成候、精誠申含行届不申恐入差扣願出、右何も不及其儀旨御目付ヘ申渡之、
設楽栄治

六ノ
廿三日　晴

弥六郎
勘解由
丹波
典膳

一 当秋勤番登被　仰付、来月六日立被　仰付、
但十四日振ニて罷登候様、御目付を以申渡之、
右之通於竹之間、同席列座勘解由申渡之、
上野祐甫代奥詰御医師
岡井元孝

一 悴多門坊、此度京都本山ヘ罷登大峯入峯執行、官位昇進為仕度、依之当月下旬より九月迄御暇被下度旨、自光坊末書を以申出、願之通寺社御奉行を以申渡之、
五戸年行事
多門院

一 御加増御礼等之儀、以来年頭御礼同様、於御側申上候様被　仰出
御役人

申渡之、
　但大目付・寺社御町奉行ハ、是迄之通御表ニて申上候事、
一村松刑部嫡子宮門妻、昨夜九ツ時病死ニ付、右御訴都て家主より
ハ不申上候処、忌穢無之候ハヽ家主より御訴申上不苦旨、御沙汰
も有之ニ付、此度刑部より訴出候旨、御目付野々村円蔵申出之、

六ノ
廿四日　晴　　弥六郎
　　　　　　　勘解由
　　　　　　　丹波

一寺社御町奉行宮手弥市儀、此度勤中九人扶持被下置候付、右証文
今日於席相渡之、
　但弥市儀は勤中被下高之事故、宅ニ無之、於席相渡候様御沙汰
　ニ付、上下着用登　城候様、昨日御目付へ口達申渡之、
一御勘定奉行大川又右衛門・太田甚内儀、此度四人扶持宛御加増被
成下、五拾石之軍役高被成下候付、右証文今朝勘解由於宅相渡、
右ニ付、御目付壱人相詰也、
一福岡通御代官中野周左衛門、沼宮内通御代官金田一善左衛門儀、
勤中金方五拾石ツヽ、御勝手方長沢徳之助・摂待兵助、御勘定方
下斗米勘蔵儀、三人扶持ツヽ御加増被成下候ニ付、右何も証文御
目付を以相渡之、
　但右何れも上下着用罷出頂戴也、

六ノ
廿五日　晴　　筑後
　　　　　　　勘解由
　　　　　　　丹波
　　　　　　　典膳

一　　　　　　　　　　　　　　　　若御年寄　水谷多川
其方儀御勝手向御仕法ニ付、諸御代官御手元へ御引付、諸事御百
性(姓)共深ク御慈悲向之御沙汰も被遊候、以来御代官へ談合宜御益筋
も一統申上候段、専ら其方骨折候事と　御満悦被　思召候、且又
数十年勤功も有之実躰相勤候付、弐人扶持永御加増被下置、被下
来候百五拾石へ御加、都合百六拾弐石高ニ被成下旨被　仰出、於
大奥勘解由申達之、
一　　　　　　　　　　　　　　　　横田藤助
経学執心致修行候ニ付、先達て助教被　仰付置候処、数年無懈怠
代講諸生取立共ニ出情(精)仕候旨、下田三蔵申上神妙　思召候、依之
諸生取立之内弐人扶持被下置、猶又出情(精)取立候様被　仰付、
一　　　　　　　　　　　　　　　　匡嫡子　神　庄左衛門
経学執心致修行候旨、下田三蔵申上神妙　思召候、依之　御言葉
之御褒美被　仰出、
一　　　　　　　　　　　　　　　　御徒　村木多喜太
経学執心致修行候旨、下田三蔵申上神妙　思召候、依之　御言葉
之御褒美被　仰出、
右何も於竹之間同席列座勘解由申渡之、尤多喜太儀は頭へ右同様
申渡之、
一　　　　　　　　　　　　　　　　匡嫡子　神　庄左衛門
教授・助教之者故障有之節、御稽古場代講可仕旨被　仰付、御目
付を以申渡之、

六ノ
廿六日　晴

弥六郎
勘解由
丹波
典膳

一
花巻川口町住居
寿安

御所病用出精相候段、其筋より申上候ニ付、一生之内所御役医格
被　仰付、御城代へ書状を以申遣之、

一今日於御評定所大評定有之、勘解由・典膳退出より罷越御役人も
相詰也、

一
其方儀、柴森於谷地硫黄掘出候ニ付、御代官遂吟味候所、煎方願
出申度内存ニて試之ため隠蜜ニ仕込候旨申出候、惣て火業之儀は
兼々厳敷御停止之処、隠蜜ニ山出仕候段無調法至極ニ付、慎被
仰付置候処、取押置候諸道具御取上、重キ過料銭被　仰付、慎御
免被成者也、

七戸通横町
金右衛門へ
被　仰渡

月日

同通新町
善七へ
被　仰渡

其方儀、柴森於谷地横町金右衛門硫黄掘出候砌、金主いたし候ニ
付、御代官遂吟味加入仕候儀ニは無之候得共、金右衛門差支候付、
仕分ケ金引請候申合ニて出金仕候旨申出候、惣て火業之儀は兼々
厳敷御停止之処、金主同様之致方無調法至極ニ付、慎被　仰付置候処過料銭被　仰付、慎御免被成也、

月日

右之通御片付、公事懸り御役人伺之通申渡之、

六ノ
廿七日　晴

弥六郎
筑後
勘解由
主膳

一日戸宇右衛門
同　勘十郎

宇右衛門儀老衰之上耳遠罷成、其上健忘之症ニて御奉公可相勤躰
無之付、隠居仕悴勘十郎家督被　仰付被下度旨申上、願之通無相
違被　仰出、於竹之間同席列座勘解由申渡之、

六ノ
廿八日　晴

筑後
勘解由
丹波
典膳
主膳

一天量院様御忌日ニ付、聖寿寺へ御略供にて　御直詣有之也、

六ノ
廿九日　晴

筑後
勘解由
丹波

典膳

鈴木林助
同　又平

一 林助儀癲癇之症時々眩暈卒倒仕、難治之症ニて全快御奉公可相勤躰無之ニ付、隠居仕悴又平家督被　仰付被下度旨申上、願之通無相違被　仰出、

御者頭
河嶋円左衛門

一 嫡子富人当二月病死仕、其節御訴申上、外一子無之弟継弥五十七歳、二弟庄七四十七歳罷成有之候間、弟継弥養子可奉願上候処年令不相応、二弟庄七中風之症相煩候ニ付、右継弥妾腹之子友弥有之に付、此者養子仕度旨申上、願之通被　仰出、何も於竹之間同席列座勘解由申渡之、

一 前書有之通、若御年寄水谷多川へ御加増被下候付、右証文御蔵元証文共於勘解由宅相渡可申候処、為手繰今日礼服着用大奥へ勘解由相廻相渡之、

一 於江戸表詰越被　仰付申渡候儀、以来七月十一日定日相据可申渡、尤於爰元御役人へ為知候儀も、頓て七月十一日定日ニ相据候様御沙汰ニ付、右之趣江戸へ御用状を以申遣之、

三戸通袴田村彦兵衛子
彦惣へ
被　仰渡

其方儀、去月廿四日田子村へ罷越、過酒之上戻之節於途中舞手村久助を及刃傷候始末、於御代官所被遂御詮儀候処、給酔前後不存候由、偏ニ酔犯之致方不埒至極ニ付、手錠之上組合預被　仰付置候処、久助儀疵平愈ニ至り候間療治代御取上、手錠組合預共被成御免候条、向後万端相慎可申旨被　仰付者也、

蚫沼惣左衛門召仕己之助子
左七へ
被　仰渡

其方儀、去月廿四日三戸通袴田村彦惣と申者同道ニて田子村へ罷越、戻り之節於途中舞手村久助と申者を同道彦惣及刃傷候処、右刃物取返し可申と存彦惣へ組付誤て疵付候由、右懸合ニ付組合預被　仰付置候所、彦惣疵平愈之上申口相分候間、組合預御免被成候条、向後万端相慎可申旨被　仰付、

月日

三戸通舞手村
久助

右之者疵平愈ニ付、無御構組合預御免被成候、

右之通御片付、公事懸り御役人共へ伺之通申渡之、

六ノ
晦日　晴

筑後
勘解由
丹波
典膳
主膳

七月朔日　晴

弥六郎
筑後
勘解由
丹波
御用番
典膳

病気淡路
主膳
一月次御礼、今五時過　御本丸於　御座之間、御家門衆御礼被仰上、奏者御用人相勤、　御着座之節典膳御取合申上、引続同席御礼申上、夫より　御中丸総角之間へ御出座、高知之面々・諸者頭迄一統御礼申上、畢て名目御礼有之無程相済也、
一今日御曹司様御表へ　御出座被遊也、
一　葛西満五郎
当八月櫛引　八幡宮へ　御名代被　仰付、於菊之間御廊下同席列座典膳申渡之、
一　北　彦助
右差替被　仰付、奉書を以申遣之、
一　寺社御町奉行　宮手弥市
当八月御祭礼之節、御跡乗御用懸り共被　仰付、
一　御目付　毛馬内命助
当八月御祭礼之節、御先乗被　仰付、何も於席申渡之、
一　御目付　奥寺市之丞
当八月御祭礼御用懸り被　仰付、
一　御勘定奉行　漆戸　林
右同断、何も於席申渡之、
一　御者頭　池田　貢
中西金左衛門
春日御祭礼馬場警固被　仰付、
同　池田　貢

中西金左衛門
鳩森幸行御用十三日より警固被　仰付、何も於竹之間御廊下同席列座典膳申渡之、
一　御作事奉行　田鍍和右衛門
当八月御祭礼御用懸被　仰付、
一　大御納戸御買方　百岡権四郎
右同断、何も御目付を以申渡之、
一御旅所御待請　津田上総
斉藤出雲
当八月御祭礼之節、右之通御用被　仰付、御目付を以申渡之、
一　黒川司代御用人　沢田左司馬
勤番登被　仰付、於席申渡之、
勤番登被　仰付、
一御医師　宮内通仙代　飯冨了哲
一御用之間御物書　小田代善弥代　鬼柳十兵衛
一御用人方御物書　太田和蔵代　久慈金右衛門
一御目付所御物書　欠端七蔵代　工藤栄助
一御茶道　上田隆茶代　田鍍元茶
是迄於竹之間申渡之、
一御徒目付　照井栄左衛門代　坂牛源之丞
右は御目付へ申渡之、
一　高橋平作代　中野専右衛門
右は於竹之間申渡之、
一　大嶋惣平代　関　八五郎

右は御用人へ申渡之、

一　　北田俊右衛門代 鴨沢金右衛門

右は於竹之間申渡之、

一御勘定方　山口立太代 長沢益助

右は御目付へ申渡之、

一御馬乗役　関茂弥太代御馬医 松本斉次郎

右は御用人へ申渡之、

一御賄所物出　藤嶋伊兵衛代 長岡栄蔵

一表坊主　美斉代 美仙

一御小納戸物出　斉藤惣七代 源兵衛

一御同心　壱組

一御台所小者　壱人

一御長柄之者　上下御屋敷詰 拾八人

一人足　拾三人

是迄御目付へ申渡之、

御広式方

一御用聞　菊池忠治代 工藤専五郎

一御錠口番　平館左登見代 竹鼻藤吾

一御広式御番人　堀切半右衛門代 舟越安治

是迄於竹之間申渡之、

一御賄所帳付　根子兵右衛門代 沢井友治

一板之間小者　壱人

御下屋敷詰

一御徒目付　石井軍蔵代 中村理右衛門

一御同心　壱組

一板之間小者　弐人

是迄御目付へ申渡之、

一　中村専作代御銅山方 村上新五兵衛

大坂詰勤番登被　仰付、於竹之間申渡之、

一　玉山作兵衛

同　順太

作兵衛儀健忘之症相煩、時々眩暈卒倒仕、難治之症ニて御奉公可相勤躰無之付、隠居仕忰順太家督被　仰付被下度旨申上、願之通無相違被　仰出、於竹之間同席列座典膳申渡之、

一　御先供 関根八之丞

来春迄詰越被　仰付、御目付を以申渡之、

一　長沢和七

病気全快可仕躰無之付、御祐筆願之通御免被成、御目付を以申渡之、

一　倉館久馬

上村才六

野々村三次郎

支配花巻御船肝煎惣十郎儀、御用向実躰相勤船頭共一統帰服仕、御用ニ相立候者ニ御座候間、勤中苗字帯刀御免被成下度旨申上、願之通御目付を以申渡之、

一　岡井元孝

当勤番登、来ル六日出立被　仰付候処、持病之痔疾差発馬乗可仕躰無之付、道中青駄御免被成下度旨申上、願之通御目付を以申渡

之、

一 来ル十二日立被　仰付、御目付を以申渡之、

御広式御番人 舟越安治
御馬乗役 内田栄之助
似鳥軍八
似鳥甚七
石川要之助
都筑丈助
似鳥澄見

右は当八月　鳩森御祭礼ニ付、御旅所騎射御用人数村松刑部書上候ニ付、伺之通申渡候旨、江刺牧太申出之、

花巻御役医格 嶋　寿安

一 此度一生之内御役医格被成下候付、苗字右之通相名乗度旨申出、伺之通御目付へ申渡之、

名久井専太代御祐筆 目時左平

一 勤番登被　仰付、於竹之間申渡之、

楢山主膳

一 淡路方病気ニ付、出勤迄日々罷出候様御沙汰ニ付、演説申達之、

下田市郎平代御銅山方 中村専作

一 大坂勤番中御勘定改出役格被　仰付、

大坂詰御銅山方 袖原長作

一 来春迄詰越被　仰付、

右之通被　仰出、何も御目付より御用状を以申遣之、

七ノ 二日　晴

筑後
勘解由
丹波
典膳
主膳

三ケ尻善司預御徒 重茂守助

一 六駄弐人扶持

養父十内及末期男子無之娘有之に付、挨拶柄も無之候得共、漆戸左仲家来荒木田清助二男二男守助二十歳罷成候、此者聟養子御番代被　仰付被下度旨申上、存生之内、願之通御番代無相違被　仰付、於竹之間同席列座典膳申渡之、

御馬方 川村嘉兵衛

一 牛馬御用村松刑部得差図相勤可申旨被　仰付、御目付を以申渡之、

御金奉行 鴨沢金右衛門

一 来ル十八日立被　仰付申達候旨、大川又右衛門申聞候段、野々村円蔵申出之、

七ノ 三日　晴

弥六郎
勘解由
丹波
典膳
主膳

沢内御給人 加藤清作

一 三拾石
外ニ五石御免地

親斉助存生之内、願之通跡式無相違被　仰付、御代官へ書状を以

申遣之、

一　　　　　　　　　　　　　　　善平嫡子
　　　　　　　　　　　　　　　　西嶋善八郎
御祐筆本役被　仰付、以御目付申渡之、
　但是迄直達之処御沙汰ニ付、此度より右之通、

一　　　　　　　　　　　　　　　左平嫡子
　　　　　　　　　　　　　　　　目時左陸
御祐筆見習被　仰付、以御目付申渡之、

七ノ
四日　晴

筑後
丹波
典膳
主膳

一霊徳院様御忌日ニ付、聖寿寺へ　御代香主膳相勤之、

一　　　　　　　　　　　　　　　長内良右衛門代
　　　　　　　　　　　　　　　　栃内瀬蔵
鬼柳黒沢尻通御代官被　仰付、

一　　　　　　　　　　　　　　　栃内瀬蔵代
　　　　　　　　　　　　　　　　神　匡
日詰長岡通御代官被　仰付、何も役所ニ付、御目付より以御用状申遣之、

一　　　　　　　　　　　　　　　神匡代
　　　　　　　　　　　　　　　　太田薗右衛門
鬼柳御関所番被　仰付、

一　　　　　　　　　　　　　　　上田助之進
多病ニ付、御使番之御役は相勤まり不申候付、休息被　仰付、追て相応之御役被　仰付候事、何も御目付を以申渡之、

一　　　　　　　　　　　　　　　長内良右衛門
鬼柳黒沢尻通御代官被　仰付置候処、心得宣　御満足思召候得共、其方永々病気ニて快方も早俄取不申病症ニ付、御役儀御残念ニ思召候得共、休息被　仰付旨被　仰出候事、
右之通親類呼上、御目付を以申渡之、

一　　　　　　　　　　　　　　　三上小四郎
田瀬御番所御番人被　仰付、御目付を以申渡之、

一当八月廿九日　桂香院様百年御忌御相当之旨、
一当九月六日　実山栄公様五百年御忌御相当之由、右何も聖寿寺書上寺社御奉行申出遂披露之、

一　　　　　　　　　　　　　　　下河原勝馬
詰合中去年五月、支配所元御馬代御下金書上之節、馬喰共拝借金と相混認違仕候段、恐入差扣願出不及其儀旨、御目付へ申渡之、

七ノ
五日　晴

弥六郎
勘解由
丹波
典膳
主膳

一養源院様・義徳院様御忌日ニ付、聖寿寺・東禅寺へ御略供ニて御直詣有之、

一　　　　　　　　　　　　　　　雫石通御代官
　　　　　　　　　　　　　　　　大川平右衛門
老衰之上健忘之症相煩、頃日ニ至起居歩行不自由罷成、当御役相勤可申躰無之候間、御免被成下度旨願上候、然処　思召も被成御座候付、御役は願之通御免被成候得共、是迄之通御代官役所へは罷出候様被　仰出、御目付を以申渡之、

一田名部へ　　組頭 根守弥五兵衛
一三戸へ　　御鷹匠 福田浅之助
一七戸沼山へ　　府金権右衛門
当御献上御留鷹御用、在行被　仰付申渡候段、御目付花坂理蔵申
出之、
一　　御勘定方 長沢益助
来ル十八日立被　仰付申達候旨、御勘定奉行申聞候段、花坂理蔵
申出之、
一　　石井安平
牛馬御用懸、当分休息被　仰付申渡候段、足沢彦蔵申出之、

七ノ六日　晴　　筑後
勘解由
典膳
主膳

一　　石井安平
当勤番登被　仰付、
一　　関　八五郎
当勤番登被　仰付置候処、爰元御用有之候ニ付、御免被成旨被
仰出、
一　　松本斉次郎
当勤番登御免被成旨被　仰出、何も御用人へ申渡之、
一　　花巻御船肝入 松本惣十郎
此度勤中苗字帯刀御免被成下候付、苗字右之通為相名乗度旨、和
賀御奉行連名ニて伺出、伺之通御目付を以申渡之、
一　　御馬乗役 似鳥甚七
当勤番登被　仰付、御馬役へ申達候段、御目付足沢彦蔵申出之、
一前書有之通、当九月六日　実山栄公様五百年御忌御相当之処、是
迄之御取扱ニては御手薄之様ニ被　思召候間、縦令御遠忌ニても
御頭々様御年回御茶湯御執行之節ハ、以来御家老并御用人・寺社
御奉行・御目付相詰候様御沙汰ニ付、夫々へ申渡之、
但右之儀は御国元計り、江戸表は只今迄之通と御沙汰ニ付、其
旨来ル十八日御便ニ江戸へ為心得申遣之、
二季名改、左之通、
一先祖名　助之進事 上田嘉兵衛　　一親名　幸作事 美濃部作左衛門
一先祖名　清次郎事 千葉安兵衛　　一幼名　留之助事 山田喜八郎
一幼名　栄八事 工藤守衛　　一同　武司事 工藤幾右衛門
一　牧太嫡子宮人事 江刺栄治　　一幼名　彦作嫡子勝之助事 浜田彦司
一幼名　鉄之助事 遠藤佐五助　　一同　隼之進事 摂待守助
一親名　辰之進事 洞内久蔵　　一親名　式之助事 猿橋勇助
一幼名　栄八事 西海枝周蔵　　一同　多平嫡子幾弥事 帷子勇助
一同　善右衛門嫡子金助事 清水右衛門七　　一親名　大槌御給人五兵衛事 松本五郎兵衛
一幼名　大槌御給人順助事 貫洞後藤兵衛　　一先祖名　野田御役医東庵事 宇部立仙
一先祖名　五戸御給人勇蔵事 米田八十郎　　一同　五戸御役医玄碩事 松尾玄昌
一先祖名　田名部御給人達司事 中嶋冨右衛門　　一親名　御馬乗役千弥事 佐羽内良助
一幼名　五戸御与力栄作事 中市判十郎　　一親名　同処御与力六之助事 工藤市右衛門
右何も願之通被　仰付、以御目付申渡之、

七ノ
七日　晴

弥六郎
筑後
勘解由
丹波
典膳
主膳

一席ヘ御熨斗出、
一為七夕之御祝儀、今五時過　御本丸於　御座之間、御家門衆御礼被仰上、御用人奏者、　御着座之節典膳御取合申上、夫より　御中丸総角之間ヘ　御出座、仲間始五節句出仕之面々御礼申上、無間相済也、
一大目付・寺社御町奉行・表御目付・御目付・御勘定奉行・御使番迄、席ヘ罷出御怡申上之、
一今日　御曹司様御表ヘ　御出座被遊也、
一　花輪御給人　関村六十郎
花輪通御代官所之内、大里村朽木川原松館村上ミ川原ニて、新田披立場所見立有之候付、当寅年より三ケ年ニ開発仕度、披立相済候ハヽ、清御竿御通被成下、被下来候拾六石七斗三升八合御加、外兼て頂戴仕候持地金目高之内、大里村雅楽助地本高三拾四石弐斗六升壱合之内拾六石七斗八升壱合御足加、都合五拾石被成下度、依之為冥加金子弐百五拾両指上度旨申上、願之通被　仰付、御代官ヘ以書状申遣之、

七ノ
八日　晴

弥六郎
筑後
勘解由
丹波
典膳
主膳

一江戸表去ル二日立七日振飛脚、野辺地礼八組弐人今晩七半時着、御用儀共申来之、
一霊巌院様御忌日ニ付、東禅寺ヘ　御代香勘解由相勤之、
一　預御徒　川井源蔵　娘　里　二十四歳
御掃除坊主　専作　二十六歳　再縁妻
右之通縁組仕度旨願出候段、御徒頭佐藤八十七口上書を以申出、願之通御目付を以申渡之、
一　与四郎嫡子　高橋与市
遠野通御代官被　仰付罷越ニハ不及、此許ニて御領分諸代官ヘ懸り候事取扱可申事、
但花巻之御用向是迄之通相勤可申事、
右之通於竹之間同席列座典膳申渡之、
一　八戸弥六郎
此度遠野通御代官被　仰付候得共、御領地ニ懸り候扱向計御取扱ニて、弥六郎領分并家格ニ相掛り候儀は、少しも只今迄相違も無之候、右為心得申達候旨、御目付を以役人共ヘ申達之、
一　与四郎嫡子　高橋与市

座順之事は先達て見習被　仰付候節、御沙汰之通ニ相心得可申候事、御目付を以申達之、

一　　　　　　　　　　　　七戸御給人
　　　　　　　　　　　　盛田喜右衛門
　　　　　　　　　　　　中野福松
御献上御鳥計御用御鳥見被　仰付旨、御代官へ申渡候由、御目付浅石清三郎申出之、

一江戸へ七日振飛脚、渡部丹治・蟇目恵守組弐人今夕差立、御側御用被仰越之、

一南部主税殿御娘於冨殿、当二月上旬より御疽労之御症ニて、色々御療養被成候得共無御叶、去月十九日御病死之旨、御用状申来申上之、

七ノ
九日　晴
　　　　　　　　　　　　弥六郎
　　　　　　　　　　　　丹波
　　　　　　　　　　　　典膳
　　　　　　　　　　　　主膳

一　　　　　　　　　　　　大川平右衛門
　　　　　　　　　　　　雫石通御代官
　　　　　　　　　　　　同　龍之進
平右衛門儀老衰之上健忘之症相煩、頃日ニ至起居歩行不自由罷成、御奉公可相勤躰無之付、隠居仕忰龍之進家督被　仰付被下度旨申上、願之通無相違被　仰出、

一　　　　　　　　　　　　嶋川右衛門治
　　　　　　　　　　　　同　儀左衛門
右衛門治儀疝積相煩、時々眩暈卒倒仕、難治之症ニて全快御奉公可相勤躰無之付、隠居仕忰儀左衛門家督被　仰付被下度旨申上、願之通無相違被　仰出、

一　　　　　　　　　　　　菊池五十八
　　　　　　　　　　　　石井忠兵衛
五十八儀嫡子寛吾先達て出奔仕、其節御訴申上、外男子無之養女有之付、挨拶柄も無之候得共、忠兵衛弟勝見聟養子仕度旨申上、双方願之通被　仰出、於竹之間同席列座典膳申渡之、

七ノ
十日　晴
　　　　　　　　　　　　弥六郎
　　　　　　　　　　　　筑後
　　　　　　　　　　　　丹波
　　　　　　　　　　　　典膳
　　　　　　　　　　　　主膳

一　　　　　　　　　　　　龍之進事
　　　　　　　　　　　　大川平右衛門
右之通名相改度旨申上、願之通御目付を以申渡之、

一翌十一日申渡之　　　　　七戸
　　　　　　　　　　　　瑞龍寺
去十一月より持病之疝積差発、当春ニ至耳遠罷成快気早俄取兼、寺役可相勤様無之ニ付隠居仕度、尤後住之儀身近法縁ニ付、清養院活禅長老寺務相応之僧ニ御座候間、後住被　仰付被下度旨申上、願之通被　仰出、寺社御奉行へ申渡之、

七ノ
十一日　晴
　　　　　　　　　　　　弥六郎
　　　　　　　　　　　　典膳
　　　　　　　　　　　　主膳

一徳雲院様御忌日ニ付、聖寿寺へ　御代香筑後相勤之、

一来春迄詰越被　仰付、奉書を以申遣之、

藤枝宮内
御前様御附役 横井　隣
御広間御番人 嶋田覚蔵
日戸善兵衛
同奥詰 久慈儀六
田鍍茂市郎
観光院様御診 阿部友伯
御作事奉行 船越伊三郎
御錠口番御物書兼 村井儀右衛門
御物書頭 福田弥五右衛門
御用之間御物書 岩間忠助
御使者給仕 山本昌茶
御徒目付 江刺家久之丞
御広間御帳付御徒 玉山勇助
御徒 晴山勘左衛門
川村軍右衛門
本館甚助
鵜飼伝五右衛門
御台所下役御賄所帳付兼 沢井要右衛門
御賄所物出 工藤佐次右衛門
諸番御小人 平塚左源太
毦嶋幸蔵
御次坊主 久斉
表坊主 友清
御配膳小者 壱人
板之間小者 壱人
御小道具 五人
御陸尺 三人

御広式方

一
御料理方 里見常左衛門
板之間小者 壱人
御下屋敷詰人足肝入 壱人

御中屋敷詰

御徒 福士伝六
白浜喜作

来春迄詰越被　仰付、於江戸表申渡之、

一
大坂詰御銅山方 袖原長作

来春迄詰越被　仰付、

一
下田市郎平代御銅山方 中村専作

大坂勤番中御勘定改出役格被　仰付、右何も御目付より御用状を以申遣之、

一
工藤源助代 堀切半右衛門

御中屋敷見守役被　仰付、詰替被　仰付、

一
大御納戸御買方 狐崎小兵衛

御用向出精　思召ニ応シ候付、常詰被　仰付、時々御用下り被仰付、右何も於江戸表申渡之、

一高杉駒之助退身之兄物四郎儀、当三十一歳罷成候所、去ル二日夜与風罷出罷帰不申ニ付、其節御内々御届申上置、心当之処色々相尋候得共行衛相知不申、出奔仕候旨駒之助訴出之、

一名改願之通被　仰付、附札ニて相下ケ候得は、御目付より差紙を以本人へ申渡候処、已来差紙ニ無之呼上申渡候様御沙汰之旨、御目付江刺牧太申出之、

七ノ十二日　晴　筑後　勘解由　典膳　主膳

一即性院様御忌日ニ付、聖寿寺へ　御代香弥六郎方相勤之、

一八月三日出立　田鍍元茶　坂牛源之丞　御人足 十三人

一同　十日立　沢田左司馬　目時左平　久慈金右衛門　石井安平　似鳥甚七　中野専右衛門　御賄所帳付 沢井友治　御賄所物出 長岡栄蔵　板之間小者 三人

一同　十三日立　中野専右衛門

一同　十七日立　御台所小者 壱人　御小納戸物出 源兵衛　工藤千五郎　竹鼻藤吾　飯冨了哲　鬼柳十兵衛　工藤栄助

一同　廿二日立　中村理右衛門　御掃除坊主 美仙　御同心 弐組　御長柄之者 拾八人

一同　廿五日立　村上新五兵衛

一八月三日水戸路廻　田鍍元茶

一同　十日同断　石井安平　似鳥甚七

一同　十七日同断　工藤千五郎　竹鼻藤吾

右之通出立日割御目付申出、何も伺之通申渡之、尤左司馬へは奉書を以申遣之、

一　八角周見

当十九歳罷成年来ニも御座候間、御差紙療治被　仰付被下度旨申上、願之通御目付を以申渡之、

一花輪御給人関村六十郎へ被下候百姓小高証文、御目付を以御代官へ相渡之、

一
駒五郎殿より井桁菱之内鶴御紋、御上下一具頂戴仕候ニ付、着用　工藤守衛
仕度旨申上、願之通御目付を以申渡之、

七ノ
十三日　晴

弥六郎
勘解由
典膳
主膳

一弐駄片馬弐人扶持　工藤快助
親金右衛門存生之内、願之通跡式無相違被　仰出、
一六駄弐人扶持　江釣子泰助
親要右衛門存生之内、願之通跡式無相違被　仰出、何も於竹之間
同席列座典膳申渡之、

七ノ
十四日　晴

筑後
典膳
主膳

一屋形様御半袴被為　召、今朝五時過御本供御供揃ニて、聖寿寺・
東禅寺ヘ被遊　御仏詣、御出・御帰共ニ　御本丸御玄関より、聖
寿寺ヘ弥六郎相詰、東禅寺ヘ勘解由相詰、御役人も相詰也、
一五拾石　山田留治
養父守右衛門及末期一子無之ニ付、同性(姓)親類山田乙治弟留治名跡
被　仰付被下度旨申上、存生之内、願之通其方跡式無相違被　仰
出、於竹之間同席列座典膳申渡之、

一　教浄寺
末寺頭安俵村
成沢寺
同根子村
常楽寺
寺林光林寺後住之儀、沢岸と申出家後住仕度旨願上、清浄光寺ヘ
被　仰遣被下候処、病気ニて罷越兼候趣藤沢より申来候間、先住
泰随法類快全と申出家当四十歳余罷成、当時相州三浦郡榎戸村能
永寺住職罷有候、右出家後住仕度段、末寺惣檀中右之旨同意御座
候間、猶亦本山ヘ被　仰遣被下置度旨願書を以申出、願之通、尤
本山ヘも右之趣可被　仰入旨、附札ニて寺社御奉行ヘ申渡之、

七ノ
十五日　晴

弥六郎
筑後
勘解由
丹波
典膳
主膳

一明日大斎日ニ付、登　城之儀御用人沢田左司馬を以相伺候処、不
罷出宣敷旨御沙汰ニ付、御役人ヘも為申知之、

七ノ
十六日　晴

一今日大斎日ニ付、登　城無之、

七ノ
十七日　晴

弥六郎
勘解由

一
丹波
典膳
主膳
勝馬事
下河原志津馬
右之通名相改申度旨申上、願之通御目付を以申渡之、
一教浄寺病気之処、養生不相叶病死之旨訴出、御検使之儀寺社御奉行被　仰付候様、前々相見得候之段申上相伺候処、伺之通寺社御奉行御検使被　仰付旨御沙汰ニ付、其旨申渡之、

七ノ
十八日　曇
筑後
勘解由
丹波
典膳
主膳
一南宗院様・　大源院様御忌日ニ付、両寺へ　御代香主膳相勤之、
一江戸へ七日振飛脚、渡部丹治組弐人今朝差立、御用儀共申遣之、
一弐百石壱斗余
野辺地喜代治
親元右衛門及末期悴喜代治七歳罷成、　御目見不申上候得共、跡式被　仰付被下度旨申上、存生之内、願之通無相違被　仰出、名代へ於竹之間同席列座典膳申渡之、
一三拾九石内弐人扶持
五戸御給人
米田勇作
親寛右衛門存生之、内願之通跡式無相違被　仰付、
一
花巻御給人
宮杜津右衛門
同　幸助
津右衛門儀老衰仕、御奉公可相勤躰無之付、隠居仕悴幸助家督被　仰付被下度旨申上、願之通無相違被　仰付、御城代・御代官へ以書状申遣之、
一
松尾佐源太
御野馬役御免被成候旨被　仰出、
一野田通
一三戸通
一五戸通
一七戸通
一田名部通
右御代官所御野馬役、三戸御給人松尾佐源太被　仰付置候処、御免被成候付、尓来一官所限御代官扱ニ被　仰付、御野馬役松尾佐源太儀無調法等有之、御野馬役御免被成候事ニハ無之候、御仕法御改之御時節ニ付、御拠なく御免被成候間、猶又追て御遣可被成下候条、右之趣佐源太へ申達置候事、
三戸御代官附惣御野見廻役
斉藤文助
赤塚源之丞
赤塚和右衛門
同　御馬役
中嶋左右太
中嶋宇左衛門
右之通三戸住居御馬乗役、同御馬医名目御改尓来御代官附ニ被　仰付候、尤御野有之候御官所、其所々へ可差置事ニ候得共、御野

有之候御官所之中程ニも候間、同所へ被差置村松刑部へ申出候、
御用向御代官へ申出、御代官得差図相勤候様被　仰出、
右之通於大奥御沙汰有之、夫々申渡候旨花坂理蔵申出之、

七ノ十九日　晴

弥六郎
筑後
勘解由
丹波
典膳
主膳

一　奥寺林之助
川村佐市
金平嫡子
兼平喜代治
五兵衛嫡子
村木勇次郎
覚右衛門嫡子
大矢覚蔵
小弥太嫡子
川井小平治
才右衛門嫡子
工藤左弥太

当御年貢穀御調御帳御物書、当分御用中被　仰付、以御目付申渡
之、

七ノ廿日　晴

筑後
勘解由
丹波
典膳
主膳

一御金方
六拾三石内三人扶持　千種勇助

親延助存生之内、願之通跡式無相違被　仰出、於竹之間同席列座
典膳申渡之、

一　三戸御給人
福田嘉兵衛
同　与平太

嘉兵衛儀老衰仕歩行不自由罷成、御奉公可相勤躰無之ニ付、隠居
仕悴与平太家督被　仰付被下度旨申上、願之通無相違被　仰付、
御代官へ書状を以申遣之、

一　桜庭兵庫

知行所毛馬内通御代官所之内、毛馬内村用水堰代長三拾間幅壱間
御用地ニ御取上被成、右替地追て可被下置旨被　仰出、家来呼上
大目付を以申渡之、

七ノ廿一日　晴

弥六郎
筑後
勘解由
丹波
典膳
主膳

一　野辺地喜代治

継目御礼幼少ニ付、名代親類野辺地勇之進を以申上度旨申出、願
之通来ル廿八日可被為　請旨被　仰出、御目付を以申渡之、

七ノ
廿二日　晴

筑後
勘解由
丹波
典膳
主膳

一 寺林光林寺後住頼ニ付、相州藤沢へ使僧西光寺発道并檀中庄兵衛、来ル廿五日出立為差登申度候ニ付、被　仰入之御状頂戴仕度旨申出、願之通寺社御奉行を以申渡之、
教浄寺看主
常楽寺

一 嫡子泰治儀当十五歳罷成年来ニも御座候間、前髪為執申度旨申上、願之通御目付を以申渡之、
安宅左司

七ノ
廿三日　晴

弥六郎
勘解由
丹波
典膳
主膳

一 冨沢万之助病中御山方当分加被　仰付置候処、万之助出勤ニ付、御免被成旨被　仰出申渡候旨、御目付花坂理蔵申出之、
御山廻下役
田鍍忠次郎

一 江戸表去ル十八日立七日振飛脚、中西金左衛門組弐人今夕七半時着、御用儀共申来之、
野田通

三戸通
五戸通
七戸通
田名部通下役へ

右御代官所御野馬役、以来一官所限御代官扱被　仰付候間、下役之儀は自ら右御用相勤候儀と心得候様被　仰出、

牛馬役之事密馬改役宮古 岩浅喜右衛門
沼宮内 村木佐左衛門
福岡 関　俊左衛門
三戸 栗谷川俊蔵
五戸 霞　伝右衛門
同 田丸軍作
七戸 福士治左衛門
同 小山栄蔵
野辺地 上野重郎兵衛
田名部 三上左五兵衛
花輪 村山重治
毛馬内 太田新助

右之通御役名被　仰出、

田名部蜜馬改役
三上左五兵衛

御野掛御免被成、

右之通被　仰付、口達申渡候由、御目付野々村円蔵申出之、

大納戸御買方
狐崎小兵衛

一 御用向出精　思召ニ応シ候付、常詰被　仰付、時々御用下り被

仰付、
右之通於江戸表去ル十一日申渡候段、御用状申来申上、御役人ヘ
も申渡之、

七ノ
廿四日　雨　筑後
丹波
典膳
主膳

七ノ
廿五日　晴　弥六郎
勘解由
丹波
典膳
主膳

一現米百五拾石　御医師　三浦道意
親道吾存生之内、願之通跡式無相違被　仰付候間、家業情(精)出候様
被　仰出、於竹之間同席列座典膳申渡之、

一　御取次格御金奉行　小田代蓑又
当八月御祭礼御用懸り被　仰付、

一　御勘定奉行　漆戸　林
当八月御祭礼御用懸被　仰付置候処、御用有之御免被成旨被　仰
出、御目付を以申渡之、

七ノ
廿六日　晴　筑後
勘解由
丹波
典膳
主膳

一　井上只見
嫡子民治九歳、二男立治八歳罷成有之候得共、養父宇左衛門実子
源太郎当二十歳罷成、筋目之者に付、此者嫡子仕度旨申上、願之
通被　仰出、於竹之間同席列座典膳申渡之、

一　七戸御給人　工藤新之丞
同　与治郎
新之丞儀疝積相煩、頃日ニ至耳遠罷成、難治之症ニて全快御奉公
可相勤躰無之付、忰与治郎家督被　仰付被下度旨申上、願之通無
相違被　仰付、御代官ヘ以書状申遣之、

一　弥五兵衛嫡子　根守覚蔵
御鷹匠組頭当分加被　仰付申渡候段、御目付三浦忠陸申出之、

五戸通応相之沢村清蔵子　勝之助ヘ
被　仰渡
其方儀所持之古井櫓繕入用心掛、新林御山ニおゐて栗角六本密剪
仕候旨、御代官吟味之砌申出候、兼々厳敷御沙汰被成置候御趣意
取失ひ候無調法ニ付、慎被　仰付置候処、右木品御取上過料銭被
仰付、御免被成者也、
月日
右之通御片付、公事懸御役人共伺之通申渡之、

七ノ
廿七日　晴

弥六郎
丹波
典膳
主膳

一中ノ橋御繕、来春就被　仰付候、右之内牛馬通用御差留被成旨被　仰出、夫々相触候旨野々村円蔵申出之、

七ノ
廿八日　晴

弥六郎
丹波
典膳
主膳

一月次御礼、今五時過　御本丸於　御座之間、御家門衆御礼被　仰上、奏者御用人相勤、　御着座之節典膳御取合申上、引続同席御礼申上、夫より　御中丸総角之間へ　御出座、高知之面々・諸者頭迄一統御礼申上、畢て名目御礼有之、無程相済也、

一今日　御曹司様御表へ　御出座被遊也、

一天量院様御忌日ニ付、聖寿寺へ　御代香丹波相勤之、

一　御徒頭
松岡源次郎
赤坂重作

御徒花坂理平太儀男子無之養女有之付、遠親類重作弟鉄司聟養子仕度旨、先達て願之通被　仰付候処、不縁ニ付相返度旨申上、双方願之通被　仰付、御目付を以申渡之、

一　石亀加治馬

畳跣腫痛仕候付、此節足袋相用度旨申上、願之通御目付を以申渡之、

一足袋相用度旨願上候儀、勝手次第申上区々ニて不宣候間、以来三月中ニ限り願上候様御沙汰之旨、毛馬内庄助申出之、

一　御境奉行

御境役并古人御山見肝入、是迄勤功御賞無之候処、以来御境奉行吟味之上勤功申上候ハヽ、御賞被成下候旨被　仰出、

右之通御沙汰ニ付申渡候段、三浦忠陸申出之、

七ノ
廿九日　晴

弥六郎
丹波
典膳
主膳

一　中西金左衛門

母兼て病気罷有候処、此節大病罷成難見放候間、附添介抱仕度十日御暇被下度旨申上、願之通以御目付申渡之、

一昨夜九時山岸丁長之助火元出火ニ付、火消并御役人駆着防留、類焼共ニ家数三十八軒、竈数八拾弐軒焼失、七時過火鎮、此節火事場へ弥六郎・丹波相越也、

七ノ
晦日　晴

弥六郎
丹波
典膳
主膳

一　　　　　　　　　　　　　　　　御勘定方 船越五郎右衛門
　　　　　　　　　　　　　　　　　御山廻下役 花坂易人
五郎右衛門儀男子無之娘有之ニ付、挨拶柄も無之候得共、易人弟
伝五郎聟養子仕度旨申上、双方願之通被　仰出、於竹之間同席列
座典膳申渡之、
一工藤茂弥太弟三之助当二十四歳罷成候処、去ル十九日夜与風罷出
候処罷帰不申候付、其節御内々御届申上置、心当之所々色々相尋
候得共行衛相知不申、出奔之旨茂弥太訴之、

八月朔日　晴

弥六郎
筑後
勘解由
御用番 丹波
典膳
病気 淡路
主膳

一席ヘ御熨斗出、
一八朔之御礼、五時過　御本丸於　御座之間、御家門衆被　仰上、
奏者御用人相勤、　御着座之節丹波御取合申上、夫より　御中丸
総角之間ヘ　御出座、高知之面々・御用人・高知子共・御用人子
共・高知嫡孫・御新丸御番頭・大目付・諸者頭・御新丸御番頭子
共御礼申上、無程相済也、
一今日　御曹司様御表ヘ　御出座被遊也、
一寺社御町奉行・表御目付・御目付・御勘定奉行・御使番・御勘定
改出役迄、席ヘ罷出御祝詞申上之、
　但御勘定改出役当時無之候得共、為見合記置之、

一　　　　　　　　　　　　　　　　工藤周助
　　　　　　　　　　　　　　　　　一方井林蔵
駒五郎殿御相手病人有之不人数に付、当分加被　仰付申渡候段、
御目付足沢彦蔵申出之、

一　　　　　　　　　　　　　　　　寺社御町奉行
　　　　　　　　　　　　　　　　　御目付
　　　　　　　　　　　　　　　　　御勘定奉行
春日御祭礼以来　八幡御祭礼懸り之者、申合相勤候様被　仰付、
別段ニ御沙汰無之事、
右之通御沙汰ニ付、演説申渡之、

一　　　　　　　　　　　　　　　　神　平次兵衛
嫡子幸之進儀当十五歳罷成年来ニも御座候間、前髪為執申度旨申
上、願之通御目付を以申渡之、

一　　　　　　　　　　　　　　　　下田三蔵
経学稽古見届申度旨願上、百日御暇被下置罷下三月廿三日着仕、
来ル四日迄御日限御座候処、稽古向用事相済兼候ニ付、来ル十一
日出立罷登度旨申上、願之通被　仰付、御目付を以申渡之、

一　　　　　　　　　　　　　　　　又重寿平
　　　　　　　　　　　　　　　　　沢田友之進
　　　　　　　　　　　　　　　　　熊谷儀八
親類又重軍右衛門儀野辺地詰合罷在候処、去月下旬より病気罷在
候、依之嫡子平八幼少ニ付、又重寿平出立仕、道中附添介抱仕度

候間、御暇被下度旨申上、　右三人

一右同断ニ付、道中青駄ニて罷帰申度旨申来候間、軍右衛門願之通
被成下度段、何も願之通被　仰付申渡候旨、野々村円蔵申出之、

一上田通御代官
松田伊之助
馬門御番所御番人
大森佐五助

野辺地通御代官両人共ニ病気ニ付、同所御代官当分被　仰付、

一松田伊之助野辺地通御代官御用被　仰付候内、上田通御代官当分
被　仰付、
右何も申渡候段、野々村円蔵申出之、

八ノ二日　晴　弥六郎
丹波
典膳
主膳

一佐野長門
為冥加金弐百五拾両差上可申候間、徳田通御代官所之内間野々村
ニて持地高弐拾四石九斗三升八合被下置、被下来候身帯へ御加被
成下度旨申上、願之通被成下、都合七拾六石九斗三升八合ニ被成
下旨被　仰出、於竹之間同席列座丹波申渡之、

一江戸へ七日振飛脚、渡部丹治組弐人今朝差立、御用儀共申遣之、

八ノ三日　晴　弥六郎
筑後
丹波
典膳
主膳

一正眼院殿来ル七日三十三回御忌御相当ニ付、於聖寿寺一日御法事
御執行被成候旨御届、駒五郎殿御附人佐藤長右衛門口上書を以申
出之、

八ノ四日　晴、昼地震　筑後
丹波
典膳
主膳

一霊徳院様御忌日ニ付、聖寿寺へ　御代香弥六郎相勤之、

一御者頭
牧田弓司
春日御祭礼馬場警固被　仰付、

一御者頭
牧田弓司
鳩森幸行御用十三日より警固被　仰付、何も於竹之間御廊下同席
列座丹波申渡之、

一御者頭
中西金左衛門
春日御祭礼馬場警固被　仰付置候処、御免被成旨被　仰出、

一御者頭
中西金左衛門
鳩森幸行御用十三日より警固被　仰付置候処、御免被成旨被　仰
出、何も御目付を以申渡之、

八ノ五日　晴

弥六郎
丹波
典膳
主膳

一養源院様・義徳院様御忌日ニ付、聖寿寺・東禅寺ヘ御名代ニて御直詣有之也、

一　　　　　　　　　　嶋森快右衛門
支配所沼宮内通御用向心得違之儀有之、恐入差扣願上、願之通差扣被　仰付、御目付ヘ申渡之、

一　　　　　　　　　　吉田白祝
　　　　　　　　　　　漆戸左仲
白祝儀男子無之娘有之ニ付、親類左仲三男等聟養子先達て願之通被　仰付候処、不縁ニ付相返度旨申上、双方願之通被　仰出、御目付を以申渡之、尤左仲儀は奉書を以申遣之、

一　　　　　　　　　　瀬川源五兵衛
駒五郎殿御相手当分病気ニ付、願之通御免被成旨、御目付を以申渡之、

八ノ六日　雨

筑後
丹波
主膳

一　　　　　　　　　　種子孫兵衛
　　　　　　　　　　　同　小次郎
孫兵衛儀老衰之上起居不自由罷成、御奉公可相勤躰無之ニ付、隠居仕忰小次郎家督被　仰付被下度旨申上、願之通無相違被　仰出、於竹之間同席列座丹波申渡之、

一江戸ヘ今八時過七日振飛脚、渡部丹治組弐人差立、内状之趣申遣之、

八ノ七日　晴

弥六郎
丹波
典膳
主膳

一　　　　　　　　　　嶋森快右衛門
差扣御免被成旨被　仰出、御目付ヘ申渡之、

一　　　　　　　　　　橋野林左衛門
　　　　　　　　　　　橋本左兵衛
林左衛門儀男子無之娘有之ニ付、親類左兵衛三男小次郎聟養子先達て願之通被　仰付候処、不縁ニ付相返申度旨申上、双方願之通被　仰出、御目付を以申渡之、

一大円院殿来ル九日十七廻御忌御相当ニ付、於聖寿寺一日御法事御執行被成候旨御届、雅楽助殿御附人江刺家良之進口上書を以申上之、

一　　　　　　　　　　野辺地儀左衛門
久々疝積相煩候ニ付、快気之内忰清四郎ヘ御用向被　仰付被下度旨、先達て願之通被　仰付候処、頃日ニ至全快仕候ニ付、私相勤候様被成成度旨申上、願之通被　仰出、御目付を以申渡之、

一四日・八日・十一日・十二日・十八日

右之御日柄ニ諸願被　仰付候て宣旨御沙汰也、
但御祥月ニは相止候事、

一　黒沢伝左衛門（三十八歳）
内堀大隅姪　英（二十三歳）後妻

右之通縁組仕度旨申上、双方願之通被　仰出、奉書を以申遣之、

一　工藤源助

川御普請方出精相勤候得共、江戸表勤向半途ニて御下被成候ニ付、
川御普請方休息被　仰付、
右之通御沙汰ニ付申渡候段、御目付毛馬内庄助申出之、

一細昆布　（塗台）一折
包熨斗添　桜庭兵庫

右は知行所之産物指上遂披露、御満悦之旨被　仰出、九日ニ以
奉書申遣之、
但右昆布大目付相出候間、御側御用人を以差上之、

一江戸表去ル二日立七日振飛脚、蟇目恵守・中西金左衛門組弐人今
夕着、御用儀共申来之、

一松平右京大夫様御嫡子美濃守様御事、当五月中より時候御当りニ
て追々御加症有之、御疲強御塞御指込有之、御食気無之甚タ不被
成御勝旨、去月廿五日為御知申来、引続御病気次第ニ御差重御養
生無御叶、同日未ノ下刻御死去被成、雅姫様ニは御兄様之御続
ニて、御定式之御忌服二十日・九十日被為　請旨、御用状申来申
上、御役人へも申渡之、委細は御用状案詞ニ有之、

一　（工藤源助代）堀切半右衛門

御中屋鋪見守役被　仰付、詰替被　仰付、

一　工藤源助

御中屋鋪見守役御免被成、去月廿五日出立下り被　仰付、
右何も於江戸表去月廿四日申渡候旨、御用状申来申上、大奥并御
役人へも申渡之、

八ノ
八日　晴　筑後　丹波　典膳　主膳

一霊巌院様御忌日ニ付、東禅寺へ　御代香典膳相勤之、

一　大久保治郎右衛門
同　熊治

治郎右衛門儀久々疝積相煩癲癇之症罷成、難治之症ニて全快御奉
公可相勤躰無之付、隠居仕忰熊治家督被　仰付被下度旨申上、願
之通無相違被　仰出、於竹之間同席列座丹波申渡之、

八ノ
九日　晴　弥六郎　丹波　典膳　主膳

一　田鍍和助
（御作事奉行当分加）同　和右衛門

和助儀久々痔疾相煩持病之疝積指加、頃日ニ至上昇強時々眩暈卒倒仕、難治之症ニて全快御奉公可相勤躰無之付、隠居仕悴和右衛門家督被　仰付被下度旨申上、願之通無相違被　仰出、於竹之間同席列座丹波申渡之、

藤五

右之通三男等名相改候旨、漆戸左仲相届之、

八ノ
十日　晴

筑後
丹波
典膳
主膳

一　葛西満五郎

櫛引　八幡宮へ　御名代被　仰付、明日出立ニ付、於菊之間御廊下謁之、

八ノ
十一日　雨

弥六郎
丹波
典膳
主膳

一徳雲院様御忌日ニ付、聖寿寺へ　御代香筑後相勤之、

一御者頭野辺地礼八・渡部丹治・蟇目恵守組御同心、去々月より御飛脚被　仰付、追々立被遣候処、礼八組壱人、丹治組九人、恵守組七人、都合十七人御飛脚溜ニて罷登居、来月ニ至候得は衣類替時節ニ相成候付、一人壱貫文ツヽ、拾七貫文、於江戸表拝借被　仰付被下度、上納之儀は当暮被下置候御切米御証文出候節、上納可為仕旨、右三人連名口上書を以申出相伺候処、伺之通被　仰出申渡候旨、御目付野々村円蔵申出之、

八ノ
十二日　曇

筑後
丹波
典膳
主膳

一即性院様御忌日ニ付、聖寿寺へ　御代香主膳相勤之、

一弐拾五石六合　三戸御給人 中嶋文七
内弐人扶持

親清助存生之内、願之通跡式無相違被　仰出、御代官へ以書状申遣之、

一　御馬医 松本斉次郎

牛馬御用懸当分被　仰付、昨日申渡候旨、御目付足沢彦蔵申出之、

八ノ
十三日　曇

弥六郎
丹波
典膳
主膳

一　大御年寄御神用司 佐羽内相模

御本社御普請御用懸り被　仰付、於大奥丹波申達之、

一拾五駄　糠塚恒助

親民右衛門存生之内、願之通跡式無相違被　仰出、

一　　一戸勇右衛門
　　　同　直右衛門
勇右衛門儀老衰之上起居不自由罷成、御奉公可相勤躰無之付、隠居仕忰直右衛門家督被　仰付被下度旨申上、願之通無相違被　仰出、何も於竹之間同席列座丹波申渡之、

一　　中村　繋
病気ニ付、駒五郎殿御相手当分被　仰付置候処、御免被成下度旨申上、願之通被　仰出、御目付を以申渡之、

一　　五戸御与力
　　　中市判十郎
南部左衛門尉様御家中馬場八十八一子無之ニ付、三弟俊蔵養子仕度段望候間、指遣度旨申上、願之通被　仰付、御代官へ以書状申遣之、

一　　鬼柳御境里古人
　　　高橋市兵衛
当八十二歳罷成、老衰之上歩行不自由罷成候付、古人役御免被成下度願出候付、相免候様仕度、然処安永四年より当年迄四十四ケ年心得宜相勤候者ニ付、御賞被成下度旨御境奉行申出、銭三貫文被下置旨、御目付を以御境奉行へ申渡之、

八ノ
十四日　雨　　筑後
　　　　　　　丹波
　　　　　　　典膳
　　　　　　　主膳

一鳩森　八幡宮　神輿、九時　渡御、
一今日より十六日迄御役人上下、小役人継肩衣着用也、

八ノ
十五日　雨　　筑後
　　　　　　　主膳

一鳩森　八幡宮御祭礼ニ付、御旅所へ丹波相詰之、
一御代祓典膳相勤之、尤　御曹司様　御代祓共同人相勤之、

八ノ
十六日　晴　　筑後
　　　　　　　丹波
　　　　　　　典膳
　　　　　　　主膳

一前書有之通、　鳩森　八幡宮　神輿　四時過　御城門へ御鎮座ニ付、丹波相詰之、
一御祭礼首尾好相済候ニ付、御用懸御役人并刑部神職之者迄、於柳之間御吸物・御酒被下之、具之儀は御用懸別記ニ有之也、
一江戸へ今朝立七日振飛脚、渡部丹治組弐人差立、御用儀共申遣之、

八ノ
十七日　朝小雨、昼与晴　　筑後
　　　　　　　丹波
　　　　　　　典膳
　　　　　　　主膳

一江戸表去ル七日立、蟇目恵守組弐人十日振持参今暁着、御用儀申来之、
一水野左近将監様ニて御隠居亀遊斎様御事、御病気之処御養生無御叶、去ル六日暁丑刻御死去被成候旨、為御知申来候段御用人申出、

御前様ニは御叔父様之御続、御他家御相続に付、半減之御忌十日、御服四十九日被為　請候旨、御用状申来申上、大奥并御用人・御役人へも申渡之、具之儀は御用状案詞ニ有之、
一弥六郎方葛西半右衛門親隠居晴舜病死、母方叔父之続ニ付、忌中之旨被相届之、

八ノ
十八日　晴　　筑後
　　　　　　　丹波
　　　　　　　典膳
　　　　　　　主膳

一南宗院様御消月ニ付、東禅寺へ　屋形様五半時御本供ニて被遊御仏詣、御寺へ典膳相詰、無程　御帰城被遊也、
　但御役人上下、小役人継肩衣着用也、
一大源院様御忌日ニ付、聖寿寺へ　御代香典膳相勤之、
一　　　　　　　　　　　　八戸弥六郎
忌御免被成旨被　仰出、今朝月番宅より奉書を以申遣之、
一　　　　　　　　　　　　葛西満五郎
櫛引　八幡宮へ　御名代、首尾好相勤罷帰候旨申出、於菊之間御廊下謁、御熨斗頂戴退出之、
一　　　　　　　　　　　　大光寺定右衛門
此面殿御家来宮永壮儀当六月病死、此節嫡子俊司忌明ニ付、継目被　仰付候様被成度旨、御伺被仰上候段、口上書を以申出、御伺之通附札ニて御目付を以申渡之、
一　　　　　　　　　　　　新渡戸丹波
御用有之登被　仰付、尤来ル廿一日出立被　仰付、於　御前被仰渡之、
一　　　　　　　　　　　　表御目付 切田多仲
御用有之登被　仰付、尤来ル廿一日出立被　仰付、於席申渡之、
一　　　　　　　　　　　　毛馬内典膳
御本社御普請御用懸被　仰付、於席申達之、
　但御書を以御沙汰有之也、
一　　　　　　　　　　　　野辺地通御代官 又重軍右衛門
浦田安之進病気ニ付、当御歩附御用中、上田通御代官当分被　仰付、
一　　　　　　　　　　　　野田通御代官 田鍍治五右衛門
岩部般若次郎病気ニ付、当御歩附御用中、徳田伝法寺通御代官当分被　仰付、
一　　　　　　　　　　　　遠野通御代官 高橋与市
金田一善左衛門病気ニ付、当御歩附御用中、沼宮内通御代官当分被　仰付、
右之通御沙汰ニ付申渡候段、御目付足沢彦蔵申出之、
一丹波多仲共ニ立帰之自ら心得ニて可有之事、右之段申付候事、
右之趣御沙汰ニ付、丹波方へ心得申達、多仲へも為相心得之、
一丹波方登就被　仰付候、主膳方御用番相勤候様御沙汰ニ付、今日より御用承之、

八ノ
十九日　晴　　筑後
　　　　　　　丹波

典膳
主膳

八ノ
廿日　晴

筑後
丹波
典膳
主膳

一　久慈弥左衛門
御内沙汰ニて表御目付御用相勤候上、猶更此度切田多仲出立ニ付、
相勤可申事、
右之通於席申渡之、

一佐野長門へ被下候小高帳、長門上下着用罷出、今朝主膳於宅相渡
之、右ニ付、御目付壱人相詰也、

一　藤田　務
門前へ一昨十八日暁七時過、去月出生位之女子捨置候付、家内へ
取入手当仕差置候旨訴之、

一　柏田民右衛門
親隠居安之進儀、去ル二日夜於山岸丁、過酒之上頼合も無之所致
夜廻、其上頼合之者名申偽候付、他出御指留永ク御預被成候旨
被　仰出、恐入差扣願上、願之通差扣被　仰付、御目付へ申渡之、

八ノ
廿一日　曇

筑後
典膳
主膳

一丹波方御用有之登被　仰付、今朝出立ニ付、添状昨日於席相渡之、

一　高橋与市
此度沼宮内通御代官当分被　仰付、近々出立仕候処外股発金糸肛(ママ)之
症相煩、此節全快出勤罷有候得共、病後之上脚気之症差加、馬乗
相成兼候付、道中青駄御免被成下度旨申上、願之通御目付を以申
渡之、

一　八戸弥六郎
中野筑後
此節仲間不人数ニ付、相揃罷出候様御沙汰ニ付、口達之、

一江戸表去ル十六日立七日振飛脚、蟇目恵守組弐人今夕着、御用儀
共申来之、

沼宮内乙弥
親類へ
沼宮内乙弥儀兼て行跡不宜上、養祖母へ不和合之趣相聞得候ニ付、
可被遂御吟味候所、御憐愍を以御糺不被成候条、乙弥儀隠居申上、
親類共之内より養子願上可申旨被　仰出、

同人
養母
追て御沙汰迄、江刺専右衛門へ随身罷在可申旨被　仰出、

鈴木恰預御徒
沼宮内与五平
親類共へ
与五平親隠居九一儀、沼宮内乙弥へ妻子召連随身罷在候旨、相聞
得不宜候間、与五平へ引取出入御差留被成旨被　仰出、

八ノ
廿二日　晴

筑後
典膳
主膳

一九駄弐人扶持　　長沢甚作
親和七存生之内、願之通跡式無相違被　仰出、於竹之間同席列座
主膳申渡之、
一　　柏田民右衛門
差扣御免被成旨被　仰出、御目付へ申渡之、

八ノ
廿三日　雨　　筑後
勘解由
典膳
主膳

一　福岡御給人 高田官兵衛
同　貞助
官兵衛儀老衰仕、御奉公可相勤躰無之付、隠居仕悴貞助家督被
仰付被下度旨申上、願之通無相違被　仰付、御代官へ以書状申遣
之、
一　　長沢甚作
当御年貢穀御調御帳御物書、当分御用中被　仰付、御目付を以申
渡之、
一　　藤田　務
此度支配所三戸へ、御歩附為御用近々出立仕候処、久々持病之腰
痛差発馬乗難相成候間、道中青駄御免被成下度旨申上、願之通御
目付を以申渡之、

八ノ
廿四日　晴　　筑後
勘解由
主膳

一江戸へ七日振飛脚、四戸甚之丞・渡部丹治組弐人今朝差立、御用
儀共申遣之、
一　　三戸此面
家来宮永俊司儀親壮継目伺之上申付候、依之継目御礼之儀願出候、
御序之節申上候様被成度旨、御口上書以被仰上、御願之通来ル廿
八日可被為　請旨被　仰出、附札ニて御目付を以御附人へ申渡之、
一　　川岸物留御番人 哥書勘助
諸御代官此節御歩附御用有之、不人数ニ付、当分御代官詰所へ罷
出御用承候様被　仰出、
右之通御沙汰ニ付申渡候段、御目付浅石清三郎申出之、
一　　八戸淡路
腰脚痺痛仕、其上持病之積気差発候付、鴬宿へ入湯二廻御暇被下
度旨申上、願之通被　仰出、御奉書を以申遣之、

八ノ
廿五日　晴　　弥六郎
筑後
勘解由
典膳
主膳

一弐百七石壱斗余　　鴨沢　舎
内五拾石現米

親其馬存生之内、願之通跡式無相違被　仰出、於竹之間同席列座
主膳申渡之、

一　　　　　　　　　　　　七戸御給人　中村長作
　　　　　　　　　　　　同　福士源左衛門

長作儀男子無之娘有之付、親類源左衛門四男清八郎聟養子仕度旨
申上、双方願之通被　仰付、御代官へ書状を以申遣之、

一継肩衣　　　　　　　　　　笠間喜内

北浦見廻役被　仰付、於竹之間同席列座主膳申渡之、
　但身帯役と相心得御代官へ引続可申候、尤九月より二月迄勤番
　可申候、御目付を以申渡之、

一　　　　　　　　　　　　中川原小兵衛

野沢御番所御番人被　仰付、御目付を以申渡之、

上田通　厨川通　向中野見前通　日詰長岡通
沼宮内通　七戸通　田名部通
右は文化七年歩之通
雫石通　沢内通　花輪通　毛馬内通
右は文化七年歩へ壱分増
飯岡通　徳田伝法寺通　八幡寺林通　二子万丁目通
大迫通　大槌通　宮古通　野田通
福岡通　三戸通　五戸通
右は文化七年歩より壱歩引
安俵高木通　鬼柳黒沢尻通
右は文化七年歩より弐歩引

　御新田覚

上田通　飯岡通　厨川通　向中野見前通
徳田通　雫石通　沼宮内通　宮古通
野田通　五戸通
右は去年之通
沢内通
右は文化七年歩へ壱分増
右之通御勘定奉行申出之、

八ノ
廿六日　晴　　　主膳

一於桜馬場当馬喰馬惣崩為　御見分、
屋形様　御曹司様五時被為　入、仲間不残相詰、四時御用番主膳
計登　城也、

一聖寿寺末時長松院住錬蔵主儀、当三十七歳罷成候処、去月十八日
夜与風罷出罷帰不申ニ付、心当之所々相尋候得共行衛相知不申、
出奔仕候旨聖寿寺訴出之、

一　　　　　　　　　　　　小泉五弥太

御錠口番被成御免、若御年寄方御物書被　仰付、
　但被下物は是迄之通被下置候事、
右書付御目付へ相渡之、

八ノ
廿七日　曇　　　弥六郎
　　　　　　　　筑後
　　　　　　　　典膳
　　　　　　　　主膳

一　石沢平九郎
　勝木藤蔵
平九郎儀居宅所持不仕候ニ付、加賀野南側、去年十二月焼失仕候勝木藤蔵本屋敷地、并土蔵共ニ此度相調申度、尤藤蔵よりも相払度旨申上、願之通御目付を以申渡之、

一　川岸物留御番人　哥書勘助
諸御代官不人数ニ付、御代官詰所へ罷出、御用承候様被　仰付置候処、此節御代官相揃候付、御免被成旨被　仰出、
右之通御沙汰ニ付申渡候段、御目付花坂理蔵申出之、

一檜山主膳事、御用ニ寄候儀は証文面ニも入可申、惣て不人数之内は御家老同様ニ申付候間、此段一統心得候様御沙汰ニ付、御役人へ演説申渡之、

被　仰渡
元福岡通平糠村当時無宿　福松へ
其方儀無調法之儀有之、文化七年九月沢内通へ御追放被　仰付候所、御追放場欠落本所へ立帰、夫より所流浪いたし怪敷躰ニ付、此度厨川通一本木村ニおゐて被捕押候段、無調法至極ニ付、田名部九艘泊へ御追放被　仰付候条、　御城下并他御代官所へ立入候ハ、曲事可被　仰付者也、
月日
右之通御片付、公事懸り御役人伺之上申渡之、

八ノ
廿八日　晴　弥六郎
筑後
典膳
主膳

一月次御礼、今四時過　御本丸於　御座之間、御家門衆御礼被　仰上、奏者御用人相勤、　御着座之節主膳御取合申上、引続同席御礼申上、夫より　御中丸総角之間へ　御出座、高知之面々・諸者頭迄御礼申上、畢て名目御礼有之、無程相済也、

一今日　御曹司様御表へ　御出座被遊也、

一天量院様御忌日ニ付、聖寿寺へ　御代香弥六郎相勤之、

一江戸へ今朝御献上之鮭壱昇、宰領四戸甚之丞組弐人附為御登被成之、

一南部左衛門尉様御儀、一条様御用金御拝借被成候事ニ付、右之趣御用人より相伺候付、十日振渡部丹治・蟇目恵守組弐人、江戸表去ル十八日差立今日着、添状来申上之、

一　花輪御境吟味役　町井左市助
悴亦七当十九歳罷成候間、常躰御用同役共出勤之砌差加、見習被　仰付被下度旨口上書願、御境奉行末書を以申上、願之通御目付を以御境奉行へ申渡之、

八ノ
廿九日　晴　弥六郎
筑後
勘解由
典膳
主膳

一　根井沢勇蔵

妾腹源之助文化九年五月出生仕、此節丈夫罷成候付御訴申上候、
妻ニ男子出生仕候ハヽ、源之助儀は二男ニ可仕候、此旨御聞置可被
下旨、以口上書申出之、

九月朔日 晴

弥六郎
筑後
御用番 勘解由
典膳
病気 淡路
主膳

一月次御礼、今四時　御本丸於　御座之間、御家門衆御礼被仰上、
奏者御用人相勤、　御着座之節勘解由御取合申上、引続同席御礼
申上、夫より　御中丸総角之間へ　御出座、高知之面々・諸者頭
迄御礼申上、畢て名目御礼有之、無程相済也、

一今日　御曹司様御表へ　御出座被遊也、

一　三戸御与力 釜渕七之助
　　同 七右衛門

七之助儀老衰仕歩行不自由罷成、御奉公可相勤躰無之付、悴七右
衛門家督被　仰付被下度旨申上、願之通無相違被　仰付、御代官
へ書状を以申遣之、

九ノ **二日** 晴

弥六郎
筑後
勘解由
典膳
主膳

九ノ **三日** 雨

弥六郎
筑後
勘解由
典膳
主膳

九ノ **四日** 曇

弥六郎
筑後
勘解由
典膳

一霊徳院様御忌日ニ付、聖寿寺へ　御代香主膳相勤之、

一　沼宮内乙弥
　　飯岡良助

乙弥儀一子無之、然処癇積相煩癲癇之症罷成、時々眩暈卒倒仕、
難治之症ニて一子出生之程難計、尤得快気御奉公可相勤躰無之に
付、親類良助二男清作養子仕度旨申上、双方願之通被　仰出、於
竹之間同席列座勘解由申渡之、

一　野辺伝八郎

就病気、浮田御番所御番人願之通御免被成、御目付を以申渡之、

一御馬役并御馬乗役馬喰馬御用登、年々九月朔日御定日ニ御据被成
旨被　仰付候間、以来其筋伺ニも不及、右之通申渡候様御沙汰有

之也、尤其旨御目付へも申渡之、
一江戸表去月廿八日立七日振飛脚、野辺地礼八・渡部丹治組弐人今夕着、御用儀共申来之、
一　　　　　　　　　　　　米倉三次郎
浮田御番所御番人被　仰付申渡候段、御目付江刺牧太申出之、

九ノ五日　晴
弥六郎
筑後
勘解由
典膳
主膳

一養源院様・義徳院様御忌日ニ付、聖寿寺・東禅寺へ御畧供ニて御直詣有之也、
一　　　　　　　　　　　　新田目忠平
知行所雫石通上野村ニて高拾石七斗余御座候、此度罷越見分仕度、往来三日之御暇被下度旨申上、願之通被　仰付、御目付を以申渡之、

九ノ六日　曇
筑後
勘解由
典膳
主膳

一実山栄公様五百年御忌御相当ニ付、今日於聖寿寺御茶湯御執行被成候付、前書御沙汰有之通、御寺へ弥六郎并御用人・寺社御奉行・御目付、服紗小袖上下着用相詰、尤　御代香御香奠百疋相備、弥六郎相勤之、
但御代香相勤候節は熨斗目長袴着用之事、尤已来共御茶湯御執行之砌、御寺詰御家老・御役人共ニ服紗小袖着用候様御沙汰ニ付、右之通也、
一　　　　　　　　　　　　藤田　務
支配所三戸へ為内代出立被　仰付候、然処久々持病之腰痛差発、養生乍仕相勤罷有候処今以全治不仕、馬乗難相成候間、道中青駄御免被成下度旨申上、願之通以御目付申渡之、
一　　　　　　　　　　　　三戸駒五郎
御家来久慈良左衛門悴直弥儀当十五歳罷成候、依之初て之　御目見申上度旨願出候旨、以御口上書被仰上、御願之通来ル十五日可被為　請旨被　仰出、附札ニて御目付を以御附人へ申渡之、
一　　　　　　　　　　　　田名部御給人
和歌山準司
同　唯之助
準司儀久々血痳之症相煩、時々眩暈卒倒仕癲癇之症罷成、難治之症ニて全快御奉公可相勤躰無之ニ付、隠居仕兼て姉へ娶置候唯之助、家督被　仰付被下度旨申上、願之通無相違被　仰付、御代官へ以書状申遣之、

九ノ七日　晴
弥六郎
筑後
勘解由

一江戸へ今昼七日振飛脚、四戸甚之丞組弐人差立、北地御用申遣之、

典膳
主膳

一　御馬役村松刑部
当馬喰馬御用立備登被　仰付、於竹之間同席列座勘解由申渡之、

一　御馬乗役川井寛作
斉藤左登里
似鳥軍八
都筑丈助
当馬喰馬御用立帰登被　仰付、御目付へ申渡之、

一　御徒目付支配刀指千田理左衛門
同　久之助
理左衛門儀耳遠罷成、比日ニ至不眠ニ相成、難治之症ニて全快御奉公可相勤躰無之ニ付、忰久之助御番代被　仰付被下度旨申上、願之通無相違被　仰付、願書へ願之通と附札ニて御目付へ相渡之、
但前々右之通書出ニて御目付へ相渡来候処、刀指等ハ已来書出ニ不及、御目付へ願之通可申渡旨、申達候様御沙汰ニ付、右之趣御目付へ申渡、此度より願書へ願之通と附札ニて申渡、尤継目養子願等も右ニ准し候事、

一　五弥太事小泉　仲
右之通名相改度旨申上、願之通御目付を以申渡之、

一　中原仲右衛門
就病気、御山廻下役願之通御免被成、御目付を以申渡之、

九ノ
八日　晴
弥六郎
勘解由
典膳
主膳

一江戸へ御献上之菱喰一昇、宰領四戸甚之丞組弐人附今朝差立之、

一霊巌院様御忌日ニ付、東禅寺へ　御代香筑後相勤之、

一　高橋勝見
御山廻下役被　仰付、御目付を以申渡之、

一　植村佐山
五月中旬より痛風相煩養生罷有候処、今以聢と不仕、此節湯治仕候ハヽ、可然旨御医師申候ニ付、鴬宿へ入湯二廻御暇被下度旨申上、願之通御目付を以申渡之、

一江戸表去ル二日立七日振飛脚、渡部丹治・蟇目恵守組弐人今昼着、御用儀共申来之、

一榊原遠江守様去月十六日御老中方御連名之御奉書到来、大手御門番堀田相模守殿御代被蒙　仰候由、右ニ付御番所御交代、且若出火有之御人数被差出候節、往来之妨にも相成候付、於途中下馬・下座等被　仰付間敷由為御知申来、差下来遂披露之、

一南部左衛門尉様御病気御快方ニ付、去月十八日被成御出勤、御病中度々御見舞被　仰遣候御礼旁、為御知奉札を以被仰進来候付、差下来遂披露、

九ノ
九日　雨
弥六郎
勘解由
典膳

主膳

一為重陽之御祝儀、席ヘ御熨斗出、

一屋形様五半時過　御本丸於御座之間、御家門衆御礼被為　請、御用人奏者、　御着座之節勘解由御取合申上、夫より　御中丸総角之間ヘ　御出座、高知之面々・御用人・高知子共・御用人子共・高知嫡孫・御新丸御番頭・大目付・諸者頭・御新丸御番頭子共御礼申上、無程相済、

一大目付・寺社御町奉行・表御目付・御目付・御勘定奉行・御使番迄、席ヘ罷出御祝詞申上之、

一今日　御曹司様御表ヘ　御出座被遊也、

一当月廿日御馬并馬喰頭御立被成之、

一　村松刑部
川井寛作
都筑丈助

来月三日出立被　仰付、

一　似鳥軍八
斉藤左登理

来月五日出立被　仰付、

右之通被　仰付申渡候段、御目付奥寺市之丞申出之、

九ノ十日　晴

弥六郎
勘解由
典膳
主膳

一五拾石　武田彦七
内拾駄現米、五人扶持

親彦右衛門存生之内、願之通跡式無相違被　仰出、於竹之間同席列座勘解由申渡之、

一北監物口上書、左之通、

拙者嫡子久弥儀当十五罷成候、依之初て之　御目見、御序之節為申上度奉願候、以上、

九月　北　監物

右之通申出即日相伺候処、願之通来ル十五日可被為　請旨被　仰出、以奉書申遣之、

一淡路方鴬宿ヘ湯治御暇願之通被下置候処、今朝湯元ヘ出立之旨被相届、申上之、

九ノ十一日　曇

弥六郎
勘解由
典膳
主膳

一徳雲院様御忌日ニ付、聖寿寺ヘ　御代香主膳相勤之、

一日詰通御給人下河原理助弟治助儀当三十歳罷成候処、去月廿九日与風罷出罷帰不申候ニ付、心当之所々色々相尋候得共行衛相知不申、出奔之旨理助訴之、

九ノ十二日　晴

勘解由
典膳

主膳

一即性院様御消月ニ付、聖寿寺へ　屋形様五半時御本供ニて被遊
御仏詣、御寺へ弥六郎相詰、無程　御帰城被遊也、
但御役人上下、小役人継肩衣着用也、

九ノ
十三日　曇

弥六郎
勘解由
典膳
主膳

一　五戸御与力 吉田宇左衛門
同　良左衛門
宇左衛門儀老衰之上耳遠ニて、御奉公可相勤躰無之ニ付、忰良左
衛門家督被　仰付被下度旨申上、願之通無相違被　仰付、御代官
へ以書状申遣之、

九ノ
十四日　晴

弥六郎
勘解由
典膳

一　江刺家建蔵
病気全快可仕躰無之ニ付、安俵高木通御代官所下役、同所支配所
中　山木改下役、願之通御免被成、御目付を以申渡之、

一上下　田鍍治五右衛門
御鉄山取〆役御鉄山方兼帯、江戸勤番御用聞格被　仰付、
但被下物は只今迄御代官之通被下置候事、
右之通被　仰付、於竹之間同席列座勘解由申渡之、

一　北村清助
御鉄山方本役被　仰付、

一　八幡寺林通御代官 本宿良助
大槌通御代官 漆戸官右衛門
野田通御代官御用当分被　仰付置候処、御免被成旨被　仰出、

一　野田通御代官
野田通御代官三ケ年中三人へ被　仰付置候処、以来以前之通二人
ニて相勤可申旨被　仰出、右何も御目付を以申渡之、

一翌十五日申渡之　花巻御給人 長沼龍左衛門
同　小弥太
龍左衛門儀老衰仕、御奉公可相勤躰無之ニ付、隠居仕忰小弥太家
督被　仰付被下度旨申上、願之通無相違被　仰付、御城代へ以書
状申遣之、

一　御山方 日沢源右衛門
御山廻下役兼帯被　仰付、
但御山廻下役御用重ニ相勤可申候、
右之通被　仰付申渡候段、御目付三浦忠陸申出之、

一　徳田伝法寺通御代官 岩部繁若次郎
支配所扱御用ニ付、明日出立罷越候処、去月十一日より持病之積
気差発、押々相勤罷在候処、馬乗ニて罷越候ては途中再発も難計
ニ付、道中青駄御免被成下度旨申上、願之通被　仰付、

一　沼宮内通御代官 金田一善左衛門
支配所扱御用ニ付、明日出立罷越候処、去月中旬より痢病相煩、

願上支配所より罷帰押々相勤罷有候処、馬乗ニて罷越候ては途中
再発も難計ニ付、道中青駄御免被成下度旨申上、願之通被　仰付、
何も御目付を以申渡之、

九ノ
十五日　晴　　弥六郎
　　　　　　　勘解由
　　　　　　　典膳
　　　　　　　主膳

一月次御礼、今四時　御本丸於　御座之間、御家門衆御礼被仰上、
奏者御用人相勤、御着座之節勘解由御取合申上、引続同席御礼申
上、夫より　御中丸総角之間へ　御出座、高知之面々・諸者頭迄
御礼申上、畢て名目御礼有之、無程相済也、
一此節初て御礼監物嫡子北久弥鳥目差上御礼申上之、
　但鳥目百疋御徒頭持出也、
一今日　御曹司様御表へ　御出座被遊也、
一　　　　　　　　　　久慈左右
安俵高木通御代官所下役被　仰付申渡候段、御目付三浦忠陸申出
之、

九ノ
十六日　晴　　弥六郎
　　　　　　　勘解由
　　　　　　　典膳
　　　　　　　主膳

一江戸へ七日振飛脚、池田貢・四戸甚之丞組弐人今朝差立、御用儀
共申遣之、
一　　　　　　　　　　中野兵馬
門前へ今暁七時過、去年十月出生位之男子捨置候ニ付、家内へ取
入手当仕差置候旨訴出之、
一北監物口上書、左之通、
拙者嫡子久弥儀年頃ニも候間、前髪為執申度奉願候、此旨御序之
節宜被仰上被下度奉頼候、以上、
　九月十六日　　　　　北　監物
右之通申出願之通被　仰出、以奉書申遣之、
一　　　　　　　　　　左右事
　　　　　　　　　　　久慈多喜人
右之通差合名ニ付相改度旨申上、願之通御目付を以申渡之、

九ノ
十九日　曇　　弥六郎
　　　　　　　勘解由
　　　　　　　典膳
　　　　　　　主膳

一　　　　　　　　　　七戸御給人
　　　　　　　　　　　中原八郎右衛門
二男栄八儀当十八歳罷成候処、数年喘急之症相煩、其上生質虚弱
ニて末々御用相立可申躰無之、出家相望申候間、曽（曹）洞宗野辺地常光
寺弟子出家仕度旨、御代官末書を以申出、願之通以御目付申渡之、

九ノ
十八日　晴　　弥六郎
　　　　　　　筑後
　　　　　　　勘解由

主膳

一南宗院様・大源院様御忌日ニ付、両寺へ御代香主膳相勤之、

九ノ十九日　晴　（家老名欠）

九ノ廿日　晴
弥六郎
筑後
勘解由
主膳

九ノ廿一日　晴
弥六郎
筑後
勘解由
典膳
主膳

一火之御番被　仰付、　漆戸左仲
　但来月朔日より相勤可申旨湍書ニ申遣之、

一火之御番御免被成旨被　仰出、何も奉書を以申遣之、　桜庭対馬
　奥瀬内記

一追手御門番被　仰付、　大萱生外衛

一中之橋御門番被　仰付、

一日影御門番被　仰付、　楢山帯刀

一新山御門番被　仰付、　桜庭対馬

一新山橋詰御番所被　仰付、　南　彦六郎

一上田御番所被　仰付、　下田右門

一生姜丁御門番被　仰付、　奥瀬治部

一下小路御門番被　仰付、　向井寛司

一花屋丁御門番被　仰付、　岩間将監
　但何も来月朔日より相勤可申旨湍書ニ申遣之、
右何も奉書を以申遣之、

一四家御門番　北守助右衛門 石亀加治馬 三上多兵衛 白戸右内 代　毛馬内六郎
　辛　津門
　足沢彦惣
　中野兵衛

一仁王出口御門番　七戸志摩 毛馬内六郎 辛　津門 足沢彦惣 代　北守助右衛門

石亀加治馬
三上多兵衛
日戸右内
一加賀野御門番　御同心番
一夕顔瀬御門番　御同心番
一外火之番　池田猪之助
日戸勘十郎
山田乙治
一火事場見廻　大沢鉄之助
内堀民司
岩本守右衛門
切田嘉平太
柴内勇左衛門
乳井権兵衛
八木橋定見
冨沢忠右衛門
佐々木嘉藤治

右之通被　仰付、何も申渡候旨、御目付奥寺市之丞申出之、

一　簗田平学
坂牛内蔵丞

平学儀居宅所持不仕候ニ付、上田小路横丁北側、内蔵丞居屋敷相調住居仕度旨申上、尤内蔵丞よりも相払度旨申上、何も願之通以御目付申渡之、

九ノ
廿二日　晴　弥六郎
筑後
勘解由
典膳
主膳

一江戸表去ル十六日立七日振飛脚、蟇目恵守組弐人今朝着、御用儀共申来之、

一御献上之御鷹附立帰登御鷹匠、以来十月朔日定日ニ被　仰付旨御沙汰ニ付、其旨御目付へも申達之、

一　小田代蟆又
門前へ去ル十八日夜五半時、当月出生位之男子捨置候付、家内へ取入手当仕置候旨訴出之、

一高知家主・嫡子・嫡孫共、前髪執申度旨願上、願之通被　仰付、前髪執候ハヽ、以来右執候当日、三家は家主より家来を以今日為執候旨御届申上、前髪執候本人は御家老廻勤可申、外高知は小身之親類を以家主より右之段御届申上、本人は頓て御家老廻勤可申旨御沙汰ニ付、右之趣弥六郎方・筑後方へは申達、監物并大御番頭へは大目付より申達、御広間御番頭へは当番へ於席申達、外高知へは大目付より廻状を以申遣之、

一南部左衛門尉様ニて一条様より御借請金御返納方相滞候ニ付、御使者難波掃部御屋鋪へ罷出、御用人黒川司へ面会差出候口上書、左之通、

口上之覚

南部左衛門尉殿御儀、去ル巳年御願ニ付、一条殿用金弐百両御

拝借被成候処、返納滞之事件余之御不顧故ニ、無御拠今般　公辺ヘ被仰立候ニ相決候間、御本家之御因を以、右金子御返納有之候様御取扱は相成間敷哉、御頼旁一通御問合申候様、急ニ京師より被仰付越罷出候、尤返納御不顧之趣意は先方御存之儀ニ付、致文略候、以上、

八月十六日　　一条殿御内　難波掃部

一右ニ付相伺候上、御用人より掃部ヘ御挨拶差遣候御口上書、左之通、

南部左衛門尉儀、先年　一條様御用金拝借仕候処、相滞未タ御返金も不仕差置候儀ニ付、委曲被仰聞候趣早速国許ヘ申遣候処、国許より申遣候は、段々被仰聞候御懇志之儀忝次第奉存候、然処全躰左衛門尉之儀は本末之筋ニ無之、同家一通ニ御座候、曽て平常本末同様各別親しく致居候次第ニも無之候間、旁金談筋等之儀立入世話等致兼候、依て御勝手次第御取計被成候様奉存候、

九月十日

一右ニ付、掃部ヘ前書之通御挨拶相済候ニ付、一条様より之御口上書、

此方様より之御挨拶御口上書写共ニ弐通、黒川主馬ヘ為持市兵衛町御家老ヘ申向候旨共ニ、去ル十六日立飛脚御用状ニ江戸より申来申上之、委細は御用状案詞帳ニ有之、

一　　御用聞　工藤千五郎

悴幸七先達て出奔仕、二男千助嫡子願之通被　仰付候後、幸七立帰候付逼塞被　仰付、其後右逼塞御免被成候、然ル処嫡子千助先達て出奔ニ付、幸七嫡子仕度旨申上、願之通被　仰出、

九月九日

右之通於江戸表申渡候段、右御使ニ申来申上、御目付ヘも申渡之、

九ノ
廿三日　晴　弥六郎　筑後　勘解由　典膳　主膳

一　　三戸御給人　野辺地建見
　　　福岡御給人　下斗米右平治

建見儀男子無之娘有之付、挨拶柄も無之候得共、右平治二男軍七聟養子仕度旨申上、双方願之通被　仰付、御代官ヘ書状を以申遣之、

九ノ
廿四日　雨　弥六郎　筑後　勘解由　典膳

一　　沼宮内乙弥
　　　同　清作

乙弥儀痼積相煩頃日ニ至癲癇之症罷成、難治之症ニて全快御奉公可相勤躰無之ニ付、隠居仕悴清作家督被　仰付被下度旨申上、願之通無相違被　仰出、

一　　　　　　　　　　　　　　　一生組付御免御馬医
　　　　　　　　　　　　　　　　大嶋惣右衛門
　　　　　　　　　　　　　　　　同　惣平
惣右衛門儀老衰之上、腰痛強起居不自由罷成、御奉公可相勤躰無
之ニ付、隠居仕悴惣平家督并家業被　仰付被下度旨申上、願之通
無相違被　仰出、右何も於竹之間同席列座勘解由申渡之、
一　　　　　　　　　　　　　　　一条小十郎
川御普請方被　仰付、御目付を以申渡之、
一北監物口上書、左之通、
拙者嫡子久弥儀五節句・月次御礼為申上候様仕度、此段奉伺候、
以上、
　九月廿三日　　　　　　　　　北　監物
右之通申出伺之通被　仰出、家来呼上大目付を以申渡之、
一　　　　　　　　　　　　　　　三上清作
支配御小道具長之丞、去ル廿一日御新丸御末於御台所横死ニ付、
狂気とは乍申、御〆り内へ忍入於格別之御場所、不埒致方重畳至
極恐入差扣願出、不及其儀旨御目付へ申渡之、
一　　　　　　　　　　　　　　　大萱生伝作
右同断ニ付、恐入差扣願出、不及其儀旨御目付へ申渡之、
一　　　　　　　　　　　　　　　御料理方格
　　　　　　　　　　　　　　　　川村兵之丞
御台所下役被　仰付、
　但右御役尓来於　大奥被　仰付候、御用も有之事、
一　　　　　　　　　　　　　　　御料理方格
　　　　　　　　　　　　　　　　真壁伊右衛門
御台所下役当分被　仰付、
　但右御役尓来於　大奥被　仰付候、御用も可有之事、

右之通御膳番を以申渡候旨、御目付花坂理蔵申出之、
一　　　　　　　　　　　　　　　室岡平兵衛
被　仰付候御用向不呑込ニ付、御賄所帳付当分休息被　仰付、尤
御振合為見習、右休足(息)中御側御買方御用相勤候様被　仰付、
右之通御沙汰ニ付申渡候段、御目付同人申出之、

九ノ

廿五日　晴

　　　　　　弥六郎
　　　　　　筑後
　　　　　　勘解由
　　　　　　典膳
　　　　　　主膳

一　　　　　　　　　　　　　　　楢山帯刀
大御番頭被　仰付、於　御前被　仰渡、御役人へも申渡之、
一　　　　　　　　　　　　　　　奥瀬内記
大御番頭御免被成旨被　仰出、奉書を以申遣之、
一　　　　　　　　　　　　　　　福岡通御代官
　　　　　　　　　　　　　　　　田口善平
　　　　　　　　　　　　　　　　沼宮内通御代官
　　　　　　　　　　　　　　　　金田一善左衛門
善平儀男子無之娘有之付、挨拶柄も無之候得共、善左衛門弟八五
郎聟養子仕度旨申上、双方願之通被　仰出、於竹之間同席列座勘
解由申渡之、
一前書有之通、楢山帯刀大御番頭被　仰付、於　御前被　仰渡候段、
席へ罷出申聞候付申上之、
一　　　　　　　　　　　　　　　内堀大隅
日陰(影)御門番被　仰付、奉書を以申遣之、

九ノ
廿六日　晴
弥六郎
筑後
勘解由
主膳

一前書有之通、淡路方鶯宿へ湯治罷有乍候処、日数相済昨夜湯元より罷帰り候旨、被相届之、

一右之通名相改申度、尤江戸表権次郎と相改度旨申上、願之通被仰付、御目付を以申渡之、

刑部嫡子宮門事
村松式部

九ノ
廿七日　晴

弥六郎
筑後
勘解由
典膳
主膳

一諸木植立出精可仕旨、先達て諸御代官へ御沙汰被成置候処、自分物入を以植立差上申度旨、御取分ケ植立等之願、此節諸御代官より願上候中ニも、其方共支配所より右願数多申出、往々御益筋ニも至可申、畢竟平常申含方行届候儀と神妙ニ　思召候、依之　御言葉之御褒美被　仰出、於竹之間同席列座勘解由申渡之、

宮古通御代官
中原　武
及川勇右衛門

一宮古通御代官所
諸木植立願上候者共へ

諸木植立出精可仕旨、先達て御沙汰被成候処、自分物入を以植立差上申度旨、并御取分ケ植立等追々願出候段心得宜、兼々御沙汰被成置候御趣意ニも至、往々御益筋ニ相成可申奇特之事ニ候、猶出精植立候様可申渡旨、御目付を以御代官へ申渡之、

九ノ
廿八日　晴

弥六郎
筑後
勘解由
典膳
主膳

一天量院様御忌日ニ付、聖寿寺へ御略供ニて　御直詣有之也、

一　　　　　　　　　　　　　楢山帯刀
御役成御礼、願之通来月朔日可被為　請旨被　仰出、奉書を以申遣之、

一被　仰出、左之通、
給所ニて駒出生致二歳御振之節、被下候御代金は地頭致所務者儘有之様相聞得候、何れ前々申定之通致候て宜候、乍然駒出生より二歳迄百姓共飼立置候て、右振払御代金不残地頭致所務候ては、百姓共致迷惑候事故、右二歳迄飼立候入料分ハ、百姓共へ少々宛も手当可致候、尤百姓共馬代金銭差出候ハヽ、右之内百姓共へ之手当金銭は地頭より爰元ニて御代官迄差出、御代官より百姓共へは為相渡可申候、右之趣此度百姓共へも御沙汰被成候、此旨可被得其意候、以上、

九月

右之通被　仰出、諸士・諸医相触候段御目付申出之、

九ノ
廿九日　晴
弥六郎
勘解由
典膳
主膳

一　八幡通御与力
大沢喜代太
同　豊之進

喜代太儀血痳之症相煩積痛差加、眩暈之症ニ相成折々卒倒仕、難治
之症ニて全快御奉公可相勤躰無之付、隠居仕悴豊之進家督被　仰
付被下度旨申上、願之通無相違被　仰付、御代官へ以書状申遣之、
一今日　屋形様御誕生日ニ付、同席共恐悦申上之、尤為御祝儀於御
側御囃有之、仲間拝見被　仰付、直々於御側御吸物・御酒頂戴之、
但御用人は於御側恐悦申上之、

九ノ
晦日　晴
弥六郎
勘解由
典膳
主膳

見前通高田村
弥四郎へ
被　仰渡

其方儀宝暦年中持田地売払候ニ付、買戻申度之趣此度願書を以申
出、被遂御吟味候処数十年以前之取組を申立、其上不始末之儀を
以、彼是取拵難渋申懸候段無調法ニ付、所払被　仰付候条、御
城下并見前向中野通御代官所へ立入候ハヽ、曲事可被　仰付者也、

月日

見前通高田村肝入
仁左衛門

其方儀同村弥四郎持田地、近江屋治郎兵衛へ宝暦年中売渡候一件、
内済之儀懸合候得共事済ニ至り兼、御裁許之儀願上、双方被遂御
吟味候処、弥四郎無始末之申出へ同意仕不埒ニ付、慎被　仰付、

九月

同村老名
多蔵
同　徳右衛門
同　万之丞
同　善七
同　卯之助
同　治郎七
同　近之丞
同　助右衛門

其方共儀同村弥四郎持田地、近江屋治郎兵衛へ宝暦年中売渡候一
件、内済之儀懸合候得共事済ニ至り兼、御裁許之儀願上、双方被
遂御吟味候処、弥四郎無始末之申出へ同意仕不埒ニ候条、向後万
端相慎右躰之儀へ立入申間敷候、

月日

高田村弥四郎親類同村
善七
近之丞

其方共儀親類弥四郎持田地、近江屋治郎兵衛へ宝暦年中売渡候一
件、内済之儀懸合候得共事済ニ至兼、御裁許之儀願上、双方被遂
御吟味候処、弥四郎不始末之申出へ加談仕不埒に付、慎被　仰付、

月日　弥六郎

右之通御片付、公事懸御役人共大奥へ伺之上申渡之、

十月朔日　晴　筑後
勘解由
御用番 典膳
病気 淡路
主膳

一月次御礼、今四時　御本丸於　御座之間、御家門衆御礼被仰上、奏者御用人相勤、　御着座之節典膳御取合申上、引続同席御礼申上、夫より　御中丸総角之間へ　御出座、高知之面々・諸者頭迄御礼申上、畢て名目御礼被為　請、無程相済也、

一今日　御曹司様御表へ　御出座被遊也、

一　御鷹匠組頭 佐々木勇助
御鷹匠 小林清右衛門
御犬飼 弐人

当御献上御鷹附立帰登被　仰付、御目付を以申渡之、

一　七戸御給人 気田茂左衛門
同　猿蔵

茂左衛門儀老衰之上耳遠罷成、御奉公可相勤躰無之ニ付、忰猿蔵家督被　仰付被下度旨申上、願之通無相違被　仰付、御代官へ以書状申遣之、

一　町屋鉄之助親類七戸御給人 町屋勝司

親類七戸御給人町屋鉄之助嫡子猿松義、初て之　御目見申上候節不束之儀有之、恐入差扣願上候処、不及其儀旨御目付へ申渡之、

十ノ二日　晴　弥六郎
勘解由
典膳
主膳

一江戸へ今昼七日振飛脚、池田貢組弐人差立、御用儀共申遣之、

十ノ三日　晴　弥六郎
勘解由
典膳
主膳

一高知名改願上、願之通被　仰付候節以来、月番之御家老へ計廻勤候様可申付旨御沙汰ニ付、其旨高知へ大目付を以申渡之、

一　勘解由嫡孫継弥事 東　中務

一　左仲事 漆戸舎人

一　右兵衛事 山本兵衛

一　舎人嫡子冨弥事 漆戸左仲

右之通名相改度旨銘々口上書を以申上、何も願之通被　仰出、願之通と附札ニて以大目付申渡之、

但右名改願之通被　仰付候節、前々高知へは奉書を以申遣候処、以来願之通と附札ニて大目付を以申渡候様、此度御沙汰ニ付、以来共ニ右之通取扱候旨大目付へ申渡之、

十ノ
四日　曇

弥六郎
勘解由
典膳
主膳

一霊徳院様御忌日ニ付、聖寿寺ヘ　御代香弥六郎相勤之、

一　奥瀬治部
知行所五戸通御代官所之内、奥瀬村ニて高六斗九升七合御用地ニ
御取上被成、右替地は追て可被下置旨被　仰出、家来呼上大目付
を以申渡之、

一　伝左衛門事 黒沢采女
寛司事 向井英馬
兵庫嫡子晴之進事 桜庭肥後
近江嫡子良之助事 毛馬内蔵人
将監嫡子勇之助事 岩間丹下
兵衛嫡子勇司事 山本司
右之通名相改度旨、銘々口上書を以申上、何も願之通被　仰出、
願之通と附札ニて大目付を以申渡之、

十ノ
五日　晴

弥六郎
勘解由
典膳
主膳

一養源院様・義徳院様御忌日ニ付、聖寿寺・東禅寺ヘ御畧供ニて
御直詣有之也、

一　監物事 北九兵衛
九兵衛嫡子久弥事 北監物
右之通名相改度旨申上、願之通被　仰付、附札ニて大目付を以申
渡之、

一　又重軍左衛門
支配所ヘ御用有之、明六日出立仕候処久々瘧疾相煩、此節快気相
勤罷在候得共病後聢と調兼、殊ニ脚気之症差加馬乗ニて罷越候ては
途中再発も難計ニ付、道中青駄御免被成下度旨申上、願之通被
仰付、以御目付申渡之、

十ノ
六日　晴

弥六郎
筑後
勘解由
典膳
主膳

一　古沢重作
同 専之丞
重作儀老衰之上起居不自由罷成、御奉公可相勤躰無之ニ付、隠居
仕悴専之丞家督被　仰付被下度旨申上、願之通無相違被　仰出、
於竹之間同席列座典膳申渡之、

一御家門衆御口上書、左之通、

左京
右之通拙者名改仕度候、此段相伺申候、可然様頼入存候、以上、

十月六日
東　勘解由殿
毛馬内典膳殿
八戸淡路殿
櫛山主膳殿
三戸此面

右之通名改為仕度、此段相伺申候、可然様頼入存候、以上、
十月六日
三戸雅楽助
豊次郎事
左近

東　勘解由殿
毛馬内典膳殿
八戸淡路殿
櫛山主膳殿

右之通御銘々御口上書を以被仰上、御伺之通附札ニて以御目付御附人へ申渡之、但右御伺之通被　仰出、御請御側へ御登　城被仰上、御表へ之御礼勤は御用番之御家老宅へ御附人を以被仰上之、

一
山田乙治
嫡子元治儀当十五歳罷成年来ニも候間、前髪為執度旨申上、願之通被　仰付、御目付を以申渡之、

一
涼雲院様
以来無輪鶴御勝手次第御用ひ被成候様、御沙汰御座候、
十月
於年殿

一
以来無輪鶴御勝手次第御用ひ被成候様、御沙汰御座候、
十月

右之通被　仰出、右書付弐通御側御用人黒川司へ相渡、御屋敷へ罷出申上候様申渡、御役人へも申渡之、

一
慈眼院殿
天量院様御子も当時其方壱人ニ付、無輪鶴相免、以来家門之通取扱申付候、
右之通於　御前被　仰付候、
右之段　上々様方御家門衆へ申上、高知之面々・御役人并諸御代官へ申渡、諸士・諸医・町々へも相触候様、大目付・寺社御町奉行・御目付へ申渡之、

一
漆戸舎人
慈眼院殿御事、　天量院様御子も当時御壱人ニ付、無輪鶴御免シ被成、以来御家門之通御取扱被成候付、右之段為心得申達候様御沙汰ニ候、
右之趣舎人呼上申達候様、大目付へ申渡之、

一
三戸雅楽助
三戸此面
三戸駒五郎
其方共存入有之、以来南部称号相免シ候間、相名乗可申事、
右之通於　御前被　仰渡之、
十月六日
但右は於　御座之間、被　仰渡候節御含被為　有、此節計無刀ニて罷出、御取合ニ主膳相詰居、御三人之御名申上差出候処ニて、是へと　御意有之節御敷居際迄御進ミ被成、右被　仰渡相済御本座被成候処ニて、主膳へ御向ひ御請被仰上也、尤駒五郎

殿御幼年ニ付、御名代御沙汰ニ付、豊次郎殿御勤被成之、此節
奏者無之、

一　八戸弥六郎
　　中野筑後
　　北　九兵衛
　　南　彦六郎
　　東　勘解由

近年家格も相直り高増迄昇進之上、其方共往古より家柄ニも有之、
旁此度南部称号相免候間、以来相名乗可申事、
右之通於　御前被　仰渡之、
十月六日
但右は於　御座之間被　仰渡候節、御次ニ主膳相詰居、右五人
名前申上差出候処ニて、是へと　御意有之候節、御敷居際より
半間程隔相進之、右被　仰渡相済候処ニて仕去り、主膳へ向ひ
御請申上之、此節奏者は無之、尤勘解由儀御役座ニて彦六郎上
座ニ候得共、家ニ拘り候御沙汰向故、此度計彦六郎次座ニ差出
候様御沙汰ニ付、右之通也、
右之段　上々様方・御家門衆へ申上、高知之面々・御役人并諸御
代官へ申渡、諸士・諸医・町々へも相触候様、大目付・寺社御町
奉行・御目付へ申渡之、

一　南部雅楽助
　　南部此面
　　南部駒五郎

其方共存入有之候ニ付、以来無輪鶴紋形相用可申事、
十月六日
但右は常　御逢之間ニて被　仰渡、御次ニ主膳詰居、御三人之
御名申上差出被　仰渡相済、御次へ御引取之処ニて主膳へ御請
被　仰上、尤駒五郎殿御幼年ニ付、御名代豊次郎殿御沙汰ニ付
御勤被成之、

一　南部筑後
　　南部勘解由
　　毛馬内典膳
　　八戸淡路

其方共以来存入有之候ニ付、旁往古之通無輪鶴紋形衣服相用可申
事、
右之通於　御前被　仰渡之、
十月六日
但右は平日　御逢之通ニて罷出被　仰渡之、御次ニ主膳詰居、
右四人名前申上差出被　仰渡相済、御次へ引取候処ニて主膳へ
御請申上也、尤淡路病気ニ付、名代弥六郎御沙汰ニ付、相勤候
得共典膳次座へ弥六郎差出也、

一　南部九兵衛
　　南部彦六郎
　　楢山帯刀
　　毛馬内近江

其方共以来存入有之ニ付、旁往古之通無輪鶴紋形衣服相用可申事、
右之通於　御前被　仰渡之、
十月六日

但右は於　御座之間被　仰渡、其節主膳御次ニ相詰居、右名前
申上指出候処ニて、是へと　御意有之候節、御敷居際より半間
程隔相進ミ、右被　仰渡相済候処ニて仕去り、主膳へ向ひ御請
申上之、尤此節奏者無之、
右何も御役人共へも申渡之、

一

御家門衆

御嫡子・御嫡孫共ニ已来御名乗可被成事、
一御二、三男へは御扣、只今迄之御苗字御用可被成事、
一御称号之御沙汰有之ニ付、御礼御願可被成、尤太刀折紙長袴ニて
御礼可被成事、
十月六日

一

御家門衆

御嫡子・御嫡孫共ニ以来御用ひ、其外之御方は御扣可被成事、
一無輪ニは候得共、　御上御紋ニ同様相混シ見得不申様可被成、鶴
御紋形は御三人御同様之事、
但只今迄御用ひ被成候井桁之内鶴御紋は、御二、三男御手廻方
計御用ひ被成、御家主は以来御用ひ被成間敷候、
十月六日
右之趣御称号御沙汰後御居残之儀御達申置、御表御休息之間へ主
膳罷越御達申上之、

一

南部弥六郎
南部筑後
南部九兵衛
南部勘解由
南部彦六郎

嫡子・嫡孫共ニ以来相名乗可申事、
一二、三男へは相扣、只今迄之苗字相用可申事、
一御称号之儀御沙汰有之候ニ付て、右御礼願上可申、尤太刀折紙長
袴にて御礼可申上事、
十月六日
右之趣弥六郎・筑後・勘解由へは詰合にて相達、九兵衛・彦六郎
へは御沙汰後居残之儀申達置、於席申達之、

一

南部筑後
南部九兵衛
南部勘解由
毛馬内典膳
八戸淡路
南部彦六郎
楢山帯刀
毛馬内近江

嫡子・嫡孫共相用可申、外手廻は相扣可申事、
一対服ニ相用候儀は相扣可申、拝領之御紋服と取交相用候儀不苦事、
一無輪ニは候得共、　御上御紋ニ同様ニて相混見得不申様可致、且
右御免之面々も鶴紋形ハ銘々同様ニ無之、フアイホ其外気を付、
相分り候様申合書上伺可申事、
十月六日
右之趣筑後・勘解由・典膳・淡路へは詰合ニて相達、九兵衛・彦
六郎・帯刀・近江へは御沙汰後居残之儀申達置、於席申渡之、

十ノ七日　晴

弥六郎
勘解由
典膳
主膳

一　高橋定之助
　同　五助

定之助儀老衰之上歩行不自由罷成、御奉公可相勤躰無之ニ付、隠居仕悴五助家督被　仰付被下度旨申上、願之通無相違被　仰出、於竹之間同席列座典膳申渡之、

一江戸表去ル二日立七日振飛脚、四戸甚之丞組弐人今昼着、御用儀共申来之、

一南部左衛門尉様ニて兼て為御知被仰進候上、御引取被置候御縁女様、先月廿八日英之助様へ御婚姻御整被成候旨、為御知奉札を以申来候ニ付、江戸より申来之遂披露之、

一松平右京大夫様御二男環様御事、御嫡子御願之通去月廿七日被仰蒙候旨、以御使者被仰進候段、御用人沢田左司馬申出候段、江戸表去ル二日立飛脚御用状ニ右何も申来申上候、委細は御用状案詞帳ニ有之、

十ノ八日　晴

弥六郎
勘解由
典膳
主膳

一霊巌院様御忌日ニ付、東禅寺へ　御代香主膳相勤之、

一前書有之通、御家門衆へ此度御称号御免被成下候ニ付、御肴被指上候儀相伺候処、伺之通来ル十四日　屋形様・御曹司様へ一折宛、御側へ差上候様被　仰出、御銘々御附人主膳宅へ相招申渡申上之、

一前書有之通、南部弥六郎・南部筑後・南部九兵衛・南部勘解由・南部彦六郎へ御称号御免被成下候ニ付、銘々御肴差上候儀相伺候処、伺之通来ル十四日差上候様被　仰出、弥六郎・筑後・勘解由へは詰合ニ付主膳申達、九兵衛・彦六郎へは勘解由より申達之、

十ノ九日　晴

弥六郎
典膳
主膳

一　宮古通下役御山出下役兼　松原佐久太
　宮古通下役　藤井文平
　同下役加　盛合宮之助

諸木植立出精可仕旨、先達て諸御代官へ御沙汰被成置候処、自分物入を以植立差上申度旨、并御取分ケ等之願、此節諸御代官より願上候中ニも、宮古通より数通差上、往々御益筋ニも至り可申、右扱向其方共出精仕候旨御代官申上、心得宜　思召候、依之　御言葉之御褒美被　仰出、御代官へ以書状申遣之、

一　南部弥六郎

此度　御称号御免被成下候御礼、願之通来ル十四日可被為　請旨被　仰出、詰合ニ付申達之、

一右同断、何も奉書を以申遣之、

南部九兵衛
南部筑後
南部勘解由

一環事白石弾正
右之通名相改度旨申上、願之通被　仰付、附札ニて以御目付申渡之、
但是迄御用人は奉書ニて被　仰付候処、前書高知ニ准シ、以来願之通と附札ニて申渡候様御沙汰ニ付、以御目付申渡之、

一被　仰出、左之通、
弐歩判之儀、御年貢并諸向上納金は勿論、諸問屋払諸家為替納、且遠国為替等之儀も弐歩判取交可申候、尤皆弐歩判ニても勝手次第ニ候間、弥世上通用差滞申間敷候、
右之通可被相触候、
九月
右之通此度従　公義被　仰出候、

一藤ケ森本宮尾崎大明神神主　原田飛弾
右尾崎大明神社頭大破ニ付、修覆為助力勧化御免、寺社御町奉行・御目付・御勘定奉行連印之勧化状持参、今月より来月中旬迄相廻り可申候間、信仰之輩は物之多少ニよらす寄進可致旨被　仰出、
十月九日
右之通被　仰出、諸士・諸医相触候旨、御目付申出之、

一今暁八時山岸丁小兵衛と申者より出火ニ付、弥六郎・勘解由・典膳・主膳登　城、類焼も無之、無間火鎮り退出也、

弥六郎
筑後
典膳
主膳

十ノ
十日　晴

一拾五石　三戸御給人　米田友八
親長右衛門存生之内、願之通跡式無相違被　仰付、御代官へ以書状申遣之、

一御家門方御口上書、左之通、
拙者儀此度　御称号致拝領候ニ付、右御礼御序之節申上度奉願候、此段可然様頼入存候、以上、
十月九日　南部雅楽助
南部勘解由殿
毛馬内典膳殿
八戸淡路殿
楢山主膳殿

拙者儀今度　御称号致拝領候ニ付、右御礼御序之節申上度奉願候、此段可然様頼入存候、以上、
十月九日　南部左京
南部勘解由殿
毛馬内典膳殿
八戸淡路殿
楢山主膳殿

右何も御願之通、来ル十四日可被為　請旨被仰出、御口上書ヘ右之通附札ニて御目付を以御附人ヘ申渡之、

一　　　　　　　　　　　　　　　　　　　　南部彦六郎

此度　御称号御免被成下候御礼、願之通来ル十四日可被為　請旨被　仰出、以奉書申遣之、

一　　　　　　　　　　　　　　　　　　　　桂寿院殿

其方先左京嫡女之儀ニも候間、輪無鶴相用可申事、以来共ニ嫡女家母等ニ相成身分用ひ宜事ニ候、

右之通於　御前被　仰渡、御役人ヘも申渡之、

一弥六郎方兼て御紋服頂戴ニ付、親弥六郎拝領之御紋服着用仕度旨、被申聞候付相伺候処、着用可仕旨御沙汰ニ付、右之趣申達之御役人共ヘも申知之、

一　　　　　　　　　　　　　　　　　　　　工藤弓之助

嫡子元弥儀当十五歳罷成年来ニも罷成候間、前髪為執申度旨申上、願之通以御目付申渡之、

十ノ十一日　晴　　　　弥六郎
　　　　　　　　　　　典膳
　　　　　　　　　　　主膳

一江戸ヘ御献上之鶴一昇、宰領池田貢組弐人附今朝差立之、

一徳雲院様御消月ニ付、聖寿寺ヘ　屋形様五半時御本供ニて被遊御仏詣、御寺ヘ筑後相詰、無程　御帰城被遊也、

但御役人上下、小役人継肩衣着用也、

一今夜五時過光台寺出火ニ付、弥六郎・筑後・典膳・主膳登　城、尤火消御役南部九兵衛・漆戸舎人、増火消桜庭対馬并御役人火事場ヘ相越防留、類焼も無之火鎮り退出也、

一退出後無間早鐘撞候ニ付、又候弥六郎・典膳・主膳登　城候処、右光台寺飛火ニも可有之哉、報恩寺より燃上り候迄ニて早速防留、無間退出也、

十ノ十二日　晴　　　　弥六郎
　　　　　　　　　　　筑後
　　　　　　　　　　　勘解由
　　　　　　　　　　　典膳
　　　　　　　　　　　主膳

一即性院様御忌日ニ付、聖寿寺ヘ　御代香弥六郎相勤之、

一　　　　　　　　　　　　　　　　　　　　奥寺林之助
　　　　　　　　　　　　　　　　　　　　川村佐市
　　　　　　　　　　　　　　　　　　　　長沢甚作
　　　　　　　　　　　　　　　　　　　　金平嫡子　兼平喜代治
　　　　　　　　　　　　　　　　　　　　覚右衛門嫡子　大矢覚蔵
　　　　　　　　　　　　　　　　　　　　三戸御給人　元木又一

暮御証文認方御用御物書当分被　仰付、御目付を以申渡之、

一　　　　　　　　　　　　　　　　　　　　同　幾弥

又一儀老衰仕歩行不自由罷成、御奉公可相勤躰無之ニ付、隠居仕忰幾弥家督被　仰付被下度旨申上、願之通無相違被　仰付、御代官ヘ以書状申遣之、

一　　　　　　　　　　　　　　　　　　　　若御年寄当分加御中臈　植村佐山

五月中旬より痛風之症相煩、頃日ニ至手足不叶罷成、当御役相勤
可申躰無之候間、御免被成下度旨願上候、然ル処御役御免不被成、
相勤候様御沙汰可被成候処、病躰之儀は被遊　御承知候事故、
思召も被成御座候ニ付、御役は願之通被成御免候得共、致快気候
ハ、是迄之通大奥向へも罷出候様被　仰出、御目付を以申渡之、

一　上田通御代官支配御与力　中居武右衛門

其方儀御代官申達候御用向、不束之儀申募候段不心得ニ付、差扣
被　仰付申渡候段、御目付江刺牧太申出之、
　但三日同十四日御免之旨申渡候由、同人申出之、

十ノ十三日　雨

弥六郎
筑後
勘解由
典膳
主膳

一　広井事　中原至（よし）

右之通名拝領仕候旨申出候由、御目付奥寺市之丞申出之、

一　中原至

表使休息被　仰付、御目付を以申渡之、

一　勝見事　高橋茂内

右之通親名ニ付相改度旨申上、願之通被　仰付、御目付を以申渡
之、

一　駒五郎殿御家来良左衛門悴　久慈直弥

右は当十五歳罷成、年令ニも御座候付、前髪為執度旨願出候間、
伺之上被仰付度旨、駒五郎殿被仰付候段、御附人口上書を以申出、
御伺之通附札ニて御目付を以申渡之、

一　種市九八

退身之兄金平此度行状不宜ニ付、取押為慎差置候様御沙汰ニ付、
為慎差置申候、依之恐入差扣願上候処、不及其儀旨御目付へ申渡
之、

一　慈眼院殿

前書有之通、以来御家門之通御取扱被　仰出候ニ付、明十四日御
側へ御肴被差上候様、右御役人へ申渡申上之、
　但右之趣御側御目付へも為相心得置之、

十ノ十四日　雨

弥六郎
筑後
勘解由
典膳
主膳

一今日不時名目御礼被為　請、四時　御本丸於　御座之間、御称号
被成下候御礼、南部雅楽助殿・南部左京殿・南部駒五郎殿、長袴
御着用太刀折紙を以被仰上、奏者御用人長袴着用相勤、典膳上下着用
御取合申上、夫より御中丸総角之間へ　御出座、右同断御礼南部
弥六郎・南部筑後・南部九兵衛・南部勘解由・南部彦六郎、長袴
着用太刀折紙を以申上、引続名目御礼被為　請、無程相済也、
　但駒五郎殿御幼年ニ付、御名代雅楽助殿御嫡子南部左近殿を以
被仰上之、

一今日　御曹司様御表ヘ　御出座被遊也、
一御肴一折　南部雅楽助
一御肴一折　南部左京
一御肴一折　南部駒五郎
右は此度御称号御免被成下候ニ付、　屋形様・　御曹司様ヘ一折ツ、御銘々御目録被相添、御側ヘ被差上候処　御満悦之旨被　仰出、御銘々御附人ヘ御側御目付申渡申上之、
一御肴一折　慈眼院
前書有之通、御家門之通御取扱被　仰出候ニ付、　屋形様・　御曹司様ヘ一折ツ、御目録被相添、御側ヘ被差上候処　御満悦之旨被　仰出、御附人ヘ御側御目付申渡申上之、
一慈眼院殿以来三日共ニ御側ヘ御祝詞被　仰上候様、御目付を以御附人ヘ申渡候様口達之、
一御肴一折　南部弥六郎
一御肴一折　南部筑後
一御肴一折　南部九兵衛
一御肴一折　南部勘解由
一御肴一折　南部彦六郎
右同断ニ付、　屋形様ヘ計銘々目録相添差上、遂披露候処　御満悦之旨被　仰出、以奉書申遣之、
一　御中臈　上斗米　文
御曹司様御用も有之候間、若御年寄当分加被　仰付、
　但御祈願向只今迄之通相勤可申事、
右之通於大奥典膳申達之、
一　若御年寄
表使別段　思召有之付、当分無之申付、右御役心を付相勤可申事、
右は大奥ヘ典膳相廻候節、若御年寄壱人呼出、右之通申達之、
一　御錠口番　田中勝治
凉雲院様御附役村角運兵衛添役被　仰付、
　但添役之方重ニ相勤候様被　仰付、
一　田鍍泰次郎
御錠口番被成御免、若御年寄方御物書被　仰付、
　但被下物は是迄之通被下置候事、
右書付何も御目付を以若御年寄ヘ相渡之、
一　文事　上斗米戸崎
右之通名相改度旨申上、願之通被　仰付、御目付を以申渡之、
　上田通手代森村梶七内百性
　長助ヘ
　被　仰渡
其方儀去ル十一日於本御蔵、見前通見前村御年貢米上納之節不心得之儀有之ニ付、急度無調法可被　仰付候得共、御憐愍を以重キ過料銭被　仰付者也、
　月日
右之通御片付、公事懸り伺之通申渡之、
十ノ十五日　晴
　筑後
　勘解由
　典膳
　主膳

一月次御礼、今五時過　御本丸於　御座之間、御家門衆御礼被仰上、奏者御用人相勤、　御着座之節典膳御取合申上、引続同席御礼申上、夫より　御中丸総角之間へ　御出座、高知之面々・諸者頭迄御礼申上、無程相済也、

一今日　御曹司様御表へ　御出座被遊也、

十ノ 十六日　晴、昼過初雪

筑後
勘解由
典膳
主膳

一江戸へ七日振飛脚、池田貢組弐人今朝差立、御用儀共申遣之、

一江戸へ御献上之薯蕷拾駄、宰領池田貢組三人附今朝差立之、

一　植村佐山
　　吉岡　酒

佐山儀痛風相煩、其上手足不叶罷成、得快気御奉公可相勤躰無之、尤筋目之者も無之付、　御目先を以後々相続之者へ家督、佐山隠居被　仰付被下度旨申上、願之通吉岡酒家督無相違被　仰出、於大奥典膳申渡之、

但佐山病気ニ付、植村近江罷出酒相揃申渡也、

一　植村　酒

御中蔦被　仰付、前書申渡相済候処ニて直々呼出、於大奥同人申渡之、

一　一方井治左衛門
　　久慈福松

治左衛門儀一子無之ニ付、遠親類福松伯父冨弥養子仕度旨、先達て願之通被　仰付候処、不縁ニ付相返度旨申上、双方願之通被仰付、御目付を以申渡之、

一　南部弥六郎

血穢御免被成旨被　仰出、以奉書申遣之、

一　勝治事　田中孝之進

凉雲院様より右之通名被下候旨、御目付三浦忠陸申出之、

一　凉雲院様御附役添役　田中孝之進

御錠口番御免被成旨被　仰出、

右書付御目付へ相渡、於大奥申渡之、

一上下　凉雲院様御附役　村角運兵衛

御使番格被　仰付、

一上下　凉雲院様御附役添役　田中孝之進

江戸交代勤番御用聞格被　仰付、何も於竹之間典膳申渡之、

十ノ 十七日　雪

弥六郎
筑後
勘解由
典膳
主膳

一初雪ニ付、　御曹司様へも仲間御機嫌相伺、御役人御使者迄詰合計席へ罷出相伺之、

但常服也、尤　上々様方へ相伺候儀は、寛政七年十月十九日之趣を以不申上之、

一　　　　　　　　　　中里俊蔵
　　　　　　　　　　　同　重太郎
俊蔵儀老衰仕、御奉公可相勤躰無之ニ付、隠居仕悴重太郎家督被
仰付被下度旨申上、願之通無相違被　仰出、於竹之間同席列座典
膳申渡之、
一初雪ニ付、　屋形様・　御曹司様へ御家門衆より御銘々御附人を
以、御機嫌被相伺候様此度御沙汰に付、御目付を以御附人へ申渡
申上、今日御伺被成、於菊之間御廊下同席列座典膳謁之、
　但是迄御表へ之御機嫌御伺無之候所、此度より以来、右之通御
　伺被成候様御沙汰也、
一右ニ付、慈眼院殿よりも以来御側へ御役人を以、御機嫌被相伺候
様御沙汰ニ付、以御目付右御役人へ申渡申上之、
一病気等ニて御礼罷出兼候節は、右之趣前日大目付へ届候事、
一病気快気候て出勤之儀は別段不及届候、尤病気之儀は其度毎相届
候事、
　但臨時登　城之儀有之候節、病気候は勿論届候事、
一御番頭并火之御番等は其度毎、病気出勤共ニ其向へ相届候事、
右之通御沙汰ニ付、高知之面々へ大目付より廻状を以申渡之、

十ノ
十八日　晴　　　　　弥六郎
　　　　　　　　　　筑後
　　　　　　　　　　典膳
　　　　　　　　　　主膳
一　　　　　　　　　　　　　　　　祇陀寺
其方儀御時節奉勘弁、兼て御下銭被　仰付置候六百貫文直々差上、
外ニ五拾両差上申度旨申上、御用弁に至り寄特之事ニ付、弐人扶
持被下置、寺格御引上円光寺次座被　仰付、寺社御奉行を以申渡
之、
　但於竹之間申渡之、

十ノ
十九日　晴　　　　　弥六郎
　　　　　　　　　　筑後
　　　　　　　　　　典膳
　　　　　　　　　　主膳
一南宗院様・大源院様御忌日ニ付、聖寿寺へ　御代香主膳相勤之、
一　　　　　　　　　　　　　　　御鷹匠組頭
　　　　　　　　　　　　　　　　佐々木勇助
　　　　　　　　　　　　　　　　御鷹匠
　　　　　　　　　　　　　　　　小林清右衛門
　　　　　　　　　　　　　　　　御犬飼
　　　　　　　　　　　　　　　　弐人
来月朔日御献上御鷹御立被成候付、出立被　仰付、御目付を以申
渡之、
一　　　　　　　　　　　　　　　　光台寺
此度拙寺焼失之節、御本堂へ安置仕置候御位牌・御守御本尊并本
尊共ニ守出仕度、兼て拙寺持病罷有候上風邪相加、別て息迫強く
歩行難相成候得共、御大切之御事故、病気押て駆参候処、根太よ
り火相廻候躰ニて御内陣へ火煙散乱仕候得共、押て罷越候得は御
本堂一面ニ火燃出、如何様ニも相進一足も入候様無之、御位牌・
御守御本尊共ニ焼失仕候、依之仮御位牌拵安置仕拝礼罷有候、早
速御訴可申上義ニ候得共、御大切之御位牌等焼失仕、誠以恐入如

何可仕哉と狼狽罷有、兼て末寺旦家出入之者共ヘ近火等之砌は、無断御本堂ヘ駆入御位牌・御仏象守出候様申含置候故、若哉守出候者も有之候哉、尤焼跡等ニ焼紛候御品も有之哉と是迄吟味罷有候内、御訴延引相成重畳恐入慎罷有候旨申上、弥慎罷有候様寺社御奉行ヘ申渡之、

十ノ　廿日　晴

弥六郎
筑後
典膳
主膳

一今夜九時仁王小路馬場右門居宅出火に付、弥六郎・筑後・典膳・主膳登　城、尤火事場ヘ弥六郎始火消御役南部九兵衛・漆戸舎人并御役人相越防留、類焼も無之火鎮り退出也、

十ノ　廿一日　晴

弥六郎
筑後
典膳
主膳

一御席詰之者、以来家柄ニて申付候格式之役儀ニ付、誓詞は已来不申付事、
右之通御沙汰ニ付、弥六郎・筑後詰合に付申達、御役人ヘも演説申渡之、

一　馬場右門
居宅仁王小路西側住居罷有候処、昨夜九時出火焼失仕、恐入差扣罷有候旨申出、不及其儀旨御目付ヘ申渡之、

一江戸表去ル十六日立七日振飛脚、四戸甚之丞組弐人今暮六時過着、御用儀共申来之、

一八戸淡路願、
私儀享和三年七月御側詰被　仰付、同四年二月御家老見習御側頭兼帯被　仰付、文化三年十一月加判御役被　仰付、同十二年八月北地御用懸り被　仰付、難有仕合奉存候、然処五月下旬より腰脚痺痛仕、持病之積気指加、御医師嶋立甫・伊沢養順・肥田玉英・肥田玉翁得療治養生仕候処、今以同篇罷有候内、頃日ニ至上衝強耳鳴屈伸静座不自由罷成、猶又三浦道栄得薬用養生仕候得共、近月快気可仕躰無之旨御医師申候、依之恐多申上様奉存候得共、当御役御免被成下度奉願候、御繁用之御時節数月引込罷有候儀、別て奉恐入候間、御憐愍を以願之通御免被成下候ハヽ、難有仕合奉存候、此旨御序之節宣被仰上被下度奉頼候、以上、

文政元年十月廿一日　八戸淡路印

南部勘解由殿
毛馬内典膳殿
楢山主膳殿

一同人口上書願、
私儀本紙申上候通、当五月下旬より腰脚痺痛仕、其上持病之積気差加、数日遂養生候得共、早俄敷快気可仕躰ニも無御座候ニ付、鴬宿ヘ入湯御暇願上候処、願之通被　仰付、入湯仕難有仕合奉存候、然処今以同篇候内入湯中より少々痛も相増、歩行不自由ニて近月快気出勤可仕病躰無御座候、不束之私部屋住中より被　召仕、

家督後無間重キ御役儀被　仰付、段々御叮嚀被成下候処、御役御訴訟等申上候処、恐至極奉存候得共、近月快気可仕躰ニも無御座、永々引込罷有候儀、対御役儀候ても別て奉恐入候間、以御憐愍願之通御免被成下候ハヽ、重畳難有仕合奉存候、是等之趣何分可然様被仰上被下度奉頼候、以上、

十月廿一日　八戸淡路

右願書并口上書共ニ弐通、御目付毛馬内命助・花坂理蔵を以差出遂披露之、

十ノ廿二日　小雨

弥六郎
筑後
勘解由
典膳
主膳

一　八戸淡路

五月下旬より腰脚痺痛之上、頃日ニ至上衝強屈伸静座致兼、近月快気可致躰無之候ニ付、加判御役御免被成下度旨申上候得共、御役は御免不被成候、依て月番并外順番相勤候御用等は、御用捨被成候間取詰遂養生、少ニも快方ニ趣候ハヽ、押ても致出勤候様被仰出、今朝　上使典膳罷越、尤淡路方病気ニ付、名代嫡子彼面罷出、右之通申達之、願書口上書以御目付相返之、

　但典膳常服ニて罷越也、

一右之通申達相済登　城、淡路方御請申上候段申上之、

一右　上使今朝四時前罷越候儀、当朝御目付ヘ申聞案内為申遣之、
尤御目付へは昨日為心得申含置之、

一　淡路名代嫡子　八戸彼面

今朝以　上使　御意被成下、難有旨為御請罷出、於御杉戸脇同席列座典膳相謁之、

一　野辺地御給人　立花武治

久々疝積相煩、難治之症ニて此末一子出生之程難計ニ付、縁者七戸御給人川村権左衛門娘留当十四歳罷成御座候間、此者養女仕度旨申上、願之通以御目付申渡之、

一　藤井孫右衛門

寄添罷有候弟幸助、此度行状不宜に付、為慎差置候様御沙汰ニ付、為慎差置申候、依之恐入差扣願上候処、不及其儀旨御目付ヘ申渡之、

一江戸ヘ今夕七日振飛脚、赤沢半司組弐人差立、御銅山御用被仰越之、

十ノ廿三日　晴

弥六郎
筑後
勘解由
典膳
主膳

一　翌廿四日申渡之　報恩寺

浄法寺村福蔵寺儀、老衰之上多病ニて寺務可仕躰無之ニ付、隠居仕後住之儀は法縁福岡龍岩寺大超長老寺務相応之僧ニ付、後住被仰付被下度旨申上、願之通被　仰付、寺社御奉行ヘ申渡之、

一　　桜庭対馬娘
　　　蝶
右は当月十二日出生之旨相届之、
一常隠院様百回御忌、来ル廿八日御相当ニ付、於遠野大慈寺一日御
法事仕候旨、弥六郎方口上書を以申上之、
　但明和五年五十回御忌之節、御代香無之、御香奠も不被下置也、
一　　大田代茂右衛門
其方儀不行届之儀有之差扣被　仰付、御目付へ申渡之、
一　　八角宗叔
其方儀家業取失候致方之儀有之、不心得至極ニ付差扣被　仰付、
御目付へ申渡之、
一右ニ付、茂右衛門・宗叔親類共恐入差扣願上候処、何も不及其儀
旨御目付へ申渡之、
一　　光台寺
慎御免被成旨被　仰出、寺社御奉行へ申渡之、

十ノ廿四日　晴
　　弥六郎
　　筑後
　　典膳
　　主膳

一　　駒嶺七郎右衛門
　　　同　覚兵衛
七郎右衛門儀久々癇積相煩、頃日ニ至中風之症差加、時々眩暈卒
倒仕、難治之症ニて全快御奉公可相勤躰無之ニ付、隠居仕悴覚兵
衛家督被　仰付被下度旨申上、願之通無相違被　仰出、於竹之間
同席列座典膳申渡之、
一　　三戸御与力
　　　石ケ守千助
　　　同所御給人
　　　江刺家宇右衛門
千助儀男子無之娘有之付、親類同所御給人宇右衛門三男宇八聟養
子仕度旨申上、双方願之通被　仰付、
一　　毛馬内御与力
　　　豊口小右衛門
毛馬内通御代官所之内、小坂村草木村ニて新田野竿高拾壱石弐斗
弐升頂戴仕、去丑年より来卯年迄三ケ年中披立仕度旨、去年願之
通被　仰付候、然処右野竿高不残弟専助へ分地仕、開発為仕度、
尤右野竿高を以専助身帯ニ被成下、所御与力ニ被　召出被下度、
依之為冥加金五拾両専助より為差上度旨申上、願之通被　仰付候
間、明年中出清披立清御検地願出候様被　仰付、
一　　沼宮内通沼宮内町検断、同村肝煎兼
　　　伝助
数十年所検断・肝煎兼帯実躰相勤、其上村方救方ニ相成候儀等心
付申上、在町一統帰服仕候旨御代官申上、寄特之儀ニ付、勤中苗
字帯刀御免被成之、
右何も御代官へ以書状申遣之、

十ノ廿五日　晴
　　弥六郎
　　筑後
　　勘解由
　　典膳
　　主膳

一　　大田代茂右衛門

一　差扣御免被成旨被　仰出、御目付へ申渡之、
南部弥六郎娘
良
右は当月十五日出生之旨被相届之、
一上下　久慈弥左衛門
表御目付添役被　仰付、於席申渡之、
一　相坂権兵衛
表御目付添役被　仰付、此節箱館詰合ニ付、以書状申達御目付へ
も申渡之、
一継肩衣　中里判左衛門
北浦奉行被　仰付、
一　田鍍治五右衛門
五戸通御代官被　仰付、何も於竹之間同席列座典膳申渡之、
十ノ
廿六日　雨
弥六郎
筑後
勘解由
典膳
主膳
一　泉山藤右衛門
同　銀治
藤右衛門儀老衰仕、御奉公可相勤躰無之ニ付、隠居仕悴銀治家督
被　仰付被下度旨申上、願之通無相違被　仰出、於竹之間同席列
座典膳申渡之、
一　田口民治
御鉄山方被　仰付、御目付を以申渡之、
十ノ
廿七日　晴
弥六郎
筑後
勘解由
典膳
主膳
一今朝典膳於宅誓詞堅目有之、御役人相詰也、
一　工藤源助
南部慈眼院殿御附人被　仰付、竹之間におゐて同席列座典膳申渡
之、
一　鈴木金兵衛
南部慈眼院殿御役人御免被成旨被　仰出、御目付を以申渡之、
但是迄御苗字無し相認候処、以来御苗字附相唱候様御沙汰ニ付、
右之通なり、
十ノ
廿八日　雨
弥六郎
筑後
勘解由
典膳
主膳
一天量院様御忌日ニ付、御畧供ニて聖寿寺へ　御直詣有之、
一御献上之御鷹　御見分ニ付、　御仏詣御帰直々御鷹部屋へ被為
入、此節仲間月番之外相揃罷越御役人も相詰、　御帰城後何も登

城也、

十ノ廿九日　雨

弥六郎
筑後
勘解由
典膳
主膳

一 民右衛門儀老衰之上、腰痛強起居不自由罷成、御奉公可相勤躰無之に付、隠居仕悴隼太家督被　仰付被下度旨申上、願之通無相違被　仰出、於竹之間同席列座典膳申渡之、

小田代民右衛門
同 隼太

一 兵助儀老衰之上耳遠罷成、御奉公可相勤躰無之ニ付、隠居仕悴勘之助家督被　仰付被下度旨申上、願之通無相違被　仰付、

七戸御給人
千葉兵助
同 勘之助

一 左藤太儀類中之症相煩、此末一子出生之程難計ニ付、同姓之親類同所御給人泉山勝右衛門三男儀弥養子仕度旨申上、双方願之通被　仰付、

三戸御給人
泉山左藤太
同
泉山勝右衛門

一 右何も御代官へ以書状申遣之、

一 御使番休息被　仰付、

毛馬内名張

一 奥詰被　仰付、何も御目付を以申渡之、

同人

一 差扣御免被成旨被　仰出、御目付へ申渡之、

八角宗叔

一 此度苗字帯刀御免被成下候ニ付、右之通為相名乗度旨御代官申上、伺之通御目付を以申渡之、

沼宮内通沼宮内町検断、同村肝入兼帯
西川伝助

十一月朔日　晴

弥六郎
筑後
勘解由
典膳
病気 淡路
御月番 主膳

一 月次御礼、今四時　御本丸於　御座之間、御家門衆御礼被仰上、奏者御用人相勤、　御着座之節主膳御取合申上、引続同席御礼申上、夫より　御中丸総角之間へ　御出座、高知之面々・諸者頭迄御礼申上、畢て名目御礼被為　請、無程相済也、

但今日之御礼短日ニ付、一統被為　請旨被　仰出、主膳菊之間へ罷出申達、其節高知より御新丸御番頭迄ハ菊之間へ、諸者頭は柳之間へ並居也、

一 今日　御曹司様御表へ　御出座被遊也、

一

花巻御給人
永井主兵衛
同 金作

主兵衛儀久々疝積相煩健忘之症指加、難治之症ニて全快御奉公可
相勤躰無之ニ付、隠居仕悴金作家督被　仰付被下度旨申上、願之
通無相違被　仰付、御城代へ以書状申遣之、

一　　田名部御与力格　新谷元左衛門

就病気、北地御用達願之通御免被成、御目付へ申渡之、

一　　沖　五郎四郎

嫡子孫四郎当十五歳罷成年令ニ付、前髪為執度旨申上、願之通被
仰付、御目付を以申渡之、

一　　下田市郎平

御銅山方被　仰付、
　但座順之儀は上座被　仰付、
右之通御目付を以申渡之、

十一ノ二日　小雪　　筑後　勘解由　典膳　主膳

一江戸へ今朝七日振飛脚、赤沢半司組弐人差立、御用儀共申遣之、

一　　杉村甚左衛門

嫡子安之進当十五歳罷成年来ニも御座候間、前髪為執度旨申上、
願之通御目付を以申渡之、

一　　聖寿寺　法泉寺

東禅寺住万休病死仕候ニ付、後住被　仰付候内、東禅寺末山臨斉
寺看主被　仰付被下度旨、口上書を以申出、願之通寺社御奉行を
以申渡之、

一　　戸来金十郎

組御同心沼口釆之丞と申者、中ノ口御用使相勤罷有候処、昨夜於
御使向不心得之儀有之、情誠私申含方行届不申、重畳恐入差扣願
出候処、不及其儀旨御目付へ申渡之、

十一ノ三日　晴　　筑後　勘解由　典膳　主膳

一　　五戸御給人　小平此右衛門　三戸御給人　千葉貞右衛門

此右衛門儀男子無之娘有之ニ付、親類三戸御給人貞右衛門三男忠
司聟養子仕度旨申上、双方願之通被　仰付、御代官へ以書状申遣
之、

一　　順左衛門事　川口弥兵衛　民治事　田口勘六

右之通名相改度旨申上、願之通御目付を以申渡之、

一此度祇陀寺へ弐人扶持被下置候証文并御蔵元証文共、今日寺社御
奉行を以相渡之、

十一ノ四日　晴　　筑後　勘解由

主膳

一霊徳院様御忌日ニ付、聖寺ヘ　御代香典膳相勤之、

中野藤左衛門

一当八月下旬葛西民人より盗物とも存付不申、軽々敷古鉄物相調候付、御不審奉恐入差扣願上候処、不及其儀旨被　仰出、御目付を以申渡之、

一条喜代見

一痰痛相煩、早俄々敷快気可仕躰無之長病ニ付、快気之内嫡子栄作御用向被　仰付被下度旨申上、願之通被　仰付、御目付を以申渡之、

北川角之進

一中之間被　仰付、

才右衛門嫡子
工藤左弥太

一右書付御目付を以申達、於大奥申渡之、

漆戸　林

一御勘定方被　仰付、御目付を以申渡之、

一於御側御仕方有之付、御勘定奉行休息被　仰付、御勘定奉行格ニ被　仰付、御目付を以申渡之、

花巻御給人
菊池此右衛門
同
菊池左門

一此右衛門儀男子無之弟要助有之候得共、生質虚弱之上、癲癇之症にて末々御用可相立躰無之、娘有之ニ付、同所御給人同苗左門二男万蔵聟養子仕度旨申上、双方願之通被　仰付、御城代ヘ書状を以申遣之、

一御用役之御役名御止被成、以来中之間と相唱候様、於大奥御沙汰之旨、御目付江刺牧太申出之、

一種市九八退身兄金平儀、行状不宜ニ付、九八ヘ御預為慎置候様、去月十二日被　仰付候処、同廿九日朝より相見得不申、其節御内々御届申置、心当之所々相尋候得共行衛相知不申、出奔仕候、依之向々如何様之儀も難計候旨九八訴之、

一右ニ付、九八并親類山屋勘右衛門、御境目通まて相尋申度候間、往来十日御暇被下度旨申上、願之通御目付を以申渡之、

野辺地御代官
沢田左市

一支配所ヘ為内代明後六日出立仕候、然処久々瘧湿相煩、此節快気相勤罷有候得共、病後今以聴と調兼、殊脚気之症差加馬乗ニて罷越候ては再発も難計、道中青駄御免被成下度旨申上、願之通被　仰付、御目付を以申渡之、

十一ノ
五日　晴

筑後
勘解由
典膳
主膳

一養源院様・義徳院様御忌日ニ付、両寺ヘ　御代香筑後相勤之、

十一ノ
六日　曇

筑後
勘解由
典膳
主膳

一五駄三人扶持　江刺家辰之進
養父建蔵及末期男子無之娘有之ニ付、親類米内孫四郎二男辰之進当四歳罷成候、此者聟名跡被　仰付被下度旨申上、存生之内、願之通其方跡式無相違被　仰出、於竹之間同席列座主膳申渡之、

一　石川助之進
当十四歳罷成年令ニも御座候間、前髪執申度旨申上、願之通以(衍)御目付を以申渡之、

一　簡　豊之丞
右同断、

一　布施庄蔵
嫡子左次郎右同断、

一　川井奥右衛門
一子無之ニ付、妹直当二十歳罷成御座候、此者養女仕度旨申上、願之通御目付を以申渡之、

織笠要右衛門へ　被　仰渡
其方儀勤向心得違之儀有之ニ付、御吟味之上急度被　仰付様も有之候得共、御憐愍を以無御紀下役御取上、指扣被　仰付者也、
月日
右之通被　仰出、中ノ橋河岸於御会所、御町奉行・御目付立合申渡候段、江刺牧太・毛馬内命助申出之、

一右ニ付、親類共恐入差扣願上候処、不及其儀旨御目付へ申渡之、

十一ノ七日　曇　筑後
勘解由
典膳
主膳

一　於年殿御用達　一方井治左衛門
万所御物書　中嶋喜八郎
治左衛門儀男子無之娘有之付、挨拶柄も無之候得共、喜八郎弟脇弥聟養子仕度旨申上、双方願之通被　仰出、於竹之間同席列座主膳申渡之、

一　栗谷川伊右衛門
御勘定奉行被　仰付候旨、於　御前被　仰渡之、御役人へも申渡之、

一　栗谷川伊右衛門
其方儀両御金所御仕法直シ被　仰付候以来、別て骨折実躰ニ相勤御満悦　思召候、依て御勘定奉行被　仰付候旨被　仰出、於席申渡之、

一　工藤才右衛門
其方儀御宝蔵番被　仰付置候処、出精骨折相勤　御満悦　思召候、依之御金奉行被　仰付候旨被　仰出、於竹之間同席列座主膳申渡之、
但御金奉行は以来以御目付申渡候様、文化十三年御沙汰有之候得共、此度ハ御趣意も有之付、於竹之間申渡也、

十一ノ八日　晴　筑後

勘解由
典膳
主膳
一霊巌院様御忌日ニ付、東禅寺へ　御代香典膳相勤之、
新渡戸図書
一花巻御給人新渡戸三弥弟勇治召仕候旨、先達て御届申上候処、此度相返候旨親丹波在江戸ニ付、図書より相届之、尤三弥よりも訴之、
織笠要右衛門
一差扣御免被成旨被　仰出申渡候旨、御目付江刺牧太申出之、
御供頭御膳番兼帯
長沼武次郎
一御納戸被　仰付置候処御免被成、外勤筋は是迄之通相心得候様被　仰出、御目付を以申渡之、
野々村三十郎
一嫡子直馬儀当十五歳罷成年来ニも御座候間、前髪為執度旨申上、願之通御目付を以申渡之、
御供頭
田鎖市内
一御勘定奉行格御納戸御免被成旨被　仰出、
但兼て被　仰付置候通、夜分等御側御目付詰合不申節は、右御用も承候様被　仰付、
御供頭
古沢忠助
一御納戸兼帯、御小納戸御用も当分承候様被　仰付置候処、御免被成旨被　仰出、
但兼て被　仰付置候通、夜分等御側御目付詰合不申節は、右御用も承候様被　仰付、
右何も御目付を以申渡之、
一江戸表去ル二日立七日振飛脚、四戸甚之丞組弐人今夕着、御用儀共申来之、
一従　公義文化四年金七千両十ケ年賦、同十年金壱万両十ケ年賦御拝借ニ付、当寅年分御上納此度相済候ニ付、御引替御直判御証文御金奉行和田源助相渡候ニ付、御老中方御裏印も御座候事故、別紙之通御留守居加嶋七五郎名前ニて、御用番青山下野守殿へ去月廿七日七五郎持参公用人へ差出候処、請取承知之旨申聞候由、右写壱通差下来、左之通、
文化四卯年拝借被　仰付候金七千両、今度皆納ニ付、是迄年々御金上納之節、御渡被置候御書付返納可仕候間、最初差出置候大膳大夫直判証文御引替被下度奉存候、以上、
十月廿六日
御名内
加嶋七五郎
右之通下来申上之、
一例年之通宗門御届書相認、去月十九日大御目付水野主殿頭宅へ御取次関根八郎兵衛持参相出候処、主殿頭登　城之由ニて御用人長井潤蔵へ相渡候処、請取承知之旨加嶋七五郎申出候由申来申上之、
十一ノ
九日　晴
筑後
勘解由
典膳
主膳
一鰤　一鉢宛
南部筑後

右は知行所之産物差上遂披露、　御満悦之旨被　仰出、尤　御曹
司様へも差上右同断被　仰出、翌日奉書を以申遣之、
　但右鰤御目付相出候間、御側御用人を以差上之、

一鰤　一鉢　　　桜庭兵庫

右は知行所之産物差上遂披露、　御満悦之旨被　仰出、翌日奉書
を以申遣之、
　但鰤大目付を以相出候間、御側御用人を以差上之、

一　　　足沢彦蔵

御蔵吟味役当分被　仰付置候処、本役被　仰付、於席申渡之、

一南部雅楽助殿御口上書、左之通、

家来一条一忰元治、初て之　御目見申上度旨願出候間、御序之節
申上候様致度候、此段宜頼入存候、以上、

　　十一月八日　　　南部雅楽助

　　南部勘解由殿
　　毛馬内典膳殿
　　八戸淡路殿
　　楢山主膳殿

右之通被申上、御願之通来ル十五日可被為　請旨被　仰出、御目
付を以御附人へ申渡之、

一　　　立花源吾

嫡子弓人当十五歳罷成年来ニ付、前髪為執度旨申上、願之通被
仰付、御目付を以申渡之、

一寺社御奉行伺書、左之通、

一　　　桂清水観音別当
　　　　桂寿院

右之者此度病死、忰理乗坊後住願上候、依て五十日相過候処ニて
後住申渡候節、呼出之儀法輪院へ申遣、寺格も無之候間、寺社奉
行月番於宅可申渡哉、此段奉伺候、

　　十一月

右之通伺出候間相伺候処、日数後ニ可申渡旨、寺社御奉行へ申達、
末期願書外諸書付共相下ケ置候様御沙汰ニ付、宮手弥市へ相渡之、

一　　　江刺家辰之進

継目御礼幼少ニ付、親類赤沢庄作を以申上度旨申上、願之通来ル
十五日可被為　請旨被　仰出、御目付を以申渡之、

一　　　下田市郎平

去月十七日江戸表出立罷下候節、道中於千住召使之者紛出物仕、
右之段早速御訴可仕処無其儀罷有候処、此度　公義御番所より右
品御渡被成下、重畳恐入差扣願出候処、不及其儀旨被　仰出申渡
候段、御目付足沢彦蔵申出之、

十一ノ十日　晴　　筑後
　　　　　　　　　勘解由
　　　　　　　　　典膳
　　　　　　　　　主膳

一　　　中野藤左衛門

其方儀兼て行状不宜ニ付、可被遂御吟味候得共、御憐愍を以無御
糺差扣被　仰付申渡候段、御目付江刺牧太申出之、

一　　　帷子多次郎

三男多之助儀行跡不宜ニ付、他出御差留為慎置候様御沙汰ニ付、

恐入差扣奉願上、

相坂官吾

一弟官治儀行跡不宜ニ付、急度為慎置候様被　仰出、恐入差扣奉願上、

一　高杉新左衛門

弟六郎儀行跡不宜ニ付、私并親類とも江御預慎被　仰付、恐入差扣願上、何も不及其儀旨被　仰出申渡候段、御目付申出之、

一　（後右衛門事）北田此右衛門

右之通名相改度旨申上、願之通御目付を以申渡之、

一　村瀬周作

伯父釜八儀行跡不宜、引取為慎置候様御沙汰ニ付、私迄恐入指扣願上候処、不及其儀旨被　仰出、

一　上田嘉兵衛
上田勇平
上田権六
船越助五郎
本堂安右衛門
池田猪之助

親類上田早太弟忠太儀行跡不宜ニ付、親類江御預他出御指留被成旨被　仰出、奉恐入指扣願上候処、不及其儀旨被　仰出、右何も申渡候旨御目付野々村円蔵申出之、

十一ノ
十一日　晴

筑後
勘解由
典膳
主膳

一徳雲院様御忌日ニ付、聖寿寺江　御代香筑後相勤之、

一　（御供頭）鈴木恰

預御徒山口弁右衛門儀中風之症相煩、時々眩暈卒倒仕、難治之症ニて全快御奉公可相勤躰無之付、忰金治御番代被　仰付被下度、尤右金治御徒御奉公可相勤器量之者ニ候段、其方申上、願之通無相違被　仰付、於竹之間同席列座主膳申渡之、

一御勘定所勤之者は御勘定方と唱、勤中組付御免被成旨被　仰出、
但外役所勤之者は、支配勘定と相心得可申旨被　仰出、
右之通御沙汰ニ付、其筋申達候旨御目付野々村円蔵申出之、

十一ノ
十二日　晴

筑後
勘解由
典膳
主膳

一即性院様御忌日ニ付、聖寿寺江　御代香典膳相勤之、

一拾四石五斗七升四合　（三戸御与力）一ノ渡亀之助

親惣八及末期忰亀之助十三歳罷成、御目見不申上候得共、跡式被　仰付被下度旨申上、存生之内、願之通無相違被　仰付、御代官江書状を以申遣之、

十一ノ
十三日　晴

筑後
勘解由

典膳
主膳

一御献上之鮭扱御賦御用共、弐百四拾枚御荷物四駄、宰領神子田永馬組弐人今朝立為御登被成之、

一　江釣子十左衛門
御勘定方　同　新左衛門

十左衛門儀老衰仕、御奉公可相勤躰無之付、隠居仕悴新左衛門家督被　仰付被下度旨申上、願之通無相違被　仰出、於竹之間同席列座主膳申渡之、

一　飯岡通幅村　辰蔵へ
被　仰渡

其方儀先達て無調法之儀有之、揚屋入被　仰付置候処、此度仙北丁之者共、其方身之上如何様之儀有之候共、御上は勿論羽々村共ニ、難渋懸上不申引請候段申上、頂戴仕度旨願出候ニ付、御慈悲を以願之通被下置候条、一丁内之者共不寄何儀申付方違背仕間敷、都て向後万端相慎可申者也、

月日

右之通公事懸り伺之上申渡之、

十一ノ
十四日　晴

筑後
勘解由
主膳

一　長嶺幸左衛門
徳田伝法寺通下役　同　九郎八

幸左衛門儀老衰之上起居不自由罷成、御奉公可相勤躰無之付、隠居仕悴九郎八家督被　仰付被下度旨申上、願之通無相違被　仰出、於竹之間同席列座主膳申渡之、

一江戸へ御小納戸御長持壱棹、宰領神子田永馬組弐人附今朝差立之、

一　一条佐兵衛

生質虚弱之上癇積相煩、難治之症ニて此末一子出生之程難計ニ付、妹養女ニ仕度旨申上、願之通被　仰付、御目付を以申渡之、

一　種市九八

退身之兄金平儀無調法之儀有之、御預慎被　仰付置候処、去月廿九日出奔ニ付御訴申上、御境目通迄相尋申度、九八并親類山屋勘右衛門往来十日御暇願之通被下、去ル四日出立仕相尋候得共、弥行衛相知不申、昨夜罷帰候旨訴之、

一　種市九八

退身之兄金平儀去月十二日無調法之儀有之、親類并私へ御預慎被　仰付置候処、去月廿九日出奔仕候ニ付御訴申上、御境目通迄相尋申度、親類之内山屋勘右衛門并私御暇願之通被下置、相尋候得共弥行衛相知不申候、依之恐入差扣申上、願之通差扣被　仰付、御目付へ申渡之、

一右同断ニ付、親類共恐入差扣願上、不及其儀旨御目付へ申渡之、

一　野辺地御給人　成田善左衛門

居宅去ル十日金沢町忠助火元ニて類焼仕候処、兼て病気罷有手廻共介抱ニ取懸り罷有候内、大火ニ罷成内へ入候様無之、小高帳取出兼焼失仕、恐入差扣申上、願之通差扣被　仰付、御目付へ申渡之、

十一ノ十五日　晴

筑後
勘解由
典膳
主膳

一月次御礼、今五時過　御本丸於　御座之間、御家門衆御礼被仰上、奏者御用人相勤、　御着座之節主膳御取合申上、引続同席御礼申上、夫より　御中丸総角之間ヘ　御出座、高知之面々・諸者頭迄御礼申上、畢て名目御礼被為　請、無程相済也、

一今日　御曹司様御表ヘ　御出座被遊也、

一　田口弁右衛門
御鉄山方
同　勘六

弁右衛門儀久々疝積相煩、頃日ニ至癇積差加、難治之症ニて全快御奉公可相勤躰無之付、隠居仕悴勘六家督被　仰付被下度旨申上、願之通無相違被　仰出、

一　工藤兵右衛門
赤羽根御番所御番人
同　左右

兵右衛門儀久々疝積相煩、頃日ニ至り癇積之症相加、難治之症ニて全快御奉公可相勤躰無之付、隠居仕悴左右家督被　仰付被下度旨申上、願之通無相違被　仰出、

一　久保田金内
御使者給仕当分加
同　寛六

金内儀久々疝積相煩、頃日ニ至癇積之症罷成、難治之症ニて全快御奉公可相勤躰無之付、隠居仕悴寛六家督被　仰付被下度旨申上、願之通無相違被　仰出、何も於竹之間同席列座主膳申渡之、

一　福田長作
花巻御給人
新渡戸三弥

長作儀弟三治癲癇之症相煩、末々御用可相立躰無之、伯父友之丞年令不相応ニ付、後々相続難申上、娘有之ニ付、挨拶柄も無之候得共、花巻御給人三弥弟勇治聟養子仕度旨申上、双方願之通被　仰出、於竹之間同席列座主膳申渡之、尤三弥ヘは御城代ヘ以書状申遣之、

一弐拾六石五斗

宮古御給人
刈屋弓太

内弐人扶持七石五斗御金方
七石野竿高

親弓助存生之内、願之通跡式無相違被　仰付、御代官ヘ以書状申遣之、

一　久慈淡人

嫡子弓助年来ニも罷成候付、前髪為執度旨申上、願之通被　仰付、以御目付申渡之、

一遠野荒屋御番所小友ヘ御移被成、小友御番所と相唱候様御沙汰ニ付、其筋申渡候段御目付浅石清三郎申出之、

一御曹司様今日御下帯御内々御祝被成候に付、於御側同席御吸物・御酒頂戴之、畢て御囃有之拝見仕也、

十一ノ十六日　晴

筑後
勘解由
典膳

主膳

一江戸ヘ今朝立七日振飛脚、神子田永馬組弐人差立、御用儀共申遣之、

一　　　　　　　　　　　鈴木　恰

預御徒小野和右衛門儀当五十歳罷成候処、一子無之付、同姓親類小野才助娘養女ニ仕度旨申上、願之通被　仰付、御目付を以申渡之、

一　　　　　　　　　　　種市九八

指扣御免被成旨被　仰出、御目付ヘ申渡之、

一御広間当勤心得宜相勤候者、御賞之儀以来十二月十五日御定日被　仰出、

十二ノ
十七日　小雪

筑後
典膳
主膳

一　　　　　　　　　　　若御年寄
　　　　　　　　　　　　津嶋春瀬

其方儀御勘定所御仕方直シ被　仰付候ニ付、諸御金銭懸り之人数　御手許ヘ御引付、諸事御払向御元は勿論、御金繰宜ク御慈悲向一統ヘ御沙汰も被遊候、以来御益筋も諸御役一統申上候段、専ら其方深ク心配骨折候事と　御満悦被　思召候、且又数十年勤功も有之、昼夜心労実躰相勤候ニ付、弐人御扶持永く御加増被下置、被下来候百五拾石ヘ御加、都合百六拾弐石高ニ被成下候旨被　仰出、大奥ニおゐて主膳申達之、

一　　　　　　　　　　　御目付
　　　　　　　　　　　　奥寺市之丞

其方儀御蔵御仕法御直シ被成候已来、実正ニ出精相勤御米穀向取扱宜、別て骨折心配之段神妙　思召候、右ニ付、御蔵御吟味役勤中弐人御扶持被下置候旨被　仰出、於御目付所前同席列座主膳申渡之、

一　　　　　　　　　　　御供頭御膳番兼帯
　　　　　　　　　　　　長沼武次郎

其方儀先年御勝手向御取締之始より、　御手元向第一ニ御益筋沢山申上、　御直御下知ヲ請、追年当時御振合ニ一統ヘ御取締御直シ被遊候御響之儀ニ付、　御手元より之御差図別て其方相守、実正ニ相勤候段神妙　思召候、右ニ付、三人御扶持永く被下置、被下来候百石ヘ御加、都合百拾八石高ニ被成下候旨被　仰出、於竹之間同席列座主膳申渡之、

一　　　　　　　　　　　御小性
　　　　　　　　　　　　円子　記

其方儀先年御勝手向諸御役所向御取締、御時節諸事立廻り御役所向ヘ入込、諸向　思召入ヲ請、諸調諸品向御減少方御沙汰ニ応シ、無遠慮申談候段神妙　思召候、右ニ付、勤中弐人御扶持被下置旨被　仰出、於御側主膳申渡之、

一　　　　　　　　　　　上田通御代官
　　　　　　　　　　　　松田伊之助

野辺地通御代官当分被　仰付置候処、御免被成旨被　仰出、

一　　　　　　　　　　　馬門御番所御番人
　　　　　　　　　　　　大森佐五助

沢内通御代官大須賀左右長病に付、当分被　仰付、

右之通御沙汰ニ付、何も申渡候段、御目付奥寺市之丞申出之、

一　　　　　　　　　　　三戸通桜庭対馬知行所大向村百姓
　　　　　　　　　　　　長八
　　　　　　　　　　　　同通御野守留目宇八知行所同村百姓
　　　　　　　　　　　　六兵衛ヘ
　　　　　　　　　　　　　被　仰渡

其方共儀去月八日三戸市中より過酒之上、戻之節途中ニて小向村
彦及打擲、疵を得させ候ニ付、於御代官所被遂御詮儀候処、何之
子細も無之、暴酒仕候上之由申出候、偏ニ酔犯之致方不埒至極ニ
付、組合預慎被　仰付置候処、彦儀疵平愈ニ至候間、療治代御取
上慎御免被成候条、向後万端相慎可申旨被　仰付者也、

月日

三戸通永福寺知行所小向村百姓
治兵衛
同通大向村百姓
和助へ

被　仰渡

其方共儀去月八日三戸市中より過酒之上、戻之節同道之者之内、
小向村彦と申者へ大向村長八・六兵衛及打擲、疵を相得候ニ付、
於御代官所被遂御詮儀候処、途中より彦見放シ宿元へ引取、右之
次第相心得不申旨申出、酔犯之者とも見放疵を為得候段、不始末
之致方不埒ニ付、組合預慎被　仰付置候処、彦儀疵平愈ニ至候間
慎御免被成候条、向後万端相慎可申旨被　仰付者也、

月日

三戸通小向村百姓
彦

一
右之者疵平愈ニ付、無御構組合預慎御免被成、向後万端相慎可申
旨可申渡事、
但長八・六兵衛より御取上被成候療治代六貫文、彦へ被下置之、
右之通御片付、大奥へ公事懸り御役人共伺之上申渡之、

十一ノ
十八日　晴

筑後
典膳
主膳

一南宗院様・大源院様御忌日ニ付、東禅寺・聖寿寺へ　御代香筑
後相勤之、

一
御目付
毛馬内庄助

其方儀御蔵御仕法御直シ被成候已来、実正ニ出精相勤御米穀向取
扱宜、別て骨折心配之段神妙　思召候、右ニ付、御蔵御吟味役勤
中弐人御扶持被下置候旨被　仰出、於御目付所前同席列座主膳申
渡之、

一
七戸通御代官
沼宮内亘理
宮古通御代官
中原　武
大槌通御代官
杉村甚左衛門

其方共儀諸御代官所御仕法御直シ被成候已来、当時ニ相成候迄、
諸方取扱向類役へ相談行届、殊ニは遠在御用等も被　仰付、御国
中百性(姓)共へ之教示方も相届、類役一統出精相勤候中ニも、其方共
諸事加談宜ニ付、勤中現米六駄宛御加増被成下候旨被　仰出、

一三十一ケ年
御右筆
山口理右衛門

数十年御用向出精相勤候ニ付、為御褒美御紋巻御上下一具被下置
旨被　仰出、

一二十二ケ年
御用之間御物書
大森重右衛門

数年出精相勤候ニ付、勤中一ケ年御米三駄ツヽ被下置旨被　仰出、

一十四ケ年
御用人方御物書
清水易人

数年出精相勤候ニ付、勤中一ケ年御米弐駄ツヽ被下置旨被　仰出、
右何も於竹之間同席列座主膳申渡之、

一四十一ケ年
沢内通御代官所下役
高橋直右衛門

数十年御所御用出精相勤候段、御代官申上候ニ付、為御褒美御米
三駄被下置旨被　仰出、御代官へ以書状申遣之、
　　　　　　　　　　　　　　　　　御掃除坊主
　　　　　　　　　　　　　　　　　　長悦
一四十一ケ年
数十年出精相勤候ニ付、御目録金三百疋被下置之、
　　　　　　　　　　　　　　　　　油配
　　　　　　　　　　　　　　　　　　六蔵
一三十三ケ年
数年無懈怠相勤候段組頭申上候ニ付、御代物弐貫文被下之、何も
御目付へ申渡之、
一　　　　　　　　　　　　　　　　野辺地御給人
　　　　　　　　　　　　　　　　　　成田善左衛門
差扣御免被成旨被　仰出、御目付へ申渡之、
一　　　　　　　　　　　　　　　　和右衛門親隠居和助事
　　　　　　　　　　　　　　　　　　田鍍尾舞
右之通名相改候段、和右衛門訴之、

十一ノ十九日　晴　　典膳
　　　　　　　　　　主膳

一　　　　　　　　　　　　　　　　沢内通御代官当分馬門御番所御番人
　　　　　　　　　　　　　　　　　　大森佐五助
遠野通此節御用多候ニ付、同所御代官当分加被　仰付申渡候段、
御目付花坂理蔵申出之、

十一ノ廿日　晴　　弥六郎
　　　　　　　　　勘解由
　　　　　　　　　典膳
　　　　　　　　　主膳

一瀬川茂右衛門退身之兄勇之進儀当十八歳罷成候処、去ル十日夜与
風罷出罷帰不申候に付、其節御内々御屈申上置、所々相尋候得共
行衛相知不申、出奔之旨茂右衛門訴之、
一　　　　　　　　　　　　　　　　遠野通御代官当分加馬門御番所御番人
　　　　　　　　　　　　　　　　　　大森佐五助
沢内通御代官大須賀左右出勤に付、同所御代官当分御免被成旨
被　仰出申渡候段、御目付毛馬内庄助申出之、

十一ノ廿一日　晴　　弥六郎
　　　　　　　　　　勘解由
　　　　　　　　　　典膳
　　　　　　　　　　主膳

一　　　　　　　　　　　　　　　　野辺地御給人
　　　　　　　　　　　　　　　　　　立花武治
　　　　　　　　　　　　　　　　　同
　　　　　　　　　　　　　　　　　　横浜左次馬
武治儀疝積相煩血麻之症指加、難治之症ニて此末一子出生之程難
計、尤得快気御奉公可相勤躰無之、養女有之ニ付、親類同所御給
人左次馬二男栄治聟養子仕度旨申上、双方願之通被　仰付、御代
官へ以書状申遣之、
一　　　　　　　　　　　　　　　　北浦奉行
以来御代官同様交代相勤候様被　仰付、
　但来正月より交代ニ被　仰付、
右之通以御目付申渡之、
一江戸表去ル十六日立七日振飛脚、池田貢組弐人着、御用儀共申来
之、
一南部左衛門尉様より御同氏英之助様御儀、五節句月次御礼御登
城被成度旨、御願書御用番へ去月七日御差出被成候由、同九日御
願之通被　仰出候段、為御知申来候由、御用状申来遂披露之、

一初鶴先頃　公方様へ献上以後、渡少最早雪降曽て相見得不申、右大将様へ当年は献上不仕旨、別紙之通御届書御用番水野出羽守殿へ、去月十二日御留守居添役梅内忠次郎持参差出候処、御請取御承知之旨被　仰聞候由、夫より西丸御老中松平能登守殿へ御届書同人持参差出候処、御請取御承知之旨被　仰聞候由、御用人安宅登申出候由、御届書写左之通、

在所之初鶴先頃　公方様へ献上仕候、以後渡少最早雪降曽て相見得不申候間、　右大将様へ当年は献上不仕候、此段御届申上候、以上、

十一月朔日　　御名

右御届書弐通差出候旨、御用状ニ申来遂披露之、

十一ノ
廿二日　晴

弥六郎
勘解由
典膳
主膳

一　　三嶋貞次郎

当二十一歳罷成候処、生質虚弱之上癇積相煩、難治之症ニて此末一子出生之程難計、依之妹才当十八歳罷成御座候、此者養女仕度旨申上、願之通以御目付申渡之、

一誓詞堅目人数有之節は、以来定日廿七日被　仰付旨御沙汰ニ付、御目付へ主膳口達之、

十一ノ
廿三日　晴

弥六郎
勘解由
典膳
主膳

一翌廿四日申渡之　　南部九兵衛

居宅屋根并勝手通共ニ至て大破仕、手入普請仕度ニ付、毛馬内通御代官所大渇村来満山之内、昼森沢・熊取沢・山中沢、右三ケ所ニて樫六尺廻以上百五拾本頂戴、去ル子ノ年より当寅年迄三ケ年中剪出地他払仕、居宅屋根勝手通修覆料仕度、拾分一御役共御免被成下度、去々年申上願之通被　仰付候処、其後段々其向為取扱候得共、今以相応之望人も無之、是迄山入之儀も不申上居候、依之猶又来卯年より未年迄五ケ年中年延被　仰付被下度旨申上、願之通被　仰出、家来呼上大目付を以申渡之、

一　　戸来弓人

就病気、御者頭御免被成下度旨申上候処、遂養生相勤候様被　仰出、御目付を以申渡願書相返之、

一南部左衛門尉様御家老中里弥祖右衛門此度出府ニ付、今朝典膳宅へ罷越御機嫌相伺候節、取扱手続左之通、

遠見附置、門前へ相越候処ニて大門開キ通し候事、

刀番ニは不及常之通、大名ニても刀番は多分無之、客人持通り其座し候後口へ置候得は、其通りにて宜事、

初〆より書院へ先立ニて外座敷へ通シ不申事、

客人着座致候ハヽ、多葉粉盆・茶出し、典膳逢候得て御機嫌伺等相済、典膳四方山之咄し致居時、菓子出候計ニて帰り候得は、時節柄ニ応し且旅中ニて御機嫌伺候印ニ見得宜事、吸物は出し

不申事、右之段逢候時以来手軽く出逢候旨可申向事、
供方は茶・多葉粉計ニて宜事、
右之通以来取扱候様御沙汰也、
当時相場金両ニ付七貫弐百八拾文之処、六貫弐百文相場を以銭渡、
右相場を以在々御給人・御与力、其外共当夏暮御物成御切府金、
御代物渡可被　仰付哉と御勘定奉行申出、伺之通申渡之、

一御小納戸支配御打物師松田屋十兵衛悴兵八先達て出奔仕立帰候ニ付、其節御訴申上候、依之二男重太
当二十七歳罷成職筋稽古罷有候間、此者悴ニ仕度旨申上、願之通
被　仰付、御小納戸へ申渡候旨、御目付江刺牧太申出之、
但右之願筋は前々席へ御目付相出候得は、伺之上支配頭へ於席
申渡来候処、此度より御目付之方ニて願之通申渡候処ニて、席
へ右之段申出候様御沙汰ニ付、右之通申渡候旨御目付申出也、

十一ノ廿四日　晴

弥六郎
筑後
勘解由
主膳

一御献上之鮭塩引御進物御用共ニ御荷物七駄、宰領神子田求馬組弐
人、村瀬周助組壱人附、今朝立為御登被成之、
一前書有之通、若御年寄津嶋春瀬へ御加増被下候ニ付、右証文御蔵
元証文共ニ主膳於宅相渡可申処、為手繰今日大奥へ主膳相廻相渡
之、
但例服着用候様前日相達之、

一御目付奥寺市之丞儀此度勤中弐人扶持被下置候ニ付、右証文今日
於席相渡、
但市之丞儀は勤中被下高之事ゆへ、宅ニ無之於席相渡候様御沙
汰ニ付、上下着用登　城候様、昨日御目付へ呼上之儀申渡之、
一御小性円子紀儀此席勤中弐人扶持被下置候ニ付、右証文御蔵元証
文共ニ御側へ相廻候節、御側御目付へ相渡、上下為着呼上相渡候
様申渡之、
一七戸通御代官沼宮内亘理、宮古通御代官中原武、大槌通御代官杉
村甚左衛門儀、勤中現米六駄ツヽ、御加増被成下候ニ付、右何も証
文御目付を以相渡之、
但右何も上下着用罷出頂戴也、
一江戸へ今夕七日振飛脚、村瀬周作組弐人差立、内状之趣申遣之、

十一ノ廿五日　晴

弥六郎
筑後
勘解由
典膳
主膳

一南部慈眼院殿へ　上使被成下候節之手続、左之通、
一御玄関くり（栗）石中程へ御親類之内一人被指出、御迎送可被成事、
但右御親類ハ高知之内欤御家門方之内、御頼合可被成事、
一御玄関へ御附人可被指出事、
一御書院御次之間より御直ニ御迎送、并御取扱向可被成事、
但御先立之御親類は、御書院御次之間迄御先立之事、

一慈眼院殿御書院御次之間へ御出迎之節は、御先立親類座少し引
下り候事、
一慈眼院殿　上使被　仰蒙候節は、御先立御親類御勝手へ引取候
事、
一慈眼院殿　上使被　仰蒙候得は、御勝手へ御引取被成、　上使
へ茶・煙草盆被差出事、其節御先立御親類、御書院御次之間へ
扣居候事、
一右茶・煙草盆被指出候後、慈眼院殿御書院へ御出被成、　上使
へ一先御請被仰上、畢て御次迄御送之節、御先立御親類御同所
より御玄関くり（栗）石中程迄御送之事、
一上使被成下候御請、御附人を以御表へ被　仰上候事、
一長沼武次郎儀上下着用、今朝六半時主膳宅へ相詰候様、昨日御目
付口達申渡、今朝於主膳宅証文相渡、尤右ニ付、御目付壱人相詰
也、
一毛馬内庄助へ被下候証文今日於席相渡、尤庄助上下着用也、

十一ノ廿六日　晴

弥六郎
筑後
勘解由
典膳
主膳

一　六左衛門嫡子 久保田勝治
其方儀御吟味中、親六左衛門へ御預被差置候処、右御吟味相済候
間、御免被成旨被　仰出、

一　御料理方要蔵悴 村松宗平
其方儀当七月廿、一日之夜専立寺へ罷越居、作兵衛と三右衛門・
春松・茂八法花寺へ罷越、乱妨仕候旨承り候て、一所ニ罷越相騒
し候段不埒至極に付、被　仰付様も有之候得共、御憐愍を以親類
へ御預慎被　仰付、
右之通御沙汰ニ付、何も親類呼上申渡候段、御目付江刺牧太申出
之、
一今夜九時過鉋屋丁惣助火元出火ニ付、火消并御役人駆着防留、類
焼共ニ家数拾弐軒、竈数十五軒焼失、八時過火鎮、此節火事場へ
筑後相詰也、

十一ノ廿七日　晴

弥六郎
筑後
勘解由
典膳
主膳

一五人扶持　松井忠之進
親権之進及末期悴忠之進二歳罷成、未　御目見不申上候得共、跡
式被　仰付被下度旨申上、存生之内、願之通無相違被　仰出、名
代へ於竹之間同席列座主膳申渡之、
一土川仁左衛門嫡子仁和太儀当二十四歳罷成候処、痼積相煩癲癇之
症罷成、至て難治之症ニて全快可仕病症ニ無之、嫡子仕兼候段仁
左衛門訴之、
一　長岡英之進

其方親隠居甚作兼て行状不宜、其上無宿同様所々徘徊為致候段不埒至極ニ付、差扣被　仰付、
右之通被　仰付、親類両人呼上申渡候段、御目付江刺牧太申出之、

一　川井兵作

其方弟三清儀於所々小盗いたし、其上先年致火附候趣、此度及白状候、其方数年別家罷在、右徒相心得不申旨御答書を以申出候段、由（油）断至極ニ付差扣被　仰付、
右之通被　仰付、親類両人呼上申渡候段、御目付野々村円蔵申出之、

一　英之進親隠居　長岡甚作

其方儀兼て不行跡之上、無宿同様所々徘徊仕不宜儀相聞得候ニ付、追放被　仰付候条宮古へ罷越可申候、若立帰候ハ、急度曲事可被仰付者也、

十一月

一　兵作弟　川井三清

其方儀於所々小盗いたし、其上大釜八十郎居宅へ先年附火致候趣、此度及白状候、依之重科之者に付死罪可被　仰付候得共、御憐愍を以田名部牛滝へ被遣候条、立帰候ハ、急度曲事可被　仰付者也、

十一月

右之通御沙汰ニ付、於御会所場御町奉行・御目付立合申渡候段、御目付江刺牧太申出之、

一今日下り後主膳於宅誓詞堅目有之、御役人相詰也、

一　本誓寺

拙寺地中専立寺後住善明儀、僧道ニ不似合致方有之候ニ付、逼塞被　仰付候、依之私迄恐入差扣願出候処、不及其儀旨被　仰出申渡候段、寺社御奉行宮手弥市申出之、

一被　仰出、左之通、

御家門方之儀は御家格も格別ニて、近年別段之　思召を以、暑寒にも以　上使御尋被成被下物等も有之候、随て御時節柄聊ニても御物入等之儀は、御沙汰も難被成義ニ候得共、前条之通格別之御取扱向ニも御座候事故、向後御銘々よりも軽キ品御献上可有候、被差上候品は御銘々御領知より出候産物ニても、又は外何ニても来年より御献上可被成事、

但品ニ寄箱入或は白木角台等ニて可被差上候、尤御献上之品并器物等之儀は、前広御目付へ御懸合御伺可被成事、

一　南部左京
南部駒五郎

此度御献上向ニ付、御沙汰被成候得共、右ニ付別段外御献上物ニ不及候、是迄御側へ年々被差上候薯蕷、以来御表より御献上可被成候事、

但白木角台ニて可被差上候、何レ御目付を以御伺可被成事、

右之通御沙汰ニ付、御銘々御附人呼上、御目付を以申渡為申上之、

一　高知

高知之儀は往古より家格も有之、各別ニ御取扱被成置候事故、別段之　思召を以、近年以　上使暑寒御尋被成、被下物等も有之候、随て御時節柄聊ニても物入等之儀は、御沙汰も難被成儀ニ候得共、前条之通家格も有之候事ゆへ、向後銘々よりも軽キ品献上物可致候、尤差上候品は銘々領知より出候産物にても、又は外何ニても

来年より隔年ニ献上可致事、
一御曹司様へも右同断献上可致候、
但品ニ寄箱入、或は白木角台等ニて差上可申候、尤献上之品并器物等之義は、前広大目付へ申談相伺可申事、

一　　　　　南部弥六郎
是迄御側へ差上来候品之内、蕎麦粉并煎海鼠・北寄は以来御表より差上可申事、
但煎海鼠・北寄ハ、是迄之通　御在府之節計差上可申候、併右両品之内一品は相分ケ、御在国之節差上可申候、入物等之儀は相伺候様可致事、

一　　　　　南部筑後
此度献上向ニ付、御沙汰有之候得共、右ニ付、外別段不及献上物、是迄指上来候鰤献上可致事、
但入物等之儀は相伺候様ニ可致事、

一　　　　　南部九兵衛
此度献上向ニ付、御沙汰有之候得共、右ニ付、外別段不及献上物、是迄御側へ年々差上来候蕗粕漬、已来御表より献上可致事、
但入物等之儀は大目付へ申談相伺可申事、

一　　　　　桜庭兵庫
此度献上向ニ付、御沙汰有之候得共、右ニ付、外別段不及献上物、是迄差上来候鰤・細昆布献上可致事、
但入物等之儀は相伺候様ニ可致事、
右之通被　仰出、御席詰并同席へは詰合ニて申達、高知中へは大目付より廻状を以申達之、

一　　　　　漆戸舎人
嫡子左仲儀病後之御礼、御序之節為申上度旨申上、願之通来月朔日可被為　請旨被　仰出、奉書を以申遣之、

十一ノ廿八日　晴　　　弥六郎
筑後
勘解由
典膳
主膳

一天量院様御忌日ニ付、聖寿寺御畧供にて　御直詣有之也、

一　　　　　中野藤左衛門
其方儀兼て行状不宜ニ付、差扣被　仰付置候処、御憐愍を以深ク無御紕差扣御免被成候条、向後万端相慎可申旨被　仰出、
十一月廿八日

一　　　　　多次郎三男
帷子田之助
其方儀兼て行状不宜ニ付、多次郎へ御預慎被　仰付置候処、御憐愍を以無御紕慎御免被成候条、向後急度相慎可申旨被　仰出、
十一月廿八日

一　　　　　周作伯父
村瀬釜八
其方儀兼て行状不宜ニ付、周作へ御預慎被　仰付置候処、御憐愍を以無御紕慎御免被成候条、向後急度相慎可申旨被　仰出、
十一月廿八日

一　　　　　寛吾弟
相坂官治
其方儀兼て行状不宜ニ付、寛吾へ御預慎被　仰付置候処、御憐愍

を以無御紓慎御免被成候条、向後急度相慎可申旨被　仰出、

十一月廿八日

一　新左衛門弟 高杉六郎

其方儀兼て行状不宜ニ付、新左衛門并親類共へ御預慎被　仰付置候
処、御憐愍を以無御紓慎御免被成候条、向後急度相慎可申旨被
仰出、

十一月廿八日

右何も親類呼上申渡候段、御目付江刺牧太申出之、

十一ノ廿九日　晴　弥六郎　筑後　勘解由　典膳　主膳

一　野辺地御給人 成田善左衛門

居宅去ル十日夜焼失仕候、然処小高御帳取出兼焼失仕、其節親類
共より御訴申上候、依之右小高御帳御書替被下度旨申出、願之通
御目付へ申渡之、

一　上田嘉兵衛

御使番不人数ニ付当分加被　仰付、於竹之間同席列座主膳申渡之、
但病気ニ付、御目付差紙を以申遣之、

一　法花寺

弟子義遵儀無調法之儀有之、御引渡寺法を以相当之咎可申付旨
被　仰出候ニ付、恐入差扣願出候処、不及其儀旨寺社御奉行へ申
渡之、

花屋丁 兵蔵へ　被　仰渡

其方儀見前通湯沢村惣兵衛持田地家屋敷、引請方御時節不相当之
心得有之、無調法ニ付、右田地家屋敷御取上被成者也、

月日

見前通湯沢村 惣兵衛へ　被　仰渡

其方儀持田地家屋敷、花屋丁兵蔵へ引渡方御時節不相当之心得有
之、無調法ニ付、右田地家屋敷御取上被成者也、

月日

右之通御片付、大奥へ公事懸り御役人共伺之上申渡之、

十二月朔日　晴　弥六郎　筑後　御用番 勘解由　典膳　淡路　主膳

一月次御礼、今五時過　御本丸於　御座之間、御家門衆御礼被仰上、
奏者御用人相勤、御着座之節勘解由御取合申上、引続同席御礼
申上、夫より　御中丸総角之間へ　御出座、高知之面々・諸者頭
迄御礼申上、畢て名目御礼被為　請、無程相済也、

一今日　御曹司様御表へ　御出座被遊也、

一江戸へ今朝御節季御荷物八駄、宰領村瀬周作組三人附差立之、

一右幸便ニ爰元　上々様方より、江戸　上々様方へ歳暮之御祝儀、例之通十三日付ニて被　仰進之、

一　三嶋貞次郎
　　長瀬越後

貞次郎儀一子無之養女有之候、然処癇積相煩頃日ニ至癲癇之症罷成、難治之症ニて此末一子出生之程難計、尤得快気御奉公可相勤躰無之ニ付、挨拶柄も無之候得共、越後二男門蔵、右養女へ娶置後々相続為仕度旨申上、双方願之通被　仰付、於竹之間同席列座勘解由申渡之、

一　御用人　黒川　司

御年男被　仰付、於席申渡之、

一　御小納戸加　杉田左中太

年頭御年男加御役持込被　仰付、於御側申渡候段御側御用人申出之、

一御者頭　奥瀬小八郎代　坂本栄馬

来春勤番登被　仰付、

右は於竹之間御廊下同席列座勘解由申渡之、

一御広間御番人　嶋田覚蔵代　三輪左司
　久慈儀六代奥詰　柴内其馬
　田鍍茂市郎代奥詰　毛馬内名張
　日戸善兵衛代　平沢良作

一御物書頭　福田弥五右衛門代　七戸庄蔵

一御用之間御物書　岩間忠助代　栃内理平

一御用人方御物書　小本助次郎 七戸辰之進代　清水易人
　工藤八郎

一御使者給仕　山本昌茶代　服部安之進

右何も於竹之間同席列座勘解由申渡之、

一御徒目付　江刺家久之丞代　佐々木伊兵衛

一御徒小頭　晴山勘左衛門代　村上権七

一御広間御帳付御徒　玉山勇助代　沢田勘兵衛

一御徒　川村軍右衛門 本館甚助 鵜飼伝五右衛門 福士伝六 白浜喜作 代　小林和市
　久慈友右衛門
　村松忠兵衛
　小林武助
　鳥崎庄右衛門

右何も御目付へ申渡之、

一御金奉行　関岡右衛門代　北田此右衛門

右は於竹之間同席列座勘解由申渡之、

一御勝手方　大里治六代　太田代文左衛門

右は御目付を以御勘定頭へ申渡之、

一大納戸御買方　川口左市代　乳井平左衛門

右は於竹之間同席列座勘解由申渡之、

一　兼平金平代　宮　清兵衛

右は以御目付御勘定頭申渡之、

一御馬乗役　菊池喜七代　音母栄助
一御賄所御物書　工藤佐次右衛門代　乳井与兵衛
一諸番御小人　魹嶋幸作　平塚左源太　代　一戸弥三太
種市栄八
一御次坊主　久斉代　林茶
一表坊主　友清代　長悦
一御持弓筒之者　拾弐人
一御同心　壱組
一御配膳板之間小者　弐人
一御勘定所小者　壱人
一御長柄之者　上下御屋敷詰　三拾一人
一御小道具　五人
一御陸尺　三人
一御人足　五拾五人
右何も御目付へ申渡之、
御広式方
一御前様御附役　横井隣代　生方屯
一御広式御物書　村井儀右衛門代　中嶋泰次郎
右何も於竹之間同席列座勘解由申渡之、
一御料理方　里見秀左衛門代　鈴木民右衛門
一板之間小者　壱人
右は御目付へ申渡之、
御下屋敷詰

一御作事奉行　船越伊三郎代　田鍍和右衛門
右は於竹之間同席列座勘解由申渡之、
一御同心　弐拾四人
一御人足肝入　壱人
一御人足　弐拾弐人
右何も御目付へ申渡之、
一　袖原長作代御銅山方　石井久米之助
大坂詰来春勤番登被　仰付、於竹之間同席列座勘解由申渡之、
一　三輪左司
常府被　仰付候間罷登、嶋田覚蔵代御広間御番相勤候様被　仰付、
但来春手廻共ニ出立被　仰付、以御目付申渡之、
一　平沢良作
常府被　仰付候間罷登候上、白戸善兵衛代り御広間御番相勤候様
被　仰付、
但来春手廻共ニ出立被　仰付、御目付を以申渡之、
右何も於竹之間同席列座勘解由申渡之、
但文化五年三月戸来泰吉・長沼栄治・藤田専五郎御先供被　仰
付、右勤中常府被　仰付候節ハ、以御目付申渡候得共、牢人よ
り被　仰付候共違候事故、当主之者常府被　仰付節ハ、以来都
て於竹之間申渡候筈也、
一　御中屋敷見守役　堀切半右衛門
常府被　仰付候間、手廻引越候様被　仰付、
但来春手廻出立被　仰付、
右は於江戸表申渡之、

一御物書御広式御番人兼帯被　仰付、御目付を以申渡之、　中嶋泰次郎

一御徒　石井善兵衛（福士伝六代　白浜喜作）

和井内源左衛門

御中屋敷詰被　仰付、御目付ヘ申渡之、

一　（御用人）安宅　登

来秋迄詰越被　仰付、

一　（御目付）沢里勇馬

来秋迄詰越被　仰付、

一御広間御番人　小栗左右司

一御祐筆　猿橋良之助

一御側御物書　佐羽内与七

一御使者給仕　一条小藤治

一御徒目付　久保田新平

一御広間御帳付御徒　小泉伝五兵衛

一御徒　石井善兵衛

松田儀兵衛

和井内源左衛門

工藤官右衛門

一御作事奉行　上斗米孫惣

一御料理方　勝又金右衛門

一御台所下役御賄所帳付兼　沢井要右衛門

一御賄所帳付　宝岡勇之丞

一大御納戸御買方帳付　寺田惣右衛門

一御台所帳付　鼠入与兵衛

一諸番御小人　鴬沢藤太

長沢丈八

一表坊主　春喜

理斉

一御台所小者　一人

一御人足肝入　一人

御広式方

一御前様御附役　佐羽内都合

一御用聞　岩間市郎兵衛

一御前様御診　（奥詰）安田元益

谷崎文雪

御下屋敷詰

一観光院様御診　（奥詰）阿部友伯

一御徒目付　寄木新蔵

大坂詰

一大坂勤番中御留守居出役格　中村専作

来秋迄詰越被　仰付、尤専作儀ハ御目付より大坂ヘ以書状申遣之、

一　（御小納戸）七戸馬平

来秋迄詰越被　仰付、

一　本宿与五郎

御錠口番御物書兼帯被　仰付、来秋迄詰越被　仰付、

右何も於江戸表申渡之、

一去月廿六日夜鈍屋丁出火之節、焼失之者本家・借家共ニ拾五軒へ、新穀丁井筒屋九郎兵衛より一竈へ米片馬宛手当仕候旨、焼失之者共より申出候段御町奉行申出之、
但右ニ付、奇特之致方ニ付、御吸物・御酒被下、御町奉行宮手弥市於宅昨日頂戴申渡候旨、是又弥市申出之、

十二ノ二日　晴

弥六郎
筑後
勘解由
典膳
主膳

一　平沢良作
改役御免被成旨被　仰出、御目付を以申渡之、

一　高知
嫡孫御礼、御用人子共次座ニて申上来候処、高知之儀は家柄も有之、御取扱向別段之事故、以来嫡子次座ニて御礼申上候様被　仰出、
但以来奏者も可致旨御沙汰ニ付、御用人へ口達申渡之、尤都て御取扱向は高知嫡子之通之御取扱之旨、大目付へ演説申渡之、

一　照井栄左衛門
病気全快可仕躰無之ニ付、御徒目付願之通御免被成、御目付を以申渡之、

一工藤円六二男多喜人儀当二十九歳罷成候処、去月廿日与風罷出不罷帰候ニ付、心当之所々相尋候得共行衛相知不申、出奔之旨円六訴之、

一　村木治部左衛門
并親類共へ
治部左衛門養子角助、数年　御目見願上不申候ニ付、旨趣御尋被成候処、御答申上候趣は猶可被及御沙汰候間、角助儀人元松原嘉平治へ相返可申候、尤内々持参之代物返済之儀は、実意を以申談候様被　仰付、

一　松原嘉平治
弟角助儀村木治部左衛門へ聟養子、文化元年願之通被　仰付候後、初て之　御目見願上不申候ニ付、不安心ニ存、離縁之儀度々申向候得共、不及其儀罷有候旨申上候ニ付、此度角助相返候様、治部左衛門へ被　仰渡候間引取可申候、尤内々持参いたし候代物も有之趣申上候得共、金銭之儀は御取上不被成候、乍併実意を以返済申談候様、是又治部左衛門并親類共へ御沙汰被成候、此旨相心得可申候、
右之通被　仰出申渡候段、御目付江刺牧太申出之、

十二ノ三日　晴

弥六郎
筑後
勘解由
典膳
主膳

一　和右衛門事
田鎖和助
右之通名改仕度旨申上、願之通御目付を以申渡之、

一御徒目付本役被　仰付、　和井内十右衛門

一御徒目付仮役被　仰付、　釜石理左衛門

一御徒目付当分加被　仰付、何も御目付ヘ申渡之、　村木多喜太

一其方儀嘉平治弟松原角助聟養子願之通被　仰付候後、初て之　御目見数年不願上候旨趣御尋被成候処、不始末之御答申上候ニ付、差扣被　仰付御目付ヘ申渡之、　村木治部左衛門

一午房　南部雅楽助殿
一薯蕷　南部左京殿
一同　南部駒五郎殿
一初百合　南部慈眼院殿
右何も御伺之通年々御献上可被成旨、附札ニて御目付を以右御附人ヘ申渡之、

一其方儀行跡不宜怪敷事とも有之候ニ付、被遂御詮議候処、所々ヘ忍入盗仕候旨及白状候、士分ニ不似合致方無調法至極ニ付、身帯御取上揚屋入被　仰付、　葛西民人
右之通被　仰出、今晩於御会処場御町奉行宮手弥市・坂牛杢兵衛、御目付浅石清三郎・花坂理蔵立合申渡之、

一右ニ付、親類共恐入差扣願出候処、不及其儀旨御目付ヘ申渡之、

一　出渕良八

病気全快可仕躰無之ニ付、御山廻下役願之通御免被成、御目付を以申渡之、

一病気全快可仕躰無之ニ付、牛馬御用役他領出小荷駄御役銭取立御用、願之通御免被成、御目付ヘ申渡之、　御馬乗役 斉藤紋左衛門

十二ノ四日　晴　弥六郎　筑後　勘解由　典膳

一霊徳院様御忌日ニ付、聖寿寺ヘ　御代香主膳相勤之、

一佐兵衛儀嫡子助之進病身ニ付、末々御用可相立躰無之旨、先達て御訴申上、外一子無之養女有之候、然所癇積相煩癲癇之症罷成、難治之症ニて此末一子出生之程難計、尤得快気御奉公可相勤躰無之ニ付、縁者善五郎二男仁左衛門聟養子仕度旨申上、双方願之通被　仰出、佐兵衛儀は竹之間、善五郎儀は於御目付所前同席列座勘解由申渡之、　一条佐兵衛　御供頭 江刺家善五郎

一五拾石以上
御切米拾駄
此代拾七貫文

一百石以上
御切米拾駄

此代拾六貫文
一金拾両
此代六拾七貫文
右は現米ニて被下候分、右御直段を以、在江戸并大坂・箱館詰御切米御金方共、来ル十三日より御渡方御始、御物成御切府金御四季施共夏分御代物渡、御給金は不残御金渡、惣御切米共来ル十六日より廿三日限惣御渡方可被　仰付哉と、御勘定奉行申出、伺之通申渡之、

一　工藤守衛
御山廻下役被　仰付、以御目付申渡之、

一　大久保熊治
勝手不如意仕、御奉公可相勤躰無之ニ付、五戸支配ニ被　仰付、御所相応之御奉公相勤候様被成下度、元来五戸出生ニ候間、願之通被　仰付候ハヽ、引越、親類共得助力相続相勤度旨申上、願之通被　仰付、御目付を以申渡之、五戸御代官へも支配可仕旨以書状申遣之、

一　七戸通御代官　沼宮内亘理
此度支配所へ御用有之出立仕候、然処此節持病之疝積ニて折々服(腹)痛、殊動気仕馬乗罷越候ては弥増差募可申ニ付、道中青駄御免被成下度旨申上、願之通御目付を以申渡之、

一御紋御上下一具　田中孝之進
一同縅御熨斗目一
右は先達て御伺之上、　凉雲院様御取上被差置候処、此度御伺之上拝領被　仰付候旨、口上書を以訴之、

十二ノ五日　晴
弥六郎
勘解由
典膳
主膳

一養源院様御消月ニ付、　屋形様五半時御本供揃ニて聖寿寺へ　御仏詣被遊、御出・御帰共ニ　御本丸御玄関より、御寺へ筑後相詰、無程　御帰城被遊也、
但御役人上下、小役人継肩衣着用なり、

一　御徒頭　松岡源次郎
預御徒米内織右衛門弟栄之助当十九歳罷成候、挨拶柄も無之候得共、御持弓根守泰治男子無之娘有之ニ付、此者聟養子仕度旨望候間、差遣度段願出候旨源次郎申上、願之通附札ニて御目付を以申渡之、

一義徳院様御忌日ニ付、東禅寺へ　御代香筑後相勤之、

一円明院様来正月十日十七回御忌御相当之処、御取越来ル十日於聖寿寺一日御法事御執行被成候間、御寺へ可申渡事、
右之通寺社御奉行へ申渡之、　寺社御奉行　坂牛杢兵衛

一　御目付　奥寺市之丞
　御勘定奉行　栗谷川伊右衛門
円明院様来正月十日十七回御忌御相当之処、御取越来ル十日於聖寿寺一日御法事御執行被成候間、右御用懸り被　仰付、

一　御用人　白石弾正
右同断、何も於席申渡之、

円明院様来正月十日十七回御忌御相当之処、御取越来ル十日於聖寿寺一日御法事御執行被成候間、右御用懸り被　仰付、於席申渡之、

一正光院様来正月十二日二十三回御忌御相当之処、御取越来ル十日於東禅寺一朝之御茶湯御執行被成旨、寺社御奉行御目付へ申渡之、

一　御馬医 松本斉次郎

牛馬御用幷御役銭取立方被　仰付申渡候段、御目付野々村円蔵申出之、

十二ノ六日　晴

弥六郎
筑後
勘解由
典膳
主膳

一　守衛事 工藤衛之助

右は同役同名ニ付相改度旨申上、願之通御目付を以申渡之、

一　嘉兵衛事 上田助之丞

右之通名相改度旨申上、願之通以御目付申渡之、

一　御武具細工屋 善助

御武具御用出精相勤候付、苗字帯刀御免被成之、御町奉行へ申渡之、

十二ノ七日　曇

弥六郎
筑後
勘解由
典膳
主膳

一　駒木五左衛門
同　虎之助

五左衛門儀老衰之上歩行不自由罷成、御奉公可相勤躰無之ニ付、隠居仕悴虎之助家督被　仰付被下度旨申上、願之通無相違被　仰出、於竹之間同席列座勘解由申渡之、

一　花巻御給人 長坂判平
同　市蔵

判平儀老衰仕、御奉公可相勤躰無之ニ付、隠居仕悴市蔵家督被　仰付被下度旨申上、願之通無相違被　仰付、御城代へ以書状申遣之、

一　黒沢　新

病気全快可仕躰無之付、御使番当分加願之通被成御免、御目付を以申渡之、

一　上田助之進

御使番本役被　仰付、

但座順之儀は本座ニ被　仰付、御目付を以申渡之、

右は於竹之間同席列座勘解由申渡之、

十二ノ八日　折々雨

弥六郎
筑後
勘解由

典膳
主膳
一霊巌院様御祥月ニ付、東禅寺ヘ御香奠青銅五拾疋相備、　御代香
主膳相勤之、
一江戸表去ル二日立七日振飛脚、池田貢組弐人昨夜着、御用儀共申
来之、
一　御右筆 目時左平
数十年御用向出精相勤候ニ付、為御褒美御紋巻御上下一具被下置
旨被　仰出、
一　御用之間御物書 岩間忠助
数年出精相勤候ニ付、為御褒美御目録金三百疋被下置旨被　仰出、
一　御用人方御物書 久慈金右衛門
数年出精相勤候ニ付、勤中一ケ年御米弐駄ツ、被下置旨被　仰出、
一　同 小本助次郎
数年出精相勤候ニ付、為御褒美御目録金弐百疋被下置旨被　仰出、
一　大御納戸御買方附帳付刀指 寺田惣右衛門
数十年出精相勤候ニ付、勤中一ケ年御米三駄ツ、被下置之、
右之通去月十八日於江戸表申渡候段、御用状申来申上、御役人ヘ
も申渡之、
一御家門方ヘ　上使被遣候節、御取扱向之儀御沙汰被成、左之通、
一御家督御継目御相続被　候出候砌、　上使御家老被遣候、
右　上使之節御送迎共ニ、御門外ヘ御出懸り御送迎可被成事、
一主キ御用は御用人　上使被　仰付候、
右　上使之節御門内雨落際迄御送迎可被成事、
一軽キ御用平日之　上使は御使番被遣候、
右　上使之節は御玄関くり石中程ヘ御送仰可被成事、
但前書　上使之者、何も刀取候者壱人御広間ヘ可被差出事、
御屋敷ニて取次向
一　三家・御家老
右罷出候節は御玄関式台ニて取次可申事、
一　高知・御用人・御新
丸御番頭
右罷出候節は御玄関鏡板ニて取次候事、
但右之外一同御玄関之上御広間ニて取次可申事、
御屋敷ニて御見送被成方
一　三家
御家老
右罷出候節は使者之間迄御見送可被成事、
高知
御用人
御新丸御番頭
右罷出候節は御次二間計ヘ御見送可被成事、
一　御役人
右罷出候節は御次之間下も入口迄御見送可被成事、
一　諸士・諸医
右罷出候節は御見送ニ及不申事、
一　三家・御家老
右年頭為御祝儀罷出候節は、御使者を以御挨拶可被成事、

一御登　城并御他出共ニ多分は駕籠御用ひ可被成事、
一御登　城之節御附人を大書院後通ニ為御扣可被成事、
一惣て御会釈向并御取扱事等、品ニ寄御落着も無之節は、已来当番
御目付へ御問合可被成事、
　　途中御会釈向
一　　　　　　　三家・御家老
　　　　　　　　高知・御用人
　　　　　　　　御新丸御番頭
右へ御行逢之節は御下乗御会釈可被成事、
一　　　　　　御役人
右へ御行逢之節は御駕籠おろし戸を引、御直御断被成候上御会釈
可有之事、
一　　　　諸士・諸医
右へは御供之内を以御断被成、御行通之尻ニて戸を引御会釈可有
之事、
右何も御馬乗之節も右ニ准シ御会釈可被成事、
一途中御供之内壱人少し御先へ立、群集等之節は下々へ計り下タニ
〳〵とがさつニ無之相制し、失礼いたし候者無之様可被成事、
一御家門方御伺書、左之通、
一年頭献上御肴一折并砂金弐匁、代弐貫文目録添、　御在府之節
於爰元、元日朝御目付へ使者を以差出候事、
「附札、御伺之通御役人を以被差上候事」
　但嫡子は砂金壱匁、代壱貫文御肴右同断、尤目録下書別紙之
通、
「附札、御書面御仕成之通御心得可被成候」
一御曹司様へは御肴計一折差上候事、
　但嫡子は砂金壱匁、代壱貫文御肴右同断、
「附札、御伺之通御役人を以被差上候事」
一御在国之節は太刀折紙を以御礼申上、外献上物無之、
「附札、元日御側へ御肴御上ケ被成、二日大奥へ御上り御礼被仰上
候事、但二日御上り之節御上物無之事」
　但太刀馬代壱貫文、
一五節句・八朔・月次・諸恐悦・病気等ニて登　城無之節は、附
人を以恐悦申上候事、月次式日御礼無之日ニても附人を以恐悦
申上候事、
　但駒五郎儀は五節句・月次式日共ニ附人を以恐悦申上候事、
　尤於菊之間御廊下恐悦申上候事、
「附札、五節句ニ御附人を以御側へ恐悦可被仰上候、但大奥へ同日
御上りニ及不申事、」
一屋形様へ暑寒御機嫌伺、　御在府ニても　御在国之節之通登　城、
屋形様・　御曹司様へ相伺江戸表へ呈書ニ不及事、
　但病気等之節は附人を以御機嫌相伺候事、
「附札、御側へ御附人を以暑寒御機嫌御伺可被仰上事、大奥へ右御
機嫌伺慈眼院殿御上り可被成候事、但慈眼院殿御病気等之節ハ、
御附人を以右御機嫌伺大奥へ可被仰上候事」
一御参府・御国着之節御玄関ニて御送迎申上候事、尤御肴献上之
事、
　　但当朝目録添御目付へ差出候事、

御参勤之節は前日御逢之事、
御帰国之節は当日御逢之事、
「附札、
一御参勤御国着御当日、御表・大奥へ御附人を以恐悦可被仰上候
事、
一御献上御肴御表へ御伺之通御献上可被成候事、
一御参勤前日御家門方、御同日大奥へ慈眼院殿御上り可被成事、
一御家門方　御帰国被仰上候、御同日ニ大奥へ慈眼院殿御上り可
被成候事」
一端午・歳暮御肴献上之事、
但端午は五月朔日、歳暮は十二月廿八日献上之事、何も目
録添、紙ハ奉書ニ無之粘入ニても宜敷事、
「附札、御献上物無御座候」
一御内書并暑寒御尋、　上使御請等附人を以申上候事、
但御在国年は暑寒両度、御参府年は暑中計、文化七年十
一月以来以　上使御尋拝領物年々有之、
「附札、上使之外は大奥向御取扱故、不被為及此義候事」
一雷雨・地震・出火御機嫌伺、御側へ以使者相伺候事、
但雷鳴二、三聲も強キ事有之、地震屋根石落候程之節、出
火惣門内之節計、但シ大火ニ相成候節歟又ハ御屋敷近所之
節は、惣門外通ニても其節ニ寄相伺申事、
一御上屋敷御広式御下屋敷へ年始・端午・歳暮御肴銀弐匁御附役
迄奉札を以差上候事、尤暑寒御機嫌伺并諸恐悦事同断奉札を以
申上候事、
「附札、慈眼院殿是迄御仕成之通可被成事」
但年頭は正月元日、端午は五月朔日、歳暮は十二月廿八日、
右之通於爰元差上候事、
一主税殿へ右同断并諸為知状差遣候事、
「附札、慈眼院殿是迄御仕成之通可被成事」
一五節句・八朔都て重立候節は供立左之通、
先箱先鑓先供一人駕籠脇四人供頭一人草履取立傘合羽箱一
荷押一人、鑓は鳩御門前迄、挟箱は東御門内迄、
「附札、御供立御同様被仰下候、但御鑓之処へ御打物為御持被成候
事、御供頭ハ御附人御召連被成候事、御打物ハ冠木御門外迄為御
持被成候事、大奥御玄関外迄為御持可被成事」
但中ノ口より持賦雁木ノ下へ指置候事、立傘東御門内迄、
右之通登　城之節為持候事、
「附札、大奥御玄関之外迄為御持可被成事」
一外出之節途中制方并大小之諸士へ会釈向、文化五年五月被　仰
出已後、右御沙汰通致来候事、
但御沙汰通別紙之通、
「附札、御会釈向御同様被　仰付、御沙汰通別紙之通御座候」
一聖寿寺・東禅寺へ罷越候節、鑓下馬ニて為除候事、
「附札、御伺之通御打物下馬ニて為御次被成候事」
一門番御同心拝借所御用多ニ付、当分不被遣旨先達て御沙汰有之、
以来門番無之候、
「附札、門番ニ不及事」
十一月

一登　城之節御中丸御玄関より御目付先立仕候事、
「附札、御書面御仕成之通御心得可被成候」
「同、大奥向御取扱故、不被為及此儀候事」
一願向并家来共家督継目御礼願等、都て重立候願向は、直願書を
以御家老宛所ニて差出候事、
但御目付相招願書差出候事、
「附札、御礼願ハ御家老宛所ニて御直願書、御目付御招御頼可被差
出事」
一平常之願伺届并家来共諸願訴、附人より御目付へ差出候事、
一相手之者拝借願、附人より御目付へ差出候事、
一御在府年年頭恐悦罷出候儀、如何相心得可然哉奉伺候、以上、
「附札、二日ニ慈眼院殿大奥へ御上り恐悦可被仰上候」
十二月十一日
一御表并御側へ平日罷出候節、継肩衣着用可申哉、
一式日御礼無之日御表御側へ罷出候節、上下着用可申哉、
「附札、大奥向御取扱ゆへ不被為及此儀候事」
十一月
右何も御家門方之御仕成ニ准シ、南部慈眼院殿御伺被仰上候ニ付、
附札之通御心得被成候様、右御附人へ申渡申上候段、御目付野々
村円蔵申出之、

十二ノ
九日　晴

弥六郎
筑後
勘解由
典膳
淡路
主膳

一　　南部彦六郎
嫡子秀之進当五歳罷成候得共、養父彦八郎実子与惣太当二歳罷成、
此節丈夫罷成筋目之者ニ付、嫡子仕度旨申上、願之通被　仰出、
大書院御廊下於御杉戸脇同席列座勘解由申渡之、

一　　神子田求馬
嫡孫守衛当十五歳罷成年来ニ付、前髪為執度旨申上、願之通被
仰付、

一　　御医師
福田文庵
当二十一歳罷成年来ニ付、御差紙療治被　仰付被下度旨申上、願
之通被　仰付、何も以御目付申渡之、

一　　御医師
横沢友川
久々眼病相煩候上血痳之症罷成、難治之症ニて此末一子出生之程
難計、娘津屋十二歳罷成有之候得共病身ニ付、此者へ聟養子可願
上様無之ニ付、妹嶺当二十六歳罷成有之候、此者養女仕度旨申上、
願之通以御目付申渡之、

一　　宮　助之丞
病気全快可仕躰無之ニ付、野田通竹倉部御鉄山方御免被成、御目
付を以申渡之、

一　　御武具細工屋
鈴木善助
先頃苗字帯刀御免被成下候付、右之通相名乗度旨申上、伺之通御
町奉行へ申渡之、

一淡路方病気快今日登　城也、

十二ノ十日　雪

弥六郎
筑後
勘解由
淡路
主膳

一御献上之初鱈壱舁、宰領村瀬周作組弐人附今朝立為御登被成之、

一　村木五兵衛

御鉄山方被　仰付、御目付を以申渡之、
但御勝手方御免之御沙汰ハ不被成候、御役移と相心得可申旨御目付へ演説申渡之、

一　照井小市

御勝手方被　仰付、御目付を以申渡之、

一円明院様十七回御忌、来正月十日御相当之処、御取越今日於聖寿寺一日御法事御執行ニ付、御香奠相備　御代香典膳相勤、　御曹司様　御代香御香奠相備同人相勤、御役人も相詰也、

一　良作兄 岩屋勇助

先達て無調法之儀有之、良作へ御預逼塞被　仰付置候処、此度円明院様十七回御忌御法事御執行に付、為御功徳御免被成旨被仰出、

一　毛馬内御給人山本九一娘 民

先達て無調法之儀有之、九一へ御預慎被　仰付置候処、右同断、
右書付一通昨日寺社御奉行御目付へ相渡、右御免之者へ親類壱人附添、今朝御寺へ呼出置御法事相済候処ニて、右之段直々於御寺申渡候様申渡之、

一　聖寿寺

此度　円明院様十七回御忌御法事御執行に付、為御功徳、御咎之者共別紙之通御免被成旨被　仰出、於御寺典膳申渡、面付は寺社御奉行を以為見之、御用懸り御用人へも為見之、
但御法事ニ付、御赦免之儀聖寿寺より願出候得共、右願ニ付御免被成候儀ニは無之、此度は別段　思召を以御赦免被成旨、聖寿寺へ御目付を以演説申渡之、

十二ノ十一日　晴

弥六郎
筑後
勘解由
典膳
淡路
主膳

一徳雲院様御忌日ニ付、聖寿寺へ　御代香筑後相勤之、

一　駒嶺松之助

男子無之候、然処久々痼積相煩、癲癇之症罷成時々眩暈卒倒仕、難治之症ニて此末一子出生之程難計、尤得快気御奉公可相勤躰無之ニ付、弟駒之助養子仕度旨申上、願之通被　仰出、於竹之間同席列座勘解由申渡之、

一　鴨沢　舎
高屋伝左衛門

一奥詰被　仰付申渡候段、御目付野々村円蔵申出之、

小市事
照井善作

一右之通名相改度旨申上、願之通被　仰付、御目付を以申渡之、

大森佐五助

一上田通御代官被　仰付、

松田伊之助

一徳田伝法寺通御代官被　仰付、何も於竹之間同席列座勘解由申渡之、

沢内通越中畑通御百（姓）
惣兵衛
同村長右衛門子
長之助
同村善四郎子
長太

一右三人之者共行跡不宜、御所へ差置候ては取扱向差支ニ罷成候間、御追放被　仰付被下度、尤別紙を以惣兵衛儀は田名部通尻屋村、長之助儀は野田通へ、長太儀は五戸通市川へ御追放被　仰付被下度旨、御代官大須賀左右・松原勝治申出、願之通被　仰付、御目付を以申渡之、

岩部繁若次郎

一御側下給仕被　仰付、
但御家門方御上り之節勤役、

同人

一徳田伝法寺通御代官御免被成旨被　仰出、右何も以御目付申渡之、

十二ノ
十二日　晴

弥六郎
筑後
勘解由
典膳
淡路
主膳

一即性院様御忌日ニ付、聖寿寺へ　御代香主膳相勤之、

野辺地御給人
立花武治
同　栄治

一武治儀疝積相煩癲癇之症罷成、難治之症ニて全快御奉公可相勤躰無之ニ付、忰栄治当九歳罷成、未　御目見不申上候得共、此者家督被　仰付被下度旨申上、願之通無相違被　仰付、御代官へ以書状申遣之、

御鉄山方
村木五兵衛

一別段　思召入有之、御銅山方次座被　仰付、

御鉄山方

一御山方次座被　仰付、何も申渡候段御目付毛馬内命助申出之、

御側御買方
多田門之進
同当分
室岡平兵衛

一御数寄屋御用向共ニ相勤候様被　仰付、御目付を以申渡之、

川村身分治
同　英八

一紅葉之御間御給仕被　仰付、
但隔日御側へ罷出居、御家門方御上り之節御給仕向相勤可申事、

大和田斉助
山瀬栄助

一

御時計師被　仰付、
但隔日罷出相勤可申事、

一　大森新太郎
御鳥番被　仰付、
但御時計師並と相心得可申事、
右何も御目付を以申渡之、

一寒中為伺御機嫌、南部雅楽助殿・南部左京殿御登　城、総角之間御廊下へ勘解由罷出御挨拶申上之、
但南部左近殿御不参、南部駒五郎殿御幼年ニ付御登　城無之、御附人を以御伺被仰上之、

一右同断ニ付、同席御機嫌相伺、御用人始御役人・御使番席へ罷出相伺之、
但常服也、

一高知之面々・同嫡子・同嫡孫・御用人子共・御新丸御番頭・諸者頭・御新丸御番頭子共迄麻上下着用、今暁より十四日迄三日之内寒中為伺御機嫌、於弥六郎宅対客有之、右之面々罷出相伺、右面付等之義は弥六郎より取調へ差上之、
但嫡子・嫡孫共初て之　御目見申上候ても、五節句・月次御礼不申上内ハ、対客ニ罷出御機嫌不相伺なり、

一　坂牛杢兵衛
　　遠山多門
杢兵衛居宅仁王新山小路南側、居屋敷所持罷有候処、多門居宅上衆小路南側居屋敷と此度取替住居仕度旨、銘々口上書を以申出、双方相対願之通被　仰付、御目付を以申渡之、

一　山本兵衛
同氏司儀病後之御礼、願之通来ル十五日可被為　請旨被　仰出、奉書を以申遣之、

一　笠間喜内
馬門御番所御番人被　仰付、当時大畑勤番ニ付、御目付より御用状を以申遣之、

一　沢内御代官
　　大須賀左右
此度支配所へ御用有之罷越候処、久々腰痛差発押て相勤罷有、馬乗可仕躰無之ニ付、道中青駄御免被成下度旨申上、願之通被　仰付申渡候段、御目付奥寺市之丞申出之、
但右口上書昨日退出後出候ニ付、相伺候処差懸り候事ゆへ、右様之願は退出後出候ハヽ、願之通申渡、翌日席へ申出候様御沙汰ニ付、昨日申渡候旨申出也、

一江戸表去ル六日立七日振飛脚、赤沢半司組弐人今八時過下着、御用儀申来之、

十二ノ
十三日　晴　　弥六郎
　　　　　　　筑後
　　　　　　　勘解由
　　　　　　　典膳
　　　　　　　淡路
　　　　　　　主膳

一　小原弥平
　　同　八十助

弥平儀老衰之上起居不自由罷成、御奉公可相勤躰無之付、隠居仕
忰八十助家督被　仰付被下度旨申上、願之通無相違被　仰出、

一　　　　　　　　　　　　　　　　一生組付御免御料理方
　　　　　　　　　　　　　　　　　船越三九郎
　　　　　　　　　　　　　　　　　太田門蔵
三九郎儀男子無之娘有之付、挨拶柄も無之候得共、門蔵二男力之
助聟養子仕度旨申上、双方願之通被　仰付、右何も於竹之間同席
列座勘解由申渡之、

一花巻御給人門屋助右衛門二男民蔵儀当二十歳罷成、去月廿九日与
風罷出罷帰不申候付、其節御内々御届申上置、心当之所々色々相
尋候得共行衛相知不申、出奔仕候旨助右衛門訴出之、

一　　　　　　　　　　　　　　　　村木治部左衛門
其方儀嘉平治弟松原角助聟養子仕度旨、文化元年願之通被　仰付、
其後初て之　御目見不願上罷有候旨趣御尋被成候処、御答向甚不
始末之申上方、且御礼之儀ニ付ては、近来御沙汰被成置候御趣意
をも相背、重畳不届ニ付隠居被　仰付、差扣御免被成旨被　仰出、
右之通被　仰出、今晩中ノ橋川岸於御会所場、御町奉行宮手弥
市・坂牛杢兵衛、御目付江刺牧太・毛馬内命助立合申渡之、

一右ニ付、治部左衛門親類村木英蔵・村木荘右衛門・大里勝司・山
屋儀七・松岡嘉兵衛恐入差扣申出、願之通差扣被　仰付、御目付
へ申渡之、

十二ノ
十四日　晴　　　　　　　　　　　　弥六郎
　　　　　　　　　　　　　　　　　勘解由
　　　　　　　　　　　　　　　　　典膳

一　　　　　　　　　　　　　　　　川井奥右衛門
　　　　　　　　　　　　　　　　　御勘定方
　　　　　　　　　　　　　　　　　太田代文左衛門
奥右衛門儀男子無之養女有之ニ付、挨拶柄も無之候得共、文左衛
門弟伝作聟養子仕度旨申上、双方願之通被　仰付、於竹之間同席
列座勘解由申渡之、

十二ノ
十五日　晴　　　　　　　　　　　　勘解由
　　　　　　　　　　　　　　　　　典膳
　　　　　　　　　　　　　　　　　主膳

一月次御礼、今四時　御本丸於御座之間、御家門衆御礼被仰上、奏
者御用人相勤、　御着座之節勘解由御取合申上、引続同席御礼申
上、夫より　御中丸総角之間へ　御出座、高知之面々・諸者頭迄
御礼申上、畢て名目御礼被為　請、無程相済也、

一今日　御曹司様御表へ　御出座被遊也、

一　　　　　　　　　　　　　　　　高知
高知子共・同嫡孫年頭御礼、南部左近殿ニ准シ、已来二日ニ被為
請候旨被　仰出、御礼後居残之儀大目付を以申達置、同席列座於
菊之間勘解由申達之、

一　　　　　　　　　　　　　　　　御用人
此度高知子共・同嫡孫年頭御礼、二日ニ被為　請候旨御沙汰被成
候間、御用人子共も已来二日ニ被為　請候旨被　仰出、於席申渡
之、

一　　　　　　　　　　　　　　　　御新丸御番頭
此度高知子共・同嫡孫年頭御礼、二日ニ被為　請候旨御沙汰被成

候間、御新丸御番頭子共も以来二日ニ被為　請候旨被　仰出、御
礼後居残之儀御目付を以申渡置、於菊之間同席列座勘解由申渡之、

大目付

一 年頭御礼、以来二日ニ御表ニて被為　請候旨被　仰出、於席申渡
之、

但大目付より寺社御奉行兼帯之者は、寺社御奉行ニて是迄之通
元日ニ被為　請候旨、御目付を以申渡之、

御徒頭

一 御目付、御勘定奉行ニ准年頭御礼、已来二日ニ御表ニて被為　請
候旨被　仰出、於竹之間同席列座勘解由申渡之、

一 此度高知子共・同嫡孫年頭御礼、以来二日ニ被為　請候旨被　仰
出候間、中野舎人・七戸志摩儀は元日御用人次ニ可申上旨、以御
目付心得申達候事、

御供頭

一 年頭御礼、尓来於御側御勘定奉行へ引続可申上事、
但只今迄之通半袴着用可申事、
右之通被　仰出、以御目付申渡之、

御膳番
高橋平作

一 来年始御規式御用懸り被　仰付、於席申渡之、

女鹿喜代司

一 来年始御式法御用被　仰付、於竹之間同席列座勘解由申渡之、

岩間純平
目時門弥
栃内兵右衛門

山屋三右衛門
毛馬内彦右衛門
成田保人

御広間当勤心得宜相勤候段、御番頭申上達御聴、仍て　御言葉
之御褒美被　仰出、

一

照井源左衛門
城　弥平太
大嶋惣太
栗谷川小次郎
中野鍋八
福田長作
矢口郷助
下田官兵衛
川井五右衛門
帷子唯七
佐々木章内
高杉儀右衛門
石亀喜七郎
円子常作
三上忠蔵
栃内多次郎
赤沢喜七郎
小菅武平治
鈴木勝弥

守田　武
中市八郎
栗谷川源次郎
長岡英之進
高橋泰作
見習 山本元弥

御新丸御広間当勤心得宜相勤候段、御番頭申上達　御聴、仍て御言葉之御褒美被　仰出、柳之間於御拭縁同席列座勘解由申渡之、
但去年は竹之間ニて申渡候処、当年猶又御沙汰右之通也、

一　玉山直人

不念之儀有之差扣願出、不及其儀旨御目付ヘ申渡之、

一　村木英蔵
村木荘右衛門
大里勝司
山屋儀七
松岡嘉兵衛

差扣御免被成旨被　仰出、御目付ヘ申渡之、

一右ニ付、親類共恐入差扣願上候処、何も不及其儀旨御目付ヘ申渡之、

十二ノ
十六日　曇　典膳
主膳

一江戸ヘ今朝七日振飛脚、戸来金十郎組弐人差立、御用儀共申遣之、

一　南部雅楽助殿
南部左京殿
南部慈眼院殿
上使御使番 上田助之進
南部九兵衛
上使御使番 葛西市右衛門

上使被　仰付、

一

右同断、何も於竹之間同席列座典膳申渡之、
但上下用意之儀前日口達ニて御目付ヘ申渡、呼上は不出也、

一鮭二尺宛　南部雅楽助殿
南部左京殿
南部慈眼院殿

寒中為御尋　御意被成下、且又鮭被下之、
右書付御三方　上使銘々ヘ御用人より相渡之、

一右御請御銘々御附人を以即日被仰上、菊之間於御廊下典膳謁之、尤前々翌日御登　城御請被仰上候処、去年六月より以来御登　城不被成、御附人を以被仰上候様御沙汰ニ付、右之通也、且駒五郎殿御幼少ニ付、　上使不被遣也、

一鱈二尾　南部九兵衛

右同断、
但同人登　城御請申上候旨大目付申出之、尤前々御家老謁候処、去年六月御沙汰ニ付、以来右之通、

一江戸表去ル朔日立御節季御荷物四駄、宰領赤沢半司組弐人附今日下着也、

一右幸便ニ　上々様方ヘ歳暮御祝儀、例之通十三日付ニて被　仰進之、

十二ノ十七日　晴

筑後
典膳
主膳

一
南部彦六郎
下田将監
檜山帯刀
奥瀬治部
上使御使番 上田助之進
桜庭対馬
漆戸舎人
内堀大隅
下田右門
上使御使番 葛西市右衛門

右之通　上使被　仰付、於竹之間同席列座典膳申渡之、

一鱈二尾宛　高知中　八人

寒中ニ付　御意被成下、且又鱈被下置之、
右書付　上使銘々へ御用人より相渡之、
但即日銘々登　城御請申上候旨、大目付申出之、

一　駒嶺与四郎
御徒頭 円子貞作

与四郎儀男子無之娘有之ニ付、挨拶柄も無之候得共、貞作預御徒
古木幸右衛門伯父重次郎聟養子仕度旨申上、双方願之通被　仰出、
於竹之間同席列座典膳申渡之、

一　小栗権左衛門

支配所花輪通当御掫駒被下銭相下候節、不吟味之儀仕恐入差扣願
上候処、不及其儀旨被　仰出申渡候段、御目付毛馬内命助申出之、

十二ノ十八日　晴

筑後
典膳
主膳

一南宗院様・大源院様御忌日ニ付、両寺へ　御代香筑後相勤之、

一
大萱生外衛
奥瀬内記
岩間将監
黒沢采女
上使御使番 上田助之進
向井英馬
山本兵衛
漆戸左司馬
南部彦七郎
上使御使番 葛西市右衛門

右之通　上使被　仰付、於竹之間同席列座典膳申渡之、

一鱈二尾宛　右高知中 八人

寒中ニ付　御意被成下、且又鱈被下置之、
右書付　上使銘々へ御用人より相渡之、
但即日何も登　城御請申上候旨、大目付申出之、

一　三嶋貞次郎

同　門蔵

貞次郎儀癲癇之症相煩時々眩暈卒倒仕、難治之症ニて全快御奉公可相勤躰無之ニ付、隠居仕悴門蔵家督被　仰付被下度旨申上、願之通無相違被　仰出、

一　菊池勘作

嫡子万作先頃病気ニ付、二男逸作嫡子仕度旨申上、願之通被　仰出、何も於竹之間同席列座典膳申渡之、

一　上田早太

弟忠太儀行跡不宜ニ付、親類へ御預他出御指留被成旨被　仰出、恐入差扣願上候処、不及其儀旨御目付へ申渡之、

一御蔵米拾駄、此代弐拾四貫文

右は五拾石以下御切米并御役料米御買上之分、右御直段を以御渡方可被　仰付哉と御勘定奉行申出、伺之通申渡之、

十二ノ十九日　曇

弥六郎
典膳
主膳

一今日　御曹司様御誕生日ニ付、為御祝儀於御側御囃子有之、仲間拝見被　仰付、直々於御側御吸物・御酒頂戴之、

十二ノ廿日　晴

弥六郎
典膳
淡路
主膳

一　御用人　黒川　司

御年男相勤候ニ付、拝領物被　仰付、
但御年男加は御側御用人取扱也、
御立合無之ニ付、追て御下方之節被下旨、御目付を以為相心得置也

一　御使番　葛西市右衛門

御紋巻御上下一具被下置旨被　仰出、於竹之間同席列座典膳申渡之、

一　新渡戸図書
毛馬内左門
上使御使番　藤枝内記
上使御使番　上田助之進
八戸彼面
楢山此馬（ママ）
上使御使番　葛西市右衛門

右之通　上使被　仰付、於竹之間同席列座典膳申渡之、
右五人（ママ）

一鱈二尾宛

寒中ニ付　御意被成下、且又鱈被下置之、
右書付　上使銘々へ御用人より相渡之、

十二ノ廿一日　晴

弥六郎
勘解由
典膳
淡路

但即日何も登　城御請申上候旨、大目付申出之、

一鱈二尾宛　　主膳

寒中為　御尋被下置、於席申渡之、

　御番頭
　桜庭兵庫
　毛馬内近江
　野田豊後

但今日御用有之ニ付、相揃上下着用罷出候様、昨日当番ヘ御目
付を以為申達之、

一　　永福寺
　上使御使番
　上田助之進

　　聖寿寺
　上使御使番
　葛西市右衛門

右之通　上使被　仰付、於竹之間同席列座勘解由申渡之、

一午房一折宛　　右両寺ヘ

寒中ニ付　御意被成下、且又午房被下置之、
右書付　上使銘々ヘ御用人より相渡之、

一　　千田祐甫

去ル十四日昼教浄寺ヘ参詣罷越候、然処三徳之内ヘ当暮御切府金
弐両弐歩御証文壱枚入置候処、途中ニて相落重畳恐入差扣願上候
処、願之通指扣被　仰付、御目付ヘ申渡之、

一　　花輪御給人密馬改役
　村山重治

当御振駒御下銭之節不吟味之儀有之、恐入差扣願上、願之通差扣
被　仰付、御目付ヘ申渡之、

十二ノ
廿二日　雪　　弥六郎

筑後
勘解由
丹波
典膳
淡路
主膳

一丹波方昨夜下着ニ付、今日より登　城也、
一江戸表去ル十六日立七日振飛脚、神子田求馬組弐人昨夜着、御用
儀申来之、

一　　佐藤文平
　同　文治

文平儀老衰之上歩行不自由罷成、御奉公可相勤躰無之付、隠居仕
悴文治家督被　仰付被下度旨申上、願之通無相違被　仰出、

一　　浦上善作

一子無之ニ付、退身之兄八之進妾腹之子定記当十二歳罷成、筋目
之者に付嫡子仕度旨申上、願之通被　仰付、
右何も於竹之間同席列座勘解由申渡之、
一江戸ヘ今昼七日振飛脚、戸来金十郎組三人差立、御側御用申遣之、

一　　三戸御与力
　北村与治兵衛
　同
　北村金左衛門

与治兵衛儀悴源治病死仕、外一子無之ニ付、同姓之親類同所御与
力金左衛門二男金五郎養子仕度旨申上、双方願之通被　仰付、御
代官ヘ以書状申遣之、

一　　南部弥六郎

南部筑後

仲間不人数ニ付、日々相揃罷出候様御沙汰被成候処、已来隔日罷出候様御沙汰ニ付申達之、

一主膳方儀丹波方罷登候ニ付、御用番相勤候様、尤御用ニ寄候儀は証文面ニも入可申、惣て不人数之内ハ、御家老同様一統相心得候様御沙汰被成候処、御免被成旨被　仰出、詰合ニ付申達之、御役人へも申渡之、

一　御中屋敷見守役
堀切半右衛門

常府被　仰付旨、去ル九日申渡候由御用状ニ申来申上、大奥御側通并御役人共へも申渡之、

十二ノ廿三日　晴

筑後
勘解由
丹波
典膳
淡路

一　花輪御給人密馬改役
村山重治

指扣御免被成旨被　仰出、御目付へ申渡之、

一　福岡通
金子茂八

其方儀此度別段之御次第も有之候ニ付、所御給人被成下、尤知行所之内地尻・地頭ニて御定目御礼銭差上、新田高拾三石披立願上可申候、左候ハヽ、御吟味之上被下置、追て披立相済精御検地願上候節御改被成、本高へ御加可被下置旨被　仰出、御代官へ以書状申遣之、

八幡丁
春松
穀丁
伊四郎

右之者共行跡不宜旨相聞候付、二十八丁払被　仰付、

新小路鼠入与兵衛借家
多蔵へ

其方儀行跡不宜旨相聞候付、村払被　仰付候条、御城下へ立入申間敷旨被　仰付者也、

月日

右之通御片付、公事懸り御役人共伺之通申渡之、

十二ノ廿四日　晴

弥六郎
筑後
勘解由
丹波
典膳

一　法泉寺
石梁

東禅寺万休及末期、聖寿寺先々住太玄弟子機蔵主嗣法仕置、御寺役も可相勤僧ニ候間、後住被　仰付被下度旨申上候処　思召有之、其方儀東禅寺住職被　仰付、菊之間於御廊下同席列座勘解由申渡之、

一　聖寿寺先々住太玄弟子
機蔵主

思召有之ニ付、法泉寺石梁儀東禅寺住職被　仰付候間、其方儀法泉寺住職被　仰付、

一　聖寿寺

東禅寺万休及末期、先々住太玄弟子機蔵主嗣法仕置、御寺役も可

相勤僧ニ候間、後住被　仰付被下度旨申上、其節添書を以申出候
処　思召有之、法泉寺石梁儀東禅寺住職被　仰付、機蔵主儀は法
泉寺住職被　仰付、何も寺社御奉行へ申渡之、

一　　　　　　　　　　　　　　鳥谷其右衛門
　　　　　　　　　　　　　　　八角英司

其右衛門儀男子無之娘有之ニ付、英司弟友弥聟養子先達て願之通
被　仰付候処、不縁ニ付相返申度旨申上、双方願之通被　仰付、
御目付を以申渡之、

一野辺地御給人成田善左衛門知行小高証文、先頃焼失ニ付、依願右
書替証文御目付を以御代官へ相渡之、

一　　　　　　　　　　　　　　北村清助

思召入有之、御鉄山方御免被成候、

一　　　　　　　　　　　　　　長沢甚作

御鉄山方被　仰付、

右之通被　仰出申渡候段、御目付野々村円蔵申出之、

十二ノ廿五日　晴　　　筑後
　　　　　　　　　　　勘解由
　　　　　　　　　　　丹波
　　　　　　　　　　　典膳

一　　　　　　　　　　　宮古御給人
　　　　　　　　　　　　重茂与三左衛門
　　　　　　　　　　　　同　彦助

与三左衛門儀、中風之症相煩時々眩暈卒倒仕、難治之症ニて全快
御奉公可相勤躰無之付、隠居仕悴彦助家督被　仰付被下度旨申上、
願之通無相違被　仰付、御代官へ以書状申遣之、

一　　　　　　　　　　　　　　南部慈眼院殿

御勝手向至て御差支被成、当時之御振合ニては、御相続も難被成
程ニ相聞得候ニ付、為御手当已来御蔵米五拾駄宛、年々被下候旨
被　仰出、

右書付御目付野々村円蔵へ相渡、御屋敷へ差遣申上之、御役人へ
も申渡之、右御請即御附人を以被仰上、菊之間於御廊下謁之、

十二ノ廿六日　晴　　　弥六郎
　　　　　　　　　　　勘解由
　　　　　　　　　　　丹波
　　　　　　　　　　　典膳

一明後廿八日、天量院様御忌日之処歳暮ニ付、今日両寺へ御仏詣、
御忍ニて　御本丸御玄関より　御出被遊、仲間御寺へ之御先詰も
無之也、

一　　　　　　　　　　　　　　村木鉄太郎

親治部左衛門儀松原嘉平治弟角助、先達て養子願之通被　仰付候
後、数年　御目見願上不申不始末之致方に付、角助儀人元嘉平治
へ相返候様御沙汰被成、右無調法ニ付隠居被　仰付候、依之其方
実子之事故、御憐愍を以家督相続無相違被　仰付、

右之通今朝勘解由於宅申渡、御目付三浦忠隆御徒目付壱人相詰也、
尤鉄太郎上下着用為相詰候様、前日御目付へ口達之、

　但前々小役人之者共相詰来候処、去年三月二日之処ニ有之通此
度も不相詰也、

一　三戸御給人　石輪民右衛門
親専左衛門存生之内、願之通跡式無相違被　仰付、御代官へ書状
を以申遣之、

一　御先供　関根八之丞
来秋　御参勤迄詰越被　仰付申渡候段、御目付毛馬内命助申出之、

一　南部勘解由
花巻御給人坂水周作二男寛蔵義召仕候旨、先達て御届申候処、此
度相返候旨被相届、尤周作よりも引取候旨訴之、

一植村近江弟友治儀当三十八歳罷成候処、去ル十九日与風罷出不罷
帰候ニ付、心当之所々相尋候得共行衛相知不申、出奔之旨近江訴之、

一江戸表去ル廿日立七日振飛脚、神子田求馬組弐人今朝着、内状之
趣申来之、

一今日下り後、勘解由於宅誓詞堅目有之、御役人相詰也、

十二ノ
廿七日　晴

一今日御煤取ニ付、仲間登　城無之、

一　千田祐甫
差扣御免被成旨被　仰出、御目付へ申渡之、

十二ノ
廿八日　晴

弥六郎
筑後
勘解由
丹波
典膳
主膳

一今四時於　御本丸、御家門衆歳暮之御祝儀被仰上、夫より於　御
中丸、高知并月次出仕之面々御礼申上、無程相済也、
　但文化七年御沙汰之通名目御礼は無之也、

一為歳暮之御祝儀、屋形様・　御曹司様へ御家門衆始、仲間・高
知之面々・御用人より御肴一折宛、銘々目録ニて差上之遂披露之、
尤江戸詰合御留守居よりは御肴不差上、爰元御留守居有之候得は、
御肴差上候得共此節無之、御留守居見習格大目付は伺之上不差上
也、
　但江戸詰合仲間、同御用人も差上之、

一歳暮之御祝儀御使番以上之御役人、席へ罷出申上之、

十二ノ
廿九日　晴

筑後
勘解由
丹波
典膳
十二ノ
晦日　晴

弥六郎
筑後
勘解由
丹波
典膳
主膳

一今日御年縄配ニ付、御役人熨斗目、小役人上下着用也、

文政二年

＝一八一九年

文政二己卯歳

正月元日　晴

御席詰 南部弥六郎義堯
同 南部筑後康孝
南部勘解由政智
御用番 新渡戸丹波季達
毛馬内典膳直興
八戸淡路義涛
江戸勤番 藤枝宮内道博
見習 楢山主膳隆福

一屋形様長御上下被為　召、五時御側於　御座之間、年頭之御規式被遊御祝、終て如御佳例虵沼惣左衛門（上下着用）鮭塩引二尺・瓶子二荷、相米弥左衛門（素袍着用）雉子一番・兎扣一苞・御箸一膳差上、於　御座之間　御目見申上　御直熨斗被下、此節御年男奏者之、

一於　御側御座之間、御家門衆南部雅楽之助殿・南部左京殿長袴御着用、太刀折紙ヲ以年始御礼被申上、被致着座候処ニて御引渡出、夫々相済、御吸物御膳御銚子出、右御吸物御膳迄取レ候処ニて丹波御取合申上、御襖戸脇へ罷出、年頭御祝詞被申上候旨言上之、目出度ト　御意有之、御家門衆上座ヨリ御旧例之通、御規式無御滞被為済、奉恐悦候段被申上候処ニて、丹波御家門衆ヨリ御先ニ退出也、

但、御熨斗は跡ニて下ル也、

一屋形様、五時過御中丸総角之間へ御出座、南部弥六郎・南部筑後・南部九兵衛・南部勘解由・新渡戸丹波・毛馬内典膳・八戸淡路・楢山主膳・南部彦六郎・桜庭兵庫長袴着用、順々太刀折紙ヲ以御礼申上、着座仕候処ニて着座御膳出ル、右之所ニて弥六郎ヨリ段々罷出、此節中座無之　御盃・御直熨斗頂戴仕、亦々着座之処へ引取、但、着座之所へは御銚子参り不申事、　御盃頂戴之節計り也、着座御膳不残取レ候処ニて、丹波角ヲカケ年頭御祝詞一同申上候ト言上仕候処ニて、目出度ト　御意有之、弥六郎御旧例之通御規式無御滞被為済、奉恐悦候ト言上之処ニて、直々末座ヨリ何レモ退出也、

但、八戸淡路病気ニ付登　城無之、

一右終て高知之面々・御用人・御新丸御番頭長袴着用、太刀折紙ヲ以御礼申上、　御盃・御直熨斗被下、其外寺社御町奉行・御者頭・御長柄頭何レモ長袴着用、太刀折紙ヲ以御礼申上、御流・御引熨斗被下、終て百石以上平士（半袴着用）・諸士一統御礼申上、初立両人、後ハ三人宛罷出、御流・御引熨斗頂戴、四時過相済也、

一去々年ヨリ菊之間御椽頬御間ニて、御畳鋪同席共面番致也、

但、御用人並大目付迄也、

一今日　御曹司様御側御表共ニ御出座ニ付、御家門衆別段恐悦不被仰上、高知・御用人共ニ不申上也、

但、南部駒五郎殿御幼年ニ付、御附人ヲ以年頭御祝詞被　仰上、廻勤先キ菊之間御廊下ニて謁之、尤目礼計也、

一去年正月御沙汰有之ニ付、江戸詰合宮内ヨリ年頭為御祝儀、　屋形様・　御曹司様へ御肴一折宛目録相添差上之、御側御用人ヲ以遂披露之、

但、砂金ハ不差上也、

一仲間並高知之面々共ニ、病気ニて不罷出候者、馬代並御肴共ニ不差上也、

一此節御太刀引長袴着用、御給仕之者ハ半上下着用相勤之、

一御馬御乗初、桜之御馬場ニて　御名代御年男相勤之、委細は御用人留書ニ有之也、

正月二日　晴

弥六郎
筑後
勘解由
丹波
典膳
病気淡路
主膳

一屋形様、五時御側於　御座之間、南部左近殿長袴御着用、太刀折紙ヲ以年頭御礼被申上、被致着座候処ニて御引渡出、御吸物御膳取候処ニて丹波御取合申上、御襖戸脇ヘ罷出、年頭之御祝詞被申上候旨言上之、目出度ト　御意有之、夫ヨリ御旧例之通御規式無御滞被為済、奉恐悦候段被申上候処ニて丹波御先ニ退出也、是亦元日之通之事、

一屋形様、五時過御中丸総角之間ヘ　御出座、高知子共・同嫡孫・御用人子共・大目付迄長袴着用、太刀折紙ヲ以御礼申上、　御盃・御直熨斗被下、夫ヨリ御徒頭・御新丸御番頭子共長袴着用、太刀折紙ヲ以御礼申上、御流・御引熨斗被下、終て百石以下之諸士・諸医一統御礼被為請、五拾石以上初立二人、後三人立罷出御流・御引熨斗被下、百石以上之子共、花巻御給人迄同断、五拾石以下諸士・諸医、同子共迄柳之間ヘ一同並居御礼申上、四時過相済也、右御礼之次第委細之儀は御礼帳別記ニ有之、

一御表ニテ御礼相済候後、直々表御目付・御勘定奉行・御供頭・御側於御座之間御礼申上、其節月番丹波計り御側ヘ相詰候事、

一今日　御曹司様、御表共ニ御出座被遊也、

一菊之間向御椽頬ヘ同席面番元日之通之事、

一席ヘ御熨斗出ル、

正月三日　晴　　丹波

一如御吉例、得方上田通志家村ヘ御鷹野、為　御名代御年男黒川司相勤之、

一如例年、江戸上々様方ヘ年始為御祝儀、三ケ尻善司預御徒山口定右衛門為御登被成、并御祝儀物為御登被成之、

一今晩御謡初、於御側御祝被成候ニ付、仲間七時ヨリ登　城也、

一右ニ付、仲間御側ヘ御肴一折宛差上之、

但、　御曹司様ヘモ御肴差上可申哉ト相伺候処、唯今迄之通御肴一通差上候て宜旨、去々年御沙汰ニ付、右之通一折宛差上之也、尤淡路方病気ニ付、御肴ハ不差上也、

一右御謡初ニ付、　御曹司様　御出座被遊、同席着御規式例之通、尤最初御熨斗上ケ、御年男・加御年男共ニ　御二方様ヘ差上、引取候処ニて弥六郎始段々罷出、尤其節中御柱後ロニ仕、月次之通ニ御礼申上、右ニテ中座無之直々御鋪居之内ヘ入候事、御銚子并御

加イ共ニ　御座之間御右之方御鋪居之内ニ扣居也、右之処へ同席
共段々罷出　御盃頂戴、直々奉返盃、外例之通ナリ、
但、中御柱後ニ仕、月次之通御礼申上、着座仕候事ハ去々年御
沙汰ニ付、以来右之通相心得候事、
一席へ御熨斗出ル、
一屋形様・御曹司様、益御機嫌能被遊御超歳可為恐悦旨、花巻并
在々御代官へ書状ヲ以申遺(遣)候処、文化十四年ヨリ以来、右書状差
出候ニ不及旨御沙汰ニ付、不差出也、

正ノ四日　晴　勘解由
丹波
典膳

一今日霊徳院(南部利幹)様御忌日ニ候得共、去々年之通、当年も御直詣前故
御代香無之事、
一江戸表旧臘廿五日立七日振飛脚昨夜到着、達姫様旧臘廿四日御逝
去ニ付、鳴物三日御停止、普請は不苦旨、大目付より之廻状御同
席触ニて到来ニ付、差下遂披露、　上々様方・御家門衆へ御目付
より為申上、　御城下・花巻御城代并在々相触候様、大目付・寺
社御町奉行・御目付へ申渡之、御用人へも廻状為見之、八戸御家
老へ書状を以為知申遣之、
但、　上々様方・御家門衆へ申上并諸触在々状共、昨三日付ニ
て今日何も相触候様申渡之、
一去年は、大坂御廻米之儀不奉伺候旨、別紙之通相認、御用番大久
保加賀守殿へ御留守居加嶋舎持参、旧臘廿四日差出候処、御請取
被置候旨同人申出候由、
一右御届書、御用番へ被差出候ニ付、下御勘定所へも御留守居名前ニ
て相認、御留守居添役梅内忠次郎持参、御勘定竹井利三郎・猪狩
新五郎へ差出候処、受取承知之旨申聞候由、忠次郎申出候由、
一従　公義(儀)寛政元年被　仰出候御囲穀米、去寅年分収納籾ニて書面
高之通、詰戻方之儀御勘定所へ別紙之通、旧臘廿五日御留守居添
役梅内忠次郎持参差出候処、御勘定長沼馬之助請取候由、尤其節
忠次郎演説ニて同人へ申聞候は、御沙汰之通、去年迄五ケ年詰戻
皆済ニ付、当年は御届不差出候段申向候処、心得候旨申聞候由是
又忠次郎申出候由、右書付一通差下来申上、御蔵吟味役・御勘定
奉行へ申渡之、

正ノ五日　晴　勘解由
丹波

一屋形様、五半時御本供御供揃ニて、聖寿寺・東禅寺・教浄寺へ被
遊　御仏詣、御出・御帰共ニ御本丸御玄関より、聖寿寺へ弥六郎、
東禅寺へ筑後、教浄寺へ典膳并御役人相詰也、
一江戸表旧臘廿九日立七日振飛脚、四戸甚之丞・村瀬周作組弐人今
暁着、御用儀申来之、
一今夜九時過、鈍屋丁鉄之助火元ニて出火、家数拾七軒、竈数弐拾
六軒焼失、八時過火鎮、此節火事場へ筑後相越也、
一旧臘廿五日御勘定奉行服部伊賀守より呼出ニて、翌廿六日御留守
居加嶋七五郎下御勘定所へ罷出候処、領分知行ニおゐて甘蔗作へ
田畑之町歩并一村限り村高、且製作之白砂糖・同下地・蜜・黒砂

糖共ニ斤数、去ル子年より当寅年迄三ケ年之間、壱ケ年限りニ取調べ書付可差出、尤甘蔗作り不申候ハ、其段可書出候、右之趣可相違旨下野守殿被　仰渡候、右ニ付、御領分之内甘蔗を作り砂糖制作致候村方之分は、別紙案文之振合ニ被認可差出候、勿論製作無之分は、御領分何国何郡村々ニおゐて、甘蔗植付砂糖製作いたし候村方無御座候段相届候様、伊賀守手透無之ニ付、御勘定組頭中村長十郎、右之趣帳面を以申達候上致請印候様申聞、七五郎遂印形差出候旨同人申出候由、則右達書写并認方下書帳面共ニ弐通下来申上、御吟味之上有無之儀御届方相伺可申入旨、被申越申上、御目付申渡、御領分中為遂吟味候処、甘蔗植付砂糖製作いたし候御村方無之旨申出候間、御届之儀程能取調べ差出候様、御用人・御留守居共へ可被申渡旨御用状ニ申遣之、

右別紙左之通、

領分知行ニおゐて甘蔗作り候田畑之町歩并一村限り村高、且制作之白砂糖・同下地・蜜・黒砂糖共ニ斤数、尤子年より当寅ノ年迄三ケ年之間、一ケ年限りニ取調べ書付可差出候、尤甘蔗作り不申候ハ、其段可被差出候、右之趣可相違旨下野守殿被仰渡候、右ニ付、御領分之内甘蔗を作り砂糖製作いたし候村々有之分ハ、別紙案文之振合ニ被認可被差出候、勿論製作無之分は、御領分何国何郡村々ニおゐて、甘蔗植村砂糖製(作脱)いたし候村方無御座候段、美濃紙帳面ニ被認是又可差出候、此段服部伊賀守申達候、

右被　仰渡候趣奉承知候、

文政元寅年十二月

御名内
加嶋七五郎

別紙写

本文、製作村々何村有之候共、書面之振合を以一村限り一紙ニ認綴り、美濃紙ニ仕立可被差出候、尤三ケ年之内甘蔗植付砂糖製作不致年有之候ハヽ、其訳認入候事、

但、案詞写へ返却可有之候、

領分村々甘蔗作り高、砂糖製作高書付

何之誰内
何之誰

村高何程　何之誰領分
何国何郡
何村

同
文化十三年子年

一甘蔗植付高何程　此田畑何町何反
但何畝歩

外
甘蔗植付何町何反何畝歩
是は高外何々之地所

一砂糖類製作高何程下札
本文高外場所へ植付無之村々ハ其段但書ニ認候事

白砂糖　何程
同下地　何程
同蜜　何程

黒砂糖　何程
文化十四丑年
一認方右同断
文政元寅年
一認方右同断
右は、何之誰領分何国何郡村々ニおゐて、去ル子年より去寅年迄三ケ年分甘蔗作り高、砂糖類製作高書之通御座候、尤右之外製作之無御座候、以上、
何之誰内
文政二卯年二月　何之誰印
御勘定所
右之通差下来、入　御覧之、

正ノ六日　晴
弥六郎
筑後
丹波
典膳
主膳

一屋形様、長御上下被為　召、五時過　御中丸総角之間へ　御出座、五ケ寺順々御礼申上、着座仕候処ニて着座之人数へ御膳出、右之処ニて　御盃・御直昆布被下相済着座、御膳取レ候処ニて丹波御取合ニ、五ケ寺之末座脇へ中座なしニ罷出、例之通言上仕　御意有之、其所ニて上座永福寺より言上有之、右相済丹波先ニ引取、相続て五ケ寺引取也、畢て法輪院・妙泉寺独礼、御流被下、佐羽内播磨より滝沢美作迄独礼、御流被下、法明院より法泉院迄独礼、御流被下、村松刑部より佐野長門迄右同断、大泉寺より祇陀寺迄右同断、植村近江より山田丹後迄右同断申上、次ニ神職より諸寺院・組付御免・同子共幷諸組付・諸職人・御町之者迄一統御礼申上、畢て神職より諸寺院迄三人立ニて御流・御引熨斗・御昆布被下、四時過相済也、
但、東禅寺入院御礼前、教浄寺無住ニ付不罷出也、
一元日、二日、六日、同席共相揃、其外七日迄は月番計罷出、尤殿中廻勤日々有之、但し壱人出仕之節も廻勤有之事、尤右三日ともニ長上下着用之事、
一菊之間向御縁頬へ、同席共面番元日、二日之通之事、
但、手を握り膝之上へ置候事三日共ニ同断、

正ノ七日　晴
弥六郎
筑後
勘解由
丹波
典膳
主膳

一七草為御祝儀、御用人初御勘定奉行以上御役人、御使番迄席へ罷出御祝詞申上之、尤　御曹司様へも右同様申上之、
一七草御祝儀、御家門方より御附人を以以来被仰上候様御沙汰ニ付、御目付を以御附人へ申達申上、御銘々御附人を以御祝詞被仰上、菊之間於御廊下丹波謁之、

但、慈眼院殿よりは御側へ被仰上之、

正ノ八日　雪　　筑後
　　　　　　　　勘解由
　　　　　　　　丹波
　　　　　　　　典膳

一（南部信恩）霊巌院様御忌日ニ付、東禅寺へ　御代香典膳相勤之、
一今日より来ル十五日迄、仲間并御役人迄服紗小袖・上下着用也、
但、小役人は是迄之通今日より平服、尤十三日、十四日、十五日着服は、兼て御沙汰之通上下着用也、
一御家門方御附人口上書を以申出、左之通、
年頭御祝詞罷出候高知・御用人・高知嫡子・同嫡孫へ、是迄御捻を以御挨拶被成候、以来右之通御挨拶被成可然哉、相伺候様被仰付候旨申出候ニ付、相伺候処御捻ニ無之、以来御使者を以御挨拶可被成旨、附札ニて御目付を以申渡之、
一慈眼院殿御附人伺、左之通、
高知当主・嫡子・嫡孫、年頭為恐悦罷出候節は、御捻を以御挨拶可被成哉と申出候ニ付、御捻ニ無之、以来御使者を以御挨拶可被成旨、以附札右同断、

正ノ九日　晴　　弥六郎
　　　　　　　　勘解由
　　　　　　　　典膳
　　　　　　　　淡路

一丹波方病気ニ付登　城無之、
一淡路方病気快、今日より登　城也、
一　　　　　　　　　　　　　　新渡戸丹波
血穢御免被成旨被　仰出、奉書を以申遣之、

正ノ十日　晴　　筑後
　　　　　　　　勘解由
　　　　　　　　典膳
　　　　　　　　淡路

正ノ十一日　晴　　弥六郎
　　　　　　　　勘解由
　　　　　　　　典膳
　　　　　　　　淡路

一（南部行信）徳雲院様御忌日ニ付、聖寿寺へ　御代香筑後相勤之、
一今日節分ニ付、御役人熨斗目着用也、
一今晩節分ニ付、大豆はやす也、

正ノ十二日　雪　　筑後
　　　　　　　　勘解由
　　　　　　　　典膳
　　　　　　　　淡路

一（南部重直）即性院様御忌日ニ付、聖寿寺へ　御代香弥六郎相勤之、
一如例年、大般若経御祈祷有之、永福寺始真言之寺院登　城、於総

角之間相勤四時過相済候段、寺社御奉行席へ申出候ニ付、御側御用人を以右之段申上、随て永福寺へ於　御座之間　御逢有之、其節典膳御取合罷出、御床之間之御柱脇へ相詰、言上之次第、大般若御祈祷無滞相勤候旨申上候処、　御意有之、猶亦典膳より御昆布と相誘（カ）、永福寺罷出頂戴之相下ル、御昆布下候後　御前御入被遊、御跡より典膳引取也、
但、御取合之節着服、去々年相伺、常之通り服紗小袖・上下着用也、尤永福寺始御膳頂戴之節、是迄罷出致挨拶候処、以来御用人ニて右挨拶致候様御沙汰ニ付、去々年より御用人罷出也、尤御昆布被下候寺院へは、同席共廻勤之先ニて被下之、委細之儀は寺社御奉行留書ニ有之也、
一永福寺始御膳頂戴相済候後、席へ罷出候て御昆布被下候処、去々年より　殿中廻勤先ニて相謁、尤妙泉寺は菊之間御廊下ニて相謁、永福寺は　御直御昆布被下候事故、御沙汰ニて当年より謁不申事、妙泉寺より御昆布御三方へ載差出置候迄ニて、月番より御昆布と申向ル計也、夫より雁木之下二ケ所ニて夫々僧中へ相謁、都合三ケ所へ御昆布為差出置、何も月番より御昆布と申向候処ニて、僧中平伏仕候のみニて、御昆布頂戴仕候儀ニは無之也、永福寺儀謁不申趣ハ、寺社御奉行へも心得申渡置、尤来正月は御留守年故、去年正月之通取扱候様御沙汰也、
一江戸表去ル六日立七日振飛脚、村瀬周作組弐人今暁着、御用儀共申来之、

正ノ
十三日　晴　　弥六郎
筑後
勘解由
典膳
淡路
主膳

一如例年、今日御具足之餅被為啓候ニ付、御本丸於　御座之間仲間着座、御規式ニて　御盃頂戴仕、右手続三日御謡初之通、最初罷出候節は中御柱ニて月次之通御礼申上、着座之事外御規式先頃之通之事、尤　御曹司様も　御出座被遊也、
但、御年男は今日着座同列之人数へは加り不申事、
一右畢て於席御具足之餅頂戴之、尤大御番頭は菊之間、御番頭は御番所、尤御役人は於詰之間被下之、其外諸者頭始小役人於柳之間順々被下之、尤役所有之分は銘々於役所被下之、委細御目付留ニ有之、
但、文化十三年迄一統柳之間ニおゐて被下置候処、同十四年より御沙汰ニ付右之通、尤文化十年より以前之通御吸物・御酒共ニ被下之、
一大御番頭并御番頭へ、御具足之餅頂戴之節月番挨拶ニ罷出候処、文化十四年御沙汰ニ付以来挨拶ニ不罷出也、
一今日例朝之　御逢は無之也、

正ノ
十四日　晴
筑後
典膳

一御年縄納ニ付、仲間并御役人熨斗目着用、小役人上下着用也、

一弐両弐人扶持
外ニ三石野竿高　　原　俊次郎
親茂市右衛門存生之内、願之通跡式無相違被　仰出、於竹之間同
席列座典膳申渡之、
一　　北村清助
思召入有之付、御鉄山方御免被成旨被　仰出候付、恐入差扣願上
候処、不及其儀旨御目付へ申渡之、
一川井兵作嫡子清左衛門儀痛積相煩、癲癇之症罷成、難治之症ニて
全快可仕病症無之、末々御用可相立躰無之ニ付、嫡子仕兼候旨兵
作訴之、
一　　七戸御給人 町屋弥七
同所御給人 町屋勝司
弥七儀、男子無之娘有之ニ付、同苗同所御給人勝司弟四郎治聟養
子仕度旨申上、双方願之通被　仰付、御代官へ書状を以申遣之、
一二月十二日立　柴内其馬
毛馬内名張
七戸庄蔵
栃内理平
工藤八郎
服部安之進
一同廿四日立　乳井平左衛門
田鍍和助
御徒小頭 村上権七
一二月廿八日立　御広間御帳付御徒 沢田勘兵衛
御徒 小林和市
久慈友右衛門
村松忠兵衛
小林武助
諸番御小人 鳥崎庄右衛門
一戸弥三太
種市栄八
一三月三日立　御持弓筒之者 拾弐人
御人足肝入 壱人
御人足 七拾七人
一同七日立　佐々木伊兵衛
御次坊主 林茶
表坊主 長悦
御同心 弐拾四人
御長柄之者 三拾壱人
一三月十三日立　乳井与兵衛
御同心 壱組
御配膳板之間小者 三人
御小道具 五人
御陸尺 三人
一同十七日立　坂本栄馬
清水易人
一同十八日立　生方　屯
中嶋泰次郎

一丹波方病気快、今日より登　城也、
一　　　　　　　　　　　　　　　七郎右衛門事
　　　　　　　　　　　　　　　　高田　等
右之通名相改度旨申上、願之通被　仰付、御目付を以申渡之、
正ノ
十六日　晴
一今日大斎日ニ付、無登　城之、
一江戸より年始御徒使佐藤八十七預本館甚助今朝下着、従　御前様年始為御祝儀、鯉二尾・御手樽一御下被成、其外　上々様方へ御祝詞被　仰進之、
正ノ
十七日　小雪
弥六郎
筑後
丹波
典膳
淡路
主膳
一　　　　　　　　　　　　　　花巻御給人
　　　　　　　　　　　　　　　四戸勘之助
　　　　　　　　　　　　　　　同　亥之松
勘之助儀、老衰仕御奉公可相勤躰無之付、隠居仕悴亥之松家督被　仰付被下度旨申上、願之通無相違被　仰付、御城代へ書状を以申遣之、
一　　　　　　　　　　　　　　御医師
　　　　　　　　　　　　　　　横沢友川
　　　　　　　　　　　　　　　黒沢尻通御役医格
　　　　　　　　　　　　　　　菊池道秀
友川儀、眼病相煩候上血麻之症罷成、難治之症ニて此末一子出生

一四月六日立　　　　　　鈴木民右衛門
一同十日立　　　　　　　三輪左司
　　　　　　　　　　　　北田此右衛門
一同十五日立　　　　　　石井粂之助
　　　　　　　　　　　　平沢良作
一同廿五日立　　　　　　太田代文左衛門
　　　　　　　　　　　　宮　清兵衛
　　　　　　　　　　　　御勘定所小者
　　　　　　　　　　　　壱人
右之通出立被　仰付申渡候段、御目付毛馬内命助申出之、
正ノ
十五日　晴
弥六郎
筑後
丹波
典膳
主膳
一月次御礼、五時過　御本丸於　御座之間、御家門衆被仰上、奏者御用人相勤、御着座之節丹波御取合申上、夫より　御中丸総角之間へ　御出座、高知之面々・諸者頭迄御礼申上、畢て滝沢美作より七戸瑞龍寺迄独礼、并花巻御給人・在々神職・諸寺院・修験迄一統御礼被為　請、無程相済也、
但、御用明当番、病後御礼は不被為　請、尤今日之着服、御役人并後レ御礼之人数共ニ一統熨斗目・半袴着、小役人は服紗小袖・上下着用也、
一今日　御曹司様　御表へ　御出座被遊也、

之程難計、尤得快気御奉公可相勤躰無之候、然処養女有之付、挨
拶柄も無之候得共、黒沢尻通御役医格菊池道秀弟周郁養女ヘ娶置、
後々相続為仕度旨申上、双方願之通被　仰出、於竹之間同席列座
丹波申渡之、尤道秀儀は御代官ヘ書状を以申遣之、

正ノ
十八日　晴　　筑後
勘解由
丹波
典膳
淡路

一（南部利直）南宗院様・（南部重信）大源院様御忌日ニ付、両寺ヘ　御代香典膳相勤之、

正ノ
十九日　雪　　勘解由

正ノ
廿日　晴　　弥六郎
筑後
勘解由
丹波
典膳
淡路
主膳

一御旧例之通御目出御祝儀有之、席ヘ御熨斗出簑振、御吸物・御酒
被下、御用人於詰之間同断、大目付・寺社御町奉行・表御目付・
御目付・御勘定奉行・御使番、於詰之間右同断、　御城廻之者共、
於御用所簑振之、御吸物・御酒頂戴之、
但、熨斗目着用程之御役筋之者は着用、小役人上下着用也、

一　　年始御徒使
本館甚助
今日於　御居間　御逢、御熨斗被下以後、於御用所御料理・御目
録金百疋被下之、

一江戸ヘ今朝七日振飛脚、戸来金十郎・戸来弓人組弐人差立、御用
儀共申遣之、

正ノ
廿一日　晴　　弥六郎
勘解由
丹波
典膳
淡路

一六駄弐人扶持　　内野禎司
親嘉左衛門及末期、忰禎司九歳罷成　御目見不申上候得共、跡式
被　仰付被下度旨申上、存生之内、願之通無相違被　仰出、於竹
之間同席列座丹波申渡之、

一　　鬼柳黒沢尻通御給人格
竹村円右衛門
嫡子武治病身ニ付、嫡子仕兼候段御訴申上候、依之二男栄七嫡子
仕度旨申上、願之通被　仰付、御代官ヘ以書状申遣之、

一　　聖寿寺
当七十五歳罷成多病候得共、少々之儀ハ押ても可相成程は御寺務
仕度、乍去老年之儀御座候間、何時如何様之病気出来之程難計、
若左様之節は拙僧嗣法之弟子寿昌庵良山、名代被　仰付被下度旨

申上候処、別紙之通被　仰付旨、寺社御奉行へ申渡之、
但、右別紙左之通、
一東禅寺ニて御祥月有之節、聖寿寺病気候ハヽ、御届之上寿昌庵名代ニ差出可申事、
一聖寿寺ニて御祥月之節、同寺病気候ハヽ、東禅寺相勤可申事、尤東禅寺名代ハ寿昌庵相勤可申事、
一御法事之節は両寺共名代相成不申事、

正月

一弥六郎方伺書、左之通、
御在国之節
蕎麦粉
煎海鼠
右は九月中献上可仕哉、
御在府之節
蕎麦粉
粕漬北帰
右は十一月中献上可仕哉、
右伺之通年々献上可有候、　御曹司様へも右同断、

一筑後方伺書、左之通、
鰰　五十本　十月、十一月之内
右伺之通年々献上可有候、　御曹司様へも右同断、何も詰合ニ付於席申達之、
但、弥六郎方・筑後方・九兵衛献上物伺書、委細は去冬十一月廿七日之処ニ有之也、

御在国年
十一月 一薯蕷　五本　南部勘解由
十一月 一蠟燭　五拾挺　新渡戸丹波
十一月 一鰹節　三十本　毛馬内典膳
十一月 一長熨斗　五把　楢山主膳
九月、十月之内 一細昆布　桜庭兵庫
十月、十一月之内 一鰰
十二月 一鮭塩引　楢山帯刀
十月 一貝切込　野田豊後
十二月 一鮭塩引　漆戸舎人
八月 一午房　大萱生外衛
十一月 一鮭塩引　奥瀬内記
九月 一干蕨　黒沢采女
十一月 一胡麻　漆戸左司馬
右は銘々書付ニて弐品宛伺出候処、右品伺之通何も　御在国年献上可有候、　御曹司様へも右同断、附札ニて勘解由方・丹波方・典膳方・主膳方へは詰合ニて申達之、其外ハ家来呼上大目付を以申達之、
但、兵庫献上物之儀は、去冬十一月廿七日之処ニ御達方委細有之也、

御在府年
三月 一鰯　百枚　八戸淡路
八月 一焼麩　五十本　藤枝宮内
六月 一胡麻　南部彦六郎

一演防風（五月）　下田将監
一鹿角霰（四月）　毛馬内近江
一干蕗（六月）　奥瀬治部
一素麺（七月）　桜庭対馬
一胡麻（三月）　内堀大隅
一鹿角霰（六月）　下田右門
一素麺（六月）　岩間将監
一蕨粉（五月）　向井英馬
一干蕨（六月）　山本兵衛

右は銘々書付ニて弐品宛伺出候処、右品伺之通何も　御在府年献上可有候、　御曹司様へも右同断、附札ニて淡路方へは詰合ニて申達之、其外ハ家来呼上大目付を以申達之、
　但、宮内方在江戸ニ付、嫡子内記より伺出候ニ付、家来呼上大目付を以申達之、

正ノ
　廿二日　晴　　筑後
　　　　　　　　丹波
　　　　　　　　典膳

一　　　　　　　　南部勘解由
　忌御免被成旨被　仰出、以奉書申遣之、

正ノ
　廿三日　晴、風　　弥六郎
　　　　　　　　　　丹波
　　　　　　　　　　典膳

一　　　　大奥老人役（大奥御附役と唱候は）
　右之通役名相唱可申旨、御沙汰之旨、御目付毛馬内庄助申出之、

一　　　　三輪左司
　　　　　平沢良作
　当四月出立被　仰付置候処、御用有之当秋出立被　仰付、以御目付申渡之、

正ノ
　廿四日　晴　　筑後
　　　　　　　　丹波
　　　　　　　　典膳

　　　　　　横田其馬（嶋田覚蔵代）
一当勤番登被　仰付、於竹之間同席列座丹波申渡之、

　　　　　　照井倉右衛門（円子貞作預御徒）
一六駄弐人扶持
　親栄左衛門及末期、悴倉右衛門三十八歳罷成候、此者御番代被仰付被下度旨、尤右倉右衛門御徒御奉公可相勤器量之者ニ候段其方申上、存生之内、願之通御番代無相違被　仰付、頭へ於竹之間同席列座丹波申渡之、

一　　　　　三上右七（野辺地御給人）
　嫡子左登理先達て病死仕候ニ付、嫡孫右平治嫡子仕度旨申上、願之通被　仰付、御代官へ以書状申遣之、

一被　仰出左之通、
　御百姓之内心得違仕、手廻召連欠落仕候者有之候、畢竟平常身分不相応成ル費用等有之、困窮相成多ク右様之次第ニ候哉、御国恩を忘却いたし重畳無調法之ものニ候、兼て心得不宜候事等、

親類・組合之者見聞いたし候ハヽ、異見を加イ心得違無之様取
計可申処無其儀、別て合壁之組合共不行届次第ニ候間、尓来御
百姓共之内手廻召連欠落いたし候者有之候ハヽ、家一軒ニ付組
合之もの両人ツヽ五十日尋被　仰付候間、急度尋出候様可致事、
一御蔵百姓、手廻召連欠落いたし候、家屋敷・持高共右親類之外、
其御村方百姓二、三男之内別家致度者ハ勿論、隣村たり共頂戴仕
度もの有之候ハヽ、御高之多少ニ応し冥加銭差上候ハヽ、可被下
置候故可願出候事、
但、手廻召連不申、家主計欠落致候者有之候ハヽ、御慈悲を右
手廻ともへ家屋敷・田地共ニ直々被下置候間、永く御田地相続
可仕事、
一給所百姓共、手廻召連欠落致候者有之候ハヽ、地頭ニて其所御代
官へ具ニ申出、得聞届候上取扱被　仰付候、尤冥加銭之儀も同様
得聞届候上、地頭にて取納候様被　仰付候事、
一持地有之候者、田屋守同様之作子手廻召連欠落致候ハヽ、家屋
敷・田地等持主より所御代官へ可申出候、御吟味之上家屋敷・田
地共ニ直々持主へ被下置候事、
一御蔵作高并家屋敷共、借財之ためニ金主ニ入置、銭高ニ相成返済及
兼、手廻召連欠落いたし候ハヽ、金主之者より具ニ所御代官へ可
申出候、御吟味之上、右金主へ家屋敷・作高共直々可被下置候、
但、高之多少ニ寄、冥加銭御取上被成候事も有之候事、
右之通被　仰出、夫々申渡候段、御目付毛馬内命助申出之、

正ノ
廿五日　晴　　弥六郎

勘解由
丹波
典膳

一拾駄　　出渕三次郎
五人扶持
親良八及末期、忰三次郎七歳罷成、未　御目見不申上候得共、跡
式被　仰付被下度旨申上、存生之内、願之通無相違被　仰出、於
竹之間同席列座丹波申渡之、
一被　仰出左之通、
初て之　御目見十四歳より申上来候処、幼年之事故、以来は十
五歳罷成、御番等相勤候程ニ至候ハヽ、願上可申旨被　仰出、
右之通被　仰出、諸士・諸医相触候段、御目付毛馬内命助申出之、
一　　福岡通御役医俊庵伯父
田中玄龍
数年御所病用出情相勤候段、御代官申上候付、一生之内所御役医
格被　仰付、御代官へ以書状申遣之、
一　　聖寿寺
末山長松院無住ニ付、同末山臨江庵欽蔵主儀、長松庵先々住太龍
弟子にて当三十六歳罷成、年齢恰好之者ニ付、是迄長松院看主申
付置候、此者直々住職被　仰付被下度旨申上、願之通被　仰出、
寺社御奉行へ申渡之、
一　　内野禎司
継目御礼、幼少ニ付、名代親類大湯清五郎を以申上度旨申出、願
之通来ル廿八日可被為　請旨被　仰出、御目付を以申渡之、
一　　出渕三次郎

継目御礼、幼少ニ付、名代親類梅内儀八郎を以申上度旨申上、願
之通右同断、

正ノ
廿六日　小雪

弥六郎
勘解由
丹波
典膳
主膳

扶持
一拾弐石　花巻御給人 鹿討八重作
親六弥太及末期、忰八重作五歳罷成、御目見不申上候得共、跡
式被　仰付被下度旨申上、存生之内、願之通無相違被　仰付、御
城代へ以書状申遣之、

一　横田其馬
三月十七日出立被　仰付申渡候旨、御目付江刺牧太申出之、

一　野辺地御給人 野坂幸之助
売職筋ニ付、大坂表伊丹屋四郎兵衛、京都表松屋清左衛門へ数年
商物仕入方取組候処、近年双方代替ニ罷成、書面のみニて行届兼
候間、右両所へ罷登面会仕取組筋相談仕度候間、来月中旬より五
月下旬迄御暇被下度旨申上、願之通以御目付申渡之、

一江戸表去ル廿日立七日振飛脚、村瀬周作組弐人今七時過着、御用
儀共申来之、

一智相院御留守居迄申出候は、当寺檀少ニ御座候故、貧寺ニて修覆
等届兼必至と難渋仕候ニ付、御由緒も有之候間、御供養料少々に
ても御寄附被成下度旨、口上書を以願出候由、加嶋七五郎申出候
由、尤明和四年四月、安永七年二月寺類焼之砌御合力願上、其節
別紙之通被下置候趣ニ相見得候旨、同人例書相出差下来相伺候処、
御時節柄故、前例も有之候得共願書は相返、別段銀十枚被下旨、
御留守居へ可申渡旨御用状ニ申遣之、

一榊原遠江守様より、稲垣信濃守殿御病気之処、御養生不被成御叶、
去月十二日御死去被成候、右は遠江守様御父方之御叔父之御続ニ
候得共、信濃守殿御養家之御忌服御請被成、湊鴎様にも御弟之御
続ニ付、右御同様之訳を以半減之御忌服御請被成候段、御用番へ
御届被成候由為御知奉札来候ニ付、右壱通差下来、遂披露之、

一堀切判左衛門儀常府被　仰付、手廻之儀は当春親類附添ニて為御
登被下置旨、被　仰出候処、必至と不如意ニて、手廻為御登被成
下置候上、相続躰差当難渋仕候ては、勤等怠り無調法にも相成候
間、御憐愍を以手廻引越之儀、三ケ年中年延被　仰付被下置度、
三ケ年済候ハヽ、其節為御登被成下度旨、口上書を以申出候段、御
目付吉田一学申出候由、右壱通差下来相伺候処、願之通被　仰出
候間、可申渡旨御用状ニ申遣之、

正ノ
廿七日　晴

弥六郎
勘解由
丹波
典膳

一　鳥谷其右衛門
御作事奉行 松尾太郎兵衛
其右衛門儀、男子無之娘有之ニ付、挨拶柄も無之候得共、太郎兵

衛弟喜内聟養子仕度旨申上、双方願之通被　仰付、於竹之間同席列座丹波申渡之、

一江戸へ今夕七日振飛脚、戸来弓人組弐人差立、御側御用被　仰越之、

一　　横井　隣

去年十一月十日、私用出仕遅刻罷帰候付、恐入指扣願出、願之通去ル十四日指扣被　仰付、同十六日御免被成候旨申来、右ニ付、嫡子可也并爰元親類共恐入指扣願出候処、不及其儀旨御目付へ申渡之、

正ノ廿八日　晴

弥六郎
勘解由
丹波
典膳
主膳

一月次御礼、今五時過　御本丸於　御座之間、御家門衆御礼被仰上、奏者御用人相勤、　御着座之節丹波御取合申上、引続同席御礼申上、今日は御熨斗無之素礼也、夫より　御中丸総角之間へ　御出座、高知之面々・諸者頭迄御礼申上、畢て名目御礼有之、無程相済也、

一今日　御曹司様御表へ　御出座被遊也、

一天量院様(南部利視)御忌日ニ付、聖寿寺へ　御代香弥六郎相勤、尤朝御礼前之内罷越也、

一被　仰出左之通、

津志田町之儀は、　御城下近辺ニて旅籠屋商売仕候事故、抱子共遊芸者も有之、善悪となく多人入込候処より自ら盛岡へ入組候、出入仮出来候間、此度御町奉行支配被　仰付候、御町並之外ハ、是迄之通御代官支配可仕旨被　仰出、

右之通被　仰出、御目付へ申渡之、

一　　花巻御給人 菊池此右衛門

間柄南部九兵衛家来波岡伝右衛門、男子無之娘有之付、弟久蔵聟養子先達て願之通被　仰付候処、不縁に付相返度旨申上、願之通被　仰付、御城代へ御目付を以申渡之、

正ノ廿九日　晴

弥六郎
勘解由
丹波
典膳

一百五拾石　　黒沢新助

内五拾石現米

親新存生之内、願之通跡式無相違被　仰出、

一　　駒領松之助
同　駒之助

松之助儀、久々痛積相煩癲癇之症罷成、時々眩暈卒倒仕、難治之症ニて全快御奉公可相勤躰無之付、隠居仕倅駒之助家督被　仰付被下度旨申上、願之通無相違被　仰出、何も於竹之間同席列座丹波申渡之、

二月朔日　晴　　弥六郎
勘解由
丹波
御用番 典膳
主膳

一月次御礼、今五半時　御本丸於　御座之間、御家門衆御礼被仰上、奏者御用人相勤、御着座之節典膳御取合申上、引続同席御礼申上、夫より　御中丸総角之間へ　御出座、高知之面々・諸者頭迄御礼申上、畢て名目御礼有之、無程相済、

一今日　御曹司様御表へ　御出座被遊也、

一三人扶持　　宮　守之助
親助之丞存生之内、願之通跡式無相違被　仰出、於竹之間同席列座典膳申渡之、

一四駄弐人扶持　　御馬乗役 斎藤左登里
親紋左衛門存生之内、願之通跡式無相違被　仰出候間、家業情出候様被　仰付、御馬役召連罷出、於御広間同席列座典膳申渡之、

一　　宮　守之助
御家老給仕被　仰付、御目付を以申渡之、

一御家老直達支配頭召連之諸組付、尓来於御広間被　仰渡候事、
右之通御沙汰之旨、御目付花坂理蔵申出之、

一　　越後嫡子理平事 長瀬造酒
右之通名相改申度旨、越後口上書を以申出、願之通御目付を以申渡之、
但、造酒儀行司取立も被　仰付候付、名改願上候旨御目付申出、願之通申渡之、

一　高知
同嫡子・嫡孫
御用人子共
御新丸御番頭
同嫡子・嫡孫
百石以上 諸士
閏四月中於桜御馬場、乗馬　御覧可被遊旨被　仰出、
但、日限之儀は追て御沙汰被成候事、

一　高知 二、三男
百石以上 嫡子・嫡孫
二、三男
百石以下 諸士并
嫡子・嫡孫
二、三男迄
閏四月中於桜御馬場、武芸御家老中可被遂見分旨被　仰出、
但、日限之儀は追て御沙汰被成候事、
右之通被　仰出、夫々申渡候様大目付御目付へ申渡之、

二ノ

二日　雪　　弥六郎
勘解由
丹波
典膳

一　　五戸御与力 小平金蔵

其方儀、此度身帯高書上之儀ニ付、御証文写取指上候様御沙汰被
成候処、甚不始末之申上方ニ付差扣被　仰付、御目付へ申渡之、
一江戸へ今朝七日振飛脚、戸来弓人組弐人差立、御用儀共申遣之、
一　長瀬越後
相撲行司永被　仰付候間、家職と相心得可申旨被　仰出、
右之通御沙汰ニ付、申渡候段御目付花坂理蔵申出之、

二ノ三日　晴　筑後
勘解由
丹波
典膳

二ノ四日　晴　弥六郎
勘解由
典膳

一（南部利幹）霊徳院様御忌日ニ付、聖寿寺へ　御代香丹波相勤之、
一　御者頭　坂本栄馬
三月十七日出立被　仰付置候処御指延、日限之儀は追て御沙汰被
成旨被　仰出、御目付を以申渡之、
一　細越多喜太
摂待守助
駒五郎殿御相手当分被　仰付、御目付を以申渡之、
一二季名改、左之通、
一親名　猪之助事　池田良左衛門
一幼名　十治事　米田武兵衛
一先祖名　与兵衛事　野沢文右衛門
一同　鉄司事　西川弥兵衛
一同　喜代治事　野辺地伊久弥
一幼名　亀蔵事　五日市又右衛門
一同　銀治事　泉山藤兵衛
一先祖名　弘之進事　小屋鋪清兵衛
一同　周之助事　附田助内
一親名　泰助事　江釣子要右衛門
一祖父名　山吾事　刈屋周助
一幼名　久右衛門嫡子金蔵事　岡本孫之進
一幼名　治六嫡子栄之助事　百岡守助
一同　与四郎嫡子駒之助事　八木沢民司
一同　与市平忰亀之助事　工藤祐司
一同　福岡御給人茂八事　金子茂八郎
一先祖名　宮古御役医祐慎事　刈屋元祐
一幼名　五戸御与力善右衛門忰申蔵事　吉田伊右衛門
右何も願之通御目付を以申渡之、
一　坂牛内蔵丞
組仙北丁御同心家昨夜五時自火ニて、赤坂茂助と申者火元ニて、
山本半六家類焼、二軒焼失仕、兼て申付方行届不申、恐入指扣願
出候処、不及其儀旨御目付へ申渡之、
一　七戸御給人御山出下役　盛田周左衛門
勤向不吟味之儀有之、恐入指扣願出、願之通指扣被　仰付、御目

付ヘ申渡之、

二ノ
五日　晴

筑後
勘解由
丹波
典膳

一（南部利雄）養源院様・（南部利正）義徳院様御忌日ニ付、聖寿寺・東禅寺ヘ御略供ニて
御直詣有之也、

一　　日詰通目明
佐七ヘ
被　仰渡

其方儀、桜町村之内街道並木うら風折松壱本、去月廿八日夜剪取
候ニ付、御代官吟味申出候、街道松之儀は、障り不申様精誠御沙
汰被成置候処、不心得至極ニ付重キ過料銭御取上、手錠・組合預
御免被成者也、

月日

日詰町
弥惣
三助
仁兵衛

右三人、剪取候木品佐七より頼合ニ付、手伝持賦候ニ付、親類・
組合預御代官申付置候処、猶厳敷慎之儀神匡ヘ申渡之、

木品預置候桜町村
鶴松

右は出違留被　仰付置候処、御免被成之、
右之通御片付、公事懸り御役人共大奥ヘ伺之上申渡候旨申出之、

二ノ
六日　晴

弥六郎
勘解由
丹波
典膳

一　原　平兵衛
同　直記

平兵衛儀、老衰之上健忘之症相煩、御奉公可相勤躰無之付、隠居
仕悴直記家督被　仰付被下度旨申上、願之通無相違被　仰出、

一　福田良作
同　鉄弥

良作儀、老衰之上起居不自由罷成、御奉公可相勤躰無之付、隠居
仕悴鉄弥家督被　仰付被下度旨申上、願之通無相違被　仰出、

一　阿部新右衛門
同　熊八郎

新右衛門儀、久々中風之症相煩、頃日ニ至右病症弥増差募、難治
之症ニて全快御奉公可相勤躰無之付、隠居仕悴熊八郎家督被　仰
付被下度旨申上、願之通無相違被　仰出、

一　釜沢八郎右衛門
四戸伝右衛門

八郎右衛門儀、男子無之娘有之付、親類伝右衛門二男勇見聟養子
仕度旨申上、双方願之通被　仰出、何も於竹之間同席列座典膳申
渡之、

一　雫石弥七

親類寺社御奉行下役所付、（南部利視）天量院様御墓守刀指戸川清吾儀男子

無之娘有之付、二男駒之助聟養子仕度段望申候間、差遣度旨申上、願之通被　仰付、御目付を以申渡之、
但、御墓守之儀は寺社御奉行ニて申渡候段申出之、
一七戸御給人久保恒右衛門退身之忰勇作儀、当二十歳罷成候処、去月六日与風罷出罷帰不申候ニ付、所々相尋候得共行衛相知不申、出奔仕候旨恒右衛門訴之、
一兼て被　仰出候献上物仕候儀ニ付、左之通被　仰出、
一献上物仕候日限之儀は別段定日無之、兼て申上置候月中ニ候得は、何時ニても宜候事、
一明何日献上仕候ても可然哉と、前日相伺候上献上可仕事、
一五節句・月次等之日は献上仕間鋪事、尤外不時ニも御用御取込等之節ハ相扣可申、且御精進日ニは是又同断之事、
一品ニ寄候歟、或は外故障等ニて、兼て申上置候月中ニ献上難相成事等有之節は、一先ツ相届置、翌月にても追て宜節猶又伺之上献上可仕候事、
二月
右之通高知中へ大目付を以申達之、
二ノ
七日　晴
弥六郎
筑後
勘解由
主膳
二ノ
八日　雪
一江戸表去ル二日立七日振飛脚、村瀬周助・赤沢半司組弐人今夕着、御用儀申来之、
一榊原遠江守様より、松平上総介様御隠居一心斎様御事、於御国元御病気之処、御養生不被成御叶、去月十四日被成御死去、右は遠江守様御母方之御伯父様之御続ニて、御定式之御忌服御請可被成処、御忌明ニ付、同廿一日一日御遠慮可被成段、御用番へ御届被成候旨、為御知奉札来候間差下来、遂披露之、
一先便も渋谷道玄町長兵衛店権之丞より、甚之助并馬喰馬渡世仕服部武兵衛、麻布広尾町家主清五郎、右三人相手取、馴合馬引売仕候ニ付、旧臘廿八日、町御奉行岩瀬伊与守より甚之助召連罷出候様達ニ付、翌廿九日下役喜多見平八召連罷出候処、権之丞差出候訴状甚之助へ為見、相違無之哉、答書来正月廿二日差出候様達御座候処、日光下遷宮ニ付、廿四日答書差出可申旨伊予守用人より申来候ニ付、同日右甚之助召連喜多見平八町御奉行所へ罷出、別紙之通答書差出候間召連罷出候旨、目安方江刺川惣助へ面会相届候段、右届書并甚之助答書写共ニ二通、御留守居加嶋七五郎相出候ニ付、差下来申上、御役人共へも申渡之、別紙答書左之通、
乍恐以返答書奉申上候、
一御用馬馬喰奥州盛岡馬町甚之助奉申上候、渋谷道玄坂町長兵衛店権之丞より私并服部武兵衛、麻布広尾町家主清五郎、右三人相手取、馴合馬引売仕候趣申立御訴訟申上候一件、左ニ御答奉申上候、渋谷道玄坂町長兵衛店権之丞と申者、私儀知人ニ無御座候、去ル寅ノ六月中私同国御用馬馬喰幸次郎牽登候馬、広尾町清五郎口入ニて、大貫次右衛門様御代官所武州豊嶋郡中豊沢

村名主、右之馬買請度由ニて、直付仕候得共直段出来兼居候処
へ、私儀与風参合候ニ付、馬雑仕馬代金拾両ニ幸次郎より右馬
売為渡候儀は覚罷在候、其余之始末一向私儀存不申候、然処此
節ニ至り渋谷道玄坂町長兵衛店権之丞と申者之由申聞、何故右
馬引売馴合抔と申立、私を相手ニ取御訴訟申上候儀ニ御座候哉、
一向相分不申候、右之者より私儀、意趣・意恨被申懸候覚一切
無御座候、殊ニ馬売主幸次郎儀も此節出府仕罷在候、尚又服部
武兵衛儀ハ麻布十番飯倉新町利兵衛店ニ罷在候間、何卒　御威
光を以右両人之者共被召出、御吟味之上、無筋之儀不申懸候様
被為　仰付被下置候ハヽ、偏ニ御慈悲と難有仕合奉存候、以上、

文政二卯年正月廿二日　　御名領内奥州盛岡馬町
甚之助印
南部大膳大夫領分馬喰
甚之助

御奉行所様

右之者、渋谷道玄坂町長兵衛店権之丞より、服部武兵衛、麻布広
尾町家主清五郎、三人相手取旧臘出訴仕候儀ニ付、今日御答書差
出候様其節被　仰渡候、依之甚之助より御答書差出候間、召連罷
出申候、以上、

正月廿日　　御名内
喜多見平八

右之通御用状ニて申来申上、御役人ともへも申渡之、

二ノ九日　晴、風
筑後
勘解由
丹波
典膳

一　毛馬内典膳
嫡孫縫殿儀当十五歳罷成候、依之初て之　御目見御序之節為申上
度旨申上、願之通来ル十五日可被為　請旨被　仰出、詰合ニ付申
達、奉書不出之、

二ノ十日　晴
筑後
勘解由
丹波
典膳

一百六石六斗余　中市喜代助
親周兵衛及末期、忰喜代助十二歳罷成、未　御目見不申上候得共、
跡式被　仰付被下度旨申上、存生之内、願之通無相違被　仰出、
一現米五拾四石　根守富之助
内六人扶持
親新五兵衛存生之内、願之通跡式無相違被　仰出、右何も於竹之
間同席列座典膳申渡之、

坂牛内蔵丞知行所
三戸通貝守村百姓
一田名部通九艘泊へ　同村百姓 十太
同通尻屋村へ　同 新之助
沢内通へ　同 善八
野辺地通へ　同孫六子 助右衛門
雫石通へ　同 孫右衛門

右之者共、平常行跡不宜、其侭差置候ては百姓共取扱差支相成候間、御追放被　仰付被下度旨、三戸御代官口上書并御追放御場所以書付申出、願之通被　仰付、以御目付申渡之、

一　藤根弘馬

久々疝積相煩、頃日ニ至眩暈之病指加、早俄々敷快気可仕躰無之付、快気之内嫡子清内御用向被　仰付被下度旨申上、願之通御目付を以申渡之、

二ノ十一日　晴

弥六郎
勘解由
丹波
典膳

一（南部行信）徳雲院様御忌日ニ付、聖寿寺へ　御代香弥六郎相勤之、

一　東野武右衛門
同　武兵衛

武右衛門儀、老衰之上起居不自由罷成、御奉公可相勤躰無之付、隠居仕伜武兵衛家督被　仰付被下度旨申上、願之通無相違被　仰出、於竹之間同席列座典膳申渡之、

一　七戸御給人　久保恒右衛門
同所御給人　鳴海長之丞

恒右衛門儀、嫡子勇作病身ニ付、先達て退嫡御訴申上候、然処隠痿之症相煩弥増差募、此末一子出生仕候病症無之付、親類長之丞二男十歳養子仕度旨申上、双方願之通被　仰付、御代官へ書状を以申遣之、

一　五戸御与力　小平金蔵

其方儀、此度身帯高書上之儀ニ付、御証文写取指上候様御沙汰被成候処、先年之洪水之節家押流、家内之者漸助命致候程之儀ニ付、右御証文流失仕、其節御代官得聞届、猶又安永年中身帯高書上之義御代官申達候節、右之旨趣申出候由申出候得共、格別之御証文是迄数代御書替も不申上、打捨置候段甚不始末致方ニ付、隠居被　仰付指扣御免被成旨被　仰出、御目付へ申渡之、

一　宮　覚治

母兼て病気之処、此節大病罷成難見放候間附添介抱仕度、十日御暇被下度旨申上、願之通被　仰付申渡候段、御目付申出之、

一　一戸弥三太代諸番御小人　太田杢右衛門

当勤番登被　仰付申渡候段、御目付毛馬内命助申出之、

二ノ十二日　雨

筑後
丹波
典膳

一（南部重直）即性院様御忌日ニ付、聖寿寺へ　御代香丹波相勤之、

一　五戸御給人　米田八十郎
三戸御給人　石井丹蔵

八十郎儀、男子無之娘有之付、五戸御給人工藤俊左衛門弟順平聟養子、先達て願之通被　仰付候処、不縁ニ付相返度旨申上、願之通被　仰付候、嫡孫権之丞当十歳罷成有之候得共、盲目ニ罷成候ニ付、去年十二月御訴申上候、然処娘有之付、親類丹蔵弟平馬聟養子仕度旨申上、双方願之通被　仰付、御代官へ以書状申遣之、

二ノ

十三日　雪

弥六郎
筑後
丹波
典膳

一　凉雲院様

南部駒五郎殿御妹於宮、南部九兵衛嫡子監物へ縁組被　仰付、諸
事於年殿御世話可被成旨被　仰出、
右書付、於席御附役へ相渡申上之、

一　於年殿

御娘於宮、南部九兵衛嫡子監物へ縁組被　仰付、諸事其御許ニて
御世話可被成旨被　仰出、
右は御側より御使御用人佐藤靭負を以被　仰遣、書付於席相渡之、
御役人へも申渡之、

一　南部慈眼院殿

南部駒五郎殿御妹於宮、南部九兵衛嫡子監物へ縁組被　仰付、諸
事於年殿御世話可被成旨被　仰出、
右は　上使大目付宮手弥市を以被　仰遣、書付於席相渡之、
一右ニ付、於年殿・慈眼院殿より御請、御表へ御銘々御附人を以被
申上、於菊之間御廊下同席列座典膳謁之、

一　南部雅楽助殿
南部左京殿

南部駒五郎殿御妹於宮、南部九兵衛嫡子監物へ縁組被　仰付、諸
事於年殿御世話可被成旨被　仰出、
右は総角之間御廊下ニて典膳罷出御達申候処、直々御請被申上之、

一　南部駒五郎殿

御妹於宮、南部九兵衛嫡子監物へ縁組被　仰付、諸事於年殿御世
話可被成旨被　仰出、
右は御幼年ニ付、御名代南部左京殿御登　城、右於御同所右之趣
御達申候処、直々御請被申上之、御役人へも申渡之、

一　南部九兵衛

南部駒五郎殿御妹於宮、嫡子監物へ縁組被　仰付、諸事於年殿御
世話可被成旨被　仰出、
右は於大書院御廊下御杉戸脇、同席列座典膳申渡之、即御請申上、
猶又嫡子監物同道登　城、右御同所へ父子罷出御請申上典膳謁之、
御役人へも申渡之、

一　於年殿

於宮縁組就被　仰出候、為御祝儀、御樽肴塗台ニて明日御表へ可
被指上旨被　仰出、

一　南部駒五郎殿

御妹於宮縁組就被　仰出候、為御祝儀、御表へ御樽肴塗台ニて明
日可被指上旨被　仰出、
右は御銘々御附人へ御目付を以申渡之、

一　南部九兵衛

嫡子監物縁組就被　仰出候、御樽肴塗台ニて明日献上可仕旨被
仰出、

一　南部監物

縁組就被　仰出候、三種白木台ニて明日献上可仕旨被　仰出、

右何も大目付を以申渡之、
一於年殿并於宮へ、御側より御徒頭を以御肴一折宛被下、駒五郎殿へも表御使番　上使を以御肴一折、何も明日被下候御模様ニ付、駒五郎殿御幼年故、南部左近殿御頼御取扱可被成、於宮儀も是又幼年之事故、頓て左近殿御頼御取扱可被成旨、何も御目付を以御附人へ内々為相心得置之、
一　　大泉寺
今般京都知恩院　宮様御方、江戸表へ被遊御参向候付、拙寺并末山門中之内為惣代壱人召連、当月廿五日迄ニ江戸表へ罷登候様、江戸増上寺より申来候間、往来百日之御暇被下度旨申上、願之通寺社御奉行を以申渡之、

二ノ十四日　晴　　筑後
　　　　　　　　　典膳

一　孫御蔵懸り万所手伝　土岐所市
　　駒五郎殿御相手当分　細越多喜太
所市儀、男子無之娘有之付、挨拶柄も無之候得共、多喜太弟和市聟養子仕度旨申上、双方願之通被　仰出、於竹之間同席列座典膳申渡之、
一鯛　一折　　於年殿
御樽　一荷
　塗台
御娘於宮、九兵衛嫡子南部監物へ縁組就被　仰出候、被差上遂披露之、
一鯛　一折　　南部駒五郎殿
御樽　一荷
　塗台
御妹於宮、九兵衛嫡子南部監物へ縁組就被　仰出候、被差上遂披露之、
一　　於年殿
御娘於宮、南部監物へ縁組就被　仰出候、御樽肴被指上遂披露候処、御満悦之旨被　仰出、
一　　南部駒五郎殿
御妹於宮、南部監物へ縁組就被　仰出候、御樽肴被差上遂披露候処、御満悦之旨被　仰出、何も御目付を以御附人へ申渡之、
一鯛　一折　　南部九兵衛
御樽　一荷
　塗台
嫡子監物縁組就被　仰出候、差上之遂披露候処、御満悦之旨被　仰出、以奉書申遣之、
一鯛　一折　　南部監物
昆布　一折白木台
御樽　一荷
縁組就被　仰出候、差上之遂披露候処、御満悦之旨被　仰出、以奉書申遣之、
　　　　南部駒五郎殿
　　上使御使番　上田助之進
上使被　仰付、

南部九兵衛
南部監物
上使御使番
葛西市右衛門
上使被　仰付、何も於竹之間同席列座典膳申渡之、
一前書縁組就被　仰出候、於年殿、於宮ヘ御側より御供頭長沼武次郎を以御肴一折宛被下、右御請何も御側ヘ被仰上、諸事御側ニて御取扱也、
一御肴　一折　南部駒五郎殿
御妹於宮縁組就被　仰出候、御祝被下之、　上使御使番上田助之進相勤之、
一右御請御附人を以被仰上、菊之間於御廊下同席列座典膳謁之、
一御肴一折宛　南部九兵衛
南部監物
嫡子監物縁組就被　仰出候、御祝被下之、父子ヘ　上使御使番葛西市右衛門相勤之、
但、右　上使被遣候旨、御目付より駒五郎殿御附人ヘ申遣、九兵衛・監物ヘも御目付申遣之、
一右ニ付、為御請九兵衛・監物登　城申上、大書院御廊下御杉戸脇ニて同席列座典膳謁之、
一　花巻御給人藤根和喜右衛門妾腹嫡孫
市蔵
当卯ノ七歳
嫡子鶴松妾腹文化十年九月七日出生仕候、此節丈夫罷成候付御訴申上候、妻ニ男子出生仕候ハヽ、市蔵儀は二男ニ可仕候、此旨御聞置可被下旨以口上書申出之、

二ノ
十五日　晴
弥六郎
筑後
丹波
典膳
主膳
一月次御礼、今五時過　御本丸於　御座之間、御家門衆御礼被仰上、奏者御用人相勤、御着座之節典膳御取合申上、引続同席御礼申上、夫より　御中丸総角之間ヘ　御出座、高知之面々・諸者頭迄御礼申上、畢て初て之　御目見典膳嫡孫毛馬内縫殿鳥目五拾疋差上申上、名目御礼有之、無程相済也、
一今日　御曹司様御表ヘ　御着座被遊也、
一　御医師
川上立徹
奥詰被　仰付、御目付を以申渡之、
一　五戸御給人
小平此右衛門
同
山辺和助
親類御与力小平金蔵儀、此度身帯高書上之儀ニ付、御証文写取差上候様御沙汰被成下候処、甚不始末之申上方ニ付差扣被　仰付、私共迄重畳恐入差扣願上候処、願之通差扣被　仰付、御目付ヘ申渡之、
一南部雅楽助殿より御献上物被成候ニ付、明日表御玄関より指出、於御広間御目付ヘ御指出被成度旨、御附人を以御伺被成候段、御目付奥寺市之丞申出、御伺之通、尤明日御献上可被成旨同人ヘ口達之、

二ノ　十六日　晴

弥六郎
筑後
丹波
典膳
主膳

一　七戸御給人 盛田栄之進
勤向不行届之儀有之、恐入指扣願出候処、不及其儀旨被　仰出、御目付へ申渡之、

一　七戸御給人 工藤龍司
右同断、不及其儀旨被　仰出、御目付へ申渡之、

一江戸へ今朝七日振飛脚、戸来弓人組弐人差立、御用儀申遣之、

一歳暮之　御内書被成下候付、今日仲間并御用人於席頂戴、御家門衆御附人上下着呼上、菊之間御廊下へ揃置、典膳出座之処ニて　御内書入候御小蓋御物書頭持出、指置候処ニて　御内書被下候旨申達、御附人壱人宛罷出候処　御内書相渡、尤其節　御曹司様へも御肴被指上、　御満悦被成旨申達、夫より高知中・在江戸同席、病気之高知名代并病気之御用人名代、在江戸御用人名代之者之内、嫡子は菊之間へ罷出、平士より名代ニ罷出候者は柳之間へ並居候処へ、典膳菊之間へ罷出　御内書被下候旨申達、順々壱人宛相進ミ頂戴之、其節　御曹司様へ指上物有之ニ付、　御満悦之旨銘々へ演説ニて申達之、尤病気之方へは、右　御曹司様へ之指上物　御満悦之旨、右名代之者へ達方は、奉書ニて　御内書と一所ニ相達候付、右奉書相渡之、

但、仲間在江戸并病気ニて嫡子名代は、高知当主次座ニて相渡、高知平士より名代ニ候得共、御用人嫡子名代之次座ニて相渡、高知病気ニて名代も右ニ准し、嫡子罷出候得は御家老嫡子次座、平士之名代は前ニ准シ、御用人名代嫡子罷出候得は、高知名代之嫡子次座、平士ニ候得は高知名代平士之次座ニて相渡也、

一御家門衆御附人へ　御内書相渡候節、准(誰)殿御附人と銘々御目付名披露ニて壱人宛罷出相渡之、高知も右ニ准し、大目付名披露壱人宛罷出、同席・御用人・在江戸名代は、誰名代と御目付名披露、高知名代も右ニ准シ大目付名披露也、尤御用人病気之節は名代呼上不申、仲間之内へ相渡候様御沙汰ニ付、去年六月十六日端午之御内書相渡之節より右之通也、

一右御請之儀、御家門衆御附人引取申上、御承知之処ニて御附人を以御請被仰上、菊之間御廊下ニて謁之、尤高知御請之儀は大目付へ申出、平士より名代ニ罷出候得は御目付へ申出之、

一御内書渡方取計候御家老は、歳暮之指上物遂披露候同席取計相渡候事ニ候処、此節勘解由病気ニ付、月番典膳取計相渡也、

但、高知呼上之儀は大目付より廻状を以申遣、在江戸御家老名代嫡子呼上は、当番御目付より申遣之、尤御用人上下着用罷出候様、於席前日口達之、

一御内書被下候節、同席共病気之節は名代嫡子罷出候処、以来本人快気出勤之処ニて被下候旨、去年六月十六日御沙汰ニ付、右之通、

一　近江嫡子蔵人事 毛馬内美濃
右之通名相改度旨口上書を以申上、願之通被　仰出、願之通と附札ニて以大目付申渡之、

一　右は御番医へ世話致可申候事、
伊東元春
小寺玄仲
三浦道意
右之通御沙汰ニ付申渡候段、御目付奥寺市之丞申出之、
一屋形様へ午房　一箱
南部雅楽助殿
一御曹司様へ同断
御同人
右之通御献上被成、御目付相出候間、御側御用人を以遂披露之、
一右ニ付、御満悦之旨、翌日於御側御側御用人御附人へ申渡之、
但、是迄　御満悦之旨被　仰出候得は、御目付を以御附人へ申渡申上来候処、此度御沙汰ニ付右之通也、

二ノ十七日　小雨
弥六郎
筑後
丹波
典膳
主膳

一　馬門御番所御番人被　仰付、
梅本小八郎
一　浮田御番所御番人被　仰付、
笠間喜内
右之通御沙汰ニ付、何も申渡候段、御目付花坂理蔵申出之、
一　勤筋不行届之儀有之、恐入差扣願上候処、不及其儀旨被　仰出申
沼宮内亘理
渡候段、御目付右同人申渡之、
一　右之通名相改度旨申上、願之通被　仰出、
典膳嫡子左門事
毛馬内蔵人
一　右之通名相改度旨申上、願之通被　仰出、詰合ニ付何も申達之、
典膳嫡孫縫殿事
毛馬内左門

二ノ十八日　晴
筑後
勘解由
丹波
典膳

一(南部利直)南宗院様・(南部重信)大源院様御忌日ニ付、両寺へ御代香筑後相渡之、
宮古御給人
岩浅喜右衛門
一　宮古御村方密馬吟味、此度被　仰付候処、不少御帳外馬出来仕候
付御訴申上候、畢竟是迄吟味行届不申、御帳外出来仕候段奉恐入
指扣願出、願之通指扣被　仰付、御目付へ申渡之、

二ノ十九日　晴
弥六郎
筑後
勘解由
丹波
典膳
主膳

一
長嶺兵作
同　宅左衛門

兵作儀、老衰之上起居不自由罷成、御奉公可相勤躰無之付、隠居仕悴宅左衛門家督被　仰付被下度旨申上、願之通無相違被　仰付、於竹之間同席列座典膳申渡之、

二ノ　廿日　晴

弥六郎
筑後
勘解由
丹波
典膳
主膳

一　宮古御給人　岩浅喜右衛門

指扣御免被成旨被　仰出、御目付へ申渡之、

一前書有之通、歳暮之　御内書被下候節、勘解由方病気ニ付不罷出、此節出勤ニ付、今日上下着用為致於席相渡之、

二ノ　廿一日　晴

弥六郎
勘解由
丹波
典膳

一江戸へ今朝七日振飛脚、戸来弓人組弐人差立、御側御用被　仰越之、

一　鎌田久之丞

二男米蔵儀当十四歳罷成候処、久々癇積相煩、怔忡之症差加、癲癇之症罷成眩暈卒倒仕、難治之症ニて全快可仕病躰無之、出家相望申候間、天台宗法輪院弟子出家仕度旨申上、願之通御目付を以申渡之、

一　五戸御給人　小平此右衛門
　　同　山辺和助

差扣御免被成旨被　仰出、御目付へ申渡之、

一　坂牛内蔵丞

知行所三戸御代官所之内、貝森村・田子村百姓共、去年十一月不心得之儀有之候処、此度御片付被成下候、兼て取扱向行届不申奉恐入候、依之差扣願上候処、不及其儀旨被　仰出、御目付へ申渡之、

一　御者頭　横田右仲

多賀佐宮罷帰候迄、御境奉行当分被　仰付、御目付を以申渡之、
　但、佐宮罷帰候処ニて別段御免御沙汰不被成旨、御目付へ為心得置之、

一　及川勇右衛門

支配所宮古通御村方密馬為吟味、密馬改役岩浅喜右衛門御村々相廻遂吟味候処、御帳外馬此度不少出来仕候、兼々申含方不行届段奉恐入差扣願上候処、願之通可被　仰付候得共、御用も繁多ニ付、以御憐愍不及其儀旨被　仰出、御目付へ申渡之、
　但、右願晩景迄留置、右之通御沙汰被成也、

一江戸表去月十六日立七日振飛脚、戸来金十郎・赤沢半司組弐人着、御用儀申来之、

一禁裏御疱瘡之趣、御城書ニ相見得候旨、御用人御留守居申出候由、弥御廻状到来候ハ、御並合為承、猶飛脚を以被相伺候事ニ候得共、

一先可申上旨御用状ニ申来申上之、
一旧臘御勘定奉行服部伊賀守達有之候、甘蔗作り高、砂糖制作等いたし候村々無御座旨案文、其筋御頼之方へ問合、別帳之通相認、去月八日御留守居加嶋七五郎下御勘定所へ罷出、御勘定橘(橋カ)瓜頼助・山本丈右衛門へ差出、請取候旨申来申上之、

二ノ
廿二日　晴

筑後
勘解由
丹波
典膳
淡路

一淡路方病気快、今日より登　城也、
一船越伊三郎下り迄、御作事奉行当分加被　仰付申渡候段、御目付　伊藤仲蔵
野々村円蔵申出之、
一　元高橋 仙蔵
右御片付之儀、去十月、当二月迄御延シ被成旨、御沙汰被成候処、御本社様御普請中故、十月迄御延し被成旨被　仰出、公事懸御役人へ申渡之、

二ノ
廿三日　晴

弥六郎
筑後
勘解由
丹波

典膳
淡路
主膳

一　凉雲院様
南部左京殿御舎弟繁弥、野田豊後男子無之ニ付、娘烈へ聟養子被仰付、
一　於年殿
南部左京殿御舎弟繁弥、野田豊後男子無之付、娘烈へ聟養子被仰付、
右書付、御目付を以御附人へ相渡申上之、
一　南部慈眼院殿
南部左京殿御舎弟繁弥、野田豊後男子無之付、娘烈へ聟養子被仰付、
右は　上使大目付宮手弥市を以被　仰遣、書付於席相渡之、
一右ニ付、慈眼院殿より御請御附人を以被申上、於菊之間御廊下同席列座典膳謁之、
一　南部雅楽助殿
南部駒五郎殿
南部左京殿御舎弟繁弥、野田豊後男子無之付、娘烈へ聟養子被仰付、
右は総角之間御廊下ニて典膳罷出御達申候処、直々御請被申上之、
但、駒五郎殿御幼年ニ付、御名代南部左近殿御登　城也、
一　南部左京殿
御舎弟繁弥、野田豊後男子無之付、娘烈へ聟養子被　仰付、

右於御同所典膳御達申候処、直々御請被申上之、御役人へも申渡之、
一南部左京殿御舎弟繁弥、娘烈へ聟養子被　仰付、　野田豊後
右は於大書院御廊下御杉戸脇、同席列座典膳申渡之、即御請申上之、
一御舎弟繁弥、野田豊後娘烈へ聟養子就被　仰付候、為御祝儀、御表へ御樽肴塗台ニて明日可被指上旨被　仰出、　南部左京殿
右は御附人呼上、御目付を以申渡之、
一南部左京殿御舎弟繁弥、娘烈へ聟養子就被　仰付候、為御祝儀、御樽肴塗台ニて明日献上可仕旨被　仰出、　野田豊後
右は大目付を以申渡之、
一南部左京殿へ　上使御使番を以御肴一折被下候事、三戸繁弥へ御側より御供頭御使ニて御肴一折、何も明日被下候御模様之旨、御附人へ御目付を以内々為心得置之、
一野田豊後へ　上使御使番を以御肴一折、明日被下候御模様之旨、大目付を以内々為心得置之、
一嫡孫左門儀、五節句・月次御礼為申上候様仕度旨、口上書を以被相伺候処、伺之通被　仰出、詰合ニ付直々申達也、　毛馬内典膳
但、家来呼上、御目付を以申達候前例也、
一江戸表師家原元麟老衰仕候付、家伝書為写取候旨申来候間、罷登医術稽古仕度、三月より来辰ノ三月迄御暇被下置度旨、尤稽古中臨時物入出来仕候共、諸拝借金決て願上申間敷旨申出、願之通被　仰付、御目付を以御代官へ申渡之、　宮古御役医格　久保田玄順
一前髪有之者、右前髪為執申渡旨願上、願之通御沙汰有之候処ニて、五節句・月次御礼為申上度旨相伺来候処、已来は五節句・月次御礼之儀相伺、右御沙汰相蒙候後前髪為執度旨願上候様、此度御沙汰ニ付、右之趣高知之面々へ大目付より廻状ニて申達、其外月次御礼申上候者へ御目付より為相心候様、大目付・御目付へ申渡之、

二ノ廿四日　雪

筑後
勘解由
典膳
淡路

一鯛　一折　塗台
御樽一荷　　南部左京殿
御舎弟繁弥、野田豊後娘烈へ聟養子就被　仰出候、被指上之遂披露候処、　御満悦之旨被　仰出、於御側御側御用人・御附人へ申渡之、
但、於宮縁組之節之趣を以相伺候処、此間雅楽助殿より午房献上被致候節ニ准シ候様御沙汰ニ付、於御側申達也、
一鯛　一折　塗台
御樽一荷　　野田豊後
南部左京殿御舎弟繁弥、娘烈へ聟養子就被　仰出候、差上之遂披

露候処、　御満悦之旨被　仰出、以奉書申遣之、

一　南部左京殿

上使被　仰付、　上使御使番　上田助之進

一　野田豊後

上使被　仰付、何も於竹之間同席列座典膳申渡之、　上使御使番　葛西市右衛門

一御肴　一折　南部左京殿

御舎弟繁弥、野田豊後娘烈へ聟養子就被　仰出候、御祝被下之、
上使御使番上田助之進相勤之、

一右御請御附人を以被仰上、菊之間於御廊下同席列座典膳謁之、

一御肴　一折　野田豊後

南部左京殿御舎弟繁弥、娘烈へ聟養子就被　仰出候、御祝被下之、
上使御使番葛西市右衛門相勤之、
但、上使被遣候旨、御目付より左京殿御附人へ申遣、豊後へも
御目付より心得申遣之、

一右ニ付、為御請即登　城申上、大書院御廊下御杉戸脇ニて同席列
座典膳謁之、

一　一生組付御免御馬医　大嶋惣平

当御献上御馬附添、立帰登被　仰付、
但、来月十日出立被　仰付、

一　菊池喜七代御馬乗役　音母栄助

当勤番登被　仰付置候処、直々御献上御馬附添被　仰付、
但、来月十日出立被　仰付、

右之通御沙汰ニ付申渡候段、御目付三浦忠陸申出之、

一前書聟養子就被　仰出候、繁弥へ御側より御供頭御使ニて御肴一
折被下、右御使御取扱は御親類之内御頼御取扱被成、　御意之趣
は左京殿御請被成、尤右御肴被下候御請は、御取扱被成候御親類
を以御側へ被申上、諸事御側御取扱也、

一　五戸御与力　円子五左衛門
同　中市判十郎

親類御与力小平金蔵儀、御証文先年流失仕候処、格別之御証文、
是迄数代御書替も不申上打捨置、甚不始末之段無調法ニ付、此度
隠居被　仰付差扣御免被成下候、依之奉恐入差扣願上候処、願之
通差扣被　仰付、御目付へ申渡之、
但、津嶋春瀬・浅石清三郎・滝沢美作・津嶋直次郎共ニ、小平
金蔵義ニ付、指扣可願上程之親類ニ候得共、勤懸故相伺候処、
兼て右様之儀ニ立入申間鋪旨御沙汰ニ付、何も願上候ニ不及旨
御沙汰有之、願上不申旨御目付申出之、

二ノ
廿五日　晴　筑後
勘解由
丹波
典膳
淡路

一前書有之候歳暮之　御内書被下候節、淡路方病気ニ付不罷出、此
節出勤ニ付、今日上下着用為致於席相渡之、

一　一生組付御免御馬医　大嶋惣平

惣馬改御用中、牛馬御用懸不人数に付、当分加被　仰付、

一　右之通御沙汰ニ付申渡候段、御目付花坂理蔵申出之、

奥瀬内記四男
繁弥

右は当月九日出生之旨相届之、

二ノ　廿六日　朝雪、晴

筑後
勘解由
丹波
典膳
淡路
主膳

一　大沢権左衛門

三男末治儀当十三歳罷成候処、生質虚弱之上久々虫積相煩、癲癇之症指加、難治之症ニて全快可仕躰無之、出家相望申候間、真言宗永福寺弟子出家為仕度旨申上、願之通以御目付申渡之、

二ノ　廿七日　晴

筑後
勘解由
丹波
典膳
淡路

一　漆戸左司馬

御徒頭
鈴木　恰

預御徒小野和右衛門儀、男子無之養女有之付、左司馬家来親類高橋市治伯父勝治聟養子仕度、尤右勝治御徒御奉公可相勤器量之者ニ候段其方申上、双方願之通被　仰付、於竹之間同席列座典膳申渡之、尤左司馬へは奉書を以申遣之、

一　今日下り後、典膳於宅誓詞堅目有之、御役人相詰也、

二ノ　廿八日　晴

筑後
勘解由
典膳
淡路
主膳

一　(南部利視)天量院様御忌日ニ付、聖寿寺へ　御代香丹波相詰之、

一　奥寺林之助

川村左市
金平嫡子
兼平喜代治
覚右衛門嫡子
大矢覚蔵
五郎右衛門嫡子
船越伝五郎

当夏御証文認方御物書当分被　仰付、御目付を以申渡之、

一　毛馬内典膳

嫡孫左門儀当十五歳罷成、年来に付前髪為執度旨申上、願之通被　仰出、詰合ニ付申達之、

二ノ　廿九日　晴

弥六郎
勘解由
丹波

典膳
淡路

一　平原勇左衛門
同　伊三見
勇左衛門儀老衰仕、御奉公可相勤躰無之付、隠居仕悴伊三見家督被　仰付被下度旨申上、願之通無相違被　仰出、

一　川井兵作
花巻御給人 菊池此右衛門
兵作儀嫡子清左衛門病身ニ付、嫡子仕兼候旨去月御訴申上、外男子無之娘有之付、挨拶柄も無之候得共、花巻御給人此右衛門弟久蔵聟養子仕度旨申上、双方願之通被　仰付、右何も於竹之間同席列座典膳申渡之、尤此右衛門へは御城代へ以書状申遣之、

一昨夜九時過、八幡丁入口、御小人丁二ケ所より出火ニ付、勘解由・典膳・主膳登　城、火事場へ筑後・丹波相越、御役人も罷越防留、八時過火鎮ル也、

一　戸来金十郎
組外加賀野丁御同心家之内、雫石与八・蚫口儀助と申者家弐軒、昨夜九ツ時出火之処、早速防留候旨申出候、兼て申付方行届不申、恐入差扣願上候処、不及其儀旨被　仰出、御目付へ申渡之、

一　勝木藤蔵
組諸番御小人昨夜出火類焼も有之、常々申含方不行届儀と奉恐入候、依之差扣願上候処、不及其儀旨被　仰出、御目付へ申渡之、

二ノ晦日　晴　弥六郎

勘解由
丹波
典膳
淡路

一　御医師 横沢友川
同　周郁
友川儀、久々眼病相煩候上血麻之症相煩、弥増差重、難治之症ニて全快御奉公可相勤躰無之付、隠居仕悴周郁家督家業被　仰付被下度旨申上、願之通無相違被　仰出、於竹之間同席列座典膳申渡之、

一　五戸御与力 円子五左衛門
同 中市判十郎
指扣御免被成旨被　仰出、御目付へ申渡之、

一　坂本甚平
依勤向、一生之内組付御免被　仰付置候処、老衰之上起居不自由罷成、其上健忘之症差加、快気御奉公可相勤躰無之付、悴甚之助二十四歳罷成候間、如何様ニも被　召仕、手廻扶助仕候様被成下度旨申上、数十年実躰相勤候ニ付、悴甚之助其方一生之内組付御免被　召仕旨被　仰出、名代へ於竹之間同席列座典膳申渡之、
但、甚平儀は隠居之部へ入置候様、御目付へ演説申渡之、

一　御徒頭
御徒坂本甚平儀、依勤功、一生之内組付御免被　仰付置候処、老衰之上起居不自由罷成、其上健忘之症差加、快気御奉公可相勤躰無之付、悴甚之助二十四歳罷成候間、如何様ニも被　召仕、手廻

扶助仕候様被下度旨申上、数十年実躰相勤候付、悴甚之助、甚平一生之内組付御免被　召仕旨被　仰出、御目付を以申渡之、
但、右之通御沙汰被成(成脱)候得共、跡組被　召抱候儀相伺候ニ不及旨、御目付を以演説ニて為相心得之、

三月朔日　晴

弥六郎
筑後
御用番 勘解由
丹波
典膳
淡路
主膳

一月次御礼、今五時過　御本丸於　御座之間、御家門衆御礼被仰上、奏者御用人相勤、御着座之節勘解由御取合申上、引続同席御礼申上、夫より　御中丸総角之間へ　御出座、高知之面々・諸者頭迄一統御礼被為　請、畢て名目御礼有之、無程相済、
但、今日は御用被為　有、右之通也、
一今日　御曹司様御表へ　御出座被遊也、

一弐石五斗　七戸御給人 清水目斧松
親三太及末期、悴斧松九歳罷成、　御目見不申上候得共、跡式被　仰付被下度旨申上、存生之内、願之通無相違被　仰付、御代官へ書状を以申遣之、
一　長岡所左衛門
居宅当正月五日夜類焼仕候処、家作自力ニ及兼候付、手寄於御山御材木頂戴仕度旨、別紙書付を以申出、願之通被　仰付、御目付を以申渡之、

三ノ二日　晴

弥六郎
勘解由
丹波
典膳
淡路
主膳

一江戸表去月廿六日立七日振飛脚、村瀬周作・戸来金十郎組弐人今暁下着、御用儀共申来之、
一江戸へ七日振飛脚、戸来弓人・箱崎助左衛門組弐人今朝差立可申候処、御用有之今昼相立、御用儀共申遣之、
一於江戸表、去月廿四日御用番青山下野守殿公用人より、同廿五日御役宅へ罷出候様、紙面を以申来候付、御留守居加嶋七五郎罷出候処、公用人下山管重郎を以相渡候御達書、左之通、

南部大膳大夫

禁裏へ
御太刀
御馬代白銀弐拾枚
主上御疱瘡御酒湯之御祝儀、以使者可被献候、日限之無構、使者京着次第献上之筈候、衣服等之儀委細松平和泉守可被得差図候、尤御酒湯被為　召候儀被承候以後使者可被指登候、京都被差置候家来相勤候共勝手次第候、以上、

二月

右は江戸表去月廿六日立七日振飛脚、御用状ニ申来申上、御役人
へも申渡之、

一主上御疱瘡御酒湯被為　召候ニ付、為御祝儀在国・在邑之面々は、
老中美濃守・能登守へ拾万石以上之可為使札旨、御廻状ニも相見
得候通、左候得は御使札は御繕御使者、兼て御調へ人数之内より
可被　仰付哉、相伺可申進旨御用状申来相伺候処、伺之通被　仰
出候間可申渡旨、御用状返事ニ申遣之、

一主上御疱瘡御酒湯之御祝儀、御太刀・馬代被献候ニ付、御使者別
紙御用状ニて被相伺候通、大坂詰中村専作、扣は袖原長作被　仰
付候ハヽ、別紙之通下書取調へ差下来相伺候処、伺之通御沙汰ニ
御座候間、取計可申渡旨返事御用状ニ申遣之、

三ノ
三日　晴

弥六郎
筑後
勘解由
丹波
典膳
主膳

一席へ御熨斗出、

一為上巳御祝儀、今四時御本丸於　御座之間、御家門衆御礼被仰上、
奏者御用人、御着座之節勘解由御取合申上、夫より　御本丸総角
之間へ　御出座、仲間始五節句出仕之面々御礼申上、無間相済也、

一今日　御曹司様御表へ　御出座被遊也、

一大目付・寺社御町奉行・表御目付・御目付・御勘定奉行・御使番
迄、席へ罷出御怡申上之、
但、御役人熨斗目着用也、

一　新穀丁三丁目井筒屋九郎兵衛借家　千代
老母へ孝心之趣、御町奉行吟味之上申上、軽き者奇特之事ニ候、
依之一生之内弐人扶持被下置之、御町奉行へ申渡之、

一此度御沙汰書、左之通、
寛保元年より同三年迄、依願被下置候給所新田、御差支之儀有
之、惣御検地御通被成候迄御預被成旨、寛保三年八月御沙汰被
成置候上ハ、其節起目之分ハ格別、野形之場所は自分ニ手入所
務為仕候筋ニは無之候、然処多年相隔候得は、銘々被下置候土
地と心得違切開(抜)、此節熟地ニ至相応之所務いたし居候場所も
間々有之哉相聞得候、右は御沙汰之上御取上、御蔵入可被　仰
付事ニ候得共、数年心掛物入等いたし披立候事故、別段之御憐
愍を以左之通御据、最初願上候高程は御吟味之上可被下置条、
向後違乱無之様百性共へも急度可申含置候、

一本願高之分熟地ニ相成候場所は、御定目御礼銭之外冥加差上可
申候、左候ハヽ、御吟味之上本高へ御加可被下置候事、

一冥加差上兼候者は、本願高之内半分、御礼銭共ニ御取上不被成
被下置、半分は御蔵入被　仰付候、尤本願高之内開(抜)残有之もの
へハ、其披高之半分、是又御礼銭共御取上不被成被下置、半分
は御蔵入可被　仰付事、

一寛保三年御沙汰已来、今以野形ニて披立不相成場所は、御取戻
被成候事、

右之通被　仰出候、依之披高有之者は吟味之上可申出候、
丑
四月
前書之通、去々年四月被　仰出被置候、冥加金高壱石ニ付三歩積ニて可被下置事、
一本人之外へは難被下置儀ニ候得共、同姓并親類等之者へ、訳有之相譲申度願上候者へハ、冥加金高壱石ニ付三両積ニて可被下置事、
右之通此度御響有之候間、頂戴仕度者有之願上候ハヽ、可被　仰付候、此旨相心得可申事、
但シ、当卯ノ年より未ノ年迄五ケ年中ニ願上可申事、
三月
右之通御沙汰ニ付、一統申渡候旨御目付野々村円蔵申出之、

三ノ
四日　晴
弥六郎
筑後
勘解由
丹波
淡路
主膳

一霊徳院様（南部利幹）御忌日ニ付、聖寿寺へ　御代香典膳相勤之、
一　檜山主膳
当勤番登被　仰付、江戸勤中加判可致旨於　御前被　仰渡之、御役人へも申渡之、
但、例之通於　御座之間、同席一統　御逢有之、相済候後、主膳方　御前へ罷出候様申達候処ニて主膳罷出、当勤番登被　仰付、江戸勤中加判可致旨御沙汰相蒙引取、御次之御間影ニ月番扣居候処、右之処ニて主膳月番へ難有旨御請申上、直々勘解由御前へ罷出、主膳御請申上候旨申上ル、尤御用人は不罷出也、
一　檜山主膳
四月十五日出立被　仰付、詰合ニ付於席申達、御役人へも申渡之、
一　工藤源助
勤筋不行届儀有之ニ付、恐入差扣願上候処、願之通差扣被　仰付、御目付へ申渡之、
一右ニ付、親類共恐入差扣願上候処、不及其儀旨御目付へ申渡之、

三ノ
五日　雪
弥六郎
勘解由
丹波
典膳
淡路

一養源院様（南部利雄）義徳院様（南部利正）御忌日ニ付、聖寿寺・東禅寺へ御略供ニて御直詣有之、
一三月廿三日　芳光院様（南部利雄女）三十三回御忌御相当、四月廿八日　広照院（南部行信側室）様百年御忌御相当之旨、聖寿寺申出候付相伺候処、来ル廿三日へ御取越、　芳光院様御一所ニ、何も一期之御茶湯御執行被成旨被仰出、寺社御奉行へ演説申渡之、
一　毛馬内近江
親隠居古亭儀、兼て病気罷有候処、此節大病罷成難見放候間、附添介抱仕度、十日御暇被下度旨申上、願之通被　仰出、以奉書申

遣之、

中原 武

一 支配所、宮古通御村方密馬為吟味、密馬改役岩浅喜右衛門御村々相廻遂吟味候処、御帳外馬不少出来仕候、兼々申含方不行届恐入差扣願上候処、願之通可被 仰付候得共、御用も繁多ニ付、以御憐愍不及其儀旨被 仰出、御目付へ申渡之、

但、右願晩景迄留置、右之通御沙汰被成也、

三ノ六日 晴

筑後
勘解由
丹波
典膳
淡路
主膳

一 御献上之御馬被遊 御見分、今朝五半時御供揃ニて桜野御馬場へ被為 入、 御先キへ御席詰并仲間相詰、四時前 御帰城、 御城へ月番勘解由計罷出也、

但、仲間御馬場引取、直々登 城也、

御家老給仕
斗ケ沢七助

一 主膳方為御登被成候付、附添登被 仰付、於竹之間同席列座勘解由申渡之、

工藤源助

一 差扣御免被成旨被 仰出、御目付へ申渡之、

六日丁壱丁目与兵衛借家
豊松

同人
女房長

両親へ孝心之趣、御町奉行吟味之上申上、軽キ者寄特之事ニ付、依之豊松夫婦一生之内弐人扶持被下置之、御町奉行へ申渡之、

三ノ七日 雨

弥六郎
勘解由
丹波
典膳
淡路
主膳

高野彦十郎

一 平服也
御使番当分加被 仰付、於竹之間同席列座、勘解由申渡之、

沼宮内御役医格
室岡元叔

一 就病気、御役医格御免被成下度旨申上、願之通被 仰付、以御目付御代官へ申渡之、

沼宮内通元叔悴
室岡元泰

一 御所病用出精相勤、親勤功も有之候段、御代官申上候ニ付、一生之内御役医格被 仰付、御代官へ以書状申遣之、

三ノ八日 晴

筑後
勘解由
丹波
典膳

淡路
主膳

一（南部信恩）霊巌院様御忌日ニ付、東禅寺ヘ　御代香筑後相勤之、

一江戸表去ル二日立七日振飛脚、戸来金十郎組弐人着、御用儀申来之、

一屋形様御参勤御時節、御伺之御使者被指出候ニ付、御祐筆猿橋良之助兼て申渡置、御書去月朔日付ニ相認、同十三日御用番青山下野守殿ヘ御留守居加嶋舎同道参上、御連書差出　御口上申上、夫より　西丸御老中酒井若狭守殿ヘ右両人参上御書指出、　御口上申上、首尾好相納候由、

一同廿六日、青山下野守殿より被為呼、良之助ヘ御留守居加嶋舎同道参上候処、当九月中御参府被成候様、御連名之御奉書一通、下野守殿於宅御用人を以御渡被成候由御用人申出、依之右御奉書写差下来遂披露、　上々様方ヘ申上、御役人ヘも申渡之、

一同日　西丸御老中酒井若狭守殿より被為呼、良之助ニ舎同道参上候処、右御使札被指出候ニ付て之御奉書一通、御用人を以御渡被成候ニ付、右之趣可申上旨御用状申来之、遂披露之、

一榊原遠江守様ニて湊鴎様御事、去月十二日頃より御風邪ニて御寒熱被為有候処、十三日朝御熱気も少々御解被成、十四日夜中より御持病之御肝症御発動被成、御快寝被成兼、同廿四日御養生無御叶御死去被成候付、遠江守様刑部大輔様ニ付、御定式御忌服御請被成候由為御知奉札来候旨、御用状ニ申来、申上之、

一去月十九日、町御奉行永田備後守より呼出ニ付、翌廿日下役小松原半七罷出候処、用人布施三平申達候は、盗賊御捕押御吟味被成候処、其元屋敷表通窓より衣類品々盗取候旨、及白状候間、被盗取候人明廿一日召連罷出候様達之旨、御留守居加嶋七五郎申出候間、右達書之通被盗取候者有之哉、遂吟味候様御目付沢里勇馬ヘ申渡、為遂吟味候処、同人召仕四方蔵と申者小倉袴一具、谷崎文雪召仕栄蔵と申者木綿単物一ツ、何も紛失仕候由、外為致吟味候得共相知不申旨勇馬申出候間、右両人之召仕半七召連罷出、与力松浦作十郎ニ出会、此者共別紙之通紛失仕候、依之御尋之品ニも御座候哉と、召連罷出候旨相届候処、盗取候品々差出為見、右之内より文雪召仕木綿藍縞単物一ツ見出、紛失之品被成御預旨、作十郎申達候由、尤勇馬召仕紛失之品は相見得不申旨、作十郎ヘ相届候由、依之右品奉預候旨半七より請取書相認差出候段、七五郎申出候由御用状ニ申来申上、御役人共ヘも申渡之、

一追々被申越候馬喰甚之助、去月十日召連罷出候様、吟味与力佐久間彦太夫申聞候処、権之丞・武兵衛より日延之儀願出、其後猶又追々日延申出、同廿九日御町奉行岩瀬伊与守御役宅ヘ、甚之助病気に付、名代又兵衛小松原半七召連罷出候処、彦太夫申聞候は、権之丞・武兵衛馬代金并飼料、双方共為申聞熟談相済候得共、権之丞より武兵衛ヘ外ニ貸金之儀も一処ニ願出、未落付は不仕候得共、馬之方相済候由、依て落付迄は甚之助召連候ニ不及旨、同人申聞候旨、加嶋七五郎書取を以申出候間、右書取一通差下来、御用状ニ申来申上之、

三ノ九日　晴　弥六郎
勘解由

丹波
典膳
淡路
主膳

一　　名久井歓作
沢内御給人
高橋直右衛門

歓作儀、男子無之養女有之ニ付、挨拶柄も無之候得共、沢内御給人高橋直右衛門二男定巳聟養子仕度旨申上、双方願之通被　仰出、於竹之間同席列座勘解由申渡之、尤直右衛門へは御代官へ書状を以申遣之、

三ノ
十日　晴

筑後
勘解由
丹波
典膳
淡路
主膳

一　　宮古町
宇兵衛

養父吉郎兵衛、存生之頃より金子差上、身分御取立之儀申上度心願罷有候処、行届兼罷有候付、其方儀養父心願筋成就仕度ニ付、為冥加金子弐百両差上可申候間、所御給人被　召出、身帯之儀は何程ニても被下置度旨申上、願之趣　御聴届被成候間、金子之儀は一先上納可仕旨御目付へ申渡之、

一　　三戸御代官
藤田　務

此度支配所へ御用有之、明十一日出立被　仰付候処、久々腰痛仕養生乍仕相勤罷有候ニ付、馬乗難相成候間、道中青駄御免被成下度旨申上、願之通被　仰付候旨、御沙汰ニ付申渡候由、御目付花坂理蔵申出之、

一田名部へ　大槌通小槌村
武左衛門

右之者兼て行跡不宜、其儀差置候ては御村方取扱差支候間、御追放被　仰付被下度旨、大槌御代官口上書并御追放御場所共ニ書付を以申出、願之通被　仰付、御目付を以申渡之、

三ノ
十一日　曇

弥六郎
勘解由
丹波
典膳
主膳

一(南部行信)
徳雲院様御忌日ニ付、聖寿寺へ　御代香丹波相勤之、

三ノ
十二日　晴

筑後
勘解由
丹波
典膳
淡路
主膳

一(南部重直)
即性院様御忌日ニ付、聖寿寺へ　御代香弥六郎方相勤之、

一　　寄木新五兵衛

同　保太
新五兵衛儀、老衰之上歩行不自由罷成、御奉公可相勤躰無之付、
隠居仕悴保太家督被　仰付被下度旨申上、願之通無相違被　仰出、
於竹之間同席列座勘解由申渡之、

三ノ　十三日　晴

弥六郎
勘解由
丹波
典膳
淡路
主膳

一四拾石三合　赤前門蔵
親文治存生之内、願之通跡式無相違被　仰出、於竹之間同席列座
勘解由申渡之、

一　冨田栄蔵
当五十二歳罷成候処、一子無之ニ付、親類中野五右衛門娘民当二
十八歳罷成有之候ニ付、此者養女仕度旨申上、願之通御目付を以
申渡之、

一　五戸御与力 小平熊蔵
親金蔵儀、無調法之儀有之、隠居就被　仰付候、以御憐愍其方相
続無相違被　仰付、御代官へ以書状申遣之、

三ノ　十四日　雨

筑後
勘解由
丹波
淡路
主膳

一　奥瀬治部 妻 二十四歳
漆戸舎人 娘菊 十八歳
右之通縁組仕度旨申上、双方願之通被　仰出、奉書を以申遣之、

一　五戸御与力 小平熊蔵
親金蔵無調法之儀有之、隠居就被　仰付候、以御憐愍其方相続無
相違被　仰付、御代官へ以書状申遣之、

一　七戸 瑞龍寺活禅
其方儀、末寺榎林村長昌寺儀檀家不帰依ニ付、其寺へ引取之儀檀
家申向候処、右一件は御代官内沙汰之由ニて、長昌寺并末寺弟子
僧召連御代官所へ罷越、僧侶ニ不似合雑言・過言、法外之振舞、
其上右長昌寺儀御代官へ相預ケ引取候次第、法道不相当之致方無
調法至極ニ付、報恩寺へ御預ケ隠居逼塞被　仰付者也、

一　七戸榎林村 長昌寺逸山
其方儀、檀家不帰依ニ付、本寺瑞龍寺へ引取之儀檀家共申向、瑞
龍寺へ罷越候処、其後瑞龍寺同道御代官所へ罷越、御代官役筋不相
立旨等申募候次第、宗法を以其筋へ申出方も可有之処、法道を取
失候致方無調法至極ニ付、東顕寺へ御預ケ隠居逼塞被　仰付者也、

一　五戸通沢田村 東光寺運歩
其方儀、此度長昌寺一件ニ付、瑞龍寺共ニ同道いたし七戸御代官

所ヘ罷越候儀、本寺申含たりとも、言向方も可有之処無其儀、連
立罷越御代官所を騒候儀不埒至極ニ付、指扣被　仰付者也、

七戸瑞龍寺弟子
蘭庭

一
其方儀、師父之申付たりとも、言向方も可有之処無其儀、御代官
所ヘ罷越候次第不埒至極ニ付、報恩寺ヘ御預ケ慎被　仰付者也、
右之通被　仰出、於報恩寺申渡候段、寺社御奉行宮手弥市申出之、
一右ニ付、報恩寺恐入差扣願上候処、不及其儀旨被　仰出申渡候段、
是又同人申出之、

三ノ
十五日　晴

筑後
勘解由
丹波
典膳
淡路
主膳

一月次御礼、今五時過　御本丸於　御座之間、御家門衆御礼被仰上、
奏者御用人相勤、御着座之節勘解由御取合申上、引続同席御礼申
上、夫より　御中丸総角之間ヘ　御出座、高知之面々・諸者頭迄
御礼申上、畢て名目御礼有之、無程相済也、
但、　御曹司様今日は　御出座無之旨、高知ヘは以大目付、其
外は御目付を以為相心得之、
一前書有之通、江戸表去ル二日立七日振飛脚、同八日下着、　屋形
様御参勤御時節御伺被成候処、当九月中御参府被成候様、御奉書
を以被　仰出候段、御用状申来遂披露、　上々様方并御家門衆・
慈眼院殿ヘ御目付より為申上、御用人・御役人ヘは御用状為見之、
詰合御役人御歓申上候様申渡、何も席ヘ罷出申上之、八戸御家老
ヘ為知書状を以申遣之、

三ノ
十六日　晴

筑後
勘解由
丹波
典膳
淡路
主膳

花輪毛馬内
御境役

一
先達て勤功を以御給人並被　仰付置候処、猶又別段御趣意を以所
御給人被成下旨被　仰付、御境奉行ヘ竹之間於御廊下、同席列座
勘解由申渡之、
一江戸ヘ今朝七日振飛脚、箱崎助左衛門組弐人差立、御用儀申遣之、

七戸通下役
盛田栄之進

一
被　仰渡

其方儀、瑞龍寺一件之節、御代官之儀は　御名代罷越居候儀故、
専ラ下役取計方も可有之候処、無其儀手弛致方、其上瑞龍寺ヘ罷
越候段馴合候様　思召、甚御役筋ニ不似合不埒之至ニ付、下役御
取上被成旨被　仰出、
右は一先差扣被　仰付、三日目前文之趣被　仰渡候事、

七戸通下役
工藤龍治ヘ

一
被　仰渡

其方儀、瑞龍寺一件之節、同寺引取候後、詰合御代官呼出、右次第御訴申上候旨申達候処、内済仕度心得ニて同寺ヘ罷越候段、手弛致方且馴合候様　思召、御役筋ニ不似合不埒之至ニ付、下役御取上被成旨被　仰出、

一　七戸御給人
甲地儀弥太ヘ
被　仰渡

其方儀、詰合御代官下河原志津馬不申候空事、申触候段不埒ニ付、重キ無調法可被　仰付候得共、御憐愍を以差扣被　仰付候旨被仰出、

右は五十日目指扣御免之事、

右之通御片付相済候旨御代官申出候段、御目付江刺牧太申出之、

三ノ
十七日　晴

筑後
勘解由
丹波
典膳
淡路
主膳

一　報恩寺

七戸瑞龍寺後住、永祥院実明長老寺務相応之僧ニ付、右寺住職被仰付被下度旨申上、願之通被　仰付、寺社御奉行ヘ申渡之、

三ノ
十八日　晴

筑後
勘解由
丹波
典膳
淡路
主膳

一　(南部利直)南宗院様・(南部重信)大源院様御忌日ニ付、両寺ヘ　御代香典膳相勤之、

一　花巻御給人
中嶋儀五右衛門

遠親類沢田左司馬組御持弓上田勇右衛門儀、一子無之候ニ付、二男小八養子仕度旨先達て申上、願之通被　仰付候、然処不縁ニ付相返度旨申候、依之引取申度旨申上、願之通御目付を以申渡之、

一　長沢栄太

兼て引取養育罷有候牢人奥寺幸太郎弟乙矢当十一歳罷成、生質虚弱之上怔忡之症罷成、難治之症ニて得快気末々御用可相立躰無之ニ付、出家相望候間、高木通更木村曽(曹)洞宗永昌寺弟子出家為仕度旨申上、願之通御目付を以申渡之、

三ノ
十九日　晴

弥六郎
勘解由
丹波
典膳
淡路
主膳

一　冨田栄蔵
三戸御給人
福田与平太

栄蔵儀、男子無之養女有之ニ付、挨拶柄も無之候得共、三戸御給

人福田与平太伯父嘉内妾腹之子与八聟養子仕度旨申上、双方願之通被　仰出、於竹之間同席列座勘解由申渡之、与平太儀は御代官ヘ書状を以申遣之、

三ノ 廿日　雨

筑後
勘解由
丹波
典膳
淡路

一高橋要右衛門娘成当二十二歳罷成候処、去ル十日夜与風罷出候処罷帰不申、心当之所々色々相尋候得共行衛相知不申、出奔仕候旨訴之、

一　楢山主膳

血穢御免被成旨被　仰付、以奉書申遣之、

一 翌廿一日申渡之　上田通下米内村之内伊勢ノ沢、葛嘉左衛門知行所百姓　甚之助
同人　女房

両親へ孝心之趣、御代官吟味之上申上達　御聴、軽キ者奇特之事ニ候、依之甚之助夫婦へ一生之内弐人扶持被下置之、以御目付御代官へ申渡之、

一 翌廿一日申渡之　上田通御代官　浦田安之進
大森佐五助

於支配所孝心之者有之候段達　御聴、軽キ者奇特之儀、孝行之者有之候は、偏ニ御代官教育之筋行届候事と　御満悦　思召候、右之通於竹之間同席列座勘解由申渡之、

但、此節御代官継肩衣着用申渡也、

一　伊藤仲蔵

御作事奉行当分加御免被成旨、被　仰出申渡候段、御目付毛馬内庄助申出之、

一　宮古町　宇兵衛

養父吉郎兵衛存生之頃より、金子差上身分御取立之儀申上度心願罷有候処、行届兼罷有候間、為冥加此度金子弐百両差上候ニ付、弐人扶持被下置、所御給人被成下旨被　仰付、御代官へ以書状申遣之、

三ノ 廿一日　晴

弥六郎
勘解由
丹波
典膳
淡路
主膳

三ノ 廿二日　晴

筑後
勘解由
典膳
淡路
主膳

一　和井内兵八

継目御礼、幼少ニ付文化四年九月親類斎藤新助を以名代御礼申上

候処、当十五歳罷成候付、初て之　御目見申上度旨申出、願之通
来月朔日可被為　請旨被　仰出、以御目付申渡之、
一　宮古御給人 駒井宇兵衛
此度宮古御給人御取立被成下置候ニ付、御差支も無御座候ハヽ、
右苗字相名乗申度旨申上、伺之通御目付を以御代官へ申渡之、
一　米田　亘
当五十五歳罷成候処一子無之、依之親類田鍍長之進妹鉄当十四歳
罷成候、此者養女仕度旨申上、願之通御目付を以申渡之、
一江戸表より去ル十六日立七日振飛脚、戸来弓人組弐人今日着、御
用儀申来之、
一　奥詰 毛馬内名張
主上御疱瘡御酒湯被為　召候為御祝儀、御使札被差出候付、右御
使者被　仰付旨去月十一日被申渡候由、御用状ニ申来申上、大奥
御側通并御用人・御役人共へも申渡之、
一　大坂勤中御勘定改出役格 中村専作
主上御疱瘡御酒湯之御祝儀、　御太刀馬代被献候付、右御使者
被　仰付、去月十日大坂へ申遣候由、
一　御銅山方 袖原長作
主上御疱瘡御酒湯之御祝儀、　御太刀馬代被献候ニ付、中村専作
右御使者被　仰付候間副使被　仰付、尤勤向之儀は、安永二年、
天明八年之振合を以相勤可申旨、同日御目付より為申遣候由、御
用状申来、申上、御側通并御用人・御役人へも申渡之、
一南部左衛門尉様、当四月御在所へ御暇御順年之処、為御名代英之
助様へ御暇御願書、御用番へ御指出被成候処、追て英之助様へ御
暇被下ニて可有之旨、去月十四日御附札御指図相済候旨、為御知
奉札を以申来候付差下来、遂披露之、

三ノ
廿三日　晴

弥六郎
勘解由
典膳
淡路
主膳

一　五戸御給人 霞　伝左衛門
五戸通御代官所下役被　仰付、御目付へ申渡之、
一弐拾五駄扶持　御鉄炮(砲)師 芝辻惣助
内拾駄現米
親要之助及末期、悴惣助二十歳罷成、兼て職分御用相勤罷在候間、
跡職被　仰付被下度旨申上、存生之内、願之通跡職無相違被　仰
出候間、家業情(精)出候様被　仰付、
右之通、御目付浅石清三郎・奥寺市之丞申渡候旨申出之、
一　花巻御給人 永井金作
丹波方家来高橋恵喜人儀一子無之、挨拶柄も無之候得共、弟勇助
養子仕度旨望候間、差遣申度旨申上、願之通御目付へ申渡之、
一　野辺地儀左衛門
一子無之ニ付、遠親類宮清兵衛弟清四郎聟養子仕度旨先達て申上、
願之通被　仰付候処、不縁ニ付相返申度旨双方願書を以申出、何
も願之通御目付を以申渡之、

三ノ
廿四日　雨
筑後
勘解由
淡路
主膳

一御墓守之外刀差之儀、以来中使と相唱候様被　仰付旨御沙汰之由、
御目付毛馬内庄助申出之、

一　大御年寄
佐羽内袖嶋
忌御免被成旨被　仰出、奉書を以申遣之、

一　五戸御与力
円子五左衛門
此度不始末之論地御裁許之儀願上、恐入差扣申出、願之通差扣
被　仰付候旨御目付江刺牧太申出之、
但、三日差扣被　仰付旨是又申出之、

一　五戸御給人
円子軍治郎
此度被為有　思召候ニ付、五戸通下役御免被成下置候、依之差扣
申上、不及其儀旨申渡候段、御目付江刺牧太申出之、

三ノ
廿五日　晴
弥六郎
勘解由
典膳
淡路
主膳

一　五戸御給人
江渡文右衛門
蜜(密)馬改役被　仰付申渡候段、御目付申出之、

一　八日丁壱丁目家主
亀松
祖母へ孝心之儀、御町奉行吟味之上申上、軽キ者奇特之事ニ候、
依之一生之内弐人扶持被下置之、御町奉行へ申渡之、

一是迄同席足袋相用候儀、御用人を以御内々相伺候処、先刻月番勘
解由御内々相伺候間、別段ニ御用人より申上候ニは不及旨、御沙
汰之趣玉山直人申聞之、

一
南部九兵衛
南部彦六郎
楢山帯刀
桜庭対馬
漆戸舍人
内堀大隅
下田右門
黒沢采女
向井英馬
九兵衛嫡子
南部監物
兵庫嫡子
桜庭肥後
舍人嫡子
漆戸左仲
外衛嫡子
大萱生中務
勘解由嫡子
南部彦七郎
丹波嫡子
新渡戸図書
典膳嫡子
毛馬内蔵人
畳踞有之折々腫痛仕候付、夏中も痛有之節は足袋相用度旨申上、
足袋用可被申旨附札ニて何も家来呼上、大目付を以申渡之、

一

淡路嫡子
八戸彼面
主膳嫡子
楢山此馬
勘解由嫡孫
南部中務
典膳嫡孫
毛馬内左門

畳踸有之折々腫痛仕候付、痛有之節は夏中も足袋為相用度旨、銘々口上書を以申出、何も足袋用可被申と詰合ニ付申達之、御目付へも口達ニて為申知之、

但、退出後ニ候得は附札ニて申達候事、尤今日丹波方出勤無之付、附札ニて御目付へ相渡之、

三ノ
廿六日　晴

筑後
勘解由
典膳
淡路
主膳

一　御祐筆
山口理右衛門

去年迄三十五ケ年皆勤ニ付、御米弐駄宛一生之内被下置旨被　仰出、

一　三上建見
照井民右衛門

去年迄三十ケ年皆勤ニ付、御米弐駄宛一生之内被下置旨被　仰出、

一　御徒頭
円子貞作

預御徒小頭福田丹治儀、去年迄三十ケ年皆勤ニ付、巻御上下一具被下置旨被　仰出、右何も於竹之間同席列座勘解由申渡之、

一　御賄所附中使
小森三右衛門

去年迄三十ケ年皆勤ニ付、巻御上下一具被下置旨被　仰出、御膳番へ於竹之間申渡之、

一　雅楽助殿御相手
太田　備

去年迄二十五ケ年皆勤ニ付、御目録金弐百疋被下置旨被　仰出、

一　寺社御町奉行下役、御物書兼帯
本堂安右衛門
御徒目付勤中御給人
斗ケ沢甚六

去年迄二十ケ年皆勤ニ付、巻御上下一具宛被下置旨被　仰出、

一　御馬方
関　八五郎
三浦道寿
生方道立
江柄宗庵
三田立元
道寿嫡子
三浦道栄
御用人方御物書
太田和蔵
雅楽助殿御相手
坂元多門
御目付所御物書
松田三右衛門
一生之内組付御免、御馬乗役
菊池安兵衛
御目付所御物書勤中御給人
苫米地忠七
御徒目付勤中御給人
柴内源十郎

去年迄十五ケ年皆勤ニ付、御目録金弐百疋宛被下置旨被　仰出、

一　御勝手方
摂待兵助
北地御用締役
松原幾右衛門

去年迄十ケ年皆勤ニ付、巻御上下一具宛被下置旨被　仰出、

一　小野立全
清水周伯

一　去年迄十ケ年皆勤ニ付、白絹壱反宛被下置旨被　仰出、
御目付所御物書　江釣子官右衛門
御家老給仕　斗ケ沢七助
御用之間御物書　岩間忠助
御目付所御物書　欠端七蔵
於年殿御用達　星川民太

一　去年迄十ケ年皆勤ニ付、巻御上下一具宛被下置旨被　仰出、
御徒頭　鈴木　恰

一　預御徒獅子内金右衛門儀、去年迄十ケ年皆勤ニ付、御目録金弐百疋被下置旨被　仰出、
御徒頭　松岡源次郎

一　預御徒四戸栄之助・花坂理平太儀、去年迄十ケ年皆勤ニ付、御目録金弐百疋宛被下置旨被　仰出、

一　土岐伊左衛門
美濃部泰治
蚫口半之丞
谷地平右衛門
小屋鋪清兵衛
久慈宋右衛門
藤　嘉左衛門
雅楽助殿御相手　小山田　続
御使者給仕当分加　久保田寛六
黒沼長平
佐々木章内
野辺地栄治
円子常作
鳥谷兵右衛門
御用之間御物書　小田代善弥
栃内多次郎
小菅武平治
雅楽助殿御相手　斎藤銀助
要之丞嫡子、御家老給仕　梅村要之助
保右衛門嫡子、御用之間御物書当分加　高野長七

去年迄五ケ年皆勤ニ付、御目録金弐百疋宛被下置旨被　仰出、何も於竹之間同席列座勘解由申渡之、

一　一生之内御料理方格勤中御次格八十右衛門悴　飯岡亭助

去年迄五ケ年皆勤ニ付、御目録金百疋被下置旨被　仰出、御膳番へ於竹之間申渡之、

一　御料理方　美濃部泰蔵
同　勝又勇右衛門
御料理方格　根子兵右衛門
同　川村兵之丞
同並　菊池又四郎
同　高間館平八
同　藤嶋伊兵衛

去年迄二十ケ年皆勤ニ付、石持木綿二反宛被下置旨被　仰出、何

も御膳番召連於御広間申渡之、

一　御馬乗役 関　茂弥太
　　御馬乗役 似鳥軍八
　　同 川井寛作
　　同 川井弥四郎
　　御馬医 松本斎次郎

去年迄十五ケ年皆勤ニ付、御目録金弐百疋宛被下置旨被　仰出、何も御馬役召連於御広間申渡之、

一　御料理方 種市五右衛門

去年迄十五ケ年皆勤ニ付、御目録金弐百疋被下置旨被　仰出、御膳番召連於御広間申渡之、

一　御馬乗役 斎藤左登里

去年迄十ケ年皆勤ニ付、小倉袴地一具被下置旨被　仰出、御馬役召連於御広間申渡之、

一　支配勘定 星川勘助

去年迄五ケ年皆勤ニ付、御目録金弐百疋被下置旨被　仰出、御勘定奉行召連於御広間申渡之、

一　大奥附中使 種谷恒助

去年迄十五ケ年皆勤ニ付、御目録金百疋被下置旨被　仰出、若御年寄へ於大奥申渡之、

一　七戸御給人 工藤龍司

瑞龍寺一件之節、勤筋不行届之儀有之、御役御取上被成旨被　仰出候ニ付、奉恐入差扣願上候処、不及其儀旨被　仰出、御目付へ申渡之、

屋形様へ
一胡麻一箱　　内堀大隅
御曹司様へ
一同断　　同人

右は知行所之産物差上候ニ付、御側御用人を以遂披露之、尤　御満悦之旨被　仰出、翌日奉書を以申遣之、
但、右品大目付席へ差出之也、

三ノ
廿七日　晴

筑後
勘解由
典膳
淡路
主膳

一　南部雅楽助殿
　　南部左近殿

御痛所被成御座、夏中共ニ折々御足袋御用被成度旨、御附人口上書を以御伺被成、御伺之通附札ニて御目付へ申渡之、

一　南部左京殿

右同断ニ付、御伺之通御附人へ御目付を以申渡之、

一　下田将監
　　奥瀬治部
　　岩間将監
　　漆戸左司馬
　　山本兵衛
　　宮内嫡子 藤枝内記
　　近江嫡子 毛馬内美濃

畳胝有之、折々腫痛仕候ニ付、痛有之節は夏中も足袋相用度旨、
銘々口上書を以申上、足袋用可被申旨附札ニて何も家来呼上、大
目付を以申渡之、

将監嫡子　岩間丹下
兵衛嫡子　山本　司

一
御徒　川村軍右衛門
本館甚助
白浜喜作
玉山勇助

其方共交代下り被　仰付、江戸表去ル十二日出立罷下り、同廿四
日下着候処早速御訴不申上、是迄延引罷有候段甚不始末之至無調
法ニ付、指扣被　仰付、御目付へ申渡之、

一右ニ付、軍右衛門・甚助・喜作・勇助親類共、恐入差扣願上候処、
何も不及其儀旨御目付へ申渡之、
但、右御徒四人之小頭共恐入差扣、翌廿八日願上候処、不及其
儀旨申渡、尤右小頭之内早川佐次右衛門願は押置、三日目不及
其儀旨申渡候段、御目付毛馬内庄助申出之、

一今日下り後、勘解由於宅誓詞堅目有之、御役人相詰也、

三ノ
廿八日　晴
筑後
勘解由
丹波
淡路
主膳

一天量院様（南部利視）御消月ニ付、聖寿寺へ屋形様（南部利敬）五半時御本供ニて被遊
御仏詣、御寺へ典膳方相詰、無程　御帰城被遊也、
但、御役人上下、小役人継肩衣着用也、

一
御蔵手伝　川村新兵衛
野辺地民太
七戸御代官下役被　仰付候旨、御目付野々村円蔵申出之、

一
八戸民之助
畳胝有之、折々腫痛仕候付、弥六郎手医得療治罷有候、依之痛有
之節は夏中も足袋相用申度旨申上、願之通御目付を以申渡之、

一宮古御給人駒井宇兵衛儀、此度金子差上弐人扶持被下置、所御給
人ニ被成下候ニ付、右証文御目付を以御代官へ相渡之、

三ノ
廿九日　晴
筑後
勘解由
丹波
典膳
淡路
主膳

一
横田藤助
去年迄御稽古場へ十二ケ年出情（精）代講仕候付、御言葉之御褒美
被　仰出、

一
佐久間宇助
去年迄御稽古場へ六ケ年出情（精）代講仕候ニ付、御言葉之御褒美被
仰出、

一
去年一ヶ年御稽古場ヘ出情(精)代講仕候付、　御言葉之御褒美被　仰出、
工藤源助
一
去年五月より御稽古場ヘ出情(精)代講仕候ニ付、　御言葉之御褒美被仰出、
長谷川源内
久慈常作
一
去年迄御稽古場ヘ十一ヶ年皆出席ニ付、　御言葉之御褒美被　仰出、
一条金兵衛
一
去年迄御稽古場ヘ六ヶ年皆出席ニ付、　御言葉之御褒美被　仰出、
上関作兵衛
一
去年迄御稽古場ヘ三ヶ年皆出席ニ付、　御言葉之御褒美被　仰出、
江柄九十九
何も於竹之間同席列座勘解由申渡之、
一
御稽古場皆出席ニ付、　御言葉之御褒美被　仰出、於御広間同席列座勘解由一同ニ申渡之、
諸門弟ヘ
一
木村勘兵衛
同　冨治
勘兵衛儀、久々症積相煩、頃日ニ至右病症弥増差重、時々眩暈卒倒仕、難治之症ニて全快御奉公可相勤躰無之ニ付、隠居仕悴冨治家督被　仰付被下度旨申上、願之通無相違被　仰出、於竹之間同席列座勘解由申渡之、
弥六郎
筑後
勘解由
丹波
典膳
淡路(御用番)
主膳

四月朔日　晴

一月次御礼、今五時過　御本丸於　御座之間、御家門衆御礼被仰上、奏者御用人相勤、御着座之節淡路御取合申上、引続同席御礼申上、夫より　御中丸総角之間ヘ　御出座、高知之面々・諸者頭迄御礼申上、畢て名目御礼有之、無程相済也、
一今日　御曹司様御表ヘ　御出座被遊也、
一
榊山御本社御神事之節、御跡乗警固御用懸被　仰付、
宮手弥市(寺社御町奉行)
一
榊山御本社御神事之節、御用懸被　仰付、
野々村円蔵(御目付)
毛馬内庄助
但、壱人は　御神輿御繰出御先ヘ相詰御用相勤可申旨、御目付を以申渡之、
一
榊山御本社御神事之節、御用懸被　仰付、右何も於席申渡之、
栗谷川伊右衛門(御勘定奉行)
一
高橋平作(御膳番)
榊山御本社御神事之節、御用懸被　仰付、於竹之間同席列座淡路

申渡之、
一榊山御本社御神事之節、御用懸被　仰付、　大御納戸御買方 川口左市
一右同断、　御作事奉行 船越伊三郎
滝沢美作
佐羽内筑前
一榊山御本社御神事之節、御待請御用懸被　仰付、右何も以御目付
申渡之、
一預御徒小頭晴山勘左衛門儀、去年迄十五ケ年皆勤ニ付、御目録金　御徒頭 松岡源次郎
百疋被下置旨被　仰出、於竹之間同席列座淡申渡之、
一退身之兄金平儀行状不宜ニ付、去年十月親類并九八へ御預慎被　種市九八
仰付置候処、同月廿九日朝より相見得不申候ニ付、御内々御届申
上置、心当之所々色々相尋候得共行衛相知不申、猶又御境目通迄
相尋申度ニ付、親類山屋勘右衛門并九八、十日御暇願之通被　仰
付相尋候得共、弥行衛相知不申ニ付、同十一月十四日御訴申上候
処、一昨夜立帰候付、向々出入之程も難計、具ニ相尋候処、其節
上昇強、与風心得違ニて罷出、八戸御領新田常松寺住寺兼て内縁
ニ付、罷越得添心居候処、右病症全快仕候ニ付、御国元慕敷、且
老母ニも対面仕度一筋ニ存立帰候旨申聞、外何之出入ケ間敷儀も
無之旨申聞候、出奔立帰候儀恐入急度為慎置候旨訴出候付、九八
并親類共へ御預蟄居被　仰付候、
一右ニ付、九八儀恐入差扣願上候処、願之通指扣被　仰付、昨廿九
日申渡候段御目付毛馬内命助申出之、

四ノ
二日　晴

筑後
勘解由
丹波
典膳
淡路
主膳

一一子無之候、然処久々痼積相煩、怔忡之症差加、至て難治之症ニ　野辺地春之丞
て此末一子出生之程難計、尤得快気御奉公可相勤躰無之ニ付、弟
小忠太養子仕度旨申上、願之通被　仰出、
一功八儀、老衰之上起居不自由罷成、御奉公可相勤躰無之ニ付、隠　根守功八 / 同 栄助
居仕忰栄助家督被　仰付被下度旨申上、願之通無相違被　仰出、
何も於竹之間同席列座淡路申渡之、
一差扣御免被成旨（被脱）仰出、御目付へ申渡之、　種市九八
一兵右衛門儀、老衰仕御奉公可相勤躰無之ニ付、隠居仕忰与七家督　花巻御給人 松岡兵右衛門 / 同 与七
被　仰付被下度旨申上、願之通無相違被　仰付、御城代へ書状を

以申遣之、

四ノ三日　雨

筑後
勘解由
丹波
典膳
淡路
主膳

一先頃金子指上身分御取立被成下候付、猶又為冥加金子百両差上度旨申上、寄特之儀心得方宜　思召候間、願之通御取納可被成旨被　仰出、御目付を以申渡之、　宮古御給人 駒井宇兵衛

一左京殿御役人口上書、左之通、

一左京殿御舎弟野田繁弥儀、豊後へ差越候ニ付、御有合之着服、井桁菱之内鶴御紋所為致着用遣申度旨相伺候処、右紋所為着遣可申旨被　仰出候、此段御届申上候様被仰付旨申出之、　大光寺定右衛門

一左京殿御舎弟野田繁弥儀、豊後へ来十五日引越申候筈御座候、此段申上置候様是又申出之、　同人

一寺社御町奉行下役当分加被　仰付申渡候旨、御目付浅石清三郎申出之、　御目付所御物書 欠端七蔵

四ノ四日　雨

弥六郎
丹波
典膳
主膳

一霊徳院様（南部利幹）御忌日ニ付、聖寿寺へ　御代香筑後方相勤之、

一淡路方病気ニ付、登　城無之、

一持病之腰痛差発候付、鴬宿へ入湯二廻御暇被下置度、願之通被仰付候ハヽ、御用透見合罷越度旨申上、願之通被　仰出、奉書を以申遣之、　佐羽内袖嶋

一右は先月十九日出生仕候旨、口上書を以被相届之、　楢山主膳娘 喜与

一疝積相煩病死之旨訴之、　直人二男 玉山織弥

一忌御免被成旨被　仰出、以奉書申遣之、　御用人 玉山直人

四ノ五日　晴

筑後
勘解由
丹波
典膳
主膳

一養源院様（南部利雄）・義徳院様（南部利正）御忌日ニ付、聖寿寺・東禅寺へ御略供ニて御直詣有之、

一　福岡御与力 太田甚之助
　　三戸中使 上参郷辰之助
甚之助儀、男子無之女子有之付、遠親類辰之助伯父喜右衛門妾腹之子理助聟養子、先達て願之通被　仰付候処、不縁ニ付相返度旨申上、双方願之通被　仰付、御目付を以御代官ヘ申達之、

一野田豊後口上書願、左之通、

知行所野田通御代官所之内、下野田村寺沢羽黒山権現は、往古先祖共勧請仕、社領共少々附置申候、右堂九尺四面、高サ壱丈弐尺程御座候、追々修覆等も相加罷有候処、先達て修覆以来五十年余ニ罷成候間至て大破仕、最早繕普請ニは相成兼候付、新規普請仕度奉存候、依之恐多申上様御座候得共、右境内社木之内五尺廻程之杉弐本御座候、右之内壱本は古木ニて朽入有之、壱本は中程より元木二枝ニ相成、格別之用木ニも相成兼候様相見得候由御座候間、右杉弐本修覆為入用被下置度奉願候、願之通被下置候ハヽ、右堂入用之外余木は相払普請入料ニ相加、如何様ニも修覆仕度奉存候間、拾分一御役も御免被成下度奉存候、右剪跡ヘは猶亦植継候様可申付候、此旨御序之節宜被仰上被下度奉頼候、以上、

三月　　野田豊後

右之通申出、今日丹波於宅願之通被　仰付旨申渡之、御目付ヘも為申知之、

但、御目付壱人相詰也、

四ノ
六日　晴　　弥六郎
筑後
勘解由
丹波
主膳

一　一条佐兵衛
　　同　仁左衛門
佐兵衛儀、久々痼積相煩、癲癇之症ニ罷成、時々眩暈卒倒仕、難治之症ニて全快御奉公可相勤躰無之ニ付、隠居仕悴仁左衛門家督被　仰付被下度旨申上、願之通無相違被　仰出、於竹之間同席列座丹波申渡之、

一　祐甫事 上野祐達
親名ニ付相改度旨申上、願之通御目付を以申渡之、

四ノ
七日　晴　　弥六郎
筑後
勘解由
丹波
主膳

一　太田寛左衛門
支配所勤筋不行届儀有之、奉恐入差扣願出、不及其儀旨被　仰出、昨六日申渡候段御目付申出之、

一　楢山主膳
加判御役被　仰付、於　御前被　仰渡之、

一右ニ付、上々様方・御家門衆ヘ為御知申上、高知并御新丸御番

頭・諸者頭・諸士・諸医へも相触候様、大目付・御目付へ申渡之、
寺社・御町へも相触候様寺社御町奉行へ申渡、花巻御城代并在々へ
も申遣候様御目付へ申渡之、尤八戸へも為知書状を以申遣之、
一江戸表去ル二日立七日振飛脚、戸来弓人組弐人今日着、御用儀共
申来之、
一　其馬事　横田新右衛門
右之通親名ニ付相改度旨申出、願之通去月廿九日申渡候段御用状
申来申上、御目付へも申渡之、
一主上御疱瘡御酒湯被為　召候為御祝儀、御使者毛馬内名張儀去月
十一日申渡置、同十九日御用番土井大炊頭様へ御留守居加嶋七五
郎同道参上、　御口上申上　御連書相出、　西丸御老中松平能登
守殿へ参上、　御口上申上　御書相出、其外御老中方へは御使者
相勤候旨御用人申出候由、
一右ニ付同廿二日、大炊頭様・能登守殿より右御使者御呼出ニ付、
名張へ御留守居加嶋舎同道参上候処、右御使札被差出候ニ付て之
御奉書一通ツ、御渡被成候由、御用人申出候由、尤右御奉書は御
用人へ相渡置候旨御用状ニ申来申上之、

四ノ　八日　晴

弥六郎
勘解由
丹波
主膳

一（南部信恩）霊巌院様御忌日ニ付、東禅寺へ　御代香勘解由相勤之、
一　田鍍泰次郎
菊池矢柄
同　金之助
病気全快可仕躰無之ニ付、若御年寄方御物書御免被成下度旨申上、
願之通御目付を以申渡之、
一　南部九兵衛
知行所毛馬内通御代官所之内、大湯村ニ有之候館屋根并勝手通共
ニ、数十年ニ罷成至て大破仕、此節難捨置御座候間、所々繕普請
仕度奉存候、依之恐多申上様御座候得共、右館之外道添へ先年植
立置候杉之内、五尺廻より八尺廻迄百弐拾三本、見透相成不申候
場所ニて被下置度奉願候、願之通被　仰付被下置候ハヽ、柾并板
木等ニ為仕、毛馬内通へ相払修覆料ニ仕度奉存候、依之拾分一御
役御免被成下度奉存候、尤右剪跡へは猶又追々植立候様可申付旨
申上、願之通被　仰出、丹波於宅申達之、

四ノ　九日　晴

筑後
勘解由
丹波
主膳

四ノ　十日　晴

弥六郎
勘解由
丹波
典膳
主膳

一

矢柄儀、老衰之上起居不自由罷成、御奉公可相勤躰無之ニ付、隠
居仕悴金之助家督被　仰付被下度旨申上、願之通無相違被　仰出、
於竹之間同席列座丹波申渡之、

四ノ十一日　晴

筑後
勘解由
丹波
典膳
主膳

一（南部行信）徳雲院様御忌日ニ付、聖寿寺ヘ　御代香主膳相勤之、

一　船越伊三郎
御下屋敷御普請御手入積方行違之儀有之、重畳恐入指扣願出候処、
追て御沙汰有之迄不及其儀旨御目付ヘ申渡之、

四ノ十二日　晴

弥六郎
勘解由
丹波
典膳
主膳

一（南部重直）即性院様御忌日ニ付、聖寿寺ヘ　御代香筑後方相勤之、

一　（俊蔵事）千葉留之助
右之通名相改度旨申上、願之通御目付を以申渡之、

一　（秋田在聴）真田和兵衛
真田式部名跡相続罷有、此度御当地ヘ罷越候間、先々之通　御目
見被　仰付被下度旨願書を以申出、願之通来ル十五日可被為　請
旨被　仰出、御町奉行ヘ申渡之、

四ノ十三日　曇

筑後
勘解由
丹波
典膳
主膳

一　鵜飼弥三右衛門
同　房之進
弥三右衛門儀、老衰之上起居不自由罷成、御奉公可相勤躰無之ニ
付、隠居仕悴房之進家督被　仰付被下度旨申上、願之通無相違
被　仰出、

一　土川仁左衛門
宮守良助
仁左衛門儀、嫡子仁和太病身ニ付、嫡子仕兼候旨先達て申上、嫡
孫蔵之助六歳ニ罷成、幼雅(稚)之上虫積相煩、早俄々敷御用可相立躰
無之、外男子無之娘有之ニ付、親類良助伯父英司聟養子仕度旨申
上、双方願之通被　仰出、右何も於竹之間同席列座丹波申渡之、

一　相内　源
祖父兵七、享保十二年岩手郡永井村・好摩村知行所地尻・地頭ニ
て、切添新田高拾七石願之通被下置候処、右弐ケ村ニて披立候分
御改被成下度旨申上、願之通御検地被成下、改高拾六石九升三合
有之、御礼銭差上、被下来候地形弐拾九石六斗三升四合、現米拾

五駄、金方拾弐両弐歩弐人扶持、高ニして百四石五斗へ御加、都合百五拾石弐斗弐升七合被成下候小高帳、丹波於宅相渡候処、為手繰於大奥相渡之、
　但、右呼上は口達之趣を以御目付へ書付相渡之、委細は大奥留ニ有之、
一霰（屋形様へ）　五斤　　毛馬内近江
一同断（御曹司様へ）
右は領知之産物差上候ニ付、御側御用人を以遂披露之、尤　御満悦之旨被　仰出、翌日奉書を以申遣之、
　但、右品大目付席へ差出之也、
一　　八角宗叔
奥詰被　仰付、御目付を以申渡之、
一　　毛馬内出雲（近江事）
右之通名相改度旨申上、願之通被　仰出、願之通と附札ニて大目付を以申渡之、
一　　佐羽内丹宮（御神用司下役）
若御年寄御物書不人数ニ付、当分被　仰付、於大奥若御年寄を以申渡之、
一　　大沢宗貞
病気全快可仕躰無之ニ付、奥御医師御免被成下度旨申上、願之通御目付を以申渡之、

四ノ
十四日　晴
弥六郎
筑後
勘解由
丹波
典膳
主膳

一　　駒嶺兵陸（毛馬内御与力）
　　　同　兵蔵
兵陸儀、久々湿瘡相煩、頃日ニ至痛積指加、難治之症ニて全快御奉公可相勤躰無之ニ付、忰兵蔵家督被　仰付被下度旨申上、願之通無相違被　仰付、御代官へ書状を以申遣之、
一同席之内登被　仰付、出立前日御席詰ともニ相揃候様丹波へ御沙汰也、

四ノ
十五日　曇
弥六郎
筑後
勘解由
丹波
典膳
出雲

一月次御礼、今五時過　御本丸於　御座之間、御家門衆御礼被仰上、奏者御用人相勤、御着座之節丹波御取合申上、引続同席御礼申上、夫より　御中丸総角之間へ　御出座、高知之面々・諸者頭迄御礼申上、畢て名目御礼有之、無程相済也、
　但、一統ニ御請被成也、
一今日　御曹司様　御出座被遊也、

一
勤番登被　仰付、　水谷多川代、大御年寄 佐羽内袖嶋
右は今日罷出候様昨日奉書を以申遣、於大奥丹波申渡之、御役人へも申渡之、
一
勤番登被　仰付、　御神用子共、堀嶋美濃代 永田伊賀
四月
一
立帰登被　仰付、　御神用司下役 一条源治
四月
一
五月廿日過出立被　仰付、　御神用司下役 佐羽内丹宮
四月
右書付御用人を以若御年寄へ申達之、御役人へも申渡之、
一
御家老格被　仰付、於　御前被　仰渡之、御役人へも申渡之、　毛馬内出雲
一
御番頭被　仰付、於　御前被　仰渡之、御役人へも申渡之、　黒沢采女
一左京殿御舎弟野田繁弥儀、今日野田豊後へ引越申候段、左京殿御附人より口上書を以申出之、
一主膳方勤番登被　仰付、今朝出立ニ付、添状昨日於席相渡之、
一出雲出仕之儀は、主膳方御家老不被　仰付前、御沙汰之通諸事相心得候様被　仰付、出雲方へ口達之、御役人へも為相心得之、

四ノ
十六日　雨
弥六郎
丹波
典膳
一江戸へ今朝七日振飛脚、松岡七郎組弐人差立、御用儀申遣之、
一
奥御医師被　仰付、於御側丹波申渡之、　佐山成庵
一
坂本栄馬罷帰候迄、御客懸御用当分被　仰付、御側へ罷出可申旨被　仰出、於席申渡之、　御者頭 横田右仲
一
右之通名相改度旨申上、願之通附札ニて大目付を以申渡之、　采女事 黒沢大学
一
専助儀一子無之ニ付、同所御与力小右衛門二男源助養子仕度旨申上、双方願之通被　仰付、御代官へ書状を以申遣之、　毛馬内御与力 豊口専助　同所御与力 豊口小右衛門
一
右之通改名仕度旨申上、願之通御目付を以申渡之、　出雲事 斎藤日向
一毛馬内御給人豊口九十九小高証文、花輪御給人関村六十郎新田野竿高証文、右何も御目付を以御代官へ相渡之、

四ノ
十七日　晴
筑後
丹波
典膳
出雲

一 御徒 川村軍右衛門
本館甚助
白浜喜作
玉山勇助
差扣御免被成旨被　仰出、御目付へ申渡之、

四ノ 十八日　晴
弥六郎
丹波
典膳
淡路

一 南宗院様（南部利直）御忌日ニ付、東禅寺へ　御代香典膳相勤之、

一 淡路方病気快今日より登　城也、

一 大慈寺
本山山城国黄檗山万福寺より申来法用向ニ付、為吟味八戸・遠野同宗并末寺へ罷越吟味仕候上、本山へ申遣候様仕度ニ付、往来五十日之御暇被下置度旨申上、願之通寺社御奉行を以申渡之、

四ノ 十九日　晴
弥六郎
丹波
典膳
淡路
出雲

一 御与力 高橋門内
同 勇治
門内儀、老衰仕御奉公可相勤躰無之付、忰勇治家督被　仰付被下度旨申上、願之通無相違被　仰付、於竹之間同席列座淡路申渡之、
但、御与力故、無刀ニて罷出也、

一 南部筑後
血穢御免被成旨被　仰出、以奉書申遣之、

一 宗得事 袴田宗哲
右之通名相改度旨申上、願之通御目付を以申渡之、

四ノ 廿日　曇
弥六郎
丹波
典膳
淡路

一 花巻御給人 門屋助右衛門
二男民蔵儀、去年十一月廿九日夜与風罷出罷帰不申候ニ付、其節出奔御訴申上候、然所去ル十六日夜罷帰申候間、向々出入之儀御座候哉と相尋候処、何之出入ケ間敷儀も無之旨、出奔立帰候儀恐入奉存候間、急度為慎置候段助右衛門訴出候ニ付、親助右衛門へ御預逼塞被　仰付、御目付へ申渡之、

四ノ 廿一日　晴
弥六郎
丹波
典膳
淡路

一 御医師 上野祐達

一 御診御医師被　仰付、於竹之間同席列座淡路申渡之、
野辺地御給人 飯田要右衛門
同 横浜官助
一 野辺地通御境役被　仰付、
野辺地御給人飯田要右衛門代 鹿角権右衛門
一 野辺地通御境吟味役被　仰付、
野辺地御代官所下役、御物書兼帯 中村治左衛門
同 横浜庄左衛門
一 野辺地通御境役御免被成旨被　仰出、右何も御目付を以申渡之、

四ノ 廿二日　曇
弥六郎
勘解由
丹波
典膳
淡路

一 忰他人儀先達て出奔仕、其後立帰候ニ付逼塞被　仰付置候処、逼塞御免被成下置候、依之右他人嫡子仕度旨申上、願之通被　仰付、於竹之間同席列座淡路申渡之、
栃内兵右衛門
一 五拾石 三戸御給人 松尾金弥
養子良八及末期、一子無之ニ付、同姓親類同所御給人松尾佐源太弟金弥、名跡被　仰付被下度旨申上、存生之内、願之通跡式無相違被　仰付、御代官へ書状を以申遣之、
一 継肩衣着用 御金奉行 工藤嘉平太
当分鉄山方被　仰付、且亦　思召有之候間、鉄山在勤中御勘定改出役之心得を以、継肩衣着用相用可申事、
　但、此許ニては只今迄之通、
右之通於竹之間同席列座淡路申渡之、
一 江戸表去ル十六日立七日振飛脚、戸来弓人組弐人今暁着、御用儀申来之、
一 藤沢左内嫡子順次郎儀当四十一歳罷成候処、当正月下旬より持病之疝積差発、御医師数人得療治罷在候内、三月中旬より脚気之症差加、色々養生仕候得共、至て難治之症ニて全快可仕躰無御座旨御医師申候、依之末々御用相立可申躰無之付、嫡子仕兼候段訴之、
一 江戸へ今夕より七日振飛脚、松岡七郎組弐人差立、御内御用被仰越之、
一 去月二日之処ニ有之通、　主上御疱瘡御酒湯為御祝儀、　御太刀馬代御献上之御使者、於京都中村専作去ル二日首尾好相勤候処、
右　御返答伝　奏広橋大納言於御亭被　仰渡、御返答書并御馬代銀請取書共被相渡候旨、御用状を以申来之、
但、右御使者勤向之儀は、有馬玄蕃頭様・松平阿波守様御振合承合候て取調へ諸事相勤候由、尤所司代伝　奏并御附衆へ御口上計之御使者ニて、　御書は不差出也、町御奉行へ之御使者向も無之、御並合ニ付、右御同様取計候由是又申来、委細御勤向之儀は御用人方留書ニ有之、
一 南部左衛門尉様ニて英之助様、去月十五日御在所へ御発足可被成候処、少々御風邪ニ付被成御保養、同十八日御発足被成候旨、奉札を以申来候付差下来、遂披露之、

四ノ廿三日　晴

筑後
勘解由
丹波
典膳
淡路

一　毛馬内御給人 山本九一郎
　　同 栄蔵

九一郎儀、老衰之上起居不自由罷成、御奉公可相勤躰無之付、隠居仕悴栄蔵家督被　仰付被下度旨申上、願之通無相違被　仰付、御代官へ書状を以申遣之、

一高知家主嫡子・嫡孫、初て之御礼前髪ニて申上候者、着服之袖区々之様ニ相見得候、家柄も有之候事故、振袖着用いたし御礼申上候方宜事ニ候、

右之通被　仰出、大目付より廻状を以申達之、

一　花巻御給人 門屋助右衛門

二男民蔵儀、去年十一月出奔仕候処去ル十七日立帰候ニ付、私へ御預逼塞被　仰付、恐入差扣願上、願之通指扣被　仰付、御目付へ申渡之、

一　沼宮内亘理

此度支配所へ為内代出立仕候、然処兼て積気罷有候処、今以聢と全快ニ無之、殊ニ動気有之、馬乗ニて罷越候ては途中再発も難計ニ付、道中青駄御免被成下度旨申上、願之通御目付を以申渡之、

一今暁七時、上田通加賀野村百性(姓)三助と申者之家、自火ニて焼失ニ付、弥六郎・勘解由・淡路・出雲登　城、火事場へ典膳相越、御役人も罷越防留、六時火鎮也、

一　荒川宇兵衛

上田通加賀野村百性(姓)三助、地名代家屋敷借宅罷有候処、今暁八時過自火ニて焼失仕候、依之恐入差扣罷有候旨申上、不及其儀旨御目付へ申渡之、

四ノ廿四日　晴

弥六郎
丹波
典膳
淡路
出雲

一　左市事 川口左助

右之通名相改度旨申上、願之通御目付を以申渡之、

野辺地通
花輪通
毛馬内通
下役
蜜(密)馬改役
御境役
御境吟味役

右之通御役座順相心得可申事、

但、御礼等申上候節は、下役・蜜(密)馬改役は身帯座ニて可申上、御境役・吟味役勤中は御給人五拾石之者之次座ニて可申上事、

右之通御沙汰之旨、御目付花坂理蔵申出之、

一　官右衛門事
漆戸友蔵
快右衛門事
嶋森勇左衛門
覚左衛門事
太田衛門太

右之通名相改度旨申上、何も願之通御目付を以申渡之、

一　神　岩太郎

当十五歳罷成年来ニも御座候間、前髪執申度旨申上、願之通御目付を以申渡之、

四ノ
廿五日　晴

筑後
勘解由
丹波
典膳
淡路

一　花巻御給人
門屋助右衛門

差扣御免被成旨被　仰出、御目付へ申渡之、

一前書有之候門屋助右衛門差扣願之通被　仰付候付、右親類共恐入差扣願上候処、何も不及其儀旨御目付へ申渡之、

一左京殿御縁女雅楽助殿御娘於礼殿、昨廿四日御引越被成候処、直々御婚礼御整被成旨、御双方御附人より口上書を以御届被仰上之、

一　奥寺林之助
川村佐市
覚右衛門嫡子
大矢覚蔵

金平嫡子
兼平喜代治
五郎右衛門嫡子
船越伝五郎

当夏御証文認方御物書、当分被　仰付置候処、御免被成旨被　仰出、御目付を以申渡之、

但、右御免之儀御勘定奉行申出候段、御目付毛馬内命助申出、

右之通、

一於江戸表、去ル十八日夕、御用番水野出羽守殿より御留守居御呼出ニ付、加嶋舎参上候処、別紙御書付、公用人近藤覚太夫を以御渡被成旨、御用人申出候付、翌十九日立七日振飛脚ニ右御書付差下、左之通、

表ニ
南部大膳大夫へ

津軽越中守御暇順年ニ候処、病気ニ付、願之通此度為名代嫡子大隅守御暇被下、越中守儀は快気次第御暇被下在着之上、大隅守は参府候様相達候間、可被得其意候、

右之趣、御用人・寺社御奉行・表御目付へも申渡之、

四ノ
廿六日　晴

弥六郎
勘解由
丹波
典膳
淡路

一　船越五郎右衛門

万所御奉行手伝御算方被　仰付、

一　伊藤長兵衛

一 御勘定方被　仰付、　中嶋喜八郎

一 御遣方有之ニ付、閉伊田御番所御番人被　仰付、　藤井孫右衛門

一 網張之湯御番人被　仰付、
但、四月より八月迄勤番可申事、　久慈野助

一 田名部通下役被　仰付、　五日市又兵衛

一 八幡寺林通下役被　仰付、　鬼柳御関所番 池田悦之進

一 網張之湯御番人兼帯被　仰付置候処、御免被成旨被　仰出、何も御目付を以申渡之、　原　俊次郎

一 徳田伝法寺通下役被　仰付、　長嶺九郎八

一 鬼柳黒沢尻通下役被　仰付、何も御目付を以申渡之、　毛馬内出雲

一 格成御礼、願之通来月朔日可被為　請旨被　仰出、　御番頭 黒沢大学

一 御役成御礼、願之通来月朔日可被為　請旨被　仰出、何も奉書を以申遣之、

一 嫡子 桜庭肥後 後妻 二十六歳
関　新兵衛 娘富 二十歳

右之通縁組仕度旨申上、双方願之通被　仰出、兵庫へは奉書を以申遣之、新兵衛へは御目付を以申渡之、

一 勇左衛門事 豊川和市

右之通名改仕度旨申上、願之通御目付を以申渡之、

一 野田豊後

嫡子繁弥儀、引越之砌井桁菱之内、鶴御紋所持込着用之儀、御免被成下難有仕合奉存候、然処格別之御事ニも奉存候間、後々家之規模にも仕度奉存候、依之恐多申上様奉存候得共、不苦御儀御座候ハヽ、子孫迄永く御免被成下置度奉願候、以御憐愍願之通被成下置候ハヽ、只今迄相用来候家紋取交、父子共着用可仕重畳難有仕合奉存候、此旨御序之節宜被仰上被下度奉願候、以上、

四月

右之通願出、翌朝淡路於宅豊後へ申渡之、具之儀は翌日之処ニ有之也、

生姜丁 市之助へ

被　仰渡

其方儀、先頃於火事場怪敷躰ニ付、御取押被遂御吟味候処、軽品と乍申盗いたし候無調法ニ付、御城下二十九丁払被　仰付候条、若立帰候ハヽ、曲事可被　仰付者也、

月　日

右之通御片付、公事懸り御役人共大奥へ伺之上、伺之通御沙汰之

旨申出之、

四ノ廿七日　晴

筑後
勘解由
丹波
典膳
淡路

横川永助

親才兵衛存生之内、願之通跡式無相違被　仰出、

一（現米）七拾石
内五人扶持

一　黒沼長平
上領和多理

長平儀一子無之付、親類和多里二男栄治養子仕度旨申上、双方願之通被　仰出、右何も於竹之間同席列座淡路申渡之、

一（大目付より書状を以申遣、尤平服也）　野田豊後

嫡子繁弥儀引越之砌、井桁菱之内鶴御紋所持込着用御免被成候付、後々家之規模ニも仕度、子孫迄永く御免被成下度願上候格別之儀故、容易ニは難被　仰付儀候得共、　思召も有之候間、家紋へ取交、武器・上下へ計永く相用候様被　仰出、

但、繁弥計は上下其外共ニ相用不苦候事、

右之通被　仰出、今朝淡路於宅申渡之、尤大目付宮手弥市相詰也、

一　（五戸御与力）小平熊蔵

身帯高書上之儀ニ付、御証文写取差上候様、去年十月御沙汰御座候処、先年供（洪）水之節家押流、御証文流失仕、写差上候様無之趣口上書を以申上候処、格別之御証文、是迄数代御書替も不奉願上打捨置候段、甚タ不始末之致方に付、親金蔵儀隠居被　仰付候、随て私相続被　仰付候、依之右御証文御書替被下置度旨申上、願之通御目付へ申渡之、

四ノ廿八日　雨

弥六郎
筑後
勘解由
丹波
典膳
淡路
出雲

一天量院様（南部利視）御忌日ニ付、聖寿寺へ御略供ニて　御直詣有之也、

一　山崎祐左衛門

祐左衛門儀男子無之付、遠親類宮古御役医相田宗純三男造酒助聟養子仕度旨、文化元年七月申上、願之通被　仰付候、然処不縁ニ付相返度旨申上、双方願之通被　仰出、御目付を以申渡之、

四ノ廿九日　折々小雨

弥六郎
筑後
勘解由
丹波
典膳
淡路

出雲

一　大矢覚右衛門
　　同　覚蔵

覚右衛門儀、老衰之上起居不自由罷成、御奉公可相勤躰無之付、隠居仕悴覚蔵家督被　仰付被下度旨申上、願之通無相違被　仰出、於竹之間同席列座淡路申渡之、

一桜庭兵庫知行所之内、毛馬内ニて先達て堰代御取上被成候替地小高証文、今朝淡路於宅兵庫上下着用相招相渡之、

四ノ
晦日　晴

弥六郎
勘解由
丹波
典膳
淡路

一　御医師
　　三浦道寿
　　同　道栄

道寿儀、老衰之上起居不自由罷成、御奉公可相勤躰無之ニ付、隠居仕悴道栄家督家業被　仰付被下度旨申上、願之通無相違被　仰出、

一　米田　亘
　　遊井名田御番人
　　長沢善左衛門

亘儀、男子無之養女有之付、親類善左衛門二男勝弥聟養子仕度旨申上、双方願之通被　仰出、右何も於竹之間同席列座淡路申渡之、

一和賀御役所御物書金右衛門儀、兼て加被　仰付置候処、実躰相勤御用ニ相立候者御座候間、勤中苗字帯刀御免被下置候ハ、御用弁ニ至可申旨、和賀奉行口上書を以申出相伺候処、伺之通被　仰出申渡候旨、御目付三浦忠陸申出之、

閏四月朔日

弥六郎
筑後
勘解由
御用番
丹波
典膳
淡路
出雲

一月次御礼、今五半時過　御本丸於　御座之間、御家門衆御礼被仰上、奏者御用人相勤、御着座之節　御取合申上、引続同席御礼申上、夫より　御中丸総角之間へ　御出座、高知之面々・諸者頭迄御礼申上、畢て格成御礼出雲方、御役成御礼黒沢大学、入院御礼教浄寺案堵金差上申上、名目御礼有之、無程相済也、

一今日　御曹司様御表へ　御出座被遊也、

一　細越多喜太
　　摂待専助

駒五郎殿御相手当分加御免被成旨被　仰出、御目付を以申渡之、

閏四ノ
二日　晴

弥六郎
勘解由
丹波

典膳
淡路

一岩館権次郎嫡子泰蔵儀、当二十七歳罷成候処、去月廿日与風罷出罷帰不申候付、其節御内々御届申上置、心当之所々色々相尋候得共行衛相知不申、出奔仕候、依之向々如何様之儀も難計、若立帰候歟居所相知候ハヽ、猶又其節御訴可申上旨訴之、

一　　　　　小笠原丹治
病気ニ付、御先供御免被成下度旨申上、願之通御目付を以申渡之、

一前書有之通、五戸御与力小平熊蔵儀、御証文流失ニ付書替被成下、御目付を以御代官へ相渡之、

一　　　　　出石良左衛門
就病気、御長柄頭御免被成下度旨申上候処、遂養生相勤候様被　仰出、御目付を以申渡、願書相返之、

一　　　　　石川門太
御先供被　仰付、御目付を以申渡之、

一江戸へ今朝立七日振飛脚、松岡七郎組弐人差立、御用儀申遣之、

一江戸表去月十九日立御小納戸昇荷一昇、宰領戸来金十郎・箱崎助左衛門組弐人附差下、今朝下着也、

閏四ノ三日　晴

弥六郎
勘解由
丹波
典膳
淡路

一　　　　　帷子多次郎
四男多市郎当十歳罷成候処、癲癇之症ニて得快気末々御用相立可申病躰無之付、曽(曹)洞宗東顕寺弟子出家仕度旨申上、願之通以御目付申渡之、

閏四ノ四日　雨

弥六郎
勘解由
丹波
典膳

一霊徳院様(南部利幹)御忌日ニ付、聖寿寺へ　御代香淡路方相勤之、

一　　　　　筑後二男 栄太郎
右は先月十九日出生仕候旨、筑後方口上書を以被相届之、

一　　　　　厨川佐十郎
嫡子良八儀、当十五歳罷成年令ニも御座候間、前髪為執度旨申上、願之通御目付を以申渡之、

一　　　　　下河原志津馬
勤筋不行届儀有之、恐入差扣願出、不及其儀旨御目付を以申渡之、

一蓮生院様(南部信直女)、来ル七月三日二百回御忌御相当之旨、大泉寺訴之、

一神鏡院様(南部利正女)、来ル六月十八日十七回御忌御相当之旨、東禅寺訴之、

閏四ノ五日　曇

弥六郎
勘解由
丹波
典膳

淡路

一養源院様(南部利雄)・義徳院様(南部利正)御忌日ニ付、聖寿寺・東禅寺ヘ御略供ニて御直詣有之、

一　倉館久馬

支配御艜船頭左平治儀、当春為御登穀石巻ヘ川下ケ申付候処、途中より蜜(密)穀積入候儀、畢竟申含方不行届段恐入指控願出、不及其儀旨御目付ヘ申渡之、

一　日詰御給人　久慈作兵衛

日詰通平沢村、長岡通犬吠森村・大巻村、右三ケ村ニて御本高地尻・地頭・北上川原等、御百姓共相対仕差支無之処披立、寛保二年願上、同十一月御検地、御高惣様拾弐石四斗三升三合名寄御帳被下置、鍬代等迄不残相渡、地穀之儀共相対仕罷有候、然処右新田之儀、去々年四月一統御据被　仰出有之上、当二月御沙汰被遊候趣被　仰渡候ニ付、冥加金可奉上納候間、御場所御吟味之上、右高分先年より被下置候五拾石壱斗七升四合ヘ御加、御軍役被　仰付被下置度旨申上、願之通被　仰付、尤御序を以御検地御改之上小高帳可被下置、冥加金上納之儀も改出高ニて其節差上可申旨被　仰付、御役人共伺之通御目付を以御代官ヘ申渡之、

一　野々村三次郎

支配御艜船頭左平治儀、当春為御登穀石巻ヘ川下ケ申付候処、途中より蜜(密)穀積入候儀、畢竟申含方不行届段奉恐入差扣願出、不及其儀旨御目付ヘ申渡之、

一当二月朔日之処ニ有之通、高知より百石以上諸士迄、来ル十四日於桜馬場乗馬　御覧可被遊旨被　仰出、

一右同断、高知二、三男より百石以下諸士二、三男迄、於御評定処前、武芸来ル廿三日御家老中可被遂御見分旨被　仰出、何も大目付・御目付ヘ申渡之、

閏四ノ六日　曇　弥六郎
勘解由
丹波
典膳
淡路

一　内堀大隅

火之御番当分被　仰付、以奉書申遣之、大目付・御目付ヘ申渡之、

閏四ノ七日　晴　筑後
勘解由
丹波
典膳
淡路

一御家来駒嶺弥八郎引取養育牢人奥寺幸太郎妹駒、桜庭対馬家来又兵衛忰佐藤隼見ヘ縁組願之儀申出、願之通被　仰付度段相伺候様、左京殿被　仰付旨御附人申出、御伺之通御目付ヘ相渡之、

一　宮古通御給人　高橋判兵衛

大槌通・宮古通海岸御山出下役被　仰付、

一　宮古通御給人同所下役　盛合宮之助

本役被　仰付、
右之通昨六日申渡候旨、御目付三浦忠陸申出之、
一　御目付 花坂理蔵
勤筋不行届儀有之、恐入差扣申出、不及其儀旨被　仰出、
御目付所御物書 梅沢定七
一　右同断ニ付差扣申出、不及其儀旨、何も御目付へ申渡之、
但、七時御目付へ相渡之、

閏四ノ
八日　雨
弥六郎
勘解由
丹波
典膳
淡路

一（南部信恩）霊巌院様御忌日ニ付、東禅寺へ　御代香勘解由相勤之、
一江戸表去ル二日立七日振飛脚、箱崎助左衛門組弐人今朝着、御用儀共申来之、
一南部英之助様へ、去月十八日初て御在所へ之御暇被　仰出、両御丸より御拝領物被成候由為御知申来候段、江戸より御用状申来申上、御役人へも申渡之、尤　上々様方・御家門衆へ之為御知は、御目付より申上之、
一追々申来候、馬喰甚之助召連罷出候様呼出ニ付、去月廿四日町御奉行岩瀬伊与守御役宅へ喜多見・平八、甚之助召連罷出候処、伊与守罷出、願人権之丞差出置候訴状願下ケ相成候間、済口証文へ致印形候様申聞候ニ付、甚之助証文へ致印形、右一件相済候由、加嶋七五郎証文写相出候間、右一通差下来申上、御用人・寺社御奉行・公事懸り御目付へも申渡之、
右証文写左之通、
差上申済口証文事
一渋谷道玄坂町長兵衛店権之丞奉申上候、私儀場末之儀ニ付、馬持渡世仕罷在候処、当六月中南部大膳大夫様御屋敷内幸次郎と申者より、同御屋敷ニて馬喰渡世致候服部武兵衛、同御屋敷内甚之助、麻布広尾町清五郎、右三人之者口入を以、馬壱疋金八両ニ買請候対談仕、同月中右武兵衛宅ニて口入之者共立合之上、馬主幸次郎へ金子不残相渡、右馬之儀は当分之内武兵衛宅へ預置、此節私罷越候処、何方へ欤売渡一向無沙汰致候付、右口入人共へ度々懸合候得共、不法之儀を以一向取合不申甚難儀仕候、且又去々子ノ年中武兵衛へ金拾五両ニ壱歩之割合を以元金五両、広尾町清五郎加判之証文取置用立候之処、其後一向利分等も相済不申、去々子年九月より当寅ノ十二月迄利金弐両壱歩銀五匁、都合金七両壱歩銀五匁ニ相成候付、度々催促致候得共元利一向相済不申、其上懸合候ても是又一向取合不申、旁以右三人馴合之上馬引売仕、并金子相済不申儀と乍恐奉存候、左候得は私儀難儀至極仕候間、無是非去寅十二月廿三日御訴訟申上候得共、当卯正月廿二日罷出御裏書頂戴相附公事合、当月双方罷出候処、相手之者共より返答書奉差上候ニ付、御吟味ニ相成度々御日延奉願上候、然処相手武兵衛儀は、南部大膳大夫様御屋敷内去寅十一月中迄は罷在、当時飯倉新町利兵衛店へ罷有候、馬喰渡世致居候儀ニ有之候処、糺方不行届、御屋敷内罷在候趣ニて御願申上候段奉恐入候、且願人権之丞より

去寅六月中相預置候馬壱疋、全武兵衛引売仕候儀ニては無之、右馬病馬ニ相成候間、武兵衛方ニては代金八両ニ相払候処、其節右金子早速権之丞方ヘ相渡可申処行違間違ニ相成、右躰御訴訟申上候儀武兵衛奉恐入候、尤五ケ月之間武兵衛方ヘ預置候砌、飼料・諸雑用相懸り候付致勘定候処、右金八両程も入用ニ相成候間、対談之上無勘定ニ致、外証文金之儀は、元利金七両壱歩ト銀五匁は皆済致し権之丞方ヘ受取、且甚之助・清五郎儀ハ、初発買請候節直段世話仕候のみニて、其後売払候節は存不申段相分り、全権之丞心得違候段申上候儀奉恐入候、右之通始末相分双方無申分熟談仕、出入内済仕度奉存候間、何卒以御慈悲願之通御吟味御下ケ被成下置候様、一同奉願上候得は、願之通御下被成下、偏ニ御威光と難有仕合奉存候、為後日済口証文奉差上候、仍て如件、

文政二卯年四月

渋谷道玄坂町、長兵衛店願人 権之丞
家主 長兵衛
五人組 一太郎
名主 猪右衛門
飯倉新町、利兵衛店相手 武兵衛
家主 利兵衛
五人組 定七
名主 市兵衛
代 常蔵
渋谷広尾町、家主相手 利兵衛
五人組 仁兵衛
名主弥蔵煩ニ付、代 秀次郎
南部大膳太夫領分、馬喰相手 甚之助

御奉行所様

右之通申来申上、御用人・寺社御奉行・公事懸り御目付へも申渡之、

閏四ノ 九日 雨

筑後
丹波
典膳

閏四ノ 十日 晴

弥六郎
丹波
典膳

一 現米 三拾弐石
内弐人扶持 東 栄治

養父市郎及末期一子無之ニ付、妹竹養女仕、同姓親類東野武兵衛二男栄治聟名跡被 仰付被下度旨申上、存生之内、願之通其方跡式無相違被 仰出、於竹之門同席列座、丹波申渡之、

閏四ノ 十一日 晴

筑後
丹波
典膳

一 (南部行信) 徳雲院様御忌日ニ付、聖寿寺ヘ 御代香筑後相勤之、

一 本館金吾

当春交代登御人足之内、於道中欠落仕候者有之、此節格別之御沙汰向も御座候処、出立前申含方行届不申恐入差扣願上、願之通差扣被　仰付、御目付へ申渡之、

一　御勘定方　伊藤長兵衛

石巻為御登穀御用定懸り被　仰付、

一　御勘定方　下斗米勘蔵

別段御用有之、石巻為御登穀御用定懸御免被成旨被　仰付、何も御目付を以申渡之、

一　上村才六

支配御艜船頭左平治儀、当春為御登穀石巻へ川下ケ申付候処、途中より蜜(密)穀積入候儀、畢竟不行届之段奉恐入差扣願上候処、不及其儀旨御目付へ申渡之、

一　佐羽内袖嶋

持病之腰痛相煩、鶯宿へ入湯二廻御暇願之通被下罷越候処、相応仕候ニ付最一廻御暇被下度旨申上、願之通被　仰出、奉書を以申遣之、

一　船越伊三郎

御下屋敷御普請御手入積方行違之儀有之、恐入指扣願上、追て御沙汰迄不及其儀旨被　仰付置候処、弥不及其儀旨被　仰出、御目付へ申渡之、

一　大嶋惣平

嫡子祐平儀、去年五月十二日与風罷出候処罷帰不申ニ付、其節御内々御届申上置、心当之所々色々相尋候得共行衛相知不申、出奔御訴申上候処、昨夜立帰候間、向々出入之儀も難計相尋候処、出入ケ間敷儀無御座旨申候、出奔立帰候儀恐入奉存候間、急度為慎置候段惣平訴出候ニ付、同人へ御預逼塞被　仰付、御目付へ申渡之、

一　大嶋惣平

嫡子祐平儀、出奔立帰候ニ付御訴申上候処、御預逼塞被　仰付奉恐入候、依之差扣申出、願之通差扣被　仰付、御目付へ申渡之、

一右ニ付、親類共恐入差扣申出、不及其儀旨御目付へ申渡之、

閏四ノ
十二日　雨

弥六郎
丹波
典膳
淡路

一　(南部重直)即性院様御忌日ニ付、聖寿寺へ　御代香弥六郎方相勤之、

一　野田豊後

同氏繁弥、初て之　御目見願之通来ル十五日可被為　請旨被　仰出、奉書を以申遣之、

一　本館金吾

差扣御免被成旨被　仰出、御目付へ申渡之、

一右ニ付、親類共恐入差扣願上候処、何も不及其儀旨御目付へ申渡之、

閏四ノ
十三日　晴

弥六郎
筑後
丹波

典膳
淡路
宮内
出雲

鳥谷其右衛門
同　喜内

一其右衛門儀、久々痼積相煩癲癇之症ニ罷成、時々眩暈卒倒仕、難治之症ニて全快御奉公可相勤躰無之付、隠居仕悴喜内家督被　仰付被下度旨申上、願之通無相違被　仰出、於竹之間同席列座丹波申渡之、

大嶋惣平

一差扣御免被成旨被　仰出、御目付へ申渡之、親類共恐入差扣申出、不及其儀旨御目付へ申渡之、

一宮内方、江戸表去ル朔日出立罷下り今日下着、直々登　城、

閏四ノ十四日　雨

弥六郎
丹波
典膳
淡路
宮内

一前書有之候、今日於桜馬場乗馬　御覧、雨天ニ付相止也、

一弐人扶持
御四季施弐両

花巻御給人
神山久蔵

親忠内及末期、悴久蔵九歳罷成　御目見不申上候得共、跡式被　仰付被下度旨申上、存生之内、願之通無相違被　仰付、御城代へ書状を以申遣之、

保左衛門事
梅村保之丞

一右之通名相改度旨申上、願之通被　仰出、御目付を以申渡之、

一今日乗馬可被遊　御覧旨兼て御沙汰有之候処、雨天ニ付御延引被成、来ル十六日　御覧可被成、十六日雨天ニ候ハ、廿日　御覧可被成旨被　仰出、御役人へ申渡之、

閏四ノ十五日　晴

弥六郎
筑後
丹波
典膳
淡路
宮内
出雲

一月次御礼、今五時過　御本丸於　御座之間、御家門衆御礼被仰上、奏者御用人相勤、御着座之節丹波御取合申上、引続同席御礼申上、夫より　御中丸総角之間へ　御出座、高知之面々・諸者頭迄御礼申上、畢て初て御礼豊後嫡子野田繁弥鳥目五拾疋差上申上、名目御礼有之、無程相済也、

一今日　御曹司様御表へ　御出座被遊也、

御番頭
桜庭兵庫

一忌御免被成旨被　仰付、奉書を以申遣之、

但、已来役柄も有之候間、御番頭は同席共より御免之儀相伺可
申旨、御筆を以御沙汰之事、

一　小寺左衛記
　　松田伊之助
野辺地通御代官被　仰付、

一　又重軍右衛門
八幡寺林通御代官被　仰付、

一　沢田左市
徳田伝法寺通御代官被　仰付、

一　又重軍右衛門
　　沢田左市
思召入有之候ニ付、野辺地御代官御免被成、別御代官ニ被　仰付、
以御目付申渡之、
右之通、退出後御沙汰ニ付、何も以御目付申渡之、

閏四ノ十六日　曇　弥六郎　丹波　典膳　淡路　宮内

一江戸へ今朝七日振飛脚、横田右仲・松岡七郎組弐人差立、御用儀
申遣之、
一前書有之通、今日於桜馬場高知之面々、同嫡子・嫡孫より百石以
上諸士乗馬　御覧被遊候ニ付、仲間始御役人相詰、四時前相済、
依て何も直々登　城也、

一　豊後事 野田伊予
　　伊予嫡子繁弥事 野田豊後
右之通名改仕度旨申上、願之通附札ニて大目付を以申渡之、

一　御徒 和井内源左衛門
　　沢田勘兵衛
御金附立帰下り被　仰付候処、来廿二日出立被　仰付候旨申渡候
段、御目付毛馬内庄助申出之、

閏四ノ十七日　晴　筑後　勘解由　丹波　典膳　淡路　宮内

閏四ノ十八日　晴　弥六郎　勘解由　丹波　典膳　淡路　宮内

一南宗院様（南部利直）・大源院様（南部重信）御忌日ニ付、東禅寺・聖寿寺へ　御代香典
膳相勤之、

一　野田伊予
嫡子豊後儀、五節句・月次御礼為申上候様仕度旨、口上書を以相
伺候処、伺之通被　仰出、家来呼上大目付を以申渡之、

一　南部筑後
預花輪組丁御同心家二十四軒数年ニ相成大破仕、住居難仕躰相成
候間、右之内八軒は曲り直屋根漏差壁繕、外拾六軒は壁繕くしふ
せ漏差、内一軒葺替御繕御普請被成下度旨申出、右之内拾弐軒御
繕御普請被　仰付候旨、家来呼上御目付を以申渡之、

閏四ノ十九日　曇

弥六郎
筑後
勘解由
丹波
典膳
淡路
宮内
出雲

閏四ノ廿日　晴

弥六郎
勘解由
丹波
典膳
淡路
宮内

閏四ノ廿一日　雨

筑後
勘解由
丹波
典膳
宮内

一今日御会所有之、淡路方相越也、
一花輪御給人奈良重右衛門嫡子市蔵儀、当二十五歳罷成候処、当月
二日風と罷出罷帰不申ニ付、心当之所々相尋候得共行衛相知不申、
出奔仕候旨御代官末書を以訴之、
一江戸表去ル十六日立七日振飛脚、戸来弓人・箱崎助左衛門組弐人
今昼下着、御用儀共申来之、
一　小野寺左門
　　沢田左市
勤筋不行届之儀有之、恐入銘々口上書を以差扣申上、何も不及其
儀旨御目付を以申渡、尤左市義は翌日申渡之、
一於江戸、去ル十一日御老中水野出羽守殿より被為呼、御留守居添
役梅内忠次郎罷出候処、御尋人御書付御渡被成候付、同十六日立
飛脚幸便ニ申来、御領分中御詮議被　仰付、人相書左之通、
　去々丑十二月、新吉原京町弐丁目さよ方ニ、元遊女奉公いたし
　候花町事すみを召連、越後国迄罷越候、道筋夫々御関所外山越
　いたし候無宿嘉兵衛・八五郎人相書、
一嘉兵衛は年令五十二歳ニ相見候、

一生国不相知、
一中せい中肉、鼻筋通り、丸顔、色赤き方ニて疱瘡之跡有之、
一鬢薄く月代はけ候方、
一目柔和なる方、
一歯並揃ひ、言舌静なる方、
一眉毛薄き方、
一耳常躰、
一其節之衣頼、木綿袷を着し、縞木綿三尺帯を〆、
一八五郎は年令五拾四、五歳ニ相見候、
一生国不相知、
一せい高く中肉、鼻筋通り平顔ニて色黒き方、
一鬢・月代とも濃き方、
一前歯壱本欠、言舌騒敷方、
一眉毛太き方、
一耳常躰、
一其節之衣類、黒木綿布子を着し、帯之様子不相分、
右之通之もの於有之は、其所ニ留置、御料は御代官、私領は領主・地頭へ申出、夫より於江戸松平右近将監方へ可申出候、若及見聞候ハヽ、其段も可申出候、尤家来・又もの等を入念可遂吟味候、若隠し置脇より相知候ハヽ、可為曲事候、
卯
閏四月
右ニ付、御用掛大目付、寺社御奉行宮手弥市、御目付江刺牧太へ申渡、人相書相渡之、

閏四ノ廿二日　晴
弥六郎
勘解由
丹波
典膳
淡路
宮内
一　五戸御与力 円子五左衛門
同　勇七
五左衛門儀、久々癇積相煩癲癇之症罷成、難治之症ニて全快御奉公可相勤躰無之ニ付、悴勇七家督被　仰付被下度旨申上、願之通無相違被　仰付、御代官へ書状を以申遣之、
一　工藤源助
慈眼院殿より菊輪九曜御紋御帷子頂戴仕候付、着用仕度旨申上、願之通御目付を以申渡之、

閏四ノ廿三日　曇
丹波
一当二月御沙汰有之通、今日於御評定所前、高知二、三男より百石以下二、三男迄、武芸仲間相越遂見分、御役人も相越也、
一御曹司様被為　入　御覧被遊也、
一　御供頭御膳番当分加 加嶋　蔀
榊山御本社御神事之節、御用懸被　仰付、於竹之間丹波申渡之、
一　御膳番 高橋平作
榊山御本社御神事之節、御用懸被　仰付置候処、御免被成旨被　仰出、御目付を以申渡之、

一　又重軍右衛門
勤筋不行届儀有之、恐入差扣申出、不及其儀旨申渡之、

閏四ノ
廿四日　晴
弥六郎
勘解由
丹波
典膳
淡路
宮内

一　佐羽内袖嶋
五月廿五日出立被　仰付、奉書を以申遣之、

一　御神用子供
永田伊賀
五月廿五日出立被　仰付、

一　御神用司下役
佐羽内丹宮
同
一条源治
同断、

右書出附書なしニて御目付へ相渡之、

閏四ノ
廿五日　晴
筑後
勘解由
丹波
典膳
淡路
宮内

一今晩六時、帷子小路沼宮内清作家自火にて焼失ニ付、何も登　城、
無間火鎮也、

一　七戸屋敷御給人
小原五郎
親権太存生之内、願之通跡式被　仰付、御代官へ書状を以申遣之、

一　沼宮内清作
居宅自火ニて焼失仕、奉恐入差扣罷有候旨申出、不及其儀旨御目
付へ申渡之、

閏四ノ
廿六日　晴
弥六郎
勘解由
丹波
典膳
淡路
宮内

一　赤前勝左衛門
病気ニ付御目付より申遣之　宮田織人
佐藤助之丞
岩間純平
従　公義(儀)御尋人有之ニ付、御詮議御用被　仰付、於竹之間同席列
座丹波申渡之、

一　内堀大隅
火之御番当分被　仰付置候処、御免被成旨被　仰出、奉書を以申
遣之、大目付・御目付へ申渡之、

一　金左衛門嫡子栄之助事
中西勇司

右之通名相改度旨申上、願之通御目付を以申渡之、

筑後

勘解由

丹波

典膳

淡路

宮内

閏四ノ
廿七日　晴

一南部左京殿御口上書、左之通、

家来伝平嫡孫漆戸熊八郎儀当十五歳罷成、依之初て之　御目見之儀願出候、御序之節申上候様致度候、此段宜頼入存候、以上

閏
四月廿七日　南部左京

南部勘解由殿

新渡戸丹波殿

毛馬内典膳殿

八戸淡路殿

藤枝宮内殿

右之通被申上、御願之通来月朔日可被為　請旨被　仰出、御目付を以御附人へ申渡之、

一今日下り後、丹波於宅誓紙堅目有之、御役人相詰也、

一今夜九時、厨川通堂の前喜兵衛火元ニて類焼共ニ八軒有之、此節仲間登　城、八時過火鎮也、

野田通侍浜村松之助子
丑松へ
被　仰渡

其方儀、母兼て病気ニ付旅医療治相頼候処、逼(逗)留中右旅医と其方女房蜜(密)会仕、当二月十日連立致欠落候ニ付、追懸八戸御領沢里村ニおゐて右旅医討留候節、所之者大勢ニて、女房迄殺候ては口なしニ相成不宜旨申聞、喜助共ニ差留候間、髪計切取候段申出候、仮令差留候者有之候共、両人共ニ討留可申処不行届致方ニ付、被仰付様も有之候得共、遠在之もの弁無之右之次第ニ至候条、御慈悲を以揚屋入御免被成者也、

月　日

同通同村
喜助

其方儀、同村丑松女房津幾(カ)、旅医躰之者と連立当二月十日欠落候ニ付、丑松得頼合同道追懸候処、八戸御領沢里村ニおゐて、丑松儀蜜(密)夫旅医討留候一件為御引合、揚屋入被　仰付置候処、御吟味相分候条、無御構本所へ御返し被成也、

閏
四月

右之通御片付、大奥へ向之上申渡之、

弥六郎

筑後

丹波

典膳

淡路

宮内

出雲

閏四ノ
廿八日　晴

一天量院(南部利視)様御忌日ニ付、聖寿寺へ　御略供ニて　御直詣有之也、

一北浦奉行被　仰付、於竹之間同席列座丹波申渡之、
川嶋杢左衛門
一奥詰被　仰付、御目付を以申渡之、
布施庄蔵
一当分御膳番加被　仰付、御目付を以申渡之、
奥詰
同人
一病気ニ付、七戸通下役願之通御免被成、御目付へ申渡之、
七戸御給人
野辺地民太
一厨川通御代官所、下厨川村百姓長助居宅之内借宅罷有候処、昨夜九時過隣家肝入喜兵衛より出火ニて類焼仕候、然処私病気罷有、歩行難相成躰御座候故、手廻共介抱ニ取懸罷有候内及大火、駆入候儀難相成、永代御証文取出兼焼失仕候、依之恐入差扣願上、願之通指扣被　仰付、御目付へ申渡之、
村木幸右衛門
一右ニ付、親類共恐入差扣申出、不及其儀旨御目付へ申渡之、
一厨川通御代官所、下厨川村百姓太郎八家之内借宅罷有候処、昨夜九時過隣家肝入喜兵衛より出火ニて類焼仕候、然処当夏三駄片馬御切米御証文焼失仕、恐入差扣申出、不及其儀旨御目付へ申渡之、
工藤新十郎

閏四ノ
廿九日　晴
筑後
丹波
典膳
淡路

一御勘定奉行伺書、左之通、
宮内
一御蔵米壱駄
此代弐貫文百文
右御直段を以、小役人・諸御物書当夏分御役料、来月二日より御買上可被　仰付哉と申出、伺之通申渡之、
一老母へ孝心之儀、御町奉行吟味之上申上、軽き者寄特之事ニ候、依之久蔵夫婦一生之内弐人扶持被下置之、御町奉行へ申渡之、
紺屋丁壱丁目
久蔵
同人
女房喜和
一右之通名相改度旨申上、願之通被　仰付、御目付を以申渡之、
英司事
八角四郎右衛門
一南部雅楽助殿御娘於恭事、先達て漆戸舎人嫡子左仲へ縁組被　仰付候処、於恭事病身ニ相成、一両年には全快も無心元、被遣候ても相続も相成兼可申間、不縁ニ相成候様被成度旨御願被成、舎人よりも雅楽助殿被仰遣候趣御尤御儀御座候得共、如何可仕哉ニ申上相伺候処、雅楽助殿へは御承知被遊、右御心得ニ被成御座候様ニ被仰出、舎人へは雅楽助殿より御病身之旨被仰上候筋も有之、且内存之趣も申上候ニ付、外縁組勝手次第ニ可仕旨被　仰出、大目付へ申渡之、
一右ニ付、御沙汰之趣、左之通、
南部雅楽助殿御娘於恭事、先達て漆戸舎人嫡子左仲へ縁組被仰付置候処、右於恭事病身ニ相成、被遣候ても相続も相成兼候趣、雅楽助殿并漆戸舎人より申上候付、離縁ニ相成候様御沙汰

之事、

閏四月廿九日

右之通　御曹司様へ申上、御用人始御役人・御側へも申渡之、

一右之段、涼雲院様・於年殿・御家門衆・慈眼院殿へも御目付より
為御知申上之、

五月朔日　折々雨

弥六郎
筑後
勘解由
丹波
御用番
典膳
淡路
宮内
出雲

一月次御礼、今五時過　御本丸於　御座之間、御家門衆御礼被仰上、
奏者御用人相勤、御着座之節典膳御取合申上、引続同席御礼申上、
夫より　御中丸総角之間へ　御出座、高知之面々・諸者頭迄御礼
申上、畢て名目御礼被為　請、無程相済也、

一今日　御曹司様御表へ　御出座被遊也、

一為端午之御祝儀、御家門衆并仲間・高知之面々・御用人より、
屋形様・　御曹司様へ御肴一折宛、銘々目録ニて差上之、御用人
を以遂披露之、
　但、江戸詰合仲間・御用人よりも差上之、尤江戸詰合御留守居
よりは不差上、爰元ニ御留守居居合候得は指上候、此節は爰元
ニ居合不申故不差上、尤御留守居見習格大目付よりは、文化六
年歳暮之節、伺之上不差上也、且前々四月廿八日差上候得共、
文化五年六月廿一日御沙汰有之、今日差上之、

一　御用人 黒川　司
御年男相勤候ニ付、拝領物被　仰付、於席申渡之、
　但、御年男加は御側御用人取扱也、

一　佐々木嘉藤治
　同　喜代太
嘉藤治儀、老衰之上歩行不自由罷成、御奉公可相勤躰無之付、隠
居仕倅喜代太家督被　仰付被下度旨申上、願之通無相違被　仰出、

一　六日ニ申渡之　赤坂重作
一子無之ニ付、弟鉄司養子仕度旨申上、願之通被　仰出、何も於
竹之間同席列座典膳申渡之、

一　御馬乗役栄之助事 内田清四郎
右之通名相改度旨、御馬役村松刑部末書を以申出、願之通刑部へ
御目付を以申渡之、

一　江釣子要右衛門
　赤沢喜七郎
七戸通下役、御蔵手伝兼帯被　仰付、

一　七戸御給人、七戸通下役 川村新兵衛
御蔵手伝兼帯被　仰付、

一　七戸御給人 浦田官蔵
七戸通御蔵手伝御免被成旨被　仰出、何も御目付を以申渡之、

一　三浦忠陸

今日左京殿御家来御礼之節、不速（束）之儀仕恐入差扣申出、不及其儀
旨御目付を以申渡之、

一　工藤新十郎

先月廿七日類焼仕候節、当夏三駄片馬御証文一枚取出兼焼失仕候
ニ付、恐入差扣願上候処、不及其儀旨被　仰出候、依之御証文御
書替被下度旨申上候処、只今不被下、被下時節手形差出頂戴可申
旨、御目付を以申渡之、

一花輪・毛馬内御境役、御給人並被成置候処、此度御給人被成下候
ニ付、書替被下置、

花輪御給人御境役
町井左市助
乳井久之丞
黒沢幾右衛門
赤坂　悟
毛馬内御給人御境役
石田文助
田口和多右衛門
馬渕貞助

右小高証文銘々ヘ被下置候ニ付、御目付を以御代官ヘ相渡之、

一　松岡源次郎預御徒、栄之助事
四戸喜左衛門

右之通名相改度旨申上、願之通御徒頭ヘ御目付を以申渡之、

一前書有之通、南部英之助様初て御在所ヘ之御暇被　仰出、江戸表
去月十八日御発駕、昨夜花巻御止宿、今朝同所御発駕、六日丁御
仮屋ヘ七ツ時御着也、

一御同人様、今日御見舞被進候処、此度初て之事故、御出前御用人
中里覚右衛門御使者御樽肴被遣、御引続七ツ時過御上下ニて　御
城ヘ被為入候付、御玄関左之方鏡板ヘ御家門衆御出迎、仲間并非
番之御番頭両人御敷出ヘ罷出、右之方御敷出ヘ御用人一統、并切
石ヘ寺社御奉行始御役人・御使番迄、左之方ヘ御取次両人罷出、
并御広間ヘ御番人一統面番、右何も上下着用罷出、御用人白石弾
正御先立仕、御刀ハ御玄関鏡板之上ニて奥詰久慈儀六取之、夫よ
り柳之間御内椽御通、　御中丸総角之間ヘ御着被成、　屋形様・
御曹司様　御対顔被成御引入被遊、此処ニて御家門衆御逢有之、
終て仲間一統御目見、座敷御廊下御敷居之外ニて平伏仕、是ヘと
御挨拶之処ニて、総角之御間御敷居際ヘ進ミ恐悦申上、引入候処
ニて御用人一統罷出恐悦申上、御逢相済、御椀盛御菓子并御吸
物・御酒差上之、猶又御家門衆・仲間罷出候処、此節は一所ニ罷
出御取合申上、引取候処ニて御用人是又罷出引取也、右御膳不残
下り候処ニて、猶又　御二方様　御出座　御逢被成、御引入被遊
候処ニて間なく御帰り被成候付、何も御出之節之通、御家門衆始
仲間并御役人罷出、暮前御帰也、尤右御使者相勤来候御用人中里
覚右衛門ヘ、御用人於詰之間茶・煙草盆計出、銀子一枚金三歩被下、
御逢可被成候処此節御用塞ニ付、　御逢不被成旨御用人を以御断
被成之、御刀番・御供頭ヘ是迄御吸物・御酒等被下候処、御時節
柄故無其儀、茶・煙草盆計出之、

一御帰後、御仮屋ヘ為伺御機嫌典膳罷出、御目付毛馬内命助を以あ
なた御用人金田一作兵衛ヘ談合為申上候処、無間罷出御逢被成旨
申聞、直々罷出候処　御逢御意有之、御手熨斗被下、引取候処ニ
てあなた御用人中里覚右衛門を以右御請申上之、尤御町奉行壱人、
御目付壱人御機嫌伺、御用伺一通ニ罷出、其外は不罷出也、

但、同席共為伺御機嫌御仮屋ヘ罷出候儀、兼て御断有之候得共、
此度は御沙汰ニ付本文之通、尤御役人・小役人前々相詰来候処、
文化十三年厳敷御断ニ付為御詰不被成也、

一御同人様へ、御表御側より之御使者御取遣、御進物等諸事之委細
は、御用相勤候御目付別記ニ有之、

一右御着并今夜御一宿之段共ニ、八戸御家老ヘ例之通為知書状一里ニ
て申遣之、
但、御下向之節は、翌朝御発駕之為知は前々之通不申遣之、

一右ニ付、為御挨拶翌日志和御代官御使者田中治五平を以被仰進候
旨、御目付江刺牧太取次申出之、

五ノ
二日　晴　弥六郎　筑後　宮内　出雲

一江戸ヘ今朝七日振飛脚、横田右仲組弐人差立、御用儀申遣之、

五ノ
三日　晴　宮内

一　村木幸右衛門
指扣御免被成旨被　仰出、御目付ヘ申渡之、

五ノ
四日　晴　弥六郎　丹波　典膳　淡路

一明五日、義徳院様御消月ニ付、屋形様五半時御本供御供揃ニ
て東禅寺ヘ　御仏詣被遊、御出・御帰共ニ　御本丸御玄関より、
御寺ヘ宮内相詰、無程御帰　城被遊也、
但、御役人上下、小役人継肩衣着用也、

一今日　霊徳院様御忌日、明五日　養源院様御忌日ニ付、聖寿寺ヘ
御代香宮内方相勤之、

一　御徒頭
先達て御沙汰被成置候坂本甚之助儀、親甚平依勤功、甚平一生之
内組付御免被　仰付置候処、右甚平病死ニ付、甚之助儀御徒召抱
候様被　仰付、御目付を以御徒頭ヘ申渡之、

五ノ
五日　晴　弥六郎　筑後　丹波　典膳　淡路　宮内　出雲

一席ヘ御熨斗出、

一為端午之御祝儀、今四時　御本丸於　御座之間、御家門衆御礼被
仰上、御用人奏者、御着座之節典膳御取合申上、夫より　御中丸
総角之間ヘ　御出座、仲間始五節句出仕之面々御礼申上、無間相
済也、

一今日　御曹司様御表へ　御出座被遊也、
一大目付・寺社御町奉行・表御目付・御目付・御勘定奉行・御使番迄、席へ罷出御祝詞申上之、
一　　　　　　　　　　　　村木幸右衛門
厨川通御代官所、下厨川村御百姓長助居宅借宅罷有候処、去月廿八日類焼之節、永代御証文取出兼焼失ニ付、右御証文御書替被下度旨申上、願之通御目付を以申渡之、
一　　　　　　　　　　　　新渡戸丹波
家来飯盛直記弟鉄弥と申者、御医師原安仲弟子罷成医術稽古罷有候処、医業も相応ニ付手医ニ仕、飯盛徳順と改名召仕候旨、口上書を以被相届之、

五ノ六日　晴

筑後
丹波
典膳
淡路
宮内

一　　　　　　　　　　　　御医師 大沢宗泉
親宗貞存生之内、願之通跡式無相違被　仰付候間、家業情（精）出候様被　仰出、於竹之間同席列座典膳申渡之、
　　　　　　　　　　　　下田将監
屋形様へ
一浜防風　一箱
御曹司様へ
一同断
右は領知之産物差上候付、御側御用人を以遂披露之、尤　御満悦之旨被　仰出、翌日奉書を以申遣之、
但、右品大目付席へ差出之也、
一公義（儀）御尋人御吟味被　仰付、御廻被成候者、吟味相済候処ニて席へ罷出相済候趣申出候処、已来は御目付へ申出、御目付承届候て申出候様可致旨御沙汰ニ付、右之段牧太申聞、席へは已来不罷出事、
一公義（儀）御尋人御吟味被　仰付、昨日迄相廻遂吟味相済候旨、御目付江刺牧太・三浦忠陸申出候付、右之段申上之、

五ノ七日　晴

弥六郎
丹波
典膳
淡路
宮内

一江戸表去月廿六日立箱崎助左衛門組弐人、十日振持参昨夜着、別紙御用状之趣申来之、
一松平近江守様之奥方様、去月下旬より御病気之処、御養生無御叶、同廿五日卯上刻御死去被成候旨、為御知申来候段御用人申出之、御前様ニは御姉様之御続ニ付、御定式之通去月廿五日より当月十五日迄御忌廿日、御服九十日被為　請候旨御用状申来申上、大奥并御用人・御役人へも申渡之、具之儀は御用状案詞ニ有之、
一江戸へ今夕より七日振飛脚、横田右仲組弐人差立、北地御用儀共申遣之、

五ノ
八日　晴

筑後
丹羽
典膳
淡路
宮内

一霊厳院様御忌日ニ付、東禅寺ヘ　御代香弥六郎方相勤之、

一　丹宮事 佐羽内赤祝

右之通名相改度旨申上、願之通御目付を以申渡之、

一　佐羽内袖嶋

当月廿五日出立被　仰付置候処、六月廿五日出立被　仰付、奉書を以申遣之、

一　永田伊賀

当月廿五日出立被　仰付置候処、六月廿五日出立被　仰付、

一　佐羽内丹宮
一条源治

右同断、

右書出附札なしニて御目付ヘ相渡之、

一江戸表去ル二日立松岡七郎組弐人、七日振持参昨夕着、御用儀共申来之、

一江戸ヘ　今夕より七日振飛脚、横田右仲組弐人差立、御神用御用申遣之、

一南部左衛門尉様より、英之助様御婚姻被成御整候節御祝物被進候為御答礼、左衛門尉様・英之助様より鯉一折宛、英之助様御新造様より昆布一箱、鰑一箱、御樽代三百疋宛、奉札を以被進来候間、右奉札下来遂披露之、

五ノ
九日　雨

筑後
典膳
淡路
宮内

一上下　御銅山方 多久佐里　勇
立花儀作

御本社御普請御用懸被　仰付、於竹之間同席列座典膳申渡之、

一円子貞作預御徒蚫口弥三兵衛二男喜六儀、当二十四歳罷成候処、去月廿八日与風罷出罷帰不申候ニ付、其節御内々御届申上置、心当之所々色々相尋候得共行衛相知不申、出奔仕候旨貞作訴之、

一前書有之通、村木幸右衛門永代御証文焼失ニ付、御書替被成下候付、右証文上下着御目付を以相渡之、

但、野竿赤御証文は上包ミ無之、

一花輪御給人関右平太野竿新田証文被下候ニ付、御目付を以御代官ヘ相渡之、

一　野辺地通下役 中村治左衛門

勤筋不行届之儀有之、恐入差扣申上、願之通差扣被　仰付、御目付ヘ申渡之、

五ノ
十日　晴

筑後
勘解由
丹波

典膳
淡路
宮内

名久井歓作
同　定巳

一 歓作儀、久々痼積相煩、頃日ニ至癲癇之症罷成、難治之症ニて全快御奉公可相勤躰無之ニ付、隠居仕忰定巳家督被　仰付被下度旨申上、願之通無相違被　仰出、於竹之間同席列座典膳申渡之、

中野周左衛門
金田一善左衛門
小寺左衛記

一 去月野辺地通へ御差急御用被　仰付罷越候節、七戸通之内にて調役下役中村小市郎ニ行逢候砌、御差急御用筋のみ相含罷越不行届之儀有之、恐入銘々口上書を以差扣申出候処、何も不及其儀旨御目付へ申渡之、

箱崎助左衛門

一 就病気、御者頭御免被成下度旨申上候処、遂養生相勤候様被　仰出、御目付を以申渡、願書相返之、

一 火消被　仰付相勤居候高知、忌穢亦は故障之儀御届申上置、出火有之節は嫡子差出可申候、嫡子無之ものハ、人数へ役人相添可差出旨御沙汰ニ付、大目付へ演説典膳申渡之、

但、嫡子も故障有之差出兼候ハヽ、其旨相届、人数へ役人相添差出可申候、尤嫡子病気故障有之ものハ、其廉々相届、人数計差出可申候、

一翌十一日被　仰付也　　野辺地通下役 横浜庄左衛門

勤筋不行届儀有之、恐入差扣申出、願之通差扣被　仰付、御目付へ申渡之、

五ノ十一日　雨

弥六郎
勘解由
典膳
淡路
宮内

一 徳雲院様御忌日ニ付、聖寿寺へ　御代香淡路相勤之、

野辺地通下役 中村治左衛門

一 差扣御免被成旨被　仰出、御目付へ申渡之、

五ノ十二日　雨

弥六郎
筑後
勘解由
丹波
典膳
淡路
宮内
出雲

一 即性院様御忌日ニ付、聖寿寺へ　御代香筑後相勤之、

五ノ十三日　晴

弥六郎
筑後
勘解由
丹波
典膳
淡路
宮内
出雲

一　野辺地通下役 横浜庄左衛門
差扣御免被成旨被　仰出、御目付へ申渡之、

一　玉山判兵衛
当五十三歳罷成候処、一子無之付、遠親類竹林五兵衛娘婦美当十四歳罷成御座候間、養女ニ仕度旨申上、願之通御目付を以申渡之、

五ノ十四日　雨

筑後
勘解由
典膳
淡路
宮内

一　花輪御給人 奈良重右衛門
嫡子市蔵儀先達て出奔仕、其節御訴申上候、依之二男万治嫡子ニ仕度旨申上、願之通被　仰付、御代官へ書状を以申遣之、

向井英馬
屋形様へ
一蕨粉　一箱
御曹司様へ
一同断

右は領知之産物差上候付、御側御用人を以遂披露之、尤　御満悦之旨被　仰出、翌日奉書を以申遣之、
但、右品は大目付席へ差出之也、

一　中原　武
嫡子恵当十五歳罷成、年来ニも御座候間、前髪為執度旨申上、願之通御目付を以申渡之、

一　布施庄蔵
当分御膳番加被　仰付置候処、御免被成旨被　仰出、御目付を以申渡之、

五ノ十五日　晴

筑後
勘解由
丹波
典膳
淡路
宮内
出雲

一月次御礼、今五時過　御本丸於　御座之間、御家門衆御礼被仰上、奏者御用人相勤、御着座之節典膳御取合申上、引続同席御礼申上、夫より　御中丸総角之間へ　御出座、高知之面々・諸者頭迄御礼申上、畢て初て御礼申上、名目御礼有之、無程相済也、

一今日　御曹司様御表へ　御出座被遊也、

一　御勘定方 山口立太
御本社御普請御用懸被　仰付、御目付を以御勘定奉行へ申渡之、

一
右は廻銅御支配人被　仰付、苗字御免被成下、一ヶ年御擬金五両弐人御扶持、一ヶ月雑用金壱歩宛被下置旨被　仰付候、
日払御役所主役
伝兵衛
右之通御沙汰ニ付申渡候間、御勘定奉行太田甚内申出之、

五ノ
十六日　曇
弥六郎
勘解由
丹波
典膳
淡路
宮内

一江戸へ今朝七日振飛脚、横田右仲・楢山茂右衛門組弐人差立、御用儀申遣之、
一右幸便ニ従　上々様方暑中御見舞、当月晦日ニて被　仰進之、
一見性院殿三十三回御忌当月廿九日御相当、霊台院殿七回御忌当九月十日御相当、清心院様三十三回御忌当十月十二日御相当之処、御取越御一所、来ル廿一日於聖寿寺一日御法事御執行被成候旨、左京殿御附人口上書を以申出之、

五ノ
十七日　晴
筑後
勘解由
丹波
典膳
淡路
宮内

五ノ
十八日　晴
弥六郎
勘解由

一榊山御本社御神事ニ付、　神輿四時前下小路御旅所へ　渡御、
但、文化十四年御沙汰之通、今日より廿日迄上下着用也、
一南宗院様・　大源院様御忌日ニ付、聖寿寺・東禅寺へ　御代香筑後方相勤之、

五ノ
十九日　晴
弥六郎
勘解由
宮内

一榊山御神事ニ付、下小路御旅所へ何も相詰、仲間無登　城、

五ノ
廿日　晴
筑後
勘解由
典膳
淡路

一前書有之通、　榊山御本社御神事首尾好相済、　神輿五時過　御帰輿、御用掛御役人へ於柳之間御吸物・御酒被下之、
但、文化十三年より御吸物・御酒被下置事故、御熨斗不被下置也、

五ノ
廿一日　晴

宮内

一　川嶋杢左衛

北浦御番所へ代合ニて明廿二日出立仕候、然処持病之積気・痔疾指発、御医師得療治相勤罷在候処、今以全治不仕馬乗難相成候間、道中青駄御免被成下度旨申上、願之通御目付を以申渡之、

一　御勘定方 上野軍助

御本社御普請御用懸御免被成旨被　仰出、御目付を以御勘定奉行へ申渡之、

五ノ
廿二日　曇

弥六郎
勘解由
典膳
淡路
宮内

一江戸表去ル十六日立七日振飛脚、松岡七郎組弐人昨夜着、御用儀申来之、

一屋形様へ 蕗粕漬　一箱　南部九兵衛
一御曹司様へ 同断

右は領知之産物差上候ニ付、御側御用人を以遂披露之、尤　御満悦之旨被　仰出、翌日奉書を以申遣之、

但、右品大目付席へ差出之也、

一岩泉貞治弟要助儀当十二歳罷成候処、生質虚弱之上癲癇之症相煩、色々養生仕候得共末々御用相立可申躰無之、出家相望候間、天台宗法輪院弟子出家仕度旨申上、願之通御目付を以申渡之、

一　大槻恵喜人

嫡子千代治儀、当十六歳罷成年来にも御座候間、前髪為執度旨申上、願之通御目付を以申渡之、

一花輪佐市郎弟九十郎儀、当十四歳罷成候処、生質虚弱之上癲癇之症相煩、養生仕候得共末々御用相立可申躰無之、出家相望申候間、(曹)曽洞宗龍谷寺弟子出家仕度旨申上、願之通御目付を以申渡之、

五ノ
廿三日　晴

筑後
勘解由
典膳
淡路
宮内

一　照井民右衛門
　　佐々木喜代太

民右衛門儀、男子無之娘有之ニ付、挨拶柄も無之候得共、喜代太弟他人聟養子仕度旨申上、双方願之通被　仰出、於竹之間同席列座典膳申渡之、

一　御前様 御附役

於此御許は外御用も無之ニ付、御側御目付不人数之節、右御用も相勤候様被　仰付、御目付を以申渡之、

五ノ
廿四日　晴

弥六郎
勘解由
丹波

一現米六拾八石
内三人扶持
養父衆司及末期、一子無之ニ付妹美和養女仕、縁者関与五郎二男
与四郎聟名跡被　仰付被下度旨申上、存生之内、願之通其方跡式
無相違被　仰出、

典膳
淡路
宮内

関　与四郎

一

勇右衛門儀、老衰之上歩行不自由罷成、御奉公可相勤躰無之ニ付、
隠居仕悴理七家督被　仰付被下度旨申上、願之通無相違被　仰出、
何も於竹之間同席列座典膳申渡之、

宮　勇右衛門
同　理七

一

就病気、御者頭願之通御免被成旨被　仰出、以御目付申渡之、

坂牛内蔵丞

一松田佐次助弟長之助当十歳罷成候処、久々癇積相煩癲癇之症罷成、
難治之症ニて末々御用相立可申躰無之、出家相望申候間、曽(曹)洞宗
三戸通御代官所之内、田子村耕田寺弟子出家仕度旨申上、願之通
以御目付申渡之、

一

嫡子八郎儀、五節句御礼為申上候様仕度旨、伺口上書を以申出、
伺之通御目付を以申渡之、

中野兵馬

五ノ
廿五日　晴

弥六郎
勘解由
丹波
典膳
宮内
出雲

一

亘儀久々痰積相煩弥増差重、難治之症ニて全快御奉公可相勤躰無
之付、隠居仕悴勝弥家督被　仰付被下度旨申上、願之通無相違
被　仰出、於竹之間同席列座典膳申渡之、

米田　亘
同　勝弥

五ノ
廿六日　晴

弥六郎
勘解由
宮内
出雲

五ノ
廿七日　曇

弥六郎
勘解由
丹波
典膳
宮内

一名代村上幸蔵
御者頭被　仰付、病気ニ付名代へ於竹之間同席列座典膳申渡之、

下田物集女

一

石亀彦市郎

御側御用達
同　彦七

彦市郎儀、久々痼積相煩癲癇之症罷成、至て難治之症にて全快御奉公可相勤躰無之に付、隠居仕悴彦七家督被　仰付被下度旨申上、願之通無相違被　仰出、於竹之間同席列座典膳申渡之、

一　福岡御役医格
小野寺玄龍

嫡子玄松儀、病身ニて末々御用相立可申躰無之ニ付、嫡子仕兼候旨先達て御訴申上候、二男龍蔵耳遠罷成御用ニ相立可申躰無之候、依之三男貞治嫡子仕度旨申上、願之通被　仰付、

一拾弐石　宮古御給人
松原英太

親佐久多存生之内、願之通跡式無相違被　仰付、御代官へ書状を以申遣之、

一南部駒五郎殿御口上書、左之通、

家来亀ケ森悦人悴松治儀当十五歳罷成、依て初て之　御目見申上度旨願出申候、御序之節申上候様致度候、此段可然様頼入存候、以上、

五月廿七日　南部駒五郎

南部勘解由殿
新渡戸丹波殿
毛馬内典膳殿
八戸淡路殿
藤枝宮内殿

右之通被申上、御願之通来月朔日可被為　請旨被　仰出、御目付を以御附人へ申渡之、

一　波岡十蔵

継目御礼幼少ニ付、文化十一年四月親類舟越助五郎を以名代御礼申上候処、当十五歳罷成年来ニも御座候間、初て之御礼申上度旨申上、願之通来月朔日可被為　請旨被　仰出、御目付を以申渡之、

一　大萱生外衛

病後之御礼御序之節申上度旨申上、願之通来月朔日可被為　請旨被　仰出、奉書を以申遣之、

五ノ
廿八日　晴

弥六郎
筑後
勘解由
丹波
典膳
宮内
出雲

一天量院様御忌日ニ付、聖寿寺へ　御代香宮内相勤之、

一　坂牛内蔵丞

久々中風之症相煩、色々養生仕候得共早俄取兼候ニ付、嫡子応助、私病気快気之内御用向被　仰付被下度旨申上、願之通御目付を以申渡之、

五ノ
廿九日　小雨、今巳ノ八刻土用入

筑後
勘解由
丹波
典膳

一翌晦日申渡之　　　　　宮内

　　　　　　　　　　　田名部御給人
　　　　　　　　　　　藤田三左衛門
　　　　　　　　　　　同　波江

三左衛門儀、老衰仕御奉公可相勤躰無之ニ付、隠居仕忰波江家督
被　仰付被下度旨申上、願之通無相違被　仰付、

一翌晦日申渡之
　　　　　　　　　　　五戸御与力
一五石壱斗八升壱合　　苫米地栄八

親文蔵存生之内、願之通跡式無相違被　仰付、右何も御代官ヘ書
状を以申遣之、

五ノ晦日　晴

　　　　弥六郎
　　　　筑後
　　　　勘解由
　　　　丹波
　　　　典膳
　　　　宮内
　　　　出雲

一暑中為伺御機嫌、南部左京殿御登　城、総角之間御廊下ヘ典膳罷
出御挨拶申上之、
　但、南部駒五郎殿御幼年ニ付、御登　城無之、南部雅楽助殿・
　南部豊次郎殿御不参ニ付、何も御附人を以御伺被仰上之、
一右同断ニ付、同席御機嫌相伺、御用人始御役人・御使番迄席ヘ罷
出相伺之、
　但、常服也、
一高知之面々・同嫡子・嫡孫・御用人子共・御新丸御番頭・諸者
頭・御新丸御番頭子共迄、今暁より三日之内暑中為伺御機嫌於筑
後宅対容(カ)有之、右之面々罷出相伺、右面附等之儀は筑後より取調
申上之、
　但、上下着用也、尤嫡子・嫡孫共ニ初て之　御目見申上候ても、
　五節句・月次御礼不申上内は、対容(カ)ヘ罷出御機嫌不相伺也、

六月朔日　晴

　　　　弥六郎
　　　　筑後
　　　　勘解由
　　　　丹波
　　　　典膳
　　　　淡路
　　　　御用番
　　　　宮内

一月次御礼、今五半時　御本丸於　御座之間御家門衆御礼被仰上、
奏者御用人相勤、御着座之節宮内御取合申上、引続同席御礼申上、
夫より御中丸総角之間ヘ　御出座、高知之面々・諸者頭迄一統御
礼申上、畢て名目御礼有之、無程相済也、
一今日　御曹司様御表ヘ　御出座被遊也、
一　　　　　　　　　　梅内定六
男子無之娘有之ニ付、高橋与四郎三男庄七聟養子仕度旨申上、願
之通被　仰付候処、不縁ニ付相返度旨双方願書を以申出、何も願
之通御目付を以申渡之、
　　　　　　　　　　　花巻御給人
一　　　　　　　　　　浅水喜兵衛
嫡子良助数年痔積相煩候上、癲癇之症差加、色々養生仕候得共、

全快末々御用相立可申躰無之ニ付、嫡子仕兼候旨願書を以訴之、

鬼柳御関所御番人 池田悦之進

一 千葉留之助出勤迄、新山物留御番所御番人被　仰付申渡候段、御目付浅石清三郎申出之、

一 御三階御虫干、今日より三日取付候段御使番申出候ニ付、御側御用人を以申上候事、即日同席相揃見分ニ罷越候段、御目通之節月番より相伺罷越也、猶又月番計り登　城仕見分相済候段、御側御用人を以申上ル也、

一 被　仰出左之通、

榊山御本社御造営御出来栄に付、来ル十九日、廿日、廿一日御祭礼被遊候間、右三日之内朝五時より七時迄、嫡子・嫡孫共ニ参詣被　仰付、

但、二、三男手廻共ニ勝手次第参詣可仕、尤雨天ニ候ハヽ、日を追ひ参詣可仕事、

一 忌穢之者は参詣不被　仰付、服は塩水垢離ニて参詣可仕事、

右之通被　仰出、高知始諸士・諸医相触候段、大目付・御目付申出之、

筑後
丹波
典膳
宮内

六ノ二日 曇

一 江戸へ今朝七日振飛脚、楢山茂右衛門組弐人差立、御用儀共申遣之、

五戸御給人 霞 伝左衛門

一 勤筋不行届之儀有之、恐入差扣願上候処、願之通指扣被　仰付、御目付へ申渡之、

一 被　仰出左之通、

榊山御本社御祭礼、来ル十九日、廿日、廿一日参詣之節着服、上下・継肩衣之内着用可仕、手廻着服ともニ勝手次第、軽者は股引ニても不苦旨被　仰出、

右之通被　仰出、諸士・諸医相触候段御目付申出之、

筑後
丹波
典膳
宮内

六ノ三日 雨

一 波岡十蔵

当十五歳罷成年来ニ付、前髪執申度旨申上、願之通御目付を以申渡之、

弥六郎
丹波
宮内

六ノ四日 晴

霊徳院様御消月ニ付、聖寿寺へ　屋形様五半時御本供ニて被遊御仏詣、御寺へ典膳方相詰、無程御帰　城被遊也、

但、御役人上下、小役人継肩衣着用也、

一 五戸御給人 霞 伝左衛門

差扣御免被成旨被　仰出、御目付へ申渡之、

六ノ五日　晴

筑後
勘解由
丹波
典膳
宮内

一養源院様・義徳院様御忌日ニ付、聖寿寺・東禅寺へ　御代香筑後相勤之、

六ノ六日　雨

弥六郎
勘解由
丹波
典膳
淡路
宮内

一　岩泉貞治
　　附田助内

貞治儀、久々痼積相煩癲癇之症罷成、至て難治之症ニて得快気御奉公可相勤躰無之ニ付、挨拶柄も無之候得共、助内伯父清八郎伯母へ娶置、後々相続為仕度旨申上、双方願之通被　仰出、

一　南部雅楽助殿
　　南部左京殿
　　南部慈眼院殿

上使被　仰付、　上使御使番 上田助之進

一　南部九兵衛　上使御使番 高野彦重郎

右同断、何も於竹之間同席列座宮内申渡之、

但、上下用意之儀、前日口達ニて御目付へ申渡、呼上ハ不出也、

一葛粉弐袋宛　南部雅楽助殿
　　南部左京殿
　　南部慈眼院殿

一暑中為御尋　御意被成下、且又葛粉被下之、

右書付、御三方　上使銘々へ御用人より相渡之、

一右御請、御銘々御附人を以即日被仰上、菊之間於御廊下宮内謁之、尤前々翌日御登　城御請被仰上候処、文化十四年六月より、以来御登　城不被成、御附人を以被仰上候様御沙汰ニ付、右之通也、

且駒五郎殿御幼年ニ付、　上使不被遣也、

一葛粉弐袋　南部九兵衛

右同断、

但、同人登　城御請申上候旨大目付申出之、尤前々御家老謁候処、文化十四年六月御沙汰ニ付、以来右之通、

六ノ七日　晴

筑後
勘解由
丹波
典膳

一　　　　　　淡路
　　　　　　　宮内
南部彦六郎
下田将監
楢山帯刀
奥瀬治部
上使御使番
上田助之進
桜庭対馬
漆戸舎人
内堀大隅
下田右門
上使御使番
高野彦重郎
右高知中八人
右之通　上使被　仰付、於竹之間同席列座、宮内申渡之、
一葛の粉弐袋宛
暑中ニ付、　御意被成下、且亦葛粉被下置之、
右書付、　上使銘々へ御用人より相渡之、
　但、即日銘々登　城御請申上候旨、大目付申出之、
一御遷宮ニ付、来ル十五日月次御礼御延引之旨被　仰出、
右之通御用人・大目付・寺社御町奉行・御目付へ書付を以申渡之、

六ノ八日　晴

弥六郎
筑後
勘解由
丹波

典膳
淡路
宮内
一霊巌院様御忌日ニ付、東禅寺へ　御代香勘解由相勤之、
一弐人扶持　　荒木田駒助
養父耕作及末期一子無之付、同姓親類荒木田甚之助娘養女ニ仕、
挨拶柄も無之候得共、実弟石沢平九郎引取養育、駒助聟名跡被
仰付被下度旨申上、存生之内、願之通其方跡式無相違被　仰出、
於竹之間同席列座宮内申渡之、
一　　　大萱生外衛
奥瀬内蔵
岩間将監
向井英馬
上使御使番
上田助之進
山本兵衛
漆戸左司馬
南部彦七郎
新渡戸図書
上使御使番
高野彦重郎
右高知中八人
右之通　上使被　仰付、於竹之間同席列座宮内申渡之、
一葛の粉　弐袋宛
暑中ニ付　御意被成下、且又葛之粉被下置之、
右書付　上使銘々へ御用人より相渡之、
　但、即日銘々登　城御請申上候旨、大目付申出之、

一御本社御造営御出来栄ニ付、今朝丹波・典膳始御役人、其外懸り之者共一統罷越遂見分、相済候処ニて右之趣書取を以申上之、

筑後
勘解由
宮内

六ノ九日　晴

一江戸表去ル二日立七日振飛脚、松岡七郎組弐人昨八日下着、御用儀共申来之、

一去月廿六日夜六時過、新橋内亀井大隅守殿屋敷出火ニ付、御前様御下屋敷へ御立除被遊、折節東南之風少々有之候得共、風合も宜、御屋敷へは飛火等参候程ニも至不申、御殿通計焼失ニて、表御長通は一統相残り、九時過火鎮り、御屋敷御無難ニて恐悦之御事、　御前様御下屋敷より同夜八時御帰被遊候由御用状ニ申来、大奥并御役人ともへも申渡之、

一榊原遠江守様より、去月十五日御老中方御連名之御奉書を以、大手御門番稲葉対馬守殿為御代被蒙　仰候旨、為御知奉札来候ニ付、右壱通差下来遂披露之、

一谷崎文雪召仕栄蔵差出候様、去々月十八日御奉行榊原主計頭より御留守居迄申来候付、下役小松原半七、御徒目付坂牛源之丞、栄蔵召連罷出候処、盗賊伝七并其外之者とも夫々御片付相済候ニ付、先達て被盗取候品取上置候分渡遣候段、主計頭申渡相済引取候由、右御片付書付加嶋七五郎相出候付、右壱通下来申上、御役人ともへも申渡之、

六ノ十日　曇

一

弥六郎
丹波
典膳
宮内

毛馬内蔵人
八戸彼面
藤枝内記
上使御使番 上田助之進
檜山此馬
毛馬内美濃
上使御使番 高野彦重郎

右之通　上使被　仰付、於竹之間同席列座宮内申渡之、

一葛の粉　弐袋宛　右五人へ

暑中ニ付　御意被成下、且亦葛の粉被下之、

右書付、　上使銘々へ御用人より相渡之、

但、即日何も登　城御請申上候旨大目付申出之、

一

御側御物書 古沢庄左衛門

若御年寄方御物書不人数に付、当分被　仰付、

右之通御沙汰ニ付、申渡候段御目付毛馬内命助申出之、

一葛の粉弐袋宛御番頭 桜庭兵庫
野田伊予
黒沢大学

暑中為　御尋被下置之、於席申渡之、

但、今日御用有之ニ付、相揃上下着用罷出候様、昨日当番へ御

目付を以為申達之、

六ノ十一日　雨

筑後
丹波
典膳
宮内

一徳雲院様御忌日ニ付、聖寿寺へ　御代香弥六郎方相勤之、

一　永福寺
上使御使番　上田助之進

一　聖寿寺
上使御使番　高野彦重郎

右之通　上使被　仰付、於竹之間同席列座宮内申渡之、

一葛粉　弐袋宛　右両寺へ

暑中ニ付　御意被成下、且又葛粉被下之、

右書付　上使銘々へ御用人より相渡之、

六ノ十二日　晴

筑後
丹波
典膳
宮内

一即性院様御忌日ニ付、聖寿寺へ　御代香筑後相勤之、

一百石以上
御切米拾駄
此代弐拾三貫文

一五拾石以上
御切米拾駄
此代弐拾四貫文

一五拾石以下
御切米拾駄
此代弐拾六貫文

右御直段を以、在江戸・大坂・箱館詰当夏御切米御買上、并御物成御切府金共、来ル廿三日より同廿八日限、御渡方可被　仰付哉と御勘定奉行申出、伺之通申渡之、

一　田名部佐井住居　松岡帯蔵
五十嵐林治
野田住居　佐藤忠平
中村泰右衛門
田名部住居　小野仙庵
野田住居　鈴木丈助

此度　榊山御本社御造営御出来栄、格別目出度御時節ニ付、参詣可仕事、

但、只今迄伺之上　御城下へ罷出居候処、以来手廻共勝手次第罷出可申事、

右之趣、去ル九日懸り之御役人より為申遣候ニ付、今日右書付御目付へ相渡申知之、

六ノ十三日　晴

筑後
勘解由

丹波
典膳
宮内

屋形様へ
一胡麻　一箱　南部彦六郎
御曹司様へ
一同断

右は領知之産物差上候ニ付、御側御用人を以遂披露之、尤　御満悦之旨被　仰出、翌日奉書を以申遣之、

但、右品は大目付席へ差出之也、

（余白に）
「此両家へ之奉書御沙汰ニ付今日差上之、委細は奉書留ニ有之」

屋形様へ
一霰　五斤　下田右門
御曹司様へ
一同断

一被　仰出左之通、

来ル十九日より同廿一日迄、　榊山御本社御祭礼ニ付、家主ハ勿論、嫡子・嫡孫迄参詣被　仰付、二、三男手廻は勝手次第参詣可仕旨先頃被及御沙汰候、依之隠居共ニ無斟酌参詣可仕事、

但、病身ニ付年来前之隠居、并退身之嫡子等は参詣難相成候、尤無調法之儀有之、御咎メ之後御免之御沙汰相蒙候者、自分限相慎参詣等斟酌可仕候間、別段願上御沙汰次第参詣可仕事、

右之通御沙汰ニ付、諸士・諸医一統相触候段御目付申出之、

六ノ
十四日　晴
筑後
勘解由
宮内

六ノ
十五日　曇
筑後
勘解由
宮内

一前書有之通、　御遷宮ニ付、今日之月次御礼無之、

六ノ
十六日　晴
弥六郎
勘解由
宮内

一　七郎祖父隠居
横浜帯刀

此度　榊山御本社御造営御出来栄、格別目出度御時節ニ付、参詣・出会・稽古筋御稽古場へ出候ても不苦旨被　仰出、

但、前々之御役人へは出会仕間敷事、

六月

右之通被　仰出、親類呼上御目付を以申渡之、

一　菊池与左衛門

公義（儀）御用取扱数年実躰相勤候ニ付、田名部御与力格御用達被　仰付、此元御会所へ罷出居相勤可申、他出并文通等相扣可申旨、先達て被　仰付置候処、此度　榊山御本社御造営御出来栄、格別目出度御時節ニ付、勝手次第本所へ罷帰、他出并文通等御免被成旨被　仰出、

但、他所出会向并同断文通等は、決て相扣可申旨被　仰出、

六月

右は御目付を以申渡之、

六ノ十七日　晴

筑後
勘解由
丹波
典膳
宮内

一　田名部御給人波江事
藤田三左衛門

右之通親名ニ付相改度旨申上、願之通被　仰付、御目付を以御代官へ申渡之、

一被　仰出左之通、

来ル十九日より同廿一日迄、　榊山御本社御祭礼ニ付、銘々門前へ葛水指置、御行燈・御挑灯之内、勝手次第為御賑差出可申旨被　仰付候、

右之通御沙汰ニ付、高知始諸士・諸医一統相触候段、大目付・御目付申出之、

六ノ十八日　晴

弥六郎
典膳
宮内

一大源院様御消月ニ付、聖寿寺へ　屋形様五半時御本供ニて被遊御仏詣、御寺へ勘解由方相詰ル、

一神鏡院様十七回御忌御相当ニ付、今朝於東禅寺一朝御茶湯御執行被成、　屋形様御香奠金百疋御備御仏詣被遊、御寺へ丹波相詰、無程　御帰城被遊也、

但、御役人上下、小役人継肩衣着用也、

一南宗院様御忌日ニ付、東禅寺へ　御代香丹波相勤之、

六ノ十九日　晴

弥六郎
筑後
勘解由
宮内
出雲

一榊山御本社御造営御出来栄ニ付、大小之諸士・諸医・寺社・諸組付、在町百姓・手廻共ニ、今日より来ル廿一日迄、朝五時より勝手次第参詣被　仰付、

一右ニ付、為御祝儀、御勘定奉行以上之御役人へ御吸物・御酒被下置、銘々於詰之間頂戴之、

六ノ廿日　晴

（家老名欠）

六ノ廿一日　晴

宮内

一無調法有之、御咎被置候者共御赦免有之節、以来調へ方左之通取調候様御沙汰之旨、御目付江刺牧太申出之、

一　何通何村
誰

先達て無調法之儀有之、何通へ御追放被　仰付置候処、此度　榊山御本社御造営御出来栄、格別目出度御時節之御赦ニ　御免被成之、

一　何通何村誰
親類身寄
之者へ

右は先達て無調法之儀有之、何通ヘ御追放被　仰付置候処、此度　榊山御本社御造営御出来栄、格別目出度御時節之御赦ニ御免被　仰付、然処行衛不相知に付、其方共ヘ被　仰渡候間、一同難有可奉存候、此以後行衛相知次第、右御赦ニ　御免之段、其方ともより可申聞旨被　仰出、

月　日

但、下ケ札ニて、右御赦ニ所替之段、其方ともより可申聞旨被　仰出、

右之通牧太書付出之、此度　榊山御本社御造営御出来栄、格別目出度御時節ニ付、左之通御咎之者共、御赦ニ　御免被成旨被　仰出、

一 永揚屋入被　仰付置候処御免被成、他出御指留、人元并親類共ヘ御預被成之、　忠右衛門弟 大萱生金弥

一 行跡不慎之儀有之ニ付、他出御差留被置候処御免、　助五郎親隠居 舟越兎毛

一 蟄居御免被成之、　福岡御給人 足沢兵五右衛門

一 永く揚屋入被　仰付置候処御免、　本三戸御与力 川守田忠右衛門

一 永く揚屋入被　仰付置候処御免、揚屋入被　仰付、　佐々木忠蔵

一 逼塞被　仰付置候処御免被成之、　盛岡御支配大槌住居 前川善兵衛

一 蟄居被　仰付置候処御免被成之、　七戸御給人 千葉定之丞

一 右同断、　同 田嶋藤太

一 永ク揚屋入被　仰付置候処御免、揚屋入被　仰付、　泉山弥九郎

一 右同断、　元野田御給人 斉藤男也

一 揚屋入御免被成、親類共ヘ御預蟄居被　仰付、　男也伯父 同　俊蔵

一 他出御差留被置候処御免被成、他領出并山師事ヘ立入候儀御差留被成之、　男也弟 同　亀蔵

一 揚屋入御免被成之、　男也 母

一 蟄居被　仰付置候処御免被成之、　刈屋丹蔵

一 永ク他出御差留被置候処御免被成之、　民右衛門親隠居 柏田民之進

一 他出御差留被置候処御免被成之、　隼太弟 上田忠太

一 不行跡之儀有之、宮古ヘ罷越可申旨被　仰付置候処御免被成之、　英之進親隠居 長岡甚作

　兵作弟 川井三清

一　田名部牛滝ヘ追放被　仰付候処、野辺地ヘ所替被　仰付、

葛西民人

一　揚屋入被　仰付置候処御免被成、他出御差留親類ヘ御預被成之、

九八退身之兄
種市金平

一　蟄居御免、逼塞被　仰付、

花巻御給人助右衛門二男
門屋民蔵

一　逼塞御免被成之、

惣平悴
大嶋祐平

一　右同断、

六月

大隅大伯父
内堀菊松

一　御差支之筋有之、先達て桜庭兵庫ヘ為引取、他出御差留被置候処、此度　榊山御本社御造営御出来栄、格別目出度御時節ニ付、御赦ニ　御免被成、在方ヘ罷越候儀御差留被成之、

大隅大伯父
内堀主蔵

同
内堀左右司

一　御差支之筋有之、先達て他出御差留被置候処、右同断ニ付、御赦ニ　御免被成、在方ヘ罷越候儀御差留被成之、

六月

一　此度　榊山御本社御造営御出来栄、格別目出度御時節ニ付、左之通御咎之者共御赦ニ　御免被成旨被　仰出、

大慈寺末院天福院看主
承天

一　蟄居御免被成之、

専立寺後住
善明

逼塞御免被成之、

七戸瑞流寺
活禅

一　逼塞御免被成之、

七戸榎林村長昌寺
逸山

一　逼塞御免被成之、

六月

重太郎伯父
中里　伝

一　先達て他出御差留被置候処、此度　榊山御本社御造営御出来栄、格別目出度御時節ニ付、御赦ニ　御免被成旨被　仰出、但、親類・縁者は出会之儀御免、外広く出会は御差留被成之、

六月

栗井多兵衛

一　其方儀、先達て　御城下ヘ立戻、揚屋入被　仰付置候処、此節榊山御本社御造営御出来栄、格別目出度御時節ニ付、揚屋入御赦ニ　御免被成旨被　仰出、但、引取候親類・所縁之者も無之候間、揚屋貸被遣候条罷有可申事、

六月

四ツ家丁
与八

鈍屋丁
平助

八幡丁
弥兵衛

一　御人足肝入勤中、於江戸表無調法之儀有之御呵被置候処、此度榊山御本社御造営御出来栄、格別目出度御時節ニ付、御赦ニ　御免被成之、

但、右之趣親類・身寄之者へ沙汰可致候、
六月

一　永尋被　仰付置候処、此度　榊山御本社御造営御出来栄、格別目出度御時節ニ付、御赦ニ　御免被成之、

安俵通田瀬村　四郎兵衛
油丁　宗助

一　御吟味中籠舎被　仰付置候処、右同断ニ付、御赦ニ　御免被成、揚屋入被　仰付、

安俵通田瀬村　西松
厨川通三ツ家町　西松
安俵通田瀬村　源助

一　御吟味中揚屋入被　仰付置候処、右同断ニ付、御赦ニ　御免被成、為過怠百日揚屋入被　仰付、

十文字　茂兵衛

但、御免之節、向後之儀親類・組合之者へ急度可申含事、
六月

一　此度　榊山御本社御造営御出来栄、格別目出度御時節ニ付、左之通御咎之者共御赦ニ　御免被成旨被　仰付、

飯岡通中太田村　喜作

一　雫石へ御追放被　仰付置候処御免被成、村方相談向へ立入申間敷候、

大槌通小国村嶋田覚蔵知行所百姓平助子　平太

一　揚屋入御免、

雅楽助殿御家来上関安志事、当時　忠次郎

永籠御免、揚屋入被　仰付、

寺林通松林寺村　門右衛門

一　野田へ御追放被　仰付置候処御免、

八幡寺林通切田常人知行所百姓　清五郎

一　五戸へ御追放被　仰付置候処御免、

十三日町　清助

一　七戸へ御追放被　仰付置候処御免、

元御陸尺　金蔵

一　揚屋入御免、沼宮内へ御追放被　仰付、

宮古通中里村、元中里治右衛門知行所百姓　万右衛門

一　沼宮内へ御追放被　仰付置候処御免、

花輪通三ケ田村、毛馬内出雲殿知行所百姓善作子　善七

一　揚屋入御免被成、大迫へ御追放被　仰付、

八幡通松林寺村、堀江勇蔵知行所百姓　久八

一　福岡へ御追放被　仰付置候処、雫石へ所替被　仰付、

宮古通中里治右衛門百姓　才太

一　田名部牛滝へ御追放被　仰付置候処、七戸へ所替被　仰付、

花輪通三ケ田村、毛馬内出雲百姓　善作

一　大槌へ御追放被　仰付置候処、大迫へ所替被　仰付、

二子万丁目通村崎野村　徳助

一　花輪御銅山へ御追放被　仰付置候処、雫石へ所替被　仰付、

鬼柳黒沢尻通横川目村　茂兵衛

一　五戸市川へ御追放被　仰付置候処、沼宮内へ所替被　仰付、

八日丁佐兵衛子　千太

一　田名部牛滝へ御追放被　仰付置候処、七戸へ所替被　仰付、
二子万丁目通上根子村
長助

一　雫石へ御追放被　仰付置候処御免、
八幡通堀江義平治知行所百姓
清助

一　田名部牛滝へ御追放被　仰付置候処、五戸へ所替被　仰付、
徳田伝法寺通白沢村百姓甚之助子
寅

一　七戸へ御追放被　仰付置候処、沼宮内へ所替被　仰付、
野田通宇部町
孫右衛門

一　沢内へ御追放被　仰付候処御免、
伝法寺通南伝法寺村
治郎助

一　野田へ御追放被　仰付候処御免、
同通同村
八助

一　宮古へ御追放被　仰付候処御免、
黒沢尻通上江釣子村花巻御給人平賀秀治百姓礒右衛門子
礒之丞

一　五戸へ御追放被　仰付置候処、沼宮内へ所替被　仰付、
同通上江釣子村御蔵入
文治

一　野田へ御追放被　仰付置候処、大槌へ所替被　仰付、
同通下江釣子村同
長之助

一　花輪御銅山へ御追放被　仰付候処、雫石へ所替被　仰付、
福岡通五日町又兵衛二男
武八

一　田名部牛滝へ御追放被　仰付置候処、雫石へ所替被　仰付、
福岡通五日町又兵衛子
竹松

一　雫石へ御追放被　仰付候処御免、
米内新左衛門元二男
京助

一　永ク揚屋入被　仰付置候処御免、揚屋入被　仰付、
村瀬周作組元御同心
半七

一　田名部牛滝へ御追放被　仰付置候処、野辺地へ所替被　仰付、
元御人足
喜久松

一　田名部牛滝へ御追放被　仰付置候処御免、
元御人足肝入
六助

一　他国出御差留被置候処御免、
中村惣次郎元弟
伝之助

一　永籠被　仰付置候処御免、籠舎被　仰付、
福岡通金田一町
庄助

一　他所出御差留被置候処御免、
伝法寺通南伝法寺村足沢彦蔵百姓
覚之丞

一　籠舎被　仰付置候処御免、親類・組合之者へ御預被成之、
伝法寺通南伝法寺村
久右衛門

一　揚屋入被　仰付置候処御免、
本丁
権左衛門

一　遠在行御差留被置候処御免、他領出御差留、尤遠在へ罷越候節は
御町奉行迄願出、得差図罷越可申候、
本丁権左衛門子
権助
同丁
多助

一　右同断、
黒沢尻通浮田村松田伊之助元百姓
善蔵

一　永籠御免、永ク揚屋入被　仰付、
黒沢尻通上江釣子村
喜八

一　籠舎御免、揚屋入被　仰付、
黒沢尻通下江釣子村織笠平馬百姓　類助

一　揚屋入被　仰付置候処御免被成、親類共へ御預、公事等へ決て相拘り申間敷旨可申付事、
福岡通福岡村喜兵衛子　松

一　五戸へ御追放被　仰付置候処御免、
毛馬内通大欠村桜庭兵庫百姓　要助

一　揚屋入被　仰付置候処御免、
上田通山岸村　子々松

一　沼宮内へ御追放被　仰付候処御免、
同村　左市

一　大迫へ御追放被　仰付置候処御免、
毛馬内通小枝指村上田林治百姓勘兵衛子　兵助

一　沢内へ御追放被　仰付置候処、雫石へ所替被　仰付、
同人百姓　孫惣

一　毛馬内通・花輪通住居御構被置候処、毛馬内・花輪へ往来計御免被成、公事都て百姓ともへ加談等仕間敷旨被　仰付、
同人百姓　忠助

一　村払被　仰付置候処御免、
毛馬内通小枝指村横田右仲百姓　善四郎

一　雫石へ御追放被　仰付候処、花輪へ所替被　仰付、
山岸町久太子　竹松

一　御町二十九町払被　仰付候処御免、
見前通見前村　善八

一　五戸へ御追放被　仰付置候処、三戸へ所替被　仰付、
同通同村　彦十郎

一　宮古へ御追放被　仰付置候処、大槌へ所替被　仰付、
八幡丁　重治

一　田名部牛滝へ御追放被　仰付置候処、五戸へ所替被　仰付、
同丁　幸治

一　宮古へ御追放被　仰付置候処御免、
同丁　鉄之助

一　七戸へ御追放被　仰付置候処御免、
上田通浅岸村　清助

一　所払被　仰付置候処御免、
上田通新庄村三上多兵衛百姓　三右衛門

一　右同断、
長岡通長岡村栃内与兵衛百姓　清兵衛
同村毛馬内典膳殿百姓、駒五郎殿御知行所肝入　善兵衛

一　永ク揚屋入被　仰付置候処御免、
山岸丁　作右衛門

一　田名部九艘泊へ御追放被　仰付置候処、福岡へ所替被　仰付、
大迫通大迫村　源七

一　田名部九艘泊へ御追放被　仰付置候処、三戸へ所替被　仰付、
野田御給人斎藤男也元伯父　左右
七所右衛門

一　永籠被　仰付置候処、永揚屋入被　仰付、
田名部通田名部町　安右衛門

一　永ク揚屋入被　仰付置候処御免、　元御小納戸御物書 庄兵衛

一　大迫ヘ御追放被　仰付置候処御免、　元福岡通平糠村当時無宿 福松

一　田名部九艘泊ヘ御追放被　仰付置候処、七戸ヘ所替被　仰付、　七戸通元肝入 半藤

一　慎被　仰付置候処御免、　見前通高田村 弥四郎

一　所払被　仰付置候処御免、　藤井孫右衛門寄添 幸助

一　慎被　仰付置候処御免、　八日丁 甚助

一　他領并遠在行共ニ御差留被置候処、遠在行御免被成、他領出御差留、尤遠在ヘ罷越候節は御町奉行迄願出、得差図罷越可申候、　八幡丁 春松　穀丁 伊四郎

一　御町二十九町払被　仰付置候処御免、　新小路单入与兵衛借家 多蔵

一　村払被　仰付置候処御免、　八幡丁 勇助

一　五戸ヘ御追放被　仰付置候処、福岡ヘ所替被　仰付、　八幡丁 清吉

一　大迫ヘ御追放被　仰付置候処、雫石ヘ所替被　仰付、　御蒔絵屋源六弟子 駒

雫石ヘ御追放被　仰付置候処御免被成、御町二十九町住居御差留被成之、

六月

一　其方儀、無調法之儀有之、死罪可被　仰付候処、此度　榊山御本社御造営御出来栄、格別目出度御時節ニ付、死罪一等御宥、田名部通牛滝ヘ御追放被　仰付、　津幾

六月

一　其方儀、先達て士分ニ不似合心得違之儀有之、御詮儀之上及白状、死罪ニ相究候処、此度　榊山御本社御造営御出来栄、格別目出度御時節ニ付、死罪御宥、永籠被　仰付、　仙蔵

六月

此度　榊山御本社御造営御出来栄、格別目出度御時節ニ付、御咎之もの共御赦ニ　御免被成旨被　仰出、左之通、

一　田名部佐井浦ヘ所替住居被　仰付置候処、以来三戸往来計御免被成之、　盛岡御支配三戸通住居 一戸耕次郎

一　蟄居被　仰付置候処御免被成之、　三戸御与力清兵衛子 村井多仲太

一　他出御差留被置候処御免被成之、　宮古通御給人薗之助親隠居 小本左弥太

一　蟄居被　仰付置候処御免被成之、　三戸御給人理藤太親隠居 千葉芳助

一 蟄居被　仰付置候処御免被成之、
三戸御給人理藤太弟
千葉直蔵

一 隠居・蟄居被　仰付置候処御免被成之、
三戸御与力
村井清兵衛

六月

右壱通は、御代官依伺御免被成之、

此度　榊山御本社御造営御出来栄、格別目出度御時節ニ付、御代官依願御咎之者共御赦ニ　御免被成之、左之通、

一 沼宮内へ御追放被　仰付置候処御免、
安俵通矢沢村
重右衛門

一 牛滝へ御追放被　仰付置候処御免、
花輪通花輪村
勘助

一 沼宮内へ御追放被　仰付置候処御免、
宮古通宮古町万之助子
勝之助

一 野辺地へ御追放被　仰付置候処御免、
福岡通池田貢知行
十助

一 沢内へ御追放被　仰付置候処御免、
毛馬内通長沢村久蔵子
熊

一 福岡へ御追放被　仰付置候処御免、
向中野通湯沢村御蔵入百姓
清兵衛

一 沢内へ御追放被　仰付置候処御免、
長岡通船久保村
勘助

一 野田へ御追放被　仰付置候処御免、
同人子
勘兵衛

一 大槌へ御追放被　仰付置候処御免、
三戸通黒沢大学知行所百姓
久太

一 牛滝へ御追放被　仰付置候処御免、
花輪通湯瀬村
市助

一 野田へ御追放被　仰付置候処御免、
同村
六助

一 田名部へ御追放被　仰付置候処御免、
厨川通滝沢村
三十郎

一 沢内へ御追放被　仰付置候処御免、
福岡通足沢村足沢彦惣百姓
佐五左衛門

一 七戸へ御追放被　仰付置候処御免、
沢内通湯沢村
藤左衛門

一 雫石へ御追放被　仰付置候処御免、
徳田通太田村
勘太郎

一 牛滝へ御追放被　仰付置候処御免、
毛馬内通毛馬内町
七右衛門

一 沢内へ御追放被　仰付置候処御免、
福岡通面岸村池田貢百姓
長右衛門

一 雫石へ御追放被　仰付置候処御免、
同村同人百姓
長七

一 揚屋入被　仰付置候処御免、
黒沢尻通町分村
平兵衛

一 三戸へ御追放被　仰付置候処御免、
福岡通荒屋町
左惣治

福岡通一戸町 庄蔵
一 五戸ヘ御追放被　仰付置候処御免、

同通同町 理助
一 雫石ヘ御追放被　仰付置候処御免、

安俵通田瀬村多左衛門子 多四郎
一 田名部九艘泊ヘ御追放被　仰付置候処、五戸ヘ所替被　仰付、

野田通野田村 竹松
命毛
一 揚屋入被　仰付置候処御免、右御沙汰之日より三百日揚屋入被
仰付、

三戸八日町元苗字帯刀御免 十兵衛
一 福岡通一戸町ヘ所替被　仰付置候処御免、

三戸八日町元苗字帯刀御免十兵衛子 庄兵衛
一 他村出御差留被置候処御免、

大迫中町住居 漣　演蔵
一 雫石ヘ御追放被　仰付置候処御免、

七戸通七戸町元検断 礼右衛門
一 沢内ヘ御追放被　仰付置候処御免、

万丁目通円満寺村 善四郎
一 五戸ヘ御追放被　仰付置候処、雫石ヘ所替被　仰付、

万丁目通南根子村 仁助
一 沼宮内ヘ御追放被　仰付置候処御免、

大迫通内川目村 又左衛門
一 野田ヘ御追放被　仰付置候処、五戸市川ヘ所替被　仰付、

同村 源兵衛
一 五戸ヘ御追放被　仰付置候処、三戸ヘ所替被　仰付、

大迫通大迫村 彦兵衛
一 沢内ヘ御追放被　仰付置候処、沼宮内ヘ所替被　仰付、

同通内川目村妙泉寺百姓 久左衛門
一 花輪通ヘ御追放被　仰付置候処、福岡ヘ所替被　仰付、

見前通見前村 長次郎
一 沢内ヘ御追放被　仰付置候処御免、

同村 弥助
一 沼宮内ヘ御追放被　仰付置候処御免、

同村 善六
一 村払被　仰付置候処御免、

三戸通田子村佐々木栄治百姓 清十郎
一 大槌ヘ御追放被　仰付置候処御免、

福岡通面岸村池田貢百姓 与助
一 永揚屋入被　仰付置候処御免、

同村同人百姓 長治
一 大迫ヘ御追放被　仰付置候処御免、

五戸通尾田名部住居 三治
一 揚屋入被　仰付置候処御免、

沢内通越中畑村 宗兵衛
一 田名部尻屋村ヘ御追放被　仰付置候処、七戸ヘ所替被　仰付、

同村長右衛門子 長之助
一 野田ヘ御追放被　仰付置候処、宮古ヘ所替被　仰付、

同村善四郎子
長太
一 五戸市川ヘ御追放被　仰付置候処、花輪ヘ所替被　仰付、
七戸通大沢田村
巳之助
一 大迫ヘ御追放被　仰付置候処、雫石ヘ所替被　仰付、
同村御山守
甚四郎
一 大槌ヘ御追放被　仰付置候処、大迫ヘ所替被　仰付、
同戸館村
才次郎
一 花輪ヘ御追放被　仰付置候処、福岡ヘ所替被　仰付、
同八幡村
六郎
一 毛馬内ヘ御追放被　仰付置候処、沼宮内ヘ所替被　仰付、
同
喜右衛門
一 雫石ヘ御追放被　仰付置候処、花輪ヘ所替被　仰付、
同大沢田村
喜八
一 野田ヘ御追放被　仰付置候処、宮古ヘ所替被　仰付、
三戸通貝守村坂牛内蔵丞百姓
十太
一 田名部九艘泊ヘ御追放被　仰付置候処、田名部ヘ所替被　仰付、
同村
新之助
一 田名部尻屋村ヘ御追放被　仰付置候処、野辺地ヘ所替被　仰付、
同村孫六子
孫右衛門
一 雫石ヘ御追放被　仰付置候処、沼宮内ヘ所替被　仰付、
同
善八
一 沢内ヘ御追放被　仰付置候処、雫石ヘ所替被　仰付、
同
助右衛門
一 野辺地ヘ御追放被　仰付置候処、七戸ヘ所替被　仰付、
福岡通姉帯村似鳥金蔵百姓
忠右衛門
一 永揚屋入被　仰付置候処御免、揚屋入被　仰付、
大槌通小槌村
武左衛門
一 田名部ヘ御追放被　仰付置候処、沢内ヘ所替被　仰付、
飯岡通中太田村助太郎子
万太郎
一 揚屋入被　仰付置候処御免被成、田名部ヘ御追放被　仰付、
六月
右壱通は御代官依願御免被成之、
右之通御赦ニ　御免被成旨被　仰出候ニ付、右書付大目付・寺社
御町奉行・御目付於席相渡之、

六ノ
廿二日　晴
筑後
勘解由
丹波
典膳
宮内

一 御紋長上下一具宛
銀七枚宛
新渡戸丹波
毛馬内典膳
榊山御本社御造営御用懸り被　仰付候処、出精相勤此度宜御出来
栄ニ至　御満悦　思召候、依之為御祝儀、右之通被下置候旨於
御前被　仰渡之、御役ヘも為申知之、
但、右ニ付、御取合ニ宮内上下ニて罷出ル、拝領御品、御広蓋ニ

て　御座之間之御次之間へ御小納戸持出置、月番より丹波・典
膳差出候儀計り申上、別段御用人より奏者名披露無之事、
但、御用人上下ニて御廊下へ罷出居也、
右御沙汰前広ニ拝領之御品物之御用意ハ、御目付へ申達置、尤差
出方等之儀も御小納戸へ御目付を以為相心得置也、

六ノ廿三日　晴

筑後
勘解由
丹波
典膳
宮内

一　大奥御物書 小泉　仲
御神用司下役不人数ニ付、当分被　仰付候旨嶋田初田申達候段、
御目付毛馬内命助申出之、

一　藤田　務
支配所内代来ル廿四日出立仕候、然ル処久々持病之腰痛指発し、
今以全快不仕馬乗難相成候間、道中青駄御免被成下度旨申上、願
之通御目付を以申渡之、

覚

一　大御年寄御神用司 佐羽内相模
榊山御本社御造営御普請御用掛り被　仰付候処、出精相勤、此度
宜御出来栄ニ至　御満悦思召候、依之為御祝儀御紋御帷子一被下
置之、
六月

覚

一　御神用司 津嶋壱岐
榊山御本社御普請御造営懸被　仰付置候処、出精相勤、此度宜御
出来栄ニ至　御満悦思召候、依之為御祝儀御紋御帷子一被下置之、
六月

覚

一　御神用司 水谷若狭
島田山城
内田讃岐
榊山御本社御造営御普請御用懸り被　仰付置候処、出精相勤、此
度宜御出来栄ニ至　御満悦思召候、依之為御祝儀御紋御帷子一宛
被下置之、
但、若狭儀は在江戸ニ付、於爰元同役名代内田讃岐へ申渡之、
六月
右何も大奥へ丹波・典膳相廻申渡之、

一　御用人 玉山直人
榊山御本社御造営御普請御用懸り被　仰付置候処、出精相勤、此
度宜御出来栄ニ至　御満悦思召候、依之為御祝儀御紋御上下一具
被下置之、

一　寺社御奉行 宮手弥市
坂牛杢兵衛
榊山御本社御造営御普請御用懸り被　仰付置候処、出精相勤、此
度宜御出来栄ニ至　御満悦思召候、依之為御祝儀御紋御上下一具
宛被下置之、

一　　　　　　　　　　　　　御目付　野々村円蔵
　　　　　　　　　　　　　　　　　花坂理蔵
右同断、
一　　　　　　　　　　　　　御勘定奉行　大川又右衛門
　　　　　　　　　　　　　　　　　太田甚内
右同断、
右何も於席申渡之、
一　　　　　　　　　　　　　御作事奉行　高橋要右衛門
榊山御本社御造営御普請御用懸被　仰付置候処、最初より深ク心を用ひ骨折出精相勤、且支配之者ヘ平常申含方行届、御普請早俄取、宜御出来栄ニ至　御満悦思召候、依之為御祝儀現米五駄御加増被下置、唯今迄被下来候五拾石弐斗六升三合ヘ御加、都合六拾石弐斗六升三合ニ被成下旨被　仰出、
一　　　　　　　　　　　　　同断　中原長右衛門
右同断ニ付、為御祝儀現米五駄御加増被下置、唯今迄被下来候弐人扶持ヘ御加、都合五駄弐人扶持被成下旨被　仰出、
一　　　　　　　　　　　　　同断　松尾太郎兵衛
右同断ニ付、為御祝儀現米五駄御加増被下置、唯今迄被下来候五駄弐人扶持ヘ御加、都合拾駄弐人扶持被成下旨被　仰出、
一　　　　　　　　　　　　　同断　上斗米孫惣
榊山御本社御造営御普請御用最初被　仰付候処、猶又於江戸表御買下シ之御品物心を用ひ相勤、此度宜御出来ニ至　御満悦思召候、依之為御祝儀一生之内弐人扶持被下置、唯今迄被下来候三駄片馬三人扶持ヘ御加、都合三駄片馬五人扶持ニ被成下旨被　仰付、

但、在江戸ニ付、於爰元同役名代船越伊三郎ヘ申渡之、
一　　　　　　　　　　　　　同断　船越伊三郎
　　　　　　　　　　　　　同当分　田鍍和助
榊山御本社御造営御普請、此度御出来栄ニ至　御満悦思召候、畢竟其方共目出度御時節相勤、支配之者ヘ申含方行届御普請早俄取候付、右為御祝儀御目録金百疋宛被下置之、
但、和助儀は在江戸ニ付、同役名代船越伊三郎ヘ申渡之、
一　　　　　　　　　　　　　御銅山方　多久佐里　勇
　　　　　　　　　　　　　　　　　立花儀作
榊山御本社御造営御普請御用懸被　仰付置候処、出精相勤、此度宜御出来栄ニ至　御満足思召候、依之為御祝儀御目録金百疋ツ、被下置之、
一　　　　　　　　　　　　　御勝手方　長沢徳之助
　　　　　　　　　　　　　　　　　摂待兵助
右同断ニ付、為御祝儀御目録金弐百疋宛被下置之、
一　　　　　　　　　　　　　大御納戸御買方　米内八十右衛門
右同断ニ付、為御祝儀御目録金弐百疋被下置之、
一　　　　　　　　　　　　　御山方　藤井甚兵衛
　　　　　　　　　　　　　　　　　冨沢万之助
右同断ニ付、為御祝儀御目録金弐百疋宛被下置之、
一　　　　　　　　　　　　　御側御物書　駒嶺覚兵衛
　　　　　　　　　　　　　寺社御奉行下役　本堂安右衛門
　　　　　　　　　　　　　御目付所御物書　久保逸五郎
右同断ニ付、為御祝儀御目録金弐百疋宛被下置之、

一　右同断ニ付、為御祝儀御目録金弐百疋被下置之、
御勘定方　下斗米勘蔵
同　山口立太

一　右同断ニ付、為御祝儀御目録金百疋被下置之、
御徒目付　関　栄八
斗ケ沢甚六

一　右同断ニ付、為御祝儀御目録金弐百疋ツ、被下置之、
御側御用達　秋山宋江
工藤専右衛門

一　榊山御本社御造営御普請御用懸り被　仰付置候処、出精見廻シ相勤、此度宜御出来栄ニ至　御満悦思召候、依之為御祝儀御目録金三百疋ツ、被下置之、
右何も於竹之間同席列座宮内申渡之、

一　榊山御本社御普請ニ付、御末社御地形替重ニ一人ニて骨折相勤候付、為御祝儀御目録金三百疋被下置之、
御普請方棟梁職　大井玄蕃

一　大工棟梁　久慈清太
同小頭　左兵衛
塗物屋棟梁　十兵衛、　銅葺棟梁　久七、　同　権助、　鍛冶棟梁　徳右衛門
同　丈助、　同　理助、　大工小頭並　喜兵衛
同　理作
榊山御本社御造営御普請御用被　仰付置候処、重ニ心を用ひ無懈怠骨折出精相勤、此度宜御出来栄ニ至　御満悦思召候、依之為御祝儀一生之内弐人扶持宛被下置之、

一　同　源蔵、　同　治助、　同　権兵衛、　銅葺屋小頭並　善助、
御普請中塗物屋小頭並　宇兵衛、　同　平兵衛、　同　忠左衛門、　久慈清太子　清八、
川村理兵衛子　伊兵衛、　大工小頭長八子　市之助、　大工小頭並治助子　安五郎、　大工　蔵松、
大工棟梁孫六子　市兵衛、　大工　久兵衛、　同　清八、　同　権兵衛、
大工小頭並喜兵衛子　喜七、　大工　専助、　同　十治、　同　長之丞
榊山御本社御造営御普請御用被　仰付置候処、骨折相勤、此度宜御出来栄ニ至　御満悦思召候、依之為御祝儀御目録金三百疋ツ、被下置之、

一　石工屋棟梁　清助、　石工屋　武兵衛、　木挽棟梁　弥次郎
御材木屋　又兵衛、　木挽棟梁　金右衛門、　大工小頭　清兵衛
左官棟梁　安兵衛、　同　千助、　鍛冶屋棟梁　角兵衛
畳屋棟梁　市右衛門、　桶屋棟梁　三之丞、　塗物屋　甚兵衛、
御鋳物屋　冨右衛門、
釜屋　小泉仁兵衛、
榊山御本社御造営御普請御用被　仰付置候処、出精相勤、此度宜御出来栄ニ至　御満悦思召候、依之為御祝儀御目録金弐百疋ツ、被下置之、

一　同　阿部竹治、　同孫六、　瓦屋棟梁　弥惣、　建具屋棟梁　美松儀兵衛
大工棟梁　助五郎、　塗物屋棟梁　平治、　檜物屋棟梁　多兵衛　大工棟梁　川村理兵衛
同　作右衛門、　畳屋棟梁　藤左衛門、　鍛冶屋小頭　伝兵衛、　畳屋棟梁　吉見佐五兵衛、
桶屋棟梁格　藤作兵衛、　大工小頭　忠太、　屋根屋棟梁　忠助、
御畳屋　七兵衛、　檜物屋小頭　十之助、　御瓦屋　佐七、　大工小頭　半兵衛

（同）長八、（建具屋小頭）長兵衛、（元御材木屋）兵右衛門、（同）権右衛門
榊山御本社御普請中、御小屋世話向相勤候ニ付、為御祝儀御目録
金百疋宛被下置之、
（大工小頭半兵衛子）半之丞
（大工）茂兵衛

一
孫助、伊之助、（大工小頭並権兵衛子）栄八、（大工）源蔵、喜助、弥七、権助、菊松、
庄五郎、喜六、五兵衛、平八、宇太郎、平助、（大工小頭並理作子）勘之助、
（大工）清助、久助、与兵衛、甚三郎、幸八、重助、孫七、惣七、（大工小頭並源蔵子）七之助、
（大工）源右衛門、重治、庄助、善蔵、権治、重太、長六、清助、源之助、
左平治、善六、円之助、栄八、庄八、半七、三治、善治、喜六、
喜太郎、直八、多之助、十太、三右衛門、長治、喜四郎、甚之助、
清之助、久太、善兵衛、万右衛門、源兵衛、千太、福松、鶴松、
金助、久之助、米八、清助、（塗物屋）作助、清兵衛、与八、善右衛門、九
八、市兵衛、栄助、元治、与七、左郎助、勇助、武右衛門、駒之
助、長之助、要助、喜代松、定七、忠助、栄助、礒八、与市、栄
八、三太郎、喜代松、惣次郎、伊兵衛、勘之助、源之助、喜惣八、
定七　（鍛冶屋棟梁角兵衛子）長六、（鍛冶屋）重助、新之丞、与市、安兵衛、藤七、甚平、
米七、幸太、六兵衛、嘉右衛門、佐兵衛、喜太郎、儀兵衛、万九
郎、長太、与四郎、忠兵衛、宗八、治助、駒之助
（金具屋）駒之助、忠助、金蔵、善四郎、与右衛門、仁助、甚助、弥助、要
助、定之助、久蔵、力助、丑松、清七、長八、
（銅葺屋）駒助、忠兵衛、金兵衛、善治、孫太、仁八、甚兵衛、定七、長右
衛門、定平、久兵衛、利八、良八、清治、百松、
（木挽）多右衛門、金助、平左衛門、金蔵、仁左衛門、善蔵、三之丞、久
太郎、佐太郎、弥蔵、喜兵衛、治助、長七、金治、喜之助、喜七、
忠助、忠七、栄助、忠蔵、万助、喜八、治郎兵衛、助七、金七、
竹蔵、千之助、善助、藤七、惣太、多助、庄太、治郎助、善右衛
門、弥惣、重治、忠八、勘之助、徳助、藤兵衛、忠兵衛、久兵衛、
治兵衛、清助、久助、菊松、平助、久七、市助、伊助、又助、長
十郎、
（御石段組方）長治、（石工屋）新五、勘之助、万之丞、喜助、孫右衛門、兵助、善蔵、
仁助、清治、善助、長八、菊松、金助、弥助、乙平、勘治、孫六、
弥七、清之助、源七、善右衛門、勘助、弥五郎、三之助、長之助
（鋳物屋釜屋小泉仁左衛門子）四郎作、勇作、平治、（左官棟梁千助子）宗八、
（左官）長治、庄八、源助、文蔵、弥助、助七、長之助、戌松、栄助、又
助、市之助、弥蔵、松之助、千之助、万蔵、清六、徳助、庄助、
彦助、弥之助、善助、清助、長之助、竹松、茂八、左助、弥太、
幸助、十右衛門、
（畳屋）門兵衛、勘兵衛、長兵衛、長八、左太郎、栄八、長左衛門
（桶屋）万助、清助、三治、（人足雇方）徳助、五助、庄治、
榊山御本社御普請御用相勤候付、為御祝儀鳥目五拾疋宛被下置之、
右何も以御目付御作事奉行ヘ申渡之、

六ノ
廿四日　晴

筑後
勘解由
丹波
宮内

一　興津秀作

一　岩間常作
秀作儀、男子無之娘有之候、然処癇積相煩候上眩暈卒倒仕、至て難治之症ニて此末一子出生之程難計ニ付、挨拶柄も無之候得共、常作弟鉄之進聟養子仕度旨申上、双方願之通被　仰出、

一　鈴木金兵衛
同　賢蔵
金兵衛儀、老衰仕御奉公可相勤躰無之ニ付、隠居仕忰賢蔵家督被　仰付被下度旨申上、願之通無相違被　仰出、何も於竹之間同席列座宮内申渡之、

一　孫惣嫡子　上斗米文助
右は当十五歳罷成候、依之初て之　御目見於御国許申上度旨於江戸表孫惣願上候付、口上書差下相伺候処、願之通来月朔日可被為請旨被　仰出、於爰元文助へ以御目付申渡之、

一　五戸通下役　櫛引郡平
同役霞伝右衛門儀、勤向不行届之儀有之差扣奉願上候処、願之通被　仰付候候ニ付、恐入差扣申上、願之通差扣被　仰付、御目付へ申渡之、

六ノ
廿五日　晴　丹波
典膳
宮内
出雲

一　高野彦十郎
御使番本役被　仰付、於竹之間同席列座宮内申渡之、

一　花巻御給人　金矢甚兵衛
同　甚作
甚兵衛儀、老衰仕御奉公可相勤躰無之ニ付、隠居仕忰甚作家督被　仰付被下度旨申上、願之通無相違被　仰付、御城代へ書状を以申遣之、

一　御境役　赤坂　悟
嫡子豊松当七歳罷成候、然処養父弥茂市男子無之ニ付、其方名跡願之通被　仰付候後、出生之弟弥七当十五歳罷成、筋目之者ニ付嫡子仕度旨申上、願之通被　仰付、御代官へ書状を以申遣之、

一屋形様へ干蕗　一箱　奥瀬治部
一御曹司様へ同断
一屋形様へ素緬　岩間将監
一御曹司様へ同断
右は領知之産物差上候ニ付、御用人を以遂披露之、尤　御満悦之旨被　仰出、翌日奉書を以申遣之、
但、右品は大目付席へ差出之也、

一　出石良左衛門
就病気、御長柄頭御免被成下度旨申上候処、遂養生相勤候様被　仰出、御目付を以申渡、願書相返之、

一昨夜四時過、上田通御代官所之内、東中野村上小路柳之下百姓乙松と申もの火元ニて、家数十七軒焼失、御役人相越防留、八時頃火鎮り、
右ニ付典膳・宮内・出雲登　城有之也、

一　船越伊三郎

居宅門前へ、昨夜四ツ半時過、五月頃出生と相見得候女子捨置、
人元相知不申付、扶助仕置候旨訴之、

猿橋勇助

一 同姓親類良之助嫡子猿橋広人儀、当二十一歳罷成候、然処去ル八日夜与風罷出罷帰不申、御内々御届申上置、心当之所々色々相尋候得共行衛相知不申、出奔之旨、良之助儀在江戸ニ付、勇助より訴之、

六ノ廿六日 曇　　丹波　典膳　宮内

横沢丹之丞
簗田元弥

一 丹之丞儀、男子無之娘有之付、挨拶柄も無之候得共、元弥弟勇聟養子仕度旨申上、双方願之通被 仰出、

御徒頭 鈴木 恰

一 預御徒浦田升六儀、男子無之娘有之ニ付、挨拶柄も無之候得共、服部安之進弟三蔵聟養子仕度旨申上、願之通被 仰出、何も於竹之間同席列座宮内申渡之、尤安之進儀は在江戸に付、願出候ハ、申渡候様御用状ニ申遣之、

五戸通下役 櫛引郡平

一 差扣御免被成旨被 仰出、御目付へ申渡之、

山本兵衛

屋形様へ
一 干蕨　一箱
御曹司様へ
一 同断

右は領知之産物差上候ニ付、御用人を以遂披露之、尤 御満悦之旨被 仰出、翌日以奉書申遣之、

但、右品は大目付席へ差出之也、

一 明後廿八日不時御礼可被為 請旨被 仰出、大目付・御目付へ口達申渡之、

別段 思召入を以、浄祐儀一生之内独礼被 仰付、尤年始御礼罷出候節、嫡僧之内は正月十五日罷出候様 御沙汰候、

右之通寺社御町奉行へ申渡之、

和井内重次郎
中市八十九

一 駒五郎殿御相手当分加被 仰付、御目付浅石清三郎申渡候旨申出之、

六ノ廿七日 晴　　宮内　出雲

岩部繁若次郎

一 御神用司下役当分被 仰付置候処、御神用司若御年寄方下役、并御神用御物書兼帯本役被 仰付、若御年寄へ申渡候様ニ以御目付申渡之、

大奥附中使勤中、御給人並 豊間根定八

一 上下
難治之病生(症)ニ付、且以此節御神用御繁多之儀、当御役御勤させ被成難ニ付、格別目出度御時節ゆへ、一生之内御給人並ニ被 仰付、御神用司若御年寄方下役、并御神用御物書兼帯御免被成旨被 仰出、於竹之間宮内申渡之、

但、大奥附と心得可申事、
典膳
宮内
出雲

六ノ
廿八日　晴

一天量院様御忌日ニ付、聖寿寺ヘ　御代香典膳相勤之、
一前書有之通、今日不時名目御礼被為　請候ニ付、四時　御中丸総角之間ヘ　御出座、病後御礼奥瀬内記、舎人嫡子中野久米并御加増御礼、家督継目、初て之　御目見被為　請、無程相済也、
一御膳番　中野専右衛門代　長沼武次郎
当秋勤番登被　仰付、
但、来月十五日出立被　仰付、以御目付申渡之、
一御前様御診　安田元益代奥詰　伊沢養順
当秋勤番登被　仰付、
但、来月十五日出立被　仰付、以御目付申渡之、
右何も於竹之間同席列座宮内申渡之、
一　福岡御与力　一条覚之進
病気全快可仕躰無之付、福岡通巣鷹御用掛御免被成下度旨申上、願之通御目付ヘ申渡之、

六ノ
廿九日　晴
弥六郎
勘解由
典膳
宮内
出雲

一
中之間被　仰付、大奥ヘ宮内相廻申渡之、
但、佐羽内黒祝之上座被　仰付旨、大奥ニて申渡候旨、御目付毛馬内命助申出之、
吉田白祝

一端午之　御内書被成下候ニ付、今日仲間并御用人於席頂戴、御家門衆御附人上下着用呼上、菊之間御廊下ヘ揃置、典膳出座之処ニて　御内書入候御小蓋、御物書頭持出差置候処ニて　御内書被下候旨申達、御附人壱人宛罷出候処　御内書相渡、尤其節　御曹司様ヘも御肴被差上　御満悦被成旨申達、夫より高知中・在江戸同席、病気之高知名代并病気之御用人名代、在江戸御用人名代之者之内、嫡子は菊之間ヘ罷出、平士より名代ニ罷出候者は柳之間ヘ並居候処ヘ典膳菊之間ヘ罷出、　御内書被下候旨申達、順々一人宛相進ミ頂戴之、其節　御曹司様ヘ差上物有之ニ付　御満悦之旨銘々ヘ演説ニて申達之、尤病気之方ヘは右　御曹司様ヘ之差上物　御満悦之旨、右名代之者ヘ達方は奉書ニて　御内書と一所ニ相達候ニ付、右奉書相渡之、
但、仲間在江戸并病気ニて嫡子名代ハ、高知当主次座ニて相渡、平士より名代候得は、御用人嫡子名代之次座にて相渡、高知病気ニて名代も右ニ准、嫡子罷出候得は御家老嫡子次座、平士之名代は前ニ准し、御用人名代嫡子罷出候得は高知名代之嫡子次座、平士ニ候得は高知名代平士之次座ニて相渡之、
一御家門衆御附人ヘ　御内書相渡候節、准(誰)殿御附人と銘々御目付名披露ニて壱人宛罷出相渡之、高知も右准し、大目付名披露壱人宛

罷出、同席御用人在江戸名代は、准(誰)名代と御目付名披露、高知名代も右ニ准、大目付名披露也、尤御用人病気之節は名代呼上不申、仲間之内へ相渡候様御沙汰ニ付、去々年六月十六日端午之　御内書御渡之節より右之通也、

一右御請之儀、御家門衆御附人引取申上、御承知之処ニて御附人を以御請被仰上、菊之間御廊下ニて謁之、尤高知御請之儀は大目付へ申出、平士より名代ニ罷出候得は御目付へ申出、

一御内書渡方取計候御家老は、端午之指上物遂披露候、同席取計相渡候事、

但、高知呼上之儀は、大目付より廻状を以申遣、在江戸御家老名代嫡子呼上は、当番御目付より申遣之、尤御用人上下着用罷出候様於席前日口達之、

一御内書被下候節、同席共病気之節は名代嫡子罷出候処、以来本人快気出勤之処ニて被下候旨、文化十四年六月十六日御沙汰ニ付、右之通、

一　　　　長沼武次郎

勤番登被　仰付、来月十五日出立被　仰付候、然処当六十歳罷成、老年之上近年持病之疝積ニて腰痛仕、馬乗可仕躰無之付、道中往来青駄御免被成下度旨申上、願之通被　仰付、御目付を以申渡之、

一藤沢左内退身之忰順次郎儀、当四十一歳罷成候処、持病之疝積差発、其上脚気之症差加、難治之症ニて末々御用相立可申躰無之付、嫡子仕兼候旨先達て御訴申上候、然処無怠養生仕候処、此節全快仕候旨左内訴之、

六ノ
晦日　晴

弥六郎
勘解由
宮内
出雲

一御作事奉行高橋要右衛門・中原長右衛門・松尾太郎兵衛・上斗米孫惣、御加増被成下候付、右証文何も御目付を以相渡之、

但、何も上下着用罷出頂戴之、

七月朔日　晴

弥六郎
筑後
御用番
勘解由
丹波
典膳
淡路
宮内
出雲

一月次御礼、今五時過　御本丸於　御座之間、御家門衆御礼被仰上、奏者御用人相勤、御着座之節勘解由御取合申上、引続同席御礼申上、夫より　御中丸総角之間へ　御出座、高知之面々・諸者頭迄一統御礼申上、畢て名目御礼有之、無程相済也、

一今日　御曹司様御表へ　御出座被遊也、

一　　　　御家老格
毛馬内出雲

御参勤御供登被　仰付、於　御前被　仰渡之、御役人共へも申渡之、

一 当八月櫛引　八幡宮ヘ　御名代被　仰付、於菊之間御廊下同席列
座勘解由申渡之、
北　彦助

一 右差替被　仰付、奉書を以申遣之、
日戸右内

一 当八月御祭礼之節、御跡乗・御用掛共ニ被　仰付、
寺社御町奉行
坂牛杢兵衛

一 病気ニ付、御目付より差紙ニて申遣之
御目付
足沢彦蔵

当八月御祭礼之節、御先乗被　仰付、何も於席申渡之、
御目付
野々村円蔵

一 当八月御祭礼御用懸被　仰付、
御勘定奉行
栗谷川伊右衛門

一 右同断、何も於席申渡之、
御者頭
岩間左治平
中西金左衛門

一 当八月　春日御祭礼馬場警固被　仰付、
同
岩間左治平
中西金左衛門

一 当八月　鳩森幸行御用、十三日より警固被　仰付、何も於竹之間
御廊下同席列座勘解由申渡之、
御作事奉行
船越伊三郎

一 当八月御祭礼御用懸被　仰付、
大御納戸御買方
川口左助

一 右同断、何も御目付を以申渡之、

一 御旅所御待請
植村近江
津守兵庫

一 当八月御祭礼之節、右之通御用被　仰付、御目付を以申渡之、
御馬乗役
関　茂弥太
佐羽内良助
下斗米民弥
石川要之助
似鳥証見
川井弥四郎
鎌田鉄太
菊池喜七
関　菊助
川井保助

右は当八月　春日市ニ付、流鏑馬御用被　仰付、
御馬乗役
川口弥平太
川井寛作
内田清四郎
似鳥軍八
斎藤左登里
都築丈助

右は当八月　鳩森御祭礼ニ付、御旅所騎射御用人数被　仰付、右
何も御馬役村松刑部書上候付、伺之通申渡候旨毛馬内庄助申出之、
御境里古人
八重樫万七
及川助作

一

高橋長兵衛
同山古人 高橋孫八
高橋長七
高橋孫作
去六月、平常共ニ苗字帯刀相用候様被　仰付候ニ付、為冥加御礼申上度旨連名願書を以申出、願之通被　仰出、御目付へ申渡之、

七ノ二日　晴

弥六郎
勘解由
典膳
宮内

一 当秋勤番登被　仰付、尤　御参勤御供被　仰付、
御用人 黒川　司
御目付 江刺牧太
三浦忠陸

一 御参勤御供登被　仰付、何も於席申渡之、
福岡御給人 佐藤松之助
同　万助

一 松之助儀、老衰仕御奉公可相勤躰無之付、隠居仕悴万助家督被仰付被下度旨申上、願之通無相違被　仰付、御代官へ書状を以申遣之、

一 三駄弐人扶持　御徒目付支配中使並 江刺家多蔵
養父源助及末期、一子無之妹養女ニ仕、挨拶柄も無之候得共、湯浅与左衛門弟多蔵聟名跡御番代被　仰付被下度旨申上、存生之内、願之通其方御番代無相違被　仰付、
右之通申渡候段、御目付毛馬内庄助申出之、

一 江戸へ今朝七日振飛脚、楢山茂右衛門組弐人差立、御用儀申遣之、

七ノ三日　晴

弥六郎
勘解由
典膳
宮内

一 若御年寄 津嶋春瀬
御側仕 吉田藤江
松原　実
御小性 山内　寿
御参勤御供登被　仰付、於大奥勘解由申達之、
七月三日

一 御神用子供 三浦大和
関根肥後
荒木豊後
斗米出羽
御参勤御供登被　仰付、
七月

一 間之間 女鹿飛平
御参勤御供登被　仰付、
七月

一 御神用司下役 山口長四郎

御参勤御供登被　仰付、

七月

右書付三通、於大奥勘解由若御年寄へ相渡之、

一　御中居　緑
中使　種谷恒助
同　太田与六

右は当　御参勤御供登被　仰付、

右書付御目付江刺牧太・三浦忠陸を以、若御年寄へ相達之、

一　御小性　田鍍矢柄
円子　記
本堂左登見
奥御医師　花輪祐次郎
平沢昌宅
藤本伯船

御参勤御供登被　仰付、何も於御側勘解由申渡之、

七月

一　奥御医師　嶋　立甫

御参勤御供立帰登被　仰付、於御側右同断、

七月

一　御者頭・御客懸兼帯　坂本栄馬

勤番登兼て被　仰付置候ニ付、　御参勤御供被　仰付、

七月

一　御長柄頭　設楽栄治

御参勤御供登被　仰付、何も於竹之間御廊下同席列座勘解由申渡之、

七月

一　御供頭　加嶋　蔀
江刺家善五郎

御参勤御供登被　仰付、於竹之間同席列座勘解由申渡之、

七月

御参勤御供登被　仰付、

一御次　田丸五陸
津嶋加治馬
北川覚次郎
大萱生伝作
栃内辰見
三上清作
中嶋良平
原　直記
新渡戸八郎

但、御道中・江戸表共ニ御次加被　仰付、御目付を以申渡之、

一御広間御番人　佐藤助之丞
鳥谷部嘉助
野田左司
奥詰　杉田左中太
高田伝左衛門
馬場右門

一御茶道　太田原珍茶

一御先供　宮杜勇助
長根栄治
原　壮平
松田佐治助
上野秀助
小山田和多志
関根八之丞
石川門太
一御祐筆　山口理右衛門
一御用之間御物書　北村清次郎
一御用人方御物書　太田和蔵
一御目付所御物書　荒木田小八郎
一御時計　山瀬栄助
大和田斎助
右何も於竹之間同席列座勘解由申渡之、
一御徒目付　関　栄八
一御馬乗役兼帯　川村嘉兵衛
一御馬医　松本斎次郎
一御料理方　美濃部泰蔵
菊池又四郎
一御飯方　大森新八
三右衛門忰　小森周助
一御賄所御物書　小森三右衛門
一御徒小頭　沼宮内与五平

一御徒　川井源蔵
三田平右衛門
冨沢与左衛門
花坂理平太
一御衣服師　米内織右衛門
御仕立方　遠藤茂右衛門
同　平賀清兵衛
山田平兵衛
但、平兵衛儀江戸詰合中御仕立方被　仰付、
一御側附中使　久慈門兵衛
高橋善六
一表坊主　久茶
哥林
一御配膳小者　三人
内壱人立帰登被　仰付、
一板之間小者　弐人
一御持筒弓之者　二十人
一御同心　三組
一御長柄之者　二十七人
一御小道具小頭共　三十九人
一御陸尺小頭共　二十八人
一御厩小者　三十一人
一御人足肝入　壱人
一御数寄屋小者　弐人

一御小者　壱人
一御人足　八十九人
右何も御目付へ申渡之、
一　御家老給仕 梅村要之助
出雲方御供登ニ付、附添登被　仰付、於竹之間同席列座勘解由申
渡之、
一　鳥谷部嘉助
奥詰被　仰付、御目付を以申渡之、
一蓮生院様弐百回御忌御相当ニ付、今朝於大泉寺一朝御茶湯御執行
被成、御香奠三百文相備、御客掛りより相勤之、
但、右　御方様、信直公御女、羽州秋田城之助弟秋田忠次郎
へ御縁組、後ニ御離縁、檜山御前と奉称也、
一　田鍍治五右衛門
勤筋不行届儀有之、恐入差扣申出、不及其儀旨御目付へ申渡之、
一　奥詰 伊沢養順
当秋勤番登被　仰付置候処、御免被成旨被　仰出、御目付を以申
渡之、

七ノ四日　晴　弥六郎　勘解由　典膳

一霊徳院様御忌日ニ付、聖寿寺へ　御代香宮内方相勤之、
一　中之間 吉田白悦
御用有之登被　仰付、大奥へ勘解由相廻可申達候処、為手繰之御
目付を以若御年寄へ申達之、

七ノ五日　晴　弥六郎　勘解由　典膳　宮内

一養源院様・義徳院様御忌日ニ付、聖寿寺・東禅寺へ御略供ニて
御直詣有之也、
一　御者頭 横田右仲
坂本栄馬勤番中御客掛御用当分被　仰付、御側へ罷出可申旨被
仰出、於席申渡之、
一恵参儀、兼て持病之疝積差起罷在候処、病屈も仕候哉、去ル朔日
明方乱心ニて自殺相果申候段、関良作口上書を以訴之、
右ニ付御沙汰書、左之通、
一御検使可被遣事候得共、別段之御次第も被為　有候間、人元親
類見届、弥乱心ニ相違無之候ハヽ、取仕舞勝手次第可仕事、
一取仕舞葬方之儀は願教寺へ差遣可申候事、
右は関良作へ申達、
一願教寺役僧呼出、恵参儀　子敏様被　召仕候者故、其寺へ葬方
被　仰付候間、人元関良作より委細懸合も可有之候間、葬可申事、
一浄祐へ、恵参儀は　子敏様被　召仕候者故、其時々回向可仕旨是
亦役僧可申達事、
右之通御沙汰之旨、御目付浅石清三郎申出之、
一　嶋　立甫

御参勤御供立帰登被　仰付候、然処嫡子立政為稽古召連罷登申度
旨申上、願之通御側御目付を以申渡之、

一　　　　　　　　　　　　　　　　大須賀左右

支配所へ為内代出立罷越候、然処久々持病之腰痛差起馬乗可仕躰
無之付、道中青駄御免被成下度旨申上、願之通御目付を以申渡之、

七ノ六日　晴　　　勘解由
　　　　　　　　　典膳
　　　　　　　　　宮内

一御目付　　沢里勇馬代 御供登
御目付を以申渡之、
一御広間御番人　　小栗左右司代、奥詰 神尾忠右衛門
一御金奉行　　鴨沢金右衛門代 工藤氏助
右は於竹之間申渡之、
一御徒目付　　久保田新平代 柴内源十郎
一御馬乗役　　似鳥甚七代 御供登
一御料理方　　勝又金右衛門代 御供登
一御台所下役　　沢井要右衛門代 川村兵之丞
一表坊主　　春喜 理済代 宗仙
　　　　　　専佐
　御広式方
一御前様御診　　谷崎文雪代 御供登
　御下屋敷詰

一御徒目付　　寄木新蔵代 伊藤十左衛門
当秋勤番登被　仰付、尤御参勤御供被　仰付、右何も御目付を以
申渡之、

七月
　当秋勤番登被　仰付
一御祐筆　　猿橋良之助代 西嶋善八郎
一御使者給仕　　一条小藤治代 田鍍長之進
右は於竹之間申渡之、
一御人足目付　　長沢文作代 本館金吾
一御広間御帳付御徒　　小泉伝五兵衛代 馬場門弥
一御徒　　工藤官右衛門 松田儀兵衛 代 一戸治左衛門
　　　　　簡 七之丞
一御勘定方　　長沢益助代 上野軍助
一御賄所御帳付　　室岡勇之丞代 境田良助
一御台所御帳付　　鼠入与兵衛代 白板八十太
一大納戸御買方帳付　　寺田惣右衛門代 野坂安之助
一諸番御小人　　鴬沢藤太 長沢丈八 代 四戸第助
　　　　　　　　櫛引要之助
一御同心　　壱組
一御長柄之者　　上下御屋敷詰 拾八人
一御台所小者　　壱人
一御人足　　拾三人

右何も御目付へ申渡之、
　御広式方
一御用聞　岩間市郎兵衛代 中居喜幸太
右は於竹之間申渡之、
　御下屋敷詰
一御同心　壱組
一御人足肝入　壱人
　七月
一　野辺地御給人 上野清助
　同　八之助
清助儀、老衰仕御奉公可相勤躰無之付、隠居仕忰八之助家督被
仰付被下度旨申上、願之通無相違被　仰付、御代官へ書状を以申
遣之、
一此度　榊山御本社御造営御出来栄、格別目出度御時節ニ付、為御
祝儀来ル廿四日・廿五日両日、於御新丸御能御興行被遊候付、廿
四日ハ高知之面々・御新丸御番頭・諸者頭・諸士・諸医・二、三
男・御町之もの迄拝見、廿五日ニは寺社并修験迄拝見被　仰付候
間、夫々一統へ可申渡候、
　七月
右之通被　仰出、大目付・寺社御町奉行・御目付へ申渡之、
一　関　良作
恵参儀、兼て病気之処病屈にも可有之哉、乱心ニて自殺相果候趣
御訴申上候、右程之病症附添介抱も可仕候処、無其儀等閑之致方
由(油)断至極ニ付、御紀之上急度被　仰付様も有之候得共、以御憐愍
無御紀閉門被　仰付、
右之通被　仰渡、今晩中ノ橋川岸於御会所、御町奉行宮手弥市・
坂牛杢兵衛、御目付浅石清三郎・足沢彦蔵立合申渡之、
　但、親類共心添ニ付、追て差扣願出之、
七ノ
七日　雨　勘解由 典膳 宮内 出雲
一席へ御熨斗出、
一為七夕之御祝儀、今五時過　御本丸於　御座之間、御家門衆御礼
被仰上、奏者御用人、御着座之節御取合申上、夫より　御中丸総
角之間へ　御出座、仲間始五節句出仕之面々御礼申上、無間相済
也、
一今日　御曹司様御表へ　御出座被遊也、
一大目付・寺社御町奉行・表御目付・御目付・御勘定奉行・御使番
迄、席へ罷出御祝詞申上之、
一　五戸御給人 閉伊口弥五右衛門
　同　金右衛門
弥五右衛門儀、老衰之上耳遠罷成、御奉公可相勤躰無之ニ付、忰
金右衛門家督被　仰付被下度旨申上、願之通無相違被　仰出、
一　同所御与力 安宅惣右衛門
　同　勝見
惣右衛門儀、老衰仕御奉公可相勤躰無之ニ付、忰勝見家督被　仰

付被下度申上、願之通無相違被　仰付、

一　（同所御与力）苫米地惣八
　　（同所御給人）鳥谷部文作

惣八儀一子無之ニ付、親類文作弟安太養子仕度旨申上、双方願之
通被　仰付、何も御代官へ書状を以申遣之、

一　花田隣之丞

右は此度小頭被　仰付候ニ付、右之通苗字御免被成下置度旨、御
駕籠頭御用承候大萱生伝作・三上清作末書を以申出、願之通御目
付へ申渡之、

一日詰通　蒔内新兵衛
一沼宮内通　勝馬田六郎兵衛
一見前通　飯岡良助
一栗谷川通　栃内幸助
　七月
一七戸通　（七戸御給人）浦田官蔵

右之通御献上御鳥討被　仰付候旨御目付申出之、

七ノ
八日　晴

勘解由
典膳
宮内

一霊巌院様御忌日ニ付、東禅寺へ　御代香典膳相勤之、

一　（中之間）北川覚之進

御用有之登被　仰付、大奥へ勘解由相廻可申達処、為手繰之御目
付を以若御年寄へ申達之、

一　翌九日、九月廿五日出立被　仰付旨、御目付野々村円蔵申出之
　栃内其馬
　川守田長四郎
　（御徒）太田代伝兵衛
　（同）工藤八百右衛門
　（同）大沢新右衛門
　（同）気田友之助
　（御同心）拾五人
　（常詰夫御人足）拾弐人

糀町御用有之、当九月下旬出立登被　仰付、於竹之間同席列座勘
解由申渡之、尤御徒より以下何も御目付へ申渡之、

一　翌九日、十月六日出立被　仰付旨、御目付野々村円蔵申出之
　三輪左司
　平沢良作

兼て常府被　仰付置候処、糀町御用有之、当十月上旬手廻召連罷
登候様被　仰出、御目付を以申渡之、

一　（御祐筆）山口理右衛門

御参勤御供登被　仰付置候処、当秋勤番登被　仰付、

　（御祐筆）西嶋善八郎

当秋勤番登被　仰付置候処、御参勤御供登被　仰付、右何も御
目付を以申渡之、

一　（表御目付）本堂右内

御用有之、今日計大目付加被　仰付、於席申渡之、

一　山本兵衛

此度二男良之進病死之趣及御訴、御疑之筋有之御吟味被成候処、
致乱心自殺相違無之趣申上候、別て非常之儀ニ候処偽ヲ申上、身

分ニも不似合後ロ闇致方不埒至極ニ候、依て急度被　仰付様も有
之候得共、以御憐愍隠居被　仰付、
右之通被　仰渡、今晩勘解由於宅典膳・宮内立合、大目付・御町
奉行兼宮手弥市、大目付加本堂右内、御目付浅石清三郎并右手先
之者も相詰、兵衛へ御用有之候間勘解由宅へ親類同道相詰候様、
親類之内相招大目付申渡候処、兵衛病気ニ付、名代大里勝司罷出
候間、何も列座、山本兵衛へ被　仰渡旨勘解由申渡、直々御目付
読渡之、此節名代故帯刀ニて罷出、以後被　仰渡書御役人共より
名代へ為見之、
一　　　　　　　　　　　　　山本兵衛親類へ
其方共親類山本兵衛二男、此度病死之趣及御訴、御疑之筋有之御
吟味被成候処、致乱心自殺相違無之趣申上候、別て非常之儀ニ候
処偽ヲ申上、身分ニも不似合後ロ闇致方不埒至極ニ候、依て急度
被　仰付様も有之候得共、以御憐愍隠居被　仰付候、然処嫡子司
儀兼て行状不宜趣達　御聴、　思召ニ相応不申候ニ付、兵衛名跡
ニは難被　仰付、廃嫡被　仰付候、名跡之者は追て御沙汰可被成
旨被　仰出、
右之通同道罷出候親類へ、直々勘解由於宅大目付を以申渡之、
一　　　　　　　　　　　　　辛　津門
　　　　　　　　　　　　　　大里勝司
　　　　　　　　　　　　　　橋本勇之進
　　　　　　　　　　　　　　井上唯見
親類山本兵衛并嫡子司へ之被　仰渡之趣、恐入差扣連名口上書を
以願出、願之通差扣被　仰付、御目付へ申渡之、

一右ニ付、津門・勝司・勇之進・只見、親類共恐入差扣申出候処、
不及其儀旨御目付へ申渡之、
一　　　　　　　　　　　　　山口理右衛門
　　　　　　　　　　　　　　田鍍長之進
　　　　　　　　　　　　　　諸番御小人 四戸第助
　　　　　　　　　　　　　　櫛引要之助
七月十六日出立
一　　　　　　　　　　　　　御徒 馬場門弥
　　　　　　　　　　　　　　一戸治左衛門
　　　　　　　　　　　　　　簡　七之丞
七月廿七日
一　　　　　　　　　　　　　御賄所御帳付 境田良助
　　　　　　　　　　　　　　御台所御帳付 白板八十太
　　　　　　　　　　　　　　大御納戸御買方帳付 野坂安之助
　　　　　　　　　　　　　　御台所小者 壱人
七月廿九日出立
一　　　　　　　　　　　　　中居喜幸太
八月六日出立
一　　　　　　　　　　　　　本館金吾
　　　　　　　　　　　　　　御人足肝入 壱人
　　　　　　　　　　　　　　御人足 拾三人
八月十一日出立
一　　　　　　　　　　　　　上野軍助
九月九日出立

一　中居喜幸太
山口理右衛門
田鍍長之進
右三人は水戸路罷登候様被　仰出、
右之通被　仰出、何も申渡候段御目付足沢彦蔵申出之、
一江戸表去ル二日立七日振飛脚、松岡七郎組弐人昨夜着、御用儀共申来之、
一　目時左平
卒中風之症相煩、全快可仕躰無之付、御祐筆御免被成下度旨申上、去月十七日願之通御免被成旨、御目付を以申渡候処、同日病死之旨訴出候之旨、江戸より御用状を以申来申上、御役人へも申渡之、

七ノ九日　晴

勘解由
丹波
典膳
宮内

一　奥寺林之助
川村左市
大矢覚蔵
金平嫡子 兼平喜代治
五兵衛嫡子 村木勇次郎
小弥太嫡子 川井小平治
五郎右衛門嫡子 船越伝五郎
新右衛門嫡子 中村専蔵
当御年貢穀御帳御調御用中、御物書当分被　仰付、御目付を以申渡之、
一　御者頭御客懸兼帯 坂本栄馬
御道中御昼御目付御用相勤候様被　仰付、
但、組方放候儀は無之と相心得可申事、御供御目付を以申渡之、
一　御長柄頭 設楽栄治
御道中三騎兼帯相勤候様被　仰付、御目付を以申渡之、
但、組方一統差配いたし候儀ニハ無之、尤不時之儀出来之節は取扱可申、御行列立之儀は、去々年池田又兵衛相立候処へ相立候事、
一　太田守衛
兄吉蔵儀、文化九年三月廿二日与風罷出罷帰不申候ニ付、其節御内々御届申上、心当之所々色々相尋候得共行衛相知不申、出奔御訴申上候、然処昨夜立帰候間、向々出入之儀も難計具ニ相尋候処、参宮之心懸ニて罷越候処、病気ニて仙台城下大町五丁目岩井屋竹蔵と申者之世話ニて同人所ニ罷有、暫薬用得介抱候処、快方ニ至候得共路用金不足ニ相成、其上竹蔵格別数日世話ニ相成候事故、為謝礼世話等致居候、参宮之心懸罷有候処より与風心得違罷出候処、御国元并老母共ニ相慕、無調法も不顧立帰候旨申候、外向々出入之儀も御座候哉と押て相尋候得共、何之出入ケ間敷義も無御座候旨申聞候、出奔立帰候儀恐入急度為慎置候旨申出、守衛へ御預逼塞被　仰付、御目付を以申渡之、
一右ニ付、守衛儀恐入差扣願上候処、願之通差扣被　仰付、御目付へ申渡之、

一右ニ付、親類共恐入差扣願上候処、不及其儀旨被　仰出、御目付
へ申渡之、

七ノ十日　晴

勘解由
丹波
典膳
宮内
出雲

屋形様へ
一素緬　一箱
御曹司様へ
一同断　　　　　　　　　　桜田対馬

右は領知之産物差上候ニ付、御側御用人を以遂披露之、尤　御満
悦之旨被　仰出、翌日奉書を以申遣之、
　但、右品は大目付席へ差出之也、

一　　　　　　　　　　佐羽内筑前
親類山本兵衛并嫡子司へ之被　仰渡之趣、恐入差扣願出候処、外
とも違差扣願差出候ニ不及事と御沙汰ニ付、右之趣御目付野々村
円蔵へ申渡之、

七ノ十一日　曇

勘解由
丹波
典膳
宮内

一　　　　　　　　　　下斗米小四郎
　　　　　　　　　　同　平四郎

小四郎儀、老衰仕御奉公可相勤躰無之ニ付、隠居仕悴平四郎家督
被　仰付被下度旨申上、願之通無相違被　仰出、於竹之間同席列
座勘解由申渡之、

一　　　　　　　　　　御者頭
　　　　　　　　　　奥瀬小八郎
坂本栄馬交代被　仰付候得共、御在府中別段御仕方有之ニ付、
其方来春迄詰越被　仰付、

一　　　　　　　　　　御作事奉行
　　　　　　　　　　上斗米孫惣
御用有之、来春迄詰越被　仰付、

　来春迄詰越被　仰付、
一御用人　　　　　　沢田左司馬
一御医師　　　　　　飯冨了哲
一御茶道　　　　　　田鍍元茶
一御祐筆　　　　　　猿橋良之助
一御用之間御物書　　鬼柳十兵衛
一御側御物書　　　　佐羽内与七
一御目付所御物書　　工藤栄助
一御徒目付　　　　　坂牛源之丞
一御馬役　　　　　　石井安平
一御賄所御物書　　　長岡栄蔵
一表坊主　　　　　　美仙
一御小納戸御物書　　源兵衛
一御台所小者　　　　壱人
　御広式方
一御前様御附役　　　佐羽内都合

一御用聞　工藤千五郎
一御錠口番　竹鼻藤吾
　本宿与五郎
一御広式御番人　船越安治
一御帳付　沢井友治
一板之間小者　壱人
　御下屋敷詰
一観光院様御診　岡井元孝
　阿部友伯
一御徒目付　中村理右衛門
一板之間小者　弐人
　大坂詰
一大坂勤中御留守居出役格　中村専作
（余白に）「附札、右何も爰元御目付より御用状を以大坂へ申遣之、」
一御銅山方　村上新五兵衛
　七月
右は今日定日ニ付、何も於江戸表申渡之、
一　太田守衛
差扣御免被成旨被　仰出、御目付へ申渡之、
一　出石良左衛門
病気全快可仕躰無之付、御長柄頭御免被成下度旨申上、願之通御目付を以申渡之、
一　勝木藤蔵
組諸番御小人松本小八と申者居宅、昨夜九半時自火ニて焼失、同氀嶋幸蔵・宮川幸之助と申者之居宅類焼仕、同一戸弥三太と申者居宅半分程類焼仕候ニ付、小八儀慎申仕置候段口上書を以被相届之、
一　坂本郡司
其方儀、山本兵衛二男良之進病死御訴書差出候処、御吟味之上自殺相果候旨兵衛申出候、親類ニも無之、懇意一通ニて頼合を得候とは乍申、右様偽之御訴書指出候段、不念至極ニ付指扣被　仰付、御目付を以親類へ申渡之、
一右ニ付、親類共恐入差扣願上候処、不及其儀旨被　仰出、御目付へ申渡之、
一　東顕寺
其寺檀家山本兵衛二男良之進自殺相果候処、病死一通之届合致承知送葬引導遣候段、一寺之住職不似合等閑之取計方不念至極ニ付、差扣被　仰付、
右之通寺社御奉行へ申渡之、
一　新渡戸丹波二孫　巳代治
右は先月廿七日出生仕候段、口上書を以被相届之、
一徳雲院様御忌日ニ付、聖寿寺へ　御代香宮内相勤之、
一二季名改、左之通、
一先祖名　丹右衛門事　中村喜惣
一親名　才太事　新田目佐市
一幼名　兵右衛門嫡子他人事　栃内寛治
一先祖名　縫助事　大光寺七内
一親名　一兵衛事　田鍍直右衛門

一先祖名　駒之助事 川口源蔵
一同　清九郎事 藤村清左衛門
一幼名　岡右衛門嫡子民弥事 関　織右衛門
一先祖名　清六嫡子勇助事 古沢善右衛門
一同　武兵衛嫡子三六事 東野勘兵衛
一同　伴六嫡子善作事 小向善九郎
一同　儀左衛門嫡子定巳事 高橋伝左衛門
一同　三戸御給人文七事 中嶋与三右衛門
一同　宮古御給人宮之助事 盛合理右衛門
一親名　御馬乗役左登見事 斎藤紋左衛門
一先祖名　五戸御与力松之助事 苫米地新助
一　御徒目付支配中使文治事 志田良左衛門

右何も願之通御目付を以申渡之、良左衛門儀は御目申渡旨申出之、

七ノ
十二日　晴　勘解由
丹波
典膳
宮内

一即性院様御忌日ニ付、聖寿寺へ　御代香典膳相勤之、

一　三戸御給人 千葉貞右衛門
同　順左衛門

貞右衛門儀、老衰仕歩行不自由罷成、御奉公可相勤躰無之付、隠居仕忰順左衛門家督被　仰付被下度旨申上、願之通被　仰付、

一　福岡御与力 一条覚之進
同　菊之助

覚之進儀、老衰之上中風之症相煩、御奉公可相勤躰無之付、隠居仕忰菊之助家督被　仰付被下度旨申上、願之通無相違被　仰付、何も御代官へ以書状申遣之、

一先月廿九日之処ニ有之通、端午之　御内書被下候節丹波病気罷有、此節出勤ニ付今日於席相渡之、
但、上下着用罷出候儀昨日演説之、

七ノ
十三日　晴　弥六郎
勘解由
丹波
典膳
宮内

一　坂本応助
御長柄頭被　仰付、於　御前被　仰渡、御役人へも申渡之、

一　志賀小左衛門
御小性 花輪祐次郎

小左衛門儀、嫡子郡太先達て病死仕、嫡孫友之助十歳罷成候得共、病身ニ付先頃御訴申上、外男子無之娘有之付、挨拶柄も無之候得共、祐次郎弟三平聟養子仕度旨申上、双方願之通被　仰付、於竹之間同席列座勘解由申渡之、祐次郎へは於御側申渡之、

一　五戸御代官 田鍍治五右衛門
嫡子泰次郎当四月病死仕、其節御訴申上候、依之嫡孫泰助嫡子仕度旨申上、願之通被　仰出、於竹之間同席列座勘解由申渡之、

一　辛　津門
　　大里勝司
　　井上唯見
　　橋本勇之進
差扣御免被成旨被　仰出、御目付へ申渡之、

七ノ十四日　晴
　　弥六郎
　　勘解由
　　宮内

一屋形様御半袴被為　召、今朝五時過御本供御供揃ニて聖寿寺・東禅寺へ被遊　御仏詣、御出・御帰共ニ　御本丸御玄関より、聖寿寺へ丹波方、東禅寺へ典膳方相詰、御役人も相詰也、
　但、御役人上下、小役人継肩衣着用也、

七ノ十五日　曇
　　弥六郎
　　筑後
　　勘解由
　　丹波
　　典膳
　　宮内
　　出雲

一　御用人方御物書　太田和蔵
御参勤御供登被　仰付置候処、当秋勤番登久慈金右衛門代被　仰付、尤御道中御供被　仰付旨、去ル九日申渡候段、御目付三浦忠陸申出之、

一　立花儀作
居宅門前へ昨夜四半時女子捨置、人元相知不申候ニ付、扶助仕置候段訴之、

七ノ十六日　晴

一今日大斎日ニ付、仲間登　城無之、

七ノ十七日　曇
　　弥六郎
　　勘解由
　　丹波
　　典膳
　　宮内

一　大御納戸御買方帳付　野坂安之助
七月廿九日出立被　仰付置候処、御遣方有之、出立之儀追て御沙汰被成旨被　仰出申渡候段、御目付足沢彦蔵申出之、

一　若御年寄方御物書、御神用司下役当分　小泉　仲
御用登被　仰付、御目付へ右書出相渡之、

一　中之間　吉田白祝
御用有之、登御免被成旨被　仰出、右同断相渡之、

七ノ十八日　曇
　　弥六郎
　　勘解由
　　丹波

典膳
宮内
出雲
一南宗院様（南部利直）・大源院様（南部重信）御忌日ニ付、東禅寺・聖寿寺へ　御代香宮
内相勤之、
一弐百石　　米田友之助
親清作存生之内、願之通跡式無相違被　仰出、
一　　川御普請方　藤沢左内
忰順次郎儀、病身ニ付嫡子仕兼候旨先達て御訴申上候、然処其後
養生仕候処全快仕候段御訴申上候、依之右順次郎嫡子仕度旨申上、
願之通被　仰出、右何も於竹之間同席列座勘解由申渡之、
一　　坂本郡司
差扣御免被成旨被　仰出、御目付へ申渡之、
一江戸へ今朝七日振飛脚、楢山茂右衛門組弐人差立、御用儀申遣之、
一　　御中﨟格　戸来野崎
御曹司様御用も有之候間、　御留守中中御年寄当分被　仰付、
但、被下物之儀ハ只今迄之通被下置候事、
一　　酒親隠居　植村佐山
長病ニ付、願之通退役之上隠居被　仰付候処、此度快気ニ至候ニ
付、御曹司様御用も有之候間、　御留守中中御年寄当分被　仰付、
但、拾両弐人扶持被下置之、
右何も大奥へ勘解由相廻申達之、
一　　中（なか）御年寄
右御役格御使番同格被　仰付、
但、御使番上座被　仰付候事、
右書付御目付へ相渡之、
一上下　　大里勝司
山本兵衛儀、此度不調法之儀有之隠居被　仰付、嫡子司儀廃嫡
被　仰付候、依之自分儀　思召を以兵衛名跡被　仰付候旨被　仰
出、
右は前日御目付より之差紙ニて呼上、当日御沙汰之節より大目付
を以取扱、大書院御廊下ニて高知へ之御沙汰向之通、同席列座勘
解由申渡之、
一上下　　山本兵衛
自分儀隠居被　仰付、嫡子司儀廃嫡被　仰付、名跡之儀は追て御
沙汰可被成旨被　仰付置候処、　思召を以実弟大里勝司名跡被
仰付候旨被　仰出、
右兵衛儀は隠居之事故、為名代親類之内壱人上下着用、四半時御
家老典膳宅へ相詰候様、前日大目付より申遣、今日　御城ニて勝
司へ御沙汰向相済候と直々典膳下宿申渡之、
一上下　　山本兵衛　親類へ
兵衛儀、此度不調法之儀有之隠居被　仰付、嫡子司儀廃嫡被　仰
付、名跡之儀は追て御沙汰可被成旨被　仰付置候処、　思召を以
兵衛実弟大里勝司儀名跡被　仰付旨被　仰出、
右親類呼上置、勝司へ御沙汰向相済処ニて御目付を以申渡之、
一上下　　勝司嫡子　大里宮治
山本兵衛儀、不調法之儀有之隠居被　仰付、嫡子司廃嫡被　仰付、
兵衛名跡之儀は　思召を以親勝司被　仰付候、依之其方儀大里之

家相続被　仰付旨被　仰出、
右御沙汰向ハ呼上置勝司ヘ御沙汰向相達候後、於竹之間同席列座勘解由申渡之、
一上下　大里勝司親類
山本兵衛儀、此度不調法之儀有之隠居被　仰付、嫡子司儀廃嫡被　仰付、兵衛名跡之儀は　思召を以、兵衛実弟ニ付大里勝司被仰付候、依之勝司嫡子宮治、大里之家直々相続被　仰付候旨被仰出、
右親類呼上置、大里宮治ヘ御沙汰向相済候後、御目付を以申渡之、
一田鍍治五右衛門居宅門前ヘ、昨夜九ツ時過、三月之頃出生と相見得候女子捨置申候、人元相知不申候間扶助仕置候旨、口上書を以訴之、
一　長岡英之進
親隠居甚作儀無調法之儀有之、文政元年十一月宮古通ヘ罷越可申旨被　仰付候処、去月廿一日御赦之節、帰住御免之旨被　仰出候得共、右御場所出奔仕候ニ付、行衛相知次第右御赦ニ御免之旨、可申聞趣被　仰出置候処、昨夜立帰候ニ付、向々出入之程難計相尋候処、何之出入ケ間敷義も無之旨申聞候、帰住御免被成下候得共、御場所出奔仕立帰候儀、恐入急度為慎置候旨申出候ニ付、附札ニて、目出度御時節に付、兼て行衛相知次第右御赦ニ御免之御沙汰も有之候事故、慎為置候ニ不及旨被　仰出、御目付を以申渡之、
一　堀江儀平治
新山物留御番所御番人被　仰付、
一　千葉留之助
馬門御番所御番人被　仰付、
右之通御沙汰ニ付申渡候段、御目付野々村円蔵申出之、
七ノ十九日　晴
弥六郎
勘解由
丹波
典膳
宮内
出雲
一　濁川御番所御番人岩間六左衛門
新山物留御番所御番人、当分被　仰付申渡候段、御目付毛馬内庄助申出之、
七ノ廿日　晴
弥六郎
勘解由
丹波
宮内
一　坂牛内蔵丞
御長柄頭同　応助
内蔵丞儀、久々中風之症相煩疝積差加、難治之症ニて全快御奉公可相勤躰無之ニ付、隠居仕忰応助家督被　仰付被下度旨申上、願之通無相違被　仰出、内蔵丞名代ヘ於竹之間同席列座勘解由申渡、応助儀ハ当時御役柄故、竹之間於御廊下同断列座勘解由申渡之、（席）

一　八角伝右衛門
同　伝之進
伝右衛門儀、老衰之上歩行不自由罷成、御奉公可相勤躰無之付、隠居仕悴伝之進家督被　仰付被下度旨申上、願之通無相違被　仰出、於竹之間同席列座勘解由申渡之、

一　花巻御給人 佐藤甚左衛門
同　丹治
甚左衛門儀、老衰仕御奉公可相勤躰無之付、隠居仕悴丹治家督被　仰付被下度旨申上、願之通無相違被　仰付、

一　同所御給人 佐藤三蔵
同　三助
三蔵儀、老衰仕御奉公可相勤躰無之ニ付、隠居仕悴三助家督被　仰付被下度旨申上、願之通無相違被　仰付、何も御城代へ以書状申遣之、

一　御目付 野々村円蔵
鈴木惣左衛門
惣左衛門儀男子無之娘有之付、挨拶柄も無之候得共、円蔵二男貞作聟養子仕度旨申上、双方願之通被　仰出、惣左衛門へは於竹之間同席列座勘解由申渡、円蔵儀は御役柄ニ付、御目付所入口前ニて同席列座勘解由申渡之、

一　勝司事 山本左内
右之通名改仕度旨申上、願之通附札ニて大目付を以申渡之、

一　坂本栄馬
御参勤御供登被　仰付候処、持病之脚気相煩馬乗可仕躰無之付、道中青駄御免被成下度旨申上、願之通御目付を以申渡之、

七ノ
廿一日　晴
弥六郎
勘解由
丹波
宮内
出雲

一　御医師 工藤玄良
同　玄秀
玄良儀、老衰之上歩行不自由罷成、御奉公可相勤躰無之付、隠居仕悴玄秀家督家業被　仰付被下度旨申上、願之通無相違被　仰出、

一　松尾直見
同　繁太郎
直見儀、久々脚疾之症相煩、難治之症ニて全快御奉公可相勤躰無之付、隠居仕悴繁太郎家督被　仰付被下度旨申上、願之通無相違被　仰出、

一百石　細越冨之助
内四拾八石現米
親俊左衛門及末期、悴冨之助十二歳罷成、　御目見不申上候得共、跡式被　仰付被下度旨申上、存生之内、願之通無相違被　仰出、
右何も於竹之間同席列座勘解由申渡之、

一金方弐拾四石　福岡御給人 小笠原熊太郎
親彦松存生之内、願之通跡式無相違被　仰付、御代官へ書状を以申遣之、

一　　　　　　　　　　東顕寺
差扣御免被成旨被　仰出、寺社奉行へ申渡之、
一　　　　　　　　　　御者頭 戸来弓人
　　　　　　　　　　　山崎祐左衛門
祐左衛門儀男子無之、弟民司・丑松、大伯父佐五右衛門孫兼司病
身ニ付、先達て御訴申上候、右佐五右衛門子治右衛門年令不相応
ニ付、後々相続之者ニ難申上、外男子無之娘有之ニ付、挨拶柄も
無之候得共、弓人弟成見聟養子仕度旨申上、双方願之通被　仰出、
弓人儀は御役柄ニ付、於竹之間御廊下同席列座勘解由申渡之、祐
左衛門へは於竹之間同席列座勘解由申渡之、
一明後廿三日四時前、不時名目御礼被為　請旨被　仰出、御役人へ
も申渡之、
一　　　　　　　　　　山本左司
名跡御礼、願之通明後廿三日可被為　請旨被　仰出、奉書を以申
渡之、
一　　　　　　　　　　同人
名跡御礼、願之通明後廿三日可被為　請旨被　仰出候、依之前例
之通、家来壱人為冥加　御目見為申上度旨申上、願之通被　仰出、
奉書を以申渡之、
一　　　　　　　　　　応助事 坂牛内蔵丞
右之通名改仕度旨申上、願之通御目付を以申渡之、

七ノ

廿二日　晴　　　　　　弥六郎
　　　　　　　　　　　勘解由
　　　　　　　　　　　丹波
　　　　　　　　　　　典膳
　　　　　　　　　　　宮内
一　　　　　　　　　　太田忠兵衛
　　　　　　　　　　　同　忠次右衛門
忠兵衛儀、老衰之上歩行不自由罷成、御奉公可相勤躰無之付、隠
居仕悴忠次右衛門家督被　仰付被下度旨申上、願之通無相違被
仰出、於竹之間同席列座勘解由申渡之、
一　　　　　　　　　　多賀大明神兼祠官 山田隠岐
親丹後儀、老年迄神道出情(精)相勤候ニ付、一生之内中使格三人扶持
壱両、外ニ三駄宛被下置候処、此度永く中使格被成下、壱人扶持
壱両、外ニ三駄宛被下置旨被　仰出、
　但、大奥附と相心得可申事、
右書付御目付へ相渡之、
一　　　　　　　　　　泰右衛門嫡子氏助事 工藤定右衛門
右之通名相改申度旨、氏助より口上書を以申出、願之通御目付を
以申渡之、
一　　　　　　　　　　大工棟梁 久慈清太
大奥附中使格被成下候処　思召入有之、一生之内大奥附中使格
被　仰付、永被下来候四駄三人扶持、外ニ一生之内弐人扶持共、
職分之方ニて被下置旨被　仰付、
一　　　　　　　　　　大工小頭 理助
親理兵衛及末期、悴理助四十八歳罷成、兼て職分御用相勤罷有
候間、跡職被　仰付被下度旨申上、存生之内、願之通跡職無相違

被　仰出、親理兵衛へ被下置候弐人扶持并其方へ被下来候御扶持方御加、都合四人扶持、外ニ一生之内弐人扶持被下置候間、家業情(精)出候様被　仰出、

但、親理兵衛儀大奥附中使格被成下候処　思召入有之、理兵衛一生之内中使格被　仰付候間、其方儀職分一通と相心得可申事、

右之通被　仰出申渡候段、御目付浅石清三郎申出之、

七ノ
廿三日　晴

弥六郎
筑後
勘解由
丹波
典膳
宮内
出雲

一前書有之通、今日不時名目御礼被為　請候ニ付、四時　御中丸総角之間へ　御出座、名跡之御礼山本左内并御加増之御礼中原長右衛門、家督・継目初て之　御目見被為　請、尤左内家来一人冥加為御礼鳥目三十疋差上御礼申上、無程相済也、

但、左内家来一人冥加御礼被為　請、難有旨左内大目付へ申出候旨、守古申出之、

但、右御請之儀、以来大目付へ申出候様御沙汰ニて、此度より右之通也、

一　安俵通御役医格艸玄忰
小原文英

御所御用、在町病用出情(精)相勤、親勤功も有之候段御代官申上候ニ付、御役医格被　仰付、御代官へ以書状申遣之、

一　七戸御給人
久保恒右衛門
同　十蔵

恒右衛門儀陰痿之症相煩、時々眩暈卒倒仕、難治之症ニて全快御奉公可相勤躰無之付、隠居仕忰十蔵家督被　仰付被下度旨申上、願之通無相違被　仰付、御代官へ書状を以申遣之、

七ノ
廿四日　晴

一前書御沙汰有之通、今明日於御新丸御能有之、仲間相越登　城無之、

一昨夜四時過、上田通御代官所之内、東中野村上小路百姓重兵衛と申者、火元ニて家数四軒焼失、御役人相越防留、九半時過火鎮也、

一右ニ付、勘解由・典膳・出雲登　城有之也、

一江戸表去ル十八日立飛脚、横田右仲組弐人今暁着、御用儀共申来之、

一松平甲斐守殿御母長享院殿御病気之処、御養生不被成御叶、去月朔日御死去被成候段為御知申来候段、御用人申出候由、尤　雅姫様ニは大叔母様之御続ニ候得共、実御叔母様ニ付、半減之御忌服十日ニ四十五日被為請候御儀御座候旨申出候間、御用人へ申達被申上候由、右ニ付、御忌中之内御下屋敷中は、高声等不仕様相慎可申旨、前々之趣を以相触候様、御目付へ被申渡候由御用状ニ申来申上之、

七ノ
廿五日　雨　（家老名欠）

七ノ廿六日　晴

弥六郎
勘解由
丹波
典膳
宮内

一　佐藤弥治兵衛
　　同　茂
弥治兵衛儀、老衰仕起居不自由罷成、御奉公可相勤躰無之付、隠居仕悴茂家督被　仰付被下度旨申上、願之通無相違被　仰出、

一　上関兵右衛門
　　同　村太
兵右衛門儀、老衰仕御奉公可相勤躰無之付、隠居仕悴村太家督被　仰付被下度旨申上、願之通無相違被　仰出、

一　岩泉貞治
　　同　清八郎
貞治儀、癲癇之症相煩、至て難治之症ニて全快御奉公可相勤躰無之ニ付、隠居仕兼て伯母ニ娶置候清八郎家督被　仰付被下度旨申上、願之通無相違被　仰出、右何も於竹之間同席列座勘解由申渡之、

一南部左京殿御口上書、左之通、
　御家来軍右衛門嫡孫伊藤重太儀、当十五歳罷成候、依之初て之　御目見申上候様被成度旨被申上、御願之通来ル廿八日可被為　請旨被　仰出、御目付を以御役人へ申渡之、

七ノ廿七日　晴

筑後
勘解由
丹波
典膳
宮内

一明廿八日　天量院様御忌日之処、今日　御略供ニて聖寿寺へ　御直詣有之也、

一右ニ付、明日　御代香無之旨被　仰出、昨廿六日御用人を以御沙汰也、

一　目時左陸
御祐筆本役被　仰付、

一　山本左内
右之通御沙汰ニ付、昨廿六日申渡候段、御目付毛馬内庄助申出之、

一五節句・月次御礼申上度旨口上書を以申出、伺之通被　仰出、家来呼上大目付を以申渡之、

一　花巻御給人　浅水喜兵衛
当七十四歳罷成候処、嫡子良助病身ニ付、嫡子仕兼候段先達て御訴申上、外男子無之付、孫女安当十九歳罷成候間、此者養女ニ仕度旨申上、願之通御目付を以申渡之、

一　御神用司下役　一条源司
御用有之登被　仰付、為手繰御目付を以若御年寄へ申達之、

七ノ廿八日　晴

弥六郎
筑後

勘解由
丹波
典膳
宮内
出雲

一月次御礼、今五時過　御本丸於　御座之間、御家門衆被仰上、奏者御用人相勤、御着座之節勘解由御取合申上、引続同席御礼申上、夫より　御中丸総角之間へ　御出座、高知之面々・諸者頭迄御礼申上、畢て名目御礼有之、無程相済、

一今日　御曹司様御表へ　御出座被遊也、

一高三石弐斗　　七戸御給人 西野半治
　新田九石
親半之丞及末期、悴半治十九歳罷成、未　御目見不申上候得共、跡式被　仰付被下度旨申上、存生之内、願之通無相違被　仰付、御代官へ以書状申遣之、

一　　御用聞 中居喜幸太
来月六日出立登被　仰付置候処、来月二日出立登被　仰付、
　但、道中十日振ニて罷登候様被　仰付、
右之通申渡候段御目付野々村円蔵申出之、

七ノ
廿九日　晴

筑後
勘解由
宮内

八月朔日　雨

弥六郎
筑後
勘解由
御用番 丹波
典膳
病気 淡路
宮内
出雲

一席へ御熨斗出、

一八朔之御礼、五時過　御本丸於　御座之間、御家門衆被仰上、奏者御用人相勤、御着座之節丹波御取合申上、夫より　御中丸総角之間へ　御出座、高知之面々・御用人・高知子共・同嫡孫・御用人子共・御新丸御番頭・大目付・諸者頭・御新丸御番頭子共御礼申上、無程相済也、

一今日　御曹司様御表へ　御出座被遊也、

一寺社御町奉行・表御目付・御目付・御勘定奉行・御使番迄、席へ罷出御祝詞申上之、

一　　鳥谷部継右衛門
　　御給人 櫛引良平
五戸通御境役被　仰付、

一　　銀蔵
　　礒七
御同所御境古人被　仰付、

一　　奥瀬治部百性（姓） 六蔵

一　御同所御境御山見被　仰付、

伝治
九郎左衛門
長七

一　七戸通御境古人被　仰付、

盛岡御支配御給人
高橋栄作
八角仁左衛門

一　沼宮内通御境役被　仰付、

苗字帯刀御免
津志田和右衛門
長右衛門

一　御同所御境古人被　仰付、

善兵衛
庄右衛門

一　雫石通御境御山見被　仰付、

雫石通下役
工藤茂弥太
山本寛次郎

一　雫石通御境役兼帯被　仰付、

御給人
高橋八郎兵衛
小田嶋平八

一　沢内通御境役被　仰付、

市五郎

一　御同所御境古人被　仰付、

茂七
喜右衛門

一　御同所御境御山見被　仰付、

御給人
小軽米茂市
赤崎幸七

一　大槌通御境役被　仰付、

六兵衛
勘兵衛

一　御同所御境古人被　仰付、

御与力
青地秀之助

一　高木通御境役被　仰付、勤中御給人並被成下、

孫次郎

一　御同所御境古人被　仰付、
　但、御免地五石有之候間、御手当米弐駄は不被下置事、
右之通被　仰付旨、御目付野々村円蔵申出之、
一　来ル十三日四時前、不時名目御礼可被為　請旨被　仰出候事、演説書を以御役人へ申渡之、

八ノ二日　雨

筑後
勘解由
丹波
典膳
宮内

一　山本左内
自分儀、今般家督被　仰付候処、老年之上ニも候間、　思召を以大里宮治弟秀之助儀自分之実子ニも候条、引取嫡子ニ可致旨被

仰出、大書院御廊下ニて同席列座丹波申渡之、

大里宮治

一 山本左内儀老年之上ニも候間、思召を以其方弟秀之助儀左内実子ニも候条、嫡子差遣候様被　仰出、於竹之間同席列座丹波申渡之、

田名部通御代官 太田源五平
野辺地御代官 大槌直記

一 諏訪民司病気ニ付、御歩附御用中三戸通御代官当分被　仰付、

一 沢田宇源太病気ニ付、御歩附御用中大迫通御代官当分被　仰付、右何も御目付を以申渡之、

一 江戸ヘ今昼より七日振飛脚、赤沢半司組弐人差立候付、御用儀申遣之、

八ノ三日 晴

弥六郎
筑後
勘解由
丹波
典膳
宮内
出雲

川井兵作
同 久蔵

兵作儀、疝積相煩眩暈卒倒仕、至て難治之症ニて全快御奉公可相勤躰無之付、隠居仕悴久蔵家督被　仰付被下度旨申上、願之通無相違被　仰出、於竹之間同席列座丹波申渡之、

長領官助

一 支配所詰合中勤筋不行届之儀有之、恐入差扣願上候処、不及其儀旨申達候旨御目付申出之、

関 新兵衛
木村和右衛門
谷地平右衛門
三上建見

一 親類関良作無調法之儀御座候ニ付、閉門被　仰付候、依之三上建見印形を以御扶持方請取申度旨申出、願之通以御目付申渡之、

一 百石以上
御切米拾駄
此代弐拾弐貫文

一 五拾石以上
御切米拾駄
此代弐拾三貫文

一 五拾石以下
御切米拾駄
此代弐拾五貫文

右御直段を以、当　御参勤御供登面々夏暮御切米御買上、并御物成御切符金・御四季施御給金共、来ル十一日より同十五日限御渡方可被　仰付哉と御勘定奉行伺出、伺之通申渡之、

高木通古人 孫治郎
沢内通古人 市五郎

一

大槌通古人 六兵衛
勘兵衛
沼宮内通古人 長右衛門
五戸通古人 銀蔵
礒七
七戸通古人 九郎右衛門
長七

右人数、此度御境古人被 仰付候付、苗字帯刀御免被成下度旨申
上、何も願之通被 仰出、御境奉行へ御目付を以申渡之、

一 御神用子供 荒木豊後
斗米出羽
若御年寄御物書 小泉 仲
御中居 縁

来ル廿一日立被 仰付、
但、水戸路廻被 仰付、
右御書出、附札無ニて御目付へ申渡之、

一 大御納戸御買方帳付 野坂安之助
来ル廿一日立被 仰付、御目付へ申渡之、
但、水戸路廻被 仰付、

八ノ四日 晴

筑後
丹波
典膳
宮内

一霊徳院様御忌日ニ付、聖寿寺へ 御代香勘解由相勤之、

一山本左内口上書、左之通、
私儀今般家督被 仰付候処、老年之上ニも候間、 思召を以大
里宮治弟秀之助儀実子ニ付、引取嫡子可仕旨被 仰出難有仕合
奉存候、依之昨三日引取申候、此段御届申上候、以上、
八月四日 山本左内
右之通相届之、

一 横沢周郁
御差紙療治被 仰付被下度旨申上、願之通御目付を以申渡之、

一 沼宮内御給人 村木左善太
病気ニ付、沼宮内通御代官所下役御免被成下度旨申上、願之通御
目付へ申渡之、

一工藤源助六男惣司儀当九歳罷成候処、生質虚弱之上癲癇之症相煩、
末々御用相立可申躰無之ニ付、出家相望候間、臨斉宗聖寿寺弟子
仕度旨申上、願之通御目付へ申渡之、

一 向井英馬
北村清助三男助司当十九歳罷成候、此者召仕候旨口上書を以相届
之、尤清助よりも訴之、

一南部駒五郎殿御附人口上書、左之通、
御家来悦人悴亀ケ森松治当十五歳罷成、年令ニも御座候間、前
髪為執申度旨願出候付、伺之上被 仰付度旨、駒五郎殿被 仰
付候段申出候、

一御家来文左衛門悴荒木田只見当十五歳罷成候付、右同断申出、何
も御伺之通附札ニて御附人へ御目付を以申渡之、

一当年は　思召有之不被遣候間、御徒目付御用相勤、御昼詰御小性之内へ御用向相伺可申事、
但、御本陣向は少略ニ付、役方減少に付重役別人ニて用向承候旨可申向事、
右之趣御目付へ申渡之、　御昼御用 御目付
一御先手三騎、此度坂本栄馬御供登御免ニ付、設楽栄治へ被　仰付候間、司儀相談取扱可申事、於席申渡之、　御用人 黒川　司
一御供登御同日立は御免被成、廿九日立被　仰付、　御者頭・御客掛兼帯 坂本栄馬　御長柄頭 設楽栄治
一坂本栄馬御供登御免ニ付、其方三騎取扱可申事、右何も御目付を以申渡之、
一御祐筆見習被　仰付申渡候段、御目付花坂理蔵申出之、　金左衛門嫡子 立花七助
一就病気、　御参勤御供登御免被成下度旨申上、願之通御目付へ申渡之、　御次 津嶋加治馬
一桜庭兵庫口上書、左之通、
八月四日　妙解院様百回御忌御相当ニ付、於聖寿寺御法事御執行仕候、此段御届申上候、以上、
桜庭兵庫
右之通相届之、

一御香奠金百疋　聖寿寺へ
妙解院様百回御忌御相当ニ付、今日桜庭兵庫より法事執行ニ付、右之通奥詰を以御備被成之、
一就病気ニ、　御参勤御供登、御道中・江戸表共ニ御次加御免被成下度旨申上、願之通被　仰出、御目付を以申渡之、　新渡戸八郎

八ノ
五日　晴
弥六郎
勘解由
丹波
典膳
宮内

一養源院様(南部利雄)・義徳院様(南部利正)御忌日ニ付、聖寿寺・東禅寺へ御略供ニて御直詣有之也、
一御参勤御供登被　仰付、　嶋田覚蔵
但、御道中・江戸表共ニ御次加被　仰付、御目付を以申渡之、
右は於竹之間同席列座、丹波申渡之、
一嫡子愛之助儀当十五歳罷成、年令ニも御座候間、前髪為執度旨申上、願之通御目付を以申渡之、　村木幸右衛門
一翌六日申渡之　大工丁一丁目家主三太郎養子 喜兵衛　同人 女房伊知
親へ孝心之儀、御町奉行吟味之上申上、軽キ者奇特之事ニ候、依

之喜兵衛夫婦一生之内弐人扶持被下置之、御町奉行へ申渡之、

一　細越多喜太

姉民、文化十二年七月与風罷出罷帰不申ニ付、其節御内々御届申上置、心当之所々相尋候得共行衛相知不申候ニ付、出奔御訴申上候、然ル所昨夜罷帰候間、向々出入之程難計相尋候処、病気ニて八戸御領廿八日町熊と申女一人住居之もの、知合も無之候得共得世話罷有、追々快方ニて段々物入も致候事故、洗濯働いたし少々謝礼有之、右を以返済、又候当正月より病気ニて養生罷有候処、追々順快ニ付、御国許慕敷、殊老母逢申度罷帰候段申聞候、立帰候儀恐入急度為慎差置候旨申出、多喜太へ御預慎被　仰付旨御目付へ申渡之、

一右ニ付、多喜太恐入差扣申出、願之通差扣被　仰付、御目付へ申渡之、

一右ニ付、多喜太親類共恐入差扣申出、不及其儀旨御目付へ申渡之、

八ノ
六日　晴

筑後
勘解由
丹波
宮内

一　七戸通御代官
下河原志津馬

七戸通御代官所村々不仕付高之内、御蔵入并給所高共ニ五百六拾弐石六斗五合、此度増仕付、外新披田形千八百五拾苅、畑形百八十八手役当年仕付相成候旨申上、御百性(姓)共申含方行届候段達　御聴神妙　思召候、仍為御褒美御紋御上下一具被下置旨被　仰出、

一　日戸善兵衛

御参勤御供登被　仰付、

但、御道中・江戸表共ニ御次加被　仰付、御目付を以申渡之、

一　野辺地儀左衛門
根守要之助

儀左衛門儀、嫡孫順之助病身ニ付、末々御用相立可申躰無之付、先頃御訴申上候、外男子無之娘有之ニ付、挨拶柄も無之候得共、要之助弟冨人聟養子仕度旨申上、双方願之通被　仰出、

一　安宅平右衛門

嫡子平四郎当三月病死仕、其節御訴申上候、依之嫡孫平太郎嫡子仕度旨申上、願之通被　仰出、

一　本堂善六
同　寅太

善六儀、癲癇之症相煩眩暈卒倒仕、至て難治之症ニて得快気御奉公可相勤躰無之ニ付、隠居仕悴寅太十四歳罷成、未　御目見不申上候得共、家督被　仰付被下度旨申上、願之通無相違被　仰出、

一　岩根勝兵衛
同　保人

勝兵衛儀、老衰仕起居不自由罷成、御奉公可相勤躰無之付、隠居仕悴保人家督被　仰付被下度旨申上、願之通無相違被　仰出、

一　佐々木常之助

男子無之付、弟織太養子仕度旨申上、願之通被　仰出、何も於竹之間同席列座丹波申渡之、尤善六・寅太へは名代へ申渡之、

上田通、飯岡通、厨川通、向中野見前通、徳田伝法寺通、日詰長岡通、八幡寺林通、

二子万丁目通、安俵高木通、鬼柳黒沢尻通、大迫通、大槌通、宮古通、野田通、
沼宮内通、福岡通、三戸通、五戸通、七戸通、田名部通、
右は文化七年歩之通、
雫石通　沢内通　花輪通　毛馬内通
右は去年歩之通、
御新田覚
上田通、飯岡通、厨川通、向中野見前通、徳田通、雫石通、沢内通、
沼宮内通、宮古通、野田通、五戸通
右は去年歩之通、
右之通御勘定奉行申出、伺之通申渡之、

沖　良助
御留守中御駕籠頭御用承り相勤可申旨被　仰付、

一
御食方之事
御膳方
御配膳板之間小者之事
御膳所御小者
大御納戸御買方帳付
野坂安之助
来ル廿一日出立被　仰付置候処、来ル十五日出立被　仰付、
右何も御沙汰ニ付申渡候段、御目付足沢彦蔵申出之、

一　星川彦兵衛
病気ニ付、扱役御免被成下度旨申上、願之通被　仰出、御目付を
以申渡之、

一　惣御野見廻役
中嶋宇左衛門
二男恵美人儀当二十五歳罷成候処、久々脚気腫満之症相煩、右足
病足ニ罷成、末々御用可相立躰無之付、医業稽古仕度旨望候間、
三戸御給人与左衛門弟牢人医金田一文造弟子仕度旨申上、願之通
御目付ヘ申渡之、

一　山口伝右衛門
嫡子七郎儀、当十五歳罷成年来ニも御座候間、前髪執申度旨申上、
願之通御目付を以申渡之、

一　津田主水
預り御宮　浅香稲荷大明神御宮屋根、休足処屋根并神楽殿屋根大
破、殊所々朽損、普請自力ニ及兼候付、御城下諸士丁町、大槌
通、遠野・大迫通勧化被　仰付被下度旨申出、願之通寺社御奉行
ヘ申渡之、

一　野田伊予
持病之痔疾折々差発、雁瘡差加候ニ付、鳶宿ヘ入湯二廻御暇被下
度旨申上、願之通被　仰出、奉書を以申遣之、
但、為御請伊予登　城申上候旨、翌日御目付申出之、

一　堀江儀平治
就病気、新山物留御番人御免被成下度旨申上、願之通御目付を以
申渡之、

一八戸淡路願、左之通、
私儀、享和三年七月御側詰被　仰付、同四年二月御家老見習・
御側頭兼帯被　仰付、文化三年十一月加判御役被　仰付、同十
二年八月北地御用掛被　仰付難有仕合奉存候、然処去年五月下
旬より腰脚痺痛仕、御医師数人得薬鍼養生仕候得共、出勤可仕
躰ニも無之ニ付、御役御免被成下度旨同年十月願上候処、御役
は御免不被成候間、取詰養生、少も快方ニ趣候ハ、押て出勤仕
候様御叮嚀　上意相蒙、重畳難有仕合奉存候、其後少々快方ニ

付同十二月押て出勤仕、其後共ニ折々出勤罷有候処、去々月上旬より亦候痛相増、起居・屈伸・正座弥増不自由罷成、猶亦御医師佐山成庵・三浦道栄・肥田玉英得薬鍼養生仕候得共、早俄々敷快気出勤可仕病症ニも無之旨御医師申候、依之恐多申上様奉存候得共、当御役御免被成下度奉願候、御繁用之御時節、長々引入罷有候儀別て奉恐入候間、御憐愍を以願之通御免被成下候ハヽ、難有仕合奉存候、此旨御序之節宜被仰上被下度奉頼候、以上、

文政二年八月　八戸淡路印

南部勘解由殿
新渡戸丹波殿
毛馬内典膳殿
藤枝宮内殿

一同人口上書、

私儀本紙申上候通、去年五月下旬より腰脚痺痛仕、御医師数人得薬鍼養生仕候得共、出勤可仕躰ニも無之に付、御役御免被成下度旨同年十月願上候処、御役は御免不被成候、依て月番并順番相勤候御用向は御用捨被成下候間、取詰養生、少も快方ニ趣候ハヽ、押ても出勤仕候様被　仰出、冥加至極難有仕合奉存候、其後少々快方ニ付同十二月押て出勤仕、其後共折々出勤罷有候処、去々月上旬より亦候痛相増、起居・屈伸・正座弥増不自由罷成、早俄々敷快気可仕病躰ニも無御座、尤　御参勤前御繁用之御時節、長々引入罷有候儀別て奉恐入候、右病症故迚も早俄取出勤可仕躰ニも無御座、誠ニ以恐入罷有候、去年来より度々御役儀御訴訟申上候儀恐至極奉存候得共、御憐愍を以願之通御免被成下候ハヽ、重畳難有仕合奉存候、右之趣何分可然様御執成被仰上被下度奉頼候、以上、

八月　八戸淡路

右願書并口上書共二通、御目付浅石清三郎・毛馬内命助を以差出遂披露之、

一新山物留御番所御番人当分被　仰付置候処、御免被成旨被　仰出、　濁川御番所御番人　岩間六左衛門

一新山物留御番所御番人被　仰付、　儀平治嫡子　堀江市蔵
右之通御沙汰之旨毛馬内庄助申出之、

一組御長柄金七と申者、不心得之儀有之慎被　仰付候、精誠申含行届不申恐入差扣申出、不及其儀旨申渡候段御目付毛馬内庄助申出之、　八木橋市郎

一扱役被　仰付、御目付を以申渡之、　福士礒八

八ノ七日　晴

弥六郎
勘解由
丹波
典膳
宮内

一　細越多喜太

差扣御免被成旨被　仰出、御目付へ申渡之、

一　田名部御給人 村木専右衛門

親隠居治郎右衛門代より段々御取立被下、文化六年正月兼て被下置候弐人扶持永ク被下置候上、御給人ニ御取立被下置候付、此度為冥加代物五百貫文差上度旨申上、願之通御取納被成旨御目付を以御代官へ申渡之、

一　内田三嶋

御神用勤筋不行届儀有之恐入差扣申出、不及其儀旨御目付へ申渡之、

一　大須賀左右
　　平沢良作

良作居宅大沢川原仁王より通横丁西側居屋敷、此度左右相調度旨申上、良作よりも相払申度段銘々口上書を以申上、双方相対願之通御目付を以申渡之、

八ノ
八日　晴
　筑後
　勘解由
　丹波
　典膳
　宮内

一霊巌院様御忌日ニ付、東禅寺へ　御代香筑後相勤之、

一　八戸淡路

久々痛所ニて快気早俄取兼候付、御役儀御免被成下度旨申上候処、御役は御免不被成候間、心永遂養生相勤候様被　仰出、

附札、　上使丹波罷越申達、御目付を以願書相返之、

今朝　上使丹波罷越、尤淡路方痛所に付、名代嫡子彼面罷出、右之通申達之、

　但、丹波常ニて罷越也、

一右之通申達相済登　城、淡路方御請申上候段申上之、

一右　上使今朝四時前罷越候儀、当朝御目付へ申聞案内為申遣之、尤御目付へは昨日為心得申含置也、

一　淡路名代嫡子 八戸彼面

今朝以　上使　御意被成下難有旨為御請罷出、於御杉戸脇同席列座丹波相謁之、

一江戸表去ル二日立七日振飛脚、横田右仲組弐人着、御用儀共申来之、

一　間之間 小林大蔵

御参勤御供登被　仰付、

右書付、於大奥丹波若御年寄へ相渡之、

一　間之間 女鹿飛平

御参勤御供登被　仰付置候処、御免被成旨被　仰出、

右書付、附札なしニて御目付へ口達ニて相渡之、

一　田名部御給人 村木専右衛門

此度別段之御次第も有之ニ付、砂子又村之内幸原村ニて高五拾壱石四斗八升九合被下置、被下来候弐人扶持ニ御加、都合六拾三石四斗八升九合被成下旨被　仰出、御代官へ書状を以申遣之、

一　野田伊予

持病之痔疾、其上雁瘡差加候付、嶋宿へ入湯二廻御暇願之通被下

置候付罷越、入湯相応仕候ハヽ、最一廻御暇被下度旨申上、願之通
被　仰出、奉書を以申遣之、
一　　　　　　　　　滝　直衛
中風相煩、頃日ニ至疝積差加、早俄々敷快気可仕躰無之付、嫡子
岩松病気快気之内、御用向被　仰付被下度旨申上、願之通被　仰
付、
一　　　　　　　　田鍍直右衛門
一子無之、依之田鍍六郎娘岩当十五歳罷成候、此者養女仕度旨申
上、右何も御目付を以申渡之、
一　　　　　奥詰御医師 安田元益
来春迄詰越被　仰付、
右之通於江戸表去月廿四日申渡候段申来、御役人へも申渡之、
一井伊掃部頭様江州御領分、去月十八日未ノ上刻地震強、御本城腰
塀倒堀御本丸之内土留腰塀下、石垣二ノ御塀堀下堀際、右之場所
数十間崩或孕、其外御城下侍屋敷幷ニ町郷中、潰家・潰土蔵等数
多之事ニて死人弐人有之、牛馬損シ無之段御用番へ御届被成候由、
為御知申来候旨御用人申出候由、右之趣は御用人より申上候付、
為御心得申来之、
一当御参勤之節、御道中中程へ之飛脚、去々年御沙汰之趣ニ准、御
機嫌伺本状一通ニて御差急之御用儀之外、諸願・諸伺向は御着府
之上可申上哉、相伺申遣候様申来相伺候処、伺之通去々年之通取
計候様御沙汰ニ付、返事御用状にて申遣之、
一南部左衛門尉様へ御用之儀候間、去月廿一日御登　城被成候様、
御老中方御連名之御奉書御到来ニ付、御登　城可被成候処、御不
快ニて為御名代御先手設楽甚三郎登　城候処、兼て御願被置候処、
於賢様御事阿部兵庫へ御縁組御願之通被蒙　仰候段、為御知奉札
来候ニ付申来、遂披露之、
一去月廿八日、御老中青山下野守殿より御呼出に付、御留守居加嶋
七五郎罷出候処、浅姫君様御引移ニ付、御貝桶可差上旨別紙之
通御達書御渡被成候旨、七五郎申出候付、右御達書一通差下来、
一右ニ付、大御目付井上美濃守へ御届書別紙之通相認、下役喜多見
平八持参差出候旨、梅内忠次郎申出候付、右写壱通是又差下来申
上、大奥幷御用人・御役人へも申渡之、
何も別紙書ハ江戸御番無之不認、

八ノ九日　晴　　弥六郎
　　　　　　　　勘解由
　　　　　　　　丹波
　　　　　　　　典膳
　　　　　　　　宮内

一　　　　　　　　志賀小左衛門
小左衛門儀、久々痰積之上上昇強、至て難治之症ニて全快御奉公
可相勤躰無之ニ付、隠居仕忰三平家督被　仰付被下度旨申上、願
之通無相違被　仰出、
　　　　　　　　同　三平
一　　　　　　　　野辺地栄治
　　　　　　　　谷地左久馬
栄治儀一子無之ニ付、親類左久馬弟多喜人養子仕度旨申上、双方

願之通被　仰出、

一　　　　伊藤庄左衛門
　　　御作事奉行
　　　　　松尾太郎兵衛

一　庄左衛門儀、男子無之娘有之ニ付、挨拶柄も無之候得共、太郎兵衛三男五六聟養子仕度旨申上、双方願之通被　仰出、

一　　　　切田嘉平太

一子無之ニ付、弟勝之進養子仕度旨申上、願之通被　仰出、右何も於竹之間同席列座丹波申渡之、

一　　　盛岡御支配伊兵衛嫡子
　　　　　八角惣之進

沼宮内通御代官所下役被　仰付、御目付を以申渡之、

一　　　　新田目忠平

家屋敷所持不仕候ニ付、仁王小路御馬場之内冥加差上候ハヽ、頂戴可被　仰付旨兼て被　仰出候付、絵図面之通百坪頂戴仕度旨申上、願之通御目付を以申渡之、

一右ニ付、冥加銭左之通、

一拾貫文
　内
　五貫文　地面御引渡之節上納可仕候、
　五貫文　明年　御下向後五月弐貫五百文、
　　　　同九月弐貫五百文上納可仕候、

右之通別紙を以申出之、

八ノ十日　小雨

筑後
勘解由
丹波
典膳
宮内

一　　　　大須賀左右
　　　　　片岸平治

左右屋敷地、外加賀野裏北側、北度平治へ相払申度、尤平治よりも相調度旨銘々口上書を以申出、双方相対願之通附札ニて以御目付申渡之、

一南部雅楽助殿御附人江刺家良之進伺書、左之通、

御献上之午房、二月中御献上被成候旨、御伺之上当春二月御献上被成候、御在府年も二月中御献上被成候旨可然哉、此段相伺候様雅楽助殿被　仰付候、

八月　　　江刺家良之進

右之通御伺被成候処、御下向後御献上可被成旨、附札を以御目付へ申渡之、

一南部慈眼院殿御附人工藤源助伺書、左之通、

御献上之百合足付青目籠ニて八月中御献上被成度旨、先達て御伺被成候処、御伺之通被　仰出候、然処籠細工人此節遠在へ罷越居合不申、帰之程難計旨申出候間、当年は箱入ニて御献上被成候て可然哉、此段相伺候様慈眼院殿被　仰付候間奉伺候、

八月　　　工藤源助

右之通相伺候処、已来箱入ニて御献上可被成旨附札を以御目付へ申渡之、

一　　　　梅内喜之助

両社御町奉行所留認御用当分被　仰付、御目付を以申渡之、

八ノ十一日　晴

一徳雲院様御忌日ニ付、聖寿寺へ　御代香宮内相勤之、

弥六郎
勘解由
丹波
典膳
宮内

一惣太儀男子無之娘有之付、挨拶柄も無之候得共、平兵衛四男勇助聟養子仕度旨申上、双方願之通被　仰出、

大嶋惣太
一生組付御免御側御買方当分
室岡平兵衛

一悴祐平儀先達て出奔仕、其後立帰候付逼塞被　仰付置候処、逼塞御免被成下置候、依之祐平嫡子仕度旨申上、願之通被　仰出、

一生組付御免御馬医
大嶋惣平

一一子無之付、弟勘六養子仕度旨申上、願之通被　仰出、

湯浅与左衛門

一右何も於竹之間同席列座丹波申渡之、

花巻御給人
浅水喜兵衛
同
坂水周作

一喜兵衛儀、嫡子良助病身ニ付嫡子仕兼候旨、先達て申上候、弟安兵衛年来不相応ニ付養子難申上、外男子無之養女有之付、親類同所御給人周作二男完蔵聟養子仕度旨申上、双方願之通被　仰付、御城代へ以書状申遣之、

沼宮内通秋田御境古人
渡辺長右衛門

一

高木通仙台御境古人
朝倉孫次郎

右之通此度苗字帯刀御免ニ付、為相名乗候旨、銘々御代官より以口上書申出之、

橋本勇之進

一実父与一兵衛儀出奔仕候付、御境目通迄相尋申度奉存候、依之往来十日之御暇被下度旨申上、願之通御目付を以申渡之、

一右ニ付、親類共之内岡本庄作、往来十日之御暇被下度旨申上、願之通御目付を以申渡之、

八ノ十二日　晴

一即性院様御忌日ニ付、聖寿寺へ　御代香典膳相勤之、

筑後
勘解由
丹波
典膳
宮内

八角伝之進

一嫡子龍司儀先達て病死仕、其節御訴申上候、依之二男忠太嫡子仕度旨申上、願之通被　仰出、於竹之間同席列座丹波申渡之、

一屋形様、来ル十七日五半時御本供御供揃ニて聖寿寺・東禅寺・教浄寺へ　御参詣被遊旨、御用人玉山直人を以被　仰出、其旨寺社御奉行・御目付へも申渡之、

沢内通秋田御境古人
加藤市五郎

一右は此度苗字帯刀御免ニ付、右之通為相名乗候旨御代官訴之、

八ノ
十三日　雨

弥六郎
筑後
勘解由
丹波
典膳
宮内
出雲

一前書有之通、今日不時名目御礼被為　請、四時過　御中丸総角之間へ　御出座、家督継目初て之御礼申上、無程相済也、

一為御参勤、来ル廿七日六時　御発駕可被遊旨被　仰出、御役人共へも申渡之、　御曹司様へも申渡之、

一　飯岡通下飯岡村
　　助左衛門
母へ孝心之趣、御代官吟味之上申上、達　御聴、軽キもの奇特之事ニ候、依之一生之内弐人扶持被下置旨、御目付を以御代官へ申渡之、

一　四戸治左衛門
　　飯岡通御代官
　　田鍍周助
於支配所孝心之者有之、申出候段達　御聴、軽キもの奇特之儀、高行之者有之候は、偏ニ御代官教育筋行届候事と　御満悦思召候、
　但、周助儀は病気ニ付、親類へ御目付を以申渡之、
右之通於竹之間同席列座丹波申渡之、
　但、此節御代官継肩衣着用申渡之、

一永福寺末山覚善院自浄儀当二十二歳罷成候処、去ル二日風与罷出罷帰り不申、御内々御届申置、心当之所々相尋候得共行衛相知不申、出奔仕候旨永福寺訴之、

一　河嶋円左衛門知行所百性福岡通月館村
　　徳右衛門
　　根守要之助同、同通根森村
　　甚九郎
　　同人知行所、同通同村
　　藤右衛門
　　沢里勇馬同、同通米沢村
　　三右衛門
右は兼て行跡不宜者ニ付、御所ニ差置候てハ御村方取扱差支相成候間、御追放被　仰付被下度旨、福岡通御代官申出、伺之通御目付へ申渡之、

一大奥附中使同格之者へ被下候書替証文二帳、丹波大奥へ相廻若御年寄へ相渡之、

一諸士乗馬武芸　御覧被成旨、兼て被及御沙汰候処、　御本社御普請御祭礼等ニて御取込被成候内、　御参勤御発駕ニ御間も無之付、来春　御下向後　御覧可被成旨御沙汰ニ付、夫々相達候旨大目付申出之、

八ノ
十四日　晴

筑後
勘解由
丹波
典膳
宮内

一鳩森　八幡宮　神輿、五時過　渡御、

一今日より十六日迄、御役人上下、小役人継肩衣着用也、

一　若御年寄
　　津嶋春瀬
　　同
　　吉田藤江

御側仕松原　宝
御小性山内　寿
御神用山口長四郎
一条源治
九月三日出立被　仰付、
八月十四日
一　御神用子供三和大和
関根肥後
間之間小林大蔵
九月三日出立被　仰付、
八月十四日
一　中之間北川覚之進
九月三日出立被　仰付、
八月
右書付、附札なしニて御目付へ相渡之、
一　立甫嫡子嶋　立政
九月四日出立被　仰付、御目付を以申渡之、

八ノ
十五日　晴

筑後
宮内
出雲

一鳩森　八幡宮御祭礼ニ付、御旅所へ典膳方相詰也、
一御代祓丹波方相勤之、尤　御曹司様　御代祓共同人方相勤之、
一田名部御給人村木専右衛門へ被下候知行小高帳、今日御目付を以御代官へ相渡之、
屋形様へ
一百合　一箱　南部慈眼院殿
御曹司様へ
一同断　御同人
右之通御献上被成、御目付相出候間、御側御用人を以遂披露之、
一右ニ付　御満悦之旨、翌日於御側御側御用人御附人へ申渡候様、御側御用人へ申渡之、
一江戸表去ル二日立、(飛脚脱)横田右仲・楢山茂右衛門組弐人十日振持参今朝着、別紙御用状之趣申来之、
一水野左近将監様御養母清徳院様御事、久々御病気之処御養生無御叶、去ル朔日亥ノ刻御死去被成候旨、為御知申来候段御用人申出、御前様ニは御姉様之御続ニ付、御定式之通、去ル朔日より当月廿日迄御忌被為　請旨、御用状申来申上、大奥并御用人・御役人へも申渡之、具之儀は御用状案詞ニ有之、

八ノ
十六日　晴

弥六郎
丹波
典膳
宮内

一前書有之通、　鳩森　八幡宮　神輿、四時　御城内へ御鎮座被遊也、
一御祭礼首尾好相済候付、御用掛御役人并刑部神職之者迄、於柳之間御吸物・御酒被下之、具之儀は御用掛別記ニ有之也、
一江戸へ今朝立七日振飛脚、赤沢半司組弐人差立、御用儀共申遣之、
一　七戸通御代官沼宮内亘理

七戸通御代官所村々不仕付高之内、御蔵入并給所高共ニ五百六拾弐石六斗五合、此度増仕付、外新披田形千八百五拾苅、畑形百八拾八手役、当年仕付相成候旨申上、御百性（姓）共申含方行届候段、達御聴神妙　思召候、仍為御褒美御紋御上下一具被下置旨被　仰出、

一　梅内定六
田鍍勘五郎

定六儀男子無之娘有之付、親類勘五郎弟直之助聟養子仕度旨申上、双方願之通被　仰出、右何も於竹之間同席列座丹波申渡之、

一　北村長七
七戸通御境古人
坂本九郎左衛門

此度名字帯刀御免被成下候ニ付、右之通相名乗度旨申上、願之通御目付を以御境奉行へ申渡之、

八ノ
十七日　晴　丹波

一屋形様為御参勤無程　御発駕ニ付、今五半時御本供御供揃ニて聖寿寺・東禅寺・教浄寺へ金百疋宛御備、惣　御霊前へ被遊　御参詣、尤明日　南宗院様御消月ニ付、御香奠金百疋御備　御仏詣被遊、且教浄寺阿弥陀へ御掛銭壱貫文、御初尾十三包御備　御参詣被遊、無程　御帰　城、此節聖寿寺へ典膳方、東禅寺へ筑後方、教浄寺へ宮内方始御役人も相詰也、

一右ニ付、御役人上下着、小役人も同様着用也、

一四駄弐人扶持　上関覚之助

養父善次郎及末期、一子無之付、同姓親類御鳥見上関建見弟覚之助、名跡被　仰付被下度旨申上、存生之内、願之通其方跡式無相違被　仰出、於竹之間同席列座丹波申渡之、

一御寺詰、或は御用等ニて仲間不人数之節ハ、出雲方出席可致旨御沙汰也、

一　荒木田武右衛門

其方儀、御徒花坂理平太内々貸銭為始末預置候故、当夏御切米証文紛失いたし候旨申出、不始末之至ニ候、依之差扣被　仰付、

右之通親類へ御町奉行宮手弥市、御目付毛馬内命助・奥寺市之丞立合申渡之、

一右ニ付、武右衛門親類共恐入差扣申出候処、不及其儀旨御目付へ申渡之、

一　松岡源次郎

預御徒花坂理平太儀、内々為借銭之、当夏御切米御証文荒木田武右衛門へ預置候処、右御証文紛失仕候旨武右衛門申聞候、格別之御証文紛失仕候儀恐入差扣申出候処、不及其儀旨御目付へ申渡之、

八ノ
十八日　晴　弥六郎
筑後
宮内
出雲

一　北　彦助

櫛引　八幡宮へ　御名代首尾好相勤罷帰候旨申出、於菊之間御廊下謁、御熨斗頂戴退出之、

一大源院様御忌日ニ付、聖寿寺へ　御代香宮内相勤之、
但、今日　南宗院様御消月御忌日ニ候得共、昨日　御直詣被遊

候ニ付、　御代香無之也、

八ノ
十九日　晴

一榊山御本社御神事ニ付、仲間登　城無之、

一　　御神用子供
荒木豊後
斗米出羽
若御年寄御物書
小泉　仲
御中居
縁

来ル廿一日出立被　仰付置候処、追て御沙汰被成旨被　仰出、

八月

右之通附札なしニて牧太・忠陸へ相渡之、

八ノ
廿日　曇　　筑後
勘解由
宮内

八ノ
廿一日　晴　　弥六郎
筑後
勘解由
丹波
典膳
宮内
出雲

一屋形様来ル廿七日　御発駕被遊候ニ付、今日御参勤御暇乞御礼被為　請、四時　御本丸於御座之間、御家門衆御礼被仰上、奏者御用人相勤、丹波御取合申上、夫より　御中丸総角之間へ　御出座、仲間始高知之面々・御用人・高知子共・同嫡孫・御用人子共・御新丸御番頭・大目付迄独礼申上、其外寺社御町奉行より御勘定奉行迄弐人立ニて申上、御使番より諸士・諸医一統　御逢被遊候ニ付、柳之間へ平士五拾石迄、御椽側へは五拾石以下五拾石以下諸士・諸医子供迄、御廊下中之間へは組付之者並居一統御礼申上、四時過相済、右何も素礼、御熨斗も不被下、独礼之者奏者無之、具之儀は御用懸り御目付留書ニ記之、

一為　御参勤、当月廿七日　御発駕被遊候旨被　仰出候処、少々江戸表へ被　仰上候御事も有之ニ付、当分御延引、追て御日限被　仰出、　御曹司様へ申上、御役人へも申渡之、

但、追て御日限御沙汰之時は差懸り被　仰出候間、右心得ニて由（油）断不申様可仕旨御沙汰ニ付演説、御役人へも申渡之、

一今日　御曹司様御表へ　御出座被遊也、

一　　沢内通御境古人
加藤市五郎
沼宮内通秋田御境古人
渡辺長右衛門

此度苗字帯刀御免被成下候付、右之通相名乗度旨銘々願書を以申出、願之通御目付へ申渡之、

一桜庭兵庫宅へ為　御首途、来ル廿五日　御名代御供御家老格毛馬内出雲被遣旨、兵庫家来呼上御供御目付申達候事、

但、右ニ付諸事手続等之儀は、去々年之通相心得候様、兵庫家来へ御供御目付申達候事、具之儀は去々年八月廿一日御留ニ有之通也、

一橋本勇之進実父与一兵衛儀、当月五日出奔に付、御境目通迄相尋申度、往来十日之御暇願之通被下置、去ル十一日出立相尋候得共弥行衛相知不申、昨夜罷帰候旨訴之、
一右ニ付、勇之進并親類共恐入差扣申出、何も不及其儀旨御目付へ申渡之、
一江戸表去ル十六日立七日振飛脚、横田右仲・楢山茂右衛門組弐人今夕着、御用儀申来之、
一屋形様当　御参勤之節、道中継人馬之儀、道中御奉行井上美濃守へ、去ル八日御留守居添役梅内忠次郎を以被差出候御伺、左之通、
大膳大夫当九月参府之節、人馬減少可仕色々手配仕候得共、今日取調行届兼候趣御座候、迚も御定数通二十五人・二十五疋ニては、旅行も迷惑仕候儀ニ御座候、依之当年も旅行当日計二十五人・二十五疋朝夕遣ニ仕、都合五十人・五十疋相雇申度奉存候、此段奉伺候、以上、
八月　　御名内　梅内忠次郎
（余白に）「御附札、
書之通出立当日人足二十五人、馬二十五疋宛、朝夕ニ分継立度旨承届候、追て先触届之節、何月幾日差図相済候段書加可被差出候、」
右之通相認差出候処、即日附札を以御差図相済候旨申来之候ニ付申上、御供登御役人へも申渡之、
一御前様御里附坂本源太儀、当二月中旬より中風之症相煩色々療養仕候処、俄ニ差重候付、御里方御屋敷へ相披セ療養相加サセ候段、あなた御留守居より別紙之通書取を以申聞候旨、梅内忠次郎申出候段、右書取左之通、
坂本源太儀、久々病気ニて引籠罷有候処、俄ニ差重申候付、此御方向御屋敷御長屋へ相披セ療養相加サセ申候、右之趣ハ全躰下地及御内談可申筈ニ候得共、急変も難計候付、先右之通直々執計申候、此段御表御役人衆へ御取繕宜御通達被下度事、
右之通申出候旨御用状を以申来申上之、
一前書有之通、坂本源太儀病気全快可仕躰無之ニ付、御用役御免被成下度旨願書差出候段、御用人安宅登申出候付、爰許へ相伺可申処、至て危篤之症ニて全快可仕躰無之趣相聞得候間、願之通御用役御免被成旨、去ル十日申渡候段申来之、

八ノ
廿二日　晴
弥六郎
勘解由
丹波
典膳
淡路
宮内
出雲

一今日御留守居被　仰渡有之、高知之面々・御新丸御番頭・諸者頭、其外惣御役人へ例之通菊之間へ仲間相揃出席申渡、御祐筆誦之、尤御供登御家老は出席無之、
但、高知中へは今日登　城候様、前々以奉書申遣候処、文化十四年より以来大目付廻状ニて申遣候様、御沙汰ニ付奉書不出也、尤御用人へは昨日口達之、

一右被　仰渡書、　上々様方へは御附役呼上、御書付御目付相渡申上、御家門衆へは御附人呼上同様相渡差上之、御側通へ之御書付は御側御用人へ相渡之、尤大奥へも文化十二年より右同様、御側御用人へ御書付相渡之、

一御用人・大目付・寺社御町奉行・表御目付・御目付・御勘定奉行壱人宛呼出、於席右御書付相渡拝見之儀申渡之、

一今日道中被　仰渡有之、出雲菊之間へ罷出申渡、夫より御側へ相廻申渡御役人相詰、何も御祐筆読之、

一　　　　　　　　川村理兵衛

其方実父、　御本社御普請御用重ニ可被　仰付候処、老年ニ付其方へ　御本社御普請御用被　仰付、依御沙汰格別之得伝来、御造営一入宜敷御出来栄ニ付、永ク御国之御重宝ニ相成、右為御祝儀一通御賞被成下候得共、弥々御普請宜敷ニ付、実父勤功も有之、右御賞之御趣意を以御給人格被成下旨被　仰出、御作事奉行へ於竹之間同席列座丹波申渡之、

一　　　　　　　　大工 左兵衛

其方儀、榊曲輪御宮御普請之節出精仕候付、一生之内弐人扶持被下置、猶亦此度　御本社御普請被　仰付、依御沙汰格別之得伝来、御造営宜御出来栄ニ付、一生之内弐人扶持御賞被成下候処、弥々御出来栄宜、一入永ク御国之御重宝ニ相成候、右為勤功苗字帯刀御免、棟梁職ニ被成下、一生之内被下置候四人扶持永く被下置候旨被　仰出、

一　　　　　　　　丈助子 平七

弐人扶持親丈助儀、　御本社御普請御細工御用出精仕候付、一生之内右之通御賞被成下候処、御造営御出来栄弥々宜ニ付、親勤功之御趣意を以、其方幼少未熟ニ候得共、右弐人扶持其方へ永く被下置候条、家業出精仕候様被　仰出、右何も以御目付御作事奉行へ申渡之、

一淡路方病気快登　城、

一　　　　　　　　若御年寄 津嶋春瀬

　　　　　　　　　吉田藤江

　　　　　　　　　御側仕 松原　宝

　　　　　　　　　御小性 山内　寿

　　　　　　　　　御神用司下役 山口長四郎

　　　　　　　　　一条源治

来月三日立被　仰付置候処、追て御沙汰被成旨被　仰出、

一　　　　　　　　御神用子供 三浦大和

　　　　　　　　　関根肥後

　　　　　　　　　間之間 小林大蔵

右同断、

八月

一　　　　　　　　中之間 北川覚之進

右同断、

八月

右何も附札無ニて御目付へ相渡之、

一　　　　　　　　御者頭御客掛兼帯 坂本栄馬

来ル廿九日立被　仰付置候処、追て御沙汰被成旨被　仰出、御目付を以申渡之、

一　大槌通御境古人　佐々木勘兵衛
　　　　　　　　　菊池六兵衛
此度苗字帯刀御免被成下候付、右之通相名乗度旨申上、願之通御目付を以御境奉行ヘ申渡之、

一川村理兵衛ヘ被下候証文、以御目付相渡之、
　但、上下着用罷出頂戴也、

一去々月廿九日、端午之　御内書被下候節、淡路病気罷有候処、今日出勤ニ付於席相渡之、
　但、上下着用也、

一　野田御与力　久慈祐右衛門
別段之御次第も有之、所御給人ニ被成下旨被　仰出、御代官ヘ書状を以申遣之、

一　奥詰　鳥谷部嘉助
御道中計御次加被　仰付置候処御免被成、奥詰御用計相勤候様被　仰出、御目付を以申渡之、

一嶋立政儀、来月四日出立被　仰付置候処、追て御沙汰被成旨申渡候段、御目付江刺牧太申出之、

寺林通北湯口村御百姓　里右衛門
　　　　　　　　　　　茂平治
右之者共兼て行跡不宜、御所ニ差置候ては御村方取扱之差支ニ相成候間、揚屋入被　仰付被下度旨、寺林通御代官願上、公事懸御役人とも大奥ヘ御内見之上遂披露、願之通申渡之、

寺林通北湯口村　嘉兵衛
右同断、八幡寺林通御代官所払被　仰付被下度旨、右同断、

八ノ廿三日　雨　弥六郎　勘解由　丹波　典膳　淡路　宮内

一　荒木田武右衛門
差扣御免被成旨被　仰出、御目付ヘ申渡之、

一仙石与作嫡子文五郎儀当二十三歳罷成候処、久々疝積相煩怔忡之症差加、至て難治之症ニて末々御用相立可申躰無之付、嫡子仕兼候段訴之、

一　御者頭御客掛御用当分　横田右仲
坂本栄馬勤番中、御境奉行当分被　仰付、御目付を以申渡之、

八ノ廿四日　雨　弥六郎　勘解由　丹波　典膳　淡路　宮内

八ノ廿五日　晴　丹波　出雲

一去ル廿一日之処ニ有之通、　今日　御首途有之、為　御名代御供
登御家老格毛馬内出雲相勤候ニ付、手続左之通、随て　御笠・御
床机持候者ハ、出雲より先キヘ兵庫宅ヘ罷越　　御成御門より入
候事右御小納戸勤ム出雲ニハ拘り不申、出雲儀も兵庫宅ヘ罷越、兵庫先立ニて　御成
御門より入、直々　御居間御床之間前少し外シ帯刀ニて座着候事、
但出雲罷出候前ニ、樽肴指出置候事　被下候御　兵庫罷出平伏之節、　御首途御祝儀ニ付、
拝領被　仰付旨出雲申達之、其所ニて兵庫拝領物ニ向ひ平伏仕引
取、兵庫儀御熨斗持出ル、右相済出雲直々引取也、尤右御樽肴ハ
御家老給仕罷出進退仕也、
　但、是迄ハ御影膳差上来候得共、文化十四年より相止也、
一右相済、為御請兵庫登　城於席相謁、其節御上下一具席ヘ相出置、
兵庫罷出候処ニて、今日　御首途首尾好相済候ニ付、拝領被　仰
付旨兵庫ヘ申渡之、
　但、御首途ニ付、兵庫より御樽肴指上来候儀ハ、是迄之通之事、
　但、右ニ付、　御城廻大小御役人着服無之平服也、
一御樽肴　　桜庭兵庫
今日為御首途　御笠等以　上使被遣候、為御祝儀家来を以差上御
目付申出、御用人を以遂披露之、
一於桜馬場、当馬喰馬惣崩為　御見分、　御曹司様五時被為　入、
仲間不残相詰、四時御用番丹波計登　城也、
一　　毛馬内出雲
御参勤御供登就被　仰付候、三男三蔵当二十歳罷成候、身帯役供
人数之内ヘ相加召連罷登候旨被相届之、

八ノ
廿六日　晴
弥六郎
丹波
典膳
淡路
宮内
一拾石七斗九升弐合　　久保栄蔵
親栄左衛門存生之内、願之通跡式無相違被　仰出、於竹之間同席
列座丹波申渡之、
一　　花輪通御境役 黒沢幾右衛門
　　町井左市助
花輪夜明嶋遠御境八幡平向迄、草苅払数年来無之処、此度秋田領
山役古人共ヘ懸合向落合苅払相済、往々御据ニも至、格別骨折出
精相勤候段御境奉行申上候ニ付、　御言葉之御褒美被　仰出、
一　　花輪通御境古人 藤井清兵衛
　　石坂善助
　　阿部重蔵
花輪夜明嶋遠御境八幡平向迄、草苅払数年来無之処、此度秋田領
山役古人共ヘ懸合向落合苅払相済、往々御据ニも至、別て心労骨
折出精相勤候段御境奉行申上候ニ付、為御褒美御米三駄ツ、被下
置旨被　仰出、
一　　同所古人 安保多兵衛
　　熊沢権七
右同断、
右何も於竹之間同席列座御境奉行ヘ丹波申渡之、

一閉門御免被成旨被　仰出、御目付へ申渡之、　関　良作

八ノ
廿七日　晴

弥六郎
丹波
典膳
淡路
宮内

一　関　新兵衛
木村和右衛門
三上建見
谷地平右衛門

親類関良作無調法之儀有之、閉門被　仰付置候処御免被成候、依之恐入差扣願上、願之通差扣被　仰付、御目付へ申渡之、

佐藤八十七

一預御徒川井源蔵親類関良作無調法之儀有之、閉門被　仰付置候処御免被成候、依之恐入差扣願上、願之通差扣被　仰付、御目付へ申渡之、

一右ニ付、親類共恐入差扣願出、不及其儀旨御目付へ申渡之、

一　太田達見

当五十六歳罷成候処、久々痫積相煩、頃日ニ至動気強、時々眩暈卒倒仕、早俄々敷快気可仕躰無之付、嫡子忠太三十二歳罷成候、病気快気之内、御用向被　仰付被下度旨申上、願之通御目付を以申渡之、

一御道中計御次加被　仰付、御目付を以申渡之、　奥詰 杉田左中太

一今日下り後、於丹波宅誓詞堅目有之、御役人相詰也、

八ノ
廿八日　晴

弥六郎
筑後
丹波
典膳
淡路
宮内
出雲

一天量院様御忌日ニ付、聖寿寺へ　御代香弥六郎相勤之、

一　七戸御給人 立嶋和右衛門
高田覚兵衛
工藤龍司
工藤喜三太
中原八郎右衛門
小山栄蔵
盛田栄之進
中山兵作
弥五右衛門嫡子 中嶋勝見

七戸通古荒・川欠御田畑為吟味、村方御廻被成候処、出情相勤候付、為御賞木綿壱反宛被下置旨被　仰出、御目付を以御代官へ申渡之、

八ノ廿九日　晴

弥六郎
丹波
典膳
淡路
宮内

一三百石宮之助十四歳ニ付、名代へ申渡之　出石宮之助
養父良左衛門及末期、男子無之娘有之ニ付、挨拶柄も無之候得共、
下田物集女二男宮之助聟名跡被　仰付被下度旨申上、存生之内、
願之通其方跡式無相違被　仰出、於竹之間同席列座丹波申渡之、

一　関　新兵衛
木村和右衛門
三上建見
谷地平右衛門
差扣御免被成旨被　仰出、御目付へ申渡之、

一　御徒 川井源蔵
右同断、

一　五戸通御境古人 中村銀蔵
目時礒七
五戸通御境古人被　仰付、苗字帯刀御免被成下置候ニ付、右苗字
相名乗度旨銘々より申上、願之通御目付を以御境奉行へ申渡之、

一　御勘定方 上野軍助
来月九日立被　仰付置候処、追て出立日限被　仰出、御目付を以
御勘定奉行へ申渡之、

八ノ晦日　晴

筑後
勘解由
丹波
典膳
淡路
宮内

一九駄弐人扶持　御祐筆 目時左陸
親左平存生之内、願之通跡式無相違被　仰出、於竹之間同席列座
丹波申渡之、

九月朔日　曇

弥六郎
筑後
勘解由
丹波
御用番 典膳
宮内
淡路
出雲

一　御馬役 村松刑部

当馬喰馬御用立帰登被　仰付、於竹之間同席列座典膳申渡之、
御馬乗役 関　茂弥太
石川要之助
菊池喜七

当馬喰馬御用立帰登被　仰付、御目付へ申渡之、

九ノ二日　晴

筑後
勘解由
丹波
典膳
淡路
宮内

一　田名部御給人
　　藤田三左衛門

売職名川内町重兵衛用向ニ付、江戸表鉄炮洲新宮屋久治郎方へ罷登、直掛合不仕候得は難相済用事出来仕候間、罷登申度奉存候、依之来月より十一月迄御暇被下置度旨申出、願之通御目付へ申渡之、

九ノ三日　晴

筑後
勘解由
丹波
典膳
淡路
宮内

一　野田通御物書
　　大崎兵蔵

此度苗字帯刀御免被成下候付、御差支之儀も不被為有候ハヽ、右之通相名乗申度旨申上、願之通御目付へ申渡之、

九ノ四日　晴

筑後
勘解由
典膳
淡路
宮内

一霊徳院様御忌日ニ付、聖寿寺へ　御代香宮内相勤之、

一　　　　　　　　　堀江儀平治
　新山物留御番所御番人
　　　　　　　　　同　市蔵

儀平治儀、老衰之上起居不自由罷成、御奉公可相勤躰無之付、隠居仕忰市蔵家督被　仰付被下度旨申上、願之通無相違被　仰出、於竹之間同席列座典膳申渡之、

一　左右事
　　工藤左蔵

右之通名相改度旨申上、願之通御目付を以申渡之、

九ノ五日　晴

弥六郎
勘解由
丹波
典膳
淡路
宮内

一養源院様・義徳院様御忌日ニ付、聖寿寺・東禅寺へ　御代香丹波相勤之、

一　福岡通住居
　　下斗米英司

福岡通御山出下役、漆木植立役兼帯被　仰付旨申渡候段、御目付

花坂理蔵申出之、

一　野辺地御給人
立花栄治

親隠居武治儀当二十三歳罷成候、然ル処十九日与風相見得不申候付、御内々御届申上置、心当之所々相尋候得共行衛相知不申、出奔仕候旨訴之、

一右ニ付、栄治御境目通迄相尋申度候間、十日御暇被下度旨、同人親類よりも口上書を以申出、願之通何も御目付ヘ申渡之、

一御勝手方摂待兵助儀、御用向出情相勤候付、　御紋御上下被下置旨申出候段、御目付三浦忠陸申出之、

九ノ六日　晴

筑後
勘解由
丹波
典膳
淡路
宮内

九ノ七日　雨

弥六郎
勘解由
丹波
典膳
淡路
宮内

九ノ八日　曇

筑後
勘解由
丹波
典膳
淡路
宮内

一霊巌院様御忌日ニ付、東禅寺ヘ　御代香勘解由相勤之、

一　八角伊兵衛
沼宮内通下役
同　惣之進

伊兵衛儀、類中之症相煩時々眩暈卒倒仕、至て難治之症ニて全快御奉公可相勤躰無之付、隠居仕悴惣之進家督被　仰付被下度旨申上、願之通無相違被　仰出、於竹之間同席列座典膳申渡之、

一　摂待兵助

先頃鶴御紋御上下拝領仕候、依て親守右衛門先年拝領仕候鶴御紋御上下所持罷有候、不苦御儀御座候ハヽ、着用仕度旨申上、願之通御目付を以申渡之、

一為御参勤、来ル十一日　御発駕可被遊旨被　仰出、御役人ヘ申渡之、

一　御祐筆
西崎善八郎

今夕立被　仰付、御目付を以申渡之、

一　御神用子共
荒木豊後
斗米出羽
若御年寄御物書
小泉　仲

御中居
縁

今夕立被　仰付、

但、水戸路被　仰付、

右書出附札なしニて御目付へ相渡之、

一　御医服師御仕立方
遠藤茂右衛門

今夕立被　仰付、御目付へ申渡之、

但、水戸路被　仰付、

一江戸表去ル二日申ノ下刻より七日振飛脚、楢山茂右衛門組弐人今夕着、別紙御用状之趣申来之、

一江戸表去ル二日夜子ノ下刻より七日振飛脚、楢山茂右衛門・赤沢半司組弐人今夕着、御用儀共申来之、

一屋形様為御参勤、去月廿七日御発駕可被遊旨被　仰出候処、去月廿日立飛脚御用状ニ委細有之候通、当年箱館詰御人数引揚之儀、於彼地其筋問合候処、当年ハ兼て御沙汰向も有之付、九月上旬迄も引揚見合候様達有之趣申来候付、　御発駕御猶予之儀、御届書可被差出旨御沙汰ニ付、去月廿七日御用番大久保加賀守殿御勝手へ、御留守居加嶋舎持参差出置候処、去ル二日夕御呼出ニ付、梅内忠次郎罷出候処、御附札を以御達有之候段、御用状を以申来、右御届左之通、

私儀、当九月中参府仕候様当春御差図御座候付、当月廿七日在所発足、九月十日頃其御地へ着仕候心得ニ罷有候処、当五月御届申上候通、当年魯西亜船クナシリ嶋ゟ箱館表へ致渡来候得は、御論書御渡被成候積ニ付、右船打払之儀御論書御渡被成候迄は相扣候様、佐藤茂兵衛・坂本伝之助・原田与三郎立合ニて箱館詰家来之者へ相達候、然処今以渡来不仕候得共、最早当年は渡来仕間敷と申見切も難相成候間、箱館詰人数当秋引揚之分暫見合候様、坂本伝之助同所詰家来之者へ表向達ニは無之候得共談御座候付、人数引揚猶予仕候旨申越候、依之人数引揚之差図無之内は、私在所発足仕候儀不安心ニ奉存候間、暫発足延引仕候、弥渡来無之様子に付人数引揚候様達御座候旨、箱館より申越候ハ、早速発足可仕候、此段御届申上候、以上、

八月十八日　　御名

「（余白に）
御附札、

人数引揚候ニ無構可有参府候、」

一右ニ付、御領分佐井浦へ出張御人数引揚之儀ニ付御届書、左之通、

此間御届申上候通、魯西亜船今以渡来無之候得共、最早当年は致渡来間敷と申見切も無之付、当秋箱館詰人数引揚之分暫致猶予候様、於箱館坂本伝之助家来之者へ談御座候付、右人数引揚之儀達有之候迄ハ、私儀在所発足も延引仕候、随て領分佐井浦へ三月より八月迄出張為致置候人数之儀も、引揚之儀暫見合、箱館詰人数引揚之次第ニ相成候は、其節引揚候様可仕候、此段御聞置可被下候、以上、

八月廿三日　　御名

一　常府
三浦名五郎

思召入有之、御小性御免被成、御広間御番人被　仰付候旨御用状を以申来、爰許大奥御側通御役人へも申渡之、

一　御台所下役
沢井要右衛門

江戸勤中御料理方格被　仰付置候処、御台所下役勤中御料理方格

被　仰付、去月廿二日申渡候旨為心得御用状ニ申来之、

弥六郎
筑後
勘解由
丹波
典膳
淡路
宮内
出雲

九ノ九日　晴

一席へ御熨斗出之、
一為重陽之御祝儀、凉雲院様・於年殿御附々を以御側へ御祝詞被仰上之、
一御家門衆御登　城、御中丸総角之間於御廊下御祝詞被　仰上、典膳罷出御挨拶申上之、
一高知・同子共・同嫡孫・御用人子共・御新丸御番頭・菊之間諸者頭は、柳之間へ一統相列居候処へ同席相揃罷出、列座之処ニて何も恐悦申上之、
一御用人始御勘定奉行以上御役人・御使番迄席へ罷出、御祝詞申上之、
一　若御年寄　津嶋春瀬
同　御側仕　吉田藤江
御小性　松原　宝
御小性　山内　寿

来ル十七日立被　仰付、
九月九日
御神用司下役　山口長四郎
同　一条源治
一　中之間　北川覚之進
右同断、
九月
一　御神用子供　三浦大和
間之間　関根肥後
間之間　小林大蔵
右同断、
九月
右何も附札なしニて御目付へ相渡之、
一　来ル十三日立被　仰付、御目付を以申渡之、
御者頭御客掛兼帯　坂本栄馬
一　来ル十五日立被　仰付、御目付へ申渡之、
御勘定方　上野軍助
一当月廿日御馬并馬喰頭御立被成之、
一　来月三日出立被　仰付、
御馬役　村松刑部
御馬乗役　関　茂弥太
一　来月五日出立被　仰付、
御馬乗役　石川要之助
菊池喜七

右之通被　仰付申渡候段、御目付花坂理蔵申出之、
一今日重陽之御祝詞申上候儀ハ、例朝之　御逢有之、引取候後御側御用人を以申上之、

弥六郎
筑後
勘解由
丹波
典膳
淡路
宮内
出雲

九ノ十日　晴

一明日　御発駕ニ付、今日　御本丸於　御座之間、御家門衆一同御逢　御意有之、夫より弥六郎・筑後・勘解由・丹波・典膳・淡路・宮内被為　召上下着用、同席一同　御逢　御意有之、畢て御用人一同　御逢　御意有之也、
但、今日例朝之御逢有之、御用向も申上、引取候後明日御逢駕ニ付て之　御逢有之候事、
一明日　御発駕、出雲方御供罷登候付、　御曹司様へ御機嫌伺之儀御用番へ申出候付、御側御用人を以相伺候処、　御逢　御意有之也、
但、出雲方上下着用也、
一　火之御番 漆戸舎人
病気ニ付、　御発駕御当日穀丁惣門外へ相詰可申候処、父子共ニ病気之旨届有之、随て先々火之御番相勤候もの　御発駕之節病気候得は、人数も不差出候趣御座候間、此度も右之通相心得可申哉と伺出候旨、大目付上山守古申出候ニ付相伺候処、父子病気候ハヽ、人数へ役人相添、以来火之御番相勤候もの為差出候様御沙汰ニ付、右之趣舎人へ守古より申達之、

九ノ十一日　晴

弥六郎
筑後
勘解由
丹波
典膳
淡路
宮内
出雲

一屋形様益御機嫌能、今六時被遊　御発駕、　御曹司様御玄関鏡板迄御見送被遊、仲間車御門外へ罷出御送申上之、
一御用人は御玄関御舗出迄、大目付・御町奉行・御目付・御勘定奉行・御使番は、御白洲御左之方薄縁之上ニ並居、
一同断御右之方へは、表御目付・北浦奉行同断罷出、
一御家門衆・御役人共よりハ先キ御左之方御白洲へ罷出、御見送被成之、
一御幕御番所前へ御者頭一統、去々年より罷出御見立申上之、
一御発駕為御祝儀、　屋形様・　御曹司様へ、御家門衆・慈眼院殿并御供登之外、仲間始御用人より御肴一折ツヽ差上、目録を以遂

披露之、

但、御家門衆・慈眼院殿并八戸弥六郎より八生御肴ニて差上、其外ハ御時節柄故、御沙汰ニ付目録計ニて差上之、

一御発駕ニ付、前々之通桜庭兵庫宅へ御立寄可被遊候処、文化十年被及御沙汰候通ニ付、門前角へ兵庫父子為御見立罷出居、御首途之節被遣置候　御笠・御床机、重立候役人へ為持、御通行之節御供頭へ兵庫演説を以差上之、尤為御祝儀前々差上来候餅、白木折ニて是又御笠共ニ御供頭へ一所ニ差上之、

一御発駕ニ付、前々兵庫宅へ御立寄被遊候処、以来御立寄不被遊候付、兵庫へ　上使御家老を以御樽肴被下置候処、文化十四年より上使は不被遣、　御通行之節兵庫儀門前へ罷出居候処へ出雲立寄り、今日之為御祝儀御樽肴被下置候旨、兵庫へ申達、右　御通行相済直々其場所より兵庫登　城御請申上、兵庫よりも一荷一折差上御祝儀申上、大書院御杉戸際ニて相謁之、

但、右被下御樽肴、今暁七時兵庫宅へ相廻シ置候、尤兵庫より差上候一荷一折も、右同刻　御城へ差上置也、

一御家門衆御見送以後、　御中丸総角之間御廊下へ御滞座、御怡被仰上、典膳御挨拶申上之、

但、右御廊下へ御家門衆御出座前ニ同席右之御間へ列座、後御家門衆御出御怡被申上之、

一御発駕ニ付、御用人始御役人共席へ罷出御怡申上之、

但、　御曹司様へは御側御用人を以遂披露之、

一御発駕被遊候段、御通筋之外御代官へ前々書状を以申遣候処、文化十四年より御目付より申遣候付不相出之、

一右ニ付、八戸へ為御知御家老迄書状を以申遣之、尤呈書は左衛門尉様御在府ニ付江戸へ申遣之、英之助へは八戸へ申遣之、

一花巻御止宿へ伺御機嫌、例之通遠使相立之、

一御発駕之儀、江戸へ七日振飛脚を以申遣之、

但、御用儀被　仰越哉と、花巻御寓へ立寄候様前々被　仰付候処、此度御沙汰ニて立寄不申、直々江戸罷登候様申付之、

一徳雲院様御忌日ニ付、聖寿寺へ　御代香筑後相勤之、

九ノ

十二日　晴

筑後

勘解由

典膳

淡路

宮内

一即性院様御忌日ニ付、聖寿寺へ　御代香宮内相勤之、

一弐石　七戸御給人 中村左忠太

親巳之助及末期、悴左忠太十二歳罷成、未　御目見不申上候得共、跡式被　仰付被下度旨申上、存生之内、願之通無相違被　仰付、御代官へ書状を以申遣之、

九ノ

十三日　晴

弥六郎

勘解由

丹波

典膳

淡路

宮内

一五拾石　　松岡他人

親嘉平治存生之内、願之通跡式無相違被　仰出、於竹之間同席列
座典膳申渡之、

九ノ十四日　晴

筑後
勘解由
淡路
宮内

九ノ十五日　晴

弥六郎
筑後
勘解由
丹波
典膳
淡路
宮内

一　　大工　貞助

其方親理助、存生中御普請向出情相勤候、右勤功ニ付、被下来候
弐人扶持、其方幼少未熟候得共被下置候条、家業情出候様被　仰
出、御目付を以御作事奉行へ申渡之、尤御目付野々村円蔵・花坂
理蔵、兼て伺済之旨申出候間、右之通相認相渡之、

九ノ十六日　晴

筑後
勘解由
丹波
典膳
淡路
宮内

九ノ十七日　曇

弥六郎
勘解由
丹波
典膳
淡路
宮内

九ノ十八日　晴

勘解由
典膳
淡路
宮内

一南宗院様・大源院様御忌日ニ付、東禅寺・聖寿寺へ御代香筑
後方相勤之、

一弐両弐人扶持　　岩間市郎太

親市郎兵衛及末期、悴市郎太八歳罷成、未　御目見不申上候得共、
跡式被　仰付被下度旨申上、存生之内、願之通無相違被　仰出、
同席列座典膳申渡之、

九ノ十九日　曇

弥六郎
筑後
勘解由
丹波
典膳
淡路
宮内

一　奥寺林之助
　　川村佐市
　　大矢覚蔵
　　金平嫡子
　　兼平喜代治
　　五兵衛同
　　村木勇次郎
　　小弥太同
　　川井小平治
　　五郎右衛門同
　　船越伝五郎
　　新右衛門同
　　中村専蔵

御年貢穀御帳御調ヘ御用中、御物書当分被　仰付置候処、御免被成旨被　仰出、兼て伺済ニ付申渡候段、御目付浅石清三郎申出之、

九ノ廿日　晴

筑後
勘解由
丹波
典膳
淡路

一江戸ヘ今朝七日振飛脚、岩間左次平組弐人差立候付、御用儀共申遣之、

九ノ廿一日　晴

弥六郎
勘解由
丹波
典膳
淡路
宮内

一江戸ヘ今朝献上之初菱喰一、白鳥二、宰領岩間左次平組弐人附為御登被成之、

一　大萱生外衛
火之御番被　仰付、
但、来月朔日より相勤可申旨端書ニ申遣之、

一　漆戸舎人
火之御番御免被成旨被　仰出、何も奉書を以申遣之、

一　内堀大隅
追手御門番被　仰付、

一　桜庭対馬
中之橋御門番被　仰付、

一　漆戸舎人
日影御門番被　仰付、

一　奥瀬内記
新山御門番被　仰付、

一　岩間将監

新山橋詰御番所被　仰付、　漆戸左司馬
一上田御番所被　仰付、
但、何も来月朔日より相勤可申旨端書ニ申遣之、
右何も奉書を以申遣之、

一四家御門番　（毛馬内六郎・加納津門・足沢彦惣・中野兵衛　代）七戸志摩
石亀加治馬
三上多兵衛
日戸右内

一生姜丁出口御門番　（奥瀬治部代）御同心番

一仁王出口御門番　（北守助右衛門・石亀加治馬・三上多兵衛代・日戸右内）毛馬内六郎
足沢彦惣
葛西満五郎
中野兵衛

一下小路出口御門番　（向井英馬代）御同心番
一花屋丁御門番　（岩間将監代）御同心番
一加賀野御門番　（御同心番代）御同心番
一夕顔瀬御門番　（御同心番代）御同心番
一外火之番　伴　善平
下斗米平四郎

一火事場見廻
伊藤繁左衛門
野辺地覚右衛門
内田平六
矢口郷助
織笠勇作
小屋敷清兵衛
小本善平
諏訪勝弥
三上忠蔵
小菅武平治

右之通被　仰付、兼て伺済ニ付何も申渡候旨、御目付花坂理蔵申出之、

九ノ廿二日　晴
筑後
典膳
淡路
宮内

九ノ廿三日　晴
弥六郎
勘解由
典膳
淡路
宮内

一拾駄弐人扶持　長沢鉄太郎

親源蔵存生之内、願之通跡式無相違被　仰出、
一弐拾六石弐升　　　　　　　　　　　　　御与力 小西虎之丞
親左仲太存生之内、願之通跡式無相違被　仰出、何も於竹之間同
席列座典膳申渡之、
但、御与力小西虎之丞儀無刀ニて罷出也、

九ノ 廿四日　晴　　　筑後
勘解由
典膳
淡路
宮内

御金方 一拾弐石　　　　　　　沼宮内御給人 村木佐治
親左善太存生之内、願之通跡式無相違被　仰付、御代官へ書状を
以申遣之、

九ノ 廿五日　晴　　　弥六郎
典膳
淡路
宮内

九ノ 廿六日　晴　　　弥六郎
筑後
丹波
典膳
淡路
宮内

九ノ 廿七日　雨　　　弥六郎
丹波
典膳
宮内

一　　　　　　　　　　　　　　　　野辺地御給人 立花栄治
親隠居武治儀出奔仕候ニ付、去月廿九日御訴申上、猶亦御境目通
迄相尋申度、十日之御暇願之通被下置、去ル十一日出立相尋候得
共行衛相知不申、昨夜罷帰候旨口上書を以申出之、
右ニ付、栄治儀恐入差扣申出、追て御沙汰有之迄不及其儀旨御目
付へ申渡之、

一　　　　　　　　　　　　　　　　栄治親類 横浜才右衛門
横浜左次馬
中村治左衛門
右ニ付、恐入差扣申出、追て御沙汰有之迄不及其儀旨御目付へ申
渡之、

九ノ 廿八日　曇　　　弥六郎
筑後
丹波
典膳
淡路

宮内

一　漆戸舍人

去月下旬より瘧相煩、頃日ニ至疝積差発、色々養生仕候得共右病症差募、今朝より別て相勝不申候、依之御医師被　仰付被下置度旨、口上書を以申出、願之通申渡、尤坂井徳泉被　仰付、御目付へ申渡遣之、

一右為御請即日下田右門を以申出、大目付承、翌日申出之、

一天量院様御忌日ニ付、聖寿寺へ　御代香弥六郎相勤之、

九ノ廿九日　晴

弥六郎
筑後
勘解由
丹波
典膳
淡路
宮内

一今日　屋形様御誕生日ニ付、同席共恐悦申上之、尤為御祝儀於御側御吸物・御酒頂戴之、
但、御用人は於御側恐悦申上之、

九ノ晦日　晴

筑後
勘解由
丹波
典膳
淡路
宮内

一　南部彦六郎

日影御門番当分被　仰付、奉書を以申遣之、
但、来月朔日より相勤可申旨端書ニ申遣之、

一屋形様、道中益御機嫌能、去ル廿二日晩千寿被遊　御発駕、直々御屋鋪へ被遊　御着座候由、廿三日立飛脚今朝着、御用状申来之、　御曹司様へ申上、御役人共へも申渡之、尤　上々様方・於年殿・御家門衆・慈眼院殿へは御目付より申上之、

十月朔日　曇

弥六郎
筑後
御用番
勘解由
丹波
典膳
淡路
宮内

一　御鷹匠組頭
根守弥五兵衛
御鷹匠
府金権右衛門
御犬飼
弐人

当御献上御鷹附立帰登被　仰付、御目付を以申渡之、

十ノ二日　初雪

筑後
勘解由

典膳
淡路
宮内

一初雪ニ付、　御曹司様へ御家門衆より、御銘々御附人を以御機嫌被相伺、於菊之間御廊下同席列座勘解由謁之、尤仲間御機嫌相伺、御役人・御使番迄詰合計席へ罷出相伺之、

但、常服也、文政元年十月十七日初雪ニ付、御機嫌相伺候節より、御家門衆御銘々御附人を以相伺候様御沙汰也、慈眼院殿儀は御側へ御役人を以申上候様、是又御沙汰有之、

一江戸へ今朝七日振飛脚、岩間左次平組弐人差立候付、御用儀共申遣之、

十ノ三日　晴

弥六郎
勘解由
典膳
淡路
宮内

十ノ四日　晴

筑後
勘解由
淡路
宮内

一霊徳院様御忌日ニ付、聖寿寺へ　御代香淡路相勤之、

十ノ五日　晴

弥六郎
勘解由
典膳
淡路
宮内

一養源院様・義徳院様御忌日ニ付、両寺へ　御代香筑後方相勤之、

十ノ六日　曇

筑後
勘解由
丹波
典膳
淡路
宮内

一江戸へ今朝より七日振飛脚、戸来金十郎組弐人差立候付、御用儀共申遣之、

十ノ七日　晴

弥六郎
勘解由
丹波
典膳
淡路
宮内

十ノ八日　曇

筑後
勘解由
丹波
典膳
淡路
宮内

一霊巌院様御忌日ニ付、東禅寺へ　御代香宮内相勤之、

一　奥寺林之助
　　川村佐市
　　大矢覚蔵
　　金平嫡子 兼平喜代治
　　五郎右衛門嫡子 船越伝五郎

当暮御証文認方御物書当分被　仰付、御目付を以申渡之、
右之通被　仰付候様兼て伺済之旨、御勘定奉行太田甚内申出之、

一江戸表去ル二日立七日振飛脚、赤沢半司組二人今暁着、　屋形様御参勤ニ付、去月廿九日以　上使、御老中青山下野守殿御懇之上意被　仰蒙候旨申来之、右之趣　御曹司様へ申上之、

一仲間へ　御書被成下之、

一同日御使ニ、　屋形様へ去月晦日御老中方御連名之御奉書御到来、翌朔日御登　城、　御参勤之御礼首尾好被　仰上候旨申来、何も御曹司様へ申上之、　上々様方・御家門衆へは御目付より申上候様申渡之、御役人共へも申渡之、

一仲間へ例之通　御書被成下之、

一高知中へ明九日登　城御怡申上様、大目付より以廻状為申遣之、御用人へも申達、其外御新丸御番頭・諸者頭へハ御目付より申遣之、

一前書御怡　上々様方・御家門衆より明九日被　仰上候様、御附々へ御目付より為申渡之、

一右ニ付、八戸御家老へ為御知奉札を以申遣之、

十ノ九日　晴

弥六郎
勘解由
丹波
典膳
淡路
宮内

一前書有之通、　屋形様御参府ニ付、先月廿九日以　上使、御老中青山下野守殿　御懇之　上意被蒙　仰、当月朔日　御参勤之御礼首尾好被　仰上候付、為御歓御家門衆御登　城、総角之間於御廊下被仰上、勘解由罷出御挨拶申上、尤拙者共へ被成下候　御書之内、　御意有之旨演説ニて申上、直々御請被仰上之、

但、前々　御書懸御目候処、文化十三年三月廿一日　御国許へ之御暇被　仰出候節、御沙汰之趣を以　御書は不懸御目、尤南部駒五郎殿御幼少に付御登　城無之、御附人を以御怡被　仰上候様　御意之趣、御登　城之御方へ計被　仰上之、

一高知之面々・御新丸御番頭・菊之間諸者頭ハ、柳之間へ一統相列居候処ニて、御家老相揃罷出列座之処ニて何も恐悦申上、月番より謁之、尤高知之面々へは、拙者共へ被成下候　御書之内、各へ

も　御意之趣有之旨月番演説申達、直々御請申上之、
　但、前々　御書拝見申渡候処、前書有之通、文化十三年三月より御沙汰ニ付、拝見不申渡也、
一御用人始御勘定奉行以上御役人・御使番迄席へ罷出、御怡申上之、
一高知之内病気等ニて不罷出者へは、　御書之内　御意有之付、御請可申上旨奉書を以申遣之候処、文化十四年九月廿四日　御参府ニ付、上使之御歓申上候節より不相出也、
一　常府八惣治嫡子名五郎事　三浦隼之進
　　御馬医斉次郎事　松本善次郎
右之通名相改度旨申上、願之通被　仰付候旨御用状を以申来、御目付へも申渡之、
一　御者頭御客掛兼帯　坂本栄馬
江戸表勤番中御用人加被　仰付、
一　立甫嫡子　嶋　立政
詰合中奥詰被　仰付、
右之通被　仰付候旨御用状ニ申来、御役人へも申渡之、

十ノ十日　晴
弥六郎
勘解由
丹波
典膳
宮内

十ノ十一日　雨
弥六郎
勘解由
丹波
典膳
宮内

一霊徳院様御消月ニ付、御香奠相備、聖寿寺へ　御代香典膳相勤之、
一江戸へ御献上之薯蕷拾駄、宰領戸来金十郎組弐人、岩間左次平組壱人附今朝差立之、

十ノ十二日　晴
筑後
勘解由
典膳
宮内

一即性院様御忌日ニ付、聖寿寺へ　御代香丹波方相勤之、
一　五兵衛嫡子　村木勇次郎
当暮御証文認方御物書当分被　仰付、
一　奥寺林之助
当暮御証文認方御物書当分被　仰付置候処、御免被成旨被　仰出、何も御目付を以申渡之、

十ノ十三日　晴
弥六郎
勘解由
典膳
淡路
宮内

一南部左京殿御家来漆戸唯見妻小田代善弥娘喜怒(きぬ)、不縁ニ付離縁仕候段申出候付、左京殿被　仰付御附人大光寺定右衛門口上書を以訴之、

一江戸ヘ御献上之菱喰壱昇、宰領戸来金十郎組弐人附今朝差立之、

十ノ
十四日　晴

筑後
勘解由
淡路
宮内

一　　福士儀八

病気ニ付、扱役御免被成下度旨申上、願之通御目付ヘ申渡之、右は伺済之旨相坂権兵衛申出候ニ付申渡之、

十ノ
十五日　晴

弥六郎
筑後
勘解由
典膳
淡路
宮内

十ノ
十六日　晴

筑後
勘解由
典膳
淡路
宮内

一江戸ヘ今朝より七日振飛脚、戸来金十郎組弐人差立候付、御用儀共申遣之、

十ノ
十七日　晴

弥六郎
勘解由
典膳
淡路
宮内

十ノ
十八日　晴

筑後
勘解由
典膳
淡路
宮内

一南宗院様・大源院様御忌日ニ付、聖寿・東禅寺ヘ　御代香淡路相勤之、

一　　三輪左司
平沢良作

御用有之、来ル廿三日出立被　仰付、

一　　栃内其馬
川守田長四郎

御用有之、来ル廿三日出立被　仰付、

一　　御徒
太田代伝兵衛

御用有之、来ル廿三日出立被　仰付、

工藤八百右衛門
大沢新右衛門
気田友之助
御同心
拾五人
常詰夫御人足
六人
交替詰夫同
六人

右同断、何も御目付を以申渡之、

十ノ
十九日　曇　　弥六郎
筑後
勘解由
典膳
淡路
宮内

屋形様
一鰤　一箱　　南部筑後
御曹司様
一同断

右は領知之産物差上候ニ付、御側御用人を以遂披露之、尤　御満悦之旨被　仰出、詰合ニ付申達之、

但、　御発駕前相伺置右之通申達、尤右献上物は大目付席へ差出之、

一　御鷹匠組頭
根守弥五兵衛
御鷹匠
符金権右衛門
御犬飼
弐人

来月朔日御献上之御鷹御立被成候付、出立被　仰付、御目付を以申渡之、

一江戸表去ル十三日立六日振飛脚、牧田弓司組弐人昨夜着、糀町御用申来之、

一　南部主税殿

此度六千石御加増被成遣、都合壱万千石高ニ被成、御大名ニ御取立被成進度　思召、近々　公辺へ御願書被指出候　御含ニ被成御座候、此段御心得ニ御達申上候様被　仰付候、

十月十三日

右之通御用状を以申来、　御曹司様へ申上、仲間計心得居候様申来之、

十ノ
廿日　曇　　筑後
勘解由
典膳
淡路
宮内

一　御鷹匠組頭
根守弥五兵衛

病気ニ付、　御献上御鷹附添登御免被成下度旨申上、願之通御目付へ申渡之、

但、右願書御目付花坂理蔵差出候間相尋候処、近月快気可仕病症無之旨御医師共も申出候間、御免被成下候様仕度旨申出候付、願之通申渡之、

一　根守弥五兵衛

病気全快可仕躰無之付、御鷹匠組頭御免被成下度旨申上、願之通

御目付へ申渡之、

十ノ廿一日　晴

弥六郎
勘解由
典膳
淡路

一当御献上御鷹附立帰登　被　仰付、来月朔日出立被　仰付、御目付を以申渡之、

御鷹匠組頭
佐々木勇助

十ノ廿二日　晴

筑波
勘解由
典膳
淡路

一平沢良作伯父栄治当四十八歳罷成候、此者召仕候旨口上書を以相届、良作よりも訴出之、

向井英馬

一江戸表去ル十六日立七日振飛脚、牧田弓司・赤沢半司組弐人昨夜着、御用儀申来之、

一日影御門番当分被　仰付置候処、直々相勤候様被　仰出、奉書を以申遣之、

南部彦六郎

野辺地御給人
立花栄治

一親隠居武治儀出奔仕候付、御境目通迄相尋候得共行衛相知不申、恐入差扣申出、追て御沙汰有之迄不及其儀旨被　仰付置候処、弥不及差扣旨被　仰出、

野辺地御給人
中村治左衛門
横浜左司馬
横浜才右衛門

一親類立花栄治親隠居武治儀同断ニ付、恐入差扣申出、追て御沙汰有之迄不及其儀旨被　仰付置候処、弥不及差扣旨被　仰出、何も御目付へ申渡之、

至事
中原　樽

一右之通名改仕度旨申上、願之通御目付を以申渡之、

一漆戸舎人願

私儀六十一歳罷成候、然処去々月下旬より瘧相煩、頃日ニ至疝積差加、色々養生仕候得共別て相勝不申候ニ付、御医師奉願候処、願之通被　仰付難有仕合奉存候、猶又得療治候得共、大病之儀故弥増差重存命不定之躰罷成候、依之恐多申上様奉存候得共、万一之儀も御座候ハヽ、嫡子左仲二十五歳罷成候、此者跡式被　仰付被下置度奉願候、此旨宜被仰上被下度奉頼候、以上、

文政二年十月廿二日　漆戸舎人

南部勘解由殿
新渡戸丹波殿
毛馬内典膳殿
八戸淡路殿
藤枝宮内殿

右願書大目付を以差出之、
但、右病気ニ付御医師願上候処、願之通被　仰付也、
一舎人儀養生不相叶、今九時病死之旨岩間左右訴出之、
一南部主税殿、此度六千石御加増被成遣、都合壱万千石高ニ被成、
御大名ニ御取立被成遣度　思召、近々御願書被差出候御含ニ被成
御座候旨、去月十三日御屋敷へ主税殿御招申上候書付一通差下来、
左之通、
一御家老　三輪左司
一御番頭御供役持役　平沢良作
一御用人・御元〆兼帯　金井儀左衛門
一御用人　宮内仁兵衛
一御留守居御用人より兼
一御目付・御徒頭兼　伊東勝五郎
御登　城并御地廻之節申合、壱人ツヽ御供可仕候事
一御広間御取次御番人　箱石源左衛門
御供頭兼
御広間御取次御番人御供ニて罷出候節ハ、御近習之内加相勤候事
一御広間御取次御番人　川守田長四郎
御供方兼　三田村民蔵
三浦清之助
関根順次郎
山本勝平
高木　直
箱石　重

一御近習　笹倉宣中治
宮内貞右衛門
金井鑑蔵
笹倉　一
金井宇右衛門
渡部増蔵
平野泰五郎
一御勝手方　山田伊四郎
門山惣治
一御祐筆御家老御物書兼　沼田善八郎
一御用人御留守居御物書兼　加嶋順八
一御医師　上田永宅
一御錠口番　沼田喜八
滝沢八郎右衛門
一御徒目付御目付所御物書持役　水口四郎左衛門
滝沢恒右衛門
一御先供持役御徒　田代清七
一坊主　大江菊次郎
石田長加
西田雄嘉
御同心五人
御人足拾八人

覚
一　三輪左司

平沢良作
栃内其馬
川守田長四郎
御徒
太田代伝兵衛
工藤八百右衛門
大沢新右衛門
気田友之助
御同心
拾五人
交替詰夫
六人
常詰夫
六人

右は御国許より為御登被成候人数

覚

一　上田永宅
三田村民蔵
中使
大江菊次郎

右は常府人数通勤之事、

一　三浦清之助
関根順次郎
加嶋順八
山本勝平

右は常府被　召出人数通勤之事、

東御長屋

一　三輪左司
栃内其馬

北御長屋

一　川守田長四郎
平沢良作
太田代伝兵衛
工藤八百右衛門
大沢新右衛門
気田友之助
御同心
拾五人
江戸御抱
御人足

西御長屋

一　見付御勤之節御広間御番人四人被差置候、
一　見付御勤之節御徒三人被差置候、
一　御人足拾弐人新規御建足之御長屋ニ被差置候、
右之通差下来、　御曹司様へ申上之、
上々様方其外御役人へ達方之義は、追て被申越候迄相扣候様御用状ニ申来之、
一松平加賀守様ニて法梁院様御病気之処、御養生無御叶、去ル八日御卒去被成候段御用人申出候由、尤文化七年正月、加賀守様にて御隠居肥前守様御卒去被成候節ハ、段々御続も遠く相成候ニ付、御屋敷詰合之者慎方之儀等御沙汰不被成候処、此度は猶亦御続も御近く相成候御事故、八日一日三御屋敷詰合遊山ケ間敷儀無之、末々之者共高声等不仕候様可申付旨御沙汰ニ付、右之趣為相触候由御用状申来、　御曹司様へ申上、大奥御側通并御役人へも申渡之、

十ノ廿三日　晴　　勘解由　丹波　典膳　淡路
御勘定方清兵衛事
宮　清治
一　名相改度旨申上、願之通於江戸表申渡候旨御用状ニ申来之、
津志田町住居
寅松へ
被　仰渡

其方儀、兼々行跡不宜、御所風儀ニも相拘り候付、御紀之上被
仰付様も有之候得共、御慈悲を以、雫石へ御追放被　仰付候条、
御城下并他御代官所へ立入候ハヽ、曲事可被　仰付者也、

月日

同所清十郎子
千太郎
同深松子
善之助へ
被　仰渡

其方共儀、兼々行跡不宜、御所ニ差置候ては風儀ニも相拘り候ニ
付、御紀之上被　仰付様も有之候得共、御慈悲を以、　御城下并
五御代官所御構所払被　仰付候条、若立帰候ハヽ、曲事可被　仰付
者也、

月日

右之通御片付、公事懸り御役人共大奥へ伺之上申出之、

十ノ廿四日　雪　　筑後　勘解由　丹波　淡路

一　諏訪民司
支配所へ為内代明後廿六日出立仕候、然処持病之痔疾差発、今以
聢と全快不仕馬乗可仕躰無之、依之道中青駄御免被成下度旨申出
候間、願之通被　仰付候様花坂理蔵申出、願之通申渡之、

十ノ廿五日　晴　　筑後　勘解由　丹波　典膳　淡路　宮内

十ノ廿六日　晴　　筑後　勘解由　丹波　典膳　淡路　宮内

十ノ廿七日　晴　　筑後　勘解由

丹波
典膳
淡路
宮内

零石通橋場村
五兵衛

一 右は兼て行跡不宜、御所差置候ては取扱之差支相成候間、御追放被 仰付被下度旨、御代官口上を以申上候、尤大迫へ御追放被成下度旨、是又申出候段、御目付毛馬内庄助申出候ニ付、相尋候処兼て伺済之由申出、伺之通申渡之、

工藤円六

一 二男多喜人儀、文政元年十二月与風罷出候処、罷帰不申候ニ付、御内々御届申上置、心当之所々相尋候得共行衛相知不申候付、其節出奔御訴申上候、然処昨夜親類斎藤銀助方へ立帰候付、右銀助より早速為知申来候間、私并親類共之内罷越、向々出入之程も難計具ニ相尋候処、与風心得違仕罷出、仙台城下へ罷越候処急ニ不快ニ罷成、木町勘之助と申者知合ニも無御座候得共、立寄四、五日無心仕薬用罷有候内、右勘之助世話ニて同所国分町小川屋六兵衛と申者之処へ罷越、当年迄助合罷有候処、御国許慕敷、殊両親共ニも対面仕度、右六兵衛所暇乞仕、又候右勘之助方へ罷越、段々世話ニ相成候一礼も申述候間、無調法も不顧一筋ニ立帰候旨申聞候、外向々出入之儀も御座候哉と押て相尋候得共、外何之出入ケ間敷儀も無御座旨申聞候、出奔立帰候儀恐入奉存候間、急度為慎置候段訴出候付、直々円六へ御預逼塞被 仰付旨、御目付を以申渡之、

右は御目付毛馬内命助兼て伺済之旨申出候付、前例之趣を以申渡之、

一 右ニ付、円六儀恐入差扣願出候間、願之通差扣被 仰付、尤親類

共恐入指扣願出候間、不及其儀旨御目付へ申渡之、

但、円六儀御菜園奉行ニ付、御役屋罷有候間、親類斎藤銀助へ引取差扣罷有候旨、親類を以御目付へ申出之、

一 江戸表去ル廿日立飛脚、牧田弓司組弐人昨夕着、御用儀共申来之、

嶋田覚蔵

一 其方儀、今日御供先ニて御供頭へも不申出、心得違之儀有之ニ付、差扣被 仰付、

十月十五日

右之通差扣被 仰付置候処、同十七日御免之旨御用状ニ申来之、

中嶋良平

一 其方儀、今日御供先ニて御供頭へも不申、御供御備場より他へ罷出候儀、兼々被 仰付候御仕法ニ背キ不届ニ付、差扣被 仰付、

十月十五日

一 右ニ付、覚蔵・良平詰合之親類共、恐入差扣願出候処、不及其儀旨御用状ニ申来之、

但、良平儀は十月廿一日差扣御免被成旨、十一月二日御便御用状ニ申来之、

右ニ付、良平嫡子長太郎儀恐入差扣罷有候段、親類平山六四郎より口上書を以申上候処、追て御沙汰有之迄、不及其儀旨被 仰付置候処、弥差扣ニ不及旨被 仰出、右口上書へ附札ニて十二月十一日御沙汰被成也、

但、江戸へ伺之上申渡之、

一　三浦晴之助（八惣治二男）
　　関根准次郎（八郎兵衛四男）
　　加嶋順八（文助三男）
　　山本勝平（庄蔵弟）

別段御使方有之被　召出、御用向は追て被　仰付、

十月十四日

右之通御用状を以申来之、御役人へも申渡之、

十ノ廿八日　晴　筑後　勘解由　丹波　典膳　淡路　宮内

一天量院様御忌日ニ付、聖寿寺へ　御代香筑後相勤之、

一御献上之御鷹、　御曹司様御見分被遊候ニ付、御鷹部屋へ被為入、此節仲間月番之外相揃罷越、御役人相詰、御帰後何も登　城也、

十ノ廿九日　晴　筑後　勘解由　丹波　典膳　淡路　宮内

一　工藤円六

指扣御免被成旨被　仰出、御目付へ申渡之、

十一月朔日　晴　弥六郎　筑後　勘解由　丹波　典膳　淡路（御用番）　宮内

一江戸へ御献上之若黄鷹七居、御鷹匠組頭佐々木勇助、御鷹匠符金権右衛門、宰領下田物集女組弐人并御犬飼弐人附今朝差立之、

一　平館加右衛門（嘉右衛門事）
　　大森加七（御料理方嘉七事）

右之通此度御沙汰ニ付、文字相改候旨銘々口上書を以訴之、

十一ノ二日　晴　筑後　勘解由　典膳　淡路　宮内

一江戸へ今朝より七日振飛脚、下田物集女組弐人差立、御用儀申遣

之、

一右之通此度御沙汰ニ付、文字相改候旨銘々口上書を以訴出之、　嘉四郎事 高橋加四郎

嘉藤治事 石井加藤治

一右同断、口上書を以訴之、　嘉平治事 松原加平治

十一ノ三日　雪

弥六郎

勘解由

淡路

宮内

一　嘉藤司事 大坊賀藤司

右之通此度御沙汰ニ付、文字相改候旨訴出之、

一　嘉左衛門事 葛　加左衛門

嘉平太事 切田加平太

右同断、銘々口上書を以訴之、

十一ノ四日　雨

典膳

宮内

一霊徳院様御忌日ニ付、御代香淡路方相勤之、

十一ノ五日　晴

弥六郎

勘解由

丹波

典膳

淡路

宮内

一養源院様・義徳院様御忌日ニ付、聖寿寺・東禅寺ヘ御代香典
膳相勤之、

一　嘉左衛門事 伊藤賀左衛門

嘉四郎事 梅内加四郎

右之通此度御沙汰ニ付、文字相改候旨銘々口上書を以訴出之、

十一ノ六日　小雪

弥六郎

筑後

丹波

典膳

淡路

宮内

一江戸ヘ今朝より七日振飛脚、下田物集女組弐人差立候付、御用儀
共申遣之、

十一ノ七日　晴

弥六郎

丹波

典膳

淡路

宮内

十一ノ八日　晴

筑後
典膳
淡路
宮内

一霊巌院様御忌日ニ付、東禅寺ヘ　御代香丹波方相勤之、

嘉左衛門事
藤　賀左衛門

一右之通此度御沙汰ニ付、文字相改候旨口上書を以訴出之、

高杉市左衛門

一嫡子市司儀、去ル四日与風罷出候処罷帰不申候ニ付、御内々申上置、心当之所々相尋申度罷有候内、御用有之御呼出御座候付、猶心当之所々相尋申度御内々申上候処、御詮議之筋有之ニ付、親類之内御暇申上相尋候様被仰含候、依之同姓高杉儀右衛門・高杉軍右衛門、御境目通まて為相尋申度、往来十日御暇被下置度旨申上、尤親類共よりも口上書を以申上、何も願之通御目付を以申渡之、

十一ノ九日　晴

弥六郎
丹波
典膳
淡路
宮内

野辺地冨人

一七人扶持

親儀左衛門存生之内、願之通跡式無相違被　仰出、於竹之間同席列座宮内申渡之、

十一ノ十日　晴

典膳
淡路
宮内

御料理方
里見良蔵

一三駄弐人扶持

親秀左衛門存生之内、願之通跡式無相違被　仰付、御膳番召連於御広間同席列座宮内申渡之、

田鍍治五右衛門

一江戸表去ル二日立飛脚、牧田弓司組弐人昨夕着、御用儀共申来之、

一病気之処、全快可仕躰無之ニ付、五戸通御代官願之通御免被成旨被　仰出、御目付を以申渡之、

大川平右衛門

一五戸通御代官被　仰付、

哥書勘助

一雫石通御代官被　仰付、何も於竹之間同席列座宮内申渡之、

但、勘助儀は在御番所ニ付、御目付より書状を以申遣之、

内田平六

一黒沢尻川岸御番人被　仰付、御目付を以申渡之、

十一ノ十一日　晴

弥六郎
典膳
淡路
宮内

一徳雲院様御忌日ニ付、聖寿寺ヘ　御代香淡路相勤之、

上田通浅岸村御百性
清之助へ

被　仰渡

其方儀、無極印松材木不少所持罷在、其筋被遂御吟味候処、当九月家焼失ニ付、建家仕度剪取候旨申出候、家作材木之儀は、願上候得は一統被下置来候処無其儀、兼々厳敷御沙汰被成置候御制木蜜(密)剪いたし、御山制相犯候段無調法至極ニ付、慎被　仰付置候処、右木御取上過料銭被　仰付、慎御免被成者也、

月日

右御片付、公事懸御役人江戸へ伺之上取計候旨申出之、

弥六郎
丹波
典膳
淡路
宮内

十一ノ
十二日　晴

一即性院様御忌日ニ付、聖寿寺へ　御代香弥六郎相勤之、

一江戸表去ル二日立飛脚、同九日着、右幸便先月廿八日以　上使稲生七郎右衛門、御鷹之雁二被遊　御拝領候旨申来、　御曹司様へ申上之、　上々様方・御家門衆へは御目付より為御知申上、御用人・御役人へも申渡之、

一右ニ付、例之通仲間へ　御書被成下之、

一高知中へ明十三日登　城御怡申上候様、大目付より以廻状為申遣之、御用人へも申達、其外御新丸御番頭・諸者頭へは御目付より申遣之、

一前書御怡、　上々様方・御家門衆より明十三日被仰上候様、御附々へ御目付より為申渡之、

一御鷹之雁御拝領、此節南部左衛門尉様御在府ニ付、八戸へは為御知不差出也、

十一ノ
十三日　晴

弥六郎
筑後
丹波
典膳
淡路
宮内

一前書有之通、於江戸先月廿八日以　上使稲生七郎右衛門、御鷹之雁二被遊　御拝領候御怡、南部雅楽助殿・南部左京殿・南部左近殿御不参、南部駒五郎殿御幼少ニ付、何も御附人を以　屋形様・御曹司様へ御怡被仰上之、総角之間於御廊下宮内謁之、

一高知之面々・御新丸御番頭・菊之間諸者頭ハ、柳之間へ一統相列居候処へ御家老相揃罷出、列座之処ニて何も恐悦申上、月番より謁之、尤高知之面々へは拙者共へ被成下候　御書之内、各へも御意之趣有之旨月番演説申達、直々御請申上之、

一右ニ付、御用人、御勘定奉行以上御役人・御使番迄、席へ罷出御怡申上之、

一高知之内、病気ニて恐悦不罷出者へハ、　御書之内　御意之趣御請可申上旨、奉書を以申遣候処、文化十四年より不相出也、

一　　　　南部主税殿

此度六千石御加増被成遣、都合壱万千石高ニ被成、御大名ニ御取立遣度　思召、近々　公辺へ御願書被指出候　御含ニ被成御座候、此度御心得御達申上候様被　仰付候、

十月十三日

一御紋形書付　細輪之内鶴御紋　一通

右之通御大名御成被成候ハヽ、御用被成候様御沙汰ニ付、去月十六日御屋敷へ御招申達候旨申来之、

右之通御用状ニ申来之、

一　　涼雲院様
　　　於年殿
　　　南部慈眼院殿
　　　御家門衆

右同断、御書付壱通宛、御附人へ総角之間於御廊下宮内相渡、懸御目候様申達之、

但、涼雲院様へは御附役へ於席相渡之、

一　　高知之面々
　　　御新丸御番頭

右同断、御書付於柳之間拝見申渡之、

一　　諸者頭

右同断、書付以御目付拝見為仕之、

一御用人始御勘定奉行以上御役人へは、右御用状ニて拝見申渡之、

一前書御沙汰書拝見之儀は、今日御鷹之雁御拝領恐悦有之付、右相済候処ニて居残り之儀、高知中へ大目付を以為相心得、其外御目付を以申渡之、

十一ノ十四日　晴

弥六郎
淡路
宮内

厨川通厨川村出生、当時無宿
永助へ
被　仰渡

其方儀、当九月十五日夜久昌寺門前伊之助と申者、家戸明居候処より忍入、単物盗取可申と存手をかけ候処被捕押、御吟味被成候処、於所々ニ博奕・小盗等仕候段及白状、不埒至極ニ付、沢内へ御追放被　仰付候条、御城下并他御代官所へ立入候ハヽ、曲事可被　仰付者也、

月日

右御片付之儀、公事懸り御役人共大奥御役方へ談合、御曹司様へ奉伺上、江戸へ相伺、伺之通御沙汰之旨申出之、

十一ノ十五日　晴

弥六郎
筑後
典膳
淡路
宮内

一粕漬北寄　屋形様　一箱
一蕎麦粉　御曹司様　一箱
一同断

南部弥六郎

右は領知之産物差上候付、御側御用人を以遂披露之、尤　御満悦

之旨被　仰出、詰合ニ付申達之、
但、御発駕前相伺置、右之通申達、尤右献上物は大目付席へ差出之、

十一ノ　十六日　曇

筑後
典膳
宮内

一江戸へ今朝より七日振飛脚、多賀佐宮・下田物集女組弐人差立、御用儀共申遣之、
一屋形様へ薯蕷　南部雅楽助殿
一御曹司様へ同断　御同人
一屋形様へ薯蕷　南部左京殿
一御曹司様へ同断　御同人
右之通御献上被成、御目付相出候間、御側御用人を以遂披露之、
一右ニ付、御満悦之旨翌日於御側、御側御用人御附人へ申渡候様、御側御用人へ申達之、
一　嘉左衛門事 成田加左衛門
右之通此度御沙汰ニ付、文字相改候旨訴出之、

十一ノ　十七日　雨

弥六郎
典膳
淡路
宮内

一江戸へ御献上之鮭塩引拾駄、宰領下田物集女組三人附今朝差立之、
但、公義御精進日ニ付、本状目録は昨十六日付ニて申遣之、

十一ノ　十八日　晴

筑後
勘解由
典膳
淡路
宮内

一南宗院様・大源院様御忌日ニ付、東禅寺・聖寿寺へ　御代香筑後相勤之、
一二十ケ年　御祐筆 名久井守太
数年出精相勤候付、勤中一ケ年御米三駄宛被下置旨被　仰出、
一小頭役三十ケ年　御徒頭 三ケ尻善司
預御徒早川佐次右衛門儀、数十年小頭役出情相勤候段、其方申上候付、一生之内御米弐駄宛被下置旨被　仰出、何も於竹之間同席列座宮内申渡之、
一小頭役計三十三ケ年　御者頭 蟇目恵守
組御同心小頭小守林長之丞儀、老年まて数十年出情相勤候段其方申上候付、御米三駄被下置之、御目付を以申渡之、
一三十七ケ年　紺屋丁検断 村井宗八
一三十六ケ年　三戸丁検断 堀　半右衛門
数十年出情相勤候趣御町奉行申上候付、勤中弐人扶持宛被下置之、御町奉行へ申渡之、
一五十七ケ年　御餌指 勘七
数十年出情相勤候付、御代物弐貫文被下置之、御目付へ申渡之、

一三十七ケ年
数十年出情相勤候付、御代物壱貫文被下置之、御町奉行へ申渡之、　御鷹䳱屋 与市

一三十ケ年
数十年出情相勤候段其筋より申上候付、御代物弐貫文被下置之、　花巻御材木小屋大工小頭 長右衛門
御城代へ以書状申遣之、

一　嘉平太事 山崎加平太
此度御沙汰ニ付、文字相改候旨訴之、

一　沼宮内通御与力嘉四郎事 森　加四郎
右同断、

一弐人扶持　三戸御役医 田嶋元孝
親玄庵存生之内、願之通跡式無相違被　仰付候間、家業情出候様
被　仰出、御代官へ以書状申遣之、

十一ノ十九日　雪　筑後 勘解由 典膳 淡路 宮内

一　嘉兵衛事 津軽石加兵衛
右之通此度御沙汰ニ付、文字相改候旨口上書を以訴之、

十一ノ廿日　雪　筑後 勘解由 典膳 淡路 宮内

十一ノ廿一日　雪、今夜亥刻寒入　弥六郎 勘解由 典膳 淡路 宮内

一江戸へ御献上之鱈一舁為御登被成候付、宰領多賀佐宮組弐人附今
朝指立也、

一　宮古御給人嘉平治事 吉川賀平治
右之通此度御沙汰ニ付、文字相改候旨口上書を以訴之、

一　高杉市左衛門
嫡子市司儀出奔仕候付、去ル八日御訴申上候処、御吟味之筋有之
付、親類共之内御暇願上相尋可申旨御沙汰ニ付、同性(姓)高杉儀右衛
門・高杉軍右衛門十日御暇願之通被下、出立相尋候得共行衛相知
不申、去ル十七日罷帰候旨訴之、親類よりも口上書を以申上之、

十一ノ廿二日　晴　弥六郎 筑後 勘解由 典膳 淡路 宮内

一寒中為伺御機嫌、南部雅楽助殿・南部左京殿御登　城、総角之間
御廊下ヘ宮内罷出御挨拶申上之、
但、南部左近殿御不参、南部駒五郎殿御幼年ニ付御登　城無之、
御附人を以御伺被仰上之、
一右同断ニ付、同席御機嫌相伺、御用人始御役人・御使番、席ヘ罷
出相伺也、
但、常服也、
一高知之面々・同嫡子・同嫡孫・御用人子共・御新丸御番頭・諸者
頭・御新丸御番頭子共迄上下着用、今暁より廿四日迄、三日之内寒中
為伺御機嫌於筑後宅対客有之、右之面々罷出相伺、右面附等之儀
は筑後より取調へ差上之、
御曹司様ヘ申上、右面付御用人より江戸表ヘ申上之、
但、嫡子・嫡孫共初て之　御目見申上候ても、五節句・月次御
礼不申上内は、対客ヘ罷出御機嫌不相伺也、

十二ノ
廿三日　晴　　勘解由
典膳
淡路
宮内

十二ノ
廿四日　晴　　淡路
宮内

一江戸表去ル十六日立飛脚、牧田弓司組壱人、岩間左次平組弐人今
朝着、御用儀共申来之、

一鶴・白鳥例年御献上被成候処、当年は御献上不被成旨、御届書可
被指出旨御沙汰ニ付、別紙之通相認、去月十三日御用番青山下野
守殿・西丸酒井若狭守殿ヘ、梅内忠次郎持参差出候処、御請取
御承知之旨被　仰聞候由同人申出候由、写壱通差下来、御用人・
御役人共ヘも申渡之、
一松平大膳大夫様御両敬被　仰合候付、御使者御留守居加嶋七五郎
御口上被　仰付、去月九日相勤被　仰合相済候旨、御用人申出候
由御用状申来之、　御曹司様ヘ申上、大奥御側通并御役人ヘも為
心得之、

十二ノ
廿五日　晴　　弥六郎
勘解由
典膳
宮内

一　植沢孫兵衛
一雅楽助殿御相手当分被　仰付、　坂本多門
一雅楽助殿御相手御免被成旨被　仰出、何も御目付を以申渡之、
川村佐市
大矢覚蔵
金平嫡子
兼平喜代治
五郎右衛門嫡子
船越伝五郎
五兵衛嫡子
村木勇次郎
当暮御証文認方御物書、当分被　仰付置候処、御免被成旨被　仰

出、御目付を以申渡之、
右は兼て伺済之旨御勘定奉行申出候段、御目付花坂理蔵申出之、

十一ノ廿六日　雪

筑後
勘解由
典膳
宮内

上田通御代官
浦田安之進
大森佐五助

一
支配所手代森三十郎と申者、平常行跡不宜、御所へ差置候ては御
百性(姓)共取扱向差支ニ相成候間、遠御追放被　仰付被下度旨申上、
願之通御目付へ申渡之、
但、田名部へ御追放被成下度旨申出、願之通申渡之、
右之通伺済之旨御町奉行坂牛杢兵衛、御目付花坂理蔵申出之、

十一ノ廿七日　晴

勘解由
丹波
典膳
宮内

一江戸表去ル廿日立飛脚、楢山茂右衛門・岩間左次平組弐人昨夜着、
御用儀共申来之、
一今日下り後、於宮内宅誓詞堅目有之、御役人相詰也、
一此度糀町御屋敷御役付之者、於江戸表一統御達方相済候付、於爰
元大奥御側通并御役人へも申渡之、面付左之通、

一

御家老　三輪左司
御番頭・御徒頭持役　平沢良作
御用人・御元〆兼帯　金井儀左衛門
御用人　宮内仁兵衛
同見習　高木三平
同見習格　野村勝左衛門

御留守居御用人より兼
御登城并御地廻之節、申合
壱人ツヽ、御供可仕事

御目付・御徒頭兼　伊東勝五郎
箱石源左衛門

御広間御取次御番人御供ニて罷出
候節ハ、御近習之内加相勤候事

御広間御取次御番人・御供頭兼　栃内其馬
御広間御取次御番人・御供方兼　川守田長四郎
同　三田村民蔵
同　三浦晴之助
同　関根准次郎
同　山本勝平
同　高木直
同　箱石重
御近習　笹倉宣中治
宮内貞右衛門
金井鑑蔵
笹倉一
金井卯右衛門
渡部増蔵
平野泰五郎

御勝手方
山田伴四郎
門山惣治
御祐筆・御家老御物書兼
沼田善八郎
御用人・御留守居御物書兼
加嶋順八
御医師
上田永宅
御錠口番
沼田喜八
御徒目付御目付所御物書持役
滝沢八郎右衛門
水口四郎左衛門
滝沢恒右衛門
御先供持役御徒
田代清七
坊主
大江菊次郎
石田長嘉
西田雄嘉
御同心
五人
御人足
拾八人

一
三浦晴之助
関根准次郎
加嶋順八
山本勝平

其方共儀、此度被　召出候付、一ケ年金三両弐人扶持ツヽ被下置
旨被　仰出、
十一月六日
右何も御用状ニ申来之、

一
左司事
三輪　辺

右之通名相改度旨申上、願之通被　仰付、
一三輪左司儀、主税殿御家老被　仰付、御取次格被　仰付候由、
一平沢良作儀、御同所御番頭・御供頭兼帯、百石格被　仰付候旨御
用状申来之、

一
御祐筆
猿橋良之助
数年出精相勤候付、為御褒美御紋巻御上下一具被下置旨被　仰出、

一四十九ケ年
御鷹匠組頭
佐々木勇助
数十年御用向出精相勤候付、勤中被下置候弐駄直々御加増被成下
旨被　仰出、

一三十ケ年
御掃除坊主
久茶
数十年相勤候付、御目録金弐百疋被下之、
十一月十八日

一
御前様御附大御年寄
初山
御入輿以来、追年出情昼夜心配相勤候儀、屋形様ニも神妙　思
召候、依之御賞為御加増弐人扶持被下置旨被　仰出、
十一月十七日

一
鹿嶋利右衛門
近年勝手向厚御世話給候段、被及承知忝被存候、依之五人扶持被
相贈之、
十一月十七日
右之通被　仰出、何も去ル廿日付御用状申来之、御役人へも申渡
之、

十一ノ
廿八日　雪　筑後

勘解由
丹波
宮内

一天量院様御忌日ニ付、聖寿寺へ　御代香典膳方相勤之、

十一ノ廿九日　晴

勘解由
丹波
淡路
宮内

十一ノ晦日　晴

筑後
勘解由
丹波
淡路
宮内

十二月朔日　晴

弥六郎
筑後
勘解由
丹波（御用番）
典膳
淡路
宮内

一　御用人　玉山直人
御年男被　仰付、於席申渡之、

一　沢田左司馬代御用人　佐藤靭負
来春勤番登被　仰付、御下向前出立被　仰付、

江刺牧太・三浦忠陸代御目付　野々村円蔵
一　来春勤番登被　仰付、御下向前出立被　仰付、何も於席申渡之、
来春勤番登被　仰付、
御下向前出立被　仰付、

一御金奉行　北田此右衛門代　中村新右衛門
一御用人方御物書　工藤八郎代　七戸辰之進
右何も於竹之間同席列座丹波申渡之、

一御徒目付　坂牛源之丞代　斗ケ沢甚六
一表坊主　美仙代　友清
右何も御目付へ申渡之、

一御前様御診　安田元益代　伊沢養順
御下屋敷詰
一観光院様御診　阿部友伯代、奥詰　平野幸節
右何も於竹之間同席列座丹波申渡之、

一御徒目付　中村理右衛門代　釜石理左衛門
一　御小納戸　七戸馬平
来春勤番登被　仰付、　御下向後出立被　仰付、御側へ丹波相廻
申渡之、
来春勤番登被　仰付、
御下向後出立被　仰付、

一御医師　飯富了哲代　坂本了元

一御用人方御物書　清水易人代
小本助次郎
右何も於竹之間同席列座丹波申渡之、
一御徒小頭　村上権七代
早川佐次右衛門
一御広間御帳付　沢田勘兵衛代、鈴木恰預御徒
松田儀兵衛
小林和市
久慈友右衛門
村松忠兵衛　代
小林武助
鳥崎庄右衛門
三尻善司預御徒
山辺隣助
松岡源次郎預同
四戸喜左衛門
同
米内林右衛門
三尻善司預同
佐藤友治
鈴木恰預同
川井佐蔵
右何も御目付へ申渡之、
一御勝手方　太田代文左衛門代
大里治六
右は御目付を以御勘定奉行へ申渡之、
一御作事奉行　田鍍和助代
高橋要右衛門
右は於竹之間同席列座丹波申渡之、
一御勘定方　宮清治代
兼平金平
一諸番御小人　太田杢右衛門・種市栄八代
弐人
一表坊主　長悦代
長茶
右何も御目付へ申渡之、金平儀は御目付を以御勘定奉行へ申渡之、
一御前様御附役　佐羽内都合代
御広式方
横井　隣
一御用聞　工藤千五郎代
菊池忠治

一御錠口番・御物書兼帯　本宿与五郎代
帷子啓助
一御帳付　沢井友治代
御下屋敷詰
工藤佐次右衛門
一御作事奉行　上斗米孫惣代
大坂詰
松尾太郎兵衛
一御銅山方　村上新五兵衛代
立花儀作
右何も於竹之間同席列座丹波申渡之、佐次右衛門儀は御目付を以
御膳番へ申渡之、
一　乳井平左衛門代、大納戸御買方
米内八十右衛門
来春勤番登被　仰付、御下向後出立被　仰付、乳井平左衛門出立
後、江戸表勤番中御側御用達所御用向、兼帯相勤候様被　仰付、
一御馬役　川村加兵衛代
大嶋惣平
一御馬乗役　音母栄助代
川井寛作
来春勤番登被　仰付、御献上御馬附被　仰付、御目付を以申渡之、
一　御台所下役
沢井要右衛門
来春御供下り御用立帰登被　仰付、御目付を以御膳番へ申渡之、
一　御前様御附役
生方　屯
来秋迄詰越被　仰付、
一　観光院様御診、奥詰
岡井元孝
御錠口番
竹鼻藤吾
御広敷御番人
船越安治
御物書頭
七戸庄蔵
御用之間御物書
栃内理平

御側御物書 佐羽内与七
御使者給仕 服部安之進
御物書・御広式御番人兼帯 中嶋泰次郎
御広式方御料理方 鈴木民右衛門
御徒目付 佐々木伊兵衛
御中屋敷詰御徒 和井内源左衛門
石井善兵衛
御賄所御物書 長岡栄蔵
御次坊主 林茶
御小納戸物出 源兵衛
御賄所小者 壱人

来秋迄詰越被　仰付、

大坂勤中御留守居出役格御銅山方 中村専作
御銅山方 石井粂之助

来秋迄詰越被　仰付、

御用人 沢田左司馬

来春　御下向御供下り被　仰付、

御前様御診、奥詰 安田元益
御広間御番人、奥詰 毛馬内名張
同 柴内其馬
横田新右衛門
御金奉行 北田此右衛門
御茶道 田鍍元茶
御祐筆 猿橋良之助

御用之間御物書 鬼柳十兵衛
御用人方御物書 工藤八郎
御目付所御物書 工藤栄助
御徒目付 中村理右衛門
同 坂牛源之丞
御賄所御物書 乳井与兵衛
表坊主 美仙

来春　御下向御供下り被　仰付、

一
御広間御番人 佐藤助之丞
奥詰 鳥谷部賀助
御茶道 太田原珍茶
御用之間御物書 北村清次郎
御目付所御物書 荒木田小八郎
御賄所御物書 小森三右衛門

来秋迄勤番被　仰付、

一
観光院様御診、奥詰 阿部友伯

来春御上屋敷へ詰替被　仰付、勤番中　御前様御診相勤候事、

一
奥詰 杉田左中太

七戸馬平罷登候処ニて代合罷下り可申事、

御勝手方 高橋万左衛門
大納戸御買方 狐崎小兵衛

来春　御下向後、日数三十日休息下り被　仰付、

但、大里治六・米内八十右衛門登り候処ニて代合下り候事、

一
御勝手方 太田代文左衛門

大御納戸御買方
乳井平左衛門
高橋万左衛門・狐崎小兵衛、来春　御下向後休息下り被　仰付候
間、罷登候処ニて代り合下り候事、
右は江戸より申来、御役人へも為相心得置之、
一御持弓筒之者　　拾弐人
一御台所小者　　壱人
一御勘定所小者　　壱人
一御人足肝入　　壱人
一御人足　　七拾七人
来春勤番登被　仰付、
御下屋敷詰共ニ
一御同心　　壱組と二十四人
但シ、　御発駕三日前着候様、
御下屋鋪詰共
一御長柄之者　　三拾壱人
但シ、十八人は　御発駕三日前着候様、
御広敷・御下屋鋪共ニ
一御膳所小者　　五人
但シ、壱人は　御発駕前着候様、
来春勤番登被　仰付、
一御小道具　　五人
一御陸尺　　三人
御供登之内より詰替勤番被　仰付、
右三通御用状ニて申来、直々御目付相渡申渡候様申達之、
一江戸へ今朝御節季御荷物五駄、宰領多賀佐宮組弐人差立之、
一右幸便、爰許　上々様方より江戸　上々様方へ歳暮之御祝儀、例
之通十三日付ニて被進之、

十二ノ
二日　晴

筑後
丹波
典膳
淡路
宮内

一江戸へ今朝七日振飛脚、多賀佐宮組弐人差立、御用儀共申遣之、

十二ノ
三日　雨

筑後
丹波
典膳
淡路
宮内

一五拾石以上
御切米拾駄
此代拾七貫文
一百石以上
御切米拾駄
此代拾六貫文
一金拾両
此代六拾三貫文
右は現米ニて被下候分、右御直段を以、在江戸并大坂・箱館詰御
切米・御金方共、来ル十三日より御渡方御始、御物成御切符金・
御四季施共、夏分御代物渡、御給金は不残御金渡、惣御切米共来

ル十六日より廿三日限惣御渡方之儀伺済之旨、御勘定奉行申出之、

十二ノ
四日　晴
筑後
丹波
典膳
淡路

一霊徳院様御忌日ニ付、聖寿寺ヘ　御代香宮内方相勤之、

十二ノ
五日　曇
弥六郎
丹波
典膳
淡路
宮内

一養源院様御祥月ニ付、聖寿寺ヘ御香奠青銅五十疋相備、　御代香筑後方相勤之、東禅寺ヘ　義徳院様御忌日ニ付、　御代香同人相勤之、

十二ノ
六日　小雨
筑後
丹波
典膳
淡路
宮内

一江戸ヘ今朝七日振飛脚、多賀佐宮組弐人差立、御用儀共申遣之、

十二ノ
七日　小雪
弥六郎
丹波
典膳
淡路
宮内

十二ノ
八日　晴
筑後
丹波
淡路
宮内

一霊巌院様御祥月ニ付、東禅寺ヘ御香奠青銅五拾疋相備、　御代香典膳方相勤之、

十二ノ
九日　晴
弥六郎
丹波
典膳
淡路
宮内

十二ノ
十日　雪
筑後
丹波
典膳
淡路
宮内

一江戸表去ル二日立飛脚、岩間左次平組三人昨夜着、御用儀共申来之、

一山口半次郎儀、　御前様御附於御里被　仰付被遣候由、尤坂本源太位之者、常府之内より被　仰付被遣候様被　仰入候処、右位之者無之付、半次郎儀は御役も引上候者ニ候得共被遣候由、仍て此方様ニても源太同様之御役格ニ御取扱も難被成、御附役次座ニ被　仰付、御附役御用向御里方之方計取扱候事、右ニ付、御役格計右之通也、

此方様ニて御附役被　仰付候者は、右半次郎次座ニ已来被　仰付候　思召ニ被成御座候得共、呈書等は名連致候事ニは無之旨、御沙汰之由申来之、

一右半次郎儀住居之儀は、当分通勤ニ　御前様より御沙汰有之由申来之、

一三田村民蔵儀、主税殿御広間御取次御番人御供方兼帯御免被成旨、右何も御用状ニ申来之、

十二ノ十一日　晴　　弥六郎
丹波
典膳
淡路
宮内

一徳雲院様御忌日ニ付、聖寿寺へ　御代香淡路相勤之、

十二ノ十二日　晴　　勘解由
丹波
典膳
淡路
宮内

一即性院様(南部重直)御忌日ニ付、聖寿寺へ　御代香弥六郎方相勤之、

一七駄四人扶持　　根守覚蔵

親弥五兵衛存生之内、願之通跡式無相違被　仰出、於竹之間同席列座丹波申渡之、

一　　藤波八十右衛門

病気全快可仕躰無之付、越中畑御番所御番人御免被成下度旨申上、願之通御目付を以申渡之、

一　　根守覚蔵

御鷹匠組頭被　仰付、御目付を以申渡之、

右は伺済ニ付被　仰付候様、御目付毛馬内庄助申出之、

十二ノ十三日　晴　　弥六郎
勘解由
丹波
典膳
淡路
宮内

十二ノ十四日　晴　　勘解由
丹波

典膳
淡路

一千百石
三斗余
漆戸左仲

親舎人存生之内、願之通跡式無相違被　仰出、大書院御廊下御杉
戸脇おゐて同席列座丹波申渡之、

一　五戸御給人嘉左衛門事
吉田加左衛門
同所御給人勘右衛門嫡子嘉藤治事
苫米地加藤治
同所御給人加左衛門嫡子嘉八事
吉田加八
同御与力嘉内事
円子加内

右之通此度御沙汰ニ付、文字相改候旨銘々口上書御代官末書を以
訴之、

十二ノ
十五日　晴

弥六郎
勘解由
丹波
典膳
淡路
宮内

一　御膳番
佐久間宇助

来年始御規式御用掛被　仰付、於竹之間申渡之、

一　女鹿喜代司

来年始御式法御用懸被　仰付、於竹之間同席列座丹波申渡之、

一　儀俄牧人

川守田多右衛門
玉山小七郎
松田弥兵衛
岩間左右

御広間当勤心得宜相勤候段、御番頭申上達　御聴、仍て　御言葉
之御褒美被　仰出、

一　遠藤善右衛門
小山田喜久太
氏家半助
鳥谷助右衛門
石川久七
簗田和喜右衛門
箱石喜代見
高田条右衛門
豊川又右衛門
野沢文右衛門
久慈文内
高屋冨之進
中川四郎兵衛
鵜飼儀八
坂牛良作
今渕与四郎
新藤理兵衛
山口徳之進

大岩守衛
市村伊八郎
根守弥右衛門
伊藤庄左衛門
御新丸御広間当勤心得宜相勤候段、御番頭申上達　御聴、依て御言葉之御褒美被　仰出、柳之間於御拭縁同席列座丹波申渡之、

一江戸表去ル八日立七日振飛脚、戸来金十郎・下田物集女組弐人昨夜着、別紙御用状之趣申来之、

一去月十三日御達有之通、南部主税殿御事、御持高五千石ヘ御蔵米六千石御足加、都合壱万千石高ニ被成度旨、別紙之通御願書当月三日御先手奥山主税助を以、御用番大久保加賀守殿ヘ御進達被成候処、無御滞御請取被成候旨、右御願書左之通、

私末家南部主税儀、五千石ニて寄合ニ御座候、右主税元祖は、七代以前南部信濃守行信弟ニて、元禄七年新田五千石配分仕、其後宝永四年新田五千石は相止、蔵米ニて五千石差遣、今以血脈相続仕候付、主税持高五千石ヘ蔵米六千石致合力、都合壱万千石仕定府ニて御奉公役、右分限高並方之通為相勤度奉存候、此段奉願候、以上、

十二月三日　御名

一右ニ付、同七日　屋形様ヘ主税殿御同道、御登　城被成候様、御老中方御連名之御奉書御到来ニ付、翌八日御登　城被成候処、御老中方御列座大久保加賀守殿被　仰渡、左之通、

南部大膳大夫
末家寄合
同　主税
五千石

此度主税ヘ　御名蔵米を以壱万千石高ニ足石致、高並之通御奉公為相勤度旨、願之通被　仰付候、席之儀は柳之間ヘ可罷出候、

一右ニ付、直々主税殿御同道　西丸ヘ御上り御退出、御老中方御廻勤被成　御帰殿被遊候旨申来之、

一右ニ付、仲間ヘ御書被成下之、

弥六郎
勘解由
丹波
典膳
淡路
宮内

十二ノ
十六日　晴

一江戸ヘ今朝七日振飛脚、奥瀬小八郎組弐人差立、御用儀共申遣之、

一前書有之通、南部主税殿此度御昇進に付、右為御歓今日御家門衆御登　城、総角之間於御廊下被　仰上、丹波罷出御挨拶申上之、尤拙者共ヘ被成下候　御書之内、　御意有之趣演説ニて申上、直々御請被　仰上之、

但、南部駒五郎殿御幼少ニ付、御登　城無之、御附人を以御怡被　仰上之、

一高知之面々・御新丸御番頭・菊之間諸者頭は、柳之間ヘ一統相列居候処ニて、御家老相揃罷出、列座之処ニて何も恐悦申上、月番謁之、尤高知之面々ヘは、拙者共ヘ被成下候　御書之内、各ヘも御意之趣有之旨、月番演説ニて申達之、直々御請申上之、

但、上々様方・御家門衆より今日御怡被仰上候様、昨日御附々

諸士・諸医・寺社・町共ニ相触候儀は、寺社御町奉行・御目付へ申渡之、
江戸表去ル朔日立御節季御荷物四駄、宰領岩間左次平組弐人附下
着也、
一右幸便ニ　上々様方へ歳暮之御祝儀、例之通十三日付ニて被　仰
遣之、

十二ノ
十七日　晴
弥六郎
勘解由
丹波
典膳
淡路
宮内

十二ノ
十八日　晴
弥六郎
勘解由
丹波
典膳
淡路

一南宗院様・　大源院様御忌日ニ付、両寺へ　御代香宮内方相勤之、
帷子多次郎
一
帷子唯七
片岸平治
一戸新助
中村栄治
同苗之親類帷子伝右衛門儀当四十歳罷成、当月上旬より痛積相煩
罷有候処、昨夜四時於寝所声音仕候間、手廻共聞付起見申候処、
脇差ニて致自殺直様相果申候之旨、私共へ申来候付、早速罷越見
届候処、相違無御座旨口上書を以訴出之、
一右ニ付、近例之趣を以、御検使相勤候様御目付へ申渡之、

十二ノ
十九日　晴
勘解由
丹波
典膳
淡路
宮内

一今日　御曹司様御誕生日ニ付、為御祝儀於御側御吸物・御酒仲間
頂戴之、

十二ノ
廿日　晴
勘解由
丹波
典膳
淡路

一　　宮内
　　御用人玉山直人
御年男相勤候付、拝領物被　仰付、於席申渡之、
　但、御年男加は御側御用人取扱也、

十二ノ
　廿一日　晴
　　勘解由
　　丹波
　　典膳
　　淡路
　　宮内

一今日節分ニ付、御役人熨斗目着用、小役人上下着用也、
一今晩節分ニ付、大豆はやす也、

十二ノ
　廿二日　晴
　　筑後
　　勘解由
　　丹波
　　典膳
　　淡路
　　宮内

一去々月廿八日御拝領之御鷹之雁、御内々御啓相済、御残御下被成旨御用人申出、右雁今日　御曹司様へ差上之、
　但、上々様方・御家門衆へ被下方之儀、御目付取扱也、
一右御拝領之御鷹之雁御残、御席詰仲間於席頂戴之、
一御用人并御役人・御勘定奉行・御使番迄、煎鳥ニて被下之、
一右ニ付、御用人始何も席へ罷出、御請申上之、
一頂戴之御役人熨斗目着用、小役人上下着用也、
一右ニ付、席へ御熨斗出之、
一右雁当日仕分之節、御用人玉山直人熨斗目・上下着用、御膳番高橋平作熨斗目・上下着用、御料理方　上下着用、席へ罷出庖丁仕也、
　但、御敷居内二畳目ニ俎板相直シ候事、

十二ノ
　廿三日　雪
　　勘解由
　　丹波
　　典膳
　　宮内

一花巻御給人鈴木彦右衛門嫡子秀之進儀、当三十五歳罷成候処、当月七日風与罷出罷帰不申候付、其節御内々申上、心当之所々相尋候得共行衛相知不申、出奔仕候旨訴之、
一　　福岡御給人嘉治右衛門事
　　勝又賀治右衛門
右は御沙汰ニ付、文字相改候旨訴之、
一江戸表去ル十六日立飛脚、六日振岩間左次平・下田物集女組昨夜着、御内用之趣申来之、
一　　七郎親隠居
　　横浜帯刀
江戸表へ手廻為対顔、為御登被成旨被　仰出、
　但、支度出来次第出立可申事、
右之通江戸表より被　仰付越申渡候旨、御目付野々村円蔵申出之、
一　　高杉市左衛門

嫡子市司儀、去月四日与風罷出候処罷帰不申ニ付、心当之所々相
尋候得共相見得不申、相尋申度、其節御内々申上候処、御詮儀筋
有之付、親類之内御暇申上相尋候様御沙汰ニ付、同姓高杉儀右衛
門・高杉軍右衛門、御境目通迄相尋候得共相見得不申ニ付、恐入
差扣願出候処、願之通差扣被　仰付、御目付へ申渡之、

一右ニ付、親類共恐入差扣申出、不及其儀旨御目付へ申渡之、

一　　　　　　　　　　　　御料理方
　　　　　　　　　　　　　沼宮内栄八
来春勤番登被　仰付、御目付野々村円蔵申渡候段申出之、
　但、御下向前上着候様被　仰付、

一江戸表去ル十六日立七日振飛脚、戸来金十郎組弐人、下田物集女
組壱人今日着、御用儀共申来之、

一南部主税殿、去ル十五日御内証分之御礼首尾好就被　仰上候、御
家門衆三家并南部彦六郎より幸便書状を以、主税殿へ御怡申上候
様御沙汰ニ付、可申達旨御用状ニ申来之、

十二ノ
廿四日　雪　　　勘解由
　　　　　　　　丹波
　　　　　　　　典膳

一拾両三人扶持　　　　　野沢御番所御番人
　　　　　　　　　　　　内藤弓治
親市郎存生之内、願之通跡式無相違被　仰出、於竹之間同席列座
丹波申渡之、

一今日御会所場へ宮内罷越、御役人共も相詰也、

十二ノ
廿五日　晴　　　弥六郎
　　　　　　　　勘解由
　　　　　　　　丹波
　　　　　　　　典膳
　　　　　　　　淡路
　　　　　　　　宮内

一　　　　　　　　　　　　高杉市左衛門
指扣御免被成旨被　仰出、御目付へ申渡之、

十二ノ
廿六日　晴　　　筑後
　　　　　　　　勘解由
　　　　　　　　丹波
　　　　　　　　典膳
　　　　　　　　淡路
　　　　　　　　宮内

一明後廿八日　天量院様（南部利視）御忌日之処、歳暮ニ付　今日　御代香典膳
相勤之、

十二ノ
廿七日　晴

一今日御煤取ニ付、仲間無登　城、

一江戸表去ル廿日立七日振飛脚、多賀佐宮組弐人、戸来金十郎組壱
人今日着、御用儀共申来之、

一南部主税殿此度御昇進ニ付、追々　公辺へ被差出候御願書并御伺
書、左之通、
　私末家南部主税儀、此度願之通万石以上ニ被成下候間、以来乗

輿之儀奉伺候、以上、
十二月八日　御名
御附札
可為並之通候、
私末家南部主税儀、願之通万石以上柳之間席被　仰付候処、右御礼不申候内、時変等之節伺御機嫌之儀、如何為仕可申哉奉伺候、以上、
十二月八日　御名
御附札
可為同席並之通候、
末家南部主税儀、壱万千石高願之通就被　仰出候、明九日　喜千代様御色直御祝儀登　城并献上物之儀、如何為相心得候様可仕哉、尤献上物之儀は心懸不申候付、明日は難仕奉存候、此段奉伺候、以上、
十二月八日　御名
御附札
不及献上候、
私末家南部主税儀、持高五千石へ此度六千石致合力候て都合壱万千石仕、諸御奉公役定府ニて右分限高並方之通為相勤度段、願之通就被　仰付候、御序之節右御礼申上候様為仕度奉存候、此段奉願候、以上、
十二月十一日　御名
私末家南部主税儀、壱万千石高ニ願之通就被　仰付候、右御礼申上候節、主税より献上物之儀如何為仕可申哉奉伺候、以上、
十二月十一日
御附札
公方様へ
御太刀
巻物二
御馬代金弐枚
右大将様へ
御太刀
御馬代金弐枚
右之通可有献上候、
私末家南部主税儀、壱万千石高ニ願之通就被　仰付候、右御礼申上候節、主税より　御台様・　御簾中様へ献上物之儀如何可仕哉奉伺候、以上、
十二月十一日　御名
御附札
御台様・　御簾中様へ白銀三枚ツヽ、
右之通可被差上候、
私末家南部主税儀、壱万千石高ニ願之通就被　仰付候、右御礼申上候節、主税より御老女中・御表使中へ贈物為仕可申哉、品物員数共奉伺候、以上、
十二月十一日
御附札
銀壱枚ツヽ、　御本丸老女へ
同断ツヽ、　右大将附万里小路浜岡へ

金弐百疋ツヽ　御本丸表使へ
右之通可相贈候、
私末家南部主税儀、持高五千石ヘ此度蔵米六千石致合力、都合
壱万千石仕、定府ニて諸御奉公役右分限高並方之通為相勤度段、
願之通就被　仰付候、私儀も右御礼可申上哉、且献上物如何可
仕哉奉伺候、以上、
十二月十一日　御名
公方様へ
年始
八朔
御太刀　一腰
御馬代白銀十両　一匹
右大将様へ
右同断
喜千代様へ
年始
右同断
公方様へ
端午
御帷子
御単物
右大将様へ
右同断
公方様へ
重陽
御小袖　二
右大将様へ
右同断
公方様へ
歳暮
御小袖　二
右大将様へ
右同断
右之通南部主税より年頭・八朔并三季御祝儀之節、献上可為
仕哉此段奉伺候、以上、
十二月十三日　御名
御附札
伺之通可有献上候、
南部大膳大夫領分、奥州盛岡収納米之内、江戸表へ例年是迄
米三万三百石廻米仕候内、九千三拾石家中扶持米、弐万千弐
百七拾石余払米ニ取計来候処、此度願之上末家南部主税へ蔵
米ニて六千石致足石、都合壱万千石高被　仰付候付、以来
年々定式廻米高之外六千石別段廻米仕候上、主税方へ引渡方
仕度奉存候、新規廻米仕候付、此段奉伺候、以上、
卯十二月十五日　御名内 加嶋　舎
下ケ札
書面末家為渡米、定例廻米高之外米六千石宛以来年々江戸廻

米被致度旨、右は末家渡米之儀ニ付、申立之通米六千石ツ、
江戸表へ増廻米可被致候、尤定例廻米高一同増廻米之分石高
御勘定所へ可被相届候、

卯
十二月　　　　　　　　　　村垣淡路守
　　　　　　　　　　爪書
　　　　　　　　　　　南部大膳大夫へ
　　　　　　　　　　　南部主税

右五節句・月次御礼可有登　城候、
各へ御礼ニは、　御目見被致候以後可被相越候、

覚

御末家ニて御本家へ御対、殿様とハ不申上事、右ニ付已来は主
税殿事、御同人御屋敷内ニて殿様と不申、主税様と可申上旨被
仰出、
但、奥方御事是又御同人御屋敷内ニて奥様と唱不申事、
十二月十一日

覚

此度南部主税殿万石以上ニ被　仰出候後、主税様と申上候も有
之候間、惣て御末家、勿論　此方様御二、三男抔ニても殿付ニ
唱候事ニ候間、已来主税殿と間違無之可唱上候事、
十二月十五日

右之通何も御用状ニ申来、　御曹司様へ申上、大奥御側通并御用
人・御役人へも申渡之、
一南部主税殿、此度壱万千石ニ御願之通被　仰出候付、御序之節右
御礼申上候様仕度旨、　屋形様より御願書差出被成候処、去ル十
四日主税殿へ御老中方御連名之御奉書御到来、同十五日御登　城、
右御礼首尾好被　仰上御退出、　西丸へ御上り御当番之御奏者へ
御謁、夫より御老中方御廻勤、諸事南部左衛門尉様御同道被成候
旨、御用状を以申来、　御曹司様へ申上、大奥御側通并御用人・
御役人へも申渡之、

十二ノ
廿八日　晴　　　弥六郎
　　　　　　　　筑後
　　　　　　　　勘解由
　　　　　　　　丹波
　　　　　　　　典膳
　　　　　　　　淡路
　　　　　　　　宮内

一席へ御熨斗出、
一為歳暮之御祝儀、　屋形様・　御曹司様へ御家門衆始仲間・高知
之面々・御用人より御肴一折宛、銘々目録ニて差上之遂披露之、
尤爰元御留守居有之候得は御肴指上候得共、此節無之、御留守居
見習格大目付は、文化九年伺之上不差上之、
但、去春御沙汰有之通、江戸詰合仲間も於爰元、御肴一折ツ、
御二方様へ差上候也、
一為歳暮之御祝儀、御用人始御勘定奉行以上之御役人・御使番迄席
へ罷出、　御二方様へ御祝詞申上之、
一　　　　　　　　　　若御年寄多川事
　　　　　　　　　　　水谷瀬川
名拝領仕候旨、御目付奥寺市之丞を以申出之、

十二ノ
廿九日　晴
勘解由
丹波
典膳
淡路
宮内
一江戸へ今朝七日振飛脚、奥瀬小八郎組三人差立、御用儀共申遣之、
一　三戸御給人嘉内事
釜渕賀内
右は此度御沙汰ニ付、文字相改候旨御代官末書を以訴之、
十二ノ
晦日　晴
弥六郎
筑後
勘解由
丹波
典膳
淡路
宮内
一今日御年縄配ニ付、御役人熨斗目、小役人上下着用也、

文政七年

＝一八二四年

文政七甲申歳

正月元日　晴

南部弥六郎義堯
南部監物継熙
毛馬内典膳直興
藤枝宮内道博
在江戸 楢山主膳隆福
南部主殿政方

一御家老席ヘ御熨斗出、
　御城内
一八幡ヘ　　御代参御年男 下田物集女
　右今朝相勤之、
一鮭塩引　二尺　　蛇沼惣左衛門
　瓶子　一荷
一兎扣　一苞　　相米弥左衛門
　御箸　一膳
　雉子　一番
　瓶子　一荷
　如御吉例、年頭之為御祝儀、右之通指上之、両人御家老席ヘ罷出、
　御熨斗頂戴退出、右上物ハ御年男ヘ相渡之、
一上々様方ヨリ御附々ヲ以御祝詞被　仰上、於席謁之、
一南部左京殿・南部隼人殿・南部修礼殿・南部左近殿御登　城、総
　角之間於御廊下御祝詞被　仰上、主殿罷出御挨拶申上之、
　但、南部雅楽助殿御病気ニ付、御附人ヲ以御祝詞被仰上、於席
　謁之、
一高知之面々、御新丸御番頭、席ヘ罷出御祝詞申上、御熨斗頂戴、
　御用人始御役人共席ヘ罷出申上之、諸者頭并元日御礼諸士・諸医
　登　城、御玄関ニて御牒(帳)ニ記、御目付指出之、

正ノ
二日　晴　　主殿
一二日御礼之諸士・諸医登　城、於御玄関御牒(帳)ヘ記、御目付相出之、
一今日ハ主殿計登　城也、
正ノ
三日　小雪　　主殿

一江戸ヘ御年始御徒使杉田左中太預佐藤友治、今日為指登候ニ付、
　御祝儀物并従　上々様方　御書・御文相渡為指登之、
一今日主殿計登　城也、

正ノ
四日　晴　　主殿

一今日主殿計登　城也、

正ノ
五日　晴　　主殿

一養源院様・　義徳院様御忌日ニ付、聖寿寺・東禅寺ヘ　御代香宮
　内相勤之、
一今日主殿計登　城也、
一江戸表旧臘廿九日立中山久馬組弐人今昼時着、御用儀共申来之、
一　　　楢山主膳

来年　御下向御供下被　仰付、旧臘廿四日於　御前被　仰渡候旨
申来之、
但、御役人共へも御用状直々相下ケ申渡之、
一来年　御下向御用掛り并其外御供下り、御供下り道中兼役被　仰
付候者共、旧臘廿五日申渡候書付、左之通、

一　御者頭　野辺地礼八
来年御下向之節、道中御先弓ともニ支配被　仰付、

一　御小性　難波藤馬
来年　御下向之節、道中御行列之節計騎馬被　仰付、

一　御武具奉行　堀江九右衛門
来年　御下向之節、道中計御徒頭御用向取扱候様被　仰付、

十二月

（一脱）　御目付　下河原志津馬
小野寺左門

（一脱）　御用人
来年　御下向御用懸被　仰付、

御用人　葛西半右衛門
御用も有之付、来年　御下向之節、御行列御供下り被　仰付、

一
牧田平馬御用も有之付、来年　御下向御供下り被　仰付候付、
多賀御宮上着候ハヽ、交代御先下り被　仰付、

御持筒頭格諸番御小人頭御刀番御納戸兼帯詰合中御側御目付御用承り　原　直記
一
来年　御下向御供下り被　仰付、尤道中計御目付御用承り候
様被　仰付、

光樹院様御附役　佐羽内都合
御勘定奉行　下斗米勘蔵
一
来年　御下向御供下り被　仰付、尤道中計御長柄支配被　仰付、

奥御医師　原　安仲
一
来年　御下向御供下り被　仰付、尤道中計御目付御用承り御行
列御供被　仰付、

肥田昌伯
御小納戸格御膳番　阿部熊八郎
御用聞　一戸三五兵衛
御物書頭　北村清六
御側御用達　乳井平左衛門
御用人方御物書　小本新助
御側御物書　駒嶺覚兵衛
組付御免御馬医　川口源蔵
一
来年　御下向御供下り被　仰付、

矢羽々喜兵衛代御勝手方　長沢徳之助
一
御用有之為御登被成候所、直々来春勤番ニ被　仰付、

十二月廿四日

一御側御用達江戸勤中御台所奉行兼帯被　仰付、
一御小納戸格御膳番阿部熊八郎儀、去年被　仰付候御台所奉行御用
は御免被成旨被　仰付候旨、何も旧臘十九日申渡候段、御用状ニ
申来之、
一屋形様御下冷被成候得は、御持病之御積気相障御難儀被成候付、

来年始御登　城并上野・増上寺　御霊屋ヘ御参詣之節、御装束下
御足袋御用被成度旨、御用番水野出羽守殿ヘ御留守居添役横浜七
郎を以差出候所、御附札ニて御渡被成旨、左之通、
私儀、下冷仕候得は、持病之積気相障難儀仕候、依之来年始
登　城并上野・増上寺　御霊屋ヘ致参詣候節、装束下足袋相用
申度奉願候、以上、
十二月廿五日　　　　　　　　　　　御名
御附札
足袋用可被申候、
右之通御用状ニ申来之、
一大目付より御廻状到来差下来、左之通、
去々九月九日夜、奥州白川本町庄之助借家旅籠屋甚左衛門後家
もとを殺、金子盗取逃去候下男周助、人相書を以去年十月相触
候之処、今以不尋出候儀無油断相改、先達て相触候人相書之通
之もの有之候ハヽ、其所留置、水野左近将監方ヘ可相達候、
未ノ十二月
右之通可被相触候、
右御廻状之通、前例之趣を以、御領分中御詮議被　仰付、大目
付・寺社御町奉行長内良右衛門、御目付花輪栄ヘ申渡、右廻状相
渡之、
一再御尋之儀ゆへ、寛政八年、文化十年之趣ヲ以、別段廻役不申渡、
高知中ハ右之内壱人ヘ御目付より相達、仲間遂吟味連判ニて手形
相出、御役人は一役限連判、諸士・諸医ハ一丁内限一両人御呼上
申渡、連判ニて差出、寺社・御町も右ニ准し候様良右衛門・栄ヘ
申渡、在々御代官ヘも御目付より申遣、花巻御城代ヘは代官より
書状を以申遣之、委細懸り御目付留ニ有之、
一江戸表旧臘廿九日立七日振飛脚中山左久馬組弐人着、諸御用儀共
申来之、
一御小納戸支配御鑓師岡田庄左衛門儀、御用向出精相勤候付、弐人
御加扶持被成下候、
一弓師加藤万吉儀、御屋敷御用向出情(精)相勤候ニ付、金千疋被下置候、
一山田屋藤四郎儀、右同断ニ付、御紋御上下一巻被下置候、
一深川御蔵屋敷守竹屋四郎兵衛儀、諸事心を用ひ出情(精)相勤候付、先
達て御減被成候弐人御扶持此度被下置候、
一練間御屋敷守相原源左衛門儀、右同断ニ付、先達て御減被成候弐
人御扶持此度被下置候、
一万屋庄右衛門儀、御屋敷御用向深切之取計ひ方ニ付、御紋御上下
一巻被下置候、
右之通被　仰出、何も旧臘十九日申渡候旨、御用状ニて申来、御
役人共ヘも申渡之、
正ノ
六日　晴　　　　　　　　　　　　弥六郎
監物
典膳
宮内
主殿
一今日寺社方登　城、五ケ寺并法輪院、妙泉寺、光台寺席ヘ罷出、
御祝詞申上之、御昆布頂戴退出、其外は於御広間御帳ニ記之、御

目付相出之、
但、妙泉寺病気ニ付、今日登　城無之、尤戸沢検校義、寺社席ヘ罷出、引取候後御目付先立罷出、於席相謁之、

宮内
主殿

正ノ
七日　晴

弥六郎
監物
典膳
宮内
主殿

一七草為御祝儀、御用人始御勘定奉行以上御役人、席ヘ罷出御祝詞申上之、

正ノ
八日　晴

弥六郎
典膳
宮内
主殿

一今日より来ル十五日迄仲間并御役人上下着用、小役人は平服也、但、十三日、十四日、十五日、御役人熨斗目着用、小役人上下着用也、
一御具足之餅御啓御用懸御目付浦上彼面順番之旨、書付を以申出、伺之通点ニて申渡之、

正ノ
九日　晴

監物
典膳

正ノ
十日　小雪

監物
典膳
宮内
主殿

一御用有之、二子万丁目通ヘ立被遣旨被　仰出、御目付を以申渡之、
御徒目付
照井栄左衛門

正ノ
十一日　晴

弥六郎
宮内

一御年男当分被　仰付、於席申渡之、
御用人
下田物集女

一忌御免被成旨被　仰出、奉書を以申遣之、御目付ヘも為申知之、
毛馬内典膳
南部主殿

正ノ
十二日　晴

弥六郎
監物
典膳
宮内

一如例年之大般若経御祈祷有之、永福寺其外真言之寺院登　城、於　御中丸相務、巳ノ刻前相済、以後御粥出、此節宮内出席致挨

揆、終て永福寺始何も御家老席ヘ罷出、御昆布頂戴退出也、
一於永福寺、同寺幷新山寺仁王経修行、御守札御本丸御居間・御新丸御居間ヘ上之、
一右ニ付、寺社御奉行・前日当番御目付熨斗目着用、小役人上下着用也、

一　御用人 中野舎人
忌御免被成旨被　仰出、奉書を以申遣之、
一江戸表去ル六日立飛脚中山左久馬組弐人今朝着、御用儀共申来之、

正ノ十三日　晴

弥六郎
監物
典膳
宮内

一席ヘ御熨斗出、
一如御旧例今日御具足之餅被為啓、仲間於席頂戴之、大御番頭・御番頭ハ菊之間、御用人始御役人ハ於詰之間ニ被下之、其外諸者頭始　御城廻之者共於柳之間順々頂戴、委細御目付留書記之、
但、文化十年より御吸物・御酒被下候処、去々年暮御沙汰之通、当年よりハ御酒不被下置、尤大御番頭・御番頭餅頂戴之節、宮内罷出挨拶之、役所有之分ハ役所ニて被下置旨、兼て御沙汰之所、去々年より已前之通、諸者頭已下柳之間ニて被下置候、委細御目付留書ニ記之、

一　楢山帯刀
野田伊予
火之御番被　仰付候間、出火之節火元ヘ駆着防留候様被　仰出、於席申渡之、

一　下田将監
新渡戸図書
岩間丹下
御中丸御番頭被　仰付、於席申渡之、

一　奥瀬内蔵
御帰国御使者被　仰付、於席申渡之、

一　桜庭十郎右衛門
御帰国御使者奥瀬内蔵被　仰付候、自然病気・差合等之節、右差替被　仰付、奉書を以申遣之、

一　村松喜八郎代 中原　武
御馬役被　仰付、於席申渡之、

一　桂源五左衛門代 御納戸 江刺家善五郎
大槌通御代官兼帯被　仰付、

一　中原武代 村松喜八郎
宮古通御代官被　仰付、何も於席申渡之、

御役替
所々御代官
一飯岡通　江刺栄治代 又重安左衛門
一厨川通　横川兵内代 漆戸友蔵
一見前向中野通　舟越助五郎代 野々村只右衛門
一雫石通　漆戸友蔵代 安宅左司
一八まん寺林通　女鹿善治代 新田目佐市

一鬼柳黒沢尻通　及川勇右衛門代 女鹿善治
一野田通　新田目佐市代 楢山四郎左衛門
一沼宮内通　池田縫右衛門代 江刺栄治
一五戸通　村木幸右衛門代 横浜　清
一毛馬内通　工藤文助代 石亀七左衛門
右何も於席申渡之、
所々御蔵奉行
一盛岡本御蔵奉行　米沢与四郎 穂高彦四郎 代 大森重右衛門
磯地十蔵
一同新御蔵奉行　高野源右衛門 大沢勘兵衛 代 及川勇右衛門
米内孫四朗
一郡山御蔵奉行　大村源五郎 栃内藤之進 代 関　岡右衛門
一花巻本御蔵奉行　中野孫左衛門代 毛馬内左平太
栃内藤之進
一黒沢尻御蔵・御艜奉行兼帯　松岡平内 玉山忠右衛門 代 中野源左衛門
大村源五郎
一三戸御蔵奉行　鬼柳十兵衛代 菊池勝見
一花わ(輪)御蔵奉行　一条小藤治代 川口宗右衛門
右何も於席申渡之、
所々御山奉行
一盛岡東根御山　長沢善左衛門 下斗米専太 代 工藤幾右衛門
一雫石御山　高杉新左衛門
台十郎兵衛代 鬼柳十兵衛
一大槌御山　米内多蔵代 下斗米専太
一田名部御山　足沢左十郎 沢田市郎兵衛 代 太田東作
藤井清左衛門
一鉄山吟味役　円子惣左衛門 米内孫四郎 代 田中孝之進
桑村龍太
一五戸市川御新田　安宅左司代 長嶺宅左衛門
一安俵高木通下役　太田多見平代 白岩壮平
一鬼柳黒沢尻通同　山本直右衛門代 太田多見平
右何も御目付を以申渡之、
一近年御物入打続御勝手向御差支ニ付、為寸志金子弐百両指上、寄特之事ニ付、依之御金方拾石被下置、所御給人ニ被　召出旨被仰出、　鍬ケ崎村 豊嶋民右衛門
一近年御物入打続御勝手向御差支ニ付、為寸志金子百五拾両指上、寄特之事ニ候、依之御金方五石被下置、所御給人ニ被　召出、右何も御代官へ書状を以申遣之、　鍬ケ崎村 理左衛門

正ノ
十四日　晴　弥六郎
監物

典膳
宮内

一三百五拾石　　　　　　瀧　岩松
　内弐百五拾石金方
親直衛存生之内願之通、跡式無相違被　仰出、

一三人扶持　　　　　　佐藤運助
親虎治及末期、悴運助十歳罷成、未　御目見不申上候得共、跡式被　仰付被下度旨申上、存生之内願之通無相違被　仰出、右何も於席申渡之、

一（現米）五十石　　　　（花巻御給人）乙部村太
親才助存生之内願之通、跡式無相違被　仰付、

一弐十石弐斗六升五合　　（三戸御給人）田中館左源太
親源左衛門存生之内願之通、跡式無相違被　仰付、村太へは御城代へ書状を以申遣之、左源太義ハ御代官へ右同断、

一今晩御門松・御年縄納之、

（正ノ）十五日　晴　　弥六郎　監物　典膳　宮内

一神鼎院様御忌日ニ付、聖寿寺へ　御代香弥六郎相勤之、
　但、今日熨斗目着用之所、右着服ニて相勤之、

一誓詞堅目御用懸浦上彼面順番之旨、書付を以申出、伺之通点ニて申渡之、

一　　　　　上田左次太
御使者給仕当分加御免被成旨被　仰出、御目付を以申渡之、

（正ノ）十六日　晴

一大斎日ニ付、仲間登　城無之、

一江戸より年始御徒使栃内与兵衛預寄木新蔵今日下着、年始為御祝儀鯉二尾、御手樽一御下被成、其外　上々様方へ御祝詞被　仰遣之、

（正ノ）十七日　晴　　監物　典膳　宮内　主殿

一　　　　　吉田徳助
此度宮古御給人ニ被　召出候付、苗字右之通相名乗度旨申出、伺之通御目付を以御代官へ申渡之、

（正ノ）十八日　晴　　弥六郎　監物　典膳　宮内　主殿

一（現米）百石　　黒沢岩尾
親治右衛門存生之内願之通、跡式無相違被　仰出、於席申渡之、

一　八幡寺林通御代官所下役御免被成旨被　仰出、御目付を以申渡之、

五日市又兵衛

正ノ
十九日　晴

弥六郎
監物
典膳
宮内
主殿

一　本宿良助
堀江九右衛門

良助儀、嫡子千作病身ニ付、末々御用相立可申躰無之旨先達て申上、外男子無之孫女有之ニ付、親類九右衛門二男郡司聟養子仕度旨申上、双方願之通被　仰出、於席申渡之、九右衛門儀ハ在江戸ニ付、於江戸表ニ申渡之、

一　大槌御給人
松本五郎兵衛
同　千蔵

五郎兵衛儀、身帯八拾石之内現米二十石、二男千蔵へ分地仕、相応之御用被　召仕候様被成下度旨申上、願之通被　仰付、御代官へ書状を以申遣之、

一　奥瀬内蔵
長山蔵五郎後妻娘

右之通縁組仕度旨申上、願之通被　仰出、以奉書申遣、蔵五郎へは御目付を以申渡之、

正ノ
廿日　小雪

弥六郎
監物
典膳
宮内
主殿

一御旧例之通、御目出し御祝儀有之、席へ御熨斗出、簑振、御吸物・御酒被下、御用人於詰之間同断、大目付・寺社御町奉行・表御目付・御目付・御勘定奉行、於詰之間右同断、　御城廻小役人於御用処簑振之、御吸物・御酒頂戴之、
　但、熨斗目着用程之御役筋之者ハ着用、小役人上下着用也、

一　忠助嫡子
岩間平作

御雇御勘定方本役被　仰付、

一　五日市又兵衛代
小館幸之助

八幡寺林通下役被　仰付、

一　久慈野助代
工藤孝之助

二子万丁目通下役被　仰付、右何も御目付を以申渡之、

一　駒井治右衛門

此度宮古御給人ニ被　召出候付、右之通苗字相名乗度旨、口上書御代官末書を以申出、伺之通御目付へ申渡之、

一　五日市又右衛門

御用之間御物書本役被　仰付、御目付を以申渡之、

一　高橋十郎左衛門

祖父十郎左衛門、寛保二年八幡通好地村・二子通横志田村、右両村之内ニて新田披立弐十八石壱斗九升三合、御定目御礼銭差上野

竿御証文被下置、右之内起目高拾三石六斗四升三合、直々本身帯ヘ御加被成下、残拾四石五斗五升弐合野竿御証文頂戴罷有候処、去ル卯年より未ノ年迄五ケ年中願上候ハヽ、本高可被成下旨被　仰出候得共、数年ニ罷成、地境等相分り不申場所も御さ候間、吟味仕候内当申年一ケ年御猶予被成下度旨去冬申上、願之通御目付を以申渡之、

一　御目付 長谷川源内
御帰国御礼帳御用懸り被　仰付、

一　同 立花源吾
御下向御待請御用懸り被　仰付、何も於席申渡之、

一　年始御徒使 寄木新蔵
此間御下被成候付、今日於御用処御料理御目録金百疋被下之、

正ノ
廿一日　大風雪
弥六郎
監物
宮内
主殿

一聖寿寺　地蔵尊ヘ　御代参典膳相勤之、

正ノ
廿二日　晴
弥六郎
監物
典膳
宮内
主殿

一　沼宮内守助
支配所宮古町伊八儀、文化六年六月肝入被　仰付候処、御用向出精相勤、且此度為御登御買大豆御用骨折相勤候間、如何様ニも御賞被成下度旨申出、御勘定奉行共為遂吟味、御代物弐貫文被下之、附札ニて御勘定奉行ヘ申渡之、

一　御用之間御物書 栃内理平
御物書頭手伝被　仰付、御物書頭を以申渡、御目付ヘも申知之、但、雑書之儀は是迄之通兼帯相認候様、是又申渡之、

正ノ
廿三日　曇
弥六郎
監物
典膳
宮内

一　川口弥兵衛
南部丹波守殿御家老勤番登被　仰付候、然処持病之積気時々差発候付、嫡子数馬当十九歳罷成候、為介抱召連罷登申度旨申上、願之通御目付を以申渡之、

一　四戸三平
親銀左衛門去年十月為内代黒沢尻御蔵ヘ罷越相勤罷有候所、病気之旨申来候間、快気仕候迄罷越附添介抱仕度、御暇被下度旨申上、願之通御目付を以申渡之、

一　工藤周五郎
去々年五月南部丹波守殿御広間并御供方共ニ被　仰付為御登被成候処、糀町御屋敷ニて追々御家来御召抱ニ付、無代合御下被成候

ても宜旨、太田源五平申出候間、下り被　仰付、旧臘十八日立御下被成候所、於途中召仕へ風呂敷包并書状壱通牧田平馬役人高橋斎助へ持参可申旨申付候付、右召仕早速持参相届直々立戻り千住駅へ罷越、問やへ承合候処、周五郎罷越不申趣申候ニ付、夫より御屋敷へ立戻右之趣申聞候付、右風呂敷包并書状共ニ右斎助より親類共迄相届候付披見候所、無拠次第ニて出奔仕候趣之書面ニて、右風呂敷包之内御添状并御用物ニ付、親類安田元真差出、其節御内々御届申上置、心当之所々色々相尋候得共、行衛相知不申出奔仕候旨、右元真・漆戸古林より同十九日訴出候旨御目付申出候間、遂披露候所、御大法之通身帯・家屋敷御取上被成旨被　仰付候間、於此元周五郎親類共へ此旨被申渡、取計可申旨、則右訴出并諸始末書付共五通差下来候間、右之趣御目付共へ申渡之、

但、右御用状旧臘廿九日付ニて相達候所、当月御用初前ニ付、今日御目付へ御用状相下之、前例之通取計方申渡之、

郡山御与力
大崎義蔵

一　病気全快可仕躰無之付、日詰長岡通下役・志和御境奉行兼帯御免被成下度旨申上、願之通御目付へ申渡之、

正ノ
廿四日　晴

弥六郎
監物
典膳
宮内
主殿

向中野見前通御代官
大矢官治

一　去年中御年貢米・御役金銭・万所金ともニ出情（精）取立時節無滞上納皆済仕、仕切勘定も相済、神妙　思召候、仍　御言葉之御褒美被　仰出、

船越助五郎

一　向中野見前通御代官勤中、右同断、

横沢円治

上田通御代官
沖　五郎四郎

一　去年中御年貢米・御役金銭・万所金共ニ出精取立時節無滞皆納、仕切勘定も相済、神妙　思召候、仍　御言葉之御褒美被　仰出、

飯岡通同
中村忠右衛門

一　右同断、

沼宮内通同
江刺栄治

一　飯岡通御代官勤中、右同断、何も於席申渡之、

一　諸白壱升　百弐十六文
一　並酒壱升　百拾九文

右之通来月朔日より酒直段商売可申付之、
右書付、御町奉行・御勘定奉行相揃、於席申渡之、

正ノ
廿五日　晴

弥六郎
監物
典膳
宮内
主殿

一　従江戸御下被成候年始御徒使栃内与兵衛預寄木新蔵儀、御料理・

御目録被下今日為差登、添状遣之、
一三駄弐人扶持　御勘定方 川守田秀之助
親三治存生之内願之通、跡式無相違被　仰付、御勘定奉行召連罷
出、席申渡之、

正ノ 廿六日　晴　監物 典膳 宮内 主殿

一江戸表去ル廿日立七日振飛脚中山左久馬・松岡八左衛門組弐人今
日着、御用儀共申来之、
一長嶺忠之進儀、御用聞被　仰付、村角保助代直々当秋迄勤番被
仰付旨、去ル十三日申渡候由申来申上、御役人共へも申渡之、
一先年ヲロシヤ属嶋之内へ致漂着候六人之内牛瀧村岩松と申者、
去年十一月病死ニ付、御届方之儀、御用人・御留守居共へ申渡候
所、御名御届ニ相認、旧臘廿九日御用番青山下野守殿へ御留守
居加嶋七五郎持参、御取次山室又蔵へ指出候之所、御受取御承知
之旨被仰聞候由、同人申出候旨申来申上、御役人共へも申渡之、

正ノ 廿七日　晴　弥六郎 監物 典膳 宮内 主殿

一御役初て之者共誓詞堅目被　仰付、於柳之間有之、菊之間へ主膳
出席申渡之、
但、御用人其外独礼已上之御役人菊之間、右具之儀は御用懸別
記ニ有之、尤御側廻之者共も於表今日誓詞被　仰付候ニ付、此
節御側御用人出座也、
一　岩鷲山別当雫石年行事 円蔵院
京都従本山年行事職法用有之上京可仕旨、兼て申来候付罷登申度、
二月上旬より五月迄御暇被下度旨願書、自光坊末書を以申出、願
之通寺社御奉行へ申渡之、
一　四戸銀左衛門
病気全快可仕躰無之付、黒沢尻御蔵・御艜奉行兼帯御免被成下度
旨申上、願之通御目付を以申渡之、
一　御膳番 岩部惣八郎
当春勤番登被　仰付置候所、御免被成旨被　仰出、御目付を以申
渡之、

正ノ 廿八日　雨　弥六郎 監物 典膳 宮内 主殿

一天量院様御忌日ニ付、聖寿寺へ　御代香監物相勤之、
一　御賄所帳付 小森周助
当春勤番登被　仰付置候処、御免被成旨被　仰出、御目付へ申渡

之、

正ノ
廿九日　晴

弥六郎
監物
典膳
宮内
主殿

一　中川忠治
同　市五郎
忠治儀、久々脚気相煩、脚膝屈伸難相成、頃日ニ至怔忡之症差加眩暈卒倒仕、難治之症ニて全快御奉公可相勤躰無之付、忰市五郎当八歳罷成、未　御目見不申上候得共、此者家督被　仰付被下度旨申上、願之通無相違被　仰出、

一　中野鍋八
同　半五郎
鍋八儀、老衰之上起居不自由罷成、御奉公可相勤躰無之ニ付、忰半五郎家督被　仰付被下度旨申上、願之通無相違被　仰出、

一　作山与右衛門
宮　清治
与右衛門儀、嫡子茂作先達て病死仕、外男子無之娘有之ニ付、遠親類清治弟清四郎当三十六歳罷成、娘へ年齢相応ニ付、此者聟養子仕度旨申上、双方願之通被　仰出、何も於席申渡之、

一　御墓守刀指
大槌良之丞
同　良助
良之丞儀、脚気相煩癲癇之症指加至て難治之症ニて、全快御奉公可相勤躰無之ニ付、忰良助当十六歳罷成候、此者御番代被　仰付被下候旨申上、願之通無相違被　仰付、寺社御奉行へ申渡之、

一　上田通御与力
中居武右衛門
西嶋善平
武右衛門儀、男子無之娘有之ニ付、遠親類善平三男直弥先達て聟養子願之通被　仰付候処、不縁ニ付相返度、善平よりも引取申度旨申上、双方願之通被　仰出、

一　大須賀清五郎
嫡子源八当十六歳罷成年来ニ付、前髪為執度旨申上、願之通何も御目付を以申渡之、

一　日戸民弥
病気全快可仕躰無之付、郡山西根御山奉行御免被成下度旨申上、願之通御目付を以申渡之、

一　荒木田　武
修礼殿御相手当分被　仰付置候所、御免被成旨被　仰出、右同断、

一　臼井並衛
就病気ニ（衍）付、御者頭御免被成下度旨申上、養生相勤候様被　仰出、御目付を以申渡之、願書相返之、

一　御雇御勘定方
久慈野助
払方御金奉行当分加被　仰付、御目付を以申渡之、

正ノ
晦日　晴

監物
典膳

宮内
主殿

一　関　文助
関与四郎儀、無調法之儀有之、身帯之内三ケ一御取上隠居被　仰
付候所、男子無之妹有之ニ付、名跡之儀、親類ともより願上候様
被　仰付候所、遠親類三戸御給人中嶋与惣右衛門弟文助二十二歳
罷成有之候間、聟名跡被　仰付被下度旨申上、以御憐愍其方へ相
続被　仰付、

一　中野駒之助
親藤左衛門儀、無調法之儀有之隠居之逼塞被　仰付候所、其方当
十四歳罷成、未　御目見不申上候得共、以御憐愍家督被　仰付、
右之通今朝主殿於宅申渡之、御目付諏訪民司、御徒目付壱人相詰
也、尤被　仰渡之人数へ上下着用為相詰候様、前日御目付へ口達
申渡之、

二月朔日　晴

弥六郎
監物
典膳
宮内
主殿

一　大久保理右衛門
此度宮古御給人被　召出候付、御差支も無御座候ハヽ、右苗字相名
乗申度旨申上、願之通御目付へ申渡之、

一　永福寺
遠野妙泉寺へ法用之儀有之ニ付、高水寺明後三日立遣度候間、往
来ともニ廿日御暇被下度旨申出、願之通寺社御奉行を以申渡之、

二ノ
二日　晴

弥六郎
監物
典膳
宮内
主殿

一旧冬御拝領之御鷹之雁御内々御啓相済御残御下被成候間、御用人
中へ相渡候所、今日　玉芳院様へ被遣候付、御側より指上之、御
家門衆へ　上使御座敷奉行を以被下、右委細御用人留書ニ記之、
一右ニ付、玉芳院様より之御請は御側へ被　仰上、御家門衆翌日御
登　城被仰上、典膳罷出御挨拶申上之、
一右雁仕分之節、御用人中野舎人熨斗目上下着用、御膳番上田善八
郎上下着用、御料理方沼宮内栄八上下着用、席へ罷出庖丁仕、此
節仲間平服也、
但、今日ハ頂戴ニ付熨斗目着用也、尤御鋪居内二畳目へまな板
直し候事、
一上使御使者等御用人可申聞候間申渡候様、御目付へ口達之、
但、御家門衆へ以　上使被遣候儀は前広御目付共より申上置也、
一右ニ付、御拝領之御鷹之雁御残御内々仲間今日於席頂戴、御用人
ハ於詰之間ニ御勘定奉行已上御役人共へも於御目付処被下、何も
鳥計御椀盛ニて被下之、
但、右御残前々高知并御新丸御番頭、諸者頭迄被下置候所、近

年不被下置也、尤御用人中頂戴之節、典膳罷出及挨拶也、
一花巻御城代ヘは仲間より遣候様、御用人中ヘ申渡之、
一右ニ付、仲間并御用人より幸便、江戸ヘ書状を以御請申上之、
一今日　御城廻小役人上下着用也、
一　日戸民弥跡役　高橋軍右衛門
郡山西根御山奉行被　仰付、御目付を以申渡之、

二ノ
三日　晴
典膳
宮内
主殿

一昨夜子ノ刻、寿昌庵門前百姓松之助と申者之家自火ニて焼失ニ付、仲間登　城、無間火鎮也、
一屋形様御国元ヘ之御暇、四月中旬迄ニ被　仰出候ハ、同廿二日江戸表　御発駕、道中十四日振　御下向可被遊旨、御内々被　仰出候付、道中御昼泊差支無之ため御徒目付より先触為差遣候様御目付共ヘ申渡、中山左久馬組弐人申付差下今日着、添状申来之、
一本紙申来候通、御国元ヘ之御暇、四月中旬被　仰出候ハ、同廿二日江戸表　御発駕、道中十四日振五月六日　御着城可被遊旨、御内々被　仰出候由、猶表立被　仰出候ハ、其節可申遣旨申来、何も御待請懸り御役人共ヘも申渡之、

二ノ
四日　晴
典膳
宮内
主殿

一　南部監物
妻宮儀、去月下旬より感冒之症相煩罷有候所、持病之喘咳動気甚敷、此頃ニ至水相加昨今相勝不申候、依之御医師被　仰付被下度旨、宛所付之口上書を以申出候付、岡井元孝被　仰付、御目付を以申渡之、
一右御請、監物方病気ニ付、名代七戸志摩を以申上之、
一元孝申出候は、監物妻去月下旬より感冒之症相煩、脈浮数舌白胎往来寒熱心下痞鞕食不近、喘咳動気甚水気相催、小水短少大便微漏、漸々水腫相募罷有候、診察仕候処、脈沈細以下堅満時々煩悶有之、手足厥冷仕候、依之茯苓四逆湯詞進仕候、即刻変症之程難計旨、容躰書を以申出之、
一猶又元孝申出は、先刻申上候病症弥増相募、只今絶脈仕候旨申出之、
一　南部監物
妻病気養生不相叶病死之旨、村松喜八郎を以訴出候旨、御目付申出之、
一右ニ付、御医師為引取候様、御目付ヘ申渡之、
一右ニ付、　屋形様ニは御従弟之御続故、三日之御忌被為　請候付、御城下五代官鳴物三日御停止、普請ハ御構無之旨被　仰出、諸士・諸医ヘ相触候様、大目付・御目付、寺社・御町方ハ右御奉行ヘ申渡之、
一右ニ付、花巻御城代ヘ書状を以申遣之、
一右ニ付、詰合御用人・御勘定奉行已上御役人とも平服ニて　屋形様御機嫌相伺、席ヘ罷出申上之、

一御香奠　銀二枚　南部監物
妻病死ニ付、　上使御座敷奉行又重平八を以、翌日被下之、
但、右御請岩間丹下を以申上之、
右何も翌五日七日振飛脚ヲ以江戸へ申遣之、
一御目付伺書、左之通、
別紙演説書取伺之通御沙汰被成置候ても、旅行向川支等ニて先後出立之者幾人も落重り候節、其宿時宜ニ寄、御定之人馬過ニ継立候ては、夫十三人・馬十三疋立払有無旅行悉く不存筋ゆへ、其駅之勝手ニ寄継立候儀心得不申、出立候節は去年十二月道中御奉行より御尋御座候通、何時も御達向ニ相当不仕候儀ゆへ、当勤番登被　仰付置候御徒目付立被遣候節、相対雇継立候儀ハ格別、兼て御沙汰之通御定之外、過人馬継立堅不相成候旨、猶駅々へ頼入候様可被　仰付哉、相談奉伺候、
正月　御目付
演説
道中筋人馬継立定数従　公義被　仰出候付、夫十三人・馬十三疋、登下り之者、於駅々行合候儀ハ不苦、文政五年十月已来、一日十三人・十三疋ニ限、駄賃帳ニ御判鑑被成遣、其余は日を隔出立被　仰付候儀ニ候得共、通行向川支等有之、先出立之者逼留中、跡立之者落重り候節ハ、最初之順ニ一日十三人・十三疋ハ継立、其余過人馬継立不相成候間、此旨相心得可致往来、若差急候儀有之者ハ相対雇ニて継立、此御元并江戸表着候上、其旨可申出之事、
但、白川駅より千住迄之間、　御用元之者往来人馬継立員数御書上被成候付、譬ハ壱疋之駄賃帳ニて登下り之者、於道中召仕足痛・病気等ニて不得止事十三人・十三疋立払前、右壱疋之駄賃帳を以、臨時之人馬継立往来致候者有之候節ハ、御調方差支之間、臨時於通行向継立候者ハ勿論、右様之儀無之往来之者ともニ此御元并江戸表へ着之上、御判鑑駄賃帳早速御用所へ差出可申事、
正月
一日光へ参詣罷越候者、元御宿坊光蔵坊へ旅宿致来候処、其後御頼替被成候御宿坊唯心院へ旅宿致候様、先達て御沙汰被成置候処、今以光蔵坊へ旅宿致候者も有之旨、猶亦申来候間、已来請之もの唯心院へ旅宿致候様、末々之者迄可申含事、
正月
右何も伺之通、寺社御町奉行・御目付へ御領分中相触候様申渡之、
二ノ
五日　晴　典膳
宮内
主殿
一養源院様御忌日ニ付、聖寿寺へ　御代香、　義徳院様御忌日ニ付、東禅寺へ　御代香、何も主殿相勤之、
一　工藤快助
修礼殿御相手当分加被　仰付、御目付を以申渡之、　宮　理七
一　南部監物
忌御免被成旨被　仰出、御物書頭を以申遣之、

一南部監物妻病死ニ付、南部隼人殿昨日より廿三日迄、南部左京殿昨日より三日、南部左近殿同断ニ付、御銘々御附人口上書を以、御忌中御届被仰上之、

二ノ 六日 小雨　典膳
宮内

一六駄弐人扶持　久保清治
親逸五郎存生之内願之通、跡式無相違被　仰出、於席申渡之、

二ノ 七日 雪　典膳
宮内
主殿

一　工藤才右衛門
嫡子左弥太儀、征矢稽古仕度、依之御昆(箆)竹千本頂戴仕度、願之通被　仰付被下置候ハヽ、御征矢百筋拵指上度旨申上、願之通御目付を以申渡之、

一　御医師　生方道立
去ル四日当番ニ付在宿罷有可申候所、他出仕御不審ニ付、恐入差扣申出、願之通差扣被　仰付、御目付へ申渡之、

一右ニ付、親類共恐入差扣申出、不及其儀之旨、御目付へ申渡之、

一戸沢検校三男善次郎、病気之所養生不相叶病死ニ付、雅楽助殿・左京殿・修礼殿一日御遠慮被成旨、御銘々口上を以御届被仰上之、

二ノ 八日 晴　典膳
宮内
主殿

一　黒川　司
当正月騎馬火之廻被　仰付候所、持病之脚気差発、歩行不自由罷成、養生仕候得共、時々差発候ニ付、病気之節計嫡子加八郎火之廻相勤候様被成下度旨申上、願之通御目付を以申渡之、

一江戸表去ル二日立七日振飛脚松岡八左衛門組弐人昨夜中着、御用儀共申来之、

一　奥御医師　小原浩庵
当春御勤番登御下屋敷詰被　仰付来候所、御上屋敷詰ニ被　仰付、以御目付申渡之、

一　一生組付御免大御納戸帳付　寺田惣右衛門
当秋迄詰越被　仰付、去月廿九日申渡候段、御用状申来之、御役人ともへも申渡之、

一　大御納戸帳付中使　野坂安之助
当勤番登御免被成旨被　仰出、御目付へ申渡之、

二ノ 九日 晴　典膳
主殿

一六駄弐人扶持　栃内与兵衛預御徒　福士元八
親勝六及末期、忰元八ニ十二歳罷成候、此者御番代被　仰付被下度旨、尤元八御徒御奉公可相勤器量之者候段其方申上、存生之内願之通御番代無相違被　仰付、頭へ於席申渡之、

一　大槌御給人　貫洞安右衛門

近年御物入打続御勝手向御差支之儀粗奉承知候付、弟佐市兵衛為寸志金子百五拾両さし上度段奇特之事ニ付、佐市兵衛願之通御取納被成旨被　仰出、右何も御目付を以申渡之、

一　御医師 生方道立

差扣御免被成旨被　仰出、御目付ヘ申渡之、

ニノ　十日　晴

監物
典膳
宮内
主殿

一　花巻 雄山寺

本堂・庫裡数十年罷成、柱根并屋根至て朽損零落仕候付、再建仕度、小檀家ニて諸懸り大銭之儀ニ御座候得は、自力ニ及兼候間、冨鬮五会興行仕度旨、別帳割合書を以申出、願之通被　仰付、御目付ヘ申渡之、

一関文助ヘ被下候永代証文、御蔵本証文とも、御目付を以相渡之、

一宮古御給人盛合末太、駒井治右衛門、吉田徳蔵、大久保理左衛門、豊嶋氏右衛門ヘ被下候永代証文、御目付ヘ相渡之、

ニノ　十一日　曇

監物
典膳
宮内

一被　仰出、左之通、

諸御代官

近年御国中鳥渡も薄く、三鳥御献上并鷹野甚以御差支ニ相成候ニ付、已来御用たりとも容易ニ御札等不差出候旨被及御沙汰候、随て鳥渡時節ニも不拘鉄炮稠敷御停止被　仰付候間、支配所末々之者迄熟と可申含候、仍て為御吟味廻之者共被　仰付御廻し被成候間、見逃し聞逃しいたし置後日ニ相知候ハヽ、無調法被　仰付候、仮令廻り方之外御百姓たり共、盗鉄炮等見当候ハヽ、捕押出候様、不洩様末々之者迄申含、決て諸鳥ヘ障り申間敷旨可申渡候、尤猟師之外所持致居候鉄炮有之候ハヽ、吟味之上封印致置、用心鉄炮共ニ為相止候様、文政三年御さた被成候儀、頃日ニ至相弛候様相聞得候間、此度猶亦厳敷被　仰出候之間、支配所限熟と申含、諸鳥ヘ決て相障り不申様可申渡候、随て廻り方之者も被　仰付置候得共、右之外、末々之者たりとも盗鉄炮等見当候ハヽ、捕押可訴出候、左候ハヽ、御褒美可被下置候間、此旨不洩様可申含候、

二月

右之通被　仰出、御目付を以申渡之、

ニノ　十二日　雨雪

典膳
宮内

一　立花源吾

江戸勤中去春皆勤御賞方伺相調候節、御留守居并同添役皆勤御賞前倒相見得不申候付、別段相伺可申候所無其儀、一統伺面付ヘ相加取調相伺不吟味之段奉恐入候、依之差扣願出候処、追て御沙汰有之迄不及其儀旨、御目付ヘ申渡之、

二ノ十三日　晴　　監物
典膳
宮内

御医師
八角宗律

現米
一百石
内弐拾石御金方
七拾八石扶持
親宗古及末期、忰宗律八歳罷成、未　御目見不申上候得共、跡式被　仰付被下度旨申上、存生之内願之通跡式無相違被　仰出候間、家業情(精)出候之様被　仰出、名代へ於席申渡之、

一　　種子小太郎
嫡子孫九郎儀、当三十九歳罷成候所、久々癇積相煩、頃日ニ至癲癇之症罷成、色々養生仕候得共、至て難治之症ニて全快可仕病躰無之、末々御用可相立躰無御座候付、嫡子仕兼候段訴出之、

一　　駒嶺喜弥太
其方儀、兼々行跡不宜、過酒之上争論ケ間敷義申懸、市中打騒候段相聞得候ニ付、御吟味中他出御差留、親類共心添罷在候様被　仰付置候、猶御吟味之上急度被　仰付様も有之候得共、以御憐愍此上無御紀隠居被　仰付、他出御差留被成之、

一　　伊左衛門二男
八木栄助
其方儀、兼々不行跡之趣相聞得候之上、於所々取騒候段相聞得候ニ付、御吟味中揚屋入被　仰付置候、猶御吟味之上、被　仰付様も有之候得共、以御憐愍此上無御紀揚屋入被　仰付、

一　　祐右衛門二男
千葉波治
其方儀、兼々不行跡之上身分不似合儀有之段相聞得候ニ付、御吟味中他出御差留、人元親類心添罷有候様被　仰付置候所、猶御吟味之上急度被　仰付様も有之候得共、以御憐愍此上無御紀逼塞被　仰付、

右之通今晩於御会所場、寺社御町奉行長内良右衛門・本堂右内、御目付長谷川源内・毛馬内命助立合申渡之、

一右ニ付、喜弥太親類とも并伊左衛門、祐右衛門恐入差扣申出候所、何も不及其儀旨御目付へ申渡之、
但、伊左衛門儀、八十五日ニ申渡之、

二ノ十四日　晴　　監物
典膳
宮内
主殿

一　　大迫通達曽部村
関六へ
被　仰渡
其方儀、去年十一月御台所より魚油明樽弐拾八大槌通へ御伝馬三疋ニて被遣、同月廿三日大迫通達曽部へ相達候処、其方并同町権助・勇助三人へ検断理左衛門申達、右御伝馬御証文并御台所より之添状其方へ相渡候処、其節達曽部へ駄賃を付参居候遠野新町市之助子七兵衛と申者へ其方共相対ニて賃銭相払、明樽并御伝馬御証文、添状共ニ頼遣候処、七兵衛儀、途中ニて積気差発、倒候て暫無生ニ相成居候内紛失致候旨申出候、御伝馬御証文之儀は順番有之銘々相勤可申所、畢竟等閑ニ相心得、格別之御証文并御添状

共ニ頼遣候所より紛失ニ至候段、不埒至極無調法ニ付、急度被
仰付様も有之候得共、御慈悲を以七戸ヘ御追放被　仰付候条、御
城下并他御代官所ヘ立入候ハヽ、曲事可被　仰付者也、

大迫通達曽部町
権助ヘ
被　仰渡

文言同断、其方并関六・勇助三人ヘ検断理左衛門申達、外文言同
断、五戸ヘ御追放、外同断、

大迫通達曽部町
勇助ヘ
被　仰渡

文言前同断、三戸ヘ御追放、

同通同町検断
理左衛門ヘ
被　仰渡

其方儀、去年十一月御台所より魚油明樽大槌通ヘ御伝馬ニて被遣、
同月廿三日達曽部ヘ相達候所、御伝馬順番同町関六、権助、勇助
ヘ申達、御伝馬御証文并御台所より之添状関六ヘ相渡候処、遠野
新町七兵衛ヘ右三人之者共賃銭相払、相対ニて頼遣候所、七兵衛
於途中病気ニて倒居、暫無生ニ罷成居候内御証文、添状共ニ紛失
致候旨、七兵衛親市之助達曽部ヘ罷越申出候付、其節其方病気ニ
付、名代ニ子共并同所老名共遠野新町ヘ罷越、検断・老名共ヘ相談
之上致吟味候得共、急相見得不申旨訴出候由、最初御証文・添状
紛失之儀、市之助達曽部ヘ申出候は御代官ヘ申出候上取計ひ可申
処、検断も相勤候者無其儀不行届ニ付、被　仰付様も可有之候得
共、打捨置延引致候義ニも無之相聞得候間、御慈悲を以慎御免被
成候条、向後万端相慎可申者也、

月　日

右之通公事懸り御役人共評定、伺之通申渡之、

二ノ
十五日　晴　監物
典膳
宮内
主殿

一神鼎院様御忌日ニ付、聖寿寺ヘ　御代香宮内相勤之、

一　大沢俊司
伝右衛門嫡子
福田金八
定左衛門嫡子
長嶺七之丞
重右衛門嫡子
大森重治
権右衛門嫡子
長嶺丹蔵

御雇御勘定方当分被　仰付、以御目付申渡之、

一　坂本栄馬

当四十七歳罷成候所一子無之ニ付、親類岩間丹下妹当二十歳罷成
候、此者養女仕度旨申上、願之通被　仰付、以御目付申渡之、

二ノ
十六日　晴　監物
典膳
宮内
主殿

一　四戸銀左衛門跡役
伊藤仲蔵

黒沢尻御蔵・御艜奉行兼帯被　仰付、於席申渡之、

二ノ　十七日　晴

監物
典膳
宮内
主殿

一御番割御用懸御目付伺書、左之通、

一御門制
右は何日より可被　仰付哉、
一騎馬火之廻
一歩行火之廻
右は何日より御廻可被成哉、
一諸士丁内自身廻并鳴子為振候儀ハ、何日より可被　仰付哉、
但、拍子木打廻候様、是迄之通可被　仰付哉、
右之通奉伺候、
二月　　　御番割御用懸り
　　　　　御目付

右伺之通り御目付へ申渡之、
附札（記事上余白に注記）
来ル廿日より何も伺之通、

二ノ　十八日　小雪

監物
典膳
宮内
主殿

一江戸表去ル十二日立七日振飛脚松岡八左衛門組二人今夕着、別紙御用状之趣申来之、
一観光院様御病気御容躰一昨十日内状を以申来候通之御病症之内、昨十一日御脈数御肌熱被為　在、少々御腹痛も被為　入候得共、御小水御相応之御通利故、御膨脹は格別御弛被遊、御食餌巳ノ中刻十三銭目程被　召上、外御同症被為　入候旨、西良仲診候は、兎角御血症故と考候ニ付、御薬方折衝飲本方逐瘀湯御兼用差上候旨申出候所、今朝ニ至少々宛御腹痛被為　入、御血便少シ御通、其後追々御疲労御増御危篤之御容躰被為　入候ニ付、良仲四逆加人参湯差上候段、奥御医師申出候旨、御附役とも昨今之御容躰書差出候付、入　御覧、右弐通差下来委細御容躰書相見得候通之御症ニ被為　入候旨申来之、　玉芳院様へ御容躰写弐通御側御用人を以差上之、御家門衆へは御容躰書二通、左京殿御附人呼上御目付を以相渡之、御仲間御通達被成候様申渡之、
一観光院様御病気ニ付、　屋形様度々御機嫌為御伺被為　入、　光樹院様ニは此節御下屋敷へ被為　入御逗留、御附添御介抱被遊御座候段申来之、

二ノ　十九日　晴

監物
典膳
宮内
主殿

一　　　　　　　　江本八左衛門
廻御役御免被成旨被　仰出、御目付を以申渡之、
一前書有之通、　観光院様御病気ニ付、　屋形様為伺御機嫌、詰合

御用人始御勘定奉行已上御役人とも席へ罷出申上之、
一右ニ付、　観光院様御病気御容躰之趣具ニ被申越候間、　上々様方・御家門衆へも申達、為伺御機嫌、今夕七日振飛脚遠山伝八郎組弐人差上之、
一南部雅楽助殿御嫡子左近殿御内室於千代殿御懐怡之処、当月上旬より御浮腫之御模様有之候之処、御腫相増昨夜中より御産之御模様御座候得とも御疲も有之、御面倒之御容躰ニ付、雅楽助殿より御附人植沢孫兵衛口上書を以申上之、
一左近殿御内室於千代殿儀、御臨月ニ無之御―(死)躰御出生、御産後至て御面倒之旨御医師申出候段、雅楽助殿被仰付候段、御附人口上書を以申出之、
一右ニ付、御医師被仰付被下度旨、御附人、御目付迄申出候付、御番医被　仰付、左之通、
一　　　御医師 伊東元春
　　　横沢周郁
　　　山屋養悦
　　　平野幸節
於千代殿就病気御番医被　仰付、御目付を以申渡之、
一於千代殿御病気御勝不被成候旨、雅楽助殿御附人口上書を以申出之、
一於千代殿御容躰、御妊娠之処、二月上旬より御浮腫被為入、追々御小水御不通利ニて御満腫之上、御持病之御積気被為在、御落付候処、今巳ノ上刻御死躰ニて御出産之由、私共診上候所、御脈微細御手足微冷、折々御塞も有之、依之茯苓四逆湯調剤差上候、何時御変症之程難計候由申出之、
一於千代殿御容躰、御持病御積気御発働、御脈沈遅御手足厥冷、至て御危篤之症ニ御座候旨、何も御番医共申出候段、御目付申出之、

二ノ廿日　晴

監物
典膳
宮内
主殿

一　　　中市喜惣右衛門
宗門御改手伝当分加被　仰付、御目付を以申渡之、
一前書有之候通、於千代殿御容躰、前々申上候儀御発働相募呼吸御蜜(密)迫、次第ニ御厥冷強く御座候内、御衝心御絶脈被成候段、御番医申出候旨、御目付申出之、
一於千代殿御事、御番医共申上候通、御養生無御叶今辰刻御死去被成候段、雅楽助殿より御目付毛馬内命助御頼被仰上也、
一右ニ付、　玉芳院様・御家門衆へあなた御屋敷より為御知被成候事ゆへ、為御知不申上也、
一右ニ付、　御城下并近在は鳴物三日御停止、普請ハ無御構、遠在は御死去一通り相触候様、大目付・寺社御町奉行・御目付へ申渡之、尤花巻へは書状を以申遣之、
一角御屋敷為御締御役人為御詰被成度旨被　仰上候得共、此方御目付病人等有之不人数ニ付、難被遣候間御断被成候、乍然拙者共限寺社御奉行・御目付折々為御締相詰候様申渡候段、御目付を以御附人へ申渡申上之、

一御香奠　銀三枚　　南部雅楽助殿へ
於千代殿御死去ニ付、御悔御見舞旁　上使御座敷奉行小栗助右衛門を以被下之、
一於千代殿御死去ニ付、左近殿三月九日迄御忌中之旨、雅楽助殿御附人口上書を以申出之、
一於千代殿御死去ニ付、左京殿今日より廿日御忌中ニ付、御附人口上書を以申出之、

二ノ
廿一日　晴　　監物
　　　　　　　典膳
　　　　　　　宮内
　　　　　　　主殿

一聖寿寺　地蔵尊へ　御代香主殿相勤之、
一　　　　　四戸作左衛門
勝手不如意ニ付、内々為倹約、知行所福岡通御代官所之内仁左平内へ当申ノ年より寅ノ年迄七ケ年中、嫡子ノ外手廻共計差遣置度旨申出、願之通御目付を以申渡之、

二ノ
廿二日　晴　　監物
　　　　　　　典膳
　　　　　　　宮内
　　　　　　　主殿

一　　　於千代殿御法号
　　　　桃樹院殿
右之通聖寿寺より附上候旨、雅楽助殿御附人植沢孫兵衛口上書を以申出之、
一　　　　　工藤文助
毛馬内通御代官御用物并御金銭、石亀七左衛門へ引渡候儀ニ付、御代官所へ往返有之延引仕候儀、兼て可申上置候処無其儀引渡、御訴及延引候段、恐入差扣願出候処、追て御沙汰有之迄不及其儀旨、
一　　　　　石亀七左衛門
毛馬内通御代官御用物并御金銭、工藤文助より引受之儀ニ付、右同断、恐入差扣願出候所不及其儀旨、何も御目付へ申渡之、
一観光院様去ル十六日午ノ上刻御卒去ニ付、去ル十六日より来月五日迄御定式之御忌被為請候段、御届申上候様隼人殿被仰付旨、御附人口上書を以申出之、
一江戸表去ル十六日立六日振飛脚野田藤馬組今昼到着、観光院様御病躰段々申来候通之御容躰ニ被成御座候処、追々御模様不御宜、色々御養生被成候得共御差重、御養生不被相叶同日午ノ上刻御卒去被成候由、依之　屋形様御定式之御忌服被為　請、

御祖母
　　忌三十日　　　二月十六日より
　　　　　　　　　三月十五日まで
　　服百五十日　　二月十六日より
　　　　　　　　　七月十八日迄

御用番大久保加賀守殿・西丸酒井若狭守殿へ御届被　仰上候由申来之、　玉芳院様へ本状書取御容躰書写、御側御用人を以差上之、御家門衆へハ本状書取計、御目付を以御仲間御通達被成候様、左京殿御附人呼上相渡申上之、御役人共へも申渡之、

一右ニ付、普請は七日、鳴物来月十五日迄御停止之旨被　仰出候之間、　御城下幷諸士・諸医・寺社・町御領分中相触候様、大目付・寺社御町奉行・御目付へ申渡之、花巻御城代へは書状を以申遣之、

一右ニ付、　屋形様御朦中為御伺御機嫌、明日御登　城被成候様、御家門衆へ御附人呼上、御目付を以申渡申上之、高知中へは奉書を以申遣之、御新丸御番頭・諸者頭へは御目付より申達之、五ケ寺、法輪院、妙泉寺、光台寺罷出候様、寺社御奉行へ申渡之、

一　御用人 牧田平馬
御目付 下河原志津馬
御勘定奉行 下斗米勘蔵

観光院様御卒去ニ付、右御用掛被　仰付申渡候段、御用状申来、御役人共へも申渡之、

一観光院様御病気ニ付、　屋形様ニは御下屋敷へ被為　入、御容子次第御止宿をも被成度旨、御用番大久保加賀守殿へ御留守居加嶋舎を以御伺被成候処、御伺之通相済候由、

一右ニ付、今日月次御登　城不被遊旨、同人を以昨日御届被　仰上候所、御出仕御断難相成旨、御差図有之候由、

一屋形様御疝積御不快ニ付、昨十五日御登　城不被遊旨御届被　仰上候、尤御保養被遊少々御快被成御座候ニ付、御押被成候て同日夕方御下屋敷へ被為　入、御容躰御見請被遊度旨、右御届何も御留守居加嶋七五郎持参、御用番へ被仰上候旨、御用状ニ申来之、

二ノ
廿三日　晴　監物

一屋形様御朦中為御伺御機嫌、南部雅楽助殿・南部修礼殿御病気ニ付、御附人を以被仰上候、南部左京殿・南部隼人殿・南部左近殿御忌中ニ付不被仰上候、高知之面々・御新丸御番頭席へ罷出申上之、諸者頭は於御広間御帳ニ記、御目付相出也、

典膳
宮内
主殿

一五ケ寺幷法輪院、妙泉寺、光台寺登　城、席へ罷出申上之、

一御用人始御勘定奉行以上之御役人共、席へ罷出申上之、

但、御用人中へは於席口達之、

一光樹院様へ御機嫌伺、仲間始高知之面々・御用人・御新丸御番頭より江戸へ以書状申上候様、大目付・御目付を以為申達之、

一玉芳院様御朦中為伺御機嫌、仲間退出より直々隅御屋敷へ罷出申上之、

一来ル廿九日迄　御城廻上下着用候様、御目付へ申渡之、

二ノ
廿四日　雪

典膳
宮内
主殿

一江戸へ　観光院様御卒去ニ付為伺御機嫌、七日振飛脚奥瀬小八郎組弐人今昼差立之、

一　永田忠左衛門

廻御役当分被　仰付、御目付を以申渡之、

二ノ

廿五日　雨　　典膳
　　　　　　　宮内

一　向中野通煙山村万太郎子　丑松
　　八まん通八まん村作之助子　元助

右両人吟味仕候処、御用可相立者共ニ付、御小道具被　召抱候様
仕度旨、御駕籠頭伺之通御目付を以申渡之、

二ノ

廿六日　雨　　典膳
　　　　　　　宮内
　　　　　　　主殿

一　御用人方御物書　原　茂左衛門
来月六日出立被　仰付、御目付を以申渡之、

一御朦中ニ付、上巳式日ともニ常服着候様、当勤御番頭へ大目付を
以申達、其外へは御目付を以申渡之、
　但、享和三年七月、御忌中ニ候得共、七夕上下着用可致旨、尤
　向後御忌掛ニても、五節句ハ上下着用候様被仰出候得共、此度
　ハ文政三年五月之趣を以申渡之、

一右ニ付、雛相立候儀、此方何も遠慮可致旨無急度、当勤御番頭へ
仲間最寄ニ通達候様、大目付を以申達、諸士・諸医・町々へも最
寄相達候様、御目付・御町奉行へ申渡之、

一野田藤馬口上書、左之通、
　私組御同心熊谷与右衛門、萱野栄助、泉沢清蔵儀、江戸表七戸
　軍助召仕鉄之助と申者、不調法之儀有之、手錠下ニて右三人附
　添被　仰付、尤上村安之助、宮手忠之丞、熊谷栄八三人ハ、御
　厩御小者久助、久蔵、惣八へ附添被　仰付、去ル十三日立御下
　被成候之処、清蔵儀ハ御添状差上、右囚人引附場所為伺花巻よ
　り駆抜中ノ口へ罷出、与右衛門、栄助両人附添罷越候所、鉄之
　助儀、道中福嶋駅より麻疹相煩押々召連罷越候付、滝名川洪水
　ニて病中歩行渡相成不申、手錠之侭ニては危ニ付、手錠相払為
　脊（背）負川越仕、直々郡山駅所迄罷越候処油断仕、昨廿五日八つ半
　時取逃候ニ付、早速郡山検断へ懸合人数相出し、色々近辺相尋
　候得共相見得不申、重畳奉恐入候旨申出候、依之組合共へ預置
　急度為慎差置申候、此段御訴申上候、以上、
　　二月廿六日　　　　野田藤馬
　　御目付中

二ノ

廿七日　晴　　典膳
　　　　　　　宮内
　　　　　　　主殿

一拾六石九斗六升八合　花巻御給人　岩間左内
親伊右衛門存生之内願之通、跡式無相違被　仰付、御城代へ書状
を以申遣之、

一　玉芳院様御附役　大槌直記
観光院様御卒去ニ付、従　玉芳院様、屋形様・上々様方へ御
悔并御朦中御見舞御使者登被　仰付、於席申渡之、
　但、来ル晦日出立被　仰付、御目付を以申渡之、

一　奥寺市太郎
御武具奉行当分加被　仰付、

一
御配膳当分加被　仰付、何も以御目付申渡之、
宮永左平
江釣子要右衛門

二ノ
廿八日　曇
監物
典膳
宮内
主殿

一天量院様御忌日ニ付、聖寿寺へ　御代香主殿相勤之、
一高拾四石五斗四升壱合　御膳方 唐　五十□(虫損)
内一拾石　知行
一四石五斗四升壱合　御免代
親五右衛門存生之内願之通、御番代無相違被　仰付、御目付を以
御膳番へ申渡之、
一野田藤馬口上書、左之通、
私組御同心熊谷与右衛門、菅野栄助、泉沢清蔵と申者、去ル十
三日江戸表出立、囚人鉄之助宰領被　仰付罷下候処、於郡山右
囚人取逃候趣申出、其節御訴申上候処、囚人取逃恐入、組之者
共へ厳敷申付、内々所々相尋候所、似寄候もの繋村ニて見当候
由承罷越見届候之処、囚人鉄之助ニ相違無之、直々召捕罷帰候
旨申出候間、此段御訴申上候、以上、
二月廿八日　野田藤馬
御目付中

二ノ
廿九日　雪
監物
典膳
宮内
主殿

一　野田藤馬
組御同心熊谷与右衛門、菅野栄助、泉沢清蔵、此度江戸表より囚
人御下し被成候付、宰領被　仰付罷下り候所、於郡山取逃し候之
段、精誠申含方行届不申奉恐入、依之指扣願出候間、追て御沙汰
有之迄不及其儀旨、御目付へ申渡之、

二ノ
晦日　曇
典膳
宮内
主殿

一五拾壱石七斗五升　田名部御給人 新谷繁治
親勝右衛門存生之内願之通、跡式無相違被　仰付、御代官へ書状
を以申遣之、
一　藤枝宮内
来月廿九日出立被　仰付、奉書を以申来、御役人共へも申渡之、
一　御用人 多賀佐宮
来月十四日出立被　仰付、奉書を以申遣之、
一　御徒目付 浦田升六
御下屋敷詰当勤番登御免被成旨被　仰出、御目付を以申渡之、
一　保之丞嫡子 梅村保之助
御用之間御物書当分加被　仰付、御目付を以申渡之、

一当御献上之御馬、来ル十八日立為御登可被成哉と御用人中申出、伺之通申渡之、

三月朔日　晴

典膳
宮内
主殿

一盛岡新御蔵奉行被　仰付、

米内孫四郎代
伊藤仲蔵

一黒沢尻御蔵・御艜奉行兼帯被　仰付、何も於席申渡之、

伊藤仲蔵代
米内孫四郎

大槌御給人
松本五郎兵衛

同　千蔵

一五郎兵衛身帯八拾石之内弐拾石、二男千蔵へ分地仕、相応之御用被　召仕候様被成下度旨申上、五郎兵衛身帯之内現米壱駄三人扶持分地被成下旨被　仰出、御目付へ申渡之、

御目付
浦上彼面

一当月廿九日出立被　仰付、

御物書頭
福田弥五右衛門

一宮内方出立之節、道中附被遣旨被　仰出、何も御目付を以申渡之、

久慈金太郎

一御用之間御物書当分加被　仰付、御目付を以申渡之、
但、御用人方相勤候様、御物書頭を以申渡之、

南部監物

一忌御免被成旨被　仰出、奉書を以申遣之、

三ノ
二日　雪

典膳
宮内
主殿

源治嫡子御鷹匠
一条友蔵

小林清右衛門

御犬飼
府金権右衛門
弐人

一当　御下向御迎鷹附添立帰登四月朔日立被　仰付、御用人中へ申渡之、

御徒
佐々木伊兵衛

一御徒目付当分加被　仰付、御目付へ申渡之、

三ノ
三日　晴

典膳
宮内
主殿

一前書有之通、今日上巳ニ候得共、屋形様御朦中ニ付、仲間始御役人・御城廻小役人ともニ一統常服也、

相羽小作
同　龍太

一小作儀、老衰之上起居不自由罷成、御奉公可相勤躰無之ニ付、悴龍太家督被　仰付被下候旨申上、願之通無相違被　仰出、

佐々木周蔵
佐々木忠右衛門

周蔵儀、男子無之養女有之ニ付、同性(姓)親類忠右衛門三男多津見聟
養子仕度旨申上、双方願之通被　仰出、何も於席申渡之、
一　　　　　　　　　　　　中村栄治
男子無之養女有之ニ付、遠親類木村秀左衛門弟彦治先達て聟養子
願之通被　仰付候所、不縁ニ付相返申度旨申上、願之通被　仰出、
御目付を以申渡之、
　但、秀左衛門儀は江戸表ニて申渡之、
一南部左衛門尉様為御参勤、来ル十八日八戸表御発駕之旨、為御知
奉札を以申来之、　玉芳院様へ御側御用人を以申上之、御家門衆
へは御目付を以御附人へ申達申上之、御役人共へも申渡之、

三ノ四日　曇　　　監物
　　　　　　　　　典膳
　　　　　　　　　宮内
　　　　　　　　　主殿
　　　　　　　　寺社御町奉行　本堂右内
　　　　　　　　御目付　立花源吾
一南部左衛門尉様御参勤ニ付、右御用掛被　仰付、於席申渡之、
一　　　　　　　　仙石与作
去年十月宮古御山役所為内代罷越候節、不快ニ付退身之悴文五郎
為介抱召連罷越候所、於同所同十二月九日与風(ふと)罷出罷帰不申候付、
尋出申度、内々ニて心当之所々色々相尋候得共相見得不申候所、
去月八日内代罷帰候之後、猶又心当之所々色々相尋罷有候内、御
詮議之砌有之付、親類共之内御暇申上相尋候様被　仰付候、依之
親類共之内猪川多継、三井三蔵、御境目通迄為相尋申度、往来十
日御暇被下度旨親類共よりも申上、願之通御目付を以申渡之、
一大御目付より之廻状到来差下来、左之通、
　金銀之儀、先達て吹直被　仰付候得共、弐朱判之儀、其侭ニ差
　置候所、年来相立候分ニは手摺等ニて極印文字も相分兼、紛敷
　見候弐朱判も有之趣相聞、此度吹直被　仰付候処、弐朱判目方
　重きゆへ持運ニも嵩張粗難儀之旨相聞、其上遠国へ遣候ニ猶更
　之儀、依之此度ハ壱枚ニ付目方七分宛相減吹直申付候間、両替
　等是迄之通相心得、無滞可致通用候、尤右引替日限等之儀は、
　追て可及沙汰候、
　右之通国々へも可相触知者也、
　　二月
右之通此度従　公義被　仰出候間、御領分中相触候様、大目付・
寺社御町奉行・御目付へ申渡之、

三ノ五日　雨　　　監物
　　　　　　　　　典膳
　　　　　　　　　宮内
　　　　　　　　　主殿

一養源院様御忌日ニ付、聖寿寺へ　御代香宮内相勤之、　義徳院様
御忌日ニ付、東禅寺へ　御代香同人相勤之、

三ノ六日　曇　　　典膳
　　　　　　　　　宮内

主殿

一御駕籠頭申出候は、支配御小道具文蔵儀、文政六年被　召拘(抱)候処、
主役筋不取廻ニ付、御用相立不申候間、永之御暇被下度旨申出、
伺之通御目付を以申渡之、

三ノ七日　晴

監物
典膳
宮内
主殿

一　御長柄頭 藤田　務
南部左衛門尉様御参勤ニ付、爰元御止宿之節御仮屋詰御門番被
仰付、於席申渡之、

一　同 中村森太
右差替被　仰付、御目付を以申渡之、

一　御膳番 上田善八郎
南部左衛門尉様御参勤ニ付、爰許御止宿之方御役屋詰被　仰付、
於席申渡之、

一　光台寺
去年三月当寺住職被　仰付候、依之本寺岩城専称寺へ為継目披露
相越申度、往来四十日御暇被下度旨申出、願之通寺社御奉行へ申
渡之、

三ノ八日　晴

監物
典膳
宮内
主殿

一　御勘定奉行 栃内瀬蔵
遠野より釜石へ之新道小川通切開就被　仰付候、右御普請御用懸
被　仰付、於席申渡之、
但、盛岡より宮古へ之新道切開之儀、取扱向とも掛り同様相心
得候様、於席御達之、

一　大崎儀蔵跡式日詰住居 赤坂重作
日詰長岡通下役・志和御境奉行兼帯被　仰付、御目付を以申渡之、

一　星川彦兵衛
久々痰積相煩、近月快気出勤可仕躰無之ニ付、病気快気之内嫡子
栄蔵御番代被　仰付被下度旨申上、願之通御目付を以申渡之、

一　花巻御役医 柳田元周
嫡子周甫儀、当二十歳罷成医学稽古為仕候得共、尓(今に)今未熟ニ付、
手前物入を以江戸表へ為差登医術執行為仕度、依之当申ノ四月よ
り戊ノ十一月迄三ケ年中御暇被下置度、尤稽古中臨時物入出来仕
候共、諸拝借金等は決て奉願上間敷旨申上、願之通御城代へ書状
を以申遣之、

一　瀧沢友左衛門
大畑詰来ル十三日出立被　仰付候、依之当四月櫛引　八幡宮御
用・御名代共、同性(姓)三戸御給人滝沢宇八郎差遣申度旨申上、願
之通御目付を以申渡之、

一　生方藤九郎
組御同心御先手組ニて射術稽古罷有候間、御弓二張拝借度(致脱)旨、願

之通御目付を以申渡之、
一江戸表去ル二日立七日振飛脚遠山伝八郎組弐人今夕着、御用儀共
申来之、

三ノ
九日　晴　　監物
　　　　　　典膳
　　　　　　宮内
　　　　　　主殿

一　　　　　　御徒
　　　　　　　江刺家久之丞
来月九日出立被　仰付置候処、来ル十六日出立被　仰付、御目付
へ申渡之、
一従江戸御徒白浜六之丞御下被成、今日右幸便ニ観光院様御法号来、
左之通、
観光院殿禅室宗証大姉
右御法号写、　玉芳院様へは御側御用人へ相渡為差上、御家門衆
へは御附人呼上、御目付を以相渡申上之、御役人共へも拝見申渡
之、
一右御法号、東禅寺へ役僧呼上相渡候様、寺社御奉行へ申渡之、
一観光院様御入寺、御葬送、御跡御法事等、無御滞相済候段申来候
付、右之趣は御用状書取を以、　玉芳院様へは御側御用人を以申
上之、

三ノ
十日　曇　　監物
　　　　　　典膳
　　　　　　宮内
　　　　　　主殿

一　　　　　　大矢官治
見前向中野通御代官御免被成旨被　仰出、御目付を以申渡之、
一　　　　　　御銅山方
　　　　　　　工藤伊助
来月九日出立被　仰付、御目付を以申渡之、
但、罷登候節日光へ立寄、御宿坊御普請御出来栄致見分罷登候
様被　仰付、是亦御目付を以申渡之、
一来ル十五日、　観光院様御三十五日、御四十九日、御百ケ日迄之
御法事、於東禅寺一日御法事御執行被成候間、三ケ寺勤行被　仰
付、寺社御奉行を以申渡之、

三ノ
十一日　晴　　監物
　　　　　　　典膳
　　　　　　　宮内
　　　　　　　主殿

一二季名改、左之通、
一先祖名　久人事　野村嘉司馬　　一同　元春事　伊東元察
一祖父名　官吾事　相坂忠兵衛　　一先祖名　佐五助事　大森理左衛門
一祖父名　保人事　成田弓蔵　　一幼名　岩尾事　黒沢小弥太
一同　子ノ助事　下斗米与次郎　　一同　寅太事　本堂善五郎
一先祖名　岩尾事　野辺地左右　　一同　良助事　照井嘉右衛門
一幼名　繁左衛門嫡子李之助事　伊東清見　　一同　勝左衛門嫡子吉弥事　石井伊十郎
一先祖名　鉄太郎事　長沢伝九郎　　一幼名　弓助事　一方井條右衛門

一同　三作事 藤村幸左衛門　　一先祖名　延治事 田鍍十郎
一同　賀藤事 池田源助　　一同　右十郎事 女鹿勝内
一幼名　市郎事 田鍍宇左衛門　　一親名　泰蔵事 美濃部倉右衛門
一幼名　市右衛門嫡子伊三太事 坂牛直江　　一同　三右衛門嫡子千弥事 松田悦之助
一同　孫右衛門嫡孫才蔵事 藤井才市　　一先祖名　花巻御給人良作事 太田九郎兵衛
一同　福岡御給人多左衛門事 小原半右衛門　　一同　五戸御給人伊八事 中市恵茂登
一幼名　田名部御給人郡治事 菊池平兵衛　　一同　福岡御給人内蔵太嫡子郡治事 玉懸純左衛門
一同　御馬乗役要之助事 石川岳吾　　一同　一生御給人御与力文作悴忠治事 長沢文蔵

右何も願之通被　仰付、御目付を以申渡之、

一　御用人 下田物集女

来ル十五日、観光院様御三十五日、御四十九日、御百ケ日迄之（一脱）御法事、於東禅寺一日御法事御執行ニ付、右御用懸被　仰付、

寺社御奉行 長内良右衛門
御目付 諏訪民司
御勘定奉行 太田甚内

右同断、何も於席申渡之、

一当六月四日、霊徳院様百回御忌御相当之旨、聖寿寺訴出之、

三ノ
十二日　晴

監物
典膳
宮内
主殿

一　組付御免御料理方 鈴木民右衛門
同　佐蔵

民右衛門儀、老衰仕御奉公可相勤躰無之付、悴佐蔵家督被　仰付被下度旨申上、願之通無相違被　仰出、

一　同 船越三九郎
同　力之助

三九郎儀、老衰仕御奉公可相勤躰無之ニ付、悴力之助家督被　仰付被下度旨申上、願之通無相違被　仰出、右何も於席申渡之、

一　花巻御給人 佐々木平治
同　権治

平治儀、老衰仕御奉公可相勤躰無之ニ付、悴権治家督被　仰付被下度旨申上、願之通無相違被　仰出、

一　同 伊藤百弥

血麻之症相煩、瘧癆相加折々眩暈卒倒仕、至て難治之症ニて此末一子出生之程難計、尤得快気御奉公可相勤躰無之付、弟百之助養子仕度旨申上、願之通被　仰付、何も御城代へ書状ヲ以申遣之、

一南部隼人殿より御附人菊池左内口上書を以御届被差出、左之通、

一　隼人殿御家来忠左衛門悴 亀ケ森松治

右は稽古筋之儀ニ付、葛西市右衛門へ御頼為御登被成候段、御届申上候様、隼人殿被仰付旨申出之、

一大槌御給人松本五郎兵衛先達て二男千蔵へ分地願之通被　仰付候付、右永代証文弐枚被下置、御目付を以御代官へ相渡之、

三ノ
十三日　晴

監物
典膳
宮内

一拾弐石三斗五升　　主殿
　　新渡戸益之助
親多門及末期、忰益之助十一歳罷成、未　御目見不申上候得共、
跡式被　仰付被下度旨申上、存生之内願之通無相違被　仰出、於
席申渡之、
一　　東野武右衛門
　　米内多蔵
米内新左衛門師範仕候心眼院剣術、此度牧田平馬師範仕候、依之
日影御門外御稽古場新左衛門拝借仕候通拝借仕度旨、平馬在江戸
ニ付、右両人より申上、願之通以御目付申渡之、
一　　福岡御給人　一条平作
曽祖父孫右衛門、福岡通御代官所福岡村、鳥越村、平糠村、似鳥
村、岩渕村、大簗村、坂本村、白鳥村、右八ケ村之内ニて新田高
拾五石、寛保二年願上被下置候所、一統御差支之儀有之、惣御給
地御通被成迄御預被成旨被　仰出候処、熟地ニ相成候場所、御定
目御礼銭之外、冥加金差上候ハ、本高ヘ御加ヘ被下置旨、去ル丑
ノ年就被　仰出候、前書八ケ村之内坂本村、白鳥村、鳥越村、似
鳥村、大簗村、福岡村、右六ケ村ニて拾五石程披立御座候間、御
序之節粗御検地御竿御通被成下度、尤御改之上、過高も御座候
ハ、御定目御礼金さし上可申候間、右過高共本高ヘ御加被成下度
旨、御代官末書を以申上、其筋為遂吟味、願之通御目付を以御代
官ヘ申渡之、

三ノ十四日　晴　　監物

一三駄弐人扶持　　典膳　宮内　主殿
　　郡山御与力　大崎栄治
親義蔵存生之内願之通、跡式無相違被　仰付、御代官ヘ書状を以
申遣之、

三ノ十五日　晴　　主殿

一観光院様御三十五日、御四十九日、御百ケ日迄之御法事、今日一
日於東禅寺御執行ニ付、御香奠御備　御代香監物相勤之、
一右ニ付、　上々様方御代香等之委細、御用掛別記ニ有之、
一右ニ付、　御城廻御役人服紗小袖上下、小役人継肩衣着用也、
一御寺詰御役人、熨斗目着用也、
一　　横井　隣
当春勤番登就被　仰付候、嫡子可乙二十八歳罷成候間、為見習江
戸表ヘ召連罷登度旨申出、願之通御目付を以申渡之、
一　　根守要之助
久々病気ニ付、産物吟味方御免被成下候度旨申出、願之通御目付
を以申渡之、
一　　福田弥五右衛門
当勤番登被　仰付、来ル廿九日出立被　仰付候所、当六十八歳罷
成老年之上、腰痛仕馬乗可仕躰無御さ候付、道中往来青駄御免被
成下度旨申出、願之通御目付を以申渡之、

三ノ
十六日　雨　　監物
典膳
宮内
主殿

一見前向中野通御代官当分被　仰付、御目付ヲ以申申(衍)渡之、　　大矢官治代 嶋森佐市

一於桜馬場御献上之御馬為見分仲間相越、尤主殿登　城并ニ退出後何も登　城也、
　但、雨天ニ付牽馬ニて遂見分之、

三ノ
十七日　晴　　監物
典膳
宮内
主殿

一当勤番登来月二日出立被　仰付候所、持病之痔疾指発、長途馬乗難相成候間、道中青駄ニて罷登度旨申上、願之通御目付を以申渡之、　　箱石八十八

一退身之忰文五郎儀、当二十八歳罷成候処、去年十月宮古御山役所へ為内代罷越候之節不快ニ付、文五郎為介抱召連罷越候之所、於同所同十二月九日与作罷出候処、夜ニ入罷帰り不申候付、内代より罷帰り候後、心当之所々相尋候内、御詮議筋有之ニ付、親類共之内御暇申上相尋候様御沙汰ニ付、親類猪川多継、三井三蔵、御境目通迄相尋候得共、行衛相知不申出奔仕候、依之向々如何様之義も難計、若立帰候歟居所相知候ハヽ、其節可申上旨訴出之、　　仙石与作

一差扣被　仰付、御目付へ申渡之、　　仙石与作

三ノ
十八日　雨　　監物
典膳
宮内
主殿

一居宅大沢河原裏北側住居罷有候所、日影御門外赤沢半左衛門と家屋敷取替住居仕旨、半左衛門よりも取替住居仕度旨申出、双方共願之通御目付を以申渡之、　　戸沢検校

一宮内方来ル廿九日出立罷登候付、新田目佐市弟末太当三十歳罷成、此者御軍役人数へ相加召連罷登候旨被相届候、佐市よりも訴出之、

一御使者給仕当分加被　仰付、　　新兵衛嫡子 蒔内長兵衛

一御用有之、宮古へ被遣旨被　仰出、何も御目付を以申渡之、　　御徒目付当分加 佐々木伊兵衛

三ノ
十九日　晴　　監物
典膳
宮内
主殿

一 由緒御用懸被　仰付、　表御目付・御目付兼帯 諏訪民司

一 屋敷御用懸被　仰付、　同人

一 御番割御用掛被　仰付、　御目付 長谷川源内

一 宗門御役御用掛被　仰付、右何も於席申渡之、　同 小向周右衛門

一 御目付所御物書当分加被　仰付、御目付を以申渡之、　治左衛門嫡子 一方井喜右衛門　与四郎嫡子 駒嶺民人

三ノ廿日　晴　典膳　宮内

一 来月十七日出立被　仰付、御目付を以申渡之、　南部丹波守殿御家老 川口弥兵衛
　但、水戸路罷登可申事、

一 右は正月中旬より病気罷有候処、尓今（今に）全快不仕、此節山帰来相用（人参脱）不申候得は不相成旨申候、依之右代料被下置度旨、中原武口上書を以申出、其筋為遂吟味、願之通弐朱被下旨、御用人中へ申渡之、　御厩小者 太郎八

一 御徒目付当分加被　仰付、御目付へ申渡之、　御徒 上田五兵衛　馬場牧弥

一 南部左衛門尉様為御参勤去ル十八日八戸表御発駕、昨十九日渋民御寓、今日爰元御昼休ニて八時六日町御仮屋へ御着ニ付、為伺御機嫌主殿罷出、此節御供御家老無之、御用人金田一作兵衛、江刺治右衛門御供ニ付、詰席へ相扣候処、治右衛門罷出候間、為伺御機嫌罷出候段申述候処、可申上旨挨拶引取、無間同人罷出御逢可被成旨申聞候間、直々罷出候処、御逢御意有之、白絹一主殿頂戴之、夫より御仮屋詰御用人、御町奉行、御門番、御者頭、御目付、御膳番、順々御逢有之、

一 前書有之候頂戴物ニ付、あなた御用人諸席へ呼出候処、作兵衛罷出候間、御逢被成下、殊ニ頂戴物仕難有旨御請之儀申述之、

一 左衛門尉様へ御小性日戸善兵衛を以御進物等被進、右御答礼あなたよりも宗七兵衛を以御進物来、於　御城取次之、委細御目付別記有之、

一 右ニ付、為御礼御使者　御城へ志和御代官長沢忠兵衛を以被仰遣之、

一 右御着ニ付、八戸御家老へ右之趣一里ニて遣之、

三ノ廿一日　晴　監物　典膳　宮内　主殿

一 聖寿寺　地蔵尊へ　御代参、宮内相勤之、

一 御年男当分被　仰付置候所、御免被成旨被　仰出、奉書を以申遣　御用人 下田物集女

之、
一　来月九日立被　仰付置候所、御延被成、同十六日立被　仰付、御
目付を以申渡之、　　　　　　　　　　御銅山方 工藤伊助

三ノ 廿二日（天候欠）

監物
典膳
宮内
主殿

一　　　　　　　　　　　　中村市之丞
宮古御山奉行当分被　仰付、御目付を以申渡之、
一　　　　　　　　　　　　北御野守 鳥谷岩之助
持病之疝積指発、其上脚気腫満之症差加、早俄取快気可仕病症無
之、御野馬見廻御用相勤兼候付、悴徳太郎当十五歳罷成候間、此
者御野馬役被　仰付被下度旨申出、願之通御用人中へ申渡之、

三ノ 廿三日　晴

監物
典膳
主殿

一　現米 四拾石　　　　　　日戸武一
親民弥及末期、悴武一十二歳罷成、未　御目見不申上候得共、跡
式被　仰付被下度旨申上、存生之内願之通無相違被　仰出、於席
申渡之、
一　　　　　　　　　　　　大槌御給人 貫洞安右衛門
其方弟佐市兵衛儀、近年御物入打続御勝手向御差支之趣奉恐察、
為寸志金子百五拾両指上度旨申上、御時節柄御用弁ニも至り奇特
之事付、御金方拾弐石被下置、所御給人ニ被　召出旨被　仰出、
御代官へ書状を以申遣之、
一　矢羽々喜兵衛へ被下候勤中証文、御目付を以相渡之、

三ノ 廿四日　晴

弥六郎
監物
典膳
宮内
主殿

一　　　　　　　　　　　　勤中御給人御徒目付 久慈庄左衛門
　　　　　　　　　　　　　工藤孝之助
庄左衛門儀、嫡子栄助病身ニ付、御用相立可申躰無御さ旨先達て
申上、外男子無之娘有之付、遠親類孝之助弟春司聟養子仕度旨申
上、双方願之通被　仰出候、於席申渡之、
一　　　　　　　　　　　　永田忠左衛門
廻御役直々本役被　仰付、於席申渡之、
一　　　　　　　　　　　　雫石中使 上野條助
　　　　　　　　　　　　　同　伝四郎
條助儀、久々痈積相煩、日頃ニ至癲癇之症罷成眩暈卒倒仕、難治
之症ニて全快御奉公可相勤躰無之付、悴伝四郎御番代被　仰付被
下度旨申上、願之通無相違被　仰付、以御目付御代官へ申渡之、
一　　　　　　　　　　　　野田藤馬

組御同心熊谷与右衛門、菅野栄助、泉沢清蔵と申者共、江戸表より囚人御下被成候ニ付宰領被　仰付罷下候所、於郡山駅取逃候之段難儀、申含方行届不申、恐入差扣願上候所、追て御沙汰有之迄不及其儀旨被　仰付置候所、弥不及差扣旨被　仰出、御目付共申渡之、

一　臼井並衛
就病気御者頭御免被成下度旨、再応申上、願之通御目付を以申渡之、

一　遊座善七
無調法故勝手不如意仕可相勤躰無之ニ付、花輪通御代官所之内折壁御番所御番人、来酉ノ二月より子ノ二月迄中年三ケ年定勤被　仰付被下度、尤願之通被　仰付候は手廻共ニ引越、右年数中如何様ニも勘略御奉公相勤可申旨申上、願之通御目付を以申渡之、

一　福岡御給人 小原津右衛門
無調法故勝手不如意仕御奉公可相勤躰無之付、毛馬内御代官所之内松山御番所御番人、当申ノ四月より戌ノ三月迄三ケ年中定勤被　仰付、手廻共引越相勤候様被成下度旨申上、願之通御目付を以御代官へ申渡之、

三ノ廿五日　晴

弥六郎
監物
典膳
宮内
主殿

一　御勝手方 信田文右衛門
於江戸表去冬已来厳敷御取締就被　仰出候、御調方被　仰付候所、右御用出精相勤、何角御省略向御規定ニ相成候廉も有之候段達御聴神明(妙)　思召候、依之御紋上下一巻、御目録金千疋被下置旨被　仰出、於席申渡之、

一御痛所被成御座、夏中も折々御足袋御用被成度、此段相伺候様修礼殿被　仰付候旨、御附人口上書を以申出、御伺之通附札ニて御目付を以申渡之、

一　御銅山方 工藤伊助
江戸勤中御銅山吟味役被　仰付、御目付を以申渡之、

一　橋野御山吟味役 織笠縫右衛門
工藤門治
産物吟味方兼帯被　仰付、

一　産物吟味方 千葉祐右衛門
橋野御山吟味役兼帯被　仰付、何も御目付を以申渡之、

一　村井儀右衛門
母昨廿四日より中風之症相煩、此節大病罷成難見放候間、附添介抱仕度旨、然処当春勤番登来月二日出立被　仰付、日数間も無之付、五日御暇被下度旨申出、願之通御目付を以申渡之、

三ノ廿六日　晴

弥六郎
監物
典膳
宮内

主殿

一　去年御中丸御番頭勤中壱ケ年皆勤神妙　思召候、依之　御言葉之御褒美被　仰出、
奥瀬対馬

一　去年迄二ケ年皆勤神妙　思召候、依之　御言葉之御褒美被　仰出、
御目付　小向周右衛門
表御目付・御目付兼帯　諏訪民司
御目付　毛馬内命助

一　去年壱ケ年皆勤、右同断、

一　去年迄三ケ年皆勤神妙　思召候、依之為御褒美御紋御上下一巻被下置旨被　仰出、
御勘定奉行　枥内瀬蔵

一　去年一ケ年皆勤神妙　思召候、依之　御言葉之御褒美被　仰出、
同　中里利左衛門
照井民右衛門

一　去年迄三十四ヶ年皆済ニ付、　御言葉之御褒美被　仰出、
御掃除坊主組頭一生之内御使者給仕格　大沼林斎

一　去年迄三十二ケ年皆勤ニ付、右同断、
兼平金平

一　去年迄三十一ケ年皆勤ニ付、右同断、
太田　備

一　去年迄三十ケ年皆勤ニ付、為御褒美一ケ年御米弐駄ツヽ一生之内被下置旨被　仰出、
下田官兵衛

一　去年迄二十五ケ年皆勤ニ付、為御褒美御目録金弐百疋ツヽ被下置旨被　仰出、
本堂安右衛門
一生之内組付御免御料理方　美濃部倉右衛門
御料理方　勝又勇右衛門
同並　高間館平八

一　去年迄二十五ケ年皆勤ニ付、右同断、
梅村源之丞

一　去年迄二十三ケ年皆勤ニ付、　御言葉之御褒美被　仰出、
平館与市
宮　清治

一　去年迄二十二ケ年皆勤ニ付、右同断、
遠藤善右衛門

一　去年迄二十ケ年皆勤ニ付、為御褒美巻御上下一具被下置旨被　仰出、
御料理方　種市五右衛門

一　去年迄二十ケ年皆勤ニ付、為御褒美石持木綿二反被下置旨被　仰出、
七戸庄蔵

一　去年迄十九ケ年皆勤ニ付、　御言葉之御褒美被　仰出、
梅内儀八郎
川野友之丞
鈴木三内

去年迄十七ケ年皆勤ニ付、右同断、

一
築田和喜右衛門
山崎佐五右衛門
太田勇作
去年迄十六ケ年皆勤ニ付、右同断、
一
江釣子官右衛門
栃内理平
岩間忠助
星川民太
去年迄十五ケ年皆勤ニ付、為御褒美御目録金弐百疋宛被下置旨
被　仰出、
一
志村善右衛門
鳥谷助右衛門
荒木田善助
欠端七蔵
今渕忠助
多田門之進
組付御免御料理方 室岡平兵衛
去年迄十四ケ年皆勤ニ付、　御言葉之御褒美被　仰出、
一
菊池作左衛門
服部安之進
長沢喜六
西嶋善左衛門
去年迄十三ケ年皆勤ニ付、右同断、
一
長沢益助

工藤佐五右衛門
飯岡冨右衛門
工藤喜兵衛
鴨沢金右衛門
櫛引九右衛門
(一脱)去年迄十二ケ年皆勤ニ付、右同断、
乳井権兵衛
白岩壮平
清水易人
下田隆助
鈴木佐蔵
御掃除坊主組頭一生之内御使者給仕格 鎌田久兵衛
一
去年迄十一ケ年皆勤ニ付、右同断、
釜沢八左衛門
五日市又右衛門
新藤理兵衛
斎藤銀助
鴨沢栄之進
星川勘助
一生之内御給人 長沢又作
組付御免御料理方平兵衛嫡子 室岡勇之丞
去年迄十ケ年皆勤ニ付、為御褒美巻御上下一具宛被下置旨被　仰
出、
一
御料理方 飯岡亭助

一　去年迄十ケ年皆勤ニ付、為御褒美石持木綿弐反被下置旨被　仰出、

美濃部周作
中川四郎兵衛
石井加藤治
川井定右衛門

一　去年迄九ケ年皆勤ニ付、　御言葉之御褒美被　仰出、

雫石佐蔵
手塚左次右衛門
豊巻忠右衛門
梅沢定七

(一脱)
去年迄八ケ年皆勤ニ付、右同断、

本館徳左衛門
本宿弥市平
田鑠内蔵丞
褻綿貢左衛門
堀切恵喜人
豊川又兵衛
六戸守衛
柴内勇左衛門
四戸伝右衛門
熊谷儀八
大森重右衛門
工藤弥三太
大岩守衛
名久井守太

一　去年迄七ケ年皆勤ニ付、右同断、

波岡定治
石橋五右衛門
上領和喜右衛門
舟越伊三郎
又重寿平
久慈角巳
杉村小七郎
長谷川官助
高屋冨之進
高橋万左衛門
高橋十郎左衛門
百岡権四郎
冨沢忠右衛門
工藤蚊平太
七戸辰之進

一　去年迄六ケ年皆勤ニ付、右同断、

川守田多右衛門
松田弥兵衛
田鍍和助
伊藤賀左衛門
村井儀右衛門
岩館与五左衛門

多田清左衛門
工藤良助
長沢和七
長沢文助
野辺地勇之進
松岡茂市兵衛

去年迄五ケ年皆勤ニ付、為御褒美御目録金弐百疋宛被下置旨被
仰出、

一　御勘定方 杉村兵蔵

去年迄五ケ年皆勤ニ付、為御褒美御目録金弐百疋被下置旨被　仰
出、

一　御徒目付 照井栄左衛門

去年迄五ケ年皆勤ニ付、右同断、

一　御徒頭 松岡源治

預御徒頭晴山勘左衛門儀、去年迄二十ケ年皆勤ニ付、為御褒美御
目録金百疋被下置旨被　仰出、

一　同人

預御徒下田治兵衛儀、去年迄二十ケ年皆勤ニ付、為御褒美御目録
金三百疋被下置旨被　仰出、

一　同 鈴木　怡

預御徒苦米地忠七儀、去年迄二十ケ年皆勤ニ付、為御褒美御目録
金三百疋被下置旨被　仰出、

一　同 杉田左中太

預御徒小頭石井善兵衛儀、去年迄二十ケ年皆勤ニ付、為御褒美御
目録金三百疋被下置旨被　仰出、

一　同人

預御徒大巻八十郎、田鍍武兵衛、久慈豊治(トヨジ)儀、去年迄十ケ年皆勤
ニ付、為御褒美御目録金弐百疋ツヽ、被下置旨被　仰出、

一　同 栃内与兵衛

預御徒御徒目付当分加馬場紋弥儀、去年迄十ケ年皆勤ニ付、為御
褒美御目録金弐百疋被下置旨被　仰出、

一　御徒頭

預御徒皆勤之者共、御言葉之御褒美被　仰出、

一　御勘定奉行

支配御勘定方皆勤之者共、御言葉之御褒美被　仰出、

一　御膳番

支配御料理方皆勤之者共、御言葉之御褒美被　仰出、右何も於
席申渡之、

一四ケ年より一ケ年迄皆勤之者共、於柳之間一統申渡、尤御用当
番・病気・指合之者ハ追て申渡之、

一御痛所被成御座、夏中も折々御足袋御用被成度旨相伺候様、左京
殿被仰付候間、御附人口上書を以申出、御伺之通附札ニて御目付
を以申渡之、

一　勤中御給人御徒目付 久慈庄左衛門

来月四日立被　仰付置候所、御用有之、来ル廿八日出立被　仰付、
御目付を以申渡之、

一葛甚之助弟歓治、当二十六才罷成候所、去ル十五日与風(ふと)罷出罷帰
不申候付、其節御内々御届申上置、心当之所々色々相尋候得共行

衛相知不申、出奔仕候旨甚之助訴出之、

三ノ
廿七日　晴

弥六郎
監物
典膳
宮内
主殿

一御痛所被成御座候付、夏中も折々御足袋御用被成度旨隼人殿被仰付旨、御附人口上書を以申出、御伺之通御目付を以申渡之、

一
南部筑後
南部彦六郎
桜庭十郎右衛門
八戸上総
内堀大隅
下田将監
漆戸織衛
下田右門
新渡戸図書
野田伊予
黒沢大学
向井英馬
山本左内
岩間丹下

畳跐有之折々腫痛仕候付、夏中も足袋相用度旨申出、

一嫡子彼面儀、右同断、
八戸上総

一嫡子伊賀之助、右同断申上、
内堀大隅

一嫡子良之助、右同断申上、
下田右門

一嫡子式部、右同断申上、何も願之通、家来呼上大目付を以申渡之、
黒沢大学

毛馬内六郎
辛　津門
中野要人
中野兵衛
足沢円右衛門
中野宇門
横田右仲
池田　貢
四戸甚之丞
村瀬司作
中山左久馬
松岡七郎
戸来金十郎
渡部丹治
塩川浅右衛門
岩間左次平

野田司馬
奥瀬小八郎
木村与市
鴨沢　舎
生方藤九郎
松岡八左衛門
野田藤馬
大萱生求馬
伊東繁左衛門
八木橋市郎
野々村三十郎
藤田　務
中村森太
上田助之進
太田忠太
桐生源左衛門
玉山小七郎
藤村　昌
中村庄兵衛
簗田平学
中村東馬
赤沢半左衛門
坂本栄馬
切田牧人

痛所有之ニ付、夏中も足袋相用申度旨申上、

一

久慈常作
岩館右門
野田左司
栃内与左衛門
佐羽内九郎治
久慈淡人
川嶋杢左衛門
長内良右衛門
長谷川源内
本堂右内
諏訪民司
毛馬内命助
服部左織
立花源吾
花わ（輪）栄
浦上彼面
小向周右衛門
大矢勇太
太田甚内
岡田金左衛門
栃内瀬蔵
北村清助
中里判左衛門

右同断申上、何も願之通御目付を以申渡之、

毛馬内典膳

一　嫡子蔵人、嫡孫左門儀、畳跙有之腫痛仕候付、夏中も痛有之節は足袋為相用度旨申上、願之通詰合ニ付於席申達之、

三ノ
廿八日　晴　弥六郎
監物
典膳
宮内
主殿

一御痛所被成御座、夏中も折々御足袋御用被成度旨御伺、雅楽助殿、左近殿御附人口上書を以申出、御伺之通御目付を以御附人へ申渡之、

一　中野靭負
三上勘九郎
中野三蔵
八戸民之助

痛所有之付、夏中も足袋相用申度旨申上、

一　日戸右内
永田忠左衛門
新渡戸八郎

右同断申上、何も願之通、御目付を以申渡之、

一　瀬川右平太

親隠居甚平儀、知行所八幡寺林通御代官所之内西宮野目村へ罷越居度旨望候付、暫之内差遣度旨申上、願之通御目付を以申渡之、

一天量院様御消(祥)月ニ付、聖寿寺へ御香奠御備、御代香監物相勤之、

一　藤枝宮内

嫡子内記儀、畳跙有之腫痛仕候ニ付、痛有之節は夏中も足袋為相用度旨申上、

一　南部主殿

嫡子中務儀、右同断申上、何も詰合付申達之、

三ノ
廿九日　晴　監物
典膳
主殿

一宮内方今朝出立ニ付、添状昨日於席相渡之、

一　村木多喜太
奥山弥七

去年迄御稽古場へ三ケ年皆出席ニ付、御言葉之御褒美被　仰出、

一　横田藤助

去年御稽古場へ皆出席ニ付、右同断、

一　上関作兵衛

去年迄御稽古場へ十一年皆出席ニ付、　御言葉之御褒美被　仰出、

一　一条佐兵衛
石井軍蔵
佐々木周蔵
鈴木小市

去年御稽古場へ皆出席ニ付、右同断、

一 去年迄御稽古場へ十五ヶ年皆出席ニ付、為御褒美鉛被下置旨被
仰出、

寄木左弥太門弟同人嫡子
寄木左五郎

一 去年迄御稽古場へ十五年皆出席ニ付、為御褒美縞木綿二反被下置
旨被（二脱）仰出、

野沢続門弟同人嫡子
野沢与九郎

一 去年迄御稽古場へ五ヶ年皆出席ニ付、為御褒美しない皮弐枚宛被
下置旨被 仰出、

四戸銀左衛門門弟野左衛門四男
石井平太
良平二男
中嶋仁助
野々村円蔵門弟判左衛門嫡子
中里宮人
惣左衛門嫡子
鈴木貞作
八木沢木八門弟御徒喜右衛門弟
山口喜代助
木八弟
八木沢幸助
清九郎嫡子
中原千弥

一 去年迄御稽古場へ五ヶ年皆出席ニ付、為御褒美竹刀弐本宛被下置
旨被（二脱）仰出、

佐羽内九郎治門弟武嫡子
中原　恵
村松権大郎門弟続嫡子
工藤弓蔵
石井軍蔵門弟柵野右衛門嫡子
冨田喜代助

去年迄御稽古場へ五ヶ年皆出席ニ付、為御褒美縞木綿弐反宛被下
置旨被 仰出、右何も於席申渡之、喜代助儀は御徒頭召連罷出、
於席申渡之、

一 大槌御給人貫洞佐市兵衛へ被下候永代証文、御目付を以御代官へ
相渡之、

一　　檜山帯刀
　　桜庭兵庫
　　奥瀬内蔵
　　毛馬内美濃

畳胝有之腫痛仕候付、痛有之節は夏中も足袋相用度旨申上、

一　　奥瀬対馬

右同断、

一　　同人

嫡子大和、右同断申上、何も足袋用可被申旨、附札ニて大目付を
以申渡之、

一　　桜庭兵庫

嫡子肥後、右同断、

四月朔日　晴

弥六郎
監物
典膳
主膳

一　　中野舎人

足ニ痛所有之候間、不出来候節は、夏中も足袋相用度旨申出、足
袋用可申旨、附札ニて御目付を以申渡之、

一　　石亀加治馬
　　村木清左衛門
　　下斗米平四郎

痛所有之ニ付、夏中も足袋相用度旨申出、願之通御目付を以申渡
之、

一 御領分中惣御山御用懸り被　仰付、

御勘定奉行
岡田金左衛門

一 万所御用懸り被　仰付、於席申渡之、

同
中里判左衛門

四ノ
二日　晴

弥六郎
監物
典膳
主殿

一新御屋敷御庭植木御入用小松五拾本、手寄御山ニて御差支無之御
場所より為御賦被成度、左京殿御附人口上書を以申出、其砌為遂
吟味、東中野村小長嶺御山ニて御願之通、御目付を以御附人ヘ申
渡之、

一

新渡戸図書

屋敷之内ニ有之候榾三本、根上り朽木ニ罷成、風雨之節危御座候
間、為剪取度旨申出、伺之通家来呼上、大目付を以申渡之、

四ノ
三日　晴

弥六郎
監物
典膳
主殿

一三石

田名部御与力
工藤孝之助

親八兵衛及末期、忰孝之助十歳罷成、未　御目見不申上候得共、御
跡式被　仰付被下度旨申上、存生之内願之通無相違被　仰付、御
代官ヘ書状を以申遣之、

四ノ
四日　晴

弥六郎
監物
典膳
主殿

四ノ
五日　曇

弥六郎
監物
典膳

一養源院様御忌日ニ付、聖寿寺ヘ　御代香弥六郎相勤之、　義徳院
様御忌日ニ付、東禅寺ヘ　御代香同人相勤之、

一

御雇御勘定方
伊藤長兵衛
御勘定方
杉村兵蔵

右は厨川通下厨川村之内から堤と申所畑ニ披立仕度旨、同村源太、
長九郎、源十郎、文化十四年［(虫損)］願之通被　仰付置候所、熟地
ニ至候間、御改之上御高役被　仰付被下置度旨願出候由、時節も
宜御座候間、来ル七日為御検地右両人被遣、御改之上当年より御
高役被　仰付候様仕度旨、御勘定奉行申出、伺之通申渡之、

一

田名部御給人
熊谷又右衛門

就病気桧御山吟味方当分被　仰付置候所、願之通御免被成旨、御
目付ヘ申渡之、

四ノ
六日　晴

弥六郎
監物
典膳
主殿

一　駒嶺福松
兄喜弥太無調法之儀有之、隠居被　仰付候所、一子無之付、名跡之儀親類共より願上候様被　仰付候所、喜弥太弟福松二十歳罷成有之候間、此者名跡被　仰付被下度旨申上、御憐愍を以其方相続無相違被　仰付、
右之通今朝典膳於［（虫損）］御目付壱人、御徒目付壱人、御［（虫損）］壱人相詰也、

一　佐々木甚兵衛
拾五駄三人扶持
親孫右衛門存生之内願之通、跡式無相違被　仰出、於席申渡之、

一　花巻御役医
佐［（虫損）］
嫡子久益儀、医学稽古罷有候得共、未熟ニ付、手前物入を以江戸表へ為差登、医術執行為仕度、依之当申ノ四月より戌ノ十一月迄三ケ年中御暇被下度、師家之儀は入門仕候ハヽ、於江戸表可申上、且稽古中臨時物入出来仕共、諸拝借金等決て奉願上間敷旨申上、願之通被　仰付、御城代へ書状を以申遣之、

一　鬼柳黒沢尻通御与力
［（虫損）］
文政五年黒沢尻通御代官所藤根村ニて新田野竿高弐拾一石三斗四升九合被下置度旨申上、願之通被　仰付、御改之上野竿御証文被下置、披立年数中御座候得共、猶又鬼柳黒沢尻通御代官所下江釣子村、長沼村、上江釣子村、□□（虫損）村、右四ケ村之内ニて新田野竿高□（虫損）拾五石五斗被下置度、尤御礼銭之儀は御定目之通指上可申、披立之儀ハ当申ノ年より寅ノ年迄七ケ年中被　仰付、且披揃之上過高も御座候ハヽ、是亦御礼金指上可申候間、過高共ニ被下置、被下来候拾石并去々年被下置候野竿高へ御加被成下度旨申上、願之通被　仰付、右野竿高披立御改之上、本身帯へ御加被成下旨被　仰付、御代官へ書状を以申遣［（虫損）］、

一　御雇御勘定方
久志野助
払方御金奉行当分加御免被成旨被　仰出、御目付を以申渡之、

四ノ
七日　晴

弥六郎
監物
典膳
主殿

一　下条甚蔵
門弟鉄炮星入稽古為仕度、依て杉山御星場四月より七月七日迄拝借仕度、願之通被　仰付被下置候ハヽ、百目御鉄炮壱挺、五十目同壱挺、弐拾目同壱挺、拾匁同弐挺、六匁同弐挺、四匁同弐挺、右何も御鋳形共ニ稽古中拝借仕度旨申出、

一　大村源五郎
右同断ニ付、杉山御星場四月より六月中拝借仕度、願之通被　仰付候ハヽ、御鉄炮前書同断、稽古中御鋳形とも拝借仕度旨申上、何

も願之通御目付を以申渡之、

一　　　　　　　　　　　　　　　　　　福岡住居
　　　　　　　　　　　　　　　　　　下斗米直七
於御所御用ニ相立申度、養父英司兼て杉植立指上申度、追々仕立置候杉苗七万程御座候付、当申ノ年より子ノ年迄五ケ年中、自分物入を以植立指上申度、尤植立相済候ハヽ、御改之上三ケ一通御山守共へ為御手当被下置度旨、植立御山所等之儀共ニ委細口上書を以申出、其筋為遂吟味、願之通御目付を以申渡之、

一　　　　　　　　　　　　　　　　　　南部監物
屋敷書院前ニ有之候樅古木、根上り相成候付、剪取被申度旨口上ニて被申聞候間、勝手次第剪取被申候様、詰合ニ付直々申達、其旨御目付へも申知之、

四ノ八日　曇
　　　　弥六郎
　　　　監物
　　　　典膳
　　　　主膳

一　　　　　　　　　　　　　　　　　　佐藤市之進
無調法故勝手不如意仕、相続御奉公可相勤躰無御座迷惑至極奉存候付、内々為倹約知行所安俵通御代官所十二ケ村へ当申ノ年より戌ノ年迄三ケ年中、手廻共計差遣置度旨申上、願之通被　仰付、御目付を以申渡之、

一　　　　　　　　　　　　　　　　　　奥御医師
　　　　　　　　　　　　　　　　　　坂井徳泉
勤番登被　仰付、於席申渡之、
但、支度出来次第出立被　仰付、御目付を以申渡之、

一光樹院様・雅姫様御儀、少々御不快被成御座、御熱気も被為在候所、御麻疹御模様御見得被成、奥御医師共相伺候所、御麻疹御治定被成、追々御順も御宜、御食量も御相応ニ被　召上、至て御軽キ御事ニ被為　入候段、先月廿三日御附役申出候段、御用人申出候旨、御用状申来之、
右之趣、玉芳院様へハ御側御用人へ書付相渡申上之、御家門衆へハ御目付へ書付相渡申上之、御役人ともへも申渡之、
一右ニ付、御二方様為伺御容躰、御用人・御勘定奉行已上御役人、平服ニて席へ罷出申上候、

四ノ九日　晴
　　　　弥六郎
　　　　監物
　　　　典膳

一拾九石弐斗八升六合　　　　　　　　　　四戸三平
　内弐人扶持
親銀左衛門存生之内願之通跡式無相違被　仰出、於席申渡之、

四ノ十日　晴
　　　　監物
　　　　典膳

一　　　　　　　　　　　　　　　　　　嶋森佐市
見前向中野通御代官本役被　仰付、於席申渡之、

一　　　　　　　　　　　　　　　　　　川村勇右衛門
　　　　　　　　　　　　　　　　　　同　保平
勇右衛門儀、老衰之上起居不自由罷成、御奉公可相勤躰無之付、

忰保平家督被　仰付被下度旨申上、願之通無相違被　仰出、

一　種子小太郎
　中里判左衛門
小太郎儀、嫡子孫九郎病身ニ付、末々御用可相立躰無之旨、先達て御訴申上、外男子無之娘有之ニ付、遠親類判左衛門三男繁吾聟養子仕度旨申上、双方願之通被　仰出、何も於席申渡之、

一　花巻御給人　小原専五郎
　同　猪去主蔵
専五郎儀、男子無之娘有之付、遠親類同所御給人主蔵三男勇八聟養子仕度旨申上、双方願之通被　仰付、御城代へ書状を以申遣之、

一　宮古御役医　刈屋元祐
　医師　木村泰順
元祐儀、男子無之娘有之付、遠親類泰順伯父三悦聟養子仕度旨申上、双方願之通被　仰付、御代官へ書状ヲ以申遣之、泰順儀ハ於席申渡之、

一　四戸銀左衛門門弟　四戸三平
去年迄御稽古場へ五ケ年皆出席ニ付、為御褒美しない皮弐枚被下置旨被　仰出、於席申渡之、

一　奥瀬内蔵
此度　御帰国御使者登被　仰付候処、家来とも道中筋不案内之者共計御座候間、御同心二人拝借被　仰付被下度旨、口上書を以申出、願之通家来呼上、大目付を以申渡之、

一　立花源吾
勤筋不吟味之儀有之、恐入差扣願上、追て御沙汰有之迄不及其儀旨被　仰付置候処、願之通差扣被　仰付、

一　工藤文助
毛馬内通御代官御用物并御金銭、石亀七左衛門へ引渡之儀ニ付、御代官所へ往返有之延引仕候儀、兼て可申上置候所無其儀、引渡御訴及延引候段、恐入差扣願上、追て御沙汰有之迄不及其儀旨被　仰付置候所、願之通差扣被　仰付、

一　信田文右衛門
御作事奉行御用被　仰付候内、御時節柄被　仰含候御趣意も有之候所、取扱行届不申恐入、於江戸表差扣願上、追て御沙汰迄不及其儀旨被　仰付置候所、願之通差扣被　仰付、何も御目付へ申渡之、

一右ニ付、源吾・文助・文右衛門親類共、恐入差扣願出候之所、不及其儀旨御目付へ申渡之、

四ノ十一日　晴　監物　典膳

一現米百三拾石　中野順治
　内五人扶持
親専右衛門存生之内願之通、跡式無相違被　仰出、於席申渡之、

四ノ十二日　曇　監物　典膳

一六駄弐人扶持　大光寺鹿之助
養父定右衛門及末期、男子無之娘有之ニ付、遠親類松田又右衛門弟鹿之助聟養子仕度旨願上置候、此者聟名跡被　仰付被下度旨申

一　上、存生之内願之通其方跡式無相違被　仰付、於席申渡之、

聖寿寺
東禅寺
法泉寺

一　去月十五日、　観光院様御三十五日、御四十九日、御百ケ日迄之
御法事御執行ニ付、為御功徳御咎之者別紙之通御赦免被成旨被
仰出、於席申渡之、右面付寺社御奉行を以て申見之、

七郎右衛門悴
袴田源之助

一　先達て無調法之儀有之、親七郎右衛門ヘ御預逼塞被　仰付置候
所、　観光院様御三十五日、御四十九日、御百ケ日迄之御法事御
執行被成候付、為御功徳御免被成旨被　仰出、

同人娘
もよ

一　先達て無調法之儀有之、親七郎右衛門ヘ御預慎被　仰付置候所、
右同断、

良助二男
鈴木喜代人

一　先達て無調法之儀有之、親良助ヘ御預逼塞被　仰付置候所、右同
断、

下条甚蔵預御徒弥三郎兵衛弟
池田喜六

一　先達て無調法之儀有之、兄弥三郎兵衛ヘ逼塞被　仰付置候処、右
同断、

大槌通小槌村
武右衛門

一　先達て無調法之儀有之、沼宮内ヘ御追放被　仰付置候所、右同断、
御免被成、他村出御差留被成之、

八幡丁清太子
清助

一　先達て無調法之儀有之、沼宮内ヘ御追放被　仰付置候所、右同断
ニ付御免被成、町出御差留被成之、

山岸丁
竹松

一　先達て無調法之儀有之、大迫ヘ御追放被　仰付置候所、右同断ニ
付御免被成之、

仙北丁佐七子
兼松

一　先達て無調法之儀有之、御鷹野場住居御構被成候所、右同断、

鬼柳通上鬼柳村
茂助

一　先達て無調法之儀有之、黒沢尻遠村ヘ御追放被　仰付置候所、右
同断、

黒沢尻通北鬼柳村
安之助

一　先達て無調法之儀有之、鬼柳通遠村ヘ御追放被　仰付置候所、右
同断、

雫石通南畑村御蔵入忠之丞子
豊松

一　先達て無調法之儀有之、沼宮内ヘ御追放被　仰付置候所、右同断
ニ付御免被成之、他村出御差留被成之、

一　右何も寺社御奉行・御目付ヘ申渡之、右書付御用人ヘも為見之、

立花源吾
工藤文助
信田文右衛門

指扣御免被成旨被　仰出、御目付ヘ申渡之、

四ノ
十三日　雨

監物
典膳

一（衍）
一岩崎新御番所御番人　石橋五右衛門 七戸由人 代 猿橋野右衛門
三上兵左衛門
一黒沢尻物留御番所御番人　岩泉伝内 高橋五助 代 戸来杢左衛門
石橋五右衛門
一雫石橋場御番所御番人　赤沢儀兵衛 上野久馬 代 栃内兵右衛門
山屋健之助
一赤羽根御番所御番人　長谷川官助 久慈多喜人 代 立花瀧人
梅沢勝兵衛
一鮎貝御番所御番人　戸来順右衛門 小本惣右衛門 代 接待守助
重茂半左衛門
一遊井名田御番所御番人　藤井孫右衛門 佐々木喜代太 代 佐々木忠右衛門
山口伝右衛門
一閉伊田御番所御番人　厨川弓太 太田門蔵 代 東　伝作
鳥谷助右衛門
一小繋御番所御番人　杉村小七郎 中村広太 代 舟越伊三郎
江刺家九蔵
一熊沢御番所御番人　重茂源十郎 市村伊八郎 代 佐藤　茂
大森幸助
右之通御番割御用懸り御目付伺出、伺之通附札ニて申渡之、
一　豊巻忠右衛門
隼人殿より菊輪之内九曜御紋御袷壱ツ頂戴仕候付、着用仕度旨申出、願之通御目付を以申渡之、
一　宮　理七
修礼殿より菊輪之内九曜御紋御上下一具頂戴仕候付、着用仕度旨申出、右同断、
一玉芳院様御附役大槌直記儀、観光院様御卒去ニ付、従　玉芳院様　屋形様・上々様方へ御悔并御朦中御見舞御使者登被　仰付、為御登被成候所、右相済御下被成今日着、添状来之、
一直記へ此度　観光院様御位牌御預御下被成候所、前後も相見得候付、着候ハヽ直々東禅寺へ相納候様為申含指下申候旨、御用状申来之、寺社御奉行へも申渡之、

四ノ
十四日　曇風　監物
典膳

一　御徒 米内織右衛門
田中館伝蔵
御徒目付当分加被　仰付、御目付へ申渡之、
一　工藤快助
修礼殿より菊輪九曜御上下一具頂戴仕候付、着用仕度旨申上、

一　北村銀治
弟喜代太当二十二歳罷成候所、堀江九右衛門去年八月罷登候節、御軍役人数へ相加為差登候付、其節御訴申上候、然所去月廿八日於江戸表出奔仕候付、九右衛門より御訴申上候旨申来候付、銀治よりも訴出之、

一観光院様二月十六日御忌日之所、已来御正命日同十二日御直被成旨、御用状申来候付、右書取を以　玉芳院様へ御側御用人へ相渡申上、御家門衆へは御目付を以御附人へ申渡申上之、御役人ともへも申渡之、

四ノ十五日　晴　弥六郎
監物
典膳

一神鼎院様御忌日ニ付、聖寿寺へ　御代香監物相勤之、

一　根守忠之進
御雇御鷹匠当分加御免被成旨被　仰出、御目付を以申渡之、

一　奥御医師 坂井徳泉
明後十七日出立被　仰付、御目付を以申渡之、
但、水戸路罷登可申事、

一　宮　守之助
明後十七日出立被　仰付、御目付を以申渡之、
但、水戸路罷登可申事、

四ノ十六日　曇　弥六郎
監物
典膳
主殿

一　関　新兵衛
四戸銀左衛門師範仕候心眼流剣術、此度私師範仕候間、日影御門外御稽古場銀左衛門拝借仕候通、直々拝借仕度旨、願之通御目付を以申渡之、

一　奥御医師 坂井徳泉
当勤番登被　仰付候所、不如意ニて出立及兼候ニ付、曽祖父元達代御差紙療治被　仰付候、御薬種代被下残り四百弐拾貫文余御座候内、何程成共被下置度旨申出、三拾貫文被下置旨、御目付を以申渡之、

四ノ十七日　小雨　弥六郎
監物
典膳
主殿

一左京殿御家来漆戸兵左衛門、後妻根井沢勇蔵妹、縁組仕度旨、御
(衍)一
附人口上書を以申出、御伺之通御目付を以御附人へ申渡之、

四ノ十八日　晴　弥六郎
監物
典膳

主殿　奥瀬小八郎

一　母兼て病身之処、此方大病罷成難見放候之間、附添介抱此度十日之御暇被下度旨申上、願之通御日付を以申渡之、

四ノ十九日　晴

監物
典膳
主殿

毛馬内御給人
関　熊之助へ

被　仰渡

其方儀、去年被　召出、於柴内村肝入勤中文政四年十二月、秋田出生之由三郎と申者、不始末ニ柴内村へ罷越、同村臼井並衛召仕金沢理右衛門方へ落着、同村出石宮之助百性孫市方へ竃立致候ニ付、其節理右衛門并孫市へも他領者差置申間布（敷）旨申達候得共、同村毛馬内美濃家来瀬田石壮方ニ致借宅候砌は百性ニ無之故、不申談差置候段、縦令壮義、高知之家来ニても柴内村中之儀ゆへ差置不申様談合方も可有之処、無其儀不行届ニ付、御御（衍）咎被成方も有之候得共、以御憐愍指扣被　仰付者也、

月　日

（記事上余白に注記）
三日差扣被仰付、

毛馬内美濃家来
瀬田石壮

右は毛馬内通柴内村住居罷有、文政五年三月美濃屋敷へ罷出留守之処へ秋田出生之由三郎と申者度々罷越、永キ事ニは無之候間宅貸呉候様、手廻共へ致無心候付、一ト間貸置去年四月罷帰候所、猶又細工有之内計差置呉候様申候付、同年六月迄其侭差置候旨申上候、他領者不始末宅貸逗留為致置候段不埒ニ付、被　仰付様も有之候得共、御慈悲を以慎御免被成、向後万端相慎可申旨被　仰付候間、右之段可被申渡候、

五月九日

（記事上余白に注記）
廿日慎被　仰付、向後之義被　仰含、

臼井並衛召仕役人
金沢理右衛門

右は毛馬内通柴内村並衛知行所住居之処、文政四年十二月役銭取立ニ罷出留主（守）之跡へ秋田出生之由三郎と申者参候て、手廻共へ宿致無心候旨ニて留置候処へ罷帰、月迫故留置候儀如何之旨申向候所、来春迄待呉候様申候付、同村出石宮之助百性孫市へ相頼、借宅逗留為致候旨申上候、他領者不始末ニ差置候段不埒ニ付被　仰付方も有之候得共、御慈悲を以慎御免被成候条、向後万端相慎可申旨被　仰付候間、右之段可被申渡之、

五月九日

（記事上余白に注記）
廿日慎、向後之義被　仰含、

毛馬内通柴内村出石宮之助百性
孫市へ

被　仰渡

其方儀、秋田出生之由三郎と申者へ雪消迄宅貸呉候様臼井並衛召仕金沢理右衛門相頼候間、後々面倒成事有之候ては如何之旨申候処、迷惑ニは相懸不申趣ニ付差置候内、肝入より他領者差置申間敷旨被申向候付、為引取候旨申上候、他領者不始末宅へ差置逗留為致候段不埒ニ付、被　仰付方も有之候得共、理右衛門請合候事故、宜敷儀と心得違、肝入より被申達候所ニて為引取候と相聞得

候間、御慈悲を以慎御免被成候条、向後万端相慎可申者也、

月　日　　　　　　　　　　　　五戸通新町
　　　　　　　　　　　　　　　源蔵へ
　　　　　　　　　　　　　　　　　被　仰渡

(記事上余白に注記)
此上十日慎、

其方儀、秋田出生之由三郎と申者、銅屋商売致候者故、見習渡世致度、兼て摺磨手伝等いたし懇意ニ付、文政四年右三郎八戸御領名久井村ニ居候儀承り罷越候処、毛馬内通へ参申間敷哉之旨、同人申候間、細工見習申度、同年十二月同道ニて毛馬内通柴内村へ罷越、臼井並衛召仕金沢理右衛門方へ落着、同村毛馬内美濃家来瀬田石壮宅三郎借候付、同五年三月迄細工等手伝同居いたし候旨申上候、他領者と心得不始末ニ同居罷有候段無調法ニ付、被　仰付方も有之候得共、御慈悲を以慎御免被成候条、向後万端相慎可申者也、

月　日　　　　　　　　　　　　毛馬内通小平村
　　　　　　　　　　　　　　　吉之助へ
　　　　　　　　　　　　　　　　　被　仰渡

(記事上余白に注記)
同五日、

其方儀、秋田出生之由、名元ハ心得不申候得共、銅屋渡世致候者、柴内村毛馬内美濃家来瀬田石壮宅之内借居候砌、文政五年正月同村与之助方へ参候序ニ壮方へ立寄、右銅屋と其節初て出会、三月頃三四度参候節、弟子ニ相成候筈ニて針鉄細工致稽古候趣申合、同年五月頃迄度々罷越候内、鉄物之摺磨手伝いたし候得共、埒明不申相止候得は、外ニ稽古は勿論手伝も不致候旨申上候、不始末ニ住居罷有候他領者、名元も相心得不申懇意いたし、弟子相成候筈申合候段不心得ニ付、御咎被成方も有之候得共、御慈悲を以揚屋入御免被成候条、向後万端相慎可申者也、

月　日　　　　　　　　　　　　宮古通豊間根村
　　　　　　　　　　　　　　　伊六へ
　　　　　　　　　　　　　　　　　被　仰渡

其方儀、重茂村孫之助釜子加平治と申者へ兼て雑穀貸置候付、当正月右代料取立ニ罷越候所、金銭ニて取呉候様申候ニ付、蜜(密)塩四駄片馬請取差置候段、兼て御沙汰被成置候御趣意ニ相応不申不埒ニ付、被　仰付方も有之候得共、御慈悲を以右塩御取上過料銭被　仰付、慎御免被成候条、向後万端相慎可申者也、

月　日　　　　　　　　　　　　同通重茂村孫之助釜子同村
　　　　　　　　　　　　　　　加平治へ
　　　　　　　　　　　　　　　　　被　仰渡

其方儀、豊間根村伊六より兼て雑穀借置、当正月伊六取立ニ罷越候所、其方困窮ニて右代料返済致兼候付、塩ニて取呉候様申候て候て(衍)、蜜(密)塩四駄片馬相渡候段、兼て御沙汰被成置候御趣意取失ひ不埒ニ付、被　仰付方も有之候得共、御慈悲を以過料銭御取上慎御免被成候条、向後万端相慎可申者也、

月(マヽ)

右之通御片付、公事懸御役人共評定、伺之通申渡之、

(記事上余白に注記)
五貫文ツヽ、

四ノ
廿日　晴　　　　弥六郎

監物
典膳
主殿

御金方
一拾弐石　　野辺地御給人
野坂忠蔵

養父幸之丞及末期、一子無之付、弟忠蔵二十九歳罷成養子願上置候、此者名跡被　仰付被下度旨申上、存生之内願之通、其方跡式無相違被　仰付、御代官へ書状を以申遣之、

一　　毛馬内六郎

勝手不如意仕、相続御奉公可仕躰無之ニ付、内々為勘略当申ノ年より子ノ年迄五ケ年中、雫石通御代官所之内知行所長山村へ手廻共指遣置、私并嫡子彦治儀は本宅ニ罷有、諸事取締相続御奉公仕度旨申出、願之通御目付を以申渡之、

中村森太組御長柄之者
長助へ
被　仰渡

其方儀、去月三日夜中仲間長右衛門方へ罷越酒得振廻、夜四時過女房召連罷帰候節、四家丁ニて諸士之手廻へ行違候節、供之者へ行当候処より取合仕、酒犯之上、往来を妨市中を騒、御奉公人ニも不似合不埒之上、兼て行跡不宜旨相聞得候ニ付、猶御糺之上御咎被成方も有之候得共、以御慈悲御扶持被　召放、御城下住居御構被成者也、

月　日

中村森太組御長柄之者
長右衛門
益助へ
被　仰渡

其方共儀、去月三日夜中、於市中諸士之手廻供之者へ両人ニて理不尽ニ致打擲候旨相聞得、被成御吟味候所、長右衛門宅ニて仲間長助一所ニ酒給候上、夜四時過長助夫婦連ニて罷帰候処、同人女房立帰候て、夫長助四家丁ニて諸士手廻へ致慮外候付、被切居候間、助ケ呉候様申候と承違駆着、右供之者、其方共致打擲候趣、弥被切候と承候ハヽ、致方も可有之候所無其儀、酒犯之上市中を騒候義、御奉公人ニ不似合不埒之上、兼々行跡不宜旨相聞得候、依之御糺之上被　仰付様も有之候得共、御慈悲を以御扶持被　召放、　御城下并御鷹野場住居御構被成者也、

月　日

右之通御片付、公事懸御役人共伺之通申渡之、

四ノ
廿一日　晴

監物
典膳
主殿

一聖寿寺　地蔵尊へ今朝　御代参、弥六郎相勤之、

一　　寄木左弥太

門弟鉄炮星入稽古為仕度旨、杉山御星場四月より七月迄拝借仕度、願之通被　仰付候ハヽ、百目御鉄炮一挺、五拾目同壱挺、拾匁同弐挺、六匁同弐挺、四匁同弐挺、御鋳形共、稽古中拝借仕度旨申上、何も願之通御目付を以申渡之、

一　　松岡源治

預御徒柴内源十郎儀、幼少候得共、御慈悲を以御扶持計被下候所、去年十四歳罷成候得共、相応之御用儀被　仰付被下度旨申上、願

之通被　仰付相勤罷有候、当十五歳罷成候間、前之通御切米被下
度旨申上、願之通御目付を以申渡之、

四ノ
廿二日　晴　　　　監物
　　　　　　　　　典膳
　　　　　　　　　主殿

一江戸表去ル十六日立飛脚七日振昨夕着、屋形様へ当月十五日以
上使御老中松平右京大夫様、御国元へ之御暇被　仰出、御巻物二十、
白銀三十枚被遊御拝領、従　内府様も以　上使御老中松平能登守
殿被遊御拝領候之由、依之早速為御請御用番青山下野守殿・西
丸酒井若狭守殿、残り御老中方へも御廻勤被成候由申来之、玉芳
院様へ御用状書取御側御用人を以申上之、御家門衆へは書取、御
目付を以御上座御附人へ御順達被成候様為申達之、御役人共へも
御用状ニて申渡（ワタス）之、
一右ニ付、来ル廿四日御家門衆御登　城、御歓被仰上候様、御目付
を以御附人へ申渡為申上、高知中へは翌廿三日以奉書申遣之、御
用人中へは於席口達、御勘定奉行以上御役人・御新丸御番頭・諸
者頭へは御目付を以申渡之、
一屋形様御国元へ之御暇就被　仰出候、来ル廿二日江戸表　御発駕、
道中十四振ニて来月六日　御着城被遊旨被　仰出候段申来之、御
役人共へも申渡之、　玉芳院様へ配府到着之所ニて申上候間、今
日ハ不申上之、
一御勘定奉行支配中使菊池喜太郎儀、去冬以来御勝手向御取締、別
て厳敷就被　仰出候付（衍）、右御調方懸りも被　仰付、右御役所へ
日々罷出御用相勤候様御沙汰被成候処、諸事心を用ひ出情（精）相勤候
付、永ク御給人被成下、只今迄被下来候五人扶持へ此度御金三両
御加、身帯ニ被成下旨被　仰出候、
一同人儀、御雇御徒目付被　仰付、勤向之義ハ是又別紙之通被　仰
付、去ル十日申渡候由御用状ニ申来、御役人共へも申渡之、

四ノ
廿三日　晴　　　　監物
　　　　　　　　　典膳
　　　　　　　　　主殿

一御礼帳御用懸り御目付伺書、左之通、
一御帰国御礼、何月何日可被為請哉、
　但、文化六年二月六日　御着城、三月朔日被為　請候、
附札
　五月廿日可被為　請旨被　仰出、
一御役成御礼并役所当番、病後、家督、継目、初て之御礼、何月
何日可被為　請哉、
　但、文化六年二月六日　御着城、三月九日被為　請候、
附札
　六月朔日可被為　請旨被　仰出、
右之通奉伺候、
　三月　　　　　　御礼帳御用懸り
　　　　　　　　　御目付
右伺書へ附札之通申渡之、
一御下向御待請御用懸り御目付伺書、左之通、
御着城之節御熨斗上、前々御次より相勤候得共、此御元ニ右御

役無之節は表御給仕より被　仰付候、此度も御熨斗上・同扣共
ニ表御給仕より可被　仰付哉、
但、去々年　御入部之節も表御給仕より被　仰付候、
右之通、奉伺候、
三月　　　　御下向御待請御用掛
御目付
右伺之通、附札ニて申渡之、
一　　　　根守喜之助
御雇御鷹匠当分加御免被成旨被　仰出、御目付を以申渡之、

四ノ廿四日　晴　　弥六郎
監物
典膳
主殿

一前書有之通、　屋形様当月十五日御国元へ之御暇被　仰出候為御
歓、今日御家門衆御登　城、総角之間於御廊下被仰上、典膳罷出
御挨拶申上、御書懸御目之、
但、御家門衆之内御病気之御方有之候得ハ、御書取候て、右御
歓ニ罷出候御附人へ相渡、懸御目候事、尤高知中拝見後也、
一玉芳院様より御附役を以、御側へ御歓被　仰上之、
一高知之面々・御新丸御番頭、席へ罷出御歓申上、尤高知中へは
御書拝見為仕、諸者頭は於御広間御帳ニ記、御目付差出之、
一御用人始御勘定奉行已上之御役人共、席へ罷出御歓申上之、
一右ニ付、席へ御熨斗出之、
一高知之内病気之者へは　御書之内　御意有之付、御請申上候様奉
書を以申遣之、
一右ニ付、八戸御家老へ為知、書状を以申遣之、
一右ニ付、花巻并御通筋御代官へ以書状申遣之、
一　　　　（臼井並衛代）久慈常作
御者頭被　仰付、於席申渡之、
一　　　　（御徒）松原嘉平治
其方儀、諸木植立手前物入を以出精植立差上候付、先達て一生之
内組付御免被成下候所、其後猶又自分物入を以杉追々植立相応根
付候付、是又差上度旨申出、奇特之事ニ付、永ク組付御免被成下
旨被　仰出、於席申渡之、

四ノ廿五日　雨　　監物
典膳

一　　　　瀧沢勝兵衛
同　助蔵
勝兵衛儀、老衰之上起居不自由罷成、御奉公可相勤躰無之付、悴
助蔵家督被　仰付被下度旨申上、願之通無相違被　仰出、
一　　　　安宅平之丞
実兄平四郎先達て病死仕候付、嫡孫平太郎嫡子仕度旨親平右衛門
申上、先達て願之通被　仰付候所、平太郎生質虚弱之上癲癇之症
罷成、末々御用可相立躰無之ニ付、其方嫡子仕度旨申上、願之通
被　仰付候所、右平太郎其後無恙遂養生候之処、全快仕筋合之者
ニ付、其方嫡子仕度旨申上、願之通被　仰出、
一（この記事墨抹）　　　　新藤理兵衛

一　花巻御給人　小野寺又作
理兵衛儀、男子無之娘有之付、遠親類花巻御給人小野寺又作弟兵
作聟養子仕度旨申上、双方願之通被　仰出、
（記事上余白に注記、ただし墨抹）此節理兵衛病気ニ付、五月八日名代ヘ申渡之、

一　小山田与四郎
五戸御給人　鳥谷部新右衛門
与四郎儀、久々驚風相煩、頃日ニ至癲癇之症罷成、至て難治之症
ニて、得快気御奉公可相勤躰無之、大伯母有之ニ付、遠親類五戸
御給人鳥谷部新右衛門二男類平大伯母ヘ娶置、後々相続為仕度旨
申上、双方願之通被　仰出、何も於席申渡之、又作（抹）儀は御城代ヘ
以書状申遣（消）、新右衛門儀は御代官ヘ書状を以申遣之、

一　御膳番
花巻御給人　伊藤百弥
支配御料理方並高間館平八儀、忰唯八先達て病死仕候付、二男八
五郎忰仕度旨申上、願之通被　仰付、於席申渡之、

一　同　百之助
百弥儀、久々血麻之症相煩、癧瘵之症相加、眩暈之症罷成時々卒
倒仕、頃日ニ至上昇強御歩行難相成、至て難治之症ニて全快御奉
公可相勤躰無之付、忰百之助家督被　仰付被下度旨申上、願之通
無相違被　仰付、御城代ヘ書状を以申遣之、

一　北　彦助
北守助右衛門
花菱家紋相用候所、花菱御紋表向御用ひ被遊候付、是迄相用候者
相改替紋相用可申旨、旧臘被　仰出候ニ付、御差支も無御座候
ハ、菱之内ヘ花菱相用度旨申出、伺之通何も御目付を以申渡之、

一　御医師　木村泰順
来ル廿九日出立被　仰付、御目付を以申渡之、

四ノ
廿六日　曇　典膳
主殿

四ノ
廿七日　晴　監物
典膳
主殿

四ノ
廿八日　晴　監物
典膳
主殿

一　御医師　木村泰順
当勤番登被　仰付候所、不如意仕如何様ニも支度出立可仕様無御
座候付、先祖道順代より御差紙療治被　仰付、御薬種代四百貫文
余御座候内、何程成共被下置度旨申出、三拾貫文被下置旨御目付
を以申渡之、

四ノ
廿九日　晴　監物
典膳
主殿

一　阿部宮之助

居屋敷下小路丁入口南側明地面所持罷有候所、家作及兼候付、不
苦御儀御座候ハヽ、右屋敷差上度旨申出、願之通以御目付申渡之、

一　　　　　　　　　　　　　　　　　　　　御境御駒別当
　　　　　　　　　　　　　　　　　　　　　善行坊

御境駒嶽下宮并鳥居等迄大破仕候付、修覆自分及兼候由、駒ケ嶽
下宮之儀ニ御座候得は、他所向如何敷ニ付、牛馬為安全花巻二郡
中駒形引札相対勧化仕度旨、願之通被　仰付候ハヽ、其筋御代官所
へも御沙汰被成下度旨、自光坊末書を以申出、願之通寺社御奉行
へ申渡之、

一江戸表去ル廿二日立七日振飛脚戸来金十郎組弐人昨昼過到着、
屋形様益御機嫌能廿二日朝六時過被遊　御発駕候旨、御用状申来
之、

一屋形様へ当月十七日御老中方御連名之御奉書御到来、翌十八日御
登　城、御暇之御礼首尾好被　仰上、　御懇之　上意被蒙　仰候
段右幸便ニ申来之、右何も　玉芳院様へハ御用状書取、御側御用
人へ相渡申上之、御家門衆へは右書取御目付を以御附人呼上相渡
申上之、

一前書有之通、　光樹院様・　雅姫様御麻疹益御順快御床払相済候
段申来之、　玉芳院様へは御用状書取、御側御用人へ相渡申上之、
御家門衆へは右書取、御目付を以御附人呼上相渡申上之、

一右之趣、御用人始御役人共へも申渡候所、何も平服ニて恐悦申上、
於席謁之、

一南部丹波守殿御儀、幸橋御門番伊東播磨守殿御代被蒙　仰候段申
来之、　上々様方へ申上方、前同断、御役人共へも申渡之、

一江戸表去ル十六日立配符御同心弐人今日着、　屋形様当月廿二
日　御発駕、道中十四日振、来月六日　御着城可被遊旨被　仰出
候段申来候、例之通御昼寓書付、　玉芳院様ニ御側御用人へ相渡
為申上之、

一御附役矢羽々小助儀、　観光院様御用向老年迄数年実躰相勤神
妙　思召候、依之御紋御上下一具被下置旨被　仰出、去ル十九日
申渡候由、

一南部丹波守殿、去ル十九日幸橋御門番伊東播磨守殿御代り被　仰
蒙候由申来、前々之趣を以　上々様方へ申上、御役人共へも申渡
之、

五月朔日　晴　　　　　監物
　　　　　　　　　　　典膳
　　　　　　　　　　　主殿

一　　　　　　　　　　　御小納戸
　　　　　　　　　　　　松岡平内

御年男加被　仰付、於席申渡之、

一御紋御帷子一　　　　　御用人
　　　　　　　　　　　　中野舎人

御年男相勤候付、拝領被　仰付、

一御紋御上下一具　　　　御小納戸
　　　　　　　　　　　　松岡平内

御年男加相勤候付、拝領被　仰付、何も於席申渡之、

一歳暮之　御内書被成下候付、今日仲間并御用人於席頂戴、御家門
衆御附人上下着呼上、菊之間御廊下へ揃置、　御内書入候御小蓋御
物書頭持出差置候所ニて　御内書被下候旨申達、御附人壱人ツヽ
罷出候所、　御内書相渡之、夫より高知中、尤高知中病気名代之
内、嫡子ハ菊之間へ罷出、平士より之名代柳之間へ並居候所へ主

殿菊之間へ罷出、　御内書被下候旨申達、順々壱人ツヽ相進ミ頂
戴之、
但、　御在国年ハ、在江戸之仲間ハ嫡子名代ニて菊之間ニおゐ
て相渡之、嫡子病気之節ハ誰ニても名代之事、右呼上ハ当番御
目付より呼上候事、尤御用人、在江戸之名代も右同断、
一当主頂戴済候所ニて、都て名代之者嫡子并菊之間へ入候程之者ハ、
名代之者座順ニて頂戴、平士より名代之者ハ柳之間列シ居、本人
之座順ニて頂戴之事、且名代ハ大目付・御目付より披露有之事、
一右御請之儀、御家門衆御附人引取申上御承知之所ニて御附人を以
御請被仰上、菊之間御廊下ニて謁之、尤高知中御請之儀ハ大目付
へ申出、平士より名代ニ罷出候得ハ御目付へ申出之、
一御内書渡方取計候御家老は、歳暮之差上物遂披露候同席相渡候事、
但、高知中呼上ハ大目付より廻状を以申遣之、尤御用人ハ上下
着用罷出候儀、於席口達ス、花巻御城代居合不申方ハ罷帰候所
ニて被下候事、

五ノ二日　雨　　監物
主殿

一　御武具奉行 桐生源左衛門
御目付当分加被　仰付、於席申渡之、
一永福寺年頭之　御内書被成下候付、於菊之間主殿相渡之、　御内
書入御小蓋御物書頭持出之、
但、今日罷出候様、昨日寺社御奉行へ申渡之、
一右ニ付、御請候儀、寺社御奉行へ申出之、

一　田鍍和助
同性〔姓〕親類田鍍熊之助伯母たけ、当二十五才罷成候所、去月十九日
夜罷出候所罷帰不申旨、其節御内々申上、心当之所々色々相尋候
得共行衛相知不申、出奔仕候旨、熊之助在江戸ニて和助より訴之、
一　御勘定奉行 栃内瀬蔵
御着御当日計御目付加被　仰付、於席申渡之、

五ノ三日　曇　　典膳
主殿

一　石井軍蔵
門弟共大的稽古為仕度、仁王御馬場拝借仕度旨申出、願之通御目
付を以申渡之、
一先頃福嶋迄差遣候飛脚之者、昨夕罷帰、　屋形様益御機嫌能御旅
行、先月廿八日御止宿被遊候旨申来候間、　玉芳院様へ書取を以
御側御用人へ相渡申上、御家門衆へは御目付より為御知申上之、
一　高知之面々
屋形様御国元へ之御暇以　上使被　仰出、御拝領物有之候、御歓
以書状申上候付、遂披露候所、　御満悦之旨、尤先頃仲間へ　御
書之内　御意有之候、御請以書状申上、是又遂披露候所、途中故
不能奉書旨申来之、右仲間通達候様、御中丸御番頭へ御目付を以
申達之、
一　御用人
屋形様御国元へ之御暇以　上使被　仰出、御拝領物有之候、御怡
書状を以申上候付、遂披露候所　御満悦之旨、途中ゆへ不能奉書

由申来、於席申達之、
一　　　　　　　　御新丸御番頭
右同断、以御目付申達之、
一於礼殿今朝御安産、御男子御出生被成段御届、左京殿御附人口上書を以申出之、
一右同断ニ付、左京殿御血穢被成御座候段御届、右同断、御附人申出之、

五ノ四日　晴　　典膳
　　　　　　　　主殿

一　　　　　　奥瀬内蔵
屋形様明後六日　御着城ニ付、早速御立被成候間、御着前相詰候様以奉書申遣之、

五ノ五日　雨　　弥六郎
　　　　　　　　監物
　　　　　　　　典膳
　　　　　　　　主殿

一席へ御熨斗出、
一為端午之御祝儀、従　玉芳院様御附役を以、御側へ御祝詞被　仰上之、
一右同断ニ付、御家門衆御登　城、御中丸総角之間於御廊下御祝詞被　仰上、主殿罷出御挨拶申上之、
一高知之面々并嫡子・嫡孫、御用人子共、御新丸御番頭罷出、於席御祝詞申上之、
一諸者頭登　城、於御玄関御帳ニ記、御目付相出之、
一御用人始御勘定奉行以上御役人共、席へ罷出御祝詞申上之、

五ノ六日　晴　　弥六郎
　　　　　　　　監物
　　　　　　　　典膳
　　　　　　　　主膳
　　　　　　　　主殿

一昨朝花巻へ差遣候遠使、今日罷帰、　屋形様益御機嫌能、同所御止宿被遊旨申(衍)申来之、
一屋形様益御機嫌能昨辰中刻鬼柳御仮屋へ御着、未之上刻花巻へ御着城、昨夜亥ノ上刻　御発駕被遊旨、御城代より追々申来之、
一　　　　御家門衆
為端午之御祝儀御肴被差上、遂披露候所、途中之儀故御挨拶不申上旨申来、御目付を以右御附人へ申渡之申上之、
一　　　　高知之面々
為端午之御祝儀御肴差上遂披露候、途中故不能奉書旨申来候、大目付を以申達之、
一　　　　御用人
為端午之御祝儀御肴差上遂披露候処、途中故不能奉書旨申来之、於席申渡之、
一屋形様益御機嫌能今(ママ)　刻　御着城ニ付、御家門衆御玄関御白洲へ御出迎被成、仲間車御門外へ罷出、御玄関御白州へ御目付・御勘定

奉行・御供下共罷出、御玄関へ御用人・御小性相詰、柳之間・
菊之間　御通り、中ノ御襖明ケ置、総角之間へ　御着座被遊候節、
御襖立奏者口明ケ候て直々御用人詰居、御熨斗御屋敷奉行・表御
給仕兼帯松尾繁太郎差上、夫より主殿　御連書并御格書御口上書
奏者口より無刀ニて持出、　御前御覧之内詰居御覧相済候所ニて
退去、夫より御国着御使者奥瀬内蔵無刀ニて御椽頬より罷出、三
畳内ニて御礼申上、御用人奏者、此節直々右御連書等内蔵へ　御
直々御渡被遊内蔵退キ、夫より　上々様方并御親類様方へ之御口
上書、奏者口より御用人無刀ニて持出入　御覧相済、直々御用人
持退キ候所ニて、主殿又候　御前へ罷出詰居内蔵　御前へ被　召
出　御直熨斗被下置、　上々様方へ御口上被　仰付候内、御紋御
上下、同御羽織一、御広蓋へ戴之御小納戸持出、四畳目ニ置、内
蔵　御前退キ候節、右拝領物被　仰付候旨主殿申達、内蔵三畳目
ニ罷有頂戴之退出、右之通ニて相済候段御用人申上之、御本丸へ
被為　入、
一江戸　上々様方・御親類様方へ之御口上書ハ、御用人於詰之間内
蔵へ御用人中相渡之、
一御本丸於総角之間、御家門衆へ被遊　御逢、御熨斗被下、仲間・
御用人、何も御供下共ニ被遊　御逢、御直熨斗被下之、無刀也、
　但、御家門衆へ　御逢之節御取合無之、御用人奏者有之、
一主膳方御供下着也、
一御着城御怡、御用人始御勘定奉行已上之御役人共席へ罷出申上之、
一右為御祝儀御家門衆御肴被差上之、仲間・御用人迄御肴一折ツ、
差上、目録三通御側御用人を以遂披露之、

一　　　　御家門衆
御着城為御祝儀御肴被差上遂披露之所、　御満悦之旨被　仰出、
右御附人へ於席申達、尤御用人中へも於席申達之、
一御供下御番頭、御者頭、御長柄頭并騎馬共ニ順々罷出、於席御熨
斗頂戴之、
一今日　御着城之儀、八戸御家老へ為知、書状一里ニて相出之、
一御着城ニ付、御通筋之外、御代官へ以書状申遣之、
一御着城後　桜山御宮へ御参詣被遊也、
一御着城為御祝儀、席へ御熨斗出之、
一御着城之儀、江戸へ七日振飛脚を以申遣之、　上々様方へも今日
飛脚相立候儀、兼て為御知申上置之、
一御着城為御祝儀御肴指上候目録、左之通、
　御着城為御祝儀御肴差上候覚
杉原紙
一御肴　一折　南部雅楽助
一御肴　一折　南部左京
一御肴　一折　南部隼人
一御肴　一折　南部修礼
一御肴　一折　南部左近
　已上、
　五月六日
　前書同断、
太方
一御肴　一折　南部弥六郎

一御肴　一折　南部監物
一御肴　一折　毛馬内典膳
一御肴　一折　南部主殿
已上、
五月六日
前書同断、
一御肴　一折　勝木藤蔵
一御肴　一折　安宅　登
一御肴　一折　下田物集女
一御肴　一折　中野舎人
一御肴　一折　葛西半右衛門
已上、
五月六日

五ノ七日　晴　弥六郎
監物
典膳
主膳
主殿

一　兵庫嫡孫 桜庭盛次郎
右は先月廿八日出生仕候旨、兵庫より被相届之、

五ノ八日　晴　弥六郎
監物
典膳
主膳
主殿

一　新藤理兵衛
花巻御給人 小野寺又作
理兵衛儀、男子無之娘有之付、遠親類花巻御給人小野寺又作弟兵作聟養子仕度旨申上、双方願之通被　仰出、於席申渡之、又作儀は御城代へ書状を以申遣之、
但、去月廿五日可申渡処、理兵衛儀病気ニ付、御目付相尋候所、近月快気可仕躰無之旨申出候間、名代へ申渡之、

一　勤番御給人 船越八右衛門
病気全快可仕躰無之付、御徒目付御免被成下度旨申上、願之通御目付を以申渡之、

五ノ九日　晴　弥六郎
監物
典膳
主膳
主殿

一江戸表去ル二日立七日振飛脚戸来金十郎組弐人着、御用儀共申来之、
一松平近江守様兼て御病気之所、御養生無御叶去月廿五日御死去被成候由、為御知申来候付、　光樹院様御従弟之御続ニ候得共、安芸守様御忌服御請不被成趣ニ付、　光樹院様へも御同様之御事故、御忌服御請不被成旨、御用人中申出候由、御用状ニ申来申上、御

役人共へも申渡之、

一松平加賀守様去月十二日より御風気之処、一両日御熱薄き御発物有之内、十六日より御痲疹御治定被成候、右為御知、且右ニ付為御見舞御国元へ御使者并御音物等之御沙汰も御座候ハ、御断被成候段、為御知申来候旨、御留守居共申出候、右ニ付御容躰相伺御国元へ申上度旨、御留守居、御留守居御使者可差出所、此節手明無之付、御者頭より本郷御屋敷へ差出候旨、御用人中申出候由、

一松平加賀守様ニて　恒姫様御儀、去月五日より御熱気被成御座候処、同十五日より御痲疹御治定被成旨、為御知御使者を以被仰進候、右ニ付、御音物等之御沙汰も御座候ハ、御断被成度、尤至て御軽症被成御座候之間、為御見舞御国元へ御使者并御飛脚等之儀も堅く御断被仰進候、且御容躰書一通、右御使者持参差出候段、御用人申出候、右ニ付、　光樹院様・雅姫様へも為御知御使者来、委細申来之申上之、

五ノ十日　晴

弥六郎
監物
典膳
主膳
主殿

一　御祐筆見習　今渕忠蔵

当勤番登被　仰付、

但、支度出来次第出立被　仰付、御目付を以申渡之、

一　御小納戸支配蒔絵師三舟源六儀、老衰仕頃日ニ至歩行不自由罷成、御細工御用可相勤躰無之付、悴栄助当三十三歳罷成、兼て御細工御用相勤罷有候間、被下置候御擬、右栄助へ被下置、跡職被　仰付被下度旨申上、願之通被　仰付候間、家業精出候様被　仰付、右何も於席申渡之、

一　御料理方　村松要蔵
　　永福寺

要蔵儀、男子無之娘有之付、永福寺家来遠親類嶋森甚平弟隆助聟養子仕度旨申上候所、不縁ニ付相返度旨申上、双方願之通被　仰付、要蔵儀は於江戸表申渡、永福寺へは寺社御奉行へ申渡之、

五ノ十一日　雨

弥六郎
監物
典膳
主膳
主殿

一　直人嫡子　玉山廉八　後妻
　　岡田金左衛門　娘

右之通縁組仕度旨申出、双方願之通被　仰付、奉書を以申遣之、金左衛門儀は御目付を以申渡之、

一　本堂左登見

紋形先祖より八ツ石笹龍胆并立合雲犯獅子用来候付、先年書上候節相用申度旨、亡父弓左衛門申上候所、八ツ石計相用候様被　仰出之、然処其後同苗仁右衛門より由諸(緒)御座候て用来候間、先祖共

書上不申候得共、笹龍胆・立合雲共ニ相用申度旨申上候所、願之通被　仰付候、依之右同様已来笹龍胆・立合雲共ニ相用度旨申上、願之通御目付を以申渡之、

一　　　　　　　　　　　　福岡御給人
　　　　　　　　　　　　　一条平作

花菱家紋相用居候者、花菱相改替紋相用候様去年被　仰出候旨、家紋花菱相用居候間相改、別紙之通花菱崩相用度、随て願之通被　仰付候ハヽ、同苗同所御与力一条菊之助、一条助之進共ニ同様為相用度旨申出、願之通被　仰付、御目付を以御代官へ申渡之、

一　　　　　　　　　　　　田名部御与力孝之助事
　　　　　　　　　　　　　工藤良太

右之通名改、願之通御目付へ申渡之、

一左京殿より先頃被仰上候御出生、御名愛治郎と御附被成候段、御附人口上書を以申上之、

五ノ十二日　雨

弥六郎
監物
典膳
主膳
主殿

一　　　　　　　　　　　　美濃部作左衛門
　　　　　　　　　　　　　本堂右内

作左衛門儀、男子無之娘有之ニ付、遠親類右内二男安之助聟養子仕度旨申上、双方願之通被　仰出、

一　　　　　　　　　　　　上田通御与力
　　　　　　　　　　　　　中居武右衛門
　　　　　　　　　　　　　八木沢与四郎

武右衛門儀、男子無之娘有之ニ付、遠親類与四郎三男剛太聟養子仕度旨申上、双方願之通被　仰付、何も於席申渡之、武右衛門儀は御代官へ以書状申遣之、

一　　　　　　　　　　　　川野友之丞

就病気御雇御勘定方当分加願之通御免被成、御目付を以申渡之、

一　　　　　　　　　　　　御用人御勝手懸り
　　　　　　　　　　　　　牧田平馬

御銅山御用掛り被　仰付、於席申渡之、

一監物方口上書願、左之通、

拙者儀、御役成御礼御序之節申上度奉願候、以上、

五月十一日　　　　　　南部監物

拙者儀、継目御礼御序之節申上度奉願候、以上、

五月十一日　　　　　　南部監物

右何も願之通被　仰出、詰合ニ付申達之、

一　　　　　　　　　　　　蒔内長兵衛

御使者給仕当分加御免被成旨被　仰出、御目付を以申渡之、

五ノ十三日　晴

弥六郎
監物
典膳
主膳
主殿

一　　　　　　　　　　　　南部弥六郎

花菱紋所是迄替紋ニ相用来候所、花菱御紋表向御用ひ被遊候付、是迄相用候者相改、替紋相用可申旨、旧臘被　仰出候、依之御指

支も無之候ハ、円輪之内花菱替紋ニ相用度旨申上、伺之通被　仰
出、詰合ニ付申達之、

五ノ
十四日　晴

弥六郎
監物
典膳
主膳
主殿

一平服　梅内藤六
御使番格被　仰付、尤御用有之登被　仰付、席申渡之、
但、支度出来次第出立被　仰付、御目付を以申渡之、

一　御目付 立花源吾
御仏詣ニ付、明日計寺社御奉行加被　仰付、於席申渡之、

五ノ
十五日　晴

典膳
主膳
主殿

一屋形様今朝六半時御本供御供揃ニて、聖寿寺、東禅寺、教浄寺へ
御仏詣、御中ノ丸御玄関より被遊、　御出・御帰共御玄関へ主膳、
主殿、御用人罷出なり、聖寿寺へ弥六郎、東禅寺へ監物、教浄寺
へ典膳相詰、無程　御帰城也、
但、　御城廻何も上下着用也、

一　岩屋良作
雅楽助殿御相手当分被　仰付、御目付を以申渡之、

一　御祐筆見習 今渕忠蔵
（一脱）御小納戸物書 壱人
来ル十七日出立被　仰付、
右同断、何も御目付を以申渡之、

一　今渕忠蔵
御側御用人へ百六十三両預為御登被成旨、御目付を以申渡之、

五ノ
十六日　雨

弥六郎
監物
典膳
主膳
主殿

一　鬼柳黒沢尻通御鳥見 瀬川儀右衛門
同　弓太
儀右衛門儀、久々眼病相煩疝積差加、難治之症ニて全快御奉公可
相勤躰無之付、悴弓太家督被　仰付被下度旨申上、願之通無相違
被　仰付、御用人中召連罷出、於席申渡之、

五ノ
十七日　曇

弥六郎
監物
典膳
主膳
主殿

一　専右衛門嫡子 江刺　辺

御小性被　仰付、於席申渡之、　神　岩太郎

一御家老給仕本役被　仰付、　定之助嫡子 勝又左市郎

一御家老給仕当分加被　仰付、　藤根栄太郎

五ノ十八日　晴

弥六郎
監物
典膳
主膳
主殿

一　矢羽々喜兵衛
男子無之ニ付、弟磯八養子仕度旨申上、願之通被　仰出、於席申
渡之、

一　七戸軍助
大須賀清五郎
軍助儀、男子無之娘有之付、清五郎弟茂平太聟養子仕度旨、先達
て願之通被　仰付候所、不縁ニ付相返度旨申上、願之通被　仰出、
御目付を以申渡之、

一　横沢円治
当五十一歳罷成候所、一子無之付、親類中西金左衛門娘当十七歳
罷成御座候、此者養女仕度旨申上、願之通御目付を以申渡之、

一監物方口上書、左之通、

拙者儀、継目御礼願之通可被為　請旨被　仰出難有仕合奉存候、
依之前例之通家来三人為冥加　御目見為仕度候付願候、此旨御
序之節宜被仰上被下度奉頼候、以上、

五月十六日　南部監物

右願之通被　仰出、詰合ニ付申達之、

一監物方届書、左之通、

覚

一御肴　一折
一昆布　一折
一御樽　一荷
一安堵金
一御太刀　一腰
一御馬代銀一枚　一疋

拙者儀、継目御礼申上候節、右之通差上、太刀折紙、長袴ニて罷
出申候、此段御届申上候、以上、

五月十六日　南部監物

五ノ十九日　晴

弥六郎
監物
典膳
主膳
主殿

一　三戸御給人 川村官蔵
嫡子忠八郎儀、先達て病死仕、其節御訴申上候、二男三蔵生質虚

弱之上驚風相煩、難治之症ニて末々御用可相勤躰無之候、然処疝
積相煩陰痿之症罷成、難治之症ニて此末一子出生之程難計ニ付、
弟又八養子仕度旨申上、願之通被　仰付、御代官へ以書状申遣之、
一来月四日　霊徳院様百回御忌御相当ニ付、三日より四日迄於聖寿
寺御法事御執行被成候間、三ケ寺勤行被　仰付、寺社御奉行へ申
渡之、

一　　　　御用人
　　　　　牧田平馬

来月四日　霊徳院様百回御忌御相当ニ付、三日より四日迄於聖寿
寺御法事御執行ニ付、惣奉行被　仰付、

一　　　　寺社御奉行
　　　　　長内良右衛門
　　　　　御目付
　　　　　毛馬内命助
　　　　　御勘定奉行
　　　　　栃内瀬蔵

来月四日　霊徳院様百回御忌御相当ニ付、三日より四日迄於聖寿
寺御法事御執行ニ付、右御用掛り被　仰付、右何も於席申渡之、

一　　　　四戸治左衛門
　　　　　四戸忠之助
　　　　　四戸伝右衛門

花菱紋所是迄相用来候所、花菱御紋表向御用被遊候付、是迄相用
候もの相改、替紋相用可申旨、旧臘被　仰出候、依之御差支も無
御座候ハヽ、丸之内花菱相用申度旨申上、

一　　　　山田順平

右同断、隅切角之内花菱相用度旨申上、何も伺之通被　仰出、御
目付を以申渡之、

一　　　　南部弥六郎

御手前宅へ、来ル廿七日可被為　成旨被　仰出、詰合ニ付申達之、
但、五月廿五日、同廿七日吉日之旨、永福寺考、書付を以伺上
候所、右之通被　仰出、尤前々呼上、於席申渡候所、当時御席
詰相勤詰合ニ付、直々申達之、

五ノ
廿日　晴　　　弥六郎
　　　　　　　監物
　　　　　　　典膳
　　　　　　　主膳
　　　　　　　主殿

一今日御帰国御礼被為　請、巳ノ中刻　御本丸於総角之間御家門衆
御礼被仰上、奏者御用人相勤之、主殿御取合申上、夫より御中丸
総角之間へ　御出座、仲間始高知之面々、御用人、高知嫡子・嫡
孫、御用人子共、御新丸御番頭、大目付、寺社御奉行、諸者頭、
御役人、御新丸御番頭子共、諸士・諸医御礼申上、午中刻相済也、
但、弥六郎方今朝罷出候得共、急ニ不快ニ付、御礼不申上罷下
り、尤監物方継目并御役成御礼未タ不申上候得共、今日之御礼
ハ申上之、
一右何も素礼、御熨斗も不被下、独礼之者奏者無之、具之儀御用懸
御目付別記ニ有之、

五ノ
廿一日　晴　　監物
　　　　　　　典膳
　　　　　　　主膳

主殿

一屋形様今朝五半時御忍御供ニて、聖寿寺地蔵尊ヘ御参詣被遊、無
程　御帰城也、

一　　　　梅内藤六
来ル廿四日出立被　仰付、御目付を以申渡之、

一　　　　御者頭　岩間左次平
野辺地御境奉行当分被　仰付置候所、御免被成旨被　仰出、御目
付を以申渡之、

一当六月廿九日　全性院様五拾回御忌御相当之旨、聖寿寺書付を以
申出候所、前書有之通来月四日霊徳院様百回御忌御相当ニ付、右
ヘ御取越四日朝御回向仕候様、聖寿寺ヘ寺社御奉行口達申渡之也、
御茶湯料も不被遣、当朝御代香御香奠相備、御用人相勤、　玉芳
院様　御代香御香奠相備、御附役相勤候計也、

五ノ
廿二日　晴　　監物
典膳
主膳

一　　坂本栄馬
新田目佐市
栄馬儀、男子無之養女有之付、親類佐市弟八重太聟養子仕度旨申
上、双方願之通被　仰出、於席申渡之、

一　　信田文右衛門
御徒　宮　弥市郎
親類宮九平太儀、差扣被　仰付候之段申来候付、於江戸表恐入指
扣願上、追て御沙汰有之迄不及其儀旨被　仰付置候所、願之通差
扣被　仰付、

一　　下斗米勘蔵
御馬乗役　下斗米民弥
同性(姓)親類下斗米平九郎儀、無調法之儀有之、先達て閉門被　仰付
置候所、御憐愍を以閉門御免、隠居被　仰付候旨申来候ニ付、於
江戸表恐入差扣願上、追て御沙汰まて不及其儀旨被　仰付置候所、
願之通差扣被　仰付、右何も御目付ヘ申渡之、
但、民弥儀ハ御用人ヘ申渡之、

一右ニ付、文右衛門・弥市郎・勘蔵・民弥親類共、恐入差扣願出候
処、不及其儀旨御目付ヘ申渡之、

一　　南部監物
継目御礼、来月朔日可被為　請旨被　仰出、

一　　同人
御役成御礼、右同断、何も以奉書申遣之、

一　　梅内藤六
御用有之登被　仰付、来ル廿四日出立被　仰付候、然処此節痔疾
差発、養生乍仕押て相勤罷有候間、長途馬乗難相成、依之道中青
駄ニて罷登度旨申出、願之通御目付を以申渡之、

一江戸表去ル十六日立七日振飛脚生方藤九郎組弐人今夕着、御用儀
共申来之、

五ノ
廿三日　曇　　監物
典膳

主膳
主殿

一江戸表去ル十六日立七日振飛脚生方藤九郎組弐人着、御用儀共申来之、

一南部左衛門尉様娘於重様御事、去月初より御寒熱有之、手医師御薬御服用被成候処、同五日御麻疹御発、同十六日御酒湯相済候得共、時候御障ニて御寒熱往来被成御座候内、廿日頃より少々御快方之処、廿三日夕猶又御寒熱御胸動、其上御疳症ニて御転薬被成候所、御不出来被成御座、追々御疲労強、不軽御容躰被成御座候由申来、猶御容躰被為聞度段、　御惣容様御見廻、且御容躰之義御国元へも申上度旨、奉札を以申遣候所、御病気御養生無御叶、当月朔日未刻被成御死去、依之左衛門尉様并御同氏伊勢入道様、英之助様、御定式之御忌服御請被成候段、両御用番へ御届被成候旨、是又為御知申来候由、右奉札弐通差下来、遂披露之、

一松平加賀守様ニて　恒姫様御麻疹追日御順快、去月廿二日御酒湯被為曳、御酒湯後何之御障も不被成御座旨、右為御知以御使者去ル十日被仰進候旨、御用人中申出候旨、右何も御用状ニて申来申上、御役人共へも申渡之、

一松平加賀守様御麻疹御順快、去月廿六日御酒場被為曳候旨為御知申来候段、御留守居申出候旨申来申上之、

五ノ
廿四日　晴

弥六郎
監物
典膳

主膳
主殿

一　　　　　　　　　　　　　　　　　　　　　織笠平馬
霊徳院様百回御忌、来月三日より四日まで於聖寿寺御法事御執行ニ付、御寺詰御番頭被　仰付、於席申渡之、

一　　　　　　　　　　　　　　　　　　　　　植沢孫兵衛
花菱家紋相用来候所、花菱御紋表向御用被遊候付、是迄相用候者相改、替紋相用可申旨、旧臘被　仰出候、依之御差支も無之候ハヽ、丸之内へ花菱相用度旨申上、伺之通御目付を以申渡之、

一　　　　　　　　　　　　　　　　　　　　　上田左次太
御使者給仕当分加被　仰付、御目付申渡之、

一　　　　　　　　　　　　　　　　　　　　　梅田繁助
花菱家紋相用候処、花菱御紋表向御用イ被遊候付、是迄相用ひ候者相改、替紋相用ひ可申旨、旧臘被　仰出之、依之御差支も無之候ハヽ、菱之内へ花菱相用度旨申出、伺之通以御目付申渡之、

一弥六郎方被指出候書付、左之通、
　御家老中来ル廿七日被為　成候付、上段之間通先例之通来ル廿六日、右得御見分申度候、
右之通被申出、廿六日御見分之旨、詰合ニ付於席申達、御役人共へも為申知之、

一　　　　　　　　　　　　　　　　　　　田名部御給人
　　　　　　　　　　　　　　　　　　　　　堺　丹治
兼て御尋被成候寸志金上納延引之次第、不始末之申上方ニ付、差扣被　仰付、
(記事上余白に注記)
三十日ニて御免、

福岡通姉帯村中里判左衛門知行所百性与四右衛門子
申へ
被　仰渡

其方儀、去々年十二月十日頃一戸袋町之家へ忍入、着物五品盗取候付、家を被追出仙台并八戸御領流浪いたし候上、去年十月十三日五戸菖蒲川ニて夜中通筋之助四郎家馬屋之破候所より忍入、着物類品々盗取、台所之庭ニ有之候叺持出、余程隔り松山有之所ニて盗取候品数都合拾四品、右叺へ入八戸御領へ立戻相払、代銭は博奕借相返、酒代等ニ致候旨及白状候、家を追出され候後所々流浪博奕致、一度不成盗候段重々無(法脱)調之者ニ付、急度被　仰付方も有之候得共、御慈悲を以沢内へ御追放被　仰付候条、　御城下并他御代官所へ立入候ハヽ、曲事可被　仰付者也、

月　日

同村同人知行所百性申親
与四右衛門へ
被　仰渡

其方儀、子之申去々年十二月一戸袋町ニて盗いたし候付、宗門を外シ家を追出し候由、家ニ難差置程之子ニて追払候ハヽ、御代官所へ伺之上取計可申候所無其儀、肝入へ相届候のみニて追出候段無調法ニ付、被　仰付方も有之候得共、御慈悲を以慎御免被成候条、向後万端相慎可申者也、

月　日

(記事上余白に注記)
猶又五日慎被　仰付、

同村同人知行所肝入
藤七へ
被　仰渡

其方儀、同給所与四右衛門子之申儀、一戸袋町ニて盗致候付、与四右衛門申分ニ任せ宗門を除家を為追出候段、肝入ニ不似合不心得ニ候条、御咎被成方も有之候得共、御慈悲を以慎御免被成候条、向後万端相慎可申者也、

月　日

(記事上余白に注記)
三日慎御免、

五戸通菖蒲川村百性
助四郎へ
被　仰渡

其方儀、去年十月十三日夜家内紛失物有之付、八戸御領目明共へ五戸町目明を以頼合置候由、然処八戸町目明幸右衛門同所御代官へ申出、遂吟味候処、湊村治助、嶋森村嘉助と申者、福岡通姉帯村申と申者より七品宛相調、其品相預候付御取上、右幸右衛門へ預置候由、八戸御代官より五戸御代官へ申来、申御尋被成候所、其方家忍入盗取候て右両人へ相払候儀、及白状候ニ付、先頃其方八戸へ罷越、右拾四品内分ニて受取相済候紛失物有之候ハヽ、最初御訴可申上候処無其儀、且広く相糺申度候ハヽ、御代官所へ其旨可申出候処、不始末之致方ニ付、御咎方も有之候得共、御慈悲を以慎御免被成候条、向後万端相慎可申者也、

月　日

(記事上余白に注記)
三日慎御免、

毛馬内通毛馬内町
佐内へ
被　仰渡

其方儀、先頃旅之者罷越、南鐐一片相払八百五十文相渡候内、悪銭拾文有之候付、遂御吟味候処、前夜他領旅行之者より酒代ニ見落受取置、其方留守之内手代共其侭相渡不吟味取引いたし候段申

上、兼々悪銭取引仕間(敷)布旨、厳敷御沙汰被成置候処、夜中と八乍
申悪銭交候を吟味不仕受取置、其侭相渡候段不埒至極ニ付、急度
被　仰付様も有之候得共、御慈悲を以戸締御免被成候条、向後万
端相慎可申者也、

月　日

右之通片付、公事懸り御役人共評諚、伺之通申渡之、

五ノ
廿五日　晴

監物
典膳
主膳
主殿

一　尾去沢山神祠官 菅原越後
親隠岐存生之内願之通、神務相続被　仰付、寺社御奉行へ申渡之、

一　花巻年行事 一明院
忰明照坊此度京都本山へ入峯修行并為官位昇進為差登申度、依之
六月上旬より九月迄御暇被下度旨、自光坊末書を以申出、願之通
寺社御奉行へ申渡之、

一　信田文右衛門
御徒 宮　弥市郎
差扣御免被成旨被　仰出、御目付へ申渡之、

一来ル廿七日　屋形様御成首尾好相済候は、当月中右為御祝儀御家
老中招請致度旨、弥六郎方演説書を以申出候段、御目付申出之候
処、御時節柄故及御断候之旨、御目付を以挨拶之、

五ノ
廿六日　曇

監物
典膳
主膳
主殿

一去々月皆勤御褒美被　仰渡之節、御用当番・病気等之者御褒美申
渡、委細御番割懸り御目付留書記之、
但、病気・差合等之者、名代へ申渡之、

一　工藤才右衛門
去年迄四十二ケ年皆勤候付、　御言葉之御褒美被　仰出、

一　舟越力之助
親隠居三九郎儀、去年迄十九ケ年皆勤ニ付、右同断、

一　市村伊八郎
去年迄十六ケ年皆勤ニ付、右同断、

一　中村広太
去年迄十三ケ年皆勤ニ付、右同断、

一　金矢又四郎
去年迄十一年皆勤ニ付、　御言葉之御褒美被　仰出、尤去々年ま
て十ケ年皆勤之所、在大坂ニ付、此度為御褒美巻御上下一具被下
置旨被　仰出、

一　斗内清六
去年迄十ケ年皆勤ニ付、為御褒美巻御上下一具被下置旨被　仰出、

一　矢羽々喜兵衛
去年迄八ケ年皆勤ニ付、　御言葉之御褒美被　仰出、

一　上野久馬

去年迄七ヶ年皆勤ニ付、右同断、何も於席申渡之、

一　新渡戸図書

病後御礼願之通来ル朔日可被為　請旨被　仰出、奉書を以申遣之、

一明廿七日弥六郎方宅へ被為　成候付、今日為見分仲間并御役人共上下着用退出、以後罷越也、

但、表門より内門御徒目付玄関迄先立ニて入、親類とも立向、刀番共出候、引取之節も同断、

弥六郎
監物
典膳
主膳
主殿

五ノ
廿七日　曇

一　内堀大隅

嫡子伊賀之助儀、唯今迄五節句御礼計申上候所、向後月次御礼共為申上候様仕度旨申出、伺之通被　仰出、家来呼上、大目付を以申渡之、

一　織笠平馬

就病気、来月四日　霊徳院様百回御忌御法事御執行之節、御寺詰御番頭御免被成下度旨申出、

一　上田通御与力
中居武右衛門

就病気盛岡東西御山吟味方御免被成下度旨申出、何も願之通御目付を以申渡之、

一　御雇御勘定方
鈴木三内

大御納戸奉行当分加被　仰付、御目付を以申渡之、

一　南部弥六郎

私宅へ被為　成候儀、先頃被　仰出候通、弥今日御機嫌次第被為成候様被成下度旨、於席申上候付、御側御用人を以相伺候所、後刻可被為　入旨被　仰出、於席申渡之、

一弥六郎方宅へ監物、典膳、主膳、主殿、五半時過より相詰、御役人共相詰、

但、仲間始御役人、小役人共上下着用之、

一仲間詰所迄刀持込、尤供廻上下番継狭箱ニて罷越、表門より中之口より入御家老給仕出向、先立ニて相通、今日ハ弥六郎方親類出向無之、

一屋形様御格式之御供揃ニて、四時過弥六郎宅へ被為　成、弥六郎表門角へ罷出居、監物、典膳、主殿御成御門外へ罷出、御目付為知ニて大小を帯シ、庭より罷出、供は不連也、此方御板縁へ御側御用承り候付、主膳并御用人其外御先詰人数罷出也、御目付ハ御門内ニ罷有、　御帰之節共ニ明閉仕也、

一御着座之節、御次渡之間に仲間相詰、脇差後ニ取置也、

一御着座之処ニて御熨斗御小性差上、御多葉粉盆差上、夫より弥六郎三種献上、太刀折紙、長袴着用御礼申上、太刀折紙、三種とも御小納戸引、

一典膳御取合ニ罷成、被下置候三種御小納戸差出置、弥六郎罷出候間、三種被下置旨、典膳御取合仕、弥六郎平伏、典膳御請之趣申上、弥六郎、典膳共ニ退、

一親類共順々御礼申上、引続弥六郎家来御礼申上、御用人奏者仕、

御礼帳ハ御目付差出之、
一御朧煮三献之御規式差上、此処ニて御相伴出之相済、引続御料理御本膳弥六郎上、二ノ御膳民之助上、三ノ御膳上総御向詰彼面上、御台引弥六郎上、其外御給仕之者差上、御嶋台御押御銚子出、典膳御取合ニ罷出御側御用承り候、主膳も罷出居弥六郎罷出、御盃被下置、小謡二有之、此節御拵之御刀、御小納戸之者持出指置候処ニて主膳御刀被下旨、弥六郎へ申渡頂戴、勝手へ退、尤御取合御家老之次座へ罷出居、猶亦弥六郎罷出、典膳向平伏仕候間、御請之趣申上、夫より御肴と申也、弥六郎罷出頂戴仕、御銚子付仕、返盃之儀、御取合仕、弥六郎御盃差上退、
一納之押御長柄出、弥六郎へ御盃被下、此所ニて小謡有之、典膳御取合納之趣申達、弥六郎御盃持退、典膳申上、段々上ケ物不残引之、
一御茶菓子御濃茶弥六郎差上、後御菓子御薄茶差上、御茶椀引、御熨斗引、
右相済、弥六郎手廻之者願上物有之、御下段入口より二畳目へ御小納戸壱人前つゝ持出候所ニて、御側御用人遂披露之、
献上物左之通、
一紅梅織　塗台ニて一匹
御肴　一折
右は冨五郎より
一檜御重　白木一組
御肴　白木台一折
右は弥六郎ノ妻より
一御角樽　五斗入一樽
御肴　一折
右は松寿院より
一煎海鼡　白木一箱
御肴　一折
右は弥六郎娘より
外ニ弥六郎親類共并右手廻より
一御肴　一折　八戸上総より
一御肴　一折　八戸彼面より
一御肴　一折　監物母月窓院より
一蕎麦粉　白木一箱　彼面妻蝶より
一熊毛皮　白木台二枚
包熨斗
右は弥六郎より別段内献上也、
(記事上余白に注記)此内献上、此度は無之、
一右相済、奥へ被為　入、此節御先立御家老相勤、奥御座之間入口、外ニ何も扣居、御刀持計御居間へ入、
一勝手へ被為　入、弥六郎妻五百御熨斗上、引取之所ニて御熨斗と申、平伏之所ニて名披露致御熨斗頂戴退、夫より松寿院多葉粉盆上、右同断御取合仕、嫡子冨五郎・娘広両人共素礼、老女附添、御居間之内ハ御側御用人介添、御菓子監物母月窓院差上、御煎茶彼面妻蝶差上、何も　御目見申上、御家老名披露之、
一右相済候所ニて彼面妻相出、御茶椀引、御熨斗ハ弥六郎妻相出引、

何も相済候処ニて御祝式相済候旨申上、御表へ典膳御先立仕、御
多葉粉盆・御菓子其段差置、
一御縁高　紅粉摘巻
　　　　　白紙餅
右は於勝手差上之、　一杢目かん
　　　　　　　　　　外ニ良餅
一檜御重　一紅吹寄取交
　　　　　　有平取交
右は弥六郎妻献上之、
一弥六郎手廻へ被下物、左之通、
一紅白立聞　三掛
　手綱　五筋
　御肴　一折
冨五郎へ
一御袴地　一具
　御肴　一折
民之助へ
一紅白綸子　二巻
　御肴　一折
弥六郎妻へ
一白縮緬　二巻
　御肴　一折
松寿院へ
一紅白縮緬　二巻
弥六郎娘へ

右は於奥被下候積ニて、奥へ被為　入候前ニ御側御用人より表之
御目付へ相渡之、
一表へ被為　入候処、御蕎麦弥六郎差上、其外御吸物・御酒・御肴
等は、御給仕之者差上、蒸御菓子・御煎茶差上之、御供揃之内仲
間御次ニ扣居、御帰之節御成御門外へ罷出、御出之節之通也、
何も夫より登　城也、
一午ノ下刻被遊　御帰城、御出・御帰共ニ御玄関へ御用人勝木藤蔵、
御目付立花源吾罷出也、
　但、御用人上下着用、小役人継肩衣着用也、仲間御先ニ相詰候
　ニ付罷出也、
一鮮鯛　二尾　　南部弥六郎
　御料理残一籠
　　目録添
右は今日私宅へ被為　成并親類共、家来之者迄　御目見申上、手
廻共も　御逢被成下、拝領物仕、手廻共へも銘々拝領物被　仰付、
嫡子冨五郎未　御目見不申上候得共拝領物仕、重畳難有仕合奉存
候、右御請、御機嫌伺旁登　城、目録之通差上、於席申上、無間
御本丸総角之間ニて　御逢被成、　御意有之也、
(記事上余白に注記)
此献上物、時節柄相扣候様御差図有之、
一監物母月窓院、今日弥六郎於宅　御目見申上候御請申上之、
一　八戸上総
　　八戸彼面
　　桜庭兵庫
　　楢山帯刀

一　野田伊予
今日弥六郎於宅　御目見申上候為御請登　城、於席謁、　桜庭肥後
但、上総嫡子彼面妻　御目見申上候御請、別段申上候付、御側御用人を以申上之、

一　八戸民之助
今渕秀蔵
右同断、御請申上、御目付申出也、

一御帰城後、仲間并御用人御機嫌伺申上之、

五ノ廿八日　晴　弥六郎
典膳
主膳
主殿

一六駄弐人扶持　梅内勇右衛門
親兵右衛門存生之内願之通、跡式無相違被　仰出、

一　三上権作
同　周平
権作儀、老衰之上起居不自由罷成、御奉公可相勤躰無之付、悴周平家督被　仰付被下度旨申上、願之通無相違被　仰出、

一　一条金兵衛
同　兵蔵
金兵衛儀、老衰仕御奉行可相勤躰無之付、悴兵蔵家督被　仰付被下度旨申上、願之通無相違被　仰出、右何も於席申渡之、

一　下斗米勘蔵
指扣御免被成旨被　仰出、御目付へ申渡之、

一　御馬乗役　下斗米民弥
指扣御免被成旨被　仰出、御用人へ申渡之、

一　御武具奉行　玉山小七郎
御徒頭当分加被　仰付、於席申渡之、

一松原加平治、先頃永く組付御免被成下候付、永代証文并御蔵元証文共、御目付を以相渡之、

一工藤治助、此度御徒被　召抱候付、右証文、御蔵元証文共、御目付を以御徒頭へ相渡之、

一　大光寺彦右衛門
花菱家紋相用来候所、花菱御紋表向御用被遊候付、是迄相用候者相改、替紋相用可申旨、旧臘被　仰出之、依之菱之内花菱相用申度旨申出、伺之通御目付を以申渡之、

一弥六郎方口上書、左之通、
拙者儀、病後御礼御序之節申上度奉願候、以上、
五月廿八日　南部弥六郎
右願之通、来月朔日可被為　請候旨被　仰出、詰合ニ付申渡之、

一南部隼人殿御家来川井又太郎儀、親宇兵衛跡式伺之上申付候、依之継目御礼御序之節為申上候様被成下度旨、御口上書を以被仰上候所、願之通来月朔日可被為　請旨被　仰出、御附人へ御目付を以申渡之、

五ノ廿九日　晴　弥六郎

典膳
主膳
主殿

一　霊徳院様百回御忌、来月三日より四日迄於聖寿寺御法事御執行ニ付、御寺詰御番頭被　仰付、於席申渡之、　日戸右内

五ノ晦日　晴

弥六郎
監物
典膳
主膳
主殿

一　男子無之ニ付、弟鉄弥養子仕度旨申上、願之通被　仰付、御城代へ書状を以申遣之、　花巻御給人　宮杜幸助

一　遠野より釜石へ之新道小川通切開普請、此節出来栄之旨申出候付、為見分被遣旨被　仰出、於席申渡之、　御目付　小向周右衛門　御勘定奉行　栃内瀬蔵

但、来月七日立被遣旨、御目付を以申渡之、

一　弥六郎方口上書、左之通、

拙者儀、知行所御境通為見分、往来七十日之御暇被下置度奉願候、此旨可然様御執成頼入存候、以上、

五月廿九日　南部弥六郎

右之通被申遣付、遂披露候所、願之通被　仰出、詰合ニ付申達之、奉書不出也、

一　御座敷奉行、表御給仕、御舞台奉行兼帯当分加被　仰付、御目付を以申渡之、　岩間永作

一　今申ノ上刻、内加々野長沢文助居宅出火ニ付、仲間登　城、火事場へ弥六郎御役人とも相詰、無間火鎮候、尤類焼ハ無之也、

一　右ニ付、文助恐入差扣罷有候旨申出候間、不及差扣旨、御目付を以申渡之、

六月朔日　晴

弥六郎
典膳
主膳
主殿

一　月次御礼、巳ノ下刻　御本丸於総角之間御家門衆被仰上、奏者御用人相勤、御着座之節、主膳御取合申上、夫より　御中丸総角之間へ　御出座、高知之面々より御者頭迄一同御礼申上、畢て病後御礼弥六郎方申上、其外名目御礼順々被為　請、午下刻相済也、

但、今朝日蝕、辰五刻迄懸り候付、月次御礼四時揃ニ兼て申渡置候、今日月次御礼より八月迄ハ暑中ニ付、一同ニ被為　請候得共為目合記置也、尤監物方継目御礼并御役成御礼願之通被仰付置候所、昨夜より病気ニ付今日不申上也、

一　花菱家紋相用ひ来候所、花菱御紋表向御用被遊候付、是迄相用候　一条甚五左衛門

者相改、替紋相用可申旨、旧臘被　仰出候、依之丸ノ内ヘ花菱相
用度旨申出、伺之通御目付を以申渡之、
一川井良左衛門親隠居兵作儀、去月廿五日与風(ふと)罷出候所罷帰不申候
付、其節御内々御届申上置、心当之所々色々相尋候得共行衛相知
不申、出奔之旨良左衛門訴出之、
一右ニ付、御境目通相尋申度候間、良左衛門并親類共之内川井安平
往来十日御暇被下度旨申上、願之通御目付を以申渡之、
一　中野順司
御座敷奉行、表御給仕、御舞台奉行兼帯当分加被　仰付、御目付
を以申渡之、

六ノ
二日　晴

一今日御新丸御稽古御能有之、仲間相越登　城無之、
一　聖寿寺
流行之引風仕、尓今(今に)快気無御座、然処来ル三日、四日御法事被
仰付罷有申候、押々相勤申度、依之少々之長髪御免被成下度旨申
上、願之通寺社御奉行御奉行(衍)を以申渡之、

六ノ
三日　晴　典膳
主膳
主殿

一　御武具奉行
玉山小七郎
御徒頭当分加御免被成旨被　仰出、以御目付申渡之、
一　御目付
長谷川源内
明日　御仏詣有之ニ付、其節寺社御町奉行加被　仰付、於席申渡
之、
一前書有之通、今明日於聖寿寺　霊徳院様百回御忌御法事御執行ニ
付、今晩　御代香御香奠相備、主殿相勤之、
但、仲間退出後相越、御役人とも相詰也、
一右ニ付、御役人上下着用、小役人継肩衣着用也、

六ノ
四日　晴　主膳

一前書有之通、　霊徳院様百回御忌御法事、昨今於聖寿寺御執行ニ
付、　屋形様今朝六半時御本供御供揃ニて被遊　御仏詣、　御中
丸御玄関より御出駕ニ付、御玄関ヘ主膳并御役人とも罷出、四時
前御帰城御出之節之通、御役人とも罷出也、
但、今日は仲間御寺ヘ相詰、主膳計登　城、尤　御城廻大小御
役人上下着用也、
一　聖寿寺
東禅寺
法泉寺
霊徳院様百回御忌御法寺御執行ニ付、為御功徳御咎之もの共別紙
面附之通御赦免被成旨被　仰出、於聖寿寺主殿右三ケ寺ヘ申渡之、
一　進親隠居
金田一(津脱)志馬
先達て無調法之儀有之、他出御指留被置候所、此度　霊徳院様
百回御忌御法事御執行ニ付、為御功徳御免被成旨被　仰出、
一　鈴木恰預御徒与左衛門祖父
冨沢甚内
先達て無調法之儀有之、逼塞被　仰付置候所、右同断、

一 先達て無調法之儀有之、人元三庵へ御預逼塞被　仰付置候所、御医師三庵弟 佐山三修
右同断、
一 先達て無調法之儀有之、人元良助へ御預逼塞被　仰付置候所、良助忰 鈴木伊四松
右同断、
六月
一 先達て無調法之儀有之、沢内へ御追放被　仰付置候所、此度 徳田通土橋村御蔵入 伊助
霊徳院様百回御忌御法事御執行ニ付、為御功徳御免被成之、
一 右同断ニ付、雫石へ御追放被　仰付置候所、右同断、同村 権九郎
一 右同断ニ付、大迫へ御追放被　仰付置候所、同断、同村 喜之助
一 右同断ニ付、大槌へ御追放被　仰付置候所、同断ニ付御免被成、野辺地通野辺地町乙松事 仁兵衛
他村より御差留被成之、
一 右同断ニ付、福岡へ御追放被　仰付置候所、同断、同通同村御用状持夫 三右衛門
一 右同断ニ付、大迫へ御追放被　仰付置候所、右同断、寛作へ 被　仰渡
一 右同断ニ付、宮古へ御追放被　仰付置候之所、右同断、同 与四郎

一 右同断ニ付、雫石へ御追放被　仰付置候処、右同断、同 金兵衛
一 右同断ニ付、大更御新田へ御追放被　仰付置候所、右同断、七戸芋久保村馬士 勘治
三戸通十八日町元御陸尺 助八
一 右同断ニ付、御城下并三戸町住居御構被置候所、同断ニ付御
免被成候、
右書付、御寺詰御用人へ為心得申知、御用懸り寺社御奉行・御目
付へ相渡之、
典膳
主膳
主殿

六ノ
五日　晴

一 養源院様・義徳院様御忌日ニ付、屋形様御略供ニて　御仏詣
被遊也、
一 百五拾石 久慈龍之進
内弐拾石四斗八升六合無高
一 親儀六存生之内願之通、跡式無相違被　仰出、於席申渡之、御目付 長谷川源内
一 寺社御町奉行不人数ニ付、当分之内加被　仰付、於席申渡之、御徒目付 岩根七之助
一 遠野より釜石へ之新道為見分、小向周右衛門被遣候付、附被遣旨 高屋寿助
被　仰付、御目付へ申渡之、

病気之処全快可仕躰無之付、御小納戸御免被成下度旨申上、願之
通以御目付申渡之、

一 右は先月廿五日出生仕候、此段御届申上候、以上、　四男 末五郎

六月五日　南部彦六郎

右之通口上書を以届有之、

六ノ
六日　晴　典膳
主膳

一　鈴木　恰
預御徒小野和右衛門儀、一昨四日　御仏詣之節住(注)進御用被　仰付
候所、病気ニて住進不仕、始末方不行届段、恐入差扣願上候旨、
恰口上書を以申出、不及其儀旨御目付へ申渡之、

一　楢山帯刀
野田伊予
火之御番御免被成旨被　仰出、奉書を以申遣之、

一内丸三御門之外御門制御免、騎馬火之廻、歩行火之廻、諸士丁内
自身廻、鳴子振共ニ御免之儀、懸り御目付伺之通申渡之、

六ノ
七日　晴　弥六郎
典膳
主膳

一　御徒頭 松岡源治
下条甚蔵
源治預御徒戸来勝平儀、男子無之娘有之付、遠親類甚蔵預御徒中
嶋加藤治弟鉄弥聟養子仕度旨、尤右鉄弥御徒御奉公可相勤器量之
者ニ候段源治申上、双方願之通被　仰付、於席申渡之、

六ノ
八日　晴　弥六郎
典膳
主膳

一　左次右衛門嫡子 一方井喜右衛門
与四郎嫡子 駒ケ嶺民人
御目付所御物書当分加御免被成旨被　仰出、

一　御徒 洞内長右衛門
蛇口弥三兵衛
玉山勇助
山辺隣助
上田五兵衛
馬場紋弥
米内織右衛門
田中館伝蔵
御徒目付当分加御免被成旨被　仰出、何も御目付を以申渡之、

一江戸表去ル二日立七日振飛脚岩間左次平組弐人着、御用儀共申来
之、

一去月廿四日御用番青山下野守殿御宅へ御先手細井出雲守・奥山主
税助御呼出ニて、御口達之上御書取被成御渡候写、万石以上之
面々近来病気等ニて定例参勤之時節より延引之衆多く候、参勤交

替之儀は無遅滞様兼々可被心懸事ニて、病気等無拠義ニは候得共、
押ても旅行相成候程之様ニ候ハヽ、可成丈定例之時節参府可被致旨、
別紙書取奥山主税助去月廿六日御屋敷ヘ罷越、御用人呼出候処下
宿後ニ付、御客懸り田鍍市左衛門罷出候処、右書取被相渡御国元
ヘ申上候様被申聞候由、沢田左司馬申出候旨、御用状ニ申来之申
上之、

六ノ
九日　晴　　弥六郎
　　　　　　典膳
　　　　　　主膳

一四拾石九斗三升七合
　内四駄弐人扶持　　下田栄八
親貝作存生之内願之通、跡式無相違被　仰出、於席申渡之、

一　　上田左治太
御使者給仕当分加御免被成旨被　仰出、以御目付申渡之、

六ノ
十日　晴　　弥六郎
　　　　　　典膳
　　　　　　主膳

一　　岩間永作
　　　中野順司
御座敷奉行、表御給仕、御舞台奉行兼帯当分御免被成旨被　仰出、
御目付を以申渡之、

一　　隅御屋敷診御医師
　　　遠藤司英
奥御医師鍼科不人数ニ付、此節御鍼差上候様被　仰付、
但、隅御屋敷御用向之儀は、是迄之通相勤可申候事、
右之通於御側申渡之、

六ノ
十一日　晴　　弥六郎
　　　　　　　典膳
　　　　　　　主膳
　　　　　　　主殿

一弥六郎方届書、左之通、
此度知行所遠野ヘ之御暇被下置候付、来ル十三日此元致出立候、
此段及御届候、以上、
六月十一日　　南部弥六郎

一　　聖寿寺
久々病気ニて罷有、尓今(今に)全快不仕候付、御日柄　御代香之節ハ法
泉寺相頼度旨申出、伺之通寺社御奉行ヘ口達申渡之、

一　　川井良左衛門
親隠居兵作儀、去月廿五日出奔候ニ付御訴申上、御境目通迄相尋
申度、良左衛門并親類川井安平往来十日御暇願之通被下置相尋候
得共、弥行衛相知不申右両人昨夜罷帰候段、良左衛門并親類共
とも(衍)よりも訴之、
一右ニ付、良左衛門并親類共恐入指扣願出候所、何も不及其儀旨、
御目付ヘ申渡之、

六ノ十二日　晴

弥六郎
監物
典膳
主膳
主殿

一六月十五日月次御礼、追て御沙汰迄不被為　請旨被　仰出、御用人・大目付・御目付へ口達之、

一奥御医師鍼科不人数ニ付、此節御鍼差上候様被　仰付置候所、御免被成旨於御側申渡之、

隅御屋敷診御医師
遠藤周英

六ノ十三日　晴

監物
典膳
主膳
主殿

一大御納戸奉行当分加御免被成旨被　仰出、御目付を以申渡之、

御雇御勘定方
鈴木三内

六ノ十四日　晴

監物
典膳
主膳
主殿

一就病気、御者頭・鹿角御境奉行共御免被成下度旨申上候所、遂養生相勤候様被　仰出、御目付を以申渡、願書相返之、

池田　貢

御武具奉行
桐生源右衛門

一御目付当分加御免被成旨被　仰出、

御次
菊池啓作

一御膳番不人数ニ付当分加被　仰付、何も御目付を以申渡之、

御用人
中野舎人

一忌御免被成間可有勤仕旨、奉書を以申遣之、

六ノ十五日　晴

監物
典膳
主膳
主殿

一前書有之通、今日月次御礼無之、

一神鼎院様御消（祥）月ニ付、聖寿寺へ御香奠相備、御代香主殿相勤之、

一隼人殿去ル十日より御病気之所、昨夜中より御痲疹被成御座候間、御附人口上書を以申出之、

下田物集女

一嫡子多宮儀、当二十七歳罷成候所、去月中旬より癲癇之症相煩、至て難治之症ニて全快難仕、末々御用相立可申躰無之、依之嫡子仕兼候段訴出之、

六ノ十六日　晴

監物
典膳
主膳

主殿

一御家門方御口上書、左之通、

拙者共紋所之儀、　天量院様御代寛延三年御沙汰相蒙、割菱御紋重ニ相用、九曜、花菱取交相用来候所、其後　養源院様御代宝暦二年已来、井桁之内鶴御紋相用、鶴割菱御紋之儀、重キ御趣意ニ付遠慮可申旨御沙汰相蒙、已後井桁之内鶴重ニ相用、九曜、花菱取交武器并常服共相用来候所、　御先代様御代享和二年九曜御紋　公義御書上被遊御加候付、取交相用候儀遠慮至極奉存候ニ付、井桁之内鶴、外何レ札（ママ）取交相用可申哉之旨奉伺候所、菊輪之内九曜御紋被　下置、井桁之内鶴、花菱ヘ取交相用可申旨、御沙汰相蒙用来、其後文化十五年（ママ）無輪鶴御紋被　下置、花菱、菊輪之内九曜取交是迄用来候所、此度花菱御紋用候儀御差留、右御紋ヘ紛不申様相直し用可申旨被　仰出候付、拙者共限相直相用可申儀候得共、前文之御沙汰相蒙相用来候花菱御紋、自分相直用候儀、恐入奉存候付、猶亦御沙汰相蒙、已来武器并常服共取交相用候之様致度、此旨御序之節宜御執成頼入存候、以上、

六月九日　南部修礼
南部隼人
南部左京
南部雅楽助

毛馬内典膳殿
楢山主膳殿
南部主殿殿

右御口上ヘ追て猶又御沙汰被成候迄、花菱御紋是迄之通御用可被成旨、附札ニて御目付を以申上之、
（付箋）此所吟味候処、希右衛門字ニ無之、

一　小栗助右衛門
就病気御座敷奉行、表御給仕、御舞台奉行兼帯当分加願之通御免被成、御目付を以申渡之、

一左京殿御家来漆戸伝平儀、老衰仕候付、嫡子半九郎ヘ家督願出候間、願之通可被　仰付、此段御伺被成候付、御附人口上書を以申出、御伺之通、附札ニて御目付を以申渡之、

一松岩軒無住ニ付、仙台山ノ目鈴沢寺住職勢寿寛城儀、去月より手次と罷越居、寺務預相弁罷有候所、此度相馬喜染軒一応寛止儀移転、松岩軒永住職被　仰付被下候旨、同宗組合寺院中不残衆許一決之上、江戸両録所ヘも内々申届候上、仍隣寺仙台山ノ目鈴沢寺連判を以申出、願之通可申付旨、寺社御奉行ヘ口達申渡之、

一御肴　一折　南部弥六郎使者　沢里弥右衛門
昆布　一折　介添　末崎和右衛門
御樽　一荷
何も白木台、目録添
知行所遠野ヘ之御暇被下罷越、無異事着仕候、仍目録之通差上之、遂披露之、

一　御雇御勘定方　百岡守助
大御納戸奉行当分加被　仰付、御目付を以申渡之、

一暑中ニ付、七月廿日迄朝五半時揃登　城可仕旨、御役人共ヘも申渡之、

六ノ十七日　晴

監物
典膳
主膳
主殿

一 八幡御神事御用掛り被　仰付、於席申渡之、

御目付
立花源吾
御勘定奉行
栃内瀬蔵

一 花菱家紋相用来候所、花菱御紋表向御用被遊候付、是迄相用候者相改、替紋相用可申旨、旧臘被　仰出候、依之御差支も無御ざ候ハ、別紙紋形之通、石持ニ花菱相用申候旨、銘々口上書を以申出、伺之通被　仰出、家来呼上、大目付を以申渡之、

下田将監
下田右門

一 右同断、丸之内に花菱相用度旨、銘々口上書を以申出、伺之通被　被(衍)仰出、御目付を以申渡之、

四戸源八
四戸祐右衛門

一 御小納戸被　仰付、

五十嵐三左衛門

一 御次被　仰付、何も於席申渡之、

奥寺市太郎

一 御勝手向御差支之趣奉恐察、為寸志金六拾両差上申度旨申上、奇特之事ニ付、願之通御取納被成之、

毛馬内御与力
豊口勘六

一 右同断、金百五十両差上申度旨申上、奇特之事ニ付、願之通御取納被成之、何も以御目付御代官へ申渡之、

宮古花輪町
善内

一 就病気御徒頭御免被成下度旨申上候所、遂養生相勤候様被　仰出、御目付を以申渡、願書相返之、

鈴木　恰

六ノ十八日　晴

監物
典膳
主膳
主殿

一 大源院様御消(祥)月ニ付、屋形様六時御本供御供揃ニて聖寿寺へ御仏詣被遊、御出・御帰共ニ御中丸御玄関より御寺へ監物相詰、無程　御帰城被遊也、
　但、右ニ付、御役人上下、小役人継肩衣着用也、

毛馬内御給人
児玉善兵衛

一 新田野竿高九拾三石九斗弐升五合頂戴仕、去ル巳ノ年より酉年迄五ケ年中披立仕度旨、先達て願之通被　仰付候之処、右野竿高之内小平村、小枝指村ニて拾石六升五合、伯父善治へ分地仕、野竿高を以直々善治身帯ニ被成下、御給人ニ被　召出、御所相応ニ被召仕被下度、為冥加金子六拾両指上可申、尤披立相揃候ハヽ、精(清)御検地被成下度、御改之上過高も有之候ハヽ、御定目御礼銭差上可申候間、分地へ御加被成下度旨申上、願之通被　仰付、御代官へ書

状を以申遣之、
一 四戸甚之丞
花菱家紋用来候所、花菱御紋表向御用被遊候付、是迄相用候者相改、替紋相用可申旨、旧臘被　仰出候付、御差支も無御さ候ハヽ、丸ノ内ニ花菱相用申度旨申出、
一 四戸三平
右同断申出、何も伺之通被　仰出、御目付を以申渡之、

六ノ十九日 晴
監物
典膳
主膳
主殿

一 中野宮門
当八月櫛引　八幡へ　御名代被　仰付、於席申渡之、
一 日戸右内
右扣被　仰付、奉書を以申遣之、
八幡御神事御用懸被　仰付、
一御先乗 本堂右内
一御跡乗 四戸甚之丞
一馬場警固 村瀬周作
一射手惣奉行 松岡八左衛門
一御宝蔵懸り 阿部熊八郎
一御式法方 五十嵐三左衛門
女鹿喜代司

右何も於席申渡之、
一御跡乗差替 中山左久馬
一御作事奉行 金田一勝見
一大御納戸奉行 百岡権四郎
右何も御目付を以申渡之、
一射手 似鳥甚七
鎌田鉄太
石川兵吾
一射手奉行 川井弥四郎
佐羽内良助
下斗米民弥
右は御用人へ申渡、御目付へも申渡之、
但、御馬乗組面付、此間御用人相出候間、伺之通と附札ニて相渡之、
一 横沢周郁
兼て惣髪罷有候所、近年上昇強、頃日ニ至眩暈仕候ニ付、剃髪仕度旨申上、願之通御目付を以申渡之、
一 馬頭観音別当 峯寿院
別当職仕候馬町馬頭観音、毎年六月十八日、十九日祭礼ニ付、為冥加御祭礼之節、右御祈祷御守札差上申度旨申上、願之通寺社御奉行へ申渡之、
一御帰国御使者奥瀬内蔵今日着、直々登　城、席へ罷出添状差出之、
一御帰国御使者奥瀬内蔵、御用相済今日下着ニ付、直々罷出御奉書一箱持参、席へ差出之、

但、右御奉書一箱、御側御用人を以差上之、

六ノ
廿日　晴　監物
典膳
主膳

一五拾石（現米）　中川原金之助
親小兵衛及末期、悴金之助八歳罷成、未　御目見不申上候得共、
跡式被　仰付被下度旨申上、存生之内願之通無相違被　仰出、幼
少ニ付名代ヘ於席申渡之、
一前書有之候御帰国御使者奥瀬内蔵儀、今日　御本丸於総角之間
御逢　御意有之、　御直熨斗被下、此節主膳上下着用相詰、尤大
目付先立也、
一来ル廿六日不時御礼可被為　請旨被　仰出、御役人共ヘ申渡之、
但、　御逢有之候間上下着用、最早登　城候様御目付より申遣
之、
一　南部監物
継目御礼来ル廿六日可被　請旨被　仰出、詰合ニ付申達之、
但、継目御礼願之通去ル朔日可被為　請旨被　仰出候所、病気
ニて不申上候所、廿六日可被為　請旨被　仰出候付、此度は口
達ニて申達、御役人共ヘも為申知之、尤平士之(衍)内病気等ニて御
礼不申上候節ハ、追て快気之所ニて猶又願上候事、

六ノ
廿一日　晴　監物
典膳

一　主膳
御新丸御番頭被　仰付、於席申渡之、　中野兵衛
一　中川原金之助
継目御礼、幼少ニ付名代親類川村保平を以申上度旨、願之通御目
付を以申渡之、
一　真田左門（羽黒在廳和兵衛悴）
此度罷下拝借金願出、尤万一難被　仰付筋も御座候ハ、先年親願
上候通、兼て蒙御許諸居候於檀那場壱人三銭つゝ、当年、明年二
ケ年奉納被　仰付御取立被下置度旨申出候処、御時節柄ニ付、右
両様共ニ御断被成、別段之儀を以金子拾両被下置旨被　仰出、寺
社御奉行ヘ申渡、具之儀ハ寺社御奉行留書ニ記之、

六ノ
廿二日　晴　監物
典膳
主膳

一　肥田玉英（御医師）
同　昌伯
玉英儀、久々脚気之症相煩、頃日ニ至疝積差加腰痛仕、時々眩暈
卒倒仕、右病症弥増差募、至て難治症(之脱)ニて全快御奉公可相勤躰無
之付、隠居仕、悴昌伯家督被　仰付被下度旨申上、願之通無相違
被　仰付候間、家業情(精)出候様被　仰出、
一　横沢円治
柴内其馬

円治儀、男子無之養女有之付、親類其馬弟忠助聟養子仕度旨申上、双方願之通被　仰出、

一　与四郎儀、男子無之娘有之候、然処久々癇積相煩眩暈之症差加、癲癇之症罷成、右病症弥増差募、至て難治之症ニて、此末一子出生之程難計、尤得快気御奉公可相勤躰無之ニ付、遠親類甚蔵預御徒福士伝六弟清作聟養子仕度旨申上、双方願之通被　仰出、何も於席申渡之、

今渕与四郎
御徒頭
下条甚蔵

一　就病気御者頭御免被成下度旨申上候所、遂養生相勤候様被　仰出、

木村与市

一　就病気南部丹波守殿御家老御免被成下度旨申上候所、右同断、何も御目付を以申渡、願書相返之、

太田源五平

一　就病気御右筆御免被成下度旨申上、願之通御目付を以申渡之、

立花七助

六ノ
廿三日　晴

監物
典膳
主膳

一　御徒頭当分加被　仰付、

御座敷奉行
波岡定治

一　御台所奉行被　仰付、何も於席申渡之、

工藤茂弥太代
田中孝之進

一　鉄山吟味役被　仰付、御目付を以申渡之、

田中孝之進代
工藤茂弥太

一　例年之通、来ル廿五日御武器虫干取付申度旨、御武具奉行伺之通申渡之、

一　数十年実躰相勤候付、一生之内一人扶持被下置、御馬役伺之通御暇被下之、御用人へ申渡、御目付へも申渡之、

上段御牽馬小頭
小山田惣助

六ノ
廿四日　曇

監物
主膳

一　去ル十六日有之通、南部弥六郎儀、知行所遠野へ御暇願之通被下置罷越候ニ付、二種一荷差上之遂披露候所、御返書出候ニ付、右使者へ於席相渡、尤仲間添状ハ御目付を以相渡之、

南部弥六郎家来
沢里弥右衛門

但、右使者ハ御目付先立、無腰ニて席へ罷出也、

六ノ
廿五日　曇

監物
典膳
主膳

一暑中為伺御機嫌、南部雅楽助殿、南部左近殿登　城、総角之間御廊下へ主膳罷出御挨拶申上之、

但、南部左京殿、南部隼人殿、南部修礼殿、御病気ニ付御附人を以御伺被仰上之、

一右同断ニ付、同席御機嫌相伺之、御用人始め御勘定奉行已上御役

人、席ﾍ罷出相伺之、
　但、何も常服也、

一　　　　　　　　　　御勘定奉行 太田甚内
　　　　　　　　　　　栃内瀬蔵

御取締御調へ御用掛り被　仰付、
　但、斗ケ沢権右衛門、乳井平左衛門、矢羽々喜兵衛儀、御取締
　御調へ御用被　仰付候間、御取締方之儀可申談候間、諸事御調
　へ方遂吟味可申事、
右之通於席申渡之、

一　　　　　　　　　　御金奉行 斗ケ沢権右衛門
　　　　　　　　　　　御側御用達 乳井平左衛門
　　　　　　　　　　　御勝手方 矢羽々喜兵衛

御取締御調へ御用被　仰付、
　但、右御役所御取立被成候間、日々相廻取調へ候様被　仰付、
　委細之儀は御勘定奉行可申談事、
右之通御目付を以申渡之、

一暑寒御機嫌伺之節、御家門方御登　城、御表被仰上候節、外御役
人ニ不拘、速右之趣申上候様御沙汰有之、
　但、是迄は御家門方并御役人共ニ伺相済候所ニて一所ニ申上来候
　所、御家門方ハ御側ニて之御伺も有之付、夫前右之所申上候様
　御沙汰也、

一隼人殿御麻疹弥御快然、昨廿四日御酒湯被為済候、右之段御届被
仰上候旨、御附人口上書を以申出之、

廿六日　晴　　　監物 典膳 主膳

一不時御礼、今四時御中丸総角之間ヘ　御出座、名目御礼被為　請、
継目安堵金二種一荷指上、長上下着用、太刀折紙を以南部監物御
礼申上、右相済候処ニて同人直々長袴ニて御役成御礼申上、
　但、監物御礼申上候後、右着服ニて直々列座仕也、

一南部監物、右御礼之節上物、左之通、
　昆布　一折
　御肴　一折
　御樽　一荷
　安堵金
　御太刀　一腰
　御馬代銀一枚　一疋
右之通差上、監物長上下着用御礼申上、家来三人上下着用、無刀
ニて罷出、鳥目百疋宛差上御礼申上、尤家来御目見申上難有旨、
監物申上之、
　但、奏者御用人并太刀折紙引候御徒頭長袴着用、尤安堵金御徒
　頭持出、尤半袴着用也、

一右相済、外家督、継目、初て之者共、冥加御礼等迄被為　請、四
半時相済、委細ハ御用懸御目付留書有之、

一　　　　　　　　　　御徒頭 杉田左中太
預御徒女鹿要右衛門儀、老衰仕御奉公可相勤躰無之付、悴龍助御
番代被　仰付被下度旨、尤右龍助御徒御奉公可相勤器量之者ニ候

段其方申上、願之通無相違被　仰出、於席申渡之、

野沢　続
下田儀右衛門
下田善之助
下田友八
六戸守衛

一　花菱家紋相用来候所、花菱御紋表向御用被遊候付、是迄相用候者相改、替紋相用可申旨就被　仰出候、御差支も無御さ候ハヽ、石持ニ花菱相用申度旨、連名口上書を以申出、伺之通御目付を以申渡之、

毛馬内御与力
豊口勘六

一　御勝手向御差支ニ付、為寸志金子六十両差上寄特之事ニ候、依之所御給人被成下旨被　仰出、御代官へ書状を以申遣之、

豊川又兵衛

一　一子無之付、妹当二十六歳罷成候間、此者養女仕度旨申出、願之通御目付之者申渡之、

御留守居添役御目付
長谷川源内

一　寺社御町奉行不人数ニ付、当分之内加被　仰付置候所、御免被成旨被　仰出、以御目付申渡之、

箱石喜代見
堀切恵喜人

一　御制服吟味廻方御免被成旨被　仰出、御目付を以申渡之、

六ノ
廿七日　晴　主膳

花輪佐市郎

一　御武具奉行当分加被　仰付、御目付を以申渡之、

毛馬内典膳

一　忌御免被成旨被　仰出、奉書を以申遣之、

六ノ
廿八日　晴　主膳

一　天量院様御忌日ニ付、聖寿寺へ　御代香主膳相勤之、

六ノ
廿九日　晴　主膳

松岡源治預御徒
舟越八蔵

一　八駄弐人扶持
親八右衛門及末期、忰八蔵二十八歳罷成候、此者御番代被　仰付被下度旨、尤八蔵御徒御奉公可相勤器量之者ニ候段其方申上、存生之内願之通無相違被　仰出、頭へ於席申渡之、

七月朔日　晴　典膳
主膳

一　月次御礼、今九時　御本丸於　御座之間、御家門衆御礼被仰上、奏者御用人相勤、御着座之節、典膳御取合申上、夫より　御中丸総角之間へ　御出座、高知之面々、諸者頭迄一統御礼申上、畢て名目御礼有之、無程相済也、

一　端午之　御内書被成下候付、今日仲間并御用人於席頂戴、御家門衆御附人上下着呼上、菊之間御廊下へ持置　御内書入候御小蓋、御物書頭持出指置候所ニて、　御内書被成下候旨申達、御附人壱人ハ罷出候所御内書相渡之、夫々高知中、尤高知中病気名代御用人、

名代之内嫡子ハ菊之間へ罷出、平士より名代罷出候者、柳之間へ
並居候所へ　菊之間へ罷出、　御内書被下候旨申達、順々壱人
ツ、相進ミ頂戴之、
但、仲間在江戸ハ於江戸相渡、　御在国之節は嫡子名代ニて於
菊之間順列を以相渡、尤右呼上ハ当番御目付より申遣之、尤仲
間病気候得ハ追て快出勤候所ニて被下候旨、文政二年已来御沙
汰有之也、
一御家門衆御附人へ　御内書相渡候節、雅楽殿御附人と名披露ニて
一人宛罷出相渡之、高知中も右ニ准し大目付名披露、一人ツ、罷
出也、
一右御請之儀、御家門衆御附人引取申上承知候所ニて、御附人を以
御請被仰上、菊之間御廊下ニて謁之、尤高知御請之儀は大目付へ
申出、平士より名代ニて罷出候得は、御目付へ申出之、
一御内書渡方取計候御家老ハ、端午之指上物遂披露候同席取計相渡
候事、
但、高知呼上之儀は、昨日大目付より廻状を以申遣之、尤御用
人へ上下着用之儀於席口達之、花巻御城代居合不申方ハ、罷帰
候所ニて被下候事、
一　宮古通花(輪)わ村 善内
御勝手向御差支之趣奉恐察、為寸志金子百五拾両差上寄特候事ニ
候、依之御金方三石被下置、所御給人ニ被　召出旨被　仰出、御
代官へ書状を以申遣之、
一　沢田左司馬代 御用人 安宅　登

当秋勤番登被　仰付、　田鍍市左衛門代 御勘定奉行 中里判左衛門
一
右同断、何も於席申渡之、
当秋勤番登被　仰付、
一御留守居添役　横浜七郎代 長谷川源内
一御座敷奉行　簗田吉弥代 柴内其馬
一御祐筆　山口理右衛門代 名久井守太
一御物書　工藤嘉左衛門代 刈屋周助
一御用人方御物書　勝又定之助代 清水易人
一御目付所御物書　大川佐平太代 福田勇治
一御使者給仕　下斗米守太代 本堂和喜弥
右何も於席申渡之、
一御徒目付　和井内十右衛門 坂牛源之丞 代 村松宇右衛門
一戸治左衛門
一御広間御帳付　高屋門内代 下条甚蔵預御徒 福田勇治
山口宇右衛門 沼宮内与五平 代 鈴木恰預 上野与九郎
一御徒　栃内与兵衛預 種市要助
右何も御目付へ申渡之、
一御金奉行　村木五兵衛代 福士清左衛門
一御銅山方　工藤伊助代 松田佐次右衛門
一大御納戸奉行　葛西権之丞代 百岡権四郎
一御勝手方　照井善作代 星川勘助

一御勘定方　大里治六 船越伝五郎代 長沢益助
大矢覚蔵
右何も於席申渡之、
一御台所帳付　鼠入要之助代 中使 五日市六郎
一御次坊主　美斎代 哥林
一表坊主　専佐 久斎代 長春
久清
一御同心　壱組
一御長柄之者　上下御屋敷詰 十八人
一人足　十三人
右何も御目付へ申渡之、
御広式方
一御用聞　菊地忠治代 中居所右衛門
一御広式御番人　工藤浅之助代 蝿田小兵衛
一御同所御物書　中嶋喜作代 一条弥左衛門
右何も於席申渡之、
一御料理方　井上理平治代 加藤新兵衛
一御同所帳付　工藤宮平代 小森周助
一御同所中使　久慈門兵衛代 高橋善六
右何も御目付へ申渡之、
御下屋敷詰
一奥御医師　伊沢養順 浅内玄備代 安田元真
阿部友伯
於席申渡之、
一御同心　壱組
一御膳所小者　弐人
一人足肝入　壱人
右何も御目付へ申渡之、
糀町詰
一　南部丹波守殿御用人 気田小十郎代 秋山采江
於席申渡之、
一御同心　二十人
御目付へ申渡之、
一　中村専作代 御銅山方 小寺左衛記
大坂詰登被　仰付、尤詰合中御勘定改出役格被　仰付、於席申渡之、
一　多久佐里勇代 御銅山方 工藤伊助
大坂詰登被　仰付、於江戸申渡之、
一　中嶋良平代 常府 藤田専太郎
御広間御取次被　仰付、於江戸申渡之、
一　御用聞 村角保助
御錠口番 佐藤理左衛門
長嶺忠之進
御医師 本堂通健
御物書 関　保人
大御納戸帳付 守田惣右衛門

来春迄詰越被　仰付、於江戸申渡之、

一　八戸上総

駒木半次郎弟冨之助儀、先達て召仕候旨御届申上候所、此度相返候旨相届之、尤半次郎よりも訴之、

一　御座敷奉行　波岡定治

御徒頭当分加御免被成旨被　仰出、以御目付申渡之、

七ノ二日　晴

典膳
主膳
主殿

一　勝木藤蔵

嫡子熊五郎儀、当十四歳罷成候付、五節句御礼計為申上候様仕度旨申出、伺之通御目付を以申渡之、

一　漆戸幸作
村木英蔵

御制服吟味廻方被　仰付、御目付を以申渡之、

一　御次　内藤市郎

御膳番不人数ニ付、当分加被　仰付、御目付を以申渡之、

一　大沢俊司
伝右衛門嫡子　船田金八
宅左衛門嫡子　長嶺七之丞
重右衛門同　大森重治
権右衛門同　長嶺丹蔵

御雇御勘定方当分被　仰付置候所、御免被成旨被　仰出、御目付を以申渡之、

七ノ三日　晴

典膳
主膳
主殿

一　御用人　牧田平馬

御年男当分被　仰付、於席申渡之、

一　襄綿覚左衛門
同　左平

覚左衛門儀、老衰之上起居不自由罷成、御奉公可相勤躰無之付、忰左平家督被　仰付被下度旨申上、願之通無相違被　仰出、

一　中里重太郎

亡兄嘉藤子菊松当八歳罷成、幼稚之上虚弱ニて早速御用相立可申躰無之付、其方嫡子仕度旨、親俊蔵先達て願之通被　仰付候所、右菊松儀、其後無怠遂養生候之所全快仕候間、筋合之者ニ付嫡子仕度旨申上、願之通被　仰出、

一　久慈角巳

嫡子喜兵衛先達て病死ニ付、嫡孫角弥嫡子仕度旨申上、願之通被　仰出、何も於席申渡之、

一　四戸甚之丞

知行所宮古通御代官所之内老木村・根市村、雫石通御代官所之内長山村、地尻地頭ニて新田高寛保元年曽祖父願上被下置候所、御差支之儀有之御預被成候所、去未ノ年迄願上候ハヽ、可被下置旨御沙汰候得共、数年相成地尻地頭相分不申場所も有之ニ付、嫡子左

市差遣吟味之上奉願上度、宮古通知行所へ往来十五日雫石通知行
所へ往来五日之御暇被下度旨申上、願之通御目付を以申渡之、

七ノ四日　晴　　典膳
　　　　　　　　主膳
　　　　　　　　主殿

　　　　　　　　　　　　　馬場右門
一　御次被　仰付、於席申渡之、

　　　　　　　　　　　　　下田隆助
一　御雇御勘定方当分被　仰付、御目付を以申渡之、

一毎月五日、東禅寺へは只今迄之通　御直詣被遊、聖寿寺へは御家
老　御代香被　仰付旨、御用人葛西半右衛門を以御沙汰有之、

　　　　　　　　　　　　　宮古通崎鍬ケ崎村之内大附之
　　　　　　　　　　　　　千代松
　　　　　　　　　　　　　左兵衛
　　　　　　　　　　　　　助左衛門
　　　　　　　　　　　　　喜之助へ
　　　　　　　　　　　　　　被　仰渡

其方共儀、重茂村之内戸ノ崎之武右衛門・釜子由松と申者より蜜(密)
塩相調置候ニ付、被遂御吟味候所、蜜塩七駄片馬牛飼料と取替候
儀、相違無之段申上候、兼て御沙汰被成置候御趣意相背不埒ニ付、
急度被　仰付方も有之候得共、御慈悲を以右塩御取上、過料銭
被　仰付、慎御免被成候条、向後万端相慎可申者也、

　　月　日

(記事上余白に注記)
壱人三貫文ツヽ、

　　　　　　　　　　　　　同通重茂村之内戸ノ崎之武右衛門釜子
　　　　　　　　　　　　　由松へ
　　　　　　　　　　　　　　被　仰渡

其方儀、崎鍬ケ崎村之内大附之千代松、左兵衛、助左衛門、喜之
助へ蜜(密)塩弐斗入七駄片馬持参、牛飼料と取替候義相違無之旨申上
候、兼て御沙汰被成置候御趣意を相背不埒ニ付、急度被　仰付方
も有之候得共、御慈悲を以過料銭御取上、慎御免被成候条、向後
万端相慎可申者也、

　　月　日

(記事上余白に注記)
五貫文、

　　　　　　　　　　　　　同通重茂村之内戸之崎之釜主
　　　　　　　　　　　　　武右衛門へ
　　　　　　　　　　　　　　被　仰渡

其方釜子由松儀、崎鍬ケ崎村之内大附之千代松、左兵衛、助左衛
門、喜之助へ蜜(密)塩七駄片馬牛飼料と取替候儀被遂御吟味候処、由
松儀、釜子ニは相違無之候得共、蜜塩仕候儀相心得不申旨申上候、
兼て御沙汰被成置候御趣意兼々可申含置所、等閑之心得ゆへ右様
之儀ニ至候、依之被　仰付方も有之候得共、御慈悲を以慎御免被
成者也、

　　月　日

右之通御片付、公事懸御役人共評掟、伺之通申渡之、

七ノ五日　晴　　典膳
　　　　　　　　主膳
　　　　　　　　主殿

一養源院様御忌日ニ付、聖寿寺へ　御代香主殿相勤之、

一義徳院様御忌日ニ付、六ツ半時御略供ニて東禅寺へ　御仏詣被遊、
無程　御帰城也、
一　御小納戸 五十嵐三左衛門
御年男加当分被　仰付、於席申渡之、
一　妙泉寺
文化二年六月住職被　仰付候付、　御室御所へ旧例之通院室兼帯
継席為御礼上京仕度、当八月より十一月迄御暇被下度旨、永福寺
末書を以申出、願之通被　仰付、寺社御奉行へ申渡之、
一盛岡御蔵米拾駄
　此代弐拾五貫五百文
一沼宮内御蔵米同
　此代弐拾三貫五百文
一花輪御蔵米同
　此代弐拾弐貫五百文
右御直(値)段を以、在江戸・大坂詰当夏御切米御買上、御物成、御切
府金共、来ル九日より御渡被成候様仕度、尤御代物不足ニ御座候
間、金壱両ニ付六貫八百文之積を以、右御切米御買上之分金銭取
交御渡方可被　仰付哉、此段奉伺候、
　七月四日　御勘定奉行
右伺之通申渡之、
　二季名改願、左之通
一幼名 春司事 阿野太郎兵衛　一同 元治事 下河原澄馬
一同 繁太郎事 松尾吉左衛門　一祖父名 忠太事 太田忠助
一幼名 順司事 中野専右衛門　一同 円左衛門嫡子友弥事 河嶋藤吾
一同 栄馬嫡子八重太事 坂本織人　一同 助五郎嫡子健之助事 舟越荒次郎
一同 続事 小山田　隆　一同 幸之助事 小館権右衛門
一祖父名 伝平事 目時平右衛門　一同 五陸事 駒嶺(輪)孫兵衛
一同 甚之助事 葛　甚兵衛　一幼名 花わ御給人勇之助事 井上小兵衛
一同 三戸御給人喜内嫡子寅之助事 釜渕九八　一同 同所御給人幸作嫡子佐市事 鵜飼繁司
右何も願之通被　仰付、御目付を以申渡之、
一御小道具之者　五人
一御陸尺　三人
当秋詰番登被　仰付、御目付へ申渡之、
一被　仰出、左之通、
御倹約被　仰出、衣服之制も御沙汰被成候所、近年百石已下共
ニ諸士ハ二、三男迄単羽織袴絹は江戸・御国許共ニ御用捨被成、
羽織袴共ニ小紋ニ限り相用ひ候様御沙汰被成置候所、猶又此度
御取締厳敷趣被　仰出候、先年之通百石已下は小紋たりとも、
已来絹用ひ候義相扣可申旨被　仰出、
右之通諸士・諸医一統相触候様、御目付へ申渡之、
　演説
御倹約御取締之儀、兼て御沙汰被成置候得共、猶亦此度厳敷諸
事御吟味被　仰付候ため、御取締御調へ方も被　仰付、別段御
役所御取立御吟味被成候付、是迄諸役所ニて御据直(値)段を以御買
上并夫々請取諸品たりとも此度御改直被成候間、臨時御買上之
品は勿論、御普請向其外都て諸積方等迄、右御役所ニて御吟味
御取極被成候間申出、得吟味可申候、依之銘々役所向之儀ハ勿

論、外役所向之事ニ付ても、御取締心付之儀有之候ハヽ、不苦候間之可申出候、尤演説難申出筋も有之候ハヽ、印封を以御目付迄、御側向は御側御目付迄可差出事、
右之通被　仰出、諸役所ヘ申渡候様、御目付ヘ申渡之、

七ノ六日　晴
典膳
主膳
主殿

一
豊川又兵衛
波岡定治
又兵衛儀、一子無之養女有之候、然所久々痼積相煩、頃日ニ至癲癇之症罷成、時々眩暈卒倒仕、右病症弥増差募、至て難治之症ニて、此末一子出生之程難計、尤得快気御奉公可相勤躰無之付、親類定治弟門弥(モン)聟養子仕度旨申上、双方願之通被　仰出、於席申渡之、

一
八戸上総
加判御役被　仰付、於　御前被　仰渡之、

一
同人
此度加判御役就被　仰付候、座列之儀は宮内上座被　仰付、於席申渡之、

一上総方加判御役就被　仰付候、例之通　上々様方ヘ申上、御側御用人ヘ申達申上之、諸士・諸医ヘ相触候様御目付ヘ申渡、寺社・御町ヘは御町奉行ヘ申渡、尤花巻在々ヘは御城代・御代官ヘ書状を以申遣之、八戸ヘは幸便申遣之、

一
御雇御勘定方
百岡守助
大御納戸当分加御免被成旨被　仰出、御目付を以申渡之、

七ノ七日　晴
典膳
上総
主膳
主殿

一席ヘ御熨斗出、
一為七夕之御祝儀、今巳ノ刻過　御本丸於総角之間御家門衆御礼被仰上、御用人奏者、御着座之節、典膳御取合申上、夫より　御中丸総角之間ヘ　御出座、仲間始五節句出仕之面々御礼申上、無間相済也、
一大目付、寺社御町奉行、表御目付、御目付、御勘定奉行、席ヘ罷出御祝詞申上之、

一
蒔内新兵衛
飯岡良助
栃内幸助
勝馬田彦左衛門
七戸御給人
高田善司
五戸御給人
中市源十郎
当秋御献上御鳥討被　仰付、御目付を以申渡之、

一
五戸は御場所も宜候付、去年伺之上同所ニて御献上御鳥討、手前物入を以討上候様被　仰付候所、鶴討上御献上ニ相成候之間、当年も去年之御振合を以可被　仰付哉と御用人伺之通申渡之、

一三戸へ
一七戸へ

御鷹匠　小林清右衛門
同　福田与五郎

一当御献上御留鷹御用可被　仰付哉と御用人伺之通申渡之、

御勘定所小者　壱人

一当秋詰番登被　仰付、御目付へ申渡之、

七ノ八日　晴

典膳
上総
主膳
主殿

一　越前敦賀　道川純蔵

御由緒有之、壱艘之御免許船田名部浦ニて被下来候所、外御免許被　仰付罷有候者之通、　御代替之節御証文被下置度旨願出候間、其筋為遂吟味候所、新保久末久五郎孫長右衛門・徳兵衛へ御免許船被下来候所、前々　御代替之節御証文被下置候間、右御振合之通純蔵へも御証文被下置可然旨申出、願之通御町奉行へ申渡之、

一遠野より釜石迄新道見分相済候付、往来勝手次第御沙汰被下置度旨、尤甲子町之者共迷惑候筋等も有之節ハ、取扱方共ニ佐野与次右衛門申上候付、吟味仕候所、遠野より釜石迄古道よりハ里数近、夫伝馬賃銭も相減、往来之者通用宜可有御座奉存候間、新道御用懸御目付、御勘定奉行、右賃銭書付を以申出、伺之通申渡、左之通、

覚

一遠野より釜石迄新道人馬賃銭割合、左之通、

本馬　壱疋　三百五文
軽尻馬壱疋　弐百三文
夫　壱人　百五拾三文

右之通御座候、

七月

一遠野より釜石迄古道小道ニて七拾里十八丁、此賃銭本馬壱疋四百拾弐文、

但、壱里賃銭五文八分四厘四毛ニ当ル、

一同新道小道ニて五拾弐里四丁四十九間、此賃銭割合左之通、

本馬　壱疋　三百五文
軽尻　壱疋　弐百三文
夫　壱人　百五十三文

古道賃銭、左之通、

本馬　壱疋　四百拾弐文
軽尻　壱疋　弐百七拾弐文
夫　壱人　弐百六文

さし引

本馬ニて　百七文
軽尻ニて　六十九文
夫ニて　四十九文

右之通古道より相減申候、

七月

一松尾軍右衛門嫡子与次郎儀、当三十七歳罷成候之所、去月中旬より癲癇之症相煩、至て難治之症ニて、末々御用相立可申躰無之ニ

付、嫡子仕兼旨、軍右衛門訴出之、
一雅姫様御仕切金、一ケ年別紙之通被遣旨被　仰出、於江戸表御附
役へ申渡申上候由、左之通、

覚

雅姫様御仕切金壱ケ年
一金五百両
内
一弐百五拾両　御呉服料
　　　　　　　御進物料
一弐百五拾両　諸御用代并
　　　　　　　女中雑事代・燈油代・起炭代共
但、女中御給金御四季施、御表より別段御渡被成事、
外ニ
三拾八人半御扶持
右之通被進旨被　仰出、
六月十九日
右之通申来候間、爰元御役人ともへも申渡之、

七ノ九日　晴　典膳　上総　主膳　主殿

一江戸表去ル二日立七日振飛脚岩間左次平・久慈常作組弐人着、御用儀共申来之、
一南部左衛門尉様ニて松原丹波守殿御祖母恵苗院様御死去ニ付、御同氏英之助様之奥方様御祖母之御続ニ付、御定式之御忌服御請被成候、右ニ付御悔御見舞等之御沙汰も御座候ハヽ、堅く御断被成候旨、為御知奉札差下来申上之、
一御拝借金御上納相済候ニ付、御裏御印御消印之儀、青山下野守殿御勝手へ御留守居添役横浜七郎去月廿二日罷出、公用人河野勝蔵へ出会申向候は、御裏御印御消印御用番へ可申上候所、去月御用番大久保加賀守殿御名前無之、去々月上納之節、水野出羽守殿御用番ニて御届向仕候之間、此段相伺候旨申向候所、勝蔵引取無程罷出申聞候ハ、御用番へ御消印之儀被仰達、御証文差出候様御差図ニ付、直々同人持参、大久保加賀守殿へ御取次を以差出候所、御落手之旨被仰聞、同日夕御留守居御呼出候て加嶋舎罷出候処、今朝被差出候御証文御消印相済候付、公用人を以御渡被成候由、尤右御消印相済候付、御勘定奉行村垣淡路守へ則別紙之通相認、御留守居下役喜多見平八名前ニて差出候処、受取承知之旨申聞候由舎申出候旨申来之申上、御勘定奉行共へ申渡之、
一南部丹波守殿幸橋御門番御蒙ニ付、御先代御拝領之赤長革内金御紋挟箱、出火ニ付御出馬之節ハ赤長革取之金御紋箱、御同席御並合有之候得は御用ひ被成度、御同席御手寄之分御問合之内、市兵衛町ニては御三代迄蓋革挟箱へ相懸ケ御用ひ、当時長革御取金御紋ニて出火之節為御持候趣、外御同席、御同高、御門番相勤候節、同様挟箱長革取之金紋ニて被相用候由、併古来より相用ひ来候趣意可有之哉、何れ金紋之儀は不容易儀御用ひ被成候義難御落付候得共、御同席御並合も粗有之趣も御座候間、相用ひ候て可然儀ニも可有御座候哉、殊近年御並合御同席之内ニも、高増已来初て御

門番御蒙之節より長革取之金紋相用ひ来候向も御座候間、御並合之通ニて可然哉と、丹波守殿御伺之趣、川口弥兵衛口上書を以申出候間、拙者限ニも難落付候間、御留守居共へ致相談申出候様申渡候処、御先代播磨守殿為　御名代御国元へ御下り之節、御旅中金御紋御挟箱御用ひ被成候事、非常之御分ニも御座候得ハ、出火之節ハ御用ひ被成候ても可然哉、若従　公辺御当り御座候ても此方様浅草火之御番之節迚も御用ひ被成候儀、火事場之儀ハ長革之侭ニては混雑之中ニて御弁理も不宜、且　御先代様より御拝領ニて御用ひも被成候事、市兵衛町并御同席ニて岩城伊予守殿ニても金紋御用ひ、其外乍御他席御並合も有之儀ニ付、御用被成候旨御答御座候ハヽ、格別丹波守殿御落度と申程ニも有之間敷哉、御届御伺等も無之御分故、何方へ御問合候ても決て不苦儀と治定之答ハ有之間敷、万々一御当り御座候ハヽ、其節御見合被成候御含ニても相談書を以舎申出候間、則弥兵衛より之口上書并御留守居相談書共二通下候付遂相談、御差支も有之間敷候付、入　御聴ニも候間被申越候趣を以御取計被成候様、尤当り等有之候ハヽ、御答向候儀、猶御留守居共へ得と被仰渡候、御並合聞配置行違等無之様可被仰含旨、附札返事ニ申遣之、

典膳
上総
主膳
主殿

七ノ十日　晴

一三駄弐人扶持　本堂寛吾

親寛右衛門存生之内願之通、跡式無（相違脱）被　仰出、病気ニ付名代へ於席申渡之、

一　吉嶋栄太

生質虚弱之上癇積相煩、色々養生仕候得共難治之症ニて、此末一子出生之程難計候ニ付、親類安宅平之丞妹血脈之者ニ付、養女仕度旨申上、願之通御目付を以申渡之、

一　八戸上総

御役成御礼願之通可被為　請旨被　仰出、詰合ニ付申達之、

一内堀大隅嫡子伊賀之助、妻南部監物妹、不縁ニ付離縁仕候段、双方相届之、

七ノ十一日　晴

典膳
上総
主膳
主殿

一　新藤理兵衛
同　兵作

理兵衛儀、久々癇積相煩、頃日ニ至癲癇之症罷成、時々眩暈卒倒仕、右病症弥増差募難治之症ニて、全快御奉公可相勤躰無之付、悴兵作家督被　仰付被下度旨申上、願之通無相違被　仰出、於席申渡之、

一　一条仁左衛門

花菱家紋相用来候所、花菱御紋表向御用被遊候付、是迄相用之者相改、替紋相用可申旨、旧臘被　仰出候、依之丸之内花菱相用度

旨申上、伺之通被　仰付、御目付を以申渡之、

一監物方御口上書、左之通、

拙者儀、去月下旬より積気相煩、水腫相加、養生罷有候、然所昨今ニ至大病罷成候、依之御医師被　仰付被下度奉願上候、以上、

七月十一日　　南部監物

右口上書、北彦助を以差出候旨、御目付申出候付、前例之趣を以御医師申渡遣候様申渡之、

一本道　　伊東元察
村田道伯
岡井元孝
鍼医　　米田養元
佐藤友益
養意嫡子　中村秀林

監物方病気ニ付罷越療治仕候様被　仰付、尤御番医同様相心得、代ル〳〵両人ツヽ、附居可申旨、御目付を以申渡之、

一右御請、

一交御肴　一折　　南部監物へ

病気為御尋御次馬場右門を以被下之、右御請ハ直々御側へ申上候由、

一監物方願書、左之通、

私儀、去年十二月御席詰被　仰付候、然処去月下旬より持病之積気差発、御医師数人得療治罷有候所、頃日ニ至水腫差加、猶又御医師小野宗俊・原安仲・工藤玄秀・中村養意、牢人医鷹羽昌益得療治罷有候所、昨今ニ至大病罷成候付、御医師願之通被　仰付難有仕合奉存候、右病症弥増差重草臥強、全快可仕躰無之旨御医師申候、依之恐多申上様奉存候得共、当御役儀御免被成下度奉願候、御憐愍を以願之通被成下候ハヽ、難有仕合奉存候、此旨御序之節宜被仰上被下度奉頼候、以上、

文政七年七月十一日　　南部監物印

毛馬内典膳殿
八戸上総殿
楢山主膳殿
南部主殿殿

右願書差出候付、遂披露之、

一　　南部監物

病気ニ付、御席詰御免被成下度旨申上、願之趣　御承知被遊候得共、御席詰御免不被成候間、遂養生候様被　仰出、典膳罷越申達之、願書ハ御目付を以相返之、

一監物方末期願書、左之通、

私儀、当二十一歳罷成一子無御さ候、然処去月下旬より持病之積気差発、水腫相加、御医師小野宗俊・原安仲・工藤玄秀・中村養意、牢人医鷹羽昌益得薬鍼、色々養生仕候得共、右病症弥増指重、昨今存命不定之躰罷成候、依之恐多申上様無奉存候得共、妹当九歳罷成御座候、此者養女仕、親類八戸上総二男金作ハ、此者聟名跡仕度奉願候、以御憐愍願之通被　仰付被下置候ハ、難有仕合奉存候、此旨宜被仰上被下度奉頼候、以上、

文政七年七月　　　　南部監物

毛馬内典膳殿

楢山主膳殿

南部主殿殿

一上総方願書、左之通、

私親類南部監物儀、当二十一歳罷成一子無御座候、然処去月下旬より持病之積気差発、水腫相加、御医師小野宗俊・原安仲・工藤玄秀・中村養意、牢人医鷹羽昌益得薬鍼、色々養生仕候得共、右病症弥増差重、昨今存命不定之躰罷成候、依之恐多申上様奉存候得共、妹当九歳罷成御座候、此者養女仕、私二男金作当十一歳罷成、養女へ年齢相応御座候ニ付、万一之儀も御座候ハ、此者聟名跡仕度旨望申候間、差遣申度奉願候、以御憐愍願之通被　仰付被下置候ハ、難有仕合奉存候、此旨宜被仰上被下度奉頼候、以上、

文政七年七月　　八戸上総

毛馬内典膳殿

楢山主膳殿

右双方願書并親類書、親類南部主殿様口上書一通、南部彦六郎同壱通、七戸志摩・北彦助・北守助右衛門・桜田繁助・村松喜八郎同壱通、御目付小野寺左門・小向周右衛門を以差出、遂披露之、

一監物方、去月下旬より持病之積気差発、水腫相加、色々遂養生候得共不相叶、今申中刻病死之旨、桐生源左衛門訴之、

一右ニ付、八戸金作儀、定式之忌服請候様、御目付を以申渡之、

一監物方、御役柄之儀故、御給使不被遣候間、勝手次第召仕候様可申達旨、御目付へ申渡之、

一右ニ付、鳴物三日御停止、普請ハ御構無之旨、前々之趣を以上々様方へ申上、諸士・諸医・寺社・在町へ相触候様、大目付・寺社御町奉行・御目付へ申渡之、花巻御城代へは書状を以申遣之、尤遠在ハ病死一通り、近在は今日より三日鳴物御停止之旨為申遣之、

七ノ十二日　晴　　典膳　上総　主膳　主殿

一御香奠　白銀三枚　　上使御目付　小野寺左門

右は南部監物方病死ニ付、聟名跡願上候八戸金作へ被下候、為御請黒沢大学罷出、於席謁之、

一雅楽助殿去ル十日暁より藿乱之症、御腹痛、御手足御微冷、吐瀉有之候得共、未御回湯無之内御持病之疝積御差発、御薬鍼御用被成候得共、御目扁之内御疲労有之、御快方御早俄取不被成候付、此段御内々申上候之様左近殿被　仰付候旨、御附人口上書を以申出之、

被　仰渡　七戸軍助召仕　鉄之助へ

其方儀、於江戸表当正月七日夜より御厩小者久助・久蔵・惣八、四人寄合折々博奕仕、同廿一日夜御厩小者長八方ニて酒給候上、御小納戸物書孫八留守を幸、同人押入之戸明衣類品々并葛籠片馬

盗出、葛籠ハ御隣屋敷へ投越、品物は御厩小者久助方へ持参頼置候段、江戸表ニおゐて御詮議之上及白状、御下被成候所、当二月廿五日郡山ニおゐて附添御同心共眼を忍逃去候段、重畳無調法至極ニ付、急度被　仰付様も有之候得共、御慈悲を以田名部牛瀧へ御追放被　仰付候条、御城下并他御代官所へ立入候ハヽ、曲事可被　仰付者也、

月　日

御厩小者
久助へ
被　仰渡

其方儀、於江戸表当正月頃より仲間久蔵、惣八并七戸軍助召仕鉄之助四人ニて折々御法度之博奕仕、其上同月廿一日夜、右鉄之助より預品有之候所、疑敷品之趣承り居、其筋へも不申出、仲間長八へ任置、内分ニて相返候段、無調法至極ニ付、被　仰付様も有之候得共、御慈悲を以御奉公筋御構、揚屋入御免被成候条、向後急度相慎可申者也、

月　日

御厩小者
久蔵
惣八へ
被　仰渡

其方共儀、於江戸表当正月頃より仲間久助并七戸軍助召仕鉄之助四人ニて折々御法度之博奕仕候段、無調法ニ付、被　仰付様も有之候得共、御慈悲を以御奉公筋御構、揚屋入御免被成候条、向後急度相慎可申者也、

月　日

野田藤馬組御同心
熊谷与右衛門へ
被　仰渡

其方儀、於江戸表七戸軍助召仕鉄之助無調法之儀有之、手錠下ニて道中附添不寝番共ニ被　仰付御下被成候所、鉄之助も道中より麻疹相煩押々召連候ニ付、瀧名川洪水ニて歩行渡相成不申、手錠相払為脊(背)負川越仕、其侭ニて郡山駅処へ召連候所、油断仕取逃候儀無調法至極ニ付、被　仰付様も有之候得共、御慈悲を以御扶持被　召放、沼宮内へ御追放被　仰付候条、御城下并他御代官所へ立入候ハヽ、曲事可被　仰付者也、

月　日

野田藤馬組御同心
菅野栄助へ
被　仰渡

右同断ニ付、雫石へ御追放被　仰付者也、

月　日

右之通御片付、公事懸り御役人共評諚、伺之通申渡之、

七ノ十三日　晴

典膳
上総
主膳
主殿

一　福岡御給人
小笠原保人

身帯御金方二十四石之内拾石、弟十五郎へ分地仕、於御所相応被　召仕候様被成下度旨申上、願之通被　仰付、御代官へ書、状を以申遣之、

一　　　　　　　　　　　　　　　野辺地礼八
江戸表勤中、支配野田藤馬組御同心囚人附添被　仰付被下候所、於郡山駅右囚人取逃候無調法有之、此度御追放被　仰付候付、於江戸表申含方行届不申段恐入差扣願出候所、不及其儀之旨御目付へ申渡之、

一　　　　　　　　　　　　御目付
毛馬内命助
明後十五日　御仏詣有之付、其節寺社御町奉行加被　仰付、於席申渡之、

七ノ
十四日　晴　　典膳
主膳

一盆中ニ付、典膳、主膳計登　城、

一　　　　　　　　　　　　御目付
小野寺左門
奥通、大更御新田、両鹿角へ馬改為御用被遣旨被　仰出、
但、牛馬定役桜田繁助伺之通、

一　　　　　　　　　　　　同
小向周右衛門
大迫、遠野、三閉伊通へ右同断、
但、定役ハ荒木田善助伺之通、

一　　　　　　　　　　　　同
大矢勇太
盛岡五御代官、雫石、沢内、郡山、花巻二郡中へ右同断、何も於席申渡之、
但、同江釣子官右衛門伺之通、

一被　仰出、左之通、
前々衣服之制被　仰出候得共、近年猶亦夫々御沙汰被成置候所、頃日ニ至何となく相弛ミ候歟ニ相聞得、以之外ニ候、万一軽キ者心得違紛敷品等相用ひ候ては不宜候、依之文政三年、同四年之度被　仰出候趣、諸事堅く相守心得違無之様可仕、猶此度廻り方之者も被　仰付候間、不心得之者有之、紛敷品相用候者目当候ハヽ、御吟味之上、急度可被及御沙汰候事、
右之通御沙汰ニ付、一統為相心得候様御目付へ申渡之、

七ノ
十五日　晴　　典膳

一屋形様御長袴被為　召、今朝六ツ時前御本供御供揃ニて、聖寿寺、東禅寺へ被遊　御仏詣、御中丸御玄関より御出被遊、御帰共御玄関へ典膳、御用人、御目付罷出也、尤聖寿寺へ上総、東禅寺へ主膳相詰、御役人共も相詰、無程　御帰城也、
但、御役人上下、小役人肩衣着用也、

一今日聖寿寺へ　神鼎院様　地蔵尊へ御廟参、東禅寺へは　義徳院様へ計御廟参被遊、外　御頭々様御廟へは　御代香被　仰付旨御沙汰ニ付、御役人ともへも申渡之、

七ノ
十六日　晴　　典膳
上総
主膳

一今日大斉日ニ付登　城無之所、御用有之、何も登　城也、

一雅楽助殿去ル十日暁より霍乱之御症被成御座候付、安田元真、千田祐甫御療治申上候得共、御胸中御苦満御差募ニ付、御転薬瀬川立庵、佐藤友益御療治申上候所、御目扁被成御座候、同十一日小

野宗俊、米田養元御療治申上、同十二日猶亦安田元真御療治申上候得共、御前証弥増御募御疲労被成御座、御大病之趣御医師申出候段、御附人植沢孫兵衛御口上書を以申出遂披露、御医師被　仰付、左之通、

御医師
川上立朔
横沢周郁
嶋　寿安
千田祐甫
佐藤友益

一雅楽助殿御病気ニ付、御番医被　仰付旨、御目付を以申渡、角御屋敷へ為相詰也、

一右ニ付、雅楽助殿御病気先刻申上候所、別紙之通御番医診書差出候旨、御附人口上書を以申出、左之通、

雅楽助殿御容躰、去ル十日之朝霍乱之症ニて御腹痛、御手足微冷、吐瀉有之候得共、御回湯無之、其上御持病之御疝積御加症、御胸中より御心下へ攣痛、御胸脇苦満、時々御逆上有之候所、御前症折々御指重被成候由ニて、私共診上候所、御脈微細、御両便不利、御胸脇逆満、御手足微冷、時々吃逆御煩悶有之、御疲労甚敷、依之相談之上立朔四逆加入参湯調合差上候得共、至て御危篤之症ニ御座候、即刻御変症難計旨、御医師共口上書を以申上之、

一　　　　南部雅楽助殿

病気大切之趣達　御聴、自然指重候共、跡式之儀は気遣仕間敷旨被　仰出、右為　上使典膳方罷越申達候、御役人ともへも為申知之、

但、右前例遂吟味候所、区々ニて難落付ニ付、此度相伺、右之通以　上使御沙汰被成也、

一雅楽助殿御容躰、御前症弥増御募被成、御脈乏御息迫甚敷、依之猶亦相談之上、周郁参附湯調合差上申候得共、水薬御咽喉御通兼次第ニ御迫、只今御絶脈被成候段、御医師共申出候由、

一雅楽助殿御病気先刻申上候通、益御危篤被成御座候付、所々御灸治仕上候得共御動不被成、只今御遠去被成候段、御附人口上書を以申出之、

一右ニ付、御医師為引取候様、御目付へ申渡之、

一右之趣、玉芳院様・御家門衆へあなた御屋敷より為御知被成候事故、為御知不申上也、

一右ニ付、御城下并近在八鳴物三日御停止、普請は無御構旨、遠在之御死去一通り相触候之様、大目付・寺社御町奉行・御目付へ申渡之、尤花巻へは書状を以申遣之、

一右ニ付、南部左近殿へ御目付長谷川源内　上使被　仰付、左之通、

一此所へ白銀認候事、
　　　　南部左近へ
名之上へ認候事、

一白銀　三拾両　白木台

雅楽助病気之所、養生不相叶死去之段達　上聞、依之御香奠以　上使被遣之、

但、翌十七日被遣候得共、右之通認置也、

一角御屋敷為御締、御役人為御詰被成度旨、御目付小向周右衛門を以被仰上候付、周右衛門儀、為御締折々相詰候様申渡候段、御附

人・御目付を以申渡之、

七ノ十七日（天候欠）　典膳
上総
主膳

一　飯岡通御代官所下飯岡村百姓久太郎居宅之内借宅罷有候所、昨夜五つ時、右久太郎自火ニて焼失仕候、然所私儀、病気罷有歩行難相成躰ニ御座候ゆへ、嫡子、手廻共ニ介抱ニ取懸罷有候内及大火、駆入候儀難相成永代御証文取出兼焼失仕候ニ付、恐入差扣願出、願之通差扣被　仰付、御目付ヘ申渡之、　成田加左衛門

一右ニ付、親類共恐入差扣申出、不及其儀旨御目付ヘ申渡之、

七ノ十八日　晴　典膳
上総
主膳

一　近年御物入打続御勝手向御差支之趣奉承知、為寸志金子三拾両差上度旨申上、　大槌通御給人並 佐々木津六

一　右同断ニ付、為寸志金子三百両指上度旨申上、何も寄特之申上方ニ付、願之通御取納被成旨、御目付を以申渡之、　大槌通釜石村 冨助

一御家門方御通り向キ途中人を除候儀、文化之度被　仰出候得共、猶又文政之度御沙汰被成候所、頃日ニ至り群集ニ無之節も下タニと申制方ニ相聞得、上下之分チ無之様ニて不宜候、御供方之内不案内ニて心得違等有之候ては不宜候間、已来文化之度御沙汰被成候之通、都て御通り向人を除ケ候節は、決て下タニと不申、脇寄レと申、がさつニ無之様御供方ヘ得と申含、心得違無之様可致事、
右之通御沙汰ニ付、御目付を以御附人ヘ申渡之、

一　上京御暇願之通被　仰付置罷下候節、江戸表ヘ不罷出、御用有之直々北国廻り仕度旨願出、願之通於御側申渡候段、御側御用人申出之、　七戸 金剛寺

七ノ十九日　晴　典膳
上総
主膳

一　御城内稲荷御祭礼御跡乗、御用掛とも被　仰付、　寺社御町奉行 本堂右内
御目付 立花源吾
御勘定奉行 栃内瀬蔵

一（衍）一　御城内稲荷御祭礼御用懸り被　仰付、　御者頭 四戸甚之丞

一　御城内稲荷御祭礼御先乗、警固とも被（一脱）　仰付、何も於席申渡之、　同 中山左久馬

一　右差替被　仰付、御目付を以申渡之、　花館善内

一　右は此度宮古御給人被　召出候付、右苗字相名乗度旨、伺之通御

目付を以申渡之、

一　　沼宮内住居 八角四郎右衛門
病気之所全快可仕躰無之付、沼宮内通下役御免被成下度旨、願之通御目付を以申渡之、

一　御次 菊池啓作
内藤市郎
御膳番当分加御免被成旨被　仰出、御目付を以申渡之、

一　御用人 安宅　登
来月八日出立被　仰付、奉書を以申遣之、

一　御留守居添役 長谷川源内
来月廿三日出立被　仰付、

一　御勘定奉行 中里判左衛門
来月四日出立被　仰付、何も御目付を以申渡之、

一右之外勤番登人数日割、委細御目付留書ニ有之略之、

一雅楽助殿御法号、左之通、
正楽院殿希音明徳大居士
右之通聖寿寺附上ケ候段、御附人申出之、

一佐羽内都合嫡子与五郎儀、江戸表へ召連罷登候所、当四月十六日与風(ふと)御小屋罷出、及深更候得とも罷帰不申候付、御内々御届申置、心当之所色々相尋候得とも居所相知不申候付、其節出奔御訴申上候、然所昨夜立帰候間向々出入之程も難計、御屋敷罷出候節之儀、具ニ相尋候所、其頃上昇ニも可有之哉、眩暈仕本心取失御屋敷罷出前後忘却仕候、然処行向々ニて少々心付何れ候哉と承候所、下谷広小路之由、何日ニ可有之哉と是又承候所、同十八日朝ニ有之候段申聞候処、如何仕候て可然哉と狼狽仕罷有候之内、持病之積気差発腹痛罷有候所、兼て知人ニも無御座候得とも牢人躰之者通懸り薬用等為仕厚得介抱申候、其者申聞候は、拙者儀望月多七と申者ニて神田九軒町住居罷有候間、一先拙宅へ被相越養生可仕旨申聞呉候、依之幸と存直々罷越得介抱罷有候所、追日快気ニは候得共、最早同月廿五日之頃御座候得ハ出奔御訴相済、御屋敷へは戻候儀相成申間敷と存、同人所ニ一先得世話罷有候、依之多七身上之儀承り候所、牢人ニて家内相続罷有候由、猶又同人申聞候は、無人ニも有之候得ハ直々助合呉候様申候付、是迄助合罷有候所、御国元慕敷、殊ニ両親ニも対面仕度一筋ニ存、無調法も不顧立帰候旨申候間、外向々出入之程も難計、猶又押て相尋候得共、何ノ出入ケ間敷儀も無御座旨申聞候、乍然出奔立帰候義恐入、急度為慎置候段訴出候之間、都合へ御預逼塞被　仰付、御目付を以申渡之、

一　　佐羽内都合
嫡子与五郎儀、当四月於江戸表出奔仕候所、立帰候ニ付、私へ御預逼塞被　仰付候、依之恐入差扣願出候所不及其儀旨、御目付へ申渡之、

一　　当時御馬役 中原　武
宮古通御代官勤中去年十二月、桜庭兵庫知行所百姓百治、仙石与作退身之忰文五郎と争論之上、百治被打疵を得候一件ニ候儀ニ付、兵庫知行所家来内藤勇治儀、下役岩浅喜右衛門・小嶋万左衛門へ内々申聞候所、下役共限承り置、加之其方へも咄合候由相聞得候、内々と乍申右様之義承り候ハ、早速其筋へ申達遂吟味、始末之致

方も可有之所打捨置候段不行届之至ニ候、向後心掛麁末無之様相
勤可申旨御沙汰ニ候、

右之通寺社御町奉行長内良右衛門立会、御目付長谷川源内申渡之、

一　中原　武

宮古御代官勤中去年十二月桜庭兵庫知行所千徳村一件ニ付御沙汰
之趣、重畳恐入差扣願出、願之通差扣被　仰下、御目付ヘ申渡之、

一右ニ付、親類共恐入差扣願出候所、不及其儀旨御目付ヘ申渡之、

一　仙石与作ヘ

被　仰渡

其方儀、去秋宮古御山役所ヘ内代之節、退身之忰文五郎召連罷越
候所、同十二月九日与風（ふと）相見得不申、心当之所々相尋候内、同十
日千徳町裏ニて桜庭兵庫百姓百治と忰文五郎争論之上、百治ヘ疵
ヲ為負候由承り、千徳町通相尋候得共相知不申候由、其節争論之
次第并鉄炮持参仕候儀は如何様之訳合ニ候哉、出奔仕候後故相心
得不申、退身之忰其筋ヘ不申上召連候上、出奔御訴も早速不申上
奉恐入候旨申上候、然所文五郎儀、御吟味之筋有之、当三月親類
共御暇被　仰付為御尋被成候得共行衛相知不申、致出奔候旨申上
候付、其方儀差扣被　仰付置候、最初召連候節出奔御訴も不申上、
重畳無調法之致方ニ付、急度御沙汰被成候事も有之候得とも、以
御憐愍宮古御山奉行御取上、此上急度差扣被　仰付者也、

月　日

右之通今晩御目付長谷川源内宅ニおゐて、寺社御町奉行長内良右
衛門、御目付毛馬内命助・下河原志津馬立会申渡之、

桜庭兵庫知行所宮古千徳村検断
勘之丞

同肝入
清兵衛ヘ

被　仰渡

其方共儀、去年十二月十日同村百性百治、御山奉行仙石与作退身
之忰文五郎と争論之上被打候疵見請候処、目ノ下タニ少々疵有之
候迄故、一通之争論ニ可有之と存居候処、親類久蔵、右一件内済
仕度旨申候間、人元・親類共ニ同意之上ニ候ハヽ、内済可致旨申向
候処、其後赤板辺文五郎徘徊致居候儀百治承之、徳松内済及違変
恨を晴候と言捨参候付、以之外と存、村方より数人差出相支候内、
文五郎逃去候由、兵庫役人ヘも申聞候所、内済相進申間敷存慮聞
届候様左藤・久蔵・十治罷出、弥内済之所存ニ候間、取計呉候様
申聞候故、任其意候旨申上之、争論之上疵を得候故内済願出候共、
熟と吟味之上取計方可有之処無其儀、不行届之至ニ候間、御咎被
成方も有之候得共、御慈悲を以役筋取放、慎御免被成者也、

月　日

桜庭兵庫知行所宮古千徳村老名
半兵衛
七兵衛
伝次郎
弥惣治
久米助
源六
惣兵衛
助七ヘ

被　仰渡

其方共儀、去年十二月十日、同村百性百治、御山奉行仙石与作退

身之悴文五郎と争論之上被打疵を得候一件、検断、肝入、重立相談、任願内済取計候事ニ候間、御慈悲を以慎御免被成候条、向後万端相慎可申者也、

月　日

宮古近内村御蔵入徳松親類
左藤へ　被　仰渡

其方儀、先達て於千徳村、百性百治、御山奉行仙石与作退身之悴文五郎と争論之上被打疵を得候一件之儀、子共徳松内済仕候儀ニは無之旨申上、再応御尋被成候処、実は徳松得心之上内済仕候儀相違無御座候得共、当正月徳松地頭屋敷へ罷出候趣承、左候得は残念ニ存内済及違変願出候儀ニも可有之候間、最初より内済申向候と申上候ては、徳松願之差支ニも可相成哉と存、是迄取繕有躰ニ不申上候旨申上候、左様偽之儀申上候無調法ニ付、御咎被成方も有之候得共、御慈悲を以村払被　仰付者也、

月　日

桜庭兵庫知行所宮古千徳村徳松親類
久蔵へ　被　仰渡

其方儀、去年十二月十日、仙石与作退身之悴文五郎、同村百性百治と争論之上疵を得、同十七日ニ相果候処、子共徳松、祖父夫婦申候ハ、百治相果候付、及御訴御村方御苦労懸上候ては気毒ニ候間、徳松へも申聞内済取計呉候様頼合ニ付、尤と存頼合之趣を以親類共申諭、内済仕候義相違無御座旨申上候、争論之上疵を得日数隔候と乍申相果候事故、其筋へ申出取計方可有之所無其儀、不始末之致方ニ候間、御咎被成方も有之候得共、御慈悲を以過料銭御取上、慎御免被成者也、

月　日
（記事上余白に注記）
過料銭三貫文、

同人知行所宮古千徳村徳松母
うの鶴へ　被　仰渡

其方親徳兵衛儀、子共百治相果候後力を落候哉、犯気同様ニ相成首縊相果居候付、百治相果候後亦々右躰義気毒ニ存、仮肝入へ病死之趣相届、親類組合へも同様為知合候旨申上候、横死之儀、其向へ相届可申処、女共計ニて始末方も心得不申、狼狽病死ニ取計候事ニ相聞得候、尤数十日慎被　仰付置候間、御慈悲を以慎御免被成候条、向後万端相慎可申者也、

月　日

同人知行所宮古千徳村百性狄狩子百治子
徳松へ　被　仰渡

其方儀、親百治熊犬打候様、御船頭八右衛門より被申達、去年十二月十日罷出、千徳川原ニて仙石与作退身之悴文五郎、楢山帯刀家来大森競行逢、文五郎儀、百治へ難題申懸争論之上、文五郎鉄炮之台を以打、面中へ疵付候上、肩脊（背）共被打候後、同十六日ニ至宮古町立馬と申医者頼候所、一通り診察之上、始末無之候ては療治致兼候旨御断、組頭金治へ始末方相頼候内、同十七日相果甚残念ニ存、御訴可申心得候処、親類共之内申聞候ハ、打擲ニ逢候後、日数相隔候迄ハ被打候ため相果候儀共難決事故、内済可致旨被申宥内意仕居候所、同廿日神鼻辺ニ文五郎徘徊致居候由、憤相発恨を晴し度神鼻へ参候所、数人罷出相支候内文五郎逃去見失ひ、其

後猶亦親類共申諭候付内済仕候旨、親類共同様、肝入、検断、老名へ申向置候、乍去被打候為相果候儀ハ日夜無念難忘、此上は屋敷へ罷出、地頭を力ニ御裁許願上度存詰、内済之趣意取失ひ直訴仕候段、重畳奉恐入候旨申上候、疵之為相果候義と存候ハ、日数相隔相果候共、最初相頼候立馬へも病躰深ク相尋、肝入、老名共へも内存熟と申向、弥疵之ため相果候趣ニも候ハ、其節御裁許願上候共不迂儀、譬は親之敵文五郎と存、行違候共其筋へ申出候上、無之候ては一己之仇を報候義ハ難相成筋ニ候、親子之哀情尤成儀と乍申重畳不始末之致方候得共、文五郎御捕押之上被遂御糺明御片付被成方有之候故、与作儀ハ差扣被　仰付置、親類へ御沙汰被成、文五郎為御尋被成候得共行衛相知不申致出奔、競儀ハ立入引離候迄ニて手伝百治を致打擲候儀ニは無之旨申口ニ候、医者立馬儀ハ被致打擲候後時疫相煩候儀ニも可有之哉、疵一通りニて相果候事とハ難決旨申上、外肝入、老名共同様申上、必定疵之ため相果候儀とハ難相決、旁不始末之致方ニ候得共、軽キ者其所へ心付不申、此上は御裁許を以親之敵文五郎を討申度とのみ親子之哀情一図ニ存詰、内済及違変兵庫屋敷へ致直訴候儀相聞得候間、御慈悲を以慎御免、無御構帰村被　仰付者也、

月　日

桜庭兵庫知行所千徳村徳松親類
十治へ

被　仰渡

其方儀、去年十二月十日、親類百治、仙石与作退身之忰文五郎ニ被打候由承見舞候処、頬少々疵有之迄ニ候処、検断所より徳松親類共之内罷越候様申参、久蔵・左蔵・其方罷越候所、百治一件内済申出候得共、猶徳松所存承り申出候様達候付、本人へ申聞候所、弥致内済候趣申義故、検断所へ罷出内済申出候ニ相違無御座候旨申上候、争論其上得疵候事ゆへ、其筋へ申出取計方も可有之儀、不始末ニ内済致相談候無調法ニ付、御咎被成方も有之候得共、御慈悲を以本所ニおゐて慎被　仰付者也、

月　日

徳松親類御長柄之者権治甥
当時宮古通津軽石村住居
林治へ

被　仰渡

其方儀、去年十二月十七日、親類宮古千徳村百治儀、仙石与作退身之忰文五郎と及争論、文五郎ニ被打百治得疵候後相果候ニ付、為知有之罷越候処、徳松憤り居候得共、一ト通右一件内済申出候趣、然処同廿日神鼻辺ニ文五郎徘徊候ニ付、徳兵衛仇打と申候て参候間、其方ニも参見呉候様徳松祖父徳兵衛申候故跡より参候、其後内済相成申候、乍去親子之愛情難忘、此上は盛岡屋敷へ罷出申上度候間、同道呉候様申事故罷出申候、内済相成候上ハ差留可申所、前後無弁致度（ママ）奉恐入候旨申上候、最初より之次第も心得居候儀故押々差留、弥不相用候ハ、其向へ申出得差図可申所、同道致候段不心得之至ニ候、御咎被成方も有之候得共、御慈悲を以慎は御免被成、宮古住居御指留被成候間、人元御長柄之者権治へ引取可罷有者也、

月　日

桜庭兵庫知行所宮古通千徳村組頭
金治
同断徳松親類
弥三太

一　右弐人千徳村一件御吟味中慎被　仰付置候之所、無御構慎御免被

成之、

神鼻之
門兵衛

(一脱)
右同断、御吟味中遠方出違留被　仰付置候所、御免被成之、

宮古鍬ケ崎医者
立馬

(一脱)
右は前同断、遠方出違留御免被成之、

桜庭兵庫知行所千徳村肝入
宗兵衛
同断徳兵衛組合
弥五郎
同断
弥市

一 右之者共儀、千徳村徳兵衛首縊一件ニ付、御吟味中慎被　仰付置候所、無御構慎御免被成之、

桜庭兵庫知行所家来
岩花丈右衛門
内藤勇治へ
被　仰渡

一 右之者共儀、去年十二月仙石与作退身之悴文五郎、千徳村百性百治と争論之上被打、百治疵を得候後、日数隔相果候儀、内済致候旨、検断、肝入申出候由、其後赤板辺ニ文五郎徘徊候ニ付、徳松取騒候所、数人数人(衍)罷出取宥候後、猶又内済押々願出候旨、肝入、老名申出候間、承り届候旨申上候、勇治義は内済相違申間敷、本人并親類共所存聞届可申旨、肝入、老名へ申達、文五郎御代官所下役共へ右一件咄合候由、然処弥内済仕度旨再応願出候趣、肝入、老名申出、承届候旨申上候、争論之上疵を得候事故、内済願出候ハ、夫々遂吟味差図取計方も可有之所無其儀、不始末之至ニ候間、御咎被成方も有之候得共、疵之ため相果候共難決、且肝入、老名共同意之上、内済願出候儀無余儀存、押て及御訴候ては村方一統迷惑ニも至可申と任其意置候儀ニ相聞得候間、御慈悲を以役筋取放、慎相免候様御沙汰ニ候、

檜山帯刀知行所宮古通根市村住居同人家来与惣治子
大森　競へ
被　仰渡

右之者儀、去年十二月廿日途中ニて行逢致同道候人名元承候処、仙石与作子文五郎之由、初て逢同道千徳町裏へ参候処、同村百性百治ニ行逢、文五郎追懸、意趣覚候哉と鉄炮振上ケ弐打計敵候所、百治乍組合人殺有之助ケ呉候様声立候、文五郎被組敷下タよりも助呉候様申候間立入引離シ、競儀引分て跡之儀ハ存不申候由、其節顔へ少々疵付候様ニ見請候得共、中々右疵之ため命ニ抱(拘)候程之義とハ不存候、立入引離シ候上ハ趣意承り候上、筋ニ寄取計方可有之所、其侭致置候段、不行届之至奉恐入候旨申上候、同道も致候事ゆへ、引離候上ハ始末之致方も可有之処、捨置候段不始末之致方ニ付、御咎被成方も有之候得共、御慈悲を以此上急度慎申渡、日数相立候ハ、向後之儀申含、慎相免候様御沙汰ニ候、

宮古御代官下役
岩浅喜右衛門
中嶋万左衛門へ
被　仰渡

一 其方共儀、去年十二月廿日桜庭兵庫知行所家来内藤勇治、喜右衛門宅へ罷越、千徳村百治と仙石与作退身之悴文五郎と争論之上、百治疵を得候次第内事取計候趣内々申聞候所、其方共限難聞届、勤番御代官中原武へ為知候旨申上候、右様之儀は即御代官へ申立、村方夫々遂吟味取計方可有之儀、桜庭兵庫家来申出を承候迄ニて、御代官へ内々咄合捨置候段、不行届之至ニ候間、急度御沙汰被成

方も有之候得共、御憐愍を以指扣被　仰付者也、
月　日
右之通御片付、公事懸り御役人共評諚、伺之通申渡之、

七ノ廿日　晴　　典膳
上総
主膳

一六拾弐石　　坂牛種之助
内拾五駄　現米
弐人扶持
弐拾石新田
親庄兵衛及末期、倅種之助十二歳罷成、未　御目見不申上候得共、
跡式被　仰付被下度旨申上、存生之内願之通無相違被　仰出、於
席申渡之、

一　　津嶋　勇
同(姓)性瀧沢友左衛門儀、在大畑ニ付、当八月櫛引　八幡御神事御用
名代、三戸御給人同性瀧沢宇八郎差遣申度旨申出、伺之通御目付
を以申渡之、

一　　柴内其馬
親類仙石与作儀、無調法之儀有之、宮古御山奉行御取上差扣被
仰付候、依之恐入差扣願出、願之通差扣被　仰付、御目付へ申渡
之、

一右ニ付、親類共恐入差扣願出候所、不及其儀旨御目付へ申渡之、

一御香奠金　百疋　　聖寿寺
御代香御小納戸
右は南部左近殿ニて正楽院殿跡御法事御執行ニ付、御備可被成哉
と御用人中申出、伺之通申渡之、

一　　七戸軍助
召仕鉄之助と申者、御吟味之筋有之旨、御沙汰之趣恐入、於江戸
表差扣願上、追て御沙汰迄不及其儀旨被　仰付置候所、弥不及其
儀旨被　仰付置候所、弥不及其儀旨被　仰出、

一　　関　八五郎
御厩小者久助、久蔵、惣八儀、無調法之儀有之、慎被　仰付、当
春御下被成候付、恐入於江戸表差扣願上、追て御沙汰迄不及其儀
旨被　仰付置候所、右同断、何も御目付を以申渡之、

七ノ廿一日　晴　　典膳
上総
主膳

一　　成田加左衛門
差扣御免被成旨被　仰出、御目付へ申渡之、

一御勘定奉行伺書、左之通、
一盛岡御蔵米　拾駄
此代弐拾五貫文
一沼宮内御蔵米　拾駄
此代弐拾三貫文
一花輪御蔵米　拾駄
此代弐拾弐貫文

右御直（値）段を以、当秋登御切米御買上被成候様仕度旨、尤御代物不足御座候間、金壱両ニ付六貫八百文積を以、御切米御買上之分、金銭取交御渡方可被　仰付哉と申出、伺之通申渡之、

七ノ廿二日　晴

典膳
上総
主膳

一　就病気御徒頭御免被成下度旨再応申上、願之通、　鈴木恰

一　親隠居遊喜儀、兼て病気罷有候所、此節大病罷成難見放候間、附添介抱仕度十日御暇被下度旨申上、願之通御目付を以申渡之、　藤田務

一　就病気糀町詰当秋勤番登御免被成下度旨申上候所、登は御免不被成候、取詰遂養生罷登候様被　仰出、御目付を以申渡、願書相返之、　秋山栄江

一　御徒頭　杉田左中太
　栃内与兵衛

御目付不人数ニ付、当分加被　仰付、於席申渡之、

七ノ廿三日　晴

典膳
上総
主膳

七ノ廿四日　晴

典膳
上総
主膳

一　河嶋円左衛門
円左衛門儀、老衰之上起居不自由罷成、御奉公可相勤躰無之付、悴藤吾家督被　仰付被下度旨申上、願之通無相違被　仰出、於席申渡之、　同　藤吾

一　飯岡通御代官所下飯岡村御百姓久太郎居宅借宅罷有候所、去ル十六日夜、右久太郎宅自火ニて焼失仕、其節永代証文取出兼焼失仕、早速御訴申上候、依之右御証文御書替被下置度旨申上、願之通、　成田加左衛門

一　当六十七歳罷成候所、嫡子喜久治文政五年七月出奔仕、其節御訴申上候、二男栄助無調法之儀有之、当二月揚屋入被　仰付候、外一子無之ニ付、親類花坂伝蔵娘当二十六歳罷成候付、此者養女ニ仕度旨申上、願之通何も御目付を以申渡之、　八木伊左衛門

一　御屋御勘定方　興津茂市
払方御金奉行当分加被　仰付、

一　同　兼平金平
大御納戸奉行当分加被　仰付、何も御目付を以申渡之、

一　八戸上総
御役成御礼来ル廿八日可被為　請旨被　仰出、奉書を以申遣之、

七ノ

廿五日　晴　典膳
上総
主膳

一　鈴木恰代
難波藤馬

御徒頭被　仰付、於席申渡之、
但、於　御前可被　仰渡候所、御用被為　在候付、於席申渡候段、御目付を以申渡之、

一小本へ　御料理方
大森泰助

一市川へ　同
勝又金右衛門

右は当御献上鮭披、同塩引為御用可被遣哉之旨、御用人伺之通申渡之、

一南部左京殿御口上書、左之通、
家来漆戸半九郎儀、家督御礼申上度旨願出候、依之御序之節申上候様致度候、此段宜頼入存候、以上、

七月廿四日　南部左京

毛馬内典膳殿
八戸上総殿
楢山主膳殿
南部主殿殿

家来伊藤軍助儀、親軍右衛門継目伺之上申付候、依之御礼、右同断、

右何も御願之通、来ル廿八日可被為　請旨被　仰出、御目付を以御附人へ申渡之、

一　中村市之丞
宮古御山奉行本役被　仰付、御目付を以申渡之、

一江戸表去ル十八日立七日振飛脚四戸甚之丞組弐人着、御用儀とも申来之、

一水野出羽守殿へ　屋形様初て御出之候節、阿刀次様御同道ニて御出ニ付、取次之者与風(ふと)心得違、御国持四品之通弐間両人御出迎いたし、夫より以後御出之節も右之例を以弐間両人ツヽ、出羽守殿ニては御出迎いたし来候処、外御老中方ニては表四品之通九尺壱人ツ、致出迎候由ニて御振合違候付、青山様御取次へ出羽守殿御家来稲垣泰平より承合候処、立花丹羽(波)守其外表四品御並ニ取扱候由申来候、乍去御老中両　上使ニて二十万石ニ御座候得ハ立花丹羽之御並合ニ御取扱可有之筋ニ無之ニ付、公用人并同役共相談、別紙之通取調、是ニて御同列方押付ケ国持四品之通御取扱ニこじ直シ可申と存候、此段致内談候旨泰平申聞候ニ付、舎相応之及挨拶相頼候処、同人申聞候ハ、公辺へ被差出候御書面、在所と御認無之、国許と御認被成候様ニも可被成、近頃松平越後守様御例も有之候間、被　仰立候ハヽ、其通相済可申、右被仰立方并御例書抜泰平より申遣候由舎申出候、右之趣ハ御用人よりも御用人之内へ申遣候由、左司馬殿被申出候旨内状ニて申来、遂相談相伺候処、書面之趣被成御承知、右之通御成就被成候得ハ、後々御家格之御据ニも相成候事故、宜取計候様御沙汰ニ御座候間、猶御用人・御留守居共へ御内談被成、其筋被入御手、長く御家之御格ニ相成候様可被成旨、附札返事ニ申遣之、

一

七ノ廿六日　晴

典膳
上総
主膳

一 就病気御武具奉行御免被成下度旨申上、願之通御目付を以申渡之、　太田忠助

一 御帰除坊主 久清
来月八日立ニ御沙汰被成置候所、同二日立被成之、御目付へ申渡之、

福岡通目明 定七へ
被　仰渡

其方儀、福岡通小屋主金治へ兼て遺恨有之、難忍去年六月三日浅水村於往還致切害候段、御詮議之上及白状候、遺恨有之候ハヽ、外致方可有之所無其儀、大胆至極之罪科ニ依て、御大法之通於籠前打首被　仰付旨、御家老中被申渡者也、
月　日

右之通御片付、公事懸御役人共評定、伺之通申渡之、

七ノ廿七日　晴

典膳
上総
主膳

一 現米 七拾四石　高屋美保八
親寿助及末期、忰美保八、十三歳罷成、未　御目見不申上候得とも、跡式被　仰付被下度旨申上、存生之内願之通無相違被　仰出、於席申渡之、

一 御徒頭 杉田左中太
栃内与兵衛
御目付当分加御免被成旨被　仰出、御目付を以申渡之、

一 福岡御給人小笠原保人、同小笠原十五郎分地願之通被　仰付候付、永代証文宮古御給人花波(輪)善内被　召出候ニ付、永代証文何も御目付を以御代官へ相渡之、

一 難波藤馬
預御徒栃内才右衛門儀、当十六才罷成候之所、去ル十六日夜与風(ふと)罷出不罷帰候ニ付、其節御内々御届申上置、心当之所々色々相尋候得共行衛相知不申、出奔之旨訴出之、

一 右ニ付、御境目通迄相尋申度、親類共之内栃内八十八、栃内要八、往来十日御暇被下置度旨申上、願之通御目付を以申渡之、

一 難波藤馬
預御徒小頭小林和市儀、御徒栃内才右衛門出奔ニ付、恐入差扣願出候段申出、不及其儀旨御目付へ申渡之、

一 鈴木 恰
御徒頭勤中御徒栃内才右衛門出奔仕候ニ付、恐入差扣願出、不及其儀旨、右同断、

七ノ廿八日　晴

典膳
上総
主膳

一 月次御礼、今四時　御本丸於　御座之間、御家門衆御礼被仰上、奏者御用人相勤、御着座之節、典膳御取合申上、夫より　御中丸

総角之間へ　御出座、高知之面々、諸者頭迄一統御礼申上、畢て
名目御礼有之、無程相済也、
但、南部左京殿、南部修礼殿御病気、南部左近殿御忌中ニ付、
御登　城無之也、

一近年御物入打続御勝手向御差支之趣奉承知、為寸志金子三拾両差
上寄特之事ニ候、依之所御給人ニ被成候旨被　仰出、

大槌通御給人並
佐々木清六
同所釜石村
冨助

一右同断、為寸志金子三百両さし上寄特之事候、依之弐人扶持被下
置、所御給人ニ被　召出旨被　仰出、何も御代官へ以書状申遣之、

御掃除坊主専佐子
専弥
十五歳

一右は専佐儀、於江戸表去ル十七日病死ニ付、跡御召抱之儀坊主頭
申出、専佐儀数年相勤候者ニ御座候間、御抱被成候様仕度旨、御
目付共申出、伺之通申渡之、

一
内山喜幸太
四戸甚之丞
猪川多継
三井三蔵
出渕勇治
江繋喜左衛門
多賀兵蔵
石沢千蔵

私共親類仙石与作儀、無調法之儀有之、宮古御山奉行御取上指扣
被　仰付候、依之私共迄恐入差扣願上候所、願之通指扣被　仰付、
御目付へ申渡之、

一江戸表去ル廿一日立七日振飛脚四戸甚之丞組弐人今昼着、松平加
賀守様御隠居肥前守様、御持病之御疝積、御気塞之御症ニて御出
来御不出来有之内、当四月御痲疹御滞御発物有之、去月初より御
痢症ニ相転、当月ニ至御両便御通兼御疲労も相増、同七日より
日々御疲労甚敷御容躰之旨、同十六日御留守居まて為御知申来、
即御使者御留守居加嶋舎相勤候所、御容躰書舎へ相渡遣候由、御
用人申出、翌十七日御疲労次第御差重ニ付、御医師御願被成候旨
為御知申来候、引続不軽御様子ニ付、御用番様へ御届被成旨為御
知有之、猶又伺御使者さし出候上、此節　光樹院様・　雅姫様よ
り伺御使者御用人沢田左司馬一昨十九日相勤、御附使者等も差出
申候、段々御差重御大切被及候付、其段猶又御届被成候所、御養
生無御叶、去ル十二日辰下刻御卒去之旨、昨廿日御使者を以為御
知申来、御容躰書并加賀守様始御間柄様方御忌懸書付共弐通指下
来、遂披露之、

御用人
安宅　登

一爰元ニ御用有之候ニ付、勤番登御免被成旨被　仰出、奉書を以申
遣之、

七ノ
廿九日　晴

典膳
上総
主膳

一
御用人
玉山直人

一 御年男当分被　仰付、　主膳

一 御用有之登被　仰付、何も於席申渡之、　同 牧田平馬

一 毛馬内御与力豊口勘六儀、此度御給人被成下候ニ付、小高帳被下、御目付を以御代官へ相渡之、

一 御使者給仕当分加被　仰付、御目付を以申渡之、　上田佐治太

一 万所金五百両預為御登被成旨被　仰出、御目付を以申渡之、　御雇御勘定方 長沢益助

八月朔日　雨　典膳 上総 主膳

一 席へ御熨斗出、

一 八朔日御礼、巳ノ刻於　御本丸総角之間、御家門衆被仰上、奏者御用人相勤、御着座之節上総御取合申上、夫より　御中丸総角之間へ　御出座、高知之面々、御用人、高知子共、同嫡孫、御用人子共、御新丸御番頭、大目付、諸者頭、御新丸御番頭子共御礼申上、無程相済也、

一 寺社御町奉行、表御目付、御目付、御勘定奉行席へ罷出、御祝詞申上之、

八ノ 二日　晴　典膳 上総

一 御座敷奉行、表御給仕、御舞台奉行兼帯当分加被　仰付、御目付を以申渡之、　岩間永作

一 江戸詰合中御銅山御用掛被　仰付、於席申渡之、　御勘定奉行 中里判左衛門

八ノ 三日　晴　典膳 上総 主膳

一 御武具奉行本役被　仰付、　太田忠助代 中村庄兵衛

一 与四郎儀、久々痛積相煩眩暈之症差加、癲癇之症罷成右病症弥増差募、至て難治之症ニて、得快気御奉公可相勤躰無之付、忰清作家督被　仰付被下度旨申上、願之通無相違被　仰出、何も於席申渡之、　今渕与四郎 同 清作

一 黒沢尻通黒沢尻町より先達て被召抱候所、不取廻シにて御用相立不申候間、永之御暇被下置度旨御駕籠頭申出、伺之通御目付を以申渡之、　御陸尺 勝之助

一 万所御用懸被　仰付、　御勘定奉行 太田甚内

一　　　　　　　　　　　　　　　　　　　　同 下斗米勘蔵
御蔵御用懸り被　仰付、何も於席申渡之、

一　　　　　　　　　　　　　　　　　　　　馬場三之丞
御制服吟味廻方当分加被　仰付、御目付を以申渡之、

八ノ
四日　晴　　典膳
　　　　　　上総
　　　　　　主膳

一　　　　　　　　　　　　　　　　　　　　部嫡子 加嶋鉄之進
御能御相手被　仰付、御目付を以申渡之、

一鈴木林右衛門親隠居林助儀、当二十四歳罷成候所、去月廿三日夜
与風(ふと)罷出罷帰不申候付、心当所々相尋候得共行衛相知不申、出奔
仕候段訴之、

一右ニ付、林右衛門并親類共之内鈴木兵左衛門儀、御境目通迄相尋
申度、往来十日御暇被下度旨、銘々口上書ニて申出、何も願之通
御目付を以申渡之、

八ノ
五日　晴　　典膳
　　　　　　上総
　　　　　　主膳

一養源院様・　義徳院様御忌日ニ付、聖寿寺、東禅寺へ　御代香典
膳相勤之、

一　　　　　　　　　　　　　　　　　　　　小田嶋　半
嫡子栄治儀、当四十八歳罷成候所、男子無之候、然所久々下元虚
冷之症相煩、此末一子出生之程難計ニ付、二男半蔵当二十四歳罷
成候間、栄治嫡子ニ仕度旨申上、願之通被　仰出、於席申渡之、

八ノ
六日　晴　　典膳
　　　　　　上総
　　　　　　主膳

一　　　　　　　　　　　　　　　　　　　　漆戸幸作
就病気御制服吟味廻方、願之通御免被成旨、御目付を以申渡之、

一　　　　　　　　　　　　　　　　　　　　関　岡右衛門
病気全快可仕病躰無之付、郡山御蔵奉行御免被成下度旨申上、願
之通御免被成旨、御目付を以申渡之、

一振駒御用向取扱候後乗金上納方之儀、御代官へ申達、已来御代官
より取立上納致候様取計可申候、
　但、去年迄之分ハ、是迄取扱候向ニて取立上納可致候、
右之通演説書を以、牛馬懸御目付并御代官へ御目付を以申渡之、

八ノ
七日　雨　　典膳
　　　　　　上総
　　　　　　主膳

一平服　　　　　　　　　　　　　　　　　　御者頭 久慈常作
松平加賀守様ニて御隠居肥前守様御卒去ニ付、加州金沢へ　御代
香御使者被　仰付、

一　　　　　　　　　　　　　　　　　　　　一条兵蔵
　　　　　　　　　　　　　　　　　　　　　一条源治

兵蔵儀、一子無之ニ付、同性(姓)親類源治二男金平養子仕度旨申上、双方願之通被　仰出、

一伊左衛門儀、男子無之養女有之ニ付、遠親類五戸御給人大久保熊治弟新九郎聟養子仕度旨申上、双方願之通被　仰付、何も於席申渡之、熊治儀は御代官へ以書状申遣之、

八木伊左衛門
五戸御給人
大久保熊治

一此度大槌御給人ニ被　召出候付、右之通相名乗度旨申出、伺之通御目付へ申渡之、

大槌御給人
松崎冨助

一前書有之通、松平加賀守様ニて御隠居肥前守様御病気ニ付、加賀守様へ御見舞　御書并肥前守様へ御進物被遣候付、御徒沢田勘兵衛今日立被遣之、

但、　御書并御進物御品目録共ニ御用人より御徒頭へ相渡、此方より之書状ハ御目付を以御徒頭へ相渡、委細ハ奉書留ニ有之、

七右衛門嫡子
工藤亀蔵
利作嫡子
豊巻弥太郎

一御雇御鷹匠当分加被　仰付、御目付を以申渡之、

八ノ
八日　雨

典膳
上総
主膳

一五駄四人扶持

八木沢　貢

親与四郎存生之内願之通、跡式無相違被　仰出、於席申渡之、

一沢内越中畑御番人被　仰付、御目付を以申渡之、

斗内清六
鈴木清五郎代
谷地左久馬
工藤左蔵

八ノ
九日　小雨

典膳
上総
主膳

一難波藤馬預御徒栃内才右衛門儀、去月十七日出奔仕候付、親類栃内要八、栃内八十八、往来十日之御暇願之通被下、御境目通迄相尋候得共弥行衛相知不申、昨夜罷帰候旨頭藤馬訴出候ニ付、御大法之通身帯六駄弐人扶持・家屋敷御取上被成旨、御目付へ申渡之、

一右ニ付、親類共恐入差扣願出候付、不及其儀旨御目付へ申渡之、

荒木田茂助
豊川和市

一御目付所御物書当分加被　仰付、御目付を以申渡之、

御徒
米内織右衛門
山辺憐助
白浜喜作
上田五兵衛

一御徒目付当分加被　仰付、御目付へ申渡之、

八ノ
十日　晴

典膳
上総

主膳

一 石川久七
同 久平
久七儀、老衰之上起居不自由罷成、御奉公可相勤躰無之ニ付、悴久平家督被　仰付被下度旨申上、願之通無相違被　仰出、於席申渡之、

一 白石　環
御武具奉行当分加被　仰付、御目付を以申渡之、

一 中野舎人
痔疾相煩候付、花巻勤番之内台ヘ入湯ニ廻御暇被下度、願之通被　仰付被下置候ハヽ、御用透見合罷越度旨、尤入湯中往来仕御用向承り、差懸り候御用ハ御役人共より被為申上候様仕度旨申上、願之通被　仰出、以奉書申遣之、

一 御者頭 久慈常作
加州ヘ来ル十三日出立被　仰付、御目付を以申渡之、

一久慈常作伺書、左之通、
御香奠可被遣哉、
但、御香奠宰領御同心并持夫可被　仰付哉、
附札
御香奠ハ御預被遣候并宰領御同心壱人被遣之、持夫ハ継夫ニて被遣之、
一向様ニて御役儀相尋候ハヽ、如何相答可然哉、
附札
改役は相答可申候、
一御家老中身帯高相尋候ハヽ、如何相答可申哉、
但、私身帯相尋候ハヽ、如何相答可然哉、
附札
役高三千石と相答可申候、
但、其方身帯三百石と相答可申候、
一御代香相勤候節ハ長上下着用可仕哉、
但、長上下着用之節供人数着服ハ、地廻り之通相心得可然哉、
八月
右附札之外、伺之通御目付を以申渡之、

一 御次 内藤市郎
御膳番不人数ニ付当分加被　仰付、御目付を以申渡之、

八ノ
十一日　晴

典膳
上総
主膳
主殿

一 工藤円六
同 只見
円六儀、老衰仕歩行不自由罷成、御薬薗(菜)奉行御用可相勤躰無之付、悴只見家督被　仰付被下度旨申上、願之通無相違被　仰出、於席申渡之、

一 御作事奉行
支配一生苗字帯刀御免、桶屋一生棟梁格藤作兵衛儀、当六十六歳罷成、安永二年五月親桶屋小頭長八跡職被　仰付、数年実躰相勤

先役共勤功申上、文化二年七月一生棟梁格被成下、其後諸事心を用ひ御作事所取締方ニも相成御材木元払吟味方心を用相勤候付、猶又先役共勤功申上、文化十二年十一月一生之内苗字帯刀御免被成下、当年迄無懈怠相勤候之旨、先役共申伝之上、私共見届相違無之、尤老年之上去月中旬より病気之所、此節大病罷成候付、何卒存生之内如何様とも御賞被成下度、後々一統之励ニも相成候間、願之通被　仰付被下度旨申上、御金五百疋被下之、附札ニて御目付を以御作事奉行へ申渡之、

一　　　　　　　　　　　　　　工藤只見

親円六跡役御菜薗場御用被　仰付、御目付を以申渡之、

一　　　　　　　　　　　　　　北村銀治

弟喜代太儀、去年八月堀江九右衛門御軍役人数へ相加為差登申候所、当三月廿三日用向申付、御門外為仕候所罷帰不申候付、其節御内々御届申上置、心当之所々色々相尋候得共、行衛相知不申出奔仕、其節御訴申上候、然所昨夜立帰候付、向々出入之程も難計、具ニ相尋候所、心得違仕参宮を心掛罷出候所、路金等も無之行当相戻候所、御屋敷ニて出奔御訴相済可申と存、神田二丁目奉公人口入所坂本や善助と申者之所ニて六、七日逼(逗)留罷有候所、同人申呉候は、何方ニも参候当無御さ候ハヽ、奉公人口入有之迄手前ニ助合居候様申候間、助合居候所、御国元幷老年之親慕敷一筋ニ存し、同人より暇取無調法も不顧立帰候旨申候間、下向ニ出入之儀も御座候哉と押て相尋候得共、何之出入ケ間敷儀も無御座旨申聞候、出奔立帰候儀恐入奉存候間、急度為慎置候旨訴出候付、銀治へ御預逼塞被　仰付、

一右ニ付、銀治儀、恐入差扣願出候間、願之通指扣被　仰付、

一右ニ付、親類共恐入指扣願出、不及其儀旨、右何も御目付へ申渡之、

八ノ
十二日　晴

典膳
上総
主膳
主殿

一　　　　　　　　　　　　　　豊川又兵衛
　　　　　　　　　　　　　　　同　門弥

又兵衛儀、久々痛積相煩、頃日ニ至癲癇之症罷成、時々眩暈卒倒仕、合病症弥増差募、至て難治之症ニて、全快御奉公可相勤躰無之付、忰門弥家督被　仰付被下度旨申上、願之通無相違被　仰出、於席申渡之、

一　　　　　　　　　　御目付御用承候表御目付　諏訪民司

来ル十五日寺社御町奉行加被　仰付、於席申渡之、

一　　　　　　　　　　　　　　米倉才七

就病気、　八幡御神事之節、御宝蔵懸願之通御免被成、

一　　　　　　　　　　　　　　秋山采江

就病気糀町詰当秋勤番登御免被成下度旨再応申上、願之通御免被成、何も御目付を以申渡之、

一　　　　　　　　　　御徒頭　松岡源治
　　　　　　　　　　　　　　　栃内与兵衛

御目付当分加被　仰付、

一　八幡御神事ニ付、御宝蔵懸り被　仰付、何も於席申渡之、
御小納戸
七戸軍助

一　無調法故勝手不如意仕、相続御奉公可相勤躰無之付、内々為倹約知行所宮古通御代官所之内穴沢村へ、当申ノ年より子ノ年迄五ケ年中、嫡子之外手廻共計り差遣置度旨申出、願之通以御目付申渡之、
穴沢俊司

八ノ
十三日　晴
典膳
上総
主膳
主殿

一　嫡子大和先達て病死ニ付、三男要七嫡子仕度旨申上、願之通被仰出、於席申達之、
楢山主膳

一　差扣御免被成旨被　仰出、御目付を以申渡之、
北村銀治

一　前書有之通、加州へ之御使者久慈常作、今朝立被遣候付、御書并御香奠等昨日御用人方ニて相渡遣之、

一　御番割御用懸被　仰付、於席申渡之、
御目付
小野寺左門

八ノ
十四日　雨
典膳
上総

一　八幡神輿、今午ノ刻　御旅所へ　渡御、
主膳

一　神鼎院様明十五日御忌日之所、今日聖寿寺へ　御代香主殿相勤之、但、明十五日　御社参有之付、今日　御代香相勤候様御沙汰也、

一　養父伊八郎及末期、妹へ聟養子被　仰付被下度旨願上候所、右妹隅御屋敷相勤居候付、伊八郎姪内山喜幸太妹へ聟名跡被　仰付候、然所不縁ニ付離縁仕度旨申出、願之通御目付を以申渡之、
馬場三之丞

一　前書有之通、鈴木林右衛門親隠居林助儀、去月廿三日出奔ニ付、御境目通迄相尋申度、林右衛門并親類共之内鈴木兵左衛門、往来十日御暇願之通被下置罷越相尋候得とも、弥行衛相知不申昨夜罷帰候旨、訴出之、

一　右ニ付、林右衛門并親類共恐入差扣願出、何も不及其儀旨、御目付へ申渡之、

八ノ
十五日　雨
典膳
上総

一　屋形様御本供御供揃ニて、五時　八幡へ　御参詣被遊、御中丸御玄関より　御出駕、仲間始御用人、御目付相詰、御広間御番頭・御番子共罷出、七時過　御帰城、御出之通何も罷出也、

一　御参詣被遊、直々御桟敷へ被為　入御滞座、流鏑馬并御供之諸芸共　御覧被遊、此節御側御用人其外御側廻之者共相詰、右御警衛之次第、御用懸御目付別記ニ有之也、

一　八幡御桟敷へ主膳方相詰也、

一御参詣ニ付、御役人上下、小役人継肩衣着用也、

一江戸勤中御銅山吟味役被　仰付、御目付を以申渡之、　御銅山方 松田佐次右衛門

八ノ十六日　晴

典膳
上総
主膳

一前書有之通、　八幡神輿今八半時過　御城内へ御鎮座ニ付、　御代参御用人玉山直人相勤之、

一御神事首尾好相済候ニ付、御用懸御役人とも御馬乗役迄席へ罷出御熨斗頂戴、畢て於柳之間御吸物・御酒被下、別当金剛院へは於御用所御吸物・御酒被下置之、具之儀は御用懸り別記ニ有之、

一昨日流鏑馬的皆中ニ付、前例之通射手へ御目録金百疋宛被下之、御用人中伺之通申渡之、

一前書有之通、成田加左衛門永代証文焼失ニ付、書替証文被下、御目付を以相渡之、

八ノ十七日　雨

典膳
上総
主膳

一　下田物集女

嫡子多宮病身ニ付、末々御用可相勤躰無之付、嫡子仕兼候旨先達て御訴申上候、依之三男竹五郎嫡子仕度旨申上、願之通被　仰出、病気ニ付名代於席申渡之、

一福岡御給人一条平作へ被下候小高帳、御目付を以御代官へ相渡之、

一寺社御奉行伺書、左之通、

一白山寺坊跡并為入峯京都本山三宝院へ去年十一月御暇頂戴罷登、御門主へ参殿いたし候処、法印大先達并香衣御免許ニ付ては、御門主ニて寺格御引上御取扱被成候付、右之趣ハ此御許ニても致承知候之様、御門主御役方より申参候、法印大先達之儀相尋候所、右官位之儀は当山流修験一宗之極官ニて、嫡坊ハ大越家之官位坊跡ニて、参殿いたし候得ハ何時も大先達之官位代々白山寺之寺格ニ相成候趣、尤御門主ニて格別ニ御引上御取扱向相成候間、右之御取扱ニ准、於此御許も寺格御取上被下候之様御頼被遣候間、寺格御引上御取扱ニ至り可申旨、坊官役申達候趣ニ御座候、且明和四年十二月本誓寺上京之節は、寺格御取立永代院家被免候付、右寺格已来宜御取扱被下候様、御使僧を以御頼御座候付、御礼座二十九ケ寺昇進法花寺上座ニ被　仰付候、白山寺儀は御使僧を以御頼と申ニも無御座候得とも、前書之通本山ニても永代寺格引上、格別之御取扱ニ相成候付、右ニ准、御礼座御引上可被成下置哉、曽て白山寺儀ハ一宗之触頭ニ御座候所、是迄之御礼座五人立ニて触頭へ御礼座ニは不相当之様ニ奉存候間、弥御礼座御引上も被成下候ハヽ、弐人立御礼末座、三戸三光庵次座ニ可被　仰付候哉、此段奉伺候、

八月　寺社御奉行

右之通申出、伺之通被　仰出、附札ニて申渡之、

八ノ
十八日　晴　　典膳
上総
主膳
主殿

一御城内稲荷御祭礼ニ付、　神輿午刻下小路　御宮へ渡御、
　但、文政五年八月十八日御留有之通、御本社へ上総相詰也、
一南宗院様御消(祥)月ニ付、東禅寺へ　御代香御香奠青銅五拾疋相備、
主膳相勤之、
一弐人扶持　奥戸御野守　岡部美濃助
親久右衛門及末期、忰美之助跡役被　仰付被下度旨申上、存生之
内願之通無相違被　仰付、御用人へ申渡之、
一　本堂和喜弥
病気ニ付、当御勤番登願之通御免被成、御目付を以申渡之、
一中野宮門儀、櫛引　八幡・本三戸　八幡へ　御名代首尾好相勤罷
帰、於席謁、御熨斗頂戴退出之、

八ノ
十九日　晴　　典膳
上総
主膳
主殿

一　五戸御給人　大久保熊治
嫡子熊之助先達て病死ニ付、二男丑之助嫡子仕度旨申上、願之通
被　仰付、御代官へ書状を以申遣之、
一　関岡右衛門跡役　三上小四郎
郡山御蔵奉行被　仰付、於席申渡之、
一　松尾吉左衛門
就病気、御座敷奉行、表御給仕、御舞台奉行当分加御免被成下度
旨申上、願之通御目付を以申渡之、

八ノ
廿日　晴　　典膳
上総
主膳
主殿

一稲荷御祭礼首尾好相済、　神輿今午ノ中刻　御帰輿、御用掛御役
人共席へ罷出御熨斗頂戴、以後柳之間ニおゐて御吸物・御酒被下之、
　但、御本社へ上総相詰也、
一御鎮座ニ付、　御代参御用人玉山直人相勤之、
一　下斗米守蔵代 御使者給仕　箱石市兵衛
当秋勤番登被　仰付、於席申渡之、
　但、来廿九日出立被　仰付、御目付を以申渡之、

八ノ
廿一日　晴　　典膳
上総
主膳
主殿

一今朝　屋形様御略供ニて、聖寿寺　地蔵尊へ御参詣被遊、無間
御帰城也、

一御矢一手　　三戸射手 袴田運作
泉山与惣治
一御守札　　袴田伝之丞
本三戸八幡別当 行山坊
神酒、昆布、枝大豆
右は櫛引・本三戸両社　八幡御神事、首尾好相済候付指上之、何も於席謁、御熨斗頂戴、畢て雁木之上十畳ニて御吸物・御酒被下之、

八ノ廿二日　晴　　弥六郎
典膳
上総
主膳
主殿

一春木御奉行、極印奉行兼帯被　仰付、御目付を以申渡之、　三上小四郎代 米内長右衛門

一　　下河原志津馬
嫡子半五郎儀、兼て横浜雄助門弟罷成、射術稽古仕居候所、此節角木ニ仕候篦竹払底ニて、下才覚相成兼候付、御篦竹弐百本頂戴仕度旨申出、願之通御目付を以申渡之、

一鹿皮　二枚　　南部弥六郎
御肴
先頃知行所へ之御暇、願之通被　仰出、御境目通相廻今日罷帰候付、直々登城、且任先例有之通以御使者差上之、御目付席へ差出、御側御用人を以遂披露候所、　御満悦被遊旨被　仰出候間、詰合ニ付申達之、
但、弥六郎へ今日　御逢可被遊候所、　御出有之ニ付、翌廿三日御逢被遊也、

八ノ廿三日　晴　　弥六郎
典膳
上総
主膳
主殿

一　　奥御医師 坂井徳泉
嫡子元順初て之　御目見、御序之節申上度旨、於江戸表願上、右願書差下候付相伺候所、願之通来ル廿八日可被為　請旨被　仰出、元順へ御目付を以申渡之、

八ノ廿四日　晴　　弥六郎
典膳
上総
主膳
主殿

一弐千五百四拾八石　　南部金作
弐斗八升弐合
養父監物及末期、一子無之妹有之付、養女ニ仕、親類八戸上総二男金作聟名跡被　仰付被下度旨申上、存生之内願之通跡式無相違

被　仰出、金作忌中ニ候得共、　上使大目付川嶋杢左衛門、金作
宅へ被遣被　仰渡之、
但、　上使大目付川嶋杢左衛門今日被遣候之間、中剃執居候様
ニと昨日大目付より心得候儀為申遣候、今日迄ニて四十三日目
也、
一右　上使戻候所ニて、御目付へ右書付相渡申渡之、
一　南部金作
養父監物跡式無相違被　仰付旨、以　上使被　仰渡難有仕合奉存
候段、忌中故、親類南部彦六郎を以御請申上、於席謁之、
一　足沢庄左衛門
二男幾弥儀、当十三歳罷成候所、久々癇積相煩、癲癇之症罷成、
時々眩暈卒倒仕、難治之症ニて、得快気末々御用相立可申躰無之、
出家相望申候間、臨斉（済）宗東禅寺弟子出家為仕度旨申上、願之通、
一　秋山采江
就病気南部丹波守殿御番頭并御用人、御側御用承り、御金銭御取
締共、願之通御免被成、右何も御目付を以申渡之、
一　大目付・寺社御町奉行　長内良右衛門
御目付・御側御用人兼帯　花わ（輪）栄
当分御用人加被　仰付、
一　寺社御町奉行　本堂右内
大目付御用も当分承り相勤候様被　仰出、
一　表御目付　諏訪民司
寺社御町奉行御用も当分承り相勤候様被　仰出、右何も於席申渡
之、

八ノ
廿五日　晴
弥六郎
典膳
上総
主殿

一　田中安之丞
田中武左衛門
安之丞儀、男子無之娘有之付、同性（姓）親類武左衛門弟良助聟養子仕
度旨申上、双方願之通被　仰出、於席申渡之、
一　桐生源左衛門
御武具奉行御免被成旨被　仰出、御目付を以申渡之、

八ノ
廿六日　晴
弥六郎
典膳
上総
主殿

一　八戸上総
嫡子彼面儀、去月中旬より湿痺之症相煩、今以聢と不仕候付、台
へ入湯ニ廻御暇被下置度旨申上、願之通被　仰出、詰合ニ付申渡
之、奉書不出也、
一　村木勇助
親五兵衛儀、於江戸表病気之所、大病之儀申来候付罷登、附添介
抱仕度奉存候間、御暇被下度旨申上、願之通被　仰付、御目付を

以申渡之、
　但、今日出立ニ付、添状出之、
一前書有之通、佐々木清六、松崎冨助儀、大槌御給人被　召出候ニ付、永代証文被下之、
一同細越和助御徒被　召出候付、証文何も御目付を以相渡之、

八ノ廿七日　晴

弥六郎
典膳
上総
主殿

一　　中野専蔵
　　同　英八
専蔵儀、老衰仕御奉公可相勤躰無之付、悴英八家督被　仰付被下度旨申上、願之通無相違被　仰出、於席申渡之、

八ノ廿八日　雨

弥六郎
典膳
上総
主殿

一月次御礼、今四時迄　御本丸於総角之間、御家門衆被仰上、奏者御用人相勤、御着座之節、上総御取合申上、夫より　御中丸総角之間へ　御出座、高知之面々、諸者頭迄御礼申上、畢て名目御礼被為　請、無程相済也、
一天量院様御忌日ニ付、聖寿寺へ　御代香典膳相勤之、
一　　長嶺弥右衛門
　　同　宇七郎
弥右衛門儀、老衰仕起居不自由罷成、御奉公可相勤躰無之付、悴宇七郎家督被　仰付被下度旨申上、願之通無相違被　仰出、於席申渡之、
一　　花輪町医 立元
御所病用出精相勤候段、御代官申上候付、一生之内所御役医格被　仰付、御代官へ書状を以申遣之、
一　　阿部牛太郎
御使者給仕当分加被　仰付、御目付を以申渡之、

八ノ廿九日　晴

弥六郎
典膳
上総
主膳
主殿

一　　南部左近殿
雅楽助殿御跡式無相違被　仰出旨、御意被成、　上使上総方罷越申達之、
　但、左近殿御忌中四十三日目也、尤今日　上使被遣候間、御月代御執被成候様、昨日御附人呼上、御目付を以申達之、
一右ニ付、左近殿より御請、御附人を以被仰上、於席謁之、
（一脱）
　但、御忌明後追て御登　城、御請被　仰上はつ也、　　楢山主膳

嫡子要七儀、初て之　御目見御序之節申上度旨申上、願之通明後
朔日可被為　請旨被　仰出、詰合ニ付申達之、　御次 内藤市郎
一　御膳番当分加御免被成旨被　仰出、御目付を以申渡之、
八ノ晦日　晴
弥六郎
典膳
上総
主膳
主殿
一　勝左衛門儀、老衰之上歩行不自由罷成、御奉公可相勤躰無之付、　寺本勝左衛門
隠居仕、悴周八家督被　仰付被下度旨申上、願之通無相違被　仰　同　周八
出、於席申渡之、
一　知行所宮古通御代官所老木村之内根城村、先頃御届申上候通、去　江渡矢柄
ル十三日より大雨ニて同十五日川々洪水仕、百姓家数家流懸り、
人馬溺死等も有之、立除候もの共居所も無之、甚窮迫罷有候趣申
出、難安候間罷越見分之上指図仕度ニ付、往来三十日御暇被下度
旨申出、願之通以御目付申渡之、
一　来ル三日出立被　仰付、御目付を以申渡之、　奥御医師 阿部友伯
一　　山辺憐助

御徒目付当分加御免被成旨、御目付へ申渡之、　上田五兵衛
閏八ノ朔日　晴
弥六郎
典膳
上総
主膳
主殿
一月次御礼、今巳ノ刻　御本丸於総角之間、御家門衆被仰上、奏者
御用人相勤、御着座之節、御取合申上、夫より御中丸総角之間へ
御出座、高知之面々、諸者頭迄御礼申上、畢て名目御礼有之、無
程相済也、
一　但、南部修礼殿御病気、南部左近殿御忌中ニ付、御登　城無之
也、
御武具奉行本役被　仰付、於席申渡之、　桐生源左衛門代 花輪左市郎
閏八ノ二日　小雨
弥六郎
典膳
上総
主膳
主殿
一　　野辺地礼八
花菱家紋相用来候所、花菱御紋表向御用被遊候付、是迄相用候者

替紋相用可申旨、旧臘被　仰出候付、花菱之内蛇之目相用度旨申
上、伺之通御目付を以申渡之、

一　　　　　　　　　　　　　　　　毛馬内典膳

嫡子蔵人、嫡孫左門儀、宿願之儀有之、尾崎、黒森両社へ参詣為
仕度、往来十五日御暇被下度旨申上、願之通被　仰出、詰合ニ付
申達之、

一閏八月十九日

当御年貢米御升立吉日、永福寺考上候付、御勘定奉行へ申渡之、

一　　　　　　　　　　　　　　　　南部金作

前書有之通、先頃継目被　仰出、今日忌明ニ付為御請登　城、於
席謁之、
　但、幼少ニ付、大目付川嶋杢左衛門介添ニて席へ罷登、

一江戸表去月廿五日立七日振飛脚岩間左次平組弐人着、御用儀共申
来之、

一南部丹波守殿幸橋御門番御蒙ニ付、　此方様より御拝領之赤長革
内金紋挟箱、出火ニ付出馬之節は赤長革取之金紋箱御用被成度旨、
御伺之通被　仰出候付、為御請丹波守殿去月九日御上り被仰上候
旨、御用状ニ申来申上之、

一去年八月より度々鳴動有之、山崩等之響にて人家潰家等も有之付、
一先之御届同十月被差出置候所、此度猶遂吟味御届之儀、御用
人・御留守居共へ申渡、別紙之通六月六日御用番松平右京大夫様
へ御留守居添役横浜七郎持参差出候処、御受取御承知之旨、御用
人河野新右衛門申聞候由、尤大目付岩瀬伊予守へも翌七日御本文
之通相認、御留守居下役喜多見平八名前ニて差出候処、受取承知
候旨申聞候由、御用人申出候付、御用状ニ申来申上、御役人共へ
も申渡之、

閏八ノ三日　晴

弥六郎
典膳
上総
主膳
主殿

一　　　　　　　　　　　　　　　　信田文右衛門

南部丹波守殿御番頭并御用人被　仰付、御側御用承り御金銭御取
締懸り共相勤候之様、尤勤番登被　仰付、於席申渡之、
　但、支度出来次第出立被　仰付、御目付を以申渡之、

一　　　　　　　　　　　　　　　　南部丹波守殿御家老

御役格之儀、已来御上屋敷御取次格被　仰付、

一　　　　　　　　　　　　　　　　御同人御用人

御役格之儀、已来百石格被　仰付、何も御目付へ申渡之、

一　　　　　　　　　　　　　　　　椚山主膳

嫡子要七儀、当十三歳罷成幼少ニ付、五節句御礼計為申上度旨、
伺之通被　仰出、

一　　　　　　　　　　　　　　　　同人

嫡子要七儀、足ニ痛所有之、折々腫痛仕候付、夏中も痛有之節ハ
足袋為相用申度旨申上、願之通被　仰出、何も詰合ニ付申達之、

一　　　　　　　　　　　　　　　　南部金作

足ニ痛有之付、折々腫痛仕候付、夏中も痛有之節ハ足袋相用申度

旨申上、願之通被　仰出、家来呼上、大目付を以申渡之、

小山田　績

一　花菱形之内菱家紋相用来候所、花菱御紋表向御用被遊付、是迄相用候者相改、替紋相用可申旨、旧臘被　仰出候付、御差支も無御さ候ハヽ、花菱形之内三重菱相用申度旨申上、伺之通被　仰出、御目付を以申渡之、

閏八ノ　四日　晴

弥六郎
典膳
上総
主膳
主殿

一屋形様明後朝雫石通り御山出御序ニ鶯宿湯元へ　御止宿被遊候付、今日仲間御機嫌相伺并御用人始御勘定奉行已上御役人とも席へ罷出、御機嫌相伺申上之、

但、仲間へ　御逢被遊候所、御用被為　在候付、　御逢無之、何レも常服也、尤明日ハ御日柄ニ付、今日相伺也、

閏八ノ　五日　晴

典膳
上総
主膳
主殿

一養源院様御忌日ニ付、聖寿寺へ　御代香上総相勤之、

一義徳院様御忌日ニ付、　屋形様五時御略供ニて東禅寺へ　御仏詣被遊、無程　御帰城也、

一右　御仏詣御延引相成、東禅寺へ　御代香典膳相勤之、

佐羽内都合

一光樹院様御附役御免被成旨被　仰出、

中嶋良平

一御広間定御取次御免被成旨被　仰出、何も御目付を以申渡之、

四戸甚之丞

一二男勝之助儀、文政五年四月十五日、与風(ふと)罷出罷帰不申候付、其節出奔御訴申上候、然処昨夜立帰候付、向々出入之儀も難計具ニ相尋候所、兼て櫛引参詣仕度心掛罷有候所、与風心得違罷出八幡へ参詣仕、直々罷帰可申と存、三戸相内村辺迄罷越候所、如何共足痛仕歩行相成兼迷惑罷在候所、相内村権助と申者、頓て　八幡より帰り懸ケ同道罷越候ニ付、兼て知人ニも無御座候得とも、右権助へ一夜留呉候様無心いたし候所、参候様申候間、権助所へ罷越保養罷有候、次第ニ腫痛強、数日厚世話ニ相成候所、同年九月頃漸快方ニは御座候得共、幸近所之子共へ手習教呉可申、殊無人故、暫助合呉候様達て頼ニ御座候間、無拠是迄残在候所、家元慕敷、両親共ニも逢申度一筋ニ存候付、無調法も不顧立帰候旨申候、外向々出入之儀も御座哉と押て相尋候得共、何之出入ケ間敷儀も相聞得不申候、出奔立帰候義恐入奉存候間、急度為慎置候段訴出候付、甚之丞へ御預逼塞被　仰付、御目付へ申渡之、

四戸甚之丞

一二男勝之助儀、出奔立帰候付、御訴申上候所、私へ御預逼塞被　仰付恐入差扣願出、願之通指扣被　仰付、御目付へ申渡之、

一右ニ付、親類共恐入差扣願出候所、不及其儀、御目付へ申渡之、

典膳
上総
主膳
主殿

閏八ノ
六日　晴

一前書有之通、屋形様雫石通へ御山出被遊、右御序鶯宿湯元へ御止宿可被遊ニ付、今朝六半時御供揃ニて御発駕被遊候段、御側御用人申出之、

一光樹院様御附役被　仰付、
美濃部八郎右衛門

一雅姫様御附役被　仰付、
四戸久左衛門

一御記録方被　仰付、
美濃部八郎右衛門代
中嶋良平

一徳田伝法寺通御代官被　仰付、
四戸久左衛門代
大川平右衛門

一五戸通御代官被　仰付、右何も於席申渡之、
大川平右衛門代
佐羽内都合

一檜山帯刀口上書届、左之通、
宮古通御代官所之内私知行所茂市村、田鍍村、腹帯村、蟇目村、花原市村、根市村、田代村、刈屋村、川井村、鈴久名村、右十ケ村、去月十四日、十五日両日之大風雨ニて川々洪水、殊十五日之大風雨ニて百姓家四軒流失、家財、穀物不残押流、痛家ニ相成、住居難相成家四拾軒余、蟇目村、根市村両所へ御預御囲ニ指置候雑穀取出兼流失仕、田畑水押ニてニて(衍)当毛皆無同様ニ相成并永代荒ニ相成候場所も御座候、人馬ニは怪俄無御座候、具之儀は御代官所迄御訴申上候段、知行所ニ差置候家来之者より申来候間、此段御届申上候、尤損毛高并永代荒之場所等は、猶吟味申上追て可申上候、以上、

閏八月三日
檜山帯刀

一村木勇助儀、親五兵衛於江戸表病気之趣申来候付、為介抱御暇願之通被下置、去月廿六日出立罷登候所、道中於吉岡駅病死之旨晦日承候、右駅より直々罷下候付、親類を以添状差出候付、御目付相出之、

典膳
上総
主膳
主殿

閏八ノ
七日　晴

一八駄弐人扶持
大沢多喜人
親勘兵衛存生之内願之通、跡式無相違被　仰出、於席申渡之、

一四駄　現米
三戸御給人
宮　佐源治
親与右衛門存生之内願之通、跡式無相違被　仰出、御代官へ書状を以申遣之、

一
四戸甚之丞
指扣御免被成旨被　仰出、御目付へ申渡之、

一当作毛盛岡五御代官所、雫石通、郡山四ケ在、花巻二郡へ其筋差

遣見分為仕候所、植付後雨天無之数日照続旱魃之所、土用入折々
雨降り候得とも暑気薄御座候付、一躰稲元薄御座候由、乍然土用
後残暑も有之、在々田畑共引直、相応之作合ニは御座候得共、
所々日指有之、田形は畑形より劣作之趣申出候、依之別紙之通概
歩可被　仰付哉、此段相談之趣奉伺候、
閏八月
御勘定奉行

上田通
厨川通
長岡通
八幡通
二子通
万丁目通
安俵通
高木通
鬼柳通
黒沢尻通
雫石通
沢内通
大迫通
大槌通
宮古通
野田通
沼宮内通
福岡通

一

三戸通
五戸通
田名部通
花わ（輪）通
毛馬内通

右は去歩之通、

一

飯岡通
向中野通
見前通
徳田通
伝法寺通
日詰通
寺林通

右は去歩より壱歩引、

一七万弐千九拾七駄片馬　当申年御役高并御米
定高、奥寺古八左衛
門取立御新田出来
一七万弐千四百九拾五駄　去未ノ年右同断、
差引
三百九拾七駄片馬　去年より相減、
歩ニして弐厘五毛下ル
去引合　四つ成五り六毛
当引合　四つ成三り四毛
一当御買米例之通、花巻二郡、郡山四ケ在、盛岡近在、雫石、大迫、

沼宮内通へ、
一米弐万駄　　　　　　　　　　　　毛馬内通
但、壱駄ニ付壱貫五百五拾文
右之通被　仰付候様仕度、相談之趣奉伺候、
閏八月　　　　　　　　　　　　御勘定奉行
一米弐千百駄　　　　　　　　　　花わ(輪)通
但、壱駄ニ付壱貫弐百五拾文
一米弐千駄　　　　　　　　　　　毛馬内通
但、同断、
右は御銅山来酉年御入用於両鹿角御買米被　仰付候様仕度、此段奉伺候、
閏八月　　　　　　　　　　　　御銅山懸り
　　　　　　　　　　　　　　　御勘定奉行
右何も伺之通申渡之、
一　　　　　　　　　　　　　　　南部左近殿
前書有之通、雅楽助殿御跡式被　仰出、今日御忌明ニ付、為御請御登　城、総角之間御廊下へ御着座、主殿罷出御挨拶申上之、
一右ニ付、為御祝儀　屋形様へ三種被差上、左之通、
昆布　一折
鯛　一折
御樽　一荷
右之通被指上、御目付席へ相出、御側御用人を以遂披露之、

閏八ノ八日　晴　　　　　　　　　　典膳
　　　　　　　　　　　　　　　　　上総
　　　　　　　　　　　　　　　　　主膳
　　　　　　　　　　　　　　　　　主殿
一被　仰出、左之通、
江戸往来旅行之者、泊附無之先触差出候ては、駅々差支儀有之、及迷惑候趣従　公義被　仰出候ニ付、文政五年二月御沙汰被成置候処、今以泊附無之先触差出候者間々有之由相聞得候間、以来泊附無之先触差出候不心得之者於有之は、御吟味之上急度可被　仰付旨御沙汰ニ候、
閏八月

閏八ノ九日　晴　　　　　　　　　　弥六郎
　　　　　　　　　　　　　　　　　典膳
　　　　　　　　　　　　　　　　　上総
　　　　　　　　　　　　　　　　　主膳
　　　　　　　　　　　　　　　　　主殿

閏八ノ十日　晴　　　　　　　　　　弥六郎
　　　　　　　　　　　　　　　　　典膳
　　　　　　　　　　　　　　　　　上総
　　　　　　　　　　　　　　　　　主膳
　　　　　　　　　　　　　　　　　主殿
一鶯宿へ為伺御機嫌、今朝遠使御同心壱人差立之、
一昨日御用人并御勘定奉行以上詰合御役人とも席へ罷出、　屋形様御機嫌相伺候付、今日幸便に鶯宿へ申上之、

一花巻御給人金田一貞助伯父栄治儀、当十九歳罷成候所、去月廿日与風(ふと)罷出罷帰不申候付、心当之所々相尋候得共行衛相知不申、出奔仕候旨貞助訴之、

二子通二子村肝入
孫助へ
被 仰渡

其方儀、去年十二月廿七日夜、同村住居小田嶋勇助宅へ御百性共数十人罷越致乱妨候儀、何故ニ候哉、相心得不申候得共、去十一月勇助新田開発願上候場処差支有無御吟味ニ付、村中老名、組頭共寄合相談之上、末々御百性共迄吟味仕候所、同村岡嶋之藤助、孫蔵と申者、最初より彼是差支之儀申出、其上藤助儀、組頭ニも無之者ニて寄合之節罷出、彼是差出難渋申出候儀も御座候間、何も差支無之旨表向申出候得共、内心は納得不仕処より、孫蔵、藤助抔重ニ数人へ申触騒立ニ相成候儀可有之哉、廿七日ニは御代官所へ老名とも同道罷出、戻り候節、中嶋之方火之手見請、直々駆着火消候義等差図仕候得は、其夜之儀ハ勿論、都て騒立ニ付、小百性共寄合仕候哉、一円相心得不申候由、右様騒立ケ間敷儀ハ兼て御制禁ニ付、元々稠敷被 仰付置候儀故、肝入役も相勤居、急度相心得可罷有儀、最初より差支申候者も有之候ハヽ、別て念入吟味、小百性共迄得と申諭、弥差支無之帰服之様子見留候上可申出候所無其儀、畢竟等閑之心得より事起り候義と相聞得、役分ニ不似合取扱不埒至極無調法ニ付、被 仰付様も有之候得共、御慈悲を以肝入役御取放、雫石へ御追放被 仰付候条、 御城下并他御代官所へ立入候ハヽ、曲事可被 仰付者也、

月 日

同通同村組頭
善之助へ
被 仰渡

其方儀、去年十二月廿七日夜、同村御百性共何故騒立候哉、訳合之儀慥ニ相心得不申候得共、小田嶋勇助新田開発願上候場処之内、北上川端土川原之儀、其方組下藤助と申者重ニ差支申上呉候様申候得共、元無之地面ニて洪水之節出候川原之義故、強て差支申上候場処ニ無之、其上勇助方ニて願合之次第も有之、猶相談御請相済候所、右を内心帰服不仕騒立ニ至候事と相見得候、尤廿七日夜騒動之儀、家内寝鎮居存不申、翌朝六、七歳之子共より承候得共、何れ之子共ニ候哉、失念仕候旨申上候得共、実ハ偽ニ御座候、組下藤助翌朝罷越人数へ相加罷出候儀、決て咄合相扣呉候様、若相知候ても同人罷出、其方ニ迷惑相懸不申旨達て頼合難黙止、殊ニ右ニ付藤助御引集相成候ては、其方申上候為と存得恨可申哉、旁相包不申上候由、尤岡嶋之孫蔵儀、其方甥ニ御座候所、知合ニは御座候得共、懇意ハ不仕旨是亦偽申上候、御百性共乱妨之義ニハ全荷胆(担)等不仕候得共、偽申上候段可申上様無之奉恐入候旨、不取結(詰)申上方、其上重ニ偽申上無調法至極ニ付、急度被 仰付様も有之候得共、以御慈悲七戸へ御追放被 仰付候条、 御城下并他御代官所へ立入候ハヽ、曲事可被 仰付者也、

月 日

同通同村小鳥崎之
巳之松へ
被 仰渡

其方儀、去年十一月より黒沢尻町大黒屋治兵衛所へ米搗ニ被雇参居候処、同十二月廿六日同村岡嶋之孫蔵罷越、明暁八幡へ御百性

共夜篭ニ相集候、若不参者ハ家潰候筈故其方も参候様申進候付、
旨趣も不承候得共怖存罷越候処、御百性共数十人小田嶋勇助宅へ
罷越致乱妨候人数ヘ相加候由、右様之儀兼て重御制禁之儀は相心
得可罷有候間、最初孫蔵罷越申進候節、旨趣承候上致方も可有之
所無其儀、不始末之致方無調法ニ付、被　仰付様も有之候得共、
家ニても被潰候哉と存、人数ヘ相加り候のみ、外子細も無之相聞
候間、御慈悲を以揚屋入御免被成、二子村御払被成者也、

月　日

同通同村老名　万之助
理平治
儀兵衛
万右衛門
忠兵衛
覚右衛門
弥右衛門
弥助へ
被　仰渡

其方共儀、去年十二月廿七日夜、小田嶋勇助宅へ同村御百性共数
十人罷越致乱妨候、然処勇助兼て新田開発願上置候場所御吟味ニ
付、其方共最初より寄合相談取扱候節々差支等申出、帰服不致様
子も有之候由、左候ハヽ、別て念入取扱方も可有之処、畢竟等閑ニ
相心得、其侭ニ仕置候所より事起り候儀と相聞得候、騒立ケ間布(敷)
義ハ兼て重キ御制禁ニ付、度々厳敷被　仰付置候御趣意ニ不相当、
御村方締ニも相成不申無調法ニ付、急度被　仰付方も有之候得と
も御慈悲を以、過料銭被　仰付候条、向後万端心を用ひ右様之儀
無之様心懸可申者也、

同通同村組頭　平右衛門
万治へ
被　仰渡

其方共儀、去年十二月廿七日夜、小田嶋勇助宅へ同村御百性共数
十人罷越及乱妨候、然処其方共儀ハ組頭ニ付、勇助新田願上候場
処吟味、最初より相談致候節ニ差支等申候者も有之候由、末々之
者迄得と申諭取扱方も可有之処行届不申、畢竟等閑之心得方より
事起り、右之次第ニ至候儀ニ相聞得候付、被　仰付様も有之候得
共、御慈悲を以慎御免被成候条、向後万端相慎可申者也、

月　日

同通同村善之助子　倉之助
同村　清助へ
被　仰渡

其方共儀、去年十二月廿七日夜、小田嶋勇助宅へ同村御百性共数
十年(人)罷越致乱妨候節、数人ニ被誘無拠罷越候由、右様之儀は重キ
御制禁ニ付兼々被　仰付置候所、人数ヘ相加無調法ニ付、急度被
仰付方も有之候得共、御慈悲を以遠方出違留御免被成候条、向後
万端相慎可申者也、

花巻御給人二子通二子村住居　小田嶋勇助

其方儀、去年十二月廿七日夜、同村御百性共ニ候哉、数十人罷越
居宅之門押倒候上、積置候炊料刈干焼払致乱妨候付、何物ニ候哉
と声懸候得共答も無之、直々引取候旨訴出、被遂御吟味候処、兼

て新田開発心懸罷有候ニ付、場処見立村方肝入、老名共より差支有無一通り相尋候所、差支無之場処之趣申候付、願上候後村方御吟味ニ付、肝入、老名、組頭共相談之節、差支は無之候得共、右場処之内近辺之者ニは致迷惑候者も有之候間金子指出可申、左候ハ、肝入ヘ預置、村方上納金ニ備置申度旨、老名共之内申聞候処、金子繰合之儀ハ及兼候、持地之内差出可申候間、上納米銭余分を以村方補ニ致呉候様頼合仕候、多年二子村致住居候得共、御百性共得恨候心様一切無之旨、御答書を以申上候、一通り差支無之付願上候と否御沙汰相待可罷在候所、御吟味之節ニ至、肝入、老名共ヘ馴合ケ間敷頼合等いたし、且乱妨を致候節数十人と乍申両三人も捕押候歟、手ニ及兼候ハ、見留置候ても御訴可申上所無其儀、無調法ニ付差扣被　仰付、
十日目御免、閏八月十日、

閏八ノ
十一日　晴

弥六郎
典膳
上総
主膳
主殿

閏八ノ
十二日　晴

弥六郎
典膳
上総
主膳
主殿

一来ル十五日月次御礼御延引之旨被　仰出、御役人ともヘ申渡之、

一　岩間永作
病気ニ付、御座敷奉行、表御給仕、御舞台奉行兼帯当分加、願之通御免被成旨、御目付を以申渡之、

一　本丁畳刺　権左衛門
心得不宜儀相聞得候付、沢内ヘ追放可申付旨、公事方御役人ヘ申渡之、

閏八ノ
十三日　晴

弥六郎
典膳
上総
主膳
主殿

一　御目付　毛馬内命助
大目付不人数ニ付、出勤之内当分加被　仰付、於席申渡之、

閏八ノ
十四日　雨

弥六郎
典膳
上総
主膳
主殿

一五駄壱人扶持　八角久永
親四郎右衛門存生之内願之通、跡式無相違被　仰出、於席申渡之、

一　　　　　　　　　　　　　　　　　佐羽内都合
此度支配所へ御用有之、明十五日出立候之所持病之痔疾指発、馬乗可仕躰無之付、道中青駄御免被成下度旨申出、願之通御目付を以申渡之、

一　　　　　　　　　　　　　　　　　久慈弥六
支配所二子通二子村御百姓共、去年十二月数十人申合、同村住居小田嶋勇助門前へ罷越及乱妨候付、御吟味之上夫々御片付被　仰付候、私兼て申含方行届不申恐入差扣願出候、

一　　　　　　　　　　　　　　　　　小枝指清右衛門
右同断ニ付、恐入差扣願出候所、何も不及其儀旨、御目付へ申渡之、

一楢山帯刀届書、左之通、
　　高五百三拾九石壱斗四升余
　　内
　　一七拾石六斗四升程
　　　　右は水押永代荒
　　一四百六拾八石五斗程
　　　　右は当毛荒皆無同様
右は先頃御届申上候通、私知行所宮古通御代官所之内八ケ村、去月十四日、十五日両日大風雨之所、十五日七つ時頃、山際より一面大洪水ニて押流候場所吟味仕候所、右八ケ村ニて右之通永代荒并当毛荒皆無同様ニ御座候、尤山畑粟、稗之分ハ風雨に吹こほし残候分、大凡弐歩通ニも可有御座哉之旨、知行所より申来候段、帯刀訴之、

閏八ノ
十五日　晴　　　　　弥六郎
　　　　　　　　　　典膳
　　　　　　　　　　上総
　　　　　　　　　　主膳
　　　　　　　　　　主殿

一前書有之通、今日月次御礼御延引也、
一神鼎院様御忌日ニ付、聖寿寺へ　御代香弥六郎相勤之、
一　　　　　　　　　　　　　　　　　八戸上総
嫡子彼面儀、湿痺之症相煩候付、台へ入湯二廻御暇願之通被　仰出、去ル二日出立罷越入湯仕候所、弥相応仕候旨申来候間、最一廻御暇被下度旨申上、願之通被　仰出、詰合ニ付申達之、

閏八ノ
十六日　晴　　　　　弥六郎
　　　　　　　　　　典膳
　　　　　　　　　　上総
　　　　　　　　　　主膳
　　　　　　　　　　主殿

一鶯宿へ為伺御機嫌、今昼遠使御同心壱人差遣之、
一今日御用人并御勘定奉行已上御役人―(ママ)とも詰合計、席へ罷出之、
屋形様御機嫌相伺候付、右幸便ニ鶯宿へ申上之、
一　　　　　　　　　　　　　　　　　村木英蔵
病気ニ付、御制服吟味廻方御免被成下度旨申出、願之通御目付を以申渡之、
一　　　　　　　　　　　　　　御目付
　　　　　　　　　　　　　　　毛馬内命助
大目付当分加御免被成旨被　仰出、以御目付申渡之、

郡山柏屋善六子
良助へ
被　仰渡

其方儀、先年八戸御領志和酒屋権兵衛所へ手代奉公致居候処、文政三年六月、八戸荷物於福岡通堀野村役取之もの共取押及出入候節、其方村井権兵衛名代ニて附添罷通候由、右一件御吟味之上、此度御引渡ニ相成候、依之猶御吟味中揚屋入被　仰付者也、

月　日

閏八ノ
十七日　晴

典膳
上総
主殿

一　楢山主膳
忌御免被成旨被　仰出、以奉書申遣之、

一屋形様来ル十九日朝五半時、御供揃ニて鶯宿湯元　御発駕可被遊、御帰城旨申来候段、御側御用人申出之、

閏八ノ
十八日　晴

典膳
上総
主膳
主殿

一　長嶺九郎八
高木通田瀬村へ穀留為御用被遣旨被　仰付、

一　接(摂)待平左衛門
同通黒岩へ右同断、

一　土川忠兵衛
同通倉沢へ右同断、

一　工藤茂市右衛門
鬼柳通へ右同断、

一　大嶋平五郎
鬼柳通并御艜所河岸通へ右同断、
何も以御目付申渡之、

閏八ノ
十九日　晴

典膳
上総
主膳
主殿

一屋形様益御機嫌能、今八半時被遊　御帰城候付、御側御用人を以御機嫌相伺之、御用人并御役人并席へ罷出相伺候付、御側御用人を以申上之、

（前記事と重複につき省略）

(代箋)
此所二重ニ有之付、先生方へ伺上候て除置候也、

一屋形様益御機嫌能被遊　御帰城候段、　玉芳院様へ御側より申上、御家門衆へは御附人呼上、御目付より為御知申上之、

一仲間　御逢可被遊候所、御草臥ニ付　御逢無之、

一奥瀬内蔵口上書届、左之通、

私妻長山蔵五郎娘、不縁ニ付離縁仕候、此段御届申上候、以上、

閏八月十九日　奥瀬内蔵

閏八ノ
廿日　晴

典膳
上総
主膳
主殿

一現米百五拾石
内五拾石地方
嶋川三五
養父喜久治及末期、血脈之姉有之ニ付、遠親類黒川司二男三五聟
名跡被　仰付被下度旨、存生之内願之通、其方跡式無相違被　仰
出、於席申渡之、

一
御用人
牧田平馬
来ル廿九日出立被　仰付、奉書を以申遣之、

一南部左近殿御口上書、左之通、
拙者継目御礼御序之節申上度奉願候、此段可然様頼入存候、以
上、
閏八月
南部左近
毛馬内典膳殿
八戸上総殿
楢山主膳殿
南部主殿殿
右御口上書ヘ附札、御願之通来月朔日可被為　請旨被　仰出、御
目付を以御附人ヘ申渡之、

一
御用人
下田物集女
久々病気之所段々得順快候得共、今以全快仕兼候長病之儀故、為
養生歩行仕度旨申上、願之通被　仰出口達之、御目付ヘも為相心
得之、

閏八ノ
廿一日　晴

典膳
上総
主膳
主殿

一聖寿寺　地蔵尊ヘ今朝　御代参、主膳相勤之、

一
川嶋杢左衛門
嫡子与蔵先達て病死仕、其節御訴申上候、依之嫡孫栄太郎嫡子仕
度旨申上、願之通被　仰出、於席申渡之、

一南部金作口上書、左之通、
拙者儀、継目御礼御序之節申上度奉願候、以上、
閏八月十九日
南部金作
右願之通来月朔日可被為　請旨被　仰出、奉書を以申遣之、

一
多賀兵蔵
嫡子市郎当十四歳罷成、上昇仕候付前髪為執度旨申上、願之通、

一
南部丹波守殿御番頭・御用人
信田文右衛門
就病気勤番登御免被成下度旨申上、願之通何も御目付を以申渡之、

一
下田将監
五戸通御代官所之内下田村御手前知行所添下田谷地と申所、長サ
千八百間程、幅上ノ方百八拾間程、下ノ方弐百拾間程、新田見立
有之ニ付、披立申度候得共、水揚場所無之付、伝法寺村之内下モ
ひかくと申所向相坂川より揚堰仕、小平村古堰代際迄凡九百間程、
幅三間程之場所、野形川原地ニ御座候間、御田地差支無之候ハ、

堰代被下置度、左候ハ、古堰代口ヘ懸樋を以水相通、当申ノ年より巳ノ年迄十ケ年中拔立申度候間、右新堰代并新田場所御吟味之上被下度、且拔揃候ハ、可申上候付、御定目之通披立高之内半分は知行所ニ被下度旨申上、願之通被　仰出、奉書を以申遣之、

荒木田茂助

一　豊川和市

御目付所御物書当分加御免被成旨被　仰出、以御目付申渡之、

閏八ノ廿二日　晴

典膳
上総
主膳
主殿

一　小山田与四郎

同　類平

与四郎儀、久々驚風相煩癲癇之症罷成、難治之症ニて全快御奉公可相勤躰無之付、忰類平家督被　仰付被下度旨申上、願之通無相違被　仰出、

一　仙石与作

嫡子文五郎病気ニ付、嫡子仕兼候段、先達て御訴申上候、依之二男栄助嫡子仕度旨申上、願之通被　仰出、何も於席申渡之、

一　佐々木栄治

佐藤文治

栄治儀、男子無之娘有之付、遠親類文治弟文六聟養子先達て願之通被　仰付候所、不縁ニ付相返度旨、文治儀も引取申度旨申上、双方願之通以御目付申渡之、

一　村木英蔵代
西館良蔵

御制服吟(キン)味廻方被　仰付、

一　本堂和喜弥

就病気御使者給仕、願之通御免被成、何も御目付を以申渡之、

一　小向周右衛門

病気全快可仕躰無之付、御目付牛馬御用掛、御領分海岸御備御用掛、宗門御用懸共ニ御免被成下度旨申上、願之通御免被成旨被　仰出、御目付を以申渡之、

一文政五年御暇被下候御小人御持筒并御同心御遣方有之付、御暇後未タ有付不申居者共、猶又此度被召抱旨被　仰出、

閏八月

覚

一本蟇目恵守組三十人之内、当時二十七人、不足三人之所ハ、本生方藤九郎組当時十七人之内より三人相加イ、表組ニ御抱之事、

一本生方藤九郎組三十人之内、当時十四人ヘ本上山守人組御持筒三十人之内より十六人相加イ、表組ニ御抱之事、

一本上山守人組御持筒之者十四人ヘ御小人当時残り居候三人相加イ、都合十七人御持筒ニ御抱之事、

右組方差引之儀は、御目付ヘ頭談合、双方致帰服候様取計可申事、

閏八月

一　御家門衆

右は御家督・御継目御礼不被仰上前、以来月次御礼等被仰上不及旨、御附人ヘ申渡候様、源吾ヘ口達之、

閏八ノ
廿三日　晴

典膳
上総
主膳
主殿

閏八ノ
廿四日　晴

典膳
上総
主膳
主殿

一南部左近殿御口上書、左之通、
　拙者継目御礼願之通、来月朔日可被為　請旨被　仰出、依之御附人、家来共ニ五人御目見申上候様致度候、此段可然様頼入存候、以上、
　　閏八月　　　　　　　　　南部左近
　毛馬内典膳殿
　八戸上総殿
　檜山主膳殿
　南部主殿殿
右ハ願之通附札ニて、御目付を以御附人へ申渡之、
一　　　　　　　　　　　　　服部左織
病気ニ付、御目付御免被成下度旨申上、願之通御免被成旨、御目付を以申渡之、

閏八ノ
廿五日　晴

典膳
上総
主膳
主殿

一　　　　　　　　　　　　御雇御勘定方
　　　　　　　　　　　　　兼平金平
大御納戸奉行当分加御免被成旨被　仰出、御目付を以申渡之、
一江戸表去ル十九日立七日振飛脚池田貢組弐人今昼着、御用儀とも申来之、

閏八ノ
廿六日　晴

典膳
上総
主膳
主殿

一　　　　　　　　　　　　玉芳院様
　　　　　　　　　　　　　御附役
已来　光樹院様御附役之通、御役人同様と心得、相勤可申旨被　仰出、
一　　　　　　　　　　　　川嶋杢左衛門
嫡子与蔵先達て病死仕、其節御訴申上候、依之嫡孫栄太郎嫡子仕度旨申上、願之通被　仰出、
一　　　　　　　　　　　　村木五郎兵衛跡役
　　　　　　　　　　　　　駒嶺覚兵衛
払方御金奉行被　仰付、右何も於席申渡之、
一南部金作口上書、左之通、
　拙者儀、継目御礼願之通可被為　請旨被　仰出、難有仕合奉存候、依之前例之通、家来三人為冥加　御目見為仕度奉願候、此

旨御序之節宜被仰上被下度奉頼候、以上、

閏八月廿四日　　南部金作

右願之通被　仰出、奉書を以申遣之、

一南部金作届書、左之通、

覚

一御肴　　一折
一昆布　　一折
一御樽　　一荷
一安堵金
一御太刀　一腰

拙者儀、継目御礼申上候節、右之通指上、太刀折紙、長袴ニて罷出、申候、此段御届申上候、以上、

閏八月廿四日　　南部金作

一　　山本左内
嫡子秀之助初て之　御目見願之通、来月朔日可被為　請旨被　仰出、奉書を以申遣之、

一　　女鹿勝内
御側御物書本役被　仰付、御目付を以申渡之、

（本丁）新蔵
与助へ
被　仰渡

其方共儀、毛皮御用ニ付、取立方之儀、御勘定所より被　仰付置候様、此度御差支之儀有之、支配元御取上ケ被成候付、右御証文早速差上可申候所致延引、且右ニ付、不埒之儀も相聞得候得共、以御慈悲家屋敷御取上、本丁住居御構被成者也、

月　日

（本丁）権四郎
七左衛門へ
被　仰渡

其方共儀、本町新蔵、同丁与助毛皮取立方被　仰付置候処、此度御差支之儀有之、支配元御取上被成候付、請合之儀故専致加談、右御証文早速為差上可申候処無其儀、及延引候段不埒ニ付、慎申付之、

月　日

右之通申渡候段、本堂右内申出之、

閏八ノ
廿七日　晴

典膳
上総
主膳
主殿

一　　野田伊予
　　　野田左司
伊予儀、男子無之弟良之進当四十三歳罷成有之候得共、年齢不相応ニ付養子願兼候、然所娘有之付、末家左司嫡子茂市郎聟養子仕度旨申上、双方願之通被　仰出、

一（現米）五拾石　　関　織右衛門
親岡右衛門存生之内願之通、跡式無相違被　仰出、

一　　（御馬役）中原　武

当馬喰馬御用立帰登被　仰付、何も於席申渡之、

一　　　　　　　　　　青木多門

御持筒頭被　仰付、

但、御小性是迄之通相勤可申旨、御目付を以申渡之、

一　　　　　　　　　　毛馬内命助

御者頭被　仰付、

一　　　　　　　　　　田鑁市左衛門

御側御目付被　仰付、

但、御納戸御用向は、是迄之通相勤可申旨、御目付を以申渡之、

右何も於　御前被　仰渡之、御役人ともへも申渡之、

一　　　　　　　　　　関　文助

曽祖父勝弥儀、無調法之儀有之、去年十二月親類共へ御預蟄居

被　仰付候、然処何も無人手狭等ニて、心添行届兼候ニ付、本家

下斗米平四郎へ兼て引取為慎差置候所、同人儀不如意仕、内々為

倹約願上、手廻共知行所へ差遣置候ニ付、是又心添行届兼候、依

之不苦御儀御座候ハヽ、私本家筋之儀ニも御座候間、平四郎知行所

福岡通御代官所之内下斗米村へ差遣、為慎置申度旨、親類共願之

通被　仰付被下度旨、親類共よりも申上、何も願之通被　仰付、

御目付を以申渡之、

一　　　　　　　　　　田鑁市左衛門

御側御目付被　仰付候所、小録ニ付、御金方五拾石勤中被下置旨

被　仰出、於席申渡之、

閏八ノ

廿八日　晴　　　　典膳

上総

主膳

主殿

一天量院様御忌日ニ付、聖寿寺へ　御代香典膳相勤之、

一　　　　　　　　　　野田伊予

嫡子茂市郎儀、初て之　御目見、願之通来月朔日可被為　請旨

被　仰出、奉書を以申遣之、

一　　　　　　　　　　御武具奉行　玉山小七郎

　　　　　　　　　　　御座敷奉行　波岡定治

御徒頭当分加被　仰付、

一　　　　　　　　　　御座敷奉行　阿野太郎兵衛

明後朔日御礼式御用ニ付、御徒頭当分加被　仰付、何も於席申渡

之、

一　　　　　　　　　　牧田平馬

此度罷登候付、百岡守助伯父幸内、当六十弐歳罷成候、此者御軍

役人数へ相加召連罷登候旨、双方訴出之、

一　　　　　　　　　　羽州庄内酒田　加賀与助

右は　屋形様被　御入部候付、　御目見申上度罷下り候付、先格

之通差上物等も仕度旨申出、願之通来月朔日可被為　請旨被　仰

出、御町奉行へ申渡之、

一栃内八十八引取養育同性(姓)元御徒才右衛門親隠居栃内市郎儀、当三

十八歳罷成候所、去ル十四日夜与風(ふと)罷出罷帰不申ニ付、其節御

内々申上置、心当之所々色々相尋候得共、行衛相知不申出奔仕旨、

八十八訴之、

閏八ノ廿九日　晴

弥六郎
典膳
上総
主膳
主殿

羽州庄内酒田 加賀与助

一手網　十筋
鰹節　一箱

右は前書右之通、屋形様被遊　御入部候付献上之、御町奉行席へ相出候間、御側御用人を以遂披露、尤明朔日　御目見被為　請、畢て銀二枚、鴨二羽被下、雁木之上十畳ニて御吸物・御酒被下置之、御町奉行取扱也、

但、已前ハ御料理被下候所、文化二年十月十五日之趣を以、御吸物・御酒被下之、

一　御雇御勘定方 興津茂市

払馬御金奉行当分加御免被成旨被　仰出、御目付を以申渡之、

九月朔日　晴

弥六郎
典膳
上総
主殿

一月次御礼、今巳ノ中刻　御本丸於総角之間、御家門衆、南部左京殿、南部修礼殿被仰上、奏者御用人相勤、月番御取合申上、夫より南部左近殿御長袴御着用、二種一荷被差上、御太刀馬代を以御継目御礼被申上、奏者御用人相勤、御着座被成候所ニて、継目御礼申上候と月番御取合申上、　御意有之、難有仕合奉存候旨、御請被申上御退出、畢て左京殿、隼人殿、修礼殿、順々御礼被申上、御着座被成候所ニて、南部左近継目御礼申上候付、右御請被申上と月番御取合申上、　御意有之、難有仕合奉存候旨、御請被申上御退出、夫より　御中丸総角之間へ　御出座、高知之面々、諸者頭迄御礼申上、畢て名目御礼、継目案堵(安)金、二種一荷差上、長袴着用、太刀折紙を以南部金作御礼申上候、家督、継目、初て之御礼被為　請、畢て左近殿御附人植沢源兵衛鳥目二十疋差上、御障子際平士座ニて御礼申上、御家来蛇口喜又、伊藤平左衛門、鈴木鍛、工藤遙、鳥目五十疋宛差上、御内掾御敷居内ニて順々御礼申上、無程相済なり、

但、左近殿月次御礼不被申上、御継目御礼ニ付、御案堵金御上ケ不被成也、

一南部金作御礼之節上物、左之通、

昆布　一折
御肴　一折
御樽　一荷
案堵金
御太刀　一腰
御馬代銀一枚　一疋

右之通差上、長上下着用御礼申上、家来三人上下着用、無刀ニて罷出、鳥目百疋ツヽ差上御礼申上、尤家来　御目見申上難有旨、金作御請申上之、

但、奏者御用人并太刀折紙引候御徒頭ハ長袴着用、案堵(安)金持出

候御徒頭半袴着用也、委細は御目付留書ニ記之、

一　江戸勤番中、御下屋敷御目付御用向も承り相勤候様被　仰出、於席申渡之、　雅姫様御附役

一　高知嫡子・嫡孫、諸参詣・湯治、都て御暇願上出立并罷帰候節、御届向之儀、嫡子・嫡孫より申上候事も有之、又は当主より申上候事も有之候、以来は当住より御届可申上事、

但、御請之儀、本人罷出可申上事、

右之通、大目付を以申渡之、

一　今日名目御礼被為　請候節、不念之儀有之、恐入差扣願出、願之通被　仰付、御目付へ申渡之、　玉山直人

九ノ二日　晴

弥六郎

典膳

上総

主膳

一　持病之脚気指発候付、鶩宿へ入湯ニ廻御暇被下度旨申上、願之通被　仰出、奉書を以申遣之、　黒沢大学

一　指扣御免被成旨被　仰出、御目付へ申渡之、　玉山直人

一　御者頭御免被成旨被　仰出、御目付を以申渡之、　久慈常作

九ノ三日　晴

弥六郎

典膳

上総

主殿

一　御目付被　仰付、於席申渡之、　久慈常作

但、於　御前可被　仰渡候所、御用被為　在候ニ付、於席申渡之旨、御目付を以申渡之、　奥　末人

一　座順之儀は立花源吾上座被　仰付、御目付を以申渡之、　奥　末人

一　御徒目付当分加御免被成旨被　仰出、御目付を以申渡之、　白浜喜作　御徒米内織右衛門

九ノ四日　晴

弥六郎

典膳

上総

主殿

一　弐人扶持　桶屋栄助

親作兵衛及末期、悴栄助兼て職筋見習罷有候間、此者跡職被　仰付被下度旨申上、存生之内願之通跡職無相違被　仰付候間、家業精出候様被　仰付、御作事奉行へ於席申渡之、

一　　市左衛門事 高杉判六
右は差合名ニ付相改度旨申上、何も願之通以御目付申渡之、
一　　野田伊予
嫡子茂市郎儀、五節句、月次御礼共為申上候様仕度旨申上、伺之通被　仰出、家来呼上、大目付を以申渡之、
一　　勝木藤蔵
就病気、御用人、御側兼帯御免被成下度旨申上候所、遂養生相勤候様被　仰出、奉書を以申遣之、願書御目付を以相返之、
一　　南部金作
拙者儀、五節句并月次御礼共申上候様仕度旨申出候所、幼少ニ付、十五歳迄月次御礼御用捨被成、五節句御礼計罷出候様被　仰出、家来呼上、大目付を以申渡之、

九ノ五日　晴

弥六郎
典膳
上総
主殿

一養源院様・義徳院様御忌日ニ付、屋形様御略供ニて東禅寺へ被遊　御仏詣、聖寿寺へは　御代香主殿相勤之、
一　　毛馬内御給人 石田又右衛門
　　花わ(輪)御給人 渡部京助
又右衛門儀、男子無之養女有之付、遠親類京助弟直之助聟養子、先達て願之通被　仰付候所、不縁ニ付相返度旨申上、双方願之通被　仰付、御目付を以申渡之、
一
一（衍）　　御徒頭 松岡源治
　　栃内与兵衛
御目付当分加御免被成旨被　仰出、
一　　御武具奉行 玉山小七郎
　　御座敷奉行 波岡定治
御徒頭当分加御免被成旨被　仰出、右何も御目付を以申渡之、

九ノ六日　晴

弥六郎
典膳
上総
主殿

一　　宮古中使 重茂与三右衛門
悴源七先達て病死に付、孫伊三治悴仕度旨申上、願之通被　仰付、御代官へ書状を以申遣之、
一　　上田通御代官所之内東中野村御百姓 長兵衛
兼て行跡不宜、外御百姓共取扱差支相成候間、御代官限追放仕度旨申上、願之通御目付を以申渡之、
一　　下田物集女
嫡子竹五郎儀、並合之通、五節句、月次御礼為申上様仕度申上、伺之通被　仰出、御目付を以申渡之、
　　八幡丁 清治へ
　　被　仰渡
其方儀、無調法之儀有之、先達て御追放被　仰付、其後御免被

成候付、万端相慎可申候所無其儀、不行跡之趣相聞得重畳不埒ニ
付、被　仰付様も有之候得共、以御慈悲七戸へ御追放被　仰付候
条、　御城下并他御代官所へ立入候ハヽ、曲事可被　仰付者也、

月　日

右之通申渡候段、御町奉行本堂右内申出之、

一被　仰出、左之通、

一悪銭之儀、堅通用仕間敷旨、兼て度々被及御沙汰候処、自然と
相弛入交通用有之哉ニ相聞得、不埒之至候、畢竟取引之節吟味
方麁末之所より入交候事ニ候条、相互ニ精誠相改取引可致事、

一通用銭不足無之様可致旨、前々被及御沙汰候上、猶又文政三年
被及御沙汰候処、頃日ニ至不足銭間々有之趣相聞得候間、是亦
取引之節相改、不足銭無之様致吟味通用可致事、

右之趣猶又此度被及御沙汰候、別て悪銭之儀は為御吟味廻方之者
も被　仰付置候条、万一心得違之者於有之ハ、急度御咎被成候間、
不心得之儀無之様可致候、

九月

九ノ七日　雨

弥六郎
典膳
上総
主膳

九ノ八日　雨

典膳
上総

一　主膳
主殿

久慈常作代
野村嘉司馬

御者頭被　仰付、於席申渡之、
但、於　御前可被　仰渡候所、御用被為　在候付、於席申渡候
旨、御目付を以申渡之、

一被　仰出、左之通、

覚

近年大小之御家中勝手向困窮之旨達　御聴、不如意之儀ハ無拠
事ニ候得共、次第ニ相迫り候ては、御奉公も不任心底儀と　御不
案堵ニ(安)　思召候間、一統御救も被成遣度　思召候得共、近来御
物入相嵩弥増御繰合向御難渋ニて、　御公務夕ニ御不安心ニ被
思召候程之御次第ニ候得は、外御救之御手段も不被為届候間、
無御拠是迄相対を以貸借いたし居候金米銭、此度別紙之通年済
被　仰付候、依ては貸方之者共一旦利潤之益を失ひ迷惑ニ可存
候得共、一統之困窮被御捨置候ては弥増窮迫および、往々　御
公務等被蒙　仰候ても御遣方之御指支ニ至り可申哉と甚難　御
安、不被得止事、為御救相対借金米銭年済ニ被及御沙汰候、然
ル上は御救之御趣意深く勘弁いたし、貸借之もの共始末之申合
ニ拘り不申、相互実意を以年済之儀可申合候、双方共ニ万一不
実之儀申募、非分之儀等於有之候ハ急度可被為御沙汰旨被　仰
出、

九月

覚

一年済之儀は、借受之始末年々相改、仮令去未之年之始末たり共取初取組より七ケ年以下之借金米銭ハ当申ノ年より十五ケ年返済可致候、七ケ年以上之取組ハ二十ケ年より三十ケ年ニ年済可申合事、
但、始末之儀無拠次第ニて、如何様ニ文言等申合置候共、此度被及御沙汰候上ハ何も年済と相心得、（但書之もへ認候事、）縦令書入物有之候共、右同様可申合事、右ニ付、双方共難渋等申募候もの有之候ハ、右之次第可申出事、
一弐百貫文以上之貸借は、年数之多少ニ不拘、二十ケ年より三十ケ年ニ急度年済可申合事、
附り、買懸り店懸り、右ニ准し可申事、
一右御趣意ハ専ら諸士困窮為御救被　仰出候間、諸士借受之儀ハ書面之通可相心得候、町々在々共ニ商売筋金主取組は勿論、諸山師并請負之者とも、働之者ともニ前金貸渡等之儀ハ不被及御沙汰候、惣て相互売職ニ相拘り候金銭貸借有之分は、是迄之通相心得、融通通指支不申様可致事、
一当申ノ年より貸借之金米銭之儀、是迄之通相心得危踏不申、始末通用差支無之様可致事、
但、理（利）足之儀ハ前々申及御沙汰候通、高利無之通用可致事、
右之通被　仰出、
九月
覚
一近年大小之諸士勝手向困窮ニ付、此度相対を以貸借致候金米銭為御救年済之儀被　仰出候、随て在々御百姓共相対を以貸借いたし居候金米銭ハ、貸方、借方とも相対之事ゆへ、実意を以及相談、双方熟談取計可申候、若及潰候程ニも至り候ハ、金主方ニても了簡可有之、及無心候者も返済無之候得ハ、金主手切ニ至り候事ニ候間、心得可有之事ニ候、此旨双方熟と致勘弁取引可致事、
一金米銭貸方、借方、高利ニて取組候者も在之ニは可有之哉、前々弐割半より高利ニ取引仕間敷旨被　仰出置候間、心得違高利等ニ貸借致候者於有之候ハ、御吟味之上急度御沙汰可被成事、
九月
右之通被　仰出、夫々申渡候様、御町奉行・御目付へ申渡之、委細は御目付留ニ有之也、
一右ニ付、御目付相談之趣別紙御達書、左之通、
演説
一此度年済之儀被　仰出候付ては、申定候年賦返済銭年数中無相違差遣候儀、勿論之事ニ候得共、実意故失ひ非分之儀無之様可致事、
一此後金主別人へ致取組候ハヽ、右金主へ先之取組之金主より年賦返済銭之儀頼合有之候ハヽ、借人より急度取立、先之金主へ差遣可申事、
九月
覚
近年大小之諸士勝手向困窮いたし、被御捨置候ては往々御遣方之御差支ニ至り可申哉ニ付、此度相対を以貸借いたし候金米銭為御救年済之儀被　仰出候、可相成は広く被及御沙汰ニ度事ニ

候得共、左候ては融通向差支ニ相成、不容易儀ゆへ不得止事、享和年中御振合を以、諸士へ計御沙汰被成候間、此旨相心得、違乱之儀無之様可致候、惣て貸借之儀ハ専ら実意を以双方熟談之上取引可致事ニ候所、多分之内ニは最初申合之始末通取失、甚我侭之儀申募、或難渋等申懸致不返済候類も有之哉に相聞得不埒ニ候条、双方熟と勘弁いたし、不実之儀無之様取引可致事、

一金米銭貸方、借方、高利ニて取組候者も在之ニは可有之哉、前々弐割半より高利ニ取引仕間敷旨被　仰出置候間、心得違高利等ニ貸借いたし候者於有之は、御吟味之上急度御沙汰可被成事、

九月

九ノ
九日　晴

典膳
上総
主膳
主殿

一為重陽之御祝儀、席へ御熨斗出、

一屋形様四時過、御本丸於総角之間、御家門衆御礼被為　請、御用人奏者、御着座之節、典膳御取合申上、夫より　御中丸総角之間へ　御出座、高知之面々、御用人、高知子共、同嫡孫、御用人子共、御新丸御番頭、御留守居添役、大目付、諸者頭、御新丸御番頭子共御礼申上、無程相済也、

一寺社御町奉行、表御目付、御目付、御勘定奉行、席へ罷出御祝詞申上之、

一壱両弐歩弐人扶持　御鳥飼　大森銀治

兄庄右衛門及末期、一子無之弟銀治当二十一歳罷成候、此者名跡被　仰付被下度旨申上、存生之内願之通無相違被　仰付候間、家業精出候様被　仰出、於席申渡之、

一　御馬乗役　佐羽内良助
石川兵吾
川井寛作
都筑丈助
鎌田鉄太

当馬喰馬御用立帰登被　仰付、御用人へ申渡之、御目付へも申知之、

九ノ
十日　晴

典膳
上総
主膳
主殿

一来月十四日　貞林院様五十回御忌御相当之旨、聖寿寺看主長松院口上書を以申出之、

九ノ
十一日　晴

典膳
上総
主膳
主殿

一　御側御目付　田鍍市左衛門

御刀番、御供目付、右両様共御国元計兼帯相勤候様被　仰付、於
席申渡之、
一　見前通御代官所之内高田村百姓
　　松
兼て行跡不宜、御村方御百姓共取扱方差支ニ相成候間、御代官限
追放仕度旨申出、願之通御目付を以申渡之、
一　岡田金左衛門
御供御用御四季施物御下方、今以着不仕候付、前広相伺可申候所
無其儀、御用御間欠ニ相成候段、恐入差扣申出、願之通差扣被
仰付、
一　下斗米勘蔵
右同断、差扣被　仰付、何も御目付へ申渡之、
一右ニ付、金左衛門・勘蔵親類共、恐入差扣申出、不及其儀旨御目
付へ申渡之、
一荒木田兼松妹さん、当十九歳罷成候所、去月廿八日夜与風（ふと）罷出罷
帰不申候付、其節御内々御届申上置、心当之所々色々相尋候得共
行衛相知不申、出奔仕候段兼松訴出之、

九ノ
十二日　晴　典膳
上総
主膳
主殿

一即性院様御消月（祥）ニ付、聖寿寺へ御香奠相備、御代香上総相勤之、
一　葛西勝治
御供御用御四季施物御渡方之儀、去ル七日御勘定奉行迄申出候所、
御下方御間ニ合候様着可仕儀と申達御座候得とも、御渡方時節ニ
至候事故、猶申出取計方も可有之候所無其儀、不行届恐入差扣申
出、願之通差扣被　仰付、御目付へ申渡之、
一右ニ付、親類共恐入差扣申出、不及其儀旨、御目付へ申渡之、
一　新渡戸図書
忌御免被成旨被　仰出、奉書を以申遣之、
一　馬喰頭
　　長兵衛
　　忠兵衛
当馬喰馬御用登可申付旨、御町奉行へ申渡之、

九ノ
十三日　晴

一於桜馬場当馬喰馬惣崩為　御見分、五時被為　入、仲間相詰登
城無之也、

九ノ
十四日　雨　典膳
上総
主膳
主殿

一　法泉寺
　　円応
聖寿寺石梁及末期、先之住文川住職中、末々後住職可被　仰付旨
被　仰付置候所、万休弟子西蔵主嗣法仕置、寺務も可相勤僧ニ候
間、後住被　仰付被下度旨申上、願之趣被　御聴届候得共、此度
ハ　思召有之、其方儀聖寿寺住職被　仰付、於席申渡之、
但、法泉寺後住之儀ハ、追て御沙汰被成候間、願上候にハ及不

申旨口達之、

一　　東禅寺

聖寿寺石梁及末期、先々住文川住職中、末々後住職可被　仰付旨被　仰付置候所、万休弟子西蔵主嗣法仕置、寺務も可相勤僧ニ候間、後住被　仰付被下度旨申上、其節添書を以申出候、願之趣被　仰御聴届候得共、此度は　思召有之、法泉寺円応儀、聖寿寺住職被　仰付、寺社御奉行を以申渡之、

一　　葛西勝治

差扣御免被成旨被　仰出、御目付へ申渡之、

一　　宮古御給人
岩間龍八

一子無之ニ付、同性(姓)親類岩間佐市郎伯父清平養子、先達て願之通被　仰付候所、不縁ニ付相返度旨、佐市郎よりも引取申度旨申上、願之通被　仰付、

一　　宮古御給人
盛合寿助

毛馬内典膳家来佐々木三郎右衛門儀、男子無之付、寿助弟直記聟養子先達て願之通被　仰付候所、不縁ニ付相返申度ニ付、引取度旨申上、願之通被　仰付、何も御目付を以申渡之、

一　　信田文右衛門

病気ニ付、南部丹波守殿御番頭并御用人、御側御用承り、御金銭御取締懸り共ニ御免被成下度旨申上、願之通御目付を以申渡之、

一屋形様来ル十八日御山出ニて、御忍志和稲荷へ御参詣被遊旨被　仰出、御役人共へも申渡之、

一　　聖寿寺

屋形様御仏詣被遊候節、拙僧住職成御礼未申上候得共、御送迎罷出苦ケ間布(敷)哉と伺出、御送迎被罷出旨、寺社御奉行を以申渡之、

一　　御納戸

御側御目付不人数ニ付、御用手透無之節并病気故障等之節ハ、当番ニて御側御目付御用承り相勤候様被　仰出、於御側申渡候段、御側御用人申出之、

一　　津嶋　勇
津島武左衛門
小泉甚助
津島加治馬
瀧沢助蔵
目時平右衛門
小山田静平
佐々木栄治
西野良助
高野彦十郎
鴨沢　舎
長尾澄人
玉山小七郎
箱崎助左衛門

同性(姓)親類目時健治儀、去年八月親彦市郎継目被　仰付候所、健治儀幼少ニ付、継目御礼名代を以申上度旨、添心為願上可申所、建治儀及末期候迄不為申上、不念之段恐入差扣願出、不及其儀旨、御目付へ申渡之、

九ノ十五日　晴

典膳
上総
主膳
主殿

一月次御礼、今巳ノ上刻　御本丸於総角之間御家門衆被仰上、奏者御用人相勤、御着座之節、典膳御取合申上、夫より　御中丸総角之間へ　御出座、高知之面々、諸者頭迄御礼申上、畢て名目御礼被為　請、無程相済也、

一神鼎院様御忌日ニ付、　屋形様御略供ニて聖寿寺へ　御仏詣被遊也、

（この記事墨抹）
一　黒沢左並

知行所徳田伝法寺通御代官所之内白沢村高百石之内八拾石、旱枯ニ相成皆（無、以下ママ）

一　梅村要之助

御供御用御四季施御渡方之儀、去ル七日御勘定奉行迄申出候所、御下方御間ニ合候様着可仕儀と申達御座候得共、御渡方時節ニも至り候事故、猶申出取計方も可有之所無其儀、不行届之段恐入差扣申出、願之通指扣被　仰付、御目付へ申渡之、

一右ニ付、要之助親類共恐入差扣願出候所、不及其儀旨、御目付へ申渡之、

一　江戸詰合
諸士

詰合中衣服之制は毎々差て御沙汰も無之事なから、自ら銘々身分ニ准し可相用事ニ候所、別て近年小身之内ニも不応分限品柄等着用之者も相見得、不埒之事ニ候、別て去年来厳敷御締も就被　仰出候ては、何分大小ともニ他向之出会たりとも着服取飾候儀ハ相扣、幾重ニも御用御間欠不相成候様可致、猶更百石已下之儀ハ、別紙御沙汰被成置候品之外は決て着用御差留被成候間、若心得違ニて相用ひ候もの有之候ハ、本人ハ勿論、同御小屋之もの共に急度可被及御沙汰候事、

九月十五日

百石以下着服、左之通、

一着服は絹紬ニ限り可申事、

右品之外ハ縦令下着たりとも決て相用ひ申間敷事、

一袴ハ川越平、植田縞ニ限り可申事、

一火事羽織并合羽ハうんさい、とろめん、もんば木綿ニ限り可申事、

但、百石已下ニても、御勘定奉行已上御役儀相勤候者は、百石以上之着服ニ准し可申事、

一近年諸士之内勝手向不如意ニて、御奉公筋も不任心底輩多く有之趣相聞得、臨時之物入等打続候得ハ、小身之者ハ別て不得止事過分之借財いたし候事も可有之候得共、常々不心懸ニて無用之費をも相省不申所より弥増借財相嵩、自然と致困窮、御奉公筋も相怠り候のみならす、甚敷相迫り候得ハ、多分之内ニは実儀をも失ひ候行状ニ至り候ものも可有之哉、甚不覚悟之至り候、如兼々被及御沙汰候通、専ら平日心を用ひ万端質素ニいたし、如何様ニも取締厳敷致倹約候ハヽ、病気等は無余儀事とハ乍申出番も不致、他行之節も士分之人躰を相やづし、人前を相忍候程ニは至り申間敷事ニ候条、深致勘弁、此節何分勝手向取締御奉

公筋無滞相勤候様心懸可申旨、御沙汰ニ候、

九月

右之通申渡候様、御目付へ申渡之、

一 御屋御勘定方 船越伝五郎

大御納戸奉行当分加被　仰付、御目付を以申渡之、

一江戸表去ル九日立七日振飛脚池田貢組弐人今夕着、有馬玄蕃頭妻死去ニ付、鳴物三日御停止、普請は不苦旨、大御目付より之廻状到来ニ付、差下来遂披露、　玉芳院様へは書取御側御用人へ申達申上、御家門衆へは御目付より為申上之、　御城下并在々相触候様、大目付・寺社御町奉行・御目付へ申渡、御用人へも廻状為見之、花巻御城代并八戸御家老へは書状を以申遣之、松前へも書状を以申遣之、

九ノ 十六日　晴

弥六郎
典膳
上総
主膳
主殿

一 御用人 勝木藤蔵

久々病気之所、此節為養生近所歩行仕度旨、同役葛西半右衛門を以申出相伺候所、勝手次第可仕旨御沙汰ニ付、同人へ相達之、御目付へも申知之、

一今明日神明御祭礼之所、前書有之通鳴物御停止中ニ付、御祭礼之儀其節伺出候所、前例ニも有之付、御祭礼ハ無御構候、乍然鳴物之儀ハ相扣候様寺社御奉行へ申渡之、

九ノ 十七日　晴

弥六郎
典膳
上総
主膳

一 川嶋杢左衛門

居屋敷与力小路南側住居罷有候所、表口四拾四間九寸、裏行弐拾壱間五寸有之、至て間狭ニて厩等建継可申空地無之ニ付、隣家御料理方格菊池又四郎居屋敷之内、裏通拾間一尺三寸ニ拾間及無心候之間、仕分頂戴仕度旨、又四郎よりも差遣申度旨申上、願之通御目付を以申渡之、

一 岡田金左衛門
下斗米勘蔵

指扣御免被成旨被　仰出、

一 梅村要之助

右同断、何も御目付を以申渡之、

一 松田伊之助

田名部通御代官御免被成旨被　仰出、御目付を以申渡之、

一 川嶋杢左衛門

昨夜鳴物御停止被　仰出候付、取計方不念之儀有之、恐入差扣願出候所、不及其儀旨被　仰出、

一 本堂右内

右同断、川嶋杢左衛門取計方不念之儀有之、恐入差扣願上、是又

不及其儀旨、何も御目付へ申渡之、

一　　　梅村要之丞

嫡子要之助儀、御用筋不行届之儀有之、差扣願之通被　仰付候付、恐入差扣願出候所、不及其儀旨、御目付へ申渡之、

一　　　工藤喜兵衛

左近殿御相手当分被　仰付置候所、御免被成旨被　仰出、御目付を以申渡之、

一　　　栃（トチ）内瀬蔵

御供御用御四季施物御下方、今以着不仕候付、前広相伺可申所無其儀、御用御間欠相成候段、恐入差扣申出、願之通差扣被　仰付、

一右ニ付、親類共恐入差扣申出、不及其儀旨、御目付へ申渡之、

一　　　太田甚内

前同断、同役共差扣申上、願之通被　仰付候付、恐入差扣願出候所、不及其儀旨御目付へ申渡之、

一　　　村松喜八郎

支配所宮古通閉伊川筋御百姓共、心得違御検見前作毛刈取候儀、畢竟私取扱方不行届候段恐入差扣申出、不及其儀旨御目付へ申渡之、

一　　　下田右門

知行所徳田伝法寺通御代官所之内室岡村ニ高百石御座候所、当五月より旱魃ニて八拾石旱枯ニ罷成候、残弐拾石共ニ追々不残旱枯ニ罷成候段、知行所より申出候付、見分為仕候所、皆無同様ニ御座候旨申出候、

一　　　岩間丹下

知行所徳田通御代官所内室岡村ニ高百石御座候所、右同断ニて四拾七石旱枯ニ罷成候段、知行所より申出候付、見分為仕候所、皆無ニ御座候旨申出候段、何も口上書を以相届之、

九ノ
十八日　曇

弥六郎
典膳
上総
主膳

一　　　三戸御給人 川村官蔵
　　　　同　亦八

官蔵儀、久々疝積相煩上昇強、時々眩暈卒倒仕、頃日ニ至癲癇之症罷成、難治之症ニて全快御奉公可相勤躰無之ニ付、悴亦八家督被　仰付被下度旨申上、願之通無相違被　仰付、御代官へ書状を以申遣之、

一　　　松田伊之助

南部丹波守殿御番頭并御用人被　仰付、御側御用承り、御金銭御取締懸り共相勤候之様、尤勤番登被　仰付、於席申渡之、
　但、支度出来次第出立被　仰付、御目付を以申渡之、

一　　　中使 野坂安之助

大御納戸附被　仰付置候所、御徒目付支配被　仰付、御目付へ申渡之、

一　　　工藤喜兵衛代 照井宗右衛門

左近殿御相手当分被　仰付、

一　　　御雇御勘定方 船越伝五郎

大御納戸支配当分加御免被成候旨被　仰出、何も御目付を以申渡
之、

九ノ
十九日　曇

弥六郎
典膳
上総
主膳

一　大沢俊治
奥　五弥太
船越勇蔵
中野英八
岩屋良作

御雇御勘定方当分加被　仰付、御目付を以申渡之、

九ノ
廿日　晴

弥六郎
典膳
上総
主膳

一　大光寺鹿之助

御側御物書当分加被　仰付、御目付を以申渡之、

一前書有之通、此度御持筒之者十七人被召抱候ニ付、証文被下、御
目付を以頭ヘ相渡之、

九ノ
廿一日　曇

弥六郎
典膳
上総
主膳

一　玉山忠右衛門
同　忠吾

忠右衛門儀、老衰仕御奉公可相勤躰無之ニ付、悴忠吾家督被　仰
付被下度旨申上、願之通無相違被　仰出、於席申渡、

一聖寿寺　地蔵尊ヘ　御代参上総相勤之、

九ノ
廿二日　晴

弥六郎
典膳
上総
主膳
主殿

一　三上多兵衛
同　勘九郎

多兵衛儀、老衰之上久々類中之症相煩、歩行不自由罷成、御奉公
可相勤躰無之ニ付隠居仕、悴勘九郎家督被　仰付被下度旨申上、
願之通無相違被　仰出、於席申渡之、

一　中原　武

来月三日出立被　仰付、御目付を以申渡之、

一九月廿八日立　佐羽内良助
御厩小者
鎌田鉄太
弐人

同晦日立　　石川兵吾

御厩小者
六人　　都筑丈助

御厩小者
四人　　川井寛作

十月三日立

右之通当馬喰馬御用登出立被　仰付候哉と、御用人伺之通申渡之、
御目付へも為申知之、

一　　本堂和喜弥代
上田佐治太

御使者給仕本役被　仰付、御目付を以申渡之、

一江戸表去ル十六日立七日振飛脚野辺地礼八組弐人今日着、御用儀
申来之、

一　　三村清左衛門

屋敷月賄定式入用出金、其外諸用向共頼入候条、諸事亡父存生中
之通出精相弁可給候、依之是迄賄来候弐拾五人扶持方、直々被相
贈之、

九月十一日

九ノ
廿三日　曇

弥六郎
典膳
上総
主膳
主殿

一八駄弐人扶持　　一条俊助

親小十郎存生之内願之通、跡式無相違被　仰出、於席申渡之、

御免地
一弐石　　安俵高木通中使御境古人
横川隼太

親儀右衛門及末期、忰隼太二十六歳罷成候、御番代被　仰付被下
度旨申上、存生之内願之通無相違被　仰付、御目付へ申渡之、

一　　栃内瀬蔵

差扣御免被成旨被　仰出、御目付へ申渡之、

九ノ
廿四日　晴

弥六郎
典膳
上総
主膳
主殿

金方
一百九石五斗　　太田継弥

内七人扶持

親忠助及末期、忰継弥七歳罷成、未　御目見不申上候得共、跡式
被　仰付被下度旨申上、存生之内願之通無相違被　仰出、於席申
渡之、

一　　関　文助

勝手不如意仕御奉公可相勤躰無之付、三戸支配被　仰付候所、相
応之御奉公相勤候様被成下度、元来三戸出生候間、願之通被　仰
付候ハヽ、引越、親類とも得助力相勤申度旨申上、願之通被　仰付、
御目付を以申渡之、御代官へも支配可申旨、以書状申遣之、

一　　中原　武

当馬喰馬御用立帰登被　仰付候ニ付、嫡子恵当二十歳罷成候間、
江戸表為見習召連罷登度旨申上、願之通被　仰付、御目付を以申

渡之、

一 右同断ニ付、来月三日出立被　仰付候所、此節持病之脚気差発候　同人
得共、押て相勤罷有候間、長途之馬乗難相成候間、道中青駄御免
被成下度旨申出、願之通御目付を以申渡之、

一 鷲掌風相煩、両手腫痛仕候付、鷲宿へ入湯ニ廻御暇被下度旨申上、　安宅　登
願之通奉書を以申遣之、

九ノ
廿五日　曇

弥六郎
典膳
上総
主膳
主殿

一 軍蔵儀、男子無之娘有之付、遠親類喜七郎二男重蔵聟養子仕度旨　石井軍蔵　石亀喜七郎
申上、双方願之通被　仰出、於席申渡之、

一 剣花菱家紋相用来候所、花菱御紋表向御用被遊候付、是迄相用候　七戸軍助
者相改、替紋相用可申旨、旧臘被　仰出候ニ付、花菱御紋相紛可
申哉と奉存候、依之花菱形之内菱釘貫相用度旨申出、伺之通御目
付を以申渡之、

一 御徒目付支配中使 戸川定助
大御納戸附被　仰付、御目付へ申渡之、

一 諸白壱升　百三拾一文
一 並酒壱升　百弐拾三文
右之通来月朔日より酒仮直(値)段商売可申付候、
右之通御町奉行・御勘定奉行へ於席申渡之、

一
御金奉行
万所奉行
御側御用達
孫御蔵奉行
大御納戸奉行
御銅山方
御勝手方
御勘定方
右御役筋ハ専ら御金銭取扱候事ニ候得は、平常之行状は勿論、縦
令相続向ケ成に取続候者たり共、家作并飲食等格別ニ質素ニ心掛、
他之批判等を受不申様可致ニ候所、右之勤筋被　仰付候得は普請
向并ニ飲食共ニ自然と奢ニ相見得、平常之出会共ニ美食を用ひ候様
相聞得、甚タ不埒之至ニ候、一両年来厳敷御取締も就被　仰付候て
は、猶更役所柄斟酌も可致所、無其儀相聞得候儀、畢竟役筋之本
意を失ひ候事ニ候、依て夫々急度御沙汰ニ可被及事ニ候得共、此度
は御憐愍を以、右御吟味ハ不被　仰付候間、向後之儀は得と右之
趣意勘弁いたし、幾重ニも諸事質素ニ心掛可申候、ケ様ニ被及御沙
汰候ても、若心得違之者も有之候ハヽ、勤懸りハ勿論、其外〳〵た
りとも、右様之出会等へ交候者も相聞得候ハヽ、同様無調法可被

仰付候事、

右之通被　仰出、以御目付夫々申渡之、

一先達て御沙汰ニ被及候通、法事等之節菩提寺へ打寄懇ニ可致執行、行仏事等ニて銘々宅へ出家相招候儀は相成不申旨、御沙汰も被成置候所、頃日ニ至自然と相弛候様ニも相聞得不埒之至ニ候、已来決て相扣可申候、尤祥月、年廻等之せつ親類共相招、料理差出酒興同様ニ酒等相用候儀ハ決て相扣、都て先達て被　仰出候御趣意急度相守可申事、

九月

一諸壇家之者、法事并詳月等之節、旦(檀)家之者之宅へ被招候共罷越申間敷旨、兼て御沙汰被成置候所、頃日ニ至自然と相弛罷越候様ニも相聞得候、俗家へ僧衆罷越候儀相扣候様、先達て委細御諭も被成置候事故、銘々相心得居可申儀ニ候条、已来ハ決て仏事等ニ付、壇家之者より被招候共相断罷越申間敷事、

九月

右之通被　仰出、寺社御奉行・大目付・御目付へ申渡之、

一　御持筒頭格、諸番御小人頭、御納戸 原　直記

御相撲懸り被　仰付、於御側申渡候段御側頭申出、御役人共へも申渡之、

九ノ
廿六日　雨

弥六郎
典膳
上総
主膳
主殿

一　野田左司

嫡子茂市郎儀、本家野田伊予へ聟養子、願之通被　仰付候付、二男鉄八嫡子仕度旨申上、願之通被　仰出、於席申渡之、

一　佐羽内与七
田鍍十郎
女鹿勝内

割沢御鉄山為吟味春秋代合被　仰付罷越候所、一山為御締被遣候儀ニ御座候之間、右御用ニ付往来之節計、自分物入を以鑓持参仕候様被成下度旨申上、願之通御目付を以申渡之、

一初雪ニ付、　屋形様へ仲間御機嫌相伺、御用人始御勘定奉行以上御役人共詰合計、席へ罷出相伺之、

但、常服也、　上々様へ相伺候儀は、寛政七年十月十九日之趣を以不申上也、

一右ニ付、　屋形様へ御家門衆より御銘々御附人を以御機嫌御伺被成、於席典膳謁之、

但、以前御表へ之御機嫌御伺無之候所、文政元年十月十七日御沙汰ニ付、已来右之通御伺被成也、

九ノ
廿七日　小雪

典膳
上総
主膳
主殿

一　宮古通下役 中嶋万左衛門

岩浅喜右衛門
宮古通閉伊川筋御百姓共心得違、御検見前作毛刈取候儀、畢竟私共取扱方不行届候段恐入差扣願銘々申出、不及其儀旨、御目付へ申渡之、

一　御者頭
此度常府吉田一学儀、御者頭被　仰付候、同人組之者共、於御国元ハ諸事申合取扱候様被　仰出、御目付を以申渡之、

一　福士縫之助
弟早太儀、文政五年三月廿二日与風(ふと)罷出罷帰不申候付、其節御内々御届申上置、心当之所々色々相尋候得共、行衛相知不申出奔御訴申上候、然所昨夜立帰候付、向々出入之儀も難計具ニ相尋候所、兼て伊勢参宮仕度心願罷有候所より与風心得違仕、直々罷登候心得ニ御座候所、道中より持病之脚気差発、歩行相成兼候付、仙台御領荒浜村庄兵衛と申者之所ニて逼(逗)留罷有候所、眼病相煩、色々養生仕候得共全快ニも及兼候付、同所医師東庵と申者へ庄兵衛世話ニて随身仕、養生乍仕子共共手習教罷有候所、追々快方ニは趣候得共、迚も御国元慕鋪、両親共へも逢申度一筋ニ存、無調法不顧立帰候旨申候間、猶押て相尋候所、外向々出入ケ間敷儀無御座旨申聞候、出奔立帰候儀恐入奉存候間、急度相慎差置候旨訴出候付、縫之助へ御預逼塞被　仰付旨、御目付へ申渡之、

一右ニ付、縫之助恐入差扣願上、願之通指扣被　仰付、御目付へ申渡之、

一右同断ニ付、縫之助親類とも恐入差扣願出、不及其儀旨、御目付申渡之、

九ノ
廿八日　晴

典膳
上総
主膳
主殿

一天量院様御忌日ニ付、聖寿寺へ　御代香主殿相勤之、

一三両三人扶持　村木勇助
親五兵衛於江戸表病気ニ付、御国元へ罷下り養生仕度旨申上、願之通被　仰付、当八月罷下り候所、道中於佐久間駅病死ニ付、忰勇助跡式被　仰付被下度旨親類共申上、其方跡式無相違被　仰付、於席申渡之、

九ノ
廿九日　晴

典膳
上総
主膳
主殿

一　福士縫之助
差扣御免被成旨被　仰出、御目付へ申渡之、

一　花巻御給人　関　周治
病気ニ付、秋田御境目通御境役願之通御免被成旨、御目付を以御境奉行へ申渡之、

一　奥瀬内蔵
当五月　御帰国御使者被　仰付罷登候節、御紋服拝領仕候付、祖父要人、親内蔵拝領之御紋服、別紙之通取持罷有候間、不苦御儀

御座候ハヽ、着用仕度旨申上、願之通被　仰出、奉書を以申遣之、

覚

一鶴御紋長御上下
一菱御紋同断
一九曜御紋同断
一鶴御紋御上下
一菱御紋同断
一九曜御紋同断
一鶴御紋裏附御肩衣
一菱御紋同断
一九曜御紋同断
一鶴御紋単同断
一菱御紋同断
一九曜御紋同断
一鶴御紋緘御熨斗目
一菱御紋同断
一九曜御紋同断
一鶴御紋板御熨斗目
一菱御紋同断
一九曜御紋同断
一鶴御紋羽二重御小袖
一菱御紋同断
一九曜御紋同断
一鶴御紋御袷
一菱御紋同断
一九曜御紋同断
一鶴御紋縮緬御小袖
一菱御紋同断
一九曜御紋同断
一菱花御紋同断
一鶴御紋御帷子
一菱御紋同断
一九曜御紋同断
一鶴御紋縮御帷子
一菱御紋同断
一九曜御紋同断
一鶴御紋縮緬御単
一菱御紋同断
一九曜御紋同断
一菱花御紋同断
一鶴御紋綿入御羽織
一菱御紋同断
一九曜御紋同断
一鶴御紋羽二重御袷御羽織
一菱御紋同断
一九曜御紋同断
一鶴御紋縮緬単御御羽織
一菱御紋同断

一九曜御紋同断
一鶴御紋侶（紹）御羽織
一菱御紋同断
一九曜御紋同断
一九曜御紋紗綾御小袖
九月

九ノ
晦日　雨　典膳
上総
主膳
主殿

一　御者頭 横田右仲
此度被　召抱候新組、其方へ御預被成旨被　仰出、於席申渡之、

一　同 池田　貢
毛馬内命助組へ組替被　仰付、

一　同 毛馬内命助
池田貢組御先筒へ組替被　仰付、何も御目付を以申渡之、

一　常府同 吉田一学
横田右仲元組御先筒御預被成旨被　仰出、於江戸表申渡之、御役人共へも為申知之、

一　関　巳代治
廻御役当分加被　仰付、御目付を以申渡之、

十月朔日　晴　典膳
上総
主膳
主殿

一月次御礼、　御本丸於総角之間御家門衆被仰上、奏者御用人相勤、御着座之節、主膳御取合申上、夫より　御中丸総角之間へ　御出座、高知之面々、諸者頭迄御礼申上、畢て名目御礼被為　請、無程相済也、

一　猿賀久兵衛
藤井孫右衛門師範仕候柳生流剣術、此度師範仕候付、日影御門外御稽古場孫右衛門拝借日之通、直々拝借仕度旨申上、願之通御目付を以申渡之、

一　下田物集女
知行所沼宮内通御代官所之内平村百姓惣兵衛と申者、文政五年十月願上、五戸通へ追放仕候所、其後相慎罷有候趣承知仕候間、本所へ立戻住居為仕度旨申上、願之通御目付を以申渡之、

一　中原　武
御用金弐百両預為御登被成旨被　仰出、御目付を以申渡之、

一　葛西半右衛門
遠慮御免被成旨被　仰出、以奉書申遣之、

十ノ
二日　曇　典膳
上総
主膳
主殿

一 当御献上御鷹附立帰登被　仰付、御用人中ヘ申渡之、御目付ヘも為申知之、
御雇御鷹匠組頭 根守覚蔵
同見習 佐々木定六
御犬飼 弐人

一 御使者給仕当分加御免被成旨被　仰出、御目付を以申渡之、
阿部丑太郎

十ノ 三日　晴
典膳
上総
主膳
主殿

一 孫御蔵奉行当分加被　仰付、御目付を以申渡之、
豊川和市

十ノ 四日　晴
典膳
上総
主膳
主殿

一 由緒御用懸被　仰付、
御目付 奥　末人

一
同人

一 御城内御破損吟味御用懸被　仰付、
御目付 大矢勇太

一 牛馬御用懸共被　仰付、
御目付 久慈常作

一 宗門御改御用掛被　仰付、右何も於席申渡之、
御次 内藤市郎

一 御膳番不人数ニ付当分加被　仰付、御目付を以申渡之、

十ノ 五日　晴
典膳
上総
主膳
主殿

一 養源院様・義徳院様御忌日ニ付、屋形様御略供ニて、東禅寺ヘ被遊　御仏詣、聖寿寺ヘは　御代香主殿相勤之、

一 来ル十四日　貞林院様五十回御忌御相当ニ付、一日御法事御執行被成旨被　仰出、寺社御奉行を以申渡之、
御用人 勝木藤蔵

一 来ル十四日　貞林院様五十回御忌御相当ニ付、於聖寿寺一日御法事御執行被成候間、右御用掛り被　仰付、
(一脱)
表御目付、寺社御町奉行御用当分承 諏訪民司
御目付 奥　末人
御勘定奉行 下斗米勘蔵

右同断、何も於席申渡之、

十ノ 六日　晴
典膳
上総

一鰤　一鉢宛　主膳　南部筑後
主殿　桜庭兵庫

右は知行所之産物差上之、遂披露候之所、御満悦之旨被　仰出、
翌日以奉書申遣之、
但、右鰤大目付を以相遣候間、御側御用人を以差上之、

一　南部弥六郎
血穢御免被成旨被　仰出、奉書を以申遣之、

一　安宅　登
鷲掌風相煩、両手腫痛仕候付、鷲宿へ入湯二廻御暇願之通被　仰
出、去月廿六日出立罷越入湯仕候所相応ニ付、最一廻御暇被下度
旨申上、願之通被　仰出、奉書を以申遣之、

十ノ
七日　晴　典膳
上総
主膳
主殿

一　松田伊之助代
高野織江
田名部通御代官被　仰付、於席申渡之、
但、於　御前可被　仰渡候所、御用被為　有候付、於席申渡之
旨、御目付を以申渡之、

一野田伊予口上書願、左之通、
一　舎人
右之通嫡子茂市郎名相改申度奉願候、以上、
十月五日　野田伊予
右願之通被　仰出、奉書を以申遣之、

一　作山与右衛門
宮　清治
与右衛門儀、男子無之娘有之付、遠親類清治弟清四郎聟養子当正
月願之通被　仰付候所、不縁ニ付相返度旨、尤清治よりも引取申
度旨申出、

一　御料理方格
真壁伊助
中野喜六
伊助儀、男子無之娘有之付、遠親類喜六二男友八聟養子、文政五
年四月願之通被　仰付候所、不縁ニ付相返度旨、尤喜六よりも引
取申度旨申出、何も願之通御目付を以申渡之、

一　御用之間
御物書
野田万平、鉄山此度御側御手山御名儀就被　仰付候、右為吟味方
御側御物書よりも被遣候間、近廻交代被　仰付、御目付を以申渡
之、

一　桑村竜太
工藤茂弥太
鉄山吟味役御免被成旨被　仰出、御目付を以申渡之、

一　常作事
岩間七兵衛
御暇相出候元御持筒
阿部村太
右は差合名ニ付相改度旨申出、願之通御目付を以申渡之、

一　小笠原幸助

長沢茂市郎
乙部長四郎
瀧本兵蔵
五日市茂重太
笹間忠助
松原栄助
大森与惣太
円子善治へ
被　仰渡

其方共儀、兼て御持筒御奉公相勤罷有候処、御遣方御減相成候付、去々年御暇被下置候、然処猶又御遣方有之、御同心ニ可被召抱旨御沙汰被成候所、右御奉公御請難申上旨申上候付、再応其筋申諭候得共押々申募候段、御憐愍をも不顧我侭之至不心得ニ付、被仰付様も有之候得共、(以脱)御慈悲帯刀被　召放奉公筋御構、　御城下并御鷹野場住居御構被成者也、

月　日

十ノ八日　晴

典膳
上総
主膳
主殿

一寺領三拾四石余　稗貫郡太田村 昌歓寺

先住探中長老及末期、法弟和賀郡沢内玉泉寺徴翁長老当五十歳罷成、寺務相応之僧ニ付、後住被　仰付被下度旨申上、存生之内願之通被　仰付、寺社御奉行へ申渡之、

十ノ九日　晴

典膳
上総
主膳
主殿

一野田万平御鉄山へ来ル十七日立被遣候、尤御側御物書交代半年詰被　仰付、御目付を以申渡之、　御物書 杤内理平

十ノ十日　晴

典膳
上総
主膳
主殿

一江戸へ今朝御献上之初鶴一、白鳥三羽、四昇宰領木村与市組五人附為御登被成之、

一　御持筒頭御納戸 上田林治
御持筒頭格、諸番御小人頭、御納戸 原　直記

御供目付病気故障等之節ハ、御供目付御用向も承相勤候様被　仰出、於御側申渡之段、御側御用人申出、御役人共へも申渡之、

十ノ十一日　雨

典膳
上総
主膳

主殿

一徳雲院様御消(祥)月ニ付、屋形様五半時、御本供御供揃ニて聖寿寺へ御仏詣被遊、御出・御帰共ニ御中丸御玄関より御寺へ上総相詰、無程御帰城被遊也、

右ニ付、御役人上下、小役人継肩衣着用也、

一関巳代司

廻御役当分加御免被成旨被　仰出、以御目付申渡之、

一立花源吾

今日御仏詣之方御徒御番代御礼伺、御物書認さし出候所、不吟味仕差上、恐入差扣願出、

一御目付所御物書 瀧沢助蔵

右同断、認方不吟味仕、恐入差扣願出、何も不及其儀旨、御目付へ申渡之、

十ノ十二日　雪

典膳

上総

主膳

主殿

一長内良右衛門

御用人被　仰付、

一切田多仲

寺社御町奉行被　仰付、

一佐々木多助

御勘定奉行被　仰付、

一高野織江代 野田左司

七戸通御代官被　仰付、右何も於　御前被　仰渡之、御役人共へも申渡之、

一御用人 長内良右衛門

公事御用向之儀は、御目付共へ無遠慮遂相談候様被　仰付、於席申渡之、

十ノ十三日　晴

典膳

上総

主膳

主殿

一御勘定改出役

御礼座之儀、已来御取次上座被　仰付、御目付を以申渡之、

一長内良右衛門

御役成御礼、願之通来ル十五日可被為　請旨被　仰出、奉書を以申遣之、

十ノ十四日　曇

上総

主膳

主殿

一貞林院様五十廻御忌御法事、今日一日於聖寿寺御執行ニ付、御香奠御備、御代香典膳相勤之、

一右ニ付、上々様方御代香等之委細、御用懸別記ニ有之、

一御寺詰御役人熨斗目着用也、

一右ニ付、　御城廻御役人服紗小袖上下、小役人継肩衣着用也、
　但、仲間下宿より自分為拝礼、何も相越也、
一　　　　　　　　　　　　聖寿寺
貞林院様五十回御忌御法事御執行ニ付、為御功徳御咎之もの共別
紙面附之通、御赦免被成旨被　仰出、於聖寿寺典膳申渡之、
一病死　　　　　　田名部御役医宗設祖父隠居
　　　　　　　　　槙　勝江
先達て無調法之儀有之、隠居之蟄居被　仰付置候所、此度　貞林
院様五十回御忌御法事御執行ニ付、為御功徳御免被成旨被　仰出、
一　　　　　　　　六日町勘兵衛子善太郎事元御小道具
　　　　　　　　　織右衛門
　　　　　　　　　紺屋丁武兵衛子孫七事元御小道具
　　　　　　　　　万右衛門
先達て無調法之義有之、惣門内住居御構被置候処、此度　貞林院
様五十回御忌御法事御執行ニ付、為御功徳御免被成之、
一　　　　　　　　七戸通南町佐左衛門子元御小道具
　　　　　　　　　丑松
先達て無調法之儀有之、七戸町住居御構被置候処、右同断ニ付御
免被成之、
一　　　　　　　　長岡通山屋村元堰守寺御山守
　　　　　　　　　徳兵衛
先達て無調法之儀有之、田名部へ御追放被　仰付置候処、右同断
ニ付、三戸へ所替被　仰付、
一　　　　　　　　厨川通片原丁
　　　　　　　　　長八
　　　　　　　　　長吉
先達て無調法之儀有之、　御城下并片原丁住居御構被置候処、右
同断ニ付御免被成之、
右書付、御寺詰御用人へ為心得申知、御用懸り寺社御奉行・御目
付へ相渡之、

十ノ
十五日　晴　　　典膳
　　　　　　　　上総
　　　　　　　　主膳
　　　　　　　　主殿
一月次御礼、今四時過　御本丸於総角之間御家門衆被仰上、奏者御
用人相勤、御着座之節、主膳御取合申上、夫より御中丸総角之間
へ御着座、高知之面々、諸者頭迄御礼申上、畢て名目御礼被為
請、無程相済也、
一神鼎院様御忌日ニ付、　屋形様御略供ニて聖寿寺へ　御仏詣被遊也、
一弐百弐石　　　　　　小向四方八
　九斗八升六合、内百石御金方
親周右衛門存生之内願之通、跡式無相違被　仰出、於席申渡之、
一御社参御仏詣被遊候節、御先詰并御法事有之節、　御代香并御消(祥)
月　御代香相勤候名面、以来其節々誰相勤候趣前日申上候様、御
用人下田物集女を以御沙汰也、

十ノ
十六日　雨　　　弥六郎
　　　　　　　　典膳
　　　　　　　　主膳
　　　　　　　　主殿
一南部金作口上書、左之通、
　拙者儀、当月初旬より感冒之症相煩、虫積差加養生罷在候、然
処昨今ニ至大病罷成候、依之御医師被　仰付被下度奉願候、以

上、

十月十六日　南部金作

右口上書、北彦助を以差出候旨、大目付申出候付、前例之趣を以
御医師申渡遣候様申渡之、

一本道　川上立朔
鍼医　平野幸節

金作儀、病気ニ付罷越療治仕候様被　仰付、尤御番医同様相心得、
代々附居可申旨、以御目付申渡之、

一右御請、戸来又兵衛を以申上之、

十ノ十七日　曇　弥六郎
典膳
主膳
主殿

一前書有之通、南部金作病気ニ付、右為御尋御次北川釜八被遣候ニ
付、右御請直々御側へ申上之、

一南部金作願書、左之通、

私儀、当十一歳罷成候、幼年ニて養父監物跡式被　仰付難(有脱)仕仕
合奉存候、然処当月初旬より感冒之症相煩、頃日ニ至持病之虫
積差加候付、御医師願上候所、願之通被　仰付色々養生仕候得
共、右病症弥増差重、昨今存命不定之躰罷成候処、一子も無御
座候、依之恐多申上様奉存候得共、万一之儀も御座候ハヽ、別紙
親類共之内以御目先名跡相続被　仰付被下置度奉願候、以御憐
愍願之通被成下置候ハヽ、難有仕合奉存候、此旨宜被　仰上被下
度奉頼候、以上、

文政七年十月十七日　南部金作

毛馬内典膳殿
八戸上総殿
楢山主膳殿
南部主殿殿

一別紙親類書、左之通、

一親類　南部弥六郎
二男　冨三郎　五歳
三男　冨治　三歳
弟　民之助　三十八歳

一同　八戸上総
妾腹之三男　末人　八歳

一同　南部主殿
二男　亀之助　十歳

一同　南部彦六郎
二男　秀之進　十一歳
三男　鶴弥　四歳
四男　末五郎　一歳

一末家　七戸志摩
伯父　湊　五十九歳

一同　北彦助
二男　時之助　十六歳

一同　北守助右衛門

二男 英之進 三十二歳
三男 類司 二十六歳
四男 栄太 二十三歳
五男 郷太 十八歳
弟 才十郎 四十六歳

一同

梅田繁助
二男 村太郎 二十歳
二孫 栄治 十歳

一親類

嫡子計御座候、

村松喜八郎

一弥六郎方口上書願、左之通、

十月十七日

拙者親類南部金作儀、当十一歳罷成候、幼年ニて養父監物跡式被　仰付難有仕合奉存候、然処当月上旬より感冒之症相煩、頃日ニ至持病之虫積差加候ニ付、御医師願上候処、願之通被　仰付色々養生仕候得共、右病症弥増差重、昨今存命不定之躰罷成候処、一子も無御座候、依之恐多中上様奉存候得共、万一之儀も御座候ハヽ、親類共之内以　御目先、名跡相続被　仰付被下置度奉願候、以御憐愍金作願之通被　仰付被下置候と拙者迄難有仕合奉存候、此旨宜御執成頼入存候、以上、

十月十七日　　南部弥六郎印

一上総方、主殿方口上書願、左之通、

私共親類、外同断、

一南部彦六郎口上書願、左之通、

一

私親類、外同断、

村松喜八郎
梅田繁助
北守助右衛門
北　彦助
七戸志摩

私共本家南部金作儀、外同断、

右願書、親類書共七通、大目付川嶋杢左衛門、御目付久慈常作を以差出遂披露之、

但、金作末期願、南部彦六郎口上書願、親類書共三通は大目付へ差出之、弥六郎方、上総方、主殿方、村松喜八郎より七戸志摩迄一紙、右四通ハ御目付へ相出之、

一金作儀、当月初旬より感冒之症相煩、虫積指加、色々養生仕候得共不相叶、今申ノ上刻病死之旨、戸来又兵衛を以訴之、

一前書有之通、金作義及末期、親類共之内以　御目先名跡相続願上候処、弥六郎方弟民之助儀、養父定式之忌服請候様、大目付を以親類共へ申渡之、

但、弥六郎方へも詰合ニ付、於席口達之、

一金作儀、病死ニ付御検使、御目付小野寺左門被遣之、

一　　八戸上総

忌御免被成旨被　仰出、奉書を以申遣之、

十ノ
十八日　曇　　弥六郎
　　　　　　　典膳

上総
主膳
主殿

一寺社御町奉行御用も当分承り相勤候様被　仰付置候処、御免被成旨被　仰出、以御目付申渡之、　表御目付 諏訪民司

十ノ十九日　雪

弥六郎
典膳
上総
主膳
主殿

一福岡通御代官被　仰付、於席申渡之、　野田左司代 千葉留之助

一沼宮内通御代官所下役被　仰付、御目付を以申渡之、　沼宮内御給人 村木佐治

一組御同心、閏八月江戸表より大御納戸御荷物宰領三人被　仰付罷下候処、於道中欠落仕候旨申来候、誠精申含方行届不申恐入差扣願出、願之通指扣被　仰付、御目付へ申渡之、　塩川浅右衛門

一右ニ付、親類共恐入差扣願出候処、不及其儀旨、御目付を以申渡之、　塩川浅右衛門

一組御同心成田林之丞、工藤衛之助、下山源七と申者、御荷物宰領被　仰付、江戸表閏八月廿一日立御下被成候処延着ニ付、右為迎横田右仲組弐人九月十二日立為御登被成候処、於桑折駅成田林之丞と申者へ行逢様子相尋候処、工藤衛之助、下山源七、八丁目駅ニて相見得不申候ニ付、色々相尋候得共行衛相知不申、林之丞壱人ニて御荷物致宰領罷下候旨申聞候ニ付、直々迎之者共ニ同道罷下候処、於越郷駅林之丞病気、同駅残置、迎之者計ニて御荷物宰領罷下候、依て右林之丞迎之者九月廿九日願上立為指登候処、黒沢尻へ当月朔日着候処、和賀川洪水ニて通用無之、翌二日朝鬼柳へ罷越候節、道ニて通り候者咄合ニは、江戸より御荷物宰領成田林之丞と申者、鬼柳駅へ荷物差置欠落致候と承り候間、直々検断処へ罷越相尋候処、朔日夜四時頃、本馬壱疋四箇附軽尻へ打またき乗罷越、花巻へ継立候様申聞候得共、洪水ニて夜中通用無之故、宿可申付旨申聞取扱居候内、林之丞相見得不申、色々相尋候得共行衛相知不申ニ付、御代官所へ訴候旨申聞候由、依て検断より迎之者限り始末書受取、同二日罷帰候間、其節一先申上候得共、右壱通ニてハ吟味届兼候付、猶亦申上越郷駅迄立遣為吟味候所、同駅去月廿一日出立之旨挨拶ニて、鬼柳迄之内駅々吟味仕候所、金ケ崎迄駅々継立被下候間、始末を以申出候間、鬼柳駅ニて致欠落候儀、相違無之旨訴之、

十ノ廿日　晴

弥六郎
典膳
上総

一今日御茶口切、仲間并御用人於御側頂戴、此節熨斗目着用也、

一　　　　　　　　　　　　　　　　　　　　　主膳
　　　　　　　　　　　　　　　　　　　　　主殿
　　　　　　　　　　　　　　　　　　法輪院
法用之儀有之、為名代沼宮内御堂観音別当正光院、仙台仙岳院迄
為差登申度、尤法用次第東叡山へも為差登申度、所々法用之儀故
日数之儀も難計ニ付、当年中御暇被下度旨申上、願之通寺社御奉
行へ申渡之、
一　　　　　　　　　　　　　　　　　　根守栄助
文政四年より猶亦五ケ年隔年勤番被　仰付候処、不苦御儀御座候
ハヽ、年々休息不仕相勤候様被成下度旨申上、願之通以御目付申渡
之、

十ノ
廿一日　晴　　　　　　　　　　　　　典膳
　　　　　　　　　　　　　　　　　　上総
　　　　　　　　　　　　　　　　　　主膳
　　　　　　　　　　　　　　　　　　主殿
一聖寿寺　地蔵尊へ今朝　御代参上総相勤之、
一壱両砂壱匁　　　　　　　　　　　　　　　船越栄助
養父源太郎及末期、血脈之伯母当二十歳罷成有之付、遠親類宮古
御与力豊間根良助伯父栄助聟名跡被　仰付被下度旨申上、存生之
内願之通其方跡式無相違被　仰付、御代官へ書状を以申遣之、
一　　　　　　　　　　　　　　　　　　　沢田友之進
　　　　　　　　　　　　　　　　　　　小野丹右衛門
友之進儀、男子無之養女有之付、遠親類丹右衛門四男藤市聟養子
仕度旨申上、願之通先達て被　仰付候処、不縁ニ付相返申度、丹
右衛門よりも引取申度旨申上、双方願之通被　仰付、
一　　　　　　　　　　　　　　　　　　　菊池勝見
　　　　　　　　　　　　　　　　　　　馬場慶助
勝見養父五十八儀、一子無之、親類慶助姉養女ニ仕度旨先達て申
上、願之通被　仰付、右養女へ勝見聟養子仕度旨五十八申上、願
之通被　仰付候処、不縁ニ付右養女相返申度、慶助よりも引取申
度段申上、双方願之通被　仰付、
一　　　　　　　　　　　　　　　　　　野辺地御同心
　　　　　　　　　　　　　　　　　　阿部彦市
近年御物入打続御勝手向御差支之趣ニ付、為寸志金五十両差上度
旨申上、寄特之申上方ニ付、願之通御取納被成旨被　仰付、右何
も以御目付申渡之、

十ノ
廿二日　晴　　　　　　　　　　　　　典膳
　　　　　　　　　　　　　　　　　　上総
　　　　　　　　　　　　　　　　　　主膳
　　　　　　　　　　　　　　　　　　主殿
一　　　　　　　　　　　　　　　　　　寺社御町奉行
　　　　　　　　　　　　　　　　　　本堂右内
大目付被　仰付、於　御前被　仰渡之、
但、寺社御町奉行ハ是迄之通相心得可申旨、御目付を以申渡之、
一現米百石　　　　　　　　　　　　　　　吉嶋虎治
養父栄太及末期、養女有之付、遠親類花巻御給人簡良作弟虎治聟
名跡被　仰付被下度旨申上、存生之内願之通、其方跡式無相違
被　仰付、於席申渡之、

十ノ 廿三日 雨

典膳
上総
主殿

一 金矢又四郎
佐久間宇助

又四郎儀、嫡子春之進先達て病死仕、妾服之男子当五歳罷成有之候得共、幼年之上生質虚弱ニて、早俄〳〵敷御用可相立躰無之、伯父与市当六十四歳罷成、年齢不相応ニ付、後々相続之儀難申上、外男子無之娘有之付、遠親類宇助弟保太聟養子仕度旨申上、双方願之通被 仰出、於席申渡之、

一 塩川浅右衛門

差扣御免被成旨被 仰出、以御目付申渡之、

十ノ 廿四日 雨

典膳
上総
主殿

一 下田市郎平

嫡子弓七去々月病死仕、其節御訴申上候、依之二男円平当十九歳罷成候、此者嫡子仕度旨申上、

一 玉山良吾

養父忠右衛門一子無之付、其方養子願之通被 仰付候後出生仕候、忠蔵当二十三歳罷成、筋目之者ニ付、嫡子仕度旨申上、何も願之通被 仰出、於席申渡之、

一 明玉院

持病之疝積相煩、頃日ニ至脚気之症相加腰痛強、時々眩暈仕、至て難治之症ニて全快寺務可仕躰無之付、隠居被 仰付被下度、後住之儀は法弟花巻自性院、当三十一歳罷成、寺務相応之僧御座候間、後住被 仰付被下度旨申上、願之通被 仰付、寺社御奉行を以申渡之、

一 五戸御給人 大久保熊治
同 喜代治

熊治身帯拾六駄三人扶持之内三人扶持、二男喜代治へ分地仕、御奉公相勤候様被成下度旨申上、願之通被 仰付、御代官へ以書状申遣之、

一 浜田彦司

弟礒弥儀、去年七月四日夜与風(ふと)罷出罷帰不申候ニ付、其節御内々御届申上置、心当之所々色々相尋候得共、行衛相知不申出奔御訴申上候、然処昨夜罷帰候間、向々出入之儀も難計具ニ相尋候之所、兼て学文稽古心懸罷在候処より与風心得違仕罷出、直々罷登学文仕度心得ニ御座候所、道中より持病之脚気差発、歩行相成兼候ニ付、仙台城下田町桜屋市之助と申者之所ニ逗留罷在候所、同年十二月下旬より久々眼病相煩、色々養生仕候得共、早俄取快気ニも及兼候ニ付、同所町医寿清と申者之得療治養生乍仕、右市之助へ随身仕得世話、近所之子共へ手習教罷有候得共、御国元慕敷、母ニも対面仕度一筋ニ存、同人より暇取無調法も不顧立帰候旨申候間、猶又押て相尋候所、外向々出入ケ間敷儀も無御座候旨申聞候、出奔立帰候儀恐入奉存候間、急度相慎差置申候、此段御訴申上候

ニ付、彦司へ御預逼塞被　仰付、御目付へ申渡之、
一　浜田彦司
右ニ付、恐入差扣願出、願之通差扣被　仰付、御目付へ申渡之、
一右ニ付、親類共恐入差扣願出候所、不及其儀旨、御目付へ申渡之、

十ノ
廿五日　晴　典膳
上総
主殿

一三人扶持　三上定六
外七両御四季施
親建見存生之内願之通、跡式無相違被　仰出、
一　中嶋勇右衛門
同　小助
勇右衛門儀、久々痼積相煩、癲癇之症罷成、難治之症ニて、全快
御奉公可相勤躰無之付、悴小助家督被　仰付被下被(衍)下度旨申上、
願之通無相違被　仰出、右何も於席申渡之、
小田代小六
阿部牛太郎
山口徳之進
御雇御勘定方当分加被　仰付、御目付を以申渡之、
一　福岡御給人 原田武左衛門
病気全快可仕躰無之付、漆木植立、御山奉行兼帯御免被成下度旨
申上、願之通御目付へ申渡之、
一　松田伊之助
来ル廿九日出立被　仰付、以御目付申渡之、
一　中使 藤倉久之丞
悴徳松儀、文化十一年十月朔日与風(ふと)罷出罷帰り不申候ニ付、其節
御内々御届申上置、心当之所々色々相尋候得共行衛相知不申、出
奔御訴申上候、然処昨夜罷帰り候付、向々出入之儀も難計、具ニ
相尋候処、兼て伊勢参宮仕度心願罷在候所より与風心得違仕罷出、
乍序尾崎参詣仕罷登候心得御座候処、道中より持病之脚気差発、
歩行相成兼候ニ付、大槌四日町大工長八と申者之処ニ逗留罷在候
所、眼病相煩、色々養生仕候得共全快ニも及兼候付、同人得世話、
子供共へ手習教随身罷在候処、追々快方ニ趣候得共、迚も両親共
慕敷一筋ニ存、無調法不顧立帰候旨申聞候間、猶押て相尋候処、
外向々出入ケ間鋪儀無御座候旨申聞、出奔立帰候儀恐入奉存候間、
急度為慎差置申候旨訴出候付、久之丞へ御預逼塞被　仰付旨、御
目付へ申渡之、
一右ニ付、久之丞儀恐入差扣申上、願之通指扣被　仰付、御目付へ
申渡之、
一右同断ニ付、久之丞親類共恐入差扣申上、不及其儀旨御目付へ申
渡之、

十ノ
廿六日　雪　典膳
上総
主膳
主殿

一　御勘定奉行 佐々木多助

去年迄三ケ年皆勤之所、大畑詰ニ付、此度為御褒美御紋御上下一
巻被下置旨被　仰出、

一　　　　　　　　　　花坂易人

去年迄六ケ年皆勤ニ付、　御言葉之御褒美被　仰出、尤去々年ま
て五ケ年皆勤之所、大畑詰ニ付、此度為御褒美御目録金弐百疋被
下置旨被　仰出、何も於席申渡之、

一　　　　　　　　　　浜田彦司

差扣御免被成旨被　仰出、以御目付申渡之、

十ノ
　廿七日　曇　　典膳
　　　　　　　　上総
　　　　　　　　主膳

一御献上之御鷹　御見分被遊候付、四時御供揃ニて御鷹部屋へ被為
入、此節仲間相揃罷越、御役人相詰、　御帰後何も登　城也、
　但、今朝御出御延引相成、仲間計罷越相済也、

御金方
一三百石　　　　　　　池田寅之助

養父良左衛門及末期、一子無之弟寅之助二十歳罷成候、此者名跡
被　仰付被下度旨申上、存生之内願之通、其方跡式無相違被　仰
出、於席申渡之、

一　　　　　　　　　　中使
　　　　　　　　　　　藤沢久之丞

指扣御免被成旨被　仰出、

一　　　　　　　　　　福岡御給人
　　　　　　　　　　　青木円左衛門

病気早俄取全快可仕躰無之付、術(街)道奉行、漆木植立役御免被成下
度旨申上、願之通右何も御目付へ申渡之、

一　　　　　　　　　　御雇御鷹匠組頭
　　　　　　　　　　　根守覚蔵
　　　　　　　　　　　同御鷹匠組頭見習
　　　　　　　　　　　佐々木定六

一(衍)
万所金三百両預為御登被成旨被　仰付、以御目付申渡之、御用人
へも為相心得之、

一桜庭兵庫願書、左之通、
　私儀、去年正月大御番頭被　仰付難有仕合奉存候、然処当月上
　旬より中風之症相煩、頃日ニ至持病之疝積差加、御医師原安仲、
　瀬川立庵、佐藤友益得薬鍼、色々養生仕候得共、全快可仕躰無
　御座旨御医師申候、依之恐多申上様奉存候得共、右大御番頭御
　免被成下度奉願候、以御憐愍願之通御免被成下置候ハヽ、難有仕
　合奉存候、此旨御序之節宜被仰上被下度奉頼候、以上、
　　文政七年十月　　　　　桜庭兵庫
　　　　毛馬内典膳殿
　　　　八戸上総殿
　　　　楢山主膳殿
　　　　南部主殿殿

右願書、織笠縫右衛門を以差出候旨、大目付申出候付、遂披露之、

一　　　　　　　　　　桜庭兵庫

病気全快可仕躰無之付、大御番頭御免被成下度旨申上、願之通
被　仰出、以奉書申遣之、

一桜庭兵庫口上書、左之通、
　私儀、当月上旬より中風之症相煩候処、頃日ニ至疝積差加養生
　罷在候、然処昨今ニ至相勝不申候、依之御医師被　仰付被下度
　奉願候、以上、

十月　　　　　　　　　　　　　　　　　　　桜庭兵庫

右口上書願、織笠縫右衛門を以差出候旨、大目付申出候付、願之
通御医師申渡遣候様申渡之、

一右御請、設楽藤左衛門を以申上之、

一桜庭兵庫末期願書、左之通、

私儀、五十七歳罷成候、然処当月上旬より中風之症相煩、頃日
ニ至疝積差加、色々養生仕候得共、別て相勝不申候ニ付、御医
師奉願上候処、願之通被　仰付難有仕合奉存候、猶亦得療治候
得共、大病之儀故弥増差重、存命不定之躰罷成候、依之恐多申
上様奉存候得共、万一之儀も御座候ハヽ、嫡子肥後三十一歳罷成
候、此者跡式被　仰付被下置度奉願候、此旨宜被仰上被下度奉
頼候、以上、

文政七年十月　　　　　　　　　　桜庭兵庫

毛馬内典膳殿
八戸上総殿
楢山主膳殿
南部主殿殿

右願書、設楽藤左衛門を以差出候旨、大目付差出遂披露之、

一兵庫儀、当月上旬より中風之症相煩、色々養生仕候得共不相叶、
今未ノ下刻病死之旨、設楽藤左衛門より訴之、

一屋形様、御老中方へ被為　入候節、御取次御出迎之儀は、以来御
国持四品同様二間二人と相成、御国持之御家格ニ御規定相成候旨、
江戸より申来之、御供方之者へも為相心得候様、御側御用人安宅
登へ申達之、

十ノ
廿八日　晴　　　　　　　　　　典膳
　　　　　　　　　　　　　　　　上総
　　　　　　　　　　　　　　　　主膳

一天量院様御忌日ニ付、聖寿寺へ　御代香典膳相勤之、

一　　　　　　　　　　　　　　　中市喜惣右衛門

宗門御改手伝当分被　仰付置候所御免被成旨、御目付を以申渡之、

一此度被召抱候御足軽三人へ被下候証文、御目付を以頭へ相渡之、

一　　　　　　　　　　　　　　　葛西半右衛門

忌御免被成候間勤仕可有旨、奉書を以申遣之、

一　　　　　　　　　　　　　　　横田藤助

病気全快可仕躰無之付、経学助教并御作事奉行共ニ御免被成下度
旨申上、願之通以御目付申渡之、

十ノ
廿九日　雪　　　　　　　　　　典膳
　　　　　　　　　　　　　　　　上総
　　　　　　　　　　　　　　　　主膳
　　　　　　　　　　　　　　　　主殿

一被　仰出、左之通、

一　　　　　　　　　　　　　　　諸御代官

街道並木之儀は、専御警衛向之儀ニも有之候処、よた打或は根
を堀削焼等仕候所より、自ら立枯風折等相成、街道筋並木薄相
成、甚不埒之至ニ候、依之誠精被及御沙汰候得共、自然と相弛、
頓て右様之儀有之候付、右為御締、風折等有之候ハヽ、其節々近

村御百性共枝葉共ニ手寄御場所ヘ附上可申旨、去年四月御沙汰被成候得共、以来風折木有之候ハヽ、掃除場所地懸り御代官見分之上、小枝葉ハ掃除場懸り御村方ヘ被下置、元木は往来差支不相成様街道左右ヘ取片付置朽捨ニ被成候、尤以前は元木之分街道筋道橋普請入用等ニ被下候儀も有之候得共、向後決て不被下置候、且街道手寄御村方ヘよた打等之吟味、猶又厳敷被　仰付候間、無油断見守可申候、都て風折等有之候ハヽ、手寄御百性共風折木壱本ニ付小松五本宛植継被　仰付候間、根付候ハヽ、可訴出候、尤為御締別段吟味方之者御廻被成候条、急度見守可申事、

十月　　盛岡・郡山・花巻二郡・雫石・沼宮内 御鳥見

一

街道並木之儀は、専御警衛向之所、不心得之者共よた打或は根を掘削焼等仕候所より、自ら立枯風折等相出、街道筋並木薄く相成候ニ付、街道筋御村方ヘ此度厳敷見守方御沙汰被成候間、野廻序を以右吟味方被　仰付候条、よた打等仕候者見当候ハヽ、捕押訴出可申事、

右之通被　仰出、諸御代官ヘは御目付を以申渡之、御鳥見ヘは御用人ヘ申渡之、

一円明院様来正月十日二十三回御忌御相当之所、御取越来月十日於聖寿寺一日御法事御執行被成旨被　仰出、寺社御奉行ヘ申渡之、　御用人 長内良右衛門

一

円明院様来正月十日二十三回御忌御相当之処、御取越来月十日於聖寿寺一日御法事御執行ニ付、右御用懸被　仰付、　寺社御奉行 切田多仲

一

右同断、何も於席申渡之、　御目付 久慈常作　御勘定奉行 佐々木多助

十一月朔日　晴　　典膳 上総 主膳

一月次御礼、今辰ノ下刻　御本丸於総角之間御家門衆被仰上、奏者御用人相勤、　御着座之節、上総御取合申上、夫より御中丸総角之間ヘ　御出座、高知之面々、諸者頭迄御礼申上、畢て名目御礼被為　請、無程相済也、

一　　下田物集女

今日於御側御礼之節、奏者向不念之儀有之付、恐入差扣申出、不及其儀旨御目付ヘ申渡之、

十一ノ二日　晴　　弥六郎 典膳 上総 主膳 主殿

十一ノ三日　晴　　弥六郎 典膳 上総

主膳
主殿
一御鳥見瀬川弓太弟泰助儀、当二十六歳罷成候処、去月廿四日与風(ふと)
罷出不罷帰候付、其節御内々御届申上置、心当之所々色々相尋候
得共行衛相知不申、出奔仕候旨弓太訴之、

十一ノ
四日　晴

弥六郎
典膳
上総
主膳
主殿

一　　　　　　　　　　　　御中丸御番頭
大御番頭御用有之節は、右共已来当勤ニて承り相勤候様被　仰出、
於席当番御番頭へ申渡之、
一五戸御給人大久保熊治、同喜代治并御納戸支配中使藤倉忠兵衛、
長瀬与兵衛へ被下証文、以御目付相渡之、

十一ノ
五日　晴

弥六郎
典膳
上総
主膳
主殿

一養源院様・　義徳院様御忌日ニ付、　屋形様御略供ニて東禅寺へ
被遊　御仏詣、聖寿寺へは　御代香主膳相勤之、

一拾九石五斗扶持　　　　　　宮古中使 重茂伊三治
内七石五斗御金方
親与三右衛門及末期、伊三治二十三歳罷成候、御番代被　仰付被
下度旨申上、存生之内願之通無相違被　仰付、御目付へ申渡之、

十一ノ
六日　晴

弥六郎
典膳
上総
主膳
主殿

一　　　　　　　　　　　　御目付 奥　末人
来年頭御礼式御用懸被　仰付、
一御金方弐百石　　　　　　桐生　武
養父源左衛門及末期、一子無之、伯父武四十一歳罷成候、此者名
跡被　仰付被下度旨申上、存生之内願之通、其方跡式無相違被
仰出、
一　　　　　　　　　　　　目時健次郎
養父建治及末期、継目御礼も不申上候得共、弟健次郎二歳罷成候、
此者名跡被　仰付被下度旨申上、存生之内願之通、以御憐愍其方
跡式無相違被　仰出、
一　　　　　　　　　　　　福田伝右衛門
　　　　　　　　　　　　　同　金八
伝右衛門儀、久々痛積相煩、癲癇之症罷成、難治之症ニて、全快
御奉公可相勤躰無之付、悴金八家督被　仰付被下度旨申上、願之

通無相違被　仰出、

一　　　　　　　　上野久馬

嫡子市太先達て病死ニ付、二男右門嫡子仕度旨申上、願之通被
仰出、右何も於席申渡之、

一　　　　　　　　松尾丈助
　　　　　　　　御徒目付支配中使
　　　　　　　　戸川定之助

定之助儀、男子無之娘有之付、遠親類丈助弟久蔵聟養子仕度旨申
上、双方願之通被　仰付、御目付を以申渡之、

従　公義金銀吹替就被　仰付候、来二月より古金銀通用御差留
被成候間、夫前金座、銀座へ古金銀持参、引替候様稠敷被　仰
出候、依之町屋物屋共申合為差登引替可申候、尤取揃為差登兼
候程之者共ハ、有合之金銀御勘定所へ正月迄ニ取揃差出候ハヽ、
為御登、御取替御渡可被成候、

一来二月後、他向は勿論、御領分たり共、心得違、古金銀通用取
引等ニ付、難渋之儀出来申出候共、御取上不被成候間、町屋物
屋共は申合、自分為差登引替可申候、小家之者ハ前文之通御勘
定所へ差出可申候、

一在々右ニ准シ、小家之者は取揃、御代官へ差出候ハヽ、為御登、
御取替御渡可被成候事、

右之通御領分中一統不洩様可申渡事、

十一月

右之趣、大目付・寺社御町奉行・御目付・御勘定奉行へ申渡之、

一花輪御給人吉田良之丞嫡子忠治儀、当十六歳罷成候所、去月十六
日与(ふと)風罷出不罷帰候ニ付、心当之所々色々相尋候得共、行衛相知
不申出奔仕候旨、御代官以末書訴之、

十一ノ七日　雨　　弥六郎
　　　　　　　　　典膳
　　　　　　　　　上総
　　　　　　　　　主膳
　　　　　　　　　主殿

一　　　　　　　　御側御目付
　　　　　　　　　田鎖市左衛門

御勘定奉行勤中御銅山御入用金御拝借之儀、骨折相勤候付、為御
褒美御紋御小袖一被下置旨被　仰出、

一　　　　　　　　御勘定奉行
　　　　　　　　　栃内瀬蔵

御銅山御入用金御拝借之儀、最初出精相勤候付、為御褒美御紋巻
御上下一具被下置旨被　仰出、何も於席申渡之、

十一ノ八日　晴　　弥六郎
　　　　　　　　　典膳
　　　　　　　　　上総
　　　　　　　　　主膳
　　　　　　　　　主殿

一　　　　　　　　沢田友之進
　　　　　　　　　松田又右衛門

友之進儀、男子無之養女有之付、遠親類又右衛門弟繁蔵聟養子仕
度旨申上、双方願之通被　仰出、於席申渡之、

一八幡通上似内村　　勘助子
　　　　　　　　　　勘之丞

右は欠落代、
一寺林通枘目村　長治子 久作
右は御暇被下候万之助代、
右之者共御小道具ニ被召抱被下度旨、御駕篭頭共申出、伺之通御
目付を以申渡之、
一　御銅山方 中村専作
橋野御山吟味役 工藤門治
大槌へ御用有之被遣旨被　仰出、御目付を以申渡之、

十ノ九日　晴

弥六郎
典膳
上総
主膳
主殿

一　野辺地御同心 阿部彦市
近年御物入打続御勝手向御差支之趣奉承知、金五十両差上度旨申
上、軽キ身分之者、神妙之申上方ニ候、依之一生之内御与力格被
成下、生涯一ケ年御米二駄ツヽ被下置旨、御目付を以御境奉行へ
申渡之、
一　御者頭
組御同心共、江戸往来道中筋諸色高直（値）ニ付、足路用壱人五百文宛、
文政五年より当申ノ年迄三ケ年中拝借被　仰付置候処、当年限ニ
付、猶又来酉ノ年より亥ノ年迄三ケ年中、是迄之通御渡被成下置
候様申出、願之通以御目付申渡之、

一　御時計 植村快助
御鳥飼御用本役同様相勤候様被　仰付、於御側申渡候段、御側御
用人申出、御役人ともへも為相心得之、
一先年唐国へ致漂流候七人之内、田名部蛎崎村忠右衛門と申者、閏
八月十三日病死ニ付、御届之義、御名御届相認、去月十六日御
用番大久保加賀守殿御病気ニ付、助御番松平右京大夫様へ御留守
居加嶋舎持参、御取次田上源太兵衛へ差出候処、御請取承知被仰
聞候由、尤長崎御奉行村垣淡路守へも同日御留守居下役喜多見平
八名前ニ相認、用人渡辺良助へ差出候所、受取承知之旨申聞候由、
加嶋七五郎申出候由、御用状ニ申来申上、御役人ともへも申渡之、

十ノ十日　晴

弥六郎
典膳
上総
主膳

一円明院様来正月十日二十三回御忌御相当之処、御取越今日一日御
法事於聖寿寺御執行ニ付、御香奠御備、御代香主膳相勤之、
一右ニ付、上々様方御代香等之委細、御用懸り別記有之、
一御寺詰御役人熨斗目着用也、
一右ニ付、御城廻御役人服紗小袖上下、小役人は継肩衣着用也、
一　聖寿寺
円明院様二十三回御忌御法事御執行ニ付、為御功徳御咎之もの共
別紙面付之通御赦免被成旨被　仰出、於聖寿寺主膳申渡之、
一　元野田御給人男也弟 斎藤亀蔵

先達て不調法之儀有之、他領出并山師事へ立入候儀、御差留被置候処、此度円明院様二十三回御忌御法事御執行ニ付、為御功徳御免被成旨被　仰出、

一病死　大槌通小槌村　武左衛門

先達て無調法之儀有之、他村出御差留被置候所、此度　円明院様二十三回御忌御法事御執行ニ付、為御功徳御免被成之、

(一脱)　五戸通相坂村　松之助

先達て不調法之儀有之、他村出御差留被置候所、右同断ニ付、御免被成之、

一　五戸通藤嶋村御蔵入　又喜
同村弥兵衛子　元松

先達て無調法之儀有之、他村出御差留被置候所、右同断ニ付、御免被成之、

一病死　大工丁油屋清之助添人　儀兵衛

先達て無調法之儀有之、毛馬内へ御追放被　仰付置候処、右同断ニ付、御免被成之、

一　上田通山岸村元御人足　常蔵

先達て無調法之義有之、御城下并山岸村住居御構被成候処、右同断ニ付、御免被成之、

一　長イ丁元御人足　駒之助

先達て無調法之儀有之、御城下住居御構、江戸登御差留被置候処、右同断ニ付、御免被成之、

右書付、御寺詰御用人へ為心得申知、御用懸り寺社御奉行・御目付へ相渡之、

一　下条甚蔵預御徒　中嶋加藤治

御用金御預来ル十六日立帰登被　仰付、御目付へ申渡之、

十一日　晴

弥六郎
典膳
上総
主膳
主殿

一　松尾軍右衛門

数代三戸住居罷在候処、遠在之事故勤番も心疵(底)ニ任兼、懈怠之儀も恐入候、依之盛岡へ引越相勤申度、兼々心願罷有候内、盛岡支配之面々隔年罷出相勤候儀、一統迷惑も可仕、御所相応之御用向相勤、以来盛岡表勤番ニ及不申候旨、文化十二年四月被　仰出候、然処前文申上候通、心願罷有候得共被　仰出、無間も申上候儀恐入、是迄不奉願上候、依之不苦御儀ニ御座候ハヽ、永ク盛岡へ引越相勤申度旨申上、願之通以御目付申渡之、

一栃内瀬蔵嫡子市之進儀、当三十歳罷成候処、去ル朔日与風(ふと)罷出罷帰不申候付、心当之所々相尋候得共行衛相知不申、出奔仕候段訴之、

一　目時　綺

病気全快可仕躰無之付、花巻新御蔵奉行御免被成下度旨申出、願之通以御目付申渡之、

一　一戸三五兵衛

病気全快可仕躰無之付、御用聞御免被成下度旨申上、願之通以御

目付申渡之、
一中野牧人嫡子平蔵儀、当二十八歳罷成候処、去ル二日与風(ふと)罷出不罷帰候付、心当之所々色々相尋候得共、行衛相知不申出奔之旨、牧人訴之、

一　一条兵蔵
就病気御先供御免被被成下度旨、願之通御目付を以翌日申渡之、

十一ノ十二日　曇
弥六郎
典膳
上総
主膳
主殿

一弐拾五石　荒川忠太
九斗六升、内四拾弐人扶持
親平八存生之内願之通、跡式無相違被　仰出、於席申渡之、

十一ノ十三日　雨
弥六郎
典膳
上総
主膳
主殿

一　大御納戸奉行
支配挑灯屋弥次兵衛及末期、一子無之弟弥助三十三歳罷成、兼て職筋稽古為仕罷在候間、跡職被　仰付被下度旨申上、存生之内願之通被　仰付候間、家業精出候様被　仰出、於席申渡之、

一　横田藤助跡役
穂高彦四郎
御作事奉行被　仰付、於席申渡之、

一　西蔵主
聖寿寺石梁及末期、先々住文川住職中末々後住可被　仰付旨被仰付置候万休弟子西蔵主、嗣法仕置、寺務も可相勤僧ニ候間、後住被　仰付被下度旨、願之趣被　御聴届候得共、此度は　思召有之付、法泉寺円応儀、聖寿寺住職被　仰付候、依之其方儀、法泉寺後住被　仰付候間、出情(精)可致寺務段被　仰出、寺社御奉行へ申渡之、

十一ノ十四日　晴
弥六郎
典膳
上総
主膳
主殿

一左京殿御家来駒嶺弥八郎、当九月廿三日病死ニ付、嫡子元十郎忌明ニ付、継目被　仰付候様被成度旨、御附人口上書を以申上、御伺之通附札ニて申渡之、

一　立花七助代
村木直記
御祐筆見習被　仰付、御目付を以申渡之、

一　新渡戸図書
遠慮御免被成旨被　仰出、奉書を以申遣之、

一大川又右衛門嫡子数弥儀、当三十六歳罷成候処、癪積相煩、去月

中旬より癲癇之症罷成、末々御用可相立躰無之、嫡子仕兼候段、
又右衛門訴之、

一　御小納戸
　　御武具奉行
　　御作事奉行
　　大御納戸
　　山林方

支配職人并平職之もの共、近年相対を以職分ニ無之細工物等いたし候ものも間々有之趣相聞得、不埒之至ニ候、畢竟他職之働ニ傾候ては家業相怠り、往々御用細工被　仰付候節、御差支ニ至可申候条、以来銘々職分之外決て相働かせ申間敷候、向後心得違之者無之様精誠可申含候事、

右之通被　仰出、以御目付夫々へ申渡之、

十一ノ十五日　晴

弥六郎
典膳
上総
主膳
主殿

一月次御礼、今四時過於　御本丸総角之間、御家門衆御礼被仰上、奏者御用人相勤、御着座之節、上総御取合申上、夫より御中丸(角脱)総之間へ御出座、高知之面々、諸者頭迄御礼申上、畢て名目御礼有之、無程相済也、

一神鼎院様御忌日ニ付、聖寿寺へ　御代香弥六郎相勤之、

十一ノ十六日　晴

弥六郎
典膳
上総
主膳
主殿

一　山屋健之助

就病気橋場御番所御番人御免被成下度旨申上、願之通御目付を以申渡之、

一狼留上ケ候者へ被下候御褒美銭御増被成、以来左之通被下候間、出情(精)留上ケ候様可申渡事、

一壱貫弐百文　女狼
一壱貫文　男狼
一弐百文　子狼

十一月

右之通御代官へ相触候様、御目付へ申渡之、

一修礼殿御嫡子達次郎殿御病気之処、今朝より御疱瘡被成御座候段、御医師共申出候ニ付、修礼殿御届被仰上候段、御附人高橋周作申出之、

十一ノ十七日　晴

弥六郎
典膳
上総
主膳

一雫石橋場御番所御番人被　仰付、以御目付申渡之、　山屋健之助代 中嶋才記

一　毛馬内命助
就病気御者頭御免被成下度旨申上候処、遂養生相勤候様被　仰出、
以御目付申渡、願書相返之、

一泰心院様十一月廿三日御忌日之処、以来御正命日同十九日御直被
成旨被　仰出、　玉芳院様へ御側御用人へ相渡申上、御家門衆へ
は御目付を以御附人へ申渡申上之、御役人共へも申渡之、

十ノ十八日　晴

弥六郎
典膳
上総
主膳
主殿

一　御側御用達 乳井平左衛門
数年御用向実躰相勤候段達　御聴、依之一ケ年御米三駄宛勤中被
下置旨被　仰出、

一四十ケ年　御祐筆筆頭 山口理右衛門
数十年御用向実躰相勤候段達　御聴、依之勤中被下置候三駄直々
御加増被成下旨被　仰出、

一五十二ケ年　御物書頭 梅村要之丞
老年迄数十年御用向実躰相勤候段達　御聴、依之勤中被下置候弐
人扶持直々御加増被成下、都合六拾弐石被成下旨被　仰出、

一三十七ケ年　御物書頭 七戸庄蔵
数十年御用向実躰相勤候段達　御聴、依之勤中被下置候御金方拾
八石直々御加増被成下、都合五拾石被成下度旨被　仰出、

一二十八ケ年之内再勤後五ケ年　御用人方御物書 勝又定之助
数年御用向実躰相勤候段達　御聴、依之御切米三駄御加増被成下
旨被　仰出、

一二十五ケ年　寺社御町奉行所下役 本堂安右衛門
数年御用向実躰相勤候段達　御聴、依之勤中被下置候弐駄直々御
加増被成下旨被　仰出、

一五十一ケ年　諸木植立奉行 玉内多次平
其方親多次平、勤中より諸木植立御用被　仰付、其上数十年自分
物入を以、盛岡通近在へ杉数万本連々出情(精)植立差上、追々御用木
ニも相成候段達　御聴、依之壱人御加扶持被下置旨被　仰出、

一五十四ケ年　御掃除坊主組頭、一生之内御使者給仕格 鎌田久栄
五十二ケ年　大沼林斎
数十年実躰相勤候ニ付、為御褒美御目録金弐百疋ツ、被下置旨
被　仰出、

一三十九ケ年　一生御時計格 斎藤惣七
数十年出情(精)相勤候付、永御時計被成下旨被　仰出、何も於席申渡
之、

一二十九ケ年　御勘定方 中嶋与惣治
数年出情(精)相勤候段達　御聴、依之為御褒美御紋巻御上下一具被下
置旨被　仰出、被下物有之付、御勘定頭召連罷出、於席申渡之、

一五十一ケ年　御馬乗役 川井清六
数十年出情(精)相勤候ニ付、為御褒美御目録金弐百疋被下置旨被　仰

出、
一十七ケ年　　同 斎藤紋左衛門
数年出情(精)相勤候付、為御褒美御目録金弐百疋被下置旨被　仰出、
一三十ケ年　　御厩小頭 中村治左衛門
数十年出情(精)相勤候付、御代物三貫文被下之、
一四十九ケ年　　御厩肝入 作之助
数十年出情(精)相勤候付、御代物三貫文被下置之、何も御用人へ申渡
之、
一　　三戸通三戸町 養庵
数年御所御用出情(精)相勤候段、御代官申上候付、一生之内所御役医
格被　仰付、
一　　八幡通男村 立悦
数年御所御用出情(精)相勤候段、御代官申上候付、一生之内所御役医
格被　仰付、御代官へ書状を以申遣之、
一三十八ケ年　　鍛冶棟梁 与右衛門
数十年出精相勤候付、御代物三貫文被下置之、
一四十三ケ年　　御台所小者 与助
数十年出情(精)相勤候付、御代物三貫文被下置之、御目付へ申渡之、
一三十四ケ年　　御者頭 塩川浅右衛門
組御同心小頭植村金兵衛儀、老年迄数十年無懈怠相勤候段、其方
申上候ニ付、御米三駄被下置之、
一三十ケ年　　木村与市
組御同心小頭高橋徳右衛門儀、老年迄数十年無懈怠相勤候段、其
方申上候付、御米三駄被下置之、
一五十六ケ年　　御長柄頭 上田助之進
組御長柄小頭佐兵衛儀、老年迄数十年無懈怠相勤候(衍)段、其方申上
候付、御代物三貫文被下置之、何も以御目付を以申渡之、

十一ノ
十九日　晴　　弥六郎 上総 主膳 主殿

一泰心院様御消(祥)月ニ付、屋形様四時御供揃ニて聖寿寺へ　御仏詣
被遊、御出・御帰共、御中丸御玄関より御寺へ典膳相詰、無程
御帰城被遊也、
但、右ニ付、御役人上下、小役人継肩衣着用也、
一　　菊池忠治
御用聞御免被成旨被　仰出、以御目付申渡之、

十一ノ
廿日　晴　　弥六郎 典膳 上総 主膳 主殿

一寒中為伺御機嫌、南部左京殿、南部隼人殿、南部左近殿御登　城、
総角之間御廊下へ上総罷出御挨拶申上之、
但、南部修礼殿御痛所ニ付、御附人を以御伺被仰上之、
一右同断ニ付、同席御機嫌相伺之、御用人始御勘定奉行以上之御役

人、席へ罷出相伺之、
　但、何も常服也、

一　似鳥和蔵
　　米内勝左衛門
和蔵儀、男子無之娘有之候、然処久々癇積相煩眩暈卒倒仕、難治之症ニて、此末一子出生之程難計、尤得快気御奉公可相勤躰無之付、遠親類勝左衛門二男貞作当二十八歳罷成、娘へ年齢相応ニ付、此者聟養子仕度旨申上、双方願之通被　仰出、

一　目時綺跡役
　　内堀祐司
花巻新御蔵奉行被　仰付、

一　内堀祐司代
　　菊池忠治
毛馬内御蔵奉行被　仰付、右何も於席申渡之、
　但、祐司儀在役所ニ付、御目付より以御用状申遣之、

一　安俵通十二ケ村
　　善兵衛
杉数万本追々植立指上、後々御用ニも相立候付、一生之内苗字帯刀御免被成旨被　仰付、御代官へ書状を以申遣之、

一　御目付
　　奥　末人
　　下河原志津馬
御用有之、鬼柳通へ今日立被遣旨被　仰出、於席申渡之、

十一ノ廿一日　晴
　弥六郎
　典膳
　上総
　主膳
　主殿

一今朝聖寿寺　地蔵尊へ　御代参主殿相勤之、

十一ノ廿二日　晴
　典膳
　上総
　主膳
　主殿

一　菊池忠治代
　　杉村甚左衛門
御用聞被　仰付、於席申渡之、

一　カタカキ認候事、
　　二子通御代官
花巻御同心組丁豊沢橋向豊沢町出口より組丁迄之内は、近年御代官持ニ被　仰付置候所、豊沢町出口より組丁迄之道并豊沢川春木場箱倉より北上川落合迄、以前之通花巻　御城代持御要害附御用川ニ被　仰付、以御目付申渡之、

一　御時計
　　斎藤惣七
只今迄被下来候御給金三両弐人扶持、身帯ニ被成下旨被　仰出、御目付を以申渡之、

十一ノ廿三日　晴
　典膳
　上総
　主膳
　主殿

一　市村伊八郎
横沢丹之丞師範仕候意明流長刀術、一円流鎌術、此度師範仕候付、

日影御門外御稽古場丹之丞拝借仕候通、直々拝借仕度旨申上、願
之通御目付を以申渡之、
一江戸表去ル十六日立七日振飛脚野田左司馬組弐人昨夜着、御用儀
共申来之、

十一ノ廿四日　雪

典膳
上総
主膳
主殿

一　米倉才七
御側御目付被　仰付、於　御前被　仰渡之、
一　神　庄左衛門
御小納戸被　仰付、於席申渡之、
一　松原幾右衛門
御先供被　仰付、以御目付申渡之、
一　清五郎弟　大須賀茂平太
御内用有之、来年　御参勤之節御供登被　仰付、依て道中并御在
府中御先供被　仰付、御目付を以、(ママ)
但、御擬、被下物、諸請取物之儀は、御先供並被仰付、尤御参
勤前共ニ見習之ため御先供相勤可申事、
一　御側御目付　米倉才七
御刀番、御供目付共ニ兼帯相勤候様被　仰付、於席申渡之、
一暑寒伺御機嫌、江戸　上々様方へ被仰進候儀、何日之御便ニ申上
候儀、是迄入　御聴不申為差登来候処、以来御側御用人を以申上
候事、
一　玉山秀助
大御納戸奉行被　仰付、
一　馬場三之丞
梅内儀八郎
橋野林左衛門
鈴木喜八
牛馬定役被　仰付、
一　葛西勝治
大御納戸奉行御免被成旨被　仰出、
一　御目付所御物書、公事方兼帯　欠端七蔵
牛馬定役御免被成旨被　仰出、
一　梅田繁助
江釣子官右衛門
荒木田善助
御目付所御物書、牛馬定役共ニ御免被成旨被　仰出、何も以御目
付申渡之、

十一ノ廿五日　曇

典膳
上総
主膳
主殿

一　下条甚蔵
預御徒鳥崎庄右衛門二男伊八、当二十二歳罷成候処、親類上田林

治組御持筒白岩貞八儀、当四十三歳罷成、一子無之付、此者養子
仕度旨望申候間、差遣度旨願出候段、甚蔵願書を以申出、願之通
以御目付申渡之、

十一ノ
廿六日　晴　典膳
上総
主膳
主殿

十一ノ
廿七日　晴　典膳
上総
主膳
主殿

一八拾六石六斗八升六合　毛馬内庄五郎
養父勘作及末期、一子無之弟勘蔵当二歳罷成有之候得共、祖父隠
居庄助子庄五郎当二歳罷成、筋目之者ニ付、此者名跡被　仰付被
下度旨申上、存生之内願之通其方跡式無相違被　仰出、名代へ於
席申渡之、

一　杉村甚左衛門代　沼宮内亘理
日詰長岡通御代官被　仰付、於席申渡之、

一　栃内与兵衛
桜庭十郎右衛門
与兵衛預御徒白浜喜作儀、男子無之娘有之付、十郎右衛門家来和
井内八十八三男善助聟養子、先達て願之通被　仰付候所、不縁ニ
付相返度旨申上、願之通御目付を以申渡、十郎右衛門へは奉書を
以申遣之、

一　弥三太嫡子　工藤保之進
御目付所御物書本役被　仰付、以御目付申渡之、

十一ノ
廿八日　晴　典膳
上総
主膳
主殿

一天量院様御忌日ニ付、聖寿寺へ　御代香主殿相勤之、

一　関周治代　花輪御給人　赤坂　悟
花輪通御境役被　仰付、以御目付申渡之、

一小野丹右衛門四男藤市儀、当二十六歳罷成候処、去ル十九日与風(ふと)
罷出不罷帰候付、心当之所々色々相尋候得共、行衛相知不申出奔
仕候段訴之、

十一ノ
廿九日　晴　典膳
上総
主膳
主殿

一　横浜七郎
就病気、御留守居添役、於御国元御目付御用向相勤候儀共ニ御免
被成下度旨申上候所、遂養生相勤候様被　仰出、御目付を以申渡、

願書相返之、

一　佐々木栄治
上田助之進
栄治儀、男子無之娘有之付、遠親類助之進三男寅之助聟養子仕度旨申上、双方願之通被　仰出、於席申渡之、

一　御料理方格御膳方
相内庄左衛門
数十年出精相勤候段達　御聴、為御褒美御米三駄被下置旨被　仰出、御膳番召連罷出、於席申渡之、

一　船越八右衛門跡役
佐々木伊兵衛
御徒目付本役被　仰付、御目付へ申渡之、

一梅村要之丞、七戸庄蔵、山口理右衛門、勝又定之助、本堂安右衛門、玉内多次平、斎藤忠七へ被下候永代証文共ニ、御目付を以相渡之、

一野辺地御同心阿部彦市へ被下候証文、以御目付御代官へ相渡之、

十一ノ晦日　雪　　典膳
主膳

一弐千五百四拾八石　　南部民之助
弐斗八升弐合
養父金作及末期、一子無之付、親類共之内　御目先を以、名跡相続被　仰付被下度旨、存生之内申上、其方名跡無相違被　仰出、上使大目付本堂右内被遣申達之、

一　松尾軍右衛門
切田多仲
軍右衛門儀、嫡子与次助病身ニ付、末々御用可相立躰無之旨、先達て御訴申上、外男子無之孫女有之付、遠親類多仲二男友治聟養子仕度旨申上、双方願之通被　仰出、於席申渡之、

一　太田　備
左近殿御相手当分被　仰付、以御目付申渡之、

一　八戸上総
遠慮御免被成旨被　仰出、奉書を以申遣之、

一　横田右仲
御者頭、鹿角御境奉行、数年実躰相勤神妙　思召候、依之為御褒美御紋巻御上下一具被下置旨被　仰出、病気ニ付名代へ於席申渡之、

一　同人
中風之症相煩、全快可仕躰無之付、御者頭、鹿角御境奉行共御免被成下度旨申上、願之通御目付を以申渡之、

一　八幡寺林通御役医格
川村立悦
此度御役医格被　仰付、御差支之儀も無之候ハヽ、右苗字相名乗申度旨申上、伺之通御目付へ申渡之、

十二月朔日　晴　　典膳
主膳
主殿

一月次御礼、四時過御本丸於総角之間、御家門衆被仰上、奏者御用人相勤、　御着座之節、主殿御取合申上、夫より御中丸総角之間へ　御出座、高知之面々、諸者頭迄御礼申上、畢て名目御礼被

為　請、無程相済也、

一　御年男被　仰付、　御用人 多賀佐宮

一　御年男加被　仰付、　御小納戸 五十嵐三左衛門

一　来年始御規式御用懸被　仰付、　御膳番 阿部熊八郎

一　来年始御式法御用被　仰付、右何も於席申渡之、　御式法方 女鹿喜代司

一　来年始御規式御用懸り被　仰付、以御目付申渡之、　御配膳 柴内勇左衛門

一　善治嫡子 女鹿延治　三右衛門嫡子 女鹿清吾

来年始御式法方手伝被　仰付、御目付を以申渡之、

十二ノ二日　晴　典膳　主膳　主殿

一　奥御医師 小野宗俊

玉芳院様診共ニ相勤候様被　仰付、以御目付申渡之、

一南部隼人殿口上書、左之通、

御掃除坊主宗佐伯父立益儀、兼て療治向申付置候所、此度家来ニ召抱、永ク召仕候様致度、此段奉伺候、御序之砌可然様頼入存候、以上、

十一月晦日　南部隼人

毛馬内典膳殿

八戸上総殿

楢山主膳殿

南部主殿殿

右御伺之通附札ニて、以御目付御附人へ申渡之、

一　栃内勇助

当四十六歳罷成候所、久々痰癪相煩、去月中旬より動気強、時々眩暈卒倒仕、近月快気出勤可仕病躰無之ニ付、嫡子貞作当三十一歳罷成候、病気快気之内此者御番代被　仰付被下度旨申上、願之通御目付を以申渡之、

十二ノ三日　晴　典膳　上総　主膳　主殿

一　御銅山方 多久佐里　勇　橋野御山吟味役 織笠縫右衛門

大槌へ御用有之、明四日立被遣旨被　仰出、以御目付申渡之、

十二ノ四日　晴　典膳　上総　主膳　主殿

一 御制服吟味廻方被 仰付、
馬場三之丞代 太田喜代作
赤沢喜七郎
遠藤佐五助

一 御目付所御物書当分加被 仰付、右何も以御目付申渡之、
御側御買大豆御用懸 盛岡支配 下斗米直七

一 福岡通御山奉行并漆木植立役兼帯被 仰付、御目付へ申渡之、
多賀佐宮

一 嫡子千勝儀、脚気差発候付、繋へ入湯二廻御暇願之通被 仰出、去月廿一日出立罷越入湯仕候処、弥相応仕候旨申来候付、最一廻御暇被下置度旨申上、願之通被 仰出、奉書を以申遣之、

一 花巻立花、黒岩両留并大網漁場より取揚候初鮭、二番鮭、御献上相成候処、近年取揚延引之上、御献上難相成鮭相出、御献上も甚遅成候付、明年より鮭取揚之節より御献上相揃候まて為御吟味、花巻御給人之内より一人ツヽ、川奉行同様之心得被 仰付被遣旨、御城代へも為相心得候様御用人へ申達、御代官へは以御目付申渡之、
鈴木喜八代 泉山藤兵衛

一 御雇御勘定方当分被 仰付、以御目付申渡之、

十二ノ五日 晴
典膳
主膳
主殿

一 養源院様御消(祥)月、義徳院様御忌日ニ付、屋形様五時御本供御供揃ニて聖寿寺、東禅寺へ御仏詣被遊、御出・御帰共ニ御中丸御玄関より聖寿寺へ上総相詰、無程 御帰城被遊也、
但、右ニ付御役人上下、小役人継肩衣着用也、
村木荘右衛門

一 久々痔疾相煩、持病之疝積差発、近月快気出勤可仕躰無之付、病気快気之内嫡子算蔵御番代被 仰付被下度旨申上、願之通以御目付申渡之、

十二ノ六日 晴
弥六郎
典膳
上総
主膳
主殿

大沢立益
一 此度隼人殿御手医ニ被召抱候ニ付、右苗字相名乗度旨申出候付、願之通被 仰付度旨御伺被成候所、御伺之通以御目付、御附人へ申渡之、

三戸御役医格 池野養庵
一 此度一生之内御役医格被 仰付候ニ付、右苗字相名乗度旨申出、願之通御目付へ申渡之、

一
上田助之進
上田早太
上田勇平

上田弁助

花菱家紋相用来候所、花菱御紋表向御用ひ被遊候付、是迄相用ひ候者相改、替紋相用ひ可申旨、旧臘被　仰出候、依之御差支も無御座候ハヽ、別紙紋願之通、丸之内ニ花菱相用ひ度旨、連名口上書を以申出、伺之通被　仰出、

中村佐内

一　右同断ニ付、菱之内ニ花菱相用度旨申出、伺之通被　仰出、

穀丁長兵衛
被　仰渡

其方儀、邪法ケ間敷儀取行候秋田夏祥軒藤縁と申者之弟子ニ相成、疑敷行事致候趣相聞得候ニ付、被遂御吟味候所、兼て右藤縁と知合ニ付、先達て致申合候所、当八月罷越候ニ付、弟子ニは不相成候得共、宿貸置神仏祈念之致方等承、且掛物等譲を得、同人帰之節ハ秋田迄致同道罷越候段、御尋之上申上候、怪敷儀取行ひ候者へ宿を貸置、神仏祈念之致方等承、懸物等被譲、其上他領迄同道罷越候段、重畳無調法之者ニ付、急度被　仰付様も有之候得共、御慈悲を以永揚屋入被　仰付者也、

月　日

鈍屋丁武右衛門へ
被　仰渡

其方儀、邪法ケ間敷儀取行候秋田夏祥軒藤縁と申者之弟子ニ相成、疑敷行事致候趣相聞得候付、被遂御吟味候処、右藤縁儀、穀丁長兵衛方へ罷越居候旨、同人より為知有之ニ付罷越、弟子ニは相成不申候得共、祈念之致方等承、右を信仰仕居候旨、御尋之上申上候、右様之怪敷義致候者と懇意ニ相成、神仏祈念等之儀承、信仰致居候段、無調法之者ニ付、急度被　仰付様も有之候得共、御慈悲を以永揚屋入被　仰付者也、

月　日

花屋丁喜兵衛子金之助へ
被　仰渡

其方儀、邪法ケ間敷儀取行候秋田夏祥軒藤縁と申者之弟子ニ相成、疑敷行事致候趣相聞得候付、被遂御吟味候所、幼少之節疱瘡相煩半眼ニ相成候間、神仏念候ハヽ、可致全快哉と存信仰罷有候処、当八月穀丁長兵衛方へ右藤縁参候趣承り祈祷相願、且弟子ニは相成不申候得共、神仏祈念之致方等承り、右を信仰仕居候由、御尋之上申上候、右様怪敷儀致候者と懇意ニ相成、神仏祈念等之儀承り候段、無調法之者ニ付、急度被　仰付様も有之候得共、御慈悲を以永揚屋入被　仰付者也、

月　日

穀丁金兵衛母とらへ
被　仰渡

其方儀、邪法ケ間敷儀取行候秋田夏祥軒藤縁と申者之弟子ニ相成、疑敷行事致候趣相聞得候付、被遂御吟味候処、右藤縁穀丁長兵衛方へ参居候間、子共病気之祈祷相頼候所、致全快候得共、謝礼も及兼候付、昼之内計致宿、且弟子ニハ相成不申候得共、神仏祈念之致方承り、右を信仰仕居候旨、御尋之上申上候、右様怪敷取行事致候者へ懇意ニ相成、宿仕祈念之致方等承候儀、重畳無調法之者ニ付、急度被　仰付様も有之候得共、御慈悲を以永揚屋入被

仰付者也、
　月　日

山岸丁久助娘つや事
もんへ
被　仰渡

其方儀、法ケ間敷儀取行候秋田夏祥軒藤縁と申者之弟子ニ相成、疑敷行事致候趣相聞得候付、被遂御吟味候処、当八月右藤縁へ病人之祈祷頼合候処、致全快候ニ付、又候相越候処、右之者相帰候趣、然処穀丁金兵衛所ニて藤縁申聞候由ニて、神仏祈念之致方を承り、右を信仰罷有、弟子ニ相成候儀ニは無之旨、御尋之上申上候、又伝得と乍申怪敷儀取計ひ候ものゝ申候を信仰罷有候段、無調法之者ニ付、急度被　仰付様も有之候得共、御慈悲を以永揚屋入被　仰付者也、
　月　日

一　穀丁
金兵衛

其方母とら儀、邪法ケ間敷儀取行ひ候秋田夏祥軒藤縁と申者へ致懇意、且宿いたし候段、其方共ニ無調法ニ付、慎被　仰付、
　月　日

右之通御片付申渡候旨、下河原志津馬申出之、尤御町奉行立合也、

十二ノ七日　晴
弥六郎
典膳
上総
主膳
主殿

一　横田右仲跡役
御者頭
野田司馬

鹿角御境奉行被　仰付、

一　大川又右衛門

嫡子数弥病身ニ付、末々御用相立可申躰無之付、嫡子仕兼候段去月御訴申上候、依之二男多宮嫡子仕度旨申上、願之通被　仰出、何も於席申渡之、

一　本誓寺

法用有之、本山へ之御暇願之通被下置、去年十一月罷登候所、由緒有之付、本山御門主御家門最勝院殿猶子被申付候ニ付、三牡丹金胴（桐）紋紫紐先箱免許相蒙罷下候付、格立登　城之節相用申度旨申出、伺之通寺社御奉行を以申渡之、

一　南部筑後

御席詰被　仰付、於　御前被　仰渡之、

一　同人

御用向心付之儀は斟酌なく、同席共へ相談可致旨、於　御前被仰渡、何も御役人共へも申渡之、

　但、右ニ付月番上下、先立大目付上下着用也、

一右ニ付、　玉芳院様へは御側御用人へ書付相渡申上、御家門衆へ為御知申上、高知并御新丸御番頭、諸者頭、諸士・諸医へも相触候様、大目付・御目付へ申渡、寺社・御町へも相触候様、寺社御町奉行へ申渡、花巻　御城代・諸御代官へは以書状申遣之、

十二ノ八日　晴　　典膳　上総　主膳　主殿

一霊厳（巌）院様御消（祥）月ニ付、　屋形様今朝四時御本供御供揃ニて、東禅寺へ　御仏詣被遊、御出・御帰共御中丸御玄関より御寺へ弥六郎相詰、無程　御帰城也、
　但、右ニ付御役人上下、小役人継肩衣着用也、

一　　御徒　白浜喜作
　　　舟越八右衛門
　　　山辺隣助
御徒目付当分加被　仰付、御目付へ申渡之、

一　　植村快助
新右衛門儀、文化七年三月津志田村ニて家屋敷拝領、大国社御用向も相勤候様被　仰付、是迄住居罷有候処、大国社津志田村地主寅治へ被下置候付、右御社向御用済ニ相成候、依て家屋敷相払、盛岡表へ引越相勤度旨申出、願之通御目付へ申渡之、

十二ノ九日　晴　　弥六郎　典膳　上総　主膳　主殿

一　　南部民之助
忌明ニ付、今日為御請登（城脱）於席相謁之、
　但、昨八日罷出候筈之処、格別之御日柄ニ付、今日登　城也、

一　　花輪御給人　佐々木冨右衛門
花輪通御代官所下役御免被成旨被　仰出、御目付へ申渡之、

十二ノ十日　晴　　弥六郎　典膳　上総　主膳　主殿

一　　下田物集女
花菱家紋相用ひ来候処、花菱御紋表向御用ひ被遊候ニ付、是迄相用ひ候者相改、替紋相用ひ可申旨、旧臘被　仰出候、依之御差支も無御座候ハヽ、別紙紋形之通、石文字之内へ花菱相用度旨、口上書を以申出、伺之通被　仰出、以御目付申渡之、

一　　小向四方八
　　　惣左衛門御番代　鈴木貞作
御座敷奉行、表御給仕、御舞台奉行兼帯当分加被　仰付、以御目付申渡之、

一江戸表去ル二日立七日振飛脚幸便ニ申来之、　屋形様来年御参勤御時節御伺被成候処、津軽越中守被下御暇在所到着以後、御参府被成候様以　御奉書被　仰出候旨、御用状申来遂披露、　玉芳院様へは御側御用人へ申達申上、御家門衆へハ御目付より申上、御役人共へは御用状為見之、詰合御役人共御怡申上候様申渡、何も

席へ罷出申上之、八戸御家老へ為知書状を以申遣之、
一榊原遠江守様御実母智静院様、御病気之処御勝不被成、御養生無御叶去月十九日御死去ニ付、遠江守様御定式御忌服御請被成、刑部大輔様ニは御祖母之御続ニ付、半減之御忌服御請被成候段、御用番様へ御届被成候由奉札ニて申来候旨、御用状ニて申来遂披露之、

十二ノ十一日　晴

弥六郎
筑後
典膳
上総
主膳
主殿

一　　　　　　　　　　御次 内藤市郎
御膳番当分加御免被成旨被　仰出、御目付を以申渡之、

一　　　　　　　　　　御金奉行 斗ケ沢権右衛門
御用有之登被　仰付、於席申渡之、
　但、支度出来次第出立被　仰付、御目付を以申渡之、

一　　　　　　　　　　本誓寺
御勝手向御差支之趣承知仕、為冥加金子弐百両指上度旨申上、奇特之申上方ニ付、願之通御取納被成旨、寺社御奉行を以申渡之、

一　　　　　　　　　　石亀彦七
病気全快可仕躰無之付、御祐筆願之通御免被成旨、御目付を以申渡之、

　但、当年迄十ケ年相勤候付、為御手当御内々金五百疋被下置之、

十二ノ十二日　晴

弥六郎
筑後
典膳
上総
主膳
主殿

一筑後方口上書、左之通、
　拙者儀、御役成御礼御序之節申上度奉願候、以上、
　　十二月十二日　　　　南部筑後
右願之通来ル十五日可被為　請旨被　仰出、奉書を以申遣之、

一五拾石以上
　　御切米拾駄
　　此代拾七貫文
一百石以上
　　御切米拾駄
　　此代拾六貫文
右御直(値)段を以、在江戸、大坂詰当暮御切米御買上并御物成、御切府金、来ル十七日より御渡被成候様仕度、尤御代物不足ニ付、右御切米御買上之分、金壱両ニ付六貫八百文積を以、金銭取交御渡方可被成哉と御勘定奉行伺之通申渡之、

十二ノ
十三日　晴

一御金方
拾弐石　典膳
上総
主膳
主殿
福岡御給人
原田栄太郎
親武左衛門及末期、悴栄太郎七歳罷成、未　御目見不申上候得共、跡式被　仰付被下度旨申上、存生之内願之通無相違被　仰付、御代官へ書状を以申遣之、

一
本誓寺
其方儀、御時節奉勘弁、金子弐百両差上、御用弁ニ至、奇特之事ニ付、三人扶持被下置、寺格御引上、祇陀寺次座被　仰付、寺社御奉行を以申渡之、

一
十二ケ村
平野善兵衛
此度一生之内苗字帯刀御免被成下候付、右苗字相名乗度旨申出、願之通御目付へ申渡之、

十二ノ
十四日　晴
典膳
上総
主膳
主殿

一
御用人加
花輪　栄
産穢御免被成候間勤仕可有旨、以奉書申遣之、

一
御金奉行
斗ケ沢権右衛門
明後十六日出立被　仰付、以御目付申渡之、

一
毛馬内御給人
馬渕貞助
病気ニ付、御境役願之通御免被成旨、御目付へ申渡之、

十二ノ
十五日　晴
典膳
上総
主膳
主殿

一月並(次)御礼、今五半時　御本丸於総角之間御家門衆被仰上、奏者御用人相勤、御着座之節、主殿御取合申上、夫より御中丸総角之間へ　御出座、高知之面々、諸者頭迄御礼申上、畢て名目御礼被為　請、無程相済也、

一弐千百九石九斗五升四合
外五拾弐石三斗七升野竿高
桜庭肥後
親兵庫存生之内願之通、跡式無相違被　仰出、右之通今八時過於主殿宅主膳立合、主殿申渡之、此節大目付川嶋杢左衛門、御家老給仕壱人相詰也、

一右ニ付、肥後へ今日八時過相越候様、昨日以奉書申遣之、月額執相越候儀は、大目付より為申遣之、
但、忌中四十八日目也、

一神鼎院様御忌日ニ付、聖寿寺へ御略供ニて　御仏詣被遊也、

十二ノ
十六日　晴
典膳
上総
主膳

主殿

一　栃内瀬蔵

嫡子市之進去月出奔仕、其節御訴申上、依之二男左弥太嫡子仕度旨申上、願之通被　仰出、於席申渡之、

一　田名部御与力　白浜彦左衛門

悴友之進先達て病死ニ付、二男守之進悴仕度旨申上、願之通被仰付、御代官へ書状を以申遣之、

一　難波藤馬

御徒頭御免被成旨被　仰出、

一　奥　五弥太
岩屋良作
中野英八
阿部牛太郎
山口徳之進

御雇御勘定方当分加御免被成旨被　仰出、以御目付申渡之、

一　千葉祐右衛門

産物吟味方、橋野御山吟味役共ニ御免被成旨被　仰出、御目付を以申渡之、

十二ノ
十七日　晴

典膳
上総
主膳
主殿

一　毛馬内命助

就病気御者頭御免被成下度旨、再応申上、願之通御免被成、以御目付申渡之、

一　中野牧人

嫡子平蔵去月出奔ニ付、三男金八嫡子仕度旨申上、願之通被　仰出、於席申渡之、

一被　仰出、左之通、

高知并御新丸御番頭、平士共ニ、家督、継目、初て之御礼申上候、以後幼少之内ハ御用捨被成候間、登　城御礼ニ不及候、十五歳ニ相成候ハ、御礼ニ罷出可申旨、先達（て脱）御沙汰被成置候処、来年頭御礼より以後御参勤、御下向御礼共、都て幼少ニても家督、継目、初て之御礼申上候程之者ハ罷出、御礼可申上旨被　仰出、大目付・御目付へ申渡之、

一　八戸上総

来年　御参勤御供登被　仰付、於　御前被　仰渡之、御役人共へも申渡之、

一　北川斧八

御供頭被　仰付、

一　難波藤馬
石亀　隆

御次被　仰付、右何も於席申渡之、

十二ノ
十八日　晴

典膳
上総
主膳

一　　　　　　　　　　主殿　　　　　　　御用人安宅　登
来年　御参勤御供登被　仰付、　　　　　　葛西半右衛門
但、登之儀は病気ニ付、奉書を以申遣之、　御目付奥　末人
大矢勇太
御側御目付米倉才七
一
右同断、　御勘定奉行太田甚内
一
右同断、何も於席申渡之、　老女千代瀬
一
従　御先々代様数十年老年迄御用向出情(精)相勤神妙　思召候、依之
為御賞別段御手当一ケ年金五両宛永ク被下置、往々ハ家元松井忠
之進へ被下置旨被　仰出、於御側申渡之、
一　松井忠之進
御老女千代瀬儀、従　御先々代様数十年老年迄御用向出情(精)相勤、
神妙　思召候、依之為御賞別段御手当一ケ年金五両ツヽ永ク被下
置、往々ハ同人勤功之ため家元之義故、其方へ被下置旨被　仰出、
於席申渡之、
一沼宮内御蔵米拾駄
此代拾七貫文
一花輪御蔵米拾駄
此代拾六貫文

右は現米ニて被下候分、右御直(値)段を以御買上被成、尤御物成御切
府金、御四季施御給金共ニ、来ル廿三日より御渡被成候様仕度、
尤御代物不足ニ御座候間、御切米御買上之分、金壱両ニ付六貫八
百文積を以、金銭取交御渡方可被　仰付哉と御勘定奉行伺之通申
渡之、
一　御用人安宅　登
遠慮御免被成候間、勤仕可有旨、以奉書申遣之、
一　鈴木貞作
御座敷奉行、表御給仕、御舞台奉行兼帯当分加御免被成旨被　仰
出、以御目付申渡之、
一　細越冨之助
御座敷奉行、表御給仕、御舞台奉行兼帯当分加被　仰付、以御目
付申渡之、
一　桜庭肥後
今日忌明ニ付、為御請登　城、於席相謁之、

十二ノ
十九日　晴　弥六郎
典膳
上総
主膳
主殿
一　大隅嫡子内堀伊賀之助妻
楢山主膳娘
右之通縁組仕度旨申上、双方願之通被　仰出、奉書を以申遣之、

（一脱）主膳儀は詰合ニ付申達之、

難波藤馬
杉村小七郎

藤馬元預御徒小平源五右衛門儀、一子無之、小七郎妹養女ニ仕度旨申上、願之通被　仰付、遠親類四戸伝右衛門三男千代松聟養子願之通被　仰付候処、不縁ニ付、右養女相返申度旨申出、双方願之通御目付を以申渡之、

一　　　　花巻御給人　一条軍太

花菱家紋相用来候所、花菱御紋表向御用ひ被遊候付、是迄相用候者相改、替紋相用可申旨、旧臘被　仰出候、依之御差支も無御座候ハヽ、別紙紋形之通、丸之内ニ花菱相用ひ度旨申上、伺之通御目付を以申渡之、

来年　御参勤御供登被　仰付

一御持筒頭　上田林治
一御持弓頭　上山守人
一御持筒頭　青木多門
一同格　原　直記
一御者頭　鴨沢　舎
一御納戸　加嶋　蔀
佐久間宇助
田丸五陸
一御小性　高屋伝左衛門
上山繁記
日戸善兵衛

一御供頭
一奥御医師
一御小納戸
右何も於席申渡之、
一御広間御番人
一御座敷奉行、表御給仕兼帯
一御医師
一御次

米田武兵衛
瀬山寿五郎
江刺家末治
江刺　辺
神　岩太郎
北川釜八
伊沢養順
原　安仲
池田元倫
松岡平内
神　庄左衛門
沢田　繁
松尾吉左衛門
小菅京之進
藤本養徳
栃内辰見
志賀三平
菊池啓作
相内庄兵衛
戸田内隆八
内藤市郎
奥寺市太郎
馬場右門

難波藤馬
石亀　隆

一御側御用達　松田又右衛門

一御茶道　漆戸古林
上田隆茶

一御膳番　上田善八郎

一御祐筆　村木直記

一御物書頭　七戸庄蔵

一御用人方御物書　小本新助

一御目付所御物書　欠端七蔵

一御駕篭頭　宮杜勇助
上野秀助

一御使者給仕　上田佐治太

一御先供　石川　武
関　織右衛門
葛　勝助
重茂忠平
小田代小太郎
松原幾右衛門

右何も於柳之間一同申渡之、

一御料理方　高間館平八
沼宮内栄八

一御徒目付　御雇 久保田新平
照井栄左衛門

金矢甚五左衛門

一御徒　難波藤馬元預 小頭 小林和市
松田左中太預 御広間御帳付 帷子泰助
松岡源治預 花坂理平太
米内織右衛門
沢田勘兵衛
下条甚蔵預 宮野三右衛門
気田庄之丞
小林武助
杉田左中太預 重茂十内
気田友之助
栃内与兵衛預 栗谷川権内
宮　弥市郎
難波藤馬元預 川村軍右衛門
細越和助

右何も御目付へ申渡之、尤新平儀は柳之間ニおゐて一同ニ申渡之、

一御鳥飼　植村快助
大和田斎助
山瀬栄蔵

右は於柳之間一同申渡之、

一御次坊主　春喜
美斎

小笠原幸八
熊山文蔵
一表坊主　友清
喜斎
理斎
宗佐
一御持筒弓之者　三拾人
一御同心　五組
一御長柄之者　上下御屋敷詰 六拾弐人 小頭共ニ
一御小道具之者　四拾人 小頭共ニ
一御陸尺　拾壱人
一御数寄屋小者　弐人
一御厩小者
一御膳方　飯岡哥助
鳥谷喜幸太
一御賄所帳付　沢井友治
一御同所物書　川村勝治
長岡栄蔵
一御膳所小者　六人
一御小納戸物書　壱人
一御衣服師　山田周助
三尾又五郎
清兵衛
坂本喜六

一人足肝入　壱人
一人足　上下御屋敷詰 百五拾人
一大工　五人
右何も御目付へ申渡之、
一東御門番　箱崎助左衛門
一御武具奉行　藤村　昌
右は於柳之間一同申渡之、
一大御納戸帳付　戸川定之助
右は御目付へ申渡之、
一御鷹匠　福田与五郎
根森仁兵衛
一条友蔵
御犬飼弐人
右は立帰登被　仰付、
一御供御馬乗役　菊池喜七
斎藤紋左衛門
右何も御用人へ申渡之、
御広式方
一御錠口番　大里与五郎
右は於柳之間一同申渡之、
一御膳所小者　壱人
糀町詰
一人足　五人
右何も御目付へ申渡之、

一
来年　御参勤御供立帰登被　仰付、
奥御医師　小野宗俊
一
組付御免御馬医　石井清太郎
右同断、
御家老給仕　勝又左市郎
一
上総方来年　御参勤御供登就被　仰付候、附添登被　仰付、
組付御免御馬医　大嶋惣平
御馬乗役　佐羽内良助
（衍）一来春御献上御馬附直々詰番登被　仰付、右何も於席申渡之、尤良
助義は御用人へ申渡之、
一
御馬乗役　下斗米民弥
来春御献上御馬附立帰登被　仰付、御用人へ申渡之、
一雅姫様　御附役
吉田友右衛門代　四戸久左衛門
来春勤番登被　仰付、
一御用聞
工藤専五郎代　杉村甚左衛門
一御錠口番
長嶺忠之進代　泉山清蔵
一表御医師
木村泰順代
本堂通得代　村田道伯
飯富了伍
一御祐筆
西嶋善左衛門代　目時平右衛門
一御物書
関保人代　高野長七
一御用人方御物書
原茂左衛門代　栃内助司
一御側御物書
池田源助代　佐羽内与七
右何も於席申渡之、

一
光樹院様御附役　横井隣
南部丹波守殿御家老　川口弥兵衛
大坂詰御銅山方　日沢源右衛門
御勝手方　長沢九郎兵衛
御小納戸物書　壱人
来秋迄詰越被　仰付、於江戸申渡之、御役人ともへも為相心得之、
一
船越八右衛門
山辺隣助
御徒目付当分加御免被成旨被　仰出、御目付へ申渡之、
一南部民之助口上書、左之通、
拙者儀、継目御礼願之通被　仰出難有仕合奉存候、依之前例之
通家来三人為冥加　御目見為仕度奉願候、此旨御序之節宜被仰
上被下度奉頼候、以上、
十二月十九日　南部民之助
右願之通被　仰出、以御奉書申遣之、
一同人届書、左之通、
覚
一御肴　一折
一昆布　一折
一御樽　一荷
一安堵金
一御太刀　一腰
一御馬代銀一枚　一疋
拙者儀、継目御礼申上候節、右之通指上、太刀折紙長袴ニて罷

出申候、此段御届申上候、以上、
十二月十九日　南部民之助
一桜庭肥後口上書、左之通、
私儀、継目御礼願之通可被為　請旨被　仰出難有仕合奉存候、
依之前例之通家来三人為冥加　御目見為仕度奉願候、此旨御序
之節宜被仰上被下度奉願候、以上、
十二月十九日　桜庭肥後
右願之通被　仰出、以奉書申遣之、
弥六郎
典膳
上総
主膳
主殿
十二ノ廿日　晴
一御紋御熨斗目　一　御用人 多賀佐宮
一烏帽子　一
一素袍　一
御年男相勤候付、拝領被　仰付、
一御紋御上下　一具　御小納戸 五十嵐三左衛門
一御紋御小袖　一
御年男加相勤候付、拝領被　仰付、
一四駄弐人扶持　横田半五郎
親藤助存生之内願之通、跡式無相違被　仰出、右何も於席申渡之、
一拾四石弐斗三升五合　田名部御給人格 菊池亀松
養父三弥松及末期、一子無之付、遠親類同所御給人福士唯右衛門
四男亀松名跡被　仰付被下度旨申上、存生之内願之通其方跡式無
相違被　仰付、御代官へ以書状申遣之、
一　黒沢尻御蔵、御艜奉行兼帯 米内孫四郎
去年花巻本御蔵奉行勤中、御納米取納吟味方行届候付、為御褒美
御目録金三百疋被下置旨被　仰出、
一　花巻本御蔵奉行 佐藤長右衛門
去年御納米取納吟味方行届候ニ付、為御褒美御目録金弐百疋被下
置旨被　仰出、何も於席申渡之、
一　花巻本御蔵御帳付 瀬川儀助
右同断ニ付、御代物弐貫文被下之、
一　同所御蔵番 長蔵
巳之松
宇八
右同断ニ付、御代物壱貫五百文ツヽ、被下之、御目付へ申渡之、
一　本堂善五郎
隼人殿より菊輪之内九曜御紋御上下一具頂戴仕候、依之不苦御儀
御座候ハヽ、着用仕度旨申上、願之通被　仰付、
一　横田右仲跡役 坂本栄馬
御者頭被　仰付、
一　難波藤馬代 佐藤四五六
御徒頭被　仰付、何も於　御前被　仰渡、御役人共へも申渡之、
一　毛馬内命助代 白石　環
御者頭被　仰付、病気ニ付、名代へ於席申渡之、

一　長嶺官助
　　女鹿善治
鬼柳黒沢尻通御代官御免被成旨被　仰出、

一　狐崎清治
　　太田多見平
同所御代官所下役御免被成旨被　仰出、何も御目付を以申渡之、

一　坂牛市右衛門
　　（長嶺官助代 女鹿善治代）久慈弥六
鬼柳黒沢尻通御代官被　仰付、於席申渡之、

一　（狐崎清治 吉田多見平 代）小館権右衛門
　　鈴木勝弥
同所御代官所下役被　仰付、以御目付申渡之、

一　（御勝手方）高橋万左衛門
御取締御調へ御用当分被　仰付、以御目付申渡之、

一　（御者頭）坂本栄馬
其方儀、御者頭已前数十年相勤候間、別段之御趣意を以本座被
仰付、於席申渡之、

一　（御次坊主）美斎
来年　御参勤御供登被　仰付候処御免被成之、御目付へ申渡之、

一被　仰出、左之通、
　盛岡支配遠在住居之御給人共、爰元御番等被　仰付候ては、往
来迷惑可致候ニ付、以来勤筋は御代官所相応之御用ニ被召仕、
支配之義は是迄之通盛岡支配可被　仰付旨、文化十二年四月御
沙汰被成候処、兼て所御用相勤申度旨申上、願之通被　仰付置
候者之外、向後隔年盛岡表へ罷出御番相勤可申旨被　仰出、以
御目付在住居之御給人共へ申渡、御代官へも心得申渡候様申渡
之、

一　長沼善左衛門
御供頭御免被成旨被　仰出、御目付を以申渡之、

十二ノ廿一日　小雪

一聖寿寺　地蔵尊へ今朝　御代参典膳相勤之、

一（御金方）百九石五斗　太田忠吾
　内七人扶持
養父継弥及末期、一子無之、伯父忠吾三十歳罷成候、此者名跡
被　仰付被下度旨申上、存生之内願之通、其方跡式無相違被　仰
出、於席申渡之、

一　（石亀隆代）長沼善左衛門
毛馬内通御代官被　仰付、於席申渡之、

十二ノ廿二日　晴

一　弥六郎
　　典膳
　　上総
　　主膳
　　主殿
一不時御礼、今四時御中丸総角之間へ　御出座、名目御礼被為　請、

継目御礼安堵金二種一荷差上、長上下着用、太刀折紙を以南部民之助御礼申上、同御礼桜庭肥後、二種一荷安堵金差上、半袴着用、御礼申上、其外家督、継目、初て之御礼被為　請、無程相済、右委細御用懸り御目付留書ニ有之、

一南部民之助御礼之節上物、左之通、

昆布　一折
御肴　一折
御樽　一荷
安堵金
御太刀　一腰
御馬代銀一枚一疋

右之通差上、長上下着用、御礼申上、家来三人上下着用、無刀ニて罷出、鳥目百疋ツヽ差上、御礼申上、尤家来　御目見申上難有旨、民之助御請上之、

但、奏者御用人、太刀折紙引候御徒頭長袴着用、案(安)堵金持出候御徒頭半袴着用之、

一肥後家来三人上下着用、無刀ニて罷出、鳥目百疋ツヽ差上、御礼申上、尤家来　御目見申上難有旨、肥後御請申上之、

一　青木円左衛門代 福岡御給人 太田継弥

福岡通街道奉行并漆立役兼帯被　仰付、御目付申渡之、

十二ノ廿三日　晴　弥六郎
典膳

上総
主膳
主殿

一　似鳥和蔵
同　貞作

和蔵儀、久々痛積相煩眩暈卒倒仕、難治之症ニて全快御奉公可相勤躰無之ニ付隠居仕、悴貞作家督被　仰付被下度旨申上、願之通無相違被　仰出、

一　台　十郎兵衛
同　村太

十郎兵衛儀、老衰之上起居不自由罷成、御奉公可相勤躰無之付、悴村太家督被　仰付被下度旨申上、願之通無相違被　仰出、

一　山口理右衛門

嫡子清治先達て病死ニ付、二男龍助嫡子仕度旨申上、願之通被　仰出、右何も於席申渡之、

一　平左衛門嫡子 乳井勝治

御祐筆見習被　仰付、以御目付申渡之、

一　御目付 大矢勇太

御参勤御供登被　仰付置候処、外御用も有之、支度出来次第出立被　仰付、御目付を以申渡之、

一南部民之助伺、左之通、

拙者儀、向後五節句、月次御礼、月次(衍)御礼申上候様仕度、此段奉伺候、以上、

十二月廿二日　南部民之助

右伺之通被　仰出、家来呼上、大目付を以申達之、
一前書有之通、本誓寺へ三人扶持被下置候証文、寺社御奉行を以相
渡之、
一南部修礼殿御附人口上書、左之通、
於烈殿只今御安産御女子御出生被成候段御届申上候様、修礼殿
被仰付旨、御附人申出之、
一　上田林治
花菱紋形相用ひ候処、御沙汰ニ付替紋之儀奉伺候所、此段於御側
花菱之内木瓜之紋形拝領仕候間、替紋之儀相伺不申段相届候旨申
出之、
一　表御目付　諏訪民司
御会所有之付、明日計寺社御町奉行加被　仰付、於席申渡之、

十二ノ廿四日　晴　弥六郎
典膳
上総
主膳
主殿

一六駄弐人扶持　佐藤四五六預御徒　川井鉄弥
養父佐蔵及末期、男子無之養女有之ニ付、親類御料理方格川村勝
治弟鉄弥当三十二歳罷成候、此者聟養子御番代被　仰付被下度旨、
尤右鉄弥御徒御奉公可相勤器量之者ニ候段申上、存生之内願之通
御番代無相違被　仰出、頭へ於席申渡之、
一　佐藤四五六
預御徒工藤治助儀、当四十六歳罷成候之所、一子無之付、同性(姓)親
類工藤七右衛門娘、当十二歳罷成候、此者養女仕度旨申上、願之
通御目付を以申渡之、
一　長嶺官助
女鹿善治
鬼柳黒沢尻通御代官勤中、下鬼柳村、岩崎村、北鬼柳村御百性共
願筋有之ニ付、数人申合盛岡表へ罷出候心得ニて、二子通御代官
所之内太田村辺迄罷越候儀、畢竟誠精申諭方不行届段、恐入差扣
願銘々口上書を以申出、願之通指扣被　仰付、御目付へ申渡之、
一　小野丹右衛門
四男藤市儀、去月十九日夜与風(ふと)罷出罷帰不申候ニ付、其節御内々
御届申上置、心当之所々色々相尋候得共行衛相知不申、出奔御訴
申上候、然処昨夜立帰候付、向々出入之儀も難計具ニ相尋候所、
兼て伊勢参宮仕度心願罷在候処より与風心得違仕罷出、直々罷登
候心得御座候所、道中より持病之積気差発、歩行相成兼候ニ付、
仙台御領荒浜村喜兵衛と申者之処ニ逗留罷在候処、猶亦眼病相煩、
色々養生仕候得共全快ニ及兼候付、同所医師栄庵と申者へ喜兵衛
世話ニて随身仕養生罷有、追々快方は仕候得共、迚も御国元慕敷、
両親共へも逢申度、無調法も不顧立帰候旨、猶押て相尋候所、外
出入ケ間敷義も無之旨申聞候、出奔立帰候義、恐入為慎置候段訴
出候ニ付、丹右衛門へ御預逼塞被　仰付候旨、御目付へ申渡之、
一　小野丹右衛門
右ニ付、恐入差扣申出、願之通差扣被　仰付、御目付へ申渡之、
一右同断ニ付、丹右衛門親類共恐入差扣申出候処、何も不及其儀旨、

御目付へ申渡之、

十二ノ廿五日　晴

典膳
上総
主膳
主殿

一弐拾九石　毛馬内御給人 石田熊之助
四斗九升五合、内弐石五斗壱升野竿高
養父又右衛門及末期、養女有之ニ付、同所御給人遠親類工藤村右衛門弟熊之助聟名跡被　仰付被下度旨申上、存生之内願之通、其方跡式無相違被　仰付、御代官へ以書状申遣之、

一　鬼柳黒沢尻通御役医 三田立純
花巻御給人 上田弥四郎
立純儀、男子無之娘有之付、遠親類花巻御給人上田弥四郎三男立益聟養子仕度旨申上、先達て願之通被　仰付候所、不縁ニ付相返度旨申出、弥四郎よりも引取度旨申出、双方願之通被　仰付、立純へは以御目付御代官へ申遣、弥四郎義は　御城代へ以書状申遣之、

一　奥瀬伊兵衛
三上勘九郎
伊兵衛儀、一子無之、勘九郎妹養女ニ仕度旨申上、願之通被　仰付、右養女へ遠親類広瀬勇助弟縫之助聟養子願之通被　仰付候所、右養女不縁ニ付相返度旨申上、勘九郎よりも引取申度旨申出、双方願之通御目付を以申渡之、

一　相内庄兵衛
三戸住居御料理方同格 相内庄左衛門
庄兵衛儀、男子無之娘有之付、末家御料理方同格庄左衛門四男兵八聟養子仕度旨申上、双方願之通被　仰出、於席申渡、庄左衛門儀は御膳番へ申渡之、

一　八戸上総
南部主殿
来年頭　御列座被　仰付、詰合ニ付典膳申達之、御礼帳懸り御目付へも申知之、

一　南部民之助
桜庭肥後
来年頭　御列座被　仰付、奉書を以申遣之、御礼帳懸り御目付へも申知之、

一　毛馬内六郎
中野要人
三上勘九郎
来年御新丸御番頭被　仰付、於席申渡之、

一　鬼柳黒沢尻通御代官 久慈弥六
二子万丁目通御代官勤中、先頃黒沢尻通御百性共数人申合、願筋有之罷出候節、於支配所右之者共へ申諭方宜ニ付、為御褒美御紋巻御上下一具被下置旨被　仰出、於席申渡之、

一　二子万丁目通中使御給人格 猫塚彦四郎
先頃黒沢尻通御百性共数人申合、願筋有之罷出候節、心付宜立働候段寄特之事ニ候、依之為御褒美御目録金弐百疋被下置旨被　仰

出、御代官へ以書状申遣之、

一　二子通太田村清水観音別当　大法院
右同断ニ付、為御褒美御代物弐貫文被下置旨被　仰出、寺社御奉行へ申渡之、

一　長岡甚左衛門
一子無之付、親類中原仲右衛門娘養女仕度旨申出、願之通以御目付申渡之、

一南部民之助口上書、左之通、
拙者儀、実家南部弥六郎方ニ罷在候節、御先代より御紋御上下拝領仕候、依之養家先祖共追々拝領仕候御紋服類、不苦御儀ニ御座候ハヽ、着用仕度奉願候、此旨御序之節宜被　仰上被下度奉願候、以上、
十二月　南部民之助
右願之通被　仰出、奉書を以申遣之、

一　長嶺九郎八
高木通田瀬へ穀留為御用被遣旨被　仰付置候所、御免被成旨被　仰出、

一　接(摂)待平左衛門
同通黒岩へ右同断、

一　土川忠兵衛
同通倉沢へ右同断、

一　工藤茂市右衛門
鬼柳通へ右同断、

一　大嶋平五郎
同通并御締所海岸へ右同断、何も御目付を以申渡之、

一　田名部町　市郎兵衛
御勝手向御差支之趣奉承知、為寸志金三百両差上度旨申上、奇特之事ニ付、願之通御取納被成旨、以御目付御代官へ申渡之、

一　中川三蔵
就病気、隼人殿御相手当分被　仰付置候所御免被成、以御目付申渡之、

十二ノ廿六日　晴
典膳
上総
主膳
主殿

一　小野丹右衛門
差扣御免被成旨被　仰出、御目付へ申渡之、

一　狐崎清治
太田多見平
鬼柳黒沢尻通下役勤中、下鬼柳村、上鬼柳村、岩崎村、北鬼柳村御百性共、願筋有之付数人申合、盛岡表へ罷出候心得ニて、二子通御代官所太田村辺迄罷越候儀、畢竟私共取扱方不行届段、恐入銘々差扣願一昨廿四日差出候所、今日不及其儀旨御目付へ申渡之、

一　長嶺官助
女鹿善治
鈴木勝弥代　泉山藤兵衛
差扣御免被成旨被　仰出、御目付へ申渡之、

一

一　安俵高木通下役被　仰付、　小館権右衛門代　一生組付御免　太田与六

一　八幡寺林通下役被　仰付、　御錠口番　泉山清蔵

一　支度出来次第出立被　仰付、　長瀬［(虫損)　］

(一脱)
文政三年三月家督直々御行事道被　仰付候、随て御行事道被　仰付罷在候得は、前例熨斗目并御制服着用来候、依之私儀も着用仕度旨申上、願之通右何も以御目付申渡之、

一　御者頭　坂本栄馬
野辺地札八組へ組替被　仰付、

一　同　野辺地札八
坂本栄馬組へ組替被　仰付、右何も以御目付申渡之、

一今日　屋形様御誕生日ニ付、同席共恐悦申上之、尤為御祝儀於御側御囃子有之、仲間拝見被　仰付、直々於御側御吸物・御酒御嘉［(虫損)　］、

　但、御用人は於御側恐悦申上之、

十二ノ
廿七日　晴

一今日御煤取ニ付、仲間登　城無之、

十二ノ
廿八日　晴

弥六郎
典膳
上総
主膳
主殿

一今辰下刻於御本丸、御家門衆歳暮之御祝儀被仰上、夫より於御中丸高知并月次出仕之面々御礼申上、無程相済也、

　但、文化七年御沙汰之通、名目御礼無之、

一為歳暮之御祝儀、御家門衆始仲間、高知之面々、御用人より御肴一折宛差上之、目録［(虫損)　］披露之、尤江戸詰合御留守居より［(虫損)　］差上、爰元御留守居有之候［(虫損)　］御肴差上候得共、此節無之、御留守居見習格、大目付は伺之上不差上也、

　但、江戸詰合仲間、同御用人へも指上之、

一歳暮之御祝儀、御勘定奉行以上［(虫損)　］人席へ罷出申上之、

一桜庭肥後知行書替小高証文、於席［(虫損)　］、

一　田名部町　市郎兵衛
御勝手向御差支之趣奉承知、為寸志金子三百両差上寄特之事ニ候、依之弐人扶持被下置、所御給人被　召出旨被　仰出、御代官へ以書状申遣之、

一沢内御給人高橋直右衛門嫡子定之進儀、当三十八歳罷成候処、去月十一日近郷知音之者へ罷越［(虫損)　］、其後帰宅不仕候ニ付、御内々御届申上置［(虫損)　］、所々相尋候得共、行衛相知不申［(虫損、出)］奔仕候段、御代官末書を以訴之、

一右ニ付、直右衛門儀、恐入差扣申出候所、不及其義旨、御目付へ申渡之、

一歳暮為御祝儀御肴差上候目録、左之通、

　為歳暮之御祝儀御肴指上候覚

一御肴　一折　南部左京
一御肴　一折　□□隼人（虫損、南部）
一御肴　一折　産穢ニ付不指上、　南□□（虫損、部修礼）
一御肴　一折　南部左近
已上、
十二月廿八日
前書同断
一御肴　一折　南部弥六郎
一御肴　一折　南部筑後
一御肴　一折　毛馬内典膳
一御肴　一折　八戸「　」（虫損、上総）
一御肴　一折　「　」（虫損、藤枝宮内）
一御肴　一折　楢山主膳
一御肴　一折　南部主殿
已上、
十二月廿八日
前書同断
一御肴　一折　南部民之助
一御肴　一折　「　」（虫損、南部彦六郎）
一御肴　一折　桜「　」（虫損、庭肥後）
一御肴　一折　楢山帯刀
一御肴　一折　毛馬内美濃
一御肴　一折　奥瀬内蔵
一御肴　一折　桜庭十郎右衛門

一御肴　一折　漆戸織衛
一御肴　一折　野田伊予
一御肴　一折　内堀大隅
一御肴　一折　下田将監
一御肴　一折　下田「　」（虫損）
一御肴　一折　新渡戸図書
一御肴　一折　岩間丹下
一御肴　一折　黒沢大学
一御肴　一折　山本左内
一御肴　一折　□戸左司馬（虫損、漆）
一御肴　一折　勝「　」（虫損）
一御肴　一折　玉山直人
一御肴　一折　安宅　登
一御肴　一折　沢田左司馬
一御肴　一折　下田物集女
一御肴　一折　牧田平馬
一御肴　一折　中野舎人
一御肴　一折　多賀佐宮
一御肴　一折　葛西半右衛門
一御肴　一折　長「　」（虫損）
一御肴　一折　「　」（虫損）
已上、
十二月廿八日

十二ノ廿九日　晴

弥六郎
典膳
上総
主膳
主殿

一　中使 戸川議治
　御納戸附被　仰付、御目付へ申渡之、
一　御目付 大矢勇太
　来正月四日出立被　仰付、御目付を以「(虫損)」、
一南部修礼殿より先頃被仰上候御出生「(虫損)」御附被成候段、
　御附人高橋周作より「　」、

十二ノ晦日　晴

弥六郎
典膳
上総
主膳
主殿

一今日御年縄配ニ付、御役人熨斗目、小役人上下着用也、
一先頃被　召抱候御足軽三十人へ被下候証文、以御目付頭へ相渡之、
一　帷子祐「(虫損)」
　御雇御徒目付当分加被　仰付「(虫損)」、
一　御徒「(虫損)」
　「(虫損)」丞
一　船越八右衛門

御徒目付当分加被　仰付、右何も以御目付申渡之、

あとがき

校閲（敬称略）

文化十四年（一八一七）　元盛岡てがみ館館長　佐々木和夫

文政元年（一八一八）　岩手大学名誉教授　細井　計

文政二年（一八一九）　岩手大学名誉教授　細井　計

文政七年（一八二四）　東海大学文学部専任講師　兼平　賢治

目次作成（敬称略）　東海大学文学部専任講師　兼平　賢治

翻刻（敬称略）

千田　田鶴子　　花坂　一　　菊池　玲子　　両川　典子

盛岡藩家老席日記　雑書　第四十三巻

定価二八、〇八〇円（8％税込）
（本体二六、〇〇〇円）

平成三十年三月三十日　初版発行

編　集　盛岡市教育委員会

校閲者　佐々木和夫（文化十四年）
細井　計（文政元年）
兼平　賢治（文政二年）

目次作成　兼平　賢治（文政七年）

発行者　斎藤勝己
発行所　株式会社東洋書院
〒160-0003
東京都新宿区四谷本塩町15-8-8F
電　話（03）3353-7579
FAX（03）3358-7458
http://www.toyoshoin.com

ISBN978-4-88594-516-8　C3321